U0453323

国家社科基金
后期资助项目

儒学与中国古代散文

上

Confucianism in Ancient Chinese Prose

杨树增　马士远　著

中国社会科学出版社

图书在版编目（CIP）数据

儒学与中国古代散文：全2卷/杨树增，马士远著.—北京：中国社会科学出版社，2017.10（2018.5重印）

ISBN 978-7-5203-1043-7

Ⅰ.①儒… Ⅱ.①杨…②马… Ⅲ.①儒学—关系—古典散文—文学研究—中国 Ⅳ.①B222.05②I207.62

中国版本图书馆CIP数据核字（2017）第231889号

出 版 人	赵剑英
选题策划	罗　莉
责任编辑	刘　艳
责任校对	陈　晨
责任印制	戴　宽

出　　版	中国社会科学出版社
社　　址	北京鼓楼西大街甲158号
邮　　编	100720
网　　址	http://www.csspw.cn
发 行 部	010-84083685
门 市 部	010-84029450
经　　销	新华书店及其他书店
印刷装订	北京君升印刷有限公司
版　　次	2017年10月第1版
印　　次	2018年5月第2次印刷
开　　本	710×1000　1/16
印　　张	55.25
字　　数	618千字
定　　价	238.00元（全二卷）

凡购买中国社会科学出版社图书，如有质量问题请与本社营销中心联系调换
电话：010-84083683
版权所有　侵权必究

国家社科基金后期资助项目
出版说明

后期资助项目是国家社科基金设立的一类重要项目，旨在鼓励广大社科研究者潜心治学，支持基础研究多出优秀成果。它是经过严格评审，从接近完成的科研成果中遴选立项的。为扩大后期资助项目的影响，更好地推动学术发展，促进成果转化，全国哲学社会科学规划办公室按照"统一设计、统一标识、统一版式、形成系列"的总体要求，组织出版国家社科基金后期资助项目成果。

全国哲学社会科学规划办公室

总 目 录

序言 …………………………………………………………………（1）

上 卷

导论　中国古代散文的儒学传统 ……………………………………（1）
第一章　饱含儒家仁爱基因的中国远古神话传说 …………………（21）
第二章　被儒家奉为经典的三代散文 ………………………………（77）
第三章　儒家的兴起及春秋战国时的儒家散文 ……………………（144）
第四章　经学笼罩下的汉代散文 ……………………………………（287）

下 卷

第五章　儒释道交融下的魏晋南北朝散文 …………………………（399）
第六章　隋唐五代儒家道统的复兴与古文的兴起 …………………（486）
第七章　理学影响下的宋元明散文 …………………………………（601）
第八章　涌动着实学思潮的清前期散文 ……………………………（758）
主要参考书目 …………………………………………………………（852）
索引 ……………………………………………………………………（857）
后记 ……………………………………………………………………（861）

序 言

杨庆存

杨树增、马士远教授合作完成的一部厚重的学术著作《儒学与中国古代散文》付梓，即将面世，欣喜庆贺之余，油然而生敬意！

树增教授是品德和学问都让人十分钦佩的著名学者。他在学界敬重师长、关爱学友、乐于助人而与世无争、不计得失，于学业孜孜矻矻、精心著述、扎实严谨而淡泊名利、笔耕不辍。记得20世纪80年代初，树增师从宋代文学名家刘乃昌教授攻读硕士时，即在权威刊物《中华文史论丛》发表了《汪元量祖籍、生平和行实考辨》，引起校内轰动、学界关注；其后师从一代国学大师和著名文学史家杨公骥先生攻读博士时，又以专著《史记艺术研究》赢得学人赞誉。此后，中国古代散文便成为树增教授学术研究的重心，成果相继迭出，诸如专著《先秦诸子散文》《论语导读》《中国历史文学》（先秦两汉）《史记艺术研究》《汉代文化特色及形成》等。其与赵明、赵敏俐教授等人合著的《先秦大文学史》《两汉大文学史》等，承担撰写的部分也以散文为主。上述著作都体现出其深厚的学术功底和深刻的思想见解。树增教授每有新著问世，必予惠寄，让我得以先睹为快。这本即将呈送到读者面前的《儒学与中国古代散文》，历经十几年艰辛，精心撰写，反复修改，形成这部皇皇巨著。其题目气势之磅礴宏大，结构之谨严明晰，内容之厚重深刻，文献之丰富扎实，以及新视角、大思路、宽视野，无不让我眼前一亮，深受教益和启发。

选题极富原创性，民族特色鲜明是这部著作的突出特征。

众所周知，散文与诗歌，是中国古代文学历史最为悠久的两大基本体裁样式，前者主事主理，后者侧重抒情，二者相辅相成，并行发展，共同构成中华民族文化、文学发展的两条主线。目前传世的海量诗文作品，都是中华民族历史实践的智慧结晶和文明发展的真实反映，由此成为人类文化宝库中的重要思想资源和艺术瑰宝。与诗歌相比，散文有更多的"实用"基因与"适用"元素，社会性更强，中国古代散文与时代发展和社会现实密切结合的程度也更高，因此具备更多的"化育"功能。同时，散文的体裁表现形式自由灵活，思想内容的表达不受限制，所以不仅得到文人雅士的普遍青睐，而且得到历朝历代统治者的高度重视，魏文帝曹丕有"文章乃经国之大业，不朽之盛事"（《典论·论文》）之称誉，宋代文化巨擘黄庭坚也有"文章为国器"（《山谷别集卷十四·答陈敏善书》）之赞美。反观中国历史，散文的确一直是古代文化殿堂的正统，高居独尊数千年。

与散文一统独尊的性质相类似，儒家学说则是中华民族优秀传统文化的重要代表，也是直接影响中国历史发展数千年的主流文化。这种主流文化不仅必然地在散文作品中有着充分体现，而且也直接影响着散文发展的形态衍变。中国古代文化发展史上倡导的"恢宏至道""文以载道""经世致用"，以及出现的"文、道"之争、"骈、散"之争、"时文、古文"之争等，其核心就是对儒家学说弘扬方式的选择与实际效果的强调。研究儒家学说与古代散文的关系，探索文学发展、文化发展的内在规律，不仅是一个全新的视野和独特的视角，而且抓住了中国文化发展的核心与关键，突出了中国古代散文的民族特色。

然而，由于中国古代散文内容的无所不包和形式的自由开放，不仅作品数量汗牛充栋，而且体裁样式繁富芜杂，风格流派更是五彩缤纷，从而造成了很大的研究难度。诸如中国古代散文的属性、研究范围的界定等，无不见仁见智，莫衷一是。由是，中国古代散文研究往往令人望而却步，知难而退，研究具体作品或个体作家者众，而大跨度、深层次的中观、宏观层面研究涉足者少。即便是在中国古代和近代，学人们也大都停留在即兴式、碎片化的评点层面上，没有出现通史性的专门著述，这在王水照先生主编的六百余万字十巨册《历代文话》中清晰可见。20世纪30年代陈柱的《中国散文史》，是中国第一部系统研究古代散文发展的专著，具有开创性、奠基性意义，但仅有十万字，只是粗线条描述。时隔半个世纪，郭预衡《中国散文史》（上册）面世，至20世纪末，上、中、下三巨册150多万字全部出齐，体大思精，气势恢宏。20世纪90年代初，谢楚发《中国散文简史》（20万字）问世。此外，还有多部成于众手的散文史著作，如漆绪邦主编的《中国散文通史》等。进入21世纪以来出版的多部断代散文史、分体散文史，对于开拓和繁荣中国古代散文研究都各自做出了贡献，但是，这又属于另一层面问题。

树增教授从中国古代文化的核心主体——儒学对散文的影响切入，系统梳理儒学与中国古代散文融为一体的发展嬗变，揭示儒学在中国古代散文发展过程中的支撑作用与巨大影响，对不同历史阶段的散文，深入发掘儒学与散文相辅相成的密切关联，从儒家学说的社会实践与文化创新角度，揭示中国古代散文的内涵、特征及规律，建立起一个崭新的散文史研究体系，不仅具有原创性和开拓性意义，而且抓住和突出了中国文化的民族特色，具有重要的学术价值和文化意义。

内容丰厚，系统扎实，见解深刻是这部学术专著的又一重要特点。

是书遵循"辨章学术，考镜源流"（章学诚《校雠通义》）古训，以时为序结构全书，突出内容的创新发展与内涵变化，体现着很强的历时性、系统性、传承性和创新性特点。著作内容始于"饱含儒家仁爱基因的中国远古神话传说"，而收绾于"涌动着实学思潮的清前期散文"。其间以儒家学说传承创新与散文发展变化为核心，深入论述了上古三代时期以《书经》为代表的经典散文、春秋战国时代的儒家散文、经学笼罩下的汉代散文、儒释道交融下的魏晋南北朝散文、隋唐五代儒家道统的复兴与古文的兴起、理学影响下的宋元明散文等。同时，作者提出了一系列富有原创性的新见解、新结论。

树增教授认为，儒学以"仁"为核心，最高人生追求是泛爱众而济天下，主张作家担负起历史的使命和社会责任，积极投身于社会实践，并用文学的形式来抒写济世救民、治国平天下的志向，讴歌立德立功立言的不朽事业，提出补偏救弊的方略，批评当轴者的失政与不公，表达怜悯民生苦难，抒发忧国忧民之情。受儒家思想的影响，中国古代散文创作关注社会，贴近生活，直面人生，表现出可贵的现实批判精神，形成了我国文学创作中的现实主义传统。宋王朝重视儒学的社会功能，并吸收佛、道两家思想，从宇宙本原的宏大视角来建构体系，最终形成更富有思辨性与哲理性的新儒学——理学，对中国社会影响至深至远，对散文创作的影响也同样如此。而辽王朝以佛教为主，以道教为辅，以儒学为用，散文作品中表现出浓厚的佛理禅说，虽然缺乏文采，但也表现出北方民族特有的直率朴实，形成叙事简约率直、写景萧瑟苍茫、风格刚健爽朗的特点。

树增教授还认为，"从散文的最初形态神话开始，至鸦片战争之际的小品文、时文、骈文等古代散文结束，其儒家仁德的精神内核，一脉相承""散文是最早的文学形式之一，而非仅是诗歌形式，从散文产生起，就蕴含着儒家仁爱的基因""甲骨钟鼎之辞不能代表文本散文水平，能代表当时文本散文水平的是'六经'"，这些都是言前人所未言。而更多的新结论，则体现在通过展示中国古代散文发展的历史"实事"，求得了长期被忽略的一些重大的"真"与"是"，如中国古代散文如何造就了中华民族高尚的道德人格和仁爱大众、兼济天下的人生价值观；如何促进中国历史上数次居于世界前列的太平盛世的出现；如何对人类社会的发展做出过巨大的贡献，等等，这些方面都有创新性的结论。

　　树增教授还特别指出，中国古代散文的思想核心是儒家的"仁"，强调人与人之间和谐，国与国之间和睦，人与自然之间协调。这恰是建立和谐社会、稳定社会秩序、和平共处建设现代化国家所需要的精神指导，也是治疗当前在商品经济体制中一些人只顾个人物质追求，而精神信仰空虚、漠视社会及他人利益等弊病的良药。中华民族每一个人都需要洁净、高尚、美好的精神家园，中国古代优秀散文可以塑造完美的人格，提升人们的精神境界，增长人们的聪明才智，增强民族的自信心与自豪感。认真地发掘其具有超越时空的永恒价值，使其转化为当代需要的精神资源，是当前学界的重要责任。同时，让世界了解中国古代散文，是了解中国的重要途径，将中国古代散文进行准确的阐释并介绍给各国人民，也是学者责无旁贷的任务。所有这些见解，不仅体现着树增教授的学术功底、学术胆识和学术境界，也反映着树增教授的人类意识、国家观念与世界视野。

　　任何学术研究都是一个求真、求是、求善、求美的历史过程，都是一个认识不断推进、逐渐接近真理、发现客观规律的过程，一本著作不可能解决所有的问题，而任何一位学者的学识与智慧必然都是有限的。树增教授的《儒学与中国古代散文》虽然具有重要开拓与创新，对深入认识中国古代文化特别是中国古代散文做出了重要贡献，但著作依然存在有待深入和完善的空间。比如以儒学为根基的中国古代散文对东亚汉文化圈的积极影响，在政治制度、人才培养、文化传承等方面发挥的重大作用之类，似可再充实。至于"罢黜百家、独尊儒术"的传统说法，也可以参考司马迁《史记》"倡扬儒术"的说法，选择更为严谨和更能反映历史真实的表达。

　　《诗经·小雅·伐木》有云"嘤其鸣矣，求其友声"；《周易·乾》亦曰"同声相应，同气相求"；无论大自然界还是人类社会，彼此间的友好交流是形成朝气蓬勃和谐局面的重要原因。鸾凤和鸣，嘤嘤成韵，固然优美动听，意趣盎然，而以文会友、切磋学问，更是建立友谊、推进学术的生动表现。树增教授嘱我写序的重要原因之一，大概是由于我的学术研究重心也一直是中国古代散文，发表于《中国社会科学》《文学评论》《文学遗产》等刊物上的文章，全是清一色中国古代散文研究的心得体会和认识，师从王水照先生攻读博士时的学位论文《宋代散文研究》还荣获教育部第七届社会科学优秀成果一等奖。所有这些，都非常自然地多了一些与树增教授思想交流和学术交流的共同语言。当然,相互地深入了解、信任和真诚深厚的友谊,则是嘱我写序的坚实基础。

  树增教授于我,既是学长、兄长,又是好友、挚友。20 世纪 80 年代初,我们同在刘乃昌教授指导下读书问学,从那时起,树增学长就一直给我多方面关心和帮助,甚至积极影响着我对人生道路和事业发展的选择,逐渐结下终生不渝的深厚友谊。也是从那时起,了解到他恪尽孝道的品格,又为给孩子创造良好的成长环境而不畏艰辛。近十余年来,他一直在精心照料病中夫人的同时,潜心治学,硕果累累,令人不得不敬佩。2011 年 8 月,首都师范大学中国诗歌研究中心发起并主办纪念杨公骥先生诞辰九十周年暨中国古代文学学术研讨会,树增教授的纪念发言,令人动容。他与杨公骥女儿杨若木花费两年多时间撰写的 40 多万字的《文史全才——杨公骥》,表达了他对恩师的怀念。所有这些,均可见出树增教授不仅对儒家学说有着深刻的领悟,对中国散文有着独到的认识,而且也是一位儒学思想的弘扬者和践行者。他敦厚善良,胸襟阔大,在外是同侪晚学的益友良师,在家则既是孝子慈父,又是模范丈夫。其实,我们平时联系并不频繁,却心心相印。现在细味《儒学与中国古代散文》这部不仅具有中国古代散文发展的通史性,而且富于研究视角和思想内容独特性的学术巨著,刘乃昌先生学风的扎实严谨和杨公骥先生学术的气魄胆识,都得到了很好的体现与弘扬。

2016 年 10 月 22 日
拟于上海徐汇南洋广元公寓

目 录

(上卷)

导论　中国古代散文的儒学传统 ……………………………………（1）
 一　中国古代文学领域中的"散文" …………………………………（1）
 二　儒学影响下的中国古代散文 ……………………………………（8）
 三　中国古代散文的现实价值 ………………………………………（16）

第一章　饱含儒家仁爱基因的中国远古神话传说 ……………………（21）
 一　散文是最早产生的文学形式之一 ………………………………（21）
 二　中国远古神话传说的重要特征及重要典籍 ……………………（28）
  （一）中国远古神话传说中自强、博爱的特征 ……………………（28）
  （二）中国原始神话的宝库——《山海经》 ………………………（37）
 三　充分体现惠民精神的祖先形象 …………………………………（45）
  （一）华夏文明的创始人炎黄二帝 …………………………………（45）
  （二）任人唯贤的唐尧虞舜 …………………………………………（52）
  （三）改造自然的鲧禹父子 …………………………………………（58）
 四　儒家先驱及儒家对神话的改造 …………………………………（63）
  （一）中国古代神话传说的类型及先祖序列 ………………………（63）
  （二）神话传说的历史化 ……………………………………………（70）
 结语 ……………………………………………………………………（75）

第二章　被儒家奉为经典的三代散文 …………………………………（77）
 一　代表三代水平的文本散文 ………………………………………（77）
 二　中国现存最早的散文集 …………………………………………（90）
  （一）以记言为主的《书经》 ………………………………………（90）
  （二）被儒家摒弃的《逸周书》 ……………………………………（105）

三　古老的筮书——《易经》 (115)
四　三代散文发达的原因及特点 (121)
（一）早熟的社会形态 (121)
（二）发达的史官文化 (126)
（三）三代散文的理性意识及艺术特点 (130)
结语 (141)

第三章　儒家的兴起及春秋战国时的儒家散文 (144)
一　儒学确立的重要社会条件 (144)
（一）大变革的春秋战国时期 (144)
（二）社会转型中儒家的兴起 (148)
二　儒家历史散文的形成 (155)
（一）中国成系统历史散文的开山之作 (155)
（二）儒家成熟的历史散文的编撰 (163)
（三）《左氏春秋》的艺术特征 (170)
（四）儒家重于记言说教的历史散文 (181)
三　儒家哲理散文的形成 (187)
（一）儒家代表人物孔、孟、荀及其主要思想 (188)
（二）儒家代表人物哲理散文中的君子形象 (208)
（三）儒家代表人物哲理散文的艺术特征 (213)
（四）儒家代表人物哲理散文的艺术价值 (222)
四　儒家与主要他家散文的差异及关系 (229)
（一）诸子之学相反相成 (230)
（二）哲理散文之间的差异及关系 (243)
（三）历史散文之间的差异及关系 (266)
结语 (283)

第四章　经学笼罩下的汉代散文 (287)
一　儒学正统地位的确立及其在汉代的嬗变 (287)
（一）传统儒学提升为经学 (288)
（二）经学系统化及神学化 (293)
（三）经学成为治国的指导与伦理的规范 (299)
（四）今古文经之争及经学衰微 (302)
二　儒士精神与文人文学创作的开始 (307)

（一）中国文学创作专业文人的形成 …………………………（307）
　（二）汉代文人对先秦儒士精神的继承与发扬 …………………（312）
　（三）汉代文人的精神苦闷及创作特点 …………………………（318）
三　儒学渐变为正统思想时期的散文 …………………………………（323）
　（一）极端专制下的秦代散文 ……………………………………（324）
　（二）西汉初期的政论、抒情散文 ………………………………（327）
　（三）西汉中期的政论、抒情散文 ………………………………（336）
四　经学逐渐神学化时期的散文 ………………………………………（342）
　（一）西汉后期的政论、杂记文 …………………………………（343）
　（二）东汉前期的政论、奏疏书表、写景文 ……………………（348）
　（三）东汉中后期的政论、碑刻、注经文 ………………………（354）
五　儒学影响下的汉代历史散文 ………………………………………（362）
　（一）儒学对汉代人物传记产生的推动作用 ……………………（362）
　（二）人物传记的奠基之作——《史记》 ………………………（367）
　（三）汉代其他正史类历史散文 …………………………………（380）
　（四）汉代杂史杂传类散文 ………………………………………（387）
结语 ………………………………………………………………………（394）

导论 中国古代散文的儒学传统

一 中国古代文学领域中的"散文"

"散文"是文学中重要的一种样式，然而正确理解它的概念并非轻而易举，这是因为它的概念是相对的，其内涵和外延是随着文学的发展而有所变化的。既然如此，我们就只有正确地把握其动态的概念，才能明确研究的对象。

"散文"，顾名思义，这种文章的特征便是"散"。从语言句式的角度说，散文的"散"是与句式整齐、声调平仄配合、上下句的词性、词义必须对仗的骈文相对而言的。散文不拘单行、偶句，也不必刻意点缀典事、铺陈辞采，也不必有意追求韵律抑扬，更不必考虑上下句的词语是否对仗，表现出一种比较自由的"散漫"特点。长期以来有人给散文下了一个"形散而神不散"的定义，此定义虽简明而流行，但很不科学。散文没有骈文格式的束缚，但它仍有自己的"章法"，每一种样式的散文都有它约定俗成的格式，并同样追求结构的严谨合理。并不能因为散文样式多，表现手法丰富，句式比较自由，就得出"形散"的结论，并不是信手涂鸦就能形成散文。如果说散文有"散"的特点，那也只能指其语言自由，不受任何声调、韵律及对仗的限制。这一特点小说也具备，为什么不说小说也是"形散"呢？可见把"形散"说成是散文的特点，是很不准确的，至少说是以偏概全。至于"神不散"，即主题鲜明集中，不芜杂而离题。文学中的其他样式，诸如诗歌、小说、戏剧，哪个不在追求"神不散"？只有"神不散"才能成为文学作品，所以"神不散"也不是散文的特点。

从语句的押韵角度说，散文的"散"又是与讲究押韵的诗歌相对而言的，这也是人们区别散文与诗歌的最重要的标准。散文（除骈文外）不讲究声调的平仄，更没有韵脚的概念，不考虑句末一字的音韵，语句的收尾不受任何韵律的限制,讲究韵脚的则是诗歌。诗歌的体裁同散文一样,也是多种多样的,有歌谣、辞赋、诗、词、曲以及颂、赞、箴、铭、哀、诔等。各种诗歌体裁有各自的格律,其共同之处,就在于都有韵脚,都讲究押韵,从这一角度出发,故称散文为无韵文,称诗歌为有韵文。近代以来,白话诗、自由诗打破了旧体诗格律的条条框框,使用口语以自由无拘束的语句来写诗,但既称之为诗,还是需要有大致的韵脚,便于吟咏。现在有些人把不押韵的文字也称之为诗,称之为无韵诗或散文诗,这只能引起文学体裁概念上的混乱。既然是无韵文,为什么不称为散文呢?这些人说想突出"散文诗"中的"诗意",把它归入散文类中就能减弱它的"诗意"吗?中国古代多少散文具有浓郁的"诗意",虽不称之为诗,不是照样撼人魂魄吗?

这也联想到有些人把赋归于散文,赋既讲究押韵,就应归于诗歌,尽管赋有散文的特点,但押韵的重要特点,已经确定了它的性质。有的学者认为赋属"不歌而诵"的文体,与入乐而歌的诗是不同的,应归于散文。我们判定的标准已不是古代的标准,而是现代的标准,中国古代的诗歌早已失去入乐而歌的功能,与赋一样属于"不歌而诵"的文体了。所以判断有韵文与无韵文主要看文本有无韵脚了。当然,赋体在其发展过程中,形式不断变化,使分类问题复杂化了。也就是它本具备的诗歌与散文两方面的因素,常处于动态的变化之中,有时诗歌化倾向严重了,有时则散文化倾向明显了,比较难把握。从总体上看,赋是讲求韵脚的,但有一些虽冠以赋名的文章,实际并不讲究押韵或不刻意追求押韵,如欧阳修的《秋声赋》、苏轼的《前赤壁赋》《后赤壁赋》等,从韵脚的方面看,它们大体上与无韵文相近,人们称其为"文赋",自然也应视为散文。

骈文是一种特殊的散文,因为有一部分骈文不仅讲究声律,还讲究韵脚,但骈文从最初形成时就与诗歌不同,它不是用来吟唱的,而是用来诵读的。讲究声律与韵脚是为了诵读时声调和谐,这显然是受到诗歌、辞赋的影响,但又不遵守严格的诗赋声律,所以自古以来,人们并不把骈文与诗赋视为同类,而把它归于文章类,用现代文体四分法来划分,它应属于散文类。

从语言的形式上,比较容易识别散文,散文是不押韵的散体文章。然而在著述领域,还存在着实用文,在文学领域,还存在着小说、话剧,它们的语句也不押韵。话剧属综合性的表演艺术,其文本的语言虽不求押韵,但有它特殊的格式,是非常容易与散文区别的。但如果仅从不押韵的语言形式着眼,就分不清散文与实用文、小说的区别了。语言形式上不好分别，我们只能从更为复杂的内容上来区分。本书所讲的"散文"是指文学领域中的"散文"，即"艺术散文"，而"实用文"是"非艺术散文"，不属于文学领域。既然如此，散文就具有了一般文学作品的特点，即以审美为特征，常常采用叙述、描写、抒情的手段，形象化地反映客观现实及作者的思想感情。而实用文则没有文学作品的属性，它属于日常生活或文学领域之外其他学科的应用文体（包括这些学科专业的论述），它们往往以说明、判断、论证的方式达到实用的目的。小说与实用文不同，它也是文学领域中重要的样式，它也是以审美为特征，形象化地反映客观现实及作者的思想感情。所以最不易与散文区别开来的是小说，历史上也确实存在过把一些小说归于散文类中或把散文归于小说类中的现象。那么，我们只能从内容的更细微处来加以区分二者了。

有人认为小说篇幅长，散文篇幅短；或认为小说多虚构，散文少虚构；或认为小说有完整的故事情节，散文没有完整的故事情节，等等。其实，这些都没说到要害处，小说与散文最大最根本的区别在于：小说要表达作者的思想与感情，需要有"人物形象"这一"中介"，即需要以人物形象来转化为一定的思想与感情，小说所要表达的思想与感情越隐寓于人物形象中越好。因为如此人物才越典型，而不会仅仅变成作者的"传声筒"。而散文可以直接表述作者的思想感情，直接揭示文章的主题思想，而且这种表述越诚挚越鲜明越好，因为只有强烈的感情才能感动人。所以小说强调情节与环境的典型化描写，因为典型化情节是典型化人物形象的成长历史，典型化环境是典型化人物形象的成长条件。而散文则可以不依赖于情节、环境的描写，即使有这方面的描写，也不是为了塑造典型化人物形象，而像小说那样对情节、环境进行艺术虚构，它的人物描写往往是为了更好地抒情说理。小说因篇幅长短、内容多少，分为长篇、中篇、短篇，一般要求发挥作者想象、虚构，通过完整的故事情节和具体环境的描写，塑造典型的人物形象，广泛、深刻地反映社会生活及作者的思想感情。小说为了便于塑造人物，往往采用第三人称的写法，即便近代小说有了第一人称的写法，也是将"我"作为人物来塑造。而散文则往往以第一人称出现，以作者的角度直接叙述、抒情和议论。与小说相对而言，散文的虚构性大大减弱，往往通过某些真实生活事件片断的描述，表达作者的思想感情，揭示其蕴含的社会意义，所以篇幅上往往比小说要短小。散文不要求一定有完整的故事情节和典型环境的描写，也不要求一定塑造典型人物形象，但它的题材比小说要广泛得多，它可以写人，可以记事，可以写景，可以咏物，可以写寓言故事，甚至中国古代小说一般不涉足的心理描写，也不是散文的禁区，不论什么题材，都可以用散文来表现。因而在艺术表现上，也比较自由，可以描写，可以记叙，可以抒情，可以议论，也可以兼而有之，不论什么艺术表现手法，都可以在散文中使用。

　　从理论上毕竟还是容易界定散文概念的，但实际上判定散文，情况却复杂得多。在中国古代散文研究中，一部分研究对象从形式上看，它明显属于日常生活应用文或史学、哲学等其他学科的论著，为什么大家还把它当作艺术散文来研究呢？这是因为中国文化的发生期，虽然押韵的诗歌与不押韵的散体文逐渐区分开来，但各种散体文形式的文字还没有明显的区分界限，几乎所有的散体文都不同程度地具有审美的特征，这与当时人们直观认识世界与形象反映世界有关。一切散体文又都是以实用为目的，它是融文、史、哲及一切学科为一体的综合形态，往往表现为日常生活应用文或史学、哲学等其他学科著述的形式。这种现象不独中国存在，其他国家在文化发展初期也存在。即使文学从整个文化形态中独立分离出来，也不能排除有个别的日常生活应用文或史学、哲学等其他学科著述仍有审美的特征。例如，先秦诸子散文，本属实用性很强的哲学著作，但我们还要把它当作一种文学散文来看待并研究，就因为先秦诸子散文具备文学散文基本特征的缘故。先秦诸子散文有哪些文学散文的基本特征呢？首先就是具有生动的形象性，而以形象来反映社会生活则是各种文学作品的普遍特征。当然诸子的言论有的看似没有多少形象描述，主要直接表述作者某种政治主张，然而这些政治主张的阐述不像现在政治、思想、哲学论著那样仅靠严密冷静的逻辑推断，而是在表述中有作者激动的感情在不断地流露，感情越强烈，作者的形象在读者心中就越鲜明，它展现了作者深邃、丰富的内心世界，能引起读者感情的共鸣，得到审美的愉悦感受，有一定的艺术感染力。其次具有真实的特征，先秦诸子散文记叙的是诸子自己生活中的见闻，阐述的是诸子自己的切身感受、独特见识，有时要用一些传说逸闻、寓言故事，甚至自己虚构一些故事或情节，但那是为了印证自己的某种理论主张，不是为了追求想象虚构或传播奇闻。再次是它的文体形式为散体，不必注意平仄调配，也不必上下句词语对仗，更不必押韵，语言如白话，文字书写自由。又次是它的写作手段自由而多样，在先秦诸子散文中，有的善于叙事，有的善于析理，行文中可以抒情，也可以写景，不拘一格而自成独特的风格。最后是它不排斥故事情节与人物塑造，但不要求必须有完整的故事情节，不注重人物环境的描写，也不追求塑造典型人物形象，往往通过篇幅短小的生活片断的描述，表达出作者所感悟的哲理，揭示其蕴含的社会意义。先秦诸子散文的这些特征符合一般文学散文的要求，所以把先秦诸子散文当作文学散文来研究，这完全是由先秦诸子散文本身的特征所决定的。举一反三，凡是具备文学散文特点的作品，如中国古代的一些史学著述、朝臣奏章、私人书信等，都应该是中国散文研究的对象。

"散文"的概念不仅是相对的，也是随着中国文学的发展而有所变化的，我们必须从中国文学的发展变化中去把握它。

就文本而言，中国最早成熟的是散文。中国的散文虽然产生历史久远，然而其"散文"之名却是很晚才出现的。与散文概念相关的"文"，原是指彩色交错。《周易·系辞下》："物相杂，故曰文。"《礼记·乐记》："五色成文而不乱。"古时也以青与红相配合为"文"，以红与白相配合为"章"，"文章"也指各色错杂的图案。《庄子·胠箧》："灭文章，散五采，胶离朱之目，而天下始人含其明矣。""文"在稍后至多从色彩斑斓而引申为华丽的辞藻，并不指文体。《孟子·万章上》："故说诗者不以文害辞。"

最初人们并无文体分类的意识，对典籍的区分，只依典籍自身的称呼，《左传·昭公十二年》载楚灵王对着右尹子革的面夸奖左史倚相说："是良史也，子善视之！是能读《三坟》《五典》《八索》《九丘》。"据有关记载，《三坟》《五典》《八索》《九丘》皆为古书名，据说《三坟》《五典》是三皇五帝时的书；《八索》是最早的有关八卦的书；《九丘》为九州之志。这些书早成佚书，具体情况难以考究，张衡在《东京赋》中就叹道："昔常恨《三坟》《五典》既泯，仰不睹炎帝帝魁之美。"《国语·楚语上》载楚庄王太子从学，申叔时告诉应学以下九个方面的内容："教之春秋，而为之耸善而抑恶焉，以戒劝其心；教之世，而为之昭明德而废幽昏焉，以休惧其动；教之诗，而为之导广显德，以耀明其志；教之礼，使知上下之则；教之乐，以疏其秽而镇其浮；教之令，使访物官；教之语，使明其德，而知先王之务用明德于民也；教之故志，使知废兴者而戒惧焉；教之训典，使知族类，行比义焉。"申叔时所说的《春秋》《世》《诗》《礼》《乐》《令》《语》《故志》《训典》也应是书名，其中的《诗》《乐》很可能就是后来孔子删定《诗经》与《乐经》时所参考的文献资料。我们所知被儒家奉为"六经"的《诗》《书》《礼》《乐》《易》《春秋》，也是书名，古文经学家说"六经"中的《乐经》遭秦焚烧而亡，于是后世有人认为"五经"是各种文体产生的渊源。《颜氏家训·文章》："夫文章者，原出五经：诏命策檄，生于《书》者也；序述论议，生于《易》者也；歌咏赋颂，生于《诗》者也；祭祀哀诔，生于《礼》者也；书奏箴铭，生于《春秋》者也。"经书之名已带有表示文体的性质。

先秦时期就典籍而言，有"诗""书"之别，然而却没有明确的"诗""文"文体的区分。"诗"由于成熟得较早，本身概念比较单一，就是指协韵能歌能吟的语言文字，具有了文体的含义。如孔子说："诵《诗三百》，授之以政，不达；使于四方，不能专对；虽多，亦奚以为？"（《论语·子路》）又说："兴于《诗》，立于礼，成于乐。"（《论语·泰伯》）而"文"的含义却比较多，与文体有某种联系的引申义也不少。"文"有时指遗文典籍，如"子以四教：文、行、忠、信"（《论语·学而》），邢昺疏："文谓先王之遗文。"有时指讲究修饰的文辞，如《左传·哀公二十五年》引孔子的话说："志有之：言之足志。文以足言；不言，谁知其志？言之无文，行而不远。"有时指文章，《汉书·贾谊传》："以能诵诗书属文，称于郡中。""文"在汉代还指文字，把春秋战国时代的文字称为"古文"，把当时流行的文字称为"今文"，如司马迁在《史记·太史公自序》中说自己"年十岁则诵古文"，这里的"古文"就是指用先秦古文字书写的书籍。于是汉代人称由"古文"誊写的经书为"古文经"，由"今文"誊写的经书为"今文经"。"文"的引申义虽多，但还没有文体的含义，更没有明确表示是指与骈文相反的散行文体，这是因为当时还没有产生骈文，自然无骈散的概念。

西汉末年刘向、刘歆对国家收藏的图书典籍进行校雠分类时，把诗赋分为一类，说明有了一定的文体概念，但在对非诗赋典籍的分类时，仍从图书典籍的内容出发。他们将遗文典籍除了诗赋外，共划分为五大类，这五大类分别是：六艺、诸子、兵书、术数、方技，他们虽把诸子散文当作一种重要的类型，但还不能从文体上给它一个"诸子散文"的名号，只能用"诸子"来表示。

魏晋南北朝时，"文"的引申义有了文体的含义，但把"文"当作各种文体的概念来使用，如曹丕著有《典论·论文》，文章中说道："夫文，本同而末异。盖奏议宜雅，书论宜理，铭诔尚实，诗赋欲丽。"刘勰在《文心雕龙》中区分文体，除了诗、赋、乐府诗外，把大部分的文体，如颂、赞、祝、盟、铭、箴、诔、碑、哀、杂文、谐讔、史传、诸子、论、说、诏、策、檄、移、封禅、章、表、奏、启、议、对、记等，全统称之为"文"，他们所讲的"文"包括协韵和不协韵、对偶和散行的各种文体。

对仗语句，在先秦典籍中就有，到汉代时，即有人在文章、辞赋、诗歌中有意追求对仗的效果，六朝时，由于发现了汉语存在着四声的现象，更在此基础上产生了全篇讲究对仗和声律的骈文。骈文是一种对仗化与诗歌化了的散文，以对仗工整的四字句和六字句为基本句式，除了不押韵外，几乎同格律诗一样。互相对仗的词语还要平仄相对，讲究采用典故与绚丽的辞藻，行文注重铺陈描绘。然而人们还没有将与骈文相对的散行文体称为"散文"。但人们尝试着想把协韵的与不协韵的文体区别开来，刘勰在《文心雕龙·总术》中说："今之常言，有文有笔，以为无韵者笔也，有韵者文也。"将不协韵的文章称为"笔"，将协韵的诗歌辞赋称为"文"，于是有了"文""笔"之分，骈文虽不是诗歌辞赋，但运用了诗歌辞赋的大量表现手法，六朝的人从未将骈文视为"笔"。

唐代韩愈等人针对六朝骈文形式烦琐繁难而内容空洞浮艳的弊端，鼓吹文界革命，号召人们"究穷于经传史记百家之语，沉潜乎训义，反复乎句读，砻磨乎事业，而奋发乎文章"（《上兵部李侍郎书》），又说："愈之为古文，岂独取其句读，不类于今者邪？思古人而不得见，学古道则欲兼通其辞；通其辞者，本志乎古道者也。"（《题哀辞后》）他将先秦两汉散文统称为古文，主张恢复、发扬"古文"朴实凝重的优良传统，创造出一种明畅活泼的以散句为主体的新体散文，来横扫当时流行的骈文的积习，并进而以"古文"来取代骈文在文坛上的正统地位，更好地宣传儒道，于是"古文"成了散文的专称。

"散文"作为文体正式的名称出现，在唐宋古文运动高潮之后，始见于南宋罗大经《鹤林玉露》二："山谷诗骚妙天下，而散文颇觉琐碎局促。"散文与诗骚相对而言；该书又引周益公的话："'四六'特拘对耳，其立意措辞贵浑融有味，与散文同。"散文又与"四六"即骈文相对而言。周益公即周必大，使用"散文"文体概念的还有朱熹等人。南宋的文人们终于为我们找到了一个比较准确、科学的文体称呼——"散文"。

骈文源于汉魏，形成于六朝，"若夫笔句无常，而字有条数，四字密而不促，六字格而非缓。或变之以三五，盖应机之权节也。"（《文心雕龙·章句》）整齐的句型，华丽的辞藻，丰富的典故，和谐的声调，将讲究对仗又不押韵的文体的语言艺术发展到极致，此文体一直盛行至唐宋，在文坛上占据统治地位好几百年。经过唐宋二次古文运动，才被接近口语的"古文"取代了它的地位。但是这并不意味骈文退出了文坛，它还在顽强地延续着，甚至变换着形式在生存与发展着，从宋朝制义的"时文"到明清的功令八股文，就是骈文的改头换面。"古文"之所以取得散文的正统地位，有其种种原因。而制义和八股，作为科举专用的文体，一直到中国封建社会灭亡才退出文坛，这自然也有它存在的种种原因。

当今文学界普遍采用文学体裁四分法，即把文学分为诗歌、散文、小说、戏剧四大体裁，这种主要从语言形式上区分文体的方法，最简易也最科学，一定程度上避免了从内容上区分文体时的混淆与交叉。所以我们现在对散文的理解，不同于传统认识。我们认为散文应包括除了小说、话剧之外的一切不押韵的文学作品（实际上中国古代戏剧是没有话剧的，这里只是泛泛从概念上而说的）。这样的话，散文不仅有与骈文相对的散行文体，而且包括句式整齐、声调平仄相对、上下句词语对仗但不押韵的文章，如骈文及具有文学特色的八股文等。有的骈文与八股文也讲究押韵，但这毕竟属于少数，也不是它的重要特征，要求散文纯而又纯，也是不可能的。八股文在历史上的存在与影响是客观的，过去因为某种政治观点的缘故，把它排除于研究领域，今天看来是不合适的。除了这些外，还有不押韵的"辞赋"，也有具有文学特征的各种"应用文"，包括具有文学特征的史学、哲学等其他学科的论著。所以中国古代散文研究的范围是很广泛的，不论其在中国古代各个历史时期有何称谓，凡是具备上述特征的散文，都是中国古代散文研究的对象。

二　儒学影响下的中国古代散文

前面我们已讲过：散文这种文体最易于便捷地表述作者的思想感情，直接揭示文章的主题思想，最容易成为历史发展过程中所形成的与所积累起来的精神文明成果的载体。散文与诗歌、小说、戏剧比较起来，它缺少诗歌、小说、戏剧那样的抒情娱性功能，更偏重于实用性，与现实政治联系更及时紧密，所以自古以来，人们便把它当作阐述、宣传内容丰富、意蕴深刻的社会思想意识的有力工具。古人说的"文以载道""文以明道"，就是指散文所具有的这一优势特点。同时，散文这种"文以载道""文以明道"的功能，使其作者往往能直面社会现实，深受社会政治意识的影响，使其文章内容尽量体现社会的主流意识，创作更倾向于现实主义。由于它自身蕴含着社会的主体精神即社会的主流意识，这种内在的意蕴也决定着散文形式的形成与变化。

中国古代散文所蕴含的社会主体精神，随着时代的变化而有所变化，但其精神核心却始终未变，以儒学为主体的主流意识始终未变。儒学的产生、发展、演变，几乎与散文的产生、发展、演变同步而相辅相成。儒学的存在形态大致有四种：一是体现儒家主要思想的"六经"元典；二是对"六经"的传注训释学；三是以孔子为宗师的各儒家学派的学说；四是儒学与其他诸子之学及外来文化特别是佛学相融合的新学。不论儒学依何种线索发展，或以何种形态表述；不论是儒学奠基的先秦时期，还是儒学独尊的两汉时期，还是儒、道、释相互斗争又相互交融的魏晋南北朝时期，还是儒家道统复兴的隋唐时期，还是理学一统天下的宋元明时期，以及儒家实学兴盛的明末清前期；也不论儒学由子学而上升为经学，经学又变化为玄学、理学、心学、实学等，万变不离其宗，儒学的思想内核"仁"是一直不改变的。"仁"是儒学理论的核心，它在中国古代主流意识中的主导地位，决定了儒学在中国传统文化中的主干地位，从而使儒学代表了中国传统文化的主流意识，这一点也决定了中国古代散文的本质特征。

儒学的"仁"，是其政治理论与伦理道德的精髓。"仁"是古代一种含义极广的道德观念，其核心指人与人相互亲爱，《论语·颜渊》："樊迟问仁。子曰：'爱人。'"儒家创始人孔子以之作为最高的道德标准。孔子思想的继承者孟子又为这一道德观念提供了哲学依据——性善论，他认为人性异于禽兽的本质就在于人性善。兽性即是生物个体追求自己生命、生理物质需求的生物之性，为了自己的利益，不惜对异类甚至同类施暴甚至虐杀。人性即是追求群体共存共荣的理性，为了维护社会公众的利益，尽可能付出自己最大的关爱与贡献，甚至不惜牺牲自己的利益乃至生命。孟子还认为性善是人人皆有的人类共性，这种"良知""良能""良心"，是与生俱来的，如他说："孩提之童，无不知爱其亲者，及其长也，无不知敬其兄也。亲亲，仁也；敬长，义也。无他，达之天下也。"（《孟子·尽心上》）又说："恻隐之心，人皆有之；羞恶之心，人皆有之；恭敬之心，人皆有之；是非之心，人皆有之。恻隐之心，仁也；羞恶之心，义也；恭敬之心，礼也；是非之心，智也。仁义礼智，非由外铄我也，我固有之也，弗思耳矣。"（《孟子·告子上》）由固有的血亲之仁，再推衍就是对整个社会成员的仁爱，"老吾老以及人之老，幼吾幼以及人之幼。"（《孟子·梁惠王上》）儒家尊崇的"内圣外王"，即是行仁的至高理想与楷模。"内圣"指内备圣人之至德，即具备行仁的道德；"外王"指因"泛爱众"而对民施之以仁政，这是儒家为政的最高标准。总而言之，儒学阐述的就是两大主题：治心与治世，其目的就是"爱人"。所以又可以说，儒学的政治学是治世之学，儒学的伦理学是治心之学。俗话说"儒学治国，佛学治心"，实际上儒学主张治国必先治心，治心与治国不可分割。所谓治世，就是努力营造一个充满爱心的世界，所谓治心，就是使每个人都具备一颗爱人之心。营造一个充满爱心的世界，这是儒家追求的理想社会，具备一颗爱人之心，这是儒家所追求的人生价值，从这个角度讲，儒学也可称之为以人为本的"爱人之学"，经世济众的"为政之学"。

以仁为核心的伦理道德，证明中国古代较早地具备了理性精神。中国古代散文中的理性精神与西方文化的理性精神有所不同，它除了具有逻辑推理、抽象思维的能力外，还包含着认识主体本身爱人品性的人格魅力，也就是不仅具有感知、判断的能力，还包含着人性完善、人格高尚的力量。中国古代散文中的理性精神，侧重点不是逻辑推理的过程与能力，而是伦理道德的阐述，在关注抽象哲理的同时，更加关心的是现实的政治、社会、民生问题，不是倾全力以冷静的思辨去分析某一事物的性质与规律，而主要是从民族的、时代的、社会的整体利益方面去直觉地感悟，以炽热的感情去追求认识主体的人生价值与人生意义。

中国古代散文在叙述历史演进时，抑或阐述天道、人伦等哲学问题时，特别强调认识的主体——人，在其理论思维中，以人道、人性、人生、人格为本位，组成了一种知识意向和价值意向，其最基本的思维模式便是"天人合一"，这是一种自然与社会、宇宙与人生在观念上一体化的哲学思维模式。它把人与万物融为一体，在客体与主体之间，更重视主体，强调人的价值，确认人是宇宙万物的中心，中国古代散文使中国传统的理性精神的重心最终定位于人，成为中国理性精神高度自觉的鲜明标志。

中国古代的主流意识，注重的是整体的观念，宣扬的是一种人与人，人与社会、自然和谐共处的理念，有别于西方天人对立、恃强凌弱、无节制地索取的观念。中国古代主流意识也注重个人的价值，但与西方注重个人价值有所不同，中国古代主流意识主张的个人价值，在于实现"泛爱众"而非仅仅爱自己。所谓"己欲立而立人，己欲达而达人。"（《论语·雍也》）"己所不欲，勿施于人。"（《论语·卫灵公》）从"欲"与"不欲"两个方面，体谅他人，关怀他人，爱护他人。爱人就体现了儒家的人生价值，实现人生意义、价值、理想、境界的途径，不依靠向他人乞求、索取来实现，也不依靠外在的强制力，而是由内求来实现，不断修养自身，自强不息，从而达到圣人、贤人、君子的人生境界。什么是圣人、贤人、君子的人生境界呢？那必是乐以天下，忧以天下，以天下兴亡为己任，以忧患社会为责任，以救世济民为情怀，以杀身成仁、舍生取义为操守，主张积极入世济天下，建立"三不朽"的事业。达到这样的人生境界，就实现了人生意义、人生价值、人生理想。

儒学即使吸收了其他诸子之学，甚至吸收了外来的佛学观点，也是为了"为我所用"，决不会改变儒学仁爱的基本原则，如适当吸收法家的刑法思想，提出"礼法兼施""刑德并用"，在重视道德教化的同时，也考虑到刑法制度的设置与功能；适当吸收道家自然任化的观点，能正确处理出仕、归隐的关系，"不以物喜，不以己悲。居庙堂之高，则忧其民；处江湖之远，则忧其君。"（范仲淹《岳阳楼记》）从政，能淡泊功名，以出世之心做入世之事；归隐，能不忘忧国忧民，以入世之心涵养出世之身。如适当吸收了佛家的明心见性的修养之道，能超脱旷达，荣辱得失岂足芥蒂于胸？儒学与诸子之学及佛学的互补，不仅丰富了儒学的内涵，而且使儒学具有了一种自我调节和更新的功能，使其理论系统化而增强了与时俱进的应变力，从而始终主导着中国古代的社会意识。

以爱人为核心的人文主义、民本思想，成为儒家理性精神的主要特征，不仅决定了中国古代散文内容的主体精神，也决定了中国古代散文审美特点及其形式的形成与发展。如果说中国散文存在着偏重于文章体式、风格的文统和偏重于传承仁德思想与传承系统的道统的话，那么，从中国早期的文本散文中就已见出这种文统与道统的滥觞。

中国早期的古代散文，已经具备了比较简单的记事、记言初级形态，至儒家创立，他们的著述使用着较系统的历史与哲理散文的形式，在史实叙述、哲理思辨时，涵容着美学的意蕴，具有审美的功能。在散文中运用了文学艺术的手法，从而使历史叙述文学化，使哲理阐释诗情化，历史著作同时也是以历史事件为题材的史传散文，哲学著作同时也是以哲理为主旨的艺术散文。如运用生动的事例及各种人物形象，来说明对社会及历史的认识，在叙述史实中渗透着作者的感情，在议论哲理中显示着作者的人格魅力，在理性的思辨中伴有诱人的情趣，有意追求精美的文辞与审美效果等。熔诗人的激情、史家的渊博、哲人的睿智于一炉，是文、史、哲的完美统一，把人类把握世界的三种方式——认知、评价、审美集中于一身。认知的内容主要表现为知识，多体现为史实的介绍；评价的内容主要表现为道德的评判，多体现为哲理的思辨；审美的内容主要表现为形象的塑造，多体现为艺术美的展示。知识求真，道德求善，形象求美，中国古代散文是真、善、美结合的产物。真善美构成了哲学思想、历史意识、审美观念的共同内核，贯穿于中国古代散文的创作过程之中，成为它的显著特质。这一特质决定了整个中国散文的基本特征，支配了中国文学基本发展的趋向。

中国古代散文与西方古代散文有一个共性，即都要求真、善、美的统一，但不同的是，在真、善、美三者之间，有的更强调真，有的更崇尚美，而中国古代散文，由于受儒学仁爱观念影响深刻，始终把善放在首位。善德主要体现为"爱人"，这种审美意识久而久之形成了一种传统，甚至铸成中华民族一种特有的理念与性格。儒家以仁为善，体现在散文的写作中，始终要体现这种善的理想与人格，没有善就谈不上真与美。中国古代散文中所歌颂的人物，首先是人格完美、理想美好、道德高尚、具有爱人之心的"善人"，也就是儒家所说的志士仁人、正人君子。他们可能没有羞花闭月的视觉美，但他们具有感人的心灵美。中国古代散文所歌颂的事物，首先就是理想的政治，就是仁政，就是美政，最大限度地体现着"善德"；不论是所描写的仁人，还是所描写的仁政，都是善的代表。在中国古代散文中，总是倾全力歌颂高尚的人物与美好事物，鞭挞道德沦丧的恶人丑事，这正是中国古代散文对人生价值的充分肯定，对善的诚挚的赞扬。

儒学在其发展过程中，形成了一个传授、演变系统——儒家"道统"，这一"道统"在中国古代几乎始终居于意识形态的主流地位，对中国古代散文的发展影响极大。本书的框架，基本就依儒学道统与中国古代散文演进的轨迹，分成远古、三代、春秋战国、两汉、魏晋南北朝、隋唐五代、宋元明、清代前期等几个大阶段来阐述，揭示儒学与中国古代散文的相互关系，探寻中国古代散文发展的基本规律。一般来说，儒学由春秋末的孔子所开创，但儒家所提倡的仁义精神，源远流长，早在伏羲、黄帝、尧、舜、禹时代，已经培育成仁义精神的基因。就儒家道统而言，孟子认为其创立"由尧、舜至于汤，五百有余岁。若禹、皋陶，则见而知之；若汤，则闻而知之。由汤至于文王，五百有余岁。若伊尹、莱朱，则见而知之；若文王，则闻而知之。由文王至于孔子，五百有余岁……"（《孟子·尽心下》）所以，远古、三代是儒学的孕育期，黄帝、尧、舜、禹、商汤、周文王、周武王、周公诸人都应是儒学的先驱者，儒家学派创立之前，受他们思想的影响是巨大的，不能不给予一定的重视。

儒学先驱者的思想主体体现于"六经"中，虽说"六经皆史"，然而中国真正成体系的历史著作，还是从儒家的《春秋》《左传》编年体开始的，特别是《左传》，虽名为编年史，却不是单纯的记述，还兼及描写、议论，常打破编年的局限，比较完整地叙述一事件或描写一人物，成为中国后世纪传体、纪事本末体等体例的源头，所以有人说："六经而下，左丘明传《春秋》，而千万世文章实祖于此。"（明·叶盛《水东日记》卷二十三《临川李性学古今文章精义》）

春秋战国时期是中国前所未有的大变革的历史时期，面对如此持久、剧烈、复杂的变革，我们当时没有《荷马史诗》那样大规模的叙事诗，也没有古希腊那样成熟的悲喜剧，来反映社会深刻、全面的变革。但在当时却找到了一种新的表现形式——历史散文，开创这种形式的就是儒家的《春秋》《左传》。就在古希腊以成熟的史诗、悲喜剧向人类做出贡献时，古老的中国向人类奉献的是历史散文。它在形式上不同于史诗、悲喜剧，但结构同样博大恢宏，同样具有表述历史复杂事变的能力，甚至它那自由、娴熟、深刻地反映历史生活的深度和广度的艺术能力，往往是古希腊史诗、悲喜剧所难企及的。从反映社会历史生活的功能看，儒家历史散文完全可以弥补中国当时没有宏大规模的史诗、悲喜剧的遗憾；从生动、形象地反映社会生活的角度看，儒家历史散文堪称中国的"无韵的史诗""史著形式的悲喜剧"，足可以与古希腊的史诗、悲喜剧相媲美。它以中华民族特有的表达方式，采取中华民族喜闻乐见的艺术形式、艺术风格，反映了中华民族的形成与发展的历史，体现了中华民族的审美心理。

我国成文的叙事体始于历史记载，因此，真正对我国后代叙事散文有重大影响而堪称我国叙事文学之祖的并不是神话，也不是充满神话的史诗，而是始于先秦儒家的历史散文与成熟于汉代的传记文学，这个影响不仅在实用性的传状、碑志、赠序、哀祭、杂记等文章中看得清楚，就是在中国古代的小说中也看得清楚。晚熟的中国小说带着深刻的"史"的烙印，常显示出叙事文"始祖"的本色。

我国具有说理成分的散文可以追溯到久远，《尚书》中的誓诰已经就事说理，不过，这些典籍史料偏重于应用，还不能算作严格的理论文章。中国说理文章的形成是从先秦诸子哲理散文开始的，其中儒家与道家的贡献最大。儒家最初的代表著述就是《论语》，《论语》各段说理语录虽构不成完整的理论文章，但已成为理论文的简单雏形了。语录体不拘形式，出口成章，多采口语，平易晓畅，言简意赅，十分易于迅速地表达作者的思想观点，其感人效果有时还胜于长篇专论。因此它作为一种散文体裁一直绵延了两千多年，直到清代，还有人模仿《论语》语录体来著述，如李光地有《榕村语录》、徐宗干有《斯未信斋语录》等。

《论语》中的语录多是一段段精粹的人生格言。孔子在教诲其弟子时，理论依据来自"六经"，用不着去论证它的正确性。同时，孔子弟子门人后学在记录与整理孔子言论时，也往往收录其中十分恳切鲜明的重要论点，即使有些论点孔子作了一些说明，往往也略而不记。再则，春秋末还没有明显的学派对立，互相论辩的风气还未形成，因为在论述道理时没有论敌的挑剔，所以用不着去做详细论证，用不着寻求充分的论据，也就是说《论语》中的说理，一般只说了"其然"部分，而省掉了"其所以然"的部分。所以才显得十分精粹，字字珠玑，句句是教导人们修身齐家治国平天下的箴言。

继承语录体并把语录体推向成熟的是儒家的亚圣孟子及其弟子所著的《孟子》一书。《孟子》一书虽然基本上是语录体，但在体制上与《论语》有很大区别，《孟子》书中某些段落有中心议题，能展开论证，形式上是语录体，实质上已接近专题论说文。《孟子》还创造了互相对话的形式，这种形式不仅可以用于答疑，而且还可以互相讨论、驳诘，参加对话的人，围绕中心论题，充分展开论辩。《孟子》驳论的方法与技巧，对驳论文体制的建立甚至赋体主客问答格式的形成，都具有巨大的启迪作用。

从《孟子》开始讲究论证分析，有了严密的逻辑性，表现出了语录体向专题论文过渡的特点。及至荀况著《荀子》，标示着专题论文的体制已经成熟。《荀子》中的文章大都具有专题论文的体式，结构严密，说理透彻，气势雄浑，逻辑性强，有的篇章还直接以"论""说""议""解""辩"等论说文的不同体裁来命题，如《议道》《天论》《解蔽》等。在此之前，《论语》《孟子》仅取篇章首句开头的数字为题，题目不能揭示全文的主旨。《老子》只标章数，仅能起一个排列顺序的作用。《墨子》《庄子》有一部分仍袭用《论语》的格式，有一部分标题与主旨有关，但有的标题意义使人费解，如《墨子》的《大取》《小取》《耕柱》，《庄子》的《胠箧》《山木》等。而《荀子》各篇，除语录体基本仍依《论语》标题格式外，如《仲尼》《大略》《尧问》诸篇，其余均是以极其简明又能揭示或提示主题的短语作标题。在论说文体制的发展过程中，荀子是一个有着特殊贡献的人。他吸收了前人论说文的创作经验，又在体制上、论说技巧上作了许多新的探索，使专题论说文正式成为一种独立的文体。

至汉代前，文学、史学结合的儒家历史散文，标志着中国记叙文体正式成形，写人、记事的技法已经成熟，写景、状物、抒情的技法正在发展之中。文学、哲学结合的儒家哲理散文，则标志着中国论说文体的基本成形，论说文体中议论的技法已经成熟，说明的技法正在发展之中。从《易传》《公羊传》《穀梁传》到汉代大量解经文章的应运而生，直至东汉郑玄时，以古文经说为主，兼采今文经说，遍注群经，成为汉代经学传疏的集大成者，其学被称为郑学，标志着儒家以"传""笺""注"等为形式的说明文正式成熟，中国散文中的说明文体在汉代儒家手中得以完成。

人们常说："以事明理为史，以理明事为经"，然而先秦儒家不论其历史著述还是哲理著述，常以形象来明理，常以形象来明事，一般很少纯用抽象的概念来表现事理、事情，赋予思想与概念一定的形象形式，以生动的形象来触动人的感情，来启迪人的智慧，来引出"理"的结论。所以叙述与抒情成了议论的基础，比喻、寓言等形式成了重要的表意手段。调动人们以已有的生活知识去感受新的未知的事物，以具体的、可感的形象去理解无形的、抽象的概念。寓言可以说是复杂的比喻，如果说一般比喻的喻体还停留在一个或几个形象上，而寓言则扩大成为饶有趣味的故事，其寓意则是比较复杂的道理，并往往含而不露，寓于所叙述的故事之中。儒家散文中的寓言萌芽于《左传》，至于《孟子》中的寓言，与《庄子》的寓言一样，达到了战国中叶诸子寓言的最高水平。不仅寓言数量增多，由单则寓言变为连体寓言，而且有奇特的想象、众多的形象、丰富的意蕴、优美深邃的意境，显示着寓言势必会发展成为独立的文学样式。寓言不是小说，但寓言也像小说一样，进行艺术想象与虚构，展开生动的叙述与传神的描绘，使寓言具有一定的故事情节和相应的性格形象。从这个意义上说，寓言已经具备了小说的基本特征，儒家散文中的寓言也成为后世小说的滥觞。

远在《尚书》的年代，人们已把散文的文体分为典、诰、命、誓、记等几大类，汉末蔡邕的《独断》，将天子下达的文书分为策、诏、制、戒，将臣子上呈的文书分为章、奏、表、驳议。魏晋时，曹丕在《典论·论文》中将文体分为四大类，陆机的《文赋》将文体分为十种，挚虞《文章流别》将文体分为二十种；南北朝时，刘勰《文心雕龙》将文体分为三十五种，萧统《文选》将文体分为三十七种，虽然他们所分的文体中包括属于韵文的部分，如诗赋、箴铭、颂赞、哀祭等，但对散文的种类划分还是比较精细的。至南北朝时，中国古代散文的体裁大致完备，有论说、序跋、诏令、奏议、典志、传状、碑志、杂记等，其议论、说明、记叙、写景、状物、抒情等表现形式都已齐备。特别是骈文的兴盛，把散文的表现手法发展到了极致。唐宋时，中国古代的散文体式基本确定，之后，中国古代散文就大致在这些文体的框架内进行思想与艺术的提高与创新了。中国古代散文各种形体的成熟，是各学派共同创作的结果，而儒家在其中起了重要的作用。儒家学派在参与中国古代散文体式的创建中，儒学起了决定性的作用，因为各种散文文体的确立，都是为了适应儒学的表述，内容决定着形式，形式服务于内容。

三　中国古代散文的现实价值

中国古代散文是古代中华民族所创造的精神财富的重要载体，中国古代散文中记载着中华民族五千年的文明与智慧，它既是以往历史的精神成果，几千年来中华民族的精神家园，又是现在人们汲取不尽的精神宝库；既是历史上维系国家、凝聚人心、复兴民族的强大精神动力，又是孕育未来辉煌的精神基础。不难想象，如果没有中国古代散文，中华民族的古代文明将从何谈起，我们又何以传承文明，建设强大的国家，从而使我们的民族立于世界之林？中国古代散文既是中国传统文化的重要载体，所以，中国传统文化的现实价值，在很大程度上就体现了中国古代散文的现实价值。

我国历史悠久，是世界上仅有的几个文明古国之一，又有着世界上绝无仅有的从未中断过的传统文化。人类原生态的"母文化"有七种：埃及文化、苏美尔文化、密诺斯文化、玛雅文化、安第斯文化、哈拉巴文化和中国文化，其余六种古老文化，都因外族入侵或外族移入而中绝，唯有中国文化而未中断。为什么会有这种现象？并不是因为不存在"外族入侵或外族移入"的现象，而是因为中国文化一直以儒学为主干，中国文化的主流意识一直是以儒学为主体，因而，中国的文化才具有了强大的生命力，这种生命力表现在它具有的强大同化力、融合力、延续力与凝聚力。同化力指自身博大精深、体系完整严密，它同时具有吸收、兼容其他文化的能力。外域文化，如佛文化进入中国，只能被中国文化所改造、所吸收，使其中国化，融入中国文化之中而成为中国文化的一部分，而中国文化的特质不会被佛文化所改变。所以中国文化从古到今，都保持着自己鲜明的民族特色而成为世界文化的重要部分。融合力指在汉民族文化的基础上，吸收中国境内各民族各地域的文化，形成内涵丰富的中华文化。当然，这种融合力也包括吸纳外域文化，融合力使中华文化不断吸收新的养分，永远呈现着勃勃生机。延续力指中华文化不断发展，历久弥新，发展至今而未中断。凝聚力指中华文化中所具有的各民族同源、四海之内皆兄弟、大一统的思想，它是促进祖国统一、各民族团结的强大精神动力。中国各民族甚至世界各民族，对中华文化有一种文化认同感。这是一种几千年来没有中断而且不断积淀、流传下来的文化，其以儒学为核心的主流意识始终未变，最鲜明地体现着人的价值观念，至今仍对人们的行为方式和思维方式产生着重大影响,对未来还有着难以估量的精神价值。1988年1月,有75位诺贝尔奖获得者在法国巴黎举行国际会议,会后发表了一个宣言,宣言中一段话令人震惊:"如果人类要在21世纪生存下去,就必须回头2500年前,去汲取孔子的智慧。"① 以儒学为核心的中国古代文化当今及未来之价值,由此可以看出。

从西周以来,我国就形成了儒家崇尚的礼乐文化。春秋战国时,儒学成为意识形态中的"显学",从封建社会第一个盛世大汉帝国开始,我国就确立了儒学的主流意识的地位,这是一种不以宗教信仰而以伦理道德为核心为价值评判的精神体系。正是这种主流意识,造就了中华民族高尚的道德人格和仁爱大众、兼济天下的人生价值观,不仅促成大汉帝国的兴盛,还促进了后世中国数次居于世界前列的太平盛世的出现,成为修身齐家治国平天下的理论指导,成为创造中华物质文明的精神动力。

令全世界人民仰慕的中国传统文化,本可成为我们后人复兴中华再创强国的历史经验、文化底蕴及心理素养,但近代以来,封建统治者的腐败,帝国主义的侵略,使我国沦为半封建半殖民地社会,一个东方文明大国变成了一穷二白的"东亚病夫"。但仔细想来,穷是事实,"白"却不尽然,因为我们几千年形成的中华文化传统还在,几千年流传的主要经典还在,维系中华文化的根还在,连贯每个炎黄子孙灵魂的血脉还在。

20世纪初,中国进入文化转型的历史时期,西学大量传入中国并日益繁盛,传统文化受到严厉的批判。帝国列强为了配合其对我国军事、经济等方面的侵略,极力否认我国传统文化曾为人类做出过巨大贡献,极力贬损其价值,企图挫伤甚至妄想泯灭中华民族的自信心。从精神上心理上征服一个民族,就是从否定这一民族的文化开始的。帝国列强的"精神侵略",使我国一些人产生了民族自卑感,轻率怀疑、自我否定的论调时有泛起,甚至全盘否定传统文化形成了一种社会潮流。在散文方面,"首先是近百年前那场'五四'新文化运动的历史性影响。'五四'高扬'打倒孔家店''桐城谬种、选学妖孽'的口号,气势凌厉的白话、文言之争,几乎斩断了欲使传统古文进行现代转换的一切可能。"② 新中国成立后,"中国人民从此站起来了",但一度"极左"思潮泛滥,将人类创造的绝大部分文化成果视为"封、资、修的货色"而给予否定,中国传统文化作

---

① 转引自任德山、邢群麟《〈论语〉的智慧大全集·前言》,中国华侨出版社2010年版,第1页。
② 王水照:《序》,见杨庆存《宋代散文研究》(修订版),人民文学出版社2011年版,第2页。

为"封建文化"同样属于否定之列。特别是"文化大革命"时期,中国传统文化更是遭到灭顶劫难,大量的古籍经典因破除"四旧"而惨遭涂炭。新时期以来,拨乱反正,随着改革开放的深入,人们对传统文化进行了深刻的反思。但历史发展时有曲折,80年代,随着打开国门,实行开放政策,一股否定传统文化、鼓吹全盘西化的思潮又一次泛起。1986年刘晓波发表了《中国的传统文化早该后继无人了》,坦言自己就是一个"挖祖坟的人",希望中国今后"三百年为殖民地",对传统文化极尽亵渎之能事,竭力吹捧西方文化,鼓吹用西方文化全面取代中国传统文化。虽然这种鼓吹在经过"文革"沉痛反思的中国人面前,并未起到什么作用,反而使中国人清晰地看到这种"汉奸文化"的险恶用心,但毕竟反映了百年以来自我彻底、全面否定传统文化的思想仍远未根除。

帝国列强的"精神侵略"并不可怕,可怕的是我们中国人所产生的民族自卑感。帝国列强竭力贬低中华文化,这是出于"精神侵略"的目的,从认识上说,他们未必认识不到中华文化的价值,不然的话,他们怎会对中国文化遗产视之如无价之宝,垂涎三尺,觊觎已久,随着军事侵略,大肆掠夺,运不回去的就焚烧毁坏。例如1900年,八国联军洗劫了包括《四库全书》《永乐大典》在内的清宫廷收藏的古籍与文物。此年,敦煌藏经洞被发现,洞内的大量文献文物又陆续被帝国列强的"探险队"几乎掠夺一空。据不完全统计,现在国外47个国家的200多个博物馆中,就有中国文物不下百万件,其中就有大量的古籍,从反面也可证明中国传统文化的价值。

当然,除了帝国主义的走狗汉奸之外,一般人的民族自卑感与帝国列强的精神侵略,虽然都否定中华传统文化,但二者却有着本质的不同。自卑的中国人中有许多是从列强的坚船利炮中看到了中西方国力的差距,在对西方现代文明顶礼膜拜之下,对自己的传统文化进行了忏悔与鞭挞,甚至把中国的贫弱落后全归于传统文化所致。这种民族自卑也正好顺应了当时"西学东渐"的潮流,他们欢呼西方资本主义自由、民主、科学的新观念的涌入,决心以洗心革面来"全盘西化",这固然有历史进步的一面,打破了中国封建主义的长期禁锢与封闭,吸纳了西方的某些先进文明,但也带来了极大的负面影响,这就是对自己的传统文化做了不切实际的过分的否定。在这种思潮影响下,学界一些学者又无条件地疑古,轻率地怀疑甚至否定中国悠久的文明。之所以说这种自我否定民族文化比帝国列强文化侵略还要可怕,就是因为这种思潮长期存在,至今还给我们留下严重的后遗症。在现实中,它有时与西方腐朽精神渗透相呼应,演变为思想混乱、政治动乱的"理论依据"。

在我国的历史上,曾出现过多次骄人的盛世,它当时不仅是世界范围内经济发展的中心,也是世界范围内政治文化高度发达的中心,中国传统文化显然起了盛世的精神支撑作用,对中国乃至人类社会的发展做出过巨大的贡献。不能正确地评价中国传统文化,就是不能正确地评价中华民族;否定中国传统文化,就是否认了中华民族几千年来的精神创造,世界上还从来没有一个因漠视自己的传统文化从而弱化了民族意识的民族,有立于世界民族之林的能力。

中国传统文化是历史的产物,但它却有着强大的生命力,它的精神是鲜活的,它的价值是永恒的。中国传统文化的伦理核心是"仁",提倡"和为贵",在政治上,具体体现为以"仁"与"和"来"齐家治国平天下"。强调人与人之间和谐,国与国之间和睦,人与自然之间协调。它关注的重点是社会、民生,这恰是建立和谐社会、稳定社会秩序、和平共处建设现代化国家所需要的精神指导,也是治疗在商品经济体制中一些人只顾个人物质追求,而精神信仰空虚、漠视社会及他人利益弊病的良药。

20世纪80年代以来兴起的"国学热",经久不衰,呼唤中国传统文化回归,中国传统文化知识进一步普及,中国传统文化研究进一步深入。不仅满足了人们文化"寻根"的欲望,满足了人们精神上的渴求,而且在很大程度上对现代社会价值失范的现象进行了拨乱反正,说明中国传统文化仍是中华民族复兴的重要精神资源。人们不仅重新认识到中国传统文化的历史价值与作用,还认识到了它在当今社会中的重要地位和作用。

任何民族的传统文化,都产生于特定的历史时代与具体的时空中,有着它的历史价值,也有着它的历史局限性。当然,中国传统文化既是历史的精神成果,它必然存在着历史的局限性,本身是精华与糟粕并存,关键是我们能否用当代的认识来鉴别这些精华与糟粕。不可轻易地将精华视为糟粕,当然也不可迎合低俗将糟粕视为精华,在现实与传统的结合上,去认真地认识中国传统文化的价值与局限。中国传统文化不仅是建设现代社会主义精神文明的基础,而且其精华具有超越时空的永恒价值,它可以跨越历史而转化为当代需要的精神资源。在当今,即使中国和西方的现代先进的科学思想及文化学术和谐共融,并成为人们的主导意识,但也丝毫不减中国传统文化的这种价值。

中国传统文化是中国人智慧的总结,是中国人感情的流露,是中国人心灵的阐释,比起西方文化来,不论从内容上还是形式上,即使对于有语言隔阂的当代中国人来说,仍然更乐于与易于为他们所接受。从未中断的中国传统文化，使自己本身具有了强大的生命力，不仅为中国人所喜闻乐见，也得到世界各民族的认可与仰慕。它还是一个开放的体系，在它的长期发展中，吸收了其他国家、民族的多种文化精华，它本身对其他国家、民族也产生了重大的影响，乃至形成了一个超越国界的"汉文化圈"。随着国力的强大，各国更加关注中国，让世界了解中国传统文化，就是了解中国的重要途径。过去曾有过"西学东渐"的浪潮，在某种程度上讲，是伴随着西方坚船利炮而兴起，带有一定的强制性。如今，正悄然出现"东学西传"的现象，世界各地纷纷设立"孔子学院"便是有力的证明，这是世界各国人民认识到中国传统文化价值之后的自觉行为。在"东学西传"中，将中国古代散文精品进行准确的翻译与阐释并介绍给各国人民，这是我们中国学者责无旁贷的任务。

中国现代化建设，理论是其经济发展的精神先导，文化是其强国的实力之一，中华民族每一个人都需要洁净、高尚、美好的精神家园。中国传统文化对塑造完美的人格，提升人们的精神境界，增长人们的聪明才智，增强民族的自信心与自豪感，意义重大。即便顺利地完成了现代文明与传统文化的对接，中国传统文化的宝贵遗产仍可以不断地为现代精神文明建设提供可借鉴可利用的精神资源。中国传统文化曾在历史上是创建封建盛世的强大精神动力，它的优秀遗产也可以转化为建设社会主义社会的精神财富，激励我们充满信心地去创建社会主义的盛世。

中国传统文化的存在与传承，离不开它的载体，中国古代散文作为中国传统文化重要载体之一，它的现实价值就包含在中国传统文化的现实价值之中。

第一章　饱含儒家仁爱基因的中国远古神话传说

一　散文是最早产生的文学形式之一

不论欧、亚，还是非、美诸洲，也不论中国、埃及，还是希腊、印度诸国，从文化传播的角度讲，各国各民族最初差不多都要经历一个"传说时代"。在这个时代中，长期没有文字，就是到了它的后期，产生了一些原始文字，但人们还不能使用这种文字来详尽地记录以往的历史与现实的生活，而这些历史及现实生活的知识，要靠口耳相传的方式来传播，从这一特征出发，人们把这一历史时期称之为"传说时代"。传说时代属于人类哪段历史发展时期？美国杰出的社会史学家摩尔根在其划时代的巨著《古代社会》中，将人类的历史划分为蒙昧时代、野蛮时代、文明时代。传说时代按其理论应为蒙昧时代、野蛮时代与文明时代的初期。但摩尔根的分期法很难显示出人类社会发展中生产力与生产关系、经济基础与上层建筑之间关系的本质。根据新的分期法，传说时代应指旧石器时代、中石器时代、新石器时代与早期金属器时代，或换言之，是指原始人时期、原始氏族公社时期（包括母系氏族社会与父系氏族社会）和私有制社会初期（指奴隶社会初期），这是一个漫长的历史阶段，是古代民族逐渐形成的时期。

传说时代生产力极其低下，人们的生活比较单调，人们的思维方式也相应地比较简单，但幻想性想象力却异常丰富，马克思说：

> 在野蛮时期的低级阶段，人的较高的特性就开始发展起来。个人尊严、雄辩口才、宗教情感、正直、刚毅、勇敢，当时已成为品格的一般特点，但和他们一同出现的还有残酷、诡诈和狂热。在宗教领域

里发生了对自然力量的崇拜以及对人格化的神灵和伟大的主宰的模糊观念；极简单的诗歌创作、共同住宅以及玉蜀黍团子——这一切都是属于这个时期的东西，这个时期还产生了对偶家族以及由胞族和氏族组成的部落联盟，想象力，这个十分强烈地促进人类发展的伟大天赋，这时候已经开始创造出了还不是用文字来记载的神话、传奇和传说的文学，并且给予了人类以强大的影响。①

人们对于身边发生的一些事件，只能靠口头传述来互通信息，包括"极简单的诗歌"和"神话、传奇和传说"，如果害怕遗忘重要事件，最多以结绳、刻木做标记，日后借此激起对往事的回忆。传说后期以一些图画式的原始文字代替结绳、刻木，图画式的原始文字比结绳、刻木的形式有了质的进步，但是，大量的信息，特别是大量生动的神话故事，还是要靠口耳传说来进行。

在传说时代，人们为了求得生存，对关系到自己生存的自然环境异常关心，而各种自然现象又使他们感到神秘莫测。由于受生产力发展及知识水平的限制，他们只能从自己狭隘肤浅的生活体验出发，通过幼稚的想象，来理解这些现象。如他们看到自己所居的地形是西北高而东南低，江河多由西向东流入海，天上的日月星辰却是由东向西慢慢移动，于是以幻想的形式给予这些自然界中的这种现象以这样的解释：

> 昔者共工与颛顼争为帝，怒而触不周之山。天柱折，地维绝。天倾西北，故日月星辰移焉；地不满东南，故水潦尘埃归焉。（《淮南子·天文训》）

对人们所敬仰的原始部落首领与部落英雄，同样也多借助丰富的想象来加以理解，从而赋予这些首领与英雄许多超乎人类能力的种种"神力"，在他们的身上寄托了人们各种各样美好的愿望，歌颂了他们在与自然界的斗争中所具有的不屈不挠的斗志与伟大的发明创造力。如女娲补天、后羿射日等神话故事。

神话中的"神"是幻想化了的现实的人，神话故事则是幻想化了的历史现实，这些神话在今天听来，可能幼稚而荒诞，但在传说时代，它却是

---

① 马克思：《刘易斯·亨·摩尔根〈古代社会〉一书摘要》，《马克思恩格斯论艺术》第2卷，中国社会科学出版社1983年版，第4—5页。

先民对外部世界的感知，是先民在斗争实践中的总结，是先民对自然力以及领袖、英雄人物的真实信仰与崇拜。先民们以不自觉的自然而然的幻想的方式来反映现实生活，并不是在有意地进行文学创作，然而他们的神话故事天然地具有审美魅力，因而也就天然地成为文学作品。这种文化现象不独中国如此，其他国家和其他民族也如此，共同的原始、简单的社会结构与低下的生产力，决定了他们相似的社会意识与文化心理，决定了他们相似的神话文学乃至文化形态，同时也决定了这种文学乃至文化须以口耳相传的方式来传播。正如茅盾先生指出：

> 凡一民族的原始时代的生活状况、宇宙观、伦理思想、宗教思想，以及最早的历史，都混合地离奇地表现在这个民族的神话和传说里。原始人并没有今日文明人的理解力和分析力，并且没有够用的发表思想的工具，但是从他们的浓厚的好奇心出发而来的想象力，却是很丰富的；他们以自己的生活状况、宇宙观、伦理思想、宗教思想等等，作为骨架，而以丰富的想象为衣，就创造了他们的神话和传说。故就文学的立点而言，神话实在即是原始人的文学。迨及渐进于文明，一民族的神话即成为一民族的文学的源泉：此在世界各文明民族，大抵皆然，并没有例外。①

神话传播形式是大众化的，人人可以接受，人人可以传播，它的最重要的特征便是口述性，也就是指它的内容都是以口语叙述出来的，如今天的讲故事，而不是吟唱出来的，即使后人对它加以笔录或进行文字方面的整理与修饰，仍然难以改变它的口述性特色。从这一特征来看，神话是名副其实的最早的口头"散文"，就是后来将这些神话赋予文字的形式，一般仍然使用着不讲究韵律、非常自由、近乎口语的书面语。从文体来说，神话不论是口头形式还是书面形式，始终属于散行语体，即散文体。

鲁迅先生也有类似的看法，他著文说：

> 昔者初民，见天地万物，变异不常，其诸现象，又出于人力所能以上，则自造众说以解释之：凡所解释，今谓之神话。神话大抵以一"神格"为中枢，又推演为叙说，而于所叙说之神、之事，又从而信

---

① 茅盾：《楚辞与中国神话》，载于《茅盾说神话》，上海古籍出版社1999年版，第158页。

仰敬畏之，于是歌颂其威灵，致美于坛庙，久而愈进，文物遂繁。故神话不特为宗教之萌芽，美术所由起，且实为文章之渊源。①

　　同神话一样，古老的原始歌谣也起源很早。原始人在以集体劳动为基本内容的群体活动中，逐渐产生了能够交流信息与感情的语言系统。那些最初能够协调劳动节奏的呼喊或号子，随着表达的内容与感情的逐渐丰富，也就成为有节奏、有韵律的原始诗歌。而且往往是以可以咏唱的"唱词"与乐舞相配合，边歌边舞，舞的动作就是劳动行为的模拟或再演示。《吕氏春秋·古乐篇》记载："昔葛天氏之乐，三人操牛尾，投足以歌八阕：一曰'载民'，二曰'玄鸟'，三曰'遂草木'，四曰'奋五谷'，五曰'敬天常'，六曰'达帝力'，七曰'依地德'，八曰'总禽兽之极'。"从这八首辞的题目来推测，大部分内容与劳动生活有关，当然也有与祭祀、图腾有关的内容，原始社会有祭祀、图腾、战争、爱情等题材的歌谣，但其渊源还是劳动歌谣。

　　劳动歌谣从最初产生起，就是有节奏、有韵律的语言加强形式，如东汉赵晔编著的《吴越春秋》，书中记载了一首《弹歌》，只有八个字："断竹，续竹，飞土，逐肉。"相传是黄帝时代的作品，是否真是黄帝时代的诗歌，现在还难以确定，不过，大致可以认定是远古时代遗存的较早的诗歌之一。它以极其单纯朴素的语言高度地概述了原始社会的人们截断竹子，用兽皮之类做弦线，来连接竹子两端，制作成原始的弓箭，又用弓箭发射泥石类弹丸去打猎的全过程。从这首古老的《弹歌》，我们看到远古时代诗歌的节奏与劳动的动作节奏是一致的。一般的原始劳动动作由一来一往或一反一复两个基本动作所构成，所以诗歌的节奏也是二节拍的。就如"断竹"，其砍斫竹子的动作是一扬一劈，"飞土"的拉弓、射弹的动作，则是一张一弛，《弹歌》全诗一个字一拍，形成二言句式。其后兴起的四言诗，丰富了所要表达的内容与感情，如《诗经》中的绝大部分诗，虽然是四言句式，实际上还是二节拍诗，两个字为一节拍。诗歌的二节拍节奏便于在劳动中吟唱，以减轻疲劳，也便于协调劳动动作，以统一行动。

　　原始劳动的动作不仅往往由一来一往的两个动作所组成，而且这两个动作还往往发出轻重不同的音响，轻重不同的音响还往往分别发生在前后两个动作上，也就是说重音往往发生在后一个动作上。表现在诗的节奏

---

① 鲁迅：《中国小说史略》，人民文学出版社1973年版，第7页。

上，则重音往往落在二节拍的后一拍子上。所以，从最初的二节拍诗歌起，就注意了尾音的和谐，讲究尾音的"押韵"，如《弹歌》尾音的字是"竹""土""肉"，都相押韵。当然，有些劳动动作的声响也并非一定前轻后重，所以表现在古代诗歌的音韵上，也有句中韵，即有"首韵"和"腰韵"的现象，如《诗经·王风·扬之水》："怀哉怀哉，曷月予还归哉！"首句第一字"怀"字与次句的"归"相押，形成首韵。再如《诗经·小雅·宾之初筵》："籥舞笙鼓，乐既和奏。烝衎烈祖。"首句第二个字"舞"与"鼓"及后面句子的"奏""祖"为韵，形成腰韵。《诗经·魏风·伐檀》："坎坎伐檀兮，置之河之干兮。"句中"檀"与"干"字为韵，并不是押语气词"兮"的韵，这也是一种腰韵。后世诗歌除了词体外，继承的只是古诗歌的句尾韵，即只求句末押韵，然而上下句的平仄与对仗却严格地要求起来。即使是原始的先民，当他们想以诗歌的形式来表达感情时，不仅要注意诗歌的节奏，注意诗歌音韵的和谐，而且还要注意从繁杂的日常语言中提炼出诗的语言，这种语言能简洁、明快地表达出人们的思想感情。然而这种诗的语言的提炼，要求具有相应的思维能力和驾驭语言的能力，这是一种比较复杂的精神创作活动。诗歌尽管来源于劳动，但需要人类思维能力与语言驾驭能力发展到相应的阶段，才会产生这种有节奏有韵律有艺术美的语言加强形式，并非是伴随着语言的产生就能自然而然地产生。

原始神话与远古歌谣是原始社会先民们不自觉的形象思维的结果，是人类最早培育的文学花朵，是人类文学艺术的源头，在传说时代，很难说哪个产生得晚哪个产生得早。对于原始神话来说，其产生至少不晚于远古诗歌，也等于说散文的产生并不晚于诗歌。然而长期以来，散文的产生晚于诗歌的观点普遍见于中外众多的著述中，并几乎成为一种定论。

持"诗歌是最早文学形式"观点的人，大多以鲁迅的一段文字为依据。鲁迅的这段文字出自他的《门外文谈》一文，讲原始人最初连话也不会说，经过漫长的进化，慢慢发出声来，他们大伙抬木头，发出"杭育、杭育"声，鲁迅认为这就是最初文学创作，若说流派，他们便是"杭育、杭育"派。于是这些人便下结论：诗歌是人类最早出现的文学形式。实际上，鲁迅并没有讲错，而且这段论述的文字也极严谨，鲁迅讲"杭育、杭育"是原始人的最初文学创作，并没有讲这就是诗歌创作，讲"杭育、杭育"派，并没有讲这就是一个诗派，怎么能从鲁迅的这段文字引出"诗歌是人类最早出现的文学形式"呢？这些人可能会反驳说：鲁迅的那段文字，是参照《淮南子·道应训》中的一段文字讲的，《淮南子》中可是明确指出那是诗歌呀！不错，《淮南子·道应训》中确实如此讲："今夫举大木者，前呼'邪许'，后亦应之，此举重劝力之歌也。"但不能因为《淮南子》讲了，就成了定论，我们还要看看它是否真有道理，看看这"邪许"或"杭育"是否真是诗歌？刚刚会发简单声音的原始人，大概和现在牙牙学语的婴儿一样，他们发出的那些虽有节奏而无词语内涵的声音，你能判断是诗歌还是散文？即使是有节奏、有一定词语内涵的呼喊，也难说就是诗歌，因为散文也并非没有节奏。诗歌不仅有节奏，还需押韵，并且它应是"语言的加强形式"。

还有更多的人，以文字的产生为散文产生的前提，一般认为中国的散文应从殷商甲骨文算起，如《中国分体文学史》（散文卷）中说："散体文的产生，始于文字记事。从现有材料来看，殷商时期的甲骨刻辞和铜器铭文，即为最早的散文。"① 这样的话，中国散文也就只有三千多年的历史，而与散文相对的诗歌，他们又从口头创作算起，而原始的口头歌谣创作的历史何止数千数万年？由此看来，散文的产生晚于诗歌那是很自然的了。

人类最早的文学形态并不仅仅是诗歌，实际上是一个显而易见的事实，早在20世纪40年代末，当时任东北大学教授的杨公骥先生就著文指出：

> 在没有文字的时代，每个民族（广义的）都有口头文学：诗歌和神话传说。和古代西方一样，我国古代神话大多散见在公元前的诗歌或学者们的著作中……虽然我国古代神话大多是在春秋战国（公元前770年—前221年）时代被用文字记载下来，但并不能由此认为这些神话就是春秋战国时的作品。因为，神话本身所表现的主题思想，以形象所反映的现实，就证明了它的产生时代。研究古代口头文学，是不应以它的记录成书年代断年的。②

杨公骥先生认为神话传说与诗歌一样，是每个民族的最早的口头文学，也就是每个民族最早的口头文学就存在着自由述说和可以吟唱的两种形式。可惜，杨公骥先生的这篇专论并没有引起所有文学研究者的注意。

---

① 赵义山、李修生主编：《中国分体文学史》（散文卷），上海古籍出版社2001年版，第1页。
② 杨公骥：《中国原始文学》，见杨若木选编《杨公骥文集》，东北师范大学出版社1998年版，第48页。

学术界长期以来仍旧唱着"诗歌是人类文学最早样式"的老调，如近年出版的章培恒、骆玉明主编的《中国文学史》上卷第49页上说："根据现有资料，文学中最早出现的是诗歌。"就连几部权威的文学史著作，如刘大杰的《中国文学发展史》、游国恩等人主编的《中国文学史》等，也都持这种观点。

"诗歌是人类文学最早样式"的认识，不仅在中国文学研究中存在，而且在世界上其他国家文学的研究中也存在着，苏联著名的文学理论家莫·卡冈在其《艺术形态学》一书中对这种现象提出过疑问，但他仅仅是提出疑问，而仍然不敢否定诗歌早于散文的陈说：

> 诗歌早于散文是一件确凿不疑的历史事实。不过，这好像是奇怪的和不足信的——因为原始人像我和您一样，在日常生活中用散文讲话；他怎么会为了艺术认识的目的，舍弃对这种散文语言的简单的、似乎是如此自然的运用，而开始编制比散文语言结构复杂得多的诗歌语言结构呢？[1]

对于文学上这一基本的问题，学术界应该进行认真的探讨。20世纪90年代末，杨庆存先生从文学发生学的角度，重新对这一重要的文学现象进行冷静、客观、历史、逻辑的思考，在他的一系列著述中提出了自己新的看法，如他在一篇文章中指出：

> 未有文字之前的文学，当然只能是口头创作的文学、口耳相传的文学。黑格尔称未有文字之前的文学为"前艺术"，我们姑且称之为文学的"始源形态"。人类自有文字之后，便有了书面语言。伴随着语言之口头与书面的区分，文学则有了口头与文本的分别。探讨文学的发生，探讨文学各类文体的始源，必须使用统一的标准和统一的前提条件。而"散文的产生晚于诗歌"说，正是违背了这一原则，探讨诗歌的产生是从口头创作时期寻找源头，研究散文的产生则转而依据文字产生之后的文本资料，故其结论必然是错误的……
>
> 要之，没有文字之前，便有"口头文学"。而人类在社会实践的具体交际中，无论是协调动作、交流思想，还是讲述故事、描述事物，都是使用质朴、自然、简单、直接的表达方式，这便是"口头散

---

[1] 〔苏联〕莫·卡冈：《艺术形态学》，凌继尧、金亚娜译，三联书店1986年版，第400页。

文",这便是散文的始源形态。可以断定,这种散文始源形态的出现,绝不会晚于口头创作的诗歌。而"散文的产生晚于诗歌"论者,恰恰忽略了这种散文的始源形态,将散文的产生推至文字出现以后,故其结论必然难以令人信服。①

杨庆存先生对诗歌与散文或口头与文本的对比分析是清晰、透彻的,所得出的"散文始源形态的产生不会晚于口头创作的诗歌"的结论令人信服,这一点认识是超于前人的。从20世纪初,中国学界确立了神话学以来,神话是中国文学的源头之一的观点已为许多学者所接受,但是神话传说是中国古代散文的始源形态,却是一种新提法,而这种提法,无疑始于杨庆存先生的理论主张。

我们费了这么多的篇幅来说明散文的产生并不晚于诗歌,并非是无目的地坐而论道,因为从文学意识上明确以远古神话为形态的散文是人类最早的文学形式之一,解决了文学基础研究中的一个重大问题。远古神话是原始社会的百科全书,它蕴含着远古人对自然与社会的一切认识,孕育着所有自然科学与人文科学思想与观念的萌芽,它是人类文化的源头,自然也是文学艺术的源头。只有树立了散文同诗歌一样,也是中国最早的文学形式的意识,才能理解口头散文与文本散文的承传关系,才能理解口头散文长期艺术积累对于文本散文形成的意义,才能理解中国成熟的文本散文的历史渊源,才能正确地评价中国散文在中国文学史上的地位与价值。

二 中国远古神话传说的重要特征及重要典籍

(一) 中国远古神话传说中自强、博爱的特征

传说时代生产力极其低下,人们的思维方式也相应地比较简单,人们对周围变化万端的自然现象感到神秘莫测,只能从自己狭隘肤浅的生活体验出发,常以自身或者身边见到的事物来联想难以理解的事物,按照自己的心理来想象外在的自然物,这种原始的思维,其基本的观念就是万物有灵论。通过自己幼稚的想象、幻想,来理解、解释自然界中的种种现象,从而把自然力加以形象化与人格化。如风雨雷电,在原始人看来与人一

---

① 杨庆存:《散文发生与散文概念新论》,《中国社会科学》1997年第1期。

样，是有生命、有感情、有灵魂的，并赋予一个神的形象来理解它。再如太阳，我们人类天天仰头共瞻的大星球，每天从东方升起，到傍晚又坠于西方，我们的先民当然不知这是天体运动的现象，而是把太阳的运行与鸟的飞翔联系起来想象，因为天空中只有鸟儿才能飞行，所以认为太阳必定是有大乌鸦载着在空间运行：

大荒之中，有山名曰孽摇颥羝，上有扶木，柱三百里，其叶如芥。有谷曰温源谷。汤谷上有扶木。一日方至，一日方出，皆载于乌。（《山海经·大荒东经》）

他们又把太阳的运行与自己的生活及生理现象联系起来，认为太阳也是由其母亲所生育的，也像人一样，日作而夜息。每日清晨从东方升起，极像从东海中跃出，便认为那是太阳刚刚在海中洗浴罢而露出水面：

东海之外，甘水之间，有羲和之国。有女子名曰羲和，方浴日于甘渊。羲和者，帝俊之妻，是生十日。（《山海经·大荒东经》）

汤谷上有扶桑，十日所浴，在黑齿北。居水中，有大木，九日居下枝，一日居上枝。（《山海经·海外东经》）

从这几则文字中可以看出，都认定太阳是从东方洗浴池中的巨树上升起，因为巨树是大乌鸦栖息的地方。太阳被大乌驮着升腾于空中，一直西行。各个时期的神话对太阳运行的解释基本是一致的，这说明先民神话思维的共同性。然而有的说有两个太阳："一日方至，一日方出"，有的说有十个太阳："九日居下枝，一日居上枝"，有的说是大乌驮着太阳飞行，有的说是大乌拉着车载着太阳运行。至于日出、日入之地名，更是众说纷纭，说明关于太阳的神话，是集体所创，因地域、民族、时代不同，说法也呈现出多样化的特点。神话同一主题的大同小异，是很自然的现象，人们在传播神话中，不断地对它进行增删、修饰，往往以自己的理解对原来的神话进行新的解说。这种传播过程中的文化堆积现象是普遍存在的，这种文化堆积现象造成中国神话异常混乱，要想找到原始的神话，弄清神话形成发展的过程，分清神话与传说乃至仙话、童话的区别，是比较困难的。不过在20世纪40年代末，原东北大学教授杨公骥先生依据古代文献，通过探讨原始社会的物质生活和艺术生产方式，与原始社会人们的思

维特点与语言特征,整理出较为系统的中国古代神话故事系列,对中国神话的形成、发展与特点,作了清晰的说明。他认为:

> 有理由认为,原始的神与神话的发展历程是:先出现自然神,后出现祖先神,最后出现宇宙大神。这不仅是被人的思维能力和认识水平所规定,而且是被社会实践的历程所决定。①

在原始社会,社会的主要矛盾是人与自然的矛盾,人要生存发展,总是先从与自己生存发展密切相关的具体自然事物、自然现象开始认识客观世界的,因此,最初出现的认识、感受必是来自于与自己生活息息相关的具体的自然物与自然现象。那时人们征服与支配自然力的能力还极为低下,对变幻莫测的大自然由畏惧而产生崇拜,并以自己的想象、幻想和联想,赋予大自然以人一样的生命与感情,使其成为具有人格化的自然神灵,这种风雨雷电、山川草木等自然神,有头有身有足,尽管肢体可能是人的或是鸟兽的,是歪曲了的现象,然而正体现了富有灵性、富有幻想的神话特点。这些自然神话,是原始社会人类创造的最早的神话。至于后来不断增添关于地方自然、风物及民间怪异等传说,甚至又掺入许多仙话、鬼话,这是完全符合文化堆积现象的。

原始人创造的神首先是自然神。当氏族部落形成,对血缘联系的意义有了认识,祖先或部落领袖成为部族的重要的号召力与凝聚力时,对自然神的崇拜也逐渐转移到对祖先神的崇拜。如周人的祖先后稷原是五谷之神,楚人祖先祝融原是火神。由自然神崇拜转为祖先神崇拜,是其信仰的一种提升。英雄神话传说同祖先神话传说一样,都是晚于自然神话而在后来产生的,它反映氏族社会人们对战胜自然力的新认识,标志着人类自我意识的觉醒。祖先、英雄成为神话传说的主体,标志着神话向传说演化已经进入了一个新的发展阶段。神话传说中的英雄形象尽管还带有神奇怪异的特点,但他们却是中国神话传说中首批最富魅力的人物形象。

英雄神话传说与祖先神话传说的内容有重叠交叉,因为有的英雄同时也是部落或氏族的祖先,不少祖先往往就是带领人们征服自然或征服其他部落的英雄,但这两种神话传说又不能互相代替,这不仅是因为有的英雄

---

① 杨公骥:《中国原始文学》,见杨若木选编《杨公骥文集》,东北师范大学出版社1998年版,第46页。

并非是部落或氏族的祖先,而且更主要的是因为这两种神话传说各自反映着不同的主题。祖先神话传说主要解释民族的来源与发展,而英雄神话传说则主要表现我们的先人在自然斗争及社会斗争中的勇敢无畏精神。

宇宙大神神话产生较晚,大约在氏族社会的晚期,随着氏族的发展,各氏族之间经过斗争、融合、联合,有了共同的首领。相应地,在精神上就有了探寻共同祖先的要求,这个共同祖先就是创造一切、主宰一切的宇宙大神,这就是创世的神话传说。在中国古代神话中,盘古开天辟地的故事就属这样的神话:

天地浑沌如鸡子,盘古生其中。万八千岁,天地开辟,阳清为天,阴浊为地。盘古在其中,一日九变,神于天,圣于地。天日高一丈,地日厚一丈,盘古日长一丈。如此万八千岁,天数极高,地数极深,盘古极长。后乃有三皇。数起于一,立于三,成于五,盛于七,处于九,故天去地九万里。(《艺文类聚》卷一引徐整的《三五历纪》)

另有一段,是清马骕《绎史》卷一引徐整《五运历年纪》中的文字:

元气蒙鸿,萌芽兹始,遂分天地,肇立乾坤,启阴感阳,分布元气,乃孕中和,是为人也。首生盘古,垂死化身,气成风云,声为雷霆,左眼为日,右眼为月,四肢五体为四极五岳,血液为江河,筋脉为地理,肌肉为田土,发髭为星辰,皮毛为草木,齿骨为金石,精髓为珠玉,汗流为雨泽,身之诸虫,因风所感,化为黎甿。

徐整是三国时吴国人,其《三五历纪》《五运历年纪》尽管是很晚的典籍,但盘古开天辟地神话的产生肯定远远早于这两部典籍形成的时期。宋代黄休复《益州名画录》"有画有名"条引《益州学馆记》:"献帝兴平元年,陈留高朕为益州太守,更葺成都玉堂石室,东别创一石室,自为周公礼殿,其壁上图画上古盘古、李老等神及历代帝王之像。"可见,盘古神话最迟在汉末已在蜀地广为传播。不过比起自然神话及祖先神话来,它的产生要晚得多。从宇宙大神可以看到氏族联盟首领的影子。它大约产生于氏族社会末期甚至家长奴役制初期。它追述了我们的先人对世界产生及人类起源的寻根探源的意识。那神力无穷的创世神盘古,就是他们对世界创造者形象的大胆想象及真诚的崇拜。在美好的幻想之中,讴歌了人类始祖在宇宙洪荒的年代就具备的开拓创新精神，他们所具有的那种鞠躬尽瘁、毫无保留的献身精神，成为中华民族最崇尚的品德。

根据先民的社会实践、思维能力和认识水平的发展历程，可以将纷纭复杂的神话理出一条清晰的发展线索来，即先有自然神话，再有祖先神话和英雄神话，最后出现宇宙大神神话。而且还可以清晰地寻找出神话与传说、寓言、仙话的区别，从原始人的认识历程来看，神话是他们最初的认识形式，而传说、仙话、寓言都是后来才产生的。

神话的主角是自然神、祖先神与宇宙大神，都是神灵，即使祖先神名义上是人，实际上还是超人的神。而传说的主角却是人，尽管带着神奇的超凡特征，但毕竟是人间的英雄。神话中的主角带有浪漫主义的幻想、想象色彩，而传说中的主角已经带有理性的、伦理的色彩。神话往往是传说的基础，传说是神话的初步"历史化"，传说进一步"历史化"就演变为"历史"。神话中的神往往是传说中英雄的原型，经过理性化、伦理化、历史化的改造，神变成了人，神话变成了传说。

神话与寓言的区别在于：神话是原始人的集体不自觉的艺术创造，寓言是后来有主名者的自觉创作；神话是原始人对自然与社会出于真诚的理解，向人们展示自己认为是真实的认识，而寓言则明知自己是在虚构，只是希望人们从中体会所蕴含的道理；神话是人类蒙昧时期的意识形态，寓言则是人类理性觉醒后的精神产物。

最难区别的是神话与仙话（包括鬼话），因为二者的主角都是人们幻想的神仙，并且仙话还常常借用神话中的素材，仙话中神、仙并存。但神话中的神，是对人本身虚妄的幻想，有着人的影子，如神话中的神，都会死的，如夸父逐日途中渴死，就连开辟天地的盘古也要死的，而仙话中的仙是不会死的，这显然是后来大兴仙道的时代才开始产生的，是人们妄想长生不死的产物。

我们之所以要区分神话与寓言、仙话的区别，其目的在于进一步认清中国早期散文——远古神话的价值。当然，在实际中，神话与传说，神话传说与仙话、寓言常堆积融合在一起，不好细分，但我们明白了它们之间的区分界限，至少可以把神话与传说视为一体，视为中国古代早期散文的形态，来评析它的特点及对后世散文的影响。

中国神话传说，不仅主题、主角有一个发展演变过程，而且神话传说中的伦理意识也有一个从弱到强的发展演变过程。

原始神话主要反映人与自然的矛盾，原始人从一开始就对自然物与自然现象有一个喜好与憎恶的态度，其好恶判断的标准，主要决定于自然物与自然现象对人的利害关系。凡是对人本身的生存发展有益的自然物或自然现象，感情上就喜好它，在原始观念上就认为它是善的；凡是对人本身的生存发展有害的自然物或自然现象，感情上就厌恶它，在原始观念上就认为它是恶的。

就如洪水，它毁坏田园，使人无定居之处，给人类生存造成极大的威胁。人们诅咒它，把它幻想成一位自然的恶神。这个恶神是大恶神共工的属下，叫相繇，有九个头，长着蛇的身子，蜷曲盘踞在九土，就食于九土之上。它喷一口水，土地就会变成湖泽，百兽都不能存活，何况人类？大禹治理了洪水，杀死了相繇。相繇的血腥臭难闻，恶臭散布之处，连禾谷都不长，它所居之地多水，人也不能居住。①

在神话中，代表善的各种神，其共同的本质特征就是为民、惠民的仁爱精神，这种精神是中华民族产生以来一直保持的美德，也是中华民族得以生存、发展的驱动力。民族乃至人类，要想生存、发展就应该互相怀有仁爱之心，施以仁爱之举，共生共存共进步。中国古代四大神话所歌颂的神，无不具备这个鲜明的特点。先说女娲，她不仅抟黄土作人，创造了人类，而且当人民遭遇灾难之时，又是她不畏天崩地裂、洪水猛兽，以改天换地的神勇解民于倒悬，"女娲补天"一则这样记载：

> 往古之时，四极废，九州裂，天不兼覆，地不周载，火爁炎而不灭，水浩洋而不息，猛兽食颛民，鸷鸟攫老弱，于是女娲炼五色石以补苍天，断鳌足以立四极。杀黑龙以济冀州，积芦灰以止淫水。苍天补，四极正，淫水涸，冀州平，狡虫死，颛民生。（《淮南子·览冥训》）

为了"颛民生"，女娲立四极，杀猛兽，治洪水，不惧天崩地裂、洪水滔天、猛兽肆虐，以大无畏的精神，以无穷的威力和高超的智慧，一一征服与战胜了难以想象的灾难，成为中国早期文学中一个以拯救天下为己任的光辉英雄形象。

另一著名神话是"羿射九日"，在《淮南子·本经训》中有这样的记载：

---

① 《山海经·大荒北经》："共工之臣名曰相繇，九首蛇身，自环，食于九土。其所歍所尼，即为源泽，不辛乃苦，百兽莫能处。禹湮洪水，杀相繇，其血腥臭，不可生谷，其地多水，不可居也。"

逮至尧之时，十日并出，焦禾稼，杀草木，而民无所食。猰㺄、凿齿、九婴、大风、封豨、修蛇皆为民害。尧乃使羿诛凿齿于畴华之野，杀九婴于凶水之上，缴大风于青丘之泽，上射十日而下杀猰㺄，断修蛇于洞庭，禽封豨于桑林，万民皆喜，置尧以为天子。

十日并出，庄稼旱死，"民无所食"；猛禽怪兽，"皆为民害"。在民不聊生之际，一个神射手后羿站了出来。虽然他是奉了尧帝的命令，但他把为民除害、使"万民皆喜"看作是自己的光荣使命，他依靠弓箭胜利地完成了任务，他与帝尧同样成为万民的救星。

"鲧禹治水"的神话，流传甚广，可以说是家喻户晓，大禹治水的文字，最早见于《诗经·长发》："洪水芒芒，禹敷下土方。"记载较详的是《山海经》，其中《海内经》说：

洪水滔天。鲧窃帝之息壤以堙洪水，不待帝命。帝令祝融杀鲧于羽郊。鲧复生禹。帝乃命禹卒布土以定九州。

鲧来治理洪水，他堆土挡水，不见成效，于是盗取天庭宝物"息壤"来堵塞洪水泛滥，结果招来杀身之祸，天帝把他杀死在羽郊。鲧死不瞑目，尸体三年不腐，从剖开的肚子里生出个禹来。禹终于以疏渠导水归海的方式，治住了洪水泛滥。鲧的死就是禹的生，鲧的失败乃是禹的成功之母，说明征服自然绝不是一代人就能一蹴而就的。大禹治理洪水，功不可没，鲧为了拯救人类，窃取"息壤"并为之付出生命代价的精神，也可歌可泣。《荀子·成相》篇中说："禹敷土，平天下，躬亲为民行劳苦。"为了民，鲧不怕杀头，而禹更是经历了长期的艰苦奋斗，为了疏河导江，十年未回家，三过其门而不入，为人民受尽了苦累。

随着氏族部落的形成，各部落之间就开始了冲突、斗争、融合，神话也逐渐有了反映部落与部落之间的矛盾、战争与联合，也就是有了反映人与人之间的社会矛盾。如果说前面三则神话是歌颂为了人民的利益向自然斗争的英雄，那么，"黄帝杀蚩尤"的神话，则是歌颂了为了自己部落的利益与其他部落做斗争的英雄：

若古有训，蚩尤惟始作乱，延及于平民，罔不寇贼，鸱义，奸宄，夺攘，矫虔。苗民弗用灵，制以刑，惟作五虐之刑曰法。杀戮无辜，爰始淫为劓、刵、椓、黥。越兹丽刑并制，罔差有辞。民兴胥

渐,泯泯棼棼,罔中于信,以覆诅盟。虐威庶戮,方告无辜于上。上帝监民,罔有馨香德,刑发闻惟腥。(《尚书·吕刑》)

蚩尤作兵伐黄帝,黄帝乃令应龙攻之冀州之野。应龙畜水,蚩尤请风伯雨师,纵大风雨。黄帝乃下天女曰魃,雨止,遂杀蚩尤。(《山海经·大荒北经》)

对于在自己氏族部落实行野蛮统治,又以武力威胁其他部落生存的部落首领,人们自然把他视作恶神。这个蚩尤,有着恶鸟鸱枭一样的狡猾、掠夺、欺诈成性,连本部落三苗的百姓都不愿受他统治。他对内制定了酷刑,把五种暴虐的刑法称作法律。他滥杀无辜,创制了割鼻子、砍腿、刺面等刑具,用宫刑把男人的生殖器割掉,用幽闭之刑,使女人子宫下垂,不能生殖。各种酷刑并用,淫威暴政施行于民,百姓纷纷向上帝哀告,上帝察视,所到其统治之处没有烟火的香气,因为杀戮过多,只闻到血腥的味道。对外,他又兴兵征伐黄帝部落,挑起战争,殃及平民,天下人没有不受其害的。黄帝联合正义力量歼灭蚩尤,完全是替天行道,拯救无辜平民。

由于对善恶之神进行了幻想式的理解,自然也掺入了先人的理想,所以凡是恶的,尽管一时貌似强悍,甚至嚣张得很,最终逃不脱善者对他的惩罚,如前面提到的天崩地裂、洪水滔天、禽兽横行等自然灾害,都被英雄女娲、羿所征服。兴风作浪的相繇,被大禹所杀,恃强作乱的蚩尤被黄帝所杀,就连蚩尤权力的象征——蚩尤旗,其形状也似灾星——彗星的模样,他所使用的刑具被抛弃在宋山,化作血红的枫树。[①] 神话中代表邪恶力量的失败乃至灭亡,这是先人善的向往,是理想的胜利,是信念的胜利。

向善的自然神,尤其是祖先神、英雄神、宇宙大神,无不体现着为民、惠民的精神,不独四大神话中的善神如此,其他神话中的诸善神亦如此。《韩非子·五蠹》中说:

上古之世,人民少而禽兽众,人民不胜禽兽虫蛇,有圣人作,构木为巢,以避群害,而民悦之,使王天下,号曰有巢氏。民食果蓏蚌

[①] 《史记·天官书》:"蚩尤之旗,类彗而后曲,象旗,见,则王者征伐四方。"《山海经·大荒南经》:"有宋山者,有赤蛇,名曰育蛇。有木生山上,名曰枫木。枫木,蚩尤所弃其桎梏,是为枫木。"

蛤，腥臊恶臭而伤害腹胃，民多疾病，有圣人作，钻燧取火以化腥臊，而民说之，使王天下，号之曰燧人氏。

《韩非子》已将神话历史化了，它将神称作了"圣人"，不过仍能看到神话的影子。相传上古有有巢、燧人氏，如果把他们看作是具有象征性的名号，代表着原始人早期发展的几个阶段，更为合理。有巢氏"构木为巢"，为了人民能在树木上安生，以防范野兽、洪水的侵害；燧人氏钻木取火，是为了人民能吃上熟食，减少疾病，提高自己的生存能力，这是原始人集体的创造，但原始人把它幻想成祖先神的赐予，祖先神就是后来称之为的"圣人"，圣人的标志就是为民、惠民，这是从上古之世就形成的一种传统意识。这是一种以人为本的民本思想，是中华民族传统文化的核心，也是后来儒家思想的核心，这个思想的初始萌芽，从中国远古神话中清晰可见。也就是说，在中国古代神话中，已形成了儒家仁爱思想的基因，从此以人为本爱众济民的思想就如一条红线贯彻中国文化发展的始终，而其根源，可以追溯到传说的时代。

在中国古代神话中，代表善的各种神，还有一个共同的特征就是积极进取、自强不息。在自然灾害面前，他们不像其他动物那样被动、消极地适应环境，也不乞求上帝的怜悯与帮助，更不畏惧而躲避或逃跑，而是以大无畏的姿态面对，依靠自己的力量，即努力发掘自身的各种潜能与智慧，发明创造各种工具与器物，去战胜与征服自然。如女娲炼出"五色石"来补天，羿操有神力无比的弓箭射下危害天下的九日。有奋斗就会有牺牲，他们幻想出一个敢与太阳竞走的夸父，夸父宁愿死在拼搏的途中，也不改变自己追求的目的，这正是先民不屈不挠、勇于献身精神的写照。"尤其值得注意的是，在世界各民族中，关于洪水的神话共有一百多种，《鲧禹治水》是其中最好的一个。因为在《鲧禹治水》中，人并没有逃上'方舟'，洪水也不是被上帝召回或自动撤退，而是被神化了的英雄采用人的方式，从事工具劳动，经过艰苦的长年的劳动而治平的，因此，《鲧禹治水》是全人类最优秀的神话之一。"[①] 中国古代神话中的善神都是英雄，又都是劳动能手与发明家，实际都是勤劳、勇敢、百折不挠的先民自身的理想化。这些自强不息、鞠躬尽瘁为民的神或英雄，反映了中国古代先民依靠自己的力量去战胜与征服自然的社会现实

---

① 杨公骥：《中国原始文学》，见杨若木选编《杨公骥文集》，东北师范大学出版社1998年版，第53页。

与精神面貌。

中国古代神话中对为民、惠民与积极进取、自强不息精神的描述与歌颂，反映了中华民族在最初时就具有的美德，这种美德一直保持于民族的全部形成过程中，成为中华民族的一种传统。中华民族视之为最高最善的德，甚至把它附会于天地之德，认为人间的这种德行是效法于天地之大德。所以《易传·象》中有这样的名句："天行健，君子以自强不息。""地势坤，君子以厚德载物。"天空中日月星辰运行刚健有力，从无懈怠，效仿它，不就是积极进取、自强不息的精神吗？大地广袤无垠，万物生长，为民所用，效仿它，不就是心胸阔大为民、惠民的德行吗？这种精神与德行，就是被后世儒家提炼、升华为至高至善的"仁义"的道德观念。将天道与人道相配称，天之高明，地之博厚，完全是人间仁爱的象征。从古老的荒蛮时代，中国就形成一重要理念，爱民就是顺天应地。仁即指"爱人"（《论语·颜渊》）。义，即指行仁的善行。仁侧重于指思想意识，义侧重指实践行为，远古先民的为民、惠民精神可概括为"仁"，其积极进取、自强不息的品质可概括为"义"，在此基础上，儒家自然又演绎出诸如修己安人、内圣外王及格物、致知、诚意、正心、修身、齐家、治国、平天下等思想。远古神话中闪烁着儒家所奉行的人生观价值观，蕴含着儒学的基本精神。追溯儒学思想核心的渊源，远不是三代王官所创立，也不是周代礼德所彰显，这种仁义的精神，从中国原始社会就具备了。

（二）中国原始神话的宝库——《山海经》

用神话来表述原始人对自然、社会及本身的认识，这是人类原始文化的普遍现象，中国远古时代也如此，中国远古时代的神话，肯定也是丰富而多彩的，至今，保留在《山海经》《楚辞》《左传》《淮南子》《吴越春秋》等典籍中的神话故事，说明了这一点。然而，这些典籍是很晚出现的，也就是说，神话被记录下来是很晚的事，中间必经过历史的堆积、淘汰、改造、散失、失传等，加上汉文字的书写繁难，丰富的神话只被记录了一小部分，至于原始的神话更是仅保留了"冰山一角"。

过去我们惯用希腊神话的系列化、体系化来对照评价中国的古代神话，认为中国古代神话是无系列、无体系，零散而杂乱的。较少注意从自己文化的民族特点来审视自己的古代神话，如果将所有中国古代典籍中的神话汇集起来，进行分类，排比顺序，进行深入研究，还是可以看出中国古代神话的系列与体系。

在所有的古代典籍中，《山海经》是我国最早的一部记载有众多神话传说的书籍，自然比较多地保存了中国早期的神话。当然，《山海经》的定本与原始神话产生的时代比，那是很晚的事，但只要我们与其他典籍所载的神话对照来读，就会发现："不同的学者引用同一神话时，他们所叙述的这一神话的主要情节梗概，却是相互雷同，万口一词。这说明，他们所引用的神话，已为当时人们所习见常闻，已有悠久的口语流传历史，不是当时哪个学者的编造。因此，虽然我国古代神话大多是在春秋战国（公元前770—前221年）时代被用文字记载下来，但并不能由此认为这些神话就是春秋战国时的作品。"[1] "民间文学理论认为，口头文学具有传承稳定的特点，因此较晚记载的神话仍然可能是原始神话在民众口头的遗留，特别是在那些较少受到理性化、历史化浸染的文献比如古代的'巫书'《山海经》中，原始神话被忠实地保存下来。因此尽管有个别学者意识到晚出文献不甚可靠[2]，但多数学者还是借助民间文学理论毫无困难地视晚出文献的记录为原始文本的忠实传承。而且，当这些'原始文本'与儒家经典所记载的古史传说相比呈现出更多的怪异性时，现代学者也就更加坚信自己在《山海经》等非经典文献中发现的是真正的原始神话的孑遗，而《山海经》等非经典文献也就被学者们认定为中国古代原始神话的宝贵渊薮。"[3]

《山海经》全书18篇，其中有《五藏山经》5篇，即《南山经》《西山经》《北山经》《东山经》和《中山经》，简称《山经》。有《海外经》4篇，即《海外南经》《海外西经》《海外北经》和《海外东经》；《海内经》也是4篇：《海内南经》《海内西经》《海内北经》和《海内东经》；《大荒经》也是4篇：《大荒东经》《大荒南经》《大荒西经》和《大荒北经》，又《海内经》1篇，以上13篇统称《海经》。其书名始见于《史记·大宛列传》，班固《汉书·艺文志》作13篇，是弃《大荒经》以下5篇不计。全书虽然只有30800多字，但地理、博物、民俗、巫术、风土、名物、古史谱系、人物故事，无所不有，简直就是上古文化的渊薮，特别是其中的神话传说，内容特别丰富。如有贯胸国、一目国、三首国等奇

---

[1] 杨公骥：《中国原始文学》，见杨若木选编《杨公骥文集》，东北师范大学出版社1998年版，第48页。

[2] 见詹安泰等《中国文学史》（先秦、两汉部分），高等教育出版社1957年版，第24页。刘大杰：《中国文学发展史》，上海人民出版社1973年版，第21页。

[3] 赵敏俐、谭家健主编：《中国古代文学通论》（先秦两汉卷），辽宁人民出版社2005年版，第42页。

国，有长臂民、奇肱民、毛民等奇人，有人面鸡、无口羊、三足龟等奇物怪兽，至于奇花异草、神奇的珠玉宝石更是数不胜数。其中可见夸父逐日、后羿射日、精卫填海等精彩故事，黄帝、帝俊、颛顼等神灵化的祖先谱系，自古号称奇书，也有人称其为"古之巫书"。《四库全书》把它列入了小说类，许多人还认为它是古代一部地理书，因为书中记载有大山447个，合小山为5370个，河流、大泽258处，动物127种，植物58种，还记有许多矿产。实际上，《山海经》与地理书在文化指向、思维方式上有很大区别，它有明显的浪漫幻想与独特的思维方式，表现出中国早期文化的鲜明特点，把它视作一部古代异闻传说杂录更为合适。当然，《山海经》有一些地理方面的记载，包括这些地域所发生的一些自然和社会现象，并非全是虚构，如它记载了97个邦国的社会情况，140多个历史人物的事迹等，除了异闻传说外，还有一部分信史资料，就是那些看似怪诞不经的异闻传说，同样曲折地体现着古代一定的历史与古代人的一定的历史意识。纵观世界上所有民族的上古史，都无不是历史传说与神话传说互相杂糅在一起的，它反映了古代人对历史的认识水平与表述水平，主观的想象中有客观历史的影子，虚妄的形式曲折地反映着上古时代的生活风貌。只是由于文字的障碍，古今认识判断事物及思维方式的差异，今人难以剥离"万物有灵"的外衣，对记录文字所指的原生态的历史情况不好把握罢了。

关于《山海经》的作者以及成书年代都难以确定，原题是大禹和伯益所作，汉刘歆《山海经书录》说："禹别九州，任土作贡，而益等类物善恶，著《山海经》。"刘歆又在《山海经表》中说："已定《山海经》者，出于唐虞之际。"刘歆认为《山海经》是大禹治水过程的副产品。大禹及其助手伯益曾经走遍"九州""四渎"，他们一边治水，一边将随处所见所闻的风俗、名物、神异之事记录下来，形成了这部奇书。看来，《山海经》原来还是舜禹时代一部古代圣贤所做的遗书。但刘歆对其说没有提供原始证据，另外，舜禹时代，产生没有产生文字？不免引起后人的怀疑。近人蒙文通认为《山海经》一书不是出于一人之手，也不是一时之作，《大荒经》以下5篇的写作时代最早，大约在西周前期，《海内经》略晚，出于西周中叶，《山经》和《海外经》则是更晚的春秋战国之际的作品。他又认为《大荒经》以下5篇的作者可能是巴国人，《山经》和《海外经》可能是出自受巴蜀文化影响的楚人之手。而著名的中国神话学专家袁珂先生则认为："《山海经》一书是由几个部分荟萃而成的，它们的作者都是楚人。除了《海内经》四篇是成于汉代初年的以外，其余都成于战国时代,其中以《大荒经》以下五篇成书最早,大约在战国中叶以前。"① 蒙文通与袁珂的考辨虽然有其各自的道理,但《山海经》有一个经过口耳相传到变为文字稿本的漫长过程,就是形成文字稿本,还在陆续增补、修饰,文本随着也呈现出不断变化的特征,很难用静态的思维方式来理解它的创作年代及作者。

我们在这里探讨《山海经》中的神话传说,更注重的是其神话传说产生的年代,而不是其文字写定的时间。清代毕沅作《山海经新校正序》时说《山海经》一书"作于禹、益,述于周、秦,其学行于汉,明于晋,而知之者魏郦道元也。""作于禹、益",可以理解为这些神话传说产生于禹、益时代,并不一定就是指只出于大禹、伯益之手。这些神话传说可能是口头传述的形式,也可能是简单的文字记载,甚至还附有图画说明。如果是简单的文字记载,说明禹、益的时代已产生了简单的文字,至于图画,肯定会有的,许多地方发现的岩画,其年代就远远超出了禹、益时代。"述于周、秦",可以理解为周秦之际有了最终写成的定本,从原资料到定本,肯定有所整理、增删与修饰。由于《山海经》一书的内容丰富而奇特,在汉代便广为传抄,为一些博学好奇之士所推崇,甚至形成一种专门的学问,所以说是"其学行于汉"。"明于晋",则是指东晋郭璞为《山海经》作注,真正认识其价值,以纠正世人视《山海经》为"怪诞不经"的错误看法,并开辟了从地理学角度解释《山海经》所载山川地理的学术传统。这一做法后来又为北魏地理学家郦道元所发扬光大,郦道元并以自己的考证甚至实地考察,进一步证明了《山海经》具有古代地理学的学术价值,如郦道元考察《山海经》所谓的"三危山",实有其地,在敦煌县南:

《山海经》曰:三危之山,三青鸟居之。是山也,广圆百里。在鸟鼠山西,即《尚书》所谓窜三苗于三危也。《春秋传》曰:允姓之奸,居于瓜州。瓜州,地名也。杜林曰:敦煌,古瓜州也。州之贡物,地出好瓜,民因氏之。瓜州之戎并于月氏者也。汉武帝元鼎六年,分酒泉置,南七里有鸣沙山,故亦曰沙州也。(《水经注》卷四十《禹贡山水泽地所在》)

---

① 袁珂:《〈山海经〉写作的时地及篇目考》,《神话论文集》,上海古籍出版社1982年版,第10页。

所以毕沅称之为"而知之者魏郦道元也。"从《山海经》现有的内容看，有的反映了原始氏族的生活，笔墨朴实保持着先民原始的幼稚、真诚，说明没有经过后人多少修改，可推测反映这些内容的传说与神话在大禹时代就存在了。有的只言神怪而不带封建说教，大约是周以前的传说与神话。有的记载了不少传说中的古代帝王，有的以帝俊和颛顼为中心，与周秦时以黄帝为中心的中原文化有很大不同，祖先崇拜是多元化的，这些都说明《山海经》保留着许多原始的神话传说，作者是群体性的，作者分布的地域是很广阔的。

《山海经》中记载的神话传说，是各地长期流传的神话传说的记录，是一种文化的累积，同一主题的神话传说有不同的说法，明显看出在流传过程中人们对此神话传说的不同理解与解释。怪异最多的部分，应是较早时代的神话与传说。比较雅正的部分，应是稍后时代的神话与传说。《列子·汤问篇》说："渤海之东不知几亿万里，有大壑焉，实惟无底之谷，其下无底，名曰归墟。八纮九野之水，天汉之流，莫不注之，而无增无减焉。其中有五山焉：一曰岱舆，二曰员峤，三曰方壶，四曰瀛洲，五曰蓬莱……大禹行而见之，伯益知而名之，夷坚闻而志之。"似乎可以证明战国初《列子》的作者列御寇或其门徒们见过《山海经》中的记述文字。《吕氏春秋》中有引用《山海经》中的一些内容及地名，如《求人》篇有"夸父之野"，而"夸父追日"正是《山海经》中的精彩篇章。《求人》篇还有"不死之乡""一臂、三面之乡"的记载，而《山海经·大荒西经》有"三面之人不死"，《山海经·大荒南经》："有不死之国"。《吕氏春秋》这些记载，实际是《山海经》的翻版。由此可见，《山海经》流传甚早，然而最后的定本大约在战国时期完成。

《山海经》原不是合成本，大概先有《山经》，后有《海经》，至迟至汉初已进行合编，合称为《山海经》，司马迁见到的便是合编本，他在《史记·大宛列传赞》中说："《禹本纪》《山海经》，所有怪物，余不敢言之也。"《山海经》原与图画相配合，陶渊明《读〈山海经〉》诗就有"流观《山海图》"的诗句。郭璞有《山海经图赞》（《隋书·经籍志》），张骏有《山海经图画赞》（徐坚《初学记》），张僧繇有《山海经图》（王应麟《玉海·地理书》）。后在传抄过程中图画佚亡绝迹，只有文字部分被流传下来，今天见到的图画是后人补的。《山海经》原有34篇，刘歆并为18篇，今本为明吴琯校订，仍为18篇，书中又载有长沙、零陵、象郡等秦汉地名，说明《山海经》在秦汉之际还屡有增益、修改。

《山海经》的最大特点就是保存了大量的原始神话传说，而洪荒渺茫的上古社会历史情况，就以神话传说的形式曲折地反映出来。象竖亥测地、鲧化驾鸟、舜葬苍梧、天女旱魃等，就折射着历史之光。再如《山海经·海外南经》记有长臂国："长臂国在其东，捕鱼水中，两手各操一鱼。一曰在焦侥东，捕鱼海中。"《山海经·海外西经》记有长股国："长股之国在雄常北，被发。一曰长脚。"郭璞注："国在赤水东也。长臂人身如中人而臂长三丈，以类推之，则此人脚过三丈矣。黄帝时至。或曰，长脚人常负长臂人入海捕鱼也。"人有入大海而不没的长腿，有入大海可捕鱼的长臂，似乎荒诞无稽，但这是先民用夸张与想象阐述着"劳动创造人本身"的真理，是先民用理想塑造着自己的形象，在这种形象中体现着先民现实中坚强不屈、征服自然的信念。同时长臂者与长脚者的合作捕鱼，也曲折地反映了上古分工协作、集体渔猎的生产方式。现实、理想、幻想、信念，糅合在一起，创造出理想化的劳动者的自我形象，进一步证明了，即使是幻想，人也是在不自觉地按照自身的样子和性格创造神，在神的身上，体现着人的理想与形象。

《山海经》最主要的艺术特征是具有丰富的想象力。作者借用奇特的想象以简练有趣的语言，创作出一系列征服敌人、支配自然力的神，也就是塑造了理想中的先民自我形象。为了衬托神的坚强、勇敢、乐观、聪明等品质，同时也借用想象、虚构夸大了被征服、被支配者的险恶、阴毒等，这些丰富的想象，全以澎湃的感情与生动的艺术形象体现出来。如《海外西经》中记叙了一个宁死不屈的反抗者形象：

> 奇肱之国在其北，其人一臂三目，有阴有阳，乘文马。有鸟焉，两头，赤黄色，在其旁。刑天与帝至此争神，帝断其首，葬之常羊之山，乃以乳为目，以脐为口，操干戚以舞。

"帝"是主宰自然的宇宙神，刑天敢于和帝争神位，已经具有了"舍得一身剐，敢把皇帝拉下马"的大无畏精神。更使人感动的是，他在与帝争神位的战斗中，被帝砍掉了脑袋，脑袋还叫帝给埋到了常羊山上，但刑天"头可断，血可流"，反抗的意志是任何暴力所征服不了的。他失去了脑袋，就用两个乳头来作眼睛，用肚脐眼来作嘴巴，一手握着盾，一手操着利斧，还在那里愤怒地挥舞，继续战斗，死而不屈的精神凌厉无前。这个英雄形象，就是先民不畏强暴、至死不屈、决战到底的精神体现。

再如《北山经》记有"精卫填海"的神话故事：

又北二百里，曰发鸠之山，其上多柘木。有鸟焉，其状如乌，文首、白喙、赤足，名曰精卫，其鸣自詨。是炎帝之少女名曰女娃，女娃游于东海，溺而不返，故为精卫。常衔西山之木石，以堙于东海。

女娃被东海溺亡，化作小鸟精卫，为了向溺死自己的大海复仇，精卫要向大海挑战，它用小嘴衔来远处的树枝或小石块，要填平大海。小鸟挑战的对象浩瀚无垠，二者之间的较量是多么的悬殊！正如夸父追日一样，注定是一个悲剧性结局。但挑战的对方愈是强大，愈见出弱小的挑战者的惊人气概与必胜的信念。先民以海的形象虚构夸大被征服者的力量，以小鸟的形象夸大征服者的弱小，正是这奇特的想象，鲜明的对比，突出了弱小的征服者远大的志向与豪迈的胸怀。

大自然的力量是无比巨大的，先民在征服自然中的力量是极其有限的，但可贵的是先民们并没有被大自然所吓倒所屈服，相反，他们决心要以惊人的毅力去征服自然，这种理想是远大的，这种信念是坚定的。感动后人的，正是这种敢于同自然斗争到底的不屈不挠的精神。晋代陶渊明在《读〈山海经〉》一组诗中赞颂说：

夸父诞宏志，乃与日竞走。俱至虞渊下，似若无胜负。神力既殊妙，倾河焉足有！余迹寄邓林，功竟在身后。

精卫衔微木，将以填沧海。刑天舞干戚，猛志固常在。同物既无虑，化去不复悔。徒设在昔心，良辰讵可待！

《山海经》是由众多的片断合成的，这些片断虽然短小，但叙述起神、人来注意了外部形象特征的刻画，为后世描摹人物形象积累了重要表现手法；并注意了表述的感情色彩，常赋予无生命的自然物以人的感情，使描述的对象生动而形象；还注意了性格的刻画，《山海经》中的神、物、鸟、兽，一般都有人的特性与性格，在所有形象中都可以窥见人的形象。各种形象的描述看似都建筑在想象的基础上，而实际上想象又是以现实生活为基础的，那种丰富的想象体现了作者丰富的生活感受与聪明智慧。就是那种幼稚的想象，主观地理解社会发展、自然变化，其认识水平当然是低下的，但它的美学价值却是很高的。这里有理想也有幻想；有热情也有渴望；有信念也有智慧。寓托之中有必然，虚妄之中有现实，这一切都构成了不朽的艺术美，孕育了许多为后世所效法的浪漫主义表现方法。

在《山海经》的神话系列中，英雄神话占有很重要的位置，这些神话英雄虽然神通广大，但大都有其历史原型作依据，可见英雄神话故事并非全是古人纯粹想象的产物，而是有一定的历史事实为基础而经过不自觉的艺术加工而形成的。如《大荒西经》记载的关于女娲的神话片段，《大荒南经》记载的羲和"生十日"及《大荒西经》记载的常羲"生月十二"，曲折地反映了母系氏族社会中女性的地位与历史作用。而歌颂男性英雄神的神话，则是父系氏族社会的产物。在《山海经》里，有黄帝、炎帝、少昊、颛顼、帝俊、帝尧、帝舜、帝禹等"众帝"的描述，这与氏族联盟确立酋长领导地位有关。《山海经》中带有神性的英雄，或者是征服自然的巨人，或者是部落战争的猛士，还有一部分是物质文明或精神文明的创造发明家。例如《大荒西经》记载后稷降百谷，叔均始作耕，古帝颛顼的后代祝融之子长琴发明音乐，《海内经》记载帝俊的后代番禺、吉光创制舟、车等，尽管把人类集体创造的文明成果归于某始祖或某英雄，以此来说明文明的起源，但这些传说并非是凭空想象出来的，在神话英雄的身上，体现了氏族群体自强不息、坚韧不拔、勇于创新的精神，反映了氏族群体改造自然、改造社会的奋斗历史。

《山海经》的神话传说不仅曲折地反映着古代社会的历史现实，有的原来称作神话与传说的资料，随着有关出土文献的发现，证明具有相当的信史的成分，如《山海经·大荒东经》写王亥：

  有困民国，勾姓，黍食。（"因民国"原作"困民国"，据吴其昌《卜辞所见殷先公先王三续考》改；"黍食"原作"而食"，"而"字疑是"黍"字之缺损，亦改）。有人曰王亥，两手操鸟，方食其头。王亥托于有易、河伯仆牛，有易杀王亥，取仆牛。河伯念有易（原作"河念有易"，据王念孙校补）有易潜出，为国于兽，方食之，名曰摇民。帝舜生戏，戏生摇民。

《山海经·海内北经》还记有："王之夜之尸，两手、两股、胸首、齿，皆断异处。"按："夜"字当系"亥"字之讹。《竹书纪年·卷四》说："殷侯子亥宾于有易而淫焉，有易之君绵臣杀而放之，故殷上甲微假师于河伯以伐有易，灭之，杀其君绵臣。"据王国维以甲骨文考证，王亥确实是殷的先王，那时氏族、方国的先王，还没有封建王侯的"神圣灵光"，形象是古朴的，所处的时代虽是奴隶社会，但原始氏族社会的残余很严重，氏族部落的征战异常残酷，王亥被有易杀死，分尸为八，想上甲微为王亥报仇杀易王也必类似，反映了当时氏族之间互相征伐的历史真实。

三　充分体现惠民精神的祖先形象

在中国古代神话中，处处反映了古老的中华民族的鲜明特征，而祖先英雄的形象，则更集中地体现了这种民族特征。祖先神往往与英雄神相结合，随着社会的发展，人们认识与思维能力的提高，对这种"合二而一"的神的理解与解释，逐渐舍弃了他的神灵性，而强化了他的英雄特征，表现出神话向传说演化的迹象。从文学艺术的角度讲，中国神话传说最有价值的是塑造了一系列民族英雄形象。民族英雄是民族崇拜的偶像，在他们的身上集中地体现着一个民族的精神。中国古代神话传说中的英雄，尽管多是带有神性的灵光，但那是人民将民族智慧与精神凝聚于英雄身上的结果，它反映了我们先民英勇奋斗、艰苦创业的历程。

尽管中国的神话传说比较零散且又简略，但将这些神话传说汇集梳理，还是可以看到一个个比较丰满的英雄形象，同时不得不佩服我们先民的丰富想象力与一定的艺术概括力。正因为具有这种典型创作的性质，才使草创时期的中国文学园地有了光彩熠熠的艺术形象，为后人运用语言文字塑造人物形象开了先路。中国古代神话传说中有不少的祖先英雄形象，这里仅介绍其中几个代表人物，以一斑而想见全豹。

（一）华夏文明的创始人炎黄二帝

人与动物的最大区别，就是人会劳动，恩格斯说过："动物仅仅利用外部自然界单纯地以自己的存在来使自然界改变；而人则通过他所作出的改变来使自然界为自己的目的服务，来支配自然界。这便是人同其他动物的最后的本质的区别，而造成这一区别的还是劳动。"[①] 人们在劳动中改造着客观世界，也改造着人本身。在远古，人们最崇拜的就是劳动，就是崇拜在劳动中具有战胜或征服自然能力的人。所以中国古代神话中，劳动创造是最重要的主题，最受崇拜的神人绝大部分便是劳动的英雄，他们往往是物质生产与精神生产的发明家，如女娲创制了笙簧乐器，伏羲仿照蜘蛛结网而编制出了渔网，燧人氏受啄木鸟啄木的启发而钻木取火，等等。在众多的劳动英雄中，炎帝和黄帝是两位杰出的代表，人们把更多的智慧与功绩归于他们身上，让他们来展示中华民族发轫期的华夏文明。

---

① 恩格斯：《自然辩证法》，《马克思恩格斯选集》第3卷，人民出版社1972年版，第517页。

炎帝、黄帝生活的时代，大约已由旧石器时代进入了新石器时代，生产上人们由简单的采集和渔猎而转向农业和畜牧业，这是原始社会的一场翻天覆地的变革，新的生产方式不仅为人们提供了更多的生活资料，而且标志着人本身的重大发展。因社会出现农业、畜牧业的生产劳动方式，人类从此由难以控制自然开始转入逐步征服、支配自然，从这一角度看，把新的生产方式的代表人物炎帝和黄帝视为华夏文明的始祖是十分恰当的，古老的华夏民族从此迈进文明的门槛。

在当时那个时代，牛是家畜驯养中的主要一种，后来随着耕犁的使用，人们便将力气很大的牛运用于开垦、播种等。牛在农业上的使用，极大提高了农业生产力，甚至可以说改变了一个旧世界，所以牛成了人们所珍视的对象，于是，神话传说中，作为先进农业生产的代表——炎帝，就长着一个牛头来到人间：

> 神农氏姜姓也，母曰任姒，有乔氏之女名登，为少典妃，游于华阳，有神龙首感女登于常羊。炎帝人身牛首，长于姜水，有圣德，以火承木，位在南方主夏，故谓之炎帝。（《太平御览》卷七十八引《帝王世纪》）

当然，人们奉少典之子为帝，并不因为他长着一个牛头，而是因为他给人类的生产方式带来了翻天覆地的变革，没有这种变革，社会就不会进步，人类的生存就受到威胁。炎帝因有"圣德"而称帝，以火为纪，以火为名，故称炎帝。炎帝又号神农，这一称号完全与他推动社会转型，使社会进入农耕时代有关：

> 古之人民皆食禽兽肉，至于神农，人民众多，禽兽不足，于是神农因天之时，分地之利，制耒耜，教民农作。神而化之，使民宜之，故谓之神农也。（《白虎通·号》）

在长期采撷野生植物果实的实践中，人们发现了谷物，人们把这一伟大功绩归功于神农，《山西通志·六》一百六十二卷引《王子年拾遗记》中说："羊头山下，神农泉北，有谷关，即神农得嘉谷处。"也有的神话传说说是上天赐予了人间粟种，是神农带头耕种培植了它，神农并发明了一系列促进农业生产的工具，生产力的提高，生产品的丰富，也促进了商贸的发展：

神农之时，天雨粟，神农耕而种之；作陶冶斤斧，为耜、锄、耨，以垦草莽，然后五谷兴，以助果蓏实。（《艺文类聚》卷十一引《周书》）

神农氏作斫木为耜，揉木为耒，耒耨之利以教天下，盖取诸益。日中为市，致天下之货，交易而退，各得其所。（《艺文类聚》卷十一引《周易》）

神农为帝，他号召男耕女织，并带头做表率，教民耕种，使原来恶劣的生存环境焕然一新：

神农教曰："士有当年不耕者，则天下或受其饥矣；女有当年不绩者，则天下或受其寒矣。"故夫亲耕，妻亲绩。（《艺文类聚》卷十一引《吕氏春秋》）

炎帝教民耒耜，百谷滋阜，神芝发其色，灵苗擢其颖，朱草蔓于阶，卿云荡于岩。（《山西通志·六》一六二卷引《王子年拾遗记》）

神农创制了工具，改变了旧的风俗习惯，给人们带来了新的生活，这巨大的变化，引起人们的好奇，将生活中的日常现象幻想得带有怪异的特征，如：

山下有一穴，父老相传云是神农所生处也，故《礼》谓之烈山氏。水北有九井，子书所谓神农既诞，九井自穿，谓斯水也。又言汲一井则众水动。井今堙塞，遗迹仿佛存焉。（《水经注》卷三十二《漻水》）

人类学会掘井取水，其意义不亚于钻木取火。原来没有井水，人们只能住在江河流域，因此常受到江河泛滥之害。有了井水，人们可以定居于远离河流的高山平原，扩大了生存的空间。并且庄稼还可以得到地下水的灌溉，家畜也有了干净的饮用水，无疑加速了农业、畜牧业的发展。炎帝刚刚诞生，便有九眼井水自动涌现，这当然是一种妄谈，但神话将炎帝的诞生与井水联系起来，说明他与井水有密切的关系，也许掘井取水就是他发明的呢！

远古时代，不仅人们面临着自然的灾害，而且还有自身疾病的困扰。随着对农作物的不断发现与培植，也逐渐加深了人们对可以医治疾病的各类药草的认识，炎帝于是又担当起了"神医"的角色：

古者，民茹草饮水，采树木之实，食蠃蚌之肉，时多疾病毒伤之害，于是神农乃始教民播种五谷，相土地宜燥湿肥硗高下。尝百草之滋味、水泉之甘苦，令民知所辟就，当此之时，一日而遇七十毒。（《淮南子》卷十九《修务训》）

炎帝神农氏，……尝味草木，宣药疗疾，救夭伤之命，百姓日用而不知，著《本草》四卷。（《太平御览》卷七百二十一引《帝王世纪》）

为了人们的健康，炎帝不顾个人安危尝百草，曾一日之内中毒七十余次，虽有夸张，但愈见其舍己救人的奉献精神。为了使人们掌握药物治疗疾病的知识，炎帝还总结了百草平、毒、寒、温之性，著成医书《本草》四卷以传于后人，使天下人都受其恩惠。这就是我们的祖先，如同盘古一样，把一切都无私无保留地献给老百姓！

传说黄帝是稍后于炎帝的一位大帝。如果说炎帝是主一方（南方）的首领，而黄帝则是统治四方的"中央之帝"，实际上是更大的部落联盟的领袖。黄帝居中原，以土德王，中原土色黄，故曰黄帝，如果说神农炎帝对华夏文明的贡献主要体现在创造工具，促进农业生产上，而黄帝对华夏文明的贡献，则主要体现在统一中原各族、结盟四方、治理天下上。

由于黄帝是"中央之神"，他要统领四方，所以在神话传说中，黄帝天生就长着能同时照顾到东西南北四个方向的四张脸："古者黄帝四面。"（《太平御览》卷七十九引《尸子》）神农长着牛头，与耕田有关，黄帝长着四张脸，与统辖四方有关，中国古代神话对祖先神的形象设计都是有寓意的。黄帝，这位相貌特异而又威严的最高统治者，原来与炎帝是同父异母兄弟：

黄帝，有熊氏少典之子，姬姓也，母曰附宝。其先即炎帝母，家有蟜氏之女，世与少典氏婚，故国语兼称焉。及神农氏之末，少典氏又取附宝，见大电光绕北斗，枢星照郊野，感附宝，孕二十五月，生黄帝于寿丘，长于姬水，龙颜有圣德，受国于有熊，居轩辕之丘。故

因以为名，又以为号，与神农氏战于阪泉之野，三战而克之。(《太平御览》卷七十九引《帝王世纪》)

黄帝生性爱民，并非好战，他征服四方都是出于保护百姓，以武力来消除战争，安定天下：

黄帝之初，养性爱民，不好战伐，而四帝各以方色称号，交共谋之，边城日惊，介胄不释。黄帝叹曰："夫君危于上，民不安于下；主失其国，其臣再嫁：厥病之由，非养寇邪？今处民萌之上，而四盗亢衡，递震于师。"于是遂即营垒以灭四帝。(《太平御览》卷七十九引《蒋子万机论》)

黄帝征服挑起战争的部落，并不是为了将其变为自己部落的奴隶，而是防止其他部落的首领图谋不轨，危害天下人。黄帝征服了各部落，除了罪大恶极者，并不废除臣服的其他部落首领，还发挥他们各自的作用，为的是在大联合下，进行民族融合，共同谋发展：

黄帝得蚩尤而明乎天道，得太常而察乎地利，得苍龙而辨乎东方，得祝融而辨乎南方，得大卦而辨乎西方，得后土而辨乎北方，黄帝得六相天下治。(《太平御览》卷七十九引《管子》)

东方木也，其帝太皞，其佐句芒，执规而治春……南方火也，其帝炎帝，其佐朱明，执衡而治夏……中央土也，其帝黄帝，其佐后土，执绳而治四方……西方金也，其帝少昊，其佐蓐收，执矩而治秋……北方水也，其帝颛顼，其佐玄冥，执权而治冬。(《淮南子·天文训》)

如果说神农的发明创造，使一个采撷渔猎的社会进化为农业、畜牧的社会，那么，黄帝的大一统则从政治上保证了这一社会转型及社会发展。因为任何分裂的状态，都不可能发展生产力，分裂意味着倒退，统一标志着天下大治，而只有天下大治，才能使老百姓安居乐业，达到天下人人都富有。

黄帝治天下，而力牧太山稽辅之，调日月之行，治阴阳之气，节四时之度，正律历之数，别男女上下。使强不掩弱，众不暴寡，民保命而不夭，岁时熟而不凶。百官正而无私，上下调而无尤，法令明而不暗，辅佐公而不阿。田者让畔，道不拾遗，市不豫贾。故于此时，日月星辰不失其行，风雨时节五谷丰昌，凤凰翔于庭，麒麟游于郊。（《天中记》卷十一）

作为治天下的黄帝，他是中华大一统的首创者，神话传说中往往把神州大地的子民，都说成是他的后代：

黄帝妻雷祖，生昌意，昌意降处若水，生韩流；韩流擢首、谨耳、人面、豕喙、麟身、渠股、豚止，取淖子曰阿女，生帝颛顼。（《山海经·海内经》）

黄帝生骆明，骆明生白马，白马是为鲧。（《山海经·海内经》）

颛顼生骧头，骧头生苗民。（《山海经·大荒北经》）

黄帝之孙曰始均，始均生北狄。（《山海经·大荒西经》）

黄帝不仅开创了中华文明，同时也是中华民族的伟大始祖，连荒远边地的少数民族都是黄帝的后裔，在中国大地上，各民族都是炎黄的子孙。

黄帝同神农一样，也是一位杰出的创造发明家。在有关的神话传说中，仅黄帝本人创造发明的就有衣裳、车舟、臼杵、弧矢、宫室等：

黄帝垂衣裳而天下治，盖取诸乾坤。刳木为舟，剡木为楫，舟楫之利，以济不通，致远以利天下，盖取诸涣；服牛乘马，引重致远，以利天下，盖取诸随；重门击柝，以待暴客，盖取诸豫；断木为杵掘地为臼，臼杵之利，万民以济，盖取诸小过；弦木为弧，剡木为矢，弧矢之利，以威天下，盖取诸睽；上古穴居而野处，后世圣人易之以宫室，上栋下宇，以待风雨，盖取诸大壮；古之葬者厚衣之以薪，葬之中野，不封不树，丧期无数，后世圣人易之以棺椁，盖取诸大过；上古结绳而治，后世圣人易之以书契，百官以治，万民以察，盖取诸夬。①

---

① 此段文字收录徐宗元辑的《帝王世纪辑存》，并附有辑者按语："此《易·系辞下》文也，黄帝下原有尧舜二字。正义云：'皇甫谧《帝王世纪》载此九事，皆为黄帝之功。'兹录其文以存大略，而删尧舜二字。"

黄帝发明一系列先进工具，这本是在劳动过程中不断实践的结果，此则神话传说却把它说成是"取诸"《周易》卦爻象辞理论的结果。把黄帝治理天下与后出的《周易》联系起来，大概是想说明黄帝创立文明、治理天下，有系统的理论指导，其文明已达到令人仰慕的程度。

黄帝由于是"中央大帝"，他的伟大贡献更在于他命令、组织他的臣子甚至他的妃子进行发明创造，于是在他的领导下，医药、文字、乐器、养蚕等更为先进的事物产生了：

> 岐伯，黄帝臣也，帝使岐伯尝味草木，典主医病，《经方》《本草》《素问》之书咸出焉。(《太平御览》卷七百二十一引《帝王世纪》)

> 黄帝使仓颉取象鸟迹，始作文字之篆。史官之作，盖自此始。记其言行，册而藏之。(《太平御览》卷二百三十五引《帝王世纪》)

> 黄帝又命伶伦与荣将，铸十二钟，以和五音，以施《英》《韶》。(《吕氏春秋·古乐篇》)

> (黄帝)元妃西陵氏曰嫘祖，以其始蚕，故又祀先蚕。(《路史·后纪五》)

由于黄帝一生主要致力于统一大业，他亲自参加的创造发明，也多与加强大一统政权建设及军事力量有关，如他发明了战鼓，使敌人闻之胆寒。传说他在离开人间前，还在采铜铸鼎，鼎是国家权力的象征，黄帝亲自参加这样的劳动，其意义是显而易见的：

> 东海中有流波山，入海七千里。其上有兽，状如牛，苍身而无角，一足，出入水则必风雨，其光如日月，其声如雷，其名曰夔。黄帝得之，以其皮为鼓，橛以雷兽之骨，声闻五百里，以威天下。(《山海经·大荒东经》)

> 黄帝采首山铜，铸鼎荆山下。有龙垂胡髯而下，迎黄帝。群臣欲从，持龙髯，髯拔遂坠。(《太平御览》卷九百二十九引《帝王世纪》)

采铜铸鼎显然有历史的影子,青铜冶炼的出现,标志着一个新时代的到来。也许黄帝时代并没有进入青铜时代,但人们将后来的创造发明也归功于这位受人崇敬的老祖宗。至于黄帝乘龙升天的说法,当然是无稽之谈,说明后世的仙话已掺入了神话传说,寄托人们希望黄帝不死的理想与愿望。

炎帝、黄帝及其臣子们的发明创造,标志着原始社会文明的重大发展。当然,实际上这些发明创造并不都是炎帝、黄帝或其臣子所为,也不都是炎、黄时代的人们所为,但人们通过神话传说,把无数劳动群众一代又一代的发明创造归于民族领袖炎帝、黄帝或他们的臣子,于是,无数无名的劳动者的形象便得到了形象化的概括。今天,我们正是通过神话传说中的炎、黄,才窥到历史上原始社会广大群众的伟大创造力,同时也窥到带领他们进行伟大创造的领袖们的开拓精神,炎、黄是广大群众的杰出代表,后世常称炎、黄为中华民族的始祖、华夏文明的开拓者,这个殊荣,炎、黄是当之无愧的。

(二) 任人唯贤的唐尧虞舜

《周易·系辞下》中说:"神农氏没,黄帝、尧、舜氏作。"如果说黄帝是华夏民族一统的领袖,而继承他王业的则是尧、舜。尧是陶唐氏之号,所以也称唐尧。班固《白虎通·号》中解释"尧"说:"谓之'尧'者何?尧犹峣峣也。至高之貌,清妙高远,优游博衍,众圣之主,百王之长也。"后来尧选贤任能,将天下禅位于舜。舜姚姓,有虞氏,名重华,史称虞舜。黄帝开创了一统局面,而唐尧虞舜更把这一统局面建设成太平盛世。后世常用尧天舜日来比喻这种太平盛世。如清代梁章钜有《致刘次白抚部书》,书中说:"仰见圣明覆载无私,洞鉴于万里之外。俾滨海臣庶均各安耕凿于尧天舜日之中,为之额手称庆。"

尧、舜开创了太平盛世,社会物质财富比以前丰富了,但他们自己还保持着原始共产主义社会氏族首领的作风。在生活上没有贵族式的特殊要求,不搞等级差别;在政治上没有官僚的气息,办理一切政务都出于公心,这种品质是后世或奴隶社会或封建社会的帝王所难具备的。当然,尧、舜出于公心的品德,并非是他个人天生或特别具有的,这是原始共产制的反映,难能可贵的是,作为统一的部落联合体首领的尧、舜,虽有召集、组织甚至指挥各邦国首领的权力,却无个人谋私的特权,他们带头维护公共利益,是九族、百姓、万邦奉行公德的表率。于是人们往往就把这种公天下的德治的大同世界的创建,归功于尧,歌颂他"允恭克让,光被四表,格于上下。克明俊德,以亲九族。九族既睦,平章百姓。百姓昭明，协和万邦。"(《尚书·尧典》)尧、舜时代，尽管生产力还很低下，但生产品的分配都贯彻着公平的原则，氏族、部落、邦国之间都一律平等，人与人之间和睦相处，社会没有纷争动乱，是后世儒家所追慕的理想社会，正如汉代赵壹在《刺世嫉邪赋》中说："宁饥寒于尧舜之荒岁兮，不饱暖于当今之丰年。"

尧是个勤俭、朴素的贤王，他冬天穿着普通的兽皮衣，夏天穿着粗布服，住着普通不修剪的茅草屋，砍来的树木不刨不刮，直接做屋中的梁柱，吃的是粗米饭，喝的是野菜汤。过着平常人的生活，甚至于还不如一个把守城门的小官吏：

> 尧之王天下也，茅茨不翦，采椽不斫，粝粢之食，藜藿之羹，冬日麑裘，夏日葛衣，虽监门之服养，不亏于此矣。(《韩非子·五蠹》)

尧何以有这种品质？主要是他忧天下的思想所决定的，他时刻把人民的冷暖放在心上。他把人民受饥寒，视为如同自己受饥寒，深刻谴责自己没尽到责任，反思自己为民谋利还不够；假若有一人不慎犯了罪，他首先要扪心自责，深感是因为自己没有管理好政务而害了他：

> 尧存心于天下，……有一民饥，则曰："此我饥之也！"有一人寒，则曰："此我寒之也！"一民有罪，则曰："此我陷之也！"(《说苑·君道》)

尧把人民赋予的权力，完全视为一种为民奉献的职责，而不是当作索取私利的特权。他的心怀天下万民的贤德，得到了后人的高度赞扬。

尧公正廉明，在施行权力方面，最能体现他无私贤德的是任人唯贤，在他的政权中，实行的是贤人政治。传说尧的堂前长着一种"指佞草"，凡是奸佞之人经过这里，此草就会弯曲，尖尖的叶片指向那奸佞之人。有了这种神奇的草，那些心术不正的人想混入朝政是不可能的。当然，"指佞草"只存在于神话世界中，但它曲折地反映了尧眼光敏锐，善于辨别忠奸。所以，在他的身边，人才济济，集中了一大批贤臣良将：

> 当尧之时，舜为司徒，契为司马，禹为司空，后稷为田畴，夔为乐正，倕为工师，伯夷为秩宗，皋陶为大理，益掌驱禽。(《说苑·君道》)

尧的这些臣子中，个个都有德才，如负责司法工作的皋陶，铁面无私、执法严明。传说他养了一只神羊，这只神羊长着一个角，专门用来抵有罪的人。皋陶依靠着这只神羊，不论遇到什么疑难的案件，只要看他的神羊抵不抵人，就会弄个水落石出，做到了决不冤枉一个好人，也决不放过一个罪人。

尧之善用人，前提是善知人，他对每个臣子的德才品性都了如指掌，做到了知人善任。例如他"命羲和四子羲仲、羲叔、和仲、和叔分掌四时方狱之职，故名曰'四狱'也。诸侯有苗氏，处南蛮而不服，尧征而克之于丹水之浦，乃以尹寿、许由为师。夔放山川溪谷之音，作乐大章，天下大和，百姓无事。"（《艺文类聚》卷十一引《帝王世纪》）

尧任人唯贤的美德更突出地体现在将帝位禅让于舜这件事上。尧有嫡子丹朱，又有庶子九人，但他的儿子们都是缺才少德的庸俗之辈，一心为天下万民的尧当然不能把天子之位托于不肖子弟。他知道选择接班人如有不慎，必陷天下百姓于困境。所以他广选贤能，反复比较，起初选准了许由，可是许由不愿意当官，竟然跑到箕山隐居起来。后来又查访到一位大贤人，这就是舜。尧听说舜是个出了名的孝子，舜的生母很早就去世了，他的父亲瞽叟听了后妻的谗言，伙同后妻所生的儿子象，时常虐待舜，并几次策划谋害舜，舜明知他们的险恶用心，但几次脱险后，仍一如既往，不改变自己对父亲与后母的孝心及对弟弟象的爱心。尧选接班人的首要条件就是具有孝德，因为孝为百善之首，在家为孝子，入朝才能作忠臣，在家孝顺有恩于自己的父母，才能扩而大之爱护邦国的百姓，做好老百姓的父母官。所以对大孝子舜，他十分关注。

尧还听说舜对人以信为本，讲究礼让，善于调解邻里纠纷，具有非凡的感召力与凝聚力。他到历山耕作，一年后，那里的农民便由原来互相侵占田地而变为互相争着让地界；他到河滨去捕鱼，一年后，那里的渔民便由原来互相侵占地段而变为争着让渔场；他去东夷制陶，一年后，那一带制陶的人都制出了精美的陶器。人们都喜欢和舜在一起，以致他每次迁居，都有许多人跟随着他，他居住的地方人越来越多，不几年，竟然由小村庄变成了大城镇：

> 历山之农者侵畔，舜往耕焉，期年，圳亩正。河滨之渔者争坻，舜往渔焉，期年，而让长。东夷之陶者器苦窳，舜往陶焉，期年而器牢。（《韩非子·难一》）

舜一徙成邑，再徙成都，三徙成国。尧闻其贤，征之草茅之中，与之语礼乐而不逆，与之语政至简而行，与之语道广大而不穷。(《艺文类聚》卷十一引《尸子》)

舜非官吏，却所到之处，以自己的仁德影响大家，改变风气，并有非凡的调解民间纠纷的能力。尧正是要选择这样的接班人，由这种人来接替自己管理国家，就会把国家治理成礼义之邦。但对一个人的了解，当然一次交谈是远远不够的，为了进一步考核，尧还将女儿娥皇、女英许配给舜做妻子，又派一些手下的人与舜共事，实际上是让两个女儿和手下人更全面地帮助了解舜的德才，由此可见，他禅让权力所付出的代价与谨慎：

舜年二十以孝闻。三十而帝尧问可用者。四岳咸荐虞舜，曰可。于是尧乃以二女妻舜以观其内；使九男与处以观其外。舜居妫汭，内行弥谨。尧二女不敢以贵骄，事舜亲戚，甚有妇道。尧九男皆益笃。(《史记·五帝本纪》)

经过长期的多方面的考察之后，"尧于是见舜于贰宫，设飨礼，迭为宾主，南面而问政。尧乃试以五典，遂举八凯，使佐后土，以揆百事。举八元，使布五教于四方。舜于是有大功二十。"(《艺文类聚》卷十一引《帝王世纪》)舜的贤能得到了天下人的认可，于是尧在晚年将帝位让于舜。

尧的禅让并非一帆风顺，遭到了一些人的竭力反对，《广博物志》卷十引《韩非子》：

尧欲传天下于舜，鲧谏曰："不祥哉！孰以天下而传之于匹夫乎？"尧不听，举兵而诛杀鲧于羽山之郊。共工又谏曰："孰以天下而传之于匹夫乎？"尧不听，又举兵而诛共工于幽州之都。

最使尧痛心的是其子丹朱对禅让也心怀不满。"初，尧在位七十载矣，见丹朱之不肖，不足以嗣天下，乃求贤人巽于位。至梦长人，见而论治，舜之潜德，尧实知之，于是畴咨于众。"(《古微书·卷四》)为了顺利禅让，尧先令后稷放逐丹朱于丹水。丹朱到了丹水，就和那里的三苗之君勾结起来，公开反对尧的禅让，尧只好"与三苗战于丹水之浦"(《汉学堂丛书》辑《六韬》），并"杀长子"丹朱。（《庄子·盗跖篇》）"《书》曰：'不偏不党，王道荡荡。'言至公也。古有行大公者，帝尧是也。贵为天子，富有天下，得舜而传之，不私于其子孙也……非帝尧孰能行之？"（《经济类编》卷九十）

尧不惧强压，选贤不徇私，他既将天下托之于人，就要为天下人负责任。禅位于舜，公心昭然，堪作后世执政者之楷模。

舜与尧非亲非故，又是一位让"高贵者"看不起的"匹夫"，但尧看重"舜兼爱百姓，务利天下……天下归之若父母。"（《广博物志》卷十引《尸子》）尧并没看错人，舜在家是个大孝子，在外，是个助人为乐的大善人。舜继位执政之后，也像尧一样把任人唯贤当作行政的根本。为了更好地考核监督臣子，他树立了"诽谤之木"，任何人都可以把对官员的批评意见写成文字，贴在"诽谤之木"上，类似我们现代所说的"大字报"，舜就是通过这一形式来广泛听取社会各界对执政者的评价。舜还把对臣子的政绩考核形成一种制度，三年一考核，依据政绩决定官员的奖惩升降。于是舜的时代同尧的时代一样，在朝的官员都是出类拔萃的优秀人物，《艺文类聚》卷十一引《帝王世纪》曰：

（舜）立诽谤之木，申命九官十二牧，三载一考绩，三载黜陟幽明。禹为司空，功被天下。弃为后稷，播时百谷。契为司徒，敬敷五教。皋繇为士，典刑惟明。倕为共工，莫不致力。益为朕虞，庶物繁植。伯夷为秩宗，三礼不阙。夔为乐正，神人以和。龙为纳言，出内惟允。于是俊乂在官，群后德让，百僚师师。

舜始终不渝地贯彻尧的贤能治政路线，他执政过程就是观察、培养接班人的过程。最后和尧一样，以禅让的形式将帝位让给贤者。传说舜有九子，其长子商均是次妃女英所生，舜的儿子们与尧的儿子差不多，个个都难以负起天下大任，舜以社稷为重，出以公心，最终选中一位德才兼备者。《艺文类聚》卷十一引《吕氏春秋》赞曰："舜有子九人，不予其子而授禹，至公也。"

禹与舜有点不同，禹的父亲鲧原是尧的臣子，因治水劳而无功，受到尧的惩治，被杀死于羽山。有的传说说是鲧因反对尧禅位于舜，而被尧诛杀，还有的传说说鲧被尧放逐为民。但鲧的儿子禹继承父业，继续治水却是一致的。《太平御览》卷八十二引《帝王世纪》：

禹未登用之时，父既降在匹庶。有圣德，梦自洗于河，观于河，始受图，括地象也，图言治水之意。四岳举之，舜进之尧，尧命为司空，继鲧治水。乃劳身勤苦，不重径尺之璧，而爱日之寸阴。手足胼胝，又纳礼贤士，一沐三握发，一食三吐飡。尧美其绩，乃赐姓姒氏，封为夏伯，故谓之伯禹，天下宗之谓大禹。年二十始用，三十二而洪水平。

舜不因禹的父亲鲧受到帝尧的严厉惩罚，而株连禹，一经发现禹有德才，就大胆地向尧举荐。尧也不因严惩过其父而戒备其子，而是大胆起用贤能。大禹治水，长年辛劳，功勋卓著，经过长期考察，继承了帝位的舜认为大禹可以担当治理天下的大任，于是发扬帝尧的让贤精神，把帝位禅让于禹。禹也承尧舜禅让的美德，年老时让贤者益摄政，不想益死后国人拥戴禹之子启为君，中国从此变为家天下。但尧舜禹三大圣王为国家奠定了公而忘私、国而忘家的至诚至仁的基础。家天下之弊在于传子不传贤，但其利在于君王权力传承的稳定，减少了因君权传承引起的动乱。

尧、舜历来是儒家奉为圣王明君的典型，《礼记·大学》篇说："尧、舜率天下以仁，而民从之。"《论语·泰伯》篇说："巍巍乎，舜、禹之有天下也，而不与焉。"就是赞颂尧、舜择贤任能行教化，谦恭礼让，以德治天下。尧、舜出以公心，任人唯贤，坚持黜陟严明的原则，更无诸如门第、株连等错误的用人观念，这也是儒家一贯奉行的"贤人政治"。圣贤执政，便可赢得四方归心、万民拥戴，就可实现大一统，而大一统便是开创盛世的先决条件。

如果说黄帝用武力统一了天下，其功业主要体现在武功上。而尧舜的功绩主要体现在德治上，他们不仅敬德、爱民，最使后人赞颂的是他们的让贤精神。尧舜都知自己的儿子不肖，不足以授天下，于是乃行禅让。他们认为授予贤能，则天下得其利；授予自己的儿子，则天下得其害，他们必须选拔能利天下的人。然而尧舜之后，情况就相反了，许多帝王得天下是为了利自己，将天下大权视为自己的私有财产，并想将它在自己的家族中一代一代地传下去，不惜天下人受害。

尧舜的时代，是我国氏族部落大联盟的后期，国家的雏形开始孕育，文明制度正在逐步形成，原始共有制的观念仍大量地保留，举贤任能、天下为公，高扬着德的旗帜。尧考察舜，不惜"妻之二女，观其德"，把德视为至高的修身治国的原则。由此可以看出，周代提出"敬德保民"的德治思想，以及后来儒家标榜的仁政思想，原来与优秀传统一脉相承，是优秀传统的发扬光大。

（三）改造自然的鲧禹父子

在全世界各民族的神话传说中，都有关于洪水成灾的故事，这些神话传说真实地保存了远古那个时期洪水泛滥留给人类深刻而悲痛的记忆。我们往往把洪水比喻成猛兽，然而中华民族的先人，在灭顶之灾面前，没有被吓倒，也没有退却，而是主动迎接挑战，不屈不挠地同灾害作斗争，表现出了中华民族特有的自强不息的精神与敢于征服大自然的伟大气魄。也只有在这种伟大的民族精神感召下，才涌现出鲧、禹这样优秀的民族英雄。鲧、禹不畏艰难险阻，治理水患的事迹，也形象地体现了远古人们同自然灾害作斗争的顽强精神。

传说尧执政时期，洪水就已严重地危害民众，《孟子·滕文公下》中说："当尧之时，水逆行，泛滥于中国，蛇龙居之，民无所定，下者为巢，上者为营窟。"尧于是想选派一名能干的臣子去负责治理洪水，大家推荐了鲧。

鲧十分清楚人民遭受洪水的痛苦，但洪水滔滔，前所未有，治理如此大的洪灾，也前所未有。前人没有这方面的实践经验可以借鉴，鲧只好采取了传统的方法。《尚书·洪范》中载"鲧堙洪水"，《国语·鲁语上》中载"鲧障洪水"。所谓"堙"，就是填塞，所谓"障"，就是阻挡，总之，就是用土石筑堤垒坝来防洪。"堙""障"是治理一般小水患的妙法，可是用这种方法怎能抵挡得住这汹涌滔天的大洪水呢？人们辛辛苦苦地筑起的堤坝，很快就被大水冲垮了，虽然在冲垮了的堤坝上可以再次填土修复加固，但修复了的堤坝不久又被大水冲塌了。如此反反复复，鲧与他所领导的治水大军，勤劳拼搏了九年，仍没有治服洪水。《尚书·尧典》载有"九载，绩用弗成"。治洪队伍已竭尽全力，但洪水仍在各地泛滥肆虐，鲧看到人民仍饱受着洪水的灾害，心急如焚，决定冒着杀身之祸去盗天帝的至宝——息壤，这种"息壤"，据说能随着水涨而自动增多，唯有它能挡住无边无际的洪水：

  滔滔洪水，无所止极，伯鲧乃以息石息壤，以填洪水。（《山海经·海内经》注引《归藏·启筮》）

鲧窃息壤，虽说是为了天下苍生，但他的行为却引起天帝勃然大怒，天帝于是对鲧进行了最严厉的惩罚,《山海经·海内经》记载:"鲧窃帝之息壤以堙洪水,不待帝命,帝令祝融杀鲧于羽郊。"这则神话着重指出鲧的过错在"不待帝命",如果层层请示,也许能征得天帝的同意,会把息壤交给鲧来堙洪水,这实际是为帝杀鲧的错误做法开脱。显然这段神话留有专制政体社会的烙印,"不待帝命"就是不赦之罪。

鲧犯了经验主义的错误,仍用老办法来治洪水,因此在新的情况下非碰壁不可,劳民伤财而无功,这是人们在同自然作斗争时,极容易犯的过错。但他一心为民、奋斗不息的精神还是值得肯定与称赞的。尤其是他为了将人民从苦海中拯救出来,不怕牺牲自己的生命,敢于违犯天条天规,窃取天帝的息壤,这种精神完全可以和古希腊神话中窃取天火给人间的普罗米修斯相媲美,鲧也是个虽败犹荣的悲剧性英雄。

普罗米修斯为了人们能有火来烤食、取暖、照亮,就窃取天火给人间,结果遭到最高天神宙斯的严惩,将他锁在高加索的悬崖绝壁上,并派凶猛的鹫鹰去啄食他的肝脏。普罗米修斯为民献身的精神受到人们普遍的崇拜与敬仰,在古希腊神话中,他是为了造福人类而乐于自我牺牲的最为光辉的英雄形象。而鲧在中国的另外一些神话里,不仅没有受到歌颂与赞扬,反而却受到诬蔑,背了几千年的恶名。一些神话传说常常把他与罪人相提并论,甚至又给鲧编造了犯上作乱的罪过:

> 尧以天下让舜。鲧为诸侯,怒于尧曰:"得天之道者为帝,得地之道者为三公。今我得地之道,而不以我为三公。"以尧为失论,欲得三公。怒甚猛兽,欲以为乱。比兽之角,能以为城;举其尾,能以为旌。召之不来,仿佯于野以患帝。舜于是殛之于羽山,副之以吴刀。(《吕氏春秋·行论》)

为了解救人民于水深火热之中,鲧敢于冒死去盗窃天帝的息壤,他怎么会去计较个人名利地位而去作乱?不同神话中的鲧,判若两人。我们以前说过,宇宙大神是后出的神话,鲧因作乱而被杀的结局,很可能就是后来的"堆积",这完全是从封建正统观念出发,惧怕敢于"犯上"的叛逆行为,而对鲧这个普罗米修斯式的英雄进行了贬斥与丑化。在某种程度上讲,背着"恶名"的英雄比英雄还"英雄",因为他牺牲的还有自己的声誉,他的付出本不是为了赚英雄之名,甚至不惜被误解、被冤屈。

更令人敬佩鲧的是,他被帝杀死后,死不瞑目。他的生命不存在了,但他治理洪水的理想犹存，一种强烈的信念支撑着他，使他精魂不散，尸体三年不腐，他用自己的血肉孕育着一个新的生命。终于，一个能继承他的遗志、能完成他的未竟事业的精英在腹中形成，这就是大禹。《楚辞·天问》中提问："永遏在羽山，夫何三年不弛？伯禹腹鲧，夫何以变化？"在鲧的腹内，三年之中，用沉痛的教训孕育出一个新的希望。

从死后三年不腐的鲧的腹中，用刀剖出个禹来，禹带着鲧的悔恨、委屈和希望，更带着时代的使命来到这人世间。待他长大以后，"帝乃命禹卒布土定九州"。（《山海经·海内经》）禹吸取了父亲鲧治水失败的教训，循江溯河，调查了解江流分布与走向，掌握洪水的特征，然后实施巨大的疏导工程。据说禹奔波忙碌，七年没有听过乐，三次经过家门而不入，插在帽子上的簪掉了顾不上捡，鞋子掉了来不及穿，为了治水，真是做到了争分夺秒：

> 禹伤父功不成，循江，溯河，尽济，甄淮，乃劳身焦思以行，七年，闻乐不听，过门不入，冠挂不顾，履遗不蹑。功未及成，愁然沉思。（《吴越春秋·越王无余外传第六》）

经过长期的勘探、研究，禹充分认识到父亲一味采取"堙""障"之法的弊端，于是变"堙""障"之法为"疏导"，根据地形高下、江河流向，开掘渠沟，疏通水道，使洪水流入大江大河，最终归入大海，利用水性，而达到治服水。鲧治水没有把握住水性，一味蛮干，所以失败了。而禹治水掌控了水性，事半功倍。看来，征服自然，不仅要靠力气，还要靠智慧：

> 其后伯禹念前之非度，厘改制量，象物天地，比类百则，仪之于民，而度之于群生，共之从孙四岳佐之，高高下下，疏川导滞，钟水丰物，封崇九山，决汨九川。陂鄣九泽，丰殖九薮，汨越九原，宅居九隩，合通四海。（《国语·周语下》）

劈山掘地，疏导江河，是一项异常艰苦的工程，禹不仅精心策划治水方略，而且亲自扛着治水工具进行劳作，处处为治水大军做表率。风里来，雨里去，过度的劳累磨掉了指甲与腿上的毫毛，使他两股流血，面目黑瘦，得了偏枯之症，走起路来，气喘吁吁，只好一步一步地往前挪：

禹之王天下也，身执耒臿以为民先，股无胈，胫不生毛，虽臣虏之劳不苦于此矣。(《韩非子·五蠹》)

禹于是疏河决江，十年不窥其家，手不爪，胫不生毛，生偏枯之病，步不相过，人曰"禹步"。(《绎史》卷十一引《尸子》)

(禹)官为司空，以通水潦，颜色黧黑，步不相过，窍气不通。(《吕氏春秋·行论》)

禹领导的治水大军，在治水的实践中，不断摸索，绘制出了治理河道的规划图——河图，发明了精确的量具——玉简。当然，在神话传说中，往往就把人们劳动创造的奇迹归功于神的辅佐：

禹理水，观于河。见白面长人鱼身，授禹河图，而还于渊。是禹之治水，亦依图而治也。(《禹贡会笺·原序》)

禹凿龙关之山，亦谓之龙门，至一空岩，深数十里，幽暗不可复行，禹乃负火而进。有兽状如豕，衔夜明之珠，其光如烛。又有青犬，行吠于前。禹计可十里，迷于昼夜。既觉渐明，见向来豕犬，变为人形，皆著玄衣。又见一神，蛇身人面。禹因与语，神即示禹八卦之图，列于金板之上。又有八神侍侧。禹曰："华胥生圣子，是汝耶？"答曰："华胥是九河神女，以生余也。"乃探玉简授禹，长一尺二寸，以合十二时之数，使量度天地。禹即持执此简，以平定水土。蛇身之神，即羲皇也。(《拾遗记》卷二)

禹全身心地投入治理洪水的战斗中，直到三十岁还没有结婚，为了遵循古礼，也希望能得到继承事业的后嗣，禹决定娶妻：

禹三十未娶，行到涂山，恐时之暮失其度制，乃辞云："吾娶也，必有应矣！"乃有白狐九尾造于禹，……禹因娶涂山，谓之女娇。(《吴越春秋·越王无余外传》)

禹娶了涂山氏为妻，唯恐新婚宴尔耽搁了公事，与新娘仅仅待了四天，便匆匆忙忙离家治水去了。从此一去就是好多年未回家，有时因公务路过家门，也顾不上回去与妻子团聚。《孟子·滕文公》中记载："禹八年于外，三过其门而不入。"涂山氏给禹生了个儿子叫启，禹还是无暇回家看望他们母子俩，禹清楚，他稍有分心就会影响治水事业的成功，他说："予创若时，娶于涂山，辛壬癸甲。启呱呱而泣，予弗子，惟荒度土功。"（《尚书·益稷》）禹确是一位克己奉公、公而忘私的典型。

禹带领治洪大军，经过十几年的艰苦奋斗，疏通了大川三百、小河三千，洪水终于被治服。禹又划分大地为九州，命名了名山大川，消灭了害人的禽兽，引导人们利用水利发展农业，从此，人民安居乐业。这盖世之功，是禹在总结其父鲧的失败教训的基础上取得的。人民感激禹的伟大功德，舜也因其治水有功而把帝位禅让于禹。禹当帝后，仍一如既往地为天下万民操劳。有一次，他去南方巡视，到了会稽就病死了，群臣就把他葬在会稽山上，至今那里还有"禹穴"。

禹死后，人们把他当成神供奉，并把他视为社神，即大地之神，给他塑造的神像往往是左手拿着准绳，右手拿着规矩，《大戴礼·五帝德》载："禹为神主，左准绳，右规矩，履四时，据四海，平九州，戴九天。"生动地再现了禹当年带领千军万马战洪灾平天下的英雄形象。鲧、禹前仆后继、百折不挠的征服自然的坚韧精神，已化为中华民族传统精神重要的组成部分，永远激励着后人去开拓新的更美好的未来。

中华民族祖先的英雄代表，其贡献各有不同，但他们有一个共同的特点，即为公众行仁义，他们就是后来儒家的一面面旗帜，他们的仁义道德准则就是后来儒家学说的核心。因此孔子说："大哉尧之为君也！巍巍乎！唯天为大，唯尧则之。""禹，吾无间然矣。"（《论语·泰伯》）衷心地赞颂尧、舜、禹，赞颂他们的盛德高尚、伟大、无可挑剔。孟子为了排除杨朱、墨子等异说，廓清儒学发展的障碍，第一次提出儒家的道统之说："由尧、舜至于汤，五百有余岁。若禹、皋陶，则见而知之；若汤，则闻而知之。由汤至于文王，五百有余岁。若伊尹、莱朱，则见而知之；若文王，则闻而知之。由文王至于孔子，五百有余岁……"（《孟子·尽心下》）历代相传的王道仁义之说，始于尧、舜、禹，而汤、文王、武王、周公、孔子继承这一思想而不中断，并使之发扬光大。汉代刘向、刘歆、班固在总结儒家的特征时说："儒家者流，盖出于司徒之官，助人君顺阴阳明教化者也。游文于六经之中，留意于仁义之际，祖述尧、舜，宪章文、武，宗师仲尼，以重其言，于道最为高。"（《汉书·艺文志》）他们也把仁义的道统首创者归于尧、舜。唐代的韩愈为了排斥老、佛之道，复兴儒家道统，重申孟子的道统说，他说："斯吾所谓道也，非向所谓老与佛之道也。尧以是传之舜，舜以是传之禹，禹以是传之汤，汤以是传之文、武、周公，文、武、周公传之孔子，孔子传之孟轲。"（《韩昌黎全集·原道》）宋代朱熹更将伏羲、黄帝列为儒道传授系统的首位："恭惟道统，远自羲轩。"（《朱熹集·沧州精舍告先圣文》）总之，儒家所提倡的仁义精神，其源远流长，早在伏羲、黄帝、尧、舜、禹时代，已经培育成仁义精神的基因。

四 儒家先驱及儒家对神话的改造

（一）中国古代神话传说的类型及先祖序列

古代神话传说是古代的"百科全书"，内容庞杂，难以形成一个完整的系统，尤其中国古代神话传说，没有专书，都是零星散记在各种典籍中，但这丝毫不能说现存的中国远古神话传说不能反映我们先民的历史。不过，这需要我们对现有的零星分散记载的神话与传说进行梳理，对其分析归纳、分类排比，才能得出正确结论。对神话传说进行归纳排比，关键是如何确立分类的标准。

关于神话传说的分类，学者们见仁见智，划分的类型不一。西方学者L·斯彭斯在《神话学绪论》中将西方的神话分为21种类型：1. 创造神话；2. 人类起源神话；3. 洪水神话；4. 报答神话；5. 惩罚神话；6. 太阳神话；7. 月亮神话；8. 英雄神话；9. 野兽神话；10. 习俗或祭礼的解释神话；11. 对阴曹地府的历险神话；12. 神的诞生神话；13. 火的神话；14. 星辰神话；15. 死亡神话；16. 向死者提供祭食物的神话；17. 禁忌神话；18. 化身神话；19. 善恶两元论神话；20. 生活用具起源的神话；21. 灵魂神话。

中国神话学专家袁珂先生则把中国的神话分为九种类型：1. 一望而知是神话的神话，如夸父逐日、精卫填海等；2. 传说；3. 历史，包括两种情况，一是神化了的历史，如武王伐纣、李冰治水等；二是历史化了的神话，如少昊以鸟名命名官、颛顼绝地天通等；4. 仙话，如嫦娥窃药奔月、玄女教黄帝兵法等；5. 怪异，如"江郎神""天公狗"等，也有极少部分鬼神话；6. 一些带有童话意味的民间传说，如"中山狼""吴洞全履"等；7. 来源于佛经的神话人物和神话故事，如哪吒闹海、天女散花等；8. 关于节日、法术、宝物、风习和地方风物等的神话传说；9. 少数民族的神话传说。这九种类型不仅有神话，还有传说、仙话等，所以袁珂先生又把它们称之为广义的神话。

这二位神话学专家对神话传说的分类，不仅显得有些烦琐，而且显得有点混乱。对各事物的分类，应该是对各事物某一同类性质之间的差别进行分析排比，着眼点是同类性质，所以分类就要坚持用同类性质这个标准，否则就失去了统一的可比性，势必造成分类上的混乱。不论是斯彭斯还是袁珂，在对神话传说进行分类时，一会儿以题材分类，一会儿以所述对象分类，一会儿以神话传说的来源分类，一会儿以善恶道德分类，等等。造成分类上的混乱，各类型之间的内容有许多重叠、交叉的现象，甚至还有遗漏的内容。

那么如何科学地划分神话传说的类别？迄今为止还没有一个固定的模式，但应该有这么一个简单不过的原则，这就是坚持统一分类标准，这个标准可以是题材，可以是所述对象，可以是资料来源等，但不可混杂地同时使用几个标准。并且在分类时不宜分得过细，分得越细，其包容性就越差，越难概括五花八门的神话与传说。这里，我们试用以题材这一标准把中国古代神话传说分成四种类型：1. 关于创世的神话传说；2. 关于祖先神创业的神话传说；3. 关于英雄事迹的神话传说；4. 关于自然风物、民间怪异的神话传说。

这四类神话传说中，关于自然风物及民间怪异的神话传说，产生得最早，有的可能产生于氏族社会初期，由于人们认识力低下，将大自然认识成具有人格化的自然神灵，反映了原始社会人们对大自然的敬畏之情，以及幻想征服与支配大自然的愿望与理想。

其他三类神话传说的产生晚于自然神话。创世的神话传说，反映了我们先人对世界产生及人类起源的思索与解释，祖先神的神话传说，表明人们崇拜的偶像由自然神逐渐过渡为祖先神。英雄神话传说的产生可能比较晚一些，说明氏族社会人们对人类自身改造自然力量的充分认识，但将带领人们征服自然或其他氏族部落的英雄事迹，又多归于祖先神，形成英雄神话传说与祖先神话传说的内容有重叠、交叉。

在对中国古代神话传说进行分类、梳理、归纳时，我们发现同一题材的神话传说，在不同的典籍中往往记载的并不完全一致，证明了神话传说所具有的群体性。原始人对同一事物，本来就存在着不同的感受与想象，且同一神话传说在流传过程中，又经不同人的理解与改造，神话与传说往往是众人解释的集结，而为大多数人所接受与传颂的，只不过是大家认为是更合情合理的解释。从这个角度讲，丰富多彩的中国古代神话传说经过历史长河的淘漉,能够保存下来的是更近于历史真实的那一部分神话与传说。

所以,在中国古代四类神话传说中,比较而言,信史成分较多的当是:创世的神话传说、祖先神的神话传说和英雄的神话传说;因而后世保留这三类神话传说也较多,在这三类神话传说中,较多的又是关于祖先神的神话传说,祖先神的神话传说中有时还包括创世神与英雄神,呈现出一个系列化的特点。

我们常羡慕古希腊神话传说,确实,古希腊神话传说在世界文学中,地位显赫,其他民族的神话传说难以与之比肩。古希腊的神话传说之所以如此辉煌,是因为它有神话传说的专集传世,而且神话传说形成一个完整的故事系列与统一的天神谱系。

古希腊的神系开始于宇宙中混沌神卡奥斯、地母神盖亚、冥土神塔耳塔洛斯和爱神厄洛斯。天神乌拉诺斯是从盖亚身上产生的,然后又与母亲盖亚结合生下了一群巨神。乌拉诺斯害怕这些巨神夺取他的王位,在他们刚生下来后,就把他们一个个囚入地下深渊。盖亚同情孩子们的遭遇,并支持他们起来造反,最小的儿子克洛诺斯在盖亚的帮助下夺取了王位,并娶其姐妹瑞亚为妻。克洛诺斯当王后也害怕他的孩子来夺王位,于是把他们一个个吞进自己的肚子里。只有最小的儿子宙斯被母亲瑞亚藏了起来,躲过了厄运。宙斯长大后,打败了克洛诺斯,迫使克洛诺斯吐出所有的兄弟姐妹,他们在奥林帕斯神山上建立了神的大家庭,宙斯当然是神王了,他的姐妹赫拉为王后,他的兄长哈得斯为冥神、波塞冬为海神、姐妹得默特尔为农神,他的儿女阿波罗为太阳神、阿尔忒弥斯为月神、赫淮斯托斯为火神与匠神、雅典娜为智慧女神、阿瑞斯为战神、海尔梅斯为神使,阿芙洛狄忒为爱神,这就是古希腊的"奥林帕斯神系"。奥林帕斯神系中的神属于天国的神,但天国的神同时也是人类的缔造者与统治者。古希腊神话中讲:有一个叫作普罗米修斯的神,他是地母盖亚与乌拉诺斯所生的伊阿托斯的儿子,他降于大地,按照神的形状,用泥土捏造成有生命的人,于是大地上有了万物之灵。古希腊神话还把人类社会分为黄金、白银、青铜、黑铁等世纪,这些世纪的人类种族也是分别由天神克洛诺斯、宙斯等创造的。

晚于奥林帕斯神系神话的古希腊英雄传说,有许多不同的系列,如有耶松乘阿尔戈船取金羊毛、海格立斯为民除害、柏修斯砍女妖、提修斯渡杀怪物等系列。

原来我们一般认为中国古代神话传说没有专集,神话传说分散记载于各种书籍之中，零星短小，不成系列。但如果综合归纳这些零散的神话传说，我们会发现，中国古代祖先神的神话传说有自己的系列，能窥到我们一代代的先人那动人魂魄的生活与斗争，从中可以看到氏族社会血缘关系及民族初期的发展痕迹，从中感受到一个伟大的民族不屈不挠英勇奋斗的民族精神，进一步证明：我们这个屹立于世界东方的民族，从它最初的原始阶段，便是一个勤劳、勇敢、开拓、创新的民族，这一优良的品质作为民族机体的基因，一直遗传至今，成为我们民族的传统精神。但我们祖先神的神话传说在不断地"历史化"，使祖先的事迹更近于历史的真实，这免不了淘汰了许多原始的祖先神的异常丰富多彩的怪异故事。中国古代祖先神神话系列并不逊色，是它越到后来越接近"人"，而古希腊的神话仍保持着浓厚的"神"的色彩，这大概就是我国的神话传说与古希腊神话传说最大的不同吧。

位于世界东方的中国，在旧、新石器的时代，南北各地都分布着许多不同的氏族部落，不同的氏族部落自然流传着不同的属于自己氏族部落的神话传说，后来由于氏族部落的不断融合、联合，各氏族的神话传说也在发生着变化。随着社会生产力的提高，氏族血缘关系的加强与扩大，人们心中原崇拜的偶像自然神逐渐由创世神与祖先神所代替，尽管当时的创世神与祖先神还不免带着自然神的色彩。大约在氏族大联合时期，基本统一的创世神及祖先序列得到人们的普遍认可。这个序列形式上属于神话传说，但由于它将古史解释得较为"合情合理"，具有了更多的信史成分，很大程度上反映了华夏民族形成与发展的历史。根据现有的神话传说资料，华夏祖先系列的发展脉络大致可以做如下所述：

远古人根本不具备进化论的观点，他们看到人是由人生育出来的，那么追根溯源，最初的人是由谁生育的呢？那就必定是最初的祖先。在鸿蒙时代就流传着各种各样美丽而动听的神话传说，其中盘古开天辟地的神话对这个问题解答得似乎较为"圆满"。人类的产生首先需要一个先决的条件，即生存的空间，先有了天地才会有人类的产生、繁衍。人们于是大胆地设想：天地还没有生成前，宇宙只是一个阴阳不分的如同鸡蛋一样的混沌体，盘古就孕育在这一混沌体中，他是宇宙第一神人。他在混沌体中一天天地长大，经过一万八千多年，混沌体突然进裂，混沌体中轻而清的东西飘呀飘，向上变成了天，重而浊的东西向下沉降，变成了地。随着天不断升高，地不断变厚，立于天地间的盘古的身子也不断地增高。又经过一万八千年，盘古老死了，但他的气息、声音变成了风云雷电，双目变成了日月，肢体变成了大地的四极与山岳，血液变成了江河，……总之，盘古用自己的血肉之躯换来了天地间的万物，就连他身上的寄生虫也遇风而化，变成了一个个人。盘古以自己的死亡，换来人类的诞生。关于人类的诞生，还有女娲捏泥造人、女娲与伏羲婚配生育后人等神话传说，因都没有讲天地自然等人类生存环境的由来，所以都没盘古开天地造人类的神话传说影响大。

盘古开天辟地之后，最初来掌管天下的是天皇氏兄弟十三人，他们创立了干支，确定了岁次与四季。天皇氏之后有地皇氏兄弟十人共治天下，他们教民分辨日、月、星辰，为民划分出昼夜时辰，确定了日、月的时间概念。地皇氏之后由人皇氏九兄弟治世，他们把天下划分为九个区，人皇氏在中区统管天下，其余兄弟每人分别治理一区。以上就是神话传说中所说的"三皇"。"盘古"与"三皇"是后出的神话，"盘古"从字面理解，就是追问、查究古事的意思。"天皇、地皇、人皇"，是天、地、人观念的反映。《周易·说卦》："是以立天之道曰阴与阳，立地之道曰柔与刚，立人之道曰仁与义。"天皇立天道，地皇立地道，人皇立人道，有了天、地、人，就构成世界了。

三皇之后，不知过了多少年，到了有巢氏治世的时代。有巢氏教民在树上架巢，以避猛兽伤害；教民剥兽皮遮体以保温暖。有巢氏之后有燧人氏，燧人氏曾见啄木鸟啄树时燊然有火花，便悟出钻木取火的道理，从此，人们开始食用火烤的熟食，改变了茹毛饮血的生活方式，大大减少了疾病的危害。有巢氏、燧人氏的名称，明显是指巢居、用火，并非指专人，只是人类进化阶段的一个标志。

又不知过了多少年，历史进入了伏羲的时代。传说伏羲氏的母亲叫华胥，一天在一个叫作雷泽的地方行走时，踏到了巨人的足迹上，于是怀孕生下了伏羲。伏羲长就人首蛇身，非常聪明，抬头能仰观星象，低头能俯察地理。他后来画八卦、定方位、制历法，命令仓颉制文字（一说仓颉是黄帝的史官），代替结绳记事，教民制网捕鱼、驯养六畜，深受人民的拥戴。当时冀方有个共工氏康回，原为伏羲的臣子，后兴兵作乱。伏羲氏派大臣祝融氏去进行讨伐，把共工氏一直追赶到不周山下。不周山原来是天柱之一，共工氏因惨败而恼怒，一头撞折了天柱，使西北天倾东南地陷，伏羲妹子女娲见状，于是炼五色石补天，人民才免遭毁灭，这里，把中国地形特点的形成，也作了奇特的想象与解释。伏羲又称庖牺，是因其取牺牲以供庖厨，故得此名。有的神话传说还称其为"宓牺""包牺""伏戏""炮牺"等，说明伏羲只是个象征性的名号，若是具体的人，是不会出现这种现象的。

伏羲之后有神农氏，他的母亲叫女登，因生神农氏于姜水之上，所以神农氏为姜姓。神农氏长着牛头人身，他创造了耒耜等农具，教民耕耘、播种，又教民种桑养蚕、织丝纺布。神农氏亲自尝遍百草，制作草药，为民治病。天下百姓大悦，相率来归，拥戴神农氏为炎帝。炎帝有个小女儿叫女娃，一次去东海游玩，不幸淹死在海里，女娃不屈的魂灵化作一只叫作精卫的小鸟，衔了西山的树枝与石头，不停地投入东海，决心要把淹死她的大海填平。

关于盘古开天辟地、三皇、有巢、燧人、伏羲、神农治世，年代久远，说法众多，多有虚妄的附会。有人认为三皇是指伏羲、女娲、神农，有人认为是指伏羲、神农、共工，也有人认为是指燧人、伏羲、神农，等等。实际上都是象征性人物，通过他们来曲折地反映原始社会初期发展的状况，其名号都是后人所加，并非真有其名。

神农死后，帝位传至榆罔，榆罔自以为智力过人，便胡作非为，引起群臣怨恨，蚩尤乘机作乱，逼得榆罔离开都城，逃至涿鹿。蚩尤又兵围涿鹿，危急之中，诸侯轩辕率兵前来营救，并生擒了蚩尤。众诸侯于是废除榆罔，拥立轩辕为帝，这就是名声显赫的黄帝。黄帝善于用人，他根据鲈鱼送给他的《图箓》，设立五官，分管天下五事，又命臣子作浑天仪、九章算法、五音十二律，创作《内经》，在历法、度量衡、音乐、医学方面都有发明创造。又教民养蚕织绢、缝制衣服、制造车舟弓箭、营建房屋。黄帝本人就是一个大发明家，如有一次他出游空桑，看到圆形蓬叶随风旋转，受到启发而想到转动的车轮，于是制造出牲畜拉的车辆。车辆的横木叫轩，直木叫辕，所以人们又称他为轩辕氏。

黄帝去世后，帝位传给其子玄嚣，也就是少昊金天氏。后少昊崩，群臣立其兄昌意之子高阳氏为帝，也就是颛顼。颛顼死后将帝位传给少昊孙帝喾，帝喾崩，子挚继位，但他荒淫无度，不理国政，听不进贤臣的劝谏，于是被诸侯所废，立帝喾另外一子为天子，这就是帝尧陶唐氏。帝尧为君，坐轻车住茅屋，任人唯贤，广开言路，四海安宁，人人心情舒畅。有一天，天上突然出现了十个太阳，晒得草木枯黄、庄稼焦死，尧命羿用箭射落九个太阳，羿又为民除去猰貐、凿齿、大风等危害。不料酷热过后，洪水又泛滥成灾，群臣荐举鲧去治水，鲧只知以土堵水，治水九年，劳而无功，尧斩鲧于羽山以警示后人。在与大自然艰苦卓绝的斗争中，尧一天天地老了，经众臣举荐，自己考察，将帝位让于贤者舜，这种领导人权力的继承法，反映了氏族社会部落联盟首领职位交接的历史真实，历史上称作"禅让"。中国古代神话传说中，真正的"禅让"，仅限于尧、舜二帝。尧、舜之后，中国历史上虽也演过"禅让"的闹剧，实际都是在武力威逼下的被迫交权。

舜以孝德闻于天下，继帝位后仍旧像尧那样任用贤能，得到了天下人的拥戴。但有三苗之民不服统治，有臣子建议对其进行讨伐，舜回答说：民有不服，说明我行德不厚，采取镇压不是正道。仍以德感化，终于使苗民诚服来降。舜子商均是个无所作为的庸人，舜学帝尧以天下为重，传贤不传子，立下遗嘱要把帝位禅让给治水有功的禹。一次舜外出巡视，死于鸣条，葬于苍梧九疑山，舜的两位妻子娥皇、女英同往哭舜，泪洒修竹，至今那里的竹子上还有斑斑泪痕，后人称这种竹为湘妃竹。

禹是颛顼之后，初封为夏伯，故称伯禹，他奉舜帝命令治理洪水，领导人民修渠挖沟，疏通江河。相传禹治水积劳成疾，身患偏枯之病，步履艰难，故称"禹步"。禹因治水，足迹遍及各地，因而划分了九州的区域，后世因此称中国为"九州"或"禹域"。禹又铸九鼎，制刑法，象征国家政权。并自谦德才浅薄，去帝号称王。禹娶涂山氏之女，生子名启，禹百岁后崩于会稽。至今浙江省绍兴会稽山上存有"禹穴"，相传为禹的葬地。禹之子启废禅让行世袭，建立了夏王朝。标志着氏族社会的消亡，奴隶制国家的诞生。

把中国古代神话传说视为上古史，当然不对，因为它存在着先人的许多幻想；如果把它视为完全与上古历史毫无关系的幻想，同样也不对，因为透过这种幻想可以看到原始社会的历史本身，这是一个不言而喻的问题。随着历史的发展演进，理性主义的觉醒，历史意识的高扬，古代史官原来沟通神人的职能逐渐弱化，而对先王先公的政事业绩的记录职能大大加强。他们不断剔除祖先身上的那些怪异色彩，逐步恢复他们作为民族英雄的真实面貌。于是，历史的进程不再由神来主宰，而是由英雄祖先来把握，人类的历史成了英雄的历史，人类初期历史更接近于真实。越到后来，神话中的黄帝、颛顼、帝喾、尧、舜、禹，都成为传说中的古帝王，他们有姓有氏有名，实际上是我国原始社会末期部落联盟的领袖人物。

孔子所删订的《尚书》，记述始于尧，司马迁的《史记》上限起于黄帝，把黄帝、颛顼、帝喾、尧、舜称为五帝，立《五帝本纪》。为什么司马迁要以黄帝为本纪之首？这有两个原因：一是司马迁认为黄帝之前一切神话传说荒诞不经，无从考释，而黄帝的存在却有《尚书》《五帝德》《帝系姓》《世本》等典籍作确实的佐证，再加上司马迁做过相关的实地调查，证实以上典籍所载多属无诬。二是从黄帝开始，实现了天下一统，他"修德振兵，治五气，艺五种，抚万民，度四方"（《史记·五帝本纪》），中华民族多民族大一统的社会文明真正是从黄帝开始的，三代帝王，列国世家，追祖溯源，皆本于黄帝，整个中华民族皆是黄帝之后。近年来考古发掘，已经证实了其中尧舜时代的存在，由此推测，司马迁所述是有根据的。

正是这种指导思想，使司马迁在《史记》中建立了五帝、夏、商、周、秦、楚（项羽）、汉的正统序列，中华大地各地域的民族都是黄帝的后裔，都有着同一的血缘，从而在《史记》中，各民族都有其一定地位。如《大宛列传》写新疆地域民族，《匈奴列传》《东越列传》《南越列传》《西南夷列传》，所记则包括了中国东西南北广大少数民族地区的少数民族。司马迁把中国整个社会的发展，视为同一种族系统内的多民族的共同发展。以帝王为纪，用王朝嬗变和帝王兴替作为历史发展的纲目，条分缕析地理清了中华民族不断发展的历史脉络，从而确立了中华民族大一统的思想。这一观念正是中华各民族维护大一统、维护民族团结、热爱祖国的强大精神动力，至今还起着这种巨大的精神作用。而这种思想观念的确立，不能不说，作为"历史影子"的中国古代神话传说，起了很好的奠基作用。

（二）神话传说的历史化

在原始社会，社会生产力水平的低下，大大限制了人们的认识，社会意识表现为对鬼神的崇拜。在险恶多变的自然面前，人们感到无能为力，认为只有鬼神才是社会的驾驭者，是神的意志支配着历史的发展。所以原始社会流传下来的口述历史都是神话传说，自然力被人格化，人被神圣化，那些氏族领袖与功绩显赫的英雄都披上神的外衣，表达了人们对他们的崇拜，也体现了蒙昧时代人们的狭隘而愚昧的观念。即使到了夏、商奴隶制时代，人们仍十分信奉上帝与鬼神，夏朝的资料奇缺，不好断言，殷人信奉鬼神的情况可从大量的甲骨卜辞中得到证实。殷王行事都要通过占卜来探测神意，《礼记·表记》所载的"殷人尊神，率民以事神，先鬼而后礼"，是符合历史实际情况的。

历史进入周代，社会形态发生了重大的变化，早熟的封建领主社会，制约着整个社会生活，决定着人们的观念，决定着社会的意识形态。周代封建统治者代表人物当数周公，他是西周初期伟大的政治家，姓姬名旦，也称叔旦。是文王的儿子，武王的弟弟，成王的叔叔。他辅佐武王灭商，武王崩，成王年幼，由他来摄政。他平息了武庚、管叔、蔡叔叛乱，继而制礼作乐，厘定典章、制度，提倡以德治国，使天下达于大治。他的礼乐思想被后世儒家所遵奉，他也成为儒家所敬仰的圣贤典范。

第一章 饱含儒家仁爱基因的中国远古神话传说

当西周把封建礼乐德治的观念作为社会统治的主导思想时，就以此来逐渐取代古老的神主宰一切的观念。随着理性主义的不断觉醒，于是一些神话就成了与德治意识相悖谬的"荒诞不经"的东西。神话不仅逐渐失去了再产生与再发展的社会条件，而且原有的神话也不断得到清理，存留的部分又得到理性化与历史化的改造。我们现在看到的我国古代神话传说的文字记载，最早不过是春秋战国时期的，但这并不能因此而说明这些神话传说就产生于春秋战国。同理，也不能说明对神话的"历史化"改造就始于春秋战国。现在我们看到的春秋战国时学者对某神话所作的历史性解释，其依据也不能说没有来自于周代的说法。

周代对神话进行"历史化"改造的主力军是史官，而史官遵循的思想就是周公的思想，周公是儒家的先驱人物，后来儒家的主张与周公的思想一脉相承，所以我们称这些史官也是儒家的先驱者。史官改造神话，大致有三种情况，一是认为"荒诞不经"的不予记载，让其失传，逐渐消亡。二是将神话转变为传说，也就是将神话的主角——神，转换为人。神话与传说的区别就是：神话把神人化了，传说把人神化了。神话中的主人公是神，传说中的主人公是人，传说是将人化了的神改造成为神化了的人，这是神话历史化的初步，由人化了的神转换为神化了的人。这种转换尽管去掉许多虚妄的幻想，但多少还保留着原有的神话因素，传说中的人还具有奇才异能与神勇超人的力量，但神毕竟还原为历史上有名有姓的真人。三是"彻底"的历史化，不仅对神话，也包括对传说，再一次进行改造，剔除其怪诞离奇的部分，保留其信史的因素，使之成为"历史"。通过这次较彻底的"历史化"，神话乃至传说的怪异色彩就淡薄多了。

到了春秋战国时期，天下大乱，周王朝名存实亡，包括史官在内的王官沦落，士阶层乘势兴起，以儒家为代表的文化人成为改造神话的主力军。神话研究专家袁珂说：

> 神话转化做历史，大都出于"有心人"的施为，儒家之流要算是作这种工作的主力军。他们为了要适应他们的主张学说，很费了一点苦心地把神来加以人化，把神话传说来加以理解性的诠释。这样，神话就变做了历史。一经写入简册，本来的面目全非，人们渐渐就只相信记载在简册上的历史，传说的神话就日渐消亡了。[①]

[①] 袁珂：《中国神话传说》（上），中国民间文艺出版社1984年版，第14页。

我们就以黄帝为例，看看儒家是如何将神话转化为历史的。黄帝是古代父系氏族部落联盟的首领，但在神话中，他就成了统治四面八方的大神，这位大神在长相上就具备宇宙神的特点，即长着四张脸的头，这种形象我们在现在的佛堂上还能看到。由此可见，世界各民族在幻想至高无上宇宙天神的形象时，思维竟然是那么的一致！神有四面，便能关注四面八方，真可谓眼观六路、耳听八方，否则，怎么能称得上是宇宙的统治神？到了后来，神话的黄帝逐渐向历史的黄帝演变，孔子就对黄帝的"四面"作了"历史化"的解释："子贡问孔子曰：'古者黄帝四面，信乎？'孔子曰：'黄帝取合己者四人，使治四方，此谓之四面也。'"（《尸子》卷下）孔子将黄帝的"四面"解释成四方之邦，黄帝派四位臣子分治各方，长着四张脸的黄帝神成了与凡人一样长相的人间的统治者，神性转变为人性。

神话中还说黄帝长寿三百多年，引起了孔子的学生宰我的怀疑，"宰我问于孔子曰：'昔者予闻诸荣伊言：黄帝三百年。请问：黄帝者，人邪？抑非人邪？何以至于三百年乎？'……孔子：'……生而民得其利百年，死而民畏其神百年，亡而民用其教百年：故曰三百年。'"（《大戴礼记》卷七《五帝德》）又是孔子将神话中长寿三百年的黄帝解释成人间的百岁老人。

神话中的黄帝不仅自身怪模怪样，而且他接触的也无不是些奇禽异兽，如"夔"，是一只脚的怪兽，黄帝擒获了它，就把它的皮剥下来做鼓：声闻五百里，以威天下。对于这个独脚怪兽来说，后来也没逃脱"历史化"的改造，改"一足"为"一，足"，即原意是夔一只脚，改变后的意思就成了夔为乐官，极有才能，黄帝有他一人就足够了：

> 哀公问于孔子曰："吾闻夔一足，信乎？"曰："夔，人也，何故一足？彼其无他异，而独通于声。尧曰：'夔一而足矣。'使为乐正。故君子曰：'夔有一，足。'非一足也。"（《韩非子·外储说左下》）

古代关于黄帝的神话传说是很多的，如黄帝与蚩尤交战，令应龙畜水魃止雨；再如黄帝在荆山下铸鼎；有龙自天而降，黄帝于是乘龙升天，等等。在司马迁看来，这些都是"不实"之说，他在《史记·五帝本纪》中说："学者多称五帝，尚矣。然《尚书》独载尧以来，而百家言黄帝，其文不雅训，荐绅先生难言之……余并论次，择其言尤雅者，故著为本纪书首。""不雅训"就是不典雅纯正，虚妄不实。司马迁淘汰了那些"不雅训"的神话内容，采用了那些近于历史实际的"雅言"传说，把一个神人，还原为一位带着一定传奇色彩的氏族部落领袖，一个历史上实实在在存在过的人。

"不语怪、力、乱、神"(《论语·述而》),这是孔子的主张,也是古代史官及儒家的一项原则。然而他们尽管对神话传说进行了历史化改造,但与现代所理解的"历史化"的标准还有很大的距离,这是因为当时的史官或儒家人物受到时代的限制,不自觉地把原始先民的一些幻想仍看作是历史的真实,在其编写的史籍中,仍旧或多或少地保留着一些神话的因素。神话是历史的影子,历史也有神话的影子,在使神话转化为历史的古老史籍中,仍然可以找到一些神话的"痕迹"。可以这么说,史籍以历史的形式无意地保存了一定的神话。

原始神话和远古歌谣是人类最原始的意识形态,歌谣作为一种比较单纯的文学形态,自有它独自发展的规律,姑且不论。作为原始神话,它并非是远古人的有意"创作",而是远古人用来反映自己的生活、思想感情及对世界的起源、自然现象及社会现象理解的最好形式。从这一点来看,各民族远古时期的文化形态没有什么差别。然而以后所发展起来的各民族文化却异彩纷呈,各自有自己的特色,我国就是一个鲜明的例证。

世界古代文化主要分东、西两大体系,东方主要以中国为代表,西方主要以希腊为代表。丰富优美的希腊神话,在世界文化中始终是无与伦比的。希腊神话主要包括神的故事和半神的英雄传说,神的故事讲述了希腊神开天辟地、代代传承的神的谱系以及众神日常生活,构成了一套完整的神话系列。希腊半神的英雄传说以人物或事件为中心,形成许多英雄故事系列,故事曲折生动,形象完美,极富思想与审美意义,所以,对其他文学艺术影响极大。正如马克思所说:"希腊神话不只是希腊艺术的武库,而且是它的土壤。"① 希腊的诗歌、戏剧、小说及其他艺术,都从希腊神话传说中汲取了题材与创作灵感。

首先,希腊人主要以神话为题材,将祖先颂歌、英雄歌谣和抒情牧歌加工发展,形成了鸿篇巨制的史诗,其代表作品就是大约成文于公元前6世纪的《荷马史诗》。《荷马史诗》有两部:《伊利亚特》与《奥德赛》,长达四十卷,二万八千行,是体系完整的神话传说专集。其次,大约在公元前6世纪末到公元前4世纪初,以神话为丰富题材,进一步吸收史诗的艺术营养,在颂歌、合唱、民间滑稽戏的基础上进一步演化形成希腊的悲、喜剧。以致后来产生的小说,也无不受到神话的重要影响。希腊文学

---

① 马克思:《〈政治经济学批判〉导言》,《马克思恩格斯选集》第2卷,人民出版社1972年版,第113页。

的发展是以其开发神话为前提的，发展过程大致可用"神话—史诗—戏剧—小说"来表示，其文学有着"神话"的鲜明印记。

一些学者评议中国文学发展过程，爱套用西方文学的发展模式。大家知道我国古代给我们只流传下零星分散的神话，其规模系列无法与希腊神话相比，很难想象如此贫瘠的神话"土壤"能培育出绚丽的史诗、戏剧、小说的"花朵"。中国成熟的史诗、戏剧、小说与希腊比，其产生期很晚，就说明了这个问题。不从中国文学客观实际出发，一味套用外国的模式，其结论既不符合中国文学的实际，又抹杀了中国文学的民族特色，同时否定了中国文学的真正价值。

与希腊充分开发利用神话相反，在中国，从周朝开始，儒家的先驱及以儒家为代表的文化人，就对一部分神话传说进行了历史化的改造，对另一部分神话传说则采取了冷落、甚至摒弃的态度，在此基础上，大力发展起历史著作来。

中国过早地对神话进行理性的净化与历史化的改造，使中国古代史诗的产生失去了肥沃的艺术土壤。中国古代歌谣从产生那天起，就具有了抒情与叙事的功能，叙事性的歌谣本可以发展为史诗，但由于中国古代诗歌没有繁荣的神话作基础，只能如同零星片断式的中国神话一样，产生一些篇什短小的史诗，如记载于《诗经》中的《玄鸟》《生民》《公刘》等诗，尽管具有史诗的基本性质与特征，但体制上无法与宏大的《荷马史诗》相比。

春秋战国时期是中国封建领主制向封建地主制"转型"的时期，社会进入了一个前所未有的大变革的历史时期。面对如此伟大的时代，我们没有《荷马史诗》那样大规模的叙事诗，也没有希腊那样成熟的悲喜剧来反映它的变革。但中国却在原有的史官文化的基础上，找到了一种新的著述形式——史传，其著名代表作便是《春秋》《左传》《国语》《战国策》等。先秦史传的结构博大恢宏，具有表述历史复杂事变的能力，甚至它那自由、娴熟、深刻地反映历史生活的深度和广度的艺术能力，往往是古希腊史诗、悲喜剧所难企及的。从反映社会生活的功能看，先秦史传这种历史散文完全可以弥补中国当时没有宏大规模的史诗、悲喜剧的遗憾；从生动、形象地反映社会生活的角度看，先秦史传堪称中国的"无韵的史诗""史著形式的悲喜剧"。它以特有的表达方式，采取民族喜闻乐见的艺术形式、艺术风格，反映了春秋战国这场前所未有的大变革的历史。

从欧洲文学艺术发展的历史来看，古希腊神话传说为它的文学艺术繁荣提供了"武库"与"土壤"，尤其促进了它的史诗、戏剧及美术造型艺术的发展。而中国古代的神话传说,当然也为中国的各种文学艺术提供了艺术营养,但由于受到儒家先驱及以儒家为代表的文化人的历史化改造,其作用就大大地削弱了。这种削弱,直接促进了史传文学的大发展。与神话促进欧洲文学艺术发展一样,大力发展起来的中国历史散文,直接促进了中国其他文学样式的发展,使中国其他文学,特别是小说、戏剧,打上了"史"的印记。中国古代神话传说的历史化改造,使中国的文学走了不同于西方文学发展的道路。

结　语

　　散文的原始形态是远古的神话,它的产生并不晚于诗歌。然而以往的中国散文史或散文研究著述,大都依据文字产生才有散文的概念,讲述散文历史从殷商甲骨文开始,如中国古代散文研究专家谭家健先生说:"甲骨卜辞是中国古代记叙文的萌芽"[1],李艳先生的说法稍有不同,他说:"卜辞钟鼎之辞是散文萌芽时期发展水平的标志。"[2] 他们的中国古代散文史著作,都舍弃了原始社会就具有的口头"散文"——神话传说。从鲁迅的《中国小说史略》开始,借用现代"神话"的观念,认为中国远古神话是中国文学的起源之一,以后不少文学史,也把中国神话当作文学的初始形态来讲述,但大都没有明确地把神话归于散文类。本书讲述中国散文,追溯源头,应是中国远古神话,这样就理清了中国文学发展的脉络,更能看清神话传说不仅作为文学的初始形态,而且作为散文初始形态对后世散文的影响。这不是故意标新立异,而是依据杨庆存先生的新观念重新审视散文发展史的必然。

　　在原始社会,社会的主要矛盾是人与自然的矛盾,原始人创造的神话首先是自然神话,其次是英雄神话传说、祖先神话传说及创世神话传说。而向善的自然神、祖先神、英雄神和宇宙大神,无不体现着为民、自强的特征。过去我们惯用希腊神话的系列化、体系化来对照评价中国的古代神话,认为中国古代神话是无系列、无体系,零散而杂乱地记录于《山海经》《楚辞》《左传》《淮南子》《吴越春秋》等典籍中。如果从自己文化的民族特点来看,将所有中国古代典籍中的神话累积起来进行研究,还是

---

[1] 谭家健:《中国古代散文史稿》,重庆出版社2006年版,第44页。
[2] 李艳:《中国古代散文史》,青岛出版社2007年版,第3页。

可以看出中国古代神话的系列与体系。在所有的典籍中,《山海经》是我国最早的一部记载神话传说的书籍,较多地保存了中国原始神话。在中国古代神话中,光彩熠熠的艺术形象,就是祖先神的形象,如华夏文明的创始人炎黄二帝、任人唯贤的唐尧虞舜、改造自然的鲧禹父子。这些祖先形象是人民将民族智慧与精神凝聚于他们身上的结果,反映了我们先民英勇奋斗、艰苦创业的历程,也为后人运用语言塑造人物形象开了先路。

古代神话传说是古代的"百科全书",内容庞杂,以题材这一标准可将它分成四种类型:1. 关于创世的神话传说;2. 关于祖先神创业的神话传说;3. 关于英雄事迹的神话传说;4. 关于自然风物、民间怪异的神话传说。四类中,较有系列的是关于祖先神的神话传说。这些祖先神实际上是我国原始社会部落的领袖人物,通过把他们神的行迹不断演绎为历史事件,我们就可以看到我国原始社会的历史本身。正是这种演绎,使司马迁在《史记》中建立了五帝、夏、商、周、秦、楚(项羽)、汉的中华民族的正统序列,从而确立了中华民族大一统的思想。这一观念的确立,作为"历史影子"的中国古代神话传说,起了重要的奠基作用。

在原始社会,我国的神话传说,与古希腊一样丰富多彩,但随着我国过早地迈进封建社会的门槛,从周代开始,儒家的先驱者们就对神话传说进行了历史化的改造。至春秋战国,以儒家为代表的文化人成为历史化改造神话传说的主力军。这种历史化改造神话传说,彻底改变了中国文学发展的趋势,使中国延缓了史诗、戏剧、小说的产生与成熟,从而大力发展了历史散文、哲理散文、说明散文。堵塞了宗教充分吸收神话资料的渠道,阻止了神学宗教成为主导意识形态,确立了中华文化伦理道德、理性文化的正统地位,使务实的理性精神、以民为本的政治思想、大一统的家国理念等,成为中华文化的重要精神支柱。这一切,从源头上讲,无不与儒家先驱及以儒家为代表的文化人对神话传说的态度有关。从这一角度才能更加看清儒学对中国古代散文乃至中国文学、文化的巨大影响。

第二章 被儒家奉为经典的三代散文

一 代表三代水平的文本散文

"三代"一词,最早出自孔子之口,他说:"斯民也,三代之所以直道而行也。"(《论语·卫灵公》)孔子所说的"三代",显然是指夏、商、西周三个朝代,从此,三代就成了夏、商、西周的合称,有时还称夏、商、周三代。按理说,周代分西周、东周二朝,东周又分春秋与战国两个时期,周代应该包括东周在内,然而传统称三代却不包括春秋战国。春秋战国时期是中国历史上重大的社会转型期,确实需要单独阐述,所以我们遵守传统的说法,书中所称的三代,仅指夏、商、西周。

本章所谓的"文本散文",不是我们一般理解的在纸质上抄录或印制的散文,三代的文本散文是指当时所有载体上的散文,即在甲骨、铜器、简帛等物品上书写的散文。至于将甲骨、铜器、简帛上的文字或誊写、或印制或影印于纸质上,那是三代以后的事了。

在传说时代,口头式的诗歌与散文,尽管口耳相传了很长很长的时间,尽管内容也较丰富,体现了先民艰苦卓绝的斗争生活及聪明才智,但诗歌与散文的本身终无大的发展,因口述而难以进行语言的精细加工,因遗忘而失传是很正常的现象,口耳相传的形式严重地影响了诗歌与散文的发展。文字的产生,标志着人类进入了文明的时代,也标志着诗歌与散文进入了新的发展时代。我国浩如烟海的典籍中,绝大部分是文字产生数千年以来的精神成果,比较而言,用文字记录下传说时代流传下来的诗歌与神话传说是微乎其微的。

文字的产生比语言的产生要晚得多,但它一产生便给语言增加了新的存在形式。这种新的存在形式不再受口传耳闻的狭小空间与声音存留的短暂时间所限制,给有声语言所要表达的种种观念意识赋予了物质的表现形式，从此人们可以把自己的精神成果无损失地进行长期保存，包括诗歌与散文在内的一切人类精神生产开始了突飞猛进的大发展时代。

最初以文字为载体的文本，是一种文、史、哲等学科融合为一的形态，所以，文字的产生也就是文本散文的开始。那么，代表我国文明时代发端的汉字产生于何时？有的文献上说汉字是"后世圣人"或黄帝的史官仓颉造的，如《周易·系辞下》说："上古结绳而治，后世圣人易之以书契，百官以治，万民以察。"许慎《说文序》说："黄帝之史仓颉见鸟兽蹄迒之迹，知分理之可相别异也，初造书契，百工以乂，万品以察。"《周易·系辞下》所说的"后世圣人"，可能指的就是黄帝，黄帝所处的时代，按古文献记载推测，大约距今有五千年。由于缺少物证，必然受到许多学者的怀疑，"后世圣人"与仓颉造字只能按一种传说来看待。但传说有历史的影子，我们不能轻易全盘否定。

19世纪末在河南安阳殷墟发现了刻有文字的龟甲和兽骨，研究者把这些文字称之为"甲骨文"，于是现当代便自然形成一种最流行的观点：中国最早的文字是甲骨文，它产生于距今已有三千多年的殷商时代，于是许多中国古代散文史研究的著作，就是以甲骨文开篇的。学术界之所以公认我国最早的文字是殷商甲骨文，是因为它是我们今天能见到的和逐渐能理解的最古文字。"殷墟"是商代后期的文化遗址，从盘庚到帝辛（纣）都在此设都，这些用青铜刀刻在乌龟甲壳或牛胛骨上的文字，仅单字就有近四五千个，而东汉许慎的《说文》收字也不过九千多个。甲骨文字形比较稳定，已具造字所有方法。从结构上看，除了象形字外，还有许多形声字、会意、指事、转注、假借诸体，都可找到例证，具备了汉字"六书"的体系，足可证明甲骨文已是相当成熟的文字系统，绝不是文字形成初期的文字。根据文字发展的一般规律，如此发达的文字，必定经历过一个相当长的发展演变过程。再则，甲骨与刻刀并非是书写的唯一材料，从出土的甲骨文看，有少数大字是先用毛笔写好后再用刀刻上的，既如此，可以想象到当时书写最便利的材料不是刻刀与甲骨，而是毛笔与竹、木简。由于竹、木简不易长期保存，目前我们还没有看到一片那时的竹、木简。

20世纪中期，西安半坡遗址被发掘，发现该遗址出土的陶器上有"具有文字性质的符号"。有的学者把它称之为"陶文"，认为这才是中国文字起源的物证。如郭沫若先生在《古代文字之辩证的发展》一文中认为汉字的产生"可以以西安半坡村遗址距今的年代为指标……半坡遗址的年代，距今有六千年左右。"近年来河南舞阳贾湖遗址又有具有契刻符号的甲骨文物出土，从契刻符号推测，大约距今有七八千年的时间。如果把这种符号认作文字，则中国文字的发生期会更早。比仰韶文化更晚的龙山文化，其陶器上有的也有刻画的符号，笔画已趋于繁多。在山东莒县陵阳河、诸城前寨的大汶口文化遗址的陶器上，发现的刻画符号已近于商代甲骨文的体形，这个时期大约恰是文献记载的黄帝时代。介于大汶口文化与殷商文化之间的夏代文化，其标志就是河南偃师二里头文化。二里头遗址出土的陶器上的刻画符号，形体更像殷商甲骨文，夏文字可能已在社会上广泛使用，夏朝大概已进入成文的历史时代。这样的话，我们可以把比较成熟的汉字产生的上限时期最晚推到四千多年前的夏朝。

夏朝是我国第一个阶级社会，它的诞生，标志着中国原始社会进化为奴隶社会，标志着国家机器自此产生。国家的形成，必然要求有文字记录与其社会需要相适应。马克思在《摩尔根〈古代社会〉一书摘要》中讲到氏族社会向阶级国家过渡的特征时说："旧的管理制度已经无能为力，这也就引起了必须由成文法代替习惯法。"《左传·昭公六年》载："夏有乱政而作禹刑。""禹刑"很可能是我国第一部成文的法典，世上没有文字表述的法典是难以让人想象的。孔子曾说过："行夏之时，乘殷之辂，服周之冕。"（《论语·卫灵公》）"夏之时"指夏历，如果没有文字记载，要使夏历经历千年以上传到春秋末期，同样是难以置信的。《左传·昭公十七年》中说："火出，于夏为三月，于商为四月，于周为五月，夏数得天。"讲的是依夏代历法，于三月见大火星，夏历年月划分大体与春生、夏长、秋收、冬藏四时自然气候相适应。《礼记·礼运》篇提到孔子重视《夏时》，孔子说："我欲观夏道，是故之杞，而不足征也，吾得《夏时》焉。"郑玄注："得夏四时之书也，其书存者有《小正》。"不论孔子当时得到的夏朝历书是否叫《小正》，都说明夏代已有文字写就的历书。《左传》中多次引录《夏书》内容，如："故《夏书》曰：'与其杀不辜，宁失不经。'"（《襄公二十六年》）"故《夏书》曰：'辰不集于房，瞽奏鼓，啬夫驰，庶人走。'"（《昭公十七年》）后一条录夏朝一次日食后人们恐惧的情景，想不会是后人伪造。《尚书》中的《夏书》虽难确定便是夏朝时写定，但推想其中会有夏朝时流传下来的原始文字材料。我们现在看到的《尚书·夏书·甘誓》，是一篇夏启讨伐有扈氏的誓师词，相传是夏朝史官所录，近几十年来渐有人怀疑是伪造。顾颉刚先生原也认为《甘誓》篇作于战国末或西汉初，后来又认为"其较稳定地写成文字，大概就在殷代"，其载于《中国史研究》1979年第1期中的《〈尚书·甘誓〉校释评论》一文，他又指出："肯定夏代当时应有文献资料。"《吕氏春秋·先识》篇载："夏太史令终古出其图法，执而泣之。夏桀迷惑，暴乱愈甚。"太史令终古拿出的"图法",应该属于夏朝的成文的"册""典"。随着考古研究的深入与新的夏朝遗物的发掘,将会进一步证实成文历史的时代始于夏朝。

夏朝产生了能够简单记述历史的文字,但那时由于文字刚刚在典册上使用,书写工具又很不方便,直至商代,也不能靠文字顺利地将丰富、生动、形象的神话故事和历史传说详细地记录下来,因而形成了口耳相传与文字记载二者并存的传播局面。夏、商朝的文字记载形式,主要是史官"典""册"式的簿录,这是实用的官方文书。由于年代久远,这些"册""典"中的文字,只有很少一部分被后世的史籍和其他著作所采录,其多数还经过后人的修饰增删。早在春秋时,孔子已感夏、商文字资料不足,曾无不遗憾地叹息说:"夏礼,吾能言之,杞不足征也;殷礼,吾能言之,宋不足征也,文献不足故也。足,则吾能征之矣。"(《论语·八佾》)。孔子没有提到殷商的甲骨文,后世古代学者,也都没人提及甲骨文,研究铜器铭文的也不多,推测有两个原因:一是他们从观念上就没有把甲骨文、铭文当作文献来看待。二是刻有铭文的商、周的钟鼎彝器保存下来的极少,至于商、周刻有卜辞的甲骨,他们可能就没见过,即使见过也不理会,他们做梦也不会想到这些甲骨会成为20世纪学术界重要的研究对象。

随着刻有铭文的商、周钟鼎彝器的不断出土,特别是安阳殷墟甲骨文的重见天日,对甲骨文和铭文研究,就成为中国文化研究的重大课题,也成了中国古代散文研究的重要部分,因为它们毕竟是中国最早的第一手散文资料,这是任何后人都无法再进行修改加工的原始资料,因此许多中国古代散文研究者认为甲骨文和铭文代表了当时散文的文本水平。

刻有文字的甲骨是19世纪末先由河南安阳小屯村的农民在翻地时无意发现的,误以为是"龙骨",被人收买。1889年曾有收购商人给天津的孟定生、王襄看过一些有刻字的甲骨,他们认为这些甲骨是一种"古简",甲骨上所刻的是记录文字。1899年著名的金石学家、国子监祭酒王懿荣收买到一批甲骨,才对甲骨上的卜辞作了大体正确的鉴定,1903年罗振玉为刘鹗选拓1058片有字甲骨,编为《铁云藏龟》,这是甲骨文的第一部资料汇编。1904年孙诒让著《契文举例》,开始对甲骨文字作考释,成为第一个系统研究甲骨文的人。1908年后,罗振玉和王国维考定甲骨出土地安阳曾是殷商后期的旧都,于是导致1928年后的几次对殷墟的大规模发掘,先后出土甲骨十万片左右,大多数是残碎的,整版的不多,从甲骨卜辞记载来看,是属于盘庚迁殷到帝辛消亡二百五十多年之间的甲骨。1954年首次在山西洪洞县坊堆发现西周有字甲骨，后陕西沣西、北京昌平等地又有出土。1976 年后陕西岐山县凤雏村发现了 16700 多片西周甲骨，其中有 289 片有卜辞，改变了过去谈甲骨唯有殷商的老传统。

占卜，这是古代世界各国普遍存在的现象，在我国商、周时期，占卜的方法大体上有两种，总称为"卜筮"。"筮"是使用蓍草来卜卦，蓍草可入药，可制香料，茎直，古人认为是带灵性的东西，《周易·系辞上》中说："是故蓍之德，圆而神。"所以用其茎来排列筮法中的"卦"。"卜"是使用甲骨来卜卦，甲骨被烧灼的部位所爆出的裂纹称之为"兆"，占卜人认为这是神对卜问事宜所给予的吉凶臧否的"指示"。为何以龟来占卜？因龟长寿，古人更视之为灵物，《周易·系辞上》中又说："探赜索隐，钩深致远，以定天下之吉凶，成天下之亹亹者，莫大乎蓍龟。"龟甲缺少时才以兽骨（主要是牛胛骨）替代。

龟甲牛胛骨不仅是卜卦的工具，也是占卜文辞的载体。由于受到占卜内容、甲骨载体、刻刀书写工具的限制，刻在甲骨上的文辞，形成了特定的一种简单的应用文体，后人又把"甲骨文"称作"契文"。它使用着最简明的语言，有着一定的写作格式，最完整的卜辞可分六个部分：署辞、贞辞、兆辞、前辞、占辞、验辞。署辞是用来记载甲骨来源、修治及保管人员的情况，一般刻在不用于占卜的部位上。贞辞是刻记所卜的事情，事情本身往往涉及事情发生的地点。兆辞用来刻记兆纹的情况。前辞用来刻记占卜日（卜年卜月一般在卜辞最后）和占卜人；有了兆，又刻记了贞卜内容，卜人就要仔细观察兆纹，并对照占卜理论，确定凶吉，这本是卜人的判断，但要当成卜人悟到的"神意"，把"神意"刻记上去叫作占辞。"神意"当然不会错的，但卜人的悟性有高有低，能否正确领悟"神意"，还要待事后实践加以验证，验证后再把结果刻记下来，这便是验辞。

从出土的甲骨来看，同时具备这六部分文字的甲骨属于少数，一般来说至少具备前辞与贞辞，如有一甲骨卜辞为："戊辰卜，出贞：'商受年？'"① 卜日为"戊辰"，卜人是"出"，卜地是"商"，卜事是"能否得到好收成？"只具前辞、贞辞。再如："癸丑卜，贞今岁受年，弘吉。才（在）八月，佳（唯）王八祀。"②"癸丑"为占卜日。"年"是收成的意思，五谷熟为"年"。而表示时间概念的"年"在殷商被称作"祀"，"王八祀"即王在位八年之时。"弘吉"为占辞，大吉大利的意思。此卜辞除

---

① 罗振玉：《殷虚书契续编》二·二八·二，罗氏印本。
② 郭沫若：《殷契粹编》八九六，文求堂影印本。

了前辞、贞辞外,多了占辞。甲骨文多数文字简短,少则数字或十数字,也有少数字数多的甲片,如:

> 癸巳卜,㱿贞:旬亡咎?王占曰:"有祟,其有来艰。"乞(迄)至五日丁酉,允有来艰,自西。沚馘告曰:"土方正(征)于我东鄙,灾二邑。卬方亦牧我西鄙田。"①

这段卜辞有前辞:占卜日为癸巳,占卜人为㱿。有贞辞:所卜之事为"一旬之内没有灾祸吧"?有占辞:王看兆纹后判断说:"有灾祸,将有患难来临。"有验辞:卜后第五天的丁酉日,果然从西面传来发生灾祸的消息。沚馘前来报告说:"土方侵犯商朝西边方国沚的东部边境,劫掠了二个城邑,卬方也侵占了其西部的边境土地。"

甲骨卜辞基本上刻记了时间、地点、人物、事件等内容,略具记叙文的基本要素。当然,有些甲骨卜辞没有刻记时日,但当时并不影响把这些没时日的卜甲卜骨按时日分类存放。20 世纪 30 年代发掘的安阳第 36 坑甲骨遗址,经专家确定,坑内的甲骨,按年保存,说明卜者在刻记无时日的卜辞时仍有时间概念,只是当时有意省略了这些文字。

甲骨卜辞主要是迷信活动的文字记录,但也反映了当时社会其他方面的情况,如通过甲骨卜辞,我们了解到当时农业已成为社会的主要生产方式,卜辞中多次出现了禾、黍、麦、稻等农作物名称。农业收成好坏成了整个民族乃至国家统治者最为关心的大事,所以有关卜求风调雨顺以获丰年的卜辞所占的比例特别大。在卜辞中,常有马、牛、羊、鸡、犬、豕的记载,商王做祭祀所用的牛羊祭品,有时多达百余头,说明当时的牧业也比较发达。牧业在社会生产中的重要地位甚至影响到商王的嗜好,把畋猎当作生活中寻欢作乐的内容之一,每外出打猎,往往卜问有无风雨阻碍,如"戊午卜,贞今日王其田宫,不遘大风?其遘大风?"②事后有时还把所获猎物及数量也刻记在甲骨上。而周文王畋猎,最大的收获却是得到了辅国的人才,《史记·齐太公世家》载:"西伯将出猎,卜之曰:'所获非龙非螭,非虎非罴,所获霸王之辅。'于是周西伯猎,果遇太公于渭之阳,……立为师。"过去,大家只把文王渭水边上遇太公作为美谈,未必当信史,西周甲骨出土后,才看到当时真实的记载:"王其〔乎〕　　兹

---

① 郭沫若:《卜辞通纂》五二一,文求堂影印本。
② 郭沫若:《卜辞通纂》四〇六,文求堂影印本。

用　　既吉　　渭渔。"① 证实了《史记》那段记载是可信的。殷商卜辞有："癸丑卜，作邑五。"② 邑，城市，"作邑"就是兴建城市。随着城市的兴起，国家的刑法、军队等制度也逐渐完善，如"王又作辟。"③ 辟，即刑法，"作辟"就是制定刑法。"丁酉贞，王作三师，右、中、左。"④ "师"即军队，"作三师"就是组建三军。当时的城市手工业门类很多，卜辞中提到了冶铜、纺织、制革、酿酒等。殷商主要的交换形式是以物易物，但贝壳可以作为流通的货币，城市经济逐渐发展起来。从卜辞中还可以看到殷商社会中还保存着氏族组织，奴隶主对本氏族成员一般还没有掌握其生命的权力，但商王经常征伐其他部族，强迫他们纳贡，并把战争的俘虏变为奴隶。奴隶毫无社会地位，除了像牛马一样劳作外，还要做商王墓中的殉葬品，祭祀台上的牺牲品，如"王其又于小乙，羌五十人，王受又（佑）。"⑤ 羌，指俘获的外族羌人奴隶，一次祭祀就杀"羌五十人"，残忍无比。殷人迷信天神、地示、人鬼，又以天神即"帝"为神鬼世界的最高主宰，商王起居、行事都要向神鬼卜问有无吉凶祸福。殷人把上天的神称为"帝"，把祭祀"帝""示"看作是最重要最严肃的事情，乞求天地神与祖宗保佑，卜辞中常见"帝若"与"帝不若"，"若"就是允许，商王的行动常取决于"神意"，神鬼迷信也是殷商统治的有力工具，与宗法血缘制度相结合形成国家宗法宗教。

可以说，甲骨文是中国最简朴的书面语言，但它的语言特点已显示了汉语书面语言的基本特征。甲骨文所刻记的语言符号——汉字，都是单音节的，而并非拼音文字，单音节的汉字，一字一音，呈现方块形状，内涵着语音、语意，正因这一特点，才决定了汉语书面语能够在字数上和字音上形成整齐的对应，形成语言文字的一种形式美，才会有后世语言对仗及骈文的出现。

甲骨文所含词汇尽管有限，但各类性质的词基本具备，用现代语法去分析，不仅分为实词与虚词，还可细分为名词、代词、动词、形容词、数词、量词、副词、介词、连词、语气词等，而且各种性质词的使用以及句式，与后来的书面语基本一致，最简单的句式，其构成句子的主要成分，也具有主语、谓语与宾语，就是所省略的词汇及词句，也可从句法中领会

---

① 陕西岐山县凤雏宫殿遗址西厢二号房内窖穴 H11：48 有字甲骨。
② 《殷墟文字乙编》三〇六〇，科学出版社影印本。
③ 郭沫若：《殷契粹编》四七八，文求堂影印本。
④ 郭沫若：《殷契粹编》五九七，文求堂影印本。
⑤ 《殷墟文字甲编》三七九，商务印书馆影印本。

出来。字数较多的卜辞，其语言形式已近于《春秋》的简要记事，其文法和周朝的文言文法基本相同。

甲骨卜辞虽是一种书面散体语，但占卜者在刻记卜辞时，有意无意地要模仿那种精练又便于吟诵的诗歌的语言形式。这样，使古朴的甲骨卜辞有了语调抑扬顿挫和协韵的特点。如《卜辞通纂》第375片：

  癸卯卜，今日雨，其自西来雨？其自东来雨？其自北来雨？其自南来雨？

《甲骨文合集》第 14294 片：

  东方曰折风曰协，南方曰荫风曰微。西方曰戎风曰彝，北方曰漠风曰霾。

甲骨卜辞的作者已知语言整齐而声调相对应更动听，句式反复语意更易明白，有时作近似对仗式的句式，前后二句词语大致相对，句法结构基本一致，有类古辞赋，如《殷虚书契前编》卷七第38页有如下一段卜辞：

  我其已宾，乍（则）帝降若；我勿已宾，乍帝降不若。

《殷虚书契前编》卷五第26页有如下一段卜辞：

  庚子卜，□贞："翌辛丑，雨？"贞："翌辛丑，不其雨？"

由于占卜的实用需要，甲骨卜辞所使用的是有一定程序的简略语言，使用的是叙述、说明式的笔法，没有抒情，基本没有描写，也不在于表现形象与感情，还不具备文学作品的特点。但它使用了四千多个词汇，最简短的卜辞也能成句，比较长一点的卜辞有多种语法结构，有的卜辞对事件的因果过程作了前后对照式记叙，表达了一定的构思。甲骨上的兆辞及卜人根据兆纹判断而得来的占辞，表面上看似简单的因果思维，实际上，占卜人的占辞，加入了占卜人对占卜事的分析、推断，假借兆纹以道出，表现了占卜人的抽象思维。甲骨卜辞文字简朴、短小，由于文字极简略，有时出现了自己特有的句型，这主要是因为限于镂刻甲骨，书写面积小，镂刻又不易，不得不如此。这种特殊的句型，对后世短小、有特殊文法的中国诗歌有一定的启发作用。总的来说，甲骨卜辞难以算作文学作品，但从中国散文发展的全过程来看，这又是一个不可忽视的部分。

除了甲骨卜辞外，商、周时代青铜器具上的铭文也是我们现在所能见到的未经后人加工过的最早文字。中国古代的青铜器种类繁多，如有彝、盉、罍、角、爵等酒器，鼎、盘、簋、甗、簠等食器，钟、镈、铎、铙、钲等乐器，还有各种礼器、量器、明器（殉葬品）等，都可以在上面冶铸或镌刻文字，我们把这些文字叫作"铜器铭文"，又称"钟鼎彝器铭文"或"金文"。目前见到的最早有铭文的铜器是商代二里岗文化期的一件铜鬲，上铸一"亘"字，当为器主族氏名号。殷商早期，青铜器具上的铭文也多为族氏标记。晚期，随着铜器铸造工艺的提高及器具种类的增多，上面的铭文也渐增多，至西周时，铜器铭文达到全盛时期，铭文字数多的竟达数百字。

铜器铭文与甲骨文一样，也属记叙、说明式的应用文，但是由于铜器的用途及象征意义与甲骨不同，其铭文的内容与甲骨文也迥然不同。《礼记·祭统》中说：

> 夫鼎有铭，铭者，自名也。自名以称扬其先祖之美，而明著之后世者也。为先祖者，莫不有美焉，莫不有恶焉。铭之义，称美而不称恶，此孝子孝孙之心也，唯贤者能之。铭者，论撰其先祖之有德善、功烈、勋劳、庆赏、声名，列于天下，而酌之祭器，自成其名焉，以祀其先祖者也。显扬先祖，所以崇孝也。身比焉，顺也。明示后世，教也。夫铭者，壹称而上下皆得焉耳矣。是故君子之观于铭也，既美其所称，又美其所为。

这段文字告诉我们：铜器铭文记载的全是值得标榜的内容，目的是为了显扬先祖、用于自警、希望后代永记不忘，与主要记录占卜吉凶的甲骨卜辞有很大不同。甲骨卜辞有记载占卜吉凶的功能，铜器铭文有祭祀、纪念的实用价值，二者之间有了明确的分工。有的学者将商周以至春秋的铜器铭文，依内容分为九类：第一类是作者的简单记识，仅标明器主的族名或私名。第二类是祭祀对象的简单标识，标明作此器物是为祭祀某祖先的。第三类铭功记事，主要是记录为国家、王室或上级所作的贡献，因而受到的各种赏赐。第四类记录王室任命或晋升官吏的"册命"。第五类是诰词，记载王室任命、赏赐臣下时所劝勉、训导之词。第六类记录法律文书或契约。第七类是追孝之词，作器者为了表示孝道，对祖先进行的赞美文字。第八类是国家及各级政府所颁布的律令告示。第九类在器件上"物勒工名",内容最简单。①

甲骨占卜多为王室所用,而在铜器上作字,不独君王有这个权力,商、周二代的公侯、臣子都可仿效,只是其铜器比君王的规格要小一些。君王的铜器,除了体型大、造型精美外,铭文多是记载国家要事,通常视为权力的象征。如《左传·宣公三年》记载楚子问周鼎,有取代周定王天子王位之意,以致后来汉武帝因得宝鼎而竟改元为"元鼎"。所以凡出土的铜器,史书上颇有记载,只是唐代以前出土的数量不多,大量出土是在宋代以后。至宋时,人们对铜器铭文及石刻文的研究形成一个专门之学,称之为金石之学。从此,金石学一直延续下来,铜器铭文收集越来越多,到罗振玉编辑《三代吉金文存》影印本时,已收录了4835件铜器的铭文。

殷商铜器铭文都很简短,最长不过50个字,西周以后渐有长铭,如毛公鼎的铭文竟长至497个字。新中国成立后出土的长篇铜器铭文也较多,如1977年河北平山出土的中山王十四年铁足铜鼎,其铭文有469个字,稍少于毛公鼎,而1978年湖北随县曾侯乙墓出土的铜编钟,上面的铭文总数约2800个。不同类型的铜器铭文有不同的格式,殷商的铜器铭文字句简短、文意古奥,如:

  庚申,王在东闲,王格,宰㮂从。易贝五朋,用作父乙宝障。在六月,唯王廿祀,羽又五。②

  丁巳,王省夒京,王易小臣俞夒贝,唯王来征夷方,唯王十祀有五,肜日。③

第一则的铭文意思是:庚申这一天,商王在东闲这个地方,进行重大祭祀,宰官㮂侍从。王赐给㮂贝币五串,㮂用贝币作资制作了纪念父乙的青铜宝器。时在六月,王即位后的二十年,羽祭日后五日。第二则的铭文意思是:丁巳这天,商王省视夒京,王赐予小臣俞夒以贝币,正是王来征伐东夷时,在王即位的十五年,肜祭日。殷人称年为"祀",放在文辞末尾。铭文开头以甲子记日,是所叙事件发生的时日,末尾还记有日子,大多是"告于先祖"的祭日,如肜日、羽日等。杨公骥先生认为:"殷商铜

---

① 参见吕涛统编《中华文明史》第二卷第八章第二节《金文》,河北教育出版社1992年版,第334—353页。
② 《殷文存下·宰㮂角》。
③ 《殷文存上·丁巳尊》。

器铸辞，大多是由纪日、纪事、'显父母'三部分组成……由于这样的原因，所以商代的金文大多有着一定程序，往往使用习惯套语。"① 殷商铜器铭文与甲骨卜辞的记事方式有很多相近之处。

到了周代，长篇铭文增多，记载了武功、征伐、赏赐、讼断等内容，记载的一些史实比甲骨卜辞要详细而具体，涉及了周代各方面的社会生活，并出现了侧重记言和记事的铭文。侧重记言的如著名的毛公鼎铭文；以"王若曰"三字开头，记述了周宣王告诫、鼓励其臣毛公的言辞，周宣王从文、武二王开基业及周公忠心辅政说起，逐层推进，行文中用了四个"王曰"来联结所叙，委曲周详，说明了守成不易、无辅国之才政权统治不稳的深刻道理。有的铭文侧重于记事，如舀鼎（原器已佚，今存铭文拓本），379个字，全文可分三段。第一段记周王元年六月乙亥日，周王策命其臣舀继承父业继续为王的卜者。第二段记次年四月丁酉日，舀因买卖五个奴仆与别人引起纠纷以及舀诉讼得胜的经过。第三段记一伙匡人曾在荒年时抢劫了舀十秭（二千把）禾，舀经诉讼终于迫使匡人加倍偿还的事。几件事情，有内在联系，铭文注意了互相衔接，行文有一定章法。

周代的铭文已经很注意词语的修饰了，讲求用韵，吸收了当时盛行的四言诗的特点，别具诗的风韵，如著名的《虢季子伯盘》的铭文：

> 唯十又二年，正月初吉丁亥，虢季子伯作宝盘。丕显子伯，用武于戎功，经维四方。博伐猃狁，于洛之阳。斩首五百，执拘五十，是以先行。赫赫子伯，献馘于王。王肯嘉子伯义，王至周庙，宣榭爰飨。王曰："伯父，鸿显荣光。"王赐乘马，是以佐王。赐以弓彤，矢其央央，赐以戈钺，以征蛮方。子子孙孙，万年无疆。

功臣虢季子率军与西北强族猃狁在洛水之北作战，斩获颇多，立下赫赫武功。得到周王的表彰与赏赐，于是作盘刻铭于其上，记载功勋及周王奖赏，以示后世子孙。铭文骈散相间，铿锵悦耳，像一篇颂词，像一首赞歌，颂扬了虢季子的功劳与周王的恩惠。

从周代铜器铭文看，因其书写面积比甲骨增大，语言又有了几百年的发展，所以叙事较为详细，论理较为全面，辞藻较为讲究，配合以热情的颂扬、夸耀，富有诗般的节奏感，极大地影响了后世石刻文的写作。

我们所说的甲骨卜辞，以殷商甲骨卜辞为代表，所说的铜器铭文，以

---

① 杨公骥：《中国文学》（第一分册），吉林人民出版社1980年版，第129页。

周代铜器铭文为代表,尽管在铜器上铸字或刻字比在甲骨上刻字还要艰难,但铜器一般铸、刻铭文的面积比甲骨大,自然文字能达到上百甚至数百个。甲骨卜辞仅限于占卜的内容,而铜器铭文主要记功颂德,内容上更理性,更能反映多方面的社会生活,自然书面语的水平也比甲骨卜辞要高。也正因为铜器铭文还是内容单一、字数有限,无法与少受限制的"典""册"相比,与甲骨卜辞一样,总体上也很难算得上是文学散文,它们也不能代表当时文本散文水平,它们毕竟是一种特殊的"书面语言",是一种受到严格限制的特殊文体。制作甲骨卜辞与铜器铭文的人,也不见得他的书面语水平差,但由于他书写甲骨文与铜器铭文,其比较单一的内容和短小的格式限制了他书面语的充分表达。

要证明商、周时代的甲骨文与铜器铭文不能代表当时文本散文的水平,必须论证与甲骨文、铜器铭文同时并存着这样的书面语形式:它比甲骨文与铜器铭文格式相对自由、书写方便、内容丰富、表述能力强的文本,这就是"典册文"。周代存在着"典""册",这大概在学术界不该怀疑了。即使是长至近五百字的毛公鼎铭文,其语言表达的水平,也无法与《尚书》中《周书》里的篇章比,铭文尚且如此,更不用说周代的甲骨文了。商代是否存在着"典""册"?确实,直到现在还没有出土商代的竹、木简。究其原因,有两种可能:一是地下可能有商代竹、木简,但至今还没有发现。二是商代竹、木简因年代久远,已经碳化而不复存在。但我们在已出土的甲骨卜辞中,发现有"史""尹""作册"等殷商史官名称的记载,其中"作册"就表示着"册"的存在,还发现有"令""制令""告"的字样,这些是君王对臣下发布的"文件",是属于"册典文"中的一部分。甲骨卜辞中偶尔提及,说明商代确实存在"册""典",与周公说商有"册""典"是一致的。

我们前面已论证了,不仅商代,就连夏代也有了文字,有了史官,有了"图法"。"册""典"的优势在于:其用毛笔书写比刀刻、冶铸要方便得多,字数还因书写于"册""典"之上而不受限制,书写内容比较自由,也不受限制,散文水平自然比甲骨文与铜器铭文要高得多。尽管我们现在看不到夏、商的"册""典",但我们相信在《尚书》的《夏书》《商书》及其他古籍文献中,存有夏、商"册""典"的文字资料,尽管这些资料经过后人的增删修改,但有的基本还保持着原有本色。如《商书》中有《盘庚》,学术界公认是可靠的商代文献,我们仅录其最短的下篇,由一斑而见全豹,看看商代书面语的水平:

第二章 被儒家奉为经典的三代散文

盘庚既迁，奠厥攸居，乃正厥位，绥爱有众。曰："无戏怠，懋建大命！今予其敷心腹肾肠，历告尔百姓于朕志。罔罪尔众，尔无共怒，协比谗言予一人。古我先王将多于前功，适于山。用降我凶德，嘉绩于朕邦。今我民用荡析离居，罔有定极，尔谓朕曷震动万民以迁？肆上帝将复我高祖之德，乱越我家。朕及笃敬，恭承民命，用永地于新邑。肆予冲人，非废厥谋，吊由灵各；非敢违卜，用宏兹贲。

呜呼！邦伯师长百执事之人，尚皆隐哉！予其懋简相尔念敬我众。朕不肩好货，敢恭生生。鞠人谋人之保居，叙钦。今我既羞告尔于朕志，若否，罔有弗钦！无总于货宝，生生自庸。式敷民德，永肩一心。"

用现代汉语来说，就是：盘庚既已迁都，决定了臣民们定居的地方，然后辨明了住所的方位，才告诫大家说："不要嬉戏懈怠，要尽力重振国运！现在我向大家展示内心思想，把我的意图清楚地告诉你们百官。我不归罪于你们，你们都不要发怒，也不要互相勾结，也不要讲我的坏话。从前我们的先王都想创立超过前人的功业，迁都到山区，用以除去洪灾，为我们国家建立了丰功伟绩。如今我的臣民因汹涌的水灾而流离失所，没有安定的住所，你们问我为何惊扰众人而迁都？是因为上帝将要使我们复兴高祖的美德，治理好我们的国家。我急切地以恭敬笃实的态度，顺从上帝让众人延续生命的意志，长久地居住在新国都。所以我这个年轻人，不敢废弃迁徙的计划，而是善于顺从上帝的谋划，不敢违背占卜的兆言，而是为了弘扬美好事业。啊！各位诸侯、官长及官员，还是都考虑考虑呀！我将尽心考察你们体恤民众的情况。我不会任用贪财的人，只任用能帮民众谋生的人。对于那些养护民众并使他们安居乐业的贤能，我都要依次敬重他们。现在，我已经把喜欢的和不喜欢的都告诉给你们，不要有不顺从我的！不要聚敛财宝，而是要谋划生计建立功勋，要施恩惠给民众，永远能和我同心同德。"

盘庚是商朝开国君王成汤的九世孙，在盘庚前，商的先王已多次迁都，盘庚即位后，为了商民族的更好发展，决定再迁都至殷（今河南安阳）。盘庚的迁都计划遭到统治者内部的反对，并散布流言蜚语，蛊惑人心，为此，盘庚多次召集会议，告喻臣民，《盘庚》三篇主要写的就是迁都前后，盘庚对臣民的诰语。上篇记盘庚先让亲近他的大臣向众人陈述迁都的好处，然后自己亲自严厉责备贪图安逸的现象，进一步申明王法。中篇继续阐明迁都的必要。下篇记迁都后，盘庚要求政府官吏，明确迁都意义，兢兢业业，建设新都，切忌贪财，要为民众谋利益。全篇结构严谨而完整，篇幅比任何甲骨文与铜器铭文都要长得多，以议论为主而以叙事为辅，叙事与议论有机结合。而甲骨文与铜器铭文多简略记事，议论很少。如上面所录的下篇，议论主旨明确，中心突出，有论点，有论据，有论证，层次分明，说理周详。人物语言准确、精粹，有些语言甚至类似格言警句，且有形象性，如"今予其敷心腹肾肠"句，以心腹肾肠具体事物，比喻抽象复杂的内心世界。至于像"懋建大命""荡析离居""永肩一心"等词语，对生活现象有极强的概括力。盘庚训词的语气坚定、果断、有力，从具有个性的语言中，使人深切地感受到一个心胸宽阔、眼光远大、恩威并施的帝王形象。像《盘庚》这样的艺术构思及语言表述，在甲骨文与铜器铭文中是绝对见不到的。

总之，甲骨文与铜器铭文，决不能代表当时散文的水平，能代表夏、商、周书面散文水平的，只能是该时代的"典""册"文章，如果把甲骨文与铜器铭文作为当时文本散文的代表，就大大贬低了中国散文发展期的水平，继之而来的春秋战国散文高潮，就成为一种不可理解的现象。

二　中国现存最早的散文集

（一）以记言为主的《书经》

能代表夏、商、周三代甚至尧、舜时代文化的，就是儒家奉为经典的"六经"：《诗》《书》《礼》《乐》《易》《春秋》，也就是说，除了《诗》属诗歌的文体外，能代表上古三代散文水平的就是其余的数经。据《左传》等书记载，除"六经"之外，还有《三坟》《五典》《八索》《九丘》，但这些典籍都没有流传下来。"六经"旧典原来并非称"经"，也并非只为后来的儒家一派所"享用"，它只是上古三代遗留下的典籍，全面反映的是上古三代的意识形态。《庄子·天下》篇说：

　　《诗》以道志；《书》以道事；《礼》以道行；《乐》以道和；《易》以道阴阳；《春秋》以道名分。

荀子在《荀子·劝学》篇中也说：

　　故《书》者，政事之纪也；《诗》者，中声之所止也；《礼》者，法之大分，类之纲纪也。故学至乎礼而止矣。夫是之谓道德之极。《礼》之敬天地也；《乐》之中和也；《诗》《书》之博也；《春秋》之微也，在天地之间者毕也。

司马迁在《史记·太史公自序》中也说：

  《易》著天地、阴阳、四时、五行，故长于变；《礼》经纪人伦，故长于行；《书》记先王之事，故长于政；《诗》记山川溪谷、禽兽草木、牝牡雌雄，故长于风；《乐》乐所以立，故长于和；《春秋》辩是非，故长于治人。是故《礼》以节人，《乐》以发和，《书》以道事，《诗》以达意，《易》以道化，《春秋》以道义。

儒家之所以优于其他诸子学派，使自己的理论主张成为中国古代主流意识，很重要的一点就是能全面继承三代文化。儒家创始人孔子，收集鲁、周、宋、杞等故国的文献，整理删定出《易》《书》《诗》《礼》《乐》《春秋》六种后世称之为六经的教本来，讲授给弟子们。孔子删定六经，选文精之又精，也许本意并不是要整理所谓古代文献，而是借助于六经，使自己的儒学理论有依托有根源，与历史的传统主体意识一脉相承；同时借助六经，寄托高远的政治理想，使自己的儒学理论有发展有建树，通过对六种教本的阐释，使六种教本成为儒家修身齐家治国平天下的理论经典，并在此基础上构建出儒家的儒学理论体系。如果说儒学是中华传统文化的主体，那么六经即是儒学的核心。皮锡瑞在《经学历史·经学开辟时代》中说："读孔子所作之经，当知孔子作六经之旨。孔子有帝王之德而无帝王之位，晚年知道之不行，退而删定六经，以教万世。其微言大义实可为万世之准则。后之为人君者，必遵孔子之教，乃足以治一国；所谓'循之则治，违之则乱。'后之为士大夫者，亦必遵孔子之教，乃足以治一身；所谓'君子修之吉，小人悖之凶。'此万世之公言，非一人之私论也。孔子之教何在？即在所作六经之内。故孔子为万世师表，六经即万世教科书。"六经维世立教的意义，在孔子时并未被统治者所接受，将孔子删定的六种教本真正尊称为经，是在汉代。然而皮锡瑞认为经学的开辟时代应始于孔子，他的理由是：

  经学开辟时代，断自孔子删定六经为始。孔子以前，不得有经；犹之李耳既出，始著五千之言；释迦未生，不传七佛之论也。《易》

自伏羲画卦，文王重卦，止有画而无辞；亦如《连山》《归藏》止为卜筮之用而已。《连山》《归藏》不得为经，则伏羲、文王之《易》亦不得为经矣。《春秋》，鲁史旧名，止有其事其文而无其义，亦如晋《乘》、楚《梼杌》，止为记事之书而已。晋《乘》、楚《梼杌》不得为经，则鲁之《春秋》亦不得为经矣。古《诗》三千篇，《书》三千二百四十篇，虽卷帙繁多，而未经删定，未必篇篇有义可为法戒。《周礼》出山岩屋壁，汉人以为渎乱不验，又以为六国时人作，未必真出周公。《仪礼》十七篇，虽周公之遗，然当时或不止此数而孔子删定，或并不及此数而孔子增补，皆未可知。观"孺悲学士丧礼于孔子，《士丧礼》于是乎书"，则十七篇亦自孔子始定；犹之删《诗》为三百篇，删《书》为百篇，皆经孔子手定而后列于经也。（《经学历史·经学开辟时代》）

"六经"之中，其中的《乐经》，明显是史官对古代礼乐制度的记载，但据说因为秦始皇焚书坑儒导致失传，所以在汉代时就只剩下了"五经"，立了五经博士官进行传授。就是这五经，其涉及的学科领域已够全面而广泛，周桂钿先生概括说："《周易》（哲学）、《尚书》（史学）、《诗经》（文学）、《礼》（伦理）、《春秋》（政治学）。"① 2008年7月，清华大学入藏了一批流散到境外的战国竹简，经过两年的清理和研究，最终确定清华简共为2388枚，其中发现了周武王征伐黎国得胜回朝后，在典礼上饮酒赋诗的资料，有的专家认为这是失传几千年的《乐经》的篇目之一。但没有得到学界的一致认同，加上只是单篇，本书对《乐经》便不作研究。至于《诗经》，本属诗歌，也不是本书研究的对象。

"五经"中的"礼经"，原指《仪礼》，后来还含《周礼》《礼记》，合称"三礼"，其中《仪礼》成书最早，多记重要的仪法度数的行为规范，如冠礼、婚礼、朝聘、丧葬等礼仪方面所应遵循的准则。以前人们说此书是周公姬旦所作，虽然未必是，但是至少属于先秦典籍。《仪礼》中所反映的一些礼节形式，在三代时就已存在，说明礼仪有很大的因袭性。《周礼》也有人说为周公所作，今人多认为是战国时的作品，多记周王室官制与战国时各国政治制度。《礼记》基本上由孔子弟子及后学所记，后经汉代戴圣编辑成书，《礼记》是对礼经的阐释，多言义理，使人知礼之所以然。后又经东汉经学大师郑玄作注，才脱离对《仪礼》的依附，而独

---

① 周桂钿：《中国儒学讲稿》，中华书局2008年版，第3页。

立成书。礼是儒家学说中的重要部分，本书也要论述到礼对散文的影响，但"三礼"中除《礼记》的一些篇章较有文学价值外，其他所记礼仪名目繁多，内容繁缛枯燥，加上文字艰涩，难属文学散文的范畴，所以本书对"三礼"也不作专门研究。

"五经"中的《春秋》，原本不是指孔子编著的《春秋》，而是指三代的史籍，《汉书·艺文志》中说："古之王者，世有史官，君举必书，所以慎言行，昭法式也。左史记言，右史记事，事为《春秋》，言为《尚书》，帝王靡不同之。"明确指出《春秋》与《尚书》乃"古之王者"的史官所作。有人认为最早的《春秋》产生于夏商朝，如刘知几在《史通·六家》中说："《春秋》家者，其先出于三代，案《汲冢琐语》记太丁事，目为《夏殷春秋》。"至迟也是指孔子著《春秋》前的古代编年史。如孟子说："王者之迹熄而诗亡，诗亡然后《春秋》作。晋之《乘》，楚之《梼杌》，鲁之《春秋》，一也。其事则齐桓、晋文，其文则史。"（《孟子·离娄章句下》）刘知几《史通·六家》记载说墨子见过"百国春秋"。孔子曾利用所能见到的各种《春秋》，作为参考资料来著新的《春秋》，《庄子·天运》篇载："丘治《诗》《书》《礼》《乐》《易》《春秋》六经，自以为久矣。"等到孔子主要据鲁《春秋》修成他的《春秋》后，其他《春秋》便逐渐废弃。后世的儒者所称"五经"中的"春秋经"，就专指孔子的《春秋》了。三代的《春秋》既亡，孔子的《春秋》只能放在春秋时期的儒家经典中来论述。这样我们论述三代（不含春秋战国）散文，就以"书经"与"易经"为代表了。

先说"书经"，就是我们现在称为《尚书》的那部经典。《隋书·经籍志》中说："《书》之所兴，盖与文字俱起。"《尚书》是我国现存最早的一部用散文书写的先秦典籍，是我国第一部散文总集。先秦时期称为《书》，书是简策的泛称，后来儒家把《书》奉为经典，才称之为《书经》。《书》被称为《尚书》是从西汉开始的，据孔安国《尚书序》说，那个"尚"字是汉初伏生所加。尚，古通上，《尚书》就是指上古典籍的意思。《尚书》由《虞书》《夏书》《商书》和《周书》四部分组成，本是四代资料汇编。但《虞书》是后代史官根据尧舜时代历史传说追记的，不尽可靠。所以我们一般认为：《尚书》至少可以称为三代的散文。《夏书》的内容肯定也经后人加工过，但原始依据会有夏朝一定的文字记载，《商书》《周书》所载，则基本是当时的文字材料，尽管也经后人整理或改写过。

刘勰在《文心雕龙·史传》中说："唐虞流于典谟，商夏被于诰誓。"

就是说唐尧虞舜时代的历史靠《尚书》的典谟流传下来，夏、商的历史在《尚书》的诰誓里得到反映。《尚书》是由三代乃至远古的典、谟、训、诰、誓、命等编辑而成的。典，典制、典事，记载帝王政绩，如《尧典》；谟，记君臣计策、谋略，如《皋陶谟》，记舜、禹、皋陶谋划治理国家；诰，公告、告诫的文告或谈话，如《盘庚》《大诰》《多士》《多方》《召诰》《康诰》《酒诰》《梓材》等篇，是上对下的告诫、训导，《洛诰》《立政》《高宗肜日》《无逸》等篇是下对上的劝谏言辞，《微子》《君奭》是同僚间的相谈，《西伯戡黎》《洪范》是上下之间的对话；誓，立誓、盟誓，是君主训诫士众的誓词，《甘誓》《汤誓》《牧誓》《秦誓》《费誓》都是关于战争的誓师辞；命，是君主命令、册命，如《文侯之命》是周平王褒奖晋文侯并封其为方伯的命辞。训，教训、教诲，可归入诰类，且《伊训》不在《今文尚书》之内，更不应列出。

据此，学术界有人认为《尚书》为记言体散文的肇始，《春秋》是记事体散文的发端。其实，《尚书》所记录的文献，大体也可分记言与记事两大类。《尚书》主体确实记录了君臣言论、诏诰、奏章等，但也有记述国家重要政事、君王行实等文字，如《顾命》《尧典》《金縢》等，其中的《禹贡》，托言夏禹治水的记录，实为古地理志。再说"言"与"事"二者是不好截然分开的，国家诏诰、人物言论，本身就反映着历史事件的某个片段，而且在诏诰、奏章、言论中就有对历史事件的叙述。同样，在历史事件、人物行实的叙述中也常夹杂着命令、人物的对话等，所以"记言"与"记事"的区别只是相对的。《尚书》的文字显示，三代的散文已经具有了议论、叙事的双重功能。

相传《尚书》原有三千多篇，至孔子时，他删定为一百篇，刘知几在《史通·六家》中说："《尚书》家者，其先出于太古。《易》曰：'河出《图》，洛出《书》，圣王则之。'故知《书》之所起远矣。至孔子观书于周室，得虞、夏、商、周四代之典，乃删其善者，定为《尚书》百篇。"孔子删定的《尚书》原有《虞夏书》20篇，《商书》《周书》各40篇。秦始皇时，《尚书》被列为禁书而遭焚毁，汉时流传在世的已残破不全。汉文帝时原秦博士济南伏生治《尚书》，他传授的《尚书》有29篇（有一篇《秦誓》后来又失传了），因将原篆体古文字改换成汉时通行的隶书文字，被称为《今文尚书》，因其底本是秦焚书禁学时伏生壁藏保存下来的，所以《今文尚书》是可靠的，被列为官方之学。

汉武帝末，鲁恭王刘馀在孔子住宅墙壁中发现用先秦古文字（籀书，又称蝌蚪文）写的《尚书》，比《今文尚书》多出16篇，被称为《古文尚书》，由汉博士孔安国校对整理献给政府，后逐渐形成今、古文《尚书》学派的对立与斗争，分歧在于如何解经。古文经学派注重文字训诂和名物制度的考订，在学术上占有优势；今文经学派注重阐述经文的"微言大义"，能直接为统治阶级政治服务，在政治上逐渐取得了优势。自贾逵为《古文尚书》作训、马融作传、郑玄作注后，今、古文《尚书》学派的观点实现了融合统一。

《古文尚书》是孔子删定百篇内的一部分，也属于真《尚书》，然而至西晋永嘉之乱后，许多珍贵的文献典籍被毁，《古文尚书》中比《今文尚书》多出的那16篇，也同许多典籍佚散失传了。

东晋元帝时，豫章内史梅赜献奏伪《古文尚书》59篇，其书将《今文尚书》一些单篇扩成二篇或三篇，（如把《尧典》后半部分分为《舜典》，把《盘庚》分成上、中、下三篇）组成新的33篇，此外，又多出25篇：《大禹谟》《五子之歌》《胤征》《仲虺之诰》《汤诰》《伊训》《太甲》（上、中、下）、《咸有一德》《说命》（上、中、下）、《泰誓》（上、中、下）、《武成》《旅獒》《微子之命》《蔡仲之命》《周官》《君陈》《毕命》《君牙》《冏命》，还有一篇是名为孔安国作的《尚书序》。开始，人们对这25篇与序深信不疑，唐初，孔颖达据此修成《尚书正义》，就是我们现在看到的十三经注疏本的《尚书》，唐朝政府还把它作为官方定本在全国颁行。至宋，吴棫、朱熹开始怀疑其伪，明代辨伪有很大进展，至清代，辨伪有了突破性的成果，清阎若璩作《古文尚书疏证》，列举大量证据，充分考证其伪。清丁晏又著《尚书余论》，更考证出作伪人是三国魏王肃。这25篇伪作从孔子所作百篇的《书序》中取来19个篇名，文中有一些从先秦古籍中搜集的《尚书》文句。研究《尚书》，首先有一个辨别真伪的问题，辨别真伪才能确定研究对象，但从研究散文的角度看，伪《古文尚书》也有它的一定学术价值。

《尚书》中的《虞书》《夏书》《商书》和《周书》，因产生在不同的历史时代，其反映的思想意识和表现的文学特色也不尽相同。

夏之前，尽管有的古籍说唐尧虞舜时代已有史官，但我们分析这种可能性不大，但虽没有史官，并不等于没有历史知识的传播。那些对于民族生存与发展有重大影响的人物与事件，人们总是难以遗忘。那些有影响的人物基本上是氏族部落的杰出领袖，那些有影响的事件基本上叙述的是氏族部落与大自然的斗争、部落之间的争战以及部落的迁徙等。人们代代口耳相传，一直传诵到能够使用文字将丰富、生动、形象的传说记载下来的时候，虽然这些传说经过后人的加工，但无论如何，它仍保存着后人无法虚构的远古史实。《虞书》的《尧典》（含今本《舜典》）、《皋陶谟》（含今本《益稷》）篇，开头皆为"曰若稽古"，是依据或考究古代传说的意思，已明显地标明是后代史官追记的尧、舜、禹三王时代的传说。远古确实没有《尧典》《舜典》《皋陶谟》《益稷》那样的文字水平，但其主体上却可以代表远古口头散文的水平，不可视为纯是后人的杜撰。尽管后人把传说中近于神的尧、舜、禹改变为历史现实中的人，但仍残留着以往历史传说的色彩，反映着远古氏族部落的现实历史，反映着远古人原始共产的野朴意识。如《尧典》篇：

曰若稽古帝尧，曰放勋，钦、明、文、思、安安，允恭克让，光被四表，格于上下。克明俊德，以亲九族。九族既睦，平章百姓。百姓昭明，协和万邦。黎民于变时雍。

乃命羲和，钦若昊天，历象日月星辰，敬授人时。分命羲仲，宅嵎夷，曰旸谷。寅宾出日，平秩东作。日中，星鸟，以殷仲春。厥民析，鸟兽孳尾。申命羲叔，宅南交。平秩南讹，敬致。日永，星火，以正仲夏。厥民因，鸟兽希革。分命和仲，宅西，曰昧谷。寅饯纳日，平秩西成。宵中，星虚，以殷仲秋。厥民夷，鸟兽毛毨。申命和叔，宅朔方，曰幽都。平在朔易。日短，星昴，以正仲冬。厥民隩，鸟兽氄毛。帝曰："咨！汝羲暨和。期三百有六旬有六日，以闰月定四时，成岁。允厘百工，庶绩咸熙。"

帝曰："畴咨若时登庸？"放齐曰："胤子朱启明。"帝曰："吁！嚚讼可乎？"

帝曰："畴咨若予采？"驩兜曰："都！共工方鸠僝功。"帝曰："吁！静言庸违，象恭滔天。"

帝曰："咨！四岳，汤汤洪水方割，荡荡怀山襄陵，浩浩滔天。下民其咨，有能俾乂？"佥曰："於！鲧哉。"帝曰："於！咈哉，方命圮族。"岳曰："异哉！试可乃已。"

帝曰，"往，钦哉！"九载，绩用弗成。

帝曰："咨！四岳，朕在位七十载，汝能庸命，巽朕位？"岳曰："否德忝帝位。"曰："明明扬侧陋。"师锡帝曰："有鳏在下，曰虞舜。"帝曰："俞？予闻，如何？"岳曰："瞽子，父顽，母嚚，象傲；克谐以孝，烝烝乂，不格奸。"帝曰："我其试哉！女于时，观厥刑于二女。"厘降二女于妫汭，嫔于虞。帝曰："钦哉！"

《尧典》篇的意思是说：考究古代传说中的帝尧，他原叫放勋，处理政事态度恭敬而严肃，明察而文雅，通达而敏捷，待人宽容而温和，忠于职守，举贤任能，他的光辉照耀四方，天地神人都知道。他选用的俊杰人才，使同族人和睦相亲。各族既已和睦，尧又明确众官的职责。众官职责明确，又使众方国和善相处，天下人也因此而变得互相友好。

尧于是命令羲氏、和氏，敬顺上天，通过观察日月星辰变化的天象来制定历法，以告诉人们岁时节气。命令羲仲，守于东方嵎夷叫作旸谷的地方，让他迎接日出，观察太阳东升的情况。春分昼、夜长短相等，鸟星出现在天空正南方，据此确定仲春。这时人们在田野上活动，鸟兽开始繁衍生育。又命羲叔，守于南方的交趾，观察太阳在南天上的运行规律，认真地测定夏至。夏至白昼最长，火星出现在天空正南方，据此确定仲夏。这时人们就在高地居住，鸟兽的羽毛稀疏。又命和仲，守于西方的昧谷，让他观察太阳在西天下落的运行规律，秋分白昼与黑夜时间相同，虚星出现在天空的正南方，据此确定仲秋。这时人们返回平地，鸟兽生出新羽毛。还命和叔，守于北方的幽都，观察太阳在北方天空的运行规律，冬至白昼最短，昴星出现在天空的正南方，据此确定冬至。这时人们生火取暖，鸟兽也长出柔软密集的绒毛。帝尧说："啊！你们羲氏与和氏，一年三百六十六天，用增加闰月的方式调整四季，推算出时分节令，由此规定众官的职守，许多事情就好办了。"

帝尧问："谁能准确地推算天时？把他选拔上来。"放齐回答说："您的嗣子朱很精明。"帝尧说："唉！他不讲老实话，又好争胜，那怎么能行呢？"

帝尧问："谁能胜任我的政事？"驩兜说："啊！共工防洪救灾有功。"帝尧说："哼！他花言巧语，邪恶不正，外表谦恭，内心却对上天也不敬重。"

帝尧说："唉！四岳，滔滔的洪水四处为害，奔腾咆哮，包围了高山，淹没了丘陵，波浪滔天，天下人都在悲叹，有谁能把洪水治服了？"四岳都说："啊！那就是鲧了。"帝尧说："哼！他曾违法不遵命，危及族人。"四岳都说："这回不一样，试用看看吧。"帝尧说："让他去吧，但要他谨慎呀！"过了九年，鲧没有取得治水功绩。

帝尧说："啊！四岳，我在位已七十年，你们谁能顺从天命，接替我的帝位呢？"四岳说："我们的道德水平，有愧于帝位。"帝尧说："那就推荐贤能，不限地位卑微的人。"于是四岳向帝尧推荐说："民间有个单身汉，名叫虞舜。"帝尧说："噢！我也听说过，他究竟如何？"四岳说：

"他是一个盲人的儿子,父亲愚戆,继母刁狠,异母弟象傲慢。但舜靠自己的孝行使全家和睦,他把家庭治理得很好,没有出现邪恶的事。"帝尧说:"我要考验考验他!把我的两个女儿嫁给他,让两个女儿考察他的德行。"帝尧于是命两个女儿到舜居住的妫水畔,嫁给虞舜。帝尧嘱咐说:"你们可要谨慎啊!"

《尧典》篇有记事有记言,记事能交代事件的因果,记言能阐明道理的是非,在记言中,还生动地以感叹语再现了说话人的神态、口吻,实际上就是刻画了人物形象。文章以帝尧选拔、任用官吏为主题,主题明确集中,所记之事与所发之论,都为了阐明主题,说明记述人能从主题出发,来组织全篇,使文章不枝不蔓,层层深入。使文章从议论任人标准,到汲取历史经验,再到对现实中人才的识别,直至选拔出接替帝位的"接班人",事件有完整的过程,认识与思维也有一个完整的过程。而且帝尧广求贤者接位的故事神奇而动人,为了考验"接班人",还把两个女儿嫁给了舜,从舜的治家之方来观察他治国能力,这显然有想象、虚构的因素,尽管记得很简朴,但掩盖不了它那传说中原有传奇性的迷人魅力。

夏朝国家的形成,史官的设立,成文历史的产生,对我国散文的发展意义重大。但那时由于文字记载刚刚在典册上使用,书写不方便,不能顺利地将神话故事和历史传说详细地记录下来,因而也不能取代口头传播的神话故事和历史传说,形成了口头流传与文字记载二者并存的传播局面。夏朝的文字记载形式,主要是史官的簿录,这是实用的官方文书,由于年代久远,夏朝的册典基本湮灭了,只有很少一部分被后世的典籍所采录而保存下来。现存于《夏书》中的《禹贡》《甘誓》《五子之歌》《胤征》,虽然经过后人润色加工,但重要的史实不会是虚构的,尹达主编的《中国史学发展史》中有这样的判断:

> 《夏书》中的《甘誓》,《商书》中的《汤誓》……是虽经后人作过某些增益润饰,但仍基本上是可信的真文件;《虞书》的《尧典》《皋陶谟》及《夏书》的《禹贡》三篇,可断定是战国时人撷集旧材料编写的;其余的则可信为真文件。①

依尹达主编的《中国史学发展史》中的说法,从撷集"旧材料"编写的《禹贡》和"真文件"的《甘誓》中,我们可以看到夏朝初建国家之

---

① 尹达主编:《中国史学发展史》,中州古籍出版社1985年版,第18—19页。

时，或征服大自然，或开疆拓土，表现出前所未有的毅力与勇气。百折不挠、勇于奋斗，已经成为中华民族所崇尚的精神。

《禹贡》篇主要记录夏禹治水后重新制定贡法的事：

禹敷土，随山刊木，奠高山大川。

冀州，既载壶口，治梁及岐。既修太原，至于岳阳。覃怀底绩，至于衡漳。厥土惟白壤，厥赋惟上上，错，厥田惟中中。恒、卫既从，大陆既作。岛夷皮服，夹右碣石，入于河……

九州攸同，四隩既宅，九山刊旅，九川涤源，九泽既陂，四海会同。六府孔修，庶土交正，底慎财赋，咸则三壤成赋。中邦锡土、姓，祗台德先，不距朕行。

五百里甸服：百里赋纳总，二百里纳铚，三百里纳秸服，四百里粟，五百里米……

东渐于海，西被于流沙，朔南暨声教讫于四海。禹锡玄圭，告厥成功。

意思是：夏禹治理沙土，沿山砍木作为路标，确定了高山大河的名称。冀州，既已治理好了壶口山，又治理梁山和岐山。修整好太原，直到太岳山的南面。覃怀的治理获得成功，一直治到衡漳。冀州的土壤是白色的，其田赋属最低一等，土壤黑白错杂才属中等。恒水与卫水已顺渠而流，大片湿地已可耕作。岛夷人用皮革制作衣服，右面顺着碣石山，再转入黄河水路，贡品就可送到了……

九州同样都已治理好，四方水边都可定居。九大山脉已砍出桩标凿通道路，九大河流也水流通畅，九大泽地已筑好堤坝。四方诸侯前来朝拜，六府得到很好的修理，各地的土地都得到正确的等级评定，慎重地划好了赋税的比例，都以三种不同的土壤的标准规定好赋税。九州之内对诸侯封土、赐姓，凡是恭敬而又有美德的先封赐，因为他们不违背政令。

环都城四百里的属"甸服"，最里面一百里内缴纳全禾，二百里内缴纳禾穗，三百里内缴纳带秸谷，四百里内缴纳粟，五百里内缴纳米……

东方到海滨，西方到流沙，包括南方、北方都听从政令，教化施行于天下，夏禹向上天奉献上玄色的玉器，告知他治水成功。

《禹贡》详细地介绍了冀州、兖州、青州、徐州、扬州、荆州、豫州、梁州、雍州的山川地形，特别是河流的起源走势，以大禹治理其地的河流为主线，记述了各地的土质、物产及应当缴纳的赋税，也写了各地的民俗民风，指明各地缴纳贡品的线路等，如同一部地理志书。又详细颁布了甸服、侯服、绥服、要服、荒服等不同规格的封地，以及各封地对天子的责任。又如同一部法令，它颂扬了夏禹治洪水、开通道、定九州的伟大功绩，内容丰富而记述得有条不紊，表现出高度的文字概括能力与组织能力。

《甘誓》篇是夏启讨伐有扈氏的誓词：

> 大战于甘，乃召六卿，王曰："嗟！六事之人，予誓告汝：有扈氏威侮五行，怠弃三正，天用剿绝其命，今予惟恭行天之罚。左不攻于左，汝不恭命；右不攻于右，汝不恭命；御非其马之正，汝不恭命。用命，赏于祖；弗用命，戮于社，予则孥戮汝。"

意思是：夏启决定与有扈氏在甘地决战，于是召集六军的将领，夏王启说："喂！六军带兵之人，我向你们发出警示：有扈氏蔑视侮辱五种正身安国的行为，轻视放弃天、地、人三种正道，因此上天决定断绝他们的国运，现在我恭敬地执行天意去惩罚他们。你们的车左如不攻击他们的车左，你们就没有恭听我的命令；你们的车右如不攻击他们的车右，你们就没有恭听我的命令；驭车手不能使其驾马进退于正确的线路上，就没有恭听我的命令。服从命令的，在祭祖神时进行赏赐；不服从命令的，在祭社时受到杀戮的惩罚，我甚至连你们的妻子孩儿都一起杀掉。"

《甘誓》篇是记载夏帝启在征伐甘地有扈氏前，告诫自己六军的言辞，这篇演说言辞说明兴师讨伐有扈氏的理由，宣布在战斗中对六军将士不同表现的赏罚办法，述说得铿锵有力、简明扼要。

以上文献材料至少能说明：夏朝能用散体文字简要追记一些古代历史传说和记录下当时一些重要的史实；已经可以运用散体文字比较完整地记载国家重要人物的事迹与战争誓词，把这些记载集中起来便是"国家政治文件汇编"，有很重要的实用价值，笔法严谨、质朴。从夏代散文看，已经创制了记事记言不同体例的雏形，如《禹贡》与《甘誓》，前者可属记事体，后者可属记言体。这两种体例将严重影响商、周两代的散文写作。夏代文献虽标志着成文的开始，但它叙事比较完整、生动，议论比较有说服力，虽没有显示出有意追求语言表述技巧，但比商周甲骨文、铜器铭文的表述形式要丰富得多，所表达的思想内容要深刻得多。

夏代时就有"旧材料"和"真文件"传世，尽管这些"旧材料"和"真文件"经过后人修饰，有的散入后世他人著作中，但终难遮掩夏代所具有的特征。商代自然更有"真文件"在,"唯殷先人,有册有典"(《尚书·多士》),这话是周初周公说的,想必周公见过殷商史官记载的大量的册典。现存《尚书》中的《商书》诸篇,自然属商代的"旧材料"和"真文件"了。将《商书》的篇章与《夏书》的篇章相比,可以明显看出,商人尊神尚鬼的意识更加强烈,这不能不归于统治者对迷信鬼神意识的提倡有关。另一点就是散文体裁的样式增多,艺术表现手法有了大幅度的提高,这也是历史文明发展的必然结果。我们且看《汤誓》篇:

王曰:"格尔众庶,悉听朕言,非台小子,敢行称乱!有夏多罪,天命殛之。今尔有众,汝曰:'我后不恤我众,舍我穑事而割正夏?'予惟闻汝众言,夏氏有罪,予畏上帝,不敢不正。今汝其曰:'夏罪其如台?'夏王率遏众力,率割夏邑。有众率怠弗协,曰:'时日曷丧?予及汝皆亡。'夏德若兹,今朕必往。尔尚辅予一人,致天之罚,予其大赉汝!尔无不信,朕不食言。尔不从誓言,予则孥戮汝,罔有攸赦。"

意思是,商王说:"都向前来,细心地听我告诉你们,不是我小子敢先发动战乱!实是因为夏朝罪恶多端,上天命我讨伐它。现在你们诸位,会说:'我们的君王不体恤我们众人,放弃了农活征讨夏人图个啥?'我听到你们诸位的意见了,夏朝人有罪,我敬畏上帝,不敢不去征伐。现在你们会问:'夏朝究竟有什么罪恶?'夏国君王耗尽民力,国人尽受其害。民众怠慢不服与其君王二心,影射地说:'太阳什么时候消失呀?我情愿与它一块灭亡。'夏朝的德行恶劣到这样的地步,现在我一定去讨伐它。你们还是好好辅佐我一人,实现上天对夏的惩罚,我将大大地赏赐你们。你们不要不相信,我决不会说话不算数。你们要是不听从我的誓言,我就连同你们的老婆孩子一块杀掉,不会有赦免的机会。"

将《汤誓》与《夏书》的《甘誓》相比较,同为征伐的誓词,商人更强调的是"替天行道",可见"畏天命"已成为商人的共同意识,谁获得天命,谁就是强者,说起话来就理直气壮,因为他传达的是谁也不可违背的上天的旨意。与《甘誓》比较,《汤誓》不仅有直接命令的语言,还对怀疑命令的种种说法,进行了反驳,使所论述的主张更具说服力。

《周书》主要是周代述功、筹谋、告诫、誓师、封命之词,如果从官方文书、应用文字这一角度看,与《虞书》《夏书》《商书》没有什么区别,最多就是又增添了一些新的公文样式。但是从思想内容与艺术表现角度看，都有质的变化。从艺术表现角度看，《周书》标志着我国的记言体散文已经成熟，从思想内容角度看，它继承发展了夏、商"德"的思想，如在《夏书》的《皋陶谟》中，皋陶为统治者就提出了德的九条内容："宽而栗，柔而立，愿而恭，乱而敬，扰而毅，直而温，简而廉，刚而塞，强而义。"把当权者的个人品德修养同整个政权的巩固联系起来，而《周书》在此基础上更突出地宣扬了"敬德保民"的政治主张，这种意识正是儒家思想的滥觞。

《周书》保存了周代不少圣明先王治国治民的训诫，记载特别多的是儒家先贤周公关于封建政权建设的言论，表达了统治阶级对政治、伦理、天道、人事等重大问题的理解，这些理解是在不断总结历史经验尤其是夏商灭亡的教训基础上逐渐明确起来的。《周书》的《召诰》中讲："我不可不监于有夏，亦不可不监于有殷。"夏、商最沉痛的历史教训就是因失掉了民心而导致丧失了政权。因此，要牢固地保持住已经取得的政权统治，其前提是要"保民"，"若保赤子，惟民其康乂。"（《康诰》）只有爱民，才能得到民的拥护，若是相反，则最终会被民所抛弃甚至被民所推翻。治国固然等于治民，但治民不等于动辄就以严刑酷法来惩罚民，应主要以"德"来教化民，不得已要动用刑罚，也要谨慎从事，尤其对那些孤寡弱小者。《康诰》上说："克明德慎罚，不敢侮鳏寡。"只有"敬德"才能"保民"，"保民"就是最大的"敬德"，"敬德"与"保民"是互为因果的关系。"敬德"看似统治者个人的德行，实际上是关系到整个政权建设和国家存亡的大问题。如《无逸》篇就宣传了这种意识：

> 周公曰："呜呼！君子所，其无逸。先知稼穑之艰难，乃逸，则知小人之依。相小人，厥父母勤劳稼穑，厥子乃不知稼穑之艰难，乃逸乃谚。既诞，否则侮厥父母曰：'昔之人无闻知。'"
>
> 周公曰："呜呼！我闻曰：昔在殷王中宗，严恭寅畏，天命自度，治民祗惧，不敢荒宁。肆中宗之享国七十有五年。其在高宗，时旧劳于外，爰暨小人。作其即位，乃或亮阴，三年不言。其惟不言，言乃雍。不敢荒宁，嘉靖殷邦。至于小大，无时或怨。肆高宗之享国五十有九年。其在祖甲，不义惟王，旧为小人。作其即位，爰知小人之依，能保惠于庶民，不敢侮鳏寡。肆祖甲之享国三十有三年。自时厥后立王，生则逸，生则逸，不知稼穑之艰难，不闻小人之劳，惟耽乐之从。自时厥后，亦罔或克寿。或十年，或七八年，或五六年，或四三年。"

周公曰："呜呼！厥亦惟我周太王、王季，克自抑畏。文王卑服，即康功田功。徽柔懿恭，怀保小民，惠鲜鳏寡。自朝至于日中昃，不遑暇食，用咸和万民。文王不敢盘于游田，以庶邦惟正之供。文王受命惟中身，厥享国五十年。"

周公曰："呜呼！继自今嗣王，则其无淫于观、于逸、于游、于田，以万民惟正之供。无皇曰：'今日耽乐。'乃非民攸训，非天攸若，时人丕则有愆。无若殷王受之迷乱，酗于酒德哉！"

周公曰："呜呼！我闻曰：'古之人犹胥训告，胥保惠，胥教诲，民无或胥诪张为幻。'此厥不听，人乃训之，乃变乱先王之正刑，至于小大。民否则厥心违怨，否则厥口诅祝。"

周公曰："呜呼！自殷王中宗及高宗及祖甲及我周文王，兹四人迪哲。厥或告之曰：'小人怨汝詈汝。'则皇自敬德。厥愆，曰：'朕之愆。'允若时，不啻不敢含怒。此厥不听，人乃或诪张为幻，曰小人怨汝詈汝，则信之，则若时，不永念厥辟，不宽绰厥心，乱罚无罪，杀无辜。怨有同，是丛于厥身。"

周公曰："呜呼！嗣王其监于兹。"

用现代语翻译，就是：周公说："啊！做官的人居其位不要贪图安逸享受。首先要知道耕耘收割的艰难，然后才敢考虑安闲，于是知道一般庶民的苦衷。看看一般庶民，他们的父母勤劳耕耘收割，他们的孩子却不知道耕耘收割的艰辛，就会安逸享受，就会荒唐。甚至会欺诈诳骗，轻蔑他们的父母，说：'上了年纪的人无知，不会享福。'"

周公说："啊！我听说：过去殷商王中宗，仪表庄严恭敬，心存敬畏来揣度天命，治理万民谨慎小心，不敢荒废国事而贪恋安宁。所以殷商王中宗在位七十五年。殷商的高宗，他长期在民间劳作，于是惠爱平民百姓。到他即位为王，就沉默不语，三年不讲话。一旦说起话来就显得很和蔼。他不敢荒废政事，贪图安享。他安定殷商各方国，使它们友好相处。以至于小民大臣之中，没有谁会埋怨他。所以高宗在位五十九年。商朝的祖甲即位时，他本不宜为王，过去是没有官位的小民。到他即位后，他自然了解百姓的苦衷，能施恩惠给一般庶民，不敢慢待孤寡贫困的人。所以祖甲在位三十三年。从此之后，即位后的商王一生下来就享乐，不知道耕耘收割的艰难，没听说庶民的劳苦，只贪求过度淫乐。于是也没有哪位商王能长寿。有的在位十年，有的在位七八年，有的在位五六年，有的在位三四年。"

周公说:"啊!你想想我们周人的太王和王季,他们都能敬畏天命。文王甘愿从事卑贱的事,成就人民安居与从事农田中的事业。他和蔼柔顺,善良恭谨,既保护小民百姓,也善待鳏寡孤苦之人。从早晨到正午,太阳西斜也顾不上进餐,为的是叫万民和顺。文王不敢沉溺于打猎的快乐中,他以正道相待众位方国的君王,谨慎地处理政务。所以文王能在中年时受命称王,他在位五十年。"

周公说:"唉!自今而后继承王位的国君,就不要过度地欢乐、安逸、游玩、打猎,要以谨慎从事万民的政事为自己的目标。就是偶尔也不要宽慰自己说:'今天姑且尽情享乐吧。'这就不是臣民所能信服的行为,也不是上天能同意的事,如此的话这个人就有了过错。不要效法殷王纣迷惑淫乱,大肆酗酒的德性啊!"

周公说:"啊!我听说:古时候人们就告诫大家互相劝诫,互相爱护,互相教诲,人们没有相互欺诈诳骗的。如不听这些告诫,别人就违心地顺从,就会使先王的德政和刑罚变得混乱,由小至大,事情越来越严重。万民于是心怀怨恨,口里就要诅咒了。"

周公说:"啊!从殷王中宗到高宗,到祖甲,到我们的周文王,这四人都很明智。有人告诉他们说:'小民在怨恨你,诅咒你。'他们于是就更加重视自身的德行。他们有了过失,说:'是我的过错!'果真如此,人们不仅不再心存怨恨,还会拥戴呢。如不听从这道理,有人诳骗说:'百姓恨你骂你。'你就听信他,果真这样,就不再考虑做君的道理,不把心胸放得宽大一些,就会乱罚无罪的人,乱杀无辜的人。于是民怨就会积聚起来,都集中到你身上。"

周公说:"啊!继位的君王要以此为鉴呀!"

周武王死后,由其儿子成王继位,然而成王年幼,需由武王的弟弟周公辅佐治理朝政。待天下平定,成王渐大,周公决定把权归还给成王。在归还政权时,周公对成王进行了语重心长的告诫,史官把其告诫语记载下来,就是这篇《无逸》。

《无逸》篇比较集中地体现了周公体恤民瘼、从善如流、勤苦务政的思想。孔子整理删定《尚书》,目的正是要宣扬尧、舜、禹、汤、文、武、周公这些圣王以仁治民之道,使后世也能享受到尧、舜、禹、汤、文、武、周公式的太平盛世。

《无逸》篇以内容立题,标以"无逸"二字,概括了本篇的主题,明确提出为政要"无逸"。在论述中,主要以正反两方面历史实例进行对比,即以"逸"与"无逸"的人与事的对比,论证"无逸"的重要性。然后告诫要吸取正反经验教训，否则，于国于己的后果都不堪设想。并在此基础上，批判了两种错误的观点：一是为自己的"逸"进行开脱；二是不能听取下层逆耳之言，这种批判显然是有针对性的。文章开始提出"无逸"，结尾归于"监于兹"，前后响应，以古喻今、以古鉴今的主题一线贯通，阐述有序，要言不烦，层次分明，逻辑严密，结构完整。

除了对比方法的运用外，还使用了类比推理，以父母勤劳耕耘收割，类比推论执政者勤于政事。并以废寝忘食来形容为民操劳，语言生动还适当地运用了对偶排比句。每段皆有"呜呼"的感叹，直抒胸臆，流露出周公真挚强烈的情感，坦露了周公以民为邦本的崇高理念。《无逸》篇以史证论，通过历史上正反两方面史实的对比论证，从而得出合乎逻辑的历史经验与教训，既有难以辩驳的说服力，又有生动可感的警示力。这种论证方式对中国后世政论文影响很大，甚至形成一种模式与传统，后世各个朝代的制诰、诏令、章奏之文，都明显地受到它的影响。

除《尚书》之外，周代的散文遗篇还存于《逸周书》中，还有一些三代的诏诰训命等散见于春秋战国乃至汉代的一些著述中，如《韩诗外传》卷四载"关龙逢谏夏桀改邪归正"，《吕氏春秋·本味》篇载有"伊尹向商汤论美味"，《韩非子·外储说左下》载"费仲谏商纣诛西伯"，等等。虽没有明确标注出资料来源，但对古人著述来说习以为常，我们不能因此而轻易认为这些资料是后人杜撰。可喜的是，近年来在清华简的研究中，发现有未经秦火又失传了两千多年的战国《尚书》，发现了我们从未见过的有关文献。据李学勤先生介绍，清华简共整理出文献六十余篇，将有《尹至》《祭公》《保训》等九篇文献面世。这九篇文献中有八篇属于《尚书》或类似《尚书》的文献。例如《保训》，讲述了周文王临终前对武王的遗言，提到尧舜和商朝祖先上甲微的传说，这篇文献就是我们从未听说过的。

（二）被儒家摒弃的《逸周书》

前面说过，《尚书》中的《夏书》《商书》虽是在当时的"旧材料""真文件"基础上形成的，但毕竟经过周代儒家先驱者的加工，掺入了周人德治的意识。而在孔子删定《尚书》时，同样又掺入了儒家创始人的意识，以至对原始"书"的篇章有保留有删除。现在我们见到的《逸周书》，就是没有被收录到《尚书》中的那个时代的遗篇汇编。《逸周书》为何被儒家创始人所摒弃？一是因为它的一些篇章所反映的思想意识与儒家有所不同；二是有一些篇章未被选入，只是因为《尚书》选篇有限，并非因为其本身与儒家思想相抵牾。

《逸周书》也是一部历史文献汇编,体例与《尚书》相似,以诰、誓、命辞为主,多记载西周的有关史实。原名《周书》,与《尚书》中的《周书》同名,又称《周史记》。刘知几《史通·六家》指出:"又有《周书》者,与《尚书》相类。"班固《汉书·艺文志》中称"《周书》七十一篇,周史记",颜师古注:"刘向云:'周时诰誓号令也,盖孔子所论百篇之余也。'"《左传》《管子》《墨子》《商君书》及《吕氏春秋》都曾援引过它。到东汉,许慎著《说文》,曾五次引用,郑玄注《周礼》,引用过《周书·王会》,蔡邕在《明堂月令论》中曾提及《周书》的《月令》第五十三,都和今本《逸周书》篇次文字相合。看来刘向所论有很大的可能性。因其所载史事是《尚书》中的《周书》所没有的,是原《尚书》里的《周书》所删去的逸篇,所以从东汉许慎《说文》开始,称其为《逸周书》。黄怀信先生撰《逸周书校补注译》,其序文说:"考此书本名《周书》,初编集于春秋末年晋平公卒后的周景王之世(前533—前520),材料多系孔子删《书》之余。《汉书·艺文志》有'《周书》七十一篇',注曰:'周史记。'其说不误。"① 后来《隋书·经籍志》又题《逸周书》为《汲冢周书》,这是不妥当的。据《晋书·武帝纪》载,《汲冢周书》是在晋咸宁五年(279)出自汲郡(郡治在今河南汲县西南)古墓冢中的竹书。汲冢出土的竹书,确有《周书》,《晋书·束晳传》载,"汲郡人不准盗发魏襄王墓,或言安厘王冢,得竹书数十车。其《纪年》十三篇,……又杂书十九篇,《周食田法》《周书》《论楚事》《周穆王美人盛姬死事》。大凡七十五篇,七篇简书折坏,不识名题"。但是在汲冢竹书出土之前,《逸周书》一直有古本存在,《汲冢周书》出现后,《周书》就出现了两种传本,一种是经汉代传下来的隶书本,即古本《逸周书》;另一种是汲冢所出的古文本,即《汲冢周书》,后来古本《逸周书》逐渐散佚,到唐初已仅存四十五篇了。今本《逸周书》共十卷,正文七十篇,其中十一篇有目无文,又有序文一篇,合起来实为六十篇,显然是后人将古本《逸周书》所存篇与《汲冢周书》的篇章合并而成的。其中四十二篇由晋五经博士孔晁注,各篇篇名均赘"解"字。各篇大致按时代顺序编次,主要分记周文王、武王、周公、成王、康王、穆王、厉王及至景王时的事,篇章中,可能有战国、汉朝人的改易或增附处,并非全是孔子删书"之余"。

---

① 黄怀信:《逸周书提要》(代自序),《逸周书校补注译》,西北大学出版社1996年版,第3页。

《逸周书》既主要是孔子编定《尚书》时摒弃的资料,究其摒弃原因,重要的在于《逸周书》中的叙述内容庞杂,颇多荒诞怪异,一些重要观点与孔子儒家仁义礼教主张不合。如《武称解》《允文解》《大武解》《大明武解》《小明武解》《武顺解》《武穆解》《武纪解》诸篇,宣扬暴力,崇尚武功,是兵家之言;《文传解》《命训解》诸篇极类《管子》《韩非子》中的内容,欣赏权、法之力,是法家之言,这些都是与仁义之说相抵牾的文章,儒家是不能把它奉为经典进行教化的。大散文家姚鼐读《逸周书》时就感叹道:"其书虽颇有格言明义,或本于圣贤,而间杂以道家、名、法、阴阳、兵权谋之旨。"(《辨逸周书》)如在孔子的眼里,周武王是个仁义之君,他所率领的周军是一支仁义之师,而《逸周书》中的《克殷解》,写武王讨伐商王帝辛(即商纣王)时却是另一种情形:

周车三百五十乘,阵于牧野。帝辛从。武王使尚父与伯夫致师。王既以虎贲戎车驰商师,商师大败,商辛奔内,登于廪台之上,屏遮而自燔于火。武王乃手太白以麾诸侯,诸侯毕拜,遂揖之。商庶百姓咸俟于郊,群宾佥进曰:"上天降休。"再拜稽首,武王答拜。先入,适王所,乃克射之三发。而后下车。而击之以轻吕,斩之以黄钺,折悬诸太白。适二女之所,乃既缢。王又射之三发,乃右击之以轻吕,斩之以玄钺,悬诸小白,乃出,场于厥军。

大意是:周人以350辆战车,在牧野排好阵势。帝辛(商纣王)率兵对阵。武王命姜尚让军中长官召集周军。武王训话后,虎贲勇士就乘战车冲向商军,商军大败,商纣王逃回城内,登上鹿台,以屏遮掩而自焚。武王于是手执太白旗向诸侯示意。众诸侯都向武王礼拜,武王作揖还礼。商朝的百姓都等候在郊外,来庆贺的诸侯对武王说:"这是上天降下的祥瑞呀。"于是再次向武王叩拜,武王再次答谢。然后乘车先行入商宫,去到商王所在之处,亲手向商王尸体射了三箭。然后下车,再用轻吕剑刺击其尸,用黄钺大斧砍下商王的头,悬挂在太白旗上。又去商王两个妃子所在的地方,她们已经自缢身亡。武王照样又向她们各射了三箭,再用轻吕剑刺击她们的尸体,用黑钺大斧砍下她们的头,悬挂在小白旗上,然后才出了商宫,回到自己的军中。

商纣王军队战败,纣王自焚,其宠爱的两个妃子自缢,作为周军的统帅武王,还要亲自对他们的尸体箭射刀砍,将其头颅割下,悬挂示众,其残虐之状,不忍目睹,然而这却是非常真实而合情合理的,所以有人认为:"《克殷》篇所叙,非亲见者不能。"(朱右曾《逸周书集训校释序》)但即使是真实的历史,儒家也是不能接受的,本着"为尊者讳"的原则,孔子不能让这样的文字进入《尚书》,否则,无疑是给武王脸上沫黑。后来的儒者也都对《克殷》篇所记持怀疑态度,直到《四库全书总目》卷五十·《别史类》中还说:"所云文王受命称王,武王、周公私计东伐,俘馘殷遗,暴殄原兽,辇括宝玉动至亿万,三发下车,悬纣首太白,又用之南郊,皆古人必无之事。"

《逸周书》中有不少篇幅写周初灭商的史实,如在《世俘解》中又写武王伐纣,俘佚侯小臣四十六,禽御八百零三,馘(截耳)十万七千七百七十九,俘人三万二百三十,灭国九十九,服国六百五十二,对历史上政权更替的暴力行为作了如实记载,说明儒家一向所宣扬的周文、武的王者之师、仁义之军兵不血刃纯属虚构。司马迁受儒家学说的一定影响,在《史记·周本纪》中,虽采用了《克殷解》中关于武王用刀箭击纣王及其妃子尸体的资料,但对武王在伐纣过程中杀伤如此多的敌军兵士,却没有提及。梁启超在《中国历史研究法》中说:"吾侪读《尚书》《史记》,但觉周武王伐罪吊民之师,其文明程度殆为'超人的';倘非有《逸周书·克殷、世俘》诸篇,谁复能识'血流漂杵'四字作何解?""又如孟子因《武成》'血流漂杵'之文,乃叹'尽信书不如无书',谓'以至仁伐至不仁'不应如此。推孟子之意,则《逸周书》中《克殷》《世俘》诸篇益为伪作无疑。其实孟子理想中的'仁义之师'本为历史上不能发生之事实,而《逸周书》叙周武王残暴之状或反为真相。"[①]《逸周书》丰富的内容不仅可以补充《尚书》之不足,而且还具有《尚书》某些篇章所不能代替的真实反映历史的价值。同时说明,周朝的史官还不像后世史官须以儒家思想为著述指导,还能大胆、如实地记录历史。

《逸周书》记载虽然上溯至黄帝时代,下限至春秋末期的周景王时代,但主要记叙的还是周文王到周灵王间约六百年的事。多数是西周的作品,有的篇章,如《世俘解》《克殷解》《商誓解》《度邑解》等,还当属西周初年的作品,今录《世俘解》中一段以示:

> 维四月乙未日,武王成辟,四方通殷命有国。惟一月丙辰,旁生魄,若翼日。丁巳,王乃步自于周,征伐商王纣。越若来二月既死魄。越五日甲子朝,至,接于商,则咸刘商王纣,执天恶臣百人。太

[①] 梁启超:《中国历史研究法》,上海古籍出版社1987年版,第49—50、95页。

公望命御方来。丁卯，望至，告以馘、俘。戊辰，王遂御，循自祀文王，时日，王立政。吕他命伐越戏方。壬申，荒新至，告以馘、俘。侯来命伐靡集于陈。辛巳，至。告以馘、俘。甲申，百弇以虎贲誓，命伐卫。告以馘、俘。辛亥，荐俘殷王鼎，武王乃翼矢珪、矢宪，告天宗上帝……

这段文字的大意是：四月乙未这天，武王成为国君，四方将领前来汇报伐殷的情况。一月丙辰这天傍晚天空出现圆月，第二天丁巳日，武王就从周地出发，去征伐商纣王。到二月残月隐去的第五天甲子日的早晨，就打到了商都郊外，并与商人进行决战，杀死了商王纣，擒获了商朝一百多名助纣为虐的臣子。太公望姜尚受命抵御东面的方国，丁卯这天，太公望回朝，把杀敌与俘获的情况报告给武王听。戊辰这天，武王烧柴燎祭天，上告先祖，祭祀文王。这天，武王任命官吏。吕他受命征伐叫戏的方国，壬申这天，他回朝把杀敌与俘获的情况报告给武王。侯来受命征伐靡、陈二邑。辛巳这天，也回朝把杀敌与俘获的情况报告给武王。甲申这天，百弇率虎贲勇士誓师，受命征伐叫卫的方国，后来他也把杀敌与俘获的情况报告给武王。辛亥这天，齐向武王进献缴获的商王所用的鼎，武王于是手执玉圭，身穿法服，向天帝报告战绩。

此段文字极像当时史官的真实记录，时间是确切的，还记录了当时的天象，然后记录当时所发生的事件，与孔子的《春秋》记录格式很相似，但比《春秋》叙事要详细，郭沫若在《中国古代社会研究》附录《追论及补遗》七《古代用牲之最高纪录》中认为："《逸周书》中可信为周初文字者仅有三二篇，《世俘解》即其一，最为可信。《克殷解》及《商誓解》次之，……《世俘解》之可信，除文字体例当属于周初以外，其中所记社会情形与习尚多与卜辞及古金中所载者相合。"① 郭沫若先生用卜辞金文来证实《逸周书》，方法是科学的，结论是可信的。

《逸周书》有的篇章，从语言特点看，像经过春秋战国时人加工润色过，编辑成书应在战国时期。由于不为儒家所重视，搞得篇次错乱，内容驳杂，但这些篇章多数是周代遗留下来的散文瑰宝，有非常珍贵的价值。如《度训解》《命训解》《常训解》篇，都以王者师的口吻，讲为政治民的道理。《职方解》叙述扬州、荆州、豫州、青州、兖州、雍州、幽州、冀州、并州等九州的山川、物产、人口及男女比例，与《尚书》的《禹

---

① 郭沫若：《中国古代社会研究》，人民出版社1964年版，第269—270页。

贡》相似。《谥法解》说明谥名的起源，如解释"文"："道德博厚曰文，勤学好问曰文，慈惠爱民曰文，愍民惠礼曰文，锡民爵位曰文。"解释"武"："刚强直理曰武，威强睿德曰武，克定祸乱曰武，刑民克服曰武，大志多穷曰武。"解释"幽"："早孤有位曰幽，壅遏不通曰幽，动祭乱常曰幽。"解释"厉"："暴慢无亲曰厉，致戮无辜曰厉。"一般认为谥名起源于周，周代有文、武、幽、厉诸王，从他们的谥号，可以看到对其一生的总的评价，也可看到历史的公正。《孟子·离娄上》载："暴其民甚，则身弑国亡。不甚，则身危国削。名之曰幽厉，虽孝子慈孙，百世不能改也。"《王会解》介绍各方国奇异物产，描述周成王朝见各诸侯的盛况，从各民族交往及向周王朝贡物活动中，可以看出各方国对周王朝的向心关系，以及各民族之间所具有的凝聚力。《度邑解》《作雒解》记周公东征及营建洛邑的事。其中关于战略制定和营建措施等方面的描述，比《史记》记述得还详细。《籴匡解》《大匡解》提出国家对丰年与荒年的不同管理方法，特别是提出如何应付荒年的种种措施，其中包括因地制宜、开源节流来管好国家用度和人民生活所需的措施，已经具有了明显的进行国家经济宏观调控，以达到社会长期稳定的思想。《大武解》强调政治在战争中的重要性："善政不攻，善攻不侵，善侵不伐，善伐不陈，善陈不战，善战不斗，善斗不败。"认为将帅应具有"五良"的品质，即应该有"仁、智、勇、材、艺"，对军事指挥人才的素质提出了全面的要求。《铨法解》提出亲贤才远小人的"三不"原则，对"敬谋、祗德、亲同"的人，也就是对有谋略、有道德、有至亲关系的三种人不可疏远，此为"三不远"。对惯于进谗、吹捧和居心叵测的三种人不可亲近，因为"听谗自乱，听谀自欺，近慭自恶"，此为"三不近"。对"竭亲以为信""以谋易寇""虑泄事败"的人，即对打击倾轧同事、诈谋乱国、泄露机密的三种人不可容纳，此为"三不畜"。"三不"原则显然是长期治国治政经验和教训的总结。凡此种种，都有助于我们对周代社会作进一步的了解认识，即使对于我们当代的人们，也有很大的启迪作用。

《逸周书》基本属于记言体，但某些篇章的人物语言中有叙事，而且叙述细致、具体，有一定的情节与细节，在记述人物语言时，注意刻画人物传神的表情与人物个性化语言。如《太子晋解》，主要记述周王子晋与晋国大夫师旷的谈话，双方经过应对，达到互相了解，在互相称赞中，又保持着一定的戒备心理，成功地塑造出神童式的少年与老智叟的形象：

师旷见太子，称曰："吾闻王子之语，高于泰山，夜寝不寐，昼居不安，不远长道，而求一言。"王子应之曰："吾闻太师将来，甚喜，而又惧。吾年甚少，见子而慑，尽忘吾其度。"师旷曰："□□□吾闻王子，古之君子。甚成不骄，自晋始如周，行不知劳。"王子应之曰："古之君子，其行至慎，天下施关，道路无限，百姓悦之。相将而远，远人来欢，视道如尺。"

师旷告善，又称曰："古之君子，其行可则，由舜而下，其孰有广德？"王子应之曰："如舜者天，舜居其所，以利天下。奉翼远人，皆得己仁，此之谓天。如禹者圣，劳而不居，以利天下。好取不好与，必度其正，是谓之圣。如文王者，其大道仁，其小道惠，三分天下而有其二，敬人无方，服事于商，既有其众，而返失其身，此之谓仁。如武王者义，杀一人而以利天下，异姓同姓各得之谓义。"

师旷告善，又称曰："宣辩名命，异姓恶方，王侯君公，何以为尊？何以为上？"王子应之曰："人生而重丈夫，谓之胄子。胄子成人，能治上官，谓之士。士率众时作，谓之曰伯。伯能移善于众，与百姓同，谓之公。公能树名与物天道俱，谓之侯。侯能成群，谓之君。君有广德，分任诸侯而敦信，曰予一人。善至于四海，曰天子。达于四荒，曰天王。四荒至，莫有怨訾，乃登为帝。"

师旷罄然，又称曰："温恭敦敏，方德不改。闻物□□[1]，下学以起。尚登帝臣，乃参天子。自古谁？"王子应之曰："穆穆虞舜，明明赫赫。立义治律，万物皆作。分均天财，万物熙熙。非舜而谁能？"

师旷东躅其足曰："善哉！善哉！"王子曰："太师何举足骤？"师旷曰："天寒足躅，是以数也。"王子曰："请入坐。"遂敷席注瑟。师旷歌《无射》曰："国诚宁矣，远人来观。修义经矣，好乐无荒。"乃注瑟于王子，王子歌《峤》曰："何自南极，至于北极，绝境越国，弗愁道远？"

师旷蹙然起曰："暝臣请归。"王子赐之乘车四马，曰："太师亦善御之？"师旷对曰："御，吾未之学也。"王子曰："汝不为夫时？诗云：'马之刚矣，辔之柔矣。马亦不刚，辔亦不柔。志气尘尘，取予

---

[1] 黄怀信《逸周书校补注释》："[闻物□□]当如《图赞》所引作'开物于初'，'闻'为'开'误，脱'于初'二字，孔注释初字亦可证。"三秦出版社2006年版，第373页。

不疑。'以是御之。"师旷对曰"瞑臣无见，为人辩也，唯耳之恃，而耳又寡闻而易穷。王子！汝将为天下宗乎！"王子曰："太师，何汝戏我乎？自太昊以下，至于尧舜禹，未有一姓而再有天下者。夫大当时而不伐，天何可得？且吾问汝之人年长短，告吾。"师旷对曰："汝声清污，汝色赤白，火色不寿。"王子曰："吾后三年，上宾于帝所。汝慎无言，殃将及汝。"

师旷归。未及三年，告死者至。

这篇文字，比《尚书·周书》的文字浅显易懂。大意是：晋国大夫师旷见了周灵王的太子晋，说："我听说王子讲的话，其高见超过泰山，所以我夜里睡不宁，白天坐不安，不怕路途遥远，前来求教于王子。"太子回答说："我听说太师要来，特别高兴，又有点畏惧。我年纪很小，见了您就害怕，全忘了我的分寸。"师旷说："我听说王子就像古代的君子，成就很大而不骄傲，所以才从晋国来周都，行旅不觉劳累。"王子回答说："古代君子，其行为特别谨慎，他储备粮食，放松关卡，使道路畅通无阻，百姓因此高兴，相互扶持着从远方而来，远方的人齐来欢聚，把长途视为近如咫尺。"

师旷称赞讲得好，又问道："古代的君子，他的行为可作别人效仿的准则，自舜以来，谁具有那样广博的美德呢？"王子回答说："像舜那样可称作'天'，舜处于帝位，而造福于天下人。养育保护远方之人，使他们也得到自己的仁慈，这就称作'天'。像禹那样可称作'圣'，劳苦而不居功，以造福于天下人。喜欢奉献而不喜欢索取，待人接物先考虑是否做到公正，这就叫作'圣'。像文王那样，他奉行的大道是'仁'，奉行的小道是'惠'，三分的天下他已占有了二分，仍然尊敬别人不违命令，服从侍奉商王，待拥有了天下后，而却离开人世，这就叫作'仁'。像武王那样就是'义'，杀死纣王一人而造福天下人，使异姓、同姓人各有所得，这就是'义'。"

师旷又称赞王子讲得好，于是又问："全面辨别名号，包括异姓、外族、王、侯、君、公之类，以哪个为尊？以哪个为上？"王子回答说："人们重视男孩子，称为'胄子'。胄子长大成人，能治理政事当上官吏，就称为'士'。士能率领指挥众人按时节而劳作，就称为'伯'。伯能给好处于众人，与百姓同甘苦，就称为'公'。公能树立慈善名声与天道俱存，就称为'侯'。侯能成就群众，就称为'君'。君有广博的德，分封任命诸侯而敦实信守，称'予一人'。其善德普及到四面八方，就可称为'天子'。能恩及天下的,叫作'天王'。天下人都来归附,没有怨言与诽谤,这就可以升为'帝'了。"

师旷肃然起敬,又问:"温柔恭敬敦厚敏捷,信守道德而不变,从头做起,一直成为帝臣,最后能为天子的,自古以来谁能做到?"王子回答说:"肃穆的虞舜,光明显赫。树立仁义标准,制定各项律令,使万物兴旺发达。对自然所赋予的财物能均衡分配,使万民高兴安乐,除了舜谁还能做得到?"

师旷原地跺脚喝彩,说:"太好了!太好了!"王子问:"太师为何直跺脚?"师旷只好说:"天气寒冷,所以直跺脚。"王子说:"请进里屋坐。"于是为师旷铺好席垫,把瑟交于师旷。师旷弹瑟而唱《无射》歌,歌词为:"国家确实安宁了,远方的人就会前来观赏。研习仁义道德久了,就会喜好音乐而不荒废。"唱完后把瑟交给王子,王子弹唱《峤》歌,歌词唱道:"为何从很远的南方,来到很远的北方,穿过国境,越过邻国,而不怕路途遥远。"

师旷急忙站起来说:"瞎眼之臣请求回去了。"王子赠给他配备四匹马的乘车,问道:"太师可擅长驾车?"师旷回答:"驾车,我没有学过。"王子说:"您不是学过《诗》吗?《诗》里说:'马性刚烈,缰绳就相应柔软。马不刚烈,缰绳就可不必柔软。意气威武,果敢坚定。'以此来驾驭车马。"师旷回答说:"瞎眼之臣看不见东西,与人辩论,只靠耳听,而耳闻又少,辩论时容易词穷。王子啊!你将成为天下人的宗主吧!"王子说:"太师,您何必戏弄我呢?从太昊伏羲以来,一直到尧、舜、禹,没有哪一姓人能再度统治天下的。像那树木在该砍伐的时候不砍伐,如何能得到呢?不过我听说您能知道人的寿命的长短,请告诉我的寿命。"师旷回答说:"你的声音清脆而不流利,你的脸色红中透着白,脸色红寿不长。"王子说:"我再活三年,就要升天到上帝那里。您小心不要说出去,否则,祸害就要牵连您。"

师旷回去了。不到三年,报告王子死讯的人就到了晋国。

太子晋解释君子的准则:圣、仁、惠、义,又解释士、伯、公、侯、君所应具备的德行,其善德概括起来就是爱民济众,只是因为士、伯、公、侯、君的地位不同,职权范围不一,对爱民济众的具体要求也有差别罢了。《逸周书·太子晋解》所反映的家国忧患思想意识与儒家的基本主张是一致的,说明儒家思想的产生有传统的渊源。赵奉蓉在其《〈逸周书〉文学研究》一书中说:

《逸周书》通过言行描写刻画出一系列君臣形象,这些人物形象是贯穿整部作品的,他们的群体特征比较明显,即忧患意识比较强,这种浓重的忧患意识制约着作品的叙事。但是《逸周书》编者正是通过浓墨重彩渲染的忧患意识,展现君明臣贤的理想模式,通过这种君臣模式表明了自己的寓意寄托。[1]

《太子晋解》之所以未被选入《尚书》,除篇幅限制外,其中包含有"神怪"的内容,这恐怕是不入选的主要原因。《太子晋解》可能被春秋战国人修饰过,但无论如何,它也可代表三代散文的水平,显示了周代散文的风貌。在刻画人物形象上,尤见功力。王子晋年少聪颖,但不恃才傲物,唯恐在长者面前失敬,其非凡的气质,说明他在政治上已相当成熟,显示了王子谦恭礼让的品德。晋大夫师旷老成持重,从怀疑、试探,到确信王子不凡,从礼节的奉承到真情的坦露,说明师旷对王子的折服。两位智者互相映衬,形象异常鲜明。二人的话语含蓄、幽默,又辅以诗歌表达,语气逼真,口吻毕肖,在二人智慧与口才的较量中,出语得体,对应合情,这里有说话人神态的描绘,有故事情节的叙述,有细节的刻画,有夸张与虚构,笔墨凝练,结构显出独特的匠心。鲁迅先生在其《中国小说史略》中说:"《逸周书·太子晋》篇记师旷见太子,聆声而知其不寿,太子亦自知'后三年当宾于帝所',其说颇似小说家"。[2]《逸周书》熟练地驾驭语言的能力,闳肆沉雄的文风,在史实基础上所进行的艺术形象的加工,富有传奇色彩,颇有战国纵横家文章的怪诞特点。

三代散文是我国早期文本散文,它以优秀的思想及丰富多彩的艺术形式,成为中国古代散文发展的伟大奠基,并以其所形成的散文传统一直影响着中国古代散文的发展趋向。儒家的创始人孔子历史贡献之一,就是整理选编了三代重要历史文献,为我们保存了中国早期的文本散文,有着万世不能磨灭的功绩。同时也毋庸讳言,从中国早期文本散文编辑成册开始,就体现了儒家的思想意识,排斥甚至摒弃了一些同儒家意识唱反调、唱另调的文献,这种文化现象在以后的历史中仍一直存在。

---

[1] 赵奉蓉:《〈逸周书〉文学研究》,中国社会科学出版社 2013 年版,第 315 页。
[2] 鲁迅:《中国小说史略》,《鲁迅全集》第 8 卷,人民文学出版社 1963 年版,第 20 页。

三 古老的筮书——《易经》

《周礼·春官宗伯第三》中记载，筮人掌握三种易卦，三种易卦是：一曰《连山》，二曰《归藏》，三曰《周易》。有人认为《连山》为神农时代的筮书，神农也称"连山氏"，《归藏》为黄帝时代的筮书，黄帝也称"归藏氏"，后来夏朝用《连山》，商朝用《归藏》，西周所用之筮书则冠以"周"字，名为《周易》。郑玄有《易赞》曰："'连山'者，象山之出云，连连不绝。'归藏'者，万物莫不归藏于其中；'周易'者，言易道周普，无所不备。"也有的人认为《连山》是夏朝的筮书，《归藏》是殷商的筮书，《周易》自然是周朝的筮书。我们现在只能见到《周易》，其他二易早已亡佚，所以《周易》就成了我国流传至今最古老的一部占筮的书。

《周易》与甲骨文的性质一样，但它的文辞不可能写在卜筮所用的蓍草上，而只能写在竹、木简上，它的内容虽与甲骨卜辞相类似，然而它的文字载体大不一样了，因此，它的内容扩大了，语言表达水平远胜于甲骨文。

关于《周易》的成书，《汉书·艺文志》曰："《易》道深矣，人更三圣，世历三古。""三圣"指伏羲、文王、孔子，"三古"则指古代三个时期。相传"上古时期"，黄河出现神兽"龙马"，背上布满神奇的花纹，伏羲将其临摹下来，并仰观天文、俯察地理，而作"八卦"；"中古时期"，西伯姬昌被商纣王囚禁于羑里，他体察天道人伦阴阳消息之理，重复八卦为六十四卦，并作卦爻辞，这就是《易经》；"下古时期"，孔子整理《易经》，又撰写《易传》，以阐明易理及卦爻辞的深意。此说最为汉儒所接受，然后世学者持怀疑态度者居多，多认为《周易》的经、传是集体所作，也非一时之作。一般认为很可能是周代史官长期以卦和爻来占卜自然变化与社会、人事吉凶，所作的记录或总结。

《周易》分《易经》《易传》两部分，《经》主要是六十四卦的卦形符号与卦爻辞。《传》共七种十篇：《彖》分上下篇、《象》分上下篇、《系辞》分上下篇、《文言》《说卦》《序卦》《杂卦》各一篇。因《传》是阐发《经》的大义的，如经之羽翼，故汉人又称十篇传文为"十翼"，后世统称《易传》。

《易经》以"—"表示为阳爻，以"- -"表示为阴爻，三爻组成一卦。阴爻与阳爻，交错排列，可以组合为不同的八个卦。卦画（也称卦形、卦象）分别是：

☰ ☷ ☳ ☴ ☵ ☲ ☶ ☱

这八个卦，卦名分别为：乾、坤、震、巽、坎、离、艮、兑。每一卦画有一基本象征意义，分别是：乾象征天，坤象征地，震象征雷，巽象征风，坎象征水，离象征火，艮象征山，兑象征泽。若将八卦两两相覆，重叠构成六十四重卦，也称别卦。每卦有一卦辞来解释本卦象的象征含义。每别卦有六爻，六十四别卦共有三百八十四爻，每爻有一爻辞来解释本爻象的象征含义。（《乾》《坤》两卦各多出"用九"和"用六"的爻辞，若将其并入爻辞之中，即总计有三百八十六则爻辞）《经》就是以这六十四别卦为篇目，以其卦爻辞构成的。《经》文以"九"表示阳爻，以"六"表示阴爻。每卦包括四部分：卦画、标题（也称卦名）、卦辞、爻辞。卦辞比较简单，一般用来说明题义，爻辞是各卦内容的主要部分。

六十四别卦各有卦画和卦名，其中由八卦中某卦自相重叠的卦，卦名仍同八卦中的本名，其他卦名或一字或二字，如"屯卦""蒙卦""同人卦""大有卦"等。如《乾》卦，其卦画是六个"—"的叠加，也就是六个阳爻的叠加，或说是八卦中两个乾卦上下的叠加。下面以《乾》卦为例说明卦的结构，即卦画、卦名、卦辞、爻辞及解经传文的布局：

☰乾：元、亨、利、贞。
《彖》曰：大哉乾元，万物资始，乃统天。云行雨施，品物流形。大明终始，六位时成。时乘六龙以御天。乾道变化，各正性命。保合大和，乃利贞。首出庶物，万国咸宁。《象》曰：天行健，君子以自强不息。《文言》曰：元者，善之长也；亨者，嘉之会也；利者，义之和也；贞者，事之干也。君子体仁足以长人，嘉会足以合礼，利物足以和义，贞固足以干事。君子行此四德者，故曰："乾：元、亨、利、贞。"《文言》曰……

初九：潜龙，勿用。《象》曰：潜龙勿用，阳在下也。《文言》曰……九二：见龙在田，利见大人。《象》曰：见龙在田，德普施也。《文言》曰……上九：亢龙有悔。《象》曰：亢龙有悔，盈不可久也。《文言》曰……用九：见群龙无首，吉。《象》曰："用九"，天德不可为首也。《文言》曰……

开头的"乾"字,为《乾》卦的标题,也称卦名,含"天"的象征义。"乾"之前有六个阳爻叠加的卦画,包孕着某种象征意义,称卦象。"元,亨,利,贞"就是卦辞,总括全卦大意。《乾》卦卦辞的本义是指通顺吉利之义。后来不同的解释卦辞的人,将此四字作为不同的四个相连的含义来理解,卦辞就有了多种解释,如:

《彖》解说卦辞,大意是:伟大啊!上天的开创之功。万物靠它生长,由它统治。云飘雨降,万物才繁殖成形。太阳有升有落,六爻因时而不同。《乾》卦的卦象如羲和驾着六条龙,载着太阳运行在天空。万物的变化,要顺应规律而安于自己既定命运。保持自然的和谐关系,如此才能顺利。天的功德超乎众物,给全世界带来安宁。

《象》分大、小传,其大传解释卦辞,其小传解释爻辞。它以"天行健,君子以自强不息"这段文字来解释《乾》卦的卦辞,大意是:天道刚毅强健,永不疲倦地运行,周而复始,君子要效法天道,永远奋斗,自强不息。

《文言》将"元,亨,利,贞"解释为天的四种特性:生成万物的根元、意图及意图的完成、意图的纯正。君子效仿天的四德,以善行为首要条件,合乎仁;聚合美好事物,符合礼;利于他人他物,合乎义;固守纯正德行,才能办好一切事。《文言》还有其他的诠释,略而不谈。各传解释虽有不同,但有一个共同点,都将天地(阴阳)的德性引申发挥到人文道德范畴。

除了《易传》解释《易经》外,一些学者也在自己的著述中,对《易经》《易传》的文字有自己的理解,如唐孔颖达的《周易正义》,以为《乾》卦的卦辞是指阳气生长万物的四个阶段:元始、发展、成熟、收藏,实际是自然界一年的轮回。朱熹更以此说明万事万物存在、变化的现象:"以天道言之,为元亨利贞。以四时言之,为春夏秋冬。以人道言之,为仁义礼智。以气候言之,为温凉燥湿。以四方言之,为东西南北。"(《朱子语类》卷六十八)

卦辞下便是爻辞,每爻一则,分指各爻旨趣。《乾》卦第一个爻辞是:"初九:潜龙,勿用。""初九"是最初的爻题,各爻顺序以"初、二、三、四、五、上"排列(具体排列法可参见下面列举的《贲》卦),"用九"是乾卦特有的爻题,属例外。坤卦有一爻题"用六",也属此类情况,不具备普遍性。爻题顺序由所对应的爻自下而上地数。乾卦"初九"的爻辞大意是:龙潜伏在深水中,暂时还难有作为。比喻君子有作为的时机还未到来,暂时压抑于下层,只能韬光养晦,养精蓄锐。

《象》对初九爻辞的解释是：龙潜伏在深水之中，还难有作为。因为此阳爻处于最低的位置，阳气还不能散发出来。意味着人们的事业初始，往往受到各种条件限制，虽不能事遂所愿，但不可动摇意志，也不可冒进，要有任重道远须长期奋斗的信念。《文言》对此爻辞也有解释，此处省略。其他爻辞及对爻辞的解释形式大致相同。

《周易》中的卦、爻辞，特别是解释卦、爻辞的《易传》文，以"天""地"等自然现象为象征，以阴、阳不同的组合及变化，来揭示自然、社会的变化规律，颇有辩证意味。不论叙事、论理，比甲骨文、铭文，又加细致与周密。

再如《贲》卦，其卦画为：下面是八卦中的离卦，离卦之上是八卦中的艮卦，其标题与卦辞为："贲：亨。小利有攸往。"意思是：亨通，有所往或有所行动则得小利。其爻辞是：

  初九，贲其趾，舍车而徒。六二，贲其须。九三，贲如，濡如，永贞吉。六四，贲如皤如，白马翰如。匪寇，婚媾。六五，贲于丘园，束帛戋戋，吝，终吉。上九，白贲，无咎。

初九爻辞讲迎亲的人修饰好鞋子，舍弃车马而徒步前来。六二爻辞写迎亲的人又装饰着长者般的胡须，以示美观。九三爻辞讲他们装饰得光泽水润，并卜问吉凶，希望事情美满。六四爻辞讲装饰得如此素雅，全身冰清玉洁。乘坐着雪白的骏马，奔驰而来，不是来抢劫，而是来娶亲。六五爻辞讲他们装饰山丘园林，拿着一束布匹来送礼，过程虽有曲折，总归获得大吉大利。上九爻辞讲布匹质地素白，但不表示有什么灾祸。虽然各爻辞之间需要一些文字来连贯，但也使我们知道了一个婚嫁的故事，形象地描述了当时迎亲时的熙熙攘攘的热闹场面，生动地展示了古代对偶婚制的风俗。特别是六四爻辞，采用了诗的语言，前二句四言，后二句二言，可诵可唱，抒发了新婚人欢乐、喜悦的心情。由于"艮"表示山，"离"表示火，传文一般解释为：山下有火，一片红艳，阴阳交错，刚柔相济，如花木相映，花团锦簇。可比喻男婚女嫁，仪礼隆重等。

卦形变化组合，本不能显示世界事物的变化及性质，但以代表"阴"的阴爻与代表"阳"的阳爻所组成的众多的卦形，为筮人用阴阳对立统一的观点说明天、地、人提供了想象、推测的一定"理论"依据。中国古代阴阳对立统一并在一定条件下互相转化的理论，基本上揭示了事物矛盾对立统一的基本规律，因而《周易》含有深刻的辩证哲理。可以说，《周

《易》在神秘形式下隐含着弥纶天地的人类智慧，在阴阳变易中阐释出大千世界的基本法则。筮人根据卦形的不同排列，要领悟出世上事物的变化来，这也显示出筮人的高度想象与抽象思维能力，凝聚着中国文化在漫长的文明发展过程中筮人对自然、人生和社会规律探索的经验。其思维具有幻想与象征性，然而其表述却具有实证性。因为其卦辞、爻辞及传文，一般都采自古代历史传说、民间歌谣、日常生活现象，有直观的形象，因此，也具有一定的文学性。卦、爻辞及传文都与卦形排列形式有一定联系，创造了中国古代从感性直观的形象中抽象概括普遍规律的思维与表达方式。如《系辞》上有一则：

"鸣鹤在阴，其子和之。我有好爵，吾与尔靡之。"子曰："君子居其室，出其言善，则千里之外应之，况其迩者乎？居其室，出其言不善，则千里之外违之，况其迩者乎？言出乎身，加乎民；行发乎迩，见乎远。言行，君子之枢机。枢机之发，荣辱之主也。言行，君子之所以动天地也，可不慎乎！"

以鹤鸣其子应和，美酒与友共享为喻，引出君子有善德，虽千里之遥，也有人仰慕；君子有善言，虽千里之遥，也有人响应，何况身边的人呢？反之，连千里之遥的人都反对，又何况身边的人呢？作为君子的关键，在于自己的言行，自己的言行决定着自己的荣辱价值。言浅意深，且极富文采，把这种比喻说成是比兴手法也通。一首诗歌与孔子一段话，有机联结，组成一篇巧妙文章。

讲究阴阳互应、刚柔相济，提倡自强不息、厚德载物的思想，在《易传》中表现得更为突出。从清代以来，许多学者否认《易传》为孔子所作，如清代姚际恒、康有为及20世纪的钱玄同、冯友兰、顾颉刚、高亨、郭沫若等就持此观点。然而长沙马王堆墓穴发现的"帛书"中，有不少记载证明孔子与《易传》有关。《汉书·儒林传》记载：孔子"晚而好《易》，读之韦编三绝，而为之传。"《易传》即使不全是孔子所著，但也有孔子的参与，孔子的思想也影响着后来其他《易传》的著述。

《易传》七种对《易经》所作的传各有侧重，《易传》中《系辞》上下篇，对《周易》全书内容作总体概括和系统阐述；《文言》是《易传》中专门解说《乾》《坤》两卦的；后出的《说卦》收录了汉初经师的"卦象""卦德"说。《序卦》和《杂卦》，是对解释卦义的两派的解说。这些解说，以《系辞》最为重要，它以阴阳对立的观念，解释全书，阐述宇宙事物间的矛盾与发展，具有朴素的辩证因素，非常深刻。从孔子开始，儒家把《周易》由古老的占筮书提升为我国古代一部哲学巨著，并把《周易》作为"群经之首"，以指导自己对宇宙变化规律的认识与理解。

从此，易学就变成中国古代文化中的一门"显学"，研究流派纷呈。春秋时期，筮法上出现过变卦说、取象说、取义说、吉凶由人说、天道无常说。战国时期出现过阴阳变易说。汉代有象数之学（卦气说、五行说、纳甲说），宋明时期，又出现理学派、数学派、气学派、心学派和功利学派。又有人认为：儒家重乾卦，重阳刚。讲"天行健，君子以自强不息"。强调"内圣外王"，修身以用于世。道家则重坤卦，重阴柔。讲"大道若水，弱能胜强"。强调自然无为，追求精神自由。总之，易学各派在由天道入人事的阐述中，互相争鸣，互相否定，互相吸收，取长补短，共同探讨自然界与人世间万事万物的要义，寻找事物发展的规律。而在这方面建树最大的莫过于儒家。

《易经》有时能将十分抽象的哲理，运用比喻等手段，浅显生动地道出，其文字表达能力，甲骨卜辞已不能与之相比。如《大壮》卦，卦象是乾在下震在上，乾象征天，震象征雷，有雷声响彻云霄之象。卦辞是："大壮，利贞。"意思是强大而壮实的人，能坚守正道，获得吉利。其《上六》爻辞是："羝羊触藩，不能退，不能遂，无攸利，艰则吉。"说的是公羊角因撞篱笆而被卡在篱笆中，进退两难，没得到什么好处，但挺过难关，就会获得吉祥。这段生动的生活现象，启示我们：即使强壮的人，也会因自己的失误，暂时落于进退两难的境地，只要坚持不懈，总会渡过难关，迎来胜利。《易传·系辞上》："子曰：'圣人立象以尽意，设卦以尽情伪'。""立象尽意"是《周易》的一个重要特征，它的卦爻辞往往用生动的叙事和形象，来激发人们的想象，去感悟其中蕴含的抽象道理。与《易经》相比较，《易传》的文字更为成熟，估计已不是周人的文字，而是像春秋战国乃至汉初的人所为了，它更加生动、鲜明地宣扬儒家政治、伦理、修养等观点，文中多次引孔子语，就证明了这一点。

能代表三代散文文本水平的不是甲骨卜辞与铜器铭文，而是儒家奉为经典的"五经"，而"五经"中，最能代表三代文本散文水平的，则非《尚书》莫属。

四　三代散文发达的原因及特点

春秋时期儒家创始人整理的三代文献，只是三代文献中很少的一部分，然而就是这些文献，也足见出三代文化的辉煌、散文的发达。三代散文发达的原因很多，主要是因为具有早熟的社会形态以及发达的史官文化。

（一）早熟的社会形态

世界各国初始的文学形式都是古代神话和古代歌谣，从这一点来看，各民族的文学没有太大的差异，就好像在同一起跑线上赛跑，大家当时是没有什么差别的。各民族本都可以以神话与歌谣这两种原发性的文学形态为起点，但以后的事实是所发展起来的各民族文学却异彩纷呈：神话与歌谣本应对各民族今后的文学发展起奠基与导航的作用，然而各民族的文学发展道路却呈现出很大的不同。

希腊人主要以神话为题材，形成了鸿篇巨制的史诗，进一步吸收史诗的艺术营养，演化形成希腊的悲、喜剧。以致后来产生的小说及其他艺术，都从神话传说中汲取了题材与创作灵感，希腊文学艺术的发展是以其开发神话为前提的。与希腊充分开发利用神话相反，在中国，从周朝开始，就对古老的华夏神话采取了冷落甚至摒弃的态度，部分存留的神话多数被进行了理性的历史化改造，在此基础上，大力发展起历史著作来。

现在能见到的中国最早的文字记录，就是中国第一批历史文献，同样也是中国第一批文本散文珍品，它产生于巫官或史官之手，从实用出发，把真实、准确作为书写制作的标准和原则。不论殷墟的甲骨卜辞、商周时代的铜器铭文，虽然都有迷信神鬼的意识，但本意是对社会现象做直观的反映，语言朴实，表述比较确切，表现出"史"的真朴的特征。至于《尚书》中的夏殷诏诰、誓词，得到后世儒家先驱及儒家的改易，神鬼迷信意识比甲骨卜辞、铜器铭文中的淡薄多了。

到了西周，这个时期史官所制的簿录、文书、文献在形式上并没有什么大的突破，但内容上贯彻"礼"的精神是其一大特征，它们把"礼"作为指导思想与灵魂，在真实、准确的基础上又提出了更高的标准——善德，即强调史籍始终要贯彻封建礼法道德。不论西周铜器铭文中对分封、赏赐的颂扬，还是《尚书·周书》中周公连篇累牍的说教劝善，都体现了这一点。由于重于说教，记言体此时更为成熟了。

总之，由于对神话传说的历史化改造，中国原始神话在不断地衰微，记言体与记事体文本散文却得到了异常的发展。记言体散文主要体现为政论性文献，记事体散文主要体现为史籍。中国散文历史悠久，特别长于论政、记史，并成为中国散文的一种传统，这两种形式的散文长期占据文坛主导地位，对中国后世文学的发展影响巨大。

为什么会对神话这种原发性文化持不同态度，使中西方文化后来各自走上了异样的道路，造成了中西方文化鲜明的差异？究其根源，自有各自深刻的政治和经济的社会原因。

古希腊有过克里特文明和迈锡尼文明，有着丰富的原始神话与歌谣。公元前11至公元前9世纪，希腊原始公社制解体，奴隶制开始产生。从公元前8世纪起至公元前6世纪，希腊在生产中普遍地使用了铁器，促进了农业和手工业的发展，加速了社会的分工，同时，广泛的殖民运动，海外奴隶大批地输入，社会广泛地使用奴隶劳动，也极大地推动了希腊社会经济的发展。逐渐形成了许多以城市为政治经济文化中心，联结周围面积不大的农村区域的奴隶制城邦式国家，奴隶制社会形态的发展比较充分而有典型意义。奴隶社会是以宗教思想为其统治思想，而神话又是形成宗教经典的重要资源，奴隶主从巩固政权出发，有意识地利用神话，从而也保护与发展了神话。

在希腊奴隶制城邦的经济中，城市商品经济相对比较发达，城市社会分工较细，由于城市市场的需要，出现了专业的学者、诗人、艺术家、演员，他们可以毕其一生精力去充分利用开发古希腊的神话文化遗产，然后专心地去创作史诗和悲喜剧，或研究哲学、文艺学，或从事建筑术、雕刻、绘画等艺术。

当古希腊还处于奴隶制发展阶段时，中国的奴隶制却已过早地结束。希腊奴隶制城邦国家，要靠大量奴隶劳动力与大型奴隶市场来形成劳动奴隶制，而大量奴隶劳动力要靠掠夺去获取，大型奴隶市场要靠战争去开辟。而我国夏禹及帝启是由部落联盟首领以和平的方式转化为奴隶制国家君主的，直至商王朝的奴隶制社会，仍没有靠掠夺和战争去形成大规模奴隶劳动与奴隶市场，我国的奴隶社会没有经过劳动奴隶制的阶段，奴隶制没有得到充分发展。其特征是生产力相对较低，商品生产和交换不发达；有着浓厚公社残存；城市和农村不可分离的统一，始终具有农业文明的特征。

公元前1046年周武王推翻殷商统治建立西周，我国由家长奴隶制进入了封建社会的初级阶段——封建领主制社会。由于城市经济不发达，个体农业自然经济一直处于社会经济的绝对支配地位。在这种条件下，周王朝只能进一步完善商朝末开始实行的按血缘关系分封土地的制度，全面推行封土地建诸侯的政策，按血缘亲疏的宗法原则，自上而下地层层分封土地，再自下而上地层层上交贡赋。土地最终分配给每个生产者家庭，他们都有一份维持一家人基本生活的私田，前提条件是他们必须在公田上从事集体耕作，并将公田的收获上交，这就是所谓的井田制，这种剥削实际就是一种榨取劳役地租的形式。

但是长期以来，有人忽视中国的社会特点，认为西周是奴隶社会，其理论代表人物就是郭沫若先生，其代表著作就是其《奴隶制时代》。1981年至1982年，杨公骥先生发表了长文《评郭沫若先生的〈奴隶制时代〉》，批评文章采用了对照的方法，即将郭沫若的主张与马克思、恩格斯的论述及中国古代史的实际作比较，从理论与实际上来辨析《奴隶制时代》中的错误观点。如郭沫若在其书中说："从事农业生产的奴隶和封建农奴的区别，往往不很显著"，"看不出有多么大的区别"。但马克思在《资本论》《雇佣劳动与资本》《工资、价格和利润》等著述中，恩格斯在《卡尔·马克思》《卡尔·马克思〈资本论〉第一卷书评》等著述中，却认为奴隶和农奴不仅有区别，而且区别是明显的，各种私有制社会形态的区别，就在于统治者占有劳动者无偿劳动的方式上有显著的不同。马克思主义认为：在奴隶社会，奴隶为奴隶主所占有，其全部劳动形式上统统表现为无偿劳动，即使那部分有偿劳动（即为支付奴隶必需生活资料而令奴隶从事的那部分劳动），看起来也像是无偿的，是在貌似无偿中掩盖着有偿。在封建社会，农奴不为领主所占有但从属于领主，农奴为了在领主分给他的土地上进行有偿劳动，就必须在领主的土地上进行无偿劳动，有偿与无偿分得一清二楚。（领主剥削农奴劳役地租，地主剥削农民实物地租，略有不同）在资本主义社会，工人既不为资本家所占有，也不从属于资本家，工人只把自己的劳动力作为特殊商品出卖给资本家，工人的全部劳动形式上统统表现为有偿劳动，即使那部分无偿劳动（即那部分为资本家创造剩余价值的劳动），看起来也像是有偿的，是在貌似有偿中掩盖着无偿。以不同的占有无偿劳动的方式来判断不同社会的生产关系，确定不同的私有社会形态，这正是马克思主义的原则。以马克思主义的原则看周代的井田制，恰是有偿劳动与无偿劳动分得一清二楚，封建社会的特征十分显著。

郭沫若忽视了这条基本原则，当然看不出奴隶和农奴的显著区别，也就轻率地把周代的农奴视为奴隶。郭沫若在其书中对周代"奴隶"的特征进行了多方面的描述：他们有自己的生产资料、占有一小片土地、独立经营他们的农业；他们有家室有家业（财产），被束缚在土地上；他们的"耕作"有一定的"定额"，奴隶主对他们的剥削有一定的"定量"，其劳动收获按规定双方共同"分成"；他们还能参与社会借贷关系，成为债务人；他们还能从事商品生产与商业贸易，既是商品的购买者，又是商品的贩卖者，等等。这些特征，在马克思、恩格斯著作中都有叙述，但不是奴隶的特征而是封建农奴的特征。

郭沫若先生没有把握住区分奴隶与农奴、区分不同社会性质的根本，而是使用了一些并不能从本质上区分奴隶制与封建制的"标准"，诸如"杀殉"还是"不杀殉"；"杀人祭祀"还是"不杀人祭祀"；"可以任意屠杀"还是"不可以任意屠杀"等，杨公骥先生查遍马克思、恩格斯所有著作，发现马克思主义创始人从没有把"杀殉"之类的社会现象当作划分社会性质的标准，甚至连暗示的话也没说过，因为决定社会性质的只能是社会经济制度以及由此而形成的社会生产关系。杨公骥先生又遍阅中国古代文献史籍，其上记载杀殉的对象多是死者的亲信或随从，有的还是死者的妻妾与宠臣，这种杀殉的现象直到宋、明时期还存在，至于买卖人口的现象，到近代仍未断绝，我们总不能据此把宋、明乃至近代也称之为"奴隶社会"吧！杨公骥先生以大量的中国古代史实，又一次证实了马克思主义关于区分社会发展不同阶段理论的正确性，进一步推动了中国古代史的深入研究。学术界，持"西周封建说"的不止杨公骥一人，然而将郭沫若的"观点"与马克思、恩格斯的论述及中国古代史的史实作比较，从理论与实际上来辨析郭沫若观点的谬误，却是仅有的。

杨公骥的《评郭沫若先生的〈奴隶制时代〉》，正确判断了周代和先秦社会的性质问题，澄清了学术界许多长期争论不休的重大是非问题，意义重大而深远。例如，过去一些人把儒家创始人孔子认定为"复辟奴隶制的代表"，理由就是孔子要恢复"周礼"，而"周礼"即是周代奴隶社会的标志。而依占有无偿劳动的方式来判断，周代应是封建社会，这样，它的井田制的生产方式、经济基础与其相应的生产关系，就与它的分封制及以德以礼治国的主流意识相一致了。那么孔子也就不是一个"复辟奴隶制的代表"了，他想恢复的"周礼"，不过是打着恢复的旗号而重新建立新的封建大一统的秩序罢了。

但是，西周是在奴隶社会还未完全成熟的情况下，步入封建领主社会的。这种"早熟"的特点，使新的社会具有了许多"先天不足"。这种"先天不足"，首先表现在仍然保留着原始氏族公社的残余。古希腊由氏族公社进入到奴隶社会私有制，组成城邦联合国家，比较彻底地摧毁了氏族公社的生产方式及生活方式，淡漠了氏族的血缘关系。而在中国，由于氏族公社的残余存在，旧有的血缘关系及宗法制被封建领主制的社会所利用，国家就是家族的扩大，宗法制不仅适用于家庭，也适用于国家，形成"家国一体"的体制，整个社会强调对祖先的崇拜和对君王、家长的服从，也成为贯彻"礼"的基本内容，无形中淡化了对宗教的信仰。

其次，表现在中国长期重农抑商、商品经济不发达。社会秩序没有无形的、强大的商品交换原则来制衡，千万个极其分散的小农个体家庭及村落、城镇，要想正常地生存与发展，整个社会要想正常运行，只能靠大一统的君权统治来统一全体社会成员的行动，靠大多数人认同的礼德意识而不是宗教迷信来统一思想。

与古希腊相比，中国当时社会生产力低下，必然造成社会分工程度的低下。当古希腊专职的诗人、剧作家受到社会普遍尊敬时，而在中国，这一阶段只有史官才算得上是个专业的"文化人"，他们履行着简单的"记言""记事"的官方"秘书"的职责。纯粹的自由从事文学专业的专职人员几乎是不存在的，最多不过以侍臣、门客的身份或为主子说世间趣事以供笑乐，或随主子宴饮赏玩时吟诗作赋以助风雅。古希腊的文人是社会分工、市场需求的结果，而中国古代文人则多是应"御用"而产生的。

早熟的封建社会，从一开始就把封建礼法的观念作为社会统治的主导思想、主流意识，随着理性主义的不断觉醒，促进了中华民族历史意识的早熟，我们的先人很早就意识到利用历史知识来认识与把握社会的发展，于是神话就成了与礼法和历史意识相悖谬的"荒诞不经"的东西，原本非常丰富的神话不仅逐渐失去了发展的社会条件，而且固有的神话也不断被加以清除，存留的部分大部分得到理性化与历史化的改造。剔除神话中怪诞离奇的部分，保留其信史的因素，使之成为"历史"。中国小说、戏剧新文学样式的产生与发展失去了肥沃的神话艺术土壤，中国散文成了中国早期文学的主体形式。

中国过早地对神话进行理性的净化与历史化的改造，使中国古代史诗的产生也失去了肥沃的艺术土壤，中国古代歌谣从产生那天起，就具有了抒情与叙事的功能，叙事性的歌谣本可以发展为史诗，但由于中国古代诗歌没有繁荣的神话作基础，只能产生一些篇什短小的史诗。中国古代史诗不成熟，除古代社会"早熟"、过早失去神话艺术"武库"这一原因外，还有一个缘故：中国古代早期社会走了一条"维新改良"的路子。

任何文学艺术的产生都要以一定的社会生活为其基本条件，古希腊从原始氏族部落制向奴隶制的城邦国家过渡时，各部落之间经历了长久而激烈的战争，战争中产生了许多关于战争的谣曲与战斗英雄的颂歌，为内容宏富、规模庞大的史诗的产生提供了丰富的素材和可以借鉴的艺术形式。然而在中国，由原始氏族制向奴隶制的转变，是通过废禅让、承世袭的"和平过渡"方式实现的。氏族公社体制没有受到严重摧毁而被残留下来，经过家族制，平稳地转化为农村公社，成为新的奴隶社会统治者剥削宗族奴隶的基层社会组织。后来商汤革命、武王伐纣，是夏桀、商纣自身腐败的结果，是臣代君的改朝换代，所进行的战争远没有希腊各部落之间的战争长久而激烈，长期比较稳定的宗法式农业经济结构的社会，也没有给诗歌提供描写社会广泛斗争的题材。中国古代历史上早期大规模的战争发生在春秋战国时期，它向人们展示的战争比希腊半岛上发生的战争还要剧烈、持久，但这时中国的诗歌已经形成了抒情的传统，语言简短、节奏较少、惯用比兴手法。文学中的叙事任务主要交给了散文。再则，散文与诗歌、小说、戏剧比较起来，它缺少诗歌、小说、戏剧那样的抒情娱性功能，更偏重于实用性，强调的是"文以载道"，而早熟的中国封建社会恰重视的便是文章的实用性与文章的社会功能。杨庆存教授曾说：

  在西方各国的文学发展中，与诗歌、戏剧、小说相比，散文的发展相当缓慢，尚属后起之秀……这与中国古代散文发展的情形相比，西方散文的繁荣可谓姗姗来迟。西语中没有出现或产生"散文"的概念，也是情理中事。与西方各国相比，中国散文发展的情形则别是一番景象。如果仅就现存的散文文本而言，散文这种文学体裁是在华夏民族这块古老的土地上率先成熟的，中国古代散文所展示的辉煌成就，在世界范围内，可以当之无愧地说居于领先地位。①

中国早期文本散文过早地成为文学的主流，占据了文坛的统治地位，成为记史、论政的最佳载体，这是社会历史自然形成的，中国散文历史之悠久、魅力之巨大、影响之深远，不是其他国家的散文能相媲美的，这也正是中国文学一个显著的民族特色。

（二）发达的史官文化

  中国散文的产生与发展，与史官的设立及史官文化的发达有很大关

---

① 杨庆存：《宋代散文研究》（修订版），人民文学出版社2011年版，第13—14页。

系。我国的成文散文最早成于史官之手，最早的散文也是最早的史籍。我国史官的设立是很早的，我国成文散文的历史也是很悠久的。

中国记史，大致从文字产生便开始了。《后汉书·班彪传》载班彪《略论》说："唐虞三代，《诗》《书》所及，世有史官，以司典籍。"认为尧舜时代即有记史之官。刘勰在《文心雕龙·史传》中更认为记史始于轩辕黄帝："轩辕之世，史有仓颉，主文之职，其来久矣。"由于可证的资料缺乏，多数学者对此不予认可。

中国的记史活动始于何时？"史"字本身蕴含着这方面的信息。"史"是个会意字，《说文解字》解释说："史，记事者也，从又持中。中，正也。"意思是手持"中"记事为"史"，但"持中"是何意？"中"是"正"，"正"是何物？使人费解。清代学者江永认为"中"是指簿书，吴大澂认为"中"是"册"的简笔字，章炳麟解释"中"是"本册"，总之手执简册簿书以记事为"史"。这都是以后来的观念推测始原本字。其实"中"是个象形字，于省吾先生有《说"中"》一文，认为"中"表示旗帜。最初的"中"表示同一血缘部落的中旗，手持"中"，就是手执氏族部落的中旗把图腾绘在其上。"图腾"一词出自北美印第安语，原意是"他的亲族"。按照原始人的想象，他们的氏族源于某种动物，或他们氏族的生存发展有赖于某一动物或某一植物，这种动物或植物便成为他们氏族崇拜的偶像，把它绘制出来就是"图腾"。在中国，图腾实质就是最初表示那些动植物的象形字，"史"就等于是最初书写文字的人。据传黄帝时便有了"史"，如仓颉、沮诵、大挠、隶首、史皇等，颛顼与尧舜时有重、黎、羲、和、伯夷等，然而那时的"史"只是一种社会公职，还不是官职。

严可均所辑《全上古三代秦汉六朝文》，辑录夏朝之前的上古文章四十多篇，皆伏羲、神农、黄帝政语教令，虽有传说性质，但也不能轻易视为全属后人假托。太古的情况渺茫难寻，究竟有无史书不敢断言，仅以具备了记言记事体例的《尚书》来说，就比世界上任何国家史籍的产生要早得多。中国史学产生之早，史籍之博，民族的历史意识之强，在世界各国中，可谓首屈一指。黑格尔说过：

> 根据史书的记载，中国实在是最古老的国家，……中国"历史作家"的层出不穷、继续不断，实在是任何民族所比不上的。其他亚细亚人民虽然也有远古的传说，但是没有真正的"历史"。印度的"四吠陀经"并非历史。阿拉伯的传说固然极古，但是没有关于一个国家和它的发展。这一种国家只有中国才有，而且它曾经特殊地出现。中

国的传说可以上溯到基督降生前三千年；中国的典籍"书经"，叙事是从唐尧的时代开始的，它的时代在基督前二千三百五十七年。①

中国从夏朝开始，建立了国家，国家机器必然需要由官僚构成的管理机构，于是设置了一系列官职，到这时，"史"才转变为官。《世本》称"夏后氏百官"，夏朝官吏大致分为三大类：宅事、宅牧、宅准。《尚书·立政》中记载周公的话说：

> 古之人迪唯有夏，乃有室大竞，吁俊尊上帝。迪知忱恂于九德之行，乃敢告教厥后曰：拜手稽首后矣！曰：宅乃事、宅乃牧、宅乃准，兹唯后矣！谋面用丕训德，则乃宅人，兹乃三宅无义民。

意思是说：古代的夏朝，朝官们都很好，他们呼吁天下俊杰尊奉上帝，真诚地信奉九种美德，然后才敢放心地向君王说：我给君王行礼了！君王说：选派合适之人去负责行政、管理事务、祭祀记事，这是重要的职责！任人如果取于貌而不依德，那么这三种重要的官职，就不会有贤德之人充当了。在这段周公的话里，指出夏朝设"三宅"之官。宅事负责中央行政，宅牧负责地方事务，宅准负责祭祀、记事、制律等。记录历史成为国家机构一项重要工作，但初期是由主要负责祭祀的宅准一类官员承担着。后来祭祀、记事、制律、册命等工作渐有分工，古籍记载夏朝末已设太史令，《吕氏春秋·先识》篇载："夏太史令终古出其图法，执而泣之。"中国设史官并有官职名称是从夏朝开始的，史官所书写的史籍是中国成文的书面散文，中国史官文化的形成应该从夏朝算起。

遗憾的是我们现在却不能直接看到夏朝史官书写的第一手材料。孔子曾叹息说："夏礼，吾能言之，杞不足征也；殷礼，吾能言之，宋不足征也。文献不足故也。足，则吾能征之矣。"（《论语·八佾》）早在春秋时，孔子已感夏、商史料不足。但我们相信夏朝的史官曾给后人留下过夏朝的文字资料，《左传》等书多次引用《夏书》《夏训》《夏谚》，我们所知夏朝帝王世系，夏太史令终古拿出的"图法"、夏在乱时所作的《禹刑》，以及相传的历书《夏小正》，都应该属于夏朝史官们用文字写成的"册""典"。我们现在看到的《尚书》中的《甘誓》与《禹贡》，一篇是记载夏

---

① 黑格尔：《历史哲学》，王造时译，生活·读书·新知三联书店1956年版，第160—161页。

启讨伐有扈氏的誓师词，一篇是记叙大禹治水及九州地理的文字，相传也是夏朝史官所录所撰。司马迁作《史记·夏本纪》，涉及到不少现在《夏书》不载的历史，想必当时有夏代流传下来的其他文献作其依据的。

从殷商甲骨文中可知，殷商的史官称作"作册""史""尹"等，周朝史官的名称有太史、小史、内史、外史、左史、右史等，其职责因官名不同而有异。如周代史官大致分工是：太史掌国之六典，小史掌邦国之志，内史掌书王命，外史掌书使于四方，左史掌记言，右史掌记事。简要地说，夏、商二代的史官职责范围包括两个方面：一是承担人事方面的职责，侧重于"史"的方面，如记录时事、掌管典籍、起草公文、规谏献策等。记载史实方面的职务，相当于秦汉时的太史令、魏晋时的著作郎；文秘书记方面的职务，相当于汉时的尚书令、唐宋时的中书舍人或翰林学士。二是承担天道方面的职责，侧重于"巫"的方面，如祈祷、享祭、占卜、占星术、司历法、观天象等。观天象、司历法的职务，相当于唐宋司天台、司天监及明清钦天监的官职；从事宗教活动的职务，相当于后来从官府分离到民间的巫师、占卜者。夏、商二代史官这两方面的职责，又都是交织混合在一起的，起初没有明确分立，这种情况大约一直延续到西周，当然如此繁重复杂的工作不可能由一个史官全部承担，而是需要设置众多史官来分掌其事。后来"巫""史"虽然有了分工，但很长一段时间内史官依然或多或少从事点宗教活动。西周末期王室日益衰微，周天子的史官基本上只剩下太史与内史了，清代学者黄以周考辨认为内史就是左史，太史就是右史。《礼记·玉藻》载："动则左史书之，言则右史书之。"内史记录帝王行实、国内重大事件，太史记录帝王言语、起草文书，史官的职责趋向单一，史官逐步摆脱宗教事务而从事了收集史实、撰写史籍、保存典籍的真正史官专业。

史官是夏、商、周三代最有知识的文化人，不仅记史、制律，还常为君王政事提供咨询，官职虽并不显贵，但在国家政治生活中有很重要的地位，所以史官的人选常由君王亲自来选定。梁启超曾有过一段精彩论述：

> 古代史官实为一社会之最高学府，其职不徒在作史而已，乃兼为王侯公卿之高等顾问，每遇疑难，咨以决焉。所以者何？盖人类本有恋旧之通性，而中国人尤甚，故设专司以记录旧闻，认为国家重要政务之一。既职在记述，则凡有关人事之簿籍皆归其保存，故史官渐成为智识之中枢。又古代官人以世，其累代袭此业者渐形成国中之学问阶级……历代皆妙选人才以充其职。每当易姓之后，修前代之史，则

更网罗一时学者,不遗余力,故得人往往称盛焉。三千年来史乘,常以此等史官之著述为中心。①

我们今天能见到的夏、商、周三代的典籍——《六经》,基本上是史官的作品,即使有的资料来自民间,甚至是民间的诗歌谣谚,也经过了史官的整理润色,起着史籍的作用。所以章学诚以为"盈天地间,凡涉著作之林,皆是史学。《六经》,圣人取此六种之史以垂训者耳。子集诸家,其源皆出于史"。(章学诚:《章氏遗书》卷九《报孙渊如书》)章学诚又在《章氏遗书》卷一《易教》上说:"《六经》皆史也,古人不著书,古人未尝离事而言理,《六经》皆先王之政典也。"夏、商、周三代的典籍,既为经又为史,中国散文的最早文本也既为经又为史,并且是先有"史","史"得到社会的认可、推崇,才又称"经",有了"史""经",才有后来的"子""集",中国古代的书籍大多就是按"经""史""子""集"来分类的。

总之,有了"早熟"的社会,才有发达的史官文化。有了发达的史官文化,才会产生儒家所尊崇的三代经典,才有三代散文的发达。

(三) 三代散文的理性意识及艺术特点

莫说夏之前,就是到了夏、商时代,人们仍信奉上帝,对上帝及祖先神顶礼膜拜。商汤伐夏时,出师的理由是奉行上帝旨意,声称诛杀夏桀是天命安排,这在《尚书·汤誓》里的誓词中已经说得十分明白,除此之外,还可从大量的殷商甲骨卜辞中得到证实。商王行事都要通过占卜来探测神意,《礼记·表记》所记载的"殷人尊神,率民以事神,先鬼而后礼",是符合历史实际的。统治者相信鬼神主宰着人间,预示着人事,同时也明白他们的权力如与鬼神结合起来,对被统治者便有一种超人的威慑力,从而意识到祭祀、占卜、祈祷那一套对巩固国家政权是十分的重要。信奉鬼神本来就和祭祀祖先结合着,随着祖先崇拜意识的加强,祭祀活动主要成了祭祀祖先的活动,在祭祀活动中,自然要对祖先的事迹进行追寻,对氏族世系进行认真、严肃的追忆和排列,这已经包含了希望后世不要忘记过去的理性意识。夏商朝设立史官,明确史官的职责,记载先王功绩、国家时事、典章制度于"典""册",既是国家机器需要,也是理性意识发展的结果。到了周代,这种理性意识又有了质的飞跃,最初把"敬

---

① 梁启超:《中国历史研究法》,上海古籍出版社1987年版,第11页。

天"与"保民"等而视之，后来逐渐把敬德看重于敬天，把事民看重于事神。由儒家代表人物整理的三代经典，进一步理性化，可以说，三代经典标志着三代散文的文本水平，也标志着我国古代社会在意识形态领域进入第一个理性主义的新时期。

三代散文所表现出来的理性意识，首先体现出的是由以神为本逐渐向以人为本过渡。作为社会的统治阶级，由从前简单的占卜问卦，逐渐向利用历史知识以把握社会动态的方面倾斜。如商代青铜器"大盂鼎"上刻有以下铭文："我闻殷述（坠）命，惟殷边侯甸，雩殷正百辟率肆于酒，故丧师。"记载殷人某次战役的失败，究其原因，是因为百官酗酒贻误战机，才导致殷人"丧师"，并没有将失败归于天命。由于教训十分沉痛，才在鼎上刻字以示后人，希望后人从历史事件中吸取教训，不要重蹈前人惨败的覆辙。再如《尚书·微子》，记载商末社会动乱时，微子和父师、少师的商谈，其中有微子的一段话：

微子若曰："父师、少师！殷其弗或乱正四方。我祖厎遂陈于上，我用沈酗于酒，用乱败厥德于下。殷罔不小大好草窃奸宄。卿士师师非度。凡有辜罪，乃罔恒获，小民方兴，相为敌仇。今殷其沦丧，若涉大水，其无津涯。殷遂丧，越至于今！"

微子这样说："父师、少师！殷商大概不能治理四方了，我的祖辈虽颁布了法度，但我们现在的君王沉溺于酗酒，因此败坏了德行。影响到殷商老少都喜欢窃掠作恶。做官的互相效仿非法之事。凡是有罪的，却常不能擒获归案，一般庶民正起来和我们为敌。如今殷商大概就要灭亡了，就像要渡大河，水阔无边。这样，殷商必将灭亡了。"

微子是商纣王的庶兄，他见商纣王荒淫无度，政局败乱，商纣王又一意孤行，不听劝谏，国将灭亡。于是和太师、少师商议，是冒死再谏，还是出走？在《微子》中，微子分析了殷将灭亡的种种社会原因，说明他懂得历史发展的某些规律，看到历史发展的必然趋势，正是对历史经验的把握，才使他清楚地预感到社会未来发展的结果。商朝一些明智者已具有以史为鉴的意识，周代这种意识就更深入人心了，可以说《周书》所有的篇章，都不同程度地反映了这种理性意识。

其次，就是大一统观念在逐渐形成。在殷商时，"帝"已成为众方国共同信仰的人格神，周时，人格神由"帝"移向于"天"，后又赋予天以道德的意义，并把最高统治者，即人间的"天子"，视为执行"天德"的人。周康王时代的《大盂鼎》《麦鼎》等铜器铭文中已有"天子"一词，人间共同崇拜的偶像逐渐由幻想的神变为现实中的人。为了给"天子"寻找之所以成为"天子"的历史依据，史官们不断地对其祖先进行理性化的净化，洗涤着附在他们身上神异的光泽。这些祖先由上帝在人间的代理人的角色，逐渐变成带领本民族发展壮大的开拓者，他们的英雄形象成了种族血缘联结的象征，在他们的身上，集中地体现了那个民族所有的优秀品质。史官们把历史上的民族领袖人物称为先公先王；把在历史上有影响的杰出人物称为先圣先贤，把他们视为国家与民族的代表，记载下他们每个人的成长、发迹的历史，记录下先公先王的世系，在很大程度上可以代替一部国家发展史、一部民族发展史。记载先公先王先圣先贤的丰功伟绩，颂扬他们的高尚品德，引起全社会对他们的崇拜与景仰，便是最大地加强政治凝聚力，这种凝聚力是维护国家统一、加强民族团结、促进社会稳定的强大精神力量。这一点不仅史官们意识到了，而且整个社会都意识到了。所以从夏、商以来，历代统治阶级都把史官记载君王言行当作一件大事来对待，因为它直接体现了大一统观念，直接为现实的政治服务，为巩固大一统国家政权服务。司马迁的《史记》，从黄帝始，至汉武帝止，讲的是华夏民族的发展史，宣扬的是中华民族大一统的思想，其实这种思想，在三代散文中已经明显地流露出来。

以"德"为核心的道德观念的不断强化，这是体现三代散文理性意识的又一重要方面。

大约从黄帝开始，经过尧、舜、禹，我国社会开始从父系氏族社会向奴隶社会过渡，原来的部落首领逐渐成为有权势的贵族，部落联盟成了国家的雏形。后来原夏部落首领禹因治水有功，继舜而成为部落联盟首领。禹死，他的儿子启继承父位，从此开创了世袭制的"家天下"。

私有制的确立，私有观念的兴盛，世风日趋沦落，使以仁德为标志的所谓三代盛世成为后人缅怀的过去。但原始社会公有制的残余仍存在，仁德传统已深入人心。由于国家的创建，君王的设立，万民受国家意志、君王意志的支配，国家官吏素质、君王个人德行，往往决定着整个国家的兴衰。对国家官吏的素质、君王个人的德行的要求，成了安国兴邦的前提。从夏朝开始，就对统治阶层提出了"德"的要求，"德"不仅是为官者的必备素质，也是选拔官吏的重要标准。如《虞书·皋陶谟》中一段：

> 皋陶曰："都！亦行有九德。亦言其人有德，乃言曰，载采采。"
> 禹曰："何？"皋陶曰："宽而栗，柔而立，愿而恭，乱而敬，扰而毅，

直而温，简而廉，刚而塞，强而义。彰厥有常，吉哉！日宣三德，夙夜浚明有家。日严祗敬六德，亮采有邦。翕受敷施，九德咸事，俊乂在官。"

皋陶说："啊！人有九种美德。说那人有美德，就指其美德表现在具体行事上。"禹问："九德指些什么？"皋陶说："宽宏而又严肃，柔和而又有主见，厚道而又恪守职责，有才能而又谨慎，顺从而又坚毅果断，耿直而又温和，简捷而又认真，刚正而又诚实，坚强而又遵循道义。表彰那些有以上美德的人！每日能表现出其中三种美德来，可以任他为卿大夫。每日能表现出其中六种美德来，可以任他为诸侯。能全部接受九种美德，并依九种美德去办事，可以选他进入王庭为官。"

商朝初建，仍接受了传统尚"德"的思想，商汤说商之所以取代夏朝的统治，一方面是因为商依天意行天命；另一方面是夏桀丧失了德，引起天怒人怨。《商书·汤诰》篇中有此类的话："夏王灭德作威，以敷虐于尔万方百姓。尔万方百姓，罹其凶害，弗忍荼毒，并告无辜于上下神祇。"至商代中期，统治者的德治思想进一步明确起来，帝盘庚迁都于殷地时，告诫他的下属："汝克黜乃心，施实德于民，至于婚友，丕乃敢大言汝有积德。""无有远迩，用罪伐厥死，用德彰厥善。"（《尚书·商书·盘庚上》）由于实行德治，殷才有了中兴的气象。

等到殷商王朝崩溃，西周封建制建立，人们对"德"有了新的认识。反映到统治者的意识上，改变了殷商末期统治阶级视上帝、天子为绝对至高至尊的偶像、漠视下民的看法，进而提出"敬天保民"的思想。《周书·立政》说："以敬事上帝，立民长伯。"把"敬帝"与"立民"联系起来。《周书·多方》中有"惟我周王，灵承于旅，克堪用德，惟典神天，天惟式教我用休，简畀殷命，尹尔多方"，《周书·召诰》中有"惟王其疾敬德，王其德之用，祈天永命"，《周书·君奭》中有"天不可信，我道惟宁王德延"，等等。上帝以"德"来确定人间的统治者，统治者因有"德"才取得受天命的资格，在德与天之间，甚至宁可相信和依靠德的力量，德本是一种理性的品质修养，却具有了主宰、支配一切的神力。当以"德"为核心的人伦道德在观念中的重要位置已经是任何宗教崇拜都无法替代的时候，周人自然又提出了"以德配天"的理论，这种理论也承认君主是"天子"，天子的君权是天神所授，但与以往理论不同的是，周人认为天授君权是有条件的，只有那种具备美好道德修养的人，天神才选定他作其在人间的忠实代理人。反过来说，天神的代理人只有敬德保民、顺从天意，才能获得做天子的资格。否则，就是有了权力也因辜负天意而丧失掉。所以天子的权力不是不受任何约束限制的，天子也不能随心所欲、任意妄为，他要兢兢业业地履行天子的职责，这正符合儒家"正君心"的思想，以至成为后来董仲舒"君权天授""天人合一""天人感应"等思想的滥觞，成为儒家打着"天"的旗号，而施行的一种德治思想。

《尚书》中大量载录周公的言论，就是宣扬周人的德治思想，体现周人明确的"垂世立教"的原则。周人的德治思想，对前人的理性思想有所继承，对后人建立新的理性思想有重要的启发，孔子曾说："周监于二代，郁郁乎文哉，吾从周。"（《论语·八佾》）儒家的"仁学"及"仁政"理论，是在三代，特别是在周人"德"的观念上的新发展。周人的思想是儒家思想的重要来源，孔子与周公的思想一脉相承。从这个角度讲，周代伟大的政治家、理论家周公确实是儒家学说的伟大先驱者。

以《尚书》为代表的三代散文，从始至终贯穿的思想核心就是"礼"，这种"礼"就是"德"在规章制度方面的体现，它继承了尧、舜、禹圣王的德治传统，经过夏礼、商礼的积累、演化，经过周公等人对古代礼乐进行大规模的整理、改造，重新"制礼作乐"，构建了系统化的典章礼仪制度和社会各阶层的行为规范，最后形成彬彬大盛的周代宗法礼乐文明。孔子曾说："殷因于夏礼，所损益，可知也；周因于殷礼，所损益，可知也。其或继周者，虽百世，可知也。"（《论语·为政》）由于文献不足，孔子不能详尽说明夏礼与商礼，但他清楚三代都奉行礼，而且都存在着对前朝礼的因袭、增减、改造和发展。有人说，殷商暴虐，属残酷的奴隶社会，何能谈得上礼？实际上，不靠礼乐而靠暴力统治，是商末时的现象，夏末、周末何尝不如此？统治者兴盛时期与衰落时期的思想意识是不可同日而语的。即使末代君王荒淫暴虐不守礼，也不能说整个上层成员都如此，如孔子十分赞赏殷商重臣微子、箕子、比干，称"殷有三仁焉"。（《论语·微子》）为了反对纣王暴政，微子宁愿离开宫廷，箕子宁可为奴，不愿与之同流合污，比干甚至不惜被剖腹挖心而直言相谏。夏、商、周末代都因其不行礼治才导致亡国。也正因为三代散文都贯彻着鲜明的礼乐精神，才成为中国两千多年来儒家学派的重要经典，才成为儒家思想体系建立的主要思想资源，再加上儒家创始人孔子后来删选三代散文，从而使三代散文的礼乐思想更加突出、鲜明。

《尚书》既然代表了三代散文的水平，我们这里就仅对《尚书》的艺术特点作简单分析，就可知三代散文的艺术特点了。

《尚书》是史官所记的各种制诰、诏令、奏议、谈话、报告，每篇有一标题。有的以人名为标题，如《微子》；有的以事为标题，如《西伯戡黎》；有的以内容为标题，如《洪范》；有的以物为标题，如《金縢》，等等，基本能以标题来揭示或提示主题，这是甲骨文、铜器铭文所做不到的。《尚书》的文章再不是片断式的短文，而是有标题、有主题、有层次、有头有尾、结构完整的成型散文。

刘知几把《尚书》分为六体："盖《书》之所主，本于号命，所以宣王道之正义，发话言于臣下，故其所载，皆典、谟、训、诰、誓、命之文。"（《史通·六家》）孔颖达在《尚书正义》中将《尚书》文体又细分为十种，如把《禹贡》称为贡体，把《洪范》称为范体，把《五子之歌》称为歌体，把《胤征》称为征体。除《禹贡》记载山川赋贡，算是一种特殊体例外，其余纯是因篇名而立体。

陈石遗先生在《石遗室论文》中说：

《尚书》为中国第一部古史，亦即中国第一部古文。以史学论，后世之天官书、律历志，本于《尧典》上半篇；职官志本于《尧典》之命官；舆服志，乐书，本于《皋陶谟》下半篇（孔氏分为《益稷篇》）；若地理志河渠书之本《禹贡》，本纪之本《尧典》，其尤显著者矣。以文学论，曾湘乡之杂抄，分记载告语著述词赋四类。窃以为记载告语二类，为用最广。《尚书》之典谟，则传状碑志所自昉。《禹贡》《金縢》《顾命》，皆记事体。《召诰》《洛诰》，虽中多告语，而首尾实记事体。《顾命》唯韩昌黎曾学之。《金縢》则开后世纪事本末之体。奏议为下告上之言，本于《皋陶谟》《洪范》《无逸》《召》《洛》二诰，而《皋陶谟》实开徐乐、严安二列传之体，徐、严二传只载上书一篇，别无他事。赠序为同辈相告语之言，始于回路之相赠，而实本《君奭》。盖共处一地而赠言者。若郑子家晋叔向之与书，则隔异地而相与言，亦其类也。序跋昉于《易·十翼》《书序》《诗序》《射义》《冠义》《昏义》《乡饮酒义》。祭文昉于《武城》《金縢》之祝词。鲁公之诔贲公，哀公之诔孔子，皆见于《檀弓》。而《周礼》大祝作六辞，六曰诔，则周初已有之矣。①

不论前人对《尚书》的分类有何分歧，都在说明：《尚书》已具备了后世散文的多种样式，"虽非为作文设，而千万世文章，从是出焉。"（李

---

① 引自陈柱《中国散文史》第二章第一节《总论》，东方出版社1996年版，第4—5页。

耆卿《文章精义》）后世散文的各种体裁，基本源于《尚书》。正如柳宗元所说："著述者流，盖出于《书》之谟、训。"（《杨评事文集后序》）

三代散文是我国最早的文本散文，在艺术上，同样具有一种昭示后人的范本力量。《尚书》虽是各种文诰的汇编，但其语言追求形象化的表述，能用具体的形象来比喻或说明抽象的事理。如《盘庚》篇，是商代第二十代王盘庚在迁都前后对臣民所作的演讲词。迁都前，盘庚反复强调迁都原因，告诫臣民不要轻信流言。迁至殷后，又劝勉臣民适应新居地，努力生产。演讲感情真挚，并注意运用生活中熟知惯见的事物、现象来比喻抽象的道理与概念，生动、贴切，先使人们引起感性印象，然后再上升到理性认识。如《盘庚》上篇中盘庚的一段话：

非予自荒兹德，唯汝含德，不惕予一人。予若观火，予亦拙谋作，乃逸。若网在纲，有条而不紊；若农服田，力穑乃亦有秋。汝克黜乃心，施实德于民，至于婚友，丕乃敢大言。汝有积德，乃不畏戎毒于远迩，惰农自安，不昏作劳，不服田亩，越其罔有黍稷。

汝不和吉言于百姓，惟汝自生毒，乃败祸奸宄，以自灾于厥身。乃既先恶于民，乃奉其恫，汝悔身何及！相时憸民，犹胥顾于箴言，其发有逸口，矧予制乃短长之命！汝曷弗告朕，而胥动以浮言，恐沈于众？若火之燎于原，不可向迩，其犹可扑灭？则惟汝众自作弗靖，非予有咎。

意思是：不是我自己荒废了勤于为政的美德，是你们舍弃了这种美德，不敬畏我。我像观火一样清楚，由于我的监督不力，才造成你们贪图安逸。就像网系在大绳子上，就会有条理而不紊乱；就像农夫从事田间劳作，才会有秋天的收获。你们要去掉私心，以实实在在的恩德给万民，以至于亲戚朋友，这样才敢宣称自己有深厚的德行。如果你们不怕远近的大灾害，如同懒惰的农夫自求安逸，不尽力劳作，不从事田地耕作，就没有黍稷作物可收获了。

你们在黎民百姓中没有传播好话，你们造成了严重的恶劣后果。你们作恶乱纪，自己招来了祸害。你们既然对民众作了恶，就要遭受由此而来的惩罚，你们后悔还来得及吗？看看一般庶民，他们还顾及训令，检点自己讲话有什么错误，何况我还掌握着你们性命的长短？你们为什么有话不向我诉说，却互相用谣言煽动恐吓蛊惑民众？就像野火在草原上燃烧，其势逼人而不能靠近，还能扑灭吗？这是你们诸位做出来的蠢事，就不是我的过错了。

盘庚迁都，首先触犯了一些王臣贵族的利益，他们利用一般人重土难迁的旧俗，大造舆论，给盘庚迁都设下重重障碍，盘庚于是召集臣民，晓以大义，并把反对迁都的流言比作火，把起初对流言静观比作"观火"，由于惩治不力，导致流言如火蔓延，以"火之燎于原"为喻，形象而生动地展示了流言所造成的人心混乱的严峻形势，自然引出如同灭火一样，必须制止流言蜚语的结论。接着盘庚又以打比方的方式，用网系在大绳上，才有条理不紊乱，比喻排除私心杂念，才能神志清醒，告诫散布流言者赶快清醒头脑，悬崖勒马；又用农夫勤于耕作，才有收成，比喻勤于对百姓实施恩惠，才能获得好声誉。如果背道而驰，继续谣言惑众，自然会引火烧身，自作自受。盘庚申明大义，晓以利害，把抽象的道理用形象的比喻生动地揭示出来，使诏、诰、训、命类的文书具有了文学的魅力。

《尚书》主要是述功、筹谋、告诫、誓师、封命之词，但也有生动的叙事文，《周书》中的《金縢》与《顾命》二篇就是其记事文的代表。《金縢》记武王有病，周公祈祷祖先，愿以自身代武王患病，并将祷词藏于金縢。但由于管叔等人的挑拨离间，成王反倒对周公开始怀疑，于是围绕着周公藏书、成王心疑启书，还周公清白等情节，展开细致的描述。表现了周公忠贞不贰、遭谗无悔的品质。故事情节生动完整，描写逼真细腻，如写周公为武王祈祷："公乃自以为功，为三坛同墠，为坛于南方，北面，周公立焉。植璧秉珪，乃告太王、王季、文王。"把祈祷的过程交代得清清楚楚。特别应该指出的是本文中的景物刻画，如写周公受谗，风雷示怒："秋，大熟，未获。天大雷电以风，禾尽偃，大木斯拔。"至成王启金縢读藏书，大彻大悟，亲自迎接周公还朝，自然景致变成另外的样子："王出郊，天乃雨，反风，禾则尽起。"景物描写不仅生动形象，而且以景物衬托人物心情，以景物推动情节发展，这是之前的记叙文很少能达到的艺术境界。

再如《顾命》记成王病重、临终嘱托，康王受命、成王崩驾、康王入朝登堂。利用时间的顺序、空间方位的转换，把大丧与嗣位的仪式描绘得井然有序，使人历历如睹，其中一段写道：

> 王麻冕黼裳，由宾阶隮。卿士邦君麻冕蚁裳，入即位。太保、太史、太宗皆麻冕彤裳。太保承介圭，上宗奉同瑁，由阼阶隮。太史秉书，由宾阶隮，御王册命。曰："皇后凭玉几，道扬末命，命汝嗣训，临君周邦，率循大卞，燮和天下，用答扬文、武之光训。"王再拜，

兴,答曰:"眇眇予末小子,其能而乱四方以敬忌天威。"乃受同瑁,王三宿,三祭,三咤。上宗曰:"飨!"太保受同,降,盥,以异同秉璋以酢。授宗人同,拜。王答拜。太保受同,祭,哜,宅,授宗人同,拜。王答拜。太保降,收。诸侯出庙门俟。

意思是:康王头戴麻布冕冠,身穿黼纹朝服,经西阶上台,进入庙堂。卿士和诸侯头戴麻布冕冠,身穿黑色礼服,走进门来,各就其位。太保、太史和太宗也都头戴麻布冕冠,穿着红色礼服。太保手捧大圭玉器,太宗捧着酒杯、杯盖,经由东阶入堂。太史手持策书,经由西阶走进堂室,对着康王宣读册命。说:"伟大的成王凭靠着玉几宣布了他的临终遗命。成王命令你继续遵从文王、武王的大法,君临周国。你要完全遵循大法,治理天下,宣扬文王和武王的明训。"康王拜了又拜,站起身,回答说:"我这微末小子,希望能够治理好天下四方,敬畏上天的威命。"于是康王接过了酒杯、杯盖,三次向前,三次祭酒,又三次退后。太宗说:"请君王饮酒。"康王饮酒后,太保接过酒杯,走下堂,洗手,然后手持另一酒杯自饮一杯答谢。饮后太保把酒杯交给宗人,拜谢康王,康王回拜。太保接过酒杯,向前祭酒,尝酒后祭酒于地,把酒杯交给宗人,拜谢康王,康王回拜。然后太保走下堂,命人撤去堂中陈列的祭物,康王与朝中诸侯都走出庙门等候方国侯王的到来。

此段文字之前,作者已把庙堂内的祭品与守灵列兵,做了细致的描写,这段文字,同样描写刻画得十分精彩,对康王及群臣不同的服饰与身态的描写细腻而无遗漏,特别是对康王受命过程中的祭酒、拜谢细节反复摹写,人物形象之生动到了呼之欲出的地步,使人深切地感到当时那种肃穆庄严的氛围。"命"之文,本为君王以命臣下的文告,然《顾命》一篇如同一篇生动的记叙文,使人深信《尚书》的作者不乏记事的技能。过去传统上把《尚书》视为记言体,把《春秋》视为记事体,记言以君王重臣的言论或朝廷的诏令为主,记事以君王的活动及国家政事为主,从这个角度讲,这种认识是无大错的。但严格说来,甲骨文、铜器铭文,已是以记事为主的形式了,《尚书》以记言为主,但也不是没有记事,虽还没有出现专门的描写事件的篇章,但已具有了描写事件的多种方式。

《尚书》主体是以记言为主的官方文书,但它所记叙的人物语言具有个性化的特点,甚至连人物的长吁短叹声都描摹下来,人物的语言带有强烈的感情,既衬托出说话人的鲜明性格,又以强烈的感情感动着读者。一部《尚书》,又以记载周公言论为最多,如讨伐管、蔡叛乱的《大诰》,

告诫康叔为政之道的《康诰》《酒诰》《梓材》，劝勉成王的《无逸》《立政》《洛诰》，告示殷民及其他方国的《多士》《多方》等，无不带着周公各种真挚感情，仅举《君奭》篇结尾处周公的几句话：

　　公曰："前人敷乃心，乃悉命汝，作汝民极。曰：'汝明勖偶王，在亶乘兹大命，惟文王德丕承，无疆之恤！'"

　　公曰："君！告汝，朕允保奭。其汝克敬以予监于殷丧大否，肆念我天威。予不允惟若兹诰，予惟曰：'襄我二人，汝有合哉？'言曰：'在时二人。'天休滋至，惟时二人弗戡。其汝克敬德，明我俊民，在让后人于丕时。呜呼！笃棐时二人，我式克至于今日休？我咸成文王功于！不怠丕冒，海隅出日，罔不率俾。"

　　公曰："君！予不惠若兹多诰，予惟用闵于天越民。"

　　公曰："呜呼！君！惟乃知民德亦罔不能厥初，惟其终。祇若兹，往敬用治！"

意思是：周公说："先王武王表白过他的心迹，命令你尽心尽力，做好你的臣民的表率。他说：'你要全力辅佐君王，关键在于忠诚。你们承担着天命，要继承文王的美德，这需要无穷的忧患呀。'"

　　周公说："您哪！让我告诉你真情吧。您既为太保奭，希望你和我能谨慎地借鉴殷国丧亡这一大坏事，顾虑我们上天的威命。我不但这样告诉您，我还想说：我们二人互相帮助吧。你是能与我情投意合的。你也说：'关键在于我们两个人了。'上天赐予的福祥会更多，我们两人是不胜承担的。希望您能尊敬有德之士，选拔才智突出之人，最终辅助后人达到完美的境界。啊！我们二人诚心相助，因此我们能达到今天的美好境地。只要我们共同不懈怠地完成文王的事业，即便远在天涯海角的地方，也没有不归顺王朝的。"

　　周公说："您哪！我本不想这样反复地劝说告诫，只是因为忧虑上天与万民才讲了上面的话。"

　　周公说："啊！您知道一般人办事，开始时没有谁不想把事情办好的，只是越到后来那善终的事情就越处理不好。从今往后要警惕出现这样的情况，始终恭敬地治理国家。"

　　周公对太保奭的一番话，既严肃又亲切，感叹词"呜呼"与称呼语"君"的使用，更加强了这种感情的表达。通过这些富有感情的话语，展示了周公以周天子基业为重的赤诚胸襟，词语中有对太保奭衷心的赞扬、中肯的批评、炽热的期望、无限的信任，字里行间洋溢着对同僚的全部感情，表现了一个无私无怨、忠心报国的辅弼形象。全篇没有太保奭的一句对话，也没有一词对太保奭进行描写，但从周公对太保奭的态度及周公的话语中，能想象出太保奭尊敬周公、以周公为榜样的朝臣形象。《尚书》中虽然还没有出现专门的抒情篇章，但已具有了抒情的表达方式。

《尚书》的文诰都是单独成篇的，比起甲骨卜辞、铜器铭文来，《尚书》的文诰更注意以明确的主题来组织篇章结构，所以每篇文诰都显得比较完整而有条理。如前面提到的《金縢》《顾命》，以时间发展为序，逐层展示事件过程，清晰明了。就是谈话记录，似乎零散，仔细推敲，也有合乎逻辑发展的谋篇布局，如果把《周书》中的"公曰"与《论语》中的"子曰"相比较，《周书》每篇周公发论都是围绕一个主题展开的。而《论语》中的孔子言谈，则是其弟子们的杂录，正因如此，其篇名也只好以句首几字来命名，根本揭示不了本篇的主题。《尚书》却不然，如《君奭》，即使去掉各段开头的那些"周公若曰""公曰""予唯曰"等连接词，各条语录仍有一条清晰的劝导太保奭勤政的线索贯穿着。先讲殷灭周兴在人不在天，次叙殷各先王曾享国多年，赖于贤臣辅政，再次叙文、武王享有福禄，全靠贤臣佑助，最后召唤太保奭以殷灭为鉴，以文、武王的贤臣为榜样，忠心合力辅周。层次分明，逻辑严密，结构完整，宛若一篇政论文。

《尚书》各篇出自不同时代不同史官之手，这些文诰时代相隔较远，语言的含义变化较大，其表述特点也不尽一致。有些篇幅文字很古，近于甲骨卜辞、铜器铭文，具有古奥特点，令后人难读费解，连唐代大文学家韩愈都感到"周诰殷盘，佶屈聱牙。"（《昌黎集》十二《进学解》）所以我们在本书中对《尚书》的引文一般都作了解释。但是韩愈把殷商铜器铭文与《尚书》篇章一概而论，也不合适，铜器铭文，因形式所限，文义因过谀而艰涩、语句常有拗口之处，相比之下，《尚书》的语言要明畅多了。《尚书》难懂，原因主要有两个方面：一是《尚书》属于"典""册"，尽管书写文字比在甲骨、铜器上镌刻文字方便容易得多，但竹、木简上书写毕竟也比较费事，所以《尚书》的篇幅与后世比，仍属短小的，不能用太长的文句，必须选用最精练的词汇，尽量减少文字的数量，不免出现过于精简而艰深的现象。不过，中国古代散文这种短小精悍、简洁洗练的特点，竟成为中国散文的一种传统，直至现在仍能明显感觉到它的影响力。二是《尚书》中采用了当时的口语，后人由于不熟悉三代的语言，所以读起来难晓文意。刘勰在《文心雕龙·宗经》中说:"《书》实记言,而训诂茫昧,通乎尔雅,则文意晓然。故子夏叹《书》,'昭昭若日月之明,离离如星辰之行',言昭灼也。"子夏告诉我们:只要懂得了三代古语,就可读懂《尚书》,那时就会发现《尚书》的文意像日月一样明晰,《尚书》的结构像星宿一样井然有序。

结　语

　　大多数的中国散文史著作,都是以甲骨卜辞与铜器铭文开篇的,因为作者认为甲骨卜辞与铜器铭文,是中国现今发现的最早的而且是没有经过后人改动的文字,虽然它们很难称得上是文学散文,但却代表着最初文本散文的水平。其实不然,代表最初文本水平的应是当时书写在竹、木简上的"典册文"。到目前为止,虽然我们看不到三代的竹、木简(最早的是战国简),但三代竹、木简的存在,由流传下的古籍甚至甲骨卜辞的有关记载可证实。被儒家奉为经典的"六经",就是代代流传下来的三代"典册文"。这些"典册文"尽管经过后人的增删修改甚至作伪,但基本上还保持着本色,这个漫长的历史时期的文化就是以这些典册文为标志,所以有人从文化的角度把这一历史时期称为"先秦元典时代"。"这个时期的文化成就,很大程度上决定了中华民族文化发展的方向,也塑造着中华民族的民族精神。这个时期的文化典籍是民族文化命脉所系的范本,在历史上的几乎每一个朝代都发生着内在的、深远的影响。"[①] 因为典册文书写比较方便,儒家奉为元典的"六经",记载的内容十分广泛,字数不受严格限制,语言表述水平自然比甲骨文与铜器铭文要高得多,它代表了当时散文文本水平。

　　从文学散文角度看,三代散文尤以"书经"与"易经"的艺术性最为显著。《尚书》由四部分组成:《虞书》大约是后代史官根据尧舜时代历史传说追记的;《夏书》会有夏朝一定的文字为依据;《商书》《周书》所载,则基本是当时的文字材料。《尚书》每篇皆有标题,是远古乃至三代典、谟、诰、誓、命等文献汇编,具有了议论、叙事的双重功能。相传《尚书》篇章众多,孔子删定为一百篇。现在的十三经注疏本《尚书》共59篇,其中25篇加孔安国的《尚书序》属伪作。《尚书》中所反映的各

[①] 儒家经典编委会:《儒家经典》(上),团结出版社1997年版,第3页。

代的思想意识不尽相同,其中《周书》中大量记载的儒家先驱周公关于封建政权建设的言论,以及对政治、伦理、天道、人事等重大问题的阐述,最为深刻,宣扬了"敬德保民"的主张,这种意识正是儒家思想的滥觞。

《易经》本是一部古老的筮书,相传伏羲制"八卦",文王重复八卦为六十四卦,并作卦爻辞,这就是《易经》。孔子整理《易经》,传说又参与撰写《易传》,以阐明易理及卦爻辞的深意。经与传合称《周易》。《周易》与甲骨卜辞一样具有占卜的性质,但它的内涵及表述水平远胜于甲骨卜辞。它以代表"阴"的阴爻与代表"阳"的阳爻,组成众多的卦形,形成有规律有秩序的变化组合,为筮人用阴阳对立统一的观点说明天、地、人的变化提供了想象、推测的一定"理论"依据。阴阳对立统一并在一定条件下互相转化的理论,揭示了事物矛盾对立统一的基本规律,含有深刻的辩证哲理。其思维具有类比与象征性,表述具有实证性。卦辞、爻辞及传文,多采古代历史传说、民间歌谚、日常生活现象,有直观的形象,有时能将十分抽象的哲理,运用比喻等手段,浅显生动地道出,因此,也具有一定的文学性。

孔子删定《尚书》时,以儒家思想为标准,又因选篇有限,所以对原始"书"的篇章进行了大量的删除,《逸周书》就是没有被收录到《尚书》中的周代的遗篇汇编。《逸周书》体例与《尚书》相似,以诰、誓、命辞为主。今本《逸周书》正文70篇,其中11篇有目无文,这是后人将古本《逸周书》所存篇与《汲冢周书》的篇章合并而成的。隋唐后有人称《逸周书》为《汲冢周书》,这是不妥当的。《逸周书》为何被儒家摒弃?重要原因在于《逸周书》中有一些篇章颇多荒诞怪异,一些观点与儒家仁义礼教主张不合。由于不被儒家所重视,所以无人精心整理,篇次错乱,内容驳杂,但这些篇章是周代遗留下来的散文瑰宝,有非常珍贵的价值。从文学价值看,某些篇章叙事细致、具体,有一定的情节与细节,描写人物情态传神,人物语言具有个性化特点。

从儒家奉为经典的"书经",足见出三代散文的发达。而早熟的社会形态以及发达的史官文化,是造成三代散文发达的主要原因。三代散文最辉煌的时代是在周代,周代标志着我国已经进入封建领主制社会,封建主流意识促成对神话传说的历史化改造,叙事记言的任务主要交给了史籍散文,中国早期文本散文过早地成为历史文化的主要载体。我国的文本散文最早成于史官之手,最早的文本散文就是最早的史籍。中国史官设立之早,史学产生之久,史籍之博,历史意识之强,在世界上始终是无与伦比的。被儒家奉为经典的三代散文,最早文本本是"史籍",后得到社会的推崇，才被奉为"经"。

夏、商时代，人们仍信奉上帝，迷信鬼神，到了西周，已视敬德重于敬天，把事民看重于事神。三代经典，经儒家代表人物整理进一步理性化，标志着我国古代社会进入第一个理性主义的时期。三代散文所表现出来的理性意识，首先就是由以神为本逐渐向以人为本过渡，确立了人在自然界应有的地位与尊严。其次，就是大一统观念在逐渐形成。最后就是以"德"为核心的道德观念的不断强化，这是体现三代散文理性意识的又一重要方面，儒家的"仁学"及"仁政"理论，就是在先人"德"的观念上发展起来的。

《尚书》代表了三代散文的水平，它的文章不是片断式的短文，而是有标题、有主题、有层次、有头有尾、结构完整的成型散文，并具备了后世散文的多种样式。《尚书》虽是文诰汇编，但追求形象化的表述，能用具体的形象来比喻或说明抽象的事理。《尚书》也有生动的叙事文，如《金縢》篇，故事情节生动完整，描写逼真细腻，尤其文中景致的描写，能衬托人物心情，推动情节发展。再如《顾命》篇，把大丧与嗣位的礼节仪式描绘得井然有序，使人历历如睹，特别是对受命过程中的祭酒、拜谢细节反复摹写，人物形象呼之欲出。《尚书》所记叙的人物语言具有个性化特点，甚至连人物的长吁短叹声都描摹下来，强烈的感情，既衬托出说话人的鲜明性格，又具有强烈的感染力。

第三章　儒家的兴起及春秋战国时的儒家散文

一　儒学确立的重要社会条件

（一）大变革的春秋战国时期

西周以后的春秋战国时期，散文发生了巨大的变化。由原来三代的记言、记事体，发展成为包括儒家在内的诸子哲理散文与以儒家为创作主体的先秦历史散文。马克思在《〈政治经济学批判〉序言》中说过："人们在自己生活的社会生产中发生一定的、必然的、不以他们的意志为转移的关系，即同他们的物质生产力的一定发展阶段相适合的生产关系。这些生产关系的总和构成社会的经济结构，即有法律的和政治的上层建筑竖立其上并有一定的社会意识形式与之相适应的现实基础。物质生活的生产方式制约着整个社会生活、政治生活和精神生活的过程。不是人们的意识决定人们的存在，相反，是人们的社会存在决定人们的意识。"[1] 春秋战国时期散文之所以发生巨大的变化，与继承三代散文传统不无关系，但最重要的原因是春秋战国转型时期社会巨大的变革，而社会巨大变革的原因，究其根本，是缘于社会生产力的迅猛发展。

中国古代社会生产力的先进与落后，主要体现在农业生产水平上，土地的占有形式就与农业生产的先进与落后紧紧地相联系。西周的土地属周天子所有，他又把大部分土地分封给他的诸侯王臣使用，这就是《诗经·小雅·谷风》中所说的："溥天之下，莫非王土；率土之滨，莫非王臣。"以土地占有权与使用权为特征，从周天子到卿大夫的家臣，组

---

[1] 马克思：《〈政治经济学批判〉序言》，《马克思恩格斯选集》第2卷，人民出版社1995年版，第32页。

成了不同等级的领主。除家臣外，这些不同等级领主的特权都是世袭的，其特权由嫡长子继承，继承者称为宗子。周天子为天下大宗，天子的庶子分封为诸侯，诸侯对天子来说是小宗，在本封国却成了大宗。诸侯的庶子可分封为卿大夫，卿大夫对诸侯来说是小宗，而在其采地食邑却为大宗，这种维护贵族世袭统治的制度便是宗法制。《礼记·礼运》中说："天子有田以处其子孙，诸侯有国以处其子孙，大夫有采以处其子孙，是谓制度。"从西周初周天子就把王畿以外的全国土地逐级地分别赐给大小封建贵族。周天子赐给诸侯的叫封国，诸侯再赐给卿大夫的叫采邑，卿大夫再赐给家臣的叫禄田，一层一层地分封下去，形成了一种等级性的土地所有制，凡授予土地的有权向接受土地的征收贡赋予劳役。他们把土地分做公田与私田两部分，"方里而井，井九百亩。其中为公田，八家皆私百亩，同养公田，公事毕，然后敢治私事"（《孟子·滕文公上》），这便是所谓的井田制。劳动者首先为领主种好公田，然后才能耕种赖以生存的私田。劳动者除交纳公田上的全部收获外，还要为领主进行建筑、纺织、酿造等杂役，领主剥削的是劳役地租。西周时，这些分封的土地只允许被封者使用而不允许其占有，土地的使用权可以世袭，但土地不得买卖，宗法制实际就是土地权利继承法。

到了春秋时期，农业上普遍使用铁质工具以及牛耕，大面积的土地得到开垦播种，农业生产力水平得到大幅度的提高。社会物质的增加，必然引起旧的物质占有形式的变化，春秋中后期，已经发展到谁拥有财富谁就具有相应特权的地步。这种新的社会力量，已经严重地冲击着以血缘关系为基础的世卿世禄制度。原来的土地占用者，也在逐渐变占用为占有，为了进一步提高贡赋收入，取消了公田与私田的界限，采用了新的剥削方式，如鲁国实行的初税亩。"初税亩。初者，始也。古者什一，藉而不税。初税亩，非正也。古者三百步为里，名曰井田。井田者九百亩，公田居一。私田稼不善则非吏，公田稼不善则非民。初税亩者，非公之去公田而履亩，十取一也，以公之与民为已悉矣"（《穀梁传·宣公十五年》），等于废除井田制，由劳役地租变为赋税地租形式。随之出现了土地买卖，土地所有制逐渐在发生质的变化，从原来天子所有，逐渐变为贵族私有甚至庶民私有。与鲁国一样，其他诸侯国也在寻找变法方案，齐国有管仲等人的改革，魏国有李悝变法，楚国有吴起变法，秦国有商鞅变法等。这些变革的核心就是改变旧有的生产关系，适应生产力的发展。

由于诸侯分封土地的私有，才使周天子失去了控制诸侯的力量，从而失去了制止各诸侯国攻战兼并的权威。封建贵族土地私有使王室衰弱，打破了周天子独尊的局面；侯国兼并，又打破了诸侯并列、宗族并列的局面，周王朝的礼法秩序大乱。在这土地所有制的转变中，一个新阶级——封建地主阶级在悄然兴起。这些新兴的地主阶级，他们或是从没落贵族转化而来，或者出身于商人，还有出身于庶民，借助新的社会生产力，他们逐渐掌握了土地，并进一步萌发了掌握政权的意识。在诸侯国内，他们夺取政权不是采取政变或篡位的方式，而是采用了改革变法的形式，使土地和财富逐渐集中在新兴的地主阶级手中，从而从根本上改变贵族领主阶级的旧有专政。

新兴地主阶级要求打破传统的世卿世禄制，要求废除旧有的宗法等级制而建立新的社会等级秩序。而封建领主阶级则企图永远保住自己世袭的特权与领地，于是引起了两种社会势力重大的冲突，展开了尖锐的斗争。这些矛盾在西周末就开始趋于激化，首先表现在周天子与住在都邑被称为"国人"的矛盾，到周厉王时更加尖锐。周厉王为了聚敛财富，以天下共主的身份，采取高压的手段，实行"专利"，导致国人发难，厉王被迫逃亡而死于彘（今山西霍州）。国人拥立周、召二公为共主，代行王政，此年为前841年，号共和行政元年，是中国历史有确切纪年的开始。共和行政期间，对举行起义的国人自然实行让步政策，同时对住在小邑被称为野人的农夫也放松了管制。共和十四年后周宣王即位，他即位后被迫实行"不藉千亩"，就是废除在公田上的农奴集体耕作。于是公田逐渐荒废，私田逐渐扩大，周王室统治权大为削弱，而各地的诸侯却随着地方经济的发展而日益强大。到幽王时，又因立太子问题，引起周室贵族间的矛盾，申侯、缯侯联络犬戎进攻王室，幽王被杀于骊山之下，平王被迫东迁。周王室从此便一蹶不振，很难保持"天下宗主"的权威。各诸侯国于是便在虚拥周天子的幌子下，展开了武力争霸。诸侯兼并，列国争霸，成了春秋战国时政治军事的中心问题，谁争得霸权，谁就可以取得弱小诸侯国的贡赋和徭役，获得了相当于以往周天子的权力，最后达到一统天下的目的。

据鲁史记载，在春秋的242年间，诸侯列国的军事行动就有483次，一次次的兼并战争，杀人盈城，杀人盈野，给人民带来了巨大的灾难，出现了骇人听闻的"易子而食、析骸以爨"（《左传·宣公十五年》）的悲惨景象。春秋初见于记载的诸侯国有148个，经过血腥的兼并，到春秋末年，只剩周、鲁、齐、晋、楚、宋、郑、卫、秦、吴、越11国了。但诸侯国战争仍连年不断，且愈演愈烈。到战国时，仅存秦、楚、燕、齐、韩、赵、魏七国，刘向《〈战国策〉书录》说："晚世益甚，万乘之国七，千乘之国五，敌侔争权，尽为战国。"春秋战国时，不仅诸侯国之间互相征伐，而且诸侯国大夫之间也互相兼并，天下大乱，"礼坏乐崩"，在这血雨腥风的时代，每个人都在考虑：如何看待社会的转型？社会应该向何处发展？有什么奇策妙方才能救乱世？建立什么样的社会才算美好而合理？每个阶级、每个阶层甚至每一个人的认识都不同，于是各种政治主张产生了，并集中地由著书立说或授徒讲学的各学派理论家的学说体现出来。春秋战国的散文就是这种大动荡、大变革时代的意识反映，它之所以与三代散文迥然不同，主要就是因为春秋战国的转型社会有别于三代的社会。《淮南子·要略》中说：

> 成王既壮，能从政事，周公受封于鲁，以此移风易俗。孔子修成、康之道，述周公之训，以教七十子，使服其衣冠，修其篇籍，故儒者之学生焉。
>
> 墨子学儒者之业，受孔子之术，以为其礼烦扰而不说，厚葬靡财而贫民，服伤生而害事，故背周道而行夏政。禹之时，天下大水，禹身执蔂垂，以为民先，剔河而道九岐，凿江而通九路，辟五湖而定东海，当此之时，烧不暇撌，濡不给扢，死陵者葬陵，死泽者葬泽，故节财、薄葬、闲服生焉。
>
> 齐桓公之时，天子卑弱，诸侯力征，南夷北狄，交伐中国，中国之不绝如线。齐国之地，东负海而北障河，地狭田少，而民多智巧，桓公忧中国之患，苦夷狄之乱，欲以存亡继绝，崇天子之位，广文、武之业，故《管子》之书生焉。齐景公内好声色，外好狗马，猎射亡归，好色无辨。作为路寝之台，族铸大钟，撞之庭下，郊雉皆响，一朝用三千钟赣，梁丘据、子家哙导于左右，故晏子之谏生焉。
>
> 晚世之时，六国诸侯，溪异谷别，水绝山隔，各自治其境内，守其分地，握其权柄，擅其政令。下无方伯，上无天子，力征争权，胜者为右，恃连与国，约重致，剖信符，结远援，以守其国家，持其社稷，故纵横修短生焉。
>
> 申子者，韩昭厘之佐，韩、晋别国也。地墩民险，而介于大国之间，晋国之故礼未灭，韩国之新法重出，先君之令未收，后君之令又下，新故相反，前后相缪，百官背乱，不知所用。故刑名之书生焉。
>
> 秦国之俗，贪狼强力，寡义而趋利。可威以刑，而不可化以善；可劝以赏，而不可厉以名。被险而带河，四塞以为固，地利形便，蓄积殷富。孝公欲以虎狼之势而吞诸侯，故商鞅之法生焉。

《淮南子·要略》这几段话虽然说的是春秋战国部分诸子散文产生的社会条件，但也揭示了春秋战国所有文章产生的时代背景。春秋战国各家的文章，各有不同的主旨，各持不同的观点，但却有共通之处：从不同角度反映了时代现实的矛盾与斗争，反映了在这大动荡、大变革时代中的各个阶级、阶层的意识，特别是反映了新兴地主阶级对现实的深刻认识以及他们对未来社会的种种构想。总之，它们都是社会矛盾的产物，它们都反映了一个旧的社会将要灭亡和一个新的社会行将诞生的种种痛苦的现实及过程。

（二）社会转型中儒家的兴起

动荡的社会转型，不仅为春秋战国散文的产生提供了社会条件，同时也造就了春秋战国散文的创作者——诸子，即"士"阶层中的那些饱学之士、社会各种思想的代表人物。

士阶层是诸子的群体基础，作为社会转型期一个相对独立的士阶层，它同样也是动荡社会的产物。它的崛起是以王官的沦落为前提的。

春秋以前，典册集中在王宫，文化掌握在贵族的文人"王官"手里。尽管三代文化形态不一，从事文化工作的王官的职能各有侧重，但三代王官的职责却没有什么本质上的区别。王官不仅有"史"与"巫"的职能，而且还有"师"及其他一些职能。《礼记·礼运》中说："故宗祝在庙，三公在朝，三老在学。王，前巫而后史，卜筮瞽侑皆在左右，王中，心无为也，以守至正。"王的前后左右有记史的官，有以舞降神的官，有卜筮吉凶的官，有操琴击鼓的官，有规谏辅弼的官，王官担负着多种职能。

春秋时期，周天子名存实亡，王室内部争夺王位继承权的斗争却时有发生，更加速了王室的分崩离析。如前520年周景王死，长子猛嗣位，王子朝纠集一批丧失职位的王官与王子猛争位，猛死，立其弟匄，这就是周敬王。王子朝入王城，敬王居泽邑，形成二王并存的局面。后经过四年争位战争，王子朝兵败，率许多旧王官携王室典籍逃于楚，使周王朝文化典籍由王室下移至诸侯国，打破了长期以来王室对文化典籍的垄断。

春秋末期，周王室贫弱到了无力维持众王官俸禄开销的地步，于是王官陆续分散到了诸侯国，其中包括掌管、记载文化典籍的王官，这些昔日显赫的王官的社会地位就降到了卿大夫下层——"士"的社会阶层水平，并逐渐融入士阶层，成为士的一员。

王官的沦落，造成了王官文化的衰微与士文化的兴起。王官下移为士，就标志着王官文化向士文化的转移。班固看到了这一重大历史演变的事实，他在《汉书·艺文志》中认为诸子百家源于王官："儒家者流，盖出于司徒之官"，"道家者流，盖出于史官"，"阴阳家者流，盖出于羲和之官"，"法家者流，盖出于理官"，"名家者流，盖出于礼官"，"墨家者流，盖出于清庙之守"，"纵横家者流，盖出于行人之官"，"杂家者流，盖出于议官"，"农家者流，盖出于农稷之官"，"小说家者流，盖出于稗官"。王官沦为士，其中杰出的思想家成为一学派的代表人物。但学派诸家并非如班固所说的全都是从王官沦落而演化来的，士的形成因素是多方面的，学派诸家的成分也是比较复杂的。

"士"本是西周时期最低级的贵族，属于卿大夫家臣一类的阶层，构成了封建领主的最底基层。士包括的范围比较广泛，成分比较复杂。士大体上包括命士、不命之士和庶人为士者，即受有爵命的士、没受爵命的士及庶人因有技能特长而承担士之职务者。士有的有采地，即"食田"（也叫"士田""圭田""洁田"），《国语·晋语》中说："大夫食邑，士食田。"但"食田"不能世袭。士有的没有采地，靠俸禄为生。《孟子·万章下》中说："大夫倍上士，上士倍中士，中士倍下士。下士与庶人在官者同禄，禄足以代其耕也。"士的具体职司是任事，事分文武两类，从事武的叫甲士或武士，春秋战国兼并战争多以车战为主，每一战车有甲士三人。从事文的叫文士，文士又可分两种，一种是王室的下级官吏和在宗族内做事的官吏；一种是为卿大夫奔走效力的食客。

随着周宗法制的逐渐崩溃，士本身也发生了极大的变化，有许多士最先丧失了占用食田的特权，因而成为不受国家、宗族约束的特殊社会势力，他们虽然失去了往日的特权，但也摆脱了宗法制的层层束缚，获得了人格的相对独立。也有一些士因立功而受赏，卿大夫常将"食田"赐给他们，"食田"变成赏田，赏田成了士的私产，还可以将赏田自由买卖。当这些士成了拥有小块土地的私有者时，也从卿大夫家臣一类的附庸阶层变成具有相对独立性的新兴地主阶级中的一个阶层。士阶层的队伍在动荡社会环境中不断扩大，不仅越来越多的沦落的王官加入了士的队伍，而且还有越来越多的卿大夫在兼并之中没落而降为士，还有不少庶人上升为士。士的概念也逐渐起了变化，武士基本融入作战队伍，士之所指逐渐趋向单一的文士。本来西周文士大多数受过礼、乐、射、御、书、数六艺教育，而在春秋战国，诸侯国为了争霸事业，更需大量的这方面的人才，文士的社会作用受到了争霸诸侯的高度重视，诸侯养士用士一时蔚然成风。如魏文侯、齐宣王、燕昭王等诸侯国君皆以养士而闻名，其中燕昭王为招徕人才，在易水东南十八里，筑"黄金台"一座，置千金于台上，以宴请天下之士。诸侯国内的贵族养士也成风气,著名的有齐国的孟尝君田文、赵国的平原君赵胜、魏国的信陵君魏无忌、楚国的春申君黄歇,因礼贤下士,并称"四大公子"。田文以薛地的高利贷来养士,赵胜、魏无忌和黄歇的食客都有数千人。

只有士阶层成了一个相对独立的阶层,才有条件成为社会最活跃的力量,成为新兴地主阶级积极争取的对象。正因为士阶层相对独立,才对所依附的对象有选择的自由。你给士比较满意的待遇,士就为你服务,否则就会跑到别的地方,甚至成为你的敌对力量。或者你不接受士的理论主张,士就到其他地方再去寻找"知己"。士一般具有较高的文化素养,有专业知识与技能,有的还有口才与外交能力,能为诸侯争霸、加强统治提供谋略。在诸侯国兼并战争日益激烈的情况下,有的封建领主可能会丧失一切,而士自身所具有的文化知识,却成了别人无法剥夺的"财产",并且在诸侯兼并、社会动荡中,恰找到了充分施展自己才能的舞台。士的社会作用的加强和社会地位的提高,使士的队伍不断扩大,逐渐形成一个凭脑力与口才谋取富贵的知识阶层,这个阶层由于背叛了封建领主阶级而服务于新兴地主阶级,顺应了历史发展的潮流,从而在一定程度上代表着先进的生产力,代表着人民的一定利益。

士在社会转型期,确实具有举足轻重的社会作用,他们"入楚楚重,出齐齐轻,为赵赵完,畔魏魏伤"(《论衡·效力》),在诸侯争霸的斗争中扮演了不可缺少的重要角色。原先俯首帖耳依附于大夫的士,现在却成了大夫想尽各种办法争取、拉拢的对象,从这个角度讲,他们二者的关系变成了"大夫附于士,士不附于大夫"(《礼记·杂记上》)。特别是一些诸侯国靠士的正确主张,或使国势由弱变强,或在军事上转败为胜,或在外交上转危为安,更引起全社会对士的高度重视。执政者普遍注意对士的使用,委任以种种职务,给予政治上、经济上不同的优厚待遇,于是一个相对独立的士阶层,其地位又变得复杂起来,种类也变得多起来。他们或者有改革开拓的意识,有根据国情实际来处理政治事务的能力,其思想或言论往往成为制定法典的依据,其改革变法使国力由弱变强,他们从而也由士提升为卿相;或者具有军事指挥才能,攻城陷寨,屡立战功,直接影响着兼并战争的胜负,他们也由士晋升为将帅。这部分由士上升为名相名将执掌军政大权的执政者,在社会动荡之中成为创建新的封建社会制度的开拓者。士之中还有以口辩之才换取富贵的游说之士,他们熟悉各国情况,把握各国执政者的心理,善谋略,会应变,擅长鼓动,处处迎合执政者的意愿而提出相应的策略,由于他们的最终目的是以口才来换取利禄,因此也决定了这部分人朝秦暮楚,有奶便是娘,无信义可遵守。还有的是从武士演变而来的义侠之士,奉行"士为知己者死"的信条,重然诺,轻生死,不惜以生命效忠于所谓的恩遇者。他们之中还有身怀奇智异能的高士,常周游列国,为人排忧解难,但并非是为了谋取官爵、财货。

文士中有一批未仕或不仕的,人们称之为"处士","处"含退隐之意。但这些处士不在其位却谋其政,一般对当前的政治斗争能提出自己的主张,对未来社会的发展也能提出自己的设想,针对关系到社会现实的重大问题,往往能提出自己独特的解决办法。他们一般在政治上开明,积极进取,富有远见卓识,善思辨,善谈说,善著述,成为社会发展的思想先导。《孟子·滕文公下》中形容当时的情况是:"圣王不作,诸侯放恣,处士横议,杨朱、墨翟之言盈天下。"处士逐渐受到社会的普遍关注,成为社会转型时期意识形态舞台上最活跃的力量。

以处士组成的学派,各有师传,学派林立,当时就有人以"百家"或"诸子"称之,"家"是对一学派的尊称,"子"是对学派代表人物的尊称。如《庄子·秋水》有"困百家之知"之句,《荀子·解蔽》有:"今诸侯异政,百家异说,则必或是或非,或治或乱"之说,凡是有独立见解、能自成一说者皆可入"家"成"子",皆可参与理论争鸣,进行驳难、论辩、批判、"横议"。"百家"并非实指其数,只是用来形容参加争鸣的学派、人数之众和声势之盛。《庄子·天下》中评述诸子有六家十一子,他们是:墨翟、禽滑厘、宋钘、尹文、彭蒙、田骈、慎到、关尹、老聃、庄周、惠施。《荀子·非十二子》所批评的诸子有六家十二子,他们是:它嚣、魏牟、陈仲、史䲡、墨翟、宋钘、慎到、田骈、惠施、邓析、子思、孟轲。《尸子·广泽》列出六家代表人物,他们是:墨子、孔子、皇子、田子、列子、料子。《吕氏春秋·不二》则举老聃、孔子、墨翟、关尹、列子、陈骈、阳生、孙膑、王廖、儿良十子。西汉司马谈在《论六家要旨》中把诸子划分为阴阳、儒、墨、名、法、道德六大家。东汉班固时,根据"刘向父子,领校秘书,阅定九流"(《后汉书·张衡传》),在其《汉书·艺文志》中又列出诸子十家,即在司马谈的六家之外又增加了纵横、杂、农、小说四家。班固在《艺文志》中,又认为小说家乃"街谈巷语,道听途说",不宜与其他九家相提并论:"诸子十家,其可观者,九家而已。"诸子学派的划分,越到后来越趋向合理,使人逐渐清晰地看到了诸子学派各自鲜明的政治观点与各自学说的理论重心,也看到了诸子学派之中的学术承传关系与诸子学派之间的异同与相互联系。

诸子百家诞生于学术争鸣之中,百家争鸣不仅在不同学派之间进行,而且在学派内部也有论争,在争鸣之中经历了不断分离、整合的过程,体现了诸子各学说的深入发展与互相渗透影响。如孔子创建的儒家学派,以三代经典为媒介,以"述而不作"的方式,即通过阐发这些经典来表述自己的社会理想、人生理念。孔子以后,他的弟子及后学,对三代经典的理解与解释有所不同,出现了不同的传经派别。有子张派、子思派、颜氏派、孟氏派、漆雕氏派、仲良氏派、荀氏派、乐正氏派。《汉书·艺文志》记载:"昔仲尼没而微言绝,七十子丧而大义乖。故《春秋》分为五,《诗》分为四,《易》有数家之传。""在这些弟子、后学中,传播儒家经典最力并产生极大影响的,当属子夏。据说子夏传诗,历数世而有毛亨,即毛诗①。又前文曾言及公羊、榖梁两个学派的创始人都是子夏弟子,足见他是儒家经典的重要传人。此外,还有子思作有《子思子》23篇,见于《汉书·艺文志》,《中庸》《表记》《坊记》《缁衣》都出于《子思子》一书。公孙尼子著《乐记》,汉代学者戴圣将其编入《礼记》(《小戴礼记》)中。曾参作《曾子》18篇,见于《汉书·艺文志》。原书散佚,其中10篇经戴德编入《大戴礼记》中。战国中期以后的儒家中,孟子和荀子成就卓著,在经学的传播中也起到极大的作用。"②以孟子为首的孟氏派,代表了战国时期儒家正统派,主张性善说;而以荀子为首的荀氏派,吸收了道家和法家的思想,主张性恶说,荀子的《非十二子》还对孟子提出了指责。墨家学派在创始人墨翟死后,分为三派:相里氏派、相夫氏派、邓陵氏派。名家是以辩论名实问题为中心的一个学派,派中也有派,惠施属"合同异"派,夸大事物的同一性,公孙龙属"离坚白"派,夸大事物的特殊性,两派各自强调一个极端。道家学派在老子以后,也分为稷下黄老派、庄子派等。诸子百家站在不同的立场上以独特的角度,阐述了各具特色的"一家之言",在对各种问题作广泛、深入的探讨中。各家各派的学说得到了充分的发展,理论达到了高度的成熟,这些不同的学说汇成了时代精神,构成了时代精神文明,奠定了具有中华民族鲜明特色的思想文化理论基础。在中国漫长的历史长河中,各种思想都可以从春秋战国诸子中找到原型或雏形。

争鸣之中,诸子各家各派既有对立斗争,又有互相渗透、融合。如当时极有影响的儒、道、墨三家,他们在人生哲学方面的主张有明显的差

---

① 参见陆玑《毛诗草木虫鱼疏》,四库全书本。
② 赵敏俐、谭家健主编:《中国古代文学通论·先秦两汉卷》,辽宁人民出版社2005年版,第313页。

异。儒家主张入世的进取型的人生哲学，强调个人修养，虽畏天命而积极有为；道家主张出世的贵柔型的人生哲学，提倡绝圣去智，顺其自然而安于无为；墨家强调功利，重视实践，把眼光投向社会，洞察天下乱源，寻找救世良方。然而儒、道、墨三个学派都重视人的价值，儒家重视人道，强调人与人之间的和谐；道家虽轻视圣知仁义礼乐，但主要是为了维护人的本性不受社会的侵害；墨家鼓吹兼爱、非攻、尚贤，更是把人的价值看得高于一切。正是由于具有共同点，才有各派互相通融之处，诸子各家才在争鸣中，取他派之长补己派之短，在互相吸收中丰富和完善自己的学说。百家争鸣形成了中国历史上罕见的学术自由竞争的风气，极大地解放了春秋战国之际的社会精神生产力，从而极大地影响与推动了中国封建社会转型期的历史进程，同时，百家争鸣为中国造就了一个独立的知识群体，在他们中间集中地涌现出了一大批伟大的思想家。

在众多的诸子中，以孔子为代表的儒家，是诸子的杰出代表。儒家的诞生，儒学的确立，在整个中国文化史乃至世界文化史上都具有划时代的意义。儒家的学说与墨家的学说，由于都重视人的价值，提倡"爱"，适应了农奴解放的时代潮流，而一同成为当时的"显学"。但是儒学由于更适应新的封建地主中央集权制，于是汉时由"显学"而变为经学，并成为中国封建社会两千多年的精神支柱，成为中华传统文化的核心，成为中华文化的象征。而墨学则在儒学的兴盛中，逐渐衰微，由"显学"而成为"绝学"。儒学成为"显学"乃至"经学"，除了统治者崇尚，以国家政权的强力推行外，自然还有它自身的因素，有着其他学派难以具备的优胜之处。

首先是儒家学派比任何学派都尊重古代文化，他们在传承三代文化方面比任何学派都做得好，他们对三代古文献进行了系统的整理，形成彪炳千秋的"六经"。"六经"之文，"《乐》以和神，仁之表也；《诗》以正言，义之用也；《礼》以明体，明者著见，故无训也；《书》以广听，知之术也；《春秋》以断事，信之符也。五者，盖五常之道，相须而备，而《易》为之原。故曰'《易》不可见，则乾坤或几乎息矣'，言与天地为终始也。至于五学，世有变改，犹五行之更用事焉。"（《汉书·艺文志》）由于"六经"的存在，才使中国的文化及文化传统没有中断而绵延至今。儒家"游文于六经之中，留意于仁义之际，祖述尧、舜，宪章文、武"（《汉书·艺文志》），以"六经"所载的尧、舜至文、武、周公等明君贤臣治国理民的"德治"思想为范式，又提出自己的修己安人的"仁"与"仁政"的思想，成为中国两千多年从未动摇过的社会主导思想。

其次，儒家不仅继承了先人的精神成果，而且还积极地吸纳了当时各学派的先进理论观点。儒家在与其他学派争鸣中，对其他各家各派的学说采取了开放、吸收而不是一味敌对、排斥的态度，相传儒家创始人孔子曾问礼于老子，学乐于苌弘，学琴于师襄。《史记·孔子世家》中就写道："鲁南宫敬叔言鲁君曰：'请与孔子适周。'鲁君与之一乘车，两马，一竖子俱，适周问礼，盖见老子云。"儒家在与其他学派争鸣中，取他派之长补己派之短，尤其是吸取与自己学派比较对立的道家的理论优长，不断在融合他说中，丰富和完善自己的学说。正因为儒家传承了三代文明，儒家思想才成为三代文化长期积累的辉煌成果；正因为儒家善于吸收其他诸子的精华，儒家思想才处处闪烁着创新智慧之光，成为春秋战国社会先进文化的代表。才顺应了当时生产力发展、地主阶级兴起、思想解放、社会转型的历史潮流，给当时的社会提供了关于自然、社会、人生诸方面的哲理，成为中华民族思想文化宝库的重要精神财富。

儒家思想成为主流意识，其根本原因还在于它代表了封建文化的先进性，它的主张顺应了封建社会历史发展的潮流。儒家以弘扬仁义道义为己任，以求道、传道为人生追求，主张："士不可以不弘毅，任重而道远。仁以为己任，不亦重乎？死而后已，不亦远乎？"（《论语·泰伯》）他们广收生徒，乐为人师，提倡讲学、游学、从师的风尚，言传身教，并著书立说，形成家派之说。儒家以追求道义为人生目的，与追求富贵利禄的入仕之士，有很大的不同。他们鄙视孜孜以求富贵利禄的入仕之士，认为"不义而富且贵，于我如浮云。"（《论语·述而》）在一定程度上摆脱了名缰利锁的束缚，具有了独立的人格。如主要记载儒家代表人物孔子言行的《论语》，既对士君子提出种种道德规范要求，又从各个方面表述了士君子的形象，用孟子的话来概括，这种士的形象就是："居天下之广居，立天下之正位，行天下之大道。得志与民由之，不得志独行其道。富贵不能淫，贫贱不能移，威武不能屈。"（《孟子·滕文公下》）儒家之所以能具有先进的理论思维，是因为他们很大程度上摆脱了自身狭隘的利益局限，站在历史潮流的前端，深刻敏锐地关注社会动向和民生问题，立志救世，把追求道义、实现道义作为自己的远大抱负，儒家学派甚至提出这样的人生最高准则："朝闻道，夕死可矣。"（《论语·里仁》）"志士仁人，无求生以害仁，有杀身以成仁。"（《论语·卫灵公》）所以他们对社会、人生观察得比较准确细致、分析得比较透辟、论述得比较精到，充分体现了封建社会中国知识分子先进的人生观和道德价值观。

二 儒家历史散文的形成

中华民族是一个史学意识最早成熟的民族，依照国家建立必定改变习惯法为成文法这一规律来推断，中国的史官，应该在夏代就设立了。周灭殷商后，统治集团便及时总结夏、商灭国的历史教训，把吸取夏、商丧失国家政权的沉痛教训作为新政权建设的头等大事，周公旦在《召诰》中说："我不可不监于有夏，亦不可不监于有殷。"这种意识在《诗经》中也有反映："殷鉴不远，在夏后之世。"（《大雅·荡》）"宜鉴于殷，骏命不易。"（《大雅·文王》）以历史为"鉴"，吸取前人的经验教训，防止重蹈历史上丧权亡国者的覆辙，成为后世统治阶级治国的基本思路，也成为中国古代史官著史的基本动机。

从西周末期开始，周王室衰微，政权日益下移于各侯国，历史记载的权力不再为王室所垄断，侯国也相继出现了专门的史官，并且在春秋末第一次出现了儒家私人撰史的现象。这个私人就是儒家创始人孔子（前551—前479）。孔子十分清楚用历史的经验教训，可以探究当前及未来社会发展的动向及趋势，来寻找治理世道的规律与方法。《论语·为政》篇有这样的记载："子张问：'十世可知也？'子曰：'殷因于夏礼，所损益，可知也；周因于殷礼，所损益，可知也；其或继周者，虽百世可知也。'"子张问十世之后的社会是否可以预知，孔子回答是肯定的，因为未来的发展以过去及现在为前提，未来的所因所革，一定遵循历史规律，掌握了历史规律，自然不难推知未来，所以孔子还有句话叫作"告诸往而知来者"。（《论语·学而》）孔子认为《尚书》这部书便具有这种特点，记录的虽都是过去历史，却能启迪现在与揭示将来，他说："疏通知远，书教也……疏通知远而不诬，则深于书者也。"（《礼记·经解第二十六》）在孔子看来，以历史经验教训来说明社会复杂的问题，要比理论上阐述更为简明有力。所以他又说："我欲载之空言，不如见之于行事之深切著明也。"（司马迁《史记·太史公自序》）由他修订的《春秋》，就体现了这种意识。

（一）中国成系统历史散文的开山之作

孔子著的《春秋》，是中国现存的第一部编年史，不仅标志着他创立了儒家学派，也标志着中国成系统的历史散文由此而诞生，仅此一点，也是其他学派的代表人物所难以与之相比的。对中国思想意识、中国古代史学、中国古代散文的发展有着非同小可的意义。司马迁在《史记·太史公自序》中指出:"《春秋》以道义。拨乱世反之正,莫近于《春秋》。《春秋》文成数万,其指数千,万物之散聚皆在《春秋》。"序文中又称赞《春秋》道:

> 夫《春秋》,上明三王之道,下辨人事之纪,别嫌疑,明是非,定犹豫,善善恶恶,贤贤贱不肖,存亡国,继绝世,补敝起废,王道之大者也……故有国者不可以不知《春秋》,前有谗而弗见,后有贼而不知;为人臣者不可以不知《春秋》,守经事而不知其宜,遭变事而不知其权。为人君父而不通于《春秋》之义者,必蒙首恶之名;为人臣子而不通于《春秋》之义者,必陷篡弑之诛,死罪之名。其实皆以为善,为之不知其义,被之空言而不敢辞。夫不通礼义之旨,至于君不君,臣不臣,父不父,子不子。夫君不君则犯,臣不臣则诛,父不父则无道,子不子则不孝。此四行者,天下之大过也。以天下之大过予之,则受而弗敢辞。故《春秋》者,礼义之大宗也。

《春秋》既能强烈地体现新兴地主阶级的意志,又能直接为现实的政治服务,孔子自然要把它当作头等大事来抓,这也是历史赋予儒家的使命。孔子运用自己在周游列国时所采集到的史料,依据自己对鲁国历史的认识,以鲁《春秋》为底本,参照其他史料,"约其辞文,去其烦重"(《史记·十二诸侯年表·序》),修成了一部伟大的史籍——《春秋》。《春秋》突破了原先《尚书》那样分散地"记言""记事",然后汇集起来成为官方文书汇编的旧作法,创制了一种崭新的严格按年代顺序记事的成系统的编年体。

孔子修订《春秋》之前,各种史实的收录、编写还属于王官的一种特权,官方任命的史官才有资格来记史,史料也必须藏于官府之中。孔子以大无畏的精神完成了《春秋》一书,使我国出现了第一部私人编撰的史书,开了私人撰史的先例,打破了以往的王官文化垄断,标志着私人独立修史的开始。在中国散文史上,第一次出现了有名有姓的历史散文家,孔子是中国成体系的历史散文的开山祖,其《春秋》的影响是深远的,意义是重大的,大大地推动了中国历史散文的向前发展。

"春秋"作为一种史书体,其产生的年代是很早的,有人认为它最早产生于夏朝,如刘知几在《史通·六家》中说:"《春秋》家者,其先出于三代,案《汲冢琐语》记太丁事,目为《夏殷春秋》。"西周时,只有周天子才能设置史官,诸侯国的历史,只能由周天子的史官来记载,称之为"四方之志"或"邦国之志"。孔子把周代及之前的史书统称为《春秋》,孔子曾说:"疏通知远,《书》教也","属辞比事,《春秋》教也"。(《礼记·经解》引)说明与《尚书》同时存在的还有"属辞比事"的《春秋》一类史籍,只是年代久远的"春秋"大都已亡佚,连孔子也没有全能见到罢了。自西周晚期到春秋时代,周王室逐渐衰微不振,周天子名存实亡,而诸侯国相继称霸,都有了自己的纪年,设置了自己的史官。侯国史官所记侯国史,墨子称之为"百国春秋"。据刘节先生《中国史学史稿》统计,各侯国的史书竟有40多种。在"百国春秋"中,有的称作《乘》,有的称作《志》,有的称作《梼杌》等等,各国称呼并不统一。孟子认为"春秋"史书体产生于春秋时期,他说:"王者之迹熄而诗亡,诗亡然后《春秋》作。晋之《乘》,楚之《梼杌》,鲁之《春秋》,一也。其事则齐桓、晋文,其文则史。"(《孟子·离娄章句下》)《墨子·明鬼》所引的有《齐春秋》《燕春秋》等。刘知几在《史通·古今正史》中说:"当春秋之世,诸侯国自有史。故孔子求众家史记,而得百二十国书。如楚之《书》,郑之《志》,鲁之《春秋》,魏之《纪年》,此其可得言者。"不论有多少称谓,但"春秋"几乎成了当时各国国史的通称。春秋时期的史书为何称作"春秋"?有两种解释:一是认为"春秋"为一年四季的简称,也就等于"年"的概念,等于时间的概念。杜预在《春秋经传集解序》中说:"史之所记,必表年以首事,年有四时,故错举以为所记之名也。"刘知几也说:"言春以包夏,举秋以兼冬,年有四时,故错举以为所记之名也。"(《史通·六家》)"春秋"既可指"年",孔子以时间单位来编纂史书,顺理成章地自然要以"春秋"来命名自己的著述了。

各侯国国史——"百国春秋",在孔子时已亡佚不少,但我们确信孔子的《春秋》编写体例,肯定借鉴了"百国春秋"中的部分"春秋",尤其是鲁《春秋》,当然也有孔子自己的独创。《春秋》形式虽然简单,但毕竟属于按时间顺序连续记载重大历史事件的严谨的编纂体例。孔子的《春秋》是中国现存的第一部编年史,虽属粗具时间、地点、人物、事件的记述,但已经具备了历史散文的基本因素,开了中国成系统的历史散文的先河。

《春秋》一书,记事上起鲁隐公元年(前722),下止鲁哀公十四年(前481),共242年。它的记事原则是:"以事系日,以日系月,以月系时,以时系年,所以纪远近,别同异"(杜预《春秋经传集解序》),如《春秋》隐公十年这样记载:

十年春，王二月，公会齐侯、郑伯于中丘。夏，翚帅师会齐人、郑人伐宋。六月，壬戌，公败宋师于菅……

记载很简略：隐公十年的春天，周历二月，隐公在中丘与齐侯、郑伯相会。这年夏天，公子翚带兵会同齐军、郑军一起攻打宋国。六月壬戌日，隐公在营地打败宋军……隐公与齐侯、郑伯相会于中丘，只知其事发生的年月，不知其日。公子翚带兵会同齐军、郑军一起攻打宋国，只知其事发生的季节，不知其月日。而隐公在营地打败宋军一事，不仅知其年月，也知其日。比较而言，此条记载准确地体现了《春秋》的记事原则。隐公在营地打败宋军，是为所书之事。事发生在"壬戌"日，即这月的第六日，这就是所谓"以事系日"。壬戌日属"王"的"六月"，年之后月之前冠以"王"字，表示周历，此谓"以日系月"。"六月"又属"夏"之时，"时"就是季，此谓"以月系时"。此夏时又在鲁隐公在位十年，此谓"以时系年"。按岁时月日为序来记事，优于甲骨卜辞、铜器铭文的时间排列顺序，至今，还是中国人的时间顺序概念。既说明了此事件发生的时间，又说明了与彼事件的相互时间关系，这就是杜预所谓的"所以纪远近，别同异"的意思。如僖公元年，《春秋》作了如下记载：

元年春，王正月。齐师、宋师、曹伯次于聂北，救邢。夏六月，邢迁于夷仪。齐师、宋师、曹师城邢。秋七月戊辰，夫人姜氏薨于夷，齐人以归。楚人伐郑。八月，公会齐侯、宋公、郑伯、曹伯、邾人于柽。九月，公败邾师于偃。冬十月壬午，公子友帅师败莒师于郦。获莒拏。十有二月丁巳，夫人氏之丧至自齐。

以上记载使我们知道了在僖公元年（前659）发生了如下史实：春，周历正月，齐、宋、曹三国军队驻扎于聂北，救援邢国。夏六月，邢国迁往夷仪（今山东聊城西南），齐、宋、曹三国军队又协助邢国修筑城墙。秋七月戊辰这天，鲁庄公夫人姜氏在夷地被齐人处死，齐人将其尸体送回鲁国。此时正逢楚国攻打郑国。八月，鲁僖公与齐侯、宋公、郑伯、曹伯、邾人会盟于宋国的柽（今河南淮阳附近），谋救郑国。九月，鲁国在偃地打败了邾军。冬十月壬午日，鲁公子友率领军队在郦地打败莒军，俘获莒群之弟莒拏。十二月丁巳日，夫人姜氏的灵柩从齐国运回鲁国。根据《左传》《史记》等文献，《春秋》在此年缺记的大事有：秦穆公率军攻打茅津（今山西平陆西南黄河北岸）的戎族，获胜。僖公继闵公之后即鲁公位。后一则，《左传》解释说："不称即位，公出故也。公出复入，不书，讳之也。讳国恶，礼也。"就是说：《春秋》没有记载僖公即位一事，是因为僖公出奔在外的缘故，出奔又回来，《春秋》不记载，是为了避讳，避讳国家的坏事，合于礼义，看起来后一则是孔子有意回避。此年的大事仅遗漏了一条。这些历史大事记载有了明确的时间概念，就自然明确了史实的发展过程，这样，就把历史记载引上了真正科学化的轨道。《春秋》就用这样的方式，以时为经，以事为纬，把鲁隐公以后的242年的大事一年又一年地全联结起来，不间断也不分离，组成了一个有机的整体——编年体。

孔子曾说："属辞比事，《春秋》教也。"（《礼记·经解》引）他的《春秋》也具备这样的体例特征与写作特点。"比事"，就是把事件按时间顺序严格加以编排，脉络清晰，结构严谨，全书体例完整而统一。刘知几说："系日月而为次，列时岁以相续，中国外夷，同年共世，莫不备载其事，形于目前，理尽一言，语无重出，此其所以为长也。"（《史通·二体》）编年体的长处就在于严格按时间顺序来排列历史事件，使历史事件按时间顺序逐渐展示出来，十分便于查找，绝无重复、遗漏和混淆的现象。正因为有这样的长处，其按时间顺序记事的形式才成为我国史籍的基本形式，后世许多史著体裁，如纪传体、纪事本末体等，都从不同角度吸收了编年记事的优点，王应麟在《玉海》中说："历代国史，其流出于《春秋》。"章太炎在《国故论衡·原经》中说："《春秋》之所以独贵者，自仲尼以上，《尚书》则缺略无年次，'百国春秋'之志，复散乱不循凡例。又亦藏之政府，不下庶人，国亡则人与事偕绝……令仲尼不次《春秋》，今虽欲观定哀之世，求五伯之迹，尚荒忽如草昧。"

《春秋》比事有一定的"义例"，它与"百国春秋"的根本区别不在于体例，从晋代发掘的《竹书纪年》可推知，"百国春秋"虽"复散乱不循凡例"，但大约也具编年形式。而且所载内容，与《春秋》相仿，都是诸侯国的大事，如侯国之间征伐、会盟、朝聘等政治活动，水、旱、虫灾、山崩地裂、日月蚀等自然现象，祭祀、婚丧嫁娶、筑城修宫、稼穑税收等社会活动。《春秋》与"百国春秋"的根本区分在于有自己的"义例"，这就是贯通全篇的"礼义"。《春秋》的"礼义"主旨就是维护周礼，代周天子褒善贬恶，尤其对僭越违礼者进行舆论上的诛伐。"比事"的"义例"原则就是"据鲁，亲周，故殷，运之三代"。《史记·孔子世家》说："（孔子）乃因史记作《春秋》。上至隐公，下讫哀公十四年，十二公。据鲁，亲周，故殷，运之三代，约其文辞而指博……《春秋》之义行，则天下乱臣贼子惧焉。""据鲁"，即以名分为标准，以鲁国为本位来记事，又不仅限于鲁，兼记天下大势的演变，内详外略，具有列国史的意义。"亲周"，即尊周。春秋末诸侯国都有自己的纪年，早不奉周之正朔，但孔子《春秋》仍坚持书以"王某月"，记时统一于周正，表示扶周室明王道之义。"故殷，运之三代"，即以夏商灭国为借鉴，此思想源于周代，而春秋时又可鉴于西周，《春秋》所记之事就是要阐明这个一贯的王道。所以16572个字的《春秋》，记载最多的是各国之间政治往来、相互攻伐杀戮，其次是各国之间朝会立盟、往来聘访，此外还有各国婚丧祭祀、自然灾祥等。如果与王道相关，事虽小必记，如与王道无关，虽大不书。由此可见，春秋时期的一些事件没有载入《春秋》，不一定是孔子遗漏，很可能是孔子将旧籍中的记载进行了有意的删除。

"属辞"，就是遣词造句。《春秋》属辞的特点是"微而显，志而晦，婉而成章，尽而不污，惩恶而劝善"（《左传·成公十四年》），孔颖达《春秋左传序》解释说："一曰微而显，文见于此，而起义于彼。称族尊君命，舍族尊夫人，梁亡城缘陵之类是也。二曰志而晦，约言示制，推以知例，参会不地与谋曰及之类是也。三曰婉而成章，曲从义训，以示大顺，诸所讳辟，璧假许田之类是也。四曰尽而不污，直书其事，具文见意，丹楹刻桷天王求车齐侯献捷之类是也。五曰惩恶而劝善，求名而亡，欲盖而彰，书齐豹盗三叛人名之类是也。"就是说《春秋》言辞少而意义显豁，记的虽是史事却含着深刻的道理，表述婉转有章法，书尽其事，无所隐瞒歪曲，目的便是惩恶扬善。

这里强调说一下孔子的"春秋笔法"，孔子修订《春秋》时，对旧史"笔则笔、削则削"（《史记·孔子世家》），提炼语言，精选词句，在简洁的语言中隐寓褒贬，所谓"微言大义"，就是"春秋笔法"。如《春秋》开篇的"隐公元年"，就记有这么一则："夏，五月，郑伯克段于鄢"，从对郑庄公与其弟太叔段的称呼中，已强烈地体现了孔子的褒贬态度。左丘明著《左氏春秋》（左传），继承了孔子的这一观点，并解释说：

　　书曰："郑伯克段于鄢。"段不弟，故不言弟；如二君，故曰克；
　　称郑伯，讥失教也：谓之郑志，不言出奔，难之也。

这里所谓的"书"，就是指《春秋》一书。孔子在《春秋》中不称郑庄公其弟段为弟，是因为段谋篡兄之位，没有"悌"德，所以不称

"弟"；兄弟二人相争，如同两个国君在交兵，所以用了"克"字；称庄公不称公而称伯，仅用其爵号，含贬低之意，是讥刺他对自己的弟弟有失教诲，不像个兄长。已经暗示了庄公的本意就是欲擒故纵，养成其弟贪婪之性，然后加以彻底清除的险恶用心。文中不说段被迫"出奔"，是因为孔子下笔有难处。左丘明对孔子的用意理解得实在入微，解释得也相当精到。再如吴、楚侯国之君，僭号称王，《春秋》贬之为"子"；宋国虽弱小，仍称其君为"公"。记战争，按其性质、情形、结局不同来选择不同的又恰如其分的词汇，如向罪恶者进攻用"伐"，不击钟鼓的进攻用"侵"，乘人不备的进攻用"袭"等等。同样是杀人，杀无罪者才用"杀"，杀有罪者用"诛"，下属杀上级用"弑"。选词炼句一丝不苟，致使"子夏之徒，不能赞一辞"（《史记·孔子世家》），韩愈在《进学解》中就把《春秋》的特征概括为两个字："谨严。"

《春秋》的用语，看上去似乎平平常常，细细体味每个字都渗入作者鲜明的政治主张和强烈的感情，表现着作者对人物的爱憎褒贬，正如刘勰《文心雕龙·宗经》说："《春秋》则观辞立晓，而访义方隐。"文笔浅显，用意深刻，以至"一字之褒，宠逾华衮之赠；片言之贬，辱过市朝之挞"。（范宁《春秋穀梁传·序》）以一字片言寓褒贬的笔法，也易导致以个人主观来定是非，《春秋》里也确有为亲者尊者讳，对亲者尊者回护之处，对后世史家有消极影响。但对散文艺术来说，却恰好增加了强烈的感情色彩，这也算是一种文学特色吧。《春秋》的语言平实、浅显、含蓄、准确，比古奥艰涩的《尚书》语言有很大进步，说明孔子还是一名语言革新的大家。

不过总的来说，《春秋》主体上还是以客观、求实为原则。孔子曾赞扬过太史董狐，赞其书法不隐。在他的《春秋》中，对于诸侯淫秽、纳贿、仇杀等丑行，也敢秉笔直书，甚至对不守君道的天子也敢冗刺，如隐公元年，鲁惠公死，周平王向惠公妾仲子赠送助丧物，这在当时的人看来，是不合礼的轻佻之举，《春秋》便记下："秋七月，天王使宰咺来归惠公仲子之赠。"向后世君王提出"君不君则犯"的警告。孔子"不语怪、力、乱、神"（《论语·述而》），《春秋》尽管记了不少自然灾异，但并没有给以神秘解释，对旧史的荒谬还加以纠正，如鲁庄公七年夏四月辛卯夜，不见恒星，《鲁春秋》记载说："雨星不及地尺，而复。"（见《春秋公羊传》）流星陨落不待及地又返回天上，多么离奇！孔子于是把它改为"星陨如雨"，体现了他试图用无神论观点来解释自然现象的意识。

《春秋》存在过于简短粗略的缺点，大部分类似后世的文章纲目或简要大事记，如宣公十五年作了如下记载：

> 十有五年春，公孙归父会楚子于宋。夏五月，宋人及楚人平。六月癸卯，晋师灭赤狄潞氏，以潞子婴儿归。秦人伐晋。王札子杀召伯、毛伯。秋，螽。仲孙蔑会齐高固于无娄。初税亩。冬，蝝生。饥。

全年记载只用了71个字，其中有的记事中只记下一个字，如"螽"，指发生了蝗灾，但在多大的范围内受灾，损失情况如何，全不清楚。再如"饥"，指虫灾造成了饥荒，但饥荒到了什么程度，对国家的政治有何影响，也不清楚。这些记载仅具纲目，不叙述史实的详情及过程，往往使人弄不清史实的全部及因果关系，因而也就不能准确地理解它记载的全部含义。在记事上还只是停留在极简略的"大事记"式的程度上，很难谈得上生动、形象地叙事写人。

将一个历史人物的全部活动或一件重大历史事件的整个发展过程，按时间分成若干部分，分散在各个篇幅中，和同时的其他人物活动及其他事件混在一起，使人不易简捷、清晰、完整地看到这一人物的全部活动与这一历史事件的整个发展过程。这是编年体难以克服的"特点"，莫说《春秋》，就连文学艺术性很强的《左传》也难避免，要想克服这一弊端，只有创建新的体例，这就是以后出现的纪传体、纪事本末体。但是这些新体例的创建完全建立在编年体的基础之上，没有编年体的创立，其他新体例的创建是不可能的。

春秋末期，我国的历史进入了由封建领主制向封建地主制转型的时期，这是一个伟大的变革时代，在社会的巨变中，时代呼唤着一代精神生产的"巨人"出现，来对许多重大的社会变革做出解释。孔子就是应运而生的精神巨人，他以儒家思想作为判断史实是非的标准，借《春秋》所载的史实来宣扬儒家思想，以达到拨乱反正的政治目的。《春秋》一书关系着天下国家大是大非，在史的形式下，儒家为新社会立了大法，这势必引起社会不同人的不同强烈反映，所以孔子才感叹说："知我者其惟《春秋》乎！罪我者其惟《春秋》乎！"（《孟子·滕文公下》）《春秋》是孔子亲自所撰，它如实地反映了儒家创始人孔子的思想倾向与是非爱憎感情，正因如此，后世儒家学人才把它与《尚书》《周易》等上古三代文献一样奉为经典。同时，在中国古代散文史上，《春秋》的编成也标志着中国历史散文从此而形成。

（二）儒家成熟的历史散文的编撰

《春秋》开创了成系统的编年体体例，但首创难工，还带有很大的原始性，继它之后不久出现的《左氏春秋》（后称《左传》），才是一部史实详备、富有文采、基本成熟的编年体史著，同时也是一部成熟的历史散文。

《左传》的作者为左丘明。孔安国注《论语》时说："左丘明，鲁太史也。"这位鲁国史官很可能在后半生遇到什么不幸，使双目失明，成了一名瞽史，所以司马迁在《史记·太史公自序》中提到"左丘失明"。刘向《别录》说："左丘明作传授曾申"（孔颖达《杜预春秋序》引），曾申是孔子弟子曾参的儿子，而曾参（大约前505—前432）在孔子学生中年龄比较小，其父曾点当时也是孔子的学生，左丘明作传授曾申时应在孔子逝世后，据此，知左丘明当是与孔子同时代的晚辈。《左传·哀公十六年》记有"夏四月己丑，孔丘卒"，孔子享年73岁，在当时来说已是高寿，孔子死后，左丘明还在撰写《左传》，也可证明他应是孔子同时代的晚辈。孔子曾对其弟子提到左丘明："巧言、令色、足恭，左丘明耻之，丘亦耻之。匿怨而友其人，左丘明耻之，丘亦耻之。"（《论语·公冶长》）从孔子对左丘明的赞扬中，可以看出孔子已将左丘明视为自己的志同道合者。

鲁国，原是周公儿子伯禽的封地，因较多地保持了周代的仪礼，较多地保存了周代的文献，号称礼乐之邦。左丘明身为鲁国史官，掌握了鲁国所保存的大量历史资料，在这方面说他比孔子的著史条件要优越得多。晋杜预说左丘明"身为国史，躬览载籍，必广记而备言之"（《春秋经传集解序》），左丘明有渊博的历史知识。为了扩大历史视野，掌握更多的历史资料，他又同孔子一起去周王室观看有关史料，汉宣帝时博士严彭祖在其《严氏春秋》中曾引古本《孔子家语·观周篇》云："孔子半修《春秋》，与左丘明乘如周，观书于周室，归而修《春秋》之经，丘明为之传。"这是第一次明确指出左丘明作传解释《春秋》。事实上，左丘明的《左氏春秋》（《左传》）并不是专为解释孔子的《春秋》而作，但肯定与孔子及孔子的《春秋》有关。他们二人一道去观周王室保存的史料，可见二人志向之一致。孔子修成《春秋》后，左丘明便进一步参考孔子修成的《春秋》的纲目、体例结构，加以扩充敷衍，写成一部比《春秋》远为详备的新的"春秋"史。《左传》180273个字，比《春秋》多十倍以上。同孔子的《春秋》一样，所记也起于鲁隐公元年（前722），但止于鲁哀公二十七年（前468），比《春秋》多了13年。并常通过人物对话，展示了夏、商、西周三代许多旧史遗闻，显然有自己的编写体例。

《左传》最后附有鲁悼公四年（前464）事一条，此条结尾又提到发生在前453年的晋韩氏、魏氏与赵氏合谋消灭知伯的事，比这些更晚的是《左传》中还有鲁悼公、赵襄子之谥，这些更是孔子死后五六十年以后的事。于是唐代以后，不少人认为《左传》不可能为孔子同时代那个左丘明所作，《左传》的作者应是战国人。以《左传》后面所附的几条就简单否定左丘明，是很不慎重的。他们忽视了这样一个事实：春秋战国时期的著述，几经传授，后学不免有所增益，门人弟子不免有所续记，不能因此而否认其最初编撰与传授者左丘明。还有人说《左氏春秋》为汉代刘歆伪造，如清末刘逢禄著《左氏春秋考证》，康有为著《新学伪经考》，力主《左传》为刘歆伪作，其论断更是无根据的猜测。因为《左传》早在战国时期就流传于世了，书中的内容曾被《韩非子》《战国策》《吕氏春秋》等书征引或摘录，当时战国人还习惯上将《左传》也简称为《春秋》（《左传》本是后人所称，直至汉司马迁时还称作《左氏春秋》），因为容易与孔子的《春秋》相混淆，所以没有引起后人的足够注意。如《韩非子·奸劫弑臣》篇中写道：

　　故《春秋》记之曰："楚王子围将聘于郑，未出境闻王病而返，因入问病，以其冠缨绞王而杀之，遂自立也……"

《吕氏春秋·求人》篇写道：

　　观于《春秋》，自鲁隐公以至哀公十有二世，其所以得之，所以失之，其术一也：得贤人，国无不安，名无不荣；失贤人，国无不危，名无不辱。先王之索贤人，无不以也，极卑极贱，极远极劳，虞用宫之奇，吴用伍子胥之言，此二国者，虽至于今存可也。

楚公子围杀王自立事，摘录自《左传》昭公元年，宫子奇谏虞公勿借道于晋以伐虢的事，见于《左传》僖公二年和五年，伍子胥谏吴王拒绝越国求和与停止伐齐的事，见于《左传》哀公元年和十一年，孔子修订的《春秋》均无这方面的内容，可见《韩非子》《吕氏春秋》的作者在这里所说的《春秋》，就是指《左氏春秋》，而不是指孔子修订的《春秋》。如果说《左传》为汉代刘歆伪造，莫说《韩非子》《吕氏春秋》的作者，就连司马迁又怎么会看到它呢？司马迁在《史记·十二诸侯年表》中讲：

是以孔子明王道，干七十余君，莫能用，故西观周室，论史记旧闻，兴于鲁而次《春秋》，上记隐，下至哀之获麟，约其辞文，去其烦重，以制义法，王道备，人事浃。七十子之徒口受其传指，为有所刺讥褒讳挹损之文辞不可以书见也。鲁君子左丘明惧弟子人人异端，各安其意，失其真，故因孔子史记具论其语，成《左氏春秋》。

东汉的班固在《汉书·艺文志》中也说：

周室既微，载籍残缺，仲尼思存前圣之业，……故与左丘明观其史记，据行事，仍人道，因兴以立功，败以成罚，假日月以定历数，藉朝聘以正礼乐。有所褒讳贬损，不可书见，口授弟子，弟子退而异言。丘明恐弟子各安其意，以失其真，故论本事而作传，明夫子不以空言说经也。

司马迁和班固都认为左丘明写作《左氏春秋》的动因，是由于《春秋》过分简略，褒贬讥刺过分隐约，容易使人对其"大义"的理解产生种种偏差，甚至断章取义，所以左丘明要著《左氏春秋》以明《春秋》的真谛。班固还把《左氏春秋》的成书归于解释孔子的《春秋》，不使其意失真，而忽略了左丘明要独立著述的事实。

左丘明著《左氏春秋》的目的，当然也是为了利用史著彰显善恶，贤贤贱不肖，用儒家的仁义礼智来评价历史事件与人物，企图给春秋时期的历史以一个真实、翔实、准确的总结。他不满意《春秋》的简略，他要在《春秋》的基础上，来一个大的突破与创新，以弥补《春秋》的不足。这种突破与创新不是抛弃《春秋》开创的编年体，而是要充实、丰富原有的编年体的写作体例。具体表现在四个方面：一是内容上要比《春秋》丰富广泛。仅把《春秋》简单的记事作为写作参照的纲目，精心编排当时广泛收到的大量文献资料，并且充实进各种传说及有关逸闻琐事，对于历史事件的叙述尽力做到详备。二是形式上突破了传统的或记言或记事的单一模式，吸收《尚书》记言体与《春秋》记事体的技巧，做到了在编年体中将记事与记言有机地融为一体，达到了叙事详明有趣，记言委婉生动。刘知几赞曰："逮左氏为书，不遵古法，言之与事，同在传中。然而言事相兼，烦省合理，故使读者寻绎不倦，览讽忘疲。"（《史通·载言》）三是在叙事方法上，摒弃了《春秋》单一的顺叙方法，实现了顺叙、倒叙、补叙等多种叙事方法的相结合，有时通过对事件的发生、发展和结局作集中的交代，使事件的叙述有了一个比较完整的过程。四是语言表述上更富创造性，善于用简练的文字叙述出复杂纷繁的历史事件，刻画出各具神态的人物形象，描摹出口吻毕肖的人物语言。总之，《左氏春秋》在内容上追求富赡，在表述上讲究文采，形成了与《尚书》《春秋》不同的特色。

《左氏春秋》中记事记言的完美结合，标志着中国成系统的历史散文的成熟，它开创了中国编年体写作的新纪元。梁启超认为《春秋》"文句简短，达于极点，……又藉以寄其微言大义，只能作经读，不能作史读。""故左丘可谓商、周以来史界之革命也，又秦汉以降史界不祧之大宗也。"①梁启超对《春秋》的评价有偏颇，但他认为左丘明是史学界的一名革新家，确实很有识才的眼光。左丘明也是历史散文的一名革新家，详赡生动的记事记言的完美结合，使《左氏春秋》攀登上先秦历史散文的最高峰，有人甚至于把它奉为中国文章之祖、叙事之宗，视为中国散文叙事体的范式。如明代叶盛说："六经而下，左丘明传《春秋》，而千万世文章实祖于此。"（《水东日记》卷二三《临川李性学古今文章精义》，六世孙重华刻本）

《左氏春秋》记述春秋时期史事富赡翔实，给后人理解《春秋》简单隐晦的事条以极大的启示，成了阅读《春秋》的重要参考资料，于是从班固起就明确地认为《左氏春秋》是传注《春秋》的，并将《左氏春秋》改称为《左氏传》，其《汉书·艺文志》中称："《春秋古经》十二篇，《左氏传》三十卷。"从此，《左氏春秋》就改名为《春秋左传》，简称《左传》。从晋朝杜预开始，把《春秋》和《左氏春秋》进行了合编，以《春秋》为经，以《左氏春秋》为传，每年的经文分编在对应年的传文前，完全改变了《左氏春秋》原来独立的体例。从汉代今文经学家始，就认为《左氏春秋》不传《春秋》，以后持此观点的代有其人。因为"传之与经，其犹一体，废一不可，相须而成。"（刘知几《史通·申左》）但"《左氏传》于《春秋》所有者或不解，《春秋》所无者，或自为传，……读《左氏》者，当经自为经，传自为传，不可合而为一也，然后通矣。"（宋刘世安《元城语录》卷中语）清黄震在《黄氏日钞》卷三十一中也说："左氏虽依经作传，实则自为一书，甚至全年不及经文一字者有之。焉在其为释经哉？"《左氏春秋》本不是为解释《春秋》而著，而是自成一家体例的史著。

朱熹指出："《左传》是史家，《公》《穀》是经学。"（《朱子语类·卷八三》）真正注解《春秋》经文的是《公羊传》和《穀梁传》，此二传与《左传》后来合称为"春秋三传"。相传《公羊传》是子夏弟子、战国

---

① 梁启超：《中国历史研究法》，东方出版社1996年版，第13、17页。

齐人公羊高传授解释《春秋》的书，汉景帝时其玄孙公羊寿与胡母子都（生）用当时的文字著之于竹帛，东汉末何休解诂，唐时徐彦作疏。《穀梁传》是子夏另一弟子、战国鲁人穀梁赤传授弟子的书，后也著于竹帛，东晋范宁集解，唐杨士勋疏。《公羊》《穀梁》二传附经立传，用问答体形式逐层阐释《春秋》的"微言大义"，引申推说，重在宣扬儒家"尊王攘夷"与"大一统"观念，在经学上有很大影响。如《公羊传》依《春秋》所载鲁国十二公，划分春秋时期为三大阶段，即何休所谓的"以昭、定、哀为所见之世，宣、文、成、襄为所闻之世，隐、桓、庄、闵、僖为所传闻之世"（《春秋公羊传注疏》卷一徐彦疏）。后来有的学者将"所见""所闻""传闻"之世，演变为"衰乱之世""升平之世""太平之世"的历史进化的"三世说"，此外，《公羊传》还提出"三统说""三科九旨说"等，旨在宣扬大一统观。由于《公羊传》强烈的以学术为政治服务的特点，为后世今文经学家多引以为据。汉武帝时就设公羊学为五经博士之一，董仲舒专治公羊学，作《春秋繁露》，发挥《公羊传》中"大一统""张三世""更化""改制"的大义，进而提出"独尊儒术"的主张。《穀梁传》侧重解释《春秋》的"义理"，持论较《公羊传》为平正。

在西汉时，《公羊传》《穀梁传》率先立了学官，《公羊传》的经学地位远超过《左传》，《公羊传》甚至影响到当时的行政与立法。尽管《公羊》《穀梁》语言比较通俗，行文也采用了一些民间传说故事，但那是为了释经，问答体的解经方式已限制了它们语言的艺术形象性。范宁在《春秋穀梁传集解序》中说："《左氏》艳而富，其失也巫；《穀梁》清而婉，其失也短；《公羊》辩而裁，其失也俗。若能富而不巫，清而不短，裁而不俗，则深于道者也。"此论虽未妥当，但说明一点：《穀梁》与《公羊》的艺术无法与《左氏春秋》相比。《穀梁》与《公羊》的特点，在于释经时，能做到选词严密，表述凝练，释意精确。清人钟文烝说："穀、梁文有二体，有详而畅者，有简而古者。要其辞清以淡，义该以贯，气峻以厉，意婉以平。征前典皆据正经，述古语特多精理。"（《穀梁传补注》论传）但由于侧重训诂释义，所以历来只受到经学界的青睐，而不为史学界与文学界所重视。

左丘明崇尚孔子整理的儒家经典，常常引用《诗》《书》等典籍的语句为其凭据。他非常崇敬孔子，常把孔子的忠君、守道等品质与事迹写入《左氏春秋》。如《定公十年》，写孔子不畏强齐，怒斥齐国君臣无礼之举，捍卫了鲁国的尊严。在《左氏春秋》中，还把孔子的话与典籍中的语言相提并论，当作至理名言来引用，如《宣公二年》中写道：

乙丑，赵穿攻灵公于桃园。宣子未出山而复。大史书曰："赵盾弑其君。"以示于朝。宣子曰："不然。"对曰："子为正卿，亡不越竟，反不讨贼，非子而谁？"宣子曰："乌呼，'我之怀矣，自诒伊戚'，其我之谓矣！"孔子曰："董狐，古之良史也，书法不隐。赵宣子，古之良大夫也，为法受恶。惜也，越竟乃免。"

"我之怀矣，自诒伊戚"为《诗经·邶风·雄雉》中"我之怀矣，自诒伊阻"的另一"版本"，在左丘明心目中，孔子的话之正确、公正，已与典籍语相同，由此可见，左丘明对孔子思想的崇拜。所以他的《左氏春秋》与《春秋》一样，通过叙述春秋时期的史实，来表现自己的儒家思想，诸如仁义、礼德、民本、爱国等思想。

但细分析，左丘明与孔子对一些历史事件、社会人物的态度还是不尽相同的。左丘明对春秋霸主们的态度基本是赞赏的，对其以武力征伐天下的霸道与霸权行为基本是赞同的。如《左氏春秋》从庄公二十八年（前666）至僖公三十二年（前628），用浓墨重彩来描写"春秋五霸"之一的晋文公近四十年的经历，从落难公子离国出逃，到回国夺取君位，最终成为一代雄主。《左氏春秋》比较详细地记载了一位胸无大志的平庸贵族公子经过长期磨难，终于成为眼光远大的老练政治家，向人们展示了一位英明、威武、勇于驾驭时代风云的霸主形象，在晋文公身上，强烈地体现了作者渴望天下一统的思想。而孔子与左丘明的态度恰恰相反，他向往与维护的是周天子的大一统，所以在《春秋》中，对王权衰落、霸权迭兴、诸侯兼并等现象大为不满，将大夫冒犯诸侯、诸侯不尊天子，视为"犯上作乱"，把大一统格局的被打破，动荡纷争局面的形成，视为"礼崩乐坏""天下无道"。其《春秋》著述的目的就是要维护周礼、使乱臣贼子惧，从而拨乱反正。实际上，左丘明与孔子，可谓"殊途同归"，孔子希望抑制诸侯争霸而达到恢复旧日的统一，左丘明希望由新的霸主重新达到新的统一，大一统思想是一致的，不过比较而言，左丘明的大一统思想更为现实一些。不仅对春秋以来社会政治变革，《左氏春秋》所流露的思想感情与《春秋》有区别。甚至对《春秋》所谴责的人与事，《左氏春秋》有时公开表示同情或赞扬，如鲁宣公二年，《春秋》书道："秋九月乙丑，晋赵盾弑其君夷皋。"而《左氏春秋》则书："晋灵公不君……乙丑，赵穿杀灵公于桃园。"孔子用"弑"字，左丘明用"杀"字，一字之差，表明他们二人对晋灵公的感情及对赵盾、赵穿的态度是截然不同的，孔子的《春秋》意在谴责执政大臣不忠，而左丘明则旨在暴露为君不仁。

在对待史料的态度上,《左氏春秋》与《春秋》也有很大不同。在《左氏春秋》中,并不排斥神话传说、奇闻逸事,在记述历史事件中,还穿插了许多占卜与解梦的片段,而且这些占卜与解梦的预言又在后来的实践中有所应验。特别是还记有大量的神鬼传闻,从史学角度看,则属于地地道道的"虚枉"。如僖公十年,晋太子申生的车夫狐突路遇申生:

秋,狐突适下国,遇大子。大子使登,仆,而告之曰:"夷吾无礼,余得请于帝矣,将以晋畀秦,秦将祀余。"对曰:"臣闻之:'神不歆非类,民不祀非族。'君祀无乃殄乎?且民何罪?失刑、乏祀,君其图之!"君曰:"诺!吾将复请。七日,新城西偏将有巫者而见我焉。"许之,遂不见。

申生本是晋献公的太子,献公宠妃骊姬,挑拨献公与申生及其他公子的关系,逼使申生于僖公四年自缢身亡于新城,另外两名公子重耳和夷吾也都逃难出奔他国。僖公十年,申生身亡已逾六年,《左氏春秋》仍记狐突遇见申生,纯是白日见鬼,他还与申生对话,纯是鬼话连篇。这些素材显然属民间离奇的传闻,左氏把它采撷入编,与孔子的"不语怪、力、乱、神"的原则格格不入。

《左氏春秋》虽然沿用了《春秋》创立的编年记事体,吸收了《尚书》的记言体特点,但在《春秋》《尚书》的基础上,作者又有巨大的创新,梁启超认为《左氏春秋》"叙事有系统,有别裁,确成为一部'组织体的'著述。彼'账簿式'之《春秋》,'文选式'之《尚书》,虽极庄严典重,而读者寡味矣。"[①]《左氏春秋》以前的记事文字,叙述的都是事情的梗概,说明以前的史官对丰富、生动的历史传说还没有引起足够的重视,史著中也不以铺张事实为能事。《左氏春秋》以前的记言文字,往往单纯地记载人物言论,与记事结合得不紧密,说明把"记言"与"记事"还作为不同的分工来看待。《左氏春秋》独能把《春秋》与《尚书》的特点融合为一,又并非简单地继承《春秋》与《尚书》的记事、记言特点,而是在此基础上,吸收了历史传说、瞽史说史那种生动的叙事技巧,和民间传说中摹言具情的人物对话与人物独白的表现手法,加上自己在艺术上的创新,把叙事和记言的艺术水平提高到一个空前的高度。运用新的独特表现手段,清晰而细致地展示了春秋一代各个侯国盛衰兴亡的过程,生动而逼真地表现

---

① 梁启超:《中国历史研究法》,东方出版社1996年版,第17页。

了这一历史时期形形色色的人物形象,并在形象的叙事与生动的记言中,寄予了自己的儒家理想与政治主张。所以《左氏春秋》不仅标志着儒家散文发展到新的水平,同时也标志着中国古代散文进入了新的时代。

(三)《左氏春秋》的艺术特征

《左氏春秋》虽然也是编年体史书,但它已经不满足孔子《春秋》那种对历史事实作简单陈述的一字含褒贬的"春秋笔法",他要以富赡而有趣的史事,各种人物生动而详细的历史活动,来充分显示春秋时期丰富的社会现实,来生动地展示那段激烈动荡的春秋历史,显示各种人物形象、心态,表达作者的观点立场。在《左氏春秋》中,各国君位嬗变,执政者谋权夺势,政客宦海沉浮,贵族内部倾轧火并,侯国之间欺诈侵掠,辽阔战场千军万马厮杀格斗,阴暗一隅数人密谋策划,各种各样的矛盾,大大小小的动乱,五花八门的政变,都无不给予关注。而且还记录了春秋时期人们的生活习惯、风土民情,使后人看到了春秋时期各种礼仪、祭祀、禁忌等活动。《左氏春秋》是春秋时期的一部百科全书,反映了春秋时期社会生活的方方面面,为后人描绘了一幅五彩缤纷的春秋历史画卷。

左丘明特别重视人在事件中的决定作用,常在记叙事件发生的前因后果中,展现事件中人与人的关系以及每个人的命运变化。人是历史事件的参与者,也是历史演变的主宰,作者抓住推动历史演变的主体来进行描写,虽然不是自觉地塑造典型人物形象,却不自觉地为中国文学园地增添了许多具有鲜明时代特征的人物形象。据孙绿怡教授统计,《左氏春秋》共写了一千四百多位人物,"这些人物包括了春秋时代社会各阶级、阶层的成员,有天子、诸侯、卿士、大夫,也有将相、武臣、学者,有说客、祝史、良医、商贾、倡优,也有宰竖、役人、盗贼、侠勇等等。各种历史人物,形形色色,多彩多姿。其中,约有三分之一的人物有较详细的事迹记录或鲜明的形象描绘。整部《左传》,犹如一幅人物层现叠出的彩画长卷,展示了风云变幻的春秋时代的社会历史面貌。"[①] 在叙事方法上,《左氏春秋》有重大的创新,这种创新首先表现在作者重视对事件的完整把握,对事件的发生、发展和结束有时能给予集中记叙,这正是儒家历史散文成熟、发达的重要标志,正是对《春秋》体例的重大突破,其意义是极其深远的,它直接启示了后来纪传体与纪事本末体的产生。如隐公元年,《春秋》上书:"夏,五月,郑伯克段于鄢。"只列一个纲目。而《左氏春

[①] 孙绿怡:《〈左传〉与中国古典小说》,北京大学出版社1992年版,第32页。

秋》叙述了叔段聚粮草、修兵器、备车马，准备向郑庄公夺权，而郑庄公早拭目以待，时机一到，一声令下，伐京、伐鄢，把叔段赶出了郑国。以此事件为中心，又补叙了此事件的前因后果。作者用了一个"初"字，就十分自然地从此事件一下子转到几十年前，武公娶武姜，武姜生庄公、叔段，武姜偏爱叔段，一心想让叔段掌握郑国大权。作者逐次展现庄公、叔段两个胞兄弟的矛盾，为隐公元年夏五月庄公剪除叔段交代了缘由与背景。叔段外逃后，作者又记述了庄公放逐武姜以及又与武姜和好"如初"的经过，描写了郑侯家庭矛盾产生、发展、激化、结束的全过程，情节完整，具有很强的故事性。

左丘明使用了多种叙事的方法，而《春秋》只简单地使用了顺叙，其他叙事的方法是不具备的。在《左氏春秋》中，显而易见的就是"初"字的频繁使用，它成为追述以往历史最简洁的语言方式。如果按以往的编年体的体例来要求，只能记录下事件在当时发生的片断，但《左氏春秋》却以本片断为基点，然后向前向后再生发开来，使用倒叙、补叙等手段，记叙事件的发生、发展和结局，交代事件的前因后果，使事件的叙述有了一个完整的过程。这样，实际上就突破了编年体的界限，使事件的记叙有了纪事本末体的因素，使人物的刻画有了传记的意味。

作者善于把握纷繁复杂社会矛盾的来龙去脉与历史事件的前因后果，能把材料组织编排得条理分明、井然有序；并用那支生花妙笔，把即使看似平淡的事件，也能描写出紧张曲折的情节来，用生动的故事代替简单枯燥的事件概述。把事件的经过写得绘声绘色，扣人心弦，富有戏剧性，把即使似乎无奇的人物也写得栩栩如生，富有传奇色彩。如成公十年夏，《春秋》中记有一事，只用了六个字："丙午，晋侯獳卒。"至于晋侯的死因未作交代。晋侯是自己跌入粪坑淹死的，若让一般史家来写，还是比较简单，写不出什么曲折来。而《左氏春秋》却运用了生动的情节和精彩的细节来叙写，把晋侯的死描述得极为生动、饶有兴味：

　　晋侯梦大厉，被发及地，搏膺而踊，曰："杀余孙，不义！余得请于帝矣！"坏大门及寝门而入。公惧，入于室；又坏户。公觉，召桑田巫。巫言如梦。公曰："何如？"曰："不食新矣！"

　　公疾病，求医于秦。秦伯使医缓为之。未至，公梦疾为二竖子，曰："彼良医也，惧伤我，焉逃之？"其一曰："居肓之上，膏之下，若我何！"医至，曰："疾不可为也！在肓之上，膏之下，攻之不可，达之不及，药不至焉；不可为也！"公曰："良医也！"厚为之礼而归之。

六月，丙午，晋侯欲麦，使甸人献麦，馈人为之。召桑田巫，示而杀之。将食，张，如厕，陷而卒。小臣有晨梦负公以登天，及日中，负晋侯出诸厕。遂以为殉。

晋侯景公死于鲁成公十年六月初六，然而文章却从晋景公两年前冤杀赵同、赵括，景公害怕赵氏先人鬼魂报复而患病述起，从病渐重到死，形成一个完整的故事情节。事件虽然平凡，但作者把情节安排得曲折起伏，并设有悬念，引人入胜。那位来讨血债的赵氏厉鬼，披着长发，捶着胸、跺着脚，口中呼喊着冤屈，替子孙们前来报仇。他"坏大门及寝门"，"又坏户"，怒不可遏，通过砸门破窗的细节描写，一位复仇者的形象跃然纸上。而那位平时操有生杀大权的晋侯，在公理面前又是那样的心虚胆怯，只知抱头鼠窜，说明晋侯的不治心病是咎由自取。接着还写了晋求名医于秦，秦故意拖延治疗的时间，显示了秦国的险恶用心。愚蠢的景公看不清其中的奥妙，还感谢秦医的诊断。然而在病危之际，还要杀死认为咒他早死的巫师。溺死之后，那个从粪坑背出晋侯的小臣也做了殉葬，事件叙述得绘声绘色，揭示了晋侯及统治者的残忍而又愚顽的嘴脸。

20世纪末，法国人类学家兼结构主义者列维·施特劳斯的"叙事结构说"引起中国学界的关注，中国社会科学院著名学者杨义先生，将施特劳斯的叙事中所谓的"深层结构""表层结构"表述为"双重结构"，他说："它们（叙事作品）以结构之技呼应着结构之道，以结构之形暗示着结构之神，或者说它们的结构本身也是带有双构性的，以显层的技巧性结构蕴含着深层的哲理性结构，反过来又以深层的哲理性结构贯通着显层的技巧性结构……它在深层次上瓦解了作品结构的封闭性，拓展了作品结构的开放性。"[1] 李措吉则把这种"双重结构"理论运用于对《左传》结构的分析上，他说："这种以道德意义作为事件发展或战争成败的逻辑根据而展开的叙述，是《左传》普遍的内在结构。最明显的，是对于各国间频繁的战争，作者总是要首先辨明双方在道义上的是非曲直，然后以此为逻辑起点安排叙事的结构，并将最后的胜负结果与道义直接联系起来，企图说明正义之师必胜的道理……整个《左传》叙事中，礼、义、德等道德因素，都被作者当作影响事件成败的重要原因加以叙述。而事件叙述的显层结构，也常常在其深层结构的导引下圆满结束。从而使我们对《左传》居高

---

[1] 杨义：《杨义文存》，人民出版社1997年版，第46—47页。

临下掌控全局,游刃有余、驾驭繁杂的叙事能力也有了进一步的确认。"①《左传》作者的儒家观念,对其著作的结构肯定有影响,但决定其结构的还是所叙述的事件本身,它是叙事结构的根本依据,道德观念既改变不了也"导引"不了已发生的事件本身,道德因素也形不成"深层结构""内在结构"。《左传》的结构就是事件本身发展的过程,只不过在叙述本事件过程中,作者受儒家观念的影响,对事件的资料进行有目的的选择、加工,在表述中显示他的儒家道德观。双重结构论颠倒了社会存在与意识的主从关系,至少将问题没必要地复杂化了。

《左氏春秋》中那些具体、生动的情节、细节和人物语言,从何而来?很显然,一些情节、细节和人物语言在当时事发时的条件下,是无法记录的,有许多是后人在追叙中加以想象出来的。这种追叙实际包含着艺术创作,他们替已知的历史事件揣度出许多原先未知的情节、细节和人物语言。他们认为在当时特定的条件下,事件的具体进展就该如此,事件中具体的人物就该说这样的话,否则,就不合情合理了。然而更多的还是《左氏春秋》的作者在原始史料的基础上,察物体情,自己想象和创作出来的,这也正是最能体现《左氏春秋》文学特点的地方。依靠这种想象和创作,《左氏春秋》才成为史传文学中最具艺术魅力的作品,才成为我国第一部叙事详细而完整的儒家历史散文。旧有的文字记载、历史传说、民谣故事、神话异闻,仅仅是一部分"材料",靠此远不能建成艺术的大厦。作者丰富的想象和合情入理的虚构,不仅补足了材料中普遍缺少的细节,甚至还创造出一些必要的情节与人物语言,并且像一种黏合剂,把全部材料粘连在一起,组成了一个有血有肉的统一体。想象与虚构是《左氏春秋》写作始终贯彻的一种重要艺术构思。如僖公二十四年中写道:

> 晋侯赏从亡者,介之推不言禄,禄亦弗及。推曰:"献公之子九人,唯君在矣。惠、怀无亲,外内弃之。天未绝晋,必将有主。主晋祀者,非君而谁?天实置之,而二三子以为己力,不亦诬乎?窃人之财,犹谓之盗,况贪天之功以为己力乎?下义其罪,上赏其奸;上下相蒙,难与处矣。"其母曰:"盍亦求之?以死,谁怼?"对曰:"尤而效之,罪又甚焉。且出怨言,不食其食。"其母曰:"亦使知之,若何?"对曰:"言,身之文也。身将隐,焉用文之?是求显也。"其母曰:"能如是乎?与女偕隐。"遂隐而死。

---

① 李措吉主编:《中国散文》,同济大学出版社2007年版,第53—54页。

晋公子重耳虽经多年苦难磨炼，阅尽人情真伪，饱尝世态炎凉，然而一旦复国成主，忘乎所以，马上暴露出虚伪、昏聩的特点。他大"赏从亡者"，然而贪天之功者赏，不言己功者禄不及，上下相欺蒙，无公道可言，介之推与母亲的一番对话，便是对这种现状的不满，并决心以隐死来与重耳决绝。介之推母子隐死前说的这些话，何人能知晓？纯属作者揣度、想象而虚构出来的。但作者的这种想象虚构绝不是无根据地捏造，他依据事件的发展逻辑，去想象事件所应具有的生动的情节和细节，依据每个历史人物的性格特征，去想象和设计人物在特定的条件下，应该具有哪些符合其个性特征的语言。

想象与虚构的运用，加上作者对旧史料的修饰润色，对传说逸闻广泛吸收，使《左氏春秋》行文更加铺排，叙事记言更加夸张。作者还善于将琐谈趣闻、甚至迷信传说融于史实之中，在这种奇闻异事的叙述中，仍不能排除作者的创作成分，左氏的这种喜好，与不言神怪的《春秋》恰形成鲜明的对比。因而遭到不少人的非难，如汉王充在《论衡·案书篇》中说《左氏春秋》"言多怪，颇与孔子不语怪力相违反"。从史学求真、无征存阙的原则看，《左氏春秋》并不是严格的史实记录，以上微词也并非属于无理挑剔，然而从文学角度看，这正是左氏艺术创造力的重要表现。

左氏还常采撷《诗经》中的诗句、民间的歌谣及谚语入史，使庄严的史实与优美的诗歌谣谚浑然融合，增加了叙事的文学色彩。如子产，郑穆公之孙，春秋时期杰出的改革家，他于郑简公二十三年执国政，决心彻底改变郑国混乱的状态，推行了一系列的改革措施，作封洫，制丘赋，编制田亩，创立按"丘"征赋制度，既保证了国家财政税收，又有利于农业的发展。但郑国许多人起初对子产的改革非常不满，以歌泄愤。后来眼见这种政策安定了国内秩序，给农业带来大发展，郑国国力大增，于是又唱出了由衷的颂歌，《左氏春秋·襄公三十年》记载中采录了众人前后不同的两首歌：

> 子产使都鄙有章，上下有服，田有封洫，庐井有伍。大人之忠俭者，从而与之；泰侈者，因而毙之……从政一年，舆人诵之曰："取我衣冠而褚之，取我田畴而伍之。孰杀子产，吾其与之。"及三年，又诵之曰："我有子弟，子产诲之；我有田畴，子产殖之。子产而死，谁其嗣之？"

子产初推行按"丘"征赋时，众人有怨愤情绪。三年后，众人因按"丘"征赋而受惠，由怨愤变为感激。这一漫长的改革过程，国人情绪的转变，郑国政局的变化，只用两首歌谣，便精练而有韵味地反映出来。

凡是历史事件的重要人物，左氏就广采博取各种书籍记载的文字和民间口头传诵的资料，加以自己的想象，浓墨重彩地描摹，凡是对历史事件无足轻重的人物就略而记之。人物刻画的详略，在于人物历史作用的大小，而不纯在于其官位的高低。冯李骅说："春秋之局凡三变，隐、桓以下政在诸侯，僖、文以下政在大夫，定、哀以下政在陪臣。"(《左绣·读左卮言》)权力不断下移是春秋时期社会发展的一个显著特点，随着权力下移，历史的主角不断地转换，左氏笔下的主人公也随着时代的发展而不断转换，展示着春秋时期历史变化的真实。凡是能生动地体现国家治乱、兴亡，能形象地显示社会各种代表人物的特征，"则纤芥无遗"，反之，"则丘山是弃"。(刘知几《史通·二体》)《左氏春秋》有自己的详略标准与取舍裁剪的原则，它的富赡表现在能生动、形象地反映社会生活的广度和深度，而不是资料的芜杂和堆砌。

在中国历史散文中，《左氏春秋》一向以善于叙述战事被人所称道。春秋时代各诸侯的兼并战争贯穿于整个社会发展过程之中，成为社会生活的主要内容，从战争中又往往看到国家之间政治、经济、外交的矛盾与斗争，看出人心的背向、历史发展的趋势。《左氏春秋》把战争作为自己的主题，生动地记载了几百起大小战役。

作者并不仅仅描写战场上的交锋，而是把战争当作社会全部矛盾激化的形态来加以全面描述。特别对春秋时期的五大战役：僖公二十八年的晋楚城濮之战，僖公三十三年的秦晋殽之战，宣公十二年的晋楚邲之战，成公二年的齐晋鞍之战，成公十六年的晋楚鄢陵之战，尤其写得周详。战事的酝酿、起因，战前军事、外交的谋略，兵马物质的调遣，阵势的布置，战时激烈的搏杀，战局的变化，双方的进退，战后胜负的结局，各方面的反应，人事的处理等，都纡徐有致地表现出来，笔力纵横，章法变幻有方。且看城濮之战中的一段：

> 夏，四月戊辰，晋侯、宋公、齐国归父、崔夭、秦小子慭次于城濮。楚师背酅而舍。晋侯患之。听舆人之诵曰："原田每每，舍其旧而新是谋。"公疑焉。子犯曰："战也！战而捷，必得诸侯；若其不捷，表里山河，必无害也。"公曰："若楚惠何？"栾贞子曰："汉阳诸

姬，楚实尽之。思小惠而忘大耻，不如战也。"晋侯梦与楚子搏，楚子伏己而盬其脑，是以惧。子犯曰："吉。我得天，楚伏其罪，吾且柔之矣。"

子玉使斗勃请战，曰："请与君之士戏，君凭轼而观之，得臣与寓目焉。"晋侯使栾枝对曰："寡君闻命矣。楚君之惠，未之敢忘，是以在此。为大夫退，其敢当君乎？既不获命矣，敢烦大夫谓二三子：戒尔车乘，敬尔君事，诘朝将见。"

晋车七百乘，韅、靷、鞅、靽。晋侯登有莘之墟以观师，曰："少长有礼，其可用也。"遂伐其木以益其兵。己巳，晋师陈于莘北。胥臣以下军之佐当陈、蔡。子玉以若敖之六卒将中军，曰："今日必无晋矣！"子西将左，子上将右。

胥臣蒙马以虎皮，先犯陈、蔡，陈、蔡奔，楚右师溃；狐毛设二旆而退之，栾枝使舆曳柴而伪遁，楚师驰之，原轸、郤溱以中军公族横击之，狐毛、狐偃以上军夹攻子西，楚左师溃；楚师败绩。子玉收其卒而止，故不败。

晋师三日馆谷，及癸酉而还。甲午，至于衡雍，作王宫于践土……

以上文字叙述的就是城濮（今山东鄄城西南）战役的全过程。当以晋军为主的反楚联军后撤九十里，进驻城濮后，紧追不舍的楚军在背靠鄐山的地方扎了营，占据了有利地形。在此决战前，晋文公有点担心，听到军中传唱的歌谣后，心中更是疑惑，尽管有部下激励，心里仍犯嘀咕，夜里还做了一个噩梦。而楚军的主将子玉气盛轻敌，认为破晋易如反掌，他一面傲慢地派人向晋文公下战书，一面在楚军将士面前夸海口。不料会战一开始，楚的联军陈、蔡的兵马就被打得弃阵而逃。对楚军，晋军采取了佯攻，然后就伪装失败，向后退却。楚军不知是计，果然追击过来，被晋军的伏兵拦腰截断，而后退的晋军马上回军夹击，把楚军杀得溃不成军，若不是子玉早点儿收兵，恐怕参战的楚军就要全部覆灭。

城濮之战的胜负是晋楚争霸的关键，所以作者对这场战争的经过采用了许多情节和细节来着力刻画。至于战争发生的原因及战前的准备，作者在叙述战争经过前已做了交代。城濮之战后，作者还写了这场战争的影响。凯旋班师的晋军，到达衡雍后，周天子亲自前来慰劳，晋文公就在践土设置了周天子的行宫，又召齐、鲁、宋、郑、蔡、莒、卫等国到践土（今河南原阳西南）会盟，周襄王封晋文公为侯伯，晋文公的霸主地位从此确立,春秋争霸又呈现出新的格局。

作者总揽全局,把握战争整个过程,对战争的每个阶段,或分写或合写,或详细或简略,都着意安排,对每个情节和细节,都经过精心剪裁取舍。对作战双方或不同场面的描写,转换自如而有联系。战争进程的叙述,层次井然,有条不紊。各环节脉络清晰,胜败因果分明。

本篇主要表现晋楚两大军事力量的对立和角逐,作者相应地采取了对比、反衬的手法,在对比与反衬中,见出两者的差异和各自的特点,来展示双方战事的发展变化。如晋国君臣团结一致,君主英明,将士足智多谋、能征善战;而楚国恰相反,君臣意见不合,君主缺少主见,将士盲目轻敌,导致指挥失误。晋国一方面积极争取秦、齐加盟,一方面又瓦解曹、卫与楚的联盟,尽量扩大反楚力量,削弱楚的势力;而楚成王要不主张避免与晋决战,要不只给子玉很少兵力让他去送死,根本谈不上审时度势,寻找破晋的突破口。晋军的将领在战斗中采取正确的战术,避敌锋芒,诱敌深入,然后突然袭击;而楚军将士盲目乐观,一味冒进。晋楚的差距如此明显,晋军的胜利自然是理所当然的了。

比起战前准备、战后胜败结局来,刀光剑影的鏖战就显得格外紧迫、激烈,不容作者从容委婉地细述一刀一枪的来往回合,这部分内容往往写得比较简略,但作者常选取决定战争进程的关键人物来刻画,以展示战争经过,常以这些人物战场上的一句话、一个动作,集中凝练地反映鏖战中千军万马的心态与风貌。如成公二年鞌之战中的一段激战情景:

> 癸酉,师陈于鞌。邴夏御齐侯,逢丑父为右。晋解张御郤克,郑丘缓为右。齐侯曰:"余姑翦灭此而朝食。"不介马而驰之。郤克伤于矢,流血及屦,未绝鼓音,曰:"余病矣。"张侯曰:"自始合,而矢贯余手及肘,余折以御,左轮朱殷,岂敢言病?吾子忍之!"缓曰:"自始合,苟有险,余必下推车,子岂识之?然子病矣!"张侯曰:"师之耳目,在吾旗鼓,进退从之。此车一人殿之,可以集事,若之何其以病败君之大事也?擐甲执兵,固即死也。病未及死,吾子勉之!"左并辔,右援枹而鼓,马逸不能止,师从之。齐师败绩。

齐军先向晋军发起猛攻,晋主帅郤克中箭后血流到鞋上,仍没停止击鼓指挥;他的驭手解张手与肘皆中箭,血把左车轮都染红了,但他折断箭杆继续赶车;他的车右郑丘缓虽未中箭,但一遇险情便冒着生死危险下去推车。细节生动,情景逼真,将士们不畏牺牲,互相激励的语言简短而情深,表达出来的甘愿为国捐躯的豪迈气概令人感动。跟随在他们后面的所有晋军将士，个个也如同他们一样殊死奋战，其英雄形象是可以想象到的。

刘知几在《史通·杂说上》中说：

《左氏》之叙事也，述行师则簿领盈视，哤聒沸腾；论备火则区分在目，修饰峻整；言胜捷则收获都尽；记奔败则披靡横前；申盟誓则慷慨有余；称谲诈则欺诬可见；谈恩惠则煦如春日；纪严切则凛若秋霜；叙兴邦则滋味无量；陈亡国则凄凉可悯。或腴辞润简牍，或美句入咏歌，跌宕而不群，纵横而自得。若斯才者，殆将工侔造化，思涉鬼神，著述罕闻，古今卓绝。

《左氏春秋》的叙事尤其是记叙战争的能力，莫说先秦历史散文，就是在先秦所有的散文中，当首屈一指。

《左氏春秋》的记言，也达到了前所未有的水平。作者具有熟练的驾驭语言的能力，善于以生动的具有个性化的人物语言，生动、传神地表现出人物的鲜明性格。善于以准确、精练的叙述人的语言，来表述纷繁复杂的事变，来表达作者自己深刻、细腻的感情。

《左氏春秋》中的"记言"，最为精彩的是行人的辞令。所谓"行人"是奔走于政界、侯国间的外交人员，他们凭借逻辑严密的言辞来折服对方，推行自己的一定主张。他们的外交辞令、政事议论、谏说之词，委婉有力，在彬彬有礼的形式下，带有极强的"杀伤力"。如僖公三十三年，秦军企图里应外合，一举灭掉郑国，而危在旦夕的郑国，仅以郑商人弦高与郑大夫皇武子的"外交辞令"，就化险为夷：

三十三年春，秦师……及滑，郑商人弦高将市于周，遇之。以乘韦先，牛十二犒师，曰："寡君闻吾子将步师出于敝邑，敢犒从者，不腆敝邑，为从者之淹，居则具一日之积，行则备一夕之卫。"且使遽告于郑。

郑穆公使视客馆，则束载、厉兵、秣马矣。使皇武子辞焉，曰："吾子淹久于敝邑，唯是脯资饩牵竭矣。为吾子之将行也，郑之有原圃，犹秦之有具囿也。吾子取其麋鹿以闲敝邑，若何？"杞子奔齐，逢孙、扬孙奔宋。孟明曰："郑有备矣，不可冀也。攻之不克，围之不继，吾其还也。"灭滑而还。

弦高明知秦军前来要偷袭郑国，却假托奉郑君之命，远道来迎，并奉上犒劳秦军的礼品，以示郑国早知秦军的行动，暗示郑国也早有准备，从而使秦军的偷袭计划落空。皇武子更借供应不支，对做内应的秦使杞子等人下了委婉的"逐客令"，从而使秦军的内应计划也落空。只好灭了小小滑国而返。弦高与皇武子的语言充满了智慧，善于揣摩对方心理而发论，巧于以语言进行"心战"。

刘知几在《史通·申左》中赞叹说："寻《左氏》载诸大夫辞令、行人应答，其文典而美，其语博而奥，述远古则委曲如存，征近代则循环可覆。必料其功用厚薄，措思深浅，谅非经营草创，出自一时，琢磨润色，独成一手。"细细地体味《左氏春秋》中各行人辞令，有的词锋犀利，有的陈词委婉，有的不亢不卑，有的似柔实刚，有的慷慨激昂，有的义正词严，有的哀哀动情。或真情坦露，或言不由衷，或逢场作戏，或坑蒙拐骗，但都无不流露着人物各自的个性风采。

左氏的叙述语言词约事丰、意蕴厚实。如宣公十六年春记有："戊申，以黻冕命士会将中军，且为大傅。于是晋国之盗逃奔于秦。"晋景公即位后，命士会统领中军，兼任大傅，主持晋国礼刑之职，"于是晋国之盗逃奔于秦"，仅此一句，包含了多少内容！它说明晋侯知人善任，士会早有赏罚严明的名声，晋之盗奔于秦而不奔于他国，也反映了此时秦国对晋国的敌对态度，肯于收容晋国所要惩罚的人。闵公二年载："僖之元年，齐桓公迁邢于夷仪。二年，封卫于楚丘。邢迁如归，卫国忘亡。"中山亡邢，狄人灭卫，邢人与卫人被赶出家园，成了亡国的遗民。齐桓公重新为邢人在夷仪立国，在楚丘为卫人立国，无家可归的邢人与卫人被安顿妥当，作者用"如归""忘亡"来概括邢人和卫人的无比喜悦，万千感情却以寥寥数字道出，真是笔力非凡。再如庄公十二年，宋国内乱，闵公被杀，后乱平，作乱者猛获奔于卫，南宫万奔于陈，《左氏春秋》写道："宋人请猛获于卫……卫人归之。亦请南宫万于陈，以赂。陈人使妇人饮之酒，而以犀革裹之。比及宋，手足皆见。""比及宋，手足皆见"句，言简意赅，使人想象到：当南宫万酒醒后，才知自己已被裹在了皮囊中，一种求生的欲望使他一路上拼命地挣扎，力气之大，竟把犀牛皮捅破，使手脚露出来。再如宣公十二年冬，楚国伐萧，"申公巫臣曰：'师人多寒。'王巡三军，拊而勉之，三军之士皆如挟𫄸"。围攻萧国的楚军将士，因缺少棉衣受冷冻，楚王知情后，亲自巡视三军，并抚摩而进行安慰，几句体恤的温语使将士们感到暖似披上棉衣，比喻贴切入时，将楚王慰勉之情与三军将士的愉悦都蕴含其中。所以刘知几在《史通·叙事》中说：

既而丘明受经，师范尼父。夫经以数字包义，而传以一句成言，虽繁约有殊，而隐晦无异。故其纲纪而言邦俗也，……斯皆言近而旨远，辞浅而意深，虽发语已殚，而含意未尽。使夫读者望表而知里，扪毛而辨骨，睹一事于句中，反三隅于字外。晦之时义，不亦大哉！

左氏叙事晦而能显，虚实相间，能"因物赋形"，事愈错综，辞益纵横，声调的缓急随情而发，文笔的曲直莫不以逼肖为准。有时笔法又出人意表，写秽亵事笔反洁；写繁杂事笔反简；写紧张事笔反缓。变化多端，妙趣横生。

从《左氏春秋》开始，中国的史著中有了作者的评论，并成为一种格式。左氏发论多以"君子曰""君子谓""君子是以知""君子以为"为开头语，也有不冠以"君子曰"等语直接发论的；还有借他人言论或征引《诗》《书》等典籍的言论来间接表示作者意见的。如郑庄公任高渠弥为卿，当时未即位的郑昭公表示反对，当昭公即位不久，即在鲁桓公十七年，高渠弥就杀了昭公。作者在记述完此事后，又写道"君子谓：'昭公知所恶矣。'公子达曰：'高伯其为戮乎？复恶已甚矣。'"作者赞叹昭公早知高渠弥居心险恶，惋惜庄公养虎遗患。借用公子达的话，谴责高渠弥报复私怨过分，注定没有好下场，作者不仅有自己的态度，而且借他人的评论来总结沉痛的历史教训。再如鲁僖公十二年，周襄王以对待上卿的礼节来款待管仲，管仲谦恭地予以辞谢。作者对管仲的这种谦让精神赞赏道："君子曰：'管氏之世祀也宜哉！让不忘其上。'《诗》曰：'恺悌君子，神所劳矣。'"作者觉得自己的语言还不足以表达对管仲的赞美之情，又引《诗经》中的语句来助表达，"恺，乐也；悌，易也。"（杜预注）管仲建不世之功却保持和乐平易谦恭之心态，进一步说明管仲历代受到人们怀念的原因。这些发论，或直接或间接，都加重了《左氏春秋》的感情色彩，为后代史著褒贬人物、抒发作者感情创立了新形式。

《左氏春秋》通过"艳而富"的记言与记事，刻画了众多个性鲜明的历史人物形象，这些人物都处于尖锐的社会矛盾冲突之中，通过展示人物所从事的斗争与人物在斗争中的言论，使人物性格特征得到充分表现。事件富有故事性，情节生动，细节逼真，语言精练而富有个性化特点，为中国文学园地增添了许多感人的艺术形象，为后世提供了许多刻画人物形象的艺术经验，把先秦历史散文叙事记言和写人的艺术技巧提高到前所未有的高度。然而《左氏春秋》毕竟采取的是编年体形式，尽管在叙事时对编年有所突破，但总的看来，它所记载的人物的行实与言论大部分分散在各时段的记载中，分散的记述往往只勾勒人物某一时期内的形象与某一方面的性格特征，只有把分散的描述归拢、汇总后才能构成完整的形象。所以，《左氏春秋》的人物形象具有"累积性"的特点，作者塑造人物形象的意识还处于不自觉的阶段。

（四）儒家重于记言说教的历史散文

继《左氏春秋》之后，另一部重要的儒家历史散文著作是《国语》。据司马迁说："左丘失明，厥有国语。"（《史记·太史公自序》）从班固始，把《国语》视为"春秋外传"，与《左氏春秋》同为解释《春秋》经的。由于《春秋》以鲁国为内，以其他诸国为外，《左氏春秋》同《春秋》一样，以鲁公纪年为序，所以称为"内传"，而《国语》并非如此，所以称作"外传"。唐代刘知几在《史通·六家》中说："《国语》家者，其先亦出于左丘明，既为'春秋内传'，又稽其逸文，纂其别说，分周、鲁、齐、晋、郑、楚、吴、越八国事，起自周穆王，终于鲁悼公，别为'春秋外传'——《国语》，合为二十一篇。"

《国语》大约是左丘明失明后将其编著《左氏春秋》剩余的资料略加整理汇编成的。全书七万余字，共二十一卷，主要通过一些历史人物的言论、对话或互相驳难，来分记春秋时期各诸侯国的史实。也有上起西周穆王不听祭公谋父规谏，将征犬戎，下至战国初期韩、赵、魏三家联合灭智伯（前453）的记载，说明同《左氏春秋》一样，也可能有后人的补充、续记甚至修饰。

《左氏春秋》为左丘明精心所撰，史料的编排、取舍乃至加工全服从于作者的构思设计，而《国语》是由各国史料纂辑成的著作，由于种种原因，对原始史料，左丘明未作过多加工，因而《国语》与《左氏春秋》在体例、思想内容、风格上有所不同。

从体例上看，《国语》以各国史官所录的有关记言资料为主，主要分国记录君臣的谠言弘说，基本属于记言体，是《尚书》体的继承与发展。不过《尚书》记言多限于官府诏诰策命，《国语》记言多是诸侯大夫间的论辩言辞，多是有关如何治理国家的真知灼见。《国语》也有记事，只是配合记言或作为记言体中的一种补充。如《鲁语下》"叔孙穆子论楚公子围"：

> 虢之会，楚公子围二人执戈先焉。蔡公孙归生与郑罕虎见叔孙穆子，穆子曰："楚公子甚美，不大夫矣，抑君也。"郑子皮曰："有执

戈之前，吾惑之。"蔡子家曰："楚，大国也；公子围，其令尹也。有执戈之前，不亦可乎？"穆子曰："不然。天子有虎贲，习武训也；诸侯有旅贲，御灾害也；大夫有贰车，备承事也；士有陪乘，告奔走也。今大夫而设诸侯之服，有其心矣。若无其心，而敢设服以见诸侯之大夫乎？将不入矣。夫服，心之文也。如龟焉，灼其中，必文于外。若楚公子不为君，必死，不合诸侯矣。"

公子围反，杀郏敖而代之。

文章先写诸侯国的大夫会盟于虢，在盟会上，叔孙穆子等人见前来参会的楚公子围，有执戈人做护卫，穿的服饰华美胜似诸侯，于是议论其有"抑君"之心，真是见微知著。议论语之后又接着写道："公子围反，杀郏敖而代之。"记事文字不多，但与记言内容前后呼应合为一体，互为补充，构成了完整的史实记叙。《国语》主要以人物议论来构成篇章结构，在议论前，先简要叙述引起议论的事件，然后进入对此事件的议论，最后再叙事件的结局，以检验议论的正确与否，以上引文大致就显示出《国语》体例的基本模式。

《国语》的编排，与《尚书》有所不同，《尚书》以朝代为编次单位，《国语》却以侯国为编次单位，开创了我国记叙史实的新体例——国别体。刘知几在《史通·六家》中把这一体例与《尚书》家、《春秋》家、《左传》家、《史记》家、《汉书》家列为中国史体"六家"。对刘知几的这种史体分类，清代浦起龙解释说：

> 史体尽此六家，六家各有原委。其举数也，欲溢为七而无欠，欲减为五则不全，是《史通》总挈之纲领也。其辨体也，援驳俪纯而派同，移甲置乙则族乱，是六家类从之畛涂也。注家认"家"字不清，要领全没，今为显说之。一，《尚书》，记言家也；二，《春秋》，记事家也；三，《左传》，编年家也；四，《国语》，国别家也；五，《史记》，通古纪传家也；六，《汉书》，断代纪传家也。会此分配，以观六章，观全书，如视掌文矣。（《史通通释》卷一）

《国语》不是编年体，它不具备《左氏春秋》那种按时间顺序记载史实的特点，也不像《左氏春秋》那样编年不分国、成统一体系，但它可以集中叙述某国历史。除《周语》三卷、《郑语》一卷中涉及西周事外，其余记载的是春秋时期各国政治、外交、军事等重点史实。《鲁语》二卷主要记臧文仲、里革、公父文伯的事；《齐语》一卷主要记管仲为相辅佐齐桓公的事；《晋语》九卷占全书很大比例，重点叙述晋公子重耳的经历；《郑语》一卷主要记史伯论国家兴衰；《楚语》二卷主要记灵公、昭王的事迹；《吴语》一卷主要记吴王夫差争霸；《越语》二卷着重记载勾践雪耻和范蠡多谋。《国语》既可集中叙述一国的历史，自然也实现了比较集中叙述此国某重要人物的生平，从而为纪事本末体与传记体起了先导作用。韩菼作《左传纪事本末序》说：左丘明作《左氏春秋》后，"又稽逸文，纂别说，为外传以广之，分八国各为卷，是亦一国之本末也；其传一人之事与言，必引其后事牵连以终之，是亦一人一事之本末也"。

与《左氏春秋》比，《国语》是一部记言史料汇编史书，没有编撰《左氏春秋》时的那般精密构思与精心编排，编者对所收资料只粗略地进行了加工整理，很少润色。但由于它是来自各国的史料，所以内容富赡庞杂。侯国的盛衰兴亡，君位的更替嬗变，宫廷内贵族的权力争夺，战场上将士们的拼杀，各国诸侯间的重大盟会，行人外交的朝觐聘问，思想家的至理名言，政客的阴谋诡计，各国繁多的礼制、禁忌，盛大的诸侯祭典、宴乐，热闹的民间婚丧嫁娶，乃至阐释占相卜筮，解说星象历数，传播神话趣闻，等等。无不吸收于书中，同《左氏春秋》一样，全面地向人们展示了春秋时期经济、财政、军事、兵法、外交、教育、法律、婚姻等丰富的社会生活。

正因为《国语》的资料很少被修饰，在很大程度上保留着原始的特性，所以《国语》中所表现出来的思想比较复杂。它在主体上倾向于儒家的伦理思想，具有浓重的民本思想。宣扬了"重民""行德""尚礼""孝悌""忠君"及反对专制腐败、重视人才等主张。如《国语·鲁语上》记载曹刿与鲁庄公讨论战事：

> 长勺之役，曹刿问所以战于庄公。公曰："余不爱衣食于民，不爱牺牲玉于神。"对曰："夫惠本而后民归之志，民和而后神降之福。若布德于民而平均其政事，君子务治而小人务力；动不违时，财不过用；财用不匮，莫不能使共祀。是以用民无不听，求福无不丰。今将惠以小赐，祀以独恭。小赐不咸，独恭不优。不咸，民不归也；不优，神弗福也。将何以战？夫民求不匮于财，而神求优裕于享者也，故不可以不本。"
>
> 公曰："余听狱虽不能察，必以情断之。"对曰："是则可矣。知夫苟中心图民，智虽弗及，必将至焉。"

强齐侵鲁，鲁庄公急忙向曹刿询问对策。曹刿反问庄公凭什么应战？庄公认为自己曾将一些衣服食品分送于民，祭祀时不吝惜牛羊玉器，必定会得到民与神的帮助。曹刿认为这些小恩小惠，不足以使民"归"，也不能使神赐福，要想得民心从而得民力，得神祇信任从而得神助，关键在于"布德于民而平均其政事"，只有如此，才会"夫惠本而后民归之志，民和而后神降之福"。庄公于是改口说："余听狱虽不能察，必以情断之。"此虽未完全达到曹刿所希望达到的"布德"标准，但总算心存老百姓了，已经获得了战胜的根本。本文通过曹刿之口，指出战争胜利之本在民，而要得民心得民力全在于"布德""惠民"，通过对曹刿主张的肯定与赞颂，反映出作者"重民""尚德"的儒家思想倾向。

《国语》虽主要以儒家思想为主，但由于资料来源不一，也杂有其他各家的思想，如《晋语六》"范文子论德福"，有道家的思想倾向；《齐语》"管仲论足甲兵"，有法家的思想倾向；《周语中》"刘康公论俭与侈"，有墨家的思想倾向；《越语下》"范蠡谓人事与天地相参"，有阴阳家的思想倾向，等等。甚至还反映出一些迷信神权和宿命论的思想意识，如《周语下》"宾孟见雄鸡自断其尾"。

在风格上，《国语》各部分也不统一，如《周语》古奥像《尚书》；《鲁语》简朴接近《论语》；《楚语》句法讲究排比，等等。一般来说，还是比较平实、通俗、自然，富有生活气息。当然，与精心修饰、内容精练、语言简洁、风格统一的《左氏春秋》相比，有明显的差别。总的来说，《国语》的文学成就不及《左氏春秋》，但它长于描写人物对话，人物语言具有个性化与口语化的特点，在人物语言艺术与人物形象刻画技巧方面，还是有自己的一定特色。

与《左氏春秋》比，《国语》略于记事而详于记言，以二书中所载同一事件作比较，就看得更明显。如僖公二十三年，重耳一行出逃于齐，受到齐国礼遇，齐桓公为他娶妻齐姜，重耳安于逸乐而想永远留在齐国，重耳随从密谋离齐，密谋之事被齐姜的女仆听到，《左氏春秋》中写道：

> 蚕妾在其上，以告姜氏。姜氏杀之，而谓公子曰："子有四方之志，其闻之者吾杀之矣。"公子曰："无之。"姜曰："行也。怀与安，实败名。"公子不可。

齐姜杀奴劝夫一段，姜氏的话总共二十多个字，而《国语·晋语四》

中姜氏劝重耳的话竟长达五百多字：

> 妾告姜氏，姜氏杀之，而言于公子曰："从者将以子行，其闻之者吾以除之矣。子必从之，不可以贰，贰无成命。《诗》云：'上帝临女，无贰尔心。'先王其知之矣，贰将可乎？子去晋难而极于此。自子之行。晋无宁岁，民无成君。天未丧晋，无异公子，有晋国者，非子而谁？子其勉之！上帝临子，贰必有咎。"
>
> 公子曰："吾不动矣，必死于此。"姜曰："不然。《周诗》曰：'莘莘征夫，每怀靡及。'夙夜征行。不遑启处，犹惧无及。况其顺身纵欲怀安，将何及矣！人不求及，其能及乎？日月不处，人谁获安？西方之书有之曰：'怀与安，实疚大事。'《郑诗》云：'仲可怀也，人之多言。亦可畏也。'昔管敬仲有言，小妾闻之，曰：'畏威如疾，民之上也。从怀如流，民之下也。见怀思威，民之中也。畏威如疾，乃能威民。威在民上，弗畏有刑。从怀如流，去威远矣，故谓之下。其在辟也，吾从中也。《郑诗》之言，吾其从之。'此大夫管仲之所以纪纲齐国，裨辅先君而成霸者也……"公子弗听。

姜氏广征博引，娓娓而谈，不仅引用《诗经》诗句来晓以大义，还用历史人物与历史事件来喻事明理，言辞显得枝蔓庞杂。人物语言注重于教训，侧重于说理，这当是史官奉行以史寓教原则的一种表现，主观上给人物语言增添了许多空泛的封建说教，一定程度上削弱了人物语言个性化特征。明显看出《左氏春秋》在吸收《国语》所收的资料内容时，对所有文字，尤其是对人物的语言部分进行了大幅度的删减与提炼。

《国语》中的人物语言，一般写得还是相当精彩的，相比之下，《左氏春秋》有时或空缺、或过于简略，而缺少《国语》中人物语言对人物性格揭示的那种深刻性。如骊姬施毒计向晋献公谮太子申生，有人劝晋太子出逃他国，《左氏春秋·僖公四年》中这样写道：

> 或谓大子："子辞，君必辩焉。"大子曰："君非姬氏，居不安，食不饱。我辞，姬必有罪。君老矣，吾又不乐。"曰："子其行乎！"大子曰："君实不察其罪，被此名也以出，人谁纳我？"

而《国语·晋语·二》写道：

人谓申生曰:"非子之罪,何不去乎?"申生曰:"不可。去而罪释,必归于君,是怨君也。章父之恶,取笑诸侯,吾谁乡而入?内困于父母,外困于诸侯,是重困也。弃君去罪,是逃死也。吾闻之:'仁不怨君,智不重困,勇不逃死。'若罪不释,去而必重。去而罪重,不智。逃死而怨君,不仁。有罪不死,无勇。去而厚怨,恶不可重,死不可避,吾将伏以俟命。"

二者相比,《左氏春秋》中的晋太子的话显得有点简略,只阐述了他不辩罪、不出国的直接原因,并没有说明他的思想依据。而《国语》却通过详尽的人物语言,揭示了这一点:太子之所以不辩罪、不出国,是因为死死守着孝道和仁德,这与其老师杜原款的教导是一致的,也与太子的一贯为人与性格是一致的,所以才说出既符合他的个性又极有个性的语言,不仅鲜明地显示了太子的性格,也显示了太子性格产生的环境。通过太子的回答语,让我们清晰地洞察到这位既仁义又迂腐的贵族青年的心灵,他既是阴险毒辣者的受害者,又是封建礼教的受害者,形象异常鲜活。

柳宗元曾赞许道:"左氏《国语》,其文深闳杰异,固世之之所耽嗜而不已也。"(《非国语序》)《国语》重于记言,也善于记言,其人物大多以健谈为特征,谈锋犀利、风趣,引人入胜。在议论中,往往广征博引,溯本求源,层层渲染,夸大其词,不仅针对现实问题而发论,还能引发出深邃的哲理。常通过人物的语言,简略概述历史事件的整个过程和人物的简要生平经历。往往是借所述事件与人物经历,来引发某一道理,阐述某种观点。《国语》往往不是由史实而引出史论,而是借史实来阐述某一道理,史实成了作者说明某种道理时所选择的一个论据。

《国语》有些篇章已特别注重铺陈手法的运用,特别是排比句的广泛运用,收到了委曲周密的效果。在人物对话中,多方论证,层层深入,充分阐发,增强了论辩的说服力,如《晋语·九》中"智果对智宣子":

智宣子将以瑶为后,智果曰:"不如宵也。"宣子曰:"宵也佷。"对曰:"宵之佷在面,瑶之佷在心。心佷败国,面佷不害。瑶之贤于人者五,其不逮者一也。美鬓长大则贤,射御足力则贤,伎艺毕给则贤,巧文辩惠则贤,强毅果敢则贤。如是而甚不仁。以其五贤陵人,而以不仁行之,其谁能待之?若果立瑶也,智宗必灭。"

智宣子在瑶与宵二人中间选后，最后选择了瑶，智果认为不可，他以"宵厉害表现在面容上，瑶狠毒隐藏在内心里，心恨者败坏国家，面恨者没有什么害处"，精确地概括了宵与瑶二人容貌和本性的区别。对于瑶的"贤"，作者连用五个排比句，可谓好话说尽，使智宣子无以复加，然以一个"不仁"便干脆利落地否定了"五贤"，欲擒故纵，纵横驰骋，富有感染力、鼓动性，这种夸饰与铺陈的艺术手段，直接影响到《战国策》敷张扬厉、恣肆雄辩文风的形成。

《国语》缺少修饰加工，比较质朴、芜杂，但仍不失为具有卓越文学成就的历史散文作品，尤其是它那善于表现人物生动形象与鲜明性格的对话，为中国散文的写作提供了语言艺术借鉴。《国语》的人物语言中还常夹杂神话、传说、传奇性历史故事，充满怪异、迷信、宿命论的内容。更有作者想象与虚构的人物语言，如《周语·上》载伯阳父以三川地区地震为据而论周朝将亡；内史过论神能观政降祸福；《周语·下》载太子晋为劝谏灵王堵塞谷水，引用了共工、伯鲧、尧、禹等古人的传说；骊姬为谗毁太子申生，在枕席上向晋献公窃窃私语，等等。柳宗元在《非国语》一文中指责《国语》"文胜而言庞，好诡以反伦"，"务富文采，不顾事实，而益之以诬怪，张之以阔诞"。柳氏仅从崇经尊史角度来评价《国语》，就偏颇了。从史学角度讲，《国语》有虚妄之处，但从文学散文角度讲，是无可厚非的。

三 儒家哲理散文的形成

儒家是王官文化沦落之后，首先涌现出来的士文化的代表，是最早产生的士文化中的学术派别，为后世留下了许多哲理散文。春秋战国儒家标志性的哲理散文就是《论语》《孟子》和《荀子》，《论语》是孔子弟子及其再传弟子根据直接记录和传闻记录纂辑的孔子言论集，也兼记孔子弟子及时人一些言行，集中代表了儒家创始人孔子的思想。如果说中国传统文化的核心是儒学，儒学的核心是经学，那么经学的核心则是《论语》。儒家代表人物孔子不仅是中国成体系的历史散文的开山祖，同老子一样，也是先秦诸子哲理散文的开创者。在战国中、后期形成的《孟子》与《荀子》二书，发展了孔子的儒家思想，并以其美学价值极高又风采各异的艺术风范，标志着儒家哲理散文的成熟。班固《汉书·艺文志》儒家一项中列有作者53人，所著文章共计836篇，当然这里面包括有汉代儒者的作品，但先秦儒者所作的也占不小的比例，这些儒者多为孔子弟子及嫡传学人，如《曾子》18篇、《漆雕子》13篇、《世子》21篇等，在众多的儒家哲理散文中，最有影响的还是《论语》《孟子》和《荀子》。

（一）儒家代表人物孔、孟、荀及其主要思想

班固在《汉书·艺文志》中说："儒家者流，盖出于司徒之官，助人君，顺阴阳，明教化者也。游文于六经之中，留意于仁义之际，祖述尧舜，宪章文武，宗师仲尼，以重其言，于道最为高。""司徒"原是周代主管教化的王官，为六卿之一，以道术辅君教民，顺应历史变化。班固所言儒家学派出于司徒之官，主要指儒家学派继承了司徒之官的社会职能——主教化，并非专指这个学派中的人曾在周王室内任过司徒之职。班固还强调：儒家学派以继承王官文化为前提，以三代的六经为经典，以仁义为旗帜，以弘扬彰显尧、舜、文王、武王圣迹为己任，以孔子为宗师，崇奉孔子学说，以儒家之道为最高原则。班固所言，基本概括了儒家的特点。

班固阐释儒家，追根溯源。而千百年来社会公认儒家的形成，其标志就是儒家学派的形成，而儒家学派的形成，其标志就是儒学的形成，而儒家学派的创立、儒学体系的建构，无不始于孔子。

孔子名丘，字仲尼，其远祖孔父嘉是宋国贵族，因战乱被杀，其子逃至鲁国，居于鄹邑（今山东曲阜），至孔子父亲叔梁纥时，家境已败落。孔子自己也说："吾少也贱，故多能鄙事。"（《论语·子罕》，本节以下凡引《论语》中语皆只注篇名）及长，在鲁国曾任"委吏"（司会计）和"乘田"（管畜牧）等小官，属于从破落贵族家庭成长起来的士阶层人物。孔子所在的鲁国，西周初是周武王弟周公旦的封国，在春秋时期仍然保持着西周王官文化的许多传统，号称礼乐之邦。孔子就生活在这一文化氛围之中，"孔子为儿嬉戏，常陈俎豆，设礼容"（《史记·孔子世家》），从小就受到礼乐文化的熏陶。孔子是一个非常勤奋好学的人，他学无常师，相传他曾问礼于老子，学乐于苌弘，学琴于师襄，学官制于郯子。大约在"而立"之年学有所成后，便一边收徒讲学，一边从事政治活动。鲁定公时，51岁的孔子被任命为鲁国中都宰，后又升为司空、司寇、行摄相事。后因齐人离间，辞官离鲁，率弟子们周游卫、宋、陈、蔡、齐、楚等国，想用自己的学说来挽救乱世，但所到之处，均不见用，于是在鲁哀公十一年（前484）又返回鲁国，致力于文化教育，整理《诗》《书》等古代文献，编著成《春秋》一书。鲁哀公十六

年时，孔子逝世，享年73岁。孔子死后，其弟子门人及后学主要辑其言谈而成《论语》，比孔子的《春秋》还明确、集中地阐述了孔子的思想，标志着儒家哲理散文的诞生。

孔子生于春秋末年，这正是中国社会转型时期，他集三代文明之大成，向往西周德治的大一统盛世，因此被一些后人认为是腐朽的旧制度的维护者。实际上恰恰相反，他弘扬尧、舜、文王、武王、周公德治思想，提倡恢复周代的礼制，目的是建立新的社会秩序与世界观。他的政治主张虽不为当时欲靠武力争霸的各诸侯所采纳，但并不能因他的超前意识而断定他在政治上属于保守派。他的思想适应了广大农奴解放的大潮流，客观上加速了腐朽的封建领主旧制度的灭亡。在激烈的社会转型的过程中，他的思想当然有落后、保守的一面，但积极进取、改革创新的一面还是主要的。孔子是新兴地主阶级的伟大先驱与杰出代表，是迎接新社会到来的新文明的创建者，是中国封建社会最伟大的思想家、政治家、教育家、史学家和文献整理家，他对推动中国历史的发展做出了巨大的贡献。梁启超在《孔子》未完稿中，甚至认为这些称论还不足以概括孔子的历史贡献，他说：

> 吾将以教主尊孔子。夫孔子诚教主也，而教主不足以尽孔子。教主感化力所及，限于其信徒，而孔子则凡有血气，莫不尊亲。举中国人，虽未尝一读孔子之书者，而皆在孔子范围中也。故印度不能为释迦之印度，犹太不能为基督之犹太，而中国则孔子之中国也。吾将以教育家尊孔子。夫孔子诚教育家也，而教育家不足以尽孔子。教育家之主义及方法，只能适用于一时代，一社会，而孔子之教育，则揆四海而皆准，俟百世而不惑也。故梭格拉第之后，容有梭格拉第；而孔子之后，无孔子也。吾将以学问家尊孔子。夫孔子诚学问家也，而学问家不足以尽孔子。学问家以学问故而成家，而孔子则学问之所从出也。吾将以政治家尊孔子。夫孔子诚政治家也，而政治家不足以尽孔子。食政治家之赐者，不过一国，而孔子之理想的政治，则洋溢中国，而施及蛮貊也。食政治家之赐者，不过百年，而孔子之因时的政治，可以善当时之中国，可以善二千年迄今之中国，且可以善自今以往永劫无穷之中国也。[①]

[①] 梁启超：《儒家哲学》，上海世纪出版集团、上海人民出版社2009年版，第191页。

孔子的思想博大精深，概括起来就是：体仁、中庸、修礼、行道。

在孔子之前，仁与善、德、忠、信等并列为一种美好德行，孔子独具慧眼，把仁提升为"道"的境界，以统摄所有的善行。体仁，就是躬行仁道，就是提倡与践行人与人相互亲爱。这是孔子人生价值观的核心，也是他提倡的完美人格的标准，"内圣外王"就体现了体仁的基本内涵。实现体仁的根本就是首先使自己成为"内圣"，成为爱人的君子、仁者、圣者，具备爱人的人格。实现体仁的途径就是治国平天下，使自己成为爱人的"外王"，具备爱人的条件、惠民的措施。只有成为"内圣"才能达到"外王"，"外王"只是"内圣"的外在体现。

孔子在《论语》第一章《学而》中，开宗明义地说："君子务本，本立而道生。"在孔子看来，"仁"是君子追求的根本，是最高尚的道德，这一理念确立了，才能去躬行仁道。《易·乾》中也说："君子体仁，足以长人。"孔颖达疏："言君子之人，体包仁道，泛爱施生，足以尊长于人也。"体仁的思想源于古老的为民意识，西周将这种民本思想发展为"敬天保民""敬德保民"，至孔子时将西周以来的"保民"思想进一步发展为仁道，并给以比较翔实的阐述。

大千世界，芸芸众生，爱人者与被爱者各有不同，"爱"不仅因人而异，还因时因事而异，既如此，仁就成为一种含义极广的道德范畴，凡是能体现"爱人"的品德，诸如忠、恕、孝、悌、义、恭、宽、信、敏、惠、贞等，都是仁的体现。正如《礼记·大学》所说："为人君，止于仁；为人臣，止于敬；为人子，止于孝；为人父，止于慈；与国人交，止于信。"在诸多仁的含义中，孔子首先重视的是"孝悌"，他说"孝弟也者，其为仁之本与！""弟子入则孝，出则悌，谨而信，泛爱众，而亲仁。"（《学而》）孔子认为"孝悌"是"体仁"的起点或基础，因为"孝悌"是人的最基本的血亲之爱，只有爱亲才能扩展到爱人。

孔子为什么提倡将爱亲扩展到爱人，也就是为什么由家族血亲延展到更广泛的民族亲、人种亲，或说是将亲爱从家庭扩大到社会？这完全是由其所具有的大同理想所决定的，他的弟子子夏说："四海之内皆兄弟也"（《颜渊》），孔子教导他的学生要把全社会的人都当作自己家族亲人一样地去亲爱。孟子理解爱之所以扩大化与普及化，是因为所爱之人与爱人的人属于同类。"故凡同类者，举相似也，何独至于人而疑之？""恻隐之心，人皆有之，……恻隐之心，仁也。"（《孟子·告子上》）董仲舒也说："仁者，所以爱人类也。"（《春秋繁露·必仁且智》）梁启超把这一"同类"说又提升为人类固有的"同类意识"与"爱类观念"，他说：

故欲知"仁"之为何，当先知"人"之为何，"人"何以名，吾侪因知有我故比知有人。我圆颅而方趾，横目而睿心，因此凡见有颅趾目心同于我者，知其与我同类。凡属此一类者，锡予以一"大共名"谓之"人"。人也者，通彼我而始得名者也。彼我通，斯为仁，……人格者，以二人以上相互间之"同类意识"而始表现者也。既尔，则亦必二人以上交相依赖，然后人格始能完成。智的方面所表现者为同类意识。情的方面所表现者为同情心。荀子所谓"有知之属莫不知爱其类也"。爱类观念，以消极的形式发动者则谓之恕，以积极的形式发动者则谓之仁。①

孔子提倡仁爱，诸子各派并无异议，然对"爱"的理解各有不同，如墨家提倡兼爱，道家认为依据人与物的自然本性，自然就应爱人利物。孔子之后的儒家，吸收了道家的说法，把仁甚至解释成泛爱一切人和物，大大扩大了"同类意识"的内涵。如宋代张载在《西铭》中说："民吾同胞，物吾与也。"意思是说：世人皆为我同胞；万物皆与我平等相处。所以李生龙教授著述说：

从类意识角度说，儒家的仁学包括三个层次：第一个层次是将人同动物区分开来，通过肯定人的价值高于动物来张扬人的价值；第二个层次是强调人性相近或相同，并以此为处理人与人之间关系的哲学基础，要求人们互相尊重、互相关爱、互相救援、互相提升，共同进入"大同"之世；第三个层次是由爱人进而爱物，主张民胞物与，天人合一，把同自己有着血缘关系的自然纳入终极关爱之中，以实现人与自然的和谐相处。②

儒家确有爱物的思想，如"子钓而不纲，弋不射宿"（《述而》），孟子也说："亲亲而仁民，仁民而爱物。"（《孟子·尽心上》）然而孔子的体仁思想，主要集中于"爱人"，这也是其学说的核心。"樊迟问仁。子曰：'爱人。'"（《颜渊》）孔子主张"爱人"是"泛爱众"，即"博施于民而能济众"（《雍也》），他以"仁"来阐述新的人道主义和民本思想，让每

---

① 梁启超：《儒家哲学》，上海世纪出版集团、上海人民出版社2009年版，第247—248页。
② 李生龙：《儒家文化与中国古代文学》，岳麓书社2009年版，第6页。

一个人的价值与权利都得到社会的认可,让每一个人都得到社会的应有关怀。

孔子的学生对孔子的仁学体会得最为深刻,曾参曾说:"夫子之道,忠恕而已矣。"(《里仁》)如果说仁是孔子思想的核心,最高的道德理念,那么忠恕就是对仁的实践与具体落实。朱熹对曾子的话注释为:"尽己之谓忠,推己之谓恕。"也就是说:尽心为人谓忠;推己及人谓恕。人要他人尊重、厚待自己,这是人的本性要求,那么推己及人,他人也要求一样的尊重与厚待,所以忠与恕是一回事,只是一个从主体出发,一个从客体着想。人所要求的,不外乎就是"不欲"受到伤害与侮辱,而"欲"保证自己的利益与尊严,孔子提出:"己所不欲,勿施于人"(《卫灵公》),"己欲立而立人,己欲达而达人"(《雍也》),从"不欲"与"欲"两个方面提出爱人的原则,极精练地将爱人的内容囊括殆尽。在这个大前提下,他还对不同的人提出不同的具体要求,如要求执政者"节用而爱人,使民以时"(《学而》),执政者如果真爱人,对自己,要"节用",对民众,要"使以时"。看看百姓的苦难,你忍心挥金如土吗?你若是种田的一员,你愿意耽误农时被驱使做不相干的杂务吗?"节用"与"使民以时"是统治者"推己及人"的结果,这是最简直而又最公正的道理。

孔子反对对老百姓横征暴敛,暴敛是对爱人原则的肆无忌惮的践踏,他愤怒地把统治者的虐民苛政比作吃人的猛虎①,对统治者漠视与危害社会下层民众的生存,表示了强烈的愤慨。这也是他对民众表达了深深的爱,爱之深才能恨之切,为此,孔子敢爱敢恨,他说:"唯仁人能好人,能恶人。"他告诫学生正确对待"欲"与"不欲",不论在任何条件下,时刻不忘坚持仁德:"富与贵,是人之所欲也,不以其道得之,不处也。贫与贱,是人之所恶也,不以其道得之,不去也。君子去仁,恶乎成名?君子无终食之间违仁,造次必于是,颠沛必于是。"(《里仁》)甚至要求他们"无求生以害仁,有杀身以成仁"。(《卫灵公》)而自己,则体仁完全达到一种自觉的程度,他说:"为仁由己,而由人乎哉?"(《颜渊》)"仁远乎哉?我欲仁,斯仁至矣"(《述而》),孔子率弟子周游列国,宋国大夫桓魋想谋害孔子,孔子慨叹道:"天生德于予,桓魋其如予何!"(《述而》)有一次孔子对曾参说:"参乎,吾道一以贯之。"(《里仁》)孔

---

① 据《礼记·檀弓下》载,孔子过泰山时,遇一妇人在墓旁痛哭。问之,知其翁、夫、子三代,俱死于虎。但她还不愿迁离此地,为能免受繁重的赋税之苦。孔子听了,对他的学生说:"小子识之:苛政猛于虎也!"

子所说的"德"与"道",其核心就是仁。孔子并非孟子,把仁德视为与生俱来,他之所以自信自己具有仁德并一贯奉行,是他达到"道德自觉"的必然。

如果说"体仁"是孔子的重要政治伦理思想,那么中庸,即中庸之道,则是孔子的重要哲学思想,也是他解决一切问题的最高智慧。他曾说:"天下国家,可均也;爵禄,可辞也;白刃,可蹈也;中庸不可能也。"(《礼记·中庸》)平天下是可以做到的,只要贯彻中庸之道。可以放弃官爵俸禄,可以面对雪白的刀刃,但中庸之道不能放弃。他特别赞赏舜帝善于把握中庸之道,说:"舜其大知也与!舜好问以好察迩言。隐恶而扬善。执其两端,用其中于民。其斯以为舜乎!"(《礼记·中庸》)他认为舜是个具有大智慧的人,舜喜欢向人求教,善于分析他人话中的含义。舍弃坏的发扬好的,过与不及两端的意见他都接受,但采纳适中的用于老百姓。这就是舜之所以为舜帝的原因!

为何中庸之道如此重要?因为孔子认为这是做人处世甚至审美的基本原则,凡做人做事甚至审美都要追求适量、守度、得当,不偏不倚为宜,无过无不及最好,越位和缺位都不合适。大到治国安邦,小到待人处世,甚至评价作品、著书立说,都要做到恰到好处,牢牢把握正确的"度",防止出现两极偏差。如"子贡问:'师与商也孰贤?'子曰:'师也过,商也不及。'曰:'然则师愈与?'子曰:'过犹不及。'"(《先进》)贤本是一种美德,但也要适中、适时,适合自己的名分,既要做到,又不可过分、太甚,不合时宜,适得其反。再如孔子特别欣赏《诗经·关雎》"乐而不淫,哀而不伤"(《论语·八佾》),赞其乐调欢快处使人愉悦,但快乐而有节制,不越"淫"的界限;乐调忧伤处使人哀痛,但哀痛而有度,不至于"伤"了身心。过去有人说这是折中调和,是庸俗的中间路线,是没有是非的滑头主义、老好人哲学。实际上这是一种正确的方法论,要考虑矛盾的不同二端,不能实行"单边思维",只考虑矛盾的一端。在矛盾双方的比较中,去求那个中正、中和、稳定、和谐的"点",即那个更靠近真理的"中",去求那个不亏不盈、不急不缓为人处世中较为完美的"平衡点"。执中守正,实际是辩证法的典型运用。事物都有"不及"与"过"的两个极端,虽都包含着一定真理,但都离真理有一定的距离,一是还没有达到;二是又超越而偏离,都从整体上代表不了真理。孔子"叩其两端而竭焉"(《子罕》),不是完全排斥、否定两端,而是互相调和两端,各取其长而舍其短,或以此之优而补彼之劣;或两害相较取其轻,如孔子说:"礼,与其奢也,宁俭;丧,与其易也,宁戚。"(《八佾》)"奢"

与"俭"都不合礼的要求,如只能在二者中择其一,于是乎只能在比较中,选择了"俭"。同理,在"易"与"戚"两端中选择了"戚"。当理想化的"中"不可求时,只能在多项选择中选"优项",从比较中寻出现实中接近真理的"临界点"。

因为事物是发展变化的,两端也在发展变化,决定了必须在动态中取中。孔子又在"执中"的基础上,提出"时中"的概念,《礼记·中庸》载:"仲尼曰:'君子中庸,小人反中庸,君子之中庸也,君子而时中。'"在取中时,特别注意时空的变化,此时此地的"中",在彼时彼地就可能不是"中",变成了"不及"或"过",这就要"时中",即随着时空的变化而审时度势,随机应变,尽可能求得最佳方案。也就是能够与时俱进,通权达变。孟子特别赞赏孔子这一观察、判断、解决问题的高明之处,他说:"孔子,圣之时者也。"(《孟子·万章下》)

时中有时不仅指适应变化了的时空,也指要适应变化了的人物与事件,而进行灵活的优选。如孔子的学生问仁,孔子回答的都不一样,当颜回问仁时,孔子回答说:"克己复礼为仁。一日克己复礼,天下归仁焉。为仁由己,而由人乎哉?"当仲弓问仁时,孔子回答说:"出门如见大宾,使民如承大祭。己所不欲,勿施于人。在邦无怨,在家无怨。"(《颜渊》)当子张问仁时,孔子回答说:"能行五者于天下为仁矣。"(《阳货》)这五者便是恭、宽、信、敏、惠。甚至同一个学生,不同阶段问仁,也有不同的答复,如樊迟问仁,孔子有时回答他:"爱人。"(《颜渊》)有时回答他:"仁者先难而后获,可谓仁矣。"(《雍也》)有时回答他:"居处恭,执事敬,与人忠。虽之夷狄,不可弃也。"(《子路》)并不是孔子仁的理念经常变化,而是根据不同人甚至不同阶段的人的具体情况,为他指明获得仁的最佳途径,这是从仁的至高原则这一端与问仁者实际的另一端而"时中"的结果。

中庸之道还包含着中和思想,中和是中庸之道的主要内涵。《礼记·中庸》:"喜怒哀乐之未发,谓之中;发而皆中节,谓之和;中也者,天下之大本也;和也者,天下之达道也。致中和,天地位焉,万物育焉。"儒家认为能"致中和",则天地万物均能各得其所,达于和谐境界。对于个人来说,都有七情六欲,若禁欲,则是"不及",若纵欲,则是"过",都不中节。能中节者,所生之情欲,皆以礼义法度节制、约束;所行之事,皆合乎礼义法度的要求,具备了中和之道,就具备了善德,中和达到极致,则成就了至仁、至善、至诚之德。中和就是各种相对"中"的汇合,多种优点的结合包容。如孔子解释"好学",他说颜回好学,其特征就是"不迁怒，不贰过"（《雍也》），"不迁怒"，严于律己，不把过错归咎他人；"不贰过"，善于总结教训，有了过错认真改正。好学体现为这两方面的自省，具备这两点才谓好学，只具备一点还不完善。孔子的学生子夏解释"好学"，他说："日知其所亡，月无忘其所能，可谓好学也已矣。"（《子张》）光学自己未知的新知识，还不算完全的好学，还要温习、牢记已学过的旧知识，也是从两个方面来概括好学，即从如何对待新、旧知识概括好学。

　　如果缺乏中和的思想，看似很好的"中"，不加其他的"中"加以配合、调协、制约，这个很好的"中"，也会在一定条件下转变为"不及"或"过"。孔子曾教导他的学生："居，吾语女。好仁不好学，其蔽也愚；好知不好学，其蔽也荡；好信不好学，其蔽也贼；好直不好学，其蔽也绞；好勇不好学，其蔽也乱；好刚不好学，其蔽也狂。"（《阳货》）仁、知、信、直、勇、刚，都是人的美德，然而不以好学来明其理，做到"知其所以然"，使感性的认识上升到理性的认识，则这六种美德又会产生弊端，甚至变质为愚、荡、贼、绞、乱、狂。六种美德必须加上好学，才可去其蔽，保持住美德的本性。这里并非说好学就是一种至德，它也不过是一种美德，也需要和其他的美德相配合。《礼记·中庸》记载孔子的话说："好学近乎知，力行近乎仁，知耻近乎勇。知斯三者，则知所以修身；知所以修身，则知所以治人；知所以治人，则知所以治天下国家矣。"好学仅近乎智，要想修己安民、治国平天下，还需要有仁、勇的品质，三者齐备缺一不可。《礼记·中庸》载哀公问政，孔子回答说：

　　　　凡为天下国家有九经，曰：修身也。尊贤也，亲亲也，敬大臣也，体群臣也。子庶民也，来百工也，柔远人也，怀诸侯也。修身则道立，尊贤则不惑，亲亲则诸父昆弟不怨，敬大臣则不眩，体群臣则士之报礼重，子庶民则百姓劝，来百工则财用足，柔远人则四方归之，怀诸侯则天下畏之。齐明盛服，非礼不动。所以修身也；去谗远色，贱货而贵德，所以劝贤也；尊其位，重其禄，同其好恶，所以劝亲亲也；官盛任使，所以劝大臣也；忠信重禄，所以劝士也；时使薄敛，所以劝百姓也；日省月试，既廪称事，所以劝百工也；送往迎来，嘉善而矜不能，所以柔远人也；继绝世，举废国，治乱持危。朝聘以时，厚往而薄来，所以怀诸侯也。凡为天下国家有九经，所以行之者一也。

孔子认为治理天下国家，有九条纲领：修养自身，尊重贤人，爱护亲族，敬重大臣，体恤群臣，爱护百姓，劝勉各种工匠，怀柔四夷，安抚诸侯。修养自身，就能树立仁德；尊重贤人，是非面前就不至于迷惑；爱护亲族，父兄就不会产生怨恨；敬重大臣，治理政事就不至于糊涂；体恤群臣，士人就会以礼相报答；爱护百姓，百姓就会勤勉；劝勉各种工匠，财货就能充足；怀柔四夷，四方就会归顺；安抚诸侯，天下人就会敬畏服从。沐浴斋戒穿着盛装，违礼不做，用以修身；远离谗言美色，轻视财货而重视德行，用以劝勉贤人；敬重其身份地位，增加其俸禄，认同其好恶，用以爱护亲族；委以高官，赋予重任，用以劝勉大臣；给予信任，增加俸禄，用以劝勉士人；使役适时，轻敛薄赋，用以鼓励百姓；日省月察考核，按效益发报酬，用以奖励各工匠；迎来送往，褒奖善行而同情低能的人，用以怀柔四夷；延续中断了的世袭，恢复灭绝了的侯国，治理祸乱，扶危持倾，按时朝见，重赏赐轻纳贡，用以安抚诸侯。治理国家要实行这九条纲领，而推行却集中在执政一身。治理国家，就是协调好人与人之间的关系，加强人与人的亲爱关系。孔子集中提出处理调节好九种人际关系，每一种关系，他都明白处理好了能达到什么，处理不好能导致什么，并清楚采取什么途径能处理好。这里面就包含着执中、用中、时中、中和的辩证思考。他提出的"九经,"就是以中庸之道来使天下国家达到太平和合的具体措施。难怪孔子说："中庸之为德也，其至矣乎。"（《雍也》)

修礼，体现了孔子的礼法思想。这里的"修"，不是仅指学习方面的修行，而主要是指实行、遵循。修，具有一种约束力，礼，则是一切行为的规范化。修礼即施行、推行礼仪教化、礼仪制度。礼本是宗教意义上的一种仪式，至周代，逐渐把宗教以外的一切社会等级秩序的社会规范和道德规范，包括政治制度、社会、家庭伦理道德规范、仪式等包含进去，并形成一整套比较完整的"周礼"。孔子的修礼思想就是在继承发扬周礼的基础上形成的新思想，企图通过礼仪教化，要求人们一切言行符合礼仪制度的规定，从而实现礼治社会。孔子修礼，是为新的中国封建地主阶级社会的秩序设计根本大法。但这并不意味着孔子主张法制，他说："道之以政，齐之以刑，民免而无耻。道之以德，齐之以礼，有耻且格。"（《为政》) 他认为"政"与"刑"是消极的事后制裁，"德"与"礼"才是积极的事前教育，前者是被动的，后者是自觉的，前者是治末治身，后者是治本治心。

周王朝虽建立起礼治的社会体系，但春秋以来，礼坏乐崩，大一统国家也随之分崩离析。汉代桓宽《盐铁论·诛秦》中说:"周室修礼长文,然国蘙弱,不能自存。"孔子深感重建新的礼制对创建新的社会秩序的重要性,他在恢复周礼的旗号下,要建立新的礼治,要求每一人都要以新的礼制约束自己的言行,各安名分,以便巩固新的社会秩序。

孔子主张的礼,其灵魂是仁,礼只是爱人的具体体现,是实现仁的唯一途径。孔子认为"礼"是"仁"的各种规范,"礼"必须服从"仁",所谓"人而不仁,如礼何?人而不仁,如乐何?"(《八佾》)礼离开了仁便无从谈礼。礼对不同的人有不同的要求,正体现了人与人之间不同的亲爱。如人子服从父母谓之孝,人臣服从于君主谓之忠,事亲事君都有礼,亲亲尊尊,长幼尊卑有别,这是礼的真谛,君君、臣臣、父父、子子,各有各的要求。在众多的要求中,孝悌忠义是礼的基本要求,也是仁的根本。离开修礼,无以成仁。如果仅从爱人这一点看,儒家与墨家没有大的本质区别,其区别主要是儒家提倡修礼,而墨家反对的正是"繁饰礼乐"。

孔子的主张比墨子更符合历史发展规律、顺应历史发展潮流。孔子更多的是面向社会现实,而墨子则更多于脱离现实而耽于理想。墨子侈谈兼爱,不偏富贵,不避贫贱,无视亲亲尊尊,显然是脱离现实束之高阁之论。孔子心中自然也有至高的"大道",但在已有近两千年"家天下"传统的社会中,在诸侯、大夫各自为了财富权力互相争夺的现实中,在社会动荡、民不聊生的困厄中,他面对社会现实,只能采用礼来限制个人利益的无节制的膨胀,从而达到"小康"式的社会稳定。因为僭越本分的争夺,只能引起社会动乱,而社会动乱,民不聊生,无疑是最大的不仁。正如他说:

> 今大道既隐,天下为家,各亲其亲,各子其子,货力为己,大人世及以为礼。城郭沟池以为固,礼义以为纪;以正君臣,以笃父子,以睦兄弟,以和夫妇,以设制度,以立田里,以贤勇知,以功为己。故谋用是作,而兵由此起。禹、汤、文、武、成王、周公,由此其选也。此六君子者,未有不谨于礼者也。以著其义,以考其信,著有过,刑仁讲让,示民有常。如有不由此者,在势者去,众以为殃,是谓小康。(《礼记·礼运》)

孔子提倡礼仪制度,其前提必须承认社会存在着的尊卑、等级的现实。《礼记·乐记》:"天高地下,万物散殊,而礼制行矣。"孔颖达疏:

"礼者，别尊卑，定万物，是礼之法制行矣。"过去的论者多认为孔子的修礼就是为了巩固这种尊卑、等级制，实际上并未真正体味孔子的用心。孔子承认不平等的现实，是出于无奈，他的真正目的是用礼来约束不同的等级，尤其是"尊贵"的上层统治者。因为争夺财产、权力的"大欲"，来自于"尊贵"者，社会的乱源自然也来自于"尊贵"者。

孔子说："克己复礼为仁。一日克己复礼，天下归仁焉。"(《颜渊》)也就是说，礼就是通过"克己"来爱人，就是以仁律己，用礼来克制自己财产与权力占有欲的膨胀与扩张，尊重他人的财产与权力。人人都以礼来约束自己的言行，使一切言行符合礼，人际关系才能协调，社会才能和谐，秩序才会井然。礼是建成仁德社会的保障机制，是治理国家的重要工具。孔子又说："礼者君之大柄也，所以别嫌明微，傧鬼神，考制度，别仁义，所以治政安君也。故政不正，则君位危，君位危，则大臣倍，小臣窃。刑肃而俗敝，则法无常，法无常，而礼无列，礼无列，则士不事也。刑肃而俗敝，则民弗归也。""故唯圣人为知礼之不可以已也，故坏国、丧家、亡人，必先去其礼。"(《礼记·礼运》)

作为君王，是天下人仿效的榜样，他若修礼，必先修身，这正是"克己""律己"的表现，"苟正其身矣，于从政乎何有？不能正其身，如正人何？"(《子路》)"能以礼让为国乎，何有？不能以礼让为国，如礼何？"(《里仁》)君王能修礼，才能影响国人修礼，用礼来治理国家，国家就不会有什么问题，体现仁的礼得以贯彻，礼就可成为维系人伦纲常的精神纽带。

正君身是为了正天下，但礼具有普施性，每个人都需要以相对应的礼的规矩制度来节制自己的言行，通过礼的节制而达到不同的目的。对于一般臣民来说，修礼正是通过自律，从而完善自己的人格，成为一名体仁的君子。孔子教导他的学生："博学于文，约之以礼，亦可以弗畔矣夫！"(《颜渊》)以文化典籍的学习，充实学生的知识，以礼的约束，规范学生的行为，这样就可以不背离正道了。对此颜回深有体会，他坚决按照老师的教导行事，"非礼勿视，非礼勿听，非礼勿言，非礼勿动。"(《颜渊》)一切言行都依礼来约束。

礼是仁的具体体现，礼用于世，则治身治国，"礼之用，和为贵。先王之道斯为美，小大由之。有所不行，知和而和，不以礼节之，亦不可行也。"(《学而》)礼的效用，最可贵的是能达到和谐。身心和谐，就可求得健康身体；亲属和谐，就可求得健康家庭；国人和谐，就可求得健康国家；各国和谐，就可求得健康世界。求得和谐社会，就算达到"天下归仁"了。

行道，即实践儒家学说。孔子主张积极有为，通过践行自己的理论主张以实现自己的人生信仰。行道就是治国平天下，通过出仕的途径，服务于社会，济世救民，努力实现"老者安之，朋友信之，少者怀之。"（《公冶长》）

建立"立功、立德、立言"的三不朽事业，以光宗耀祖。对于一般封建士大夫来说，这确实是人生的高境界，但以一般士大夫的追求来推想孔子的最高理想，就大大贬低了他，也贬低了儒学的价值。孔子行道，心中始终怀着"大道"的理想，即实现大同世界的理想，这才是孔子的远大目标、最高理想。"大道之行，天下为公"，既是孔子认定的最理想的社会制度，又是儒家整个思想体系中，最优秀最精华的部分，是其仁学最彻底最完全的体现。《礼记·礼运》篇记载：

> 孔子曰："大道之行也，与三代之英，丘未之逮也，而有志焉。大道之行也，天下为公。选贤与能，讲信修睦，故人不独亲其亲，不独子其子，使老有所终，壮有所用，幼有所长，矜寡、孤独、废疾者，皆有所养。男有分，女有归。货，恶其弃于地也，不必藏于己；力，恶其不出于身也，不必为己。是故，谋闭而不兴，盗窃乱贼而不作，故外户而不闭，是谓大同。"

孔子说他没赶上大道通达的时代，只看到一些历史的记载。他理解的大道畅通，就是天下为人们所共有，选贤任能，讲求诚信，重视和睦。因此人们不仅仅亲爱自己的亲人，不仅仅抚育自己的子女，而是使所有的老年人能安享晚年，使所有的壮年人能发挥才能，使所有的孩子能健康成长，使鳏寡孤独和残疾者都得到供养。男子有职责，女子有归宿。对于财货，人们憎恶把它扔在地上浪费的现象，却不必为个人私藏占有；人们厌恶为公众之事不竭尽全力，而不必是为自己出力谋私利。因此，奸邪图谋就会杜绝，盗窃、造反和害人的事情就不会发生，每家每户都不用关大门了，这就叫作大同的理想社会。

早在两千多年前，孔子就设计出如此先进的社会蓝图，真是了不起！在这个大同社会里，贤能掌权，亲疏一视同仁，敬老爱幼，亲如一家，人人都能得到应有的社会保障，无处不温馨。人人具备为公的社会道德，既对社会财富十分珍惜，憎恶一切浪费现象，又反对私自攫取任何社会财富；人人各司其职，尽其所能，又反对将劳动变为谋私的手段，劳动已经成了人们高度自觉行为，劳动成了实现大同世界的物质源泉。大同世界高度公有的社会保障，是人们劳动态度及人际关系产生的前提与基础，社会为人们提供了和谐优越的生存条件，人们又以高度的自觉劳动回报社会，并自然树立起每个人高尚的思想与完美的人格以及人人相爱没有损人利己的社会风尚。

在孔子所描绘的大同世界中，私有财产与私有观念已经不复存在，财产的公有，使人们的观念已变为努力劳作而为了社会大众。这是儒家从仁德出发，而设想的最美好最合理的社会及人们的最高尚最道德的精神境界。当然，它与我们所说的共产主义，还有许多差别。如孔子所说的"选贤与能"，还停留在"禅让"的层次，尧、舜禅让，固将治理天下的大权授予贤能，但标志着权力还没有实现公有化，真正的公有化，选举贤能的权力在于全社会的民众，而不在个别领袖人物。再如，孔子并未特别强调实现"大同"的根本途径，在于创造相应的物质条件，没有极大丰富的物质财富，鳏寡孤独和残疾者享有的物质待遇从何而来？当物质极度困乏，人们为争夺生活资料而互相斗争时，怎会"讲信修睦"？又怎会"不独亲其亲，不独子其子"？说孔子不重视物质生产，是不客观的，《子路》篇记载冉有的问话，他回答强国除了人丁兴旺外，就是使人们的生活富裕，然后对他们加以礼乐教化。但比较起来，他更重视"德"的作用，如他曾说："丘也闻有国有家者，不患寡而患不均；不患贫而患不安。盖均无贫，和无寡，安无倾。"孔子只从公平道德出发，而没有从客观经济规律、历史发展规律出发。平均消除了相对的贫穷，但消除不了普遍的贫穷，至于普遍贫穷下的和睦、安定，只是暂时的现象，人们高尚的精神状态是以生产的高度发展为前提的。孔子的"平均主义"，只反映了下层民众的平等思想。

但是，千百年来，孔子的大同思想在中国历史上为许多人所推崇，曾化为无数仁人志士的远大理想，成为他们人生观的核心，鼓舞着他们为之不懈地奋斗。康有为从资产阶级的天赋人权、自由、平等、博爱诸原则出发而写就的《大同书》，孙中山的"天下为公"的民主思想，直至共产党人的社会主义、共产主义学说，都受到孔子大同思想的一定启发。

孔子以中庸为处世哲学原则，他善于"时中"，即善于审时度势。他明白自己所处的世道并非是大同时代，而是四分五裂、礼崩乐坏的乱世，不可能实现儒家理想中的天下为公。他眼下奋斗目标是拨乱反正，实现国家统一、政教清明、人民安宁的小康社会。所以他的行道，主要体现在他周游列国，规劝各地执政者行仁道。如齐景公问孔子怎样治国，孔子说：

"君君，臣臣，父父，子子。"(《颜渊》)即要治理好国家，从君主到臣民，都必须以礼行事，各司其职，人伦纲常的礼不紊乱，国家自然不会乱。在所有的人中，君王尊德守礼是至关重要的，君王如果严守为君之礼，才有资格去监督臣民去守礼，才能获得臣民的拥护，那么管理国家就不会有什么困难。正如孔子所说："为政以德，譬如北辰，居其所而众星共之"(《为政》)如果"君不君"，自己不像个君王的样子，不起表率作用，就无法制止"臣不臣、父不父、子不子"的现象了。当然，要管理好国家政事，光靠圣明的君王一人，也是做不到的，还需要一批优秀的管理人才，圣明君王治国安邦的首要是选拔优秀人才，孔子说："先有司，赦小过，举贤才。"(《子路》)孔子不仅强调表率的作用，也提出选贤任能的标准。

治国即治民，孔子认为君王应做到："敬事而信，节用而爱人，使民以时。"(《学而》)即为君者一定要重视个人道德修养，认真对待政事，取信于民，爱护人民，使民安居乐业，不挥霍老百姓的血汗钱，使役人民时不违背农时，这是治理好国家的标准，也是治国的基本原则。对待老百姓，孔子主张"既庶"则"富之"，"既富"则"教之"。首先有个安定的生活环境，让主要的生产力人口繁殖起来，然后发展生产使民众在物质上富起来，最后再让他们接受各方面的教育，提高他们的各种素质。孔子所述治国方略，真是一言难尽，一部《论语》主要讲的就是这方面的内容。孔子周游各国，所到之处，无不在宣扬他的治国理念，他在教学中，也把如何治国作为一项重要的内容，想把自己的弟子个个培养成治国之才。其一生孜孜不倦的动力，就来自其行道的思想。

孔子总结、继承了三代文化，使华夏传统文化得以传承，并在传统文化的基础上，在理论上做出了重大的创新，确立了儒家思想文化。这种儒家思想文化，顺应和推动了历史潮流，所以在所有的诸子中，孔子的思想最得人心，以他为代表的儒学，成为当时的"显学"，儒家学派成为先秦诸子中最早形成也最具影响力的学派，被班固《汉书·艺文志》列为"九流十家"之首，其学说后来竟成为中国传统文化的核心。中国传统文化的核心在儒学，儒学的核心在孔子的思想，孔子的思想主要体现在《论语》之中，"半部论语治天下"，可见《论语》在传统文化中的重要价值。

孔子一生行道，然而不幸的是他生于诸侯兼并的乱世中，很难在实践中贯彻自己的学说。他所到之处，执政者差不多都是些"乱臣贼子"，他们哪里能接受孔子的仁爱思想？但孔子为了宣传儒家的仁义之道，还是四处奔波，不惧颠沛之忧困厄之祸。最后确信大道难以推行，只好退而著

《春秋》，整理古代经典，为宣扬儒学，竭尽全力，直至生命终结。

孔子死后，儒学影响力日益扩大，而历代的统治者对孔子及其儒学的态度，总是以是否有利于自己的利益为判断标准，每当他们冒着"乱臣贼子"的恶名来向旧统治者夺取政权时，就厌恶或反对孔子那一套理论。而他们一旦大权在握，就要防范新的"乱臣贼子"的出现，于是一改往日对孔子的态度，把孔子及其学说捧上了天，以此来维护自己已得到的政权。如金兵攻破曲阜后，指着孔子的塑像破口大骂，并一把火烧毁了孔庙，当金后来统治中原时，又赶快修孔庙祭孔尊孔，因为孔子为维护封建社会长治久安提供了理论武器。孔子所确立的儒家思想经后世封建统治者不断补充与改造，逐渐成为中国封建社会的统治思想，孔子成了他们的一面旗帜，然而后世的儒家思想也愈来愈和孔子的思想有了很大的不同。

就在孔子刚刚死去，弟子们想推选有若来继承孔子在儒家学派中的地位，结果遭到曾参反对。有若与曾参在孔子弟子中最有影响，《论语》中能称"子"的除了孔子外，就是"有子"与"曾子"了。孔子弟子形不成一个学术团体，于是各自离散，都打着孔子真传的旗号来聚徒讲学，实际上各持己见，互相菲薄。孔子创立的儒家学派终于分裂成多个派系。但表面上四分五裂，各派自立门户，好似削弱了儒家学派的力量，实际上他们大同小异，都"游文于六经之中，留意于仁义之际，祖述尧舜，宪章文武，宗师仲尼。"（《汉书·艺文志》）他们互相补充和制衡，扩大了儒家学派的活动范围，不同程度地发展了孔子的儒家思想。到了战国中、后期，出现了最有建树的两派，一派以孟子为代表；一派以荀子为代表。

孟子，大约生活在前372年至前289年，是战国中期伟大的思想家、政治家、教育家和文学家。名轲，字子舆，邹（今山东邹城市东南）人，鲁国贵族孟孙氏后裔，没落为士，受业于孔子之孙孔伋（子思）的门人，相传子思又是曾参的弟子，故孟子为孔学嫡传。孔子之后，曾子、子思继其学，至孟子，力辟杨朱、墨翟学派"时髦"之说，儒学始著，成为显学。后世封建统治者尊孔子为"圣人"，尊曾子为"宗圣"，尊子思为"述圣"，尊孟子为"亚圣"，孟子在儒家学派中的地位仅次于孔子。人们习惯把孟子与孔子合称为"孔孟"，称他们的思想为"孔孟之道"。"孔孟之道"阐述了儒家学说的基本理论，构成儒学的核心与中坚，几乎成了儒学的另一种称呼。由于孟子以阐发子思学说的形式来继承、发展孔子的思想，所以历史上又称孟子这一儒家学派为"思孟学派"。孟子不仅全面继承了孔子的思想，而且在人本主义或民本主义观念方面对孔子思想有许多创新与超越，而人本主义或民本主义恰是儒学的精华。孟子曾历游齐、宋、滕、魏等国，一度为齐国客卿，因其主张与孔子大致相同，被各国诸侯认为迂阔而不解决实际问题，因而所到之处都受到了冷遇。晚年又回到邹，专心从事教学，又和弟子万章、公孙丑等著书立说，编成《孟子》一书，自称"序《诗》《书》，述仲尼之意"（《史记·孟子荀卿列传》），实际主要记载孟子的言行。

孟子政治思想的核心是"仁政"，这是在孔子"仁"的观念基础上，又吸收了墨家的民本思想，也受到当时宋尹学派"宽""恕""均平"思想的影响，而发展形成的学说。在孔子对仁的解释中，已包含了一些"仁政"的思想。到孟子时，他大大发展了这一理论。仁，就是爱人，爱人是孔子之前就形成的传统观念，"仁"字从字形上分析，即"人"字的复体字，仁的本义就是人人平等，尊重、爱护"人人"的权利与利益。但孔子提倡的"仁"，深一点讲就是爱他人，并非独爱自己，对自己的要求是"修己"，使自己成为一个爱众人的君子、圣贤。这种君子、圣贤修己的高境界，甚至可以达到"杀身以成仁"的高度，为了大众宁可牺牲自己的生命。众人依据社会与家庭地位不同分成不同的层次，对不同层次的人施以不同的爱，忠、孝、悌、友、恭、敬、慈、信、宽、惠、敏等，都属于爱的范畴。但从董仲舒提出"三纲五常"后，历代统治者将仁单纯解释为忠孝节义，只强调社会和家庭的支配者对被支配者的支配权力，强制性地单向要求被支配者所尽的责任，而不强调支配者应尽的责任。不仅使儒家的仁爱缺失了许多内涵，而且丢弃了中华民族祖先惠民的优良传统，这种爱实际是支配者提倡爱自己，要求被支配者无条件地做到：臣"愚忠"，子"愚孝"，妇"愚节"，民"愚义"。正如陈独秀所指出："率天下之男女，为臣、为子、为妻，而不见有一独立自主之人者，三纲之说为之也。缘此金科玉律之道德名词，曰忠、曰孝、曰节，皆非推己及人之主人道德，而为以己属人之奴隶道德也。"[①] 孟子的"仁政"说，要求支配者，尤其是社会的支配者，首先要爱被支配者，然后才能赢得被支配者的爱戴，只有执行"仁政"，以仁道待民，才能最大限度地实现孔子提倡的"仁"。

孟子特别强调统治者行义。孟子说："仁，内也，非外也；义，外也，非内也。""仁，人心也；义，人路也。"（《孟子·告子上》，本节以下凡引《孟子》中语皆只注篇名）将义与仁相提并论，将义提高到儒学体系中特别重要的位置上，使儒学的思想体系更加系统化与细密深入化，形成以仁义为核心的儒学标识，不仅强调泛泛的仁爱原则，更重视从政权层面上

---

① 陈独秀：《吾人之最后之觉悟》，《新青年》第一卷，第六号。

落实如何爱人的问题。仁政所施予的爱,不仅是针对提倡孝慈的家庭成员,也不仅是针对提倡尊尊亲亲的家族成员,更针对社会全体成员,这种爱堪称"皇恩浩荡"的大爱,施行仁政,从最大限度上落实了孔子倡导的仁。孟子的仁义思想对后世儒家影响很大,如汉初的陆贾,著《新语》一书,为初立的大汉帝国提供建国方针,他反复强调实现国家大治必须实行仁义,他在书中说:"仁者道之纪,义者圣之学,学之者明,失之者昏,背之者亡。""骨肉以仁亲,夫妇以义合,朋友以义信,君臣以义序。""仁者以治亲,义者以利尊,万世不乱,仁义之所治也。"陆贾接受了孟子的仁义观,又证之以历代政权兴亡盛衰的历史经验,尤其是秦朝灭亡的沉痛教训,对执政实行仁义阐述得更为深切。

孟子强调义,主要是针对统治者行仁政而言,义即合理、适宜、公平之意。统治者行政,就是指实行"内圣"的"外王"措施,出以公心,实现天下为公,出以爱心,同情天下劳苦小民。具体表现为公平实施纲纪法度。选拔官员。任人唯贤,贤者为官才能造福于民;对所治理的百姓,向他们合理地征税,再公平地给他们分配社会财富,这样,自然就能得民心。据此,孟子对统治者提出一系列具体的要求。如他说:"王如施仁政于民,省刑罚,薄税敛,深耕易耨,壮者以暇日,修其孝悌忠信,入以事其父兄,出以事其长上。可使制梃以挞秦楚之坚甲利兵矣。"(《梁惠王上》)孟子的"仁政"说抓住了强国安邦的根本。

孟子认为,儒家提倡的大仁大德,也就是统治者施行的仁政大要,首先使全体人民能得到温饱,使人民有生存的物质条件,这就要求统治者"省刑罚,薄税敛","是故明君制民之产,必使仰足以事父母,俯足以畜妻子,乐岁终身饱,凶年免于死亡。"(《梁惠王上》)当然,更反对统治者发动不义战争,祸害人民,因为这无异于"率土地而食人肉,罪不容于死"(《离娄上》),只有在"保民"的基础上,才能"谨庠序之教,申之以孝悌之义"(《梁惠王上》),用儒家的伦理道德来教化民心。

孟子的仁政思想取决于他对人民历史作用的正确认识,他认为:"桀纣之失天下也,失其民也,失其民者,失其心也。得天下有道,得其民,斯得天下矣。"(《离娄上》)人民决定着天下的得失,也决定着国家兴亡,孟子鲜明的重民思想是其仁政思想的理论基础。孟子甚至大胆地提出"民为贵,社稷次之,君为轻。"(《尽心下》)在民众基本丧失了人权与自由的社会,孟子敢为民众争取显赫的社会地位,其胆识在先秦诸子中是少有的,其民本思想达到了封建时代的最高峰。正因如此,孟子对统治者暴政虐民的罪行揭露与批判,才无所顾忌、坦率激烈,甚至认为对于暴君,虽诛灭而不违礼：

> 齐宣王问曰："汤放桀，武王伐纣，有诸？"孟子对曰："于传有之。"曰："臣弑其君，可乎？"曰："贼仁者谓之'贼'，贼义者谓之'残'。残贼之人，谓之'一夫'。闻诛一夫纣矣，未闻弑君也。"（《梁惠王下》）

在孟子眼里，暴君只是独夫民贼，早已失去为"君"的资格，独夫民贼罪该万死，有何不该杀的理由呢？这种思想大大地突破了儒家学派原有的"君臣"观念。把无道的天子视作害仁害义的"残贼之人"，不仅可诛，而且替天下人去残除贼，乃是大仁大义之举。反暴敛、反暴政、反暴君，是孟子仁政学说中精华的部分，也是高于孔子思想之处，说明孟子是新兴封建地主阶级中极有远见的政治思想家。

孟子"仁政"学说的哲学基础是"性善论"，他认为人性原本都是善的，凡是人都具有天赋的四端——仁、义、礼、智：

> 无恻隐之心，非人也；无羞恶之心，非人也；无辞让之心，非人也；无是非之心，非人也。恻隐之心，仁之端也；羞恶之心，义之端也；辞让之心，礼之端也；是非之心，智之端也。人之有是四端也，犹其有四体也。（《公孙丑上》）

作为人，都有做仁义之圣的先天资质，关键是求诸自己本人潜含的善性，具体地说就是善于保持善性，扩充四端，不要被感官物累侵蚀善性，最终达到万物皆备于我之善性的圣人境界。对于执政者来说，保持"性善"，就可推行仁政："人皆有不忍人之心。先王有不忍人之心，斯有不忍人之政矣。"（《公孙丑上》）对于"君子"来说，保持"性善"就是其做人的根本，因为"君子所以异于人者，以其存心也"（《离娄下》）。"存心"，就是存其善性，而存善性就要修养心性，坚持"四端"的道德观与人生观。在各种环境下，始终保持"四端"，"善养吾浩然之气"（《公孙丑上》），做到"富贵不能淫，贫贱不能移，威武不能屈"（《滕文公下》），甚至在危及生命时，仍能做到"舍生而取义"。（《告子上》）有人说孟子喜讲存心养气，实际就是强调保持人的善性。"如果说孔子尚未明确回答'仁'的根源以及人何以以仁待人和以仁律己的问题的话，那么孟子解决了'仁'的来源和根据问题，从而把孔子的仁学推进到心性论的深度和本体论的高度。"① 孟子的"性善论"是抽象的、先验的人性论，虽然出发点是为统治者实行"保民而王"的政治探寻理论根据，但客观上把仁的价值提升到高于生命的位置之上，极大地影响了后世以仁为核心的儒家思想的演变与发展。

当然，孟子是站在维护封建统治阶级长远利益的立场上来提倡"仁政"的，其目的并不是想彻底改变人民被统治的地位，而是强调在一定程度上改善其生活条件，调和民众与统治者的严重对立，有利于统治者得其民"而王"。孟子的"重民"是有一定限度的，不能超越危及封建统治的底线。孟子说："劳心者治人，劳力者治于人。治于人者食人，治人者食于人，天下之通义也。"又说："无君子莫治野人，无野人莫养君子。"（《滕文公上》）这些主张固然有社会分工协作的思想，但也显然与其"民为贵"的主张存在着一定的矛盾。孟子思想有进步的因素，他大胆无畏，敢说敢道，然而唯封建统治者与被统治者压迫与被压迫、剥削与被剥削的关系不能变动，这也是所有的儒家学派小康理论的共同出发点，与其说是一种历史的局限性，还不如说是由历史而决定的一种历史必然。

继孟子之后，最有影响的儒学代表是荀子，荀子名况，字卿，汉人避宣帝刘询讳，称孙卿，赵国（今山西安泽）人，是战国末期著名的思想家、政治家、教育家和文学家，也是先秦末期最后一位儒学大师。其生活的年代大约在前313年至前238年，曾多次游学于齐。齐国的稷下学宫聚集了一大批著名学者，如邹衍、慎到、淳于髡、田骈等，荀子曾三次为稷下学宫的"祭酒"（学长），位列大夫，毛亨、张苍、韩非、李斯、浮丘伯等皆为其门下弟子，由此可见荀子学术造诣之深。秦昭襄王四十四年（前263）应秦昭襄王之聘入秦，后曾回赵国，与临武君在赵孝成王面前议过兵事。后又赴楚，春申君任用他为兰陵（今山东苍山兰陵镇）令，春申君死，荀子失官居家，以专心著述而终其一生，为后人留下一部极有影响的儒家著述——《荀子》。《荀子》一书，今存三十二篇，大部分为荀子自著，小部分由其门人纂辑整理的荀子言论。

荀子同孟子一样，也以孔子儒学为宗，然而二人的学说却有很大的不同。如果说孔子开创的儒学以"仁"为核心，以"礼"为规范，体仁而用礼，以"内圣外王"为其政治理想模式。那么，孟子侧重继承和发展了孔子的"内圣"方面，也就是发展了孔子关于"仁"的思想，注重个人知性养性的修身，强调统治者对民众的关心与体恤，以达到仁政。而荀子则主

---

① 李措吉主编：《中国散文》，同济大学出版社2007年版，第15页。

要继承和发展了孔子的"外王"方面，也就是发展了孔子关于"礼"的思想，注重礼义的制定与执行，强调民众对君王的尊重与服从，以推行王道。从这一角度出发，荀子对思孟学说有所不满，著《非十二子》予以批驳。把子张、子夏、子游等孔子的弟子斥之为"贱儒"。荀子以进取、务实的态度和入世、经世的价值取向来批判地总结和吸收先秦诸子各派的学术思想，尤其是法家的法治思想，常以礼、法并称，认为："礼义者，治之始也。"(《荀子·王制》，本节以下凡引《荀子》中语皆只注篇名)"法者，治之端也。"(《君道》)"隆礼尊贤而王，重法爱民而霸。"(《强国》)形成了自己的礼法兼治、王霸并用的新儒学。

与孔、孟相比较，荀子礼法思想的哲学基础，更具有唯物主义的特点。荀子发展了我国古代朴素唯物主义，批判了天命、鬼神迷信的观点，否定了天有意志的谬论，在继承老子天道自然观的基础上，形成了自己的唯物自然宇宙观。他认为："天行有常，不为尧存，不为桀亡。"(《天论》)肯定自然界万事万物发展变化是不以人的意志为转移的客观现象，进一步提出"制天命而用之"的光辉思想。在认识论上，他肯定世界的可知性，否定生而知之的先验论，指出"凡以知，人之性也；可以知，物之理也"(《解蔽》)，认为人有能力通过感官知觉及思维能力来认识客观世界，这种能力是靠学习而获得的。荀子十分重视学习，他的著名的《劝学》篇详细地阐述了学习目的、原则、方法、步骤等，把古代教育思想发展到一个新的高度。

荀子反对孟子的"性善论"，在其《性恶》篇中针锋相对地提出了"性恶论"，认为"人之性恶，其善者伪也"，主张以"师法之化，礼义之道"去"化性起伪"。荀子重视教育对人的改造作用，有一定的积极意义，但从本质上来说，依然同孟子性善论一样性质的先验的人性论。人之初，其性本无所谓善恶，其善恶之性全是由后天社会实践所形成的。孟子主张人性皆善，认为人应该加强自律，进行自我修养，唤起自身善性，去顺从圣人之道。荀子主张人性皆恶，应加强他律，以礼法规矩约束自我，除去恶性，去遵循圣人之道。两种学说相反而相成，其本质是一样的，目的是一致的。如果说有差异，性善论能更好地证实仁政说，从自身心性修养方面发展了儒学；性恶论能更好地证实礼法说，从礼教与法制方面发展了儒学。

荀、孟的分歧，不仅在于对孔子思想的不同理解上，更在于各自所处的社会环境不尽相同上。孟子生活于战国的中晚期，兼并战争日趋激烈，他如同孔子一样，欲以儒家的"王道"思想来挽救乱世，到处游说诸侯，推行自己的仁政主张。而各国当时面临的重大问题是如何在诸侯混战中图生存求发展，孟子的政治主张显然不能解决燃眉之急，反被视为迂阔之论。与此同时，儒家的仁义学说，还受到杨朱、墨子等学派的严峻挑战，孟子为了维护儒家学说，必须回击杨、墨对儒家仁义学说提出的种种质疑和责难。而荀子生活于战国的末期，天下统一已成历史的必然，各种学派也出现了大融合的趋势，作为能顺应历史潮流的荀子必然在诸多问题上与孟子的认识有所不同。儒家历来反对分裂，主张大一统，然而荀子看到孟子欲以仁政学说阻止兼并求得统一的理论，是那样的不切实际。基于新的社会现实，他主张天下统一，必须在"王道"的基础上辅以"霸道"，这显然吸收了法家的正确思想，并针对孟子仁政理论的欠缺作出了补充和超越。荀子对孟子的批判并不是放弃儒家的仁义原则，而是顺应政治大一统、思想大融合的潮流，对儒学理论体系作进一步的调整、完善和发展。荀子不仅对儒学内部的各种流派进行了系统的清理与扬弃，而且也批判性地吸收了诸子百家的精华；不仅集儒学之大成，而且集诸子百家之大成，确实为先秦儒学的殿军人物。后世儒家每讲到儒家道统时往往将荀子排除在外，原因是因其儒学"不纯"，思想旁杂诸子他家，岂不知这种融会贯通百家之说，正给儒学的发展注入了新的活力，为儒家学说在今后成为中国传统文化的主体又夯实了基础。

（二）儒家代表人物哲理散文中的君子形象

儒学理论核心概括为一个"仁"字，能具体形象地体现仁的精神的是"君子"。"君子"在以前还是与"野人"相对应的社会阶层的一种称谓，在儒家那里，逐渐变成体现仁义之道的人或人格。在儒家学派代表人物的散文中，随处可见修身、齐家、治国、平天下的至理名言，正是这些闪烁着智慧之光的济世救民的箴言，不仅反映了儒家的思想、观点，同时也反映了儒家著述者的性格与感情。儒家散文中那些口吻毕肖的人物谈话，以及简约而富有情趣的人物行事，比较生动、逼真地显现了人物的音容笑貌和风度气质，塑造了主人公——儒者、仁者、贤者、圣者的形象，可以概括为君子的形象。

现以《论语》为例，来具体论说。在《论语》中，我们首先看到的是孔子的感人形象，他的形象集中地体现着儒家学派的理想人格与优秀品质，同时也体现着这位儒家始祖的独特气质与个性，孔子就是君子形象的代表。

孔子身为布衣，却心怀天下，有志于济世救民，明确地把"仁"当作自己的社会理想和人生理想，当作自己人生追求的最高道德境界，并具有为理想而献身的政治家的气概。他曾说:"朝闻道,夕死可矣。"(《里仁》)又说:"志士仁人,无求生以害仁,有杀身以成仁。"(《卫灵公》)还说:"君子去仁,恶乎成名?君子无终食之间违仁,造次必于是,颠沛必于是。"(《里仁》)孔子认为仁的内在要求是"爱人",仁的外在规范是"复礼",人人能做到"仁而爱人",人类社会就会和谐,人人都能"克己复礼",整个社会就会建立起协调的秩序。"仁"反映着亲亲尊尊的友爱关系,是富有人道主义精神的思想,是儒家治国平天下的目标,也应该是全体社会成员的最高精神境界。因此孔子才说:"民之于仁也,甚于水火。"又说:"当仁,不让于师。"(《卫灵公》)他的弟子曾参对这种远大志向理解较深,他说:"仁以为己任,不亦重乎?死而后已,不亦远乎?"(《泰伯》)为了实现这一人生理想,孔子不辞劳苦,不顾困厄,栖惶奔走于诸侯各国之间,宣传他的仁政德治学说。然而当时各个诸侯国的国君正都把心思用在兼并争霸上,都认为他的游说迂阔而无济于称霸,不仅不欢迎他,还常给他颜色看,甚至给他点苦头吃。孔子在周游列国中,曾受过围困,也饿过肚皮,他明知不可为而为之。历经十几年磨难,政治上还是最终归于失败,但他不怨天不尤人,其志终不改悔。孔子说:"三军可夺帅也,匹夫不可夺其志也。"(《子罕》)孔子一生的经历与言行,表明他是一个意志坚毅的政治家,他具有为了实现理想而义无反顾的献身精神。有人说孔子是一个理想主义者,是的,孔子就是以美好的理想为精神动力,他坚信自己的政治理想最终会付诸实践,至死执着地追求着自己的理想,他最终是一个精神胜利者。

  孔子有着循循善诱、诲人不倦的教育家的容止。孔子首创私人收徒讲学的教育模式,改变了"学在官府"的旧传统,堪称中国教育史上的一大创举。孔子主张"有教无类"(《卫灵公》),使一批贫寒人家的子弟,如颜回、子路、曾参、仲弓等,有了学习深造的机会,打破了贵族垄断教育的局面。孔子教学方法的最大特点是能够"因材施教"。施教的前提首先应是清楚受教育者的各种素质的具体状况,孔子对他的每个弟子的气质、心理、素养等了如指掌,如他分析四个弟子的性格时说:"柴也愚,参也鲁,师也辟,由也喭。"(《先进》)了解弟子,才能有的放矢地、有针对性地施教。不同的弟子问同一问题,孔子会针对不同人的具体情况而给予不同的解答。如《先进》篇中记载子路与冉有都向孔子请教:听到一个道理是否马上就去实践?孔子答复子路:有父兄在,何不征求他们的意见却鲁莽从事呢?回答冉有则说:既听说了一个道理,就应该立即去实践。为何同一个问题两种答案呢?因为子路平时勇于作为而好冒进,所以告诫他谨慎从事，广听别人意见；而冉有平日做事好退缩不前，所以就激励他大胆地去干。一退一进，都体现了"因材施教"的原则，都收到了教育的效果。孔子教学的主要内容是"志于道，据于德，依于礼，游于艺"（《述而》），同时还针对其弟子的兴趣与发展趋向，传授以不同的专业知识，使弟子们能扬长避短尽其才，如"德行：颜渊、闵子骞、冉伯牛、仲弓。言语：宰我、子贡。政事：冉有、季路。文学：子游、子夏"（《先进》），这恐怕是中国教育史上"分科"的开始。在教学中孔子还善于运用启发式教学方法，他说："不愤不启，不悱不发。举一隅不以三隅反，则不复也。"（《述而》）强调培养学生学习的主动性与独立思考问题的能力。

孔子主张"有教无类"的原则，贯彻"因材施教"的教学方法，实际是其"爱人"的观点在教学上的体现。在教学中，他采取启发诱导式的方法，充分调动学生的积极性，使学生深受感动，颜渊就曾喟然叹曰："仰之弥高，钻之弥坚。瞻之在前，忽焉在后。夫子循循然善诱人，博我以文，约我以礼，欲罢不能。既竭吾才，如有所立卓尔，虽欲从之，末由也已。"（《子罕》）平日里，不论对弟子满怀喜悦的表扬，还是严厉的批评，都饱含着孔子的高度责任心与对弟子们的一片诚挚的爱心，希望他们个个都成为社会的有用人才。在日常生活中，孔子对弟子也体贴入微，冉伯牛病重，孔子忧心忡忡，亲自去进行慰问；颜回早逝，他呼天抢地，悲痛欲绝，完全是一位对学生既严格要求又无微不至关心的慈父般的师长形象。

孔子还具有执着好学、学而不厌的学者的风范。孔子把学习视作完善人格修养、从而实现人生理想的唯一途径。他有一次以此教导他的弟子子路：

> 子曰："由也，女闻六言六蔽矣乎？"对曰："未也。""居！吾语女。好仁不好学，其蔽也愚；好知不好学，其蔽也荡；好信不好学，其蔽也贼；好直不好学，其蔽也绞；好勇不好学，其蔽也乱；好刚不好学，其蔽也狂。"（《阳货》）

"仁""知""信""直""勇""刚"，这六点都是人的美德，然而如果"不好学"，又都容易走向其反面——"愚""荡""贼""绞""乱""狂"。有好的美德再加上"好学"，才能发扬其美德，补救其弊端，才能担当起济世救民的重任，把好学与实现仁联系在一起。他的学生深解先生的思想，子夏说："博学而笃志，切问而近思，仁在其中矣。"（《子张》）

孔子把学习看得如此重要，所以他把学习当作人生大事、快事来看待，对此乐而不倦，他说："学而时习之，不亦说乎？"（《学而》）"默而识之，学而不厌，诲人不倦，何有于我哉？"（《述而》）他要求他的弟子"博学于文，约之以礼"（《雍也》），教导他们"食无求饱，居无求安，敏于事而慎于言，就有道而正焉，可谓好学也已。"（《学而》）他自己深感"学如不及，犹恐失之"（《泰伯》），主张"三人行，必有我师焉！择其善者而从之，其不善者而改之。"（《述而》）他具有"每事问"的谦虚好学态度（《八佾》），"见贤思齐焉，见不贤而内自省也。"（《里仁》）他坚信自己是一个好学不已的人，以至十分自信地对弟子们表白："十室之邑，必有忠信如丘者焉，不如丘之好学也。"（《公冶长》）

　　孔子还具有刚烈、正直的志士节操。孔子襟怀博大，志向高远，虽屡遭困顿，仍怀"博施于民而能济众"的纯正信念（《雍也》），不论穷达都不失其正人君子的气节，为后世仁人志士树立了学习的楷模。他"笃信好学，守死善道。危邦不入，乱邦不居。天下有道则见，无道则隐。邦有道，贫且贱焉，耻也。邦无道，富且贵焉，耻也。"（《泰伯》）守善道能坚持始终，处乱世危邦之中能洁身自好，为了维护仁，关键时刻勇于舍身，平日生活中的贫穷又算得了什么？孔子曾说："饭疏食，饮水，曲肱而枕之，乐亦在其中矣。不义而富且贵，于我如浮云。"（《述而》）这种安贫乐道的高尚节操正是孔子提倡的"君子"的人格。"高山仰止，景行行之"（《诗经·小雅·车辖》），孔子的高风亮节就如高山一样崇高巍峨而令人瞻仰，孔子所倡导的修身之道就如坦途一样平直而使人乐于去遵循。过去有人认为孔子鼓吹"中庸之道"，不偏不倚，奉行滑头主义。实际上，孔子认为凡事都有个"适度"，把握好这个"适度"就有利于认识问题与解决问题，这个"适度"往往处于"中"，"过犹不及"（《先进》），都会偏离"中"，讲的是认识论和方法论的问题。在现实生活中，孔子在大是大非面前从来都不含糊，敢说敢道，敢怒敢笑，旗帜鲜明地表明自己的态度，他反对的正是八面玲珑、四面讨好的所谓"老好人"。孔子认为："唯仁者能好人，能恶人。"（《里仁》）有一次，"子贡问曰：'乡人皆好之，何如？'子曰：'未可也。''乡人皆恶之，何如？'子曰：'未可也。不如乡人之善者好之，其不善者恶之。'"（《子路》）孔子坚持原则，即使对自己弟子的原则错误，也丝毫不能容忍。如冉求，孔子曾表扬他有才艺、善理政事，而当冉求帮着季氏聚敛财富时，孔子怒不可遏，号召弟子们对冉求进行讨伐："非吾徒也，小子鸣鼓而攻之可也！"（《先进》）孔子确实是一个性格刚正、办事公道、富有正义感的人。

孔子完整的形象，第一次出现在《史记·孔子世家》中，司马迁满怀崇敬之情记述了孔子的生平事迹。在《论语》中，虽也偶尔有孔子举止的描写，甚至孔子接人待物、音容笑貌的细节刻画，但主要还是收录了孔子的言论。但就是这些富有哲理的言论，把孔子丰富的内心世界揭示得异常深刻清晰，使我们感受到的不是一个抽象的"仁"的概念，而是一个古道热肠、感情丰富的君子形象。

《论语》之中也少量地记录了孔门一些弟子的言行，寥寥数语的记载，却使人领略到这些弟子的风采，如颜回聪慧好学、德行出众；冉求直爽、多才多艺；子贡能言善辩、办事通达；闵子骞少言寡语、为人恭敬持重；冉雍宽宏大度，不好与人争辩等等，他们也都是既有君子共性又有独特个性的鲜活的人物形象。

在众多的弟子中，子路的形象比较鲜明、突出，他的"勇"的特点展现得尤为生动。子路姓仲名由，子路是其字，鲁国卞邑（今山东泗水东）人，出身微贱，性格耿直，有时近乎鲁莽，曾"陵暴孔子"，孔子则以礼义对其进行耐心诱导，子路深受感动而遂拜孔子为师。子路向以勇武著称，"勇"是儒者优秀品格之一，孔子说："知者不惑，仁者不忧，勇者不惧。"（《子罕》）孔子本来就是一位大智大勇的人，但自己仍感在勇的方面不如子路，他说："由也好勇过我！"（《公冶长》）当季康子向孔子打听子路能否理政时，孔子回答说："由也果，于从政乎何有？"（《雍也》）果是果敢决断的意思，也属勇的一种表现。在孔子的弟子中，唯有子路在孔子面前毫无顾忌不隐晦自己的观点，如："子见南子，子路不说，夫子矢之，曰：'予所否者，天厌之！天厌之！'"（《雍也》）南子是卫灵公夫人，名声不好，子路认为孔子去见这样的淫荡之人、掉架子而有辱门风，所以很不高兴，大发牢骚，弄得孔子只得对天发誓，说明自己去见南子合乎礼义。这样不顾师生名分、直接对尊师行为表示不满的，只有子路能做得出来。子路坦率直言并非是他不尊重老师，这是他直率、耿直、淳朴个性的真实流露。实际上，子路非常尊敬孔子，这一点就连孔子也十分清楚。孔子周游列国时，子路自始至终伴随着他，子路勇武刚强，一直保护着孔子的安全，子路也情愿以死效忠于孔子。孔子有了病，他为之祈祷，在陈地绝粮时，他为之讨粮做饭，所以孔子说："道不行，乘桴浮于海，从我者，其由与！"（《公冶长》）在平日教学活动中，不管回答正确与否，子路总是敢于率先发言。谈论问题时，子路往往对果敢行事，冲锋打仗饶有兴趣。有一次孔子称赞颜回："用之则行，舍之则藏，唯我与尔有是夫！"子路很自负地质问孔子："子行三军，则谁与？"（《述而》）《论语》中突出写子路的勇，正抓住了他个性的主要特征，因而把这个人物写得活灵活现。孔门弟子，人才济济，形象各异，从各个方面体现了君子的人格与精神，也从不同侧面衬托了孔子的主形象，最终塑造出一个丰满而刚正的君子形象，这正是《论语》文学价值之重要所在。

和《论语》一样，《孟子》《荀子》也主要是阐述济世化民的言论。《论语》语录体尚能形成个性鲜明的人物形象，《孟子》的对话体、《荀子》的专论体，其语言的表达技巧，又在《论语》的基础上大大地提高了。在理论阐述中，能集中显示文章中人物的心理、情感及性格特征，如孟子确定的君子标准就是："居天下之广居，立天下之正位，行天下之大道。得志，与民由之，不得志，独行其道。富贵不能淫，贫贱不能移，威武不能屈。"（《孟子·滕文公下》）在《孟子》与《荀子》中的孟子与荀子的形象，也同孔子一样，具有高尚人格、美好理想、傲岸气度、博大襟怀，热心于济世救民的品德。《孟子》《荀子》中的感情抒发、性格描写、形象刻画等塑造人物的艺术技巧，又大大超过了《论语》，所塑造的君子的形象更饱满、更生动，已是不言而喻的了。

（三）儒家代表人物哲理散文的艺术特征

在儒家散文产生之前，王官文化的散文还用着艰涩古奥的官方书面语言，如《尚书》中的语言，就连散文大家韩愈都感到"佶屈聱牙"。（韩愈《进学解》）孔子弟子辑录《论语》时，直接记录了孔子的口语，这种口语与当时民间语言已很相近，但又吸收了古代书面语的精华，形成了一种与《尚书》语言不同的新的书面语，这种新的书面语一面世，便引起人们的效仿，后来经过先秦其他诸子散文与历史散文的进一步发展，逐渐形成一种比较生动、活泼、通俗的新文体。这种新文体就是我国使用了两千多年的文言文的雏形，儒家的哲理散文，特别是《论语》，为我国古代传统的文言文体的成熟奠定了重要的基础。

儒家学派从其创始人孔子就提出"诗可以兴，可以观，可以群，可以怨，迩之事父，远之事君，多识于鸟兽草木之名"（《阳货》），又评价"诗三百，一言以蔽之，曰'思无邪'。"（《为政》）明确提出文学批评的首要标准是积极的社会功能与健康的内容。但他也并非轻视文学的艺术性，认为"言之无文，行而不远。"（《左传·襄公二十五年》）他要求文学应"文""质"完美地结合，即内容与形式的完美统一。曾说："质胜文则野，文胜质则史，文质彬彬，然后君子。"（《雍也》）他修订《春秋》，不想以"空言"载之，因为"空言""不如见之于行事之深切著明也"。(《史记·太史公自序》)他阐述哲理,文辞简约而旨远意丰,语言朴实生动自然,喜欢用可感觉的形象来说明只可感悟的道理,以雍容和雅的语调、简洁凝练的格言警句来表达深刻的仁德思想,使抽象的伦理变得含蓄隽永,耐人寻味,如《论语·先进》中的《子路、曾皙、冉有、公西华侍坐章》,有三百多字,在《论语》中算是"长文"了:

> 子路、曾皙、冉有、公西华侍坐。
> 子曰:"以吾一日长乎尔,毋吾以也。居则曰:'不吾知也!'如或知尔,则何以哉?"
> 子路率尔而对曰:"千乘之国,摄乎大国之间,加之以师旅,因之以饥馑。由也为之,比及三年,可使有勇,且知方也。"夫子哂之。
> "求!尔何如?"
> 对曰:"方六七十,如五六十,求也为之,比及三年,可使足民。如其礼乐,以俟君子。"
> "赤!尔何如?"
> 对曰:"非曰能之,愿学焉。宗庙之事,如会同,端章甫,愿为小相焉。"
> "点!尔何如?"
> 鼓瑟希,铿尔,舍瑟而作,对曰:"异乎三子者之撰。"
> 子曰:"何伤乎?亦各言其志也。"
> 曰:"莫春者,春服既成,冠者五六人,童子六七人,浴乎沂,风乎舞雩,咏而归。"夫子喟然叹曰:"吾与点也!"
> 三子者出,曾皙后。曾皙曰:"夫三子者之言何如?"
> 子曰:"亦各言其志也已矣。"
> 曰:"夫子何哂由也?"
> 曰:"为国以礼,其言不让,是故哂之。"
> "唯求则非邦也与?"
> "安见方六七十,如五六十,而非邦也者?"
> "唯赤则非邦也与?"
> "宗庙会同,非诸侯而何?赤也为之小,孰能为之大?"

此篇最能代表《论语》的艺术水平。开篇就写孔子动员陪伴他闲坐的弟子们畅谈志向与抱负。孔子说:"不要因为我的年纪比你们大一些就受拘束，不敢说。你们平常也说'没有人理解我呀'之类的话，现在假设有人想了解你们，你们将如何述说自己的理想呢？"语气温和，使用的是启发式提问，马上解除了弟子们的顾虑。刚说完，子路便"率尔而对"，好像不假思索，又好像早已成竹在胸，他回答说："就像有千辆兵车那样规模的诸侯之国，即使处于大国之间，有战争的威胁，再连年遇上灾荒，然而由我仲由去治理这危难中的国家，只用三年时间，就可以使国民勇于作战，而且循规蹈矩。"子路勇武，在弟子中是出了名的，这次当仁不让抢先发言，而且出语惊人，一方面表现他志向非凡、性格耿直；另一方面也显露了他轻率、急躁与自负的特点。听完子路的话后，孔子"哂之"，也就是略带讥诮地微微一笑，就这么一个小小细节，把孔子当时复杂微妙的心态全包容进去。孔子赞赏子路坦诚、不俗的心怀，又不喜欢他毫不恭让的态度，二者之间，后者又是主要的，"哂之"二字把孔子的感情写得惟妙惟肖，孔子的形象简直到了一呼即出的地步。

由于孔子"哂之"这一个只有熟悉他的弟子们才能深刻理解的表情，其他弟子们立即警觉而有些顾虑了，不敢再如子路那样"率尔而对"，孔子只好逐个点名让他们来说。冉求说："方圆六七十里，或者五六十里的地方，让我冉求去治理，三年后，可使人民丰衣足食，至于礼乐教化之事，那就得修养更高的人去主持了。"先讲六七十里，马上又改口为五六十里，不是冉求心中无数，恰反映了冉求内心急剧的变化，他想畅谈，话刚出口，又怕老师"哂之"，就尽量说明自己仅能治理一个小地方，而且仅仅能够胜任经济管理一类的工作，至于礼乐大事就无能为力了，极似当时口语的几句话，生动地显现了冉求谨慎、谦虚的品质。轮到公西华发言，他说得更谦虚："我不敢说能胜任什么差事，只愿意从任职中得到学习，在诸侯祭祀或诸侯间会盟时，我愿穿上礼服戴上礼帽，当个小小的主持礼仪的人。"公西华与冉求同样谦虚，但表现出的性格特征是有区别的，如果说冉求的谦虚还主要出自内心，而公西华的谦虚则主要出自于遵礼，他所愿做的本是一种很重要的工作，却故意做出一种自卑的姿态。他们细腻的感情与复杂的心态，孔子看得很清楚，然而坐在那里只是静听，不好直面表态。

未发言的曾晳正在轻轻弹瑟，当孔子点到他时，才放下瑟说："我的才干和志向和他们三位说得不一样。"由于不同于前三人。曾晳颇有顾虑，不想展开细谈，经孔子再次温语相劝，才说："暮春季节，换上夹衣，与五六个青年，六七个少年，一同到沂水边洗澡，再到舞雩台迎风乘凉，然后一路唱着歌回来。"曾晳向往的悠闲自得的生活，正是孔子所追求的太平社会的缩影,是儒家治国平天下目标的形象化表述。孔子曾在另一次与颜回、子路谈志向时,说自己志在追求"老者安之,朋友信之,少年怀之"(《公冶长》),即向往仁德社会的景象,所以孔子此时情不自禁地赞赏曾晳的发言:"我赞同曾点的想法。"

述志完毕,子路、冉求、公西华也许带着不解的心情出去了。曾晳带着疑惑留下来请教孔子:"他们三位说得怎么样?"孔子只回答:"不过是各人谈谈自己的志向罢了。"曾晳还要刨根问底求其详细,孔子只好把自己的全部感受说给曾晳听:"治理国家以礼为本,子路言勇不言礼,说话不懂礼让而带狂傲,所以我讥笑他。"又说:"冉求所讲的六七十里见方或五六十里见方的地方,怎见得就不是一个国家呢?"言外之意是冉求为什么不理直气壮地说管理国家呢?显然,孔子的感受不仅来自弟子的当时发言,也参照了弟子平日的性格,假如把子路的话让给冉求来说,孔子大概就不会"哂之"了。孔子又说:"诸侯祭祀或诸侯间会盟,这不是诸侯国的大事又是什么呢?公西华说主持这些礼仪只是诸侯小相所干的事,那么诸侯的大相又能做些什么呢?"孔子对其每个弟子的期望都是很高的,鼓励他们树立远大志向与积极进取精神,只是希望他们不要像子路那样缺少谦让,而要学曾晳那样内心怀有济天下的大志,外部表现出的却是从容、和雅而放达。

《论语》大部分章句只有几十个字,文字非常简约,本章虽是"长文",同样言简意赅,往往点染几笔,就刻画出特别传神的人物形象,像孔子,是一个深明事理、关心弟子、平易近人、循循善诱的长者形象;子路是一个豪爽、率直而略带鲁莽性格的形象;冉有是一个诚实、爽朗、谨慎、虚心的形象;公西华是一个谦恭有余、掩饰真情的形象;曾晳洒脱、闲适,是一个志向高远而性情淡泊的形象。如同《论语》其他篇章一样,本篇写人偏重于人物精神世界的刻画,偏重于人物人格的展现,体现了儒家散文普遍的审美情趣。

本章还善于以简约之笔勾画情趣盎然的生活场景。文章一开始就描绘了一个师生促膝谈心的场面,再现了儒家学派师生关系融洽、教学相长的环境与氛围。曾晳回答自己的志向时,把抽象的政治理想蓝图描述成一幅乐融融的春游图,含蓄蕴藉,移情入景,以景抒志,把自己的远大抱负融进优美的生活画卷之中。

《论语》善于以形象说理,其中形象的比喻是其常用的艺术手段之一。如:

子曰:"譬如为山,未成一篑,止,吾止也。譬如平地,虽覆一篑,进,吾往也。"(《子罕》)

子贡曰:"君子之过也,如日月之食焉:过也,人皆见之;更也,人皆仰之。"(《子张》)

子曰:"岁寒,然后知松柏之后凋也!"(《子罕》)

前则以堆土为山来比喻修业做学问,成功在于自强不息、积少成多,若半途而废,则功亏一篑,就会前功尽弃。中间一则以日、月食蚀来比喻君子的过失,君子坦荡荡,有了过失不隐瞒,人们都会知道,改了错误,还会像以往一样得到人们的尊敬。正如日、月被遮蔽,人人看得见,重新恢复明亮,人人又都仰望它。后则以松柏凌寒,比喻君子志节乃于乱世而愈见坚贞,把它视为象征、类比或隐喻都可。总之,《论语》中的比喻比得得体,生动形象,揭示了深刻的抽象道理,又比得精妙,情趣盎然,简直是生动而隽永的名言警句。

《论语》通俗晓畅,非常接近当时民间口语,其突出表现就是广泛地使用了语气词,如使用了"也""乎""矣""焉""哉"等语气词,使语言委婉达意,仿佛听到说话人疑问、感喟、反诘等不同语气,使人物口吻毕肖,似乎看到每个说话人的不同神态,人物性格自然逼真凸现。行文还讲究排比、并列、对比、递进、对偶等修辞手法的运用,如:

子曰:"非礼勿视,非礼勿听,非礼勿言,非礼勿动。"(《颜渊》)

子夏曰:"百工居肆以成其事,君子学以致其道。"(《子张》)

子曰:"其身正,不令而行;其身不正,虽令不从。"(《子路》)

子曰:"可与共学,未可与适道;可与适道,未可与立;可与立,未可与权。"(《子罕》)

子曰:"知者乐水,仁者乐山;知者动,仁者静;知者乐,仁者寿。"(《雍也》)

各种修辞手法的运用,进一步促使《论语》纡徐婉转、蕴藉隽永风格的形成。

《论语》全书由零星散漫的语录汇集而成,各篇无一中心,篇名以开篇首句的数字标出,篇内各章缺乏必然联系,阐述观点时,一般只有结论而无论证,显示了儒家哲理散文初成时的特点。

与《论语》相比较,《孟子》一书也不乏平实的语言、生动的形象、隽永的韵致,然而它的酣畅雄肆的论辩特点,又是《论语》所不具备的,这也是《孟子》哲理散文的主要艺术特色。这种艺术特色的形成,一方面是由于"百家争鸣"客观形势的需要,孟子曾说:"予岂好辩哉,予不得已也。"(《滕文公下》)另一方面是有赖于他本人刚正的人格、敏锐的观察、雄厚的学识、果敢的魄力。

　　孟子发展了孔子的仁学观点,其"仁政"的民本思想比孔子鲜明得多,性格也比孔子刚烈得多。他坚信自己的"仁政"主张是救世良方,曾十分自信地说:"夫天未欲平治天下也,如欲平治天下,当今之世,舍我其谁也?"(《公孙丑下》)有以天下为己任的宏远抱负,所以在各国君主面前,孟子没有恭顺的媚态,倒是"说大人则藐之,勿视其巍巍然"(《尽心下》),始终有一种傲岸不逊的气度,孟子曾说:"君之视臣如手足,则臣视君如腹心……君之视臣如土芥,则臣视君如寇仇。"(《离娄下》)孟子对最高统治者的不仁行为敢于理直气壮地揭露,不怕其忌恨,如在《梁惠王上》中把统治者的腐败比作"率兽而食人",在《梁惠王下》中把纣王认作"贼""残",主张对一夫贼残之人,可诛可杀,不谓"弑君",以大无畏的精神,向后世统治者敲起了警钟。孟子站在很高的理论视点上来认识历史与现实,所以使他的论辩文章高屋建瓴,锋芒毕露,锐气逼人,充分地体现出孟子刚正不阿的个性,使议论文体具有了浓郁的抒情色彩。

　　《孟子》的散文还属于语录体,与《论语》不同的是常用对话、论辩的形式。它也没有与文意相一致的标题,但许多论辩篇章,主题鲜明,中心突出,已具备了专论体的特点与规模。在论辩中,或擒或纵,或开或阖,变幻自如,文章气势雄健,词锋犀利,犹如江河直下,浩浩荡荡,所向披靡。如其《告子上》中的《鱼,我所欲也章》:

　　　　孟子曰:"鱼,我所欲也,熊掌亦我所欲也;二者不可得兼,舍鱼而取熊掌者也。生亦我所欲也,义亦我所欲也;二者不可得兼,舍生而取义者也。生亦我所欲,所欲有甚于生者,故不为苟得也;死亦我所恶,所恶有甚于死者,故患有所不辟也。如使人之所欲莫甚于生,则凡可以得生者,何不用也?使人之所恶莫甚于死者,则凡可以辟患者,何不为也?由是则生而有不用也,由是则可以辟患而有不为也,是故所欲有甚于生者,所恶有甚于死者。非独贤者有是心也,人皆有之,贤者能勿丧耳。一箪食,一豆羹,得之则生,弗得则死,呼尔而与之，行道之人弗受；蹴尔而与之，乞人不屑也。万钟则不辨礼义而受之。万钟于我何加焉？为宫室之美、妻妾之奉、所识穷乏者得我与？乡为身死而不受，今为宫室之美为之；乡为身死而不受，今为妻妾之奉为之；乡为身死而不受，今为所识穷乏者得我而为之，是亦不可以已乎？此之谓失其本心。"

辨析如何对待生与死的重大问题，立意严肃，字里行间激荡着慷慨悲壮的感情。文章的立论是：道义重于生命，当道义与生命不可兼得时，应当舍生取义。道义是一个抽象的概念，如何与实实在在的"生命"作比较？文章采用了比喻的手法，把抽象的概念形象地呈现出来。文章先从人人都能感受到的口腹择食比起，再以人们的物欲、情欲逐层展开，来说明道义的价值，论证严谨细密，说理畅达，具有高超的论辩技巧。

本章首先讲鱼与熊掌都是人们喜爱吃的美味佳肴，但比较起来，熊掌的美味又胜于鱼，如果二者不可兼得只能选择一项，人们自然会选择味道更美的熊掌而舍弃鱼。作者紧接着以鱼比喻生命，以熊掌比喻道义，生命与道义都是人们所珍贵的，但二者不可兼得时，当然应该舍生取义，因为这是取其贵者舍其次者逻辑推理的必然结果，这样就把人为何而生又为何而死的重大人生观问题举重若轻、简单明了地叙述清楚了。孟子认为："舍生取义"是人人所具备的"本心"，因为人人知道保存道义比保存生命和厌恶死亡都重要得多，这是孟子的"性善论"在生死节操上的具体反映。孟子说舍生取义之心"人皆有之，贤者能勿丧耳"。好似坚守道义本是人所具有的天性，这就带上了唯心主义先验论的色彩。在生死存亡的重要关头，每个人内心都会本能地引起求生的渴望与维护道义的理性追求二者之间的激烈冲突。贤者也如此，只不过他们经过痛苦的内心矛盾与冲突后，超乎求生避死的俗人之情而选择了维护道义，为了实现理性道德的崇高追求而放弃了生命的存在，这完全是后天理性与感官本能斗争的结果，是对人生严肃而理智的选择。对于舍生取义的贤者，孟子给予了崇高的赞扬，文中充满了豪迈、壮烈的正义感。

然而在现实生活中，坚守道义决非仅如选择生死那么简单。为了进一步说明这个问题，孟子又从口腹之需叙起，一碗饭与汤，看似虽小，但对饥渴到极点的人来说，得到它则生存，失掉它则死亡，尽管如此，也会有人保持气节，宁可饿死、渴死，也不愿接受外加凌辱的施舍。可是就是这些昔日能够做到不受"嗟来之食"的人，有的却在优厚的俸禄、豪华的宫室、艳丽的女色、众人的拥戴面前一改初衷，"不辨礼义而受之"，看来在特定环境下，一些人还会"失其本心"，作者以严正的态度，对这种行为给予了鄙夷与谴责，也将如何始终坚守节操的论述引向了深入。

本章虽仅三四百字，内容却十分丰富，论述了人生的最高道德准则。作者善于以日常惯见的事物做比，由人们的官能快感上升到理性审美，辨析中深入浅出，层层推进，全文感情充沛，气势磅礴，有一股不可遏抑的"浩然之气"，使人读后荡气回肠。苏洵说："孟子之文，语约而意尽，不为巉刻斩绝之言，而其锋不可犯。"（《上欧阳内翰书》）虞集《道园学古录》中也说："孟子在战国之时，以浩然之气，发仁义之言。无心于文，而开辟抑扬，曲尽其妙。"《孟子》论辩中的雄肆风格以及由此形成的强大说服力和感染力是世所公认的。

《鱼，我所欲也章》属专题论证，在《孟子》中，还有一些篇章是双方论辩式的专论，如《梁惠王上》的《齐桓晋文之事章》《梁惠王下》的《暴见于王章》等。在论辩中，孟子了解辩论对方的动机与目的，掌握对方的心理，开始论辩时并不立即否定对方的错误观点，甚至先顺着对方论点，欲擒故纵，因势利导，然后善设机巧，布下圈套，引对方入彀就范，再层层逼近，步步设问，运用逻辑推理的强大力量，使对方对应不暇，在被动地回答中，陷入论点与逻辑自相矛盾的困境，在不断暴露自己的谬误或不断地自我否定中，其谬误也不攻自破。最后，孟子达到了确立自己的论点，彻底否定对方论点的目的。《孟子》的论辩酣畅雄肆而锐不可当，究其原因，除了他理直气壮，笔锋犀利之外，也得力于他善于雄辩，而其雄辩技巧绝非等同于纵横捭阖之术，其征服人心的雄辩力来自严密的逻辑力量。

如果说《孟子》的论辩以雄肆的气势和严密的逻辑推理为其长，那么，《荀子》则以思想弘深、说理缜密深透而取胜。荀子源于儒家而又不囿于一家，他博采百家之长，有广阔的学术视野，有博大精深的学术造诣。每有所论，或阐述论点，或反驳不同意见，都有充足的事实根据和严密的逻辑推理作充分的论证，现以其《劝学》篇开头的几段为例，来加以印证：

> 君子曰：学不可以已。青，取之于蓝而青于蓝；冰，水为之而寒于水。木直中绳，𫐓以为轮，其曲中规，虽有槁暴，不复挺者，𫐓使之然也。故木受绳则直，金就砺则利，君子博学而日参省乎己，则知明而行无过矣。
>
> 故不登高山，不知天之高也；不临深溪，不知地之厚也；不闻先

王之遗言，不知学问之大也。干越、夷貉之子，生而同声，长而异俗，教使之然也。诗曰："嗟尔君子，无恒安息。靖共尔位，好是正直。神之听之，介尔景福。"神莫大于化道，福莫长于无祸。

吾尝终日而思矣，不如须臾之所学也；吾尝跂而望矣，不如登高之博见也。登高而招，臂非加长也，而见者远；顺风而呼，声非加疾也，而闻者彰。假舆马者，非利足也，而致千里；假舟楫者，非能水也，而绝江河。君子生非异也，善假于物也。

孟子主张"性善论"，强调人们涵养自己的浩然之气，保持先天的善性。荀子主张"性恶论"，认为人要去掉先天的恶性，必须靠学习，与孟子实际上异曲同工，都重视后天的学习和修养。荀子的《劝学》篇全面地论证了学习的重要性、学习应有的态度、学习的有效方法和学习的最终目的等。本篇一下笔就提出全篇的中心论点："君子曰：学不可以已。"为什么学习不可以停止呢？作者首先从学习的重要性谈起。同孟子的《鱼，我所欲也章》一样，荀子也采用了比喻的手法，先从人们常见的事物比起，使抽象的学习形象化。荀子说：青色染料从蓝草中提炼，但其色泽艳于蓝，冰由水冻结而成，又寒于水，由这些物性给人们一个启示：人经过学习也会有质的变化，或后学超过先生，或今日之我超越昨日之我。接着再以木材靠墨绳取直，又可以弯曲成轮，刀剑经过研磨变得锋利来设比，引出君子每日经过学习反省就会变得明白事理而无过失的论断，喻体丰富，比喻贴切，类比合理，说理深刻有力。

第一段以自然物理为喻，从正面说明学习的重要，作者还嫌论证不够充分，于是第二段一开头仍以日常生活为喻，从反面来论证学习的重要性，由"不登高山，不知天之高也；不临深溪，不知地之厚也"，引出"不闻先王之遗言，不知学问之大也"，使用的仍是类比的手法，三个"不"的前提得出三个"不知"的后果，从反面推衍出这样的结论：要变"不知"为"知"，必须改"不"为"要"，归结到正题，就是说要学习才有大学问。几个排比句式，一气贯注，极有魄力。接着作者又以南北不同民族为例，他们初生的婴儿啼声都相同，长大后语言习俗就成了异样，说明这是不同习染教育的结果，仍在论证学习是造就人的根本途径。作者又引《诗经·小雅·小明》一诗最后一节，大意是：君子不要常图安逸。要谨慎谋好自己的职务，爱好正直之道。神明觉察到这些，就会赐给你最大的福禄。俞樾在《荀子诗说》中说："荀子之意，以人性本恶，必以学正之，故引此诗以证之。"诗后是两句对仗的格言，是说精神的最高境界莫过于合乎道,最大的幸福莫过于无祸。杨倞《荀子注》说:"为学则自化道,故神莫大焉;修身则自无祸,故福莫长焉。"作者旁征博引,努力从多方面来论证学习的重要意义。

从正反两方面反复论证学习的重要性,本已说得比较深透了,但作者仍嫌不足,第三段又从自己亲身感受谈起:作者曾"终日而思",但"不如须臾之所学"有收获。正如作者曾"跂而望","不如登高之博见"一样,学与不学,效果大不一样。接下来又连设四个比喻:登高而招者、顺风而呼者、假舆马者、假舟楫者,各善假于一物——或高坡、或顺风、或车马、或船桨,从而达到事半功倍的效果,于是引出"君子生非异也,善假于物也"。君子假于的"物"是指利用世界万物,获得"善假"的本领就靠学习。至此,学习的重要性才得到了充分的说明,完成了从学习重要性角度进行"劝学"的任务。文章从正面论述到反面论证再到畅谈亲身体验,逐段立论又层层推进。结构上暗相呼应,意脉一贯,体现了《荀子》思理严整、论证缜密的特点。

《荀子》比《孟子》的篇章结构更为复杂,构思缜密,论证周详细密。在论证方法上,虽也大量使用比喻,但很少像《孟子》那样多用寓言。虽也气势雄伟,但并不靠气势来取胜,而是靠缜密详赡的论证征服人心。虽仍使用着《孟子》中常见的类比方式,但已不是简单地一味运用类比或三段论的逻辑推理,而是全篇有中心论点,每一段落又有分论点,在大概念之下,又分出许多小概念,或辨析,或辩驳,或引经据典,或娓娓而谈,既全面又充分。全文由一主线贯通,又条分缕析,环环相扣,层层深入,剥肤及髓,淋漓尽致。以求做到"反复推详,务明其旨趣"。(王先谦《荀子集解自序》)如果说《孟子》多"大丈夫气",而《荀子》则多"学究气",《荀子》一书所体现的思想博大精深及论证方法缜密,在先秦诸子哲理散文中是首屈一指的。

(四)儒家代表人物哲理散文的艺术价值

春秋战国时期的历史散文与哲理散文,标志着我国散文第一个高峰的形成。而在这一历史时期,儒家作为重要的流派,以自己的历史散文与哲理散文的辉煌成就,为中国散文第一个高峰的形成做出了巨大的贡献。在此后的两千多年的封建社会里,每个文人无不受到儒家现实主义散文理论与朴实畅达文风的沾溉。每当散文偏离社会现实时,人们往往以儒家散文理论为旗帜,以儒家散文作品为典范,来纠正不良文风,使中国古代散文能保持优秀传统而健康发展。

儒家在散文创作上与其他诸子互补互融、取长补短，使春秋战国的散文创作艺术达到一个前所未有的高度，形成了我国古代散文创作的优良传统。其中仅儒家代表人物的哲理散文就体现出很高的艺术价值。

儒家代表人物的哲理散文，首先有一个共同的显著特点，那就是一般不用抽象的概念来表现思想，而是赋予思想以一定的形象形式，以生动的形象来触动人的感情，来启迪人的智慧。也就是说他们的结论不仅靠逻辑推衍，也靠形象引发出来的。所以叙述与抒情成了议论的基础。他们在叙述人事时，或进行天道、人伦等问题的思辨时，涵容着一定的美学意蕴，运用了文学艺术的手法，从而使叙述形象化，使思辨诗情化，运用生动的事例及各种形象来叙事说理，在叙事与论辩中渗透着作者的感情，显示着作者的人格魅力，精美的文辞说明作者在有意追求各种审美效果。

儒家代表人物阐释社会人生，不尚空言，往往以事言理，这在其哲理散文中表现得尤为突出。儒家代表人物哲理散文是在儒家历史散文的基础上成熟并独立出来的，但在阐述其理论时，仍保持着以事明理的特点，常常引述生动的历史事实来印证自己的论点与主张。儒家代表人物喜欢以史实来明理，重要的原因在于所引用的历史事实具有典型性和全社会确认的真实性，具有很强的说服力。这些历史事实广为传诵，已经蕴含着某种发人深思的哲理，有助于理论的进一步阐述。这些史实经过他们整理、修饰，更具扣人心弦的艺术魅力，引用它更易打动人心。

儒家代表人物哲理散文中的人物形象，不仅指文中所展现的人物形象，还指比喻和寓言所寓含的人物形象。比喻的目的有两个，其一是调动人们以已有的认知去感受新的事物。其二是使人们以具体的、可感的形象去理解无形的、抽象的概念。

儒家代表人物哲理散文中的比喻有两种基本形式，一是单一比喻，一是复杂比喻。单一比喻基本是一个比体与一个喻体对应，也就是由一个熟知的形象来对另一抽象的道理或事物的类似点进行联想式的说明。如孔子说："为政以德，譬如北辰，居其所而众星共之。"（《论语·为政》）把德政比成了北极星。为政者布施德治，而万民归顺，有如北极星居其所在，则众星环绕。孔子抓住二者都有中心的共同点，进行比喻，使人从形象的天象进行联想，来理解纷然复杂的社会现象，使为政这一抽象概念具体化、形象化。单一比喻中，除了明喻，也有暗喻和借喻。暗喻不露比喻形迹，使比体与喻体的关系更为密切，如"君子之德，风也；小人之德，草也"（《孟子·滕文公上》）。借喻的比体与喻体的关系比暗喻更进一层，已经密切到相合的程度了，如"青，取之于蓝，而青于蓝；冰，水为之，而寒于水"(《荀子·劝学》)。以"青"与冰的形成与特质,借喻君子学于前人又胜于前人的道理。

比喻的另一种形式是复杂比喻。复杂比喻就是一种"连类比物",联系相类的事物,进行多方面的打比方。如《荀子·宥坐》中载有孔子答子贡问水的一段话:

> 孔子曰:"夫水,大遍与诸生而无为也,似德。其流也埤下,裾拘必循其理,似义。其洸洸乎不淈尽,似道。若有决行之,其应佚若声响,其赴百仞之谷不惧,似勇。主量必平,似法。盈不求概,似正。淖约微达,似察。以出以入,以就鲜洁,似善化。其万折也必东,似志。是故君子见大水必观焉。"

真是一篇精彩的水赋,用比喻赋予了水以德、义、道、勇、法、正、察、善化、志的品德,这也是君子内心世界的形象展示。

寓言可以说是更为复杂的比喻,形式上很似借喻,但喻体具有完整的故事情节。如果说一般比喻的喻体还停留在一个或几个形象上,而寓言则扩大成为饶有趣味的故事。寓言不仅需要形象,而且还需要情节。寓言故事不仅具有比喻性,而且有较深的寓意,以具体的、通俗的、生动的故事来寄托与象征一定的道理,使所寓的道理易于被人所理解、所接受。中国寓言萌芽于春秋末年,那时的寓言在儒家的历史散文中首先得到运用,如宣公十一年,陈国夏氏作乱,楚王派楚军乘机开进陈国,杀死作乱的夏征舒,取消了陈国的诸侯国国号,把它改为一个县,楚大夫申叔时不同意楚王这种做法,《左传》记载了申叔时对楚庄王的批评:

> 夏征舒弑其君,其罪大矣,讨而戮之,君之义也。抑人亦有言曰:"牵牛以蹊人之田,而夺之牛。"牵牛以蹊者,信有罪矣;而夺之牛,罚已重矣。诸侯之从也,曰讨有罪也。今县陈,贪其富也。以讨召诸侯,而以贪归之,无乃不可乎?

申叔时劝阻楚庄王灭陈改县,先引述了一则民间故事:有人牵牛从他人田中走过,田主夺其牛作罚。故事有头有尾,有一定的讽喻意义,已是寓言的雏形。但此前的孔子的言论和著述中,虽使用了复杂的比喻,但还很少见到寓言形式,儒家代表人物哲理散文中比较多地使用寓言,是从战国中期孟子开始的。孟子所用的寓言重视了形象的刻画,故事情节趋向完整,形象鲜明而富有趣味,讽刺辛辣而寓意深刻,标志着寓言在儒家哲理散文中发育成熟。如《孟子·离娄下》有一则"齐人有一妻一妾"的寓言,其生动曲折已近乎小说:

> 齐人有一妻一妾而处室者。其良人出,则必餍酒肉而后反。其妻问所与饮食者,则尽富贵也。其妻告其妾曰:"良人出,则必餍酒肉而后反,问其与饮食者,尽富贵也,而未尝有显者来,吾将瞯良人之所之也。"蚤起,施从良人之所之,遍国中无与立谈者。卒之东郭墦间,之祭者乞其馀,不足,又顾而之他,此其为餍足之道也。其妻归,告其妾,曰:"良人者,所仰望而终身也,今若此。"与其妾讪其良人,而相泣于中庭,而良人未之知也,施施从外来,骄其妻妾。
>
> 由君子观之,则人之所以求富贵利达者,其妻妾不羞也而不相泣者,几希矣。

孟子与庄子是同时代人,他们之间的寓言互有影响,他们的寓言又影响了战国后期另一儒家代表人物荀子及法家集大成者韩非。战国后期的诸子哲理散文中的寓言数量增多,由单则寓言改变为连体寓言,寓言蔚然成文学一大观。他们文章中的寓言故事层出不穷,有的大型寓言故事里还套着小型寓言故事,甚至寓言中又运用了拟人、比喻、夸张等手法。先秦诸子散文中的寓言主要来源于民间故事,这些民间故事包括神话、传说、笑话等等,是人民群众的口头创作,表现了人民群众的感情及他们对社会生活的细致观察。诸子采集这些民间故事之后,又经过自己的加工、改造,融进了自己的观点与感情。另外一些寓言故事是诸子在历史传说、神话故事、谚语笑话甚至简单比喻的启发下,围绕表述的意思而虚构编造出来的。奇特的想象、众多的形象、丰富的意蕴、优美深邃的意境,显示着寓言势必发展成为独立的文学样式。

寓言不是小说,但寓言的作者也像小说的作者一样,进行艺术想象,展开生动的叙述与传神的描绘,使寓言具有一定的故事情节和相应的性格形象。从这个意义上说,寓言已经具备了小说的基本特征。情节奇特谲怪,对话深刻精彩,人物形象夸张而鲜明,篇幅较长的寓言,已注重了人物性格的刻画与细节描写,人物语言极具个性化特点。寓言文学再进一步提高,就成了真正文学意义上的小说了。先秦诸子散文中塑造人物形象的技巧,故事情节的构思,以及各种艺术表现手法,多为后世小说所吸取所运用,甚至寓言的题材也往往被后世扩展敷衍而成小说的素材,先秦诸子散文中的寓言成为后世小说的滥觞。

我国具有说理成分的散文可以追溯到久远,《尚书》中的誓诰已经就事说理,不过,这些典籍偏重于史料应用,还不能算作严格的理论文章。理论文章的目的不是就事论事的狭隘实用,而是为了阐明某种道理,用以指导普遍的行动,这一点不仅是理论文章的目的,也是理论文章的特质。中国理论文章的形成是从先秦诸子哲理散文开始的,诸子理论文章最初的形式是春秋末战国初产生的语录体,其著述就是《老子》与《论语》。《论语》中虽然是一些互不连贯的只言片语,构不成完整的理论文章,但各段语录都在说理,多是一段段精粹的人生格言。孔子在教诲开导其弟子时,理论依据来自六经,用不着去论证它的正确性。同时,孔子弟子在记录与整理孔子言论时,也往往收录其中十分恳切著明的重要论点,即使有些论点孔子作了一些说明,往往也略而不记。再则,春秋末还没有明显的学派对立,互相论辩的风气还未形成,因为在论述道理时没有论敌的挑剔,所以用不着去论证,用不着寻求充分的论据,也就是说《论语》中的说理一般只说了"其然"部分,而省掉了"其所以然"的部分。语录体哲理散文不拘形式,出口成章,多采口语,平易晓畅,言简意赅,十分易于迅速地表达作者的思想观点,其感人效果有时还胜于长篇专论。因此它作为一种散文体裁一直绵延了两千多年,直到清代,还有人模仿《论语》语录体来著述,如李光地有《榕村语录》、罗为赓有《苕西问答》等。

刘勰在《文心雕龙·论说》中说:

> 圣哲彝训曰经,述经叙理曰论。论者,伦也;伦理无爽,则圣意不坠。昔仲尼微言,门人追记,故仰其经目,称为《论语》。盖群论立名,始于兹矣……说者,悦也;兑为口舌,故言资悦怿;过悦必伪,故舜惊逸说。说之善者:伊尹以论味隆殷,太公以辨钓兴周,及烛武行而纾郑,端木出而存鲁,亦其美也。暨战国争雄,辨士云涌;从横参谋,长短角势;《转丸》骋其巧辞,《飞钳》伏其精术。一人之辨,重于九鼎之宝;三寸之舌,强于百万之师。

刘勰把说理文分为"论"与"说"二类,认为"论"是从《论语》开始的,"说"是由谋臣策士游说之词而来的。认为"论"重在研究道理,阐发理论;"说"重在讲究文采技巧,以求得打动听者。从《论语》之"论"、谋臣策士之"说"开始,诸子逐渐形成了论辩风气,论辩之风又推动了对论辩艺术的普遍追求。

继承语录体并把语录体推向成熟的是《孟子》一书。《孟子》一书虽然基本上是语录体，但在体制上与《论语》有很大区别。《论语》基本是孔子的言论，偶尔有孔子与学生问答的片段，也只属答疑性质。而《孟子》则创造了互相对话的形式，这种形式不仅可以用于答疑，而且还可以互相讨论，可以互相驳诘，参加对话的人，围绕中心论题，充分展开论辩。不仅提出"其然"，而且论其"所以然"。形式上是语录体，实质上已接近专题论说文。孟子有很强的论辩能力，明确地提出了"知言说"："'何谓知言？'曰：'诐辞知其所蔽，淫辞知其所陷，邪辞知其所离，遁辞知其所穷。'"（《孟子·公孙丑上》）在论辩中，要想有的放矢，驳倒论敌，必须知道对方言论错误之所在。孟子认为错误言论常以诐辞、淫辞、邪辞和遁词表现出来。"诐辞"指文章中的片面之词，要清楚其以偏概全的"全"有哪些内容，知"全"才可纠其"偏"。"淫辞"指文章中夸大不实之词，要清楚它的迷惑性与欺骗性，指出其危害性。"邪辞"指文章中错误荒谬之词，要了解其背离了哪些常理，才好批驳它。"遁辞"指文章中含糊敷衍之词，要反驳它，就要了解其理屈词穷之处。《孟子》驳论的方法与技巧对驳论文体制的建立与发展具有巨大的推动作用。

在论说文体制的发展过程中，先秦儒家最后一位大师荀子是一个有着特殊贡献的人。他吸收了前人论说文的创作经验，又在体制上、论说技巧上作了许多新的探索，他的文章多数具有专题论文的格式，结构严密，说理透辟，气势雄浑，逻辑性强。有的篇章还直接以"论""议""解"等论说文的不同体裁来命题，如《荀子》中的《议道》《天论》《解蔽》等等。使专题论说文正式成为一种独立的文体。

《荀子》一书三十二篇，其中《成相》《赋篇》属于韵文，《大略》《宥坐》《子道》《法行》《哀公》《尧问》六篇为语录体，或系门人弟子所记，其余二十四篇大部分出自荀子本人之手，基本上属于专题论说文。荀子的专题论说文都有明确的论辩目的和判断是非的标准。他在《墨子》"三表"的基础上，即根据古代圣王事迹、百姓见闻、国家利益，来判断是非、检验真理的基础上，进一步明确提出"立言论准"的主张，就是说凡参与论辩，必须先确定一个判断是非的正确标准，否则，是辩论不出一个什么结果来的。那么什么是正确的标准呢？荀子把"王制"作为判断是非的最高标准，把"圣、王"当作真理的化身，把"道"作为鉴别言论是忠还是奸的准绳，总之，荀子立言有个"准"，也就是他所推崇的"礼法"，一切是非都要以这个"准"来衡量，这是论辩的基本原则。

《荀子》一书基本具备了专题论说文的标题。在此之前，《论语》《孟子》仅取篇章首句开头或句中的数字为题，题目不能揭示全文的主旨，甚至有的题名构不成一定意义的词汇。《老子》只标章数，仅能起一个顺序排列的作用，算不得标题。《墨子》《庄子》有一部分仍袭用《论语》的格式，有一部分标题与主旨有关，但有的标题意义使人费解，如《墨子》的《大取》《小取》《耕柱》，《庄子》的《胠箧》《山木》等。而《荀子》各篇，除语录体基本仍依《论语》标题格式外，其余均是以极其简明又能揭示和提示主题的短语作标题。

《荀子》各篇主题明确，往往开宗明义提出论点，然后由浅入深，层层论证。如其《天论》篇，以"天论"二字为题，点出本篇在于阐述自然哲学观的宗旨。文章以三个部分的内容来谋篇布局：其一，天是物质的存在，不以人的意志为转移；其二，人要正确处理与自然的关系，认清吉凶祸福缘由在人而不源于天；其三，了解、掌握天的运行变化规律，人应驾驭、征服自然而有所作为。围绕着"天"，逐层论证，步步推进，逐段立论，意脉一贯，结构完整。不仅吸收和运用了《墨子》中的形式逻辑，还吸取了名家、道家、兵家的朴素辩证法思想。

如果说孟子在确立论说文的驳论体制方面做出了巨大贡献，那么荀子则在孟子的基础之上，又对论说文的立论体制做了开拓性的工作。有了这个基础，韩非才促成先秦诸子论说文体制的最后成熟。而《吕氏春秋》则把各专题论说文有机地组合成专题论著，这是先秦诸子专题论说文体制发展的必然结果，说明中国古代散文中的论说文体制在先秦时期已基本成熟。

人类认识、把握世界有三种方式：认知、评价、审美。认知即求真，评价即求善，审美即求美。认知的内容主要表现为知识，多体现为事物发展的介绍，在学科上多属历史科学。评价的标准依据一定的道德，多体现为是非善恶的评判，在学科上多属哲学。审美的内容主要表现为艺术，多体现为形象的塑造与展现，在学科上多属文学艺术。儒家代表人物的哲理散文，都追求真善美的统一，是真、善、美结合的产物。它们以形象说明抽象，以史实阐明道理，并在论述中融进了自己鲜明的个性特征与深切的情感，熔诗人的激情、史家的渊博、哲人的睿智于一炉，是文学、史学、哲学的完美统一。真善美构成了儒家代表人物哲理散文中哲学思想、历史意识、审美观念的共同内核，贯穿于整个散文的创作过程之中，成为其哲理散文的显著特质。

追求真善美的统一，是所有国家文学的共同特征，但中国文学对真善美的追求与西方文学有所不同。儒家代表人物在追求真善美统一的前提下，首先强调的是善，总是把善放在首位，以善来统辖真与美，与西方文学或把真或把美放在首位是不同的。儒家以仁义为善，善在他们的文章中体现为一种美好的理想主义与高尚的人格力量。他们所塑造的主人公形象首先是具有高尚人格、美好理想、崇高道德的"善人"，他们对善人的歌颂，就是对人的价值的充分肯定，就是对善的事物的歌颂。中国传统文化以儒家思想为核心，所以儒家代表人物追求真善美统一并把善放在首位的特点，决定了中国传统散文乃至整个中国传统文学的基本特征，支配了中国传统文学基本发展的趋向。

四 儒家与主要他家散文的差异及关系

《淮南子·要略》曾叙述儒学的生成："孔子修成、康之道，述周公之训，以教七十子，使服其衣冠，修其篇籍，故儒者之学生焉。"儒家作为春秋战国一学派，其创始人孔子"游文于六经之中，留意于仁义之际，祖述尧、舜，宪章文、武"（《汉书·艺文志》），以六经所载贤明帝王治国理民的圣迹为范式，高标"仁""礼"思想，以内圣而达外王，以修身而致安民，其学说在孔子死后就渐成"显学"。从汉武帝"罢黜百家，独尊儒术"以来，儒学作为封建社会正统思想的地位基本上从未动摇过。

儒家学说在春秋战国时期起就代表了主流文化，但是它并不能代表春秋战国文化的全部，在儒学崛起的先后，各种学派也应运而生，各种学说一时竞起。刘勰在《文心雕龙·诸子》中说：

及伯阳识礼，而仲尼访问，爰序道德，以冠百氏。然则鬻惟文友，李实孔师，圣贤并世，而经子异流矣。逮及七国力政，俊乂蜂起。孟子膺儒以磬折，庄周述道以翱翔，墨翟执俭确之教，尹文课名实之符，野老治国于地利，驺子养政于天文，申商刀锯以制理，鬼谷唇吻以策勋，尸佼兼总于杂术，青史曲缀以街谈。承流而枝附者，不可胜算，并飞辩以驰术，餍禄而余荣矣。

春秋战国时期哲人纷纷涌现，尊崇不一，但都各抒己见，纵横驰骋其说。刘勰的这段文字为我们展示了那个学术上开拓创新、生动活泼的时代的风貌，众多流派的学术活动标志着中国文化的空前活跃与发达。德国学者雅斯贝尔斯认为：人类文化发展过程中，曾有过一次突变，遽然进入一个高级的阶段，他称之为"轴心时代"，其重要的标志之一就是中国出现了诸子之学。他说:"公元前800年到公元前200年间所发生的精神过程,标志着人类历史正处于一个'轴心时代',公元前500年是它的高峰期。在此历史阶段,在中国,诞生了孔子、老子、庄子、墨子等各派思想家,……所有这一切几乎是同时而又相互隔绝地在中国、印度和西方产生。"①雅斯贝尔斯之所以称这一历史时期为"轴心时代",就是因为这一时期所产生的各派思想家及其各种学说,形成了人类高度的文明,为人类提供了取之不尽用之不竭的思想宝库。

儒家本是诸子之一,只因为它的影响力大,其学说后来由"子学"提升为"经学",而其他诸子的学说仍一概称为"子学"。儒家思想是在传承三代经典并在阐释三代经典中形成的,是在与其他诸子百家,特别是与道家、墨家、法家等争鸣中,互相影响、互相补充、互相交融中发展起来的。儒学之所以在中国历史上长期处于正统地位,并非仅因为历代统治者的提倡,更为重要的是:它自身具有的开放性,使它不断吸收着其他子学的精神营养,不断地克服着自身的不足,以适应时代的要求。儒家显学与其他子学既存在着不同的"异",又存在着一致的"同",并存在着取长补短互相吸收的关系。所以不了解儒家散文与其他诸子散文的不同,以及儒家散文与其他诸子散文的互融关系,就不能全面、深入地了解儒家学说,也就不能深入认识儒家散文的特色。

(一)诸子之学相反相成

"子"原是古代爵号,后也是对人的一种尊称,先秦所有哲理方面的散文书籍,相应地称为"子书"。诸子哲理散文初创于何时?刘勰在《文心雕龙·诸子》中说:"诸子者,入道见志之书……至鬻熊知道,而文王咨询,余文遗事,录为《鬻子》。子自肇始,莫先于兹。"传说最早著书立说的"子"叫鬻熊,他是周文王时代的学者,因为懂得道义,周文王曾请教过他,他留传下的文辞与事迹,经后人记录整理成书,书名就叫《鬻子》。《汉书·艺文志》载有道家《鬻子》二十二篇,又有小说家《鬻子说》十九篇,班固注曰"后世所加"。其书的真实性在东汉时已受到班固的怀疑,所以多数人认为子书还应从《老子》算起,其后便是《论语》。此二书是诸子哲理散文初创者。《老子》《论语》之后,诸子散文渐多,诸子各学派的区分也渐明显。《庄子·天下篇》说:

---

① 〔德〕卡尔·雅斯贝尔斯:《历史的起源与目标》,华夏出版社1989年版,第12页。

天下之治方术者多矣，皆以其有为不可加矣。古之所谓道术者，果恶乎在？曰："无乎不在。"曰："神何由降？明何由出？""圣有所生，王有所成，皆原于一。"

不离于宗，谓之天人；不离于精，谓之神人；不离于真，谓之至人。以天为宗，以德为本，以道为门，兆于变化，谓之圣人。以仁为恩，以义为理，以礼为行，以乐为和，薰然慈仁，谓之君子。以法为分，以名为表，以参为验，以稽为决，其数一二三四是也，百官以此相齿，以事为常，以衣食为主，蕃息畜藏，老弱孤寡为意，皆有以养，民之理也。

古之人其备乎！配神明，醇天地，育万物，和天下，泽及百姓，明于本数，系于末度，六通四辟，小大精粗，其运无乎不在。其明而在数度者，旧法世传之史尚多有之。其在于《诗》《书》《礼》《乐》者，邹鲁之士，缙绅先生，多能明之。《诗》以道志，《书》以道事，《礼》以道行，《乐》以道和，《易》以道阴阳，《春秋》以道名分。其数散于天下而设于中国者，百家之学时或称而道之。

天下大乱，贤圣不明，道德不一，天下多得一察焉以自好。譬如耳目鼻口，皆有所明，不能相通。犹百家众技也，皆有所长，时有所用。虽然，不该不遍，一曲之士也。判天地之美，析万物之理，察古人之全，寡能备于天地之美，称神明之容。是故内圣外王之道，暗而不明，郁而不发，天下之人各为其所欲焉以自为方。悲夫，百家往而不反，必不合矣！后世之学者，不幸不见天地之纯，古人之大体，道术将为天下裂。

不侈于后世，不靡于万物，不晖于数度，以绳墨自矫而备世之急，古之道术有在于是者。墨翟、禽滑厘闻其风而说之，为之大过，已之大循。

对《庄子·天下篇》，白寿彝有一段文字分析、评价得比较精当：

《庄子·天下篇》在先秦的书中讲学术演变，最有深意。它讲先秦的学术有三个阶段，第一个阶段是"古之道术"，"小大精粗，其运无乎不及"。第二个阶段是前一历史时期遗留下来的《诗》《书》《礼》《乐》，"邹鲁之士，缙绅先生，多能明之"，这指的是儒家学派，被认为是历史上出现较早的一个学派。第三个阶段是百家之学的时期，大约相当于战国时期，对百家之学，它评论了墨翟、禽滑厘，评论了宋钘、尹文。对于百家之学，它对于这两个学派的优点和缺点，都详细论列，并且能在讲优点的地方讲出缺点，讲缺点的地方见其优点，荀子把墨翟和宋钘混在一块讲，是只见其同，未见其异。这里是把墨翟和宋钘归于两个学派，是有较全面较深的看法的。《天下篇》还评论了彭蒙、田骈、慎到，评论了关尹、老聃，论述了庄周。它对这六个人的论述，颇有相似的地方，但却把他们归之于三个学派，而对于老聃和庄周特别推崇。最后，《天下篇》评论了惠施和一些辩者，简要地列举了他们辩诘的主题。惋惜惠施虽有才能，却走上了"逐万物而不反"的歧途。《天下篇》不只提出了"家"的概念，而且对于各家的评论都有独到的见解。这在"家"的概念的形成、发展过程中，是一篇重要的文章。①

春秋战国之际，学术上的派别已经形成。《庄子·天下篇》不仅明确提出学术领域中"家"的概念，而且还提出了学术中"风"的概念。此前，"风"曾指"风气""风俗"，《礼记·乐记》中说："乐也者，圣人之所乐也……其移风易俗，故先王著其教焉。"也指人的风度、作风，《孟子·万章下》："故闻伯夷之风者，顽夫廉，懦夫有立志。"《庄子·天下篇》首次将"风"一词引入学术中，以"风"指各家学术的风格、风尚，与现代学术中的思潮、风潮含义很相似，篇中有"闻其风而说之"，就是对这种学术思潮表示肯定与赞扬。用"风"来作为区分各学派的标准，抓住了学术分家的根本。

诸子之说，本是对立统一的，但起初，人们往往只看重对立的一面，而忽视了统一的一面。荀子作《非十二子》批评学术界十二位代表人物，这十二位代表人物是它嚣、魏牟、陈仲、史䲡、墨翟、宋钘、慎到、田骈、惠施、邓析、子思、孟轲，二人共一说，故文中称六说，实际也可视作六个流派。他认为"六说者不能入也，十二子者不能亲也"，呼吁"六说者立息，十二子者迁化"，"以务息十二子之说，如是则天下之害除，仁人之事毕，圣王之迹著矣"。他在《解蔽》中还提出："墨子蔽于用而不知文，宋子蔽于欲而不知得，慎子蔽于法而不知贤，申子蔽于势而不知知，惠子蔽于辞而不知实，庄子蔽于天而不知人。"他痛恨"凡人之患，蔽于一曲，而暗于大理"，因而主张"解蔽"，荀子完全从自己的礼法观念出发，对各个学派作了过分的否定，"解蔽"者本身也有"蔽"，其认识就有严重的局限性与片面性。

---

① 白寿彝：《司马迁和史记》，北京出版社1987年版，第33—34页。

忽视对立面统一的思想，在韩非那里，就更为严重，韩非在《韩非子·显学》篇中这样说：

> 世之显学，儒、墨也。儒之所至，孔丘也。墨之所至，墨翟也。自孔子之死也，有子张之儒，有子思之儒，有颜氏之儒，有孟氏之儒，有漆雕氏之儒，有仲良氏之儒，有孙氏之儒，有乐正氏之儒。自墨子之死也，有相里氏之墨，有相夫氏之墨，有邓陵氏之墨。故孔、墨之后，儒分为八，墨离为三，取舍相反不同，而皆自谓真孔、墨，孔、墨不可复生，将谁使定后世之学乎？孔子、墨子俱道尧、舜，而取舍不同，皆自谓真尧、舜，尧、舜不复生，将谁使定儒、墨之诚乎？殷、周七百余岁，虞、夏二千余岁，而不能定儒、墨之真；今乃欲审尧、舜之道于三千岁之前，意者其不可必乎！无参验而必之者，愚也；弗能必而据之者，诬也。故明据先王，必定尧、舜者，非愚则诬也。愚诬之学，杂反之行，明主弗受也。
>
> 墨者之葬也，冬日冬服，夏日夏服，桐棺三寸，服丧三月，世主以为俭而礼之。儒者破家而葬，服丧三年，大毁扶杖，世主以为孝而礼之。夫是墨子之俭，将非孔子之侈也；是孔子之孝，将非墨子之戾也。今孝戾、侈俭俱在儒、墨，而上兼礼之。漆雕之议，不色挠，不目逃，行曲则违于臧获，行直则怒于诸侯，世主以为廉而礼之。宋荣子之议，设不斗争，取不随仇，不羞囹圄，见侮不辱，世主以为宽而礼之。夫是漆雕之廉，将非宋荣之恕也；是宋荣之宽，将非漆雕之暴也。今宽廉、恕暴俱在二子，人主兼而礼之。自愚诬之学、杂反之辞争，而人主俱听之，故海内之士，言无定术，行无常议。夫冰炭不同器而久，寒暑不兼时而至，杂反之学不两立而治，今兼听杂学缪行同异之辞，安得无乱乎？听行如此，其于治人又必然矣。

考察事物时韩非只注意事物的对立与斗争，重视对立面的区别，指出了显学的儒、墨两大思潮，又以其同中之异而细分出儒家八派与墨家三派，论述了儒与墨及漆雕与宋荣等派别的分歧，在方法论上有可取之处。但韩非强调对立的不可调和，把矛盾斗争绝对化，把参与争鸣的非己派的诸子之学基本上都斥为"愚诬之学"，则是不客观的了。韩非生当战国末期，一个统一的封建中央集权制国家即将诞生，时代要求对先秦诸子之学应该有个历史性的总结，从而在此基础上建立起一个主导性的意识形态。

但以韩非为代表的法家,认识不到诸子兴起是中华民族思想文化发展的必然现象,也认识不到诸子之学中蕴含着华夏民族在漫长历史行程中所积累的经验和智慧,也认识不到诸子之学正体现着历史与时代的理性精神,他无视先秦的学术在百家争鸣中才兴旺发达的历史,更看不到后来的思想文化建设必然要在百家之学大融合的基础上来进行的历史趋势。他否定儒墨及其他学派,在《五蠹》篇中将它们通通视为乱国之蠹,欲以强权和暴力来消除"异端",到头来受到惩罚的不仅是其他诸子之学,也包括法家本身。胡适在其《中国哲学史大纲》第十二篇第三章《古代哲学之中绝》中说:"哲学的发达全靠'异端'群起,百川竞流。(端,古训一点。引申为长物的两头。异端不过是一种不同的观点,譬如一根手杖,你拿这端,我拿那端。你未必是,我未必非)一到了'别黑白而定一尊'的时候,一家专制,罢黜百家,名为'尊'这一家,其实这一家少了四围的敌手与批评家,就如同刀子少了磨刀石,不久就要锈了,不久就要钝了。"① 能正确地对待、系统地总结先秦诸子之学的是西汉的司马谈,司马迁在《史记·太史公自序》中记录下他的那篇重要的学术文章——《论六家之要指》:

> 《易大传》:"天下一致而百虑,同归而殊途。"夫阴阳、儒、墨、名、法、道德,此务为治者也,直所从言之异路,有省不省耳。尝窃观阴阳之术,大祥而众忌讳,使人拘而多所畏;然其序四时之大顺,不可失也。儒者博而寡要,劳而少功,是以其事难尽从;然其序君臣父子之礼,列夫妇长幼之别,不可易也。墨者俭而难遵,是以其事不可遍循;然其强本节用,不可废也。法家严而少恩;然其正君臣上下之分,不可改矣。名家使人俭而善失真;然其正名实,不可不察也。道家使人精神专一,动合无形,赡足万物。其为术也,因阴阳之大顺,采儒墨之善,撮名法之要,与时迁移,应物变化,立俗施事,无所不宜,指约而易操,事少而功多。儒者则不然。以为人主天下之仪表也,主倡而臣和,主先而臣随。如此则主劳而臣逸。至于大道之要,去健羡,绌聪明,释此而任术。夫神大用则竭,形大劳则敝。形神骚动,欲与天地长久,非所闻也。
>
> 夫阴阳四时、八位、十二度、二十四节各有教令,顺之者昌,逆之者不死则亡,未必然也,故曰"使人拘而多畏"。夫春生夏长,秋收冬藏,此天道之大经也,弗顺则无以为天下纲纪,故曰"四时之大

---

① 胡适:《中国哲学史大纲》,东方出版社1996年版,第349页。

顺，不可失也"。

夫儒者以六艺为法。六艺经传以千万数，累世不能通其学，当年不能究其礼，故曰"博而寡要，劳而少功"。若夫列君臣父子之礼，序夫妇长幼之别，虽百家弗能易也。

墨者亦尚尧舜道，言其德行曰："堂高三尺，土阶三等，茅茨不翦，采椽不刮。食土簋，啜土刑，粝粱之食，藜藿之羹。夏日葛衣，冬日鹿裘。"其送死，桐棺三寸，举音不尽其哀。教丧礼，必以此为万民之率。使天下法若此，则尊卑无别也。夫世异时移，事业不必同，故曰"俭而难遵"。要曰强本节用，则人给家足之道也。此墨子之所长，虽百家弗能废也。

法家不别亲疏，不殊贵贱，一断于法，则亲亲尊尊之恩绝矣。可以行一时之计，而不可长用也，故曰"严而少恩"。若尊主卑臣，明分职不得相逾越，虽百家弗能改也。

名家苛察缴绕，使人不得反其意，专决于名而失人情，故曰"使人俭而善失真"。若夫控名责实，参伍不失，此不可不察也。

道家无为，又曰无不为，其实易行，其辞难知。其术以虚无为本，以因循为用。无成势，无常形，故能究万物之情。不为物先，不为物后，故能为万物主。有法无法，因时为业；有度无度，因物与合。故曰"圣人不朽，时变是守。虚者道之常也，因者君之纲也"。群臣并至，使各自明也。其实中其声者谓之端，实不中其声者谓之窾。窾言不听，奸乃不生，贤不肖自分，白黑乃形。在所欲用耳，何事不成。乃合大道，混混冥冥。光耀天下，复反无名。凡人所生者神也，所托者形也。神大用则竭，形大劳则敝，形神离则死。死者不可复生，离者不可复反，故圣人重之。由是观之，神者生之本也，形者生之具也。不先定其神形，而曰"我有以治天下"，何由哉？

司马谈将众多的先秦诸子主要分为六大派，前五派的学术各有长短得失，而道家能兼五家之长而去其短，对道家特别推崇，虽有一定偏爱，但总的来说他评价六家学术比较公允，没有荀子、韩非那样偏颇的态度，为先秦诸子做出了比较公正的定性与定位，指出了六家"一致而百虑"的特质。明人何良俊在《四友斋丛说》卷五《史一》中说："《史记》序六家要旨，进道德，黜儒术，诚有如班孟坚所讥者。然其述六家之事，指陈得失，有若案断，历百世而不能易。又其文字贯串，累累如贯珠，灿然夺目，文章之奇伟，孰有能过此者耶！"

与司马谈同时代的淮南王刘安，效秦时吕不韦的做法，招致宾客编著成《淮南鸿烈》一书，也称《淮南子》，其书在总结先秦诸子时，着重论述诸子学说的由来，诸子之学产生的历史背景及各家学说的社会功能，其《要略》篇所列的最有影响的诸子学派有八家，提出了太公之谋、孔子儒学、申韩刑名之学以及墨子、管子、晏子、商鞅、纵横家等，比起司马谈的六家论来粗浅了许多，但它能拾遗补阙，对纵横家提出了评议，并有自己观察先秦诸子之学的角度与标准，也值得借鉴。

班固根据刘歆《七略》，修订而成《汉书·艺文志》，在《汉书·艺文志》中，班固在司马谈《论六家之要指》《淮南子》论八家的基础上，又提出了诸子十家说。诸子十家中包括小说家，班固也承认小说家难与诸子同列，但他能把稗官之说、刍荛狂夫之议列为一家，实在是表现了班固非凡的胆识，对小说给予了高度重视。班固给先秦诸子各学派的生成、发展勾画出了比较清晰的演变轮廓，指出了各学派"相灭亦相成""相反而皆相成"的辩证关系，对先秦诸子之学作了全面的总结，反映了东汉人对先秦诸子的认识水平。班固在《汉书·艺文志》中指出：

> 诸子十家，其可观者九家而已，皆起于王道既微，诸侯力政，时君世主好恶殊方。是以九家之术，蜂出并作，各引一端，崇其所善，以此驰说，取合诸侯。其言虽殊，辟犹水火相灭，亦相生也。仁之与义，敬之与和，相反而皆相成也。《易》曰："天下同归而殊途，一致而百虑。"今异家者，各推所长，穷知究虑，以明其指，虽有蔽短，合其要归，亦六经之支与流裔。

对诸子重要学派的产生、分歧、相互关系以及发展趋向，都做了精辟的论述。众家所论诸子数家，是从最有影响的角度来着眼的，若细分起来，流派就多了，而且同一学派内部在发展过程中，也会形成不同的观点，形成派中有派，矛盾与对立是绝对地存在着。但各个派别之间又互相吸收、渗透，形成异中有同、同中有异的百家竞起的局面。这些不同的学术流派在学术的争鸣中，不断修正自己的错误，吸收对立方正确的观点来丰富和完善自己学派的理论，来推动自家学说的不断发展。

诸子论辩的内容十分广泛，若以重大问题而论，首先应该提到的是天人之辩。天人之辩是关于天道与人伦或自然与人为之间关系的辩论，天人之际的关系是古代哲学的根本问题，对其探讨可以说历来已久。从周朝开始，天人宗教逐渐变为天人哲学，作为主宰一切的最高的天神，它的绝对支配的地位开始动摇。春秋战国之际，天人之辩仍是哲学论争的中心问题而牵动着各家学派，儒、墨、道等学派都有自己鲜明的天人哲学观点。直至汉代司马迁，仍把"究天人之际"作为自己著述时要解决的一个重大课题。

从儒家学派初创起，就远避宗教关于天、神、鬼的讨论，创始人孔子很少谈论"天"，倾全力阐述他的"人"，他有时也讲"天"，又"畏天命"（《论语·季氏》），说明他意识中多少还残存着宗教天命的观念。墨家认为天是有意志、有人格的最高主宰，提出了"天志"说，《墨子·天志》中说："吾所以知天之爱民之厚者有矣"，又说："我有天志，譬若轮人之有规，匠人之有矩，轮匠执其规矩，以度天下之方圆，曰：中者是也，不中者非也。"墨家的"天志"说与传统的天神观有区别，传统的天神观是用天神来慑服人的，而墨家是以天志为法仪，认为天志要求兼相爱、交相利，这是衡量一切的基本准则，人应法天，"天"成了墨家推行"兼爱"的一面旗帜。道家则认为天是无意志的"自然"："无为为之之谓天"（《庄子·天地》）。天既无为而自然，人就应顺从自然而无为，就如老子所说："人法地，地法天，天法道，道法自然。"（《老子·二十五章》）把"天"认识为一种自然客观规律，应始于荀子，他在《天论》篇中提出"明于天人之分"的观点，认为"天行有常，不为尧存，不为桀亡"，肯定自然运行规律是不以人们的意志为转移的客观存在，但自然界可以被认识和利用，并进而提出"制天命而用之"，从崇拜天神到畏惧天命，再到顺乎天，直至制天命，天人关系论辩的不断深入，使自然天道观逐渐战胜了宗教天道观，从根本上确立了诸子的理性地位。

其次是人性之辩。随着社会生产力的发展，人的价值引起了全社会的高度重视，人性问题也引起了诸子的高度关注。孔子认为人的本性一开始都没有大的差别，只是后天不同的社会环境、习俗才把人的品性改变了，他在《论语·阳货》中提出"性相近也，习相远也"，所以他关注的是人的后天修养。孟子与孔子的思想有所不同，他提出了著名的性善说，他说："人之性善也，犹水之就下也，人无有不善，水无有不下。"（《孟子·告子上》）主张性善是人的本性，人之后来有善有恶，那是对善本性的坚持或违背的结果，他的仁政学说就是以性善论来做理论依据的。与孟子性善说相对的是荀子的性恶说，荀子认为人生下来就具有"好色""好声""好味""好利"的恶性（《荀子·性恶》），因此，必须由"圣人化性而起伪"，"为之立君上之势以临之，明礼义以化之，起法正以治之，重刑罚以禁之，使天下皆出于治，合于善也。"（同上）以性恶论来为其礼法兼治的政治主张提供理论根据。也有人主张性有善有恶说，如"周人世硕，以为人性有善有恶，举人之善性，养而致之则善长，性恶，养而致之则恶长。如此，则性各有阴阳善恶，在所养焉。"（王充《论衡·本性》）除世硕外，宓子贱、漆雕开、公孙尼子之徒皆持此论。

以性恶说为前提，法家主张性利说，法家的性利说与荀子的性恶说不能混为一谈。荀子的性恶说认为人性本恶，但经后天的"教化"，可变恶为善。而法家却认为人性本恶是合情合理的，这种恶表现为利己，而人不为己，天诛地灭，人与人之间除了赤裸裸的利害关系外，再无其他原则可言，如韩非举例说："舆人成舆则欲人之富贵，匠人成棺则欲人之夭死也，非舆人仁而匠人贼也，人不贵则舆不售，人不死则棺不买，情非憎人也，利在人之死也。"（《韩非子·备内》）所以恶是人的本性，无须改变也难以改变，只能因势利导，用刑赏之术来驾驭。法家用性利说来为其法治学说作理论根据。

道家认为人性出乎自然，应顺乎自然，主张人性自然说，如老子主张"圣人处无为之事，行不言之教"（《老子·二章》），庄子主张"恬淡寂寞，虚无无为，此天地之平而道德之质也。"（《庄子·刻意》）既反对儒家进行仁义教化，反对儒家以人伦礼节来约束人性。更反对法家以刑罚来摧残人性。诸子人性之辩，使以孔子、孟子为代表的儒家的人性论进一步深入人心，实践证明提倡善性的儒家人性论更适应社会发展的需要。《三字经》开篇就写道："人之初，性本善。性相近，习相远。苟不教，性乃迁。教之道，贵以专。"虽然把孔子与孟子不一致的人性论混为一谈，但都可成为进行儒家道德教化的理论依据，儒家的人性论成为整个封建社会伦理道德的理论基础。

与人性之辩相联系，诸子之间还存在着礼法之辩。儒家提倡人治，人治即德治、礼治，主张对下民"道之以德，齐之以礼"（《论语·为政》），对执政者要求"克己复礼为仁"（《论语·颜渊》），依礼而行是实现仁政的根本途径。人治取决于行礼，行礼须靠人的素质，所以孔子主张"君君、臣臣、父父、子子"（同上），社会全体成员都要修身重贤，以身作则，而统治者的贤明尤为治理国家的关键，"政者，正也。子帅以正，孰敢不正？"（同上）墨家也主张人治，但与儒家的主张又有不同，认为"官无常贵，民无终贱"（《墨子·尚贤上》），反对儒家的亲亲尊尊，要求不偏富贵，不避贫贱，天下同等，同时又反对儒家人治中的"繁饰礼乐"（《墨子·非儒下》），体现了它的平等、兼爱和节用的思想。和儒家人治主张相对的是法家的法治主张，法家认为统一的法律，才是治国的根本，主张一切都断于法守于法。法治的关键是要掌握好"刑""赏"二柄，特别是用"严刑""重罚"来"使国安而暴乱不起"。(《韩非子·奸劫弑君》) 然而法家的法治最终目的是加强君主专制，君主的意志就是法，这反又成了人治，这是法家理论不能贯彻到底的关键所在。荀子主张礼法兼治、以法辅礼，提出"礼者，法之大分，类之纲纪也"(《荀子·劝学》)，赋礼以法的含义。道家既反对礼治又反对法治，认为"夫礼者，忠信之薄而乱之首也"(《老子·三十八章》)，主张一切顺其自然，无为而治，达到"无为而万事化"(《庄子·天地》)。礼法之辩，实际就是诸子各家为未来社会设计的不同施政方案。

诸子之间还有名实之辩，名指名称、概念，实指事实、实际。儒家有正名说，孔子认为"名不正则言不顺，言不顺则事不成"。(《论语·子路》) 应严格遵循既定名分行事，不得逾越，把以名正实，视作为政之道。墨家主张取实予名，认为世上没有什么既定的名分，"非以其名也，以其取也。"(《墨子·贵义》) 只有根据事物的实际，才能赋予它某种名分，用不着来什么"正名"。道家否认"名"能正确反映"实"，"道可道，非常道，名可名，非常名。"(《老子·一章》) 只有无名，才能把握"实"的全体。以论辩名实而成学派的名家，强调名和实必须相当，他们对名实关系作了细致的考察，其代表人物公孙龙著《名实论》，书中提出："夫名，实谓也。知此(名)之非此(实)也，知此(实)之不在此(位)也，则不谓也；知彼(名)之非彼(实)也，知彼(实)之不在彼(位)也，则不谓也。"要求"审其名实，慎其所谓"。司马谈批评"名家苛察缴绕，使人不得反其意，专决于名而失人情"(《论六家之要指》)，是指名家在论辩中纠缠琐碎，不识大体，过分注重名词概念而不注重社会实际。后期墨家认为名的作用是"以名举实"，"摹略万物之然"(《墨子·经说上》)，反对将"名"僵化，认为"彼彼止于彼，此此止于此"，也可以"彼亦且此此也。"(《墨子·经说下》) 名称的概念是灵活多变的，于是把名分为达名、类名和私名，指出了"辩"的任务是："明是非之分，审治乱之纪，明同异之处，察名实之理，处利害，决嫌疑。"(《墨子·小取》) 荀子著《正名》，主张"制名以指实"，用以"明贵贱""别同异"，认为名不仅反映实，也能对不同事物的共同属性进行概括，所以名有共名与别名之分，使名称概念适应变化的实际，防止用名乱名、用实乱名、用名乱实。韩非主张"循名而责实"(《韩非子·定法》)，"循名实而定是非"(《韩非子·奸劫弑臣》)，使君主掌握一定的名分来督察臣民行事，以法家的名实主张来为君主专制寻找理论依据。

诸子论争的重大问题还有许多，正是由于对这些问题的争鸣，才使先秦的学术达到空前的繁荣，他们在争辩中又能互补互融，共同形成民族的思想宝库。所谓"一致而百虑，同归而殊途"，恰如其分地道出了诸子百家学术特点及发展趋向。

其一，诸子之学既相反又相成，既相灭又相生。相反、相灭显而易见，相成、相生也确实存在，因为它们之间存有相成的共同点，存有相生的客观条件。班固在《汉书·艺文志》中称诸子各派都出于王官，如"儒家者流，盖出于司徒之官"，"道家者流，盖出于史官"，"法家者流，盖出于理官"，"名家者流，盖出于礼官"，"杂家者流，盖出于议官"，等等。班固所指是每家学说的内容，恰与当年某种王官职掌范围相当。诸子之学属于一种新文化，即士文化，它是在王官之学的基础上发展起来的，都带有王官文化的烙印。班固在《汉书·艺文志》中又说诸子之学"合其要归，亦六经之支与流裔。"确实，诸子各派都不反对代表王官之学的"六经"，三代文化，尤其是周代的重德尊礼文化，对诸子各学派都有不同程度的影响，诸子有着共同的文化渊源。

其二，诸子都高扬着人文主义、民本思想的旗帜，有着顺应历史潮流的共同的思想倾向。说儒家、墨家具有人文主义、民本思想，比较容易理解，因为儒、墨都把爱人作为一种最高的道德境界。但说其他学派也具有人文主义，如道家和法家，可能就不好理解了。老子提出："大道废，有仁义。"（《老子·十八章》）把仁义视为道的对立物，主张弃仁绝义。庄子在《齐物论》中也竭力排斥仁义之说，他说："仁义之端，是非之涂，樊然淆乱，吾恶能知其辩？"至于法家，"不别亲疏，不殊贵贱，一断于法。"（司马谈《论六家之要指》）主张强化君主专制，以严刑峻法治民，似乎更无人道主义。确实，道家追求的不是"仁而爱人"而是"道"，道家所说的道不是指宗教所谓的天道，也不是指儒家所谓的人道，而是指先天地而生又自本自根的宇宙本原。道家主张从道无为，自然化生，反对人为，否定伦理、道德、政治的价值和作用。然而道家的人文主义恰好表现在它否定一切礼法上，它反对所有人为的政治和礼仪来束缚、压制自然的人性，具有一种自觉突破功利局限而顺乎自然的超脱世俗的理性精神，道家的天道自然观与人文主义本质是不相矛盾的。法家主张法治，但法治思想是建立在承认人的欲利合理的基础之上的，其厉行赏罚、奖励耕战、以法为教、以吏为师等一系列主张，就是在一定范围内通过保护、激发人的私欲而达到法制的目的。在用人方面，法家主张不别亲疏、贵贱，与墨家的尚贤使能有相同之处，从这一点讲，法家比儒家还重视人的平等权利。

所以说法家的法治理论有虐民的一面,也有人文主义的一面。

其三,诸子思想原本都是开放、争鸣型的思想体系,各个学派的思想家都基于社会的责任心,来总结过去瞻望未来,为社会提供自己所设计的未来社会蓝图。除了少数人,如纵横家之流,很少有见风使舵、攀附权势的现象,真正实现了思想自由,精神独立。他们以追求真理为宗旨,可以无所顾忌地批评他人,同时随时修正自己的错误,吸纳他人正确意见,不断充实自己的学说。然而从建立大一统封建社会后,统治者一般都想把政治的统一奠定在某一思想体系的基础上,如秦始皇一任于法家,汉武帝独尊儒术,都是把某一学派的思想神圣化法律化而不许展开争鸣、批评。原本解放人们思想的学说,转变成束缚人们思想的学说,原本开放的学说体系,变为封闭的体系,原本生气勃勃充满原创力的思想变为僵化的思想,这一历史罪过不在诸子本身,而在于历代的封建统治者。

诸子之学有共同之处,才有相融的基础;有相反之处,才能互相争鸣并在对立中吸取别人的长处来弥补自己的不足,这是学派自身求生存图发展的一种内在要求。最早出现也最有影响的儒、道两派就是这样发展的。儒家学说偏重于探讨人与社会的关系,道家学说偏重于探讨人与自然的关系,这两学派的学说分别涉及社会学和哲学的根本问题,儒、道之学在对立中又互相渗透互相吸收,共同体现了华夏民族历代积累的关于自然、社会、人生的基本经验与智慧。而其他各家之学,无不受到儒、道两派的影响。如墨家原学于儒家,因为不满儒家礼的等级及烦琐,才与儒家分道扬镳。法家之学源自道家,如"申子之学本于黄老而主刑名"(《史记·老子韩非列传》)。法家认为"名实相持而成"(《韩非子·功名》),要求"循名而责实"(《韩非子·定法》)。名家主张"控名责实,参伍不失"(司马谈《论六家之要指》),从这点看,名家又近于法家。所以了解了儒、道两派相互对立又相互补充,就不难理解诸子百家为何相反相成,最终殊途同归。

诸子虽有共同的文化渊源,但因对中华传统文化继承的侧重点不同,就形成观点分歧甚至对立。儒家标榜尧、舜、禹、汤、文、武、周公之道,崇尚三代文化而主要继承了以礼为核心的周文化的传统。周文化中以德配天的思想,已有否定传统的天神宗教的因素,潜含着某种理性精神,而儒家在此基础上,又提出了"仁"的思想,强调了人的价值,建立起一套以"仁"为核心的伦理哲学体系,具有指导现实社会政治的功能,成为"入世"的哲学。但这种思想体系不大关注自然,如宇宙生成、万物本原之类的形而上的问题,只关注政治伦理道德和社会人生等现实的形而下的问题，缺少抽象思辨，思维空间不广阔，影响了理论思维的深入发展。

道家的理论从探讨万物的本原出发，其思想渊源可以远溯到三代之前的原始社会。道家创始人老子的天道自然观、宇宙发生论与原始神话有关。在远古神话中，盘古开天辟地说已具有了宇宙发生论的思想，老子以"道"来代替其宗教神的宇宙本体，提出："有物混成，先天地生，寂兮寥兮，独立而不改，周行而不殆，可以为天下母。吾不知其名，故强字之曰道。"（《老子·二十五章》）把"道"作为宇宙的根本，用"道"来说明宇宙万物的本质、构成、变化与本原，主张道法自然，万物自然化生，否定了原始天神创世说，建立了以"道"为核心的自然天道观。由道家建立起宇宙本体论的哲学体系，从而使哲学完全从宗教中分离出来。"道家之学，实为诸家之纲领。诸家皆专明一节之用，道家则总揽其全，诸家皆其用，而道家则其体。"[①] 道家提出了一系列哲学概念、范畴和比较系统的辩证理论，从而突破了其他诸子形而下地较多地关注社会人生、伦理道德的局限，建立起形而上的成体系的宇宙本体论，提高了民族的理论思维能力，拓展了人们的思维空间，只是其理论与现实政治的联系相距甚远，成为"出世"的哲学。

儒家的影响主要是形而下的，主要体现在政治伦理方面；道家的影响则主要是形而上的，主要体现在思维方式与哲学意识方面。但是伦理性的哲学如果缺乏宇宙本体论的抽象思辨，就不能建构有理论深度的体系，伦理性的文化就不能充满生机与活力；思辨性的哲学如果不以自给自足农耕社会为依托、以家族血亲为纽带、以礼乐政治为模式，就等于脱离了社会实际，也就失去了生存、发展的社会基础，同样也不会有生命力。道家的"体"与儒家的"用"，二者本身就存在着互补互融的客观需要。事实上也如此，儒家在建构自己儒学的体系中，不能不去道家那里寻求思想武器。《吕氏春秋·当染》记载："孔子学乎老聃、孟苏、夔靖叔。"《韩诗外传》卷五中有："子夏曰：'臣闻黄帝学乎大坟，……仲尼学乎老聃，此十二圣人未遭此师，则功业不能著乎天下，名号不能传乎后世者也。'"由于孔子受道家老子的影响，由原来笃信天命而变得很少谈论天命，甚至在意识中有了一些道家的自然宇宙观，他讲天有时也指自然的天，他在《论语·阳货》中说："四时行焉，百物生焉，天何言哉？"已是一证。《大戴礼记》载"哀公问于孔子"："公曰：'敢问君子何贵乎天道也？'孔子对曰：'贵其不已也，如日月东西相从而不已也，是天道也。不闭其久也，

[①] 吕思勉：《先秦学术概论》，中国大百科全书出版社1985年版，第27页。

是天道也。无为物成，是天道也。已成而明，是天道也。'"此处孔子所讲的天道，已接近老子所讲的周行不殆、无为自然的天道。正因儒家学派从其产生起就注意吸收道家的思想精华，才使自己的伦理性哲学很少宗教迷信色彩而具有了一定的理性、思辨特征。

偏重于论证道德修养的儒家与偏重于阐述自然无为的道家，代表了中国文化的不同传统，他们在互黜中实现互补，影响到其他诸子之学也无不如此。在对立中互补是各家学派发展的需要，也是中国思想文化发展的需要，在相异中斗争，在斗争中互补，在互补中互融，你中有我，我中有你。就是有的学派到后来衰落消亡了，但它的思想转换成另一种形态而存留于其他发展中的学派思想体系中，诸子学说的互补互融会成了时代总的理性精神的潮流。

有人说中国古代只有哲学而无宗教，正说明以儒学为主体的中国古代思想文化，没有宗教迷信色彩，没有将人生寄托于天国与来生，具有在宇宙本体论视野下关注现实中实现人生价值的特点，这一特点是儒、道学术互补，甚至是诸子众家学说互补的结果。

（二）哲理散文之间的差异及关系

任何事物有比较才能鉴别，有鉴别才能看清事物的特点。所以认识儒家代表人物散文的特征，还需要与其他主要诸子散文的特征做比较，找出它们之间的不同及相互关系。从而进一步认识儒家代表人物哲理散文的独特之处，从先秦诸子哲理散文的坐标中，为儒家哲理散文找到那个准确的坐标点。

先秦诸子号称"百家"，此非虚夸之词，《汉书·艺文志》在《诸子略》中就粗分诸子十大家，细列学者189家，著述4324篇，我们仅以对中国散文有重要影响的道、墨、法三家哲理散文，与儒家哲理散文略加比较，以显示它们各自重要的特征。

1. 与道家哲理散文的差异及关系

和儒家学派一样，道家也是一个较早形成并很有影响力的学派。这个学派的创始人老子，大约与孔子同时代而稍长于孔子，著有《道德经》，在历史上第一次提出"道"的观念，认为"道"是一种超时空的绝对精神，其本质就是自然无为，它也是宇宙万物的本质，一切有形之物都是由它演化而来的，都是道的派生物。老子以"道"代替了传统的神学迷信的"天"，以天道观否定天命论，含有朴素的唯物思想，老子承认事物内部存在着矛盾，双方互相依存又互相转化，主张顺应自然，提倡无为，以柔弱为外在表现，以"空虚"为实在。于是便有了知雄守雌、以后为先、以虚为实、委曲求全、柔弱胜刚强、无为而治等处世之术。有了以"反者道之动"的辩证哲理，其天道自然和无为的思想奠定了道家学派的理论基础，标志着道家学派的正式形成。

先秦时期的儒家，并不关注宇宙的本体、万物的形成，而关注的是具体的社会、民生、人伦、人生与处世哲学。讲的是仁而爱人协调人伦关系，这种形而下的理论体系缺乏完整的宇宙观、本体论的哲学构思，缺乏宏大的结构与缜密的抽象思维。随着儒家学说的不断发展，吸收道家理论的建构，建立儒家学说的宇宙观、本体论，增强自己的抽象思维，这是必然的发展趋势。

据《史记》本传载。老子姓李名耳，字聃，楚国苦县（今河南鹿邑东）厉乡曲仁里人，曾为"周守藏室之吏"，孔子曾向其请教过古礼，后为"隐君子"，授徒传道，著书立说。《老子》一书共八十一章，分上、下两篇，上篇称《道经》，下篇称《德经》，所以《老子》又称《道德经》。1973年长沙马王堆出土的《老子》，《德经》在前，《道经》在后，与世传本不同。《老子》一书其主体出自老子本人，也有战国初后学的补充。《老子》一书尽短篇格言，和《论语》语录体的体制相类似，但《论语》主要载孔子的零散语录，而《老子》则主要记老子的精粹格言，这些格言对不同问题做了比较集中的阐述。其说理，能从复杂的生活现象中，看出矛盾对立面的依存、转化关系，概括出揭示事物本质的真理来，比《论语》更具抽象思辨力，每章能围绕一个中心展开阐述，如第十五章：

> 古之善为士者，微妙玄通，深不可识。夫唯不可识，故强为之容：豫若冬涉川，犹若畏四邻，俨若客，涣若冰将释，敦若朴，浑若浊，旷若谷。孰能浊以静之？徐清。安以动之？徐生。保此道者，不欲盈。夫唯不盈，能弊复成。

这里把那种善于把握奥妙道理的人，刻画得多么形象！他行事谨慎，如履薄冰；他忧患重重，如提防四方邻国来攻；他严肃恭敬，如座上宾；他和蔼可亲，如融化的冰；他朴实敦厚，如自然而生的原木；他涵蕴深沉，如同江河浊流；他旷达大度，如空旷的山谷。只有这种善于把握奥妙道理的人，才能慢慢地把混浊加以澄清，才能把静止变得生气勃勃，而且能把握运动的规律，凡事不过头，不过头才可成功。用语深刻、简洁，富于形象性，多使对偶排句，多沿用《诗经》四言的形式，而且间有协韵，节奏和谐,闪烁着睿智光芒的格言又有诗化的特点,比《论语》更讲究语言表达的艺术性。

到了战国时期,号称显学的儒、墨学派都经历了一个分化和发展的过程,道家也分化成两大派别,一派代表人物是与孟子同时的庄周,称该学派为老庄学派。另一派是齐国稷下学者慎到、田骈、接子、环渊等人所代表的黄老学派,而能代表战国时期甚至先秦时期道家哲理散文艺术水平的则是《庄子》一书。《庄子》一书分为内篇、外篇与杂篇,后人认为内篇大致是庄子自著,外篇为庄子后学辑录的庄子未收录内篇的文章及庄子后学的著作,杂篇是内外篇流传之后,又有人补辑的庄子及庄子学派的文章,内、外、杂篇虽然杂有后来道家的作品,但全书的思想和文章风格基本一致,反映了庄子的思想与艺术特点。

庄子的思想本于老子,但又与老子有所不同,如果说老子的唯物自然观中还具有客观唯心论思想,而庄子则把这种客观唯心论引向了主观唯心论。老子提出"无为",有隐逸思想,是脱离社会的出世主义,而庄子则把它推向了虚无主义,沿老子学说朝消极的方向走得更远。庄子将道的非物质性无限夸大,在认识论上陷入了相对主义的泥沼。他抹杀是非、善恶、生死、寿夭的差别与界限,主张齐万物、等生死,否定现实中的一切,否定一切文明智慧。对现实生活悲观绝望,主张绝对无为,追求一种无条件的精神解脱和绝对完美的理想人格,与"天地与我并生,而万物与我为一"的虚幻境界。(《庄子·齐物论》,本节以下凡引《庄子》中语,皆注篇名)

庄子思想体系虽有主观唯心论、诡辩论,但他由于常摆脱个人利益的局限来冷眼观察社会,能敏锐地发现社会种种弊端及统治者种种丑恶的行径,抨击时就异常的尖锐深刻,对某些事物的分析,时常闪烁着智慧的火花。如他说:"彼窃钩者诛,窃国者为诸侯;诸侯之门,而仁义存焉。"(《胠箧》)讥刺小盗被杀、大盗得国反殊荣加身的反常现象,对比强烈,深刻无比,庄子的学说常转化为后世反封建的思想武器。

《庄子》一书既不是《论语》式的语录,也非《老子》式的格言,也不同《孟子》式的对话,而是满篇"谬悠之说,荒唐之言,无端崖之辞"。(《天下》)他在本篇中自称"以天下为沉浊,不可与庄语。以卮言为曼衍,以重言为真,以寓言为广"。寓言、重言、卮言都不是"庄语",即都不是直截了当、庄重的话。庄子的这段话在很大程度上是针对儒家代表人物讲的,在庄子看来,孔子、孟子的语录、对话,基本就属于"庄语"。

庄子认为天下人都在黑暗社会中处于昏迷状态，要唤醒他们，以冠冕堂皇的"庄语"来正面说教是无济于事的，只有使用寓言、重言和卮言才能表达出道家的人生主张。寓言，即言在此而意在彼，以故事的形式来寓含普遍性的抽象道理。重言，即借用人们对偶像崇拜或对老人敬重的心态，以他们的言辞来进行说服。卮言应指随意而讲的只言片语。《庄子》的主旨在宣扬超脱现实的隐遁思想，所以它基本不是在直接反映现实生活，不是真实地再现眼前所见的现实景况，不是如实表现现实生活中的人物和事件，而主要是在反映自己的想象，着重描写自己追求的理想社会和理想人格，所以，寓言成了《庄子》表述的鲜明标志。这正是《庄子》与儒家诸子哲理散文存在着的明显差别。在《论语》中也偶然使用寓言，如《雍也》篇："子谓仲弓曰：'犁牛之子骍且角。虽欲勿用，山川其舍诸？'"就是记载孔子给仲弓讲的一则寓言故事：犁牛，即耕牛，因为它色杂而只能耕田而不配为牲供祭。但它生下的小牛犊，全身长着赤色的毛，两角整齐。周代尚赤，祭祀要求用赤色的牛作祭品。人们虽然想不用这种小牛犊来当祭牛，山川之神会肯舍弃吗？史料记载仲弓父亲是个"贱人"，所以有些人对重用仲弓有议论。孔子为了说明任人唯贤的道理，就讲了这个寓言故事，言外之意：父亲不好，但孩子是个栋梁之材，别人有偏见，但国家不会舍弃不用的。然而儒家真正把寓言当作一种重要的阐理手段，还是从《孟子》开始的。《孟子》有"齐人有一妻一妾""揠苗助长""弈秋诲弈"等寓言故事。然而《孟子》寓言的题材大部分都来自现实，或来源于历史记载，也有虚构与想象，却很少有将动植物或其他自然物拟人化的幻想故事，也没有超越现实的虚幻境界和神人。

与《孟子》的寓言比，庄子的寓言却奇幻玄虚，怪诞神奇，虚构特征特别明显。他的想象力异常丰富，构思巧妙，取材广泛，设想奇特，许多寓言出于自己的杜撰，因虚拟化而更寓言化。庄子常以寓言代替哲学观点的阐述，用比喻、象征等手法代替逻辑推理。寓言运用随意、自如，变化无方，甚至将观点放在寓言之中，让拟人化的自然物来述说，如《逍遥游》中蜩与学鸠笑谈，《秋水》中河伯望洋兴叹。从形式逻辑上来说近于诡辩，以相对主义，来论述他的齐是非、等生死等一系列命题。

庄子主张形骸虽入世而随俗，精神却超世而逍遥。也就是让自己的形骸随世浮沉而不辨是非，让自己的精神与天地往来而不轻视万物。遵循这一人生基本态度，于是其著述奇特而不伤于事理，虚实参半而无碍理趣卓异，内容谲怪而境界宏阔。其思维，上能与造物者同游，下能与超生死、没有始终的自然为友。这样，其艺术视野异常开阔，从无穷的宇宙到细小如尘埃一类的物体，从不会言语的动植物到善于思维的人类，从物质的自然界到精神世界，一切都可以收入他的艺术视域之内，视域辽阔宏远如宇宙一般，浩浩渺渺，不见涯涘。非常自如地驱使任何一物来为抒发自己的感情所用，有生命的或没有生命的物体，一旦到了他的笔下，便无不有了生气和感情。庄子富有大胆的想象，有时他像世界的造物主，随意给非人的物体赋以人的性格，并和他们进行各种风趣的对话，有时竟像一个万能的神，上天入地，贯通古今，无阻无碍，不受时间、空间限制，自由邀游。原有的神话、传说、寓言故事本来就很神奇，经他大胆改造、发挥，更涂上了恢诡谲怪的奇特色彩。开阔的视野，丰富的想象，奇特的虚幻色彩，使《庄子》的文章"洸洋自恣以适己"。（《史记·老庄申韩列传》）为文汪洋恣肆，不仅远远超越了老子，而且在先秦诸子之中也是最出色的。《庄子》一书不是小说，但它同小说一样，以想象与虚构为其重要的特征。它不是诗歌，但它同诗歌一样，充满了抒情的韵味，就艺术性来说，《庄子》远超儒家代表人物的水平。

《庄子》哲理散文的艺术性可以概括为三大特征：奇诡、精妙和辛辣。

《庄子》是一部以想象为基调的艺术珍品，丰富的想象力和奇想常构成的诡异意境，有一种奇诡的艺术特点。明代罗勉道在《南华真经循本》释题中说："《庄子》为书，虽恢诡谲怪，跌宕于'六经'外，譬犹天地日月，固有常经常道，而风云开阖、神鬼变幻，要自不可阙。古今文士，每每奇之。"清代刘熙载在《艺概·文概》中也称《庄子》"意出尘外，怪生笔端"，都十分折服《庄子》一书奇诡的色彩。

庄子追求精神自由，向往不受时空的限制而任逍遥的精神世界，他的想象能达到"神与物游"或"游心于无穷"的境界。想象的翅膀在虚幻世界任意翱翔，它的想象触角在宏观世界与微观世界自由地延伸，想象所至，都展现出广袤而深邃的意境，想象、虚构出一系列与其哲理概念相适应并足以说明哲理概念的形象。这些形象从外观上看，好像并非采自现实生活中的原型，而是来自作者的主观虚幻，实际是以类似神话的虚妄形式来曲折地反映现实生活。在《庄子》一书中，天帝鬼神、日月风云、鲲鹏蛇虫甚至无形无影之物，都赋予了某种人性，作者让它们来反映种种复杂的世态人情。如《外物篇》写"任公子为大钩巨缁"：五十头犗牛只是任公子的鱼饵，会稽山离东海何其远，然而只是任公子的垂钓处，吞五十头犗牛的大鱼，自然庞大无比，其"声侔鬼神，惮赫千里"，任公子形体之大，力气之壮，可想而知。如同作者站在几万里高空看人间，除了任公子，所有的一切比原来好像缩小了几万倍。再如《则阳》篇记"触蛮之争"：触、蛮竟是处于同秋毫一样细小的蜗牛触角中的两个国家，这两国为了争地，摆下厮杀的战场，战场上弃尸成千上万，追逐败敌需要半个多月才能返回本国，如同用几万倍的放大镜来看蜗牛角，细末成了大天地，处处写得大气磅礴，显示出一种儒家哲理散文中没有的文字洸洋、内容诡异的特殊风格。

即使有些形象来自现实生活，但作者对所描写对象的特征常给予常人难以想象的夸张，如《人间世》篇中写栎社树之大："蔽数千牛，絜之百围，其高临山十仞而后有枝，其可以为舟者旁十数。"《徐无鬼》篇写匠人技艺之精："郢人垩慢其鼻端若蝇翼，使匠石斲之。匠石运斤成风，听而斲之，尽垩而鼻不伤，郢人立不失容。"如同漫画一般的夸张，使所描述的对象有一定的"变形"，但那是对现实经过想象而进行的一种"改造"，使现实中的形象的本质更加鲜明突出。

奇诡的特点，造成了《庄子》一书浓重的浪漫主义色彩，这种浪漫主义色彩不仅在先秦诸子散文中是独特的，就是在先秦所有的散文中，也是独树一帜的。可以这么说，是庄子第一个把浪漫主义风格明显地引入散文之中，从而开辟了散文浪漫主义的新天地。

《庄子》另一个特征就是精妙。《庄子》虽是以展现虚构形象与描写幻想为其基本特征的，但由于作者对社会持全面批判、否定的态度，对社会存在的各种弊端有深刻的认识，所以其浪漫奇想常常蕴含着作者实际生活的经验和对世态人情的细致观察，虚构的形象与奇思妙想就不是凿空之物，也不会流于荒诞无稽。而对某些事物进行客观描述时，尤其对心理、物态、细节方面的描写，常显得异常的逼真生动，能把形象特征凸现出来，造成一种如临其境、感同身受的真实的氛围。调动读者进行深入的联想，并透过虚构的形象、奇特的幻想，体悟到现实生活中的真谛。如《徐无鬼》中一段：

> 曰："子不闻夫越之流人乎？去国数日，见其所知而喜；去国旬月，见所尝见于国中者喜；及期年也，见似人者而喜矣；不亦去人滋久，思人滋深乎？夫逃虚空者，藜藋柱乎鼪鼬之径，踉位其空，闻人足音跫然而喜矣，又况乎昆弟亲戚之謦欬其侧者乎？久矣夫莫以真人之言謦欬吾君之侧乎！"

前几句写一个流放到边远地的越国人，离开本土几天后，见到凡是过去相识的人就高兴，一月之后，能见到好像在越国见过的人也高兴，一年之后，只要能见到人就高兴，离开人群越久，想念的感情就越强烈。后几句写一个逃到人迹罕见的荒野中的人，周围长满了野草，只有黄鼠狼出没其中，这时，他听到人的走路声就欢喜，更何况听到的是兄弟亲戚的谈笑声呢？若真是听到兄弟亲戚的谈笑声，他一定热泪盈眶而欢呼雀跃。这一段把"流人"去国思乡与"逃人"离家思亲的感情写得十分真切，没有对这种心理状态的深刻体会，是难以捕捉这一心理特征的，也难以把思念的感受描写得如此精妙，简直像是"流人"与"逃人"在倾诉自己的内心世界。

《庄子》一书充满了奇想，但奇想最终脱离不了现实生活，作者以想象虚构进行构思时，总是将其故事发生的场面、情节、细节作像煞有介事的逼真摹写，使虚构、幻想、夸张具备了艺术的真实。对描写对象，又总是赋予现实中人的情态、语气、神态、心理，一切无所不在地折射着现实生活的真实，体现着深刻的现实含义。如《秋水》篇写河伯望洋兴叹：

秋水时至，百川灌河。泾流之大，两涘渚崖之间，不辨牛马。于是焉河伯欣然自喜，以天下之美为尽在己。顺流而东行，至于北海，东面而视，不见水端，于是焉河伯始旋其面目，望洋向若而叹曰："野语有之曰：'闻道百以为莫己若者'，我之谓也。且夫我尝闻少仲尼之闻而轻伯夷之义者，始吾弗信；今我睹子之难穷也，吾非至于子之门则殆矣，吾长见笑于大方之家。"

河伯不识天下之大，便以为自己风流独占，天下第一。空疏无知，往往会骄傲自满，河伯"欣然自喜"的神态，酷肖坐井观天、夜郎自大的世俗之人。而当河伯"至于北海，东面而视，不见水端"时，才目瞪口呆，一改过去的骄色，向海神若大发感慨，深表自己孤陋寡闻，不知天外有天。对河伯认识转变的描写，完全符合一般人在事实与真理面前折服的心理变化。河伯虽是虚构的神，但他的形象在我们现实社会中随处可见，所以他的形象是真实的和典型的。

在庄子的笔下，没有描绘不出的形象，甚至无形之物，也能把它描写得淋漓尽致，如《齐物论》中对风的描写，最得其神韵：

夫大块噫气，其名为风。是唯无作，作则万窍怒呺，而独不闻之翏翏乎？山林之畏佳，大木百围之窍穴，似鼻，似口，似耳，似枅，似圈，似臼，似洼者，似污者；激者，謞者，叱者，吸者，叫者，譹者，宎者，咬者，前者唱于而随者唱喁，泠风则小和，飘风则大和，厉风济则众窍为虚。而独不见之调调、之刀刀乎？

风无影无踪，一般人可用耳听到风响，也可用肌肤感受到风吹，谁能想到风的"形态""性格"？庄子却不然，他能写出风的千姿百态，世上有多少不同的窍穴，风就有多少不同的形状。不同形状的风发出不同的声响，有的如激浪声，有的如响箭声，有的如叱咤声，有的如唏嘘声，有的如叫喊声，有的如号哭声，有的热烈，有的哀切。前、后的风在接续，清、疾的风在唱和，作者的笔，真像乐队指挥手中的指挥棒，指挥着大自然合奏一曲风的交响乐，把风的各种声响表现得如此生动。在作者笔下，无形之风有了形，有声之风有了情，风好像有了生命与性格。

《庄子》还有一个显著的艺术特征，那就是辛辣。《庄子》以寓言为其主要的表现形式，并不是庄子对寓言有特别的喜好，而是由于寓言能更好地表达他的思想。尤其是对现实社会中的丑恶和虚伪，常以谐谑、幽默的寓言形式，寄寓辛辣的讽刺，使其笔锋显得锐利无比，如《至乐》篇中有一段：

> 庄子之楚，见空髑髅，髐然有形，撽以马捶，因而问之，曰："夫子贪生失理，而为此乎？将子有亡国之事，斧钺之诛，而为此乎？将子有不善之行，愧遗父母妻子之丑，而为此乎？将子有冻馁之患，而为此乎？将子之春秋故及此乎？"
>
> 于是语卒，援髑髅，枕而卧。夜半，髑髅见梦曰："子之谈者似辩士。视子所言，皆生人之累也，死则无此矣。子欲闻死之说乎？"庄子曰："然。"
>
> 髑髅曰："死，无君于上，无臣于下；亦无四时之事，从然以天地为春秋，虽南面王乐，不能过也。"
>
> 庄子不信，曰："吾使司命复生子形，为子骨肉肌肤，反子父母、妻子、闾里、知识，子欲之乎？"
>
> 髑髅深矉蹙额曰："吾安能弃南面王乐而复为人间之劳乎！"

庄子在去楚国的路上，看到一个死人头骨，产生了怜悯之情，对其死因作了种种猜测。到了半夜，死人托梦给庄子，也没有回答庄子的疑问。其实死因并不重要，重要的是死了之后再无君臣之分和一年四季的劳苦，显然，死者生前深受君臣等级社会压迫之苦，饱尝终年辛劳之累。死对他来说是苦难的彻底解脱，即使庄子想恢复他的原来形体，使其与父母妻子重逢团聚，他也不愿意，不是他无情，而是他不愿再去忍受人间的痛苦。此处好像在宣扬厌世思想，但它入木三分地揭露出罪恶世道的可恶之处：老百姓生活悲惨，劳役繁重，动辄得咎，甚至惨遭斧钺之刑。死者说死了比活着还要快乐，可见社会强加于活着的人有多么深重的苦难！表面上看似恶生乐死，但字里行间满是对令人厌恶、憎恨的黑暗现实的愤怒批判与血泪控诉，人间比阴间还要黑暗、残酷，这个人间社会还有存在的理由吗？作者以辛辣之笔，对迫害人、摧残人的世道宣泄了强烈的愤恨。

《庄子》一书的讽刺矛头往往对着那些打着仁义的旗号、干着伤天害理之事的"窃贼"，如《胠箧》篇以田成子"窃国"为例，揭露这些"窃国者"，为了维护他们的既得利益，掩盖他们盗贼的罪恶，他们连法律、道德都要盗窃过去，给自己戴上圣洁的花环。嘴上仁义道德，实际男盗女娼。而那些统治者的帮凶，其灵魂同样丑恶，其伎俩同样卑鄙。如书中庄子讥讽了唯恐失去相位的惠子如同得到腐鼠的鸱，挖苦卑鄙无耻的曹商为"舐痔者"等等，《庄子》一书的辛辣讽刺就像一把犀利的解剖刀，剥掉了大大小小的统治者伪善的外装，将其残忍、狡诈的丑恶本质暴露于天下。

《庄子》一书有着高度的艺术性，它所具有的迷人的美学魅力，得到了后世的普遍认同。郭象在《庄子》注的序言中称《庄子》为"百家之冠"，鲁迅先生在《汉文学史纲要》中盛赞《庄子》的艺术性，说它"汪洋辟阖，仪态万方，晚周诸子之作，莫能先也"。[1]

先秦诸子散文，创作个性丰富多彩，从创作倾向来看，大致可以分为现实主义与浪漫主义两种主要的创作倾向。代表现实主义创作倾向的是儒家，代表浪漫主义创作倾向的是道家。纵观先秦诸子散文对后世的影响，最为深远的莫过于儒、道两派。在文学思想内容方面，儒家最有影响，在文学的艺术方面，道家影响又最大。

儒家的最高人生理想是济天下，主张要担负起历史的使命和社会责任，积极投身于社会实践。并用文学的形式来抒写胸怀社稷、济世救民的志向，讴歌立德立功立言的不朽事业，批评统治者的失政腐败，怜悯悲叹民生的苦难等等。他们立足于社会与历史的基础之上，以敏锐的观察与理性的分析直面种种客观现实，关注形形色色的民生，直接表现社会现实中的人物事件，在创作方面，奠定了我国散文中的现实主义创作基础，形成

---

[1] 鲁迅：《汉文学史纲要》，《鲁迅全集》第9卷，人民文学出版社1982年版，第364页。

了现实主义创作的传统。但现实主义与浪漫主义创作倾向,在先秦时就并行不悖,而且还互相渗透、互相补充,甚至达到一定程度的有机结合。如儒家奉行"用之则行,舍之则藏"(《论语·述而》)的人生态度,其中就有道家无为自然的思想,在其文章中,既有忧国忧民之情的流露,又显示着旷达自适的超然态度,在人生哲理上儒道互补,在创作上就能做到现实与浪漫两种倾向并存,相互为用。后世作家常从儒家现实主义创作方面汲取可贵的现实批判精神,敢于在自己的作品中提出济世救民、补偏救弊的主张,敢于揭露或抨击人世间的不公,敢于抒发忧国忧民的悲愤,等等;也常从道家浪漫主义创作方面吸收瑰丽的文辞、奇特的想象,来抒写他们对美好理想的追求、对自由的渴望。在中国文学发展史上,凡是能将儒、道两家的优长融会贯通者,其作品往往是千古流传的上乘之作。

2. 与墨家哲理散文的差异及关系

战国时期,与儒学一同被称为显学的有由墨翟(墨子)所创立的墨家学派。墨家学派站在小生产者的立场上,通过继承、批判、改造儒家的仁义思想,形成了自家学派的思想体系,其思想代表了为数众多的下层劳动群众的愿望与感情,所以这个学派兴起时有广泛的阶级基础。《吕氏春秋·尊师》中说墨子"徒属弥众,弟子弥丰,充满天下"。如实地反映了墨家学派当时确实极有影响的事实。

关于墨子的生平资料,流传下来的很少,司马迁写《孟子荀卿列传》,末尾附了简单的几句:"盖墨翟,宋之大夫,善守御,为节用。或曰并孔子时,或曰在其后。"代表墨家思想的是《墨子》一书,实际不全是墨子个人的作品,其中有墨子自作的"经",但大部分是由墨子的弟子或再传弟子记述的墨子的言行,也有一部分是墨子后学的论述。

《淮南子·要略》篇中说:"墨子学儒者之业,受孔子之术,以为其礼烦扰而不悦,厚葬靡财而贫民,久服丧生而害事,故背周道而用夏政。"墨子接受儒家以仁为核心的学说,但由于深知社会下层的苦情,所以对儒家的烦琐礼节、铺张浪费深为不满,于是"背周道而用夏政"。"周道"尚礼,故丧葬之礼也必十分讲究。"夏政",指夏初的政事。大禹之时及夏初,社会还残存着原始氏族社会习俗,其丧葬必也讲俭而不靡财。那时还保留着原始氏族平等友爱的遗风,特别是首领大禹,只有利天下的公心,而无利己的私念。大禹的时代是墨家所向往的理想社会,"用夏政"反映了墨子的庶民思想,墨家以大禹为榜样,把宁愿自己吃苦受累而能利天下作为自己学派的最高准则。

正因如此,墨家针对儒家提倡有等级的"爱人",而提出与之不同的"兼爱"的思想，墨家认为爱不应有尊卑、长幼、亲疏的区别，君臣父子之间也一律平等地互相去爱。显然，它具有反对封建等级制的进步意义，是和儒家以等级制为核心的礼是相违背的，所以孟子才说："墨氏兼爱，是无父也，无父无君，是禽兽也。"（《孟子·滕文公下》）墨家的兼爱思想是在战国初阶级对立及阶级矛盾日益尖锐的情势下产生的，它反映了当时社会下层劳动人民反对阶级压迫、剥削的意识，是中国古代民本思想、平等观念的具体体现。墨家认为兼爱是治国治家的根本："若使天下兼相爱，国与国不相攻，家与家不相乱，盗贼无有，君臣父子皆能孝慈，若此则天下治。"（《墨子·兼爱上》，本节以下凡引《墨子》中语，皆注篇名）反之，强执弱，众劫寡，富侮贫，贵傲贱，诈欺愚，天下祸乱必然四起。墨子把社会的乱源归咎于"不相爱"，把兼爱视为救世的良方。

为了实现"兼爱"，墨家又将"交相利"与"兼爱"结合起来一同阐述："凡天下祸篡怨恨其所以起者，以不相爱生也。是以仁者非之。既以非之，何以易之？子墨子言曰：'以兼相爱、交相利之法易之。'"（《兼爱中》）所谓"交相利"，就是互相有利而达到利天下。爱别人等于别人爱自己，利别人也就等于别人利自己。反之，如果恶别人、害别人，自己也要被别人所恶、所害，所以也可以说"交相利"是"兼相爱"的必然结果。"兼相爱"是内在的泛爱之心，是利天下的思想基础，"交相利"是泛爱之心的外在表现，是利天下的实际行动。如墨子主张"非攻"，认为掠夺性的攻伐是"天下之巨害"，因为好攻伐之国，"攻伐无罪之国，入其国家边境，芟刈其禾稼，斩其树木，堕其城郭以湮其沟池，攘杀其牲牷，燔馈其祖庙，到杀其万民"（《非攻下》），害莫大于此，罪莫大于此。但墨子并不一概反对战争，认为诛伐有罪之君的战争正是"除天下之害"的正义行为。

墨子在政治上主张"尚贤""尚同"。"尚贤"就是崇尚贤才，墨子认为"官无常贵，民无终贱"（《尚贤上》），反对世袭制，反对儒家的亲亲、尊尊，要求不偏富贵，不避贫贱，富贵贫贱应一视同仁，唯贤是举。墨子还主张"选天下之贤可者，立以为天子"，不仅主张废除官员的终身制，也反对"家天下"，希望废除皇权的世袭制。因为"国君者，国之仁人也"（《尚同上》），仁人的天子须要天下人选定。国君有了兼爱之心，就会从行政上要求自上而下地层层实行兼爱，实现统一的理想仁爱社会，这就是墨子"尚同"的含义。

在生活上，墨子主张"节用""节葬""非乐"，反对奢侈享乐与浪费挥霍。墨子反对儒家的"生死由命，富贵在天"的宿命论思想，不认为人们的"贫富寿夭"等遭遇是由天命来决定的，从而提出"非命"的观点，认为"天命论""暴王作之，穷人术（述）之"（《非命下》），"此为天下之厚害也"（《非命中》）。强调要用强力来改造生活境遇，认为："强必治，不强必乱；强必宁，不强必危。""强必富，不强必贫；强必饱，不强必饥。"（《非命下》）但墨子认为天有意志，世有鬼神，提出"天志"与"明鬼"的主张。与儒家"不语怪、力、乱、神"所不同，这是因为社会下层民众受神怪习俗民风影响与儒士受理性传统文化影响不同所造成的。但他的"天志"观有别于殷商以来的天命观，他的"明鬼"观也有别于一般的宗教迷信。他认为天有兼爱的人格、能对人赏善罚恶，"顺天意者，兼相爱，交相利，必得赏；反天意者，别相恶，交相贼，必得罚"（《天志上》）。同样，鬼神也能兴利除害，"欲求兴天下之利，除天下之害，当若鬼神之有也"（《明鬼下》）。墨子以天志为法仪，借鬼神以戒人，目的还是推行其兼爱的主张。墨家学说有着强烈的民本思想，但它的超前意识，与当时社会生产力不符，与社会发展不符，不免带着空想的色彩。秦汉之后，便逐渐衰微，由显学而变为绝学。

　　孟子虽然激烈地批判墨子无等级的兼爱，但在儒家中，大量吸收墨家思想的还是他，如他提出："君之视臣如手足，则臣视君如腹心；君之视臣如犬马，则臣视君如国人；君之视臣如土芥，则臣视君如寇仇"（《离娄下》）、"民为贵，社稷次之，君为轻"（《尽心下》）、"诛一夫纣矣，未闻弑君"（《梁惠王下》）、"人皆可以为尧、舜"（《告子下》）等观点，无疑受到墨家"交相利""尚贤""尚同"等思想的影响与启发。

　　《墨子》一书由于不是出自一人手笔，因此体例并不统一，风格也不尽一致，但总的来说，它具有文意显豁、语言质朴、逻辑严密的特点，这也是与儒家哲理散文所不同的三个特点。

　　墨家以"尚用"为其美学原则，提倡"非乐"，反对繁文缛节。在写作上，强调"尚利"的功利目的和"尚质"的表现手段。墨子说："今天下之君子之为文学出言谈也，非将勤劳其惟（喉）舌，而利其唇呡（吻）也，中实将欲其国家邑里万民刑政者也。"（《非命下》）认为为文的价值只在于利国利民，而不是徒然为了舞文弄墨，炫耀其伶牙俐齿。由于持有这种观点，墨家散文只求论述明了，不求语言技巧。既不同儒家言之求文，以图行而远。更不同于道家，"见得方说到"（《朱子语类》卷一二五），"指事造形，穷情写物，最为详切。"（钟嵘《诗品序》）《墨子》文意显豁、文字质朴，也造成文采不足，荀子批评它是"蔽于用而不知文"

(《荀子·解蔽》），是有一定道理的。

《墨子》的语言极其通俗明了，甚至达到口语化的程度，如《亲士》篇：

> 故虽有贤君，不爱无功之臣；虽有慈父，不爱无益之子。是故不胜其任而处其位，非此位之人也；不胜其爵而处其禄，非此禄之主也。良弓难张，然可以及高入深；良马难乘，然可以任重致远；良才难令，然可以致君见尊。是故江河不恶小谷之满己也，故能大。圣人者，事无辞也，物无违也，故能为天下器。是故江河之水，非一源之水也；千镒之裘，非一狐之白也。夫恶有同方取不取同而已者乎？盖非兼王之道也。

行文尽量保持了口语化的语调，文中句式不避类似、重复，形成语意上的层层推进和句式上的大量排比，来回申说，虽不够精练概括，但把意旨说得明明白白，一层深于一层，没有朴素质实的语言，是达不到这种效果的。

《墨子》一书中有专题式论文，也有由墨子若干段语录连缀而成的文章，然而这种语录体已不同于《论语》，而近乎《孟子》，因为即使这些语录连缀体，也同其专题式论文一样，具有专题论辩的特点。孟子是个"好辩"者，但比起墨子及墨家学派来，其辩诘的技巧还稍逊色。墨家是在论辩中发展起来的，在论辩中提出了许多辩诘的概念与方法。

在中国逻辑史上，《墨子》首次提出"类"的概念。"类"就是指一类事物的共同属性，从许多个别事物中抽象出来一般性的共同特征。在"类"的概念的基础上，墨家又提出"知类"与"察类"，"知类""察类"就是明是非、审治乱、别异同、察名实，把握事物的本质特征。如《非攻上》，先讲"入人园圃，窃其桃李"者，再到"攘人犬豕鸡豚者"，再到"入人栏厩、取人马牛者"，再到"杀不辜人也，扡其衣裘、取戈剑者"，最后直至"大为攻国"。作者把大大小小的窃贼乃至大大小小的图财害命的强盗归为一类，因为从这些一个个具体为恶的现象中抽绎出其一般的本质特征——"亏人自利"，在同类中又分别出轻重差别："亏人愈多，其不仁兹甚，罪益厚"。知其同质，又察其不同量。墨家主张"以类取，以类予"（《小取》），类推是《墨子》一书经常运用的方法。墨子的主要思想，如"兼爱""尚贤""尚同""非攻"等等，几乎都是通过类推的方法表达出来的。墨子还把类推引入归纳法，"以往知来，以见知隐"。

(《非攻中》)往,即已知的过去。来,即未知的将来。见,即事呈现出来的外在现象。隐,即蕴含于事物之中的内在本质。运用类推,可以由可知的而推断未知的,以有形有状的外部形象而认识无形无象的抽象观念。论证起来先从人们共识的普通生活现象说起,由浅入深,层层加码,最后批判的锋芒直指那个同类中不易识别而性质最严重者。

在推理、立论中,《墨子》还特别重视"故","故"指事物形成发展的原因和条件,也就是事物的"所以然"。"故"是立论的重要依据。墨家认为明其故才能察其类,凡事必然由其因而成其果,只有知其因才能更透彻地理解其果。《墨子》一书中,每有"故"字领头的句子,则往往是在探究事物的缘故,显示事物的因果必然联系。墨家以"类"的概念把握事物的联系性,以"故"的概念探求事物的因果性,"类"与"故"两概念的提出和使用,使中国古代逻辑学跃上了"必然的判断"或"必然的推理"的新阶段。

《墨子》也运用了形式逻辑的基本规律之一的矛盾律。在推理中,同一事物绝不可能作出两个相互悖谬的判断,推理与结论要保持一致性,违背这一逻辑思维就是"自相矛盾",造成一种"悖"的逻辑错误。墨家常常使用这种方法,使论敌陷于自相矛盾之中,也就等于将论敌置于悖理而被否定的位置上。如《公输》篇记公输盘造云梯之械,助楚王攻打宋国,进而掠夺残杀宋国人民,这是一种罪大恶极的行为。但墨子在同公输盘的辩论中,先暂时绕开这个问题,假意地向公输盘提出"借子杀人"的请求,这种明显的不道德又无理的请求自然引起公输盘的不高兴,他拒绝说:"吾义固不杀人",这句话已经使公输盘陷于自相矛盾之中,墨子抓住他的这句话,与他造云梯攻宋国杀无数人的行为相对照,使他自己感到自己言行相抵牾。若以公输盘"义固不杀人"的话来推理,公输盘就不应帮着楚王去攻打宋国,但现在公输盘不肯杀一人而乐于杀众人,所以此行为与"义固不杀人"是自相矛盾的,这个结论就连公输盘自己也能推断得出来。逻辑力量是无敌的,公输盘承认自己前后相矛盾,也就心悦诚服地认了输。

《墨子》一书中还注意到一些具体论辩方式的运用,如"辟""侔""援""推"等,《小取》中说:

> 辟也者,举也(他)物而以明之也;侔也者,比辞而俱行也;援也者,曰:"子然,我奚独不可以然也?"推也者,以其所不取之同于其所取者予之也,是犹谓也(他)者同也,吾岂谓也(他)者异也。

辟，就是譬喻；侔，相等意，指相同的命题可以相互引证，即以主判断来直接印证、推论宾判断；援，援引意，指援引对方之论来作类比推理；推，即推论，从已知的事物中分析出若干相同点，再推求未知的事物，从而得出新结论。墨家在自己的著作中广泛地运用了"辟""侔""援""推"等方法，特别在运用"推"的方法时，往往采用由个别到一般的归纳推理，又采用了根据一般推断个别的演绎推理，也采用了把归纳与演绎结合起来的方法。

墨家还从唯物论的经验论出发，提出判断是非、检验真理的三条标准，即"本""原""用"的"三表法"：

何谓三表？子墨子言曰：有本之者，有原之者，有用之者。于何本之？上本之于古者圣王之事。于何原之？下原察百姓耳目之实。于何用之？废以为刑政，观其中国家百姓人民之利。(《非命上》)

"本之者"，即以历史事实作根本的判断依据；"原之者"，即以群众对生活的观察认识作是非判断的依据；"用之者"，即以是否符合国家人民的利益作利害判断的依据。这三条标准基本概括了人们的全部社会实践，根据"实践是检验真理的唯一标准"的原则，以三表法来判断是非，一般情况下往往还是正确的，既注重社会效果，又符合墨家"尚用"的原则。是比较好的判断真理的形式。

墨家为中国的逻辑学奠定了基石。《墨子》一书的论辩具有严密的逻辑性，鲜明的主旨，朴实无华的语言，使得这种严密的逻辑思想更具说服人的强大魅力。尤其是墨家的类比推论，不同于道家的寓言连体，此论证方法为激烈反对墨家的孟子所注意且有所吸取，而到了荀子，这种推论法运用得更为娴熟。对中国后世散文特别是议论文论辩法的影响是极其深远的。

3. 与法家哲理散文的差异及关系

先秦诸子中，还有一个学派，不仅对中国散文发展有巨大影响，而且对中国历史发展也有巨大影响，这就是法家。法家主张法治，儒家主张德治，好似所持观点各异，所以自古以来不少人认为他们势同水火不相容。尤其是在20世纪的"文化大革命"中，曾搞过"评法批儒"的运动，更将儒、法视为不共戴天的敌对营垒。实际上，儒、法两学派，不仅有异，也有同，更有联系。如先秦儒、法两家，都主张实行封建中央集权制，都维护国家大一统，只是在达到这一政治目的所采取的手段及途径有分歧罢了。儒家创始人孔子就曾高度赞扬过法家先驱人物管仲:"管仲相桓公,霸诸侯,一匡天下,民到于今受其赐。微管仲,吾其被发左衽矣!"(《论语·宪问》)孔子非常看重管仲为齐相,能使国家国力大盛,帮助齐桓公九合诸侯,一匡天下,成为春秋时期第一位霸主,并提出"尊王攘夷",维护天下一统,保护了以中原文化为主流的中华文化。尽管管仲以法律改革开辟此局面,但改革的结果使天下老百姓受惠,客观上做到了泛爱众,达到了儒家所说的仁。

儒家另一代表人物荀子,则直接吸收法家的法治思想,形成自己礼法兼治、王霸并用的新思想,所以才能培养教育出韩非、李斯那样杰出的法家代表人物。至于历朝历代帝王将相中,既重视德治又重视法治,或采取外儒内法者,比比皆是。所以不能只看到儒、法的异,还要看到他们之间的同,看不到同,就理解不了他们之间相辅相成的关系。

先秦法家先驱人物除了管仲,还有子产,然而"法治"的思想鲜明地有别于儒、道诸家,是从战国初李悝开始的。李悝任魏文侯相时,主持变法,他在战国初期各国的法律的基础上,编写了我国古代第一部完整的法典——《法经》,系统地表述了早期法家关于刑法方面的法治思想。

李悝之后,法家代表有商鞅、申不害、慎到。记载商鞅言论的著述是《商君书》,重点阐述"法",用法律来规范臣民,反对儒家的德治,如其《画策》篇说:"仁义之不足以治天下也……圣王者不贵义而贵法,法必明,令必行,则已矣。"申不害著有《申子》一书,其学术本于黄老,重视"术",也就是重视君主对官吏任免、考核、赏罚的手段。主张君主要把治术隐藏于胸中,以更好地驾驭臣下。慎到著有《慎子》一书,主张在尚法的基础上强调"重势",所谓"势",就是权势。认为国君只有凭借权势,才能主宰天下而令行禁止。

法家最杰出的代表人物是战国末期的韩非(约前280—前233),他批判地继承和发展了前期法家的"法""术""势"的思想,提出了自己的法治新理论,认为"法""术""势"都是君主统治的得力工具,三者是不可分离的,缺一不可。把国家法令、君主权术、政治权力三者的综合运用,视为治国大计。他在《韩非子·定法》(本节下引同书,皆注篇名)篇中说:

今申不害言术,而公孙鞅为法。术者,因任而授官,循名而责实,操杀生之柄,课群臣之能者也,此人主之所执也。法者,宪令著于官府,刑罚必于民心,赏存乎慎法,而罚加乎奸令者也,此臣之所师也。君无术则弊于上，臣无法则乱于下，此不可一无，皆帝王之具也。

韩非认为商鞅重法，申不害重术，慎到重势，都未尽善，他则强调国君行法乘势以执术，要统一于法，凭借政权之势加重君主的权威，再以权谋之术驾驭群臣庶民。法、术、势三者综合为用，以法为本，奖惩严明，"以法为教"，行法越公开越好。而君主所施的权术则越隐蔽越好，臣民无法揣摩，不可防范而甘受摆布。明法而隐术，又为了进一步独擅权势，"势者，胜众之资也"（《八经》），有了权势反过来就有了执法的力量和驾驭臣民的资本。"术"是行法的手段，"势"是行法的依靠，"抱法处势则治"，而"释势委法"则尧、舜"不能治三家"（《难势》），"法""术""势"三者互相促进。人君要想宰制天下，必须拥有"势"，依"法"而行，善施"术"，特别是善于御臣，因为削弱君王权势与行法力量的往往不是民而是吏。人君要善于控制其吏，使其才能用于强化君主权势、推行其法治，而不是用来养虎遗患，使其削弱甚至侵夺君权。

韩非主张赏罚分明，推行严刑峻法，崇尚功利，奖励耕战，因地制宜，反对儒家法先王的思想，为封建集权专制完成了法治的理论体系，也为封建帝王实现独裁统治提供了精神武器。所以秦王嬴政读到他的著作后，极为赞赏，感叹说："嗟乎，寡人得见此人与之游，死不恨矣！"（《史记·老子韩非列传》）于是为得到韩非而急攻韩国，但秦王得韩非后，听谗言使韩非蒙冤入狱而死。法家前期代表人物商鞅与后期代表人物韩非都把一切聪明才智用于强化君主权势，最后自身又受到强化了权势的君主的制裁，"法术之士"落入了自己为帝王设计的术网之中，这就是法家"尊主"的悲剧。

《韩非子》不仅是先秦法家思想的集大成之作，而且其文学成就代表了先秦法家的最高水平，其艺术特征概括起来就是：笔力峻峭、感情怨愤、形象真挚感人。

前期的法家著述，就具有直面社会的勇气，是非鲜明，敢说敢道，锋芒毕露，有一种慑服人心而不可挡其锋的气势。韩非接受并发展了前期法家犀利明快的文风，他论理透辟，切中要害，气势凌厉，不像儒家散文那般委婉而叙，循循善诱，温柔如春风拂面，而是词锋峭拔劲疾，如寒风凌厉。如《五蠹》篇，从维护封建君主专制的利益出发，把文学者（儒家）、言谈者（纵横家）、带剑者（游侠）、患御者（逃避兵役者）和工商之民，斥之为害公乱政的"五蠹"，他以揭露矛盾为判断是非的基本方法，

给"五蠹"逐一定性,语气专断,不容丝毫辩驳,气势咄咄逼人,若老吏断狱,如对儒、侠的评判:

> 儒以文乱法,侠以武犯禁,而人主兼礼之,此所以乱也。夫离法者罪,而诸先生以文学取;犯禁者诛,而群侠以私剑养。故法之所非,君之所取;吏之所诛,上之所养也。法趣上下四相反也,而无所定,虽有十黄帝不能治也。故行仁义者非所誉,誉之则害功;工文学者非所用,用之则乱法。楚之有直躬,其父窃羊而谒之吏,令尹曰:"杀之。"以为直于君而曲于父,报而罪之。以是观之,夫君之直臣,父之暴子也。鲁人从君战,三战三北,仲尼问其故,对曰:"吾有老父,身死莫之养也。"仲尼以为孝,举而上之。以是观之,夫父之孝子,君之背臣也。故令尹诛而楚奸不上闻,仲尼赏而鲁民易降北。上下之利若是其异也,而人主兼举匹夫之行,而求致社稷之福,必不几矣。古者仓颉之作书也,自环者谓之私,背私谓之公,公私之相背也,乃仓颉固以知之矣。今以为同利者,不察之患也。然则为匹夫计者,莫如修行义而习文学。行义修则见信,见信则受事;文学习则为明师,为明师则显荣;此匹夫之美也。然则无功而受事,无爵而显荣,有政如此,则国必乱,主必危矣。故不相容之事,不两立也。斩敌者受赏,而高慈惠之行;拔城者受爵禄,而信廉爱之说;坚甲厉兵以备难,而美荐绅之饰;富国以农,距敌恃卒,而贵文学之士;废敬上畏法之民,而养游侠私剑之属。举行如此,治强不可得也。国平养儒侠,难至用介士,所利非所用,所用非所利。是故服事者简其业,而游学者日众,是世之所以乱也。

儒者乱法,法应罪之;侠者犯禁,吏应诛之,然而"人主兼礼之",而"富国"之农,"踞敌"之卒却无美誉,所以"服事者简其业,而游学者日众"。韩非对此悖谬事理的现象给予充分的展示,对其不公平的反差进行反复的比较,显示出法家冷峻观察与无情判决的特点。司马迁说:"韩子引绳墨,切事情,明是非。"(《史记·老子韩非列传》)韩非以"治"与"乱"为判断是非的标准,以利其所用、用其所利为准则,不以所谓"圣人先哲"之言与世俗众人之论为据。分明是非,评定功过,论辩丝丝入扣,切合事体情理,行文明白晓畅,其笔力严峻强悍,奋扬激越,使人读后顿觉凛若冰霜而心骇神惊。

韩非的哲理散文为什么会形成"峻峭"的艺术特征?首先应该从韩非

的理论认识去寻找原因。韩非广泛吸收了前期法家思想的精华，敏于接受新生事物，使自己的认识符合历史发展的实际，适应了地主阶级兴起的历史要求，他也就自然成了新兴地主阶级的代言人。他的法治主张后被秦王朝采纳，并作为秦王朝制定法令的指导思想，儒家学派被秦王朝扣上"以古非今"的罪名，遭受到"焚书坑儒"的劫难，无不与韩非的"儒以文乱法"的主张有关。韩非能够以世界新主人的胸怀来俯视天下万物，敢于彻底否定旧势力、旧传统与旧意识，以大无畏的气概为统一的中央集权封建帝国提供理论指导，反映在行文上，气盛词壮，有所向披靡的千钧笔力。如韩非在《五蠹》篇中就理直气壮地鼓吹"仁义用于古而不用于今"，"仁义辩智，非所以持国也"，公然否定仁义道德在当时社会的价值，宣扬靠实力统治天下的合理性。这样赤裸裸宣扬强权政治是空前绝后的，是以前诸子所不敢言不敢道的，这些惊世骇俗的言论，体现了处于上升时期的新兴地主阶级的胆识与魄力。

其次是韩非对社会新的人际关系有清醒的认识。他所处的时代，封建领主制已经崩溃，新的封建地主制的生产方式已经形成，那些在旧的生产方式基础上形成的旧的社会关系也在逐步消除，那些一向被尊崇的旧的宗法观念越来越变得不切实际和虚伪了。韩非用冷静、锐利的眼光看清了这一变化了的社会现实，用他那犀利的笔无情地撕去了那层还在掩饰现实的温情脉脉的纱罩，暴露出了人与人之间赤裸裸利害关系的真实世态，他在《外储说左上》篇中举例说：

> 人为婴儿也，父母养之简，子长而怨；子盛壮成人，其供养薄，父母怒而诮之。子、父，至亲也，而或谯或怨者，皆挟相为而不周于为己也。夫卖庸而播耕者，主人费家而美食、调布而求易钱者，非爱庸客也，曰：如是，耕者且深耨者熟耘也。庸客致力而疾耘耕者，尽巧而正畦畤者，非爱主人也，曰：如是，羹且美钱布且易云也。此其养功力，有父子之泽矣，而心调于用者，皆挟自为心也。故人行事施予，以利之为心，则越人易和，以害之为心，则父子离且怨。

人是社会关系的总和，人与人之间的关系复杂多变，但韩非认为说到底就是一种单纯的利害关系。父子骨肉至亲，尚且各自为了自己的利益而或诮或怨；雇主与雇员之间虽非亲非故，却能互相关心，实际纯粹是由于能互利互惠。利欲关系支配了人情世故，决定了人们之间的亲疏远近，一向被视为神圣的君臣关系，何尝不是如此呢？在韩非眼里，所有的人都唯利是图，贪欲和权势成了人们追求的目的。什么君仁臣忠、父慈子孝、夫义妻贤、朋诚友信，通通是虚伪的。自私自利成为人们行为的出发点，为了私欲，人们苟且钻营，不择手段，甚至君臣间互相算计、父子间反目为仇、夫妇间同床异梦、朋友间钩心斗角，国家间弱肉强食。恩格斯曾说："自从阶级对立产生以来，正是人的恶劣的情欲——贪欲和权势欲成了历史发展的杠杆。"[1] 韩非正视人的私欲的现实存在，认为私欲是人的本质，并承认其存在的合理性，这与孟子所谓的"性善论"是根本对立的。同时与荀子的"性恶论"也不同。荀子将一心追求私欲的行为视为"恶"，这虽是生而具有的"人性"，但后天可以不断进行修养，从而改恶从善，由爱己历练为爱人的君子。而韩非承认人的本质是追求私欲，但这种本质并不是"恶"，当然也不是"善"，只是人的一种本能，用不着去修养，也不必搞什么"弃恶从善"，完全可以靠法律赏罚来加以利用与控制驾驭。

韩非虽承认私欲的合理性，但这种认识也揭示了封建社会的冷酷无情，有助于后人更清楚地认识封建社会的罪恶与病态。韩非的文章与儒家相比，所揭示封建社会的本质要深刻得多。韩非对社会观察入微，善于对事理概括与分类，归纳精确，分析透辟，辩锋锐利，言辞峭刻，犹如犀利的解剖刀，剖析人情世态，能深入隐微之处，既有说服力，又有逻辑性，这些也是造成韩非哲理散文笔力峻峭的重要原因。

韩非哲理散文另一显著特点是行文饱含怨愤感情。明代王道焜在《重刻韩非子序》中说："屈原怨而哀，韩非怨而愤。"茅坤在《韩子选评后语》中也说韩非的散文"沉郁孤峻，如江流出峡，遇石而未伸者，有哽咽之气焉"。时代给韩非创造了集法家之大成的条件，但韩非与前期法家有所不同，他"处势卑贱，无党孤特"（《孤愤》），始终没有以"法术之士"的资格取信于韩王，退而著述，是不得已而为之。所以韩非的散文处处透露着一种悒郁孤危的忧患意识，一种惨怛不平的悲愤情绪，如《孤愤》篇，便抒发了作者浓烈的怨愤感情。文章首先指出当时政治舞台上活跃着的两种政治力量：一方是"智术之士""能法之士"，合称为"法术之士"，他们富有远见而明察时势，刚直无畏而执法严明，具有治国的才能；另一方是"重人""当涂之人"，即窃居要职的权奸，他们阿谀惑主，以权谋私，具有亏国败国的危害性。法术之士明察则能辨权奸，权奸得君宠爱则更擅自妄为，两者水火不容，势不两立。然而在两种政治势力的较量

---

[1] 恩格斯：《路德维希·费尔巴哈和德国古典哲学的终结》，《马克思恩格斯选集》第4卷，人民出版社1972年版，第233页。

中,"法术之士"往往"不胜",而耗国亏国的权奸则往往稳操胜券。这是因为权奸惑主擅权,又借势结党营私,君主蒙蔽愈深,他们的权势也就愈重。而法术之士虽有辨奸矫过之才,富国强兵之术,但他们处势孤危,常遭权奸的打击陷害,作者痛陈权奸压制法术之士的现实,为法术之士的遭际愤然鸣不平。

从国家安危出发,作者忧虑国势日益衰,哀痛人主日益昏,愤恨权奸势力日益重,忧伤法术之士日益危,言辞凄怆,近乎悲泣,颇似控诉。他深刻、精辟地分析法术之士与权奸的不同处势,认为两者相比,法术之士有五种劣势,权奸有五种优势:若比与人君的关系,法术之士与人君的疏远难与权奸与人君的亲近相争;若比社会关系,法术之士客居的身份难与权奸习故的身份相争;若比人君的好恶之感,法术之士常以法矫人主私意难与权奸以私情迎合人主所好相争;若比社会地位,法术之士的职轻位贱难与权奸的身贵权重相争;若比势力,法术之士孤单的一人辩才难与权奸勾结的一国朋党相争。法术之士存在着"五不胜之势",权奸有"五胜之资",以"五不胜之势"去对抗"五胜之资",则法术之士已将自己置于必败之地。法术之士若有过失,权奸则举以为罪,以所谓"公法"而加以诛杀。法术之士若无过失,权奸也可以散布流言蜚语以谗言相害,或派刺客暗地刺杀。从历史上那些惨遭杀害的法家人物身上,韩非看到了包括自己在内的法术之士悲剧性的结局。权奸花言巧语蒙蔽人主,势必受宠于人主,法术之士直言人主之过,势必有所冒犯于人主,在人主决定臣下命运的时代,法术之士的命运如何,可想而知。历来邪佞害忠良,几乎成了一条客观规律。韩非对这种不公平的历史与现实感到无限的愤慨,每当他写到这类文章时,怨愤之情无不油然而生。除了像《孤愤》篇直接抒发孤郁怨愤的感情外,韩非更多的还是以历史故事或寓言故事,来寄托自己愤慨不平的切身隐痛。

韩非的法治理论从一开始就不是用来保护法术之士的武器,而仅仅是为君主独裁锻造一柄锋利的刀剑。他提出一系列法治措施,最终目的就是强化君主专制,树立君主的绝对权威。严刑峻法最终结果是导致极端皇权的形成,即实现君王的高度"人治","法治"的普遍形式为君王个人独裁的实质内容而服务。法家的"法治"与君王的"人治"之间隐伏着深刻的矛盾,这是造成法家悲剧的根源。当社会矛盾威胁到君主独裁时,君主便利用拥有的权威,施展法家教给的权术,使"法"屈服,甚至把法家当作替罪羊,以牺牲法家来调和这种尖锐的矛盾。法家的法治思想增强了君主的权势,提供了君王驾驭臣下的计谋,但法家自己本身也属于被驾驭的臣子，统治者在必要时对法家可以采取存其说、用其术而毁其人的办法。韩非清醒地认识到了这一点，但他又不能自免，法家为强化君主专制而尽心尽力，最后血腥制裁他们的又正是他们为之效力的君主专制，这是一个不可避免的历史悲剧，正因如此，韩非散文中的怨愤感情才显得有深层次的内涵。

韩非哲理散文还有一个显著特点就是形象真挚感人。《韩非子》一书擅长将哲理寓于历史故事或寓言故事中，从具体故事与具体形象入手，给人以可感的认识，然后由此而引出所论，使读者的认识上升到理性的高度。如"滥竽充数"（《内储说上》），"买椟还珠""郑人买履"（《外储说左上》），"不死之药"（《说林上》）等，《韩非子》中仅涉及的历史人物就有上百位。用真挚感人、鲜明生动的形象来说明哲理，也是韩非哲理散文的基本特点。韩非散文中的历史故事或寓言故事，多从历史生活与现实生活中摄取素材，进行提炼，人物形象贴近现实，表现出一种现实主义的倾向。就是采自一些民间趣闻逸事，也加以改造，增强了它的真实性与可信性，使其富有现实的教育意义。

在先秦诸子中，大量借助寓言中的形象来表达思想，只有道家的庄子和儒家的孟子才可与韩非相提并论。但庄子寓言中的故事与形象，是在原有的神话、传说的基础上，又加以想象、虚构、夸张所形成的，形象超常怪诞，表现出一种浪漫主义倾向。而孟子的寓言却与韩非相一致，尽管所表达的思想不一样，但寓言中的事件与形象，多来自历史生活与现实生活，人物形象也贴近现实。看来，韩非的哲理散文的写作，主要吸收与借鉴的是儒家代表人物孟子的创作方法。

韩非的整个艺术精神是直面现实的，所以他塑造的人物形象是历史与现实生活的一面镜子，反映了历史与现实社会中人的真性情、真欲望，异常深刻地揭示了社会生活的本质，如《说林上》中有一段：

> 卫人嫁其子而教之曰："必私积聚。为人妇而出，常也；其成居，幸也。"其子因私积聚，其姑以为多私而出之。其子所以反者倍其所以嫁。其父不自罪于教子非也，而自知其益富。今人臣之处官者，皆是类也。

卫人教其出嫁的女儿去婆家攒私房，即使因此而被休也是正常事，和丈夫白头偕老倒是一件侥幸的事，只要能积攒私蓄，就是聪明的。夫妻之间、婆媳之间没有什么家庭亲情关系，只有互相提防、各自算计的金钱关系。作者由此想到世上为官者，也与此同类，为官目的就是敛财，由于贪财而被罢官是正常的，为官不贪财反是不正常的，因为为官不贪就等于白当官。作者以卫人教子为例，揭露了私有制病态社会中的人之常情，剥去了虚伪的面纱，露出了人与人冷酷的、赤裸裸的金钱关系的真面目。

韩非还常常以一些人物和故事来体现他的法治思想，使思想生动化形象化，使寓意不仅深刻而且耐人寻味。如对于守旧的势力，韩非常赋予其愚蠢的人物形象和可笑的行为，及其必然招致的失败结局，如《五蠹》篇中有：

> 宋人有耕田者，田中有株，兔走，触株折颈而死，因释其耒而守株，冀复得兔，兔不可复得，而身为宋国笑。今欲以先王之政，治当世之民，皆守株之类也。

通过一个守株待兔者的形象，讽刺了墨守成规、思想僵化、不看变化了的客观情况而只凭经验行事的人。而这一人物正是法家要批判的那种不看局势发展、不思变法、只按先王旧规办事的保守势力的形象概括，其结果也只能是不得"治当世之民"，反为国人所耻笑。

韩非虽常以人物形象来说明其法治思想，但人物形象并不概念化，并不是思想的简单传声筒，而是具有个性化的形象。特别是作者善于摹写人物个性化的语言，精准地叙述人物最能体现感情的行为动作，把人物的性格特征揭示得深切入微，人物形象活灵活现，如《内储说下》：

> 齐中大夫有夷射者，御饮于王，醉甚而出，倚于郎门。门者刖跪请曰："足下无意赐之余沥乎？"夷射叱曰："去！刑余之人，何事乃敢乞饮长者！"刖跪走退。及夷射去，刖跪因捐水郎门溜下，类溺者之状。明日，王出而呵之，曰："谁溺于是？"刖跪对曰："臣不见也。虽然，昨日中大夫夷射立于此。"王因诛夷射而杀之。

文中以极简洁的笔墨，勾勒了齐大夫夷射的醉态，守门者刖跪的乞怜态，齐王的骄横态。记述了刖跪的一句乞讨语，一句不露锋芒的挑拨句，夷射的一句呵斥语，齐王的一句责问语，就极其精练地把夷射的高傲而无辜、刖跪的外表卑怯而内心阴险、齐王的愚蠢而残暴，写得入木三分。夷射就因一句斥骂的话，就遭到"刑余之人"的致命报复，齐王就因一句挑拨的话就妄加判断、草菅人命，"下贱"者也会借刀杀人，高贵的"长者"也有作屈死鬼的时候。使人读后，忍俊不禁，又耐人寻味，从内心佩服韩非的非凡艺术才能，短短的百余字，竟把三个人物写得个性突出，形象鲜明,呼之欲出。

韩非是战国末期人,他集先秦法家思想之大成,成为法家最杰出的代表。在哲理散文的创作上,也吸收了众家创作的成功经验。如学习了庄子大量采用寓言表达思想的方式,在编写寓言时学习了孟子贴近现实的创作方法,特别是从其老师荀子那里,不仅吸取了礼法思想,而且学到了荀子缜密深透的论证方法,终于使自己成为先秦诸子哲理散文的殿军。难怪有人把韩非与孟子、庄子、荀子并称为"战国文学四大家"。[1]

(三) 历史散文之间的差异及关系

先秦历史散文的创作,以儒家为主体,也有其他诸子的创作,儒家的历史散文创作对其他诸子历史散文创作有影响,而其他诸子历史散文的创作也有不同于儒家历史散文的特点,先秦其他诸子的历史散文主要有三类。

1. 主要体现纵横家纵横捭阖之说的历史散文

在战国时期的政治舞台上,除了儒、墨、道、法等家外,还有一批游说策士异常活跃,他们继承了春秋时期行人聘问于诸侯的传统,凭借自己的口才辞令,向各诸侯国进行游说,提出了各种应对当时兼并战争的对策,其中以合纵与连横二说最有影响,其代表人物就是苏秦与张仪。《史记·张仪列传》唐代司马贞索隐:"张仪说六国,使连衡而事秦,故云'成其衡道'。然山东地形从长,苏秦相六国,令从亲而宾秦也。关西地形衡长,张仪相六国,令破其从而连秦之衡。"故苏主合纵,张主连横。合纵与连横虽各为其主,二说针锋相对,然而其鼓吹成霸称帝的主旨是一致的,所以历来将他们并称为纵横家,称其辩术为纵横捭阖之术。战国时期的史官仿效儒家侧重记言同时也兼有记事的《国语》体例,分国收录了这些策士游说各国诸侯时的陈谋献策或相互辩论的言辞,汇编成册,反映了上继《国语》下限期,下至秦并六国之后,即从韩、赵、魏三家灭智伯始,迄秦二世继位为止的 245 年间各个诸侯国政治、军事、外交等重要史实。这些资料有所谓《国策》《国事》《短长》《长书》《事语》《修书》等称呼。史学家杨宽在其《马王堆帛书〈战国纵横家书〉的史料价值》一文中分析说:"所谓《国策》《国事》,该是以国别分类编辑的;所谓《事语》,该是按事实分类编排的;所谓《短长》《长书》《修书》就是记载纵横家言的。《短长》,就是'权变'的意思,司马迁所谓'谋诈用而从(纵)衡(横)短长之说

---

[1] 詹安泰、容庚、吴重翰:《中国文学史》(先秦两汉部分),高等教育出版社 1957 年版,第 118 页。

起'(《六国年表序》)。"① 到了西汉,大学问家刘向第一次对这些资料进行系统整理,编订成书,共33篇,因其主要记载"战国时游士辅所用之国,为之策谋"(刘向《战国策书录》),所以刘向新定名为《战国策》。到了北宋,旧本《战国策》散佚甚多,大文学家曾巩遍访藏本进行了校补重编,才成为今本《战国策》这样的规模。

战国时史官及策士们记载的资料肯定是很多的,《战国策》只是其中的一部分。1973年末长沙马王堆三号汉墓出土了一批帛书,内有战国纵横家著述27章,一万一千多字,无书名与篇章名,整理这些帛书的专家称其为《战国纵横家书》或帛书《战国策》,其中11章的内容见于《战国策》与《史记》,其中16章是属于失传已久的作品。《战国纵横家书》包括纵横家的书信、游说词、对话录等,主要记言,也兼有记事,有的还附议论。如该书第二章《苏秦使韩山献书燕王章》,既不见于《战国策》,也不见于《史记》等其他史籍:

> 使韩山献书燕王曰:臣使庆报之后,徐为之与臣言甚恶,死亦大物已,不快于心而死,臣甚难之。故臣使辛谒大之。王使庆谓臣:"不利于国,且我夏(忧)之。"臣为此无敢去之。王之赐使使孙与弘来,甚善已。言臣之后,奉阳君、徐为之视臣益善,有遣臣之语矣。今齐王使李终之勺(赵),怒于勺(赵)之止臣也。且告奉阳君,相桥于宋,与宋通关。奉阳君甚怒于齐,使勺(赵)足问之臣,臣对以弗知也。臣之所患,齐勺(赵)之恶日益,奉阳君尽以为臣罪,恐久而后不可□救也。齐王之言臣,反不如已。愿王之使人反复言臣,必毋使臣久于勺(赵)也。

《汉书·艺文志》录有《苏子》三十一篇、《张子》十篇。《战国纵横家书》以记苏秦言行为主,有的学者因此认为本章可能就属《汉书·艺文志》所著录的《苏子》中的篇章。苏秦字季子,东周洛阳人,出身贫寒,曾与张仪同学于鬼谷子。鬼谷子初从黄老"心术"之说,讲求内外损益、养性持身之道,后演变为纵横捭阖之术。苏秦初去游说周显王、秦惠王,都遭冷遇,燕昭王即位后,招纳人才,苏秦赴燕,受到燕王的信用,后竟以"合纵"之说,佩戴了六国相印。纵观苏秦的一生,主要为了燕国的强盛,而奔波各国作联络或反间。苏秦到赵国破坏齐赵邦交活动受到怀疑

---

① 《马王堆汉墓帛书:战国纵横家书》,文物出版社1976年版,第156页。

后，被赵国拘留，苏秦先托燕臣盛庆、后托燕臣韩山捎信给燕王，请燕王派使者来解救自己。上述的第二章就是让韩山捎的书信。其文字和《战国策》相比，其特点是一致的，《战国纵横家书》与《战国策》同属战国时期策士，特别是持纵横之说的策士游说各国诸侯时的言论汇编。

以纵横家为代表的战国游说策士，熟谙纵横捭阖之术，鼓吹"横则秦帝，纵则楚王"。（刘向《战国策书录》）他们"抵掌揣摩，腾说以取富贵，其辞敷张而扬厉，变其本而加恢奇焉，不可谓非行人辞命之极也"。（章学诚《文史通义·诗教上》）一般来说，这些游说策士奉行的是实用主义，志于术，即特别讲究辩术、诈术和权术，不志于学。而儒家、道家、墨家、法家，都是坚持自己信仰的学术派别，不迎合权贵，不进行政治投机，因而不因处境顺逆而改变其学说观点及政治立场，这是与纵横家根本不同之处。而纵横家却为了自己的功名利禄，朝秦暮楚，见风使舵。然而他们智力过人，长于权变，善于分析形势，明辨利害得失，能为诸侯争城、掠地、杀人、灭国出奇谋划妙策。"战国之时，君德浅薄，为之谋策者，不得不因势而为资，据时而为画。故其谋扶急持倾，为一切之权，虽不可以临教化，兵革救急之势也。皆高才秀士，度时君之所能行，出奇策异智，转危为安，运亡为存，亦可喜，皆可观。"（刘向《战国策书录》）从文学角度看，其说变本加奇，其辞敷张扬厉，或叙或议或譬，皆成妙谛，使人读后，无不为之拍案叫绝。为了取得游说的效果，他们对被说服者的心理，揣摩得体贴入微，阐述起问题来条分缕析，对自己的"机变之谋，唯恐其不深，捭阖之辞，唯恐其不工"。（吴师道《战国策鲍注补正序》）其人物语言艺术超过《左传》《国语》，也远超孔子、孟子、荀子三位儒家代表人物哲理散文中的人物语言艺术水平。人物语言艺术达到了空前的成功。《战国策》那剥肤及髓的辩驳，充沛的感情，推而衍之的铺陈，奔放畅达的语势，委婉而辛辣的嘲讽，耐人寻味的幽默，雄肆奇特的夸张等等，共同体现了策士语言敷张扬厉的独特风格，其具体表现为：

第一，放言无惮、酣畅淋漓。战国的谋臣策士多是识时务的"俊杰"，一般对国家存亡规律、历史发展趋向有比较清醒的认识，善于对当前纷纭复杂的社会现实问题进行深中肯綮的明辨，胸有成竹地提出解决问题的方略。所以他们果敢决断，游说之词纵横驰骋，没有空泛、虚伪的说教。出谋划策直来直去，毫不掩饰，酣畅恣肆，就是批评至高无上的君王，也敢直言不讳，这与儒家创始人孔子著述中，为尊者讳，字含褒贬的"春秋笔法"形成鲜明的对照。如《秦策》三中范雎说秦王：

今臣羁旅之臣也，交疏于王，而所愿陈者皆匡君之事，处人骨肉之间，愿以陈臣之陋忠，而未知王心也，所以王三问而不对者是也。臣非有所畏而不敢言也，知今日言之于前，而明日伏诛于后。然臣弗敢畏也。大王信行臣之言，死不足以为臣患，亡不足以为臣忧，漆身而为厉，被发而为狂，不足以为臣耻……臣之所恐者，独恐臣死之后，天下见臣尽忠而身蹶也，是以杜口裹足莫肯即秦耳。足下上畏太后之严，下惑奸臣之态，居深宫之中，不离保傅之手；终身暗惑，无与照奸，大者宗庙灭覆，小者身以孤危。此臣之所恐耳。

范雎对秦宫内部的情况了如指掌，对秦王的心理状态有比较准确的把握，明知与秦王深言不致招来杀身之祸，但他故意强调"言之于前"，"伏诛于后"，更见其慷慨激昂，无所顾忌。不过，他所言"臣之所恐"者，指出秦王陷入了骨肉之亲与左右陪臣所包围的迷宫之中，神志迷惑，忠奸不辨，确实显示范雎有逆鳞胆量，说辞掷地有声，句句石破天惊。又反复表示"臣弗敢畏"者，表明自己为了秦王万世基业早把生死置之度外的赤胆忠心，"所恐"与"弗敢畏"又反复对比，进一步显示出范雎扶危持倾的气魄与胆识。

有的策士说起话来，听似卑恭，实际上居高临下，欲擒故纵，牵引着对方的思路，使其入彀就范，最后致其被动而不能自拔，以其人之道还治其人之身。如《赵策》四写触龙说赵太后，先顺着太后欲使子孙永享富贵的心理，抓住她爱子的感情，利用她自以为是的弱点，以亲切、贴体的话语展开了思想的交锋，既把握赵太后的性格特点和心理活动，又善于从赵国存亡的高度分析形势，最后使赵太后愉快地接受了为子孙长远利益着想的进谏。婉转陈词中有着循循善诱的说理艺术，酣畅淋漓，刚柔相济，语恭而气盛。

第二，夸大其词，危言耸听。纵横家并不信奉什么理论信仰，也不坚守什么道德原则，只求能凭自己的辩才取得被游说者的信任。为了折服对方，说辞常选用绚丽的辞采，行文层层加重渲染，描摹事理常作一定的夸张，为了一言语之悚动，为了一文辞之谲胜，谋臣策士挖苦心思，极尽鼓舌摇唇之能事。如张仪说楚王：

张仪为秦破从连横说楚王曰："秦地半天下，兵敌四国，被山带河，四塞以为固。虎贲之士百余万，车千乘，骑万匹，粟如丘山。法令既明，士卒安难乐死。主严以明，将知以武。虽无出兵甲，席卷常山之险，折天下之脊，天下后服者先亡。且夫为从者，无以异于驱群羊而攻猛虎也，夫虎之与羊不格明矣。今大王不与猛虎而与群羊，窃以为大王之计过矣。"（《楚策》一）

为了从心理上震慑楚王，张仪不厌其烦地夸耀秦国的山河之险、兵力之强、粮食之多、士兵之勇，而把与之抗衡的合纵之国，仅简单地比喻为"群羊"。以合纵对连横，"无以异于驱群羊而攻猛虎也"，一方面竭力夸大，一方面任意贬小，形成强烈对比，危言耸听中兜售了连横家的阴谋骗术，进行了政治的讹诈。策士们关心的是自己的言辞是否能打动人，尽力夸饰，意在耸人听闻，并不在乎其真实的程度，比起儒家的历史散文《左氏春秋》与《国语》来，《战国策》更注意语言的节奏与形式美，长于铺陈，大量地使用了对偶和排比，并疏密有间而气势纵横。

第三，以小见大，生动形象。《战国策》中谋臣策士的辩说，吸收了《左传》《国语》中行人的语言表达技巧，常用的比喻、寓言、故事，以小见大，以近喻远，以形象来喻示所要阐述的深刻、抽象的道理，使对方听起来在委婉、浅显中感到风趣、兴致，从中悟出说辞中的真正主旨。如《秦策》二载甘茂说苏秦：

甘茂亡秦，且之齐，出关遇苏子，曰："君闻夫江上之处女乎？"苏子曰："不闻。"曰："夫江上之处女，有家贫而无烛者，处女相与语，欲去之。家贫无烛者将去矣，谓处女曰：'妾以无烛，故常先至，扫室布席。何爱余明之照四壁者？幸以赐妾，何妨与处女？妾自以有益于处女，何为去我？'处女相与语以为然，而留之。今臣不肖，弃逐于秦而出关，愿为足下扫室布席，幸无我逐也。"苏子曰："善。请重公于齐。"

甘茂投奔齐国，时苏秦在齐已受到隆重礼遇，甘茂害怕受到苏秦的排斥，恰好在出关时与苏秦相遇，他婉转地讲了一个贫女"借光"的故事，说明自己奔齐于苏秦无害反而有益的道理。以生动事例连类取譬，由小见大，生动的事例，亲切的口语，娓娓动听的开导，如叙家常，平常的细事中寓含着深刻道理，发人深省，乐于接受。

战国的谋臣策士们为了使说辞更委曲尽致，也常常使用浅显、生动的比喻与寓言。如：

苏秦之楚,三日乃得见乎王。谈卒,辞而行。楚王曰:"寡人闻先生若闻古人。今先生乃不远千里而临寡人,曾不肯留?愿闻其说。"对曰:"楚国之食贵于玉,薪贵于桂,谒者难得见如鬼,王难得见如天帝。今令臣食玉炊桂,因鬼见帝。"王曰:"先生就舍,寡人闻命矣。"(《楚策》三)

苏秦赴楚,楚王没有及时接见,苏秦就将楚之食、薪、谒者和大王比作玉、桂、鬼和天帝,表面上说楚国炊、食昂贵,难以享用,谒者、大王高高在上,难以接近,实际上是在委婉地对楚国的怠慢接待提出批评。再如《齐策》四中冯谖将"留后路"比作"狡兔三窟":"冯谖曰:'狡兔有三窟,仅得免其死耳!今君有一窟,未得高枕而卧也!请为君复凿二窟!'"狡兔有三窟,化险为夷能免死祸,人留后路,失势之下可存身,比得异常贴切,通俗而形象地显示了一种丰富而深奥的处世哲学。除了比喻之外,说辞中还往往征引一些寓言故事、逸闻掌故,来增强论辩的说服力。如齐相孟尝君应秦昭王的召请,将入秦,千数人劝阻他都不听。苏秦也想去劝阻,但孟尝君已经放出话来:要说人间的事,我都知道,只是没有听说过阴间神鬼的事。意思不让大家再提入秦的事,苏秦见了孟尝君先不提入秦事,而是讲了一个"桃木偶人"的寓言故事,暗指孟尝君入秦,恐怕死无葬身之地,使孟尝君听了如梦初醒,惊出一身冷汗。再如《齐策》二中陈轸用"画蛇添足"说楚将昭阳,《燕策》二中苏代以"鹬蚌相争"说赵惠王,《楚策》一中江乙以"狐假虎威"说楚宣王,《楚策》四中魏加以"惊弓之鸟"说春申君,《魏策》四中季梁以"南辕北辙"说魏王,这些寓言故事多是策士们一时凭虚臆造,形象生动,寓意深刻,与《左传》《国语》行人说辞比起来,《战国策》的谋臣策士的说辞显示出辞采富丽恣肆的独特风采。

第四,《战国策》的人物语言,与《左传》《战国策》比,更富个性化特点。人物语言个性化是塑造人物形象、性格的重要手段,通过个性化的人物语言,我们如聆策士謦欬,似见其口角生风,进而知其性格特征。如《秦策》五:

濮阳人吕不韦贾于邯郸,见秦质子异人,归而谓父曰:"耕田之利几倍?"曰:"十倍。""珠玉之赢几倍?"曰:"百倍。""立国家之主赢几倍?"曰:"无数。"曰:"今力田疾作不得暖衣余食,今建国立君,泽可以遗世。愿往事之。"

从吕不韦的提问，到其父毫不迟疑地回答，句句非"利"即"赢"，三句话不离本行，说明父子俩谙练商道，是两个从小本经营一直做大的商人，为了赢得"遗世"的利润，他们要做高于"珠玉百倍之赢"的政治"买卖"。通过吕不韦与其父的对话，几句极具个性化的语言，便把父子俩的性格特征显示出来，并具有典型的意义。吕不韦父子的典型性在于代表了战国末他那个阶级、阶层的精神面貌，新兴的地主、商人，随着财产的增加，必然导致政治上的权力要求。

再如苏秦说秦王不成，落魄而归，连家人都报以白眼。家人的鄙夷深为苏秦所理解，他的人生价值观与家人没有二样，人的崇高不在于什么修养自身，而在于"位尊而多金"。所以得不到家庭的温暖，是非常合乎"情理"的，一切都是秦王冷落的结果，"苏秦喟叹曰：'妻不以我为夫，嫂不以我为叔，父母不以我为子，是皆秦之罪也！'"（《秦策》一）秦王任用，则效力以换来高官厚禄；不用，则反目为仇。短短的几句喟叹语，使一个政客的鲜明形象跃然纸上。

《战国策》虽基本上是策士谋臣言辞，但不是单一的记言，言辞前往往简单叙述一下发论的缘由，言辞之后还常常扼要介绍事件的结局，言辞成了整个叙述的中心和事件承前启后的核心部分，成了事件发展过程中的关键与高潮，言事融合，组成比较完整的记叙结构。这一结构与《国语》的结构相似，然而在叙事方面，《战国策》的叙事往往比《国语》还要详细精彩。《战国策》的叙事比《左传》的情节叙述虽然简短，但一般也具有较强的故事性，饶有趣味。作者还善于刻画生动、逼真的细节及惟妙惟肖的人物神态，如苏秦刺股（《秦策》一）、触龙入朝以快步姿势慢行（《赵策》四）、邹忌窥镜（《齐策》一）等，由琐屑细节见出人物的心理特征。同时也注意背景的烘托与气氛的渲染，如《燕策》三写燕国太子及宾客送荆轲入秦刺秦王，当他们来到易水边，此时，易水河上寒波粼粼，岸边上伫立着白衣白冠的送行者，大家都垂泪涕泣，哀伤的别歌响彻上空，也震撼着每个人的心灵，为塑造慷慨赴难、视死如归的奇士形象，作者刻画了一个生离死别的场面，渲染出一种悲壮慷慨的气氛，写足了与人物性格特征相适应的环境与条件。

《战国策》的语言艺术技巧达到了相当的高度，通过人物生动的言辞，展示了战国乱世中各种人物的内心世界与性格特征，如壮烈死节的荆轲，智勇双全的毛遂，阴险狠毒的郑袖，寡廉鲜耻的宣太后，礼贤下士的孟尝君、平原君、信陵君、春申君，体恤民间疾苦的赵威后等。尤其是其中那些说客和谋士，更显得有血有肉、栩栩如生，如权机善变的苏秦，朝秦暮楚的陈轸，耿介不阿的颜斶，慷慨慕义的鲁仲连等。及至各诸侯国互相兼并吞灭，统治集团内部尔虞我诈，策士之间钩心斗角，爱国义士为扶危持倾而奔走，政治暴发者贪得无厌，下层民众水深火热……《战国策》为我们录下了那个时代风云变幻的各种声响，为我们描绘出一幅幅丰富多彩的战国乱世图。

2. 稗官野史的滥觞

刘知几在《史通·六家》中把正史分为"六家"，主要是从体例上来着眼的。《尚书》为记言体，《春秋》为记事体，《左传》为编年体，《国语》为国别体，《史记》为通史纪传体，《汉书》为断代纪传体。刘知几以最初史著命名的史体，可谓是源，继其后而产生的史著可谓是流，如《尚书》体中包括《汲冢周书》，《春秋》体中包括《竹书纪年》，《国语》体中包括《战国策》等。可见，中国正史从最早形成，就属于儒家历史散文，也就是说儒家历史散文是中国历史散文的源头，而其支流，则不一定全是儒家的历史散文了。刘知几分辨史体，也考虑到了史著的内容与史著的基本理论观点。他把"六家"视为正史，而与正史相对的是"外传"。"外传"又可细分许多类，他在《史通·杂述》中说："其余外传，……而能与正史参行，其所由来尚矣。爰及近古，斯道渐烦。史氏流别，殊途并骛。榷而为论，其流有十焉：一曰偏记，二曰小录，三曰逸事，四曰琐言，五曰郡书，六曰家史，七曰别传，八曰杂记，九曰地理书，十曰都邑簿。"刘知几所列举的"外传"，记载的是史官一般不记的朝野琐屑，内容庞杂而多趣闻逸事，形式自由多样。除"外传"的称呼外，还有"杂史""杂传""野史""稗官"等称呼。称"外传"，主要强调它的纪传不为正史所载，是正史以外的记载；称"杂史""杂传"，主要强调其内容庞杂，无所不有，也用不着资证核实；称"野史"，主要强调其记载多是街谈巷议、道听途说，不宜登大雅之堂；称"稗官"主要强调编著者官职低微，因为稗官原来就指里巷之类的小官，他们所见所闻所记也多民间琐谈，其中还不免杂有怪异之论。总之，"外传"在内容上杂有逸闻琐事的特点，在形式上自由活泼，一般不是成系统的鸿篇巨制，作者多是"稗官"或个人私家。有的人也把与正史相对的史籍通通称为"野史"，如马端临在《文献通考·经籍考》中说："杂史杂传，皆野史之流，出于正史以外者。"先秦时期最早的杂史杂传，当推《穆天子传》。

晋武帝太康二年（281），发现战国魏襄王墓内许多先秦竹书，《穆天子传》是出自墓冢的竹书之一，原书名已佚。当时晋朝廷选派饱学之士荀勖、和峤、卫恒、束皙、挚虞等人整理竹书，由荀勖等人整理的本子定名为《穆天子传》，由束皙整理的本子取名为《周王游行》，荀本有六卷，束本只五卷，将荀本的第六卷《周穆王美人盛姬死事》删去，入于汲冢竹书"杂书十九篇"中。郭璞注此书时，采用的是六卷本。现今的版本文字有残缺，讹脱错乱也不少，不过内容大致还完整。一至四卷记载周穆王生性好游，在其即位13年时率七萃之士，驾八骏之车，由造父为御夫，伯夭为向导，从宗周出发，长驱万里，北绝流沙，西达昆仑山。周天子所至，西北各国的君王、首领无不热情款待，双方互赠礼品，表达了邦国之间的友好情谊。特别是在瑶池之上会见了西王母，双方饮宴酬酢，赋诗言志，并以刻石、植槐作长久纪念。卷五记周穆王离开西王母之邦后在大旷原进行大规模狩猎，并有留昆国、陵翟国致赂，见许男之事，然后取道东归。卷六记周穆王美人盛姬在泽中因寒得病而死，穆王为其大办丧事，穆王十分伤心，经过随从的劝解，才强忍哀痛返回宗周。周穆王西游长达两年多，行程两万五千余里，《穆天子传》记叙了他沿途所见各殊方异域的风土人情、山光水色、珍禽怪兽、奇花异草，描绘了西周时西北各邦国各部落光怪陆离的社会风貌，也记录了上古流传下的许多优美动人的神话传说。

周穆王是西周昭王之子，姬姓，名满，在位55年，曾西征犬戎，《国语·周语上》载穆王征犬戎，俘获数名以白狼、白鹿为图腾的部落酋长。穆王平生喜好周游，常存走遍天下各地之志。关于周穆王西游的事，也见于先秦其他书籍，如《左传·昭公十二年》载楚令尹子革说："昔穆王欲肆其心，周行天下，将皆必有车辙马迹焉。"《列子·周穆王》记载穆王西行较为详细：

> 周穆王时，西极之国有化人来，入水火，贯金石；反山川，移城邑；乘虚不坠，触实不硋。千变万化，不可穷极。既已变物之形，又且易人之虑。穆王敬之若神，事之若君……王大悦。不恤国事，不乐臣妾，肆意远游。命驾八骏之乘……驰驱千里，至于巨蒐氏之国。巨蒐氏乃献白鹄之血以饮王，具牛马之湩以洗王之足，及二乘之人。已饮而行，遂宿于昆仑之阿，赤水之阳。别日升于昆仑之丘，以观黄帝之宫；而封之以诒后世。遂宾于西王母，觞于瑶池之上。

西周时，西域人已与周有往来，带来中原人未见的奇技妙艺，后来的《列子》一书当作怪异给予夸张描述。当时确也引发周穆王决心远游亲往视察的兴趣,据近人考证,《穆天子传》所记穆王游历之处,大都实有其地,由现今的河南洛阳出发,所经有今山西、内蒙古河套、宁夏、甘肃、新疆、青海等地域,所以《穆天子传》也可视为一部游记体著作。

《穆天子传》出自战国魏王墓,很可能是战国时期魏国史官根据历史传说与神话故事所作的文字记录。春秋战国时期,周王室衰微,诸侯争霸,社会处于大动荡之中,人民盼望社会安定,历史正酝酿着新的统一。作者借记周穆王行游天下,所到之处,友好和睦,体现了人民群众反对动乱、渴望社会安定、祥和,反对民族之间互相侵扰、希望平等互利友好交往的心愿。由于《穆天子传》有编年纪月,《隋书》《旧唐书》的《经籍志》把它列入了起居注类;由于书中所记"多夸言寡实",《四库全书》把它列入小说类;《宋书·艺文志》把它列入别史类;王应麟《玉海·艺文》则把它列入传记类。穆王西游本是史实,但在长期流传中,不断加入后人的想象、虚构与渲染,使它既有历史的记载,又有神话传说的色彩,把它视为一种稗官野史更为合适。

全书以主要人物周穆王为中心,略具传记雏形,虽然大量地写穆王所到之处,与当地君王首领互换礼品,但也有刻画穆王性格感情之处。如盛姬病故后,穆王悲痛万分,文章写了穆王禁军卫士蒌豫劝谏穆王节哀的细节:

  甲申,天子北升于大北之隥,而降休于两柏之下。天子永念伤心,乃思淑人盛姬,于是流涕。七萃之士蒌豫上谏于天子曰:"自古有死有生,岂独淑人。天子不乐,出于永思。永思有益,莫忘其新。"天子哀之,乃又流涕。(卷六)

文章以"伤心""流涕"形容穆王痛苦心情,蒌豫动之以情、晓之以理地婉言劝谏,穆王听后,愈加哀痛,又流泪不止,刻画出周穆王真挚多情的性格。不仅主人公穆王的形象鲜明,就连穆王的随从人员以及与穆王交往的异域君王、首领,个个都有鲜明的个性特征。如写穆王侍卫中的高奔戎:

  辛丑。天子渴于沙衍,求饮未至。七萃之士高奔戎刺其左骖之颈,取其清血以饮天子。天子美之,乃赐奔戎佩玉一只,奔戎再拜稽首。天子乃遂南征。(卷三)

有虎在乎葭中。天子将至,七萃之士高奔戎请生搏虎,必全之,乃生搏虎而献之。天子命之为柙,而畜之东虢,是曰虎牢。天子赐奔戎田猎十驷,归之太牢。奔戎再拜首。(卷五)

周穆王一行行至沙漠绝境,茫茫沙丘寻水无望,高奔戎提刀刺马,取其左骖之血为穆王解渴,其一腔忠诚可嘉,也见出高奔戎智勇风采;行途中,路边草丛中伏有猛虎,一般人躲避唯恐不及,高奔戎竟请求空手擒虎,结果猛虎筋骨未伤而被擒伏,高奔戎一身绝技可见。穆王随从如此忠勇,足见穆王知人善任。

再如西王母的形象,在《山海经》中还是一副凶神恶煞的样子,《西次三经》中说:"西王母其状如人,豹尾虎齿而善啸,蓬发戴胜",而在《穆天子传》中,西王母已由穴居玉山野处的怪神变为一位和易、雍穆、文雅的女王。她热情好客,在酒席宴上还为穆王即兴吟唱,极尽宾主初遇之乐:

乙丑,天子觞西王母于瑶池之上。西王母为天子谣,曰:"白云在天,丘陵自出。道里悠远,山川间之,将子无死,尚能复来?"天子答之曰:"予归东土,和治诸夏。万民平均,吾顾见汝。比及三年,将复而野。"西王母又为天子吟曰:"徂彼西土,爰居其野。虎豹为群,于鹊与处。嘉命不迁,我惟帝女。彼何世民,又将去子。吹笙鼓簧,中心翔翔。世民之子,惟天之望。"天子遂驱升于弇山,乃纪丌迹于弇山之石而树之槐。眉曰西王母之山。(卷三)

西王母因遇穆王而欣喜,又因与穆王宴别而伤感,柔情脉脉,难舍难分,于是席间赋诗吟唱,期望穆王"尚能复来"。虽得到穆王"比及三年,将复而野"的许诺,但心中仍不免忧虑,再次以歌道情,真可谓有"相见时难别亦难"的情愫。穆王也多情善感,又是刻石,又是植槐,深深寄托自己对西王母的思念。西王母的形象,从《穆天子传》后,就变为一位美丽的女神,六朝及以后的小说,西王母又成为一位花容绝世、与东王公终成眷属的"有情人"的形象,而最初赋予西王母浓厚人情味的,还是《穆天子传》。

明人胡应麟在其《少室山房笔丛·三坟补逸下》中评价《穆天子传》说:"其叙简而有法,其谣雅而风,其事侈而核。"《穆天子传》对穆王西游所经各处的描述,并非平均使用笔墨,无论细大疏密都能做到驱遣自如。有时本属事情关键处,反寥寥数语,描摹得极为简括,语言古朴质直，然而简括之处能见出严谨的章法。有时本属细小环节，作者却铺陈赡缛，写得委婉曲折、有声有色，极为逼真。如卷六写盛姬病死，众人为之哀悼、祭奠、营葬的情景，十分细腻、生动，描写极尽铺张，颇有汉赋的特点，仅列一段以示：

> 甲辰，天子南葬盛姬于乐池之南。天子乃命盛姬□之丧，视皇后之葬法。亦不拜后于诸侯。河济之间共事，韦谷黄城三邦之事辇丧，七萃之士抗者即车，曾祝先丧，大匠御棺，日月之旗，七星之文，鼓钟以葬，龙旗以□，鸟以建鼓，兽以建钟。龙以建旗。曰丧之先后及哭踊者之间，毕有钟旗□百物丧器，井利典之，列于丧行，靡有不备。击鼓以行丧，举旗以劝之，击钟以止哭，弥旗以节之，曰□祀大哭九而终丧。出于门，丧主即位。周室父兄子孙倍之。诸侯属子，王吏倍之。外官王属，七萃之士倍之。姬姓子弟倍之。执职之人倍之。百官众人倍之。哭者七倍之，踊者三十行，行萃百人。女主即位，嬖人群女倍之。王臣姬姓之女倍之。官官人倍之，官贤庶妾倍之。哭者五倍，踊者次从，曰天子命丧，一里而击钟止哭。曰匠人哭于车上，曾祝哭于丧前，七萃之士哭于丧所。曰小哭，错踊，三踊而行，五里而次。曰丧三舍至于哀次，五舍至于重璧之台，乃休。天子乃周姑繇之水以圜丧车。是曰圜车，曰殇祀之。（卷六）

《穆天子传》采用了《春秋》"以事系日，以日系月，以月系时，以时系年"的编年体例，根据历史传说和神话，加上作者的夸张虚构，敷衍成篇。这又与儒家历史散文的"实录"精神大相径庭。但其人物形象与表现手法对后世小说创作有重要影响，胡应麟评说《穆天子传》为："文极赡缛，有法可观。三代前叙事之详，无若此者。然颇为小说滥觞矣。"（《少室山房笔丛·三坟补逸下》）确实，后来的《汉武帝故事》《蜀王本纪》《徐偃王志》等书的创作，都受到《穆天子传》的极大启示，《穆天子传》堪称中国稗官野史的滥觞，也堪称中国历史小说的滥觞。

3. 人物传记的雏形

先秦儒家历史散文，还未出现专门的人物传记，而专写一个人物身世传说的专集，则是具有杂家思想的《晏子春秋》，《四库全书总目》说："《晏子》一书，由后人摭其轶事为之，虽无传记之名，实传记之祖也。"可见，《史记》《汉书》等纪传体正史，其体例的源头是《晏子春秋》，而不是先秦儒家历史散文。尽管先秦儒家历史散文对《史记》有不小的影响,《史记》中还采用了《春秋》《左传》《国语》中许多资料,但专记人物生平的毕竟是从《晏子春秋》开始的。《晏子春秋》共有八卷,分内外篇,内篇包括《谏上》《谏下》《问上》《问下》《杂上》《杂下》等六卷,外篇分上下两卷,全书共 215 章,记载了 188 个故事,每个故事长的大约有六七百字,短的至少三十余字,每个故事都有一个中心,刻画晏子性格的一个侧面,各个故事互相关联,互相补充,构成了一个完整、丰满、形神兼备的晏子形象。由如此丰富的历史故事组成的体例,集中笔墨主要刻画一个主人公形象,在此之前的先秦著作中是不曾有过的。《汉书·艺文志》把它列入儒家著作,刘向在编校此书时认为存在"颇不合经术"的资料。从书中记载来看,晏子是位兼有儒、墨、法、道多家思想的政治家,这也反映了著述者杂家的思想倾向。

晏子,名婴,字平仲,夷潍(今山东高密)人,他在齐国从政 56 年,历仕灵公、庄公、景公三朝相位,卒于前 500 年,是一位与孔子同时代的长辈。晏子怀有管仲一样的抱负,他劝谏齐君顺应时势,广施仁义,以礼治国,成就霸业。齐景公时,齐国大夫中有个叫田桓子的,他乘齐景公对国人横征暴敛之际,以大斗贷出,以小斗收进,笼络民心,招徕四方流民,齐人心向田氏而不归于国君,田氏势力因此日益强盛。晏子预料如此发展下去,齐国的政权将归田氏,他知道民心的向背,决定着政权的存亡。作为齐相的晏子,他并不希望新兴的政治势力取代齐王的统治,他一方面想以君臣之礼来约束齐大夫势力的迅猛发展;另一方面劝导齐王也应推行仁政,争取民心,与其奢侈而对民厚赋重刑,不如自身节俭而对民薄敛省罚;与其祈福禳灾,不如获得民众的拥护。

晏子一心想重建管仲的功业,然而他所处的环境已与管仲大不一样,他所辅佐的齐王个个都无法与雄才大略、一匡天下的齐桓公相提并论了。齐灵公平庸无能,恃勇与晋结怨,引来晋军的大规模入侵;齐庄公荒淫纵欲,与大夫崔杼妻私通,最终被崔杼所杀;齐景公是个好宫室、聚狗马之徒,在位期间,对人民进行疯狂性的剥削与压迫,庶民生产物的三分之二被剥夺,同时还实行残酷的刑罚,被处砍脚之刑的人比比皆是,致使民众逃离公室而归于田氏。在齐景公的思想意识中,君贵民贱不可移,只有民会得罪于君,没有君会得罪于民,也就是说,只有君"诛民"的权力,断没有民"诛君"的道理。对于景公的残忍无道,晏子曾当其面严正地提出过警告。他以人民暴动、诛杀夏桀王、商纣王的历史事实为据,针锋相对地提出"民诛",这一思想直接启示了后来的孟子,孟子提出"民为贵,社稷次之,君为轻"以及"闻诛一夫纣"的思想,就是晏子"民诛"思想的再发展。

晏子正直无私、为政清廉、薄身厚民,处处身体力行,欲为执政者树立表率,曾以节俭之名显于当时各侯国。他官职为相,却一直穿着布衣,驾着敝车,乘着驽马,住宅坐落在市井区,每天吃的是粗茶淡饭。当时齐国为君为臣者,榨尽民脂民膏犹嫌不足,而晏子封地固辞,赐宅不受,以贫为荣为幸,以富为患,把当官求富必骄必贪必腐视作一条必然的规律,时刻以此警示自己,这与当时上层统治者花天酒地、骄奢淫逸形成了鲜明的对比。晏子这样清廉的官员,在今后漫长的中国封建社会里是罕见的,对今天执政的人来说,仍有巨大教育意义。晏子关心人民的疾苦,反对统治者为了个人的穷奢极侈,而对人民采取过重的赋税徭役。晏子更反对滥施酷刑、草菅人命的暴行,《谏上》《谏下》中有这样几则故事:一次,景公见鸟儿落在树上,正欲拉弓射鸟,不料被一过路农夫将鸟惊飞,一怒之下,景公要杀农夫解气;景公酷爱玩马,他的一匹爱马突然得了暴病而死,景公迁怒于他人,要杀养马人;槐树、竹林也是景公喜爱之物,令人种植了许多,偏有人不知景公有这一"雅好",不经意伤了景公喜爱的槐、竹,景公听说后也要杀害伤槐、竹者。景公对这些有"小过"的人欲加重刑,都被晏子一一阻止。晏子体恤民情,同情苦难的人民,赢得了当世及后来广大人民的爱戴和敬仰。

当社稷危亡之际,晏子能临危不惧,宁死不阿,被后人视为正义与忠勇的化身。当年崔杼杀掉荒淫的庄公后,立景公为君,自封为右相,庆封为左相,对朝中稍有不服者,则大施淫威,甚至以滥杀来进行弹压,一时朝中人人自危,噤若寒蝉。唯有晏子不畏强权,毅然前往吊唁庄公,他顿足痛哭,实际是对崔杼弑君罪行进行公然的讨伐。崔杼执政后,与左相庆封相互勾结,首先筑坛于太宫,强迫朝官个个盟誓忠于他们,晏子不畏"戟既在脰,剑既在心"的威胁,又不受"齐国吾与子共之"的诱惑,宁可一死,决不屈志,体现了"富贵不能淫,贫贱不能移,威武不能屈"的大丈夫的浩然气节。

晏子是荒淫残暴的齐君手下的一名高级幕僚式人物,但他并不助纣为虐、为虎作伥,司马迁在《史记·管晏列传》中说晏子"在朝,君语及之,即危言;语不及之,即危行。国有道,即顺命;无道,即衡命"。宁犯君颜,决不同流合污,是一个贤臣、惠士。其感人的事迹千百年来一直在社会上广为流传,司马迁在其本传中赞叹道:"假令晏子而在,余虽为之执鞭,所忻慕焉。"晏子的嘉言惠行,得到了后人的高度评价。

《晏子春秋》旧本题为齐晏婴撰,然而从《晏子春秋》所载的传说故事看，重复的竟有 27 章之多，同一人物的形象与性格在不同章内差异较大，而且前后有矛盾之处，显然《晏子春秋》不是出自一人之手，也不是成于一时之作。最初可能是与晏子同时代的齐国史官所记的齐国君臣问对，晏子死后，晏子感人的事迹与这些记言体式的问对在民间广为流传，在流传过程中不断得到修饰和丰富，形成了许多关于晏子的意趣盎然的故事，并相继出现了多种故事写本。《晏子春秋》原本便是晏子故事长期辗转流传和多种写本的汇编，它的形成大概不会晚于战国末期，在这个基础上，汉代刘向才完成了新本的校订整理工作。

《晏子春秋》有明确的编撰目的，这就是所记载的传说故事都要表现晏子的性格特征，比较完整地塑造一位性格鲜明的形象。作者采撷了晏子一生中最能体现其性格特征的言行来加以描述与渲染，晏子出使四方而舌战诸侯的机智，因遭变故而戟剑悬颈的镇定自不必说，就是日常极平凡的碎言琐事，凡能突出晏子贤相诤臣品格，无不一一纳入书中。这与《春秋》《左传》《国语》儒家历史散文，甚至主要体现纵横家思想的《战国策》有所不同，《晏子春秋》并不像以上历史散文，主要偏重描写军国大事，它主要是写晏子的性格特征，因作者编撰目的与上述历史散文不同，因而题材与艺术视野也有所不同，凡是能表现晏子性格的"小事小情"，都尽力摹写刻画。如《杂上》第十三章：

> 晏子侍于景公，朝寒，公曰："请进暖食。"晏子对曰："婴非君奉馈之臣也，敢辞。"公曰："请进服裘。"对曰："婴非君茵席之臣也，敢辞。"公曰："然夫子之于寡人何为者也？"对曰："婴，社稷之臣也。"公曰："何谓社稷之臣？"对曰："夫社稷之臣，能立社稷，别上下之义，使当其理；制百官之序，使得其宜；作为辞令，可分布于四方。"自是之后，君不以礼，不见晏子。

因为天寒，景公想叫身边陪侍的晏子端来热饭取来皮衣，晏子以不合自己的相职身份予以拒绝。这本是一件小事，但作者在这细事中写出了大旨意，突出了晏子一心只念国事、恪守君臣之礼、刚正不阿的品质。也旁敲侧击，对"不以礼"的景公提出批评。"社稷之臣"尚能做到"立社稷"，那"社稷之君"又该如何呢？故事以小见大，饶有趣味。

在叙述故事时，《晏子春秋》的作者十分注意情节的曲折性与生动性，如《杂下》第九章载有晏子使楚的故事。晏子使楚，就是与楚去进行一场艰巨的外交斗争，斗争的序幕是以"入门"之争拉开的。楚国借晏子身材短小而恶作剧式地侮辱他，开个小门让他进入，想给他一个下马威。晏子乘势以"使狗国者，从狗门入"的玩笑方式给予回击，使楚国不仅自讨没趣，反而受辱。接着楚王又以"齐无人"来贬损晏子，晏子并不正面去和楚王争辩，只顺着楚王的话，轻轻地一转，以"不肖者使使不肖王"，又将蓄意欺人的楚王置于尴尬的地位。双方的斗争既曲折而又合乎情理，晏子同既傲慢又愚蠢的楚王进行了既坚决又灵活、既针锋相对又有一定分寸的斗争，在曲折、巧妙、风趣的唇枪舌剑的交锋中，展现了晏子政治家的风度和机智善辩的外交才能。

就是一件很简单的事，《晏子春秋》也往往写得一波三折，引人入胜。在合乎逻辑的基础上，作者充分地运用了夸张和虚构，使人物的言行更加奇特，使情节更加离奇，使环境氛围更加浓烈，既出于人之意料，又不出情理之外，从而使人物性格特征得到突出显示。《谏下》第二十四章是一篇记晏子以二桃杀三士的故事。"晏子过而趋，三子者不起"，三勇士小小的失礼，晏子便以眦睚之怨而动杀机，这不符合晏子的一贯为人。想必是三勇士依仗自己的勇猛和景公的宠爱，平日骄横成性，傲慢群臣，晏子早存除害之意，今日亲有所感，便略施小计，向三士馈赠二桃计功而食，令其内讧而自伤。三勇士起初各自摆功争桃，很快又讲义让桃，又以无勇、不仁而羞惭，并一一拔剑自尽，前后变化异常迅速，这些情节不能不说有很大的虚构成分。三勇士的慷慨陈词，也无不极度夸张，特别是古冶子的自我夸耀，对其擒鼋事迹作了极度的夸张，但夸张之中有合理的想象，突出了勇士奋力拼搏的勇猛特征。

《晏子春秋》的作者还常用对比与衬托的手法，以各种与晏子不同的人物形象来对照、映衬晏子，使晏子的形象更加鲜明。如用齐灵公的荒唐愚昧、齐庄公的荒淫无道、齐景公的苛政虐民来突出晏子的聪明机智、节直刚廉、慈众厚民；用佞臣裔款和梁丘据的媚上弄权、助纣为虐，崔杼和庆封专权滥杀、大施淫威，公孙接等勇士的匹夫之勇、愚夫之仁，来反衬晏子的耿直不阿、自守清廉、凛然不苟、不畏强权、足智多谋、大仁大义；用弦章的强言直谏，越石父的宁卑不辱，北郭骚的以死报遇，来映衬晏子的巧辩善谏、广施恩泽、克己厚人。作者把晏子放在他那个复杂的社会环境之中，在各种社会关系的冲突、协调、交往中来显示晏子的性格特征，在众多人物的烘托下，晏子的形象更加栩栩如生、光彩夺目。

通过其他人物对晏子的评价来侧面描写晏子，也是作者刻画人物的一种方法。如御者之妻讲述她的所见所感："晏子长不满六尺，相齐国，名显诸侯。今者妾观其出，志念深矣，常有以下者。"（《杂上》第二十五章）写晏子谦逊谨慎、深沉有城府；吴王夫差讲耳有所闻："吾闻晏婴，盖北方辨于辞、习于礼者也。"（《杂下》第八章）写晏子有辩才、习礼仪；晏子死后，齐景公对晏子的评价是："子大夫日夜责寡人，不遗尺寸，寡人犹且淫泆而不收，怨罪重积于百姓。今天降祸于齐，不加于寡人而加于夫子，齐国之社稷危矣，百姓将谁告夫！"（《外篇下》第十六章）写晏子忧国忘身、直言谏君。《晏子春秋》也同《左氏春秋》"史评"的写法一样，有"君子曰"的格式，由作者直接出面对晏子进行评价，如《杂上》第二十四章、《外篇下》第十八章等。有时也借他人对晏子的评价来"卒章显志"，如《问下》第二十九章结尾处有："仲尼闻之曰：'小子识之，晏子以一心事三君者也。'"

　　《晏子春秋》中的人物语言具有个性化特点，如《杂上》第十二章记景公夜闯臣子宅，欲宴饮行乐。先临晏子门，"晏子被元端，立于门曰：'诸侯得微有故乎？国家得微有事乎？君何为非时而夜辱？'"不与景公夜饮；景公次临司马穰苴门，"穰苴介胄操戟立于门曰：'诸侯得微有兵乎？大臣得微有叛者乎？君何为非时而夜辱？'"也不与景公夜饮；景公最后来至梁丘据门，"梁丘据左操瑟，右挈竽，行歌而出"。三人三种语，晏子与司马穰苴拒绝景公入宅的话，非常符合各自的身份与性格，体现了唯知理政安邦的忠臣与只晓杀敌卫国的将军的鲜明特征。梁丘据以歌代语，在他的手舞足蹈中可以想见其一副谄媚的丑态。《晏子春秋》大部分是晏子对景公的进谏之言，晏子进谏也时有逆鳞犯颜，但更多的时候，他凭着自己的智慧和辩才，将"逆耳之言"顺着说，借题发挥，一步步将"顺从的"推向"荒谬绝伦"，进而达到否定的目的。晏子的语言基本特征是通俗浅显、诙谐幽默中又藏辛辣机锋，这是晏子正直品格与机敏口才有机结合的体现。如《谏上》第二十五章记景公爱马死，景公要肢解养马人，晏子起初装着顺从的样子，还问景公："尧舜支解人，从何躯始？"然后又对着养马人列举其"死罪"，其中有："使公以一马之故而杀人，百姓闻之必怨吾君，诸侯闻之必轻吾国，汝杀公马，使怨积于百姓，兵弱于邻国，汝当死罪三也。"尧舜并非肢解过人，而晏子故意像煞有介事地问景公，养马人并非结怨于百姓、诸侯，而晏子故意指桑骂槐，巧妙地把种种恶名还给了景公，在戏谑中景公悟出弦外之音，认识到"伤吾仁"，连忙认错，幡然改悔。晏子亦庄亦谐的语言，充满了智者的聪颖与哲人的通达。《晏子春秋》语言朴实平易、洗练活泼，长于叙事，巧于用典，文中常引歌谣诗句，篇中时见四言韵语与排比对偶句式，这些都增加了它的语言的艺术魅力。

《晏子春秋》也有败笔处，如《杂下》第七章中的晏子一副弄臣媚态，与整个晏子形象判若两人，这是因为此书出自多人之手的缘故，不免混杂了一些具有世俗心理的人所修饰的资料，不过从全书看，还是瑕不掩瑜，晏子的形象还是比较完整统一的。《晏子春秋》记载了晏子许多传说故事，这些传说故事之间缺少明显的连贯形式，所以既不属编年体，又不属纪传体，只能算一部人物生平传说逸事的汇编，不过它是中国散文史上第一部全面而集中记叙一个历史人物的作品，对后来传记文学的产生具有极其重大的影响作用。

　　从现存资料来看，中国历史散文始于儒家历史散文，在中国历史散文发展过程中，中国的历史散文一直受儒家思想的巨大影响，尤其是作为"正史"的历史散文。中国的"正史"除了受儒家思想影响外，还有一个显著特点，就是新创纪传体体例，它以人物为中心，不同程度地把塑造人物性格特征放在修史的重要位置上，因而也就不同程度地具有文学的特征。从具有文学特征这一点看，后世的"正史"与先秦儒家历史散文有共通之处，尽管先秦儒家散文不属于纪传体，但先秦儒家历史散文的文学特点对后世的纪传体历史散文肯定有一定的影响。

结　　语

　　春秋战国是封建贵族领主制向封建地主制转型的时期，其散文就是这种大动荡、大变革时代的意识反映，同时也造就了散文的创造者——诸子，即社会各种思想的代表人物。以孔子为代表的儒家，是诸子的杰出代表。他重视人的价值，提倡"仁礼"之说，顺应了当时生产力发展、农奴解放、地主阶级兴起、社会转型的历史潮流。他所创立的儒家学派，比任何学派都尊重古代文化，他们对三代古文献进行了系统的整理，形成彪炳千秋的"六经"。在阐述自己的学说时，一方面多取材或依据"六经"，同时积极地吸纳当时各学派的先进理论观点，使儒学成为当时的"显学"，成为春秋战国先进文化的代表。儒学的文化魅力，很快就得到社会广泛的认同，不久就成为中华民族的主体文化，成为中华民族的思想文化宝库，成为中华民族的精神家园。

　　先秦儒家对中国古代散文的贡献，首先体现在创立了中国成系统编年体的历史散文，孔子著《春秋》，就标志着这种体例的诞生，同时也标志着儒家学派由此而诞生。继它之后出现的《左氏春秋》（后称《左传》），更是儒家一部史实详备、记言记事有机结合、富有文采的编年体史著,代表了先秦历史散文的最高水平,所以有人称其为中国文章之祖、叙事之宗。继《左氏春秋》之后,另一部重要的儒家历史散文著作是《国语》,分国记载君臣的善议箴言,开创了我国记叙史实的新体例——国别体。《国语》在主体上倾向于儒家的思想,也杂有其他各家的思想。因对资料缺少修饰加工,文字比较质朴,内容比较芜杂,但它那善于表现人物生动形象与鲜明性格的对话,为中国散文的写作提供了艺术借鉴。

其次,为后世留下了许多典范式的哲理散文,最有影响的是《论语》《孟子》和《荀子》。《论语》标志着儒家哲理散文的诞生,明确、集中地阐述了孔子体仁、中庸、修礼、行道的思想。孔子思想博大精深,以"仁"为核心,以"礼"为规范,以"内圣外王"为其政治伦理的理想模式。《孟子》继承和发展了孔子的"内圣"即关于"仁"的思想,其政治思想的核心是"仁政",哲学基础是"性善论"。而《荀子》则主要继承和发展了孔子"外王"即"礼"的思想,主张礼法兼治、王霸并用,针锋相对地提出了"性恶论"。

先秦儒家哲理散文处处显现着一个"君子"的形象,集中地体现着儒家学派的理想人格与优秀品质,如在《论语》中,我们看到这一形象具有心怀天下,济世救民的政治家的气概,循循善诱、诲人不倦的教育家的容止,执着好学、学而不厌的学者的风范,刚烈、正直的志士节操。从《荀子》开始,将语录体、对话体发展成为成熟的专题性论文。儒家的哲理散文,文辞简约而旨远意丰,朴实自然而意味隽永,义正词雅,酣畅雄肆,逻辑严密,思想宏深而论证缜密。

以儒家历史散文与哲理散文为代表的先秦诸子散文,标志着我国古代散文第一个高峰的形成。后世文人无不受到其思想与文风的沾溉,具有历久弥新的艺术特征与艺术价值。具体体现为:

1. 理寓于形象中。以事明理,以象达意,使历史文学化,使哲理诗情化,形成了一种重形象蕴意而少抽象思辨的中国散文创作传统。

2. 创建了新的叙事论辩体制。《左传》虽为编年史,却兼及记事、记言、描写、议论,常打破编年的局限,比较完整地叙述一事件或描写一人物,形成新的叙事体制。哲理散文从《论语》《孟子》发展至《荀子》时,专题论说文正式成为一种成熟的论辩文体。

3. 形成鲜明的创作传统。儒家散文以善来统辖真与美,在其作品中体现出一种美好的理想主义与高尚的人格力量。这一特质决定了后世中国散文的基本特征,支配了中国文学发展的基本趋向。

从创作倾向来看，以先秦儒家开创的现实主义创作倾向，与道家为代表的浪漫主义创作倾向，成为中国古代散文两大创作倾向的主要源头。作为散文传统，对后世影响最为深远。凡是能将儒、道二家的优长融会贯通者，其作品往往是千古流传的上乘之作。

在儒学崛起的先后，各种学派也应运而生，儒家在与其他诸子争鸣中，互相影响、互相补充、互相交融。诸子争鸣的内容十分广泛，有天人之辩、人性之辩、礼法之辩、名实之辩等，争鸣使先秦的学术达到空前的繁荣。在争鸣中，与儒学联系比较密切且对中国散文有重要影响的是道、墨、法三家哲理散文。

认识儒家哲理散文的特征，还需要与道、墨、法三家哲理散文做比较，找出它们之间的不同及相互关系。才能在先秦诸子哲理散文的坐标中找到儒家哲理散文准确的坐标点。

道家认为"道"是一种超时空的绝对精神，也是宇宙万物的本原，其本质就是自然无为。道家以"道"代替了传统的神学迷信的"天"，含有朴素的唯物思想倾向。而儒家关注的是具体的处世哲学。讲的是仁爱的人伦关系，这种形而下的理论体系缺乏宇宙观、本体论的哲学构思，缺乏宏大的结构与缜密的抽象思维。老子《道德经》尽短篇格言，用语深刻、简洁，富于形象性，多使对偶排句，且间有协韵，节奏和谐，有诗化的特点。《庄子》一书满篇"谬悠之说，荒唐之言，无端崖之辞"。（《天下》）说理大量借助于寓言，具有奇诡、精妙和辛辣的特征，其艺术性高于儒家哲理散文。

与儒学一同被称为显学的墨家，通过继承、批判、改造儒家的仁义思想，形成了自家学派的思想体系。代表墨家思想的是《墨子》一书，它反对儒家有等级的"爱人"主张，提出人们之间一律平等相爱的"兼爱"的思想。在政治上主张"尚贤""尚同"。在生活上，主张"节用""节葬""非乐"，反对奢侈享乐与浪费挥霍。其文具有文意显豁、语言质朴、逻辑严密的特点。其丰富而系统的逻辑思想，为中国的逻辑学奠定了基石，严密的逻辑推论也为儒家代表人物孟子、荀子所吸取。

先秦法家是主张法治的学派，杰出代表是战国末的韩非，其《韩非子》一书，批判地继承和发展了以往法家的思想，认为"法""术""势"都是君主统治的得力工具，三者缺一不可。把国家法令、君主权术、政治权力三者的综合运用，视为治国大略，为封建集权专制完成了法治的理论体系。其艺术特征概括起来就是：笔力峻峭、感情怨愤、形象真挚。儒、法两学派，不仅对立，也有统一。只是在达到强化封建中央集权制、维护国家大一统上所采取的手段有分歧罢了。德治与法治可以并行不悖，早在儒家代表人物荀子那里，已形成礼法兼治、王霸并用的新思想。

先秦历史散文的创作，以儒家为主体，但也有其他诸子的历史散文，主要有三类：

1. 主要体现纵横家纵横捭阖之说的历史散文，其代表作是《战国策》，展现了战国时谋臣策士实用主义的巧辩之术，但语言具有敷张扬厉的独特风格，具体表现为：放言无惮、酣畅淋漓；夸大其词，危言耸听；以小见大，生动形象；引譬设喻，善用寓言故事；人物语言个性化。人物语言艺术超过了儒家历史散文。

2. 稗官野史，其代表作是《穆天子传》，根据历史传说，多采街谈巷议、道听途说，与儒家历史散文的"实录"精神大相径庭。全书以主要人物周穆王为中心，略具传奇雏形，堪称中国历史小说的滥觞。

3. 人物传记的雏形，其代表作是《晏子春秋》，是一部有关晏子身世传说的专集，反映了杂家的思想。书中含众多故事，各个故事互相关联，互相补充，构成了一个完整、丰满的晏子形象，堪称中国传记之祖。对后来儒家的纪传体"正史"的产生具有重大的影响力。

第四章　经学笼罩下的汉代散文

一　儒学正统地位的确立及其在汉代的嬗变

儒学与墨学，本来在诸子蜂起、百家争鸣的战国时期，是同时并存的两大显学，《韩非子·显学》："世之显学，儒、墨也。儒之所至，孔丘也。墨之所至，墨翟也。"《吕氏春秋·当染》也说：孔、墨"从属弥众，弟子弥丰，充满天下，……孔、墨之后学显于天下者众矣，不可胜数"。墨学后来逐渐衰微，以致由"显学"趋向"绝学"，而显学只剩儒学一家。

秦帝国建立大一统中央集权制后，也知道在政治统一的前提下求得思想文化统一的重要性。政治上的统一，必然要求思想文化的统一作其政治统一的精神支撑，没有统一的思想文化，政治上的统一就无法保持长久。于是首先在全国范围内实施了统一文字的伟大举措，但它没有顺应中国文化发展的趋势，没有充分尊重与珍惜各地各个文化流派思想的价值，更没有认真对传统文化进行总结，而是固守经验，仍以吞并天下时所采取的法家的"霸道"思想为指导，排斥压制法家之外的他家学派，特别是主张仁义之说的儒家学派。当然，说秦帝国一点也没吸纳儒家思想也不客观。也不能因为秦帝国"焚书"，就认为儒家经典荡然无存了，秦丞相李斯提议焚烧的是百姓的藏书，即"非博士官所职"的藏书，真正博士官的藏书被佚散，很可能发生在反秦及楚汉相争的战乱中。而"坑儒"也只是坑杀那些不满始皇帝高压政策而发牢骚的儒生，并不是所有的儒生。焚书之后，侯生、卢生私下曾议论说："博士虽七十人，特备员弗用。"（李斯、侯生、卢生语均见《史记·秦始皇本纪》）天下巨细皆决于始皇帝一人，莫说博士官，其他官员又能有多大作为？但秦王朝毕竟还设博士官，博士官中肯定有儒生，后来活至汉时的治《尚书》的伏生，当年就是秦的博士。秦王朝镇压、摧残的是他们认为发表过碍于王朝专制统治言论的人士，其本意并不是想取消儒学,所以体现儒学的一些基本道德理念的文字,在《史记·秦始皇本纪》所载石刻文及《云梦秦简》中都可找到证据,如《史记·秦始皇本纪》所载琅玡台石刻文中就有"圣智仁义,显白道理"句。赵宋朝郑樵《通志·校雠略》中有《秦不绝儒学论》篇,文中说:"陆贾,秦之巨儒也。郦食其,秦之儒生也。叔孙通,秦时以文学召待诏博士。数岁,陈胜起,二世召博士诸儒生三十余而问其故,皆引《春秋》之义以对,是则秦时未尝不用儒生与经学也。况叔孙通降汉时自有弟子百余人,齐鲁之风亦未尝替,故项羽既亡之后,而鲁为守节礼义之国,则知秦时未尝废儒,而始皇所坑者,盖一时议论不合者耳。萧何入咸阳,收秦律令图书,则秦亦未尝无书籍也,其所焚者,一时间事耳。"但秦帝国毕竟过分崇拜法家的暴力说,以法家专任刑罚的思想作为治国的指导思想,依赖严刑峻法,以法为师,以吏为教。在政治上,采取高压政策,对不同意见严酷排斥打压。在经济上,对广大人民横征暴敛,残暴不仁,结果迅速激化了社会矛盾,导致陈胜、吴广率领农民起义,天下不满秦帝暴力的人如云集响应,就连孔子的后代及鲁国的儒生都持孔子的礼器归顺于陈胜,于是秦王朝政权很快就在全国性的反秦浪潮中土崩瓦解了。秦王朝速亡有许多原因,指导思想选择上的失误是其主要的原因之一,给大一统封建帝国带来毁灭性的后果。

代秦新建的汉王朝,为了不再重蹈强秦速亡的老路,从上层统治者到下层有识之士,都对秦之所以败亡进行了深刻的反思,并对秦不行仁义、施行暴政而导致灭国这一点达成共识。于是,在政治上、思想上及经济上,都采取了宽松的政策,曾被秦帝国摧残的春秋战国诸子之学,又得到恢复。汉初,在各家之中,信奉儒学与道家学说的人物最为活跃,其学说也全面重新兴盛起来。最终,儒学昌盛,由显学提升为经学,成为汉代统治阶级的治国思想,也成为汉代的主流意识。汉代的散文与它之前时代的散文比,一个显著的特点,就是打着鲜明的经学烙印。散文作者的审美观、创作倾向,无不渗透着经学的思想精神,散文成了贯彻、宣传经学的最有力的工具。

(一)传统儒学提升为经学

春秋战国长期的战乱,使社会经济凋敝,民不聊生。秦始皇虽统一了中国,但大一统局面只维持了很短的时间,紧接着就是反秦及楚汉战争,社会生产力再次遭到严重破坏。至汉初,经济极度贫乏,为扭转这一困难局面,统治者采取了轻徭薄赋、清静无为、与民休息的政策,目的是逐渐恢复经济。汉初封了许多诸侯王，他们也都希望汉天子自然无为，不要干涉他们的权力，道家的自然无为成为社会各个阶层都赞同的思想。但汉初崇尚的道家学说已是黄老道家之说，黄老之学已不同于传统的道家之学，黄老之学形成于战国中、后期，托黄帝之名而立言，以老子思想为基础，在老子的"无为"之中融入了法家的刑名法术之学与儒家的"仁义""仁政"之说，变传统道家消极的无为而成为无为之"道"与有为之"法"相结合的积极的"无为而无不为"。黄老之学提倡清静无为，仅是一种"治术"，目的是维护与巩固大一统中央集权制，由于黄老之学适应了历史发展的需要，成为汉初占统治地位的思想形态。其代表作就是《黄老帛书》《论六家之要指》和《淮南子》。汉初实行"无为而无不为"政策，经过六七十年的休养生息，汉帝国的经济不但得到了恢复，而且有了很大的发展，造成了历史上有名的"文景之治"。

　　就在黄老之学盛行时，也并未将其定于一尊，所以儒学也在迅速复兴。首先表现在一批宿儒对儒家经典进行整理、注释与传播，如传《易》的有田何，传《书》的有伏生，传《诗》的有申培、辕固生、韩婴，传《礼》的有高堂生等。其次，崇尚儒学的人物开始在政治上发挥作用，当时有影响的人物，当推陆贾与贾谊。

　　陆贾是刘邦的重要谋士，他不赞同刘邦"马上得天下"又想"马上治天下"的观念，即反对以暴易暴，重走暴秦的覆辙。他提出打天下与治天下应采取不同的方略，认为治国的根本就是推行道德仁义的教化。他在《新语·本行》篇中提出："治以道德为上，行以仁义为本。"在《新语·道基》篇中又说："夫谋事不并仁义者后必败，殖不固本而立高基者后必崩。故圣人防乱以经艺，工正正曲以准绳。"当然他的仁义德治思想，渗入了不少黄老道家思想，他曾说："君子之为治也，块然若无事，寂然若无声，官府若无吏，亭落若无民，闾里不讼于巷，老幼不愁于庭。"（《新语·至德》）既主张仁政又主张无为而治，这正是一位政治家，从当时社会现实状况出发，所应采取的正确态度。

　　文帝时期的青年政治家、思想家贾谊，也认为武力只可"逆取"政权，而政权必须由仁义来"顺守"，强秦速亡就在于不施仁义。他主张治世必须德法兼施，重在实行仁义，重视礼乐制度建设与伦理教化，取得民心，皇权统治才能长治久安，这些思想近于荀子的思想。既和韩非子法家不同，又与孔孟儒家有别，前者过分强调功利，后者过分强调道德，都将功利与道德对立起来，贾谊则主张二者统一，礼法兼顾而偏重礼治。贾谊生活于"文景之治"初，治世的景象掩盖了社会的矛盾，就在朝野一片赞扬声中，贾谊政治敏感，具有超前意识，看到了社会存在的重大危机：诸侯坐大，严重地威胁着中央集权；土地兼并，贫富悬殊，必将引发社会动乱。汉初的形势已严重到了如同抱火厝之积薪之下，一些人还视而不见，大唱天下已安的赞歌，贾谊称这种人非愚即谀，纯然不知治乱之体。贾谊在分析秦末农民大起义的历史教训中，认识到人民是决定历史的伟大力量，因而他的民本思想在传统儒家爱民、惠民、乐民、富民的基础上，又多了一项"畏民"的原则。他说"夫民者，万世之本也，不可欺。凡居于上位者，简士苦民者，是谓愚；敬士爱民者，是谓智。夫愚智者，士民命之也。故夫民者，大族也，民不可不畏也。故夫民者，多力而不可敌也。呜呼！戒之哉！戒之哉！与民为敌者，民必胜之。"（《新书·大政上》）凡是与民为敌者必败，这一思想将民本思想提高到一个新的高度，是孟子"民为贵，社稷次之，君为轻"（《孟子·尽心下》）及荀子"君者，舟也；庶人者，水也。水则载舟，水则覆舟"（《荀子·王制》）等思想的继承和发展，也是对传统儒家基本思想的发扬光大。

至武帝时，七十多年的休养生息已使国力达到强盛的程度，"自然无为""无为而无不为"的黄老之学已不能适应强盛国力的发展要求，历史要求选择一种更为优越的指导思想以推动社会的发展，同时强盛的国力为指导思想的转变提供了雄厚的物质基础。武帝顺应历史发展，要变"无为"为"有为"。为了加强皇权统治，建立不世之功，在军事上，他要主动反击匈奴军事侵扰，消除威胁中央集权的外部隐患。在政治上，他要彻底削弱诸侯郡王势力，消除威胁中央集权的内部隐患。在经济上，他采取了平准、酒榷、盐铁专营等经济垄断措施，从而获得一个推行他的"有为"政策的安定环境与强大的国力。在思想上，他要寻求一种有助于推行"有为"政策的意识形态，这种意识形态既继承传统又适应时代新发展，既能维护中央集权大一统又与秦帝国的暴力化治国思想有区别；既适应汉帝国封建宗法制，又能抑制诸侯势力膨胀。显然，黄老之学是不能胜任这一政治职能的，黄老之学之所以受到诸侯国的欢迎，就是因为中央采取清静无为的政策，给诸侯国独断专行坐大势力，进而与中央分庭抗礼提供了条件；这种意识形态既能在政治上加强一统、稳定社会秩序，经济上增强国力，增加国库收入，军事上变被动防御为主动出击，又在社会上有广泛的影响。总之，在强国的基础上，选择一种更迅速强国的思想。适应这种要求的思想，除了主张积极有为、"助人君、顺阴阳、明教化"的儒学之外（《汉书·艺文志》），其他学派的学说都担负不起这一任务。因为"刚强有为"恰是儒家学说的一个主导思想。"儒道两家的外在特征，可以概括为儒家具有阳刚特征,道家学说则是阴柔。儒家代表作《周易大传》中的命题'天行健,君子以自强不息',最典范地显示了儒家的阳刚特征。孔子赞扬'刚毅',他的学生曾参提倡'弘毅',都是一种襟怀坦荡、刚强有为的思想表现……道家思想的总特征是自守、自保,通过抵制自我欲望来与社会谐调,与儒家积极的人生观正相对峙。"①"在中国古代哲学中,儒家宣扬'刚健自强',道家则崇尚'以柔克刚',这构成中国文化思想的两个方面。儒家学说的影响还是大于道家的,在文化思想中长期占有主导的地位。刚健自强的思想可以说是中国文化思想的主旋律。"②

武帝曾经下诏,三次召集贤良方正直言极谏之士,征求指导思想转变的对策。大儒家董仲舒专治"春秋公羊学",鼓吹"《春秋》大一统",他积极响应武帝的有为政策,支持武帝改变汉初以来无为而治的国策。他建议利用大一统的封建中央集权的威力,确立能适应大一统封建中央集权需求的"孔子之术"——儒家意识形态的正统地位:

> 《春秋》大一统者,天地之常经,古今之通谊也。今师异道,人异论,百家殊方,指意不同,是以上亡以持一统;法制数变,下不知所守。臣愚以为诸不在六艺之科孔子之术者,皆绝其道,勿使并进。邪辟之说灭息,然后统纪可一而法度可明,民知所从矣。(《汉书·董仲舒传》)

董仲舒的对策与汉武帝欲改变无为而为有为从而寻找理论支撑的意图不谋而合,马上得到了汉武帝的肯定,于是,首先在思想文化领域大张旗鼓地进行"更化",雷厉风行地开始实行"罢黜百家,独尊儒术"的政策,把儒学在先秦时代的学派性质改变为官方化、规范化、制度化、法律化的性质,成为治国的主导思想、意识形态领域的正统、文化思潮的主流,把儒学由显学提升为经学。从此中国封建社会的文化,包括散文,都深深地打上了经学的烙印。

儒家在先秦时期,是"百家"中的一个学派,儒家学派的学说,与其他学派的学说一样属于"子学"。它以孔子为宗,但不依附任何官方权势,从这个角度讲,它又属于"私学"。儒家所宗奉的典籍在先秦时期被称为

---

① 李宗桂:《儒道对立互补之比较》,《学术月刊》1988年第9期。
② 张岱年:《中国文化的基本精神》(代序),傅永聚、韩钟文主编:《二十世纪儒学研究大系》(总21卷),各卷,中华书局2003年版,第6页。

"经"，主要指《诗》《书》《礼》《乐》《易》《春秋》，《庄子·外篇·天运》载："孔子谓老聃曰：'丘治《诗》《书》《礼》《乐》《易》《春秋》六经，自以为久矣，孰知其故矣；……'老子曰：'幸矣子之不遇治世之君也！夫六经，先王之陈迹也，……'"先秦儒家所谓的经只指经书，还无经学的概念，所以有人说"在汉武帝之前，有经而无经学"。①何况在先秦时期称"经"的典籍，并非只有儒家典籍，如道家有《道德经》，墨家有《墨经》，法家有《法经》，从重要典籍的概念出发，先秦之后，还有《水经》《茶经》等书。按字面理解"经学"，应是指研究阐发经书的学问。依此定义，理解研究、阐发儒学典籍的经学，如果不算孔子的话，那么从子夏便开始了。子夏为孔子学生，孔子死后，众弟子散居四方，子夏讲学于魏，为魏文侯、李克、吴起师，相传他曾序《诗》传《易》。洪迈《容斋随笔》"续笔"卷十四"子夏经学"载："孔子弟子，唯子夏于诸经独有书。虽传记杂言未可尽信，然要为与他人不同矣。"我们现在一般所说的经学，是从汉武帝开始的，其标志就是儒学这一"私学"，从此时上升为至高至尊的正统的官学。从此经学就是唯一指研究和解释儒家经典的学术，其他子学均不可称"经学"，只配为儒学所吸收，而不得占据正统地位。汉武帝把儒学奉为封建大一统中央集权社会的正统思想，定为国家的政治、经济、文化生活遵循的准则，儒学由原来百家争鸣中的一家之言变成了不可冒犯的法典式的条文。

秦始皇虽"焚书坑儒"，但其政府还设各家博士。汉武帝罢黜百家，独尊儒术后，废秦代所立的各家博士，只为儒家的经典《诗》《书》《易》《礼》《春秋》置博士，称五经博士②，五经博士皆属今文经学博士。武帝之后，经学博士官有所增加，如王莽新朝时又增立古文经学博士，东汉时，又增《孝经》《论语》二经博士学官，所增加的博士仅限儒学，儒学居于众子学之上，成为独霸意识形态领域的经学。应该说这也是一种文化专制，取消了百家争鸣，只剩下儒家内部的争鸣，从此，儒学再也没有了先秦时期那种生气勃勃的原创力。但它又不同于秦帝国野蛮的文化专制。它虽提出罢黜百家，但不是剥夺百家之学的生存权，它只想排斥、压抑百家之学而让儒学居于垄断、正统、主导的地位，不仅允许诸子的经典充于秘府，而且在阐释儒学时还吸收、采纳其他诸子可利用的思想资源。

---

① 吴存浩、于云瀚：《中国文化史略》，河南文艺出版社2004年版，第171页。
② 《庄子·天运》记载儒家经典有六部，即除了《诗》《书》《易》《礼》《春秋》五经外，还有《乐经》，但《乐经》至汉已不传，古文经学认为《乐经》因秦焚书而亡；今文经学认为"乐"本无经，"乐"之源在《诗》中，"乐"之用在《礼》中。

汉代的经学，是儒学在汉代的表现形式，本质上是对先秦儒家学说的新阐释与新发展，经学与先秦儒学相比，已经有了质的变化。今古文经学尽管在释经方面存在着斗争，但他们都奉儒家经典为圭臬，都崇尚仁礼之说，奉行修身、齐家、治国、平天下之道，所以郑玄遍注群经时，以古文经学为宗，兼收今文经学之说，使古今文经学实现了融合与统一。儒学由春秋战国时的诸子之学成为汉代正统的思想——经学，适应了汉代社会的需求与发展，对巩固汉代封建中央大一统制度发挥了巨大的精神作用，从此开启了中国两千余年中华文化以儒学为正统的先河。

（二）经学系统化及神学化

先秦传统儒学从其创立起，就鲜明地表现出其理论的重社会、重人伦、重民生、重人生的经世致用的特点，而忽视了其理论的整体结构与严密逻辑性，这种伦理性哲学，还不具备严格意义上的哲学思辨，其理论还停留在"表象直观—生活经验"的基础上，其论述及目的还停留在"感知—实用"的层面上，也就是还停留在具体实用的"形而下"而非高度抽象的"形而上"的思维上。

传统儒学基本摆脱了神学的控制，宗法伦理道德观念成为其主导意识形态，显示了它的理性特征。但是它局限于社会人伦道德、宗法义务的具体"人道"方面的阐述，而忽视了对宇宙本体的抽象认识与思考。汉代经学在传统儒学的伦理性特征的基础上，以"天道"来推演"人道"，来探索自然界与社会人伦的内在统一性，在宇宙本体论的统辖下来探讨社会变化的规律，在更高理论层次上进行哲理思辨，来解释现实社会、人际关系的奥秘。汉代经学与传统儒学比较起来，它同样是为宗法制度服务的伦理性哲学，但它具有了一个传统儒学缺乏的系统、完整的哲学体系。汉代经学，不仅以子学提升为官学为标志，更重要的标志是对传统儒学在思想、理论体系等方面有突破性的改造。而这一成系统的哲学体系的建构者，就是"汉代孔子"董仲舒。

董仲舒在建立成系统的经学理论体系过程中，充分借鉴、吸收了道家的"道"及阴阳五行家"谈天衍"的思想资源，确立了"天"在其宇宙本体理论体系中的本原与主宰地位，这是他建立庞大理论系统的关键，是其经学确立的核心。他就是以此为出发点来建构涵盖天、地、人的思想体系，以阐述世界万物的构成与运动规律。

"天"在殷周时指上帝，是最高的人格神；是世界万事万物及人间众生的主宰。春秋时期，随着人在历史发展中决定性作用的不断显现，主宰一切的"天"及"天道"的观念受到怀疑，郑国子产认为"天道远，人道迩。"（《左传·昭公十八年》）老子甚至提出"天地不仁"（《老子·五章》），明确指出天地是没有感情没有意志的自然物。儒家创始人孔子"罕言天道"，主要阐述的是"人道"，其学生子贡说："夫子之文章，可得而闻也；夫子之言性与天道，不可得而闻也。"（《论语·公冶长》）孔子不敢公开背弃传统天及天命的观念，如他说："获罪于天，无所祷也。"（《论语·八佾》）"知我者，其天乎！"（《论语·宪问》），但他"不语怪、力、乱、神"（《论语·述而》），对天帝鬼神持质疑的态度。有时也把天解释成自然的天，如他说"巍巍乎，唯天为大"（《论语·泰伯》），"天何言哉？四时行焉，百物生焉，天何言焉？"（《论语·阳货》）这种矛盾的世界观使他敬天而又回避谈天，当然不可能想到以天为核心来构建其儒学体系，也不可能确立以"天道"来推演"人道"的思维系统。

与儒家理论与思辨都有所不同的道家，却非常注意对形而上的宇宙观的探讨，道家代表人物老子、庄子以"道"为其宇宙观的核心，也以"道"为核心建构起道家的理论思辨的体系。道家认为"道"是宇宙的本原与主宰，只有用"道"才可说明宇宙万物的生成、本质、构成与变化规律。在天地万物形成之前，存在着"道"，"道"是自然状态的存在，它无形、无名、无限，没有人格意志，没有喜怒哀乐，是超乎一切之上的宇宙本体，先天地生的宇宙本原。道家以"道"为核心的朴素的自然观，否定了传统具有人格、神秘的宇宙主宰天神的存在。"这种从形而上的总体宇宙的角度来论证、阐述人间秩序的方法，显然比孔子的那种单纯由'孝悌'而'仁义'、由'亲亲'而'尊尊'，由伦理而政治、由近及远、由此及彼的形而下的主观类推方法，具有更强烈的理论色彩和更开阔的思维空间。"① 以老子为代表的道家在中国历史上第一次对宇宙的本原问题进行了成系统的探讨，由形而上的宇宙本原、生成、结构与运动来推演、论证形而下的社会秩序，将自己的政治主张建立在以"道"为最高范畴的朴素唯物哲学体系上，从而建立起道家的宇宙观。

以老子为代表的先秦道家的宇宙观，给汉初的黄老之学及儒家学派以极大的启发，如大致产生于战国末、编定于汉初的《易·系辞传》就参照道家的"道"而提出"太极"这一哲学范畴，《系辞上》中就主张："易有太极，是生两仪，两仪生四象，四象生八卦。""就世界形成的过程说，太极为最高或最初的实体，两仪为阴阳或天地，四象为春夏秋冬四时，八

---

① 张国华：《中国秦汉思想史》，《中国全史》第五卷，人民出版社1994年版，第99页。

卦为天、地、雷、风、水、火、山、泽八种自然现象。"① 而在《淮南子·天文训》中又参照"道"而提出"太昭"这一哲学范畴。《淮南子》的作者认为在天地未形成之前，是一派混沌的景象，可称为"太昭"，与《老子·二十五章》中所说的"有物混成"含义相近，"太昭"与"道"同义。所以《淮南子》的作者又说：由道产生出虚廓，由虚廓产生出宇宙，由宇宙产生出元气，元气清轻部分升而形成天，重浊部分凝聚而为地，天地精气为阴阳，阴阳运转为四时，四时散发精气而成万物。不论《易传》所说的"太极"，还是《淮南子》中所说的"太昭"，以及老子之后，出现的"太初""太易""太始""太玄"等概念，基本上都没有超出道家"道"的哲学范畴。

对道家的"道"有所新阐发的还有汉初的儒学思想家陆贾与贾谊，他们受当时盛行的"黄老之学"的影响，企图在阐述政治伦理的人道时引入形而上的天道理论。陆贾主张无为而治的仁义政治，他说："《传》曰：'天生万物，以地养之，圣人成之。'功德参合，而道术生焉。"（《新语·道基》）主张圣人遵循的"道术"，要与天地相参合，顺应自然规律，即主张无为而治，行其仁义，因为仁义本于天道又顺应天道。他又说："天地生人也，以礼义之性；人能察己所以受命，则顺，顺之则谓道。"（王充《论衡·本性篇》引陆贾语）把儒家的礼义说成是人的天生本性，遵循礼义就是顺道，"道"与仁义成为同一概念。贾谊对"道"的理解与陆贾有相似之处，他的《新书》有《道德说》篇，文中把"道"作为自己思想体系的最高范畴，但无形之"道"是不会产生有形之物的，要想生物还必须通过"德"，世界万物及仁义忠厚等伦理道德皆出于德，都必须通过德才能体现出"道"的本性来。把"德"理解为从"道"，便具有了事物本原的特性。

汉初的儒家借用道家"道"的概念，不过是想从形而上的哲学高度来论证儒家仁义合乎天道，最终还是把仁义道德视为其理论的最高准则，视为人类社会的最高行为规范。尽管借用了道家的"道"，但都没有建立起自己系统、完整的哲学体系来。真正对旧有的儒家伦理体系进行重构，使其形而下的政治、伦理主张找到一个形而上的说明，建立起一个系统、完整的哲学体系，这一历史任务是由汉代儒学大师董仲舒完成的。董仲舒与陆贾、贾谊等汉初儒家所不同的是，他能在利用与改造前人思想资料，尤其是思维方法的基础上，建立起一个完全可以与道家分庭抗礼的宇宙观来

---

① 朱伯崑主编：《易学基础教程》，九州出版社2003年版，第168页。

推演、论证社会伦理的体系。董仲舒的理论主要体现在他的《春秋繁露》中，《春秋繁露》是借阐释孔子《春秋》的微言大义来表述自己的宇宙观及公羊派的"春秋大一统"观。

在董仲舒的宇宙系统论中，统辖其体系的是"天"，像道家把"道"视为宇宙本原一样，董仲舒也赋予"天"以宇宙本原与主宰的意义。董仲舒的"天"，是殷周"天命""天帝"观念的恢复，他认为"天者，百神之君也，王者之所最尊也。"（《春秋繁露·郊义》）"天"是至高无上的神，宇宙万物的产生及变化，如天地的形成，日月星辰的运行，四季寒暑的交替等，都体现着它的意志、目的与感情。在董仲舒看来，天"高其位"，是为了显其至尊的地位，"下其施"，是为了行其仁德的意志……天的每一个表现都有其明确目的。天和人一样，又具有好仁恶恶之德与喜怒哀乐之情，他说："喜怒之祸，哀乐之义，不独在人，亦在于天。"（《春秋繁露·天辨人在》）但是天不能如人那样以语言直接来表达它的好仁恶恶之德与喜怒哀乐之情，天意的表达，一是要靠它在人间的代理人——天子来实现的，他说："唯天子受命于天，天下受命于天子。"（《汉书·董仲舒传》）二是靠阴阳的消长及五行的运转来体现，他说："天意难见也，其道难理。是故明阴阳入出实虚之处，所以观天之志，辨五行之本末顺逆，小大广狭，所以观天道也。"（《春秋繁露·天地阴阳》）在现实中，有的天子好仁而符合"天意"，有的天子却行恶而违背"天意"，于是天就通过奇异的自然现象来表彰、告诫、惩罚自己在人间的代理人。对行仁德符合天意的天子，天便调和阴阳，使其风调雨顺，五谷丰登，天下太平，甚至出现嘉禾生、凤凰来、麒麟至等吉祥征兆。对行恶政不符合天意的天子，天便以各种自然灾异谴告他。天与人都有意志与感情，人的行为能感动天，天也以吉祥或灾异的征兆奖惩警示人，这就是他的"天人感应"说的理论核心，用"天"来加强君王的权威，又用"天"来限止君权的滥用。

董仲舒认为天生万物，也创造了人，之所以在万物之中特别强调人，是因为他建立以天为核心的宇宙观，目的还是为了论证、说明儒家的人伦关系社会秩序，阐释形而下的人道才是其理论的最终归宿。人既是天的意志的体现者，天与人又能互相感应，自然会推演出天会以自己的意志、结构与形象来塑造人，人只是天的一个缩影与"副本"，人体的一切皆可与天地、阴阳、岁月等天数对应。董仲舒的"人副天数"说既把自然现象赋予了社会伦理的属性，又为社会伦理、政治制度找到了自然性质的根源，把自然事物的关系与社会关系加以比附，进行类比推理，以天道释人道，在逻辑上顺利地构建了新的"天人合一"的思想体系。

总之,"在董仲舒的儒教思想体系中,'天'是至高至上的神祇,又是其哲学本体。具体而言,'天'具有以下特征:(1)天是主宰创造万事万物的至高无上的人格神。(2)天有意识地干涉参与人类社会的一切事务。(3)天对人类社会的干涉参与是基于儒教理念的。(4)天和儒教理念是一体化了的。(5)所谓天道,天之意志是通过阴阳五行之气运行动作来表现的。"[①] 董仲舒参照道家的思维方式,以"天"为宇宙的本原,又赋予"天"以神性和道德的属性,与以"道"为宇宙本原的道家宇宙观朴素唯物论的性质是完全不同的。

董仲舒以"天"为宇宙本原,与此内涵相近的还有"元""原"与"始",甚至就是"天"的另外称呼,并不超越"天"而另有其他含义,正如道家的"无"与"道"的关系。如《春秋繁露·重政》:"《春秋》变一谓之元,元犹原也……故元者为万物之本。"《春秋繁露·王道》:"《春秋》何贵乎元而言之?元者,始也。言本正也。"董仲舒也常提及"道",如"道之大原出于天,天不变,道也不变"。(《汉书·董仲舒传》)董仲舒所谓的"道",不再是道家所说的宇宙本原,而是由"天"按照自己的意志所创造出来的社会法则、人伦规范,包括道德、教化、政治、习俗等,是属于形而下的"治国之道"与"为人之道"。

董仲舒认为"天"由十端所构成,这十端就是天地、阴阳、五行加上人,这就是著名的"天端"说。这里出现了两个不同概念的"天",一个是宇宙本原与主宰的"天";一个是与地相对而存在的"天之一端"的"天",这个作为一端的"天"含有更多的自然属性。董仲舒认为主宰宇宙的人格神"天"首先创造出天与地,天与地原来都是气,天之气与地之气最初混合为一,混合之气经过分化就形成了天之气与地之气,天之气与地之气分离之后才具有了阴阳的属性。"阳,天气也,阴,地气也。"(《春秋繁露·人副天数》)分离之后的阴阳二气又处于不断地交合运行中,在时间上的运行变化,就形成了四时(四季),在空间中的运行变化中,就形成了世界万物,万物中最基本的便是"五行"(火、金、木、水、土)与"人",也就是天之十端中的六端。天之十端不是平行的关系,而是有层次的,由天、地产生出阴阳,由阴阳而产生出五行与人,在十端之中,以天地人为本,在五行之中,也有一个"比相生"的次序。而这一切又构成了"天之数",体现了主宰宇宙的那个至高无上的"天"的意志。

[①] 邓红:《董仲舒的春秋公羊学》,中国工人出版社2001年版,第19页。

"天端"说虽然因创始者主观的推演而逻辑不够严密,但毕竟构建出一个系统的宇宙图式,"照这个图式,宇宙是一个有机的结构;天与地是这个结构的轮廓;五行是这个结构的间架;阴阳是运行于这个间架中的两种势力。"[①] 董仲舒的这个经学体系,"把这一切精致地纳入天—人阴阳五行宇宙图式中,使之更具神圣的威严和缜密的逻辑力量。他所谓的'天',不仅是单一的人格神、宇宙主宰,而且是一种既定的结构,它遵循一定的顺序,显示出一定的功能。宇宙万事万物,都被固定在天的结构的某个一定位置,在其功能影响下,依特定顺序流转变化,体现出严格的规律性。"[②] 只有系统化的经学才能满足大汉帝国从政治上、经济上进一步强化中央集权制度的需要,才能实现封建大一统的思想统治。

董仲舒构建的这个宇宙系统,是传统儒家所不曾建立的,这个宇宙系统倒是与道家、阴阳五行家的宇宙系统有些相似,说明董仲舒确实吸收了道家、阴阳五行家的思维方式。董仲舒借鉴道家、阴阳五行家的只是宇宙系统论的形式与框架,他利用这一形式与框架,把天地、万物、人事都纳入这一理论体系中,最终的目的还是阐发儒家的人伦道德。如他从阴阳关系推演出阳尊阴卑,借此来说明君尊臣卑,贵德贱刑等伦理;从四时寒暑变化中推演出天有意志与感情等;从五行的次序上推演出君臣父子夫妇等主次、等级的人伦关系,从而确立了"三纲""五常"的原则;从人为天之副本引出"天人感应"论,推衍出"三统""三正""性三品"诸说来。董仲舒利用道家、阴阳五行家的唯物论的思想资料,进行主观的类比,赋予儒家伦理"天"的神性,将经学神学化,从本质上来说,是对孔孟儒家理性传统的一种背弃。儒学的理性核心是民本、泛爱众的思想,强调人与人之间的互相友爱,从而达到社会的和谐。虽然人们在家庭与社会中各有等级,但在人格与精神方面都应是平等的,人与人之间在尊重人权方面是对应的。孔子提倡"君使臣以礼,臣事君以忠"。(《论语·八佾》)孟子说:"君之视臣如手足,则臣视君如腹心;君之视臣如犬马,则臣视君如国人;君之视臣如土芥,则臣视君如寇仇。"(《孟子·离娄下》)甚至针对统治者视民如土芥的现象,提出"民为贵,社稷次之,君为轻"。(《孟子·尽心下》)荀子认为人之行为的最高境界应是服从道义,而不是盲目地孝父忠君,他曾说:"入孝出弟,人之小行也;上顺下笃,人之中行也;从道不从君,从义不从父,人之大行也。"(《荀子·子道》)然而董仲舒

---

① 冯友兰:《中国哲学史新编》第三册,人民出版社1985年版,第56页。
② 冯天瑜、何晓明、周积明:《中华文化史》,上海人民出版社1990年版,第356页。

的"三纲"，使君、父、夫绝对凌驾于臣、子、妻之上，使传统儒家倡导的互相仁爱的关系改变为单向的支配与服从关系。"三纲"前提下的"五常"，即仁、义、礼、智、信，也变成维护"三纲"的诸品德，而不是以服从道义为最高原则。董仲舒打着尊儒的旗号，以宣扬等级专制的意识，实际上偏离了儒家民本思想的路线。

但是董仲舒以"天"、天地、阴阳、四时、五行、人的天道框架，对传统儒学的体系及内容进行了很有层次的重构，使重构后的新儒学具有了形而上的思维特点，具有了同道家与阴阳五行家一样广阔的思维空间，具有了一种同道家与五行阴阳家那样从天道的高度来解释、论证形而下人道的博大精深的理论体系。这个体系，使儒家伦理学说更加完整与系统化，使儒家的伦理道德的阐发更具理论色彩，重构后的新儒学终于以自己系统化的体系优势取代了盛兴一时的黄老之学而成为独尊的经学。

（三）经学成为治国的指导与伦理的规范

汉武帝是历史上公认的一代雄主，在他统治的时期，开创了汉代鼎盛的局面，形成中国封建地主社会第一个盛世。汉武帝所展示的雄才大略，其中就包括把儒学奉为经学。他规定了经学以儒家经典为内容，以"大一统"为价值判断的准则，赞同儒学大师董仲舒提出的罢黜百家独尊儒术的建议，贬斥法、道、纵横家言论，以经学统一全国人民的思想意识，把经学作为中央集权制度建设的指导思想，把推广经学作为基本国策。清代经学家皮锡瑞认为："经学至汉武始昌明，而汉武时之经学最纯正。"（《经学历史》）

董仲舒之后，今古文经学的学派之争愈演愈烈，为了统一经义，统一经学各派的观点，汉宣帝时，诏萧望之、刘向、韦玄成等一大批儒生，在长安未央宫石渠阁讨论五经同异，这就是历史上有名的石渠阁会议。会议的讲论汇集成《石渠议奏》，最后由宣帝亲自裁定，实际就是治国思想大纲。东汉章帝时，今古文经学派门户之见更深，对儒家经典解说不一，章帝仿宣帝做法，召集今文经学、古文经学和谶纬学者于洛阳白虎观，讨论五经同异，进一步明"三纲"，正六纪。会议认为"王者，父天母地，为天之子也"，把君为臣纲列于三纲之首。把"三纲六纪"所指的诸父、兄弟、族人、诸舅、师长、朋友的社会关系附会于自然秩序："三纲法天、地、人，六纪法六合。"（《白虎通义·三纲六纪》）讨论由章帝作裁决，由班固纂辑成《白虎通义》，作为官方文书颁布，成为钦定的正式法典。《石渠议奏》《白虎通义》，基本上是对董仲舒学术观点的进一步阐释与发挥，调和了今文经学与古文经学的派别之争，并融入了谶纬神学。

由于经学成为汉代治国的指导思想，官吏多以经学指导政事，如武帝时期的张汤、杜周，主张以《春秋》决狱，有的还以《尚书·禹贡》指导治河，以《尚书·洪范》观察时变，摘取《诗经》语句为谏书等，不一而足，经学真正成为立法、执法、理政的理论依据。于是经学大盛，促成国家统一鼎盛，汉代终于超越秦帝国，正确地选择到适应自己时代政治、经济、军事建设的文化，找到了强国的精神支撑，也为中国后世封建社会确定了正统文化。

以经学为治国的指导思想，必然要把通经作为进选人才的标准，汉代经学这一特点，是区别于其他学术、学说的重要标志。通过以通经任官为诱导，形成士人尊经、读经、治经的时代风尚。

秦汉建立中央封建大一统，实行的是在皇帝统治下的官僚制度，选拔与任免官员，就成为治国的关键，因为官员的选拔与任免，直接关系到皇帝能否严格有效地控制中央及地方政权机构，从而实现有效地统治全国人民。秦帝国时期，选拔官员以通晓法令为标准，以吏为师、以法为教与量功授官。汉初，因侯国与郡县并存，选官除量功外，部分高官的子弟因恩荫也可得官。"武帝初即位，征天下举方正贤良文学材力之士，待以不次之位。四方士多上书言得失。"（《汉书·东方朔传》）贤良文学，指有德行才华之人。方正指品行正直不阿之人，二者都首先以德显。汉武帝废除选官旧制，建立起以察举制为核心的多种选官制度。随着经学定于一尊，选官多以通晓经学为标准。还特别设立经学博士，汉代历朝，经学博士官的数量有增无减。从武帝废除列侯拜相制后，汉丞相多由经师大儒来担任。《汉书·儒林传》载："及窦太后崩，武安君田蚡为丞相，黜黄老、刑名百家之言，延文学儒者以百数，而公孙弘以治《春秋》为丞相，封侯，天下学士靡然乡风矣。"《汉书·儒林传》赞曰："自武帝立五经博士，开弟子员，设科射策，劝以官禄，讫于元始，百有余年，传业者浸盛，支叶蕃滋，一经说至百余万言，大师众至千余人，盖禄利之路然也。"武帝之后，通晓经学而封侯任相的更为普遍。在汉代察举科目中，举贤良方正是级别最高的，属于天子亲自取士的科目，举孝廉则是经常性的选士科目。各种察举取士都要求德才，而德行又是最看重的，而德行的标准则是儒家提倡的伦理道德，其具体的体现首先就是尊经、习经、信经。不仅如此，在数项察举科目中，还专设"明经"一科，专考经学，精通一门经学者，经过考试合格即可为官，当时有句俗话说："遗子黄金满籝，不如一经。"（《汉书·韦贤传》）精通经学成为入仕做官追求功名利禄的重要条件，实实在在地提高了经学的巨大功利价值，影响到整个社会尊经读经风气的形成。

汉代将儒学改变为经学，并非是简单的"罢黜百家，表章六经"，而是在以儒学为独尊的基础上，对传统的儒学进行了重大的改革。董仲舒以儒家仁义为核心，杂以阴阳家的五行说，将天道与人事相比附，认为天有意志，天人相通，借天意使封建统治神圣化。把君臣、父子、夫妇及一切人的伦理纲常，提升为由天意所决定。他认为天有阴阳，阳尊而阴卑，人伦既由天定，君臣、父子、夫妇的关系也按照阳尊阴卑的逻辑来安排，天道既然定阳尊阴卑、阳主阴从，因而人间也必然依天意而尊君卑臣、尊父卑子、尊夫卑妇，也就是臣从君、子从父、妇从夫，这就是著名的"君为臣纲，父为子纲，夫为妻纲。"（《礼纬·含文嘉》）董仲舒认为"王道之三纲，可求于天。"（《春秋繁露·基义》）把封建社会最主要的三种伦理关系神学化了，从而使封建社会人与人之间的关系和应当遵守的行为准则天意化了。为了协调人与人之间的关系，除强调天意之外，董仲舒还提出一系列伦理道德教条，以保证三纲的落实，他提出"夫仁、谊（义）、礼、知（智）、信五常之道，王者所当修饬也；五者修饬，故受天之佑，而享鬼神之灵，德施于方外，延及群生也。"（《汉书·董仲舒传》）五常，即人所应该具备的仁义礼智信五种常行之德，董仲舒以"三纲五常"，构成了经学中伦理学说的完备体系，形成汉代人伦纲常的核心，也形成了汉代伦理的规范。

儒学成为经学，成为官学，对社会教化影响巨大。董仲舒说："圣王已没，而子孙长久安宁数百岁，此皆礼乐教化之功也……古之王者明于此，是故南面而治天下，莫不以教化为大务。"（《汉书·董仲舒传》）教化即政教风化、教育感化，把实施教化视为推行伦理规范的重要途径，从而抓住治国之本，这是从周代就具有了的重要意识。周代统治者意识到教化可以消除社会动乱于萌芽，安定邦国于危急之前，教化可以改变世风，这是施行刑法所达不到的效果。春秋战国因"礼崩乐坏"而乱，秦帝国因重刑轻教而亡，汉帝国认真总结历史经验，深知治国固然不能没有刑法，但刑法只能作为教化的辅助与补充而存在，不能将刑法放在治国的首位，更不能仅靠刑法来维持政权，这是万万靠不住的，这已为亡秦所证实。董仲舒说："圣人之道，不能独以威势成政，必有教化。故曰：先之以博爱，教以仁也；难得者，君子不贵，教以义也；虽天子必有尊也，教以孝也；必有先也，教以弟也。此威势之不足独恃，而教化之功不大乎？"（《春秋繁露·为人者天》）刘向也说"教化，所恃以为治也；刑法，所以助治

也。"(《汉书·礼乐志》)

汉代的教化除了在社会上广泛宣传儒家的伦理道德外，加强各类、各级学校的经学教育是其实施教化的重要方面，通过灌输经学来培养封建社会所需要的人才。经学成为学子入仕做官的必由之路，学校研治经学遂成风气。汉代受教育对象包括社会各阶层，高至君主及皇族，下及平民百姓。汉代设太子太傅、少傅，多选当世名儒来担任，向皇子传授经学，经学成为最高统治者必备的基本素质。汉武帝时，采纳董仲舒建议，在京都长安建太学。董仲舒说："立太学以教于国，设庠序以化于邑，渐民以仁，摩民以谊，节民以礼，故其刑罚甚轻，而禁不犯者，教化行而习俗美也。"(《汉书·董仲舒传》)太学为全国最高教育机构，武帝所置的博士即为太学的教师，所教博士弟子即太学生，太学以讲授经学为主，设置了《诗》《书》《易》《礼》《公羊》《榖梁》《左传》《周官》《尔雅》等经学课程。汉武帝还"令天下郡国皆立学校官"(《汉书·文翁传》)，让地方学校担负更多人的教化任务。汉代地方各类官办学校因所属级别不一，名称也不同。郡国一级叫"学"，县、道、邑、侯国一级叫"校"，乡一级叫"庠"，乡以下一级叫"序"。各类学校都将经学作为主要课程，教师多由通经的学者担任，而且还设有专门的经师。《汉书·平帝纪》载："立官稷及学官：郡国曰学，县、道、邑、侯国曰校，校、学置经师一人；乡曰庠，聚曰序，序、庠置《孝经》师一人。"汉代官方允许由学者自办"私学"，私人收徒讲学，教学内容有较大的自主性，但"私学"也以读经为主，只是没被官方立有学官的古文经学，也在"私学"中得到讲习与传播。"私学"还应该包括蒙学，即儿童早期的启蒙教育，由家中长辈或聘请的家教来施教，除识字、写字、"习其句读"外，《论语》《孝经》等经书也是必读之书，即使是识字与习字的教材，也无不渗透着经学的思想。

汉代教育之盛，在历史上是负有盛名的，学校成为灌输经学的主要场所。学校所灌输的经学，不仅成为支配学子思想行为的准则，也影响着整个社会的移风易俗，从而也影响了整个社会的文化精神生活，影响了散文的创作。

（四）今古文经之争及经学衰微

汉代经学对社会生活的影响，随着经学本身的变化，而有所变化，汉代经学的变化体现在今文经学和古文经学两派之争及经学的逐渐谶纬化。汉代的经学是以研究先秦儒家经典、阐发其内容为其存在形式，但经秦"焚书"劫难及反秦动荡后，至汉，先秦儒家经典已不完整，一部分还得靠经师宿儒凭背诵记忆来口耳相传，如传《诗》的有鲁（申公）、齐（辕固生）、韩（韩婴）三家；传《书》的先有济南伏生，后有欧阳氏、大夏侯（胜）、小夏侯（建）三家；传《礼》的有大戴（德）、小戴（圣）、庆普三家；传《易》的有施仇、孟喜、梁丘贺、京房四家。司马迁又说："言《礼》自鲁高堂生，言《易》自菑川田生，言《春秋》于齐鲁自胡毋生，于赵自董仲舒。"（《史记·儒林列传》）在诸经传授中，较有影响的是《春秋》经，治《春秋》的大师，早在战国时就有公羊高与穀梁赤，分别传授《公羊传》与《穀梁传》。汉景帝时，传《公羊传》的有公羊高的玄孙公羊寿与齐人胡毋生，武帝时才为董仲舒，宣帝时还有颜安乐、严彭祖二家。继《公羊传》立学官之后，传《穀梁传》的瑕丘江公也被立为经学博士。这些儒学大师所传经书，用当时通行的隶书著于竹帛，统称为今文经。汉武帝所立五经博士，全是今文经学者，所谓的"独尊儒术"，实际就是独尊今文经。

除今文经外，汉代还出现了用秦之前古文字写的儒家经典，或出于孔子故宅的墙壁，或献书于侯王、民间，统称为古文经。传古文经的，《易》有传《费氏易》的费直，《书》有传《古文尚书》的孔安国，《诗》有传《毛诗》的毛公。此外，还有治《周礼》的刘歆，治《左氏春秋》的张仓及贾谊等。因古文经未立学官，故古文经基本上属于民间私学，只在民间传播。至西汉哀帝时，刘歆提出为古文经立博士官，遭到今文经博士的坚决反对。王莽摄政，由于其托古改制需要利用古文经，同意刘歆立古文经博士。然至东汉时，古文经博士又被取消，今文经又占据了经学的正宗一统地位。但是古文经不仅没退出经学领域，而且传播越来越广泛，如东汉的著名学者贾逵精通古文经，明帝时，利用统治上层尊信谶纬，他便结合谶纬说《左传》，建议立博士学官。章帝时，又与今文经学大师李育辩难，再一次挑起今古经文之争，扩大了古文经学的影响。另一位古文经学者马融，遍注《周易》《尚书》《毛诗》《论语》《孝经》等，因《左氏春秋》已有贾逵、郑众两家注，他作《三传异同说》，使古文经学达到成熟的程度。又与刘瓌辩论《公羊》与《左氏》的得失，大大提高了古文经学的地位。他的生徒多达千余人，郑玄、卢植就出其门下。

至东汉末，今古文经之争仍在进行，《公羊》大师何休，作《公羊墨守》《左氏膏肓》《穀梁废疾》，宣扬《公羊》大义，贬绌《左氏》《穀梁》二传。更有《春秋公羊解诂》一书，花费他十七年的时间写成，在董仲舒《春秋繁露》的基础上，进一步系统地阐发《春秋》中的"微言大义"。《春秋公羊解诂》为《公羊传》制定凡例，有"三科九旨"之说和

"五始、七等、六辅、二类"之义,并提出历史进化的"三世"说。"三科九旨"是对《春秋》微言的概括,即《春秋》书写三个历史阶段之事,内含九种旨意,作为评价、褒贬世事的标准。《公羊传》徐彦疏引何休《春秋文谥例》:"三科九旨者:新周、故宋,以《春秋》当新王,此一科三旨也";"所见异辞,所闻异辞,所传闻异辞,二科六旨也";"内其国而外诸夏,内诸夏而外夷狄,是三科九旨也"。"五始者,元年、春、王、正月、公即位是也;七等者,州、国、氏、人、名、字、子是也;六辅者,公辅天子、卿辅公、大夫辅卿、士辅大夫、京师辅君、诸夏辅京师是也;二类者,人事与灾异也。""三世"说即儒家公羊派以"据乱世""升平世""太平世"来阐释历史演变的学说。何休将张三世、异内外与大一统思想结合起来,使公羊学更加系统化。

汉儒传经,恪守师法、家法,所谓师法、家法,实质一样,细分则师法指老师传授的经学,皮锡瑞在《经学历史·经学昌明时代》中说:"汉人最重师法,师之所传,弟之所受,一字毋敢出入。"儒家传授经学,都由口授,数传之后,因句读义训互有歧异,乃分为各家。每家所传,谓一家之法,弟子一字不能改变,界限甚严,称为家法。而汉末的郑玄,治经不主一家,能突破师法家法的局限,冲破今古文经学派门户壁垒森严的传统,以古文经为基础,吸收今文经优长,兼采众家之说,遍注群经,自创一家之说。他的经学融合了今古文经学,使今古文经学之争趋于平和,二者并逐渐合流。当时学者正苦于今古文经学家法的烦琐,又见郑玄的学术博大精深,能调和今古文经学的对立,树起治经的新范例,开创了治经的新时代,后学便以其经学为宗,称其学为"郑学",郑玄成了汉代经学的集大成者。《后汉书》本传赞曰:

> 自秦焚《六经》,圣文埃灭。汉兴,诸儒颇修艺文;及东京,学者亦各名家。而守文之徒,滞固所禀,异端纷纭,互相诡激,遂令经有数家,家有数说,章句多者或乃百余万言,学徒劳而少功,后生疑而莫正。郑玄括囊大典,网罗众家,删裁繁芜,刊改漏失,自是学者略知所归。王父豫章君每考先儒经训,而长于玄,常以为仲尼之门不能过也。及传授生徒,并专以郑氏家法云。

今文经学与当朝政治联系紧密,讲究经世致用,把儒家经典当作阐述政见的理论依据,只求经学能为政治服务,不求经典的本意,所谓"我注六经",以我之意解说圣人的"微言大义"。重点研究的是《春秋公羊传》，将孔子吹捧为无冕素王，说孔子著《春秋》是为日后的汉朝制法。古文经学的主要特点是重于经籍的文字训诂和考释，把儒家经典当作历史资料，讲究实事求是，力求经典的本意，重视研究的是《春秋左传》，认为孔子是一位传经的哲人而已，反对用"天人感应"等神秘思想解释儒家经典。尽管西汉中叶之后，今文经学逐渐衰微，古文经学逐渐抬头，在东汉时期，今、古文经学开始逐渐合流。今古经学之争，实际就是争夺舆论上的正统、学术上的"官学"地位以及政治上的优先话语权。从整个历史过程来看，占据汉代意识形态领域主导地位的还是今文经学。

以董仲舒为代表的汉代今文经学，本来就有着浓厚的神学色彩，他以儒学为基础，又采用了阴阳五行灾异说和刑名学说，建立起天人感应的神学体系，以"三纲五常"来强化君权与大一统，把人间一切，包括社会秩序、人伦道德等，都归于天意安排。这就为经学神学化、经学与迷信谶纬的结合开了先路。所以章太炎指出："燕齐怪迂之士兴于东海，说经者多以至道相糅……伏生开源，仲舒衍其流……谶纬蜂起，怪说布彰，曾不须臾而巫蛊之祸作，则仲舒为之前导也。"（《太炎文录初稿·别录》卷三）西汉后期，随着社会危机加深，统治阶级内部矛盾不断激化，统治者更感权力动摇的威胁，于是渴求加大经学中的神学成分，企图依靠人们迷信神灵天命来维持自己摇摇欲坠的统治。特别是王莽，本是一位汉皇室的外戚，为了篡汉，利用谶语来大造舆论。东汉初期，刘秀仍利用谶纬，宣扬自己是真龙天子，并依仗已掌握的政权，对谶纬神学、今文经学、古文经学共同扶持，分别利用。传统的鬼神符谶乘势而兴，且愈演愈烈，用神学迷信观点解释儒家经典的纬书也大肆出笼。今文经学不仅与谶纬合流，而且谶纬大有凌驾一切意识形态之上的态势，当时就有人把经学称为外学，而称谶纬之学为内学。迷信谶纬随着大一统中央集权的衰微而猖獗，其猖獗的标志就是谶纬实现了对经学的神学化改造，用谶纬来阐释经义，经学的内容变得荒诞不经，经学的政治价值与学术价值就大大地打了折扣，甚至成为谶纬的帮凶，一齐来毒化社会的精神文明。

就在谶纬之学把思想学术界搞得乌烟瘴气之际，刘歆、扬雄、桓谭等人，坚持传统儒家的原本精神，反对把儒学导入迷信之中，进而反对谶纬神学，希望在发扬儒家传统的基础上，吸收诸子百家之长，来发展经学。

而真正给谶纬神学以致命打击的是东汉的王充。在桓谭、王充生活的东汉初期，官方的意识形态已违背了传统儒学的人文主义精神，其主流变为谶纬神学，王充敢于对官方意识形态持坚决否定的批判态度，以归纳演绎的双重手法，深刻地揭露符瑞灾异说的虚妄荒谬，表现了大无畏的求真精神。王充的《论衡》一书中虽有《问孔》《刺孟》诸篇，实际是针对儒家传统被曲解而发出的恢复儒学真面目的呼声，反对的是儒学独尊以来所形成僵化儒学。他的真正目的是想恢复儒学的传统，重建新的社会意识形态。王充吸收了刘歆、扬雄、桓谭等儒家学者的智慧，也吸收了道家自然的观点，以唯物主义的元气自然论，对谶纬的虚妄与今文经学的神学迷信给予深刻的批判，给汉代思想界带来了清醒的理性思考，预示着汉代神学化的经学由盛而衰。

东汉中后期，宦官与外戚交替执政，社会极度黑暗，农民起义此起彼伏，汉朝统治阶级的统治地位及其神学化的经学正统思想地位一并发生了动摇，社会上逐渐兴起了一股社会批判思潮，其代表人物是王符、仲长统等。他们高举儒家仁政德治的旗帜，以儒家的民本思想为武器，也吸收了王充的唯物自然观点与墨家兼爱的思想，大胆地揭露当时黑暗腐败的社会现实。如王符认为"王者以四海为家，兆人为子"（《潜夫论·浮侈篇》），然而现实却是统治者以天下为私，以天下人为奴，"不上顺天心，下育人物，而欲任其私智，窃弄君威，反戾天地，欺诬神明。居累卵之危，而图太山之安；为朝露之行，而思传世之功。岂不惑哉！岂不惑哉！"（《潜夫论·贵忠篇》）仲长统对汉末的政治、法律、伦理、文化作了全面的批判与反思，其犀利的批判锋芒虽多集中在社会的黑暗政治方面，但对谶纬迷信的批判也异常大胆泼辣，他大胆地否定天命论，以为所谓的"天道"是昏君佞臣骗人的鬼话，他说刘邦、刘秀"之所以震威四海，布德生民，建功立业，流名百世者，唯人事之尽耳，无天道之学焉……从此言之，人事为本，天道为末，不其然与？故审我已善，而不复恃乎天道，上也。疑我未善，引天道以自济者，其次也。不求诸己，而求诸天者，下愚之主也。"（《全后汉文·卷八十九》）以仁义治国，何恃"天道"，以暴虐待民，靠鼓吹"天命"也难挽救覆灭的命运，这是历史证明了的事实。仲长统坚持"人事为本，天道为末"的观点，虽算不上彻底的唯物论，但他对迷信神学的抨击是致命的。他的批判是对传统儒学基本精神的捍卫与发展，并给传统儒家"以人为本"的思想赋予了新的意义。

考察汉代经学的整个发展过程，我们看到古文经学、今文经学和谶纬神学在汉代各个历史阶段都同时并存，而且各自都在顽强地发展，在不同时期，曾显示出各自的强硬发展势头以及它们之间互相斗争互相融合。不过，从总体来看，还是神学化的今文经学占据着经学的主导地位。因为它被国家法定为"独尊"的官学后，具备了法典的性质，借助国家强权的推行下，逐渐渗透到社会生活各个领域，其基本精神深入每个社会成员的心中。这种经学适应汉代大一统社会的要求，从而成为维护大一统封建社会安定发展的强大思想武器。但随着汉代统治阶级的腐败，皇权的旁落，它本身中的神学因子不断膨胀，趋势而兴的谶纬迷信，不断使其谶化、纬化，最终与谶纬结合，背离了传统儒学的真谛。汉代统治阶级的堕落，导致经学内在精神的衰落甚至变质，最终，使经学走向它的反面，而成为宗教神学。被谶纬毒化的经学，成为统治者手中愚弄、欺骗人民的工具，再也不能以其公正、仁义、诚信来维系人心，维护封建大一统，它只能随着汉帝国的殒命，从辉煌的顶峰跌落到它的低谷，许多士人对儒学的信仰产生了动摇，转向到自任放诞的玄学中去寻找自己的精神寄托。

二　儒士精神与文人文学创作的开始

汉代是中国封建地主社会的第一个盛世，也是中国封建地主社会第一个散文发达的黄金时代。其散文的辉煌不仅受到汉代主流意识经学的影响，而且与汉代文学专业人才的产生及其生存状态有着紧密的联系。汉代散文的创作，不仅取决于社会生活、社会意识形态，而且取决于散文的创作者，取决于创作者由其生存状态而决定的精神状态。当然，汉代，散文创作者的生存状态及其精神状态，归根结底受制于社会生活。

（一）中国文学创作专业文人的形成

每个社会的知识阶层，都是该社会文化的主要建设者，他们引领着该社会的精神文明，决定着该社会的文化性质。所以判定一定历史时期的文化性质，可以以该时期的知识阶层为标志，如把中国古代文化，可按知识阶层的特征分为巫文化、王官文化（史官文化）、士文化和文人文化。与古希腊的文人比，中国文人形成经历的时间特别漫长，远远落后于古希腊文人的形成，尤其是专门从事文学创作的文人阶层，形成得更晚，从严格意义上说，中国专门从事文学创作的文人是在封建大一统的汉帝国时期才形成的。

在远古氏族社会里，就产生了懂得神秘玄奥巫术的巫师，他们自称能以舞降神，祛除不祥。男的叫觋，女的叫巫，合称巫觋。人们也认为他们能与天帝、鬼神相沟通，可以向上天汇报人们对神灵的诉求，可以向下民传达天意，既是人的代表，又是神的使者，于是巫师就成为那个时代的精英，成了当时人们精神的寄托者，自然受到全社会的普遍崇敬。马林诺夫斯基说过："巫术自极古以来便在专家的手里，人类第一个专业乃是术士的专业"。① 巫术是人类最早出现的文化专业。"巫术作为知识的母体，掌握巫术的巫师，实际正是人类知识分子的始祖原型。"② 以这种"人类知识分子的始祖原型"为标志，所以又称这个时期的文化为巫文化。

巫文化的解体，并不是说文化发生了什么质的变化，主要是随着氏族社会的完结，阶级社会国家机构的成立，从事巫文化的巫师变成了官吏。"随着巫术文化的解体，权力机构成为巫师重要的收容所。在宫廷礼仪、朝政记录，乃至直接参与筹谋统治的官吏中，都有出身于巫师的人。这是一个历史性的开端，无论东西方，此后政府官吏的一个基本来源都是知识分子。"③ 夏王朝的建立，从事占卜、祭祀、主管文书典籍的人，都成了国家机构设置的官员，由于统辖于天子，又称他们为王官，继夏之后的商、周，官吏设置虽有所不同，但王官的性质没变，所以称夏、商、周三代的文化为王官文化。三代的文化虽然都称王官文化，但三代的文化形态还是有区别的，区别的特征是王官所从事的记史职能与巫术职能相比，前者比后者越来越重要。从这个意义上说，王官文化也可称史官文化。王官文化实际就是在帝王统治下的大一统文化，之所以不称汉代文化为王官文化，是因为汉代文化不是三代王官文化的直接承接，汉代文化及文人由春秋战国时期的士文化及士阶层演化而来，不论文化形态还是文化的主要创造者都较三代发生了巨大的变化。

没有春秋战国士文化及士阶层的兴起，便没有汉代文化及文人的产生，而春秋战国士文化及士阶层的兴起，又以周朝王官文化及王官的沦落为前提。

春秋时期，周天子天下宗主的地位已名存实亡，王室内部争夺王位继承权的斗争又迫使一些旧王官携王室典籍逃往诸侯国，使周王朝文化典籍由王室下移至诸侯国，打破了长期以来周王室对文化典籍的垄断，标志着王官文化已开始沦丧。

到了春秋末期，周王室已沦落到一个贫弱侯国的地步，于是王官陆续分散到了诸侯国去谋生路，昔日显赫的王官，其社会地位降到了"士"的水平。这些有知识的旧王官，虽社会地位降低，但却摆脱了以往严重的人

---

① 〔英〕马林诺夫斯基（B. Malinowski）：《巫术科学宗教与神话》，李安宅编译，中国民间文艺出版社1986年版，第76页。
② 尤西林：《阐释并守护世界意义的人——人文知识分子的起源与使命》，河南人民出版社1996年版，第111页。
③ 同上书，第119页。

身依附，像古希腊的文化人那样多了属于自己的文化人格，真正成了一个相对独立的文化阶层。

士阶层的队伍在动荡社会环境下不断扩大，不仅沦落的王官加入了士的队伍，而且还有一些卿大夫在兼并之中没落而降为士，还有不少庶人上升为士。士大多数受过礼、乐、射、御、书、数六艺教育，凭着自己特有的"资产"——知识，而成为一个相对独立的阶层。士只有成为了一个相对独立的阶层，才有条件成为社会最活跃的力量，成为新兴地主阶级积极争取的对象。

士是春秋战国涌现出来的知识分子阶层，春秋战国社会转型期给士阶层的产生创造了必要的条件，为士阶层施展自己的才能提供了舞台，而士阶层一般来说，是国家与民族的优秀分子，他们有觉悟、有知识、有技能，有对全社会负责的民族责任感，不论处境如何，主动承担起国家与民族兴盛、发展的历史使命，尤其是担负起民族文化建设的历史使命。中国知识分子以天下为己任的优秀传统，当然有其久远的历史渊源，但主要形成于春秋战国时期。

春秋战国的士阶层是时代的先觉者，他们在春秋战国政治舞台上，各抒己见，百家争鸣，创造了不属于王官的士文化。以人文主义为特征的士文化，是中国古代传统理性精神的高度发展，成为中国理性精神高度自觉的伟大开端。但他们因思想观点不同，又分成许多派别，这些派别之间既有对立斗争，又有互相渗透、融合。至战国末，极有影响的有儒、道、法、墨诸家，特别是儒家，主张入世的进取型的人生哲学，强调个人修养，虽畏天命而积极有为，适应社会发展的需要。所以儒学在当时就成为一种显学，以至后来成为中国人的主体意识，儒生又成为士的别称，成为士的标准。

前221年，秦始皇顺应历史发展的潮流，完成了统一伟业，建立了幅员辽阔的一统政权。为了进一步巩固统一，树立皇权的绝对权威，他废除了导致国家分裂的封国建藩制，在全国推行郡县制，取消与皇权专制、统一国家不相容的所有旧制度，如统一了全国的法令、吏制、兵制、货币、度量衡、公路交通、文字，实行了户籍制等，把一切权力都操于皇帝手中，极大地加强了国家的统一与中央集权制。但是秦王朝一系列措施的实施，是以法家严刑峻法的思想为指导，完全建立在强权暴政的基础之上，对六国旧贵族势力的打击比较彻底，对人民的压迫与剥削也是非常残酷的。秦始皇在思想文化领域，虽设置了博士官，然而对天下人却采取了愚民政策，以此消除一切反抗意识。秦法规定："史官非秦记皆烧之。非博士官所职，天下敢有藏《诗》《书》百家语者，悉诣守、尉杂烧之。有敢偶语《诗》《书》者弃市，以古非今者族。"(《史记·秦始皇本纪》)秦王朝只对赞同自己暴政的法家采取保护、重用的政策，而对其他的士人采取了排斥的态度，尤其是以血腥镇压的方式对待不同政见者。其结果，不仅造成中国历史上第一次文化大浩劫，使中国古文献的保存与学术传授，遭到极大的破坏，同时也严重地摧残了士阶层，延缓了中国文学创作专业文人在封建地主阶级中央集权制条件下的形成。

秦王朝首创封建地主中央集权制，创立了一系列适应中央集权制的政治、经济、军事等方面的法律，但它没有正确选择与中央集权制相适应的文化体系，不仅没有重视代表社会优秀力量的士阶层，反而极大地摧残了士阶层的生存与发展。它本想通过暴政来巩固新建立的一统国家，而客观上恰恰相反，正是它自己的暴政加速了自己的灭亡。

前206年，中国又一个统一的封建大帝国——汉王朝建立，汉初，原被秦王朝几乎窒息的诸子学说开始复兴，不过，这决非春秋战国士文化的简单恢复，在新的大一统社会形势下，有的学派已经失去了生命力，逐渐趋于销声匿迹，其思想多以他家的形式表现出来，有的学派思想又有了许多变化。文、景帝时，异姓诸侯王对中央集权的威胁力已荡然无存，刘姓诸侯王的势力却日益坐大，这些诸侯王同战国四公子一样，都爱招徕四方游士为其门客，如吴王刘濞、梁孝王刘武、淮南王刘安等，身边都有不少精通各专业的士，特别是还有专门以辞赋见长的文士。仅以梁孝王为例，略加说明。

梁孝王刘武，在吴楚七国之乱的平叛中，战功卓著，得赏无数。当时诸侯王中刘武地位最尊，出入可以打着天子的旗号，所用仪仗一如天子。刘武还在开封东南一带辟地筑园，名叫梁园，也称兔园。方圆三百余里，里面宫室逶迤相连，可供游赏驰猎。他招徕四方英杰至梁园，这些人中有精通《周易》的施仇、孟喜、梁丘贺，有以辩智著称的羊胜、公孙诡、韩安国，有以辞赋见长的司马相如、严忌、邹阳、枚乘等，一时人才济济，南朝宋人谢惠连曾作《雪赋》，其中写到梁王与其门客雍容典雅的诗酒生活：

> 岁将暮，时既昏，寒风积，愁云繁。梁王不悦，游于兔园。置旨酒，命宾友，召邹生，延枚叟；相如末至，居客之右。俄而微霰零，密雪下，王乃歌《北风》于卫诗，咏《南山》于《周雅》。授简于司马大夫，曰："抽子秘思，骋子妍辞，侔色揣称，为寡人赋之。"……

由于梁王广为养士，梁国成为当时文学的中心，尤其是辞赋之盛甲于天下，使得西汉文学在景帝年间就涌起第一次高潮。当士阶层中出现了以文学创作为其专门职业的群体时，就标志着中国文学创作专业文人已经形成，这也是与士所不同的标志。尽管汉代文学创作专业文人的数量比起后代来数量还很少，尽管他们的产生比古希腊的专事文学创作的文人晚得多，但中国文人毕竟在大一统的汉代便产生了。

经过盛誉一时的"文景之治"，到汉武帝时，政治统治稳定，经济空前繁荣，军事力量达到强盛，汉帝国的国力发展到了鼎盛时期。武帝为了"润色鸿业"，大力提倡写赋，把原为诸侯国的有名文士逐渐吸收到中央来。如当时枚乘虽已年老，但武帝仍用"安车蒲轮"去征召他，可惜枚乘死于道上，武帝又诏其子枚皋"因赋殿上"。再如司马相如的《子虚赋》，辞藻华丽，气势恢宏，极尽铺采摛文之能事，通过铺陈齐楚疆域辽阔、物产丰富，表现了诸侯国的国力，显示了汉朝大一统强大的声威，抒发了民族的自豪感。《史记·司马相如列传》载：当武帝读了《子虚赋》，十分喜好并感叹地说："朕独不得与此人同时哉！"当知道司马相如的消息后，立即把他召进宫。武帝揽士写赋，一时在他身旁形成了一个优秀的赋家群体。武帝又招延四方文学辩说之士，待诏于朝廷金马门。《汉书·严助传》载，当时武帝举贤良文学之士，"独擢助为中大夫。后得朱买臣、吾丘寿王、司马相如、主父偃、徐乐、严安、东方朔、枚皋、胶仓、终军、严葱奇等，并在左右"。当然，武帝揽士后来并不限于诗赋之士，而是扩大至所有知识阶层了，其中包括着各种文学形式的创作人才。儒家学派真正入仕，真正负起民族文化担当，并以自己的知识特长实践自己从政理念，是从汉武帝"独尊儒术"之后。依靠持有儒学信仰的文人掌管国家政权机构的做法，也为其皇位后继者所继承，《汉书·公孙弘卜式儿宽传》又载：

> 汉之得人，于兹为盛，儒雅则公孙弘、董仲舒、儿宽，笃行则石建、石庆，质直则汲黯、卜式，推贤则韩安国、郑当时，定令则赵禹、张汤，文章则司马迁、相如，滑稽则东方朔、枚皋，应对则严助、朱买臣，历数则唐都、洛下闳，协律则李延年，运筹则桑弘羊，奉使则张骞、苏武，将率则卫青、霍去病，受遗则霍光、金日䃅，其余不可胜纪。是以兴造功业，制度遗文，后世莫及。孝宣承统，纂修洪业，亦讲论六艺，招选茂异，而萧望之、梁丘贺、夏侯胜、韦玄成、严彭祖、尹更始以儒术进，刘向、王褒以文章显，将相则张安世、赵充国、魏相、丙吉、于定国、杜延年，治民则黄霸、王成、龚

遂、郑弘、召信臣、韩延寿、尹翁归、赵广汉、严延年、张敞之属，皆有功迹见述于世。

知识分子阶层本来是大一统封建国家的脊梁，是不可缺少的国家栋梁之材，但秦帝国不仅没有广泛地利用知识阶层，反而将知识阶层的多数人推向对立面，在对待知识分子阶层方面，并没有显示出新时代的优越性。而汉王朝的建立，则真正表明一个伟大的新时代开始。从汉代开始，统治者才自觉地要建立一个多元整合的大一统文化。要建立为大一统封建帝国服务的文化，自然要有一批专门知识的人才，而强盛的封建帝国又自然为汉代文人群体的形成与发展提供了必要的社会条件，中国专门从事文学创作的文人从此以自己特有的风采出现在中国历史舞台上。

我们之所以对汉代专门从事文学创作的文人给予关注，是因为从他们始，开启了中国专业文人文学创作的新时代。汉代专门从事文学创作的文人所具有的精神传统，一直影响着后世文人的文学创作。

（二）汉代文人对先秦儒士精神的继承与发扬

就知识阶层来说，春秋战国的士是承接周代王官特别是史官而来，汉代文人是承接春秋战国士而来。由于作为显学的儒家思想广泛深入的影响，至战国中、后期，士阶层中多数人具有了儒学的理念，而成为儒士。如果说士阶层泛指先秦时期的知识阶层，而儒士则是知识阶层中那些志于道的知识分子。孔子说："士志于道，而耻恶衣恶食者，未足与议也。"（《论语·里仁》）儒士与其他士的区别，在于他们以修仁道行仁道为天职。儒士不仅仅作为知识分子，重要的是作为民族的脊梁、社会的精英，以自己的先知先觉，自觉地担负起弘扬仁道于天下的历史责任，脱离了单纯以知识换取"稻粱"的低俗境界。

儒家的仁道千头万绪，说到底就是"博施于民而能济众"（《论语·雍也》），造福于民，这是儒士的基本价值取向与基本人生观念，也是儒士精神之根本所在。"君子务本，本立而道生。"（《论语·学而》）而实现仁道的途径就是治国平天下，像孟子那样以天下为己任，担负起天下兴亡的历史责任来。《孟子·公孙丑下》载：

孟子去齐，充虞路问曰："夫子若有不豫色然。前日虞闻诸夫子曰：'君子不怨天，不尤人。'"曰："彼一时，此一时也。五百年必有王者兴，其间必有名世者。由周而来，七百有余岁矣。以其数，则过矣；以其时考之，则可矣。夫天未欲平治天下也，如欲平治天下，当今之世，舍我其谁也？吾何为不豫哉？"

儒士要肩负起国家、民族兴亡这样艰巨的历史担当，就要有"舍我其谁"的历史责任感。儒士以建立"三不朽"功业为激励，首先立德，将自己历练成志士仁人，树立崇高道德形象以感召今世后人。然后积极入仕参政，投身于立功事业，创建丰功伟绩以利人民。若无缘于政界，则著书立说以立言，以传世著述完成自己的文化担当。如国家、民族遭遇危难时，儒士能做到为捍卫仁道而不惜以身殉职。孔子说："志士仁人无求生以害仁，有杀身以成仁。"（《论语·卫灵公》）曾子也说："士不可以不弘毅，任重而道远。仁以为己任，不亦重乎？死而后已，不亦远乎？"（《论语·述而》）不论人生道路多么曲折坎坷，儒士的以天下为己任的历史使命不会改变，"博施于民而能济众"的人生信念不会改变。正如孟子所说："行天下之大道，得志与民由之，不得志独行其道。富贵不能淫，贫贱不能移，威武不能屈，此之谓大丈夫！"（《孟子·滕文公下》）先秦儒士精神就体现在儒家常赞赏的"圣贤""君子""大丈夫"等人的形象中。

汉代与春秋战国比，社会发生了翻天覆地的变化，文人的历史责任有所变化，但中国知识分子关心国事的精神没有变，只是在新的历史条件下有了新的表现内容。汉代是中国封建地主阶级专制社会的第一个盛世，国家空前统一，经济得到了空前的大发展，在当时世界上有着尊崇的地位，汉代文人充满了前所未有的民族自豪感与历史使命感。如汉代杰出的文人代表司马迁在《太史公自序》中说：

> 汉兴以来，至明天子，获符瑞，封禅，改正朔，易服色，受命于穆清，泽流罔极，海外殊俗，重译款塞，请来献见者，不可胜道。臣下百官力诵圣德，犹不能宣尽其意。且士贤能而不用，有国者之耻；主上明圣而德不布闻，有司之过也。且余尝掌其官，废明圣盛德不载，灭功臣世家贤大夫之业不述，堕先人所言，罪莫大焉。

汉代所取得的丰功伟绩确实超越三代，社会安定，国家富庶，引起海外异域的使者纷纷前来参拜。作为一名史官，司马迁深知自己的责任重大，他认为天子圣明盛德不予记载，功臣、世家、贤能大夫的功业不予传述，就是愧对伟大的时代。

鼎盛期的汉王朝，是个充满活力又开放的国度，在与世界其他国家经济、文化的交往中,使世界了解了汉王朝,同时也使汉人见到与听到了前所未有见闻的世界异域的风俗、物产,大大开阔了眼界。促使汉代文人胸襟开阔,思想恢宏。如何让世界进一步认识文明悠久的中国?如何以历史主人翁的精神来总结中国以往的历史,探索整个民族历史发展的原因与规律,尤其是总结秦帝国灭亡的历史教训,正确认识当今世界,抒发对当今大一统时代强烈的感受,为当今大一统社会提供新的世界观,这一重大历史责任,除了汉代文人之外,恐怕先秦的儒士是无法深切感受到的。

中国古代,很早就实现了"王天下",各地有了共同的"宗主",夏、商、周的中央统辖尽管还较松散,各方国都有一定的独立性,但毕竟形成了大一统的格局,这自然造成了中华文化中强烈的大一统与忠君爱国的意识。春秋战国,大一统局面被打破,经过一段时期的礼坏乐崩、动荡不安、民不聊生,大一统、忠君爱国的意识不仅没淡化,而且人们在渴求社会稳定中对大一统更感珍贵。孔子一直鼓吹恢复周礼,是不满诸侯兼并的乱世,想恢复周代那样的大一统,他尊奉已经名存实亡的周天子,实际就是忠君爱国大一统意识的一种表现。这种意识曾是王官文化的核心,又是全体社会成员一致认同的最崇高的道德规范,因为它体现了每一个社会成员的价值观,维护了社会全体成员的根本利益。特别是爱国意识,它具有超时间、超空间、超阶级的永久价值,不论社会发生什么变化,都是社会大众所崇尚的一种先进意识,因为它维护中华民族的根本利益。于是它便成为中华传统文化的核心,成为中华文化的灵魂,成为时时感动中华民族每个成员的崇高道德精神。

春秋时,秦国还是地处西北边陲的一个落后方国,它之所以迅速强大,最后由它统一中国,其主要原因:一是顺应社会生产力发展的趋势,积极变法,鼓励耕战,迅速增长国家经济军事实力;二是顺应历史发展的趋势,顺从了全国人民要求统一的强烈愿望。贾谊在《过秦论》中指出:

> 秦灭周祀,并海内,兼诸侯,南面称帝,以四海养。天下之士,斐然向风。若是,何也?曰:近古之无王者久矣。周室卑微,五霸既灭,令不行于天下,是以诸侯力正,强凌弱,众暴寡,兵革不休,士民罢弊。今秦南面而王天下,是上有天子也。即元元之民冀得安其性命,莫不虚心而仰上。

秦帝国能建立千古伟业,开创中国历史上一个崭新时代,是顺应历史潮流的结果,但秦帝国在政权建设的实践上却是失败的,很快就被大汉帝国所取代。汉代进一步完善秦帝国的封建帝制，在政治上提倡皇权神授，在意识形态上提倡儒学独尊，更加强了帝国的大一统。其历史意义不亚于春秋战国社会转型时期的变革，也不亚于秦帝国创立封建地主阶级中央集权制。汉代空前统一的政治局面和社会的长期稳定，为经济的发展提供了保证，也为商品的生产和交换提供了条件，从而促进了商业的繁荣，商业的繁荣又促进了城市经济的发展，改变了中国以往城市经济不发达的状况，为文人的产生提供了雄厚的物质基础。

强大统一的汉帝国及其雄厚的物质文明，为灿烂辉煌的精神文明的产生奠定了物质基础，形成了一个足以与其发达的物质文明相适应的以"大汉气象"为声誉的精神文明。汉代每个文人都具有和先进时代相一致的恢宏气度，如在思想哲学领域，以董仲舒为代表的汉儒，主张损抑诸侯，一切统一于汉天子，以汉皇为中心，使四海之内皆为"来臣"。他大讲君权天授、天人感应，论证三纲五常的封建等级伦常的合理性，其实质就是神化君权，使自己的大一统理论更加理论化，使自己的理论成为全社会的道德准则。在史学领域，以司马迁为代表的汉代史家，以历史主人翁的姿态，雄视往昔千秋万代，"究天人之际，通古今之变，成一家之言"（司马迁《报任安书》），用新时代的观点对中华民族古今的政治、经济、军事、文化的发展进行全面系统的总结，彻底厘清了中华民族发展的脉络，确定了五帝、夏、商、周、秦、楚（项羽）、汉的正统序列，把中国整个社会的发展，视为同一种族系统内的多民族的共同发展，记叙了中华民族大家庭中各民族相互大融合的历史，从而创立了中华民族新的大一统的思想。在以辞赋为标志的文学领域，以司马相如为代表的汉代文学家，创制了与大汉气象相协调的汉代大赋，汉大赋"苞括宇宙，总览人物"（葛洪《西京杂记》卷二），为汉帝国润色鸿业，其辞采绚丽，气势恢宏，反映出汉代国家政治的强盛与物质生产的丰富。汉代文人为自己的社会取得前所未有的辉煌成就而欣喜，为自己的时代所具有的昂扬进取的精神而兴奋，为自己的民族在世界上获得显赫声威而骄傲，这种时代自豪感，充溢在他们著述的字里行间。汉代文人新的大一统观念，是新时代赋予的，同时又是先秦儒士大一统观念的进一步提升与发展。

比起先秦儒士来，汉代文人参政的意识更为强烈，这主要缘由大一统的汉帝国为文人参政提供了更为优越的条件。汉代文人多身兼一定的官职，以后封建社会的中国文人也是除了当官没有其他的"正途"。汉代文人既是从事政务的官僚，自然就会把文学创作与政务联系起来。他们与春秋战国的士君子一样，或用文学或用史学或用哲学的形式来表达自己忧国忧民、关心国家命运的感情和意识。他们心怀着追求大同社会的理想,怀着实现尧、舜、文、武、周公之道的愿望,对自己担负的治国平天下的历史责任充满坚定的信念。

汉代是我国封建地主阶级社会的第一个盛世,国内高度统一,新的中央集权制巩固而强大,如恩格斯所指出的那样:"这是人类以往从来没有经历过的一次最伟大的、进步的改革,是一个需要巨人而且产生了巨人——在思维能力、热情和性格方面,在多才多艺和学识渊博方面的巨人的时代。"① 汉代文人只要顺应这一时代潮流,响应时代的呼唤,就会在文化及文学事业上有所建树,陆贾、贾谊、晁错、司马相如、董仲舒、司马迁、刘向、扬雄、刘歆、桓谭、王充、班固、张衡、王符、荀悦、仲长统、蔡邕……这一串为后代中国人所熟悉的名字,个个够得上是"在思维能力、热情和性格方面,在多才多艺和学识渊博方面的巨人"。他们勇于承担历史重任,精湛深邃的思维,热情、坚毅、向上的性格,以及博学多才、见多识广的特点,适应了社会发展的需要,而新的大一统时代反过来又赋予他们成为文化巨人的各种必备条件。

从春秋战国的儒士开始,多数人就敢于对危害国家、民族、民众的恶政恶习恶人恶事进行斗争,并不畏惧那些有权有势者,孟子说:"说大人则藐之,勿视其巍巍然。堂高数仞,榱题数尺,我得志弗为也。食前方丈,侍妾数百人,我得志弗为也。般乐饮酒,驱骋田猎,后车千乘,我得志弗为也。在彼者皆我所不为也,在我者皆古之制也,吾何畏彼哉?"(《孟子·尽心下》)为了追求真理,春秋战国时期的士阶层就形成了不向权势与恶势力屈服的传统,"形成了不是根据宗法等级,而是以思想、道德、智慧、才能、情感、义气与爵位财富相抗衡乃至前者高出于后者的新的价值观。产生于战国后期的《易传》等典籍,将战国士文化精神提高到哲学人生观高度,提出一种通过进德修业而与天地相参、自强不息、刚健笃实、辉光日新的人生路线。"②

由于文化本身就是宣扬真理,所以从事文化事业的中国知识分子,大多数是崇尚真理、心灵纯洁、人格高尚的,因此常与黑暗现实发生矛盾冲突,先秦的儒士与汉代的文人无不皆如此。但不论先秦的儒士还是汉代的文人,他们的人生经历常因不满时弊而往往是坎坷不平的,在他们的作品

---

① 恩格斯:《自然辩证法·历史导论》,《马克思恩格斯选集》第4卷,人民出版社1995年版,第261—262页。
② 陈桐生:《〈史记〉名篇论述稿》,汕头大学出版社1996年版,第2页。

中多体现出自己在政治活动中的不平遭遇及感受。不过他们有一条出处穷达的原则:"得志,泽加于民;不得志,修身见于世。穷则独善其身,达则兼善天下。"(《孟子·尽心上》)然而在现实中,"达者"毕竟凤毛麟角,从来就是"穷者"居多,可贵的是先秦的儒士或汉代的文人即使处于穷困之境,也不动摇自己的信念,正如孔子说:"君子无终食之间违仁,造次必于是,颠沛必于是。"(《论语·里仁》)对于穷困潦倒,仍乐观待之,有时还以为是上天对自己的一种考验与锻炼,"故天将降大任于斯人也,必先苦其心志,劳其筋骨,饿其体肤,空乏其身,行拂乱其所为,所以动心忍性,曾益其所不能。人恒过,然后能改。困于心,衡于虑,而后作。征于色,发于声,而后喻。"(《孟子·告子下》)尽管忧患天下的人有时反而遭殃,危害国家的人往往官运亨通、飞黄腾达,但多数知识分子仍不肯随意改变自己的理想抱负。当他们的美好愿望得不到实现,在仕途上遭受重大挫折时,他们于是就以著述来抒发忧愤、抨击不平,不能实现"三不朽"事业中的立德立功,那么他们也要把自己的生命献于立言事业。春秋战国儒士的这种不屈不挠的进取精神,深深地影响着汉代文人,并且把这种儒士精神提高到自觉的高度,汉代文人的杰出代表司马迁就是个典型的例子。

司马迁生于大汉盛世,起初,他也首先想立德立功,报效国家,光宗耀祖,然而一个"李陵之祸"就断送了他的政治生命。可贵的是他在身遭摧残之后,仍能坚持自己的美好人生价值观和理想追求,念念不忘完成自己史官的使命,他要把著述作为实现自己人生理想、抒愤雪耻的途径。他在总结历史中,看到了古代先贤从事著述的动力来自"发愤",这也是中国古代知识分子著书立说的一条规律。中国知识分子无论写文述史论哲理,字里行间都凝结着一种担忧历史使命不得实现的忧患意识,这种忧患意识久而久之形成中国文人的一种性格,在文学创作中,逐渐形成一种传统,在审美上,形成审美的一个重要标准,甚至在心理上,形成了中国文人一种传统的思维模式。司马迁的创作意识升华到如此境界,他的立言内涵已远超先秦儒士对立言的认识,它已经没有了个人功利的色彩,他将立言事业、传世之作与改朝换代的大革命相提并论:"桀、纣失其道而汤、武作,周失其道而《春秋》作。秦失其政,而陈涉发迹,诸侯作难,风起云蒸,卒亡秦族。天下之端,自涉发难。"(《史记·太史公自序》)在司马迁心目中,立言已不再处于三不朽事业之末了,它也是关系到国计民生的经天纬地的大事业,个人的不幸遭际与所从事的立言事业比较起来,真是不值得一提了。司马迁将立言事业视为完成时代所赋予的使命,视为完成整个民族的重托，视为继承、发扬中华文化的历史担当，既如此，还有什么能遏止住这种强烈的著述信念呢？

由先秦的士转变为汉代的文人，其最大的特征就是传承与发展了先秦的儒士精神。汉代的文人，即使遭遇多么曲折坎坷，都不动摇对国家、民族热爱的信念，他们总是希望英明的君主能维持大一统的太平盛世。他们的忧乐全系于国家命运、民族前途上，无论写文述史论理，句句是追求实现"美政"与忧患民生的心声，他们就是以自己的这种方式自觉地实现着自己的历史使命。

（三）汉代文人的精神苦闷及创作特点

汉代文人适逢的大一统封建盛世，为他们发挥才智、创立文化伟业提供了各种条件。但是另一方面，由于汉承秦制，仍实行的是皇权专制政治，在国家官僚政体中，皇帝高于一切，各级官吏只是执行皇帝指令的工具。同样，所有的文人也在帝王的驾驭之中，他们只能服从君王的命令，用各种文化形式阐释君王的旨意，不允许另有独特见地，更不允许有反对的意见。学术不得自由，思想不得独立，这样就极大地压抑了文人的个性，又限制了他们才能的发挥。

比较起来，春秋战国时期，是中国古代知识阶层最感奋发有为的时代，此时期士是全社会关注的力量，得士者昌，失士者亡，士阶层成了成就诸侯霸业不可或缺的力量。士在这个大变革的时代风云中，可以各抒己见，自立门户，自成学术体系，无拘无束地奋其智能，展其才华，极容易实现个人的人生价值。但是在汉代，文人们失去了春秋战国士人的自由与风采。在专制的皇权政治中，文人的社会作用和社会地位发生了巨大的变化，已由过去群雄争霸中相对独立的重要社会力量，变为大一统皇权政治的一种驯服工具。不仅君主个人对文人的进退出处起着决定性的作用，而且其仕途还受到外戚、宦官、近臣、权贵的控制，豪门阀阅对仕途的垄断，上层统治阶级内部的倾轧，都直接影响着文人的命运与发展。文人的历史责任被取消了，社会精英的自豪感失落了，个性被压抑了，才能被埋没了。古希腊的文化人是社会分工、市场需求的结果，而汉代文人则多是应"御用"而产生的。正因有御用的特点，就不得不屈从于统治者的意志。如班固的思想本倾向于古文经学派，但也不得不奉命违心地整理《白虎通义》，《白虎通义》是董仲舒以来今文经学派经义的总汇，标志着东汉经学与神学的进一步结合，并正式变成钦定法典，但它并不是班固真实思想的反映。至于那些从事辞赋创作的文人，更是以文学侍从的身份，或为主子说世间趣事以供笑乐，或随主子宴饮赏玩时吟诗赋辞以助风雅，至多，就是为汉帝国歌功颂德、"润色鸿业"，如汉武帝身边的东方朔、枚皋、司马相如等，梁孝王刘武身边的枚乘、邹阳等。

春秋以来，王权旁落，群雄并立，形成了多种权力中心，在这种情况下，士有自由选择服务对象的空间，有充分发挥自己才能智慧的场所。而天下一统的汉家王朝，政治中心只有一个，没有任何人敢于和皇帝分庭抗礼、分享权力，在大一统君主专制下，天下安定，四海臣服，不是皇权迫切需要文人的智谋和才能，而是文人迫切需要皇权的重视和任用；不是文人自由地选择主子，而是皇帝自由地选择文人。皇帝口头上仍以德行为选才的首要条件，实际上是以忠实于君主、服从于皇权专制为前提。而且皇权政治下的人才任用，全凭皇帝个人好恶所定，随意性特别大，东方朔有《答客难》一文，对此做了详尽的描述：

> 夫苏秦、张仪之时，周室大坏，诸侯不朝，力政争权，相禽以兵，并为十二国，未有雌雄，得士者强，失士者亡，故谈说行焉。身处尊位，珍宝充内，外有廪仓，泽及后世，子孙长享。今则不然。圣帝流德，天下震慑，诸侯宾服，连四海之外以为带，安于覆盂，动犹运之掌，贤不肖何以异哉？遵天之道，顺地之理，物无不得其所；故绥之则安，动之则苦；尊之则为将，卑之则为虏；抗之则在青云之上，抑之则在深泉之下；用之则为虎，不用则为鼠；虽欲尽节效情，安知前后？夫天地之大，士民之众，竭精谈说，并进辐辏者，不可胜数，悉力募之，困于衣食，或失门户。使苏秦、张仪与仆并生于今之世，曾不得掌故，安敢望常侍郎乎！故曰时异事异。（《全汉文·卷二十五》）

这不是东方朔的一时牢骚语，而是他的切身感受。他虽常在武帝身边，但武帝视其不过是调笑逗乐的一"俳优"罢了。《汉书·严朱吾丘主父徐严终王贾传》载："其尤亲幸者，东方朔、枚皋、严助、吾丘寿王、司马相如。相如常称疾避事。朔、皋不根持论，上颇俳优畜之。"司马迁也有同感，他说："文史、星历，近乎卜祝之间，固主上所戏弄，倡优畜之，流俗之所轻也。"（《报任安书》）文人对于皇帝来说，多一个无所谓，少一个也无所谓，反正一切都由自己说了算。对于文人来说，能被皇帝看上眼的就是人才，皇帝看不中的就是无用之才，而能让皇帝看上眼，又不是主要凭什么才智谋略，而主要是靠阿谀逢迎之术，使皇帝认为是忠诚恭顺于他。文人要想取得皇帝的信任,就要抛弃传统士人那种"富贵不能淫,贫贱不能移,威武不能屈"的独立个性和人格。汉代文人丧失了春秋战国士人那种自由、飞扬的个性,也丧失了充分发挥自己才能的机会,文人的奇才异智不仅受到压抑,而且还常常因此而遭来非难,由于"言奇者见疑,行殊者得辟",文人们只好"欲谈者卷舌而同声,欲步者拟足而投迹"。(扬雄《解嘲》)人格上受到歧视,才智上受到压制,汉代整个文人群体受到了冷落,他们的人生经历是坎坷不平的,他们的内心是抑郁不平的,他们发出"峣峣者易缺,皎皎者易污"的叹息(《后汉书·黄琼列传》),是盛世之中文人无奈心态的反映,是盛世中文人自怜的慨叹。

汉代文人,即使地位显赫,身家高贵,进入政治中心圈,在皇帝面前也是奴仆,稍有不慎,就会遭到严厉惩罚,若惹得皇帝龙颜大怒,更会招来杀身之祸。如司马迁,仅因为对李陵降敌事说了几句公允的话,就被武帝下狱动了宫刑,他写有《悲士不遇赋》,固不必说,就连董仲舒这位举世大儒,就因一次上疏言灾异事触怒武帝,罢相不说,也危险丢了脑袋,所以他也写有《士不遇赋》。鲁迅在《汉文学史纲要》中评说此赋"托声楚调,结以中庸,虽为粹然儒者之言,而牢愁狷狭之意尽矣。"[①]一语道破了这位鸿儒的内心隐痛,对于积极入世的汉代文人来说,逢盛世而不遇,这是他们最尴尬而悲哀的事,于是"士不遇"的悲音响彻了汉家盛世。

西汉武帝时,"罢黜百家,独尊儒术",排斥诸子百家学说,只把儒学当作神圣的正统思想来奉行,这对于追求独立思考与学术自由的文人来说,等于在思想上划定了禁区,无疑对文化学术的发展极为不利。文化学术要想永远保持生命的旺盛活力,必须有"活水源头",这个"活水源头"就是它的开放性,百花齐放、百家争鸣,在争鸣中发现自己的不足,吸取他人的长处,这是文化学术不断发展的前提,如果封闭了、固定了,它也就开始僵化、衰退了。汉代独尊的儒术是对传统儒学进行改造而形成的,是经学化、神学化的新儒学,借天意使君权与封建统治秩序神圣化、绝对化,使封建纲常伦理带上神学性质。

在大力推行神秘色彩的新儒学的同时,谶纬之学也在迅速发展。由于谶纬迷信得到统治阶级的重视和利用,并以法令的形式颁布天下,使荒诞虚妄的歪理邪说堂而皇之地披上真理的外衣,胡说八道者竟能招摇过市,

---

[①] 鲁迅:《汉文学史纲要·第九篇·武帝时文术之盛》,《鲁迅全集》第9卷,人民文学出版社1982年版,第409页。

伪造图谶者还可封官晋爵，生活在这种精神环境之中的文人，多数思想有困惑是可想而知的。其中有一些很有名望的文人，也出现信仰的迷惘，甚至也追求起神仙道术来。然而作为社会先知先觉的群体，汉代文人并没有泯灭自己的良知，尤其是他们的代表人物，既不为虎作伥，做邪恶势力的帮凶，又不能对黑暗的世道、罪恶的行径熟视无睹而不敢发声。就在谶纬神学猖獗之时，涌现出一批借灾异现象来讥刺时弊的文人。更出现了奋力反虚妄、反迷信的伟大思想家王充，从王充对谶纬迷信的猛烈批判来看，谶纬迷信虚妄荒诞到了多么严重的程度！谶纬迷信的泛滥与汉代皇权专制的腐败相辅相成。

汉代文人并没有忘掉自己的历史使命，关心国家、民族的命运，怜悯民众的苦难，痛恨危害国家民族、欺压社会弱势群体的邪恶势力，使他们的著述充满了忧患意识、与黑暗抗争的战斗力。这种特征越是在社会黑暗、统治者腐朽性充分暴露时，越显现得鲜明。如西汉元帝时，社会已险象丛生，连元帝自己也无可奈何地承认当今不是治世。成帝时，西汉王朝开始走向崩溃，统治阶级为了自己一小撮人的享乐，在全国范围大兴徭役，逐年加重人民的赋税负担，严重地破坏了社会生产，社会经济呈现出一派凋敝的景象。此时，外戚王氏掌握朝廷政权，外戚其他成员有了靠山，纷纷把持州郡地方权力，利用职权无所顾忌地贪污掠夺。成帝本人则斗鸡走马，嗜酒好色，荒废朝政。他专宠赵飞燕姐妹，干出许多宫闱秽事，为此大文人刘向编了一本《列女传》，想用历史上的贞节贤女来净化上层腐败风气，但对于那位酒色之徒的汉皇，简直等于对牛弹琴。成帝个人生活上的腐化，就是西汉封建政权堕落的标志。成帝之后的哀帝，比成帝还要荒淫，西汉王朝的危机更加严重，以外戚为代表的执政势力，贪污受贿更日甚一日，而广大农民深受高利贷的盘剥，土地丧失殆尽，社会财富聚敛在少数人手中，当时鲍宣在《上疏谏哀帝》中指出：农民因水旱天灾、徭役赋税、盗贼偷劫等，而有"七亡"，因冤狱、饥饿、疾病等，而有"七死"，有"七亡而无一得"，"有七死而无一生"。而封建统治阶级疯狂、贪婪地攫取，把农民逼得铤而走险，逼到或单独为盗或聚众造反的地步。造成西汉末社会大动乱的罪魁祸首，就是以汉皇为代表的统治阶级。鲍宣作为西汉末世的文人代表，替挣扎在死亡线上的广大人民群众，向罪恶的统治阶级提出血泪的控诉。

东汉社会的衰落，如同西汉一样，也是由统治阶级的腐败造成的。从和帝开始，太后临朝，外戚专断，政权开始腐化。一直到桓帝，外戚和宦官围绕着皇权展开了激烈地争夺，不论哪种势力得势，都是以揽权敛财、祸国殃民为特征，东汉末期是一个由外戚、宦官交替操纵国家命运的黑暗时代，君主已变成一个维持局面的幌子。桓帝时，宦官势力剪灭了外戚梁氏，结束了外戚、宦官交替专权的局面，开始了宦官残酷专政的时代。朱穆在《请罢省宦官疏》中说："建武以后，乃悉用宦者。自延平以来，浸益贵盛，假貂珰之饰，处常伯之任，天朝政事，一更其手，权倾海内，宠贵无极，子弟亲戚，并荷荣任，故放滥骄溢，莫能禁御。凶狡无行之徒，媚以求官，恃势怙宠之辈，渔食百姓，穷破天下，空竭小人。"（《后汉书·朱乐何列传》）专权的宦官比外戚更贪婪更凶残，他们竭泽而渔，拼命搜刮民脂民膏，甚至于明码标价卖官鬻爵。他们对内横征暴敛，对外穷兵黩武，其黑暗统治更甚于西汉末年。大批农民流亡，广大农村成了无人烟的荒漠；朝廷成了宦官集团独霸的领地；国库成了宦官私家金柜，国家的财产转入宦官个人手中。陈蕃指出"当今之世，有三空之厄哉！田野空，朝廷空，仓库空，是谓三空。"（《后汉书·陈王列传》）

东汉末期宦官操纵的朝廷公开卖官，只要有钱就能做官，做了官就疯狂地搜刮民财，官场行贿受贿成风，文人入仕的正途实际上被堵死。宦官不仅在经济上表现出极度的贪婪，在政治上也表现出极度的残忍，这主要表现在对自己的政敌——正直官僚与固守儒学传统观念的文人士大夫，采取了前所未闻的残酷迫害，他们一手制造了两次党锢之祸，仅在第二次党锢之祸中，杀害、关押、流放、罢官禁锢的就有七百多人，无辜受株连的数千人，连太学生也不放过，朝野内外有气节的官僚与文人士大夫几乎捕获殆尽，这是一场比秦始皇坑儒还残酷还持久的对文人的迫害，造成了社会的极度黑暗和混乱。这一切，在汉代文人的心灵上深深地留下痛苦的印记，特别是那些亲身经历过磨难和不幸的文人，他们有时和广大农民一样，在皇权的高压下，经过九死一生的痛苦挣扎，对汉代封建政权的腐败、罪恶有了深刻的认识。汉皇在正直官僚与文人士大夫心中的偶像坍塌了，一些人甚至公开谴责汉皇，如襄楷作为一名在野的文人，冒死上书桓帝，揭露他残害忠良的罪行："臣闻杀无罪，诛贤者，祸及三世。自陛下即位以来，频行诛伐，梁、寇、孙、邓，并见族灭，其从坐者，又非其数。李云上书，明主所不当讳，杜众乞死，谅以感悟圣朝，曾无赦宥，而并被残戮，天下之人，咸知其冤。汉兴以来，未有拒谏诛贤，用刑太深如今者也。"（《后汉书·襄楷列传》）汉末文人对皇权专制及封建社会的批判是极其深刻的。

"汉代是我国第一个封建帝国盛世，然而总体来看，从始至终都响彻着文人的悲歌，在悲歌中，反映出汉代文人逢盛世而不遇的身世感，有才能而不得施展的失落感，同时也反映出汉代文人在虚妄迷信中的迷惘、彷徨，在动乱黑暗中的悲愤感伤，这是严酷的社会现实对他们心灵的伤害，又是他们心灵对社会现实的真实感受。汉代文人的悲愤既是对中国古代士人传统忧患意识的继承发扬，又是他们在新的时代人生感情的结晶，同时又以一种新的精神传统留给了后世文人。"[1]

三 儒学渐变为正统思想时期的散文

如果说以先秦历史散文和先秦诸子散文为代表的先秦散文，构成了我国古代散文发展的第一个高峰，那么在继承先秦散文优秀传统的基础上而发展起来的汉代散文，又有多方面的创新和发展，开辟了我国古代散文的新纪元。它彪炳文坛成楷模，流传千载为典范，与先秦散文共同成为中国古代散文的瑰宝，历来被人视为中华"文章之大宗"。

汉代散文大致可分为三类：一类是政论、抒情、写景性散文；一类是以传记为主体的历史散文；一类是以释经为特征的说明文，这类散文因为多为序、传、注、笺、疏等实用文，缺少文学性，向为研究艺术散文者所不关注。汉代散文一方面以继承先秦优秀文化遗产、吸收当代文化精华为条件；另一方面又以反映汉代社会生活为前提。先秦与当代优秀文化为汉代散文提供了丰富的精神资源，而汉代社会生活直接影响与制约着汉代散文的形成与发展。汉代社会生活最显著的特征，就是以封建大一统为政治格局，"独尊儒术"，把儒学奉为治国的指导思想，作为巩固大一统政权的工具。随着汉代大一统格局的发展演变，儒学的形态也呈现出明显的变化，而儒学形态的变化直接影响着汉代散文的发展变化。据此，我们将汉代政论、抒情、写景、说明性质的散文发展划分为两个时期（划分为儒学渐变为正统思想时期和经学逐渐神学化时期）来讲述。汉代的历史散文则单独讲述。

汉代文化是承接战国文化而来，但秦帝国的暴政以及反秦斗争、强秦速亡，都给予汉代人以深刻的影响，而且汉代的政治、经济等制度建设都是在秦帝国的基础上进行的，这些都极大地影响着汉代散文的创作，所以在讲述汉代散文前，还需略述一下秦代散文创作的情况。

---

[1] 杨树增、陈桐生、王传飞：《绝代风华》，台湾云龙出版社2003年版，第380页。

（一）极端专制下的秦代散文

秦始皇吞并六国，完成了统一大业，建立了幅员辽阔、多民族的大一统政治体制。为了进一步巩固统一，树立皇权的绝对权威，在全国推行郡县制，取消封国建藩制，统一了全国的法令、吏制、兵制、货币、度量衡、车轨路距、文字，实行了户籍制，极大地促进了国家的统一和发展。然而如日中天的秦帝国，倏忽如陨星坠落，成为我国历史上最短命的大一统政权。是什么原因使中国第一个大一统封建地主制帝国神速地覆灭？西汉贾谊写过一篇《过秦论》，指出秦王朝覆灭的根本原因在于"仁义不施"。确实，秦国以暴力摧毁六国领主贵族旧势力，统一了中国，这种暴力显示了它的革命性，因为它成为为新社会的产生开辟道路并摧毁腐朽旧社会的强有力工具。然而，新的政权形成后，对人民也施以暴力而不施仁义，于是新政权便由顺应历史潮流变为逆历史潮流而动。与人民为敌的人，没有不垮台的，其对人民实施暴力等于是为自己掘墓，暴行愈烈，垮台愈速。秦王朝的暴政，在政治上表现为以严刑酷法维护皇权，在经济上表现为以苛税苦役盘剥人民，在文化上则表现为以禁锢思想推行愚化式的文化专制。

秦帝国刚立国就规定："史官非秦记皆烧之。非博士官所职，天下敢有藏《诗》《书》、百家语者，悉诣守、尉杂烧之。有敢偶语《诗》《书》者弃市。以古非今者族。"（《史记·秦始皇本纪》）秦王朝大规模地焚烧图书，在咸阳坑杀了四百六十多名儒生，这就是历史上有名的"焚书坑儒"，这是中国第一次文化大浩劫，连"偶语《诗》《书》"都要掉脑袋，谁还敢去从事"文化"与文学创作？秦王朝的文化专制使战国以来百家争鸣的风气戛然而止，形成了"万马齐喑"的窒息局面，造成秦代文学在中国历史上少有的萧条冷落。刘勰在《文心雕龙·诠赋》中说："秦世不文，颇有杂赋。"是说秦代不崇尚文采，仅有为数甚少的几篇杂赋。《汉书·艺文志》载有九篇秦代杂赋，大概因其"质而不文"，没能流传下来。能代表这一特殊时代文风的是那些在峄山、泰山、琅玡台、之罘、碣石、会稽山等地的刻石记文，这些歌颂专制的刻石文是典型的应制谀辞，如《泰山刻石》其辞曰：

> 皇帝临立，作制明法，臣下修饬。二十有六年，初并天下，罔不宾服。亲巡远黎，登兹泰山，周览东极。从臣思迹，本原事业，只诵功德……

《之罘刻石》其辞曰：

> 维二十九年，时在中春，阳和方起。皇帝东游，巡登之罘，临照于海。从臣嘉观，原念休烈，追诵本始。大圣作治，建定法度，显著纲纪……

秦代的刻石文不仅众口一词，而且千篇一律，从内容到形式都格式化了，质木无文，没有多少文学价值。但其四言句式抑扬顿挫，语言质朴而具有高度概括能力，对汉代及后世的碑文还是有影响的，鲁迅认为秦刻石文"质而能壮，实汉晋碑铭所从出也"。①

现在一般学者往往把李斯（？—前208）的《谏逐客书》当作秦王朝文章的代表，文章援引史实，取譬现实，阐述逐客的错误与危害，说理透辟，气势奔放，章法谨严，构思精密，尤其设喻形象，整饬句式，擅长铺陈排比对仗，既存战国策士纵横捭阖之遗风，又开秦汉政论散文之先河、汉魏六朝铺张骈俪之先声：

> 臣闻吏议逐客，窃以为过矣。昔穆公求士，西取由余于戎，东得百里奚于宛，迎蹇叔于宋，求丕豹、公孙支于晋。此五子者，不产于秦，而穆公用之，并国二十，遂霸西戎。孝公用商鞅之法，移风易俗，民以殷盛，国以富强，百姓乐用，诸侯亲服，获楚、魏之师，举地千里，至今治强。惠王用张仪之计，拔三川之地，西并巴蜀，北收上郡，南取汉中，包九夷，制鄢、郢，东据成皋之险，割膏腴之壤，遂散六国之从，使之西面事秦，功施到今。昭王得范雎，废穰侯，逐华阳，强公室，杜私门，蚕食诸侯，使秦成帝业。此四君者，皆以客之功。由此观之，客何负于秦哉！向使四君却客而不内，疏士而不用，是使国无富利之实，而秦无强大之名也。
>
> 今陛下致昆山之玉，有随和之宝，垂明月之珠，服太阿之剑，乘纤离之马，建翠凤之旗，树灵鼍之鼓。此数宝者，秦不生一焉，而陛下说之，何也？必秦国之所生然后可，则是夜光之璧不饰朝廷，犀象之器不为玩好；郑魏之女不充后宫；而骏良𫘝𫘧不实外厩，江南金锡不为用，西蜀丹青不为采。所以饰后宫、充下陈、娱心意、说耳目

---

① 鲁迅：《汉文学史纲要·第五篇·李斯》，《鲁迅全集》第8卷，人民文学出版社1963年版，第28页。

者，必出于秦然后可，则是宛珠之簪、傅玑之珥、阿缟之衣、锦绣之饰，不进于前，而随俗雅化、佳冶窈窕赵女不立于侧也。夫击瓮叩缶，弹筝搏髀，而歌呼呜呜快耳目者，真秦之声也；郑卫桑间，韶虞武象者，异国之乐也。今弃击瓮叩缶而就郑卫，退弹筝而取韶虞，若是者何也？快意当前，适观而已矣。今取人则不然，不问可否，不论曲直，非秦者去，为客者逐。然则是所重者在乎色乐珠玉，而所轻者在乎人民也。此非所以跨海内、制诸侯之术也。

臣闻地广者粟多，国大者人众，兵强则士勇。是以泰山不让土壤，故能成其大；河海不择细流，故能就其深；王者不却众庶，故能明其德。是以地无四方，民无异国，四时充美，鬼神降福，此五帝三王之所以无敌也。今乃弃黔首以资敌国，却宾客以业诸侯，使天下之士退而不敢西向，裹足不入秦。此所谓"藉寇兵而赍盗粮"者也。夫物不产于秦，可宝者多；士不产于秦，而愿忠者众。今逐客以资敌国，损民以益仇，内自虚而外树怨于诸侯，求国无危，不可得也。

这篇书辞，是前237年李斯在秦做客卿时写给秦王的，紧紧抓住秦王享乐所好，与欲霸天下所求，反复运用正反对比的论证方法，说明逐客只能将所好所求送于敌国，与自己所好所求的意图背道而驰。其实，逐客一事与李斯本身进退也息息相关，所以文章感情真诚，简明而透辟。据说秦王读完此文，立即解除了逐客令，并委李斯以重任。

李斯书写这篇书辞时，战国百家争鸣的局面还未结束，特别是战国末期纵横家的纵横捭阖之风仍在盛行，《谏逐客书》只能算作战国策士策论的绝响。当秦王朝实行文化专制后，处士横议之风便荡然无存，就连曾写过《谏逐客书》的李斯，也人格异化，顿失战国策士纵横驰骋之气，专力去写那些阿谀奉承、歌功颂德的文字去了，其中许多石刻碑文，如《琅玡台刻石》《泰山刻石》等就出自李斯之手。秦二世时，赵高专权，二世听信赵高谗言，将李斯下狱治罪，李斯写了一篇《狱中上书》，表面"罪己"，实际摆功，故意正话反说：

臣为丞相，治民三十余年矣，逮秦地之陕隘。先王之时秦地不过千里，兵数十万。臣尽薄材，谨奉法令，阴行谋臣，资之金玉，使游说诸侯；阴修甲兵，饰政教，官斗士，尊功臣，盛其爵禄。故终以胁韩弱魏，破燕、赵、夷齐、楚，卒兼六国，虏其王，立秦为天子。罪一矣。地非不广，又北逐胡、貉，南定百越，以见秦之强。罪二矣。尊大臣，盛其爵位，以固其亲。罪三矣。立社稷，修宗庙，以明主之贤，罪四矣。更剋画，平斗斛度量文章，布之天下，以树秦之名。罪五矣。治驰道，兴游观，以见主之得意。罪六矣。缓刑罚，薄赋敛，以遂主得众之心，万民戴主，死而不忘。罪七矣。若斯之为臣者，罪足以死固久矣，上幸尽其能力，乃得至今，愿陛下察之！

李斯的前书驳逐客之非，后书辩不白之冤，辩诬的性质是一样的，然两封书信的风格却有天壤之别。李斯虽然对秦二世的迫害满腹怨恨，但在此书信中却不敢直斥，只以正话反说的方式来表白自己对秦的巨大贡献，企图以此感动秦二世。书信中故意将是说成非，将功说成过，已与《谏逐客书》那种理直气壮、酣畅淋漓的特点大相径庭了。正话反说的方式在晏子对齐王的讽谏中就广泛应用，而通篇正话反说，则从李斯的《狱中上书》始，将此方式能娴熟地运用，则是东方朔。此三人所处的地位、环境不同，但都慑于君主淫威的心态基本是一致的。

（二）西汉初期的政论、抒情散文

这里所谓的西汉初期，指前 206 年汉高祖刘邦元年到汉武帝即位时的建元元年（前 140）之间的历史阶段，经历了汉高祖、惠帝、吕后、文帝、景帝诸朝。汉王朝是继秦王朝之后又一个大一统封建帝国，虽说"汉承秦制"，但在建设、巩固大一统帝制方面，汉朝又进行了一系列的改革。它吸取了秦帝国覆灭的历史教训，废除了秦帝国许多政治的、经济的、文化的极端专制政策。有的秦律虽未能及时下令废除，实际上已不实行，如秦的挟书律至惠帝时才明令废止，但实际上从汉初开始便不实行这条律法，文化禁锢逐渐被打破。

由于秦末连年战争，天下疲敝，疮痍满目，经济困难严重地威胁着汉帝国的生存、发展。国家当务之急是保持社会稳定，与民休养生息，尽快渡过经济难关，所以不得不在政治、经济、文化上采取宽松的政策。当秦王朝文化专制的桎梏一旦被打破，被窒息一时的诸子之学，又迅速得到恢复和发展。汉初诸子学说得以迅速恢复，还有两个重要原因：一是表面上秦王朝把中国文化摧残几乎殆尽，实际上中国文化的文脉基本未断。秦始皇可以焚《诗》《书》等文化典籍，然而泯灭不了活在人民心中的中国文化。何况秦王朝帝祚短促，虽然坑杀了几百儒生，但作为中国文化的传人——士阶层，并未消亡，有许多在秦焚书前就已满腹经纶的学者还活到了汉初，他们对恢复、传播诸子之学起了至关重要的作用。中国文化在秦代遭到严重破坏，但中国文化的根还在，就如枯木逢春，在汉初宽松政策的气候下，又迅速地重新萌生出新芽来。二是汉初分封了一批诸侯王，诸侯藩国为了扩大自己的势力，追慕战国时期诸侯广为养士之举，招徕各方面英杰，客观上也促成了诸子学说的活跃。

在武帝即位前，汉朝统治者都把主张清静无为的黄老道家思想作为自己的政治主导思想，所以在汉初复兴的诸子之学中，黄老之学兴盛一时。然而虽崇尚黄老，却不重蹈秦帝国崇尚一尊、禁锢其他学派思想的覆辙，而是对诸子学说采取了兼容并蓄的政策。最能代表这一思想倾向的是司马谈的《论六家之要指》，这篇文章认为阴阳、儒、墨、名、法、道德诸家，主张不同，但目的都是为了治世，这就是文章开头就强调的"天下一致而百虑，同归而殊途"。六家所论，各有长短，比较起来，道家最优，因为它"因阴阳之大顺，采儒墨之善，撮名法之要，与时迁徙，应物变化，立俗施事，无所不宜，指约而易操，事少而功多"。这篇文章对先秦诸子作了比较准确、公允的评价，绝无先秦时各诸子扬己抑人的偏颇，司马谈主张建立以道家思想为主，兼取他家之长的新思想，代表了当时的黄老进步思想。

人们崇尚黄老之学，除了汉初政治上需要外，还有一个历史文化传承的关系。在秦王朝文化专制期间，独行法家之学的严刑峻法，对战国时成为显学的儒学打压得最重，而黄老道家的无为而治与法家的刑名法术本互为表里，因此对黄老道家的态度较为宽容，《汉书·艺文志》列道家著作993篇，其数量除小说家外，为诸子之最，且大多数是秦王朝以前的作品，这就很能说明问题。秦亡后，文化禁锢一开，未经重创的黄老之学自然最先得以迅速恢复、发展，并成为社会的主导思想。而盛行于战国末期的纵横之学，虽在秦朝时被一时中断，但在楚汉相争之际，蒯通、郦食其等人就已持纵横之说到处游说。汉初离战国末仅有几十年的时间，所以战国纵横的风气也恢复得较早，《汉书·艺文志》载录汉时纵横家的著作有：《蒯子》五篇、《邹阳》七篇、《主父偃》二十八篇、《徐乐》一篇、《庄安》一篇、《待诏金马聊苍》三篇，纵横之学盛行由此可见。不仅汉初的文章多受纵横家的影响，而且朝臣们在朝堂上奏对也常用纵横家的思想及言辞，这种风气甚至延至武帝时。武帝时会稽吴人严助，好纵横之学，武帝下令"郡举贤良，对策百余人，武帝善助对，由是独擢助为中大夫"。后丞相卫绾上奏请罢申不害、商鞅、韩非、苏秦、张仪之言，武帝才令严助

"具以《春秋》对,毋以苏秦纵横。"(《汉书·严助传》)

西汉初的文章带有战国诸子散文的风格,但绝不是先秦诸子散文的简单重复。与先秦诸子散文相比,汉初的散文从作者到内容再到形式都发生了巨大的变化。汉初散文的作者,已不是战国时那种到处游说的学者、策士,第一次出现了专门在中央供职的朝廷作家,就是那些在藩国做文学侍从的作家,也不再以从事纵横活动为职业。散文的内容,已不像战国散文主要探讨未来社会的建设方案,而是主要阐述重建大一统强国的种种措施及抒发对大一统社会的感受。散文的形式已由先秦诸子哲理散文改变为政论散文,政论散文更强调服务于大一统政治的实用性。

鉴于秦王朝速亡的沉痛教训,汉初政论文章的内容主要集中在总结历史上国家政治成败得失的经验上,陆贾的《新语》首倡其风。陆贾曾以门客的身份随从刘邦起事,汉朝建立后,常伴在汉高祖身边出谋划策,言必引《诗》据《书》,这使得小吏出身没有多少文化而得天下的汉高祖刘邦听了很不自在,以为陆贾故意在他面前卖弄玄虚,就生气地骂道:"乃公居马上而得之,安事《诗》《书》!"陆贾反驳说:"居马上得之,宁可以马上治之乎?且汤武逆取而以顺守之,文武并用,长久之术也。昔者吴王夫差、智伯极武而亡;秦任刑法不变,卒灭赵氏。乡使秦已并天下,行仁义,法先圣,陛下安得而有之?"刘邦听了觉得句句在理,反感到自己作为天子却不懂治天下之道而愧疚,便吩咐陆贾:"试为我著秦所以失天下,吾所以得之者何,及古成败之国。"(《史记·郦生陆贾列传》)陆贾先后为刘邦写出《道基》《术事》《辅政》《无为》等十二篇奏疏,每奏一篇,刘邦与朝臣们都大为赞赏,把陆贾的奏疏合称为《新语》,陆贾是汉代第一位推崇儒学的先驱者。

陆贾吸收儒、道、法家思想,主要通过古来国家兴亡的史实,阐述政权建设成败的历史经验教训,论证当朝应奉行的治国之道。要求人君取法于先圣,选贤任能,以仁义治天下,如在《新语·辅政》篇中强调:

> 昔者,尧以仁义为巢,舜以禹、稷、契为杖,故高而益安,动而益固,处宴安之台,承克让之途,德配天地,光广四表,功垂于无穷,名传于不朽,盖自处得其巢,任杖得其人也。秦以刑罚为巢,故有覆巢破卵之患,以赵高、李斯为杖,故有倾仆跌伤之祸,何哉?所任者非也。故杖圣者帝,杖贤者王,杖仁者霸,杖义者强,杖谗者灭,杖贼者亡。

陆贾反对虐民的暴政，主张以仁慈为本，推行无为宽松的政治，其《新语·无为》篇中说：

> 夫道莫大于无为，行莫大于谨敬。何以言之？昔虞舜治天下，弹五弦之琴，歌南风之诗，寂若无治国之意，漠若无忧民之心，然天下治。周公制礼作乐，郊天地，望山川，师旅不设，刑格法悬，而四海之内，奉供来臻，越裳之君，重译来朝。故无为者，乃有为也。秦始皇帝设刑罚，为车裂之诛，以敛奸邪，筑长城于戎境，以备胡、越，征大吞小，威震天下，将帅横行，以服外国，蒙恬讨乱于外，李斯治法于内。事逾烦天下逾乱，法逾滋而奸逾炽，兵马益设而敌人逾多，秦非不欲为治，然失之者，乃举措暴众，而用刑太极故也。

陆贾还注意到推行法制及教化的重要性："夫法令者，所以诛恶，非所以劝善。故曾闵之孝，夷齐之廉，岂畏死而为之哉？教化之所致也。故曰，尧舜之民，可比屋而封；桀纣之民，可比屋而诛者，教化使然也。"（《新语·无为》）这里所论法治诛恶、德治劝善，各自具有不同功能，主张执法与教化二者兼施而不可偏废，并且以教育为治本之策。分析深刻，论证精辟。西汉初立，《新语》就为新的大一统帝国规划立国大法。自此之后一个很长的时期，如何借鉴古代，特别是秦王朝的政治得失，如何加强新王朝的政治统治，成为汉代政论散文的一个重要主题。

《新语》稍后，有贾山的《至言》。贾山颍川（今河南禹州）人，受学于祖父贾祛，贾祛曾是战国魏国的博士弟子，亲见秦国一统天下又速亡天下的历史过程，深感爱民者昌、虐民者亡的道理，他指导其孙尊儒而不黜他家，不主张专治儒学，对贾山的影响很大。贾山初为颍阴侯灌婴的门客，以门客的身份多次向文帝上书，剖析古今治乱兴衰的道理，《至言》只不过是其中存留下来的一篇。《至言》认为秦朝灭亡主要原因有二：繁赋重役，使天下人忍无可忍；严刑酷法，使天下人敢怒不敢言。由于"天下莫敢告"，故秦始皇处于天怒人怨的危机之中而不自知。官逼民反，这是一个显而易见的历史现象，而言路堵塞导致亡国，却往往为新的执政者所忽略。《至言》借秦亡之事，言治乱之道，强调治国的根本，在于纳谏用贤，广开言路，立论新颖，而且有现实的针对性，明代徐中行称此文"骨法奇爽，西汉当称独步"。清代姚鼐赞此文"雄肆之气，喷薄横出"（《古文辞类纂》），《至言》借秦为喻，针对当时现实，分析形势，提出对策，思想深刻，感情恳切、真挚，在汉代政论散文中独树一帜。

汉初最有影响的朝廷散文作家是贾谊（前200—前168）和晁错（前200？—前154）。贾谊，洛阳人，曾得文帝赏识与器重，后受人谗而谪为长沙王太傅、梁怀王太傅，梁怀王堕马死，贾谊自伤而亡。他的政论文集名《新书》（又称《贾子》），今存10卷58篇，其中《问孝》《礼容语上》两篇有目无文，实为56篇。其中《过秦论》《陈政事疏》《论积贮疏》《谏立淮南诸子疏》《谏铸钱疏》，堪称脍炙人口的名篇。《过秦论》总结秦朝兴亡的历史教训：人心向背决定着国家的命运，施行"仁政"是统治者立于不败的根本措施。文章笔锋犀利，言辞激切，感情倾诉得淋漓酣畅，铺陈、排比、夸张、渲染等手法的运用，使文势更加纵横驰骋，有战国纵横家的遗风。如写秦国兴盛时，"有席卷天下、包举宇内、囊括四海之意，并吞八荒之心"。东方六国，"尝以十倍之地、百万之众，叩关而攻秦，秦人开关而延敌，九国之师逡巡而不敢进……秦有余力而制其弊，追亡逐北，伏尸百万，流血漂橹"。表现出秦国何等强大的气势！然而陈涉"率疲敝之卒，将数百之众，转而攻秦。斩木为兵，揭竿为旗，天下云集响应，赢粮而影从。山东豪俊，遂并起而亡秦族矣。"秦国盛衰对比有多么得强烈、明显！强大的秦国能降服全副武装的六国军队，却败于手无寸铁的农民手中，《过秦论》对此社会现象做了深刻的历史反思：

> 且夫天下非小弱也，雍州之地、崤函之固，自若也。陈涉之位，非尊于齐、楚、燕、赵、韩、魏、宋、卫、中山之君也；锄耰棘矜，非铦于钩戟长铩也；谪戍之众非抗九国之师也；深谋远虑，行军用兵之道，非及向时之士也。然而成败异变、功业相反，何也？试使山东之国与陈涉度长絜大，比权量力，则不可同年而语矣。然秦以区区之地，致万乘之势，序八州而朝同列，百有余年矣。然后以六合为家，崤函为宫。一夫作难而七庙隳，身死人手，为天下笑者，何也？仁义不施，而攻守之势异也。
>
> 秦灭周祀，并海内，兼诸侯，南面称帝，以四海养。天下之士，斐然向风。若是，何也？曰：近古而无王者久矣。周室卑微，五霸既灭，令不行于天下，是以诸侯力正，强凌弱，众暴寡，兵革不休，士民罢弊。今秦南面而王天下，是上有天子也。即元元之民冀得安其性命，莫不虚心而仰上。当此之时，专威定功，安危之本，在于此矣。
>
> 秦王怀贪鄙之心，行自奋之智，不信功臣，不亲士民，废王道而立私爱，焚文书而酷刑法，先诈力而后仁义，以暴虐为天下始。夫并

兼者高诈力，安危者贵顺权，以此言之，取与攻守不同术也。秦虽离战国而王天下，其道不易，其政不改，是其所以取之也，孤独而有之，故其亡可立而待也。借使秦王论上世之事，并殷周之迹，以制御其政，后虽有淫骄之主，犹未有倾危之患也。故三王之建天下，名号显美，功业长久。

春秋战国以来，兵革不休，士民疲敝，人民急切盼望统一安定，秦并六国统一天下，正是顺应民心的大仁大义，故无往而不胜。然而秦取天下后，赋敛无度，民不聊生，民危则天下危，暴秦速亡应在情理之中。文章从而又得出"牧民之道，务在安之而已"的颠扑不破的结论。高步瀛在《文章源流》中评说："此篇前半极力形容秦国累代之强，非诸国所能敌；及至始皇益强，遂灭六国而统一天下。其势益雄，防卫益固，真可谓若万世不亡者；而陈涉以一无势力之人，一出而遂亡秦。此段更就前文所述，两两比较，几同卵石之异，而卵竟碎石，是真奇怪不可测度。其千回百折，只为激出末句。故正意一经揭出，格外警悚出奇，可谓极谋篇之能事矣。"《过秦论》擅名当时，影响后世，晋代左思在《咏史》诗中写道："著论准《过秦》，作赋似《子虚》。"足见《过秦论》在后人心目中的崇高地位。

《陈政事疏》又称《治安策》，洋洋数千言，已从总结秦国败亡教训的基础上，进而提升到批评时弊，探讨当代长治久安之策。作者透过汉初太平景象，洞察到社会潜伏的重大危机：内有诸侯割据之忧，外有匈奴侵扰之患，而"进言者皆曰：'天下已安已治矣。'"贾谊指出："曰安且治者，非愚则谀，皆非事实知治乱之体者也。夫抱火厝之积薪之下，而寝其上，火未及燃，因谓之安。方今之势，何以异此？"藩国日益坐大，其趋势必然是"亲者或亡分地以安天下，疏者或制大权以逼天子"，疏者必危，亲者必乱，对中央集权构成严重威胁，作者疾呼中央政府对诸侯王采取果断措施："欲天下之治安，莫若众建诸侯而少其力。力少则易使以义，国小则亡邪心。"贾谊分析天下大势，洞若观火，绝非危言耸听，所以才笔力万钧，气势磅礴；设计治安大计，切中时弊，高瞻远瞩。刘向称赞道："贾谊言三代与秦治乱之意，其论甚美，通达国体，虽古之伊、管，未能过也。"（《汉书·贾谊传》）

晁错，颍川人，与贾山同乡，初习法家之学，后博采各家之长，曾奉命从故秦博士伏生受《尚书》，是西汉杰出的政治家。初为太子家令，太子即位为景帝，任用晁错为御使大夫，时人誉称"智囊"。因坚决主张削藩，吴、楚等七国以"清君侧""诛晁错"为名，发动叛乱，景帝迫于压力，加之政敌袁盎的谗害，被杀身亡。他的政论散文以《论贵粟疏》《守边劝农疏》《言兵事疏》最著名，主张削弱诸侯势力，加强中央集权；重农抑商，轻敛薄赋，发展农业；徙民实边，抵御匈奴侵扰，观点与贾谊相似。文章结构严整，论辩有力，分析深刻，切中要害。如《论贵粟疏》分析了社会安定及动乱的原因：

> 圣王在上而民不冻饥者，非能耕而食之，织而衣之也，为开其资财之道也。故尧、禹有九年之水，汤有七年之旱，而国亡捐瘠者，以蓄积多而备先具也。
>
> 今海内为一，土地人民之众，不避汤、禹，加以亡天灾数年之水旱，而蓄积未及者，何也？地有遗利，民有余力，生谷之土未尽垦，山泽之利未尽出也，游食之民，未尽归农也。民贫则奸邪生。贫生于不足，不足生于不农，不农则不地著，不地著则离乡轻家，民如鸟兽，虽有高城深池，严法重刑，犹不能禁也。
>
> 夫寒之于衣，不待轻暖；饥之于食，不待甘旨；饥寒至身，不顾廉耻。人情，一日不再食则饥，终岁不制衣则寒。夫腹饥不得食，肤寒不得衣，虽慈母不能保其子，君安能以有其民哉！明主知其然也，故务民于农桑，薄赋敛，广蓄积，以实仓廪，备水旱，故民可得而有也。
>
> 民者，在上所以牧之，趋利如水走下，四方亡择也。夫珠玉金银，饥不可食，寒不可衣，然而众贵之者，以上用之故也。其为物轻微易藏，在于把握，可以周海内，而亡饥寒之患。此令臣轻背其主，而民易去其乡，盗贼有所劝，亡逃者得轻资也。粟米布帛，生于地，长于时，聚于力，非可一日成也；数石之重，中人勿胜，不为奸邪所利，一日弗得而饥寒至。是故明君贵五谷而贱金玉。

民以食为天，国家安定在于足食，足食在于劝农，劝农在于贵粟。否则天下人饥寒交迫，国家失去物质支撑，天下人齐心思变，国家何能制止住动乱？作者强调重农贵粟，正是把握住了安民之本、治国之本，言辞质朴而犀利，简洁而明快，论理透彻而具有无可辩驳的说服力。与贾谊的散文比，晁错文采稍逊于贾谊而深切实用又过之。鲁迅先生对贾谊、晁错评价甚高，在《汉文学史纲要·第七篇·贾谊与晁错》中说："晁贾性行，其初盖颇同，一从伏生传《尚书》，一从张苍受《左氏》。错请削诸侯地，且更定法令；谊亦欲改正朔、易服色①；又同被功臣贵幸所谮毁。为文皆疏直激切，尽所欲言；司马迁亦云：'贾生晁错明申商。'② 惟谊尤有文采，而沉实则稍逊，如其《治安策》、《过秦论》，与晁错之《贤良对策》、《言兵事疏》、《守边劝农疏》，皆为西汉鸿文，沾溉后人，其泽甚远。"③

汉初最有代表性的藩国散文作家当数枚乘（？—前140）和邹阳（约前206—前129）。汉初实行"休养生息"的政策，到文、景两代，又采取一系列措施，使社会经济得到了显著发展，历来被视为封建社会的盛世，史称"文景之治"。然而盛世也潜伏着严重的危机，这就是藩国已蓄成尾大不掉之势，显露出种种谋反的迹象。当初刘邦开国，把分封诸侯当作巩固大一统措施之一，结果适得其反，形成威胁中央政权的最大隐患。至文景时期，中央与藩国的生死决斗不可避免，这也是贾谊、晁错等人所焦虑的问题。作为藩国的文人，枚乘、邹阳他们虽然是诸侯王招致为其政治服务的"四方游士"，虽然他们身上有战国纵横家的习气，特别是文章有战国纵横家的流风余韵，但他们已不是战国时的谋臣策士，他们已不盲目地"各为其主"，他们能自觉遵循一条基本原则，即维护国家的统一。这种意识来自对春秋战国以来历史的总结，来自对大一统优越体制的深刻认知。

枚乘，淮阴（今属江苏）人，初为吴王刘濞郎中，因觉刘濞有谋反之意，便写了《谏吴王书》，希望吴王幡然改图。文章隐约婉转，长喻远譬，把谋反之害与悔改之易写得曲尽其意。如书中写道：

> 夫以一缕之任系千钧之重，上悬无极之高，下垂不测之渊，虽甚愚之人犹知哀其将绝也。马方骇，鼓而惊之；系方绝，又重镇之。系绝于天，不可复结；坠入深渊，难以复出。其出不出，间不容发。能听忠臣之言，百举必脱。必若所欲为，危于累卵，难于上天；变所欲为，易于反掌，安于泰山。今欲极天命之寿，敝无穷之极乐，究万乘之势，不出反掌之易，以居泰山之安，而欲乘累卵之危，走上天之难，此愚臣之所以为大王惑也。

---

① 改正朔，易服色《汉书·贾谊传》载："谊以为汉兴二十余年，天下和洽，宜当改正朔，易服色制度，定官名，兴礼乐。乃草具其仪法，色上黄，数用五，为官名悉更，奏之。文帝谦让未皇也。"按秦以十月为岁首，色尚黑。据《汉书·武帝纪》，至太初元年始"以正月为岁首。色上黄"。（此段注文为鲁迅先生原注）
② "贾生晁错明申商"语见《史记·太史公自序》："自曹参荐盖公言黄老，而贾谊、晁错明申、商。"申、商，指申不害和商鞅。（此段注文为鲁迅先生原注）
③ 鲁迅：《汉文学史纲要》，《鲁迅全集》第9卷，人民文学出版社1982年版，第391页。

谏书比喻贴切，形象生动，辞虽含蓄而旨意鲜明，骈散句式错落有致，已融辞赋的特点于散文中，极有感染力。然而吴王不纳忠言，枚乘只好离吴投奔梁孝王。吴王果反，枚乘又有《重谏吴王书》，再次陈述利弊，情真语切，既为吴王处境着想，又处处维护汉室安定，体现了汉代藩国文学侍从的时代新特征。

邹阳，齐（今山东东部）人，早年与枚乘、庄忌等人都为吴王刘濞文学侍从，他与枚乘一样，也是一个很有时代责任感的人，《汉书》本传载："吴王以太子事怨望，称疾不朝，阴有邪谋，阳奏书谏。"此谏书就是《上吴王书》。吴王不听劝阻，邹阳便与枚乘、庄忌离吴投靠梁孝王。邹阳生性耿直，在梁孝王处受到羊胜、公孙诡的谗毁，梁孝王一时听信谗言，将邹阳下狱，准备处死。邹阳不甘束手待毙，写了《狱中上梁王书》，书中写道：

> 臣闻："忠无不报，信不见疑"，臣常以为然，徒虚语耳。昔者荆轲慕燕丹之义，白虹贯日，太子畏之；卫先生为秦画长平之事，太白食昴，昭王疑之。夫精诚变天地而信不谕两主，岂不哀哉！今臣尽忠竭诚，毕议愿知，左右不明，卒从吏讯，为世所疑。是使荆轲、卫先生复起，而燕、秦不寤也。原大王熟察之。
>
> 昔玉人献宝，楚王诛之；李斯竭忠，胡亥极刑。是以箕子阳狂，接舆避世，恐遭此患。愿大王察玉人、李斯之意，而后楚王、胡亥之听，毋使臣为箕子、接舆所笑。臣闻比干剖心，子胥鸱夷，臣始不信，乃今知之。愿大王熟察，少加怜焉！

书信围绕着"忠信"两字，反复致意，慷慨陈述自己对梁孝王的拳拳忠心，极力申诉遭谗的冤屈。其文紧紧把握问题关键，博引史实，善用谚语、典故，常以正反对比来剖析事理，词多偶俪，句多排比铺张，雄辩有力，感人肺腑，颇有战国游士纵横善辩之风。全文以抒情为主，是汉代书信体散文中少有的佳品，也开了汉代以书信方式进行抒情的先河。

除个人著述外，藩国还出现了一部集体编著的体大思精的巨制——《淮南子》，《淮南子》亦称《淮南鸿烈》，由淮南王刘安及其门客苏飞、李尚、左吴、田由等人合著。此书后来多有散佚，今只流传《原道训》《俶真训》《天文训》等21篇。书中杂采先秦诸家史料，以道家思想为主，也杂有儒、法、阴阳等各家思想，内容广泛，涉及政治、哲学、道德、风俗、法制、兵略等各个方面。成书约在武帝即位后，但体现的仍是汉初的主导思想和文风，客观上起到了抵制"独尊儒术"的作用。

在《淮南子》之前，便有一部杂家巨著《吕氏春秋》，这部书成于秦帝国建立前，当时迅猛发展的形势，向人们提出一个重大的理论问题：这就是以什么样的思想来治理即将到来的大一统局面。《吕氏春秋》企图吸取战国时期各国有益的执政经验，采纳百家争鸣中各种正确的意见，来形成自己新的治国纲领。《淮南子》怀着同样的政治目的，它推崇道家又兼容百家的思想，带有综合各派思想的倾向，它认为："夫道者，覆天载地，廓四方，柝八极。"（《淮南子·原道训》）世界的最终本体就是道，因此，"逮至当今之时，天子在上位，持以道德，辅以仁义，近者献其智，远者怀其德，拱揖指麾而四海宾服。"（《淮南子·览冥训》）为汉天子提出了治理天下的基本原则。

《淮南子》文辞铺张，语言生动，行文大量使用排比对偶，如：

积薄为厚，积卑为高，故君子日孳孳以成辉，小人日怏怏以至辱。其消息也，离朱弗能见也。文王闻善如不及，宿不善如不祥。非谓日不足也，其忧寻推之也。故《诗》曰："周虽旧邦，其命维新。"怀情抱质，天弗能杀，地弗能霾也。声扬天地之间，配日月之光，甘乐之者也。苟向善，虽过无怨；苟不向善，虽忠来患。故怨人不如自怨，求诸人不如求诸己得也。（《缪称训》）

明显地表现出散文辞赋化的特点。《淮南子》不仅有繁富的文采，而且想象丰富，气势雄健，富有浪漫色彩，善用历史故事、神话传说和寓言故事来论证说理，书中保存了许多中国古代珍贵的神话，如《共工怒触不周山》《女娲补天》《后羿射日》等。与汉初的政论散文相比，又多了一份浪漫主义的情调。清代刘熙载在《艺概》卷一《文概》中评价说："《淮南子》连类喻义，本诸《易》与《庄子》，而奇伟宏富，又能自用其才，虽使与先秦诸子同时，亦足成一家之作。"

（三）西汉中期的政论、抒情散文

西汉中期指武帝即位（前140）至前49年宣帝死为止的历史时期，经历了武帝、昭帝、宣帝三朝。西汉中期是汉代在"文景之治"后又继续走向鼎盛的时期。

经过文景之治，到武帝时期，已经彻底消除了诸侯王分裂国家的隐患，国家空前统一，经济发达，西汉成为当时世界上最强盛的国家。据《史记·平准书》记载："至今上即位数岁，汉兴七十余年之间，国家无事，非遇水旱之灾，民则人给家足，都鄙廪庾皆满，而府库余货财。京师之钱累巨万，贯朽而不可校。太仓之粟陈陈相因，充溢露积于外……"经济基础的巨大变化，必然引起意识形态上层建筑的变化，为了适应新的大一统的需要，统治者要寻找新的治国方略，于是一改过去黄老的"无为"而主张儒家的"有为"，在政体上实行以酷吏为治的同时，在思想文化上实行"罢黜百家，独尊儒术"，当然，这种文化专制与秦帝国式的野蛮文化专制还是有区别的。被"罢黜"的各家学说实际上还是并存着，真正把儒学当作"经学"而神圣化，大力排斥其他各学派学说，是从宣帝死后的元、成帝时期开始的。清代经学家皮锡瑞在其《经学历史》中指出："经学自汉元、成至后汉，为极盛时代。"不过，武帝时期的文章受儒学严重影响，已经很显著。

首先体现这种变化的是董仲舒（前179—前104）。董仲舒，广川（今河北枣强）人，"少治《春秋》，孝景时为博士。下帷讲诵，弟子传以久次相授业，或莫见其面。盖三年不窥园，其精如此。进退容止，非礼不行，学士皆师尊之。"（《汉书·董仲舒传》）武帝时被举为贤良，应皇帝策问，建议罢黜百家、独尊儒术，是西汉著名的思想家，著作颇丰，代表性著述是《春秋繁露》和《汉书》本传中存有的《举贤良对策》。在政治上高度统一、经济上高度发达的武帝时期，董仲舒以儒学为中心，融合阴阳五行学及其他各家学说，创造了适应统治者需要的新儒学。他的学说贯彻《春秋》公羊派大一统的观点，主张加强维护汉朝统一局面，大讲神权、君权、父权、夫权，其中心是"天人感应"说，既神化君权，又以天之"灾异"限制君权的滥用。《春秋繁露·玉杯》篇说："《春秋》之法，以人随君，以君随天。曰：缘民臣之心不可一日无君，一日不可无君，而犹三年称子者，为君心之未当立也。此非以人随君邪？孝子之心，三年不当，三年不当而逾年即位者，与天数俱终始也。此非以君随天邪？故屈民而伸君，屈君而伸天，《春秋》之大义也。"他还提出以"三纲五常"为基本内容的封建伦理道德和黑、白、赤三统循环的历史观，以其系统的新儒家学说开中国两千多年正统经学的先声。董仲舒的文章有条不紊，深奥宏博，如《春秋繁露·仁义法》中写道：

　　《春秋》之所治，人与我也。所以治人与我者，仁与义也。以仁安人，以义正我。故仁之为言人也，义之为言我也，言名以别矣。仁之于人，义之于我者，不可不察也。众人不察，乃反以仁自裕而以义设人，诡其处而逆其理，鲜不乱矣。是故人莫欲乱而大抵常乱，凡以暗于人我之分，而不省仁义之所在也。是故《春秋》为仁义法，仁之法在爱人，不在爱我；义之法在正我，不在正人。我不自正，虽能正人，弗予为义；人不被其爱，虽厚自爱，不予为仁。

再如《举贤良对策》二中写道：

> 臣闻圣王之治天下也，少则习之学，长则材诸位，爵禄以养其德，刑罚以威其恶，故民晓于礼谊而耻犯其上。武王行大谊，平残贼，周公作礼乐以文之，至于成康之隆，囹圄空虚四十余年，此亦教化之渐而仁谊之流，非独伤肌肤之效也。至秦则不然。师申商之法，行韩非之说，憎帝王之道，以贪狼为俗，非有文德以教训于下也。诛名而不察实，为善者不必免，而犯恶者未必刑也。是以百官皆饰虚辞而不顾实，外有事君之礼，内有背上之心；造伪饰诈，趣利无耻；又好用憯酷之吏，赋敛亡度，竭民财力，百姓散亡，不得从耕织之业，群盗并起。是以刑者甚众，死者相望，而奸不息，俗化使然也。故孔子曰："导之以政，齐之以刑，民免而无耻"，此之谓也。

董仲舒为西汉群儒之首，其文也一改汉初贾谊、晁错、邹阳、枚乘那种纵横驰骋、磅礴激切的风尚，变得温文尔雅、从容舒缓、醇厚典雅，开西汉中期散文新风气。陈衍在《石遗室论文》中曾对贾谊与董仲舒的文章作过比较："汉代文章，世称贾茂董醇。茂，盛也，即树木枝叶畅茂之意。贾生之策论，根本盛大，枝叶扶疏，茂不难解也。董之醇在何处乎？均是此意此言，在他人言之透露，而董言之含蓄；他人言之激烈，而董言之委婉，不肯求其简捷。"刘熙载《艺概》卷一《文概》中说："汉家文章，周、秦并法，唯董仲舒一路无秦气"，董仲舒"温雅""醇厚"的特点，代表了汉代阐释经义类散文的"本色"。

鲁迅先生在《从帮忙到扯淡》一文中曾说："中国的开国的雄主，是把'帮忙'和'帮闲'分开来的，前者参与国家大事，作为重臣，后者却不过叫他献诗作赋，'俳优蓄之'，只在弄臣之例。"[①] 如果说董仲舒是为

---

① 鲁迅：《从帮忙到扯淡》，《鲁迅全集》第6卷，人民文学出版社1973年版，第340页。

盛汉大一统提供正统思想的"帮忙"重臣的代表,那么,司马相如(前179?—前118)则是为盛汉大一统唱赞歌的"帮闲"弄臣的代表。司马相如字长卿,蜀郡成都(今属四川)人,以辞赋名世,他的宏大赋体彻底改变了以往骚赋的体制,使枚乘《七发》所开创的散体化、以铺张为能事的新赋体进一步发扬光大,真正成为"润色鸿业"的工具。其散文同其辞赋一样,旨在歌功颂德、粉饰太平,虽是"帮闲",却也是盛世政治所需要的。司马相如的散文有《谕巴蜀父老檄》《难蜀父老》《谏猎疏》《封禅文》等,或宣扬汉朝声威,或向汉皇表示忠诚,或对朝廷的失误委婉讽谏。如《谕巴蜀父老檄》开头一段:

> 告巴、蜀太守:蛮夷自擅,不讨之日久矣,时侵犯边境,劳士大夫。陛下即位,存抚天下,集安中国,然后兴师出兵,北征匈奴,单于怖骇,交臂受事,屈膝请和。康居西域,重译纳贡,稽首来享。移师东指,闽越相诛;右吊番禺,太子入朝。南夷之君,西僰之长,常效贡职,不敢惰怠,延颈举踵,喁喁然,皆乡风慕义,欲为臣妾,道里辽远,山川阻深,不能自致。夫不顺者已诛,而为善者未赏,故遣中郎将往宾之,发巴、蜀之士各五百人以奉币,卫使者不然,靡有兵革之事、战斗之患。今闻其乃发军兴制,惊惧子弟,忧患长老,郡又擅为转粟运输,皆非陛下之意也。当行者或亡逃自贼杀,亦非人臣之节也。

文章辞藻华茂,辞情婉转,气势雄壮奇伟,纵横自如,大量运用排比对偶句式,极尽夸饰炫耀之能事,具有辞赋的特点。刘熙载《艺概·文概》中说:"用辞赋之骈俪以为文者,起于宋玉《对楚王问》,后此则邹阳、枚乘、相如是也。惟此体施之,必择所宜,古人自主文谲谏外,鲜或取焉。"司马相如的散文,同其辞赋相似,意深语婉,反映了大统一的汉帝国空前强盛的社会现实,体现了当时人们那种豪迈自信的气魄和发扬蹈厉的精神。强盛的国势,使每个西汉中期的文人都胸襟开阔,思想宏远,文章中充满了民族的自豪感与优越感。

大一统盛世中,也有文人的悲哀。汉距春秋战国不远,昔日士人被社会普遍尊重的风尚还记忆犹新,但在君主专制的皇权社会中,文人已由从前全社会关注的重要社会力量,变为皇权政治的驯服工具,尤其那些具有独立思想的文人,更感到自己独立的思想与人格被皇权无情地扼杀。正如鲁迅所说:"武帝时文人,赋莫若司马相如,文莫若司马迁,而一则寥寂,一则被刑。盖雄于文者,常桀骜不欲迎雄主之意,故遇合常不及凡文人。"[①] 就连为皇权统治的永恒性制造理论根据的董仲舒,其处境与待遇也好不了多少,他著《灾异之记》,差点被治死罪,因惧宦海风波,晚年称病辞官归乡。董仲舒有《士不遇赋》,后来汉代最伟大的史学家、文学家司马迁又作《悲士不遇赋》,这不是文字模仿,而是文人盛世不遇同感悲愤的必然流露。如司马迁的《报任安书》,字字皆是血泪,控诉了皇权专制对自己的迫害:

> 夫人情莫不贪生恶死,念父母,顾妻子,至激于义理者不然,乃有所不得已也。今仆不幸,早失父母,无兄弟之亲,独身孤立,少卿视仆于妻子何如哉?且勇者不必死节,怯夫慕义,何处不勉焉!仆虽怯懦欲苟活,亦颇识去就之分矣,何至自沉溺缧绁之辱哉!且夫臧获婢妾犹能引决,况仆之不得已乎!所以隐忍苟活,幽于粪土之中而不辞者,恨私心有所不尽,鄙陋没世而文采不表于后世也。

在生比死还痛苦万分的逆境中,司马迁内心经历了生与死的痛苦抉择,他之所以选择了"隐忍苟活",是因为他还有伟大的历史使命未完成,文采表于后世是他生命得以延续的根本原因。为了民族的文化,他愿承受一切痛苦与屈辱,直至耗尽最后一滴心血,这就是中国文人的至高的人生追求。孙月峰评价此文说:"直写胸臆,发挥又发挥,惟恐倾吐不尽,读之使人慷慨激烈,唏嘘欲绝,真是大有力量文字。"又说:"粗粗卤卤,任意写去,而矫健磊落,笔力真如走蛟龙,挟风雨,且峭句险字,往往不乏,读之但见其奇肆,而不得其构造锻炼处。古圣贤规矩准绳文字,至此一大变,卓为百代伟作。"(《评注昭明文选》引)《报任安书》代表了西汉中期抒情散文的水平。司马迁的外孙杨恽的《报孙会宗书》,抒写心中牢骚不平,情辞愤激,感人肺腑,宛然有《报任安书》的风致。

这类抒情散文值得一提的还有东方朔(前154—前93)的《答客难》。东方朔,字曼倩,平原厌次(今山东惠民)人,博学卓识睿智,言辞敏捷,常以幽默调笑的方式,求得切谏的效果,如此奇才,武帝视其如俳优,政治上始终得不到重用。据《汉书》本传,东方朔向武帝上书,"陈农战强国之计",遭到冷遇,他便作《答客难》,聊以自慰。文章表面诙谐旷达,内心却郁郁难平。这种"难"是东方朔首创的一种古文体,带有辞

---

① 鲁迅:《汉文学史纲要》,《鲁迅全集》第8卷,人民文学出版社1963年版,第304页。

赋的特点，以主客问答的方式，揭示了这样一个现实：同样的人才，此时尊之，彼时卑之，完全因人主好恶而异。用人才才会尊重人才，不用人才，必然出现贤愚不分糟践人才的荒唐现象。文章反映了皇权专制下君主个人随意抑扬人才、决定文人进退出处的现实，揭露了皇权专制不尊重人才、埋没人才、摧残人才的事实，然而作者的揭露与抨击又表现出一种淡然的态度，并且说：

  今世之处士，魁然无徒，廓然独居；上观许由，下察接舆；计同范蠡，忠合子胥；天下和平，与义相扶，寡偶少徒，固其宜也。子何疑于我哉？若夫燕之用乐毅，秦之任李斯，郦食其之下齐，说行如流，曲从如环；所欲必得，功若丘山；海内定，国家安；是遇其时也，子又何怪之邪？

  作者旁征博引，古今对比，说明乱世时的战国诸侯还懂得用士之道，而到了治世时的汉帝国却弃士如敝屣。真是彼一时也，此一时也，所谓时异而事异，这是很自然而平常的事情。表面上看似责怪客不知时变而惑于大道，实际上是正话反说，辛辣地讽刺汉武帝刚愎昏聩、贤愚不分，发泄了他怀才不遇的牢骚情绪，体现了众多正直的汉代文人内心的无奈与悲哀。

  《答客难》以诙谐的特点表达激越的感情，笔锋犀利、针砭深刻，是独具一格的优秀抒情散文。它上承宋玉《对楚王问》之体而又有所发展，其"设客难己"、正话反说的形式，直接影响了后来扬雄《解嘲》、班固《答宾戏》、崔骃《达旨》、张衡《应间》和蔡邕《释诲》的写作，形成一种特殊格式，《文选》称之为"设论"。

  汉代中期还产生了一部具有文学特色的经济史料——《盐铁论》。这部书大约是在汉宣帝本始四年（前70），由庐江太守丞桓宽根据汉昭帝始元六年（前81）御史大夫桑弘羊与贤良、文学就盐铁、酒类政策的辩论记录，整理编次成的。全书六十篇，结构严整，体例统一，以对话体的形式客观地记录了御史大夫及其僚属与贤良、文学的互相诘难，前者站在法家的立场上，认为盐铁酒榷均输是国家重要财源，不可放弃。后者从儒家立场出发，主张罢盐铁酒榷均输官，不与民争利，重在对民施行教化。文章不仅显示了双方针锋相对的观点，而且在唇枪舌剑中展示了双方的感情与风采，两种不同类型的人物形象，形成鲜明的对比。作品中的人物善于持论，引经据典，以古比今，语言简洁明快，切中要害。行文气势磅礴，层层铺陈渲染,引类譬喻,句式多排比对偶,整齐而有变化,在西汉的政论散文中,也是独具一格的。

四 经学逐渐神学化时期的散文

经学逐渐神学化时期应从前48年元帝即位算起,至189年董卓入京止,经历了元帝、成帝、哀帝、平帝、汉孺子婴、新朝王莽、光武帝、明帝、章帝、和帝、殇帝、安帝、顺帝、冲帝、质帝、桓帝、灵帝、献帝诸朝。这个时期又可分为三个阶段:第一个阶段由元帝即位到王莽新朝灭亡,即西汉后期。第二个阶段由东汉建立到章帝去世,即东汉前期。第三个阶段由和帝即位到董卓入京,即东汉中后期。

汉武帝时国势虽然发展至极盛,但土地兼并日益严重,武帝又好大喜功,内兴功利,外事四夷,耗尽文、景以来的积蓄,武帝晚年才对自己的伤民糜费的政策有所悔改。昭、宣时继续实行武帝晚年"与民休息"的政策,社会经济得到一定的恢复和发展,宣帝还因此而被称为"中兴之主"。但从元帝开始,大一统政权日益削弱,政治越来越腐败,中央权力逐渐落到外戚、宦官手中。8年,外戚王莽终于废汉自立为帝,定国号为"新"。王莽本想以托古改制来挽救西汉末年以来的社会危机,结果反而使各种矛盾进一步激化,引起社会更大的混乱,导致绿林、赤眉农民大起义。25年,汉高祖刘邦九世孙刘秀,利用农民起义的力量,重建汉政权,改国都为洛阳,史称东汉,汉朝大一统重新得以恢复。东汉初期采取了一些缓和阶级矛盾的措施,促进了经济的发展,稳定了社会秩序,加强了中央集权制,汉帝国再一次出现中兴的局面。

西汉王朝由盛而衰直至消亡,东汉由恢复汉统到呈现中兴气象,二者大一统格局有着明显的不同,为什么在谈及散文时要把它们划在同一个时期呢?这是因为西汉后期存在的由土地兼并带来的阶级矛盾和由外戚、宦官干政带来的政治危机,到东汉前期虽然得到缓解,但并没有根除,仍是破坏大一统的最大隐患。更重要的是这两个历史阶段所奉行的主导思想有相似之处。武帝时,董仲舒倡导的公羊学即今文经学得到统治者的推重,但实际上并没有达到完全"独尊"的程度,统治者本身实行的还是王霸杂用的政治,学术上也还是各家观点并存。真正重用儒生,是从元帝即位之后,元帝、成帝期间,任命为丞相的都是社会名儒,公卿也都是靠经术选用的。这时儒者的言论多引经据典,宣扬天人感应和阴阳异变,哀帝、平帝之际，迷信的谶纬之学盛行，今文经学与谶纬结合，神学迷信化的经学成了判断是非的标准，自然灾异成了处理朝政大事的依据。王莽为了篡权代汉，伪造符命，将谶纬这一套作为自己改朝换代的舆论依据。刘秀复汉称帝，也利用谶纬之说，取得政权后，还"宣布图谶于天下"，谶纬之学也成了官学。章帝时召集儒士讨论五经异同，班固据此编写成的《白虎通德论》，使经学进一步谶纬化。从西汉元帝至东汉章帝，儒学逐渐神学化，章帝之后，谶纬成了重要的社会思潮。皇权要靠文化专制和迷信思想来维持，说明政治危机已十分严重，大一统的机体逐渐变得陈腐、僵化。在这种政治气候下，神学迷信充斥各类文章之中，就不是什么奇怪的现象了。这些文章不仅内容荒诞不经，而且也没有什么文采，值得称道的倒是那些反对迷信的文章。

（一）西汉后期的政论、杂记文

西汉后期，神学化的今文经学束缚了作家的思想，这一阶段的政论散文水平远不如西汉前期高。在神学化今文经学、谶纬学占据思想意识领域优势的年代，盛行的当然是那些充满神学迷信说教的散文，一大批文人，如翼奉、京房、谷永等人，以善讲灾异为能。如谷永有《日食对》《星陨对》《灾异对》等文，都是很有代表性的以灾异现象抨击时弊的文章。如《灾异对》中讲道：

> 王者躬行道德，承顺天地。博爱仁恕，恩及行苇。藉税取民，不过常法。宫室车服，不逾制度。事节财足，黎庶和睦。则卦气理效，五徵时序。百姓寿考，庶草蕃滋。符瑞并降，以昭保右。失道妄行，逆天暴物。穷奢极欲，湛湎荒淫。妇言是从，诛逐仁贤。离逷骨肉，群小用事。峻刑重赋，百姓愁怨。则卦气悖乱，咎徵著邮。上天震怒，灾异屡降。日月薄蚀，五星失行。山崩川溃，水泉踊出。妖孽并见，茀星耀光。

文中反映出一些西汉末世政治黑暗、民不聊生的现实，但将儒家仁政爱民的观念穿凿附会于灾异，实在是荒谬，艺术上也无创新之处，浓重的神学气已改变了先秦以来散文的优秀传统。

在经学逐渐向神学方面发展的西汉后期，出现了图书搜集、整理的热潮。成帝时命陈农访求天下遗书，命刘向（前77—前6）总校诸书。刘向，汉皇族楚元王刘交四世孙，以治《春秋穀梁传》起家，博学洽闻，通达古今，校阅群书时所写的一些序录，多有文采，引证详备，分析深刻。其奏议，辞浅理畅，意味深沉醇厚，流露出作者强烈的匡救时弊的热情。如成帝要耗巨资重筑延陵，刘向上《谏营延陵过侈疏》，劝谏成帝体恤民瘼，不可过分奢侈营建陵墓而给人民、国家带来严重危害。文中旁征博引，曲折尽致，为说明厚葬的危害，列举了历史上一系列的圣王贤臣薄葬与暴君昏主厚葬的事例，最后得出无可辩驳的结论："是故德弥厚者葬弥薄，知愈深者葬愈微。无德寡知，其葬愈厚，丘陇弥高，宫庙甚丽，发掘必速。由是观之，明暗之效，葬之吉凶，昭然可见矣。"援引典事，从容反复，卒章见志，结论简洁有力，明散文家茅坤称此奏议为"西京第一奏疏"。不过刘向的奏议也常以古来符瑞灾异来解释当前社会现象，说明他没有摆脱那个时代迷信神学的影响。

在整理书籍中，刘向又采撷先秦经传子史诸书中的逸事传说、民间故事等，分类纂辑成《说苑》《新序》《列女传》。三书运用大量生动的事例，不仅展示了丰富而又复杂的历史社会风貌，而且基于西汉后期儒家伦理紊乱道德沦丧的社会现实，宣扬了儒家伦理道德，欲借古讽今，拨乱反正。如《列女传》，将选取的妇女事迹104则，分为母仪、贤明、仁智、贞顺、节义、辩通、孽嬖七类，通过历史上正、反不同的妇女形象，特别是那些祸乱国家的后妃形象，让当朝皇帝引起警觉与反思。历史上因为过分宠信后妃而导致外戚专权，最终酿成国破家亡悲惨结局的现象司空见惯，当时汉朝的情况又何其相似！同时，刘向还想通过历史上贤妃贞妇的言行，来宣扬封建礼教，用礼教纲常来廓清世风。从文学角度看，它塑造了众多的中国古代妇女的形象，尤其是那些具有高尚道德品质、聪明贤惠的女性形象，不仅在汉代文学园地，就是在整个中国古代文学园地也光彩照人。如《列女传》卷二中有齐相晏婴车夫的妻子劝诫丈夫谦虚谨慎的故事；卷三有鲁国漆室女忧虑国事、见微知著的故事；卷六中有齐太仓女缇萦敢于冒犯皇帝威严，上书替父赎罪的故事等等。仅举卷三所载赵括母亲请求勿用赵括的故事，可见《列女传》的清新平实的风格特征：

  赵将马服君赵奢之妻，赵括之母也。秦攻赵，孝成王使括代廉颇为将，将行，括母上书言于王曰："括不可使将。"王曰："何以？"曰："始妾事其父，父时为将，身所奉，饭者以十数，所友者以百数。大王及宗室所赐币者，尽以与军吏士大夫。受命之日，不问家事。今括一旦为将，东向而朝军吏，吏无敢仰视之者。王所赐金帛，归，尽藏之。乃日视便利田宅可买者，王以为若其父乎？父子不同，执心各异，愿勿遣。"王曰："毋！置之，吾计已决矣！"括母曰："王终遣之，即有不称，妾得无随乎？"王曰："不也。"

括既行，代廉颇。三十余日，赵兵果败，括死军覆。王以括母先言，故卒不加诛。

君子谓：括母为仁智。《诗》曰："老夫灌灌，小子蹻蹻，匪我言耄，尔用忧谑。"此之谓也。

颂曰："孝成用括，代颇距秦。括母献书，知其覆军。愿止不得，请罪止身。括死长平，妻子得存。"

这则故事写赵括母有知人之明，并能从国家利益出发，超越一般流俗所表现的狭隘的母子感情，表现了赵括母亲胸怀宽广有卓见的品格。从《列女传》一系列生动的女性形象身上，令人信服地感受到"巾帼不让须眉"，女子与男子一样有着非凡的胆识、智慧和勇气，这些正是《列女传》最具魅力、最感人的地方。《列女传》中的故事有相当部分是来自传说逸闻，这些出自街谈巷议的故事，本身就具有传奇性，也为编著者"因文生事"、进一步虚构加工提供了基础。编著者在原有基础上再次进行艺术创作，通过人物个性化的语言和更生动的情态，展示人物的内心世界和性格特征；通过情节的巧妙安排，使事件发展波澜曲折而引人入胜；通过细节的细腻描写，使人物与故事更具真实感。《列女传》是我国最早的专门描写女性人物的集子，在中国文学发展史上具有开创的意义。

《列女传》《新序》《说苑》博采前人嘉言善行，既是散文集，也是汉代极有影响的短篇历史故事集。此三书，在原有历史资料的基础上有编者的艺术再创作，通过一系列隽永而值得玩味的简短故事，展示了人物的内心世界和性格特征，又寄寓着编者对国家治乱兴亡的思索与对美德善行的赞扬。语言精练生动，故事富于理趣，虽没有对人物详细描绘刻画，但通过简明的人物行事的叙述，简洁的人物语言的描述，就扼要地勾画出人物的鲜明特征，极其传神，这种简笔叙事写人的技法及分门别类的编撰体例对后来魏晋六朝志人小说的产生影响很大。

刘向的小儿子刘歆（约前53—23）与父同受诏校书，撰成《七略》，为我国第一部图书分类目录，开创了我国的图书目录学。他生活在今文经及谶纬迷信盛行的时代，却不谈阴阳怪异，在校书时，发现了从民间征集到的用古文写成的《尚书》《诗经》等先秦经籍，他认为这些古文经书才是"真经"，上书要求朝廷更应设立古文经学官，意在与迷信化了的今文经学分庭抗礼，反对今文经学用谶纬迷信来发挥经义。这种要求自然遭到今文经博士的反对，双方进行了激烈的辩论，刘歆成为古文经学派的重要代表。刘歆的代表作《移书让太常博士》，反驳今文经博士对古文经的指责，揭露今文经学派因陋就寡，抨击今文经学派自私腐朽：

> 往者缀学之士不思废绝之阙，苟因陋就寡，分文析字，烦言碎辞，学者罢老且不能究其一艺。信口说而背传记，是末师而非往古，至于国家将有大事，若立辟雍、封禅、巡狩之仪，则幽冥而莫知其原。犹欲保残守缺，挟恐见破之私意，而无从善服义之公心，或怀妒嫉，不考情实，雷同相从，随声是非。抑此三学，以《尚书》为备，谓《左氏》为不传《春秋》，岂不哀哉！

移书，是一种文体名，其性质类似檄文，《移书让太常博士》笔锋犀利，义正词严，有一种势不可当的气势，大有西汉前期政论散文的气度。刘勰说："及刘歆之移太常，辞刚而义辨，文移之首也。"（《文心雕龙·檄移》）

与刘歆同时的扬雄（前53—18），字子云，蜀郡成都（今属四川）人，与刘歆一起都曾仕于王莽新朝，他也不满符命谶纬之说，而热衷于古文经学。他生性恬淡，好学深思，本是出名的辞赋家，其《甘泉赋》《河东赋》《羽猎赋》《长杨赋》，闻名遐迩，后来认为辞赋无补于世道，于是专心于文。"以为经莫大于《易》，故作《太玄》；传莫大于《论语》，作《法言》；史篇莫善于《仓颉》，作《训纂》；箴莫善于《虞箴》，作《州箴》。"（《汉书·扬雄传》）汉人不论古文经学还是今文经学，皆以注经为学问，扬雄不为经书作注，竟敢模仿经书"另搞一套"，专与神学化的纬书唱对台戏，确实具有"反潮流"的勇气。扬雄的思想以传统儒学为主，也有道家阴阳家思想的影响。扬雄的儒学思想接近孔孟思想，他大力宣扬孟子捍卫孔子思想的功绩，具有现实针对性，他视孔孟传统儒学为正宗，认为神学化的经学则是对传统儒学的偏离甚至背叛，他在《法言·吾子》中说："好书而不要诸仲尼，书肆也。好说而不要诸仲尼，说铃也。""古者杨、墨塞路，孟子辞而辟之，廓如也。后之塞路者有矣，窃自比于孟子。"当时《论语》《孟子》并未列入经书与立有学官，扬雄将孔子、孟子的著述视与五经同等的价值，直接启示了后儒，终将《四书》与五经并列，成为儒家的重要经典。孟子在其当时，思想地位并不高，战国后期，还受到荀子的批评，后来皇权专制的社会里，许多统治者对孟子的"君为轻"思想大为反感，而扬雄以孟子为尊，并以自比孟子为荣，是他认知了孟子仁义思想价值的结果，从而也明确了自己的历史责任。他要以孟子为榜样，像孟子那样以捍卫孔子学说为己任，斥邪说，正人心。所以扬雄才有胆有识，勇于反对神学化经学，力主恢复孔孟正统儒学的传统，坚持创新，拨乱反正，把儒学引向正确轨道。扬雄不汲汲于富贵，不戚戚于贫贱，一心著述以明道，对谶纬迷信的批判态度比刘歆还要坚决，其文章言辞尽管隐晦艰深，但在迷信空气到处弥漫的情况下，他对神学化经学的批判确有摧陷廓清的威力。

西汉后期以奏议而擅名的散文家有杜邺、贡禹、鲍宣等人。哀帝元寿元年（前2）春，继地震之后又发生日食，宫廷上下一片惶恐。杜邺进《元寿元年举方正直言对》，以历史上的灾祸为佐证，力陈当朝外戚擅权的危害，对皇上提出了改过自新、匡救时弊的期盼，对策起到一定效果，杜邺的善为议对誉满朝野。

贡禹，在元帝时为谏大夫，他的奏疏现仅存五六篇，其《奏宜放古自节》一篇，反对朝廷大小官吏奢侈腐化，呼吁减轻人民的重负，提倡吏治中的廉政之风。这些主张虽扭转不了汉王朝每况愈下的颓势，但那些反腐倡廉的言论对后人是有启示意义的。

鲍宣，哀帝时为谏大夫，其奏议的内容与风格与贡禹大致相近。如建平四年（前3），哀帝祖母傅太后大封傅氏家族，又免了几位持反对意见的重臣的官职，鲍宣虽官卑人微，却敢呈递《上书谏哀帝》的谏书，猛烈抨击外戚专权。本奏议实话实说，多方论证，如把百姓悲苦情状概括为"七亡""七死"：

> 凡民有七亡：阴阳不和，水旱为灾，一亡也；县官重责更赋租税，二亡也；贪吏并公，受取不已，三亡也；豪强大姓蚕食亡厌，四亡也；苛吏徭役，失农桑时，五亡也；部落鼓鸣，男女遮列，六亡也；盗贼劫略，取民财物，七亡也。七亡尚可，又有七死：酷吏殴杀，一死也；治狱深刻，二死也；冤陷亡辜，三死也；盗贼横发，四死也；怨仇相残，五死也；岁恶饥饿，六死也；时气疾疫，七死也。民有七亡而无一得，欲望国安，诚难；民有七死而无一生，欲望刑措，诚难。（《汉书·王贡两龚鲍传》）

矛头直指戕害百姓的贪官污吏。作者善恶分明，褒贤伐奸。无论奸佞还是贤能，都敢直呼其名，毫无顾忌。班固在《汉书·鲍宣传》中称其"常上书谏争，其言少文多实。""少文多实"不仅恰当地评价了鲍宣文章的特点，也概括了这个阶段奏议文章的特点。西汉后期的奏议大多从儒家的民本思想出发，敢于揭露与抨击现实的黑暗腐败，开了东汉社会批判思潮的先声。

（二）东汉前期的政论、奏疏书表、写景文

东汉建立，国家又归统一，社会秩序趋于稳定，但在政治思想方面没有改变王莽谶纬迷信那一套，并变本加厉，取消了王莽新朝设立的古文经博士，使神学化了的经学和迷信谶纬更加独尊与法典化。但其前期的散文成就倒比西汉后期要高，其主要标志是：继《史记》之后，又产生了一部中国杰出的传记文学作品——《汉书》，还产生了坚决批判神学迷信的巨著——《论衡》。

司马迁著《史记》，所记大致止于武帝太初年间，为表述太初以后汉朝的事功，西汉后期、东汉初就有人接着《史记》来续写汉史，如刘向、冯商、扬雄、班彪等。特别是班彪（3—54），对《史记》深有研究，并提出了一些可行的改进修史的方法。但班彪神学化的经学思想严重，今存《王命论》一文，开篇一段就宣扬了汉承天运的迷信意识：

> 昔在帝尧之禅曰："咨尔舜，天之历数在尔躬。"舜亦以命禹。暨于稷、契咸佐唐、虞，光济四海，奕世载德，至于汤、武，而有天下。虽其遭遇异时，禅代不同，至于应天顺民，其揆一也。是故刘氏承尧之祚，氏族之世，著乎《春秋》。唐据火德，而汉绍之，始起沛泽，则神母夜号，以章赤帝之符。由是言之，帝王之祚，必有明圣显懿之德，丰功厚利积累之业，然后精诚通于神明，流泽加于生民，故能为鬼神所福飨，天下所归往，未见运世无本，功德不纪，而得僣起在此位者也。世俗见高祖兴于布衣，不达其故，以为适遭暴乱，得奋其剑，游说之士至比天下于逐鹿，幸捷而得之，不知神器有命不可以智力求也。（《全后汉文·卷二十三》）

这种思想也影响了他的史学观点与史著编撰。如同司马谈综合诸子之学的思想给予司马迁以极大影响一样，班彪的经学思想及著述对其子班固著《汉书》有至关重要的影响作用。由于班固受正统儒学影响较深，影响了他在《汉书》中对历史人物与历史事件的正确评价。不过与他在明帝时和他人合撰的《世祖本纪》、他本人又撰写的《东汉开国功臣》等传记、章帝时编写的《白虎通德论》等相比，《汉书》的神学与御用味道就少多了。

就在东汉前期谶纬迷信猖獗之时，涌现了一批抵制这股强大时代逆流的思想精英，桓谭（约前30—约41）是当之无愧的先驱者。桓谭，沛国相（今安徽宿州符离集西北）人，精通五经，主张治国儒法并用，认为"夫王道之治，先除人害，而足其衣食，然后教以礼仪，而威以刑诛，使知好恶去就。"（《新论·王霸》）他敢于冒着生命危险在喜好谶纬的光武帝面前公开表示"臣不读谶"，并上《抑谶重赏疏》，疏中说：

> 凡人情忽于见事而贵于异闻，观先王之所记述，咸以仁义正道为本，非有奇怪虚诞之事。盖天道性命，圣人所难言也。自子贡以下，不得而闻，况后世浅儒，能通之乎！今诸巧慧小才伎数之人，增益图书，矫称谶记，以欺惑贪邪，诖误人主，焉可不抑远之哉！臣谭伏闻陛下穷折方士黄白之术，甚为明矣；而乃欲听纳谶记，又何误也！其事虽有时合，譬犹卜数只偶之类。陛下宜垂明听，发圣意，屏群小之曲说，述《五经》之正义，略雷同之俗语，详通人之雅谋。（《后汉书·桓谭冯衍列传》）

时光武帝凡大政要事皆以图谶决定嫌疑，并"宣布图谶于天下"，桓谭不畏"逆鳞"，上疏直言图谶之害，足见他反对图谶迷信是何等的坚决。他所著的《新论》，共计29篇（此书早佚，今存系后人辑本），以古代朴素唯物主义为思想武器，直接向谶纬发难。图谶之说附会于《河图》《洛书》，桓谭认为图、书之事本不可知，后人又依托孔子，更是虚妄。自然灾异是常发生的自然现象，与人事何干？《新论》说理透辟，情理兼备，既振聋发聩，又富有艺术感染力，备受王充的推崇，称其《新论》"论世间事，辩照然否，虚亡之言，伪饰之辞，莫不证定。"（王充《论衡·超奇》）

王充（27—约97）字仲任，会稽上虞（今属浙江）人，是东汉最杰出的唯物主义思想家，他的《论衡》代表了东汉前期政论文的最高成就。王充虽曾师从班彪，但他并没有传承班彪的经学思想体系，而是特别推崇道家唯物主义观点，历时三十多年，撰成巨著《论衡》，共三十卷，自认为"虽违儒家之说，合黄、老之义也。"（《论衡·自然》）以新的朴素唯物主义元气自然论，系统地批判了世俗鬼神迷信、祸福报应等神学迷信观点，他曾说："夫天道自然也，无为；如谴告人，是有为，非自然也。"（《论衡·谴告》）从根本上抨击了"天人感应"与谶纬之说，其学说在相当长的中国封建社会中被视为异端。王充注重文章的实用功能，要求著文能起"劝善惩恶""匡济薄俗"的作用，他在《自纪》篇中说："为世用者，百篇无害；不为用者，一章无补。"从文章用于世出发，他又主张文章内容和形式相统一，反对言过其实、雕文饰辞。同时要求语言通俗易懂，他在《自纪》篇中还说："口则务在明言，笔则务在露文。高士之文雅，言无不可晓，指无不可睹。观读之者，晓然若盲之开目，聆然若聋之通耳。"所以《论衡》篇篇有针对性，有战斗力，政治上可谓"离经叛道"；句句明畅易晓，多用俗语与白话，文风上可属"通俗派"，开东汉散文语言通俗易懂新风气。如《问孔》篇讲：

> 世儒学者，好信师而是古，以为贤圣所言皆无非，专精讲习，不知难问。夫贤圣下笔造文，用意详审，尚未可谓尽得实；况仓卒吐言，安能皆是？不能皆是，时人不知难；或是，而意沉难见，时人不知问。案贤圣之言，上下多相违；其文，前后多相伐者，世之学者不能知也。论者皆云："孔门之徒，七十子之才，胜今之儒。"此言妄也。彼见孔子为师，圣人传道必授异才，故谓之殊。夫古人之才，今人之才也，今谓之英杰，古以为圣神，故谓七十子历世希有。使当今有孔子之师，则斯世学者，皆颜、闵之徒也；使无孔子，则七十子之徒，今之儒生也。

发论大胆，明白如话，都是前人少有的。刘熙载在《艺概·文概》中说："王充《论衡》独抒己见，思力绝人，虽时有激而近僻者，然不掩其卓诣。"

西汉前期一些文人的奏疏书表，特别是奏疏，写得很有气势，客观地表达了在崭新的大一统格局下，西汉人雄心勃勃的志向和唯我独尊的自豪。相比之下，东汉前期一些文人的奏疏书表，特别是书信写得哀怨悲慨，如马援（前14—49），东汉初期的名将，其著名的散文是《诫兄子严、敦书》，在此书信中，他谆谆教诲子辈谨慎言谈，特别是要闭口不言他人之过。信中说："吾欲汝曹闻人过失，如闻父母之名，耳可得闻，口不可得言也。好论议人长短，妄是非正法，此吾所大恶也，宁死不愿闻子孙有此行也。"此本是压抑良知、泯灭是非之语，却被一些人视为处世箴言。可见在皇权专制的社会里，本无是非可辨，仕途中更是险象丛生，口祸频仍，要想明哲保身不受他人谗害，就得首先对他人之过，视而不见，知而不言。马援讲得虽不在理，但都是肺腑之言，人生深刻的体验。真切地表达了东汉前期人们在神化了的皇权专制重压下，处处谨小慎微，内心充满孤寂与无奈。

再如冯衍，有奇才，然一生坎坷不平，光武帝时仅为曲阳令。光武帝建武末年，他作《上疏自陈》，恳求光武帝能力排众谗，公正对待人才，使能者见用。同时也表达了自己对贤愚不分、赏罚不公的现实的愤慨。如他在文中写道："臣衍自惟微贱之臣，上无无知之荐，下无冯唐之说，乏董生之才，寡李广之势，而欲免谗口，济怨嫌，岂不难哉！"（《后汉书·冯衍传》）自古贤能难免遭谗毁，显达者尚且在所难免，何论位卑贫贱者！文中不平之愤，牢骚之气，与司马迁的《报任安书》、杨恽的《报孙会宗书》一脉相承。冯衍现存文十多篇，明人辑有《冯曲阳集》，集中有《与妇弟任武达书》，历数家中妒妇之酷，其情可悯。冯衍本已仕途失意，家庭生活再不遂心，真可谓内外交困、身心交瘁，此书信充满忍无可忍的愤激、烦恼之情，在汉人的家信中别具一格。

东汉初朱浮的《与彭宠书》也很有影响。朱浮在光武帝时曾任幽州牧，与渔阳太守彭宠有矛盾，彭宠举兵攻朱浮，朱浮便以《与彭宠书》来谴责他，此书信言辞激烈，一气贯下，冷嘲热讽，锋芒咄咄逼人，且多有传世警句，如"智者顺时而谋，愚者逆理而动。""捧土以塞孟津，多见其不知量也。""无为亲厚者所痛，而为见仇者所快"等等。

东汉一朝能文的家族，以班氏为最，班彪、班固文名天下皆知，班固弟班超，后虽投笔从戎，但其文采不逊当时有名的文士，他有《西域诸国》多卷，晚年所作《上书求代》，更为人传诵。无独有偶，与班氏齐名的，还有以崔骃、崔瑗、崔寔为代表的崔氏家族。崔瑗是崔骃之子，崔寔是崔骃之孙。崔骃之父崔篆也有文名，撰有《慰志赋》，光武帝建武初，举贤良，辞归不仕。崔骃受其父辈影响，他博学多才，与撰有《春秋左氏传解诂》《国语解诂》的古文经学家、贾谊九世孙贾逵为一时之选。章帝时，班固撰成《汉书》与《白虎通德论》，傅毅撰成十篇《显宗颂》，一时名冠天下，《后汉书》称崔骃与班、傅"同时齐名"。然而崔骃又与班、傅有所不同，他淡泊名利，不愿出仕，为此受到一些人的讥讽，他于是模仿扬雄《解嘲》作《达旨》，以回敬世俗偏见。章帝死后，窦宪执政，崔骃见窦宪擅权骄姿，于是写了《献书诫窦宪》，列举前朝外戚干政引起的惨祸，劝告窦宪引以为戒，辞情恳切，直言不讳，如信中讲："故君子福大而愈惧，爵隆而益恭。远察近览，俯仰有则，铭诸几杖，刻诸盘杅。矜矜业业，无殆无荒。"可叹窦宪对逆耳良言置若罔闻，凡是擅权者，有几个不是"福大""爵隆"后而忘乎所以、飞扬跋扈的呢？

中国散文受史传"记言""记事"体影响，写景一体向来很弱，偶有几句描写景致的文字，多是为了简要说明人物言行的自然背景，很少将自然景色作为一种审美的主要对象来认识。但从汉大赋开始，有了大段的写景文字。汉赋有"体物写志"的特点，而"物"也包括自然景致，汉赋穷形尽貌地描摹渲染物类、物象、物态，使写景文字成为其赋体的重要部分。如标志着汉大赋确立的枚乘的《七发》，其中有描写苑池楼台、花草树木、高山大川之景，层层渲染，铺采摛文，尤其是描写江潮一段，写得气象恢宏，瑰丽雄奇：

> 其始起也，洪淋淋焉，若白鹭之下翔。其少进也，浩浩溰溰，如素车白马帷盖之张。其波涌而云乱，扰扰焉如三军之腾装。其旁作而奔起也，飘飘焉如轻车之勒兵。六驾蛟龙，附从太白，纯驰皓蜺，前后络绎。颙颙卬卬，椐椐强强，莘莘将将。壁垒重坚，杳杂似军行。訇隐匈磕，轧盘涌裔，原不可当。观其两旁。则滂渤怫郁，暗漠感突，上击下律，有似勇壮之卒，突怒而无畏。蹈壁冲津，穷曲随隈，逾岸出追。遇者死，当者坏……

浪涛奔腾，铺天盖地而来，其势已叫人惊骇得魂飞魄散。联翩妙喻，更把江涛的奇姿异态描摹得声色俱全形神兼备。再如张衡的《归田赋》中有一段写山林之景：

> 于是仲春令月，时和气清。原隰郁茂，百草滋荣。王雎鼓翼，鸧鹒哀鸣；交颈颉颃，关关嘤嘤。于焉逍遥，聊以娱情。尔乃龙吟方泽，虎啸山丘。仰飞纤缴，俯钓长流；触矢而毙，贪饵吞钩；落云间之逸禽，悬渊沉之鲂鲤。于时曜灵俄景，系以望舒。极般游之至乐，虽日夕而忘劬。

作者以山林自然之幽美，仲春风光之旖旎，渔猎环境之怡然，表达对远离官场回归自然的悠然自得生活的向往。汉赋虽然还不是纯粹写景文，但它已经把描写自然景致作为一种审美追求，并为后人写景文提供了成功的经验与技巧。

东汉前期的散文中，值得一提的有马第伯的《封禅仪记》。建武三十二年（56），光武帝刘秀封泰山，马第伯作为随员相从，写下了这篇封禅记文。此篇记文不同以往封禅记，说它是一篇山水游记更合适。记文主要描述泰山的奇景壮观，在此之前，还未曾有过如此的以描写自然风光为重点的记文。可惜此文未能完整保存下来，而且各书辑录的文字并不统一，

第四章 经学笼罩下的汉代散文

经过比较，本书采用了秦蕙田的《五礼通考》本所辑录的《封禅仪记》，尽管仍是片断，但从这些片断中，还可以领略到这篇游记的艺术魅力。作者首先描写了泰山的雄伟和险峻：

> 是朝上山，骑行，往往道峻峭，不骑。步牵马，乍步乍骑，且相半，至中观留马，去平地二十里。南向极望，无不睹。仰望天关，如从谷底仰观抗峰。其为高也，如视浮云。其峻也，石壁窅窱，如无道径。遥望其人，端如竹朽兀。或为白石，或雪。久之，白者移过树，乃知是人也。

接下来，作者通过描述登山之艰难，继续叙写泰山的高峻景致，并融情于景，引人入胜：

> 到天关，自以已至也；问道中人，言尚十余里，其道旁山胁，大者广八九尺，狭者五六尺。仰视岩石松树，郁郁苍苍，若云中。俯视溪谷，碌碌不可见丈尺，遂至天门之下，仰视天门窔辽，如从穴中视天。直上七里，赖其羊肠逶迤，名曰环道，往往有绠索，可得而登也。两从者扶挟，前人相牵，后人见前人履底，前人见后人顶，如画重累人矣，所谓磨胸，捏石，扪天之难也。初上此道，行十余步一休。稍疲，咽唇焦，五六步一休。喋喋据顿，地不避湿暗，前有燥地，目视而两脚不随。

文章层层深入，越写越奇，把登山的苦乐表现得淋漓尽致。对景物的描写，更为传神，把读者带入了泉流淙淙、峰回路转、苍松奇石相掩映的神奇美景之中，令人流连忘返。接着，作者又描写日观峰览胜，记叙有关泰山的历史故事，发思古之幽情：

> 早食上，晡后到天门郭，……东北百余步，得封所。始皇立石及阙在南方，汉武在其北……东山名曰日观。日观者，鸡一鸣时，见日始欲出，长三尺所。秦观者，望见长安；吴观者，望见会稽；周观者，望见齐。西北有石室，坛以南有玉盘，中有玉龟。山南胁神泉，饮之极清美利人。日入下去，行数环，日暮时颇雨，不见其道。一人居其前，先知蹈有人，乃举足随之，比至天门，夜人定矣。

《封禅仪记》把泰山的峻美一一描绘出来，成为我国最早的描写山川风景的游记散文。清代王太岳《青虚山房集》卷四《书〈高平行纪〉后》中说："他日爱嗜柳子厚永州山水诸记，叹其摘抉窈眇，善写万物之情状，以为纪游之作，极于此矣。已而读马第伯《封禅仪记》，幽复廉削，时若不及柳氏，而宽博雅逸，自然奇妙，柳氏之文盖犹有不至焉。"马第伯的《封禅仪记》在汉代散文中，可谓独树一帜，它的出现，说明中国散文发展到东汉前期，不仅政论散文、抒情散文已经成熟，而且写景的散文也相当成熟，东汉前期写景散文的产生，标志着汉代散文对艺术审美的新追求。

（三）东汉中后期的政论、碑刻、注经文

东汉前期，作为社会指导思想的经学进一步神学迷信化，就如给儒学的机体内注入毒液一样，儒学失去了传统的勃勃生机。儒学的衰微是大一统体制日趋僵化，社会重重危机的必然反映，同时儒学趋向衰微又反过来促进大一统的衰微。但东汉前期，凭着统一稳定的局面，还维持着强盛的国势，东汉仍是东方文明的中心，当时，世界上的强国只有罗马帝国才有资格与东汉相提并论。但是从和帝之后，王朝日益腐败、政局动荡不已，国势渐趋贫弱，直至大一统的东汉王国不可挽回地崩溃、灭亡。

东汉社会的衰落，是从统治阶级上层腐败开始的。和帝登基，太后临朝，外戚专断，从此外戚总设法立小孩子做皇帝，便于操纵。而小皇帝一旦成人懂事，往往不甘心做傀儡式的儿皇帝，于是依靠身边的宦官，来剪灭外戚势力，争夺皇权。直至东汉亡，国家一直处于外戚、宦官交替专权的局面之中。不论哪方得势，都同样地揽权敛财、祸国殃民，特别是从桓帝以后，宦官长期专权，其贪婪、凶残比还稍保留一点贵族风度的外戚势力更有过之。他们个个如"中山狼"，得志便猖狂，一旦手中操有权力，便竭泽而渔，拼命搜刮民脂民膏，广大劳动人民挣扎在死亡线上。国库成了宦官的私家金柜，国家贫弱到了难以支付一般官吏俸禄的程度。后来国家竟公然标价卖官鬻爵，政治黑暗腐败达到登峰造极的地步。

东汉中后期，朝官多系外戚亲信、宦官党徒，文人入仕的正途被堵塞。社会的黑暗混乱，外戚、宦官的腐败堕落，文人自身的社会压抑，引起文人意识的巨大变化，经学的"独尊"与谶纬的权威，在他们心中坍塌了，他们揭露统治者腐败堕落与倾诉自己心灵痛苦的文章，赢得了社会广泛的支持与同情。有些文人还与一些正直的官僚联合起来，大胆地评议朝

政，抨击时弊，臧否人物，因此统治集团把他们视为自己主要的政敌，先后制造两次"党锢"事件，进行了残酷的迫害。然而政治的黑暗，血腥的镇压，只能引起更大的反抗，引发社会更大的动乱，184年，终于爆发了黄巾农民大起义，直接威胁着东汉的政权。189年灵帝死少帝即位，何太后临朝，外戚何进召拥兵自重的并州牧董卓入京，给了董卓擅政的机会。随后又有人兴兵讨董，从此，东汉大一统格局名存实亡，开始了长达30年的东汉末年军阀割据的局面，东汉中后期黑暗、混乱、动荡的社会，使散文有了新的变化。

东汉中期出了一位著名的文学家兼科学家张衡（78—139），张衡字平子，南阳郡西鄂（今河南南阳石桥）人，安帝时任过太史令，顺帝时制成候风地动仪，晚年出为河间相。他在文学上的成就主要表现在辞赋方面，主要作品有《二京赋》《思玄赋》《归田赋》等，曾拟扬雄《解嘲》作《应间》，表达了正直文人士大夫不肯阿世求荣的高洁志向。其《同声歌》与《四愁诗》是中国五言、七言诗始创时期的重要作品。他的奏疏，以唯物论的观点，揭露了谶纬迷信的虚妄。如他的《请禁绝图谶疏》，用事实证明谶纬是骗人的，提出"宜收藏图谶，一禁绝之，则朱紫无所眩，典籍无瑕玷矣"。在统治者把图谶视为维持统治的精神法宝的形势下，张衡毅然决然地要求禁绝流行图谶，这需要多大的勇气与魄力！这种勇气与魄力无疑来自他科学的态度与科学的知识，而且以自然科学成就及自然科学的方法去揭露谶纬之伪，较先前的桓谭等人的批判更为有力。他的《太玄注》《玄图》等著作，看似探讨哲理，实际是从自然科学的角度阐释传统儒家精神和图解儒学元典，为传统儒家伦理和儒家精神的合理正确寻求自然科学与技术科学的论证。他的好友崔瑗在《河间相张平子碑》中称赞他："数术穷天地，制作侔造化，瑰辞丽说，高才伟艺，磊落焕炳，与神合契。"确实，既通自然科学又通人文科学的全才，在世界史上能有几人？而能使自然科学与人文科学互融并用者，更是罕见。

最能代表东汉中后期社会批判思潮的当数王符。王符（约80—约167）安定临泾（今甘肃镇原南）人，《后汉书》本传称他"少好学，有志操，与马融、窦章、张衡、崔瑗等友善……而符独耿介不同于俗，以此遂不得升进。志意蕴愤，乃隐居著书三十余篇，以讥当时失得。不欲章显其名，故号曰《潜夫论》。"顺、桓帝时期，东汉王朝的腐败已由政治领域蔓延到社会生活的各个方面，一些持有民本思想的儒者开始批判腐朽的社会现实，王符是这股批判思潮的发起人之一。王符的思想观点受到王充的一定影响，也反对谶纬，怀疑天命，但《潜夫论》的重点不在于对经学与迷信的批判，而在于对现实社会政治的批判，这是与王充所不同的地方。《潜夫论》批判最多的是东汉中后期的腐败吏制，作者把社会祸乱的根源归之于朝政的弃贤任佞，如在《贤难》篇中指出：

> 世之所以不治者，由贤难也。所谓贤难者，非直体聪明服德义之谓也。此则求贤之难得尔，非贤者之所难也。故所谓贤难者，乃将言乎循善则见妒，行贤则见嫉，而必遇患难者也……今世主之于士也，目见贤则不敢用，耳闻贤则恨不及……夫众小朋党而固位，逸妒群吠啮贤，为祸败也岂希？三代之以覆，列国之以灭，后人犹不能革，此万官所以屡失守，而天命数靡常者也。

在《考绩》篇中对当时朝廷腐朽的吏制及各级官员的腐败，作了全面、深刻的揭露：

> 凡南面之大务，莫急于知贤。知贤之近途，莫急于考功……今则不然，令长守相不思立功，贪残专恣，不奉法令，侵冤小民。州司不治，令远诣阙上书讼诉。尚书不以责三公，三公不以让州郡，州郡不以讨县邑，是以凶恶狡猾易相冤也。侍中、博士、谏议之官，或处位历年，终无进贤嫉恶、拾遗补阙之语，而贬黜之忧。群僚举士者，或以顽鲁应茂才，以桀逆应至孝，以贪饕应廉吏，以狡猾应方正，以诔谄应直言，以轻薄应敦厚，以空虚应有道，以罾暗应明经，以残酷应宽博，以怯弱应武猛，以愚顽应治剧，名实不相副，求贡不相称。富者乘其材力，贵者阻其势要，以钱多为贤，以刚强为上。凡在位所以多非其人，而官听所以数乱荒也。

王符以儒家仁政德治的标准来对社会现实进行批判，但没能深入思考、揭露皇权专制是社会腐败的根源，批判还缺乏应有的深度和力度。在东汉中后期社会日趋衰微的情况下，王符把治理乱世的希望寄托在明君选贤任能上，这当然是一种天真的幻想，但是他提出贤才治国的主张，已经代表了当时广大人民的思想的愿望。《潜夫论》为我们提供了认识东汉中后期社会的宝贵资料，王符的位卑未敢忘忧国的思想境界是令人敬佩的。《潜夫论》有赋体特点，善于铺陈，多用排偶。语言朴实、明畅，笔锋凌厉，批判比较深刻，代表了汉代散文的主流文风。

《潜夫论》是一位在野文人所发表的政见，而东汉中后期社会批判文章的作者，更多的却是那些政事的参与者。当时形成了由一大批正直文人官僚组成的社会批判的群体，由于他们对上层统治者的腐败有近距离的观察，所以批判的锋芒有时显得更加深刻、犀利。他们互相激励，互相声援，危言深论，形成了强大的社会舆论。

官至尚书的崔寔（？—约170），撰有《政论》，就是针对当时"政令垢玩，上下怠懈，风俗凋敝，人庶巧伪"的社会现状，来探讨朝政的得失，来寻求"济时拯世之术"。崔寔在《政论》中认为"量力度德，《春秋》之义。今既不能纯法八代，故宜参以霸政，则宜重赏深罚以御之，明著法术以检之。自非上德，严之则理，宽之则乱"。以"重赏深罚"的法术，矫东汉中后期的时弊，明确地表示崇尚法家思想，说明长时期以来儒学政治影响已软弱无力、不能从根本上扭转社会颓风，对儒学理念的怀疑，已不是孤立的个别人的现象。崔寔对强人政治的呼唤，启导了魏晋重才轻德的用人观念和对儒家思想的冷漠。不过，崔寔的主张近乎空想，他所处的时代，"强人"正是那些交替掌控皇权的外戚、宦官，他们都是垢玩政令的能手，祸国殃民的罪魁，与他们讲德，岂不是与虎谋皮？而崔寔本人就外戚掌上的玩物、宦官眼中的刺，深受二者其害。崔寔在桓帝初为郎，后为大将军梁冀司马，梁冀被诛，受牵连免官，被禁锢数年。后由黄琼举荐任辽东太守，官至尚书，因为世道黑暗混乱，常称病不理事。表面看好似他避祸逃避现实，然而在《政论》中，我们处处都能感受到他对国家衰微的忧虑和一心想挽救颓势的热忱。

和崔寔的《政论》比起来，那些深受迫害的"党人"的文章，不仅也有对东汉王朝分崩离析社会局面的担忧，更多的是对最高执政者的不满。如太尉陈蕃（？—168）有《谏封赏内宠疏》，直言皇上"左右以无功传赏，授位不料其任，裂土莫纪其功"，痛斥皇上任人唯亲。司隶校尉李膺等人在党锢之祸中被诬收监，陈蕃上《理李膺等疏》营救，疏文把当今皇帝视为桀纣之辈、亡国之主，揭露他残害忠良以威慑天下人的险恶用心，疏中说：

> 臣闻贤明之君，委心辅佐；亡国之主，讳闻直辞。故汤、武虽圣，而兴于伊、吕；桀、纣迷惑，亡在失人……伏见前司隶校尉李膺、太仆杜密、太尉掾范滂等，正身无玷，死心社稷，以忠忤旨，横加考案，或禁锢闭隔，或死徙非所。杜塞天下之口，聋盲一世之人，与秦焚书坑儒何以为异？

这哪里是一篇奏疏，简直就是一篇声讨暴君的檄文。如此敢逆龙鳞的文章，真是十分罕见！作者置生死于度外，愤切直言，痛快淋漓，一改以往奏疏恭谨谦和的文风。从中可以看到东汉中后期政治矛盾的激化与"党人"力挽狂澜的英勇献身精神。

"嫉俗"历来是"愤世"的补充，在大胆抨击弊政的同时，东汉中后期又产生了一种臧否人物的"清议"风气，他们通过品评具体人物，蔑视权贵，谴责见利忘义之徒；砥砺名节，赞扬舍生取义之士，曲折地表达对黑暗腐败政治的不满与对清明政治的向往。如朱穆（100—163），是个不畏宦官集团、敢于严惩贪官豪强的正直官僚，他有感于社会风气日趋虚伪冷漠，淳朴敦厚的风尚日渐衰微，就作了《崇厚论》，批判揭露"虚华盛而忠信微，刻薄稠而纯笃稀"的世风。朱穆有个朋友叫刘伯宗，得势前装得像个谦谦君子，得势后便判若两人，得意忘形，飞扬跋扈。对于这样的势利小人，朱穆毅然决然地与他绝交，耻于与他为友。并写了一篇《绝交论》，揭露那些得宠忘故、富贵骄人的人品，批判当时人情淡薄、世态炎凉的现象，表现了自己鄙视权贵的高蹈雅洁之志。李固（94—147），也是一位敢说敢道、敢于公开反对外戚宦官两大集团的正直官僚，他的《遗黄琼书》公然指名道姓评议当时被朝廷征召的几位"名士"，对欺世盗名之徒进行了鞭挞："自顷征聘之士胡元安、薛孟尝、朱仲昭、顾季鸿等，其功业皆无所采，是故俗论皆言处士纯盗虚声。"书中时有精深句，如"自生民以来，善政少而乱俗多，必待尧、舜之君，此为志士终无时矣！常闻语曰：'峣峣者易缺，皦皦者易污。《阳春》之曲，和者必寡；盛名之下，其实难副'"。由于对人才名实关系的评骘深刻精到，所以颇为后世所传诵。

东汉中后期社会批判文章，阐述治乱兴衰之理，见识深刻；揭露现实弊端，不论汉皇权臣豪族，都无所顾忌。愤激的感情，犀利的言辞，体现了汉代醇厚文风的新变，显示出向魏晋清峻通脱文风转换的特征。

汉代的政论文强调社会功能，总结历史得失、针砭时弊，阐明事理，具有鲜明的实用性，但从文体上看，汉代的碑文与注经文的实用特点更为突出。碑文是刻在石碑上的文字，这是商周铜器镂刻向石刻转化的结果，所以有人又称其为"刻石铭"。碑文就其内容而言，有纪功碑文、宫室庙宇碑文、墓碑文等，据现有资料看，最早的碑文是纪功碑文，大约始于周秦，代表性的就是秦始皇时代的纪功碑文。到了汉代，石刻纪功文在体制上有了变化，即在基本上四言韵语的基础上，又出现了大段的散体语，人们称其为"序"，称其主体上是韵语的部分为"铭"，"序"后来逐渐成为碑文的主要部分，而"铭"文反成为碑文的次要部分。如班固的《封燕然山铭》，前而散体的"序"为258个字，而后面的"铭"只有35个字。纪功碑旨在歌功颂德，多虚饰溢美之词，凝重呆板，从文学角度看，不如墓碑文。墓碑文一般也分散体的正文与韵语铭文，正文往往通过记述亡者生平事迹，见到亡者的形象，感到撰文者的追念之情。墓碑文发展至东汉中后期，更加成熟，代表作家为蔡邕。如其《童幼胡根碑》：

> 故陈留太守胡君子曰根，字仲原，生有嘉表，幼而克才。角犀丰盈，光润玉颜。聪明敏惠，好问早识，言语所及，智思所生，虽成人之德，无以加焉。禀命不长，凤雁凶灾，年七岁，建宁二年，遭疾夭逝。慈母悼痛，昆姊孔怀。感襁褓之亲爱，怜国城之乘离。乃权宜就封二祖墓侧，亲属李陶等，相与追慕先君。悲悼遗嗣，树碑刊辞，以慰哀思。辞曰：
> 于惟仲原，应气淑灵。实有令仪，而气如莹……

此文并非是蔡邕出名的墓碑文，只是其较短的墓碑文，作者竟用如此简短的文字，字字紧扣人物的个性特征，把一个可爱而又聪明的"小大人"形象活脱脱地刻画出来，并写足了亲人的悲悼之情。刘勰《文心雕龙·诔碑》篇说："自后汉以来，碑碣云起。才锋所断，莫高蔡邕。观《杨赐之碑》，骨鲠训典；《陈》《郭》二文，词无择言；《周》《胡》众碑，莫不精允。其叙事也该而要，其缀采也雅而泽；清词转而不穷，巧义出而卓立；察其为才，自然而至矣。孔融所创，有摹伯喈；《张》《陈》两文，辨给足采，亦其亚也。"刘勰认为东汉以后墓碑文才大量出现，而墓碑文写得最好的莫过于蔡邕，如他的《太尉杨赐碑》《陈寔碑》《郭泰碑》《汝南周勰碑》《太傅胡广碑》，评价人物公允恰当，叙事全面扼要，辞采雅正，识见卓越。孔融的墓碑文写得仅次于蔡邕，如他的《卫尉张俭碑铭》《陈某碑》（因此文早佚，不知碑主名），言辞巧捷，富有文采，然而其特点多学自蔡邕的特点。

随着儒学独尊以来，大批的注经说明文也产生了，因为这类说明文主要属于应用文，缺乏文采，一向不为汉代散文研究者所重视。注经实际等同于经学，从儒学形成后，注经就成为儒家治学的重要方式。汉代注经，因观点的分歧，分成今文经派与古文经派，对文学创作影响较大的注经文，应该是古文经派的《毛诗序》。《毛诗序》中的首篇《关雎》序，是一篇总纲式的序论，比较全面阐述了诗歌的性质、作用、内容、题材和表现方法，是先秦到汉代儒家诗论的总结性著述。汉代儒家注经活动贯彻汉代的始终，尤其在东汉，涌现了一大批著名的注经家，如贾逵、马融、许慎、郑玄、何休、蔡邕、应劭等人，并产生了一大批学术性较高的解经、训诂等著作，如贾逵著有《春秋左氏传解诂》《国语解诂》等，许慎著有《五经异义》《说文解字》等，马融更遍注《周易》《尚书》《毛诗》《三礼》《论语》《孝经》，兼注《老子》《淮南子》《离骚》《列女传》，《春秋》虽未注，但著有比较《春秋》三传的《三传异同说》，注经式的说明应用文越来越成熟。

之所以强调东汉中后期，是因为在这个时期，出现了集大成式的注经大师。继董仲舒之后今文经的集大成者是何休（129—182），何休字邵公，任城樊（今山东曲阜）人，以主治《春秋公羊传》而闻名。太傅陈蕃曾征他参与政事，党争失败后受牵连而被禁锢，积十七年精思而撰成《春秋公羊传解诂》。《春秋公羊传解诂》的贡献在于重新系统地阐发了《春秋》的"微言大义"，开启了历代《公羊》学家舍经释传而阐发新的义理、观念的风气。何休虽斥《左传》损《穀梁》，但又吸收了《左传》《穀梁》中有益于己说的思想内容，仿《左传》定凡例，立"三科九旨"之说与"五始、七等、六辅、二类"之义，提出衰乱、升平、太平"三世说"，成为今文经学家议论政事的主要依据。其影响久远，一直到近代的康有为，将何休的"三世说"与"小康""大同"思想相结合，成为维新变法的理论依据。

注经最有影响的当数著名经学家郑玄（127—200）。郑玄字康成，北海高密（今属山东）人，早年曾入太学博读群经，后又从经学家马融专攻古文经学，历经二十多年的求学生涯，倾心于学问，转益多师，可谓学贯今、古文经学，又通图书象数之学。学成后聚徒讲学，门徒众多。党锢事件中被禁，于是潜心遍注群经，其中以《毛诗笺》《三礼注》最有影响，特别是"三礼"这个名称虽然是马融、卢植提出来的，但却是从郑玄分别为《周礼》《仪礼》《礼记》作注之后，才确定下来的。《礼记》49篇的选辑本得以独立成书，也始自郑玄。郑玄在解释经文时，以古文经学为主，兼采今文经学，取宏用精，择善而从，加上他通晓古代典章制度与音韵，又治学严谨，能自成一家之言，如《礼记·大学》篇开头部分：

> 大学之道，在明明德，在亲民，在止于至善。知止而后有定，定而后能静，静而后能安，安而后能虑，虑而后能得。物有本末，事有终始，知所先后，则近道矣。（郑玄注：明明德，谓显明其至德也。

止，犹自处也。得，谓得事之宜也。大，旧音泰刘直带反。近，附近之近。）

古之欲明明德于天下者，先治其国，欲治其国者，先齐其家；欲齐其家者，先修其身；欲修其身者，先正其心；欲正其心者，先诚其意；欲诚其意者，先致其知，（郑玄注：知，谓知善恶吉凶之所终始也。其知如字徐音智。下致知同。）致知在格物。（郑玄注：格，来也。物犹事也。其知于善深则来善物，其知于恶深则来恶物，言事缘人所好来也。此致或为至。格，古百反。好，呼报反。）

郑玄"念述先圣之元意，思整百家之不齐"，（《后汉书·张曹郑列传》）大有司马迁"厥协六经异传，整齐百家杂语"的志向与气魄。他不拘师法，破除今、古文经学的门户之见，以广采、融汇众说的方式，遍注群经，如《论语》在汉代有齐、鲁、古三家，其中前两家为今文经，后一家为古文经，在三家之中，以西汉张禹所整理的《鲁论》最为精湛，郑玄注经虽多以古文经为基础，但他却"以《张侯论》为本，参考《齐论》《古论》，而为之注"（《隋书·经籍志》），在注中有创意，研究中有新法，利用自己广博的学识，将天文、数学等知识引入经学研究之中，"如笺《毛诗》据《九章》粟米之率，注《易纬》用乾象斗分之数，盖其学有本，东京诸儒皆不逮也。"（《畴人传》卷四）郑玄因渊博的学识，被当时人誉为"博通"，然而郑玄注经却是"由博返约，"摒弃了"一经说至百余万言"的章句之学的烦琐，尽量做到简明扼要，甚至有的注文比原文还少，如《学记》中：

学然后知不足，教然后知困。知不足，然后能自反也；知困，然后能自强也。故曰：教学相长也。《兑命》曰："学学半。"其此之谓乎！（经文）
学则睹己行之所短，教则见己道之所未达。自反，求诸己也。自强，修业不敢倦。言学人乃益己之学半。（注文）

再如《论语》中：

我非生而知之者，好古敏以求之者。（经文）
言此者，劝勉人于学也。（注文）

《后汉书·郑玄传》本传说:"郑玄囊括大典,网罗众说,删裁繁芜,刊改漏失,择善而从,自是学者略知所归。"郑玄的经注问世后,汉代其他今古文经皆被世人摒弃,使经学进入一个今古文经融合统一的时代。世称其学说为"郑学",郑玄终成汉代经学的集大成者。除笺注之作外,郑玄还有《天文七政论》《六艺论》《毛诗谱》《驳许慎五经异义》等,著述宏富。郑玄之后,注经类的说明文,从容不迫、严谨精审,并不是远离社会现实的"纯学术研究",就如"郑学",它间接地配合了社会批判的思潮,虽然还杂有今文经的天命观等思想,但一定程度上起到了抑制今文经和谶纬继续发展的作用。

五　儒学影响下的汉代历史散文

受中国历史发展制约的中国传统文化,其起源虽然很早,然而其重要发展过程却是在中国的封建社会(中国奴隶社会的文化远没有古希腊辉煌)。从有成文文字这一角度看,可以说,中国文字绝大部分写的是封建社会的历史,其最重要而且最显著的文化现象是:中国传统的哲学、史学、文学的高峰都出现在封建社会,即在中国封建领主制转向封建地主制的"转型期"——春秋战国时期,出现了哲学高峰,其标志就是先秦诸子哲理散文的产生。在中国大一统封建地主制的巩固时期——两汉时期,出现了史学高峰,其标志就是以《史记》为代表的纪传体史著的出现。在中国大一统封建地主制的鼎盛时期——唐宋时期,出现了文学的高峰,其标志就是诗歌、散文、小说等文学形式的全面繁荣。这三个文化高峰并非无关联地单独发展,而是联系紧密,互相影响、互相促进。如史学需要哲学作指导,无哲学指导,史学便无正确的历史认识、历史观点,即无古代史学家所强调的"史义"。同样,哲学也需要史学,否则,哲学便缺乏历史说明与验证,其哲理就没有事实作支撑,文学与哲学的关系也类似。在哲学与史学、文学之间,哲学对史学、文学的影响尤为重大深远,因为哲学要探讨思维和存在、意识和物质的关系,其中包括了探讨历史、现实、人生、社会等道理,视野之阔,把一切学术文化囊括其中,哲学可以为史学、文学提供指导思想。

(一)儒学对汉代人物传记产生的推动作用

中国传统哲学高峰的出现,是中华民族聪明智慧的高度体现,证明中华民族抽象思维达到了一个历史高水平。在中国传统哲学高峰期中所涌现出来的儒、道、法、墨、名、阴阳诸家学派，以其各自思想的精华，共同构成了中国早期封建社会"转型期"的社会意识形态，这种意识形态以理性的哲学形态取代了长期以来天命神学和祖宗崇拜的宗教迷信思想统治，把民族的理性认识水平提高到前所未有的高度。这些哲学思想比较完整地继承了以往古代文化的传统，又历史地成为"转型期"中国传统文化的代表，并逐渐凝结成为中华民族精神与民族心理的基本素质，而成为后世中国传统文化发展的主导思想。

在诸子哲学思想中，儒学对汉代史学高峰的出现，对汉代文学的繁荣影响尤为重大。它为历史学家、文学家提供了先进的世界观与方法论，直接推动了汉代人物纪传体的产生及高度发展。如果说在中国传统哲学高峰的时代，中国灿烂的文化主要体现在诸子关于人类与自然、存在与思维关系的哲理思辨上。那么，在中国传统史学高峰的时代，中国灿烂的文化主要体现在史学家对中华民族发展过程的形象叙述上，这种叙述为人们认识整个民族所创造的历史以及把握未来提供了思想武器，也为中国文学园地增添了众多的典型人物形象。历史学只有获得民族自我觉醒的意识，具有先进的历史哲学观，才可能有民族发展的理性总结，历史学家才能站在理性的高度，以唯物主义的自然观来"究天人之际"，以先进的历史观来"通古今之变"，以揭示人类发展过程及其内在规律而"成一家之言"，把历史学真正变为科学。文学只有把典型人物形象塑造作为其创作的中心，才能使文学创作上升为"自觉"。

儒家是诸子百家中最有影响的一个学派，其理论最显著的特点就是尽可能地用人事来说明社会历史，而避免使用"天道"来解释人事。儒家的创始人孔子不仅是中国第一位伟大的思想家，而且是中国第一位伟大的史学家，他罕言天命，更"不语怪、力、乱、神"。(《论语·述而》)曾说："我欲载之空言，不如见之于行事之深切著明也。"(司马迁《史记·太史公自序》)孔子著《春秋》，以"属辞比事"为教(《礼记·经解》引)，借叙述人世间的事件来明儒家大义，以人事来说明社会复杂的问题，才能做到简明深切，"行事"之外皆为"空言"，这空言自然也包括阔论"天道"。孔子喜欢用可感觉的形象来述史阐理，要求文字应"文""质"完美的结合，即健康的内容与艺术形式的完美统一。曾说："质胜文则野，文胜质则史，文质彬彬，然后君子。"(《雍也》)又说："言之无文，行而不远。"(《左传·襄公二十五年》)他十分看重自己独撰的《春秋》，曾慨叹说："知我者其惟《春秋》乎！罪我者其惟《春秋》乎！"(《孟子·滕文公下》）后世对他的《春秋》给予了高度的评价，刘知几在《史通·内篇·六家》中说："逮仲尼修之《春秋》也，乃观周礼之旧法，遵鲁史之遗文，据行事，仍人道，……故能弥历千载而其书独行。"司马迁在《史记·太史公自序》中称赞《春秋》道："夫《春秋》，上明三王之道，下辨人事之纪，别嫌疑，明是非，定犹豫，善善恶恶，贤贤贱不肖，存亡国，继绝世，补敝起废，王道之大者也。"章太炎在《国故论衡·原经》中说："《春秋》之所以独贵者，自仲尼以上，《尚书》则缺略无年次，'百国春秋'之志，复散乱不循凡例。又亦藏之政府，不下庶人，国亡则人与事偕绝……令仲尼不次《春秋》，今虽欲观定哀之世，求五伯之迹，尚荒忽如草昧。"孔子的史著及史学思想、文学思想对汉代史学家、文学家当然有影响，但其儒学思想的影响更非同小可。

在原始社会，先民们把自己与自然界融为一体，信奉"万物有灵"，而人也是万物之一。进入奴隶社会，适应社会形态发展，世界观也发生了重大变化，原先认为人为自然的一部分变为人是天帝的奴隶，天命、天道主宰一切。从西周开始，敬德保民思想逐渐取代天帝崇拜。至春秋战国时，儒家更高扬重视人的价值的旗帜，首先由孔子提出了"仁"的思想。仁，是儒家最高的道德原则，也是儒家历史观的最高原则。"仁"学主张爱惜人力，尊重人格，保障人权，肯定人的社会历史作用，给予每一个人以一个比较关怀的社会地位，这种思想适应了社会转型的需求，顺应了社会生产力的发展，尤其是顺应了主要社会生产力——农奴解放的潮流。在这个意义上说，儒学也可称为"人学"，对于也可称为"人学"的史学、文学来说，完全是灵魂的契合。到了孟子，又把孔子的"仁"学思想发展为更加系统的"仁政"学说，孟子主张所有统治者都应实行仁政，乐民之所乐，忧民之所忧，执政着眼于争取民心，政治上就会达到"人和"。人和胜于地利更胜于天时，人和这是富国强兵的决定因素，同时也保护了推动历史发展的基本动力——人民。后来的荀子在《荀子·王制》中更明确地指出："君者，舟也；庶人者，水也。水则载舟，水则覆舟。"人心所向决定着历史潮流的趋向，劳动人民的向背最终决定着国家生死存亡的命运。

汉代史学家、文学家的代表人物司马迁深受儒家尊重人、理解人、爱惜人的伦理情感感染，儒家的"仁"学观点给他进步的历史观奠定了思想基础。后世一些正统封建文人只看到司马迁的父亲司马谈在其《论六家之要指》中推崇黄老之学的态度，站在庸俗的儒家立场上来指责司马迁"离经叛道"。如班彪批评司马迁"论大道则先黄老而后六经"（《汉书·司马迁传》），刘勰也说司马迁"爱奇反经之尤"（《文心雕龙·史传》），实际上司马迁与其父司马谈的观点不尽相同。在各学派的影响之中，他受儒学影响最深。他是中国第一个客观、正确地推崇孔子的人，也是中国第一个将尚有争议的孟子，摆到了儒家"亚圣"的位置上。清人钱大昕在《潜研堂文集·陈先生祖范传》中说：

> 与人论《史记》，谓班孟讥子长"先黄老而后六经"，此子长述其父则然。其所撰《五帝本纪赞》，首推《尚书》。列传开端云："载籍极博，犹考信于六艺"，可谓之"后六经"乎？列老子于申韩，而进孔子于世家；称老子不过云古之"隐者"；而于孔子曰可谓"至圣"矣。"至圣"之称，至今用为庙号，匹夫而跻世家，即世世袭封之兆也。弟子七十余人，合为一传，即堂庑从祀一端也。以孟、荀表诸子，又隐然以孟子为主。韩退之荀、孟醇疵之辨，子长已有先觉。窃孔氏之道，得子长而定一尊。

司马迁思想之深刻，就在于他以儒家思想为主，但并不排斥诸家学说，他吸收众家之长又高于众家，用新的认识去清理古今纷纭复杂的历史线索，去对历史人物作正确明了的评价。他继承了儒学的"人道"，充分地吸收了儒家重视人推动历史发展的思想。同时也吸收了道家自然观，阴阳家阴阳五行说的"合理的内核"，摒弃了其严重的迷信部分，发展了其唯物的社会进化论，其思想达到了时代的高峰，从而把汉代历史学建立在唯物主义的基础之上，将中国散文写人艺术推向了一个新的时代。

司马迁历史观的核心就是认为决定人类命运的是人类自身，是人创造了社会历史，历史的发展演变，事业的兴衰成败，只有到人事方面去找原因，与"天道"毫无关系。如项羽兵败，项羽自认为是"此天之亡我，非战之罪也"。司马迁在《史记·项羽本纪》论赞中批判说："自矜功伐，奋其私智而不师古，谓霸王之业，欲以力征营天下，……过矣。乃引'天亡我，非用兵之罪也'，岂不谬哉！"正因为司马迁紧紧抓住人是历史创造者这一根本，才在自己的著作中着力叙述历史发展中人的历史作用，着力叙述社会中人与人之间复杂的种种关系，着力叙述人物之间的斗争及其不断发展的过程，从而发现与揭示这个历史过程中人所表现出来的特征及变化规律，有了这样的指导思想，创立人物纪传的体例就是很自然的事了。总之，司马迁要"究天人之际，通古今之变，成一家之言"。（《报任安书》）在"究"中，他肯定了"天人之际"中人的主导地位，在"通"中他看到了"古今之变"中人的决定性作用,在"成"中,他找到了以人为中心的纪传体形式。人在《史记》中占据着明确的中心位置,人物体现了《史记》纪传体的本质。

司马迁依据这一历史观来总结中国以往的历史,探索民族盛衰、国家兴亡的规律。在先秦史传的基础上,创造了一种表述纷繁复杂历史现象的新形式,就是将历史人物活动的现象分门别类地加以归纳,其中对历史人物作分类排比,形成本纪、世家、列传的不同序列。《史记》把人物分别列入《本纪》《世家》《列传》三个不同层次之中,组成展示人类社会历史发展的主要线索,这就是人们常说的人物纪传的新体例。如《项羽本纪》一篇,以项羽一生行事构成体例,却尽显秦汉之际天下风起云涌的大势,各路义军反秦始终本末,历历在目,千载后读了如昨日之事,而项羽这位既怀仁义柔情又叱咤风云千人皆废的英雄形象,更是震慑人心。司马迁在《史记》的《本纪》《世家》《列传》中,分别热情地赞扬了那些在政治、经济、军事、文化、思想、科技等方面谱写历史新篇章的民族精英,讴歌了那些极大推动社会历史发展的代表人物。后世一般的纪传体史著,设《本纪》,专记帝王;设《世家》,专记诸侯;设《列传》,专记公卿将帅一类人物,后世史学家也以此惯例来概括《史记》体例,这就不符合实际也不妥了。司马迁安排人物的层次并不从名分出发,而是依据人物在社会关系中的地位及作用,尤其着眼于人物的实际历史作用。如项羽只有王位而无帝号,却列入《本纪》,孔子并非侯王,只是一位社会下层的教师,而进入《世家》,至于在《列传》中,社会下层人物入传的大有人在。在各类人物中,司马迁之所以特别重视帝王一类人物,并非是他敬畏什么皇权,迷信、崇拜什么"圣上",而是看到多数帝王是重大历史事变的关键人物,其巨大的历史影响力是一般人不可比肩的。

《史记》以人物为中心,确立了人类共同创造历史的主题,首创了以人物纪传为主体的史学体例,也首创了以人物传记为形式的文学体例,突出了人的主体能力对历史的推动作用,其史学观点、史学体例、记载内容、对历史事件的评论、对史料的选择、对人物的刻画、对史实的叙述等等,都有着开创的意义,在以后漫长的封建社会中,治史者基本不能越出他的规范。南宋史学家郑樵在《通志·总叙》中说:

    司马氏世司典籍,工于制作,故能上稽仲尼之意,会《诗》《书》《左传》《国语》《世本》《战国策》《楚汉春秋》之言,通黄帝、尧、舜至于秦、汉之世,勒成一书,分为五体:本纪纪年,世家传代,表以正历，书以类事，传以著人。使百代而下，史官不能易其法，学者不能舍其书。

《史记》问世后，汉代三百年内依其体例著史者不绝如缕，不仅纪传体成为汉代史著的基本形式，而且汉代史学家治史的主导思想也深受司马迁进步的社会历史观的影响，这一点，就连东汉末年编年史《汉纪》的作者荀悦也不例外。

直至汉代，仍保留着中国传统文化发展初期的一个显著的特点，即各种形态的文化彼此包融，最明显的例证就是文、史、哲混为一体。哲学家虽然侧重于追求善，史学家虽然侧重于追求真，文学家虽然侧重于追求美，但共同的真善美统一要求，使他们各有侧重而又互相结合，并且史学家在追求真，文学家在追求美的过程中，又以善作为自己判断真与美的标准。司马迁开创的纪传体史学是以历史人物为中心，又以历史人物事迹为其主要编撰体例，这些历史人物的素材虽由作者取之于以往的文字记载与当时的口头传说，但又都经过作者个人的理解，然后才将他们艺术地再现出来。在这些再现的历史人物身上已经附着了作者的人生体验和强烈的是非感、身世感，在叙述这些历史人物的不同命运中，已经寄寓了作者的人生价值观和鲜明的爱憎，使这些历史人物形象又变成了艺术化的典型形象，具有了震撼人们心灵的艺术魅力。从以上几个方面看，《史记》这部纪传体史著同时又是文学著作，是地地道道的艺术性的历史散文，也就是我们常说的传记文学。司马迁使用文学的笔调来写历史，开创了中国传记文学。《史记》传记标志着中国散文人物塑造艺术的成熟，其艺术性已达到时代的最高水平。《史记》对中国散体文学的发展意义远不能以开创了传记体例来概括，可以这么说，《史记》继承了民族文化中的艺术精华，不仅宣告了中国传记文学从此而诞生，而且创造性地开辟了中国文学一个自觉塑造典型人物的新时代。后来的封建社会代代都有传记文学的继承者，但整体上没有人能够超过司马迁，《史记》是一座令后人难以超越、永远值得仰止的历史散文高峰。

（二）人物传记的奠基之作——《史记》

《史记》的作者司马迁（前145—前90?）字子长，左冯翊夏阳（治在今陕西韩城西南）人，其父司马谈学识渊博，精通天文、易理、诸子之学。迁幼而好学，二十岁始，游历江淮、汶泗、梁楚等地。后任郎中，奉使西南，又侍从武帝巡视，踪迹几遍全国。元封元年（前110），父临终前嘱托他完成修史宏愿。元封三年（前108），继父任为太史令，得以饱览国家藏书。太初元年（前104）开始写作《史记》。天汉二年（前99）为李陵兵败降匈奴事辩解而获罪下狱，受宫刑。太始元年（前96）出狱，虽任中书令，唯念发愤著书，约在太始四年（前93），基本完成《史记》的著述。征和二年（前91），司马迁的好友任安因戾太子事下狱，曾致书恳请司马迁援救，这年冬司马迁写了《报任安书》，此后司马迁的行事便不得而知。不过，《史记·匈奴列传》结尾处有："贰师闻其家以巫蛊族灭，因并众降匈奴"，紧接着的"太史公曰"流露了司马迁多年来对汉武帝偏袒、重用贰师李广利的愤懑之情，"唯在择任将相哉"句重复叠叹，见出感慨之深。传文与传赞文意相连，不像是后人所加。李广利降匈奴是征和三年（前90年）的事，除此之外，在《史记》中再不见有这一年以后的史实记载，如李广利在征和四年（前89）被卫律所谗杀，这本是一件重要的事件，却没有再补写进去。看来前90年后，司马迁的生死就不得而知了。司马迁一生，紧紧与《史记》相联系，他为《史记》而生，为《史记》而活，当他悄然离开人间，留下的却是灿若明星的一部巨著，那里有他全部的智慧、卓识、希望、幽愤……字字都凝着他的血泪，司马迁及其《史记》中传记人物的辉煌形象永远活在后人的精神世界里。

　　《史记》传记所描写的中国社会的历史人物，都是以往真实存在过的，《史记》传记的基本要求就是如何将这些历史人物真实地形象地表现出来。历史的真实性要求作者必须尊重历史的真实，艺术的形象性又要求作者必须使人物达到艺术的典型化，历史真实与艺术典型化的统一是司马迁人物传记创作的基本原则。

　　司马迁首先尊重人物历史的真实性，向后代展示了中国古代几千年的真实的人情世态。《汉书·司马迁传》中说："自刘向、扬雄博极群书，皆称迁有良史之材，服其善序事理，辨而不华，质而不俚，其文直，其事核，不虚美，不隐恶，故谓之实录。"司马迁用较之他以前任何一位中国史学家、文学家都难具备的客观性与严肃性来对待所有帝王以及社会各种人物，对他们的命运作了深刻而真实的剖析与描写。如那些被社会奉为偶像的帝王，在司马迁的笔下都被抹去了神圣的光泽，甚至当今皇帝，司马迁也敢作《今上本纪》记其"不肖"之所为。陈寿《三国志·魏志·王肃传》中记载："汉武帝闻其述《史记》，取孝景及己本纪览之，于是大怒，削而投之。"《今上本纪》这篇敢于逆鳞、为写真实而置生死于度外的文字虽早已不复存在，但我们从《封禅书》所载武帝迷信、荒唐举止以及其他传记对武帝宠臣们的贪纵无耻、阴险歹毒的揭露中，仍可看到作者的大无畏求实记史的精神和敢于为反映真实而不惜献身的气魄与胆量。

《史记》的真实还包括反映历史事件的准确性与表现思想感情的真挚性。汉前史对于司马迁来说，本是个没有经历过的陌生的历史，文献资料中不乏迷信、虚妄的记载，司马迁能在黑沉沉的历史迷雾中看到历史的真相，主要凭其求实精神，使他能正确地分析判断并采集历史生活中的真实，纠正史料中的不实之处。《史记》成书时期，正是汉武帝罢黜百家、独尊儒术、天人感应神学风行的时代，大一统的封建社会要求每一个人的思想感情都要统一在经学的思想体系之中，否则便是离经叛道。但司马迁独能尊重历史事实而不畏于巨大的社会思潮，他服从于真理而不求合于经学，在他的人物传记中，对罢黜的"百家"有褒扬之处，对独尊的儒家也不乏贬损之词，对中国历史人物有自己独特的评价。

《史记》所叙述的历史并不是对历史生活的机械摹写，传记虽然以历史真人真事为题材，但对历史人物并非是凡事必书或有闻必录。《史记》的传记人物不同于一般文学作品人物形象的塑造，它不能脱离历史的真实；但它也不同于像文书档案中人物履历一类的资料，它有活生生的、鲜明的人物性格特征，达到了历史的真实与艺术典型化的统一。为此，司马迁对传记人物进行了三个方面的艺术加工。

第一，是对历史真实进行选择、提炼、集中和概括。《史记》传记对人物素材的选择、提炼主要是从人物形象的特征出发，而不是主要从历史现象出发，这就要舍去那些从历史学角度看有时认为是重要的而从塑造人物形象来说是非典型的东西，有时还有意隐掉或略述重大事件，反去细腻地刻画某些生活琐事，如李广身经七十余次战争，作者只写其战败的几次，七十余战对历史都有一定意义，作者却舍去大部分战役而去写李广误认草丛中顽石为虎，射"虎"而箭镞揳入顽石中之事，为的是突出李广有臂力善射的特征。对历史真实的选择、提炼、集中和概括，使传记人物比历史原型人物更形象，更能反映人物的本质特征。

第二，在历史现象的描绘中渗透了作者的感情。司马迁往往将主观感情寓于客观的叙事中，人物形象中有作者的好恶之情和浓厚的身世感。《史记》传记每一个人物形象，既有这个人物独特的感情，又都折射着司马迁感情的光泽，每一个人物形象都是客观历史真实与作者主观感情的统一。作者还在对历史人物的描绘中，加进了自己的评价，增强了人物形象的抒情性，不仅不会使人物形象失真，反而使人物形象倍加鲜明。

第三，在历史真实的基础上进行必要的、合理的想象与虚构。凡事必有所不知，凡言必有所不闻，就是记录发达的今日，各种资料也不可能提供各个方面的细节及人物所有的言谈，更何况那些无人知晓的秘言隐事。《史记》不是单纯的历史材料的编次，在汇集资料的基础上，有作者依托历史而进行的创作，这种创作主要体现为合理的想象与虚构。合理的想象与虚构是《史记》传记实现历史真实与艺术典型化相统一的重要方法与手段，也是《史记》成为传记文学的重要原因。《史记》传记的虚构从形式上看是"虚"，实质是以理度真，以情揆真。所虚饰的虽不全合历史原貌，但人们想象、揣度，认为历史就该如此，情理之真与"虚饰"达到认识上的统一。

《史记》传记文学的创作是自觉的有目的的艺术活动，通过历史人物形象来表现作者对历史生活的认识和思想感情，也就是表现《史记》传记的主题，这是《史记》传记文学的主脑与统帅，传记的材料选择及经营布局都要为充分揭示传记的主旨而服务。从《史记》传记的整体上来看，主旨是"究天人之际，通古今之变"，通过人物传记表现中国历史社会的变革及作者对变革的认识。因此对历史人物，一般注重的是揭示其在社会变革中的作用，这就决定了对历史人物材料的选取，多是人物参与社会重大变革的举止言谈，即使选入一些小事小情，也从属于社会斗争，从另一侧面表现社会重大事变的预兆。如章学诚在《文史通义·古文十弊》中说："陈平佐汉，志见社肉；李斯亡秦，兆端厕鼠，推微知著，固相士之玄机；搜间传神，亦文家之妙用也。"《史记》传记人物多数处于紧张、激烈的社会斗争气氛下，攻讦、政变、战争，处处钩心斗角、剑拔弩张、血雨腥风，各种复杂而惊心动魄的社会斗争关系的展示，成了《史记》传记最精彩的题材。具体到每一部人物传记，主旨是要表现这个人物在历史变革中的角色，这就需要从众多的材料中，选取那些最能表现其角色特征的素材，而剔除那些非特征的材料，使材料的内容与人物的特征趋于一致，这样，人物传记的主旨明确了，角色的形象也鲜明了。某一人物传记的主旨是《史记》传记整体主旨的一部分，《史记》传记整体主旨使其所有的人物传记具有了统一性与联系性，每篇人物传记的主旨统一在《史记》传记整体主旨下，都又对本传记的材料与格局有统摄作用。明确的主旨使《史记》传记人物虽多、内容虽丰富但结构有机地统一。

司马迁对历史资料博采精取，精心选择最适合表现人物形象特征和自己创作主旨的材料，他所采用的书籍，仅在《史记》之中注明的就有一百多种。司马迁对待广博的资料有一条原则，那就是"厥协六经异传，整齐百家杂语"。（《史记·太史公自序》）"厥协"就是综合、贯通、熔铸；"整齐"就是选择、取舍、组织。"厥协"之中有继承、吸取，"整齐"之中有批判、改造。首先，司马迁对所有的资料都要进行甄别，对于神异古怪、空、虚、非、过等荒诞不实的史料，都予以考辨，决不轻易使用。如豫让拔剑击赵襄子的衣服，《国语》载："衣尽出血，襄子回车，车轮未周而亡"，司马迁在《刺客列传》中没有采录《国语》此说。司马迁在《大宛列传》中说："至《禹本纪》《山海经》所有怪物，余不敢言之也。"在《刺客列传》中说："其称太子丹之命，'天雨粟，马生角'也，太过。又言荆轲伤秦王，皆非也。"《史记》传记中有时故意收录一些荒诞传说，往往字里行间充满讥刺嘲讽，意在描写传中人物因某种政治需要而和迷信、荒诞相联系的历史真实。如《高祖本纪》中写有"白帝"化为蛇而被刘邦击斩一事，司马迁写其事并非相信其真有，而是认识到这纯是刘邦为了抬高身价惑众而伪造"赤帝"转世，这荒诞本身也是一种现实，即刘邦起事利用鬼神的历史现实。

《史记》传记主旨的表现是通过传记人物特征的展示而实现的，因此，展示人物命运的发展过程，即人物特征的发展过程，就成了《史记》最恰当的结构形式。司马迁将人物传记分为四大类：单传、合传、类传、附传。传记类型的确定，绝不是简单的人物数量的缀合或分离，而是依据人物命运特征所构成的合理结构。单传是单个人的传记，如《项羽本纪》；合传是两人或数人的传记，如《鲁仲连邹阳列传》是鲁仲连与邹阳二人合传，《樊郦滕灌列传》是樊哙、郦商、滕公夏侯婴、灌婴四人合传；类传是一类人的传记，或性格、或事迹、或职业等方面同类或相似而并于一传，如《刺客列传》《儒林列传》；附传是不限于传名所记人物而兼书他人，如《廉颇蔺相如列传》中的赵奢、赵括、李牧等人的传即是附传。这四种形式都只能从大体上认定，实际上这四类传记互相结合、互相渗透，只是各有偏重不同罢了。每一个历史人物，他的一生经历是很丰富的，他的思想、性格也是很复杂的，为了在人物传记中集中表现一定主旨和人物的主要特征，又不违背历史之真，司马迁就将与一定主旨、人物主要特征不统一、不和谐的方面，分散于其他人物的传记之中，或为了达到一定的隐讳目的，也用此法，将隐讳部分散于他人传中，这就是本传晦之他传发之的"互见法"，"互见法"明确地显示了作者塑造典型人物形象的自觉意识。单篇传见人物的主要典型特征，全书不同篇章的记载合起来，才见此人物的全貌，正述在本传，补充在他传，各传互为补充相表里，各传互有联系。

除了互见法外，对同一件事，不同的人物传记对此有不同的叙述。对事件来说，各传所叙可以互为补充阐发，对于不同的传记来说，同一事件在各传中叙述角度不同,是为了突出不同的人物特征。如《史记》有四处写到鸿门宴,《项羽本纪》中的鸿门宴描写全面细致,刻画了项羽忠厚的性格,突出了宴会的斗争是楚汉重大政治斗争的转折;《高祖本纪》中的鸿门宴重在描写汉方转危为安,刘邦君臣计谋的成功,略去了《项羽本纪》中刘邦那些窘迫恐慌的描写;《留侯世家》中鸿门宴的描写重在突出张良多智多谋;《樊郦滕灌列传》中鸿门宴的描写则重在突出樊哙的勇捷刚烈。明显地显示了作者为了突出不同人物的性格特征,而重新构思事件并略加虚构的痕迹。

　　《史记》同一人物的语言在不同传记中有所变更的例子不少,如樊哙在鸿门宴上的一番话在本传与《项羽本纪》中就有些不同,这是作者对传记人物语言进行艺术加工的佐证,进一步证明《史记》传记人物的语言许多是由作者设计出来的。有些人物的语言就是采自于史料,也经过司马迁的增损与艺术加工。《史记》人物的语言不少是作者根据人物的性格特征、经历、运用语言的习惯、具体环境条件和当时心理情绪等因素而精心设计的。作者对人物语言的设计成功,完全是由于对人物的透彻理解,作者对人物语言的控制正体现在让所塑造的人物按各自的性格去说自己应该说的"话"。

　　《史记》传记结构的脉络,就是人物性格特征的发展轨迹,整个传记是人物命运的始终记叙,人物性格特征是贯通全部传记的线索。以人物性格特征发展为线索,《史记》传记结构的脉络出现了以下三种形式:一是单线发展型,以某一人物的命运为主线,其他与此命运相关的人只作为陪衬与烘托,而将这一人物的性格特征显示出来,如《孔子世家》中的孔子。二是双线照应型,这种结构以两种性格特征发展为线索,这两种性格特征具有互相照应的关系。这种照应又可分作两种形式:对称和对比。对称是两种性格特征处于对应状态,共同具有某种相似的特征,如《屈原贾生列传》,屈原与贾谊虽不是同时代人,但由于二人皆有治国之才,又同受谗而不能用于世,故司马迁把这两个人放在同一传记中来作对称记叙。对比是两种命运特征处于对立状态,人物各自具有对方某种相反的性格特征,如《袁盎晁错列传》,传中包含着两个思想与性格截然不同的传主:晁错以国家利益为重,不顾身家性命,坚决"削藩";"袁盎多受吴王金钱,专为蔽匿,言不反",并假公济私,陷害晁错。对称或对比可以把两种性格特征组织在一个复杂的整体结构之中。三是多线交叉型,双线形在形式上像两线并列对应,多线形在形式上则多以一人性格特征发展为经线,数人性格特征发展为纬线的纵横交叉。经者为主,纬者为客,客有力地衬托着主。也有时忽而主忽而客,竟主客难辨,变化之妙,无辙可循,如《魏其武安侯列传》。《史记》传记结构虽呈现出复杂多变的形态,但总有人物性格特征的线索在紧紧蝉联,只要剖析传记人物性格特征的发展以及各种性格之间的相互关系,便能理清它的结构脉络。

《史记》传记篇末都是"太史公曰"式的短文,短文或议论或抒情都从传记人物性格特征、传记主题出发,与传记有着内在的联系,是传记统一结构有机的一部分。这种论赞形式看似整齐划一,实际却变化万方,有的揭示传记主旨;有的点明人物性格特征的意义;有的对人物公开褒贬;有的增添余波加了弦外音;等等,使整个传记"首尾圆合,条贯统序"。(刘勰《文心雕龙·熔裁》)安排合理、组织严密、脉络清晰的《史记》传记结构,表现了司马迁对历史人物性格特征的深切感受与深刻认识,也表现了这种感受与认识在艺术表达上的高度组织技能。

根据人物在社会关系中的地位及作用,《史记》把人物分别列入《本纪》《世家》《列传》三个不同层次之中。《本纪》十二篇,是帝王一类人物的传记,《世家》三十篇,是诸侯一类人物的传记,《列传》七十篇,是公卿将帅一类人物的传记,但司马迁安排人物并不从名分出发,而是从人物的实际社会作用出发,如项羽无帝号而列《本纪》,孔子属布衣而进《世家》,扁鹊一医师而入《列传》。《史记》中的人物是一批站在时代激流前面勇于进取的人,一般又有曲折、坎坷的经历,刚毅不挠、奋发直前的气概与精神。他们积极有为、不甘沉沦,不惜以生命执着地追求着理想,努力实现自己的人生价值,具有活着为了举事成名,甘愿为国捐躯、为义献身的人生观。这些人所具备的巨大历史创造的正能量,坚韧不拔的意志,高尚的品质情操,充分体现着中华民族的优秀特征。司马迁在中国三千多年的历史长河中,披沙拣金精选出一批卓异特行、超群不凡的人物,从这些人物身上我们看到了古老的中国历史演变的过程与演变特征。他们是一个个在风云变幻的时代纵横驰骋的英雄,他们或直接或间接都与社会重大斗争相联系,在政治、军事、经济、思想、科技、文化诸方面创造了惊天动地的功业,人物特征一般是紧张、猛烈、豪放、粗犷的,敢于正视带血的人生,敢于抗争在大较量的生死线上,体现了变革时代的普遍特征。

《史记》另一择取人物的原则是人物的广泛代表性。司马迁择取人物的视野,从纵的方面来说,是整个历史发展过程,从横的方面来说,是全社会范围,在择取人物时,有意照顾到了各类人物的典型。司马迁在《太史公自序》中说自己所欲论载的是"明主贤君忠臣死义之士",明确指出

《史记》入选的人物包括社会上下各阶层。司马迁努力以众多的各方面的人物来表现大变革社会的每个角落、社会关系的方方面面，来实现其全面反映历史生活的目的。在中国文学发展史上，《史记》第一次包容了如此众多、代表性如此广泛的人物形象，人物的代表性广泛到几乎覆盖全社会的每个阶层。

《史记》传记人物形象对历史社会生活的本质有深刻的揭示与概括，充分地体现出人物的社会关系、时代生活特征的普遍性和历史发展的趋向性，否则就不会那样强烈地引起全社会读者的共鸣，更谈不上具有高度的艺术性。试以《陈涉世家》为例来说明：陈胜是我国第一个伟大的农民起义领袖，当第一次农民起义出现后不久，司马迁就敏锐地抓住了这个人物身上具有的全部普遍意义的东西，第一次对我国古代农民战争作了生动记载，创造了陈胜这个前所未有的农民起义领袖的光辉形象，显示了中国农民起义推动历史前进的伟大功勋。陈胜起义，为我国第一个强盛的封建地主王朝——大汉帝国的建立创造了前提条件，起义的过程，也显示了中国封建农民起义失败的某种历史必然性，而后一点往往为一些后世学者所忽视。他们只看到司马迁对陈胜历史首创精神的肯定与歌颂，而没有客观地正视司马迁对陈胜农民起义种种固有弱点的真实描述，没有全面地认识司马迁对陈胜农民起义全部实质的揭示。司马迁沉痛地写了陈胜前后的巨大变化，揭示了这位农民起义领袖后来与农民又开始了新的对立阶级关系的现实。陈胜之后，中国有张角、黄巢、李自成、洪秀全等人领导的农民大起义，陈胜这个人物形象所体现的中国农民起义者的普遍特性为后来历代农民起义所证实。《史记》传记所写的人物，似人人所曾相识的人物，所表达的感情，似人人心中所曾体验过的感情，它所反映的思想感情深入到了社会的各个阶层，尤其是深刻地反映了人民大众的思想感情。它有对被迫害者、被侮辱者的怜悯与同情；对民族和祖国命运的关注与热爱；对正义公平的向往与追求；对专制残暴的愤恨与反抗等，这些都属于社会大多数人共同的思想感情。人民的感情与愿望体现着历史发展的基本趋势，对人民创造历史的思想感情的深刻揭示，是《史记》传记人物形象深刻性的重要方面，它给了人物以不朽的灵魂，使这些人物的形象在历史画卷中永远闪耀着光彩。

《史记》中每一个人物又是不可混同于别的人物的独特形象，正如泷川资言《史记会注考证》引斋藤正谦赞《史记》语："同叙智者，子房有子房风姿，陈平有陈平风姿；同叙勇者，廉颇有廉颇面目，樊哙有樊哙面目；同叙刺客，豫让之与专诸，聂政之与荆轲，才出一语，乃觉口气各不同。"《史记》传记其他人物形象也无不各具神态，具有生动、鲜明的独特个性。尤其是那些帝王人物，作者剥去了他们神圣的外装，或写他们奋发向上、兴国强邦，或写他们昏庸无能、误国灭族，或写他们残酷、虚伪，或写他们荒淫狂诞，还帝王以活生生的凡人特性，也还帝王自己的独特个性。《史记》传记人物是活灵活现的典型形象，他们真实、可信、感人，不论时隔多久，只要一翻开《史记》，那些传记人物的音容笑貌就马上会在读者面前展现，如同我们现实生活中常见到的人物一样熟悉与清晰。

《史记》所记虽然上起轩辕黄帝，然而大量地、集中地反映的还是从春秋末期到汉武帝时期五百多年的历史，在这个消灭旧的封建领主制与创立新的封建地主中央集权制的历史过程中，新旧阶级的对抗与斗争异常的激烈与残酷，各地战争连年不断，屠戮掠夺司空见惯，成千上万的群众为迎接新社会的诞生而付出了生命，就连社会各种势力的代表人物，也都为实现自己的理想而慷慨赴难、前仆后继。这是一个动荡、巨变的时代，是一个英雄辈出的时代，雄壮与悲惨是这个时代的主旋律，悲壮的时代特色给这个时期的历史人物普遍地涂上了悲剧的色彩。司马迁客观地把握住了这一时代人物的特征，在《史记》传记中，差不多有一半的篇目是为悲剧命运的人物而立的，一部《史记》共写了120多个不同悲剧命运的人物。这些悲剧性人物身上都寄托着司马迁悲剧性的身世感，司马迁借他人之杯酒，浇自己心中不平之垒块，晚清刘鹗在《老残游记·自序》中说："《离骚》为屈大夫之哭泣，……《史记》为太史公之哭泣。"司马迁怀着不幸遭遇的深切感受来刻画历史上的悲剧人物，使悲剧性命运人物的悲剧色彩更加浓烈，他第一次在我国文学史上创造了如此众多的悲剧人物与悲剧性格，把我国悲剧艺术创作提高到一个成熟的高度。

《史记》的人物形象都是在历史真人基础上艺术加工而成的，这一点决定了《史记》人物形象刻画的基本特征。司马迁不能虚构人物的主要性格特征，不能虚构人物主要的事件与生活环境，更不能去虚构人物的内心活动，只能比较客观地从人物经历的各种事迹中去把握人物的性格特征。这种方法注重人物的客观行动、言谈、外露的表情、直观的外貌等方面的刻画，透过这些外观表层而洞察人物的内心世界和领会人物的性格特征，是一种全方位的"外视"写法。除"外视法"外，《史记》刻画人物形象还辅以"衬托法"，即以彼人物的形象来见此人物的形象。衬托法有反衬与正衬两种，用互相不同甚至相反性格特征的人物去衬托可谓反衬；用相近或相似性格特征的人物去衬托可谓正衬。衬托与对比、对称有相似处，但却不等同。对比、对称是双方比较，使得两者相得益彰，衬托却是一主一宾，以宾衬主，宾体的描写是为了说明、补充、烘托主体，使主体更突出、鲜明。还有一种写法既非正衬也非反衬，而是借其他人物形象来充实重点人物形象。如《刺客列传》中叙述聂政自杀后其姐聂荣冒死认尸，荆轲死后高渐离复仇等，聂政、荆轲的亲友尚如此，可以更深一层想见聂政、荆轲的性格特征。另外通过他人评价来表现人物，也是一种用他人来充实人物性格特征的重要方法，如汉文帝评李广："惜乎，子不遇时！如令子当高帝时，万户侯岂足道哉！"（《李将军列传》）寥寥数语，点出了李广善战无赏"不遇时"的现实。

《史记》人物性格刻画的基本方法决定了它的基本写作特点，首先是人物性格刻画具有戏剧特点。《史记》传记人物的形象主要靠人物自身的行为、语言、表情以及社会关系的展示来表现，给人一种实在的、直观的印象，直观性是戏剧独具的艺术特点，这个特点在《史记》中是很突出的。《史记》对于人物的心理不作剖析，对背景不作细致的描述，而是让传记人物各自以独特的角色，自己在"历史舞台"上展现自己的性格特征。人物的行动与语言成了最精彩、最能表现人物形象的手段，表现出浓厚的戏剧色彩。其次是人物性格刻画中具有"白描"的特点。在《史记》人物传记中，不存在叙述人的长篇描写，没有人物的心理剖析，也没有过长的人物对话，写人物行为、语言、相貌、表情、背景，用的是简略而又质朴的语言，寥寥几笔，却紧扣在人物性格特征上，笔墨简练，而形象异常丰满。

司马迁注重择取重大的社会矛盾、斗争的事件来构成《史记》的基本情节，人物的性格特征往往在这种条件下才显得深厚、清晰而有光彩，充分显示出历史时代"弄潮儿"和其他各种历史角色的鲜明性格特征。当然，《史记》传记也不是没有日常平凡事件的描写，如刘邦相面、张良圯上受书、张汤审鼠、陈平娶张氏女等，人物在这些小事中所表现出来的性格特征与其在重大事件中所表现的性格特征，在本质上是一致的，通过对这些细事的记叙，使人物在重大事件中表现出来的性格特征更自然、更丰满、更突出。司马迁注意人物在重大事件中行为的因果性，因而传记中的情节一般具有开端、发展、高潮、结尾的发展全过程。而在描写情节时，只要是能充分反映人物性格特征的情节，就充分展开描写。如《韩长孺列传》写韩安国入狱一节，既没写韩安国因何犯罪及犯罪经过，又没写韩安国狱中的主要生活，只写韩安国与狱吏田甲的一段对话及韩安国出狱后对田甲的态度：

其后安国坐法抵罪,蒙狱吏田甲辱安国。安国曰:"死灰独不复然乎?"田甲曰:"然即溺之。"居无何,梁内史缺,汉使使者拜安国为梁内史,起徒中为二千石。田甲亡走。安国曰:"甲不就官,我灭而宗。"甲因肉袒谢。安国笑曰:"可溺矣!公等足与治乎?"卒善遇之。

在韩安国入狱及出狱的全部事件中,唯有这段情节能充分显示韩安国的识量宏远,司马迁便抓住尽力摹写,充分发挥情节展示人物性格特征的作用。

《史记》传记的情节不追求违背客观规律的"巧合",也不故作惊人之笔,它不像后世小说那样在情节的发展中有意将某"结"埋伏了,却故意迟迟不解,目的是作为悬念来紧扣读者心弦。《史记》传记反而却是常用一些日常小事情甚至是一些微小的生活细节,将后面重大情节发展的趋势预示出来,情节安排极其自然、了无凿痕。为了更好地塑造人物形象,司马迁对情节的安排是颇费匠心的。《史记》传记情节的安排有两大鲜明的特征:"奇"和"曲"。"奇",就是指取材不凡庸,故事情节有新奇性;"曲",就是指描写不简直,行文有变化。《史记》传记中的人物都是非凡人物;他们超群绝伦的曲折经历,复杂的社会关系,惊心动魄的各种斗争,全是构成情节"奇"的基础,司马迁爱好情节惊险、奇异,正是为了更好地表现传中的奇人奇事以及自己的奇特感情。《史记》传记情节之奇,不是荒诞之怪奇,也不是故弄玄虚之假奇,而是一种对情节的艺术典型化。那些奇异情节,常超乎一般人意料,而又不越常理常情。紧张、奇特、惊险的情节,不仅使《史记》更好地展示了人物在事件矛盾冲突过程中呈现的特异性格,而且引起读者的高度关注,使其心灵撼动异常,这也是《史记》情节艺术魅力特强的原因之一。司马迁行文讲究疏密相间、虚实相参、笔法多变,传记情节发展讲究急徐有致,正反相成,相映成趣,疏略处能总其大概,细密处曲尽吞吐之妙。如项羽垓下被围,在激烈的矛盾冲突推进中,又插入项羽夜闻楚歌,自作诗慷慨悲歌,美人虞姬唱和,左右随从涕泣的平缓小插曲,淡处着笔,虚处传神,都恰到好处地表现了人物的性格特征。为了更好地达到情节"奇"与"曲"的艺术效果,司马迁常用人物的奇闻逸事和虚构细节来充实情节,传中人物形象便活脱脱显现出,几乎达到伸手可触的地步。

司马迁善于选用典型细节来增强整个情节的真实感,在细小的情事上窥见人物内心的复杂世界。《战国策·秦策》与《史记·苏秦列传》都载有苏秦为六国相,衣锦还乡,与曾慢待过他的嫂子有一段对话。在这段情节中,司马迁又增加了苏秦冷笑,其嫂以面掩地而谢的细节,人物形象顿觉神采飞动,一个踌躇满志的政客,一个敬畏权贵的市井小民形象,已呼之欲出。

《史记》传记人物都有自己独特的个性与感情,同时他们又都是作者的感情所强化的艺术形象,在他们的形象之中,交织着作者的人生经验,寄托着作者的审美观,饱含着作者深厚的爱憎感情。司马迁将自己的主观感情贯注于《史记》人物的塑造中时,采用了三种形式:一是将感情寓于人物的叙述描写之中;二是感情在语调上的自然流露;三是直接对人物表达感情或借用传中其他人物来抒发感情。作者主观感情在传记人物身上得到反映,使得传记人物形象具备了强烈的抒情色彩,极大地触发读者内蕴的情感。茅坤在《史记钞》中说:"读游侠传即欲轻生,读屈原贾谊传即欲流涕,读庄周鲁仲连传即欲遗世,读李广传即欲立斗,读石建传即欲俯躬,读信陵平原君传即欲养士。"《史记》人物形象浓厚的抒情性常使读者产生强烈的共鸣,这也是《史记》传记人物性格刻画异常深刻的一个重要方面。

司马迁是汉代伟大的语言艺术家,他对古奥的传统书面语进行了改造,对当时社会上流传的口语进行了合理吸收,创造了通俗易懂、生动活泼又富有表现力的新的书面语。《史记》传记有抒情、有议论、有叙述,但主要记述传记人物的言行,主要让人物以自己的言行来表现自己,叙述人的语言常起介绍、连贯人物和事件的作用。《史记》传记的叙述有直叙和婉叙两种形式,也称直笔和曲笔。直笔是直截了当的记叙,对记叙的人物、事件给以明确的揭示;曲笔是对记叙的人物、事件给以含蓄的暗示。曲笔的运用,是司马迁经过一番痛苦经历之后,认真反思才摸索到的一种语言表达形式。同汉代甚至后世的文人相比,司马迁书写历史的笔法可谓"直"了,但他本人写的汉史同他所写的汉代以前的历史相比,就明显看出了文笔"曲"的特点,贬损汉朝所使用的语言明显地语意隐约了,语气委婉了。汉初,天下归于一统,韩信等异姓王大部分以"谋反"罪被剪灭。至司马迁时,韩信的谋反罪仍是不可怀疑的铁案,尽管有人对此感到蹊跷,但谁也不敢触及这个冒犯刘汉王朝的敏感问题。司马迁从大量的史料与后人言传中,分析出韩信虽存追求富贵功名、光宗耀祖的思想,但仅至企求封王而已,并无觊觎君位的野心,对刘邦还算忠心耿耿。反是刘邦对韩信卓越的军事指挥才能心存忧虑,时时加以防范,害怕对他的君位形成威胁。曾夺其兵权,又削其王号,甚至在没有证据的前提下将其擒拿,韩信的悲剧结果是刘邦、吕后一手造成的。司马迁在《淮阴侯列传》中，将这些胜于雄辩的史实一一写出，尤其是不厌其烦地记载武涉、蒯通劝韩信叛汉，韩信都给予拒绝，回答说：汉王待我不薄，背叛汉王即背信弃义。为了证实这一点，传记又记韩信被擒遭斩时，他后悔地说："吾悔不用蒯通之计，乃为儿女子所诈，岂非天哉！"传末的《太史公曰》又写道："假令韩信学道谦让，不伐己功，不矜其能，则庶几哉，于汉家勋可以比周、召、太公之徒，后世血食矣。不务出此，而天下已集，乃谋畔逆，夷灭宗族，不亦宜乎！"表面上谴责韩信，实际以曲笔在为韩信辩诬。韩信善于审时度势，可谓常胜将军，若谋逆哪里不懂得谋叛之机？司马迁提醒世人："天下已集，乃谋畔逆"，是强加之罪。韩信仅以"伐己功""矜其能"，而遭"夷灭宗族"，实是天大的冤屈！曲笔是司马迁使用的一种迂回曲折地表现历史真实的艺术语言，它更多地体现了《史记》语言的艺术特征。

司马迁注意吸收众家语言之优长，从《史记》语言的纵横恣肆上，明显看出对战国策士论辩语言特点的吸收。《史记》广泛援引古籍诗文、民间流传的俚语俗谚，而且善于化用，别人的语言一经司马迁化用，便焕然一新，推出新意，熔铸成为具有自己特色的新语言。《史记》遣词用句精练而能达意显情，叙事明白，论理周全，能以少量的言辞表达丰富的内容。《史记》文辞精约，但不一味求简，比起《汉书》来，《汉书》文字整饬、谨严，然缺少《史记》那种朗朗上口的声调和纵横不羁的语言气势，以及难以表述的微情妙旨。

从题材处理、体裁驾驭、形象塑造和语言的运用等方面，都可以看出司马迁特有的艺术个性，这便是《史记》传记的艺术风格。《史记》传记的主题和题材、情节和表现手法等，都可以传承于他人手中，但唯独《史记》传记的艺术风格是只能属于司马迁自己的，它是司马迁诚于内形于外的个性在传记中的表现。清代王治皞在《史记榷参》中说："太史公变《左氏》之体而邕其气，雄深雅健，自成一家之言也。"雄深雅健，是一种刚柔并济而又偏重于刚的艺术风格，它比较准确地概括了《史记》的艺术风格。

"雄"，表现是多方面的。从传记结构上看，它宏大雄伟。有包罗古今、总览宇宙之势。从写作的气质上看，它豪迈雄浑，有褒贬百代、气吞山河的气魄与胆识。从传记的题材上看，它雄阔奇特，凡是在中国大地上曾发生过的重大历史现象都无所不包，描写社会人物之众多，反映社会事件之奇特，都是前所未有的。"深"，主要是指深切的感情、深刻的寓意、深妙的传神笔法、深沉的文章气势。"雅",主要指言雅,也就是指传记运用的语言是简练、通俗、朴实的规范语言,这与后世封建文人要求典雅、不放纵、适合士大夫口味的"雅词"又是不同的。言雅的表现可以简括为以下三个方面:首先是简洁明快,其次是真挚淳厚,最后是平淡朴素。"健",指笔法遒劲而富于表现力。司马迁行文只求刻画人物达到形神兼备,不求合于陈规俗套。或国家大事,或生活琐细,皆可拈来入传,或喜或悲或嘲或讽,皆可成文章。或议论或叙述,或描写或抒情,笔法变化无穷而一样力厚味腴,行文奇诡恣肆,深得庄周文章风格之旨。形式上见"奇",内容上传"神",灵活变化而文理自然。

西汉王朝空前统一、强盛的国势,蓬勃向上的时代精神,司马迁高瞻远瞩的思想认识,使他以从未有过的历史主人翁姿态、以哲人的眼光来审视自生民以来的中国历史,于是其《史记》艺术风格呈现出一种特有的"雄"的特征。在真实地反映历史时,悲壮、激烈、残酷的斗争现实,严肃深刻的历史思考,作者的不幸遭遇,促使他对历史社会有了更深切的体会,从而使《史记》的艺术风格又呈现出一种特有的"深"。"雄"多从宏观上着眼,偏重于规模结构等形式,"深"多从微观上作分析,偏重于形象、感情等内容。这种艺术特点又要求语言的纯精、通俗而富于表现力,即具备"雅"与"健"的特点。"雄深雅健"概括了《史记》艺术风貌的基调,形成了《史记》艺术独特的、强烈的、完美的主导风格。

《史记》传记标志着中国散文人物塑造艺术的成熟,其艺术性已达到时代的最高水平。《史记》对中国散文的发展意义远不能以开创了传记体例来概括,可以这么说,《史记》继承了民族文化中的艺术精华,不仅宣告了中国传记文学从此而诞生,而且创造性地开辟了中国文学自觉的一个新时代,在中国古代文学发展史上树立起一座令人景仰的丰碑。

(三)汉代其他正史类历史散文

《史记》问世之后,有不少人来仿效,著述不少,而能与《史记》相提并论的只有班固的《汉书》。班固(32—92)字孟坚,扶风安陵(今陕西咸阳东)人,父班彪与堂伯父班嗣都是东汉初著名的儒学大师,扬雄、王充等人曾登门求学。班固生在这样一个书香门第,自幼勤奋好学,为其将来治史著述奠定了渊博的知识基础。班固23岁时,父亲班彪去世,他便离开太学回到扶风为父守丧,决心完成父亲未竟的著述事业,开始着手整理父亲遗留下的《史记后传》,并加以续写,因被告发私改国史而下狱。后获释召为兰台令史,又升为郎、典校秘书、奉诏修史等,历二十多年撰成我国第一部纪传体断代史——《汉书》。《汉书》的体例主要参照《史记》，略有变更，改书为志，取消了世家，资料丰富充实、慎核整齐。全书共一百篇，有帝纪十二篇，记载从汉高祖刘邦到汉平帝刘衎的编年大事。有表八篇，分别谱列王侯世系、记录官制演变。有志十篇，由《史记》八书扩充而成，是贯通古今政治、经济、文化制度的专史。有传七十篇，是从陈胜到王莽西汉一代各种社会阶层重要人物的传记，也包括汉代边疆一些少数民族、部分邻国重要人物的传记。纪、传是《汉书》的主要部分，全书以纪、传为中心，各部分互相联系、互相补充，全面地反映了西汉王朝的历史。刘知几《史通·六家》中说《汉书》"究西都之首末，穷刘氏之废兴，包举一代，撰成一书，言皆精练，事甚该密，故学者寻讨，易为其功。自尔迄今，无改斯道"。成为我国后代纪传体断代史的权舆与准绳。《汉书》是继《史记》之后最杰出的传记文学作品，在文学史上的地位与影响仅次于《史记》，不论主题确立、题材选择、结构安排、人物刻画、字句驱遣，都有自己的特色，同《史记》一样，也是后世历史散文的典范。

　　《汉书》虽然是继《史记》之后又一部"良史"，但书中所反映的儒家思想意识已和司马迁的思想有了很大的区别。司马迁所处的汉武帝时代，正是新兴地主阶级统治进入全盛的时期，大一统社会充满了开拓、创新、向上的气象。汉武帝把儒学法定为国家统一的思想意识，是适应社会发展、长期历史选择的结果。司马迁的思想主要倾向于儒家，具有时代的特征，但他善于独立思考，富有批判精神，不囿于儒学，能兼采先秦诸子之长，形成了自己的朴素唯物主义思想和进步的世界观。班固所处的时代，是西汉政权崩溃后光武帝刘秀重建汉朝的时期。在他之前的西汉晚期，统治者严重腐败，社会阶级矛盾激化，统治者意识到原有的经学已经难以支撑其统治，于是在董仲舒"天人感应"说的基础上，进一步以神学来改造经学，假托神的指示，伪造谶纬符命，以迷信来欺骗世人。东汉王朝建立之后，国内阶级矛盾暂时缓和，但是统治阶级只求统治权的长期保持，表现出严重的保守性，在意识形态方面表现得尤为突出，这便是使经学神学化，使谶纬迷信法典化。班固时谶纬迷信已达炽盛。谶纬之学被称为"内学"，经学为"外学"，谶纬的地位赫然与经学并列。章帝时钦定的《白虎通德论》，将今古文经与谶纬相结合，把君臣关系列于"三纲六纪"之首，把社会阶级关系附会于自然秩序，这样一部法规化的经学总汇，其整理编撰者便是班固。当然，《白虎通德论》并不全代表班固的思想意识，班固本倾向于古文经学，但他受今文经学、谶纬之学的影响，也是客观存在的。

司马迁评价历史人物注重其历史作用,而班固相对地多以等级名分与儒家名教标准来定论。如司马迁进项羽于本纪,列陈胜于世家,而《汉书》的《古今人表》却把项羽、陈胜列入第六等。《史记》《汉书》都有《游侠列传》,篇名相同,取材相同,司马迁赞布衣之侠:"其行虽不轨于正义,然其言必信,其行必果,已诺必诚,不爱其躯,赴士之厄困。既已存亡死生矣,而不矜其能,羞伐其德,盖亦有足多者焉。"又赞郭解道:"吾视郭解,状貌不及中人,言语不足采者。然天下无贤与不肖,知与不知,皆慕其声,言侠者皆引以为名。谚曰:'人貌荣名,岂有既乎!'於戏,惜哉!"而班固指责游侠导致"背公死党之议成,守职奉上之义废",认为"郭解之伦,以匹夫之细,窃杀生之权,其罪已不容于诛矣!"对农民起义领袖与下层游侠的态度,司马迁与班固竟如此不同,司马迁多同情与赞颂,而班固多指责与鄙视。

从封建大一统观念出发,班固在《汉书》中歌颂了西汉一批忠于国家、抵御外侮、保持民族气节的爱国英雄,同时鞭挞了苟安偷生、叛国投敌的民族败类。《汉书》卫青、霍去病传中的卫、霍二人,具有"匈奴不灭,无以家为"的雄心壮志,他们多次领兵大败犯边的匈奴,保卫了汉朝的北疆,解除了外患,打通了往来西域的道路,为汉王朝的巩固、强盛建立了丰功伟绩。描写、歌颂爱国精神的,还有张骞、赵充国、辛庆忌、李广、苏建、冯奉世等传,尤其是著名的《苏武传》,记叙了苏武出使匈奴被扣留19年而宁死不降的事迹,歌颂了他为国家与民族利益甘愿赴汤蹈火、肝脑涂地的坚贞不屈的民族气节和高尚的爱国品质,为中国传记文学增添了一位气宇轩昂、英气勃勃、光彩照人的人物形象。李景星在《汉书评议》中说:"苏武事虽附其父传后,班氏却用全力叙述,其传神处并不在太史公下。"

司马迁敢于大胆地暴露汉前历代统治者的罪恶,多采用曲折的手段,来揭露汉代帝王的荒淫暴虐,对反抗暴政的下层人物给予了同情、赞扬。班固缺乏司马迁那样的胆识与勇气,但没有丧失儒家"良史"的史德,他肯定司马迁"不虚美、不隐恶"的实录精神,也就说明了自己的写史原则。本着客观、真实、详备的原则,他在《汉书》中也一定程度上揭露了统治阶级荒淫无耻、腐败昏庸、残忍毒辣及其在他们统治下的种种黑暗现实。如《东方朔传》写汉武帝扩建未央宫,营造建章宫,饰物与狗马用锦缎来包裹,追求狗马声色之乐;《主父偃传》揭露主父偃贪污受贿;《外戚传》揭露宫闱奢侈淫乱,佞幸受宠;《霍光传》揭露外戚专横暴虐,鱼肉百姓;《张禹传》揭露封建官僚广敛货财,淫佚纵欲;《公孙弘传》记公孙弘排挤主父偃;《贾捐之传》记石显谗言贾捐之,等等。揭露统治阶级内部钩心斗角、尔虞我诈,争权夺利,十分深刻而生动,为我们所展示的统治者的残忍、歹毒、狡诈,令人读后矍然失容,真难相信这些道貌岸然的王公贵族竟能干出如此卑鄙的勾当。

班固有比较严重的儒家名教观念,认为犯上作乱乃大逆不道。在《汉书》的《游侠传》里认为朱家、郭解等人罪不容诛。在王莽、贾捐之等传中,把农民起义队伍污蔑为"寇贼""盗贼"。但另一方面,他还保持着传统儒家的人本主义、民本思想,反暴政的思想促使他揭露社会黑暗与民不聊生,在《贡禹传》录有贡禹的奏疏,言汉武帝穷兵黩武、横征暴敛,揭露其推行赎罪法而放纵官吏腐败的弊政。在张禹、咸宣、陈万年、严延年等人传中揭露了贪官污吏奢侈腐化、残暴盘剥百姓的罪行。少数掌权者为了自己无度的挥霍,对广大百姓敲骨榨髓般地盘剥掠夺,这正是逼迫人民起来造反的根本原因。班固向往儒家所倡导的仁爱和谐社会,在《汉书》中热情地歌颂了爱民廉洁的正直官吏。如在盖宽饶、龚遂、赵广汉、翟方进等传中,赞颂了那些直言极谏、体恤民情、轻徭薄赋、济贫扶弱的官员的仁德,在他们身上寄托着作者对仁政的憧憬。

《汉书》与司马迁的《史记》还有许多不同之处,如《史记》得不到当朝统治者的承认,后世皇权主义者也目之为"谤书"。而《汉书》在起初撰述时就得到了汉明帝的赞赏,后经朝廷定为国史,推重一时,后世封建的官方也无不把《汉书》奉为作史的标准;《史记》博采众家思想精华,时有"离经叛道"的独特见解,评价历史人物不受儒家名教的束缚。《汉书》却囿于正统名分等级的思想,评价人物时有迂腐的经学、神学味道;《史记》多愤世嫉俗,不虚美、不隐恶,微情妙旨常寄于文字蹊径之外。而《汉书》无深慨寄托,多饰人主、取悦世俗,情旨尽露于行文之中;《史记》有开创纪传的魄力,在局部范围内又不受自定体例的约束,主要以塑造人物性格特征、表达作者认识与感情为主旨。《汉书》则多于模仿,严格遵守体例的规矩,在表现形式上追求整齐划一,在表述上追求严谨而有条理;《史记》创作才气高,不拘于绳墨而变化无方,嬉笑怒骂皆成文章。《汉书》却固守规矩少革易,求工整、求详备,考核的功夫深;《史记》叙事以详入妙,情节常诡奇入胜,声情双绘。而《汉书》内容上详赡雅正,语言上整饬简练;《史记》饱含激情,狂宕恣肆有奇气,雄深雅健极尽疏逸变幻。《汉书》则偏重周密细致,不放纵不偏激,从容不迫,温厚典雅。等等。不能简单地评说《史记》与《汉书》孰优孰劣。诚如清人沈德潜所说:"愚平心以求之,有马之胜于班者,有班与马各成其是者,有班之胜于马者。"(《归愚文续》卷三《史汉异同得失辨》)

总体来说,《汉书》传记不及《史记》传记生动感人,但叙事详赡却胜于《史记》。《史记》以五十二万多字记约三千年之事,《汉书》以八十多万字记二百多年之事,《汉书》所收西汉材料的详备程度可想而知。班固写《汉书》,不仅有《史记》《史记后传》及刘向、扬雄诸人的续补做基础,而且又利用"典校秘书""读书禁中"等条件,既采集典籍诏令、文章诗赋,又旁贯琐事异闻,获得了大量的资料。对繁杂的资料,班固又进行了严格的鉴别与审核,如东方朔是个传奇人物,后世好事者,多"取奇言怪语附著之朔",班固撰《东方朔传》,首先对有关东方朔的各种资料进行真伪甄别,传中指出:"凡刘向所录朔书,具是矣。世所传他事,皆非也。"班固选择材料的标准是真实可信与"切于世用",围绕传记的主题来提炼素材。

《汉书》描写事件、渲染气氛,也善于用简练、准确的白描手法,通过一系列生动情节,来刻画人物性格。如《张禹传》中记述张禹接待二位弟子:

> 禹成就弟子尤著者:淮阳彭宣至大司空;沛郡戴崇至少府九卿。宣为人恭俭有法度,而崇恺悌多智。二人异行,禹心亲爱崇,敬宣而疏之。崇每候禹,常责师宜置酒设乐,与弟子相娱。禹将崇入后堂饮食,妇女相对,优人管弦铿锵,极乐,昏夜乃罢。而宣之来也,禹见之于便坐,讲论经义,日晏,赐食,不过一肉,卮酒相对,宣未尝得至后堂。

张禹深知彭宣、戴崇二位弟子的志向与性格,所以对戴崇以酒肉女乐来款待,使其感到亲密无间;对彭宣以儒家礼仪相迎,俨然为君子之交,使其产生敬重之情,各自投其所好又都博得弟子的好感。仅以日常待客这一生活细事,就把一个狡狯的形象刻画得活灵活现。

《汉书》传记以详赡见长,但语言却简明规范,将《史记》原文与《汉书》改写过的文字进行比较,就更能看出这一特点。如《晁错传》的文字比《史记》原文增加了好几倍,等于进行了重写。但班固为了省文简字,对《史记》文字还进行了删繁就简。有的地方失去了《史记》那种口语神情,生动性变弱,但有的地方却也改得既精练又明确。范晔在《后汉书·班固传》中说:"迁文直而事核,固文赡而事详。若固之序事,不激诡，不抑抗，赡而不秽，详而有体，使读之者娓娓而不厌，信哉其能成名也。"比较准确地说明了《汉书》的语言风格特征。如《汉书》的《晁错传》以晁错为了国家不避杀身灭族之祸的精神为主题来统摄全文，对晁错的评价比司马迁更切合实际，这从二书的赞文中看得最清楚。《史记》的赞文是：

> 晁错为家令时，数言事不用。后擅权，多所变更。诸侯发难，不急匡救，欲报私仇，反以亡躯。语曰："变古乱常，不死则亡"，岂错等谓邪！

主要指责晁错"变古乱常"，而《汉书》的赞文是：

> 晁错锐于为国远虑，而不见身害；其父睹之，经于沟渎，亡益救败，不如赵母指括，以全其宗，悲夫！错虽不终，世哀其忠，故论其施行之语著于篇。

主要赞扬晁错"为国远虑"，不仅《汉书》的赞文对晁错的评价比较客观、公允、准确，而且赞文的评价与传文的事迹是统一的。全传以削藩事件发生的先后顺序为线索，依次描述，主线突出，脉络分明，叙事与策论相配合，使整篇结构达到了疏密相间而首尾完整。

与《史记》比，《汉书》的语言更加整饬、富丽、典雅，趋于骈化，这是由于受当时赋体创作影响所致。班固当时就以辞赋名震天下，所以在《汉书》人物传中，或自觉或不自觉地多采华美辞藻，行文喜用古字古义，又喜铺张、对偶，显示出东汉散文开始骈化的倾向，对魏晋六朝散文骈俪化的形成有一定的影响。

汉代除了《史记》与《汉书》之外，还有一部很有影响的传记作品——《东观汉记》。据《隋书·经籍志》称，《东观汉记》乃东汉安帝时刘珍等人所撰。实际上此书编写始于明帝之时，终于灵帝熹平年间，前后经历了一百二三十年，经过众人修撰，终于成为一部纪、传、志、表完备的纪传体东汉史。论起编撰者来，班固是撰写此书的先驱，编写中期，刘珍和崔寔出力最多，而在后期，则蔡邕的贡献最大。晋时，此书还很有影响，与《史记》《汉书》并称为"三史"。后来，它的影响被《后汉书》所代替，至南宋时，《东观汉记》散佚的卷数已超过全书的半数之多，至元以后，全部佚失，现在我们只能从一些类书、古籍的注文中，看到它的部分片断。

《东观汉记》是一部集体奉诏编纂的史书,与左丘明、司马迁那样的史家独撰史书不一样,也与班固那样的史家个人奉诏编纂的史书有区别。与《汉书》比较起来,《东观汉记》的"御用"特点更为鲜明,具体表现为:所有编撰者奉诏神化刘汉皇帝,歌颂其功德,宣扬其正统,贬黜"异端",表彰"节义",称述"贞烈"。有虚饰的弊病,记述繁杂不实,难称良史,且文学价值也无法与《史记》《汉书》相比较。但《东观汉记》为以后各种东汉史书的编著,提供了大量的资料,今"虽残珪断璧,零落不完,而古泽斑斓,罔非瑰宝"。(《四库全书总目》卷五十《史部》)

比《东观汉记》晚出的《汉纪》是由荀悦独立完成的。荀悦(148—209)字仲豫,东汉颍川颍阴(今河南许昌)人,是大思想家荀子的十三世孙。曾撰《申鉴》一书,系统地提出改革当前弊政、振兴汉室的种种政治措施,得到了献帝的赏识。献帝雅好典籍,然而感到《汉书》文繁难省、周览不便,建安三年乃令荀悦依照《左传》的体例改写《汉书》,荀悦于是"撮叙表志,总为帝纪。通比其事,例系年月。大略粗举,凡为三十卷,数十余万言。"(刘知几《史通·古今正史》引《汉纪·序》)建安五年,书成奏上,书名曰《汉纪》。《汉纪》的内容基本采自《汉书》,体例基本仿于《左传》,是一部断代编年史书,但与纪传体史书《汉书》和编年体史书《左传》相比,又有自己许多新的特点。

首先是辞约事详,论辩深博。《汉纪》所记比起《汉书》来,文字既简约,叙述又清晰,做到了辞约事详、史迹明了。但又不仅仅是对《汉书》文字删繁就简,在体例上易纪传为编年,而是结合当时所要解决的政治问题,根据作者所想表达的思想内容,对《汉书》的内容进行了删削、收录、增补、修改和发论。如记铜马军之事,反较《汉书》详细,所录谏议大夫王仁、侍中王闳的奏疏,也是《汉书》所没有的。《汉纪》书中所论,特别是四十多则"荀悦曰"式的史论,发论精辟深刻,是其《申鉴》思想的进一步表述。如《孝武皇帝纪》的赞文说:

> 孝武皇帝规矩万世之业,固后世之基地。内修文学,外耀武威,以延天下之士,先王之风,粲然可考者矣!然犹好其文未尽其实,发其始不克其终,奢侈而无限,穷兵黩武,百姓空竭,万民罢弊。当此之时,天下骚然,海内无聊,而孝文之业衰焉。

对汉武帝在历史上的功过作了比较公允、中肯的评价,并指出其政权盛衰的缘由。正因如此,历史上有所作为的唐太宗对此书评价特高,曾赐其重臣李大亮《汉纪》一部,并附书信说:"公事之闲,宜寻典籍。然此书叙致既明,论议深博,极为治之体,尽君臣之义,今以赐卿,宜加寻阅也。"(后晋·刘昫等人撰《旧唐书·李大亮传》)唐太宗对《汉纪》的评价可谓深中肯綮。

其次,使编年史体,臻于完备。梁启超在《中国历史研究法》第二章《过去之中国史学界》中说:

> 与纪传体并峙者为编年体。账簿式之旧编年体起源最古,既如前述。其内容丰富而有组织之新编年体,旧说以为起于《左传》。虽然,以近世学者所考订,则左氏书原来之组织殆非如是。故论此体鼻祖,与其谓祖左氏,毋宁谓祖陆贾之《楚汉春秋》。惜贾书今佚,其真面目如何,不得确知也。汉献帝以《汉书》繁博难读,诏荀悦要删之,悦乃撰为《汉纪》三十卷,此现存新编年体之第一部书也。①

荀悦的《汉纪》不仅继承了旧编年体按时间顺序来叙事的方法,还充分吸收了纪传体的一些成功技法,使编年体的写法多种多样,事与人相对集中,叙述增加了生动性,减少了账簿式的枯燥味,克服了旧的编年体记事不集中、记人不完备的缺点,为后世编年史写人记事开辟了新路。梁启超称其为"现存新编年体之第一部书",也有其一定道理。从此后,《汉书》与《汉纪》便代表了我国两大断代正统史体,刘知几在《史通·二体》中说:"班、荀二体,角力争先,欲废其一,固亦难矣。后来作者,不出二途。"

(四)汉代杂史杂传类散文

从《汉书》开始,中国的"正史"就出现了文学性减弱而史学性加强的倾向,这也是中国信史著作发展的必然结果。在汉代,能重视并继承先秦历史散文及《史记》传记文学传统的,是那些杂史杂传。杂史杂传的作者写作的目的主要并不是为了修史,而是借史的形式,向读者炫鬻奇闻逸事,比起先秦史传作品和《史记》来,它淡化了纪实性而增强了虚构夸饰。而《史记》创作的成功,更为杂史杂传提供了各种成熟的艺术手段,

---

① 梁启超:《中国历史研究法》,东方出版社1996年版,第22—23页。

于是在汉代出现了一大批富有文学色彩的杂史杂传，如袁康、吴平的《越绝书》，记东南地区吴越两国兴亡史；赵晔的《吴越春秋》，以复仇为主题，生动地展现了春秋时期吴越两国争霸的过程。汉代的杂史杂传比汉代的传记散文更多了想象和虚构，结构复杂，辞藻繁艳，虽还采用的是"史"的形式，但其艺术特征已近于小说。

《越绝书》又有《越绝记》《越绝》《越传》等名称，非一时一人所作，原作者很可能是战国时期不留名的"吴越贤者"。至东汉时，又经袁康、吴平整理、编定，原书二十五篇，现存十九篇，卷首《外传本事》是全书的序文，卷末《篇叙外传记》是全书的跋语，真正叙述史事的仅有十七篇。且各篇标目，有经、传、内传、外传，排列有些杂乱。《越绝书》中的《外传记吴地传》《外传记地传》等篇，详细记录了吴越两国的王都规模、宫室建筑以及与战争有关的山川地理、名胜古迹、兵器锻铸，还有吴越君王日常起居，国人生活风俗等，《计倪内经》《外传枕中》等篇，集中叙述了计倪、范蠡富民之术。《越绝书》许多篇章都围绕着吴越争霸的主题，涉及用兵作战的内容，尤其是《外传记军气》，集中地体现了伍子胥的军事思想，介绍了"相气取敌"之法与"算于庙堂"之术。总之，《越绝书》以吴越争霸为核心，内容涉及了吴越两国政治、经济、军事、文化以及风土习俗等诸多方面的史实。

从文学的角度讲，《越绝书》的叙事艺术值得后人借鉴。如《内传陈成恒》叙述子贡为保全鲁国而游说齐、吴、越、晋四国，引起四国的龙争虎斗。头绪繁杂的历史事件被作者叙述得井然有序、生动精彩。全篇通过紧张曲折的情节，生动风趣的人物对话，来展示人物性格特征和心理活动。子贡极富智慧和善于揣摩人情；陈成恒极端自私和贪婪阴险；越王勾践谦恭贤明、韬晦隐忍；晋君谨慎、精明，人物个个表现得活灵活现。特别是子贡，仅凭如簧之舌，就胜过雄兵百万，鲁国虽弱，却靠他略施计谋，不费一兵一卒，便化险为夷、安然无恙。通过作者富有表现力的笔触，一个智谋之士的形象就生动地展现在我们的面前。

作为杂史，《越绝书》采用了许多传闻异说，大大增强了书中故事情节的生动性与趣味性，也为生动地刻画故事中的人物性格提供了素材。这些传闻异说大都出自街谈巷语，有的还是作者杜撰，未必属于信史，正是这一点，才显示出杂史的特色。如《外传记吴王占梦》，写吴王夫差昼卧姑苏台做梦，先由太宰嚭解梦，太宰嚭曲意逢迎，激起了夫差的伐齐争霸之心。后又召吴国最会占卜的公孙圣再来占梦。公孙圣则根据吴越两国的形势和中原诸侯国的情况，针对夫差冒着亡国的危险而北上争雄的野心，借题发挥，其解梦与太宰截然相反。夫差听罢大怒，命人用铁杖把公孙圣活活打死。临死前，公孙圣仰天叹道："苍天知冤乎？直言正谏，身死无功！令吾家无葬我，提我山中，后世为声响。"事后，公孙圣生前所言一一应验。故事虽是一种虚构，但作者采用这些充满浪漫色彩的故事情节，揭示了吴国灭亡的必然性。作者还采用夸张的手法来叙事写人，颇有神奇动人的效果，如《外传记宝剑》写薛烛与勾践论剑，对剑采取了夸大其词的描绘。借薛烛之口，层层夸饰，越到后来夸张得越新奇，宝剑简直就是天上神人所铸，万物灵气所凝。那把湛卢剑，因主人的不义而悄然远逝，铜铁之物竟有了人的道德观念与感情，这是多么大胆奇特的想象！在夸张中，表现了作者宏大的气势和铺张扬厉的文风。

《越绝书》描写人物，偏重于人物言论，人物行为、情态描写相对不多，但有些细节描写，写得比较成功。如范蠡，胸怀挽狂澜、济天下的韬略，待人接物卓荦不凡。作者除了记述范蠡谋略决策的言论外，还注意从他行为的细处上给予刻画。《外传记范伯》中写道：

  昔者，范蠡其始居楚，曰范伯。自谓衰贱，未尝世禄，故自菲薄。饮食则甘天下之无味，居则安天下之贱位。复被发佯狂，不与于世。

范蠡因出身微贱，在楚时，虽怀奇才而不用于世，于是他放浪形骸，以狂放的态度，回敬社会上那种对出身卑贱的歧视。作者写他披头散发，疯疯癫癫，饮食不求美味，以卑贱为安逸，正体现了他不落庸俗的性格。

《越绝书》主要通过人物的语言来塑造人物形象，其人物语言不仅具有个性化特点，而且大多引据典事，以古证今；以他事为喻，以生动的形象揭示抽象的道理；句式常用排比、夸饰，议论纵横捭阖，显然受到战国纵横家论辩风格的影响。如《内经九术》中有伍子胥劝吴王勿受越国财货美女之赠、勿上越国之当的两段谏词：

  申胥谏曰："不可，王勿受。昔桀起灵门，纣起鹿台，阴阳不和，五谷不时，天与之灾，邦家空虚，遂以之亡。大王受之，是后必有灾。"吴王不听，遂受之……申胥谏曰"不可，王勿受。臣闻：'五色令人目不明，五音令人耳不聪。'桀易汤而灭，纣易周文而亡。大王受之，后必有殃。胥闻越王勾践昼书不倦，晦诵竟旦，聚死臣数万，是人不死，必得其愿；胥闻越王勾践服诚行仁，听谏进贤士，是人不死,必得其名;胥闻越王勾践冬披毛裘、夏披缔绤,是人不死,必为利害;胥闻贤士邦之宝也,美女邦之咎也,夏亡于妹喜,殷亡于妲己,周亡于褒姒。"吴王不听。

伍子胥曾助吴王僚夺得吴国王位,整军经武,攻破楚国,有大功于吴,被吴封于申,故又称申胥。申胥又佐吴王夫差战败越国,迫使越国君臣屈服求和。越王勾践归国后,卧薪尝胆,决心十年生聚,十年教训,以雪国耻。勾践听从大夫文种等人的计谋,对吴国君臣投其所好,或进贡或贿赂,使吴国君臣思想麻痹而放弃警惕。作为头脑清醒的政治家申胥,清楚地看到越国的用心,以历史上夏桀、商纣的灭亡,现实中勾践的发愤图强,来提醒夫差,认清收受贿物的严重危害。申胥从多方面的陈述来论列同一道理,问题不仅集中、明了、生动,而且发人怵惕。说辞选用了绚丽的文辞和排比的句式,描摹事理危言耸听,陈述利害得失反反复复,分析透辟,无懈可击,出语斩钉截铁,论证切中要害,显示了政治家的远见卓识。《越绝书》以人物描写为中心,以性格刻画为重点,人物形象生动,故事情节比较曲折而完整,结构比较严谨而合理,为后世杂史杂传乃至小说的创作积累了极其宝贵的经验。

《吴越春秋》为东汉赵晔撰,赵晔字长君,会稽山阴(今浙江绍兴)人,大约生活在东汉明帝至安帝时。《后汉书·儒林传》载,赵晔年轻时曾任县吏,由于他生性耿直,耻于阿谀奉迎,就弃职就学。曾千里迢迢至犍为郡资中(今属四川),从当时的经师杜抚研究《韩诗》,他潜心于学问,在外一待就是二十年。一直等杜抚死后才归还故乡。州里曾征召过他,但仍未应征就职,一心从事著述。其《吴越春秋》记述春秋时期吴、越两国史事,重点记述吴越争霸以及伍子胥复仇和勾践复国的故事。材料主要来源于《左传》《国语》《史记》,还杂有许多民间的传闻异说。行文中有大量的夸张、渲染,加上作者的想象虚构,大肆铺陈描写,有关吴越争霸的内容比上述史著更为生动、丰富。《四库全书总目·卷66·载记类》说这部书"尤近小说家言,然自是汉晋间稗官杂记之体"。原有十二卷,今仅存十卷。

《吴越春秋》可分两部分,前五卷主要叙述吴国史事,重在写伍子胥为父兄报仇。后五卷主要叙述越国史事,重在写勾践复国雪耻。《吴越春秋》的体例颇有独特之处,它融合了它之前史籍中所见的国别体、编年体和纪传体之长,独具"三体合一"的特点。从它专记吴、越两国史事看,它可属国别体,有《国语》《战国策》的特点;从大致以年系事来记两国历史沿革看，它类似编年体，有《左传》的特点；从它以人物为中心，突出人物在历史演变中的作用看，它又有纪传体的特点。这种体例构思上的综合性、独创性，为丰富我国古代史学体例做出了贡献。这种构思方式有利于作者剪裁史料，安排具有典型性的情节，塑造具有典型性格的人物，对中国长篇历史演义小说的产生有一定的启迪作用。

作为一部杂史作品，《吴越春秋》的文学价值自然超过了它的史学价值。从选材与构思这个角度来看，作者善于从丰富的史料和民间传说中选取最富有故事性的生动情节，加以敷衍、铺排，并辅以合理的想象、虚构，构成曲折生动、引人入胜的故事。并对史实进行适当的增饰、以完整的故事来揭示某个抽象的道理。如记伍子胥投奔吴国途中，《左传·昭公二十年》只有三个字："员如吴。"《史记·伍子胥列传》详细了一些，然也仅有七十余字，《吕氏春秋》记有百十多字，而《吴越春秋》的《王僚使公子光传》却主要根据上述资料，将子胥奔吴途中的故事，敷衍成长达六百余字的"长篇"：

> 伍员与胜奔吴。到昭关，关吏欲执之，伍员因诈曰："上所以索我者，以我有美珠也。今我已亡矣，将告子取吞之。"关吏因舍之。与胜行去，追者在后，几不得脱。至江，江中有渔父乘船从下方溯水而上。子胥呼之，谓曰："渔父渡我！"如是者再。渔父欲渡之，适会旁有人窥之，因而歌曰："日月昭昭乎寝已驰，与子期乎芦之漪。"子胥即止芦之漪。渔父又歌曰："日已夕兮，予心忧悲；月已驰兮，何不渡为？事寖急兮，当奈何？"子胥入船。渔父知其意也，乃渡之千浔之津。子胥既渡，渔父乃视之有其饥色。乃谓曰："子俟我此树下，为子取饷。"渔父去后，子胥疑之，乃潜身于深苇之中。有顷，父来，持麦饭、鲍鱼羹、盎浆，求之树下，不见，因歌而呼之，曰："芦中人，芦中人，岂非穷士乎？"如是至再，子胥乃出芦中而应。渔父曰："吾见子有饥色，为子取饷，子何嫌哉？"子胥曰："性命属天，今属丈人，岂敢有嫌哉？"二人饮食毕，欲去，胥乃解百金之剑以与渔者："此吾前君之剑，上有七星北斗，价值百金，以此相答。"渔父曰："吾闻楚王之命：得伍胥者，赐粟五万石，爵执圭，岂图取百金之剑乎？"遂辞不受。谓子胥曰："子急去勿留，且为楚所得？"子胥曰："请丈人姓字。"渔父曰："今日凶凶，两贼相逢，吾所谓渡楚贼也。两贼相得，得形于默，何用姓字为？子为芦中人，吾为渔丈人，富贵莫相忘也。"子胥曰："诺。"既去，诫渔父曰："掩子之盎浆，无令其

露。"渔父诺。子胥行数步,顾视渔者,已覆船自沉于江水之中矣。子胥默然,遂行至吴。

与原先的史料比,增加了渔父以歌暗示、为子胥取饷、为子胥保密而自沉江中的情节,鲜活地塑造出一个敢于冒死救难又舍生取义的渔父形象,这很可能受《燕丹子》《史记·刺客列传》中田光以自尽来消除燕太子疑虑故事的启发,而对原有的故事进行了增饰。子胥"向击绵女乞食"一事,《左传》《史记》均无记载,很可能是《吴越春秋》的作者想象虚构出来的情节,大概也受到《史记·淮阴侯列传》中韩信乞食漂母故事的启发,塑造了一个甘愿牺牲自己的名节和生命而馈食助义的击绵女形象。在与渔父和击绵女交往中,表现了伍子胥在形势紧迫、处境险恶的情况下,那种特有的机智与谨慎。其他如越女试剑、袁公变猿、伍子胥死后兴风作浪、勾践为夫差尝粪等情节,或属采自民间的神话传说,或属作者大胆的虚构,总之,"尤近小说家言"。

《吴越春秋》依年记事,但又不是严格的编年史体,它只选取吴、越两国争霸的事件所发生的先后时间为顺序,各卷又以人物传来立题,吴国人物为内传,越国人物为外传,每卷基本围绕一个中心人物或中心事件来展开。这样编排吴、越两国史事,突出了吴越争霸的历史,突出了吴越争霸过程中的关键人物,加强了情节,淡化了背景,节奏紧凑,脉络清晰,结构均衡,层次分明,构成一个个生动曲折的吴越争霸的故事。每卷自有其独立性,各卷又有着统一不可分割的关系。值得注意的是,作者主要以伍子胥复仇报恩和勾践复仇兴国这两条线索来贯穿吴越兴亡的历史进程,赋予了伍子胥和勾践这两个主要人物以联络所有人物和事件的特殊功能,二人复仇的主题像两条纵线贯穿吴越国史的始终,两条线索又时有交叉,互有联系,统一的复仇精神又成为结构全书的灵魂。

《吴越春秋》善于摹写事件中人物的行动、语言、表情,不仅揭示人物在事件发展过程中的不同角色与作用,而且也揭示人物的性格特征及其变化。如伍子胥,明智勇武、坚韧谨慎、知人善任、深谋远虑,具有"文治邦国""武定天下"的政治才干与军事指挥才能,又心怀城府,恩仇必报,这样一个个性鲜明的人物形象,是通过"亡命奔吴""刺杀王僚""掘平王墓"等一系列事件中的言行表情来展现的。作品中的其他人物,尽管描述的文字有多有少,一般来说,也都个性鲜明、各具风采。为了使人物形象更加鲜明,作者还运用了以往史传文学、传记文学常用的对比、衬托的手法。在人物不同性格的对比与衬托中,来强化各自性格的展示。

如越王勾践有心机有手段，兵败后他入吴称臣，请尝吴王的粪便而使吴王夫差感动放其归还故国。归国后一面卧薪尝胆，图谋复仇，一面还以物品、美女贡献于夫差，使其丧失警惕，刻画出勾践的机敏、沉稳、坚忍性格和远大抱负。对比之下，对吴王夫差奢侈、淫荡、昏庸、暴虐事例的描写，更进一步显露了夫差眼光短浅、愚蠢固执和刚愎自用，在他的身上已经具备了亡身灭国的潜在因素。勾践与夫差也有互相衬托之处，如夫差听谗言杀子胥，还"取子胥尸，盛以鸱夷之器，投之于江中，言曰：'胥汝一死之后，何能有知？'即断其头，置高楼上，谓之曰：'日月炙汝肉，飘风飘汝眼，炎光烧汝骨，鱼鳖食汝肉。汝骨变形灰，有何所见？'乃弃其躯，投之江中。"（《吴越春秋·夫差内传》）对忠臣恩将仇报，可谓心狠手辣。而勾践为人"长颈鸟喙；鹰视狼步，可以共患难，而不可共处乐；可与履危，不可与安。"（《吴越春秋·勾践伐吴外传》）灭吴不久，谋士范蠡恐诛而归隐，文种未退而被杀，勾践也是一个狠毒凶残的君王形象。夫差、勾践互为映衬，并显示了所有封建统治者的本性。在对比与衬托中，各个人物的个性更加鲜明突出。

　　《吴越春秋》中的景物描写极少，然而作者还是能以寥寥数笔的景物描写，渲染出一种感染人的气氛，形成一种情景交融的境界，以自然之景来曲折地反映人物的心境。如写越王勾践作为降臣而离越入吴，其群臣及家人送行至江边时，文中写道："越王夫人乃据船而哭，顾见乌鹊啄江渚之虾，飞去复来。"（《吴越春秋·勾践入臣外传》）鸟儿飞去又飞还与离人一去归期无着的对照，衬托出人物凄凉的心情和场景的哀怨氛围，使读者对越国君臣的遭遇更感怜悯哀伤。而当勾践被赦放还越国时，作者又写道："至浙江之上，望见大越，山川重秀，天地再清。"（同上）同一个江边，此时的景象竟与勾践离越时截然不同，明丽清朗的景色正展示了勾践脱离牢笼回归故国的欢快心境，也昭示着越国光明美好的前景。《四库全书总目》称赞《吴越春秋》"词颇丰蔚"，它语汇丰富，表述生动流畅，化用典籍中的词语自然恰当，特别是常引用一些俚语歌词点缀行文中间，散韵结合，骈散相间，节奏顿挫悦耳，表现出作者高超的语言表达能力。

　　以《越绝书》和《吴越春秋》为代表的汉代杂史杂传，与以《史记》《汉书》为代表的汉代正史传记散文有所不同，汉代杂史杂传在体例上虽多取法于传记文学，也吸收了传记文学写人叙事的艺术优长，但在创作倾向上，更多地继承了中国神话传说的浪漫主义创作精神，正是由于这一特点，才使汉代杂史杂传在《史记》之后，在文坛上又放射出璀璨的光辉。

可以说，汉代杂史杂传对魏晋六朝志怪、唐代神异传奇小说的产生影响最大，也可以说，汉代杂史杂传是历史散文向小说过渡的桥梁。

结　　语

　　汉初，黄老之学盛行，至武帝时，国力强盛，武帝顺应历史发展，要变"无为"为"有为"。他采纳董仲舒建议，"罢黜百家，独尊儒术"，把儒学提升为经学，以经学来统一全国的意识形态。由董仲舒建立的经学体系，吸收了道家的"道"及阴阳五行家"天道"的思想资源，确立了以"天"为核心的宇宙本体论与宇宙观。在董仲舒看来，天是宇宙的本原与主宰，人是由天的意志而形成的，天子受命于天，天以吉祥或灾异的征兆干预人事，这就是"天人合一""人副天数""天人感应""君权神授"说的理论基础。经学赋予"天"以神性，使儒学神学化，是对孔孟儒家理性传统的一种背弃。但是重构后的经学具有了形而上的思维特点，思维空间广阔，更具神圣的威严和理论色彩。经学成为立法、执法、理政的理论依据、社会教化的内容、进选人才的标准，经学支配了整个社会生活。

　　汉代经学的发展变化体现在今文经学和古文经学两派之争及经学的逐渐谶纬化。尽管今古文经学后来逐渐融合，但被谶纬毒化的经学，成为统治者愚弄人们的工具，儒学由理性而逐渐非理性，越来越难以维系人心，随着汉帝国的衰微，人们对儒学的信仰产生了动摇。

　　汉代散文不仅受到经学的影响，也与汉代文学专业文人的产生及其生存状态有着紧密的联系。国家空前统一，经济大发展，使汉代文人充满了民族自豪感与使命感。以董仲舒为代表的汉儒，神化君权，使大一统理论更加系统化。以司马迁为代表的史家，确定了五帝、夏、商、周、秦、楚（项羽）、汉的正统序列，阐述了中华民族大家庭中各民族相互大融合的历史。以司马相如为代表的辞赋文学家，创制了"润色鸿业"的汉大赋。汉代文人创造出足以与其发达的物质文明相适应的辉煌的精神文明。但是在大一统皇权专制下，文人同时也唱着盛世不遇的悲歌，反映了文人有志向而不能实现的苦闷，有才能而不得施展的失落，有在虚妄迷信中的迷惘，在坎坷遭遇中的悲愤，在动乱黑暗中的感伤……

　　汉代散文的形成与发展，深受汉代儒学形态发展变化的影响与制约，据此，我们将汉代散文划分为两个发展时期：即儒学渐变为正统思想时期和经学逐渐神学化时期。在讲述汉代散文前，还需略述一下极端文化专制下秦代散文创作的情况。

秦首创了大一统集权制封建帝国，历史意义重大，然而秦仍以暴力来治理国家，推行愚民式的文化专制，造成秦代文学在中国历史上少有的萧条局面。李斯的《谏逐客书》既存战国策士纵横捭阖遗风，又开汉代政论文先河。秦王朝实行文化专制后，处士横议之风便戛然而止，能代表秦代文风的是那些歌颂专制的刻石文。

儒学渐变为正统思想时期又分西汉初期与西汉中期两个阶段，散文样式主要是政论文与抒情文。西汉初期，黄老之学兴盛，最能代表这一思想倾向的是司马谈的《论六家之要指》。鉴于秦王朝速亡的沉痛教训，多数政论文章的内容集中在总结历史上国家政治成败得失的经验教训上，陆贾的《新语》首倡其风。稍后，贾山的《至言》、贾谊的《新书》都言治乱，倡导以儒家仁义为本，兼收道家、法家思想治天下，文势纵横驰骋，有战国纵横家的遗风。晁错的政论观点与贾谊相似，文采稍逊于贾谊而深切实用又过之。

汉初的抒情散文多表现为个人的书信。如枚乘和邹阳初同为吴王刘濞幕僚，因觉刘濞有谋反之意，分别写了《谏吴王书》《上吴王书》，情真语切，曲尽其意。吴王不听劝阻，他们便投靠梁孝王。邹阳又写了《狱中上梁王书》，陈述自己的拳拳忠心，感人肺腑。

在这阶段，还出现了一部集体编著的体大思精的巨制——《淮南子》，书中杂采先秦诸家史料，以道家思想为主，杂有儒、法、阴阳等各家思想，客观上起到了抵制"独尊儒术"的作用。文辞明显地表现出辞赋化的特点，书中保存了许多中国古代珍贵的神话。

西汉中期国家强盛，在思想文化上实行"罢黜百家，独尊儒术"。董仲舒的《春秋繁露》开中国两千多年正统经学的先声。一改汉初纵横驰骋、磅礴激切的风尚，开温文尔雅、醇厚典雅新风气。以辞赋名世的司马相如，其《谕巴蜀父老檄》等文，具有辞赋的特点，宣扬了汉朝的声威。大一统盛世中，也有文人的悲哀。司马迁的《报任安书》，东方朔的《答客难》，揭露了皇权专制对人才的摧残。此时期产生的《盐铁论》，以对话体的形式客观地记录了御史大夫及其僚属与贤良、文学的互相诘难，是一部具有文学特色的经济史料。

经学逐渐神学化时期又分三个阶段：西汉后期、东汉前期与东汉中、后期。西汉后期，神学化的今文经学、谶纬学毒化了作家的思想，一批文人以善讲灾异为能事，当然，也有借灾异抨击时弊、揭露上层腐败的文章。同时出现了大规模图书搜集、整理的活动。总校诸书的刘向博采众书，分类纂辑修改成《说苑》《新序》《列女传》三书，以逸事传说、民间故事的形式宣扬儒家伦理道德，其分门别类的体例对魏晋六朝志人小说影响很大。刘向的小儿子刘歆反对今文经学用谶纬迷信来发挥经义，其《移书让太常博士》，揭露今文经学派的因陋就寡、自私腐朽。与刘歆同时的扬雄也不满符命谶纬，仿《易》作《太玄》；仿《论语》作《法言》等，与神学化的纬书唱对台戏。

东汉前期，神学化了的经学和迷信谶纬更加法典化，班固奉命编辑的《白虎通德论》，体现了这一特点。就在谶纬迷信猖獗之时，涌现了一批坚决抵制这股逆流的精英，桓谭、王充是其代表人物，尤其是王充的《论衡》，以新的朴素唯物主义元气自然论，系统地批判了世俗鬼神迷信、祸福报应等神学迷信观点，语言通俗，文风朴实，开东汉散文语言通俗易懂新风气。东汉前期的奏疏书表，特别是书信写得哀怨悲慨，真切地表达了东汉前期人们在神化了的皇权专制重压下，处处谨小慎微，内心充满孤寂与无奈。

中国散文深受史传影响，写景向来薄弱，从汉大赋开始，有了大段的写景文字。汉代早期的写景散文，值得一提的是东汉初马第伯的《封禅仪记》。记文主要描述泰山的奇景壮观，成为我国最早的描写山川风景的游记散文，标志着汉代散文对艺术审美的新追求。

东汉中后期，文人的文章主要揭露统治者腐败堕落与倾诉自己心灵痛苦。王符的《潜夫论》对当时社会的弊政陋俗进行了广泛而深刻的揭露。崔寔的《政论》，陈蕃的《谏封赏内宠疏》《理李膺等疏》，愤切直言，一改以往奏疏恭谨谦和的文风。汉代的碑文到此时更加成熟，代表作家为蔡邕。注经文最有影响的当数郑玄，郑玄以古文经学为主，兼采今文经学，取宏用精，择善而从，使经学进入一个今古文经融合统一的时代。

儒家理论最显著的特点就是重视人的价值，并尽可能地用人事来说明社会历史现象，这对汉代史学高峰的产生，尤其对人物传记的产生影响尤为重大。司马迁以人为中心，总结中国以往的历史，探索民族盛衰、国家兴亡的规律，创造了一种表述纷繁历史现象的新形式，就是将历史现象分门别类地加以归纳，其中对历史人物作分类排比，形成本纪、世家、列传的体例，组成展示人类社会历史发展的主要线索。《史记》的文学意义远不能以开创了传记体例来概括，《史记》传记标志着中国散文自觉塑造典型人物艺术的成熟。

继《史记》之后的《汉书》，文学性不及《史记》，儒学味道浓厚，但叙事详赡、语言整饬，略胜于《史记》。除了《史记》与《汉书》之外，还有一部当代传记作品——《东观汉记》。因多虚饰不实，难称良史，但为以后各种东汉史书的编著，提供了大量的借鉴资料。汉末的《汉纪》，主要依据《汉书》，采用编年体，简编西汉史，它辞约事详，论辩深博。吸收了纪传体的一些成功技法，使编年史体，臻于完备。

汉代的杂史杂传淡化了纪实性而增强了虚构夸饰，借史的形式，向读者炫鬻奇闻逸事，其艺术特征已近乎小说。其代表作是《越绝书》《吴越春秋》，对魏晋六朝志怪、唐代神异传奇小说的产生影响最大，是历史散文向小说过渡的桥梁。

儒学与中国古代散文

下

Confucianism in Ancient Chinese Prose

杨树增 马士远 著

中国社会科学出版社

目　　录

（下卷）

第五章　儒释道交融下的魏晋南北朝散文 …………………… (399)
　一　儒学的衰微及重构 ……………………………………… (401)
　　（一）儒学陷入危机 ……………………………………… (401)
　　（二）玄学兴起及渐变为社会主要思潮 ………………… (407)
　　（三）儒释道互补与融合 ………………………………… (415)
　二　不受儒学束缚，旷达任真的建安曹魏散文 …………… (421)
　　（一）社会批判的继续 …………………………………… (422)
　　（二）清峻通脱的建安散文 ……………………………… (424)
　　（三）玄学家本自然与任自然的正始散文 ……………… (431)
　三　儒释道并存的两晋散文 ………………………………… (441)
　　（一）情笃辞婉的传记散文 ……………………………… (442)
　　（二）哀怨伤感的悼亡散文 ……………………………… (446)
　　（三）谐谑有趣的寓言散文 ……………………………… (449)
　　（四）寄托遥深的山水散文 ……………………………… (452)
　四　刻意追求形式美的南朝散文 …………………………… (455)
　　（一）崇尚形式美风气的形成 …………………………… (456)
　　（二）著手如林 …………………………………………… (459)
　五　文质两存的北朝散文 …………………………………… (470)
　　（一）本土散文作家 ……………………………………… (472)
　　（二）由南入北的散文作家 ……………………………… (479)
　结语 …………………………………………………………… (482)

第六章　隋唐五代儒家道统的复兴与古文的兴起 …………… (486)
　一　儒家道统的复兴 ………………………………………… (488)

（一）天下归一，南学兴盛 …………………………………… (488)
　　（二）盛世与儒释道兼容并蓄 ………………………………… (493)
　　（三）世道衰微与儒家道统体系的建立 ……………………… (497)
　二　隋及初唐文风改革 …………………………………………… (504)
　　（一）隋朝及之前文章复古的信号 …………………………… (504)
　　（二）初唐散文复古的呼声 …………………………………… (509)
　三　盛唐文体改革 ………………………………………………… (518)
　　（一）援散入骈的"大手笔" …………………………………… (520)
　　（二）融入诗情的诗人散文 …………………………………… (526)
　　（三）儒家复古先驱的散文 …………………………………… (528)
　四　中唐以"复古"而创新的古文运动 ………………………… (539)
　　（一）古文运动的胜利 ………………………………………… (539)
　　（二）中唐古文运动的主帅韩愈 ……………………………… (543)
　　（三）中唐古文运动的主将柳宗元 …………………………… (558)
　　（四）韩愈、柳宗元的同道者及追随者 ……………………… (574)
　五　晚唐五代古文运动的衰落 …………………………………… (581)
　　（一）骈体文的回潮 …………………………………………… (581)
　　（二）古文运动的余晖 ………………………………………… (590)
　结语 ………………………………………………………………… (598)

第七章　理学影响下的宋元明散文 …………………………… (601)
　一　儒学哲学化——社会主流意识的重构 ……………………… (601)
　　（一）理学创立与发展的社会背景 …………………………… (601)
　　（二）宋明理学的主要代表人物及理论主张 ………………… (613)
　　（三）理学对文学创作的影响 ………………………………… (622)
　二　北宋散文：古文复兴鼎盛的标志 …………………………… (625)
　　（一）骈文复炽与古文复兴 …………………………………… (626)
　　（二）新古文运动取得胜利 …………………………………… (634)
　　（三）主流理学家的文章 ……………………………………… (655)
　三　南渡前夕及南宋散文：高唱着爱国的主旋律 ……………… (661)
　　（一）慷慨激昂的抗战之作 …………………………………… (662)
　　（二）反侵略悲故国的血泪篇章 ……………………………… (671)
　四　南北文化交融中的辽、金、元散文 ………………………… (676)
　　（一）佛风盛行下的辽国散文 ………………………………… (677)

（二）借才异代与渐现特色的金国散文 …………………………（679）
　（三）文擅韩欧道从伊洛的元朝散文 …………………………（686）
五　向古人寻求创作模式的明代散文 ………………………………（697）
　（一）宣名教颂功德的明前期散文 ………………………………（699）
　（二）模拟古文法式的明中期散文 ………………………………（709）
　（三）反拟古、抒性灵的明后期散文 ……………………………（728）
结语 ………………………………………………………………………（754）

第八章　涌动着实学思潮的清前期散文 ……………………………（758）
一　清前期实学的形成与发展 ………………………………………（758）
　（一）经世致用实学的确立 ………………………………………（761）
　（二）全面整理和总结中国文化的汉学 …………………………（773）
　（三）批判汉学以救世的今文经学 ………………………………（783）
二　双峰并峙的顺治、康熙时期散文 ………………………………（791）
　（一）以政论、史论为主的杰出作家 ……………………………（792）
　（二）以人物传记为主的杰出作家 ………………………………（799）
三　桐城派主盟文坛的雍正、乾隆时期散文 ………………………（805）
　（一）对儒家文统有创新的桐城派 ………………………………（805）
　（二）同源而标异的阳湖派 ………………………………………（816）
四　变法图存的嘉庆、道光时期散文 ………………………………（823）
　（一）开一代风气之先 ……………………………………………（825）
　（二）资产阶级改良主义的先驱 …………………………………（830）
五　骈文的回光返照 …………………………………………………（835）
　（一）清前期骈文兴盛及其原因 …………………………………（835）
　（二）清前期骈文的创作及特色 …………………………………（839）
结语 ………………………………………………………………………（848）

主要参考书目 ……………………………………………………………（852）

索引 ………………………………………………………………………（857）

后记 ………………………………………………………………………（861）

第五章　儒释道交融下的魏晋南北朝散文

东汉末期，大一统汉帝国名存实亡，各地军阀豪强据兵争雄，兵连祸结，宣告了一个分裂、动乱的历史时期的开始，直至隋朝统一全国，才结束了这个分裂、动乱长达四百多年的魏晋南北朝时期。在这四百多年割据分裂与南北对峙中，伴有民族大迁移、多民族大融合、南北文化大融合、中外文化大融合。在民族融合中，各少数民族进一步认可汉文化及儒学，都自觉或不自觉地接受了先进的汉代封建化体制，加速了自身的汉化程度。不论南北朝哪个统治者，都以华夏文化的正统继承者、代表"中国"而自居，并有一统全国的志向。在四百多年的动荡不安中，各个方面都为新的大一统积蓄着各种条件。

在这一历史阶段的初期，首先是黄巾起义，打破了封建大一统的政治局面，接着就是地方军阀混战，形成魏、蜀、吴三国鼎立。公元220年曹丕代汉称帝，263年灭掉蜀，继而司马炎又篡位，代魏称帝，史称西晋，西晋不久灭吴，出现了短暂的全国统一。晋武帝司马炎为防止他姓篡权，大封同姓王，重蹈汉初"七国之乱"的覆辙，引出十数年的诸王互相残杀，史称"八王之乱"，西晋政权从此瘫痪，各地流民起义不断。晋怀帝永嘉二年（308），匈奴贵族刘渊称帝，建立了以匈奴贵族为主体的北方各族统治阶级联合政权，号称汉国，西晋终被汉国所灭，这段历史旧称"永嘉之乱"。从西晋末年到北魏统一北方期间，中国北部境内五个北方民族先后建立了十六个国家政权。这五个北方民族是匈奴、鲜卑、羯、氐、羌；十六个国家指前凉、后凉、南凉、西凉、北凉、前赵、后赵、前秦、后秦、西秦、前燕、后燕、南燕、北燕、夏、成汉。西晋灭亡后，司马睿于317年在南方重建晋政权，史称东晋，建都于建康（今南京市）。东晋偏安江左，不思收复中原，尽管如此，政权还是不稳，朝代更迭频仍，继东晋之后，先后出现了宋、齐、梁、陈。好在政权更替多是以"禅让"方式进行，方式大都比较温和，社会没有引起大动荡，生产没有遭受大破坏，南朝的经济一直保持着繁荣与发展。原来中国经济重心在中原地区，从东晋开始，中国经济重心已明显地开始从中原移向东南。然而南朝继续推行东汉以来的门阀制度，世家大族在政治、经济方面享有种种特权，尤其是牢固地把持着政权要职。他们任官只重视门第阀阅，大家子弟，不论其才能和品行如何，世代为官。而出身庶姓寒门的人，即使德才兼备，最多充任个僚佐、小吏等卑职。这种不公平的门阀政治，必然导致南朝政权的腐败。

南朝宋初建时，北方的北魏发展起来，北魏是由拓跋鲜卑部于386年建立的，建都平城（今山西省大同市）。439年北魏统一了北方，结束了十六国割据的局面。493年北魏迁都洛阳，皇帝改姓元。534年，北魏又分裂为东魏与西魏两个部分。东魏武定八年（550），高洋废东魏皇帝，建立了北齐。西魏恭帝三年（557），宇文觉也废掉西魏皇帝，以北周取代了西魏。北魏分裂，改变了南北朝平衡的局面，但南朝的梁、陈都没有抓住有利条件收复失地，进行北伐，统一国土。东魏、北齐和西魏、北周本来国力相当，但北齐君王残暴，统治集团不团结，国力不振，而北周却日益强大，武力不断充实，577年北周灭了北齐，北方又归统一。581年，北周外戚杨坚代周称帝，建立了隋朝，589年隋朝灭掉南朝最后一个政权——陈国，中国又一次实现了大一统，结束了南北长期的对立。

随着汉代大一统的崩溃，名教废弛，礼乐崩坏，原为大一统封建帝国的精神支撑并为封建大一统政权所呵护的儒学，其独尊的地位发生动摇与失落。人们对天人感应目的论、五行三统政治说、三纲五常等观念，也就是代表汉代礼教的"名教"，产生了怀疑。相应地道家清静无为、追求精神自由的思想，受到人们广泛的赞同，从魏晋开始，社会上就兴起清谈玄学的风气。玄学以《老子》《庄子》《周易》为经典，用道家的自然无为观来解释儒学，试图综合儒、道两家的思想。不论是王弼、何晏等人主张"名教本于自然"，提出"贵无论"，还是嵇康、阮籍等人主张"越名教而任自然"，还是裴𬱟的崇有论、郭象的独化论，都想建立形而上的玄学思辨新体系。儒学不仅受到玄学的挑战，而且遭到了新起的道教及外来佛教文化的严重挑战。其间还有杨泉的物理论、鲍敬言的无君论、范缜的神灭论等，各种思想展开了激烈的冲突和较量，在冲突和较量中，又互相吸收互相融合。

如果把春秋战国时期诸子百家争鸣，视为一次规模空前的思想解放运动，那么，魏晋南北朝以儒、释、道为主的各种思潮的消长交融，则可视为继先秦百家争鸣之后的又一次大规模的思想解放运动。先秦诸子主要探讨的是"天人之际"的哲学问题，道家侧重探讨天道，儒家侧重探讨人道，侧重确立未来人伦纲常社会的模式与君子立于世的道德规范。魏晋南北朝主要展开的是儒家名教观与道家自然观之间关系的争辩，由于佛教、道教的参与，社会思潮突破了传统的思维模式，已深入到人的生命价值的思辨与生存方式的探索，开始重视个体人生的内在价值而不仅仅是社会人伦之理。魏晋南北朝时期，人们在一定程度上摆脱了汉代定于一尊的逐渐僵化了的经学的束缚。各种思想意识，尤其是儒、释、道在长期的此起彼伏的斗争、融合中，人们重新认识了儒学的价值；道教建立起比较系统的神学理论；佛教具有了中国文化的特色，形成了以儒学为主体、以佛教和道教为两翼的中华传统文化的新构架。这种文化新框架，也正好为统治者所利用，他们既可以利用儒家名教纲常来规范世人，又可用佛教、道教来麻痹世人，以出世主义来缓和社会矛盾、协调社会关系，维护自己的统治。统治者在维护社会秩序功能上找到了儒、释、道的共同点。

社会思想的深刻变化，必然带来散文乃至文学的深刻变化，在变化中展示出魏晋南北朝散文种种独特风采。总的特征是：散文创作逐渐摆脱经学的桎梏，内容上强调抒写人的自然之性，即重视真实的个人情感的抒发、新的独特的思理辨析，形式上更加追求散文的审美价值。讲究声韵和谐、对偶工整、语言华丽的骈体文盛行，标志着魏晋南北朝散文进入一个更加自觉追求艺术美的新时代。

一 儒学的衰微及重构

（一）儒学陷入危机

汉代儒学不同于先秦儒学，显著的标志就是确立了名教的正统地位。名教即名分与教化，是以正名定分为中心的封建礼教，也就是以儒家的等级、伦理、政治理念确定名分，对社会所有成员进行这方面的守礼教化，使其明确自己的社会地位及相应的社会责任，从而达到齐家治国平天下的政治目的。

孔子首先提出正名说，要求人们严格按照自己的名分，安分守己并担当起自己分内的职责。但孔子提倡的这种名教，并不为春秋战国及秦代的执政者所接受，真正能够在全社会普遍推行儒家名教，始于"独尊儒术"的汉代。然而汉代的名教，已与孔子的名教有了很大的区别，孔子的名教强调的是君君、臣臣、父父、子子，即每个人按不同的名分遵守不同的行为规范。要达到各自的行为规范，必须重视自身的修养。当然，也有普适性的修养标准，这就是都要修炼成正人君子，建有立德、立功、立言的三不朽事业，孔子的名教突出的是道德修养与家庭及社会责任。

而汉代的名教，贯彻的是董仲舒的新儒学即经学理念，董仲舒也十分注重名教，认为"深察名号"是治国的头等大事，曾说："治天下之端，在审辨大；辨大之端，在深察名号。名者，大理之首章也。"（《春秋繁露·深察名号》）不过他认为每个人的名分是上天早已规定好了的，为防止逾越名分，就得遵守以"三纲""五常"为核心的新的伦理纲常，其理论的依据是阴阳五行和五德终始说，以及天人感应和君权神授的迷信。董仲舒的名教重在维护君对臣、父对子、夫对妇绝对支配的权威，特别强调汉天子受命于天，从而神化君权，加强君主专制。汉代的名教，从一开始就存在着强调维护支配者的利益而轻视被支配者的人权，强调臣对君、子对父、妇对夫的绝对服从，无条件地尽责，而不强调君对臣、父对子、夫对妇的关怀及应尽责任。神学化的特点，与回避天道只重人道及提倡社会虽分不同等级但都互相关爱的传统儒家名教观相去甚远。

以新名教为主要内容的汉代儒学，其发展趋势，必然要与谶纬相结合。外戚王莽改朝换代，建立新朝，刘秀中兴汉室，创建东汉王朝，都曾借助于谶纬符命，刘秀还"宣布图谶于天下"，章帝时召集白虎观会议，把三纲六纪法典化，进一步把经学与谶纬结合起来。东汉王朝甚至把谶纬之学称为"内学"，而原本的儒家经典反被称为"外学"。作为社会指导思想的经学，其神学迷信化的因素越来越多，就如癌细胞扩散一样，经学渐渐失去了传统的勃勃生机，失去了社会感召力。

汉代的经学本是大一统的产物，它的形成与发展不仅靠传统儒家经典经义的社会感召力，也靠大一统政权的扶持，所以大一统政权的削弱，皇权向心力的衰竭，必然引起经学正统地位的动摇。经学的衰微不仅是神学迷信毒化的结果，也是大一统体制日趋僵化、社会重重危机的必然反映，同时经学趋向衰微又反过来促进大一统的衰落。

东汉大一统社会的衰落，是从统治阶级上层腐败开始的。从和帝之后，王朝政治黑暗，社会风气败坏，政局动荡不已，国家一直处于外戚、宦官交替专权的局面之中。桓帝以后，宦官长期专权，他们巴不得耗尽社会财富来满足自己的奢靡挥霍，国家财政极度贫弱，而各地的官僚、豪强、地主乘机兼并土地，致使失去土地的流民满天下，广大劳动人民挣扎在死亡线上，农民起义此起彼伏，社会危机严重地威胁着汉王朝的生存。

忧国忧民的士人，愤激地将批判的矛头直接指向最高统治者，社会上出现了广泛的社会批判思潮。如仲长统著《昌言》，将西汉末年与东汉末年视为乱世，乱世中的皇帝都是"愚主"，把外戚、宦官的专权，官吏贪腐、民不聊生视为动乱的祸源。指出所谓君权神授的"天命论"、五德三统说与谶纬迷信，都是"伪假"的谎言。

举孝廉本是汉代士人仕进的正途，但东汉后期，外戚、宦官掌权，所举用之人不是其子弟就是其追随者，要不就是花钱买官者，虽然还披着孝廉的外衣，但孝廉的性质完全被他们篡改了，儒家的传统人才标准等于被废弃。被任用的官吏不仅缺孝寡廉，而且多是道德沦丧的无耻之徒，既无做人之德又无为政之才，得权后便敛财暴发而忘义。人们编歌嘲笑这些人："举秀才，不知书；察孝廉，父别居。寒素清白浊如泥，高第良将怯如鸡。"（《抱朴子·审举》）固守传统儒学的士人入仕正途被堵塞，困顿于社会下层，深受统治者的压抑与排斥，而不孝不义、缺德无才者却飞黄腾达，真是黑白颠倒。可谓"利害交争，岂顾宪制，怀抱仁义，只受其毙。周孔徒劳，名教虚设。"（《全晋文·觏性赋》）残酷的现实引起士人们人生态度的巨大变化，名教本是士人借以立身扬名的依据，现在却成了"虚设"，使士人们动摇了对儒学理念的信仰。

东汉王朝后期，不仅不任用贤才，而且不许人们批评、揭露时弊，为了打击评议朝政、臧否人物的政敌，执政的宦官集团先后制造了两起"党锢之祸"，给不满宦官专权的士大夫、贵族甚至朝官、太学生都扣上"党人"的罪名，捕杀了李膺、范滂、陈蕃等大批"党人首领"，株连所及数以千计，许多人被禁锢终身不得为官。党锢之祸伤及了汉朝政权的根本，正直敢言的士大夫几乎被诛杀净尽。残酷的迫害，血腥的镇压，只能引起更大的反抗，引发更大的社会动乱，184年，终于爆发了黄巾农民大起义。189年灵帝死少帝即位，外戚何进召并州牧董卓入京，董卓入京后，废少帝，立献帝，纵火焚烧了京城洛阳，劫持献帝西徙长安。随之有人兴兵讨董，从此，开始了长达30年的军阀分裂割据的局面。黑暗、动荡的社会，使皇权长期旁落，汉皇成了傀儡，大一统帝国已名存实亡。面对混乱的政局，经学不仅不具备挽救大一统帝制的功能，甚至都不敢用来解释社会危机的种种现象，因为外戚、宦官集团架空皇帝的行为，本身就违背了经学所宣扬的君权天授的基本原则。经学、谶纬之学已陷入不能自圆其说的窘地，社会上兴起了广泛性的怀疑经学的思潮，经学维系人心的作用逐渐在丧失。

经学的衰落，重要的还是包括保持传统儒学基本精神的古文经学在内的中国优秀传统文化,以及汉代发展起来的唯物论、无神论思想,与之不断斗争的结果。就在神学化的经学及谶纬迷信甚嚣尘上时,就有一批反对神学迷信的学者站出来,抵制、批判神学化的经学及谶纬迷信,如刘歆、扬雄、桓谭、王充、张衡等人。如果说刘歆、扬雄,尤其是王充,是以自己的系统理论来向神学化的经学及谶纬迷信作思想斗争的话,那么,桓谭的《请屏谶记疏》和张衡的《请禁绝图谶疏》(或称《黜图谶疏》),则是向提倡神学化的经学及谶纬迷信的最高统治者进行公开的宣战。张衡是东汉著名的科学家,少入洛阳太学,师从贾逵,通五经,贯六艺,精通天文历算,受扬雄《太玄》影响,致力于自然科学的研究和探索。《后汉书·张衡列传》载:"初,光武善谶,及显宗、肃宗因祖述焉。自中兴之后,儒者争学图纬,兼复附以妖言。衡以图纬虚妄,非圣人之法",于是给朝廷上了《请禁绝图谶疏》,奏疏引经据典,以事实为验证是非的依据,论据充分,论证深刻,一针见血地击中了图谶的要害,并提出收缴天下图谶,禁绝图谶的继续传播与存在。

张衡反对神学化的经学及谶纬迷信,其特殊的地方还不是他大无畏的战斗勇气与魄力,而是他所具备的严肃的科学态度与丰富的自然科学知识。张衡的宇宙观建立在他的浑天说的基础上,他提出宇宙无限的主张,认为天体像一个鸡蛋,地球只是蛋中的蛋黄,悬浮在其中,并制造出浑天仪来显示。浑天仪像一个铜球,内外分成几层,各层圈上分别刻着太阳、月亮、星宿的轨道,还标有南北极、二十四节气等,利用齿轮把浑天仪与计时漏壶连起来,以水漏的推动力来驱动浑天仪,表示天体运行。此外,还测出太阳和月亮的角直径都是半度,黄赤交角为24度,又说明月光是日光的反照,首次正确地解释了月食是由月球进入地影而产生的。又计算出地球公转的周期,与现代科学的结论非常接近。并观察、记录了中原地区能看到的两千五百颗行星,绘制了我国第一幅较完备的星图。这在鼓吹天人感应的经学大师和常借天象言吉凶的谶纬之徒看来是不可思议的,就连当时的欧洲先进的思想家、科学家都不敢想象。

东汉时期,一些地区发生地震,地震的巨大破坏力,给人们带来很大的恐慌,更助长了"天人感应"说及谶纬迷信的流行。张衡认为地震是一种不受人事影响的自然灾害,不是什么天意,他想用实际证明神学化的经学及谶纬迷信的荒唐。于是经过长期的苦心钻研,制成了候风地动仪,这是世界上最早的地震仪。地动仪用精铜制作,圆周八尺,像个大酒桶。内部设置高度灵敏的感觉机械——都柱(即震摆),外面有八个龙头,与内部机械相连,每个龙嘴衔一个铜球,某一方向地震,这一方向的铜球就掉落到下面的铜蟾蜍嘴中。京都地区的几次地震都被地动仪准确地测到了,永和三年(138)二月的一天,地动仪西北方向的铜球落下,但人们没有一点震感,有人怀疑地动仪不准,谁知过了三四天,处于西北方向的陕西、甘肃的使者前来报告,他们那里发生了大地震,地动仪的神奇令朝野上下叹为观止。张衡还著有数学著作《算罔论》,著有天文著作《浑天仪图注》《灵宪》,从天文学的角度解释了天体的起源及变化。

汉代自然科学取得了辉煌的成就,其中天文学、医学、农业生产技术、乐律等方面,居世界前列,张衡的科学发明及其科学研究,就是汉代自然科学发达的标志。哲学与自然科学从来就存在着密不可分的关系,汉代的许多重大哲学问题,如宇宙的生成与演化、天人关系、形神关系等,也是自然科学的重大问题。许多哲学问题的争议,归根结底是由自然科学的问题为基础而引发的。金春峰先生说:

> 汉代以董仲舒为代表的神学经学哲学形态的建立,不仅是汉初社会政治、经济及儒家思想发展的结果,也是自然科学对哲学产生决定性影响的结果。随着自然科学领域中每一个划时代的发现,哲学必然要改变自己的形式。这不仅在近代是如此,在古代也是如此;不仅唯物主义哲学是如此,唯心主义哲学也是如此。因为只要是真正的哲学,它必然以这种或那种形式,正面地或歪曲地反映自然科学的影响。哲学是社会知识与自然知识的概括与总结。哲学离开自然科学的成果,就是无源之水、无本之木。汉代哲学与自然科学的关系,比之中国哲学的其他时期(如先秦、魏晋或宋明)或其他哲学形态(如玄学与理学等),尤其明显地体现了这一真理。[1]

汉代的自然科学发明及自然科学著述,不仅标志着汉代自然科学的先进水平,同时也标志着汉代哲学思维的先进水平。它从自然科学的角度批判和否定了神学化的经学与谶纬神学的各种怪异谬论。由于自然科学是实实在在的事实,"事实胜于雄辩",所以其批判更具深刻性与不可辩驳性,对神学化的经学及谶纬荒诞迷信具有致命的杀伤力,在事实面前,神学化的经学与谶纬迷信的荒谬就可不攻自破。

待到神学化经学与谶纬再也无法维系人心时,汉帝国大一统政权便实质性地开始分崩瓦解,黄巾起义军提出"苍天已死,黄天当立"的政治纲

---

[1] 金春峰:《汉代思想史》,中国社会科学出版社1987年版,第110页。

领，旨在推翻汉王朝建立新政权，虽然利用宗教进行鼓动宣传，但也说明经学在人们心目中已失去感召力。面对声势浩大的农民起义，东汉王朝一面解除禁锢，大赦党人，缓和内部矛盾，一面诏令各地军阀抗拒义军，于是，各个地方的世家豪强借镇压黄巾军纷纷崛起，开始了军阀割据混战的时代。在群雄逐鹿中，一个"乱世枭雄"崭露头角，他便是曹操。原先由董卓劫持的汉献帝后来又落在他的手里，他挟天子而令诸侯，十数年间，先后击败吕布、袁术、袁绍等豪强集团，征服乌桓，统一了北方，为全国尽快统一，奠定了基础。

曹操二十岁时举孝廉而入洛阳为郎，实际那时的他已不是什么"孝子廉士"，他任侠放荡，根本不把儒学放在眼里，喜好的是法家、黄老的刑名之学。他刚入仕就被任命为洛阳北部尉。洛阳是皇亲贵戚聚居之地，曹操一到职，就申明禁令、严肃法纪，造五色大棒十余根，悬于衙门左右，有犯禁者，皆棒杀之。皇帝宠幸的宦官蹇硕的叔父违禁夜行，曹操毫不留情，立即处死。曹操任济南相时，济南国有十余个县，其长吏多依附豪族，贪赃枉法，曹操一下奏免长吏八名，整个济南国震动，其余贪官污吏深感威慑，纷纷逃窜他地。曹操为汉丞相，他打破世族门第观念，唯才是举，曾多次撰写《求贤令》，其中说：

　　自古受命及中兴之君，曷尝不得贤人君子与之共治天下者乎？及其得贤也，曾不出闾巷，岂幸相遇哉，上之人不求之耳？今天下尚未定，此特求贤之急时也。"孟公绰为赵、魏老则优，不可以为滕、薛大夫。"若必廉士而后可用，则齐桓其何以霸世！今天下得无有被褐怀玉而钓于渭滨者乎？又得无盗嫂受金而未遇无知者乎？二三子其佐我明扬仄陋，唯才是举，吾得而用之。

曹操依靠、使用的人，是具有治国用兵之术的人，若符合这一人才标准，即使出身卑贱、有不仁不孝不义不信的劣名也无妨。《求贤令》虽是讲用人之道，实际向天下人公布废止汉代的门阀制度与举孝廉制度，否定以孝悌仁义治天下的儒家学说。作为操控天下大权的曹操，竟如此鄙夷儒学，可见儒学在当时的处境。

曾享有独尊地位数百年之久的儒学，如今沦落到这般地步，社会上层弃之如敝屣，社会下层众多士人心中，原来的儒学信仰也轰然崩溃。士人们原先以儒家圣人为榜样，以圣人遗训为人生指南，以儒家礼法修炼道德，克己复礼，追求合乎伦理纲常的精神生活，努力使自己成为仁、义、礼、智、信五常兼备与温、良、恭、俭、让五德在身的正人君子。通过修身而成人立身，具备齐家、治国、平天下之才，以积极态度去济世安民，创建立德、立功、立言的三不朽事业，最终实现"大同"社会。然而这种传统信仰与美好愿望，在残酷的社会现实面前变得毫无意义。但人总是要有精神追求的，士人既然动摇了原来的精神信仰，转而由崇拜圣人变为崇拜名士，由克己而转向重视自我，摆脱名教束缚、适情任性的玄学倒成了士人心灵的精神安慰。

（二）玄学兴起及渐变为社会主要思潮

汉末，天下大乱，经学受到沉重的打击，不仅神化了的今文经学与谶纬之学遭到摒弃，而且古文经学因训诂烦琐支离也衰落下来。经学的衰微，使得"旧居之庙（指孔庙），毁而不修，褒成之后，绝而莫继，阙里不闻讲颂之声，四时不睹蒸尝之位。"（《三国志·魏书·文帝纪》）经学的衰微，必然促使各种非正统思想的活跃，形成学术氛围的相对宽松与新思潮的兴起。

在大一统不断解体及经学逐渐衰微的过程中，社会进步人士，反对宦官专权，褒奖同类，贬斥朝政，掀起社会批判思潮。然而随着党人名士遭到残酷的镇压与摧残，士大夫们为避免灾祸，变其具体评议朝廷时弊、臧否具体人物，转向抽象的议论，不论保守而重现实的名理派，还是激进而浪漫的玄远派，都转向有无、本末、才性、言意等概念的议论，如以有与无论万物，以一与多论执一御众，以才与性论人性，以动与静论运动，以言与意论认识，以自然与名教论政教，等等。形成一种热衷于抽象玄理的清谈风气。实际是探讨社会现象背后的本质，希望能从某种具体的事物形态之外找到一种形而上的世界统一性的原理，建立一种新的理论思辨体系。魏时曹爽执政时期，以何晏（190—249）为首的玄远派成了清谈的主流，清谈促成了玄学的形成，何晏也成了玄学的创始人。

"玄学"之"玄"的观念最早出自《老子》第一章："道可道，非常道；名可名，非常名。无名，天地始；有名，万物母。常无，欲观其妙；常有，欲观其徼。此两者同出而异名，同谓之玄，玄之又玄，众妙之门。"王弼（226—249）《老子指略》说："玄，谓之深者也。"王弼注《老子》时，又说："玄者，物之极也。""玄者，冥也。默然无有也。"可见，"玄"是指幽深微妙高远莫测的道，总之是魏晋时期出现的一种崇尚老庄的思潮。"玄学"推崇《老子》《庄子》和《周易》，称之为"三玄"，对《老子》的自然无为、鄙弃礼法，《庄子》的任情逍遥、齐生死是非，

《周易》的阴阳转换、神秘幽微，都作了新的理解与阐释。有的在理论上偏重老子，有的偏重庄子，再用改造了的道家思想解释儒家经典，形成了一种新的具有高度抽象思辨的哲学思想。玄学是儒、道思想的调和与融合，而不是儒、道思想的对立，是在特殊的魏晋时代儒学的道家化。具体体现为：它从东汉儒家重于训诂传经演变为重于以道家虚无为本之道对经传再进行义理诠释而赋予新义；从汉儒注重《春秋》而转向注重《周易》；从注重名分辨析而转向注重阴阳转换，使儒家的政治伦理之道涂上虚无、无为的色彩，使儒学纳入玄学的轨道。玄学以"有无"当作讨论的中心议题，来确立新的宇宙本体论。以阐释名教与自然的关系，达到一定的政治目的。魏晋玄学的主要代表人物有何晏、王弼、阮籍、嵇康、向秀、郭象等人。历史上人们常称两汉经学、魏晋玄学与宋明理学为中国思想发展史上三个重要里程碑。

由经学与谶纬迷信统治的时代转为玄学兴盛的时代，始于三国曹魏正始年间，其代表人物为何晏与王弼，他们的玄学主张又称正始之音。玄学家以研究《老子》《庄子》《周易》与《论语》为主，他们虽继承了老庄哲学，但与老庄思想又不尽相同。而解释《周易》，已不属汉儒象数学的易学，而是老庄化了的易学，解释《论语》，融入了老庄道家的观念。何晏著有《道德论》《论语集解》，王弼著有《老子注》《老子指略》《周易注》《周易略例》《论语释疑》，他们尊崇老学，提倡"贵无"，形成玄学中的贵无派。在他们看来，"无"是世界的根本和世界统一性的基础。世界万事万物都"以无为本""以有为末"，"无"是世界的本体，在天地万物形成以前就存在。"有"是各种具体的存在物，是本体"无"的现象表现。本体"无"是绝对静止的，现象的"有"是千变万化的，本体与现象是不一样的，在形形色色的多样性的现象背后，必有一个同一的"无"的本体，否则多样性"有"的现象就杂乱无章无以统一。变化着的万有源于"无"，又最后反本于"无"，这种"贵无"思想主要依据老子的虚无思想来解释世界的本体。

以"贵无"派的观点论证纲常名教，名教就赋予了新义。将名教纳入他们的宇宙观本体论思想中，名教就成了圣人的"体法自然"。名教出于自然，名教是自然的表现，从而得出"名教本于自然"的结论。这一结论，一方面抛弃了汉代天人感应的神学目的论的说教；一方面用老子的自然无为观来解释儒家的名教，来论证儒家礼教的合理性。先秦的老庄道学本以崇尚自然，反对儒家名教为基本特征，贵无派却认为自然与名教两者并无冲突并不矛盾，名教是"有"是"末"，自然是"无"是"本"，两者是有无本末的关系，是统一的体用关系。这样，调和了儒、道两家的思想，给名教的存在找到了新的合理的依据，把纲常名教从被遗弃的厄境中抢救出来。

何晏、王弼的玄学思想的基本精神是一致的，与何晏相比，王弼虽然人生短暂，但学术成就更为卓著。他的《老子注》《周易注》《论语释疑》等一系列著作，并不像汉代今文经学那样，阐释经典的微言大义，而是吸收老庄的思想，综合儒、道之学，通过解读、研究、剖析道家与儒家的经典，来建立玄学的本体论、认识论和方法论，并以此来解释和解决社会的各种政治问题。如他的《论语释疑》中，将儒家创始人孔子道家化，说他有合道致虚之德，有应变神化之智，借儒家的圣人阐述道家的无为之道。其《周易注》，完全摒弃了汉易象数传统，以无为宇宙万有的本原与根据，以自然无为之道为义理，进行经训，创易学史上的义理派，用道家自然之道来抵制汉儒天人感应论的传统观念，遏止易学继续谶纬神学化的倾向。

王弼把"以无为本"作为其玄学的最高范畴，以宇宙的本根和本原"无"取代了老子的"道"，他以"以无为本"为基点建立起他的世界观。"无"与"有"二者是密不可分的。"无"是天地万物之体、之本，所"有"的天地万物是"用"是"末"。故"万物虽贵，以无为用，不能舍无以为体也，舍无以为体，则失其为大矣。"（《老子》三十八章注）用于人事，则"道常无为，侯王若能守，则万物自化。"（《老子》十章注）

王弼论证宇宙间的一与多的关系说："万物万形，其归一也。何由致一？由于无也。由无乃一，一可谓无。"（《老子》四十二章注）又说："一，数之始而物之极也。各是一物之生，所以为主也。"（《老子》三十九章注）"一"就是"无"，是"多"的"万物成形"的本源、用于指导社会人事，就得出治万民必统于一君的道理，作为君主，清静无为，设官分职，定好名分，以临天下，便可天下大治。这种崇本无为、执一统众的主张，是为曹魏政权的长治久安设计的为政原则。

随着儒学因神学迷信的毒化而不断衰微，原有的名教已无法起维系封建秩序的作用。王弼的"名教本于自然"说，在儒学陷入危机之中难以自救的困境下，给儒学输入新的生命力。儒学的政治核心为名教之治，也就是奉行儒家所倡导的以正名分、定尊卑为主要内容的礼教和道德规范，包含遵从仁、义、礼、智、信等信条。道家主张道法自然，反对儒家人为的礼教束缚，其政治观则表现为无为而治。儒家的名教本与道家的主张大相径庭，王弼却能融合儒道，认为自然与名教的关系是无与有的关系，也就是本与末、母与子、体与用的关系，如他说："何以得德？由乎道也。何以尽德？以无为用。""仁义，母之所生，非可以为母；形器，匠之所成，而非可以为匠也。"（《老子》三十八章注）"夫晦以理，物则得明；浊以静，物则得清；安以动，物则得生，此自然之道也。"（《老子》十五章注）他认为，名教所以能在社会生活中表现为忠孝、仁义、礼乐等内容，是因为它出自人们心中自然真实情感之本，是自然而然的一种追求。于是，玄学新理论论证了儒家名教之治具有的天然合理性，那么，因名立教，便成了自然而然的了。

另外，王弼对"言""象""意"三者之间的关系也有新的表述，他认为：《周易》中有"意""象""言"三个概念，"言"是指卦爻辞；"象"是指卦象；"意"是指卦象表达的义理。通过"言"认识"象"；通过"象"认识"意"。"意"可借助"言""象"而得。但如果执着于"言"，就得不到"象"，执着于"象"，就得不到"意"，要得意须忘言。"得意忘言"最初由庄子提出，《庄子·外物》："蹄者所以在兔，得兔而忘蹄。言者所以在意，得意而忘言。"王弼通过"象"的中介，说明言的功用是明象，象的功用是存意，若想得到意须忘掉象，若想得到象须忘掉言，进一步说明不可拘泥于文句言语，才能品味出言语文句背后的真意。这种认识及思考方法不仅对提高理论思维水平有一定的积极意义，对后世文学创作及文学作品鉴赏理论的完善也有不小的影响。

在王弼之前，清谈都涉及认识论与方法论，但都含混不清，谈不上具备完整的理论体系。从王弼开始，自觉地研究并建立了玄学的世界观和认识论与方法论，他的理论体系言简意赅，以抽象思维和义理分析，摒弃了神学化经学与谶纬迷信，其高水平的抽象思辨标志着正始玄学的成熟，是老子"道学"和孔子"儒学"相结合的伟大里程碑，也标志着中国的儒学发展到一个新的历史阶段。

曹魏末年，朝廷内部曹氏与司马氏两大集团争夺最高统治权的斗争日益尖锐，魏明帝曹叡死后，年幼的皇太子曹芳继位，以大将军曹爽和太尉司马懿辅政。曹爽重用何晏等人，排挤司马懿，司马懿佯装有病，暗中却伺机发动政变。正始十年正月（249年），司马懿乘曹芳、曹爽等人祭扫位于高平陵的明帝墓时，发动兵变，随后对曹氏集团的核心人物和主要的追随者，实行了残酷的杀戮，控制了曹魏朝政。在正直的名士看来，司马氏篡权本是大逆不道背主不忠的卑鄙龌龊的行为，司马氏却标榜名教，借"不孝"罪名废黜曹氏皇帝，以礼法名教的名义，加紧了对曹氏势力的迫害。不少士人虽对此表示愤慨与不满，但也忧患自身在乱世中的命运无常和生死叵测，为了免遭何晏等"正始名士"被杀戮的悲惨命运，只好采取了观望或回避的态度。他们退隐山林，不与司马氏集团合作，整日纵酒消愁，大畅玄风，蔑视司马氏集团所宣扬的虚伪名教，表面上超然、旷达、疏放、清高，实际上是乱世中士人痛苦心灵的折射。在这些士人中，"竹林七贤"便是他们的典型代表。

"竹林七贤"是七位名士的合称，《世说新语·任诞》载："陈留阮籍、谯国嵇康、河内山涛三人年皆相比，康年少亚之。预此契者，沛国刘伶、陈留阮咸、河内向秀、琅玡王戎。七人常集于竹林之下，肆意酣畅，故世谓'竹林七贤'。""竹林七贤"的思想与正始名士王弼、何晏最大的区别在于：王弼、何晏主张"名教本于自然"，"竹林七贤"却要"越名教而任自然"。"越名教"是不拘守甚至毁弃司马氏那一套虚假的名教，并不是叫人去违背真正的儒家名教。"任自然"是维护人权，放任自然的情性，反对司马氏无辜的迫害。

"竹林七贤"大多出身于世儒之家，长期受着儒家思想的熏陶，内心深处蕴藏着儒家的理想与信念。在儒家名教被司马氏集团所利用，大批士人遭到杀害的情况下，从"济世"转向"遁世"，从儒家之学转向老庄之学，他们游乐山水，沉溺于诗酒，甚至在生活行为方面表现出违礼背俗和荒诞不经。表面上鄙夷、批判名教，实际思想深处，仍执着于正统儒家的纲常名教，表现出人格的双重性。他们与何晏、王弼的玄学主张略有不同，但都持与司马氏不合作的态度，但是在司马氏威胁与利诱的政策下，尤其是杀害了七人中的"顽固者"嵇康之后，本来就不稳固的"竹林七贤"内部，出现了重大的分化，其政治态度与思想主张都呈现出明显的不同。七人中，大致可分三派：嵇康、阮籍是内儒外道、援道入儒的激进派，阮咸、刘伶属于弃儒就道、纵欲玩世的狂放派，向秀、山涛和王戎属于儒道互补、各适其性的温和派。"竹林七贤"的精神领袖，人格魅力影响巨大，始终不屈于司马氏强权政治又文章颇负盛名的，当属嵇康和阮籍。

嵇康（225—264），在当时激烈的政权争夺中，站在曹氏一边。司马氏掌握政权后，仍坚决不与之合作，他的自然观承袭了王充的元气论，他说："浩浩太素，阳曜阴凝，二仪陶化，人伦肇兴。"（《太师箴》）万物都是禀受元气而产生的，元气中的阴阳二气的变化，推动万物的变化。具体到人，其善恶和才能，是由禀受的气质决定的，气质的不同形成不同类型的才性。这种认识既含朴素唯物论因素，又把元气神秘化了。

嵇康理想政治也是"无为而治"，然而他的无为而治更多的是强调统治者寡欲谦恭，不要过多盘剥民众，他说："崇简易之教，御无为之治，君静于上，臣顺于下，玄化潜通，天人交泰。"（《声无哀乐论》）"为天下而尊君位，不为一人而重富贵。""虽居君位，飨万国，恬若素士接宾客也。虽建龙旗，服华衮，忽若布衣在身也。"（《答难养生论》）显然含沙射影，是针对司马氏统治集团倒行逆施的行为而言的。

嵇康是"越名教而任自然"论的首创者，他说："夫气静神虚者，心不存于矜尚；体亮心达者，情不系于所欲。矜尚不存乎心，故能越名教而任自然，情不系于所欲，故能审贵贱而通物情。"（《释私论》）主张超越名教的戒律，摆脱各种欲望的束缚，向往通达、洒脱的精神自由，与王弼的"名教本于自然"有很大的不同。嵇康主张的"越名教"，就是要摆脱司马氏的"名教"羁绊，他认为名教的实质已被司马氏阉割，蜕变为司马氏诛杀异己的借口与幌子。嵇康主张的"任自然"，是放任人的真实情性，反对依仗强权和篡改了原本性质的儒家名教来践踏人性。当时有个叫张邈的人写了一篇《自然好学论》，说学习儒家礼乐与经典是人的自然本性，嵇康于是写了《难张叔辽自然好学论》予以驳斥，指出人的自然本性并不是好学，也不乐意接受礼乐的束缚，只是为求得荣华富贵而违背自然本性而为之。这自然推论出名教也不是出于自然，而是掌权者违背自然人性而强行推行的制度。他曾经表示"老子、庄周，吾之师也"，自称敢于"非汤武而薄周孔"。（《与山巨源绝交书》）嵇康反对儒家的名教，只是一个表面的现象，实际上他并不是反对儒家学说本身的精髓，而是反对司马氏挂羊头卖狗肉的虚伪名教。他表面上诋毁儒家尊崇的圣人，实际是借古讽今、含沙射影，矛头都指向践踏儒学的司马氏集团。他对儒学的批判实际上是在批判司马氏对儒学的利用。

阮籍（210—263），其重要的著作有：《通易论》《通老论》《达庄论》，从这些专论的名称，也可看出阮籍由儒而老又庄的思想变化。阮籍在30岁前，推崇儒家学说，中年转向道家，开始用道家思想去阐发儒学，表现出儒道融合的思想倾向。他反对虚伪的名教而崇尚自然，内心向往真正的儒家名教。在政治上不与司马氏合作，但又不像嵇康那样刚烈狂放，从不轻率发表政治见解，谨慎避祸。

阮籍约在40岁至54岁抱病的十多年中，由于不满司马氏集团所作所为，郁悒寡欢，常借酒浇愁，不遵礼度，由折中名教与自然转而彻底诋毁名教，其标志就是他倡导"无君"说。他在《大人先生传》里，认为"无君而庶物定，无臣而万事理"，"君立而虐兴，臣设而贼生。从制礼法，束缚下民。欺愚诳拙，藏智自神。强者睽眄而凌暴，弱者憔悴而事人。假廉而成贪，内险而外仁。罪至不悔过，幸遇则自矜"。借批判君权与名教，对专权的司马氏集团极尽无情的鞭挞，对其统治进行了坚决的否定，阮籍希望建立一个"无君""无臣""无贵贱"的社会，幻想社会能返回到远古无等级无压迫无剥削的"自然"状态中。阮籍的"无君"说，开了魏晋南北朝无君思潮的先河，两晋之际鲍敬言著《无君论》，就继承了阮籍的"无君"思想，反映了对魏晋以来政局黑暗、统治者奢侈腐败的不满。

王弼的"名教本于自然"说，把儒家的政治伦理思想和道家哲学思想结合在一起，主张用以无为本的道家自然原则统摄儒家名教，虽然从"无为"出发，为维护封建的纲常名教进行辩解，但与正统儒家相比，将"无"视为本与体，将名教视为末与用，毕竟已含轻视名教之意。阮籍、嵇康的"越名教而任自然"，以为儒家名教是对自然人性的束缚，应该超越与蔑视，一任自然。愈引发毁礼坏制的时风，儒家伦理陷入重重危机之中。嵇康、阮籍辞世后的西晋，玄学思潮进入了一个短暂沉寂的时期。随着社会动乱的加深，儒学济世治国的作用再次受到人们的重视，同时一度潜行发展着的玄学思潮又风靡开来，出现了主张各不相同的新流派，主要有王衍代表的"虚无"派、裴頠代表的"崇有"派和郭象代表的"独化"派。

王衍（256—311）出身琅玡王氏士族，官至司徒显职，却"口不论世事"，整日侈谈老庄之学，晋朝灭亡他有不可推卸的责任，后人常指责他"清谈误国"。王衍推崇王弼等人的"贵无"之说，但并不理解"贵无"主旨在于探求宇宙本原的真谛，王弼的"无"是能生"有"的"无"，王衍主张的"无"却成了子虚乌有的"虚无"。王衍本无什么玄学的哲理思辨，也没有什么玄学论著，却被许多年轻士子们奉为玄谈领袖，这主要因其位居宰辅的影响力所致。在王衍"虚无"说的影响下，以王衍为领袖的"四友""八达"及其追随者们，不学无术，放浪形骸，玩世不恭，甚至以伤风败俗为得玄学真趣，真正成了社会的渣滓，玄学流派中的颓废派。颓废派兴起的毁礼坏制、虚无放诞的颓风，势必会陷西晋社会于重重危机之中，为了拯救社会，遏制社会颓败，傅玄（217—278）在晋武帝时就曾郑重上疏曰："夫儒学者，王教之首也。尊其道，贵其业，重其选，犹恐化之不崇；忽而不以为急，臣惧日有陵迟而不觉也。仲尼有言：'人能弘道，非道弘人。'然则尊其道者，非惟尊其书而已，尊其人之谓也。贵其业者，不妄教非其人也。重其选者，不妄用非其人也。"（《晋书·傅玄传》）建议把儒学作为治国的根本方略。

"崇有"派以裴頠（267—300）为首，裴頠著有《崇有论》，明确地反对王弼等人倡导的"贵无"说。他认为世界的根本是"有"，而不是"无"，"无"不能生"有"，只有"有"才能生万物，万物都是"自生"

的，自生之物以有为体，非要给它找一个"无"作造物的依据，那是不真实不存在的。"崇有"论从朴素的唯物观出发，重视客观世界的存在，是先秦以来关于物质概念认识的深化，对王衍为首的"虚无"派是一种有力的批判，在当时有积极的意义。裴頠的"崇有"说，虽然表面上参与玄学内部关于宇宙本原的"有""无"之争，而其实质却是由道家学说向儒家学说的回归，以"自生而必体有"，来论证封建名教存在的合理性。说明在玄学思潮汹涌、社会存在深刻的儒学信仰危机之时，儒学的潜在力仍在涌动。

"独化"派的郭象（约252—312）著有《庄子注》，这部《庄子注》与其说是一部注释书，不如说是一部独立的哲理著作，因为它提出一种新的玄学理论——"独化"说。其《齐物论》注中说："若责其所待，而寻其所由，则寻责无极，卒至于无待，而独化之理明矣。""独化"说反对无能生有的贵无说，认为世界是由众多的具体物构成的，"有"之外不存在一个"无"作为它存在的依据。同时，它又有别于崇有论。认为"有"也不能生"有"，而是"物各自造，而无所待焉"，即万物都是自然而独化于玄冥之中，没有一个统一的根据，互相之间也没有任何转化关系。万物的"独化"都由其神秘的"性""命"所决定，并非取决于其自身之外的任何因素，而自身的"性""命"又是不可改变的，即所谓"天性所受，各有本分，不可逃，亦不可加"，"命非己制，故无所用其心也"。郭象还认为，物各有性，"性各有分"，如果"各安其天性"，就是"自然无为"了。郭象强调事物各自独化于玄冥之境，否定了事物之间的联系，其理论还带有神秘的不可知论和命定论的色彩。郭象从本末一体的独化论出发，主张名教即自然，名教是"天性所受"，合乎人的本性，人的本性也符合名教要求，进一步从理论上重新把名教与自然调和统一了起来，说明服从名教就是顺应了自然。郭象在调和儒道二家学说，论证封建名教的合理性方面，使陷于困境的儒家学说，再次受到人们的重视。

如果把裴頠、郭象的主张放到中国儒学发展史中去考察，就会看到他们在探讨宇宙本原上，与之前的玄学家们有着很大的不同，他们既注意吸收道家的合理内核，以补济儒学之欠缺，又坚持儒家立场，批判道家以无为本影响之下的清谈玄风，坚持了儒家济世治国的根本原则。从历史的长远来看，以何晏、王弼、嵇康、阮籍等人为代表的玄学，不仅无助于治国安邦，而且其放任越礼的行为对社会具有很大的破坏性。而以王衍等人为首的虚浮荒诞之风，则只能带来社会的风俗衰败，乃至国破家亡。裴頠、郭象等人在儒学经过道家文化强有力的冲击之后，为重建新的儒学思想体系作出了相当重要的贡献，并为从儒学角度调和名教与自然的冲突，实现儒道互补作了新的探索。

（三）儒释道互补与融合

晋室东迁，儒学的地位进一步提高，"以道释儒"逐渐向"以儒释道"转化，主张儒本道末的人日益增多。他们认为儒家伦理与道家学说，并不矛盾，而且可以互为补充。儒家的君臣、父子、夫妻、兄弟、朋友的人伦之理，合乎于自然的本性；人们的七情六欲，也合乎自然的本性。但自然情感，要依礼而动，而不应疏狂肆纵，既强调适情任性出于自然，又强调用儒家礼教去稳固封建社会秩序。

从东晋开始，南北长期对峙，社会处于动荡与分裂之中，儒道结合的玄学已失去了独自强势发展的态势，给道教、佛教的发展提供了条件，道教、佛教与儒、玄二学说，一同活跃在思想舞台上。这些不同的意识形态经过冲突、互补与融合，最终形成了一个以儒学为主体，以佛、道二教为两翼的文化模式，实现了传统文化的重大组合，奠定了中国传统文化的基本格局。

佛教从东汉开始由印度传入中国，佛教信奉佛祖释迦牟尼、四大菩萨和十八罗汉。"佛教的基本教义是'四谛'，它们是解释人生苦难及其克服途径的真理。一是苦谛，认为世间充满了苦。人生有八苦：生、老、病、死、怨憎会、爱离别、求不得、五蕴盛。二是集谛，即八苦的根源。人生的痛苦源于'惑'，而'惑'来自'五欲'，色、听、香、味、触。惑直接影响人的业，'业'指一切身心活动，分为身、口、意'三业'。业之善、恶引起相应的果报，因而是佛教的'因果报应'的依据。三是灭谛，即用以根除烦恼与业，断灭苦果苦因，从而不入六道轮回，达到永恒涅槃，进入极乐之境的道理。所谓'六道轮回'是指天、人、阿修罗（凶神）、地狱、饿鬼、畜生，犹如车轮不停息地转动。四是道谛，即达到涅槃境界的途径和方法。主要是八正道：正见（对佛教有正确的见解）、正思（摆脱俗念符合四谛思维）、正语（语言合乎佛法，不妄语）、正业（符合佛教行为，不杀生、不偷盗、不淫欲）、正命（符合佛教戒律生活）、正精进（符合佛教教义，努力止恶扬善）、正念（铭记佛法观念正确）、正定（正身静坐专心修习禅定）。"[①] 佛教初传入，其削发损容之规，抛家弃子之习，遭到众多人的反对，排佛、反佛的斗争从未停止过。佛教

[①] 赵洪恩、李宝席：《传统文化通论》，人民出版社2003年版，第127—128页。

为了能在中国得以生存、传播和发展。在与中国传统文化的冲突中，努力调整与世俗、王权的关系，特别是调整与儒学的关系，尽量适应中国的实际。在与中国传统文化互相渗透、融合中，终于带着中国文化的特点在中国土地上扎下了根，其影响越来越大。

儒学、道家之学的特点无须赘述，就是儒道二家学说互为补充下形成的玄学，也不属于宗教，而是魏晋兴起的旨在探求宇宙本原的奥义和人生真谛的哲学思潮，它们怎么能与佛教融合呢？原来，道家学说、玄学与佛教尽管有许多不同，但它们的遁世思想十分相似。儒学虽属济世之学，但儒学的核心"泛爱众"与佛教的"普度众生"，在思想上可以沟通。至于中国本土的宗教道教，与佛教的共同点就更多了，如道教的羽化成仙与佛教禅宗的顿悟成佛，可谓同意而异说。对统治者来说，儒、道、佛可以"殊途同归"，都可利用来巩固封建统治秩序。对当时的社会大众及知识分子来说，由儒、道、佛融合的新学，更能满足精神的慰藉。南怀瑾先生指出：

> 魏晋以来，知识分子的士大夫们，都纷纷寻觅思想的新方向，追求命运的象征之学，进入探索哲学的范围。并以旷达思想，崇尚个人自由，逃入玄谈的领域。其所宗奉《易经》《老子》《庄子》所谓"三玄"之学的思想，恰在此时，与佛教传入的"般若性空"学说相遭遇，因此一拍即合，更是变本加厉，便形成了遁世而逃入佛法的风气，尤以士大夫阶层，所谓知识分子的名士为然。①

"由于佛学是一种外来的宗教学说，魏晋南北朝时期的佛学者对它的理解和接受是从所谓'格义'起步的。早期僧侣译经、讲解大抵均采用中国传统思想理论中的某些概念与之比附、连类，尤其是用道家思想理论与之相'格义'。魏晋玄学兴起之后，以无解空成为一种普遍的倾向。"② 为了使佛教在中国得以发展，结合中国的文化习俗去弘扬佛教，吸取儒学、玄学思想来解释佛学，成为佛教学者的自觉意识，僧肇（384—414）便是其代表人物。僧肇著有《肇论》《不真空论》与《物不迁论》等，他认为玄学的"贵无"与"崇有"都各执一偏，应当是万物为有，但有是因缘所

---

① 南怀瑾：《中国佛教发展史略》，《南怀瑾选集》（第五卷），复旦大学出版社2003年版，第406页。
② 张国刚、乔治忠等：《中国学术史》，东方出版中心2002年版，第255页。

生的假有，其性为空，并不是真有，所以万物应当是亦有亦无、有无一如的。从贵无到崇有再到合有无为一，他把佛教与玄学巧妙地结合起来，形成一个完整的思辨体系。

东晋之后的宋、齐、梁、陈，佛与儒的融合又有所进步，佛教界主张佛教的六种修行方法——"六度"，意同于儒学中仁义礼智信的五常，其本身就是忠孝仁义的体现。而道教的"信顺"与佛教的慈悲，也并行不悖，佛教徒的五条戒律，即不杀生、不偷盗、不邪淫、不妄语和不饮酒，有助于教化和巩固社会秩序，更符合儒家及道教的道义原则。儒、佛、道"三教"可以相互取长补短而共融。

晋室东迁以来，民间信仰佛教的日多，因为人们可以从佛教中寻求到精神上的寄托，寻求到精神的平等感觉，从痛苦的现实中转移到充满憧憬的来生上，并且入教，可以逃避赋役，寺院成了破产农民的避难所。而一些朝廷公卿甚至帝王也逐渐认识到佛教可以作为麻痹和奴役人民的精神武器，有助于巩固统治，于是带头佞佛，给予佛教以支持和扶持。南朝佛教兴盛，与帝王、朝廷大臣和硕儒名贤们崇佛有关。在这些上层人物中，最典型的莫过于梁武帝萧衍（464—549）。萧衍从小就受到正统的儒家教育，中年迷恋玄学，晚年信奉佛教，曾三次舍身同泰寺去做和尚，还曾把佛教定为国教。撰有《周易讲疏》《春秋答问》《孔子正言》等研究经学的著作，也著有《涅槃》《大品》《净名》《三慧》等佛学著作。对儒、释、道都做过精心研究。他把儒家的"礼"、道家的"无"和佛教的"因果报应"糅合在一起，创立了"三教同源说"，代表着儒、释、道融合的成就，在中国古代思想史上占有重要的地位。

道教是中国本土宗教，形成于东汉，张道陵根据传统的民间神鬼信仰而创立道教的五斗米道，奉《老子五千文》为经典并自加迷信解释。张角又创立道教的太平道，奉《太平经》为主要经典。总之，道教是我国传统文化与神学迷信的综合。起初，道教的理论很不成熟，其理论来源可追溯于部分先秦道家理论与古代卜筮、阴阳、神仙、黄白、符水、巫觋、占星、望气等巫术和神仙方术，又吸收了儒家、墨家、阴阳家等学说，如《太平经》，将儒家"三纲"，略加修改，变成道教的"君、父、师"三纲。随着道教神仙观念与修炼方法的整合，理论的不断完善，魏晋时出现了道教的经典《黄庭经》，到南北朝时，道教便盛行起来。道教最初以先秦道家代表人物老子为其宗教的最高天神，后以"三清"为道教尊神，三尊神为：居于玉清境的元始天尊（天宝君）、居于上清境的灵宝天尊（太上道君）、居于太清境的道德天尊（太上老君），天宝君即玉皇大帝，太上老君即老子，玉皇大帝神位高于老子。道教的基本信仰是"道"，这个"道"是把道家理论概念的"道"加以宗教化、神秘化。道教所崇拜的尊神就是"道"的化身，万事万物都是由"道"化生而来，得道成仙是教徒们追求的最高境界。道教在其发展过程中，还糅合了佛教的某些理论，形成一个成分庞杂的宗教思想体系，这一演变过程说明道教作为宗教已经形成，具备了自己的理论经典、修行仪式、神灵谱系和教团组织。道教最初主要流行于民间，后来对魏晋南北朝社会上层及知识阶层的影响也越来越大。

在"三教"相互关系上，宗教的道教与儒学在理论体系上，虽然存在着对立和冲突，但因为都是在中国传统文化环境中产生的，互相之间自然地形成了一种互为影响互为补充的圆融关系，儒家的三纲五常等伦理纲常，容易转化为道教教义，成为道教徒遵守的信条与维护封建王朝统治秩序的戒条。如赞同儒家维护封建宗法等级制，提倡忠孝节义，道教也在所想象的神仙世界里，划分为天神、地神、人神及诸仙七个等级，在道教教职上分为天真道士、神仙道士、山居道士、出家道士、在家道士等等级，以及在职务上分为方丈、住持、监院等。道教也尊崇爱国、孝家、信友、仁众，并把它作为成仙的前提。把儒家的"修己"改造成为"修行""修道"。东晋中期以后，道教为了同佛教争夺宗教界的主导地位，更加紧了与儒学的调和融合。

道教在东晋以前，宣扬的是现世成仙说及长生不老之术，但在排斥佛教的过程中，也要吸收佛教的某些教义和修行方法，以提高本身的宗教素质。如受佛学佛主释迦牟尼六度轮回成佛之说的影响，建立起道教的三品得道说，宣扬修炼不是一生一世能完成，而是经过多次生灭轮转超升，才能进入仙界，像"天真皇人"要经过轮回六道、九灭九生才能成为"圣王"。再如接受佛学欲界、色界、无色界"三界"等说，建立起道教的天堂地狱说。宣传善恶报应，以地狱中各种各样的凶神恶煞与残酷刑法恫吓那些在人世间作恶的人，所描绘的地狱与佛教的阎罗殿同样阴森恐怖。

东晋道教学者、著名炼丹家葛洪（284—364 或 343），就从佛教以及儒学、道家学说、玄学中摄取了大量的营养，改造原始道教，创建了新的神仙金丹道教。他著有《神仙传》《抱朴子》《肘后备急方》《西京杂记》等，其《抱朴子》一书，一部分以道家的观点阐述养生之术，一部分以儒家的观点阐述治世之道。葛洪清醒地看到"世道多难，儒教沦丧"的社会现实，主张"兴儒教以救微言之绝"，即复兴儒学以维护封建礼教。他赞同尊君，抨击无君论的观点；主张改革选官旧制，任用贤才；斥责放纵极欲的玄风，提倡简礼严刑、整肃风教，他认为儒家礼教治世显而明，道学精义治心玄而远，二者比较，"儒者，易中之难也。道者，难中之易也"。"道者，儒之本也。儒者，道之末也。"主张调和孔子和老子的学说。可以看出葛洪这位道教学者，又是一位道儒兼综、又糅合着法家、墨家、阴阳家、神仙诸家之说的思想家。

在南朝道教发展史上，陶弘景（456—536）也是一个颇有影响的人物，为齐梁时期的道教茅山派代表，是一位精通儒学的道教思想家。梁武帝时辞官隐居名山，朝廷礼聘不至，但国家每当遇大事，都要派人去向他咨询，时人谓之"山中宰相"。所著《真诰》，是道家重要经典之一。书中的思想源于老庄，并受葛洪道教思想影响，亦大量地吸收了有关儒学和佛教的观点和内容。主张儒、佛、道三家合流，鼓吹"百法纷凑，无越三教之境"。陶弘景是南朝主张道、释、儒三家融于一体的典型代表。

儒、佛、道相融的情况，北朝与南朝有所不同。就在南朝宗教思想泛滥，特别是佛教势力强盛发展时，北朝主要崇奉的还是儒学，立学、取士皆以儒学经术为标准。赵翼在《廿二史札记》卷十五《北朝经学》中说："北朝偏安窃据之国，亦知以经术为重。在上者既以此取士，士亦争务于此以应上之求，故北朝经学较南朝稍盛。"十六国的各统治者如刘渊、石勒、慕容廆、苻坚、姚苌等人，都接受过儒学的教育熏陶，执政后积极引用儒士，对于弘扬儒学不遗余力。北魏更是以儒学为立国之本，把儒家先贤典训奉为治国安邦原则，要以儒家礼乐制度取代自己民族的遗风旧规。即使崇奉道教的太武帝拓跋焘，也仍然致力于儒学研究与著述。周武帝时，诏令群臣、沙门、道士代表进行辩论。辩论结果是：儒学仍居"三教"之首。继北魏太武帝之后，周武帝也有过"灭佛"的行动，主要是想建立以儒学为主体的文化构架，要以儒学去统一全国。

为什么北方民族对儒学情有独钟？主要是因为儒学治国平天下的宏旨，修身齐家的品德，天人合一的学说，三纲五常的信条，以及重视六艺传习的教化等等，具有维护国家统一、反对分裂、强化宗法制度、缓和社会矛盾、稳定社会和移风易俗等方面的积极作用，是佛教、道教乃至其他诸子之说所不及的。北方民族入主中原后，逐渐认识到，加强对包括广大的汉族人民在内的国人的统治，取得汉族士人的支持和合作，其最有效的思想武器就是儒学。而要扭转北方经济、文化的落后局面，加速由过去落后的部落制向封建化过渡，进而为统一全国奠定基础，还要借助于儒家学说，承袭儒家主张的礼乐制度。另外，北方民族都认为自己是炎黄后裔，是汉祚的后继人，都以统一全国为己任，把自己的王朝说成是上承天运、下应民意的合法政权，而儒学则是其标榜正统的理论根据。从北朝重视儒学，可见出，儒学有助于巩固统治，有益于加强华夏民族的凝聚力，有利于加速各少数民族历史进程的演化。儒学经过玄学化，经过与佛、道教的交融，反而得到了充实、改造，以新的姿态继续向前发展。

佛教在北朝虽几度受到打压，但北朝佛寺之多，佛教徒之众，都不亚于南朝，佛教渗透到社会生活的各个方面。同样，道教也在极力扩大着影响。北方道教经过寇谦之的改造形成新天师道，制订了新的教诫、教规，建立起比较完备的道教体系，修道内容和方法与早期道教相比有很大的改观，与南朝的道教也有明显差别。其主要内容是强调内功修行，使道教逐渐抛弃了庸俗的符咒、房中骗术等；简化求功德的方法，信徒不一定非要出家，可以在家立坛修行；制定了帝王亲至道坛接受道教洗礼的制度。北朝道教的主要经典是《太平经》，以阴阳五行解释治国之道，呼吁公平，反对富豪的巧取豪夺，宣扬散财济穷、自食其力。反映了贫苦民众的疾苦与诉求，因此获得更多民众的信仰。北魏太武帝诏令灭佛后，道教还曾一度被奉为"国教"。不过，在儒、佛、道互相消长的过程中，儒学始终受到北朝统治者的高度重视，儒学基本上居于意识形态的支配地位。

就在佛教、道教风靡之际，灵魂不灭、生死轮回、因果报应等宗教迷信甚嚣尘上之时，范缜（约450—515）的《神灭论》，以大无畏的精神向神学迷信潮流勇敢地提出挑战。范缜以刃与利的关系作比喻，提出了"形神相即""形质神用"的观点。他说："形即神也，神即形也。""形者神之质，神者形之用，是则形称其质，神言其用，形之与神，不得相异也。"精神和形体是统一的，是互为依存的，形体是精神的质体，精神是形体的作用。形体一旦衰亡，精神也就随之消灭，灵魂不灭、人死为神鬼，完全是骗人的鬼话。范缜对形神关系的论证，在思想深度和逻辑的严谨上，超越了在他之前的唯物论者桓谭、王充等人，把我国古代唯物主义的形神一元论推到了新的发展阶段。在认识论方面，范缜坚持唯物的"心为虑本"的认识论，认为人的精神活动分为两个阶段，即"痛痒之知"的感觉阶段与"是非之知"的思维阶段，强调人的"心"是人的精神活动的物质基础，揭穿了思维无须物质基础，精神可以离开人的形体而独立存在的谬论，击中了佛学宣扬"神不灭论"的要害。范缜的唯物思想和认识论，虽然难以成为当时思想意识形态的主要倾向，但在宗教迷信狂风迷雾面前，表现出为坚持和捍卫真理而斗争的大无畏勇气，确实是难能可贵的，他的无神论思想在南北朝思想史上熠熠生辉。

魏晋南北朝，是一个思想多元化的时代，是各种思想异常活跃且又相互交融和彼此消长的时代,时代的变故给人们带来了人生追求、生活习尚、道德观念和价值观念的巨大变化。随着儒学的衰微,儒家的礼法名教逐渐失去了往日的约束力,长期受名教束缚和限制的人们,开始强调感情、个性、欲望的自然合理性,于是其至真之情得到了前所未有的发挥。玄学的兴起,正是体现了对儒家名教的怀疑和否定,对自然的人性及独立人格的肯定。玄学家们向往的是自然的生活,希望返璞归真,适情任性,能有不违背本性的自由的伦理化生活。何况当时处于乱世,社会现实的残酷,士人对政治的绝望,其心灵的痛苦更需要自我去抚慰。于是便有了安天乐命、隐逸遁世、逍遥、养生、纵欲等各种人生态度的提倡,不论是唯心的还是唯物的,也不论是消极的还是积极的,都呈现出一种对个性解放与自由的追求,后人称这一社会现象为"人性的觉醒""士群体的自觉"。

带着"人性觉醒"意识的作家,以各种文学样式,或无顾忌无拘束地坦露自己的心灵世界,宣传自己的人生观价值观;或把自己在乱世中的痛苦内心、精神诉求曲折地倾诉出来,艺术的个性化与自由化成为作家的自觉追求。从帝王到士人,对文学审美价值的重视达到前所未有的高度。文学题材进一步开拓,文学样式不断增多,作家们更加自觉追求文学作品的辞藻、用事、对仗和声律,在诗歌方面的标志就是创制了"永明体",在散文方面的标志就是形成了骈文。儒、释、道的融合,将各种人生观、价值观结合起来,形成一种新的审美观,这里特别提到的是,道家崇尚自然追求真朴的艺术理念,逐渐凸现出来,改变了儒家特别重视文以载道的倾向,成为文学创作重要的审美思想,它崇尚的是一种自然而然的顺应天性的自由自如的艺术境界。于是,自然界山水景物开始成为审美的主要对象之一,至淳至诚的真性情的自然流露成了审美的极致,嵇康、阮籍、钟嵘、刘勰、萧统等人都有这方面的论述,陶渊明的《桃花源记》《归去来兮辞》等作品,所具有的自然气息及对顺其自然、返璞归真的生活的向往,就鲜明地体现了对这一审美风格的追求。

二 不受儒学束缚,旷达任真的建安曹魏散文

东汉最后一位皇帝献帝刘协在位的三十年,四改年号,"建安"是其一,从公元196年始至220年,历时最长,达二十四年之久,文学史上习惯把献帝时期简称为"建安时期"。从名分上讲,建安时期仍属汉代,但实际上,从公元189年董卓废少帝,立献帝以来,不论董卓还是后来的曹

操,都劫持献帝而后令诸侯,而各地的军阀又纷纷自立,汉代大一统便名存实亡,进入了军阀纷争的时代。分裂、动荡的局面,也带来新的政治、文化格局,建安文学与魏晋南北朝文学有相似之处,且联系紧密,所以学术界对待建安时期文学时,往往把它并入魏晋南北朝文学体系中来研究。

(一) 社会批判的继续

东汉末年,宦官揽权,横征暴敛,地主豪强疯狂地掠夺农民,184 年爆发了规模浩大的黄巾农民大起义。189 年董卓率兵入京,纵火焚毁京都洛阳,劫持献帝徙长安,企图独揽朝政。曹操、袁绍、孙坚、刘表等军阀起兵讨董,又各自拥兵自重,互相攻伐,天下大乱。战乱耗尽了汉王朝长期的经济积蓄,给人民带来了巨大的灾难,曹操写有《蒿里行》一诗,中有"白骨露于野,千里无鸡鸣"句,真实地概括了当时的社会现实。与经济凋敝、生灵涂炭的惨象相反,思想文化方面却呈现出勃勃生机。其特征是长期占据统治地位的正统经学、谶纬迷信被怀疑、被冷落,适应社会急剧变化的新思想、新文化迅速崛起,包括压抑已久的道家、法家等学派的思想,甚至以"仁义"为核心、以民生为根本的传统孔孟儒学,也得到了恢复和发展。建安时期的散文,不仅反映了动荡不安的社会现实,也反映了社会意识形态的剧烈变化,一向奉为神圣的皇权受到空前猛烈的抨击。

建安时期最著名的社会批判家当数仲长统(180—220),仲长统字公理,山阳高平(今山东邹城市西南)人,少而好学,敢于直言,当时有人称他为"狂生",其代表作就是十余万字的《昌言》。可惜大多亡佚,《群书治要》等书中保存部分内容,今仅存《理乱》《损益》《法诫》数篇。仲长统反对谶纬迷信,不相信所谓的"天道",认为"人事为本,天道为末","信天道而背人略者,是昏乱迷惑之主、覆国亡家之臣。"(《群书治要》引)他常"思老氏之玄虚,呼吸精和,求至人之仿佛。与达者数子,论道讲书,俯仰二仪,错综人物……"(《全后汉文》),不满扼杀、压抑人性的经学,向往道家主张的精神自由。

仲长统更以大无畏的精神,在《理乱》篇中对黑暗腐败的社会弊端作了深刻的揭露:

> 夫乱世长而化世短,乱世则小人贵宠,君子困贱。当君子困贱之时,踢高天,蹐厚地,犹恐有镇压之祸也。逮至清世,则复入于矫枉过正之检。老者耄矣,不能及宽饶之俗;少者方壮,将复困于衰乱之

时。是使奸人擅无穷之福利，而善士挂不赦之罪辜。苟目能辨色，耳能辨声，口能辨味，体能辨寒温者，将皆以修洁为讳恶，设智巧以避之焉。况肯有安而乐之者邪？斯下世人主一切之愆也。

黑暗腐败的"乱世"，善恶不辨，是非颠倒，"小人贵宠"而"擅无穷之福利"，"君子困贱"而"挂不赦之罪辜"，造成这一切罪恶的根源，全在于"斯下世人主"，乱世之主是罪魁祸首，对封建社会最高统治者的荒淫误国作了大胆的抨击。本篇又写道：

> 彼后嗣之愚主，见天下莫敢与之违，自谓若天地之不可亡也，乃奔其私嗜，骋其邪欲，君臣宣淫，上下同恶。目极角抵之观，耳穷郑、卫之声。入则耽于妇人，出则驰于田猎，荒废庶政，弃亡人物，澶漫弥流，无所底极。信任亲爱者尽佞谄容悦之人也，宠贵隆丰者尽后妃姬妾之家也。使饿狼守庖厨，饥虎牧牢豚，遂至熬天下之脂膏，斫生人之骨髓，怨毒无聊，祸乱并起，……汉二百年而遭王莽之乱，计其残夷灭亡之数，又复倍乎秦、项矣！以及今日，名都空而不居，百里绝而无民者，不可胜数，此则又甚于亡新之时也，悲夫！

仲长统所处的时代，是中国历史上最黑暗的时代，仲长统笔下点点滴滴都是血泪，字字句句都是控诉。《昌言》敢怒敢骂，慷慨激越，充满批判与求真的精神。其友人缪熙伯称他"才章足继西京董（仲舒）、贾（谊）、刘（向）、扬（雄）"（《后汉书·仲长统列传》），把仲长统与西汉散文数大家并列，说明仲长统的卓荦不凡。然而他更近于贾谊，深析治国之道，针砭时弊，直言不讳，愤激剀切，不愧为东汉政论文的一大家。

刘熙载在《艺概·文概》中指出："王充、王符、仲长统三家文，皆东京之矫矫者。"确实，王充、王符、仲长统在东汉社会批判家中皆为翘然出众者，不过，由于他们所处的历史时期不同，他们批判的锋芒也各有侧重。王充生活于东汉前期，时谶纬迷信盛行，王充《论衡》批判的对象主要是鬼神迷信及神学化了的经学。王符生活于东汉中后期，时社会黑暗混乱，但还维持着大一统帝国的局面，王符的《潜夫论》抨击的主要对象是专权的外戚、宦官集团。仲长统主要生活于建安时期，时东汉王朝名存实亡，大一统局面已分崩离析，仲长统的《昌言》，更多的是对整个汉代的兴衰史做全面的反思与评判。此三人各自代表了东汉三个不同时期社会批判思潮的方向，他们的著述也代表了东汉三个不同时期社会批判散文的最高成就，尤其是仲长统的著述，其批判更富有历史的总结性。

（二）清峻通脱的建安散文

建安时期，天下分裂，祸乱相继，汉皇徒有虚名，大一统格局已被豪强割据所代替，神化了的经学随着皇权的失落而失去独尊的地位，经学的衰微，使人们解脱了传统的精神枷锁，得到了思想上的解放，原被经学排斥的各种思想又纷纷抬头，文学随着思想的活跃呈现出繁荣发展的景象，当时俊才云蒸，作家辈出，除仲长统外，其余杰出的散文作家当数"三曹七子"。"三曹"指曹操和他的儿子曹丕、曹植，"七子"亦称"建安七子"，指孔融、陈琳、王粲、徐幹、阮瑀、应玚和刘桢。此七人都曾在魏王都城邺中居住，又称"邺下七子"。"七子"的政治态度及创作情况各有不同，因曹丕在《典论·论文》中将他们并举而得名。"七子"之外，张升、赵壹、祢衡、刘梁、边让、繁钦、扬修、吴质等，也都是以文名世之人。

"三曹七子"中，曹操（155—220）影响最大，因为他不仅是东汉末杰出的政治家与军事家，也是杰出的文学家，对建安散文风格的形成，极有号召力与推动力。曹操，字孟德，沛国谯县（今安徽亳州）人，他一生戎马倥偬，又"雅好诗书文籍，虽在军旅，手不释卷"（《典论·论文》），他崇尚刑名，喜好法术，不为儒学所束缚。因"挟天子以令诸侯"，所以在东汉末他是北方实际的最高统治者。他生在国家分裂、社会动荡的年代里，对动乱的现实、人民的苦难与愿望有深切的感受，他又有消除动乱、重新统一天下的雄心，加上他深厚的文学素养，所以他的文章内容深刻，气魄恢宏，放达无羁，处处洋溢着豪迈的进取精神。曹操的文章主要是给下属的命令、书信与奏呈皇帝的表章，以质朴刚健的语言直抒胸臆，大胆直率，气势磅礴。如他发布了《求贤令》《论吏士行能令》《选军中典狱令》等法令，反复申诉自己"唯才是举"的用人主张，在《敕有司取士勿废偏短令》中强调人各有长短，不可求全责备，不能因其有偏短之处而废弃人才。在《举贤勿拘品行令》中甚至有这样的文字：

> 昔伊挚、傅说出于贱人；管仲，桓公贼也，皆用之以兴。萧何、曹参，县吏也；韩信、陈平，负污辱之名，有见笑之耻，卒能成就王业，声著千载。吴起贪将，杀妻自信，散金求官，母死不归；然在魏，秦人不敢东向，在楚，则三晋不敢南谋。今天下得无有至德之人放在民间，及果勇不顾、临敌力战；若文俗之吏，高才异质；或堪为

将守，负污辱之名，见笑之行，或不仁不孝而有治国用兵之术，其各举所知，勿有所遗。

伊挚曾为奴隶，傅说出身于泥瓦匠；管仲曾射击过齐桓公，萧何、曹参起事时不过是小小的县吏；韩信有胯下之辱，陈平有盗嫂受金之耻；吴起为任将帅，宁可母死不归、杀妻取信。这些人或出身卑贱，或有过耻辱名声，依儒家贵贱孝悌标准衡量，皆属"野人"或"小人"之列，尤其那些不仁不义不孝不慈之人，更为儒家所不齿。然而这些人都有治国安邦之才，历史上的英明之君任用他们，成就霸权王业，今日曹操欲收拾混战局面从而一统天下，也要效仿往日英明之君任人之举。与往日英明之君相比，曹操对人才的偏短之处不仅不回避掩饰，而且堂堂正正以"政令"的形式，广告天下，这样的举措真是惊世骇俗，不仅否定了汉代举孝廉的选才标准，打破了从汉朝以来门阀士族对政权操纵的局面，而且对传统的儒家人才观乃至儒学的基本观念提出严重的挑战，表现出曹操非凡的胆识与气度。正如夏曾佑所言："曹操明言廉士不足用，盗嫂受金，皆可明扬仄陋，其用意可知，文帝（即曹丕）因之，加以任达，……于是六艺隐，而老庄兴，经师亡而名士出，秦汉风俗，至此一变。"[①]

曹操的令、表、书，一般都篇幅短小，唯一超过千字的文章就是那篇有名的《让县自明本志令》，此文作于建安十五年（210），晚年的曹操已成为北方的实际最高统治者，汉献帝刘协只是他掌控的一个傀儡。曹操在这篇带有自传性的代表作中，回顾了自己初期的志向与抱负，记叙了从董卓之乱后自己的政治、军事生涯，评价了自己的历史功绩，披肝沥胆，毫无矫饰，让人们清楚地看到这位乱世英雄的内心世界。这篇令文并非是单纯的回忆性质的文章，它的回顾旨在说明自己的权力与政治作用是经过长期的历史过程自然形成的，不是哪个人可以随便动摇的。文章接着就对怀疑他图谋篡位的种种议论进行批驳。面对种种猜测议论，政治迂腐者很可能仅为了获得个人一时虚名，把兵权一交了之，以证实自己无篡汉野心。但曹操从国家与自身安危考虑，他决不放弃手中的权力，文章说：

然欲孤便尔委捐所典兵众，以还执事，归就武平侯国，实不可也。何者？诚恐已离兵为人所祸也，既为子孙计，又己败则国家倾

[①] 夏曾佑：《中国古代史》，三联书店1955年版，第338页。

危,是以不得慕虚名而处实祸,此所不得为也。前朝恩封三子为侯,固辞不受;今更欲受之,非欲复以为荣,欲以为外援为万安计。

曹操把交出兵权后的后果及不计侯爵的得失看得清清楚楚,所以理直气壮,坦诚相告,不是被动的辩白,而是居高临下地以一个欲平定天下、恢复统一的政治家的姿态,来警告、训斥妄图动摇他的地位的人。曹操的散文,观点鲜明,感情真挚充沛,直言不讳,文字简约严明,挥洒自如,气势磅礴,豪情满怀,不受儒家思想和表述形式的约束,很有创新性,表现出一种清峻、通脱的风格。所谓清峻,大致就是清晰峻刻,不尚华辞,直言不讳。所谓通脱,大致就是思想解放,不拘礼法,放达自任,与汉代醇厚典雅、"益尚华靡"的文风大相径庭,代表了汉末魏初文章的特色。曹操的文章一改汉代旧的传统,开魏晋一代新风气,鲁迅先生在《魏晋风骨及文章与药及酒之关系》一文中称曹操"是一个改造文章的祖师",实为确论。

曹丕(187—226)的文学成就不及曹操、曹植,但在文学史上有其重要的地位。他早在代汉称帝前,就大力倡导文学,与著名文人相来往,成为当时邺下文人集团的领袖人物。其《燕歌行》,是现存较早成熟的文人七言诗,对后来七言诗的发展有巨大贡献。他也擅长散文,尤以书信为显著。如其《与吴质书》《又与吴质书》,叙友情,悼亡友,凄楚哀痛,风格清丽流畅:

> 昔年疾疫,亲故多离其灾:徐、陈、应、刘,一时俱逝,痛可言邪!昔日游处,行则连舆,止则接席,何曾须臾相失?每至觞酌流行,丝竹并奏,酒酣耳热,仰而赋诗。当此之时,忽然不自知乐也。谓百年己分,可长共相保,何图数年之间,零落略尽,言之伤心!
> 顷撰其遗文,都为一集。观其姓名,已为鬼录。追思昔游,犹在心目;而此诸子,化为粪壤,可复道哉!(《又与吴质书》)

诸友生前诗酒欢会,情投意合,一场大疫,便使诸友"零落略尽",想来伤心,再观其遗文,更痛不可言。文笔清新流畅,有浓厚的抒情味,对后世短篇抒情散文的写作有一定影响。曹丕在文学理论上的建树又是曹操、曹植所不及的。他的《典论·论文》是我国较早的文学批评专论,它条分缕析,逻辑性强,直述己意,绝少引经据典,显示了建安时期论说文的特点。主要阐述了文学的价值和作用,文章的体裁和特征,作家的气质才性和作品风格的关系，文学批评应持的正确态度等重要问题。开创了文学批评的新风气，在我国文学批评史上有奠基的作用。在他的影响下，随后才有陆机《文赋》、挚虞《文章流别志论》、钟嵘《诗品》、刘勰《文心雕龙》等著述的出现，使魏晋南北朝成为中国文学理论研究的高峰期，标志着中国文学审美意识的极大提升。

值得一提的是，曹丕在此文章中第一次把"文章"提高到"经国之大业，不朽之盛事"的地位，他说："年寿有时而尽，荣乐止乎其身。二者必至之常期，未若文章之无穷。是以古之作者，寄身于翰墨，见意于篇籍，不假良史之辞，不托飞驰之势，而声名自传于后。"将古人"三不朽"事业中的"立言"，提高到新的认识高度，不再是儒家所认为的仅仅是"载道"的工具，而直接认定其为"经国之大业"，即是治国平天下的大事业。对于个人来说，是"不朽之盛事"，无须青史留名，更无须恃势扬名，其著述就是本人的丰碑，什么长寿，什么荣华富贵，都是过眼浮云，怎比得文章久传于世？前所未有地提高了文学及从事文学事业者的地位，从此后，中国的正史往往立有《文苑传》或《文学传》，有的朝代还设立了"文学馆"，还以诗赋科试取士，促进了士人从事文学创作的自觉性。

曹植（192—232）是建安及曹魏时期最杰出的作家，他的辞赋和诗歌成就代表了当时最高的水平。他的优秀散文集中于书、表方面，虽简约深致不及其父，但也才思奔涌，自然流畅，感情激越，艺术水平高于其他建安文人。如《与杨德祖书》，专议文学，遍赞建安文章精英，又指出他们文章的不足，流露出作者自己高度的自信与自负：

> 仆少小好为文章，迄至于今，二十有五年矣，然今世作者，可略而言也。昔仲宣独步于汉南，孔璋鹰扬于河朔，伟长擅名于青土，公干振藻于海隅，德琏发迹于大魏，足下高视于上京。当此之时，人人自谓握灵蛇之珠，家家自谓抱荆山之玉，吾王于是设天网以该之，顿八纮以掩之，今悉集兹国矣。然此数子犹复不能飞轩绝迹，一举千里。

曹植的创作可以曹丕称帝时为界，分为前后两个不同的时期。前期生活环境优裕，颇有建功立业的抱负。后期备受曹丕、曹叡父子冷落，内心充满忧惧与愤懑，其《求自试表》，以"自试"的方式奋然向魏明帝曹叡请缨效命。文章表面上自责有愧爵重禄厚，实际上充满志不得伸、才不得用的怨愤。慷慨悲壮，字里行间充溢着对明帝其父曹丕长期以来猜忌压制的抑郁不平之气：

> 臣闻士之生世，入则事父，出则事君。事父尚于荣亲，事君贵于兴国。故慈父不能爱无益之子，仁君不能畜无用之臣。夫论德而授官者，成功之君也；量能而受爵者，毕命之臣也。故君无虚授，臣无虚受。虚授谓之谬举，虚受谓之尸禄……今臣蒙国重恩，三世于今矣。正值陛下升平之际，沐浴圣泽，潜润德教，可谓厚幸矣。而位窃东藩，爵在上列，身被轻暖，口厌百味，目极华靡，耳倦丝竹者，爵重禄厚之所致也。退念古之受爵禄者，有异于此，皆以功勤济国，辅主惠民。今臣无德可述，无功可纪，若此终年，无益国朝，将挂风人彼己之讥。是以上惭玄冕，俯愧朱绂。

从此表中也可见出曹植的文章才思敏捷，辞藻富艳，多用排比对偶，具有辞赋的特点，明显地表现出与曹操书、表的不同。特别是曹植的《洛神赋》，继承、借鉴了宋玉《神女赋》的写法，写人神相恋，抒发对佳人可望而不可即的惆怅，曲折地表达了曹植后期对前途茫然又执着追求的矛盾心情。辞采华赡，寄托遥深，独具一格，在清峻、通脱的基础上显示出"华靡"的特征，是汉末"益尚华靡"文风的一种接续，预示了整个魏晋南北朝散文的发展总趋势。

"建安七子"及其作品是分裂动荡时代的产物，作家处于社会重大变革时期，又逢社会思想解放的大潮，作家个性得到充分的展示，其作品表现出明显的"慷慨任气"的时代特征。刘勰在《文心雕龙·时序》中指出："自献帝播迁，文学蓬转，……观其时文，雅好慷慨，良由世积乱离，风衰俗怨，并志深而笔长，故梗概而多气也。"

"七子"中，年辈最长且散文成就较高的是孔融（153—208），孔融字文举，鲁国（国都在今山东曲阜市）人，孔子二十世孙，他生性刚直不阿，怜才爱士，政治态度也与其他六人不同，不仅不依附于曹操，而且常以诡词嘲讽曹操专权，终为曹操忌恨杀害。他的文章恃才负气，敢怒敢骂，以气盛见长，如《论盛孝章书》，劝曹操出力营救被孙策所迫害的友人盛孝章：

> 《春秋传》曰："诸侯有相灭亡者，桓公不能救，则桓公耻之。"今孝章实丈夫之雄也，天下谈士，依以扬声，而身不免于幽絷，命不

期于旦夕，吾祖不当复论损益之友，而朱穆所以绝交也。公诚能驰一介之使，加咫尺之书，则孝章可致，友道可弘矣。

意虽恳求，语却愤激慷慨。再如《荐祢衡表》，极力称赞祢衡气量雅伟，词情恳切，慷慨有英伟豪杰之气，也折射出作者尚气刚傲的性格特征。"七子"中，王粲（177—217）的文学成就最高。王粲字仲宣，山阳高平（今山东邹城市）人，他尤擅长诗赋，其诗歌代表作为《七哀诗》，其辞赋的代表作为《登楼赋》，抒写思乡之情和壮志未伸的苦闷。刘勰在《文心雕龙·才略》中称"仲宣溢才，捷而能密，文多兼善，辞少瑕累，摘其诗赋，则七子之冠冕乎"。其散文有《为刘荆州与袁尚书》《爵论》《安身论》等，也才思敏捷，慷慨激昂。"七子"中的陈琳（？—217），字孔璋，广陵（今江苏扬州）人，以书檄出名，最有影响的是《为袁绍檄豫州》，这篇檄文历数曹操的罪恶，颂扬袁绍的功德，铺陈夸饰，以富丽见长。袁绍死后，陈琳归附曹操，又以同样的笔法写了《檄吴将校部曲》，盛赞曹操，痛斥孙权，御用文人之无行，由此可见一斑。善写书檄文表的，还有阮瑀（165—212），阮瑀字符瑜，陈留（今河南开封）人，曾在马上为曹操草拟书信稿，书成后竟使曹操不能增删一字。其代表作有《为曹公作书与孙权》《文质论》，文采优美堪与陈琳相比，曹丕在《典论·论文》中评价说："琳、瑀之章表书记，今之隽也"。"七子"其余三人，徐幹（170—217）字伟长，北海（今山东寿光）人，撰有《中论》二十余篇，辞义典雅，成一家之言。刘桢（？—217）字公幹，东平（今山东泰安）人，撰有《谏平原侯植书》《答魏太子书》等，刘勰在《文心雕龙·书记》中称道说："公幹笺记，丽而规益。"应玚（？—217）字德琏，汝南（今河南项城）人，传世之作不多，散文有《报庞惠公书》《奕势》等，与陈琳、徐幹、刘桢同时死于瘟疫，曹丕《又与吴质书》中说："德琏常斐然有述作之意，其才学足以著书，美志不遂，良可痛惜。"总之，诚如曹丕在《典论·论文》所说："斯七子者，于学无所遗，于辞无所假，咸以自骋骥骥于千里，仰齐足而并驰。"

以仲长统及"三曹七子"为代表的建安文学，"志深而笔长，梗概而多气"（刘勰《文心雕龙·时序》），使文坛一时呈现出"彬彬之盛"的局面。

从曹魏开始，统治者重视、提倡、甚至组织、参与文学创作，在他们周围聚集了一大批文人，统治者的审美情趣对周围的文人影响深远。以这些统治者或主要词臣为首，形成了十分有影响的文学流派，形成了一种创作倾向，甚至形成一种时代的风潮，曹魏为两晋南北朝文学创作开创了新风气。

建安时期，北方中原连年混战，动荡最激烈，处于被曹氏统辖下的地域的散文异常兴旺发达，相比之下，蜀汉、东吴二地的散文便不足与之相提并论了，但也绝非为空白点。如蜀汉诸葛亮的《出师表》、谯周的《谏后主疏》、东吴诸葛恪的《与丞相陆逊书》、贺邵的《谏孙皓疏》等，都值得一观。特别是诸葛亮的《出师表》，千古传诵，为人称道。因为它集中地体现了传统儒学不重天命重人事及"三不朽""修、齐、治、平"的思想，表现了作者忠君报国的一腔赤诚，为后代树立了儒家仕者的楷模。

诸葛亮（181—234）字孔明，琅玡阳都（今山东沂南南）人，是三国时期蜀汉著名的政治家、军事家。他同曹操一样，用人治军，修明法度，赏罚分明。然而其主导思想仍是传统的儒家思想。他事主赤胆忠心，理政励精图治，指挥作战足智多谋，为蜀汉大业殚精竭虑，其"鞠躬尽瘁，死而后已"的名言，就是他人格精神的如实写照。所著《出师表》分《前出师表》与《后出师表》，但《后出师表》是否是诸葛亮所著，一直存有争议。《前出师表》是诸葛亮在蜀汉后主刘禅建兴五年（227）出兵伐魏前，上表谆谆告诫后主要继承并光大先帝"遗德"，广开言路，执法公平，亲贤远佞，因为后方安定，这是北伐取得胜利的基本保证。文章后部分，自述生平，表明自己不忘先帝遗诏，誓死复兴汉室的决心，字字句句皆从肺腑流出，慷慨深沉，感人至深：

> 臣本布衣，躬耕于南阳，苟全性命于乱世，不求闻达于诸侯。先帝不以臣卑鄙，猥自枉屈，三顾臣于草庐之中，谘臣以当世之事，由是感激，遂许先帝以驱驰。后值倾覆，受任于败军之际，奉命于危难之间，尔来二十有一年矣。先帝知臣谨慎，故临崩寄臣以大事也。受命以来，夙夜忧叹，恐托付不效，以伤先帝之明。故五月渡泸，深入不毛。今南方已定，兵甲已足，当奖率三军，北定中原，庶竭驽钝，攘除奸凶，兴复汉室，还于旧都。此臣所以报先帝而忠陛下之职分也。
>
> 至于斟酌损益，进尽忠言，则攸之、祎、允之任也。愿陛下托臣以讨贼兴复之效；不效，则治臣之罪，以告先帝之灵。若无兴德之言，则责攸之、祎、允等之慢，以彰其咎。陛下亦宜自谋，以谘诹善道，察纳雅言，深追先帝遗诏，臣不胜受恩感激。今当远离，临表涕零，不知所云。

《出师表》问世后，就成为中华民族志士仁人做人的一面旗帜。陆游赞许道："《出师》一表真名世，千载谁堪伯仲间。"（《书愤》）文天祥在狱中高唱："或为《出师表》，鬼神泣壮烈。"（《正气歌》）《出师表》之所以感人肺腑，"长使英雄泪满襟"（杜甫《蜀相》），因其耿耿忠君报国之情，溢于言表。文章以"不知所云"作结，其声呜咽，其情如注，读罢此表，谁能不为此情所感？谁能为此情所感而不泫然流涕？在表、章中浸透着作者强烈的感情，诸葛亮的《出师表》是这方面的一个典型，显示了中国奏议散文的新特点。

（三）玄学家本自然与任自然的正始散文

曹魏后期，习惯上称为正始时期。"正始"是魏废帝曹芳的年号，这个时期，有似建安时期，建安时期汉皇是曹操手中的一个玩偶，而正始时期，曹魏皇权旁落于司马氏之手。魏晋易代在即，曹魏集团与司马氏集团展开了殊死搏斗。在残酷、激烈的政权斗争中，本为正统思想的儒学已显示出极度的虚弱与无力，因为从汉末开始，儒家学说就已丧失了维系政权的活力，从掌握实际统治权的曹操开始，上层统治者本身就对儒学失去了往日的信赖与兴趣。儒学的衰微，激发了几百年来被"罢黜"的其他诸子之学的兴起，其中老庄道家思想，适逢魏晋动荡的时代，对人们更具吸引力。曹魏集团的有识之士，便因势利导，不再拘泥汉儒旧说，利用《老子》《庄子》《周易》"三玄"之说进行新的理论阐释，以道释儒，使儒家的"名教"与道家的"自然"相融合，调和儒道，互补儒道，创立了新的思想——玄学。正始士人欲以新的玄学思想挽救摇摇欲坠的曹魏政权。

魏明帝曹叡病故后，年幼的曹芳继位，一切政事由曹爽与司马懿处理。曹爽排挤司马懿，想独揽大权，司马懿老谋深算，隐忍韬晦，伺机制胜。正始十年（249）春，司马懿控制洛阳，发动"高平陵政变"，杀死曹爽、何晏、邓飏、丁谧、毕轨、李胜等人，并夷其三族，当时有"同日杀戮，名士减半"的说法。"高平陵政变"后，司马氏遂专魏政，以名教为借口，残酷迫害异己，甚至与曹氏集团并无直接关系的人士也多枉遭牵连。在这种血腥恐怖的环境中，一些名士蔑视经学、摒弃名教，以老庄的精神解脱和自由放达来发泄心中的不满情绪，以放浪形骸来鄙视世俗。他们流连诗酒、笑傲山湖，注重肉体感官上的享受与精神上的自由逍遥。其文章虽存有建安时期清峻通脱的影响，然而任诞疏狂却是其主要的特征，这实际上是特殊社会条件下痛苦心灵的一种变态反映。

刘师培在《中国中古文学史·第四课·魏晋文学之变迁》中讲：

> 魏代自太和以迄正始，文士辈出，其文约分两派：一为王弼、何晏之文，清峻简约，文质兼备，虽阐发道家之绪，实与名、法家言为近者也……一为嵇康、阮籍之文，文章壮丽，总采骋辞，虽阐发道家之绪，实与纵横家言为近者也。①

刘师培所讲的正始两大散文派，一是指以王弼、何晏为代表的"正始名士"的散文派，一是指以嵇康、阮籍为代表的"竹林七贤"的散文派，不管他们的文风或近于名法或近于纵横，他们共同的写作目的却都是"阐发道家之绪"，这个"道家之绪"就是"玄学"。正始两大派散文文风有别，总的特征都谈玄阐道，开晋宋散文大谈玄理之风。

何晏可称得上是魏晋玄学的创始者之一。何晏字平叔，南阳宛（今河南南阳）人，汉大将军何进之孙，父何咸早亡，为曹操收养，被曹操宠爱如子。何晏少以才高知名，好老庄言，生性豁达，气傲无忌惮，不为曹丕所喜，后被遣出魏宫。曹丕、曹叡为帝时期，何晏大约已过而立之年，但仍未受到重用，明帝曹叡时还遭浮华罪被抑黜。《三国志·曹真传附子爽传》载："南阳何晏、邓飏、李胜、沛国丁谧、东平毕轨咸有声名，进趣于时，明帝以其浮华，皆抑黜之。"浮华罪有哪些内容呢？一是这些"名士"不诵儒家诗书，仰慕道家《老子》《庄子》之学，造成"经学废绝"的严重局面。二是这些"名士""毁教乱治，败俗伤化"，佯狂疏放，藐视权贵。从浮华案可见：以何晏为首的玄学队伍已成为朝野所关注的政治力量。何晏等人受到重用，是在曹爽秉政时期，何晏作为曹爽的心腹，累官至吏部尚书，封内侯，参与朝政策划，掌管人才选聘大权，凡与他志同道合者多被他提拔重用。如年轻有为的王弼，字辅嗣，建安七子之一的王粲之孙，因"少有异才，善谈易老"（《世说新语·文学》注引《魏氏春秋》），为何晏大加欣赏。《世说新语·文学》载："何平叔注《老子》，始成，诣王辅嗣，见王《注》精奇，乃神伏曰：'若斯人，可与论天人之际矣！'因以所注为《道德二论》。"何晏对王弼玄学的精湛心悦诚服，有心委以重任，只因别人排挤未能如愿，王弼只补任个台郎。不过，也许正因为王弼失去建立事功的机会，才使他集中精力著书立说，成为何晏之后的玄学领袖。

---

① 刘师培：《中国中古文学史》，人民文学出版社1984年版，第35页。

玄学的正式形成，以正始年间正始名士为儒家经典《周易》《论语》和道家经典《老子》《庄子》作注为标志。何晏的主要传世著作为《论语集解》，在《列子注》《世说新语》中可以见到其《道德论》（也称《道论》与《德论》）、《无名论》《无为论》等残篇。何晏玄学的特点是主张"以无为本"的"贵无"说，无不仅为化生万物之本，也是立德修身之本，是认识世界与做人行事的思想指南。他在《道论》中强调说：

> 有之为有，待无以生，事而为事，由无以成。夫道之而无语，名之而无名，视之而无形，听之而无声，则道之全焉。（《列子·天瑞篇》注引）

何晏在其《无名论》中又说：

> 夫道者，惟无所有者也。自天地已来，皆有所有矣。然犹谓之道者，以其能复用无所有也。故虽处有名之域，而没其无名之象，由以在阳之远体，而忘其自有阴之远类也。夏侯玄曰："天地以自然运，圣人以自然用。"自然者，道也。道本无名，故老氏曰："强为之名。"仲尼称尧"荡荡无能名焉"，下云："巍巍成功"，则强为之名，取世所知而称耳，岂有名而更当云无能名焉者耶？夫惟无名，故可得遍以"天下"之名名之，然岂其名也哉？（《列子·仲尼篇》注引）

从上引两段文字中，我们可以看到何晏玄学的主张：他认为世界一切之有皆由"无"生，即由无名、无形、无声的"无"，产生出有名、有形、有声的万物。万物之所以有名，是为了认识方便而强赋之名，实际上其本来就是无名，其终极就是"无"。他认为老子与孔子的学说其实是相通的，就如尧虽有巍巍功名，最终仍复归无名。何晏的无为宇宙本原说，仍不出老庄之说，但他能援道入儒，用老庄之学去解释儒家经典，达到儒道互补、外儒内道的目的。

如果说何晏是早期的玄学家，正始玄风的倡导者和玄学活动的组织者，而王弼则是何晏等人大畅玄风中涌现出的后起之秀，其玄学的理论深度更有过于何晏，是魏晋玄学理论的奠基人。王弼虽后出于何晏，然而其玄理辩才，早为何晏所折服。王弼虽被何晏重视，但是为人所阻，没有取得重要职位，他本人对政务也不感兴趣，一心研究易老之学。王弼不善交际，就是与赞赏他的何晏，政治上的联系也不多，所以高平陵政变后，王弼没有受到牵连,但王弼与何晏在精神上已成为知己挚友,同年秋,何晏被杀后,兔死狐悲,年仅二十四岁的王弼也黯然离世。

王弼虽然年轻,然而著述颇丰,站在抽象思维的理论高度,把老子的"有生于无"的思想引向以无为本的本体论,从宇宙万物生成论过渡到宇宙万物本体论,而且把《老子》中的"道""玄""无"纳入一个系统,以无为体,以有为用,提出了"体用不二"的思想,强调"贵无"而"贱有",融合儒道两家之说,建立起成系统的玄学理论体系。主张名教出于自然,只要符合"自然""无为"的原则,名教是完全必要的,将儒家的"以名立教"与道家的"道法自然"本为互相对立排斥的学说,就这样调和为一体。王弼在《老子道德经·五章注》中说:

> 天地任自然,无为无造,万物自相治理,故不仁也。仁者必造立施化,有恩有为。造立施化,则物失其真;有恩有为,则物不具存。物不具存,则不足以备载矣。地不为兽生刍,而兽食刍;不为人生狗,而人食狗。无为于万物而万物各适其所用,则莫不瞻矣。若慧由已树,未足任也。

在王弼看来,天地万物本乎自然,自然就是万物之性,世界万物的存在与发展,都是自然而然的,并非是人为的结果。同样,人的感情是感应自然而自然而然地产生的,礼、乐等儒家的名教,也是根据人们的自然之性而自然而然地制定的,是人们精神追求的一种自然反映。他在《论语·学而注》中说:

> 夫喜、惧、哀、乐,民之自然应感而动,则发乎声歌。所以陈诗采谣,以知民风,既见其风,则损益基焉。故因俗立制,以达其礼也……若不采民诗,则无以观风。风乖俗制,则礼无所立,礼若不设,则乐无所乐,乐非礼则动无所济。(皇侃《疏》引)

王弼并不像道家那样反对儒家的仁义之说,他认为仁义本发自内心,是人们的自然而然之情,他反对的只是违背自然的口是心非的假仁假义,在《老子指略》中揭露说:"夫敦朴之德不著,而名行之美显尚,则修其所尚而望其誉,修其所道而冀其利……父子兄弟,怀情失直,孝不任诚,慈不任实,盖显名行之所招也。患俗薄而名兴,行崇仁义,愈致斯伪,况术之贱此者乎?"王弼用道家的自然之道去解释儒家的名教之治,赋予其天然的合理性。

王弼与何晏同为魏晋玄学主要创始人，两人在学术观点上也有分歧，如何晏认为"圣人无喜怒哀乐"，王弼却认为圣人也同凡人一样，具有喜、怒、哀、乐、怨五种感情，圣人与常人所不同的仅在于他能不为物所累，能做到不以情乱性。他曾说："圣人茂于人者神明也，同于人者五情也。神明茂，故能体冲和以通无；五情同，故不能无哀乐以应物。然则圣人之情，应物而无累于物者也。"（《三国志·魏志·钟会传》注引《王弼传》）显然，王弼此说更合乎实际而易于人们理解与接受。总的来说，王弼与何晏在玄理观点上相一致是主要的，融合儒道，以道释儒，奏响富有时代特色的"正始之音"，开思想新潮的一代玄风。

以嵇康、阮籍为代表的"竹林七贤"的散文，虽同样"阐发道家之绪"，却主张"越名教而任自然"，更多地表现为重道轻儒甚至以道反儒，对传统世俗表现出强烈的反叛精神。"竹林七贤"原是曹魏政权的拥护者，然而他们生活于曹魏政权的衰落时期，窃取了曹魏实权的司马氏集团以维护名教的名义，给曹氏集团的成员与追随者随意地扣上不守名教、蔑视礼法的罪名，进行残酷的迫害。面对司马氏集团口唱儒家名教高调，实际大行谋篡的勾当，他们纷纷辞官去职，表示愤慨与不满。然而随着司马氏势力的加强，"竹林七贤"也发生了分化，就是其代表人物阮籍与嵇康，其政治态度虽大致相同，但表现方式却迥然不同。就其散文来讲，阮籍因消极避世而追求适意逍遥，以放诞的形式对待"名教"，故其文辞玄远。嵇康则刚肠疾恶，轻肆直言，面对血淋淋的现实而放任，以蔑视的态度对抗"正统"。

阮籍字嗣宗，陈留尉氏（今属河南）人，父亲为建安七子之一的阮瑀，本人又是"竹林七贤"之一阮咸的叔父。阮籍在而立之年前还是一个传统的学子，其早期著作《乐论》反映了他崇尚儒家学说的思想和渴求建立"礼正乐平"名教社会的愿望。然而在司马氏向曹氏夺权的过程中，儒家名教被司马氏集团所利用，成为杀戮士人、铲除异己的借口，面对黑暗残酷的现实，阮籍转而喜好老子、庄子之学，并以种种违礼背俗、狂放不羁的行为，去反对司马氏集团所宣扬的虚伪礼教，去发泄心中深隐的愤恨与悲痛。《晋书》本传载："籍本有济世志，属魏晋之际，天下多故，名士少有全者，籍由是不与世事，遂酣饮为常。"又博览群籍，清谈论玄。表面上以醉酒来遗忘世事甚至自我，实际上内心仍然难以泯灭儒家"立德、立功、立言"的理想与信念，在特殊的时代背景下，表现出表面上看去很矛盾的双重人格。《三国志·魏志》注引《魏氏春秋》："爽诛，……籍以世多故，禄仕而已。闻步兵校尉缺，厨多美酒，营人善酿酒，求为校尉，遂纵酒昏酣，遗落世事。尝登广武，观楚汉战处，乃叹曰：'时无英才，使竖子成名乎！'时率意独驾，不由径路，车迹所穷，辄恸哭而反。"阮籍借古喻今，视司马氏乘曹氏无能之际，而侥幸篡权得逞，心中自是愤愤不平，表面上醉酒遁世，骨子里却仍存济世之念。

阮籍有《咏怀诗》八十余首，表达自己嗟生忧时、苦闷彷徨的心情。所著《通老论》《通易论》《达庄论》等，表现出对老、庄的理解与何晏、王弼等人有所不同。如阮籍认为"天地生于自然，万物生于天地。自然者无外，故天地名焉；天地者有内，故万物生焉。"（《达庄论》）一切以自然为本，万物的本原就是无垠的自然物质世界，而不是"无"，具有朴素唯物主义的倾向。最能代表他玄学思想与独特风格的文章，当数其《大人先生传》。据《晋书》本传记载，阮籍曾在苏门山遇到高士孙登，欲与交谈而不应，只闻孙登啸声如鸾凤，归后即撰此文。实际上是巧借虚拟人物，倾诉了自己愤世嫉俗的感情，抨击了虚伪的礼法与奸诈的"君子"。《大人先生传》按人物传记的体例，先简括介绍"大人先生"生平志向：

> 大人先生者，盖老人也，不知姓字。陈天地之始，言神农、黄帝之事，昭然也。莫知其生年之数。尝居苏门之山，故世咸谓之闲，养性延寿，与自然齐光。其视尧、舜之所事，若手中耳。以万里为一步，以千岁为一朝。行不赴而居不处，求乎大道而无所寓。先生以应变顺和，天地为家，运去势颓，魁然独存，自以为能足与造化推移，故默探道德，不与世同之。

大人先生，不知姓氏，不知年龄，然知天地之初始，神农、黄帝、尧、舜往事；行不远涉，却知自然变化；居无处所，却以天地为家；身遭乱世，却泰然自若。深谙老子道德真谛，足可应付社会千变万化，修身养性，与自然一样光彩焕发。大人先生，超凡脱俗，遗世独立，显然有道家所谓"真人""至人""圣人"的影子，既是阮籍的理想人物，又是他人格追求的自况。接下来有"君子"对大人先生的非难及大人先生对"君子"的驳斥，大人先生之言，实际上就是作者对虚伪儒家礼法制度与礼法观念展开批判：

> 于是大人先生乃逌然而叹，假云霓而应之，曰："若之云尚何通哉？夫大人者，乃与造物同体，天地并生；逍遥浮世，与道俱成，变

化散聚,不常其形。天地制域于内,而浮明开达于外,天地之永固,非世俗之所及也。吾将为汝言之:往者天尝在下,地尝在上,反复颠倒,未之安固,焉得不失度式而常之?天因地动,山陷川起,云散震坏,六合失理,汝又焉得择地而行,趋步商羽?往者群气争存,万物死虑,支体不从,身为泥土,根拔枝殊,咸失其所,汝又焉得束身修行,磬折抱鼓?李牧功而身死,伯宗忠而世绝,进求利以丧身,营爵赏而家灭,汝又焉得挟金玉万亿、只奉君上而全妻子乎?且汝独不见夫虱之处于裈之中,逃于深缝,匿乎坏絮,自以为吉宅也;行不敢离缝际,动不敢出裈裆,自以为得绳墨也;饥则啮人,自以为无穷食也。然炎丘火流,焦邑灭都,群虱死于裈中而不能出。汝君子之处区内,亦何异夫虱之处裈中乎?"

阮籍以"大人"的完善人格、思想境界与恪守礼法自命为"君子"的人做比较,痛快淋漓地回击了"君子"的种种责难,特别是把"君子"比作裤裆中的虱子,自以为得计,不知大祸即至,形象生动,极尽嘲讽、挖苦之能事。

《大人先生传》采用了赋体"遂客主以首引"的手法,以人物对话来铺陈,借用"大人先生"之语吐作者胸中之块垒。文章还说:"盖无君而庶物定,无臣而万物理","君立而虐兴,臣设而贼生。"主张"无君无臣",完全是针对黑暗残酷的司马氏统治集团而言的。文章又说:"夫无贵则贱者不怨,无富则贫者不争,各足于身而无所求也。"这同样是针对司马氏新的权贵们发出的怨愤,也是作者对公平社会的一种渴望。文章还说:"今汝尊贤以相高,竞能以相尚,争势以相君,宠贵以相加,……竭天地万物之至,以奉声色无穷之欲","汝君子之礼法,诚天下残贼、乱危、死亡之术耳,而乃目以为美行不易之道,不亦过乎!"一针见血地揭示了司马氏集团提倡礼法名教的罪恶目的,对司马氏提倡的礼法和名教作了彻底的否定。通过《大人先生传》,我们可知阮籍本不是一个远离现实以酒麻醉精神的人,放浪形骸的外表掩盖着他的清心傲骨。他借用虚拟的人物表达着自己的真挚感情,平淡的文字中,寄托着深刻的寓意。且语言华丽,音调铿锵,颇受曹植壮词丽采的影响。

与阮籍齐名的嵇康,反对礼法名教更为激烈而无所畏惧,他的著作大多是愤世嫉俗之作。嵇康字叔夜,祖籍会稽(今浙江绍兴),姓奚,后迁至谯国铚(今安徽宿州)的嵇山,改姓嵇。《晋书》本传载:"康少孤,有奇才,远迈不群,身长七尺八寸,美词气,有风仪,而土木形骸,不自藻饰,人以为龙章凤姿,天质自然,恬静寡欲,含垢匿瑕,宽简有大量,学不受师,博览无不该通,长好《老》《庄》。"嵇康不与时俗随波逐流的性格与宽博无师法而心仪老庄之学,使他较早地接受了时代新思潮——玄学。大约在正始年间,嵇康娶曹操的曾孙女为妻,成为曹魏宗室的夫婿,使他的政治命运与曹氏集团紧紧地联系在一起,被迫卷入曹氏与司马氏两大集团之间的政治斗争旋涡。"高平陵政变"后,司马氏控制了曹魏政权,对司马氏打着儒家"正统""名教"的幌子,公然践踏儒家的"正统""名教"的篡夺行径,嵇康深恶痛绝,宁愿隐居逍遥,与向秀锻铁,与吕安灌园,而拒绝与掌权的司马氏合作,他由反对司马氏的假名教,最终公然打出反对名教的旗号。嵇康之所以敢于公开反对名教,与他的"越名教而任自然"的思想有关,他说:"矜尚不存乎心,故能越名教而任自然;情不系于所欲,故能审贵贱而通物情。"(《释私论》)又说:"六经以抑引为主,人性以从欲为欢,抑引则违其愿,从欲则得自然。然则自然之得,不由抑引之六经,全性之本,不须犯情之礼律。故仁义务于理伪,非养真之要术,廉让出于争夺,非自然之所出也。"(《难自然好学论》)嵇康认为人的自然本性应该高于名教,何况现实中,司马氏已把名教变成为网罗罪名、诛杀异己的工具。公然揭露名教的虚伪,正是嵇康向司马氏集团斗争的一种方式,"越名教而任自然"的思想是嵇康对王弼"名教本于自然"思想的一种新发展。

鲁迅在《魏晋风度及文章与药及酒之关系》一文中说:

嵇康的论文,比阮籍更好,思想新颖,往往与古时旧说反对。孔子说:"学而时习之,不亦乐乎!"嵇康做的《难自然好学论》[1]却道,人是并不好学的,假如一个人可以不做事而又有饭吃,就随便闲游不喜欢读书了。所以现在人之好学,是由于习惯和不得已。还有管叔蔡叔[2],是疑心周公,率殷民叛,因而被诛,一向公认为坏人的。

---
[1] 《难自然好学论》 嵇康为反驳张邈(字辽叔)的《自然好学论》而作的一篇论文。(所录系鲁迅先生原注)
[2] 管叔蔡叔 是周武王的两个兄弟。《史记·管蔡世家》说:"武王已克殷纣,平天下,封功臣昆弟。于是封叔鲜于管,封叔度于蔡,二人相纣子武庚禄父(按禄父为武庚之名),治殷遗民。封叔旦于鲁而相周,为周公。……武王既崩,成王少,周公旦专王室。管叔、蔡叔疑周公之为不利于成王,乃挟武庚以作乱。周公旦承成王命伐诛武庚,杀管叔,而放蔡叔,迁之。"嵇康的《管蔡论》为管、蔡辩解,说"管、蔡皆服教殉义,忠诚自然。……周公践政,率朝诸侯。……而管蔡服教,不达圣权,卒遇大变,不能自通。忠于乃心,思在王室。遂乃抗言率众,欲除国患。"(所录系鲁迅先生原注)

而嵇康做的《管蔡论》，就也反对历代传下来的意思，说这两个人是忠臣，他们的怀疑周公，是因为地方相距太远，消息不灵通。①

联系嵇康思想及经历，就可清楚嵇康并非意在反对古时旧说，而是通过反对古时旧说来反对司马氏集团。如毋丘俭曾写过《罪状司马师表》，开列司马师十一条罪状，认为司马师罪恶滔天，理该"大辟"，死有余辜。后又与王陵、诸葛诞起兵讨伐司马氏，结果遭到司马氏的残酷镇压，司马氏将他们称为"淮南三叛"，并将自己与周公征服管蔡相比附。嵇康写《管蔡论》，明里为管叔、蔡叔开脱罪责，实际为毋丘俭等人辩诬，对司马氏打着忠于王室旗号而杀戮王室忠臣的行为，表示了极大的愤慨。对于嵇康反礼教的实质，鲁迅先生在《魏晋风度及文章与药及酒之关系》一文中做过分析："魏晋时所谓崇奉礼教，是用以自利……于是老实人以为如此利用，亵渎了礼教，不平之极，无计可施，激而变成不谈礼教，不信礼教，甚至于反对礼教。——但其实不过是态度，至于他们的本心，恐怕倒是相信礼教，当作宝贝，比曹操司马懿们要迂执得多。"②鲁迅先生洞察了嵇康这位"老实人"的本意，嵇康反对的是司马氏虚伪的假名教。

最能体现嵇康散文特点的文章，要数他的《与山巨源绝交书》。巨源是山涛的字，山涛也是"竹林七贤"之一，曾与嵇康结伴相游，共叙对司马氏集团的不满。然而司马昭为相后，篡位已成定局，山涛改变初衷，投靠了司马氏集团，并荐举嵇康也出来做官。对山涛规劝自己与司马氏集团合作，嵇康十分恼怒，愤然写了这篇《与山巨源绝交书》，其中写了自己不宜为官的理由：

> 阮嗣宗口不论人过，吾每师之，而未能及。至性过人，与物无伤，唯饮酒过差耳，至为礼法之士所绳，疾之如仇，幸赖大将军保持之耳。吾不如嗣宗之贤，而有慢弛之阙，又不识人情，暗于机宜，无万石之慎，而有好尽之累，久与事接，疵衅日兴，虽欲无患，其可得乎？又人伦有礼，朝廷有法，自惟至熟，有必不堪者七，甚不可者二。卧喜晚起，而当关呼之不置，一不堪也。抱琴行吟，弋钓草野，而吏卒守之，不得妄动，二不堪也。危坐一时，痹不得摇，性复多

---

① 鲁迅：《魏晋风度及文章与药及酒之关系》，《鲁迅全集》第 3 卷，人民文学出版社 1982 年版，第 511—512 页。
② 鲁迅：《魏晋风度及文章与药及酒之关系》，《鲁迅全集》第 3 卷，第 513 页。

虱，把搔无已，而当裹以章服，揖拜上官，三不堪也。素不便书，又不喜作书，而人间多事，堆案盈几，不相酬答，则犯教伤义；欲自勉强，则不能久，四不堪也。不喜吊丧，而人道以此为重，已为未见恕者所怨，至欲见中伤者；虽瞿然自责，然性不可化；欲降心顺俗，则诡故不情，亦终不能获无咎无誉，如此，五不堪也。不喜俗人，而当与之共事，或宾客盈坐，鸣声聒耳，嚣尘臭处，千变百伎，在人目前，六不堪也。心不耐烦，而官事鞅掌，机务缠其心，世故繁其虑，七不堪也。又每非汤武而薄周孔，在人间不止此事，会显，世教所不容，此甚不可一也。刚肠疾恶，轻肆直言，遇事便发，此甚不可二也。以促中小心之性，统此九患，不有外难，当有内病，宁可久处人间耶？

作者以"七不堪""二不可"为由，公开表示不与司马氏集团合作，并借题发挥，对司马氏篡权进行了激烈的抨击。文章直陈胸臆，淋漓酣畅，极尽讽刺挖苦、嬉笑怒骂之能事，连"喜晚起""性复多虱"都成为拒仕的理由，直言不讳中流露着对司马氏集团的蔑视。在建安"通脱"文风影响的基础上，更显狂放任达，确实是一篇离经叛道、惊世骇俗之文。观点鲜明，立意新颖，析理透辟，表现了作者对传统世俗观念强烈的反叛精神和不与时俗随波逐流、放荡不羁的狷介个性。正因此篇文章锋芒毕露，刺痛了司马氏集团的要害，才遭到司马氏的忌恨，恰逢钟会构陷，便以"言论放荡，非毁典谟"的罪名，将嵇康杀死。嵇康还有《养生论》《太师箴》《声无哀乐论》等文章，也都如上述文章一样，纵论古今，满篇怨愤，挥洒淋漓，放言无惮。

尽管阮籍"口不论人过"，不像嵇康那样"轻肆直言"，但以"自然之性"反司马氏虚伪名教的思想，却与嵇康是相同的。阮咸、刘伶已不属"越名教"，而属弃名教，把名教与个性放纵对立起来，把礼法视为适情任性的严重束缚，他们不拘礼法，随心所欲，追求"放情肆志"，常做出一些有伤风俗的荒诞狂放行为。虽也包含着对黑暗现实的不满，但更倾向于放荡纵欲、精神麻醉，刘伶的《酒德颂》，就充分地体现了这一点。而向秀、山涛和王戎，则属于"名教"的妥协派，这不仅表现在他们陆续出仕为官，向司马氏集团妥协，而且在对待名教与自然的关系上，大体持续着儒道互融的正始玄学的基本观点，把名教与自然等同起来，精神上追求玄学所倡导的"自然"，生活上又舍不得放弃由名教带来的优越待遇。不过从感情深处上说，他们对"竹林七贤"中的激进人物嵇康还存留着敬慕之情，如向秀的《思旧赋》，以凭吊亡友嵇康的旧居来寄托哀思。但由于慑于司马氏的威势，不敢畅所欲言，多用了写景寓情、以事寄托的方法，真可谓文如其人，表现出"妥协派"既不满司马氏统治又不敢得罪掌权的司马氏的矛盾心态。

三　儒释道并存的两晋散文

自嵇康被杀后，士人慑于"正始""竹林"之祸，玄学思潮进入一个相对沉寂的时期。西晋后期，一度潜行发展的玄学思潮又风靡起来，出现了玄学新流派，主要有以王衍为首的推崇何晏、王弼"贵无"说的"虚无"派，以裴頠为首的反对何晏、王弼"贵无"说的"崇有"派，以郭象为首的主张事物不假外力自己变化的"独化"派。如果说"正始""竹林"的玄学，主要表现为以道释儒，那么，西晋的"崇有"与"独化"之说，则主要表现为以儒释道，虽说都主张融合儒道，但有一个"体用"的问题，换句话说有一个本末的问题。由"以道释儒"转为"以儒释道"，由调和儒家的名教与道家自然的矛盾，进一步论证儒家名教的自然、合理性。说明经过反复的历史比较，儒家学说的价值重新得到人们的部分认可。从东汉后期以来趋于衰落的儒学又开始受到社会的重视，甚至有的人还想恢复儒学如同汉时那样的辉煌，但那只是少数人的愿望，多数人已奉行的是儒道互补的玄学。晋室东迁，王朝只剩半壁江山，司马氏集团不思恢复，带头信佛奉佛，在新的情势下，玄学不仅体现为与儒学继续融合，还体现为与佛学合流。

在三教并须的思想格局下[①]，各种思潮更为活跃，在散文创作方面涌现出许多有才情有特色的作家，像西晋的傅玄、张载、陆机、潘岳、左思，两晋之际的刘琨、郭璞，东晋的王羲之、葛洪、孙绰、陶渊明等，都擅名一时，其中陶渊明独树一帜，卓然为一大家，对中国后世文学影响极为深刻。下面把两晋的散文分为几种类型，来简略说明各种思潮融合下的两晋散文的特色。

---

① 这里姑且采用人们惯用的"三教"的说法，其实，儒学不能称为"教"，儒学的创始人孔子不是宗教意义上的教主，儒学也没有神职人员，儒家经典也不阐述神鬼一类的宗教教义。

(一) 情笃辞婉的传记散文

西晋玄学之所以有变化,由正始玄学的以道释儒变为以儒释道,也就是以儒为本,以道为末,除正始玄学名流遭到迫害的原因外,与尊儒派大力宣扬儒学也有直接的关系,西晋尊儒派的代表当数傅玄。

傅玄(217—278)字休奕,北地泥阳(今陕西耀县东南)人,少孤贫,博学善属文,性刚劲亮直。司马炎称帝后,傅玄官始显达,任御史中丞、太仆等职,虽居要职,然勤于著述,撰有《傅子》一书,分内、外、中篇,其政治主张就是以儒家之道来治理国家。他不满曹操好法术贵刑名,也不满魏晋玄学虚无放诞,认为"尊儒贵学"才是正确的国策。书中说:"世尚宽简,尊儒贵学,政虽有失,能容直臣。简则不苟,宽则众归之。"(《傅子·通志篇》)他在奏疏中也说:"夫儒学者,王教之首也。尊其道,贵其业,重其选,犹恐化之不崇;忽而不以为急,臣惧日有陵迟而不觉也。仲尼有言:'人能弘道,非道弘人'。然则尊其道者,非惟尊其书而已,尊其人之谓也。贵其业者,不妄教非其人也。重其选者,不妄用非其人也。"(《晋书·傅玄传》)傅玄想乘西晋之大一统,扭转世风,尊儒学,教儒道,选儒臣,复兴儒家政治。傅玄的议论文代表了西晋一般尊儒派议论文的思想倾向与特点,与前人比,也没有什么新的创见,而独《马先生传》一文,别有特色,记叙了科学家马钧一生中一系列的重大发明创造,寄寓了尊儒反玄的思想。传文中写道:

> 先生为给事中,与常侍高堂隆、骁骑将军秦朗争论于朝,言及指南车,二子谓古无指南车,记言之虚也。先生曰:"古有之。未之思耳,夫何远之有?"二子哂之,曰:"先生名钧,字德衡,钧者器之模,而衡者所以定物之轻重,轻重无准而莫不模哉!"先生曰:"虚争空言,不如试之易效也。"于是二子遂以白明帝,诏先生作之,而指南车成。

常侍高堂隆、骁骑将军秦朗的一番空论,颇有几分"玄理",然而都是不着边际的胡侃,作者以此细节,生动地刻画了"以虚浮为辩",不触及社会实际的玄学家的形象。然而在玄风盛行的社会里,像马钧这样的科学家却不被社会重视,其技艺才华不能充分用于世,作者在文中对此社会现象深表惋惜:

马先生之巧，虽古公输般、墨翟、王尔，近汉世张子平，不能过也。公输般、墨翟皆见用于世，乃有益于世；平子虽为侍中，马先生虽给事省中，俱不典工官，巧无益于世。用人不当其才，闻贤不试以事，良可恨也。

《马先生传》不单单是一个人的传文，在马钧的身上作者寓有深意。"用人不当其才，闻贤不试以事，良可恨也。"这就是作者对当时玄学盛行，不尚实用而尚玄虚的愤恨与批判。傅玄推重儒家政治教化，崇尚儒家立德、立功、立言积极用于世的价值观念，以为玄论清谈会导致"纲维不振，而虚无放诞之论盈于野，使天下无复清议，而亡秦之病复发于今。"（《晋书·傅玄传》）公开反对清议，其尊儒反玄的观点十分鲜明，因此其著述为社会与学界所瞩目，司空王沈评价说："省足下所著书，言富理济，经纶政体，存重儒教，足以塞杨、墨之流遁，齐孙、孟于往代。每开卷，未尝不叹息也。'不见贾生，自以过之，乃今不及'，信矣！"（《晋书·傅玄传》）

由蜀汉入晋的李密也是一个崇尚儒学的人。李密（224—287），字令伯，犍为武阳（今四川彭山东）人，原任蜀州从事、尚书郎、大将军主簿、太子洗马，晋统一后，武帝司马炎征他为郎中、太子洗马，李密写了《陈情表》以推辞。表文比较详尽地陈述了自己的家世与遭遇，文体虽然不属人物传记，但颇具自传的性质，表中写道：

　　臣密言：臣以险衅，夙遭闵凶。生孩六月，慈父见背。行年四岁，舅夺母志。祖母刘，愍臣孤弱，躬亲抚养。臣少多疾病，九岁不行，零丁孤苦，至于成立。既无伯叔，终鲜兄弟。门衰祚薄，晚有儿息。外无期功强近之亲，内无应门五尺之僮，茕茕独立，形影相吊。而刘夙婴疾病，常在床蓐。臣侍汤药，未曾废离……伏惟圣朝以孝治天下，凡在故老，犹蒙矜育，况臣孤苦，特为尤甚。且臣少仕伪朝，历职郎署，本图宦达，不矜名节。今臣亡国贱俘，至微至陋，过蒙拔擢，宠命优渥，岂敢盘桓，有所希冀？但以刘日薄西山，气息奄奄，人命危浅，朝不虑夕。臣无祖母，无以至今日，祖母无臣，无以终余年。母孙二人，更相为命，是以区区不能废远。

三国时，蜀汉君臣皆以儒家忠孝仁义相标榜，与曹魏好法术、刑名大不相同。李密虽是蜀汉"亡国贱俘"，但他的儒家观念并没有因为亡国而改变。他以奉养年迈祖母为由辞谢征召,表面上是为了尽孝道,实际上在无奈的背后隐藏着儒家忠君的信仰。文中尽管贬抑自己"本图宦达,不矜名节",不过是为了避免新朝猜忌,故意说反话,一个恪守孝道、高官屡召不应的人,怎能"本图宦达,不矜名节"呢?一个蜀汉降臣,竟能以一纸"陈情",得以使晋武帝收回成命,这不能不说主要是儒家孝道的影响力所致。李密的《陈情表》先给晋武帝戴个高帽:圣朝以孝治天下。表面上歌颂其盛德,实际上引导其肯定自己的孝情。李密写自己的孝情,不作抽象的伦理上阐述,而是从自己的命运遭际写与祖母的"乌鸟私情",情真意切,每一个字都是从肺腑中自然流出。表文之中,饱含着感情倾诉自己的身世,前有诸葛亮的《出师表》,而李密的《陈情表》可谓又进一步。清人吴楚材等编纂《古文观止》时收录此表,并加评论说:"历叙情事,俱从天真写出,无一字虚言驾饰。晋武览表,嘉其诚款,赐奴婢二人,使郡县供祖母奉膳。至性之言,自尔悲恻动人。"

到了东晋,玄学中的儒学成分不仅逐渐淡薄,道学成分逐渐增强,而且又融入了佛教的思想。道学反对违背人本性的伦理化生活,憎恶名缰利锁对自然的人性的束缚,向往返璞归真的自由自在的"原始形态"的生活。而佛教的"虚空""无惑""无业"的思想(即四大皆空,去贪、嗔、痴等烦恼,忌身、口、意等活动),一旦与玄学合流,就进一步加深了淡泊名利、清静无为的意识。东晋大文学家陶渊明深受当时风气的影响,在他的作品中鲜明地体现了这一时代特色。

陶渊明(365?—427)一名潜,字元亮,浔阳柴桑(今江西九江)人。南朝宋颜延之有《陶征士诔》,其序中说:"有晋征士寻阳陶渊明,南岳之幽居者也。弱不好弄,长实素心。学非称师,文取指达。在众不失其寡,处言愈见其默。少而贫病,居无仆妾。井臼弗任,藜菽不给。母老子幼,就养勤匮。远惟田生致亲之议,追悟毛子捧檄之怀。初辞州府三命,后为彭泽令。道不偶物,弃官从好。"陶渊明时仕时隐,最终宁肯家境贫寒,也弃官归耕,决定采取这种"反常"的行为,其原因绝不是一个什么"天生性格"的问题。现在学术界一般解释是因为"陶渊明憎恶统治集团和不愿与其同流合污",除此原因之外,儒、释、道相融合的思想对他的影响,也是一个重要的原因。他的《五柳先生传》就以一个虚托的"先生",写出了体现这种思想与情志的生动的人物形象:

先生不知何许人也,亦不详其姓氏,宅边有五柳树,因以为号焉。闲静少言,不慕荣利。好读书,不求甚解;每有会意,便欣然忘食。性嗜酒，家贫不能常得。亲旧知其如此，或置酒而招之。造饮辄尽，期在必醉。既醉而退，曾不吝情去留。环堵萧然，不蔽风日，短褐穿结，箪瓢屡空，晏如也。常著文章自娱，颇示己志。忘怀得失，以此自终。

赞曰：黔娄之妻有言："不戚戚于贫贱，不汲汲于富贵。"极其言，兹若人之俦乎？衔觞赋诗，以乐其志，无怀氏之民欤？葛天氏之民欤？

仅仅百十来个字，虚处运笔，实处见意，淡淡地白描出一个不慕富贵、安贫乐道、忘怀得失的高士形象，从他那"好读书""性嗜酒""常著文章"的追求中，见出先生毫无一点世俗气的生平志趣。其洒脱恬淡的个性，安贫自娱的胸怀，就是作者形象的自我写照。传后的赞语，就是作者对自我生活方式与人生价值观的肯定。传文开头以"先生不知何许人也，亦不详其姓氏"设问，赞文结尾以"无怀氏之民""葛天氏之民"作答，知"先生"姓氏已无关紧要，重要的是他想做传说中那个野朴的上古社会的人，起码精神上是属于那个时代的。从文章结构上来说，也是首尾响应，前后圆贯。《五柳先生传》实际就是作者的自传，萧统在其《陶渊明传》中说："渊明少有高趣，博学善属文，颖脱不群，任真自得，尝著《五柳先生传》以自况，时人谓之实录。"此传感情真挚朴实而寄寓抱负，语言质朴自然而简练通俗，风格淡雅无华而峻洁深邃，体现了陶渊明作品的主要特征。陶渊明主要以诗名世，实际上，陶渊明的辞赋、散文也写得很好，重要的散文作品还有《归去来兮辞》《桃花源记》《感士不遇赋序》《闲情赋序》《告子俨等疏》《自祭文》《祭程氏妹文》《祭从弟敬远文》等，北宋文坛领袖欧阳修说："晋无文章，惟陶渊明《归去来》一篇而已"，明人张溥评价说："《感士》类子长之倜傥，《闲情》等宋玉之《好色》，《告子》似康成之《诫书》，《自祭》若右军之《誓墓》，《孝赞》补经，传记近史，陶文雅兼众体，岂独以诗绝哉？"（《汉魏六朝百三家集·陶彭泽集题辞》）这说明陶渊明在散文创作方面，仍是晋代的一流大家。

西晋史学家陈寿（233—297）的《三国志》，属于纪传体分国史，仅有纪传，而无表志，是一部单纯的人物传史书，书中叙事简明，文字质朴无华，塑造了众多的三国时期的英雄人物形象，素有"良史"之称，被后世列为"前四史"之一。只因从《汉书》开始，正史逐渐向史学靠拢，向文学偏离，所以《汉书》之后的正史已不在我们的阐述范围内了。

（二）哀怨伤感的悼亡散文

司马炎代魏建晋，平定东吴，实现全国统一，曾出现"太康之治"。但司马炎死后，皇族争夺朝政大权的斗争激烈而残酷，时局一直动荡不安。先是杨党、贾党之争，接着是长达十六年的"八王之乱"，分裂混乱的西晋王朝终于在316年被匈奴贵族建立的汉国所灭。西晋亡后，司马睿在建康（今江苏南京）重建政权，史称东晋，东晋王朝已成为一个偏安江南的小朝廷了。在这种动荡衰微的社会背景下，文人更不敢去触及敏感的时政名教，一度受挫的玄学思潮又勃然兴起。与当时人们愤世伤时的心理相契合，哀怨伤感的悼亡散文兴盛一时，有吊古伤今的，有哀祭泄愤的，等等，几乎两晋名家都有此类著述，其代表作家当为西晋的潘岳、陆机。

潘岳（247—300）字安仁，荥阳中牟（今属河南）人，少以才颖被人称为"奇童"，曾任河阳令、著作郎、给事黄门侍郎等职，谄事权贵贾谧，为贾谧"二十四友"之一，后为赵王司马伦及孙秀所杀。《晋书·潘岳传》载："岳美姿仪，辞藻绝丽，尤善为哀诔之文。"诗有《悼亡诗》，文有《皇女诔》《杨荆州诔》《夏侯常侍诔》《哀永逝文》等，代表作为《马汧督诔》。此诔分序文与正文两部分，序文以散文的形式叙写马敦拒敌守城及被诬殒命的事件的始末、作诔的原因。正文以韵文的形式抒发对死者的敬仰与痛惜。其序文中写道：

> 惟元康七年秋九月十五日，晋故督守关中侯扶风马君卒。呜呼哀哉！初，雍部之内属羌反未弭，而编户之氐又肆逆焉。虽王旅致讨，终于殄灭，而蜂虿有毒，骤失小利，俾百姓流亡，频于涂炭。建威丧元于好畤，州伯宵遁乎大溪。若以偏师裨将之殒首覆军者，盖以十数；剖符专城纡青拖墨之司奔走失其守者，相望于境。
>
> 秦陇之僭，巩更为魁，既已袭汧，而馆其县。子以眇尔之身，介乎重围之里；率寡弱之众，据十雉之城……久之，安西之救至，竟免虎口之厄，全数百万石之积，文契书于幕府。圣朝畴咨，进以显秩，殊以幢盖之制。而州之有司，乃以私隶数口谷十斛，考讯吏兵，以箠楚之辞连之。大将军屡抗其疏，曰："敦固守孤城，独当群寇，以少御众，载离寒暑，临危奋节，保谷全城。而雍州从事忌敦勋效，极推小疵，非所以襃奖元功，宜解敦禁劾假授。"诏书遽许，而子固已下狱，发愤而卒也。

西晋元康间，西部羌、氐反叛，晋将领或战死或败逃，马敦却以"寡弱之众"，固守"十雉之城"，用生命与鲜血保存了汧城，包括汧城中的积粮与文书，其功显赫。然而雍州官长忌妒马敦功勋，将其诬陷打入狱中，马敦功存汧城而不赏，大功告成之后却身死汧城狱中，这是多么的可悲呀！畏敌如鼠的雍州"有司"，陷害起忠良来却凶如虎狼，作者怀着对奸佞的无比憎恨，为马敦作诔，序文以"呜呼哀哉"领起，正文以"呜呼哀哉"作结，序文与正文中仍有"悲夫""呜呼哀哉"的哀叹，可谓满篇唏嘘悲泣之声，在对马敦屈死的哀痛中，包含着对历史与现实的深刻思考。潘岳的诔文沉痛悲怨，抒情性强，而散韵兼有的形式，又助于悲愤感情的纡徐从容的表达，刘勰《文心雕龙·诔碑篇》说："孝山、崔瑗，辨絜相参。观其序事如传，辞靡律调，固诔之才也。潘岳构意，专师孝山，巧于序悲，易入新切，所以隔代相望，能徵厥声者也。"潘岳的哀诔文，借鉴于前人，又超乎前人，对后世诔、哀、吊、祭等悼亡之作有深远影响。

西晋时与潘岳齐名的有陆机，世称"潘陆"。陆机（261—303）字士衡，吴郡吴县华亭（今上海松江）人。祖父陆逊、父亲陆抗，都是三国东吴名将。《晋书》本传载："（陆机）身长七尺，其声如雷，少有异才，文章冠世，伏膺道术，非礼不动。"曾任吴国牙门将，二十岁时吴被晋灭国后，在家读书。太康末，与弟陆云同到洛阳，以文才名震一时，人称"二陆"。曾任晋平原内史，世称陆平原。陆机是西晋名声最显赫的文学家，诗多拟古之作，重藻绘排偶，文与赋也缀辞尤繁，重要作品有《吊魏武帝文》《豪士赋》《辨亡论》《五等诸侯论》等，张溥评价陆机作品说："《吊魏武》而老奸掩袂，《豪士赋》而骄王丧魄。《辨亡》怀宗国之忧，《五等》陈建侯之利，北海以后，一人而已。"（《汉魏六朝百三家集·陆平原集题辞》）陆机的《文赋》还是中国古代重要的文学论著。其《吊魏武帝文》与潘岳的《马汧督诔》，可谓西晋的悼文"双璧"，吊文也是由散文的序与韵文的正文两部分组成，二者既联系又可独立成篇，其序文写道：

元康八年，机始以台郎出补著作，游乎秘阁，而见魏武帝《遗令》，忾然叹息伤怀者久之。客曰："夫始终者，万物之大归，死生者，性命之区域，是以临丧殡而后悲，睹陈根而绝哭，今乃伤心百年之际，兴哀无情之地，意者无乃知哀之可有，而未识情之可无乎？"机答之曰："夫日食由乎交分，山崩起于朽壤，亦云数而已矣。然百姓怪焉者，岂不以资高明之质而不免卑浊之累，居常安之势而终婴倾离之患故乎？夫以回天倒日之力，而不能振形骸之内，济世夷难之智，而受困魏阙之下。已而格乎上下者，藏于区区之木，光于四表者，翳乎蕞尔之土。雄心摧于弱情，壮图终于哀志，长算屈于短日，远迹顿于促路。呜呼！岂特蕣史之异阕景，黔黎之怪颓岸乎！观其所以顾命冢嗣，贻谋四子，经国之略既远，隆家之训亦弘。又云：'吾在军中，持法是也，至小忿怒，大过失，不当效也。'善乎达人之谠言矣！持姬女而指季豹，以示四子曰：'以累汝。'因泣下。伤哉！囊以天下自任，今以爱子托人，同乎尽者无余，而得乎亡者无存，然而婉娈房闼之内，绸缪家人之务，则几乎密与！又曰：'吾婕妤妓人，皆著铜爵台。于台堂上施八尺床、𬘓帐，朝晡上脯糒之属，月朝十五，辄向帐作妓。汝等时时登铜爵台，望吾西陵墓田。'又云：'余香可分与诸夫人，诸舍中无所为，学作履组卖也。吾历官所得绶，皆著藏中。吾余衣裘，可别为一藏，不能者兄弟可共分之。'既而竟分焉。亡者可以勿求，存者可以勿违，求与违，不其两伤乎？悲夫！爱有大而必失，恶有甚而必得，智惠不能去其恶，威力不能全其爱，故前识所不用心，而圣人罕言焉。若乃系情累于外物，留曲念于闺房，亦贤俊之所宜废乎！"于是遂愤懑而献吊云尔。

陆机写此吊文时，曹操逝世近八十多年，且晋已代魏，但曹操文韬武略，统一天下的一代伟人形象，已深深地刻印在每个人的心中。在陆机的心目中，曹操是一个有"以天下自任"的胸怀大志，有"回天倒日之力""济世夷难之智"的大英雄，其历史功勋可以"格乎上下""光于四表"。但当见到秘阁中的曹操的遗令后，一个有着七情六欲的凡人形象使他大为吃惊。当年叱咤风云的人物，竟然在临终前"系情累于外物，留曲念于闺房"，不厌其烦地安排着家庭琐事，盛衰无常之感便油然而生。"雄心摧于弱情，壮图终于哀志，长算屈于短日，远迹顿于促路。"圣人难免生死，圣朝难免兴衰，这不仅仅是发吊古伤感之情，联系作者的家族与个人的人生经历，其中必寄托着许多难言的悲痛。此文能抓住人物最传神的动作与语言进行绘声绘色的描述；以反驳假托的"客曰"之词，展开议论；文中先曰"呜呼"，继曰"伤哉"，再曰"悲夫"，把悲怆之情逐步推向高潮。叙事、议论、抒情融为一体，凭吊、感慨、寄托皆备而无痕可循，词句精粹绮丽，音韵铿锵有力，显示了作者的精巧构思与精湛的艺术技巧。

（三）谐谑有趣的寓言散文

　　从老子、庄子开始，道家就蔑视礼法与权贵，鄙视功名利禄，厌恶世俗的尔虞我诈、争权夺利，他们在政治上虽然采取了消极逃避的态度，但他们对世俗和社会的丑恶现象，如社会的黑暗与污浊，权贵们的贪婪与奢侈，伪君子的卑劣与无耻，等等，观察得十分清楚，多以寓言的形式，对这些社会现象进行了大胆的揭露与批判，表达了自己的憎恶态度。如在庄子的散文中，常托物寓意，将物人格化，如干渴在车辙中的鱼儿能向人呼救，死人骷髅也能与人对话，想象奇特，喻象谐谑有趣，言辞犀利尖刻，讽刺辛辣无比。深受道家影响的晋代散文家，自然少不了继承老庄道家这一传统。寓庄于谐，托物寓意，是晋代散文的一个显著特点，这方面突出的作家有鲁褒和张敏。

　　鲁褒（生卒年不详）南阳（今属河南）人，字符道，西晋隐士，据《晋书·隐逸传》载，鲁褒"好学多闻，以贫素自立"，"不仕，莫知其所终。"晋惠帝元康后，政局动荡，纲纪大坏，权贵拼命敛财，官吏贿赂公行，鲁褒痛感社会贪鄙成风，于是作《钱神论》予以针砭。文章虚构了两个人物：精明世故的司空公子和"以清谈为筐箧，以机神为币帛"的綦母先生。司空公子嘲笑綦母先生的迂阔，并详尽地给他讲了关于钱的"奥妙"：

　　　　钱之为体，有乾有坤。内则其方，外则其圆。其积如山，其流如川。动静有时，行藏有节，市井便易，不患耗折。难朽象寿，不匮象道，故能长久，为世神宝。亲爱如兄，字曰孔方，失之则贫弱，得之则富强。无翼而飞，无足而走，解严毅之颜，开难发之口。钱多者处前，钱少者居后。处前者为君长，在后者为臣仆。君长者丰衍而有余，臣仆者穷竭而不足。《诗》云："哿矣富人，哀哉茕独。"岂是之谓乎！

　　　　钱之为言泉也，百姓日用，其源不匮，无远不往，无深不至。京邑衣冠，疲劳讲肆，厌闻清谈，对之睡寐，见我家兄，莫不惊视。钱之所祐，吉无不利，何必读书，然后富贵！昔吕公欣悦于空版，汉祖克之于嬴二，文君解布裳而被锦绣，相如乘高盖而解犊鼻，官尊名显，皆钱所致。空版至虚，而况有实？嬴二虽少，以致亲密。由是论之，可谓神物。无位而尊，无势而热，排朱门，入紫闼。钱之所在，危可使安，死可使活。钱之所去，贵可使贱，生可使杀。是故忿诤辩讼，非钱不胜；孤弱幽滞，非钱不拔；怨仇嫌恨，非钱不解；令问笑谈，非钱不发。

洛中朱衣，当途之士，爱我家兄，皆我已已。执我之手，抱我终始，不计优劣，不论年纪，宾客辐辏，门常如市。谚云："钱无耳，可暗使。"岂虚也哉？又曰："有钱可使鬼"，而况于人乎？……

司空公子的长篇大论，实际已把钱的"神力"及喜钱人的神态展示无遗，然作者意犹未尽，最后还让"钱"亲自出面，亲口说话，似在证实司空公子所论不虚：

黄铜中方，叩头对曰："仆自西方庚辛，分王诸国，处处皆有，长沙越巂，仆之所守。黄金为父，白银为母，铅为长男，锡为嫡妇。伊我初生，周末时也，景王尹世，大铸兹也。贪人见我，如病得医，饥飨太牢，未之逾也。"

作者以虚拟的司空公子和拟人的钱之口，说明在钱的神奇威力下，人世间是非颠倒，黑白不辨。有钱者，"无位而尊，无势而热"，钱不仅可以买来衣食住行等日用物资，而且还可以买来尊荣、威望与权势。犯死罪因有钱而能存活，无理因有钱而能讼胜，有怨仇因有钱而能报复，总括一句话：有钱可使鬼推磨。无钱者，则反之。这是一个金钱主宰人间的社会，是一个唯钱是尊的社会，作者对不顾廉耻而贪婪敛财者形象的勾画，就是对道德堕落的罪恶社会的控诉。对铜臭的厌恶，就是对清平社会的向往。文章表面上称颂钱，实际上是正话反说，正加强了它的辛辣讽刺的力度。艺术上，在采用赋体主客问答的格式外，又补了"钱"的自述，在构思上独具匠心。通篇采用对比的手法，使有钱与无钱的对立与反差鲜明地突出出来，入木三分地揭示了金钱至上的本质与罪恶。诙谐幽默的语言，嬉笑怒骂的口吻，都深寓着作者愤世嫉俗的强烈感情，无疑是一篇深刻批判现实社会的檄文，难怪在文成的当时就产生了巨大的影响力，令"疾时者共传其文"。（《晋书·隐逸传》）

张敏（生卒年不详）中原中都（今山西平遥西北）人，西晋文学家。晋武帝司马炎咸宁年间任尚书郎、领秘书监，太康初为州刺史时，张敏作《剑阁铭》，为西晋表誓戒铭文中的杰作，"武帝遣使镌之于剑阁山焉"。（刘勰《文心雕龙·铭箴篇》）由此可见张敏的《剑阁铭》影响力之巨大。张敏原有文集二卷，多佚，在仅存的散文中，《头责子羽文》是较完整且极具特色的一篇，宋人洪迈《容斋随笔》中称此文"极为尖新，古来文士之皆无此作"。

《头责子羽文》由序与正文两部分组成，序文客观地介绍了作文的动机：秦子羽容貌堂堂正正，本应"显身成名"，却因他生性"耻为权谋"，最终"身处陋巷"，而其貌不扬的子羽六位交友却一个个"继踵登朝"。作者于是假借子羽之头戏责子羽之身，兼嘲六子，实际上是对整个社会腐败风气的鞭挞。正文开篇通过头自夸"形之足伟"，说明子羽才貌双全，一副"君侯""将军"相，理当"为仁贤""为名高""为进趣""为恬淡""为隐遁"，而今"退不能为处士，进无望于三事"，大失头之所望，于是愤愤不平，指责子羽。对此子羽深感委屈，辩解道：

> 今欲使吾为忠也，即当如伍胥、屈平；欲使吾为信也，则当杀身以成名；欲使吾为介节邪，则当赴水火以全贞。此四者，子之所忌，故吾不敢造意。

通过子羽为自己行为的辩护，可知忠信介节为世道不容；忠信介节之士在这个世道必遭冤屈祸害，世道逼人不敢为忠为信，可见世道之黑暗险恶，语虽亦庄亦谐，揭露得却异常尖刻。对子羽的辩解，头又作解释，说自己并非主张子羽为名节去效仿介子推、屈原，赴汤蹈火去献身，而是劝子羽去效仿六子：

> 且拟人其伦，喻子侪偶，子不如太原温颙、颍川荀寓……此数子者，或謇吃无宫商，或尪陋希言语，或淹伊多姿态，或驿騄少智谞，或口如含胶饴，或头如巾齑杵，而犹文采可观，意思详序，攀龙附凤，并登天府。夫舐痔得车，沉渊得珠，岂若夫子徒令唇舌腐烂、手足沾濡哉！

头的"歆羡"六子语，实际上是正话反说，把世上那种攀龙附凤、舐痔得车之徒的丑恶嘴脸刻画得淋漓尽致。"头"与子羽的相互辩驳，其实是演一出"双簧戏"，共同倾诉志士仁人在无道社会中的困顿与无奈，谴责忠奸错位、是非颠倒的不公世道，作者无比的愤慨寓于诙谐的戏言之中，严肃的主题全以调侃而从容表达，确实是一篇奇特新颖又辛辣的妙文。

发挥奇思妙想，以寓言的形式，来反映道德沦丧、唯利是图的社会现实,是晋人对先秦两汉寓言散文的新发展。再如张华(232—300)的《鹪鹩赋并序》,写鹪鹩"色浅体陋,不为人用,形微处卑,物莫之害"。阐发道家守愚远祸、全身保生的处世哲学,从一个侧面反映了世道的险恶。再如左思(约250—约305),诗文皆擅,为晋太康时期诗歌繁荣的代表人物。曾构思十年,作成《三都赋》,为名流所赞赏,一时名震天下,豪贵之家遂竞相传写,造成"洛阳纸贵"。其《白发赋》,以诙谐的笔调,假托白发与主人的对话,巧妙宣泄了人生感慨和对"贵华贱枯"的社会风气的怨愤,因属有韵之赋,只略提及。

(四)寄托遥深的山水散文

由于我国史学异常发达,史学对文学产生了巨大的影响,所以长期以来,写人、叙事、说理,或者说记言、记事,一直是散文的主要功能,并形成了一种文学的传统。利用散文的形式来写景,是较晚的事,东汉马第伯的《封禅仪记》,用较大篇幅的文字来描写泰山风景,对用散文写景作了大胆的尝试。魏晋之际,玄学兴起,人们向往老庄哲学的自然指向与人格的自由,开始倾力关注自然美,从自然美的观赏与陶醉中,净化自己的情操、寄托精神自由的追求,甚至以自然美来针砭污浊肮脏的社会现实。所以文人间的往来书信,甚至诗序书序之中,出现了大量的自然山水的描写。而真正把自然山水景物作为纯粹的审美对象,用专篇来写自然山水风光,则是从东晋开始的,其代表作家当数王羲之、慧远和陶渊明。

王羲之(约303—约379)字逸少,琅琊临沂(今属山东)人,久居会稽山阴(今浙江绍兴),东晋文学家,我国最富盛名的书法家。出身琅琊王氏世家大族,官至右军将军、会稽内史,世称王右军。晚年无意为官,据《晋书》本传载:"羲之既去官,与东土人士尽山水之游,弋钓为娱。又与道士许迈共修服食,采药石不远千里,遍游东中诸郡,穷诸名山,泛沧海。"寄情山水不仅使王羲之的书法达到精妙的境界,也使他的诗文具有了独特的情趣与风采,他的《兰亭集序》就是一幅稀世书法珍品,同时又是一篇散文杰作。永和九年(353)三月三日,王羲之与谢安、孙绰等四十一位文士名流集会于绍兴兰渚山上的兰亭,与会者饮酒赋诗,各抒怀抱,王羲之也赋诗二首。事后与会者将诗编为一集,王羲之为诗集写了此序,记叙集会盛况的同时,描写了兰亭的自然景致,抒发了对世事人生的感慨,请看序文开篇的一段情景交融的描写:

永和九年，岁在癸丑，暮春之初，会于会稽山阴之兰亭，修禊事也。群贤毕至，少长咸集。此地有崇山峻岭，茂林修竹，又有清流激湍，映带左右，引以为流觞曲水，列坐其次。虽无丝竹管弦之盛，一觞一咏，亦足以畅叙幽情。是日也，天朗气清，惠风和畅，仰观宇宙之大，俯察品类之盛，所以游目骋怀，足以极视听之娱，信可乐也。

这段文字以朴实、流畅的笔调，记录了兰亭文人名士聚会的时间、地点、环境、气候以及聚会的缘由和聚会的感受，特别是对兰亭周围山水景致的描写，颇具诗情画意，寓文人名士的情思于其中，文人名士也在山水的怀抱之中尽情享受到大自然的乐趣，意识到自然审美的愉悦。正如末句所说，"仰观宇宙之大，俯察品类之盛，所以游目骋怀，足以极视听之娱，信可乐也"。作者已把欣赏山水当作人生一大乐事，所以才能在自己的散文中，把山水当作一个重要题材来写，并在山水风光的描写中，抒发自己对宇宙人生的认识与思考。在东晋骈体风行的情况下，此文自由洒脱，不受骈俪限制，确实难能可贵。

如果说王羲之的《兰亭集序》的山水景致描绘，是为了由景引出对生死哀乐的感慨，景致描写与人生感叹的文字各占全篇其半，甚至景致描写的文字还要少一些，那么慧远的《庐山记》，则标志着全篇用来模山范水的山水散文已经形成。慧远（334—416）东晋名僧，中国佛教净土宗的初祖。本姓贾，雁门楼烦（今山西神池、五寨一带）人，自幼博览群书，尤精老庄，成年后往太行恒山出家，晋孝武帝太元年间移居庐山，与慧永、宗炳等人结白莲社，修佛立说，居庐山三十多年，直至圆寂而去。其《庐山记》是我国最早详尽地描绘庐山自然风光的文字，这篇散文先叙庐山具体地理位置和名称的由来，接着就详叙庐山的景观与有关传闻：

其山大岭凡有七重，圆基周回，垂五百里。风雨之所摅，江山之所带。高岩仄宇，峭壁万寻。幽岫穿崖，人兽两绝。天将雨则有白气先抟，而缨络于山岭下；及至触石吐云，则倏忽而集。或大风振岩，逸响动谷，群籁竞奏，其声骇人。此其化不可测者矣。

众岭中第三岭极高峻，人之所罕经也。太史公东游，登其峰而遐观，南眺五湖，北望九江，东西肆目，若登天庭焉。其岭下半里许有重岩，上有悬崖，古仙之所居也。其后有岩，汉董奉复馆于岩下，常为人治病，法多神验，病愈者令栽杏五株，数年之间，蔚然成林。计奉在人间近三百年，容状常如三十时。俄而升仙，绝迹于杏林。

> 其北岭两岩之间，常悬流遥沾，激势相趣。百余仞中，云气映天，望之若山，有云雾焉。其南岭临官亭湖，下有神庙章……
> 西有石门，其前似双阙，壁立千余仞，而瀑布流焉。其中鸟兽草木之美，灵药万物之奇，略举其异而已耳。

全文七百多字，描述庐山的山水景致成为全篇的主体。这里写有方圆山基，幽峻的高岩峭壁，飘忽的云雾，蔚然秀丽的杏林，飞流直下的瀑布，充满神奇的悬崖、古庙，深居翠林间的青雀白猿……作者纵目所及，大小无遗，移步换景，逐层一一描摹，其间带入有关史事传说，使所写的景致更加令人神往，已是一篇成熟的山水游记。

陶渊明（365—427）的散文中所写的山水，与他的诗歌中讴歌的大自然一样，充满了作者的主体精神，散文中的山水之景，虽似现实中实际存在，但往往不是客观的写实，多是将现实常见之景进一步升华，成为作者精神理念的一种外化，如《桃花源记》中的一段写景文字：

> 晋太元中，武陵人捕鱼为业。缘溪行，忘路之远近。忽逢桃花林，夹岸数百步，中无杂树，芳草鲜美，落英缤纷。渔人甚异之，复前行，欲穷其林。
> 林尽水源，便得一山。山有小口，仿佛若有光，便舍船从口入。初极狭，才通人。复行数十步，豁然开朗。土地平旷，屋舍俨然，有良田、美池、桑竹之属。阡陌交通，鸡犬相闻。其中往来种作，男女衣着，悉如外人。黄发垂髫，并怡然自乐。

夹岸桃树，落花缤纷；土地平旷，满眼良田美池；纵横的阡陌，农人往来；错落的村舍，鸡犬声闻。这一幅富有情趣、充满恬静安详的风情画，纯是作者的想象创作，并在具体的描绘中渗入作者强烈的感情。文章中的人物是虚拟的，情节是离奇的，然而感情是真实的，景致是逼真的。作者能化虚为实，虚实相生，勾画出使人"怡然自乐"的景致，形成一种独特的意境，借以描绘出作者理想中的社会，衬映出晋宋之交的混乱黑暗社会现实。而"不知有汉，无论魏、晋"等语，显示出陶渊明深受阮籍、鲍敬言的"无君"说影响，在他的心目中，老子所谓小国寡民的社会才是令人神往而合理的社会。陶渊明的散文，感情真挚充沛，带有返璞归真的淳情；语言质朴自然，如平民百姓拉家常；风格平和恬淡，而文思深邃有寄托，正如宋人评价陶渊明"造语平淡，而寓意深远，外若枯槁，中实敷腴"。(见李公焕《笺注陶渊明集》卷四)表现出不同于两晋讲究辞藻注重雕琢风尚的特有风采,在两晋文坛上,可谓独树一帜,自成一家。

四 刻意追求形式美的南朝散文

从420年刘裕代晋建立刘宋王朝起,到589年陈朝被隋朝灭亡止,中国的南方经历了宋、齐、梁、陈四个朝代。南朝虽然政权更迭频繁,但由于多是以禅代的形式进行,战乱较少,社会长期处于相对稳定之中,政治、经济、文化得到相应的发展,加上文学人才大量南移,南朝成为中华文学的中心,南朝的文学代表了这一历史时期的文学特色。

如果说魏晋文学受玄学影响最大,而玄学本属儒、道兼宗的思想,那么相比之下,南朝受佛、道二教的影响日见显著。佛教的重要观念是"明心见性",其阐教的方式又多是比喻与故事;道教的思想源于道家学说,以老子的"道"为本体,"自然"是道的重要属性,自然指万物非人为的本然状态,保持纯真本性,追求心灵自由,也是道教追求的重要方面,而道教阐道也多比喻式的玄理。南朝文学汲取了佛、道的心性理论,又受佛、道二教阐教方式的影响,使南朝文学的面貌发生了大改观,普惠认为佛教促进了中国文学八个方面的变化:"一、文学观念的多重性;二、改变了文人单一的世界观、人生观、价值观、道德观;三、支持了文学集团、文学流派的发展;四、丰富了文人的内在情感和心灵世界;五、塑造了多姿多彩的超验世界;六、扩大了汉语的语汇;七、促进了文人对汉语声韵的进一步认识;八、输入了叙事性的创作意识。"[1] 普惠虽然讲的是佛教对中国文学的影响,实际上道教的影响也大同小异。道教为本土宗教,使用的是本土语言,但道教的语汇也成系统而颇丰富。南北朝在中国历史上,是佛、道兴盛的时期,也是儒、释、道"三教"开始大融合的时期,俗话说:以儒治国,以佛治心,以道养身。其实,儒学何尝没有"治心""养身"的功能?如儒学本重视"内圣"的修养,再加以吸收佛教的"静虑"、道教的"修炼"等心性理论,来进一步充实自己的修身正心说。儒、释、道互相吸收,互为补充,使原来比较单一的意识变成多元混合的形态,给文人的思想及创作都带来新的变化。

---

[1] 刘跃进主编:《中国古代文学通论》(魏晋南北朝卷),辽宁人民出版社2005年版,第209页。

(一) 崇尚形式美风气的形成

南朝时期，儒、释、道在相互斗争与融合中，佛教的色彩更为浓厚，从刘宋朝开始，大倡儒、释、道"三教同源"者，就已不再局限于佛教徒，许多帝王朝臣甚至硕儒名流也参与其中。如代齐建梁的梁武帝萧衍，把孔子、老子和释迦牟尼合称为"三圣"，并极力提高佛教在三教中的地位，把佛教奉为国教，企图构建一个以佛教为主又三教融合的思想体系。在社会上层中相应地淡化了道德伦理的观念，减轻了礼法对个性的束缚和压抑，而重视了个体的自然的本性生活。反映在文学创作上，不再特别重视文学传播伦理道德的性能，而是倾向于开发它抒发个人情感及追求审美愉悦的功能，文学创作在很大程度上作为了展示作家个人"才性"的工具。从此目的出发，自然把创作精力与兴趣放在追求形式美的方面，因为作家个人的"才性"，往往是以"文采"而显露的，表现在散文创作方面，必然造成以形式美为特征的骈体文的形成和极度发达。

刻意追求文学的形式美，除了有其思想指导外，统治者的大力提倡也是一个很重要的原因。从宋文帝刘义隆开始，国家在儒学、玄学和史学之外别立文学一馆，之后南朝各国帝王大都崇尚文雅，爱好文学，特别是梁简文帝萧纲、梁元帝萧绎、陈后主陈叔宝，"以翰墨为勋绩"，以文坛领袖自居，政治上没有大抱负，然一生精力却主要用于文章著述，欲以翰藻在历史上名成一家。如萧绎在《金楼子序》中说："常笑淮南之假手，每唾不韦之托人，由是早在志学，躬自披纂，以为一家之言。"南朝帝王对文学之酷爱，自撰篇什之丰硕，在中国历史上是罕见的。正因人主好风雅喜辞藻，用人好士多以此为据，才形成南朝词臣特别多，许多世家子弟趋之若鹜，下层文人也驰骋追逐于其后。正如隋人李谔在《上隋高祖革文华书》中所说：

> 降及后代，风教渐落。魏之三祖，更尚文词，忽君人之大道，好雕虫之小艺。下之从上，有同影响，竞骋文华，遂成风俗。江左齐、梁，其弊弥甚，贵贱贤愚，唯务吟咏。遂复遗理存异，寻虚逐微，竞一韵之奇，争一字之巧。连篇累牍，不出月露之形，积案盈箱，唯是风云之状。世俗以此相高，朝廷据兹擢士。禄利之路既开，爱尚之情愈笃。于是闾里童昏，贵游总丱，未窥六甲，先制五言。至如羲皇、舜、禹之典，伊、傅、周、孔之说，不复关心，何尝入耳？以傲诞为清虚，以缘情为勋绩，指儒素为古拙，用词赋为君子。故文笔日繁，

其政日乱，良由弃大圣之轨模，构无用以为用也。损本逐末，流遍华壤，递相师祖，久而愈扇。

南朝人刻意追求文学的形式美，也是文学自身发展的结果。追求文学华丽的形式，重视文学的艺术审美价值，这种自觉意识从汉人就开始了，汉赋就是汉人刻意追求审美价值的标志。班固《汉书·艺文志》中说："大儒孙卿及楚臣屈原离谗忧国，皆作赋以风，咸有恻隐古诗之义。其后宋玉、唐勒；汉兴，枚乘，司马相如，下及扬子云，竞为侈俪闳衍之词，没其风谕之义。是以扬子悔之，曰：'诗人之赋丽以则，辞人之赋丽以淫。'"扬雄和班固站在儒家重视文学社会功能的立场上，不满赋家对形式美的过度追求，但他们的赋也"竞为侈俪闳衍之词"，说明汉赋追求形式的华丽，已形成风气与传统。所以曹丕指出"赋欲丽"（《典论·论文》），刘勰说："赋者，铺也，铺采摛文。"（《文心雕龙·诠赋》）华丽的形式成为赋的重要标志，然而汉人追求形式美还仅限于赋，还没有来得及把华丽的外衣加于散文的身上。然而到了南朝，情况有了大变化。首先是南朝齐周颙在翻译佛经时，受梵文与汉文对译的启发，对汉字由来已久的声调以四声来进行分别，初定四声之名，撰成《四声切韵》。至梁沈约撰《四声谱》，始以平、上、去、入四字作为各声调名，并创建以四声八病为内容的声律说，声律说在各文体中逐渐得到广泛运用，因为"夫五色相宣，八音协畅，由乎玄黄律吕，各适物宜。欲使宫羽相变，低昂互节，若前有浮声，则后须切响。一简之内，音韵尽殊；两句之中，轻重悉异。妙达此旨，始可言文"。（《宋书·谢灵运传》）南朝人在声律上发现了文学形式美的广阔新天地。

另一变化是南朝时出现了文笔之辩，有的主张有韵为文，无韵为笔，如刘勰《文心雕龙·总术》篇说："今之常言，有文有笔，以为无韵者笔也，有韵者文也。夫文以足言，理兼《诗》《书》，别目两名，自近代耳。"有的主张文为辞藻华丽的怡性文章，像辞赋、风谣一类的抒情之作；笔则为语言朴素的写实论理类文章，像经史章奏一类的实用之作。如萧绎在《金楼子·立言篇》中说：

古人之学者有二，今人之学者有四。夫子门徒，转相师受，通圣人之经者，谓之儒。屈原、宋玉、枚乘、长卿之徒，止于辞赋，则谓之文。今之儒，博穷子史，但能识其事，不能通其理者，谓之学。至如不便为诗如阎纂，善为章奏如伯松，若此之流，泛谓之笔。吟咏风谣，流连哀思者，谓之文……笔退则非谓成篇，进则不云取义，神其巧惠笔端而已。至如文者，惟须绮縠纷披，宫徵靡曼，唇吻遒会，性灵摇荡……潘安仁清绮若是，而评者止称情切，故知为文之难也。曹子建、陆士衡，皆文士也，观其辞致侧密，事语坚明，意匠有序，遗言无失，虽不以儒者命家，此亦悉通其义也。

不论古分学人为二，还是今分学人为四，总有擅长"笔"的作者和擅长"文"的作者，即擅长写实用文章的人和擅长写抒情文章的人。"文"体现为文采繁富、音节动听、语言精练、感人肺腑，这是很难达到的艺术境界，善"文"者虽不以儒学名世，但其文却也能穷究理义奥妙。萧绎的认识代表了南朝占主导地位的文学思潮，说明南朝人对"文"的重视已超过以往任何时代。萧绎与刘勰的文笔之辩，实质上并不矛盾，刘勰的文笔之辩，体现在文章的音韵形式上，当然之所以称诗歌为"文"，也着眼于诗歌的抒情性。而萧绎的文笔之辩，则不限于文体形式，而更看重艺术表现手法的差异，文笔之分已不仅是有韵无韵的问题了。就是说"文"所具备的辞采和声律之美，也可用于"笔"类文体中。南朝人特别强调"文"的审美价值，过分追求"文"的艺术形式的现象，就十分好理解了。

先秦文学作品中，就存在着骈偶句，但多数不是有意为之，而属自然天成，尤其是诗歌辞赋，骈偶往往是有韵体节奏需要与语言锤炼的结果。至汉魏，文人意识到骈偶的艺术魅力，在辞赋中，大量采用《诗经》式的四言句与《楚辞》式的六言句，并常以骈偶替单行，整齐代散漫，辞赋的骈偶必然影响到散文，但作为一种专讲骈偶的散文文体还未形成。至两晋，骈文基本成型。而到了南朝，辞赋不仅加密了骈偶，使散体赋演进为骈赋，而且将这种骈俪以格式化的形式引入散文，形成了骈文。骈文也仿效辞赋的句式，常用四字句与六字句来两两对仗，所以骈文又称"四六文"或"四六"，骈文与骈赋只是无韵与有韵的区别了。然而骈偶化只是"文"的一个方面，南朝人又有意识地将声律说运用于骈文中，使骈文也同诗歌一样平仄调配，达到节奏抑扬音调和谐的效果；又继承了汉代辞赋辞藻典雅华丽、频繁引事据典、层层夸饰渲染的传统。南朝的骈文已不是仅仅具有骈偶的特点了，可以说它已变成一种"格律化"的散文了，它把散文原有的形式美发展到了极致，除了不讲押韵这一点外，已和诗赋差不多了。南朝的骈文在使用范围方面，不仅用来抒情言志，而且也可用来叙事议论，甚至书信奏章等实用文体和学术论著，也都骈偶化了，骈文成了文章的正宗，大有取代散体文的势头，骈偶代表了南朝文学创作的风气，骈文创作代表了南朝散文创作的主要潮流。

（二）著手如林

南朝散文创作特点很鲜明，一是表现在文体上，主要采用的是骈文，不刻意追求形式美的单句散行式的散文虽然没有销声匿迹，但已不能登文坛的"大雅之堂"了。

二是表现在对文学作品的评价上，偏重艺术审美价值，把作品赏心悦目的愉悦功能作为判定作品的重要前提。梁武帝萧衍的长子、昭明太子萧统编《文选》，书中附有他写的《文选序》，序文中认为文人作品不同于以往学人的经籍子史，主要在于文人作品"以能文为本"，能文的特征在于"事出于沉思，义归乎藻翰"，即文人的文章能做到：显示出作者深沉的艺术构思，展现出辞藻的形式之美。他甚至还说："诏诰教令之流，表奏笺记之列，书誓符檄之品，吊祭悲哀之作，答客指事之制，三言八字之文，篇辞引序，碑碣志状，众制蜂起，源流间出。譬陶匏异器，并为入耳之娱，黼黻不同，俱为悦目之玩。"把包括实用在内的所有的文章，比作娱耳的声乐、悦目的锦绣，其过分追求文章的藻采，过分着眼于形式美的文学观念是再清楚不过了。这种对文学作品的认识，正代表了南朝一般文人的看法，揭示了南朝散文的创作倾向。

三是表现在作者队伍上，南朝显赫于文学史上的大家不多，然而却作手如林。南朝散文作者群庞大而有广泛的代表性，从社会地位的层次上看，有帝王皇族，如梁简文帝萧纲、梁元帝萧绎、陈后主陈叔宝、梁太子萧统等；有宫廷词臣，如沈约、任昉、徐陵、江总等；有文章世家，如谢灵运、谢庄、谢朓等为代表的陈郡谢氏，王俭、王融、王筠为代表的琅琊王氏等；有"才秀人微"的下层文士，如鲍照、江淹、刘峻等人。

南朝有名的作家，大多聚集在帝王、贵族周围，生活、思想、审美情趣都受到社会上层统治者的极大影响，文学创作一般内容单薄，刻意追求艺术的形式美，把散文的艺术形式推向了极致，连学术、奏疏等实用文章都采用骈文的形式。由于文人以"文"为能事，刻意追求种种艺术技巧，大大地束缚了思想的畅快顺利表达，所以骈文中的传世杰作不多，内容较为充实的骈文，多出自于"才秀人微"的这一作者层。南朝作者，多数历经数朝，只能相对地把他们归属于某一朝代来阐述，在此朝中他们的散文成就大致最有影响。

宋朝较有影响的散文作家有何承天、傅亮、颜延之、谢灵运、谢惠连、袁淑、范晔、谢庄、鲍照等人。

何承天生于晋末，仕于宋初，性刚愎，作文仍存魏晋名士遗风，所著《报应问》《达性论》等文，反驳佛教因果报应之说，切实有力，语言通俗质朴，与南朝时风相距甚远。

傅亮也生活于晋宋易代之际，博涉经史，尤善文辞，是宋朝诏策表教重要起草人之一，有《为宋公修张良庙教》《为宋公求加赠刘前军表》等，其《为宋公至洛阳谒五陵表》写得较为出色，在对故都洛阳的苍凉景象的描绘中，融进了世事沧桑的家国深慨。

颜延之，史称与谢灵运以辞采齐名，从诗来看不如谢，然文章却冠绝当时。他的散文善于持论，讲究雕章琢句，有些篇章写得感情真挚朴实。如《三月三日曲水诗序》，属沉思翰藻之作，《陶征士诔》《祭屈原文》等，对陶渊明、屈原的高洁人格有传神的描绘，也倾诉了自己的仰慕之情，写得文情并茂，不同于一般的应制之作。

谢灵运以诗名世，善写会稽、永嘉、庐山一带山水名胜，开文学史上山水诗一派。其《山居赋》是一篇融入了佛教思想的山水赋，有序文说明作此赋的独具匠心。其《诣阙自理表》，急切陈情，不假雕饰，怨谗痛谤之情，感人至深。

谢惠连与族兄谢灵运并称"大小谢"，其部分章表表现了他政治上不得志，对当时社会现实隐含不满的情绪。其《祭古冢文》，显然受庄子问髑髅的寓言与曹植《髑髅说》的影响，虽说命意不新，但也属愤世嫉俗之作。

袁淑有辩才，善诗赋，喜作谐谑之文，原有《诽谐集》，已佚，今存有《鸡九锡文》《驴山公九锡文》等，把歌功颂德的"九锡文"，改变成滑稽嘲讽文章，借用拟人手法，影射那些"阿猫阿狗"之徒凭着鸡鸣狗盗之术个个得以封赏的现实，流露了作者对不公平的社会的愤慨。

史家范晔的《后汉书》，体大思精，文学水平虽不及《史记》《汉书》，但张衡、班超、范滂等传的人物形象也写得光彩照人，《后汉书》一问世，《东观汉记》便逐渐无人问津了。范晔曾任左卫将军、太子詹事，参与机要，因牵涉孔熙先等谋迎立彭城王义康一案，被杀。在狱中写下《与诸甥侄书》，自述经历，纵论文章与音乐，冷静分析《后汉书》的长短，表现出难能可贵的批判精神。

谢庄在宋明帝时为金紫光禄大夫，反对与北魏议和，主张收复北方，其部分散文抒写了怀念中原的悲情，其情其文在南朝时是难能可贵的。张溥对他的文章称赞说："《封禅仪注奏》，藻丽云汉，欲摹长卿。《搜才》《定刑》二表，与《索房互市议》，雅人之章，无忝国器。"（《汉魏六朝百

三家集·谢光禄集题辞》)

宋朝散文家，最杰出的当数鲍照，其文在整个南朝也独呈异彩。鲍照（约414—466）字明远，东海（今山东郯城）人。出身寒微，慷慨不羁，才华横溢，怀有济世之志，但饱受歧视与排挤，钟嵘在《诗品》中"嗟其才秀人微，故取湮当代"。鲍照自己在其《拟行路难》组诗中也写道："对案不能食，拔剑击柱长叹息。丈夫生世会几时，安能蹀躞垂羽翼？"对当时等级森严的门阀制度有切齿之恨。宋文帝元嘉中，因献诗被临川王刘义庆擢为国侍郎，后为临海王刘子顼的参军，因此史称"鲍参军"。子顼谋反败亡，鲍照为乱兵所杀。鲍照文甚遒丽，与颜延之、谢灵运并称"元嘉三大家"。尤擅乐府诗和七言诗，辞赋与骈文也高于流俗，文章最有名者，当数《芜城赋》《河清颂》及《登大雷岸与妹书》，《南齐书·文学传》称其文章是"发唱惊挺，持调险急，雕藻浮艳，倾炫心魂"。其中《登大雷岸与妹书》，虽是一封家书，却是南朝杰出的骈文，在我国山水散文发展史上有着十分重要的地位。

元嘉十六年（439）四月，鲍照从建康（今江苏南京）出发，赴江州（今江西九江）就国侍郎之职，途中歇船登大雷岸（今安徽望江），触景生情，给其妹鲍令晖写下这封旨在描绘一路景物风光的书信，信中写道：

向因涉顿，凭观川陆；遂神清渚，流涕方曛。东顾五洲之隔，西眺九派之分；窥地门之绝景，望天际之孤云。长图大念，隐心者久矣！

南则积山万状，负气争高，含霞饮景，参差代雄，凌跨长陇，前后相属，带天有匝，横地无穷。东则砥原远隰，亡端靡际。寒蓬夕卷，古树云平。旋风四起，思鸟群归。静听无闻，极视不见。北则陂池潜演，湖脉通连。苎蒿攸积，菰芦所繁。栖波之鸟，水化之虫，智吞愚，强捕小，号噪惊聒，纷乎其中。西则回江永指，长波天合。滔滔何穷，漫漫安竭！创古迄今，舳舻相接。思尽波涛，悲满潭壑。烟归八表，终为野尘。而是注集，长写不测，修灵浩荡，知其何故哉！

西南望庐山，又特惊异。基压江潮，峰与辰汉相接。上常积云霞，雕锦缛。若华夕曜，岩泽气通，传明散彩，赫似绛天。左右青霭，表里紫霄。从岭而上，气尽金光，半山以下，纯为黛色。信可以神居帝郊，镇控湘、汉者也。

若溙洞所积，溪壑所射，鼓怒之所豗击，涌澓之所宕涤，则上穷获浦，下至狶洲，南薄燕派，北极雷淀。削长埤短，可数百里。其中腾波触天，高浪灌日，吞吐百川，写泄万壑。轻烟不流，华鼎振澋。弱草朱靡，洪涟陇蹙。散涣长惊，电透箭疾。穹溢崩聚，坻飞岭覆。回沫冠山，奔涛空谷。砥石为之摧碎，埼岸为之齑落。仰视大火，俯听波声，愁魄胁息，心惊栗矣！……

作者以激越奔放的感情，瑰丽奇特的想象，雄健绚烂的笔触，酣畅淋漓地描绘了高山、平原、湖泽、江河的雄姿妍态，像一幅幅赏心悦目的风景图画。与前人山水散文相比，此文不仅辞采瑰丽，极尽铺张之能事，而且有两个特点最为鲜明：一是不拘泥于山水具体方位的限制，在细述形胜之奇时，融入自己丰富的想象，使眼前现实景物与想象中的景物融为一体，说明作者具有不同寻常的审美观，不但善于表现自然美，而且还善于"组合"自然美，乃至创作"自然美"。二是将山水自然景象与自己的抱负与豪情糅成一片，创造出高妙的意境，不是简单地模山范水，而是赋予山水以情感，不求形似而求神合，使山水景物也有了人的性格与生气，成了一种艺术形象，奇崛惊绝，确实为前人所未有。山水散文从两晋发展开来，至刘宋更为发达，刘勰论诗所谓"宋初文咏，体有因革，庄老告退，山水方滋"（《文心雕龙·时序》），实际上散文也是如此。特别是鲍照的山水散文之后，描绘山水光景的散文有了新的特色，作品中玄谈的色彩渐淡，大多浸透着作者种种情感，或闲情逸致，或人生痛苦，或家国忧患，或兴衰困惑，等等，作者的主观情感与客观景物相交融，提高了山水散文的审美与抒情功能。

齐朝散文当以萧子良、张融、王俭、王融、谢朓、孔稚珪等人为代表。

萧子良是齐武帝次子，与张融、王俭、孔稚珪等号称"竟陵八友"。他笃信佛教，曾非难范缜"神灭"之说。撰《净柱子》《与孔中丞稚珪书》等，阐发佛理，文笔质朴，不求骈偶典事，这在重视对偶辞藻的时代是比较罕见的。

张融对自己的文才很自负，有《门律自序》，称"吾文章之体，多为世人所惊……吾无师无友，不文不句，颇有孤神独逸耳。"他的书札杂文，确也活泼质实，有汉魏遗韵，与时文不同，别具一格。

王俭学识渊博，关心时政，既是文士，又是学者，他的书札笺启一类作品，有学者的独立见解。其《褚渊碑文》，历数褚渊一生的主要政绩，是一篇为人传诵的名篇，文中骈四俪六，体现了南朝文章的本色。

王融，武帝、萧子良皆赏识其才思敏捷有才华，作诗讲究声律，与沈约、谢朓等共创"永明体"。其文颇多治国新见,有《永明十一年策秀才文》《画汉武北伐图上疏》,陈述强国之策,表达自己建功立业的愿望。而《三月三日曲水诗序》,属对工整,文藻富丽,声调谐和,为时人所称誉,促进了齐梁骈文的发展。

谢朓在永明诗人中,成就最高,其文名不及诗名,但其文也清丽含情。如其《拜中军记室辞随王笺》,虽出之以侍从词臣语气,但也曲折地抒写了自己壮志难酬的愁怀,情思宛妙,声色俱佳,颇有永明体诗的特点。

齐朝最杰出的散文家当数孔稚珪(447—501),会稽山阴(今浙江绍兴)人。《南齐书》本传称其"少学涉,有美誉。太守王僧虔见而重之,引为主簿。州举秀才。"入齐,官至南郡太守、太子詹事,加散骑常侍,卒赠金紫光禄大夫。孔稚珪是一个崇尚道学与道教的人,他在《答萧司徒书》中说:"民积世门业,依奉李老,以冲淡为心,以素退成行。"虽一生做官未曾间断,然而他生性喜爱隐逸生活,有高雅脱俗之志。《南齐书》本传说他"不乐世务,居宅盛营山水,凭几独酌,傍无杂事,门庭之内,草莱不剪,中有蛙鸣。"其传世名篇《北山移文》就是一篇肯定超凡脱俗、淡泊名利、放浪江湖真隐逸,嘲讽那些假意隐居真恋利禄的伪君子的谐谑文。旧说文中所嘲讽的"周子"是指周颙,近人考证此说与史料记载不符,大概属于调笑之言。周颙在佛与道的"夷夏优劣"之争中,与孔稚珪的崇道观点相左,而与沈约的尚隐而恋功的佛儒互补的观点相近,此文针对周颙也不能说不可能,至少它是针对那些身居乡野而心系官场利禄的假隐士们的。文章名曰"移文",相当于布告,实际上是一篇讨伐欺世盗名之徒的檄文,文章假借山灵的口吻,对伪君子的面目作了深刻的揭露:

世有周子,隽俗之士;既文既博,亦玄亦史。然而学遁东鲁,习隐南郭;偶吹草堂,滥巾北岳。诱我松桂,欺我云壑。虽假容于江皋,乃缨情于好爵。其始至也,将欲排巢父,拉许由,傲百氏,蔑王侯。风情张日,霜气横秋。或叹幽人长往,或怨王孙不游。谈空空于释部,核玄玄于道流。务光何足比,涓子不能俦。

及其鸣驺入谷,鹤书赴陇。形驰魄散,志变神动。尔乃眉轩席次,袂耸筵上,焚芰制而裂荷衣,抗尘容而走俗状。风云凄其带愤,石泉咽而下怆。望林峦而有失,顾草木而如丧。至其纽金章,绾墨绶,跨属城之雄,冠百里之首,张英风于海甸,驰妙誉于浙右。道帙长殡,法筵久埋。敲扑喧嚣犯其虑,牒诉倥偬装其怀。琴歌既断,酒赋无续。常绸缪于结课，每纷纶于折狱。笼张、赵于往图，架卓、鲁于前篆。希踪三辅豪，驰声九州牧。

伪君子归隐时道貌岸然，表现出志趣之高洁，情操之坚贞，甚至连巢父、许由、务光、涓子都难与之相比。然而当朝廷诏书传来，立即"志变神动"，应召赴任急不可耐。归隐猎取了清高之名，先隐后仕的"终南捷径"终于走成，志得意满之态难以掩饰。作者借山灵之口，对他们口是心非、前后判若两人的丑态作了形象的描述。构思巧妙，文笔活泼，文中运用了寓言、对比、夸张的手法，漫画式地把假隐者的虚伪揭露得入木三分，又托归隐处的风云、石泉、林峦、草木也因而蒙受耻辱，为之凄怆，为之沮丧，让无情的自然物表露出嬉笑怒骂之情，曲折地表达了作者对假隐者的鄙夷与愤慨。孔稚珪的《北山移文》，"瑰迈奇古，巧不伤纤，谑不伤正"（林纾《春觉斋论文·流别论》），是两晋谐谑寓言散文的新发展，也是南朝上乘的骈文作品。

梁朝有影响的散文作家比较多，有萧衍、萧统、江淹、沈约、任昉、陆倕、丘迟、王僧孺、吴均、刘孝绰、庾肩吾、范缜、裴子野、刘勰、钟嵘、刘峻等人。《南史·文学传序》说："自中原沸腾，五马南渡，缀文之士，无乏于时。降及梁朝，其流弥盛。盖由时主儒雅，笃好文章，故才秀之士，焕乎俱集。"梁朝文学之盛，与君王喜好提倡有很大关系。

萧衍齐时为梁王，受禅成为梁朝的开国皇帝，他多才多艺且能容纳文士，信佛崇儒，身为梁国君王，三次想离开皇宫遁入空门，迷恋佛教竟达如此的程度！其《净业赋序》，自述生平，鼓吹佛、儒之道，风格颇似曹操的《自明本志令》，很有气魄，文字也质朴自然。

萧统，梁武帝萧衍的长子，世称昭明太子。信佛能文，是赫然有名的《文选》的主要编纂者。文章多宣扬佛学及上层贵族情趣，其《陶渊明集序》和《陶渊明传》，抒写陶渊明平生志向，在骈俪盛行的齐梁，标榜长期默默无闻的陶渊明，使天下人知其为人晓其诗文，确有远见卓识。此传与序言辞精粹，骈散相间，感情真挚，代表了萧统文章的风格。

江淹自幼聪颖，早年仰慕司马相如、梁鸿，留意于文章，才思敏捷，南齐高帝不少诏诰表章均出自他手。诗歌多拟古之作，《恨》《别》二赋遣词精工，深含人生感悟，最为后世所传诵。晚年富贵安逸，文思枯竭，有"江郎才尽"之说。能代表其散文水平的是他的几篇书信，如《狱中上建平王书》《与交友论隐书》等，叹息仕途坎坷，不平人生厄运，有模拟邹阳、嵇康文的痕迹，文风也近于汉魏。

沈约曾撰《四声谱》,他的四声八病说,促进了律诗的形成。又据何承天、徐爱诸家宋史旧本,撰成《宋书》,其中的《谢灵运传》《恩幸传论》等,传文叙述史事清晰,传论论列古今精当。其《陈情书与徐勉》,与好友委婉述怀,如拉家常,无意于笔墨应酬。而《修竹弹甘蕉文》,借修竹"弹劾"甘蕉,寓存贤除恶之意,以公文的形式,拟人的方法,虚构设计,对世风有所暗讽,俳谐有趣,是一篇文采焕然的寓言散文。

任昉以表、奏、书、启诸体擅名当时,时人有"任笔沈诗"之称。梁简文帝萧纲曾说:"至于近世,谢朓、沈约之诗,任昉、陆倕之笔,斯实文章之冠冕,述作之楷模。"(《答湘东王和受试诗书》)他的《奏弹曹景宗》《奏弹刘整》《奏弹范缜》,虽为三篇奏弹实用文,但以骈体行文,富有艺术性。

陆倕字佐公,与任昉齐名,曾奉命撰《新刻漏铭》《石阙铭》,大受梁武帝赞赏。张溥说:"《刻漏》《石阙》二铭,见美高祖,敕称佳作。昭明之《宴兰思旧诗》云:'佐公持文介,才学罕为俦。'既殁,元帝为其墓铭曰:'词锋飚竖,逸气云浮。'"(《汉魏六朝百三家集·陆太常集题辞》)陆倕散文在当时的影响,由此可见。

丘迟的诗文传世的不多,然而一篇《与陈伯之书》便使他在梁朝文坛上享有盛誉。这篇奉命之作,晓之以民族大义,动之以故国深情,情深意切,读来令人回肠荡气,不同于一般奉命应酬文字。造语精工委婉,特别是对江南春色美景的描写,更是千古绝唱:"暮春三月,江南草长,杂花生树,群莺乱飞。见故国之旗鼓,感平生于畴日,抚弦登陴,岂不怆恨!"以美景唤起对方的故国之思,命意新颖别致,是南朝书信骈体文的珍品。

王僧孺,《南史》本传称其"少笃志精力,于书无所不睹。其文丽逸,多用新事,人所未见者。世重其富赡。"因怀才受谤,致书何炯以明心志,一篇《与何炯书》,多借典事倾诉满腹牢骚,辞采绮丽却抒发的是愤世嫉俗之情。

吴均(469—520)家世贫寒有俊才,其文工于写景,尤以小品书札见长,言辞清拔有古气,表现出沉湎于山水的情趣,时人为文仿效之,称为"吴均体",如他的《与朱元思书》:

风烟俱净,天山共色,从流飘荡,任意东西。自富阳至桐庐,一百许里,奇山异水,天下独绝。水皆缥碧,千丈见底,游鱼细石,直视无碍,急湍甚箭,猛浪若奔。夹岸高山,皆生寒树,负势竞上,互相轩邈,争高直指,千百成峰。泉水激石,泠泠作响,好鸟相鸣,嘤嘤成韵。蝉则千转不穷，猿则百叫无绝。鸢飞戾天者，望峰息心；经纶世务者，窥谷忘返。横柯上蔽，在昼犹昏。疏条交映，有时见日。

骈文描写富春江两岸秀美风光，寓意深长，抒发了作者对官场的厌倦和寄情山水的感情，语言清秀淡雅，具有超凡脱俗之气。与陶弘景的《答谢中书书》，可谓是南朝骈体书札中写景的双璧。

刘孝绰七岁即能作文，被人称为"神童"。后诗文为萧统所看重，曾撰《昭明太子集序》，足见其在文坛上的声望。

庾肩吾，庾信之父，与徐摛皆为宫体诗的创始人。其文也受宫体诗影响，如《谢东宫赐宅启》，本是答谢实用文，却堆砌典事、属对精工、声律严谨，代表了南朝散文"弥尚丽靡"的特点。

范缜是继王充之后的伟大无神论者，著《神灭论》，批判佛教神不灭论观点，《梁书》载："此论出，朝野喧哗，子良集僧难之，而不能屈。"此文锋芒犀利，论理透辟，逻辑严密，文字平实，从内容到形式，都卓尔不群。

裴子野曾祖父裴松之、祖父裴骃都是南朝著名史学家，他本人也是享有盛名的史学家与文学家，曾据沈约《宋书》删撰为《宋略》二十卷，沈约见后自叹不如。撰《雕虫论》一文，把不事经学徒重藻饰称为"雕虫之艺"，主张作文应"劝美惩恶""止乎礼义"。《梁书》本传说他"为文典而速，不尚丽靡之辞，其制作多法古，与今文体异"。裴子野为文重视宣传儒家之道，自然喜好自由无拘束的古体，他是一个敢反世风时潮的人。

刘勰与钟嵘都以文学理论著述而名世，一个著《文心雕龙》，一个著《诗品》，都是体大思精的文学批评巨著，虽受骈俪时文的影响，但论述精到，时有创见，从文章角度看，代表了南朝论说文的最高水平。

用骈文写景抒情或叙事寓意，都易做到绘声绘色、声情并茂、富有节奏美。相比较而言，用骈文作论，就有很大的难度，而刘峻的《广绝交论》，同样能骈四俪六，声律谐美，典事富赡，讲求藻饰，并能淋漓尽致地表达出强烈的愤世嫉俗之情，确实是南朝议论骈文中的杰作。刘峻（462—521）字孝标，平原（今属山东）人，八岁时被掳往北朝为奴，后被赎回。家贫曾为僧。入梁，为武帝招徕的一名文学之士，然性格直率而不被重用，作《辨命论》以寄其怀。文中认为"命也者，自天之命也。定于冥兆，终于不变"。欲以自然命定论反对佛教的有神论。又见任昉生前喜好交结，仗义疏财，举荐后进，彭城到溉、到洽兄弟，就是得到任昉的帮助而获得高官的。然而任昉去世后，其子辈贫穷不得温饱，到氏兄弟视之漠然，如同路人。刘峻有感人情浇薄、世俗险恶，就在朱穆《绝交论》的基础上作《广绝交论》，对人际交情作进一步深论。借主客问答的形式，颂扬纯真质朴的"素交"，谴责虚伪势利的"利交"，揭露了"素交尽，利交兴"的残酷现实，论证了"广绝交"的必要性。文中对那些趋炎附势、忘恩负义的"利交"表现及由此而带来的社会弊端，作了鞭辟入里的分析与生动形象的描绘，文字极为精彩：

逮叔世民讹，狙诈飙起。溪谷不能逾其险，鬼神无以究其变，竞毛羽之轻，趋锥刀之末。于是素交尽，利交兴，天下蚩蚩，鸟惊雷骇。然则利交同源，派流则异，较言其略，有五术焉：

若其宠钧董、石，权压梁、窦，雕刻百工，炉捶万物，吐嗽兴云雨，呼噏下霜露。九域耸其风尘，四海叠其熏灼，靡不望影星奔，藉响川鹜。鸡人始唱，鹤盖成荫，高门旦开，流水接轸，皆愿摩顶至踵，隳胆抽肠；约同要离焚妻子，誓殉荆卿湛七族。是曰势交，其流一也。

富埒陶、白，赀巨程、罗，山擅铜陵，家藏金穴，出平原而联骑，居里闬而鸣钟。则有穷巷之宾，绳枢之士，冀宵烛之末光，邀润屋之微泽。鱼贯凫跃，飒沓鳞萃，分雁鹜之稻粱，沾玉斝之余沥。衔恩遇，进款诚，援青松以示心，指白水而旌信。是曰贿交，其流二也。

陆大夫宴喜西都，郭有道人伦东国，公卿贵其籍甚，搢绅羡其登仙。加以颔颐蹙頞，涕唾流沫，骋黄马之剧谈，纵碧鸡之雄辩。叙温郁则寒谷成暄，论严苦则春丛零叶，飞沉出其顾指，荣辱定其一言。于是有弱冠王孙，绮纨公子，道不挂于通人，声未遒于云阁，攀其鳞翼，丐其余论，附驵骥之旄端，轶归鸿于碣石。是曰谈交，其流三也。

阳舒阴惨，生民大情；忧合欢离，品物恒性。故鱼以泉涸而煦沫，鸟因将死而鸣哀。同病相怜，缀《河上》之悲曲，恐惧置怀，昭《谷风》之盛典，斯则断金由于湫隘，刎颈起于苫盖。是以伍员濯溉于宰嚭，张王抚翼于陈相。是曰穷交，其流四也。

驰骛之俗，浇薄之伦，无不操权衡，秉纤纩，衡所以揣其轻重，纩所以属其鼻息。若衡不能举，纩不能飞，虽颜、冉龙翰凤雏，曾、史兰熏雪白，舒、向金玉渊海，卿、云黼黻河汉，视若游尘，遇同土梗，莫肯费其半菽，罕有落其一毛。若衡重锱铢，纩微影撇，虽共工之蒐慝，驩兜之掩义，南荆之跋扈，东陵之巨猾，皆为匍匐逶迤，折枝舐痔。金膏翠羽将其意，脂韦便辟导其诚。故轮盖所游，必非夷、惠之室；苞苴所入，实行张、霍之家。谋而后动，毫芒寡忒。是曰量交，其流五也。

凡斯五交，义同贾鬻，故桓谭譬之于阛阓，林回喻之于甘醴。夫寒暑递进，盛衰相袭，或前荣而后悴，或始富而终贫，或初存而末亡，或古约而今泰。循环反复，迅若波澜，此则徇利之情未尝异，变化之道不得一。由是观之，张、陈所以凶终，萧、朱所以隙末，断焉可知矣。而翟公方规规然勒门以箴客，何所见之晚乎？

因此五交，是生三衅：败德殄义，禽兽相若，一衅也；难固易携，仇讼所聚，二衅也；名陷饕餮，贞介所羞，三衅也。古人知三衅之为梗，惧五交之速尤，故王丹威子以楚，朱穆昌言而示绝，有旨哉！有旨哉！

"势交"者，阿谀奉承，只为攀龙附凤；"贿交"者，追随富豪，只为贪图钱财；"谈交"者，攀附谈辩，只为猎取声望；"穷交"者，只为自己利益独享，与交友穷相守富相离；"量交"者，斤斤计较，全以自己的得失为出发点。总之，这五交之人，全是为了从别人处骗取利益，不惜虚情假意、谄媚阿谀，丑态百出。作者的笔就如一把犀利的刀，把那些利交者的伪装一一剥去，直露出他们卑鄙无耻的灵魂。接着又指出"五交"必导致"三衅"：即道德败坏，人兽相同；人情淡薄，仇怨易结；贪婪欺诈得以张扬，忠信正直反倒受辱。作者赞赏王丹"慎交"与朱穆"绝交"之论，在无奈中有着对世态炎凉、人情险恶的愤慨之情。

到了陈朝，宫体侧艳之风更烈，有影响的散文作家不多，有沈炯、江总、顾野王、陈叔宝、徐陵等。

沈炯，梁时为西魏所掳，炯以老母年迈在东，呈《陈情表》（又作《请归养表》）请求东归。后卒于陈之吴中，赠侍中。张溥对他的评价很高，认为他与徐陵代表了陈的文章成就，在《汉魏六朝百三家集·沈侍中集题辞》中说："江南文体，入陈更衰，非徐仆射、沈侍中，代无作者。"沈炯的《陈情表》，有李密《陈情表》哀婉深挚的风韵。其《为王僧辩劝进梁元帝》等，有西晋刘琨《答卢谌》慷慨激越的基调。

江总，仕梁、陈、隋三朝，陈时陪侍后主，制作宫体艳诗，时人号称"后主狎客"，其《陶贞白先生集序》一文，评述陶弘景文集，旁征博引，辞藻富丽，见其学识渊博、才华横溢。

第五章 儒释道交融下的魏晋南北朝散文

顾野王,年十二即撰《建安地记》二篇。长而撰《通史要略》一百卷,《国史纪传》二百卷,又撰《玉篇》《舆地志》《符瑞图》《顾氏谱传》《分野枢要》《续洞冥纪》《玄象表》等,有文集二十卷,是陈朝高产的散文作家。

陈叔宝即陈后主,陈朝末代皇帝,在位七年,生活奢侈,日与妃嫔、词臣诗酒宴乐,喜作艳词,有《玉树后庭花》等。张溥说:"使后主生当太平,次为诸王,步竟陵之文藻,贱临川之黩货,开馆读书,不失令誉。"(《汉魏六朝百三家集·陈后主集题辞》)张溥可惜陈叔宝做了皇帝,落了个荒淫君王的恶名,也淹没了他的文采"令誉",他的诏令,如《举贤诏》《求言诏》等,铺陈辞采,偶对精严,典雅有致,在南朝的帝王诏令中很有自己的特色。

最能代表陈朝散文创作水平的是徐陵。徐陵(507—583)字孝穆,东海郯(今山东郯城)人,父徐摛为梁朝著名文学家。《陈书》本传称陵"八岁能属文,十二通《庄》《老》义。既长,博涉史籍,纵横有口辩"。梁时官至东宫学士,兼通直散骑常侍,与庾肩吾之子庾信同为当时宫廷文学代表,其诗歌与骈文轻靡绮艳,号称"徐庾体"。入陈历任尚书左仆射、中书监、太子少傅等,《陈书》本传又说:"自有陈创业,文檄军书及禅授诏策,皆陵所制,而《九锡》尤美。为一代文宗,亦不以此矜物,未尝诋诃作者。其于后进之徒,接引无倦。世祖、高宗之世,国家有大手笔,皆陵草之。其文颇变旧体,缉裁巧密,多有新意。每一文出手,好事者已传写成诵,遂被之华夷,家藏其本。"古人称徐陵为"一代文宗",盛赞其《陈公九锡文》,实际代表徐陵骈文特点的,当数《玉台新咏序》与《在齐与仆射杨遵彦书》。《玉台新咏》是徐陵编选的一部以艳歌为主的诗集,集中多轻靡之作,极写丽人之美、丽人之才,其中也有少数表现真挚爱情和妇女痛苦等较有意义的作品。其序音调圆转,辞采绮丽,典事迭出,对仗工整,达骈体文的极致。张溥说:"三代以前,文无声偶,八音自谐,司马子长所谓铿锵鼓舞也。浸淫六季,制句切响,千英万杰,莫能跳脱。所可自异者,死生气别耳。历观骈体,前有江任,后有徐庾,皆以声气见高,遂称俊物。他家学步寿陵,菁华先竭,犹责细腰以善舞,余窃忧其饿死也。《玉台》一序,与《九锡》并美,天上石麟,青睛慧相,亦何所不可哉?"(《汉魏六朝百三家集·徐仆射集题辞》)张溥也把《玉台新咏序》视为六朝骈文的代表。

《在齐与仆射杨遵彦书》是徐陵困于北齐时所写。《陈书》本传载:"及侯景寇京师,……会齐受魏禅,梁元帝承制于江陵,复通使于齐。陵累求复命,终拘留不遣",徐陵于是给北齐仆射杨遵彦写此书信,请求放还归国。此书信洋洋洒洒,从容不迫,对北齐不准他回国的八条理由,逐一辩驳,最后说道:

> 夫四聪不达,华阳君所谓乱臣,百姓无冤,孙叔敖称为良相。足下高才重誉,参赞经纶,非豹非貔,闻《诗》闻《礼》,而中朝大议,曾未矜论,清禁嘉谋,安能相及,谔谔非周舍,容容类胡广,何其无诤臣哉?岁月如流,平生何几,晨看旅雁,心赴江、淮,昏望牵牛,情驰扬、越,朝千悲而掩泣,夜万绪而回肠,不自知其为生,不自知其为死也。足下素挺词锋,兼长理窟,匡丞相解颐之说,乐令君清耳之谈,向所咨疑,谁能晓喻。若鄙言为谬,来旨必通,分请灰钉,甘从斧镬,何但规规默默,齰舌低头而已哉。若一理存焉,犹希矜眷,何必期令我等必死齐都,足赵、魏之黄尘,加幽、并之片骨,遂使东平拱树,长怀向汉之悲,西洛孤坟,恒表思乡之梦。干祈以屡,哽恸增深。

赞许仆射杨遵彦,意在望其同情而给予净谏,理足气盛,毫无媚态;倾诉思国之痛,悲凉凄怆,足见拳拳忠心。驳斥错误论点,凌厉有力;抒发思归情感,悲慨感人。晓之以大义,动之以深情;情理并茂,文气遒劲。文中广引故实,铺张夸饰,条理分明,一气贯注,多设反问,精警省人,与其以往的轻靡绮艳的"徐庾体"迥然不同。"感慨兴亡,声泪并发……苏李悲歌,犹见遗则,代马越鸟,能不凄然!"(张溥《汉魏六朝百三家集·徐仆射集题辞》)

五 文质两存的北朝散文

在中国的南方经历宋、齐、梁、陈四个朝代时,在北方,鲜卑族拓跋氏建立的北魏政权逐步吞并后燕、夏、北燕、北凉,于439年统一了北方。534年北魏分裂为东、西魏,后东魏为北齐所代,西魏为北周所代,后北周又灭北齐,581年北周又为隋所代,589年隋统一全国,结束了南北朝一百七十年的对峙。在这一百七十年中,北朝文学在南朝文学的影响之下,呈现出南北文学交融的趋势,并形成了自己的鲜明特点。这些特点的形成,有着不同于南朝的社会制度、生活习俗、文化传统及儒、释、道的传播状况等历史原因和现实原因。

首先，文化的中心在南而不在北。从东晋开始，北方动乱频仍，生产落后，经济不发达，特别是城市经济不发达。而南方恰好相反，社会相对稳定，经济逐渐繁荣，大大促进了文化的发展，中原文化曾长期作为中华民族的标志性文化，此时文化中心也随之南移。南朝的散文占据了这一历史时期中国文坛的统治地位，其特色成了这一历史时期散文的主导性特色，是南朝的散文影响了北朝的散文，而不是相反。南朝散文，骈体大盛，骈偶、声律、藻饰、典事成为时文写作必须遵守的"格律"。而北朝散文只是受其影响，虽有意效仿，但并未严格按骈体格律行文，与骈文相对的单行散句之文，也堂而皇之地行于世，并不处在如同南朝那种被人鄙薄的位置上。

其次，儒、释、道的融合与南朝有所不同，因而导致文学审美观点也不同。南朝从刘宋朝开始，就大倡儒、释、道融合，至齐、梁、陈时，儒、佛融合的思潮发展到极盛，如著名文士张融认为儒佛殊途同归，竟陵王萧子良以佞佛而驰名，讲佛论法，抄佛经不倦，齐高帝萧道成、齐武帝萧赜兴造佛寺，大塑佛像，梁武帝萧衍，把孔子、老子和释迦牟尼合称为"三圣"，把佛教奉为国教。总之，南朝的统治者在融合儒、释、道三教中，突出了佛教的地位，企图构建一个以佛教为主又三教融合的思想体系。与南朝相比较，尽管佛寺和佛教徒也不少，著名的大同云冈石窟和洛阳龙门石窟就是北朝开始凿建的，但北朝统治者十分清楚入主中原后，实行统治最有效的思想武器还是儒家思想，对于少数民族加速向封建化过渡，儒学具有明显的推动力。从北魏统治者开始，就积极推行儒家礼乐制度，多次大张旗鼓地祭孔，大力提倡尊儒、崇礼、重孝。相反对佛教倒不如南朝统治者那般重视，北魏太武帝拓跋焘和北周武帝宇文邕甚至还曾下诏灭佛。尽管太武帝的继位者又复奉佛，周武帝灭佛行动比较温和，但毕竟对佛教的发展有所遏制，初步形成了以儒学为主体，以释、道为两翼的新格局。社会的主导思想决定着作家的艺术审美观，审美观又对散文的特点影响最为深刻。南朝突出了佛教的地位，散文也就侧重了人的心性的抒发，养性怡情的山水景致的描绘，自然看重散文的愉悦功能，重视散文形式的审美价值，自觉追求文采，显示作者的才性。北朝重视儒学，散文也就强调教化，重在宣扬礼法，宣扬治平家国的方略，追求散文的社会实用功能，侧重于散文内容的正确与翔实。

最后，文化传统有所不同，因而导致散文特点也不同。中国是个多民族组成的国家，地域十分辽阔，各地自然条件、风俗习惯和文化渊源都有一定差异。中华文学在统一的民族特性下，又呈现出不同的地域性特点，从大的方面看，主要表现为南、北方两个地区的差异。早在先秦时期，就存在着这种南、北文化差异。南方以江汉流域的荆楚文化为代表，北方以黄河流域的中原文化为代表，中原文化受孔孟儒家思想影响较深，荆楚文化受老庄道家思想影响较深。《诗经》主要是北方的诗歌，《楚辞》主要是南方的诗歌，从先秦开始，北方语言质朴淳厚，南方辞采浪漫绚烂，形成了一种传统。至汉也如此，乐府民歌中的北方民歌刚健质朴，南方民歌则缠绵委婉。至南北朝，这种地域差异性更为明显，《北史·文苑传》说："江左宫商发越，贵于清绮；河朔词义贞刚，重乎气质。气质则理胜其词，清绮则文过其意。理深者便于时用，文华者宜于咏歌。此其南北词人得失之大较也。若能掇彼清音，简兹累句，各去所短，合其两长，则文质彬彬，尽美尽善矣。"北朝散文不同程度地保持着地域性特点，在南北文化交融的潮流中，有些散文又能做到"各去所短，合其两长"，即兼采南北地域文化之长，又去南北地域文化之短，糅"清绮"与"贞刚"于一体，成为文质兼备的佳品。

（一）本土散文作家

北朝有影响的散文作家可分两大类：一类是本土作家，一类是由南入北的作家。本土作家以高允、温子升、邢邵、魏收、苏绰、卢思道、郦道元、杨衒之等为代表。

高允，渤海蓨（今河北景县南）人，北魏文学家，博通经史天文数术，为人正直，仕途不畅，官至中书令，所著存有辑本《高令公集》，"集中文字，如《上书东宫》《谏起宫室》《矫颓俗五异》及《乐平王笺论》，皆耿介有声。"（张溥《汉魏六朝百三家集·高令公集题辞》）张溥谓"耿介有声"，指文章申明大义，磊落而以气盛。如《上书东宫》（亦称《谏皇太子营立田园》），就是一篇直言不讳的谏书。北魏恭宗生活奢侈，掠夺民财，甚至还经营田产，获取其利。高允上书谏曰：

> 天地无私，故能覆载；王者无私，故能包养。昔之明王，以至公宰物，故藏金于山，藏珠于渊，示天下以无私，训天下以至俭。故美声盈溢，千载不衰。今殿下国之储贰，四海属心，言行举动，万方所则，而营立私田，畜养鸡犬，乃至贩酤市廛，与民争利，议声流布，不可追掩。夫天下者，殿下之天下，富有四海，何求而不获，何欲而弗从？而与贩夫贩妇竞此尺寸……

文章深中肯綮而语言通俗简明，文字精练而不假雕饰，语调铿锵有力而自然流畅，体现了北方散文质朴的特征。

温子升，济阴冤句（今山东菏泽西南一带）人，也为北魏文学家，其诗文在当时北方文人中颇有声望，"济阴王晖业尝云：'江左文人，宋有颜延之、谢灵运，梁有沈约、任昉，我子升足以陵颜轹谢，含任吐沈。'"（《魏书·文苑列传》）其《寒陵山寺碑》，虽骈偶工整，却并非堆砌辞藻，自然顺畅，少用典故。仅摘碑文一段，可见其特点：

> 既考兹沃壤，建此精庐，砥石砺金，莹珠琢玉，经始等于佛功，制作同于造化。息心是归，净行攸处，神异毕臻，灵仙总萃。鸣玉鸾以来游，带霓裳而至止。翔凤纷以相嚾，飞龙蜿而俱跃。虽复高天销于猛炭，大地沦于积水，固以传之不朽，终亦记此无忘。

邢邵字子才，河间鄚（今河北任丘北）人，为魏齐间思想家、文学家，主张无神论的观点，反对佛教的神不灭论，曾与杜弼辩论，主张"神之在人，犹光之在烛，烛尽则光穷，人死则神灭。"（《北齐书·杜弼传》）邢邵博学强记，文章称于一时，与温子升齐名，称为"温邢"，又与魏收并称"邢魏"。其奏疏书札大多通俗易懂如口语，如《太子监国冬会议》中写道：

> 凡礼有同者，不可令之异。诗说天子至于大夫皆乘四马。况以方面之少，何可皆不同乎？若太子定西面者，王公卿大夫士复何面邪？南面人君正位，今一官之长，无不南面。太子听政，亦南面坐。议者皆言晋旧事，太子在东宫西面，为避尊位，非为向台殿也。子才以为东晋博议，依汉魏之旧，太子普臣四海，不以为嫌，又何疑于东面？

既不对仗，也不用典，文字质朴，表述直截了当，与南朝的奏章风格迥然不同。

魏收，下曲阳（今河北晋县西）人，北魏时任散骑常侍，编修国史。北齐时任中书令兼著作郎，奉诏编撰《魏书》，是北齐著名史学家。《北齐书》称魏收生性偏持，既掌史笔，评品人物好掺杂个人好恶，许多人故将《魏书》视为"秽史"，然《魏书》的文采却在南北朝众史之上。魏收是个饱学之士，号称北朝"文章大手"，除《魏书》外，今能见到的文章不多，多为启奏书信，如《上魏书十志启》，先叙纪传体例，后论志与传的互补关系，其启开头写道：

> 臣收等启，昔子长命世伟才，孟坚冠时特秀。宪章前哲，裁勒坟史。纪传之间，申以书志，绪言余迹，可得而闻。叔峻删缉，后刘绍统，削撰季汉十志，实范迁固，表盖阙焉。曹氏一代之籍，了无具体。典午终世之笔，罕云周洽……

此启条理清晰，言简意赅，叙议结合，文笔典雅俊逸，讲究骈偶用典，有意炫耀才学，也明显看出受南朝书启骈文影响。

苏绰，西魏武功（今属陕西）人，崇尚儒学与申韩法家之术，深得西魏大臣宇文泰信任，协助宇文泰改革制度，欲求强国富民。因改革所需，为文提倡效古。《周书》本传载："自有晋之季，文章竞为浮华，遂成风俗。太祖欲革其弊，因魏帝祭庙，群臣毕至，乃命绰为大诰，奏行之。"苏绰的《大诰》，仿古矫枉过正，有似《尚书》古奥艰深。而他的《六条诏书》，却写得简直明了，文中提出治心身、敦教化、尽地利、擢贤良、恤狱讼、均赋役等六项治国之策。其中"敦教化"条写道：

> 天地之性，唯人为贵。明其有中和之心，仁恕之行，异于木石，不同禽兽，故贵之耳。然性无常守，随化而迁。化于敦朴者，则质直；化于浇伪者，则浮薄。浮薄者，则衰弊之风；质直者，则淳和之俗。衰弊则祸乱交兴，淳和则天下自治。治乱兴亡，无不皆由所化也。
>
> 然世道凋丧，已数百年。大乱滋甚，且二十岁。民不见德，唯兵革是闻；上无教化，惟刑罚是用。而中兴始尔，大难未平，加之以师旅，因之以饥馑，凡百草创，率多权宜。致使礼让弗兴，风俗未改。比年稍登稔，徭赋差轻，衣食不切，则教化可修矣。凡诸牧守令长，宜洗心革意，上承朝旨，下宣教化矣。
>
> 夫化者，贵能扇之以淳风，浸之以太和，被之以道德，示之以朴素。使百姓亹亹，日迁于善，邪伪之心，嗜欲之性，潜以消化，而不知其所以然，此之谓化也。然后教之以孝悌，使民慈爱；教之以仁顺，使民和睦；教之以礼义，使民敬让。慈爱则不遗其亲，和睦则无怨于人，敬让则不竞于物。三者既备，则王道成矣。此之谓教也。先王之所以移风易俗，还淳反素，垂拱而治天下以至太平者，莫不由此。此之谓要道也。

这样的文字倒是像先秦诸子及两汉文,特别像儒家散文那般命意敦厚雅正,遣词平实精练,没有南朝散文的骈俪绮艳气,这种散文体式,开了唐宋"古文"之先声。

卢思道,范阳(今河北涿州)人,北齐时官至给事黄门侍郎,待诏文林馆,入周后,授仪同三司,入隋召为散骑侍郎。一生亲见北齐、北周两朝统治政权兴衰的现实,作《北齐兴亡论》《后周兴亡论》,来探讨兴衰成败的经验教训,对统治者荒淫误国的罪行作了大胆的揭露。其《劳生论》,是一篇愤世嫉俗的优秀骈文,文章赞同道家的观点,厌恶无度的劳苦给人们身心带来的戕害,向往悠闲自在的"野人"生活,文中写道:

余年在秋方,已迫知命,情礼宜退,不获晏安。一叶从风,无损邓林之攒植,双凫退飞,不亏渤澥之游泳。耕田凿井,晚息晨兴,候南山之朝云,揽北堂之明月。泥胜九谷之书,观其节制;崔实四时之令,奉以周旋。晨荷蓑笠,白屋黄冠之伍,夕谈谷稼,沾体涂足之伦。浊酒盈樽,高歌满席,恍兮惚兮,天地一指。此野人之乐也,子或以是羡余乎?

作者鄙夷世人为名教所约束,为名利所笼绊,而失去人的自由本性。用赞赏退隐生活,来反衬世俗追名逐利的恶习,来鞭挞那些舐痔得车者谄媚附势的丑恶灵魂,来针砭现实社会的黑暗邪恶。但作者行文力求文辞丰赡,骈对工致,用典妥帖,声律和谐流畅,有较重的雕琢痕迹,既无陶渊明《桃花源记》的自然淡雅的风韵,也与北朝散文尚质的风格不同,有南朝骈文偏重文采的特点,明显地显示出北朝散文作家中效仿南朝散文的创作倾向。

郦道元(约466—527)字善长,范阳(今河北涿州)人,平生好学,博览群书,又喜游历考察,是北魏著名的地理学家、散文家,所著《水经注》一书,与北魏杨衒之的《洛阳伽蓝记》和北齐颜之推的《颜氏家训》称为"北朝三书"。

《水经》一书,是魏晋时托名东汉桑钦所作的一部专记全国水系的书,郦道元为此书作注,使其内容大为丰富,《水经注》因而与裴松之的《三国志注》、刘孝标的《世说新语注》、李善的《文选注》被誉为我国古代典籍的四大名注。郦道元为注此书,博采前代有关文献,仅在《水经注》中引书就达437种,移录碑刻302块,可谓详征博引。又广泛收集传闻逸事,并根据自己对部分实地的调查,记述水道1389条,逐条介绍各水道的源流支脉,同时生动地描述了各流域的山川景物、民俗风情和故事传说,是我国古代重要的地理学著作,同时具有很高的文学价值。其注不专注于名物训诂,重在描写自然人文景观,于是注也就成了一篇篇精美的山水小品,尤以《河水注》与《江水注》最为出色。《江水注》中描写"巫峡"的一段历来为人传诵,各种散文选本莫能舍,其实《水经注》中富有诗情画意的山水景物的描写俯拾即是,如下面这段描写黄牛滩、西陵峡的文字也同样精彩:

> 江水又东径黄牛山,下有滩,名曰黄牛滩。南岸重岭叠起,最外高崖间有石色如人负刀牵牛,人黑牛黄,成就分明,既人迹所绝,莫能究焉。此岩既高,加以江湍纡回,虽途径信宿,犹望见此物,故行者谣曰:"朝发黄牛,暮宿黄牛,三朝三暮,黄牛如故。"言水路纡深,回望如一矣。江水又东径西陵峡,《宜都记》曰:"自黄牛滩东入西陵界,至峡口百许里,山水纡曲,而两岸高山重嶂,非日中夜半,不见日月,绝壁或千许丈,其石彩色形容,多所像类,林木高茂,略尽冬春。猿鸣至清,山谷传响,泠泠不绝。"所谓三峡,此其一也。山松言:"常闻峡中水疾,书记及口传,悉以临惧相戒,曾无称有山水之美也。"及余来践跻此境,既至欣然,始信耳闻之不如亲见矣。其叠崿秀峰,奇构异形,固难以辞叙。林木萧森,离离蔚蔚,乃在霞气之表。仰瞩俯映,弥习弥佳。流连信宿,不觉忘返,目所履历,未尝有也。既自欣得此奇观,山水有灵,亦当惊知己于千古矣!(卷三十四)

文中不仅有作者的描述,还转引民谣及《宜都记》所载,互相配合,对黄牛滩及西陵峡的景致作了生动的描绘:江水逶迤纡曲、两岸绝壁高耸,处处奇石怪岩,山上林木茂盛,林间猿声不绝。接着又借袁山松之口,叙江涛之险,进一步突出江水特有的美。作者善于博采精取,引用文献资料及民歌谣谚如同己语,完全有机地熔铸于一体。及至作者对西陵峡的描写,已成"锦上添花",寥寥数语,就把黄牛滩、西陵峡的奇峰秀林、云霭霞光写得穷形尽态,写出了精气神。作者并移情于景,形成隽永的意境,最后对奇观的惊叹,更有撼人魂魄的艺术感染力。

《水经注》对山水景物描绘得如诗如画,注文中对传说、奇闻、逸事、风土人情也描述得富有情趣,引人入胜,如卷十九《渭水下》中的一段中写道:

渭水东分为二水。《广雅》曰：水自渭出为荥，其由河之有雍也。此渎东北流，径《魏雍州刺史郭淮碑》南。又东南合一水，径两石人北。秦始皇造桥，铁镦重不能胜，故刻石作力士孟贲等像以祭之，镦乃可移动也。又东径阳侯祠北，涨辄祠之。此神能为大波，故配食河伯也。后人以为邓艾祠。悲哉！谗胜道消，专忠受害矣。

《水经注》本属地理方志之作，但文章中不仅有地理实征的记录，有自然景物的生动、形象的描绘，而且写入大量的神话传说奇闻逸事，还常伴随有作者感情的抒发，它已经成为具有极高艺术欣赏性的艺术散文。《水经注》语言自然、朴实、简洁，不尚铺张与雕琢，行文舒展自如，多用散行单句，不在意于骈俪。写景状物，绘声绘色，能做到形神兼顾，在如同具有丹青质感的一幅幅山水画中，汇聚着作者强烈的感情。它不仅是南北文化交融的结晶，也是南北散文融合的结果。它不是一部专门的山水散文集，然而却是后世山水散文家经常诵读的佳作，因为它为后世山水散文家提供了一系列将自然美转化为艺术美的成功经验。

杨衒之，北平（今河北满城，或作遵化）人，北魏末年曾任期城郡太守，后官至抚军府司马。547年行经北魏旧都洛阳时，有感于经过尔朱荣、高欢两次骚乱，曾耗费巨资兴建的佛寺大半遭毁，于是写下《洛阳伽蓝记》一书，共五卷，主要记述城内外四十八寺的建毁兴废。在描绘"伽蓝"（佛寺）宏伟壮丽的同时，又广集与此相关的逸闻传说，对当时豪门贵族、僧侣地主的豪奢淫佚多有揭露，寄托了作者吊古伤今的盛衰兴亡之感。作者自己在序中道明了著此书的动机："余因行役，重览洛阳。城郭崩毁，宫室倾覆，寺观灰烬，庙塔丘墟，墙被蒿艾，巷罗荆棘。野兽穴于荒阶，山鸟巢于庭树。游儿牧竖，踯躅于九逵；农夫耕老，艺黍于双阙。麦秀之感，非独殷墟，黍离之悲，信哉周室。京城表里凡有一千余寺，今日寥廓，钟声罕闻。恐后世无传，故撰斯记。"全书分城内及城之东、南、西、北五部分，以佛寺为中心，串联起所有的人文景观、寄托感慨，结构严整，条理分明。如卷一《城内》卷"景乐寺"：

景乐寺，太傅清河文献王怿所立也。怿是孝文皇帝之子，宣武皇帝之弟。在阊阖南御道东，西望永宁寺正相当。寺西有司徒府，东有大将军高肇宅，北连义井里。义井里北门外有桑树数株，枝条繁茂，下有甘井一所，石槽铁罐，供给行人，饮水庇荫，多有憩者。有佛殿一所，像辇在焉，雕刻巧妙，冠绝一时。堂庑周环，曲房连接，轻条拂户，花蕊被庭。至于六斋，常设女乐。歌声绕梁，舞袖徐转，丝管寥亮，谐妙入神。以是尼寺，丈夫不得入。得往观者，以为至天堂。及文献王薨，寺禁稍宽，百姓出入，无复限碍。后汝南王悦复修之。悦是文献之弟。召诸音乐，逞伎寺内。奇禽怪兽，舞抃殿庭，飞空幻惑，世所未睹。异端奇术，总萃其中。剥驴投井，植枣种瓜，须臾之间皆得食。士女观者，目乱睛迷。自建义以后，京师频有大兵，此戏遂隐也。

文章先写景乐寺周边幽雅的环境，次写寺内殿堂富丽堂皇、佛像雕刻精美，显示了劳动人民在建筑艺术上的伟大创造力与卓越的才智。最后写寺院整日歌舞娱乐，佛门净地成了皇族子弟声色享乐之所，有力地鞭挞了北魏统治者荒淫误国的罪行。

《洛阳伽蓝记》不是一部普通的游记，除了佛寺佛事的记载外，又叙述史实，描写人物，录以志怪，"采撷繁富，亦足以广异闻"。（《四库全书总目·卷70·地理类》）尤其是志怪传说，带有浓厚的传奇色彩，如《城内》卷中的一段：

池西南有愿会寺，中书侍郎王翊舍宅所立也。佛堂前生桑树一株，直上五尺，枝条横绕，柯叶傍布，形如羽盖。复高五尺，又然。凡为五重，每重叶椹各异，京师道俗谓之神桑。观者成市，布施者甚众。帝闻而恶之，以为惑众，命给事黄门侍郎元纪伐杀之。其日云雾晦暝，下斧之处，血流至地，见者莫不悲泣。寺南有宜寿里，内有苞信县令段晖宅，地下常闻钟声。时见五色光明，照于堂宇。晖甚异之，遂掘光所，得金像一躯，可高三尺。并有二菩萨，跌坐上铭云："晋泰始二年五月十五日侍中中书监荀勖造。"晖遂舍宅为光明寺。时人咸云："此荀勖旧宅。"其后，盗者欲窃此像，像与菩萨合声喝贼，盗者惊怖，应即颠倒。众僧闻像叫声，遂来捉得贼。

作者搜奇记异，常将小说笔法与史传笔法交替使用，使文章虚实相间，亦真亦幻，增强了文章的故事性与吸引力，这也是《洛阳伽蓝记》的一大艺术特点。《洛阳伽蓝记》与《水经注》相比，也以描写叙述为主，兼具议论、抒情，但《洛阳伽蓝记》多用骈俪之句，尤其是议论部分，骈俪特色超于《水经注》，但又与南朝骈偶不同。作者文笔华艳，但不堆砌辞藻；虽多骈句，但骈散有机配合。可谓"掇彼清音，简兹累句，各去所短，合其两长"，其"体例绝为明晰，其文秾丽秀逸，烦而不厌，可与郦道元《水经注》肩随"。(《四库全书总目·卷70·地理类》)在与南朝散文的融合中,其融合的特点比《水经注》还要鲜明。

(二) 由南入北的散文作家

东晋初,大批北方文人南迁,促进了南方文化的发达,之后,北朝的统治者也重视任用文士,竭力收罗南方的文人学者,甚至使用强硬的手段羁押南方名士,逼迫他们为自己的政权服务。这些羁留北方的南方文人,使北朝的散文更具有南北文风交融的特色,其代表人物当推王褒、庾信和颜之推。

王褒(约513—576)字子渊,琅玡临沂(今属山东)人,以文才得宠于梁朝诸帝,梁元帝时官至吏部尚书、左仆射,《周书》本传称:"褒识量渊通,志怀沉静。美风仪,博览史传,尤工属文。"江陵被西魏攻陷后,入北朝,从此后终未能南归。北周时官至太子少保、少司空。王褒沦为北朝降臣,"汉节楚冠,凄凉在念"(张溥《汉魏六朝百三家集·王司空集题辞》),加上北朝尚质风气的影响,他的文风发生了很大变化,常以骈俪优雅之笔,描写北方苍茫风光,寄寓故国悲痛之思,其代表作当为《与周弘让书》,兹录一段于下:

> 弟昔因多疾,亟览九仙之方;晚涉世途,常怀五岳之举。同夫关令,物色异人;譬彼客卿,服膺高士。上经说道,屡听玄牝之谈;中药养人,每禀丹砂之说。顷年事道尽,容发衰谢,芸其黄矣,零落无时。还念生涯,繁忧总集。视阴惕日,犹赵孟之徂年;负杖行吟,同刘琨之积惨。河阳北临,空思巩县;霸陵南望,还见长安。所冀书生之魂,来依旧壤;射声之鬼,无恨他乡。白云在天,长离别矣,会见之期,邈无日矣。援笔揽纸,龙钟横集。

作者的感情痛苦哀伤,文章的意境萧瑟悲凉,却以富赡的藻绘相饰。抑扬顿挫的声律,繁密生僻的典事,整齐妥帖的对仗,也能恰到好处地表达思乡的殷切,归隐山水的真诚,年华易逝的感慨。形式是华丽的,风骨是刚健的,感情是真切的,这在南朝散文中是罕见的。

庾信(513—581)字子山,南阳新野(今属河南)人,早年随父庾肩吾出入宫廷,与徐陵共同创作了不少轻艳绮丽的诗文。后出使西魏,被扣留,历仕西魏、北周,官至开府仪同三司,世称"庾开府"。庾信"妙善文词,尤工诗赋。诔夺安仁之美,碑有伯喈之情,箴似扬雄,书同阮籍"。

(宇文逌《庾开府集序》)入北朝后,其诗文的主题与风格发生了巨大的变化,形成前后两个不同的创作阶段。《四库全书总目·卷148·别集类》说:"至信北迁以后,阅历既久,学问弥深,所作皆华实相扶,情文兼至。"常以清新苍凉的格调哀吟着对故国的思念,其中《哀江南赋》是其优秀的代表作。此赋有序,用骈文写就,序文写道:

> 粤以戊辰之年,建亥之月,大盗移国,金陵瓦解。余乃窜身荒谷,公私涂炭。华阳奔命,有去无归,中兴道销,穷于甲戌。三日哭于都亭,三年囚于别馆。天道周星,物极不反。傅燮之但悲身世,无所求生;袁安之每念王室,自然流涕。昔桓君山之志事,杜元凯之平生,并有著书,咸能自序。潘岳之文采,始述家风;陆机之辞赋,先陈世德。信年始二毛,即逢丧乱,藐是流离,至于暮齿。《燕歌》远别,悲不自胜;楚老相逢,泣将何及!畏南山之雨,忽践秦庭;让东海之滨,遂餐周粟。下亭漂泊,高桥羁旅,楚歌非取乐之方,鲁酒无忘忧之用。追为此赋,聊以记言,不无危苦之辞,唯以悲哀为主。
>
> 日暮途远,人间何世。将军一去,大树飘零;壮士不还,寒风萧瑟。荆璧睨柱,受连城而见欺;载书横阶,捧珠盘而不定。钟仪君子,入就南冠之囚;季孙行人,留守西河之馆。申包胥之顿地,碎之以首;蔡威公之泪尽,加之以血。钓台移柳,非玉关之可望;华亭鹤唳,岂河桥之可闻。
>
> 孙策以天下为三分,众才一旅;项籍用江东之子弟,人唯八千。遂乃分裂山河,宰割天下。岂有百万义师,一朝卷甲,芟夷斩伐,如草木焉!江、淮无涯岸之阻,亭壁无藩篱之固。头会箕敛者,合从缔交;锄耰棘矜者,因利乘便。将非江表王气,终于三百年乎?是知并吞六合,不免轵道之灾;混一车书,无救平阳之祸。呜呼!山岳崩颓,既履危亡之运;春秋迭代,必有去故之悲。天意人事,可以凄怆伤心者矣!况复舟楫路穷,星汉非乘槎可上;风飙道阻,蓬莱无可到之期。穷者欲达其言,劳者须歌其事。陆士衡闻而抚掌,是所甘心;张平子见而陋之,固其宜矣!

《哀江南赋》是我国第一篇规模宏大、催人泪下的自传体赋作,它以作者的身世经历为线索,以金陵、江陵沦陷为重点,真实、生动、形象地再现了梁王朝盛衰兴亡的历史,在此之前,还没有人能以史诗的规模和气魄,以赋体的形式来再现一个朝代覆灭的全过程。在反映事变中,倾诉了作者亡国的痛苦、对昏君误国的愤怒、对敌国与叛军的仇恨、对国人惨遭杀害的同情、对自己失身仕敌的耻辱，以及故国可思而不可归的悲哀、宦途的畏谗惧祸。《四库全书总目·卷148·别集类》称庾信"骈偶之文，则集六朝之大成，而导四杰之先路，自古迄今，屹然为四六宗匠"，评价十分准确，《哀江南赋》在我国赋史上具有里程碑的伟大意义。《哀江南赋序》同其赋文一样，也是一首气魄宏伟、格调悲慨的爱国悲歌，它唱出了那个时代所有亡者的哀痛；它又是那个动乱时代的一面镜子，真实地记录下大祸乱中人民的种种惨状。作者以抒发哀思为主题，把叙述、描写和抒情有机地融为一体，构思精巧，文辞富丽，疏密有致，骈散相间，语言的运用服从于悲哀感情的抒发。所写世事纷繁而条分缕析，行文曲折多变而脉络清晰，以秾丽之词写沉郁之情，情韵苍凉，风格老成，虽然个别地方用典用事有牵强附会之处，但整体来说运用得自然、恰当，如同己出，既典雅博丽又言简意赅。既体现了南朝骈文骈俪藻绘的特点，又汲取了北朝散文刚健流畅之长，无南朝骈文的呆板凝滞。杜甫曾写诗称赞说："庾信文章老更成，凌云健笔意纵横。"（《戏为六绝句》）庾信的辞赋为南北朝辞赋之冠，其骈文也为南北朝骈文之冠，庾信可谓是南北朝辞赋骈文之集大成者。

颜之推（约531—约591）字介，祖籍琅玡临沂（今属山东），生于江宁（今属江苏），仕于梁，梁灭被西魏所掳，后逃至北齐，任黄门侍郎、平原太守，齐亡入周，为御史上士。隋开皇中太子召为学士。他博览群书，词情典丽。身历南北两朝，深知南北文风的特点，晚年融南北散文的优长，撰成《颜氏家训》七卷二十篇，以亲身经历见闻，论列人情世故，宣扬儒家传统的立身治家之道，内容还涉及博物、志异、艺文、考据等。

颜之推崇尚儒学，对当时"辞胜而理伏"的文风很不满意，在《颜氏家训·文章篇》中说道：

> 文章当以理致为心肾，气调为筋骨，事义为皮肤，华丽为冠冕。今世相承，趋末弃本，率多浮艳。辞与理竞，辞胜而理伏；事与才争，事繁而才损。放逸者流宕而忘归，穿凿者补缀而不足。时俗如此，安能独违？但务去泰去甚耳。必有盛才重誉，改革体裁者，实吾所希。古人之文，宏材逸气，体度风格，去今实远；但缉缀疏朴，未为密致耳。今世音律谐靡，章句偶对，讳避精详，贤于往昔多矣。宜以古之制裁为本，今之辞调为末，并须两存，不可偏弃也。

颜之推把文章的内容即理视为"本",把文章的形式即辞视为"末",反对"趋末弃本",同时又重本而不弃末,两者不偏废。显然是既坚持传统儒家的"文质观",又融合了南北文章的特点,提出自己融合折中的观点。其《颜氏家训》每一篇都体现了这一文学思想,如《勉学篇》中写道:

> 人生小幼,精神专利,长成已后,思虑散逸,固须早教,勿失机也。吾七岁时,诵《灵光殿赋》,至于今日,十年一理,犹不遗忘;二十之外,所诵经书,一月废置,便至荒芜矣。然人有坎壈,失于盛年,犹当晚学,不可自弃。孔子云:"五十以学《易》,可以无大过矣。"魏武、袁遗,老而弥笃,此皆少学而至老不倦也。曾子七十乃学,名闻天下;荀卿五十,始来游学,犹为硕儒;公孙弘四十余,方读《春秋》,以此遂登丞相;朱云亦四十,始学《易》《论语》;皇甫谧二十,始受《孝经》《论语》:皆终成大儒,此并早迷而晚寤也。世人婚冠未学,便称迟暮,因循面墙,亦为愚耳。幼而学者,如日出之光,老而学者,如秉烛夜行,犹贤乎瞑目而无见者也。

作者以自己的切身体验与古贤哲的事迹,来立论明理,说明早学胜于晚学,晚学胜于不学。文章平易朴实,娓娓如话家常。语言通俗易懂近于口语,全无浮华雕饰习气,言浅意深,语淡情真,给人以形象的感染与理性的启迪。文章中偶有骈偶,也出于自然。文势畅达,声韵铿锵,却是自然天成。颜之推文章以散体为主,没有刻意追求偶对,不铺锦列绣,也不堆叠典故,体现的正是"理"与"辞""并须两存"的新的审美观,他推崇儒学,以及他的文学主张与文学实践,都开唐代古文运动风气之先。

结　　语

汉末,名教废弛,儒学独尊的地位发生动摇。从魏晋开始,玄学风行一时,不论是王弼、何晏等人的"贵无论",还是裴頠的崇有论、郭象的独化论,都想通过儒、道融合来建立新的思辨体系。至于鲍敬言的无君论乃至南朝齐梁时范缜的神灭论等,则是继承了汉代桓谭、王充的唯物论学说,继续向封建专制、神学化经学、迷信谶纬展开批判。南北朝时期,

第五章　儒释道交融下的魏晋南北朝散文

佛、道二教的影响日见显著，儒、释、道等各种思想展开了激烈的博弈，它们又互相吸收互相融合，这是继先秦百家争鸣之后的又一次大规模的思想解放运动。人们在很大程度上摆脱了僵化的经学的束缚，突破了传统的重宗法轻个体的思维观念，深入到对人的生命价值的思辨与生存方式的探索，开始重视人生的内在价值而不仅是社会人伦之理。各种思想意识，尤其是儒、释、道，在长期的此起彼伏的斗争、融合中，最终形成了以儒学为主体、以佛教和道教为两翼的中华传统文化的新构架。意识形态的新变，无疑给散文乃至文学创作带来了深刻的变化。

建安时期，大一统格局已被豪强割据所打破，各地军阀互相攻伐，造成生灵涂炭，此时期的散文，反映了祸乱相继的社会现实，一向奉为神圣的皇权受到空前猛烈的抨击，著名的社会批判家当数仲长统。其《昌言》充满了批判与求真的精神，对整个汉代的兴衰史做了全面的反思与评判。建安杰出的散文作家是"三曹七子"，曹操崇尚刑名，喜好法术，对传统的儒家人才观乃至儒学的基本观念提出严重的挑战，其命令、书信与奏章，表现出一种清峻、通脱的风格，开魏晋一代新风气。曹丕以书信叙友情，悼亡友，凄楚哀痛，风格清丽流畅。他的《典论·论文》是我国较早的文学批评专论，在我国文学批评史上有奠基的作用。曹植是建安及曹魏时期最杰出的作家，他的书、表，才思奔涌，自然流畅，感情激越，辞采华赡，寄托遥深，在清峻、通脱的基础上显示出"华靡"的特征，预示了整个魏晋南北朝散文的发展总趋势。"建安七子"的散文各有个性，总体表现出"慷慨任气"的特征，文坛一时呈现出"彬彬之盛"的局面。相比之下，蜀汉、东吴二地的散文便难与曹魏相提并论了，但蜀汉诸葛亮的《出师表》，千古传诵，集中地体现了传统儒学不重天命重人事及"三不朽""修、齐、治、平"的思想，表现了作者忠君报国的一腔赤诚，为后代树立了儒家仕者的楷模。

正始时期，皇权旁落于司马氏之手，司马氏以名教为借口，残酷迫害异己。一些名士不再拘泥汉儒旧说，以道释儒，创立了新的思想——玄学，以老庄的"自然"处世哲学与司马氏集团抗衡。他们分为两大派，一是以王弼、何晏为代表的"正始名士"派，提出"名教本于自然"说，主张名教出于自然，符合"无为"的原则。一是以嵇康、阮籍为代表的"竹林七贤"派，主张"越名教而任自然"，重自然轻名教，对当权者及传统世俗表现出强烈的反叛精神。

西晋后期，出现了许多玄学新流派，主要有"虚无"派、"崇有"派与"独化派"。"崇有"与"独化"之说，已表现为以儒释道，说明儒学又开始受到社会的重视。两晋的玄学不仅体现为儒、道融合，还体现为与佛学合流。在新的思想格局下，涌现出许多有才情有特色的作家，像西晋的傅玄、张载、陆机、潘岳、左思，两晋之际的刘琨、郭璞，东晋的王羲之、葛洪、孙绰等，都擅名一时，其中陶渊明独树一帜，卓然为一大家。按散文体式分，两晋有情笃辞婉的传记散文，其代表作有傅玄的《马先生传》、李密的《陈情表》、陶渊明的《五柳先生传》。有哀怨伤感的悼亡散文，其代表作有潘岳的《马汧督诔》、陆机的《吊魏武帝文》。有谐谑有趣的寓言散文，其代表作有鲁褒的《钱神论》、张敏的《头责子羽文》。有寄托遥深的山水散文，其代表作有王羲之的《兰亭集序》、慧远的《庐山记》、陶渊明的《桃花源记》。从东晋开始，作家们真正把自然景物当作了主要的审美对象。

南北朝时期的南朝，战乱较少，社会相对稳定，加上文人大量南移，南方成为中华文学的中心。与魏晋比，南朝在儒、释、道相互融合中，佛教的色彩更为浓厚，受佛教"明心见性"等重要观念的影响，作家们相应地淡化了儒家道德伦理的观念，更倾向于把文学作为抒发个人情感及追求审美愉悦、展示个人文采的工具，把创作精力与兴趣放在追求形式美的方面，造成以形式美为重要特征的骈体文的形成和极度发达。南朝刻意追求文学的形式美，也与统治者的大力提倡有关。同时，刻意追求文学的形式美，也是文学自身发展的结果。南朝散文大家不多，然而却作手如林，有帝王皇族，如梁简文帝萧纲、梁元帝萧绎、陈后主陈叔宝、梁太子萧统等；有宫廷词臣，如沈约、任昉、徐陵、江总等；有文章世家，如谢灵运、谢庄、谢朓等为代表的陈郡谢氏，王俭、王融、王筠为代表的琅邪王氏等；有"才秀人微"的下层文士，如鲍照、江淹、刘峻等人。内容较为充实的骈文，多出自于"才秀人微"的这一作者层。

北朝散文虽受南朝骈文的影响，但单行散句之文，并不被人鄙薄。北朝统治者对儒释道的态度与南朝有所不同，因而导致文学审美观点也有所不同。北朝统治者入主中原后，十分清楚不论实行有效统治，还是加速向封建化过渡，儒学比佛、道更具有这方面的社会功能，自然相应地追求散文的社会实用功能，侧重于内容的畅快表达。加上北方风俗习惯和文化渊源与南方有一定差异，语言质朴，风格粗犷，尚实际重气质，这也是单行散句堂而皇之地行于世的一个原因。北朝散文能兼采南朝骈文之长而去其短，文质兼备。北朝有影响的散文作家可分两大类：一类是本土作家，以高允、温子升、邢邵、魏收、苏绰、卢思道、郦道元、杨衒之等为代表。郦道元的《水经注》与杨衒之的《洛阳伽蓝记》和由南入北的颜之推的

《颜氏家训》,被誉为"北朝三书"。一类是由南入北的作家,其代表人物当推王褒、庾信和颜之推。其中庾信可谓是南北朝辞赋骈文之集大成者。而颜之推的《颜氏家训》,已具唐代古文的风气。

第六章　隋唐五代儒家道统的复兴
　　　　与古文的兴起

　　中国的历史发展至隋唐五代时期，不论儒学还是散文，都发生了空前的巨变，其标志就是儒学道统的复兴与古文的兴起。

　　经过三四百年的历史发展，至隋唐时期，外传的佛教已经中国化，这是中国佛教学说的最大特点，标志着中国佛教的成熟，也标志着中国佛教发展达到了鼎盛。面对佛教的压力，唐代初、中叶时，儒学大师们就以复兴儒学为己任，纷纷奔走呼号，著书立说，大造舆论。儒学的复兴，完全是回应佛教严重挑战的结果。儒学在与释、道的冲突、斗争、融合中，形成了三教鼎立之势，人们在三教的相互比较中，再一次认识到儒学对社会发展的重大理论先导作用，儒学得到相应的尊重和提倡。长期不一致的儒学各派观点，逐渐取得了统一，出现了具有划时代意义的《五经正义》，重新确立了儒学主流意识的地位。唐中叶以后，韩愈提出恢复儒学"道统"，柳宗元等人则以援佛入儒的形式，提倡复兴儒学，儒学在批判释、道二教的同时，又以坦然的心态面对释、道二教，积极吸收二教有用的思想要素，自身得到提升与改造，成为一个全面开放的体系，建构成新的代表中华文明的文化体系。

　　儒家道统的复兴，必然引起古文的兴起。本来传统的古文，语言质朴自由、形式不受限制，最适宜宣传儒学，长期一直居于文坛正统地位。但自南北朝以来，却被严格讲究对偶声律、滥用典故辞藻的骈文所代替。为了宗经明道，治民经国，从隋朝开始皇帝就下诏改革文弊，但积重难返，无力扭转颓风。唐初，一批批先驱者努力提倡古文，然而终难成气候。中唐时期，以韩愈、柳宗元为首的改革派，打着"复古"的旗帜，对风靡数百年的骈文进行了大胆的批判、革新，他们一方面提出了一套比较完整的古文理论，一方面创作出了大量的新体优秀散文作品，同时又有一批支持者参与和追随者热烈响应，从而形成了声势浩大、颇有影响力的古文运动，从体裁、文风和语言诸方面确立了新体散文在文坛上的主导地位。唐代新体散文的创立与成熟,大大地提升了散文进行儒学教化的社会功能,开创了中国古代散文发展的新时代。唐代散文上承三代两汉传统,下导宋元明清散文发展趋向,以儒学内涵正人心改风俗,以平易形式振文风革浮华,创中国古代散文繁荣昌盛的新巅峰,为后世中国古代散文的发展确定了范式和奠定了基础,甚至对我们今天的现代散文也有沾溉与启迪的作用。

隋唐五代是我国重要的历史发展阶段,总观这段历史时期,分裂、动荡是短暂的,政治统一、时局稳定、经济繁荣是历史的主流,唐王朝不仅占据了这一历史时期的绝大部分时间,而且创造了中国历史上堪与汉帝国相媲美的又一鼎盛的封建社会,后人将其与汉帝国并称,称之为"汉唐盛世"。唐代在政治、经济、文化各个方面的成就,是隋唐五代历史进步的标志,唐代散文也在总体上代表了整个隋唐五代时期散文的水平。唐代散文,无愧于盛世华章之誉,散文大家蔚起,作品之多,质量之高,都是空前的。仅清代编辑的《全唐文》便收集了三千余名作者的一万八千多篇文章,文章的题材、体裁、风格、流派都呈现出多样化。骈文、古文、小品杂文,都有千古传诵的名篇,标志着中国散文发展的繁荣与辉煌。如果说唐诗标志着中国古典诗歌的高峰,那么唐文与之相比,也毫不逊色。无论内容还是形式,都是中国后世封建社会散文的楷模。如果把唐代散文放到隋唐五代这一历史时期来看,唐代散文则是隋唐五代散文的高峰。而隋代散文处于攀登高峰过程中的初始阶段,五代散文则处于从高峰下滑过程中的最后阶段。根据隋唐五代散文体式发展演进的状况,笔者试把隋唐五代的散文发展划分为四个阶段。

第一阶段为隋及初唐阶段,时间大致从581年隋文帝杨坚立国至712年唐玄宗李隆基登基,经历了隋文帝、炀帝、恭帝、越王、唐高祖、太宗、高宗、中宗、睿宗、则天后武曌诸朝。这是唐代散文变革的准备、探索阶段,谏官、史官强调文章经世致用,初唐四杰的骈文新变,多少显露出文章文风改革的信息。打出鲜明的文风改革的旗号,是初唐后期的陈子昂,他高举起复古旗帜,以恢复古代风雅相号召,大声呼吁扭转五百年之久的道德文章衰萎的局面。

第二阶段为盛唐阶段,时间大致从712年至805年唐顺宗即位,主要经历了唐玄宗、肃宗、代宗、德宗四朝。如果说第一阶段的改革主要着眼于文风,那么,第二阶段已经深入到文体。以张说、苏颋为代表的宰相重臣的"大手笔",引散入骈,使骈文出现散化趋向;而元结、李华、萧颖士、独孤及等人则直接使用散体作文,服务于宗经明道,说明文体由骈而散的转变已经完成，他们都成为古文运动的先驱。

第三阶段为中唐阶段，时间大致从805年至841年唐武宗李炎登基，经历了唐顺宗、宪宗、穆宗、敬宗、文宗诸朝，这是散文改革从单纯复古走向创新的阶段。以韩愈、柳宗元为代表的古文运动领袖，把古文运动的理论系统化，从早期古文运动先驱或一概排斥骈文，或在骈文中注意反映社会现实，或援散入骈，发展到有选择地继承先秦两汉古代散文的优秀传统，批判地吸收骈文的艺术技巧，而完成了独立的新式散文的建树。并创作了大量的足以取代骈文统治地位的新式优美散文，"起八代之衰，实集八代之成"（刘熙载《艺概·文概》），引起一批志同道合者的追随或响应，在文坛上形成了颇有声势的古文运动，真正树立了新体散文，即古文在文坛上的正统权威。

第四阶段为晚唐五代阶段，时间大致从841年至960年北宋太祖赵匡胤建宋时，中间经历了唐武宗、宣宗、懿宗、僖宗、昭宗、哀帝诸朝及五代十国时期，这是古文运动走向衰落骈文回潮的阶段。古文运动衰落的原因很多，其中一个重要的原因是韩、柳古文运动的后继者，或把古文单纯变成宣扬儒学的工具，或片面地标新立异，求其奇异怪僻，把古文运动引向衰微。不过，以皮日休、罗隐、陆龟蒙为代表的作家，坚持了古文运动的现实主义方向，用小品文的形式，反映、批判了动乱、黑暗的社会现实。

以上主要以散文体式的变化来划分其发展的阶段，从形式上着眼的划分，容易操作也显而易见。但是形式的变化总是缘于内容的变化，散文的不同内涵决定了散文的不同体式。散文体式的变化，也反映了散文内涵的变化。唐代散文取得辉煌的成就，主要取决于复兴儒学的需要，儒学决定了文体改革的内涵，同时也决定了新体散文形式的创立与成熟。

一　儒家道统的复兴

（一）天下归一，南学兴盛

公元581年，北周隋王杨坚（即后来的隋文帝）代北周称帝，改国号为隋。公元589年灭陈，统一了全国，结束了汉末以来四百年的长期动乱、分裂的局面。604年隋文帝被太子杨广杀死，杨广继位，是为隋炀帝。即位后的隋炀帝奢侈暴虐，大兴土木，穷兵黩武，人民深受其害，各地农民纷纷起义。唐国公、太原留守李渊乘机起兵反隋，618年杨广被禁军将领宇文化及等缢杀，隋朝随即土崩瓦解。隋朝如同秦帝国一样，寿命十分短促，只有37年的时间，然而它的历史意义同秦帝国一样，十分重大。隋朝帝国的重建，是继东汉之后，使中断了数百年的大一统帝制得以恢复。面对重建大一统，隋朝在政治、经济、军事、文化、思想等方面进行了一系列的改革，以适应历史的发展。尤其是隋文帝在位期间，在经济上，实行均田制，扩大垦田面积，免除盐酒商税，重编户籍，削弱豪强势力，确保国有财政收入。在政体上，建立了三省六部制、科举制等，加强了中央集权制，但它的社会效益也如同秦帝国一样，都是在后朝才充分显示出来。如唐代执行并完善了隋朝的科举制，以明经、诗赋取士，重科举轻门阀，让一大批庶民子弟有了参政的机会，培养、造就了一个精通儒学又能用儒学理论解决社会现实问题、博学多才会写文章的知识阶层，更为重要的是影响了整个社会读经习文风气的形成。科举制吸引了大量的读书人投身举业，努力跻身政府机构，大大改善了机构人员的知识结构，为全面推行儒学奠定了基础。

　　隋朝大一统帝制重建后，鉴于秦、汉帝制的衰亡、魏晋南北朝的动乱，该总结的历史教训有方方面面，但最重要的是如何借鉴历朝国家政权的得失，以建立和谐稳定的社会秩序，维持大一统的长治久安。要做好这一头等大事，一是靠中央集权专政；二是靠意识教化，而意识教化的强大思想武器就是儒学。分裂、动荡的乱世，儒学可能"无用武之地"，然而在大一统的治世，其作用就马上显而易见。儒学的核心是仁，以礼来体现仁，用以化解、调和社会矛盾、促进社会和谐。对个人来说，也须以仁礼达和为原则，心中怀仁，动而中礼，安于和乐。和谐才能使社会有序、认识一致、行动整齐，从而达到江山永固。所以隋文帝登基不久的开皇三年（583），就下诏提倡儒家仁义道德："朕君临区宇，深思治术，欲使生人从化，以德代刑。""行仁蹈义，名教所先，厉俗敦风，宜见褒奖。"（《隋书·文帝纪》）"于是超擢奇秀，厚赏诸儒，京邑达乎四方，皆启黉校。齐、鲁、赵、魏，学者尤多，负笈追师，不远千里，讲诵之声，道路不绝。中州儒雅之盛，自汉、魏以来，一时而已。"并加封孔子后裔为邹国公。只惜"及高祖暮年，精华稍竭，不悦儒术，专尚刑名，执政之徒，咸非笃好。既仁寿间，遂废天下之学，唯存国子一所，弟子七十二人。"然而"炀帝即位，复开庠序，国子郡县之学，盛于开皇之初。征辟儒生，远近毕至，使相与讲论得失于东都之下，纳言定其差次，一以闻奏焉。"（《隋书·儒林传》）隋炀帝对文帝晚年废儒之举有所纠正，征天下儒术之士,扩大内廷讲论儒经的规模,提拔精于儒术的儒生为太学博士。下诏宣称儒家礼义德行是立身之基,立国之本。并改封孔子后人为绍圣侯,进一步提高孔圣人及儒学的地位。特别是又建进士科,实行科举,考经学以取士,为儒学争得社会意识形态中的主导地位起了决定性的作用。隋朝统治者复兴儒业,目的是把儒学当作一种治术,一种加强思想控制为大一统服务的工具。

然而隋朝儒学的复兴还是步履维艰,统治者对儒学重视的态度不能始终如一且不说,就是依据儒学自身发展的趋势,也难以回到两汉独尊儒术的时代。隋朝在政治上的统一,使原来差异很大的南北方儒学也趋向统一,这种统一是由强势的南学逐渐取代了北学。清代皮锡瑞在《经学历史·经学统一时代》中说:

> 学术随世运为转移,亦不尽随世运为转移。隋平陈而天下统一,南北之学亦归统一,此随世运为转移者也;天下统一,南并于北,而经学统一,北学反并于南,此不随世运为转移者也……北人笃守汉学,本近质朴,而南人善谈名理,增饰华词,表里可观,雅俗共赏。故虽以亡国之余,足以转移一时风气,使北人舍旧而从之。

南学不同于北学,就在于南学本身吸收和融合了大量的佛、道思想,并继续沿袭魏晋遗风,主要兴趣在于注经的"博通",而不是特别强调继承传统儒学的仁义精神。

隋文帝、炀帝虽多次下诏提倡儒学,但因为只把儒学当作一种治术,其指导思想是三教兼用。在尊奉儒学的同时,对佛教、道教也积极扶持和利用,完全以自己不同时段的需要而侧重利用某一教,并无一贯的重此轻彼之意。如开皇二十年(600),隋文帝下诏重申对佛教、道教的崇信和保护。杨广即位后,广建佛寺,又迷信道教长生不死之说。从个人信奉方面看,隋朝统治者更倾心于佛、道二教,所以隋朝名士李士谦曾形容当时三教的情况是:"佛,日也;道,月也;儒,五星也。"(《隋书·隐逸传》)在统治者心目中,儒学实际地位并不高。

儒、佛、道三教都想取得优势地位,但在佛、道风靡一时的情况下,儒学必须面对现实,顺应时代潮流,积极吸纳佛、道合理的思想,为自己寻找新的生长点,只有如此,才能真正弘扬儒学,对争夺意识形态领域的主导地位作出积极的回应。作为内史的颜之推,在对传统儒学肯定的前提下,提出三教趋同的观点。其《颜氏家训》的《归心篇》,认为儒、佛二教本为一体,佛教为内教,儒学为外教,佛教的五戒与儒家的五常含义与作用相同,而在义理方面,在对心、性、欲、情等方面的剖析上,佛理概念更胜一筹。儒学显然有借鉴吸取的必要,颜之推的主张,已开儒学借鉴佛教心性理论以改造自身的先河。

最能代表隋朝儒学思想的要数王通,王通(584—617,一说生于公元580年),字仲淹,绛州龙门(今山西河津)人,门人私谥"文中子"。王通家学渊源深厚,从小就受到儒学的熏陶。后立志弘扬儒学,明周、孔之道,两《唐书》称他为隋代的名儒、大儒。仁寿三年(603)上隋文帝《十二策》,不被采纳,退而授徒著述。如同扬雄一样,王通敢于摹拟儒家经典,著《续书》《续诗》等,又仿《论语》作《中说》(又称《文中子》),以语录的形式记录下他讲课的主要内容,以及与其弟子、朋友、时人问答之语,也有后人增补的涉及王通身后事的内容,《中说》对儒家学说的阐述,代表了隋朝儒家学派的认识水平。

《中说》所反映的思想是多方面的,主要是提倡复兴王道,主张"三教可一",在当时信佛佞僧的社会背景下,有积极的进步意义。所谓王道,是与霸道相对称的,就是与暴政相反的仁政统治。孟子说:"以德行仁者王。"(《孟子·公孙丑上》)王道的核心是王者行仁政。儒家常说的"先王之道",就是指从黄帝、尧、舜以来先王们一直奉行的以德服人,以仁待民的仁德政治。但魏晋以来数百年的分裂、动荡,如同春秋战国一样,王道沦丧,礼崩乐坏,王通深感"冠礼废,天下无成人矣。昏礼废,天下无家道矣。丧礼废,天下遗其亲矣。祭礼废,天下忘其祖矣。"(《中说·礼乐》篇,本节再引《中说》语,只注篇名)国不成国,家不成家,人不成人,造成这种痛心的局面,主要在于执政者"失道"。"古之仕也以行其道,今之仕也以逞其欲。"(《事君》)为王不行王道而昏聩,执政不施仁政而贪腐,能不"失道"?"悠悠素餐者,天下皆是,王道从何而兴乎?"(《王道》)昏君贪官,沉瀣一气,都是些白吃饭的寄生虫,王道何能兴起?正因为"上失其道",才造成"民散久矣"。(《礼乐》)社会发生普遍信仰危机已经很久了,人心涣散如同一盘散沙,要想扭转这种"失道"的衰败局面,必须首先要"复道",即恢复王道。复道不难,关键就是掌权者能带头"弘道",他说:"'人能弘道',苟得其行,易如反掌耳。昔舜、禹继轨而天下朴,夏桀承之而天下诈,成汤放桀而天下平,殷纣承之而天下陂,文、武治而幽、厉散,文、景宁而桓、灵失,斯则治乱相易,浇淳有由。兴衰资乎人,得失在乎教。其曰太古不可复,是未知先王之有化也,《诗》《书》《礼》《乐》复何为哉?"(《立命》)历史上出现几番盛世,无不是圣王继承弘扬王道的结果,出现几番衰败灾难,无不是由于昏君背离王道所致。复兴王道实际也很简单,就是复兴儒学,以儒学的仁义理念去执政,用儒学仁义理念去进行教化,大一统的王朝需要有统一的理念,这种统一的理念,都明明白白地写在儒家经典里,儒家经典告诉人们的就是历史兴衰之由,就是先王的治世化民之道,否则儒家的《诗》《书》《礼》《乐》等经典流传下来又作何用呢?

当然,儒家的经典虽流传在世,但数百年来,社会发生了巨大的变化,佛教传来,道教兴起,儒学几番嬗变,现实政治弊端丛生,过去先王圣贤没遇到、没阐述的问题多得很,光简单恢复先王之道还是不够的,因为"通其变,天下无弊法,执其方,天下无善教。"(《周公》),面对现实的"失道","复道"也要有针对性,知其弊,通其变,不可偏执一隅。因此,王通才撰写续经之作,不仅阐释王道,而且对王道予以新的发展。他的"三教可一"的主张,就是其变通思想的一种体现。《问易》篇载:

> 程元曰:"三教如何?"子曰:"政恶多门久矣。"曰:"废之如何?"子曰:"非尔所及也。真君、建德之事,适足推波助澜、纵风止燎尔。子读《洪范》《谠议》曰:'三教于是乎可一矣。'"

王通当然对思想混乱政出多门的现实深恶痛绝,也希望能以儒学来统一思想与政令,但他不能对佛、道二教强大的势力视而不见,在佛、道蓬勃发展的态势下,必须采取积极有效的回应。他从历史的经验教训中看到,简单粗暴的灭佛除道,其结果反而助长了佛、道的发展。当年北魏太武帝拓跋焘、北周武帝宇文邕都曾采取暴力强硬手段灭佛毁道①,然而佛、道只偃旗息鼓一时,日后佛、道卷土重来的势头愈加猛烈,而灭佛毁道的做法恰如推波助澜、纵风止燎,实践证明,用暴力废除佛、道二教,结果适得其反。国家的治乱首先在于君主而不在于教,不能将儒、佛、道的创始人当作昏君暴君亡国的"替罪羊",王通曾说:"《诗》《书》盛而秦世灭,非仲尼之罪也;虚玄长而晋室乱,非老庄之罪也;斋戒修而梁国亡,非释迦之罪也。《易》不云乎?'苟非其人,道不虚行。'"(《周公》)"三教"只是不同的意识形态,关键在于人主如何掌握上。王通虽为名儒,但不固执一说,能以较公允的心态分析儒、佛、道三教,在批判佛、道的基

---

① 北魏太武帝拓跋焘用过"太平真君"的年号,故以"真君"借指拓跋焘。北周武帝宇文邕用过"建德"的年号,故以"建德"借指宇文邕。

础上又看到其可融通的地方,而主体上肯定儒学也看到其有需要改进的方面,三教各有长短,应该以儒学为主体,以佛、道为二翼,三教相互取长补短,"三教于是乎可一矣"。王通虽是北人,却倾向于南方儒学,容纳佛、道,并积极吸收佛、道思想的精华,体现了儒、佛、道三教更趋融合的趋势。

王通重视以儒学为主体的"三教可一"的社会教化,提出学必"贯乎道",文必"济乎义"(《天地》),表现出传统儒家对文学社会功能重视的态度,同时表现出对六朝徒有靡丽形式文风的不满与否定,这种"贯道济义"的思想,在隋代散文发展史上有着举足轻重的意义,对唐代韩愈的明道、征圣、宗经的文道观的产生也有重要的启发作用。

(二)盛世与儒释道兼容并蓄

隋朝虽然结束了南北朝分裂割据的局面,实现了南北统一,但国运短暂,很快就被唐朝所取代。唐朝立国后,政治比较开明,任用贤能,广开言路,君王虚心纳谏,一大批庶族知识分子通过科举而步入仕途,参与国家管理。在经济上,废除六朝时期占统治地位的豪门士族庄园制,实行了均田制和租庸调制,极大地促进了农业生产的发展。随着农业生产的发展,城市经济也日益繁华,拉动了文化和文学艺术的快速发展。在中外文化的交流和各民族文化的交融方面,采取开放、兼容的心态,儒、释、道思想自由传播,真正实现了南北儒学的统一及儒、释、道三者的融合。总之,唐朝处处体现出一种宽容大度的盛世气象。贞观、开元之治是其鼎盛的标志,而安史之乱则是其由盛而衰的转折点,唐朝的历史也以此转折点为界,分为前后两个大的时期,"前期结束南北朝相承之旧局面,后期开启赵宋以降之新局面,关于政治社会经济者如此,关于文化学术者亦莫不如此"。[①]

正如秦帝国的速亡,给汉帝国以深刻教训一样,隋王朝的快速灭国,也给唐帝国以极大的警示。高祖李渊、太宗李世民,都亲身经历了隋炀帝身死国灭的过程,反思自身,深知唐得天下不易,要防止再次出现魏晋南北朝数百年的分裂与战乱,防止重蹈秦、隋二朝灭亡的覆辙,就须牢记"君子安不忘危,存不忘亡,治不忘乱,是以身安而国家可保"的道理。(《旧唐书·魏徵传》)尤其是唐太宗,常以隋亡为戒,与臣子讨论的多是历代治乱兴亡的问题,吸取古来国家盛衰兴亡的经验教训来求得长治久安

[①] 陈寅恪:《论韩愈》,见《金明馆丛稿初编》,上海古籍出版社1980年版,第296页。

之计，所以在他统治的二十三年内，政治清明，社会稳定，经济文化繁荣，开创了贞观盛世。

贞观年间的文化建设，主要体现为大规模修撰史书与统一经学。修史为的是以史为鉴，观前朝兴衰成败，吸取治国的经验教训，寻找适合自己朝代的统治方略。统一经学则为的是确立一个适于中央集权制度的、统一的指导思想。

贞观初年，唐太宗就在中书置秘书内省，负责组织专门修史班子，开创了中国大规模官修史书的基本体制。之前，纪传体已有司马迁的《史记》、班固的《汉书》、南朝宋范晔的《后汉书》、晋陈寿的《三国志》、南朝梁沈约的《宋书》、南朝梁萧子显的《南齐书》，北朝魏收的《魏书》等史著，所以唐王朝主要编纂唐前数朝缺少的纪传体史书。这些新编的史书，大部分是在贞观年间完成的，有的则延至高宗李治的时代。现在选入"二十四史"中唐人编著的纪传体史书，都出自贞观年间史家之手，有房玄龄等人编著的《晋书》、姚思廉在其父姚察旧稿基础上续补而成的《梁书》《陈书》、李百药在其父李德林旧稿基础上续成的《北齐书》、令狐德棻主编的《周书》、魏徵等人编著的《隋书》、李延寿在其父李太师旧稿基础上撰成的《南史》《北史》。

唐朝统治者在佛、道蓬勃发展时期，来统一经学，这是出自于大一统封建国家建设的需要，也是由儒学本身的特性所决定的。建立大一统的封建社会是儒家的理想，儒学正是封建大一统国家建设的理论先导，它的理论主张符合封建大一统国家建设的要求与历史发展的趋势，而佛、道二教所追求的虚幻的"天国""成仙"的理想，甚至道家的小国寡民政治主张，都无法满足封建大一统国家建设的要求。正因为儒、释、道所持不同的理想，决定了它们各自理论的特性。儒学是为大一统封建社会服务的，它崇拜、敬仰的是仁义的统治者，其理论长于尊王攘夷之说和治国治民之术，是大一统封建国家的精神支撑与精神动力，同时自身对大一统封建国家有一种依附性。而佛、道二教，崇拜、敬仰的是佛主、神仙，其理论旨在养性、修炼，以达到个人的成佛成仙，自立性很强，并无依附大一统封建国家的要求与必要，所以其理论阐述也不需要强调为国家政治服务。显然，就儒、佛、道三家而言，选择儒学作治国安邦的指导思想，是最适合不过的。从唐初官方就强调："儒者，所以助人君明教化者也。圣人之教，非家至而户说，故有儒者宣而明之。其大抵本于仁义及五常之道，黄帝、尧、舜、禹、汤、文、武，咸由此则。""儒之为教，大矣！其利物博矣！笃父子，正君臣，尚忠节，重仁义，贵廉让，贱贪鄙，开政化之本源，凿生民之耳目。百王损益，一以贯之。虽世或污隆，而斯文不坠；经邦致治，非一时也。"（《隋书·经籍志》）唐太宗就曾表示："朕今所好者，惟在尧、舜之道，周、孔之教，以为如鸟有翼，如鱼依水，失之必死，不可暂无耳。"（《贞观政要》卷七《崇儒学》）唐代统治者统一经学就是尊重儒学、振兴儒学、确定国家统一指导思想的重大举措。

为什么要统一经学？是因为汉代董仲舒提倡"独尊儒术"之后，儒学虽上升为经学，但同时赋予了它天人感应的神秘色彩，西汉末至东汉，经学更加谶纬神学化。魏晋南北朝，以道释儒，经学又趋向玄学化，同时还存在着古、今文经学之争，南学与北学之别。汉代及魏晋南北朝的儒学都暴露了自身的缺陷，唐代不仅需要一个统一的经学作为官方的主流意识形态，而且需要一个完全符合唐王朝政治需要的儒学。

儒学的载体一是经书；二是解经之传。但以往的经书传到唐代时，因传抄讹误等原因，各种传本存在着不少异字别文。那些解经释义之作，又各持己见，对同一问题的阐述多有歧义。统一经学，首先就是统一经书的文字与统一对经文的注释，为科举考试，尤其是为全国臣民的崇儒习经，提供统一的文本依据。就在朝廷组织专门班子修史的同时，唐太宗就诏前中书侍郎、名儒颜之推之孙颜师古（581—645）于秘书省校订《五经》文字。颜师古取经书的各种传本和其他古籍，参照进行考证校勘，对《易》《诗》《书》《礼》《春秋》经文的讹谬文字多所厘正，用了三年多的时间，确定了《五经》定本。经过房玄龄等人评审鉴定，贞观七年（633），唐王朝正式颁布新校订的《五经》于天下，儒学的《五经》有了统一的权威定本。

几乎与诏令颜师古校订《五经》的同时，唐太宗又诏国子祭酒孔颖达（574—648）领衔撰《五经正义》。颜师古为唐王朝提供一个统一文字与音注的《五经》文本，而孔颖达等诸儒则要为唐王朝提供一个统一的《五经》注释文本，二者是互为配套的重大理论工程。《五经正义》的特点是：引用旧传资料丰富，详于文字训诂，诠释典章制度、名器物色精确，汇集了汉魏晋南北朝时期学者的大部分研究成果，甚至大胆地吸收了一些玄学家注经的意见，故能融贯群言而自成一体，既简明又实用，对学风由谈玄转向务实，起了一定的促进作用。《五经正义》编纂的目的，就是革除儒学多门、注经纷纭繁杂之弊，以南学为主，调和北学，形成对经义统一的认识，结束数百年来解经众说纷纭的局面。《五经正义》虽然本着疏不破注的原则，即疏解时一般不突破原书的范围，但对以往的注解，能以新的指导思想作出是非曲直的评判，进而摒弃汉代以来赋予儒学的神学和玄虚成分，对《五经》作出新的权威性的解释，以建立新时代的官方意识形态体系。

《五经正义》的新解突出了儒学理论与天地人伦根本法则的一致性，以自然的规律证实儒家道德礼法弥纶宇宙、顺天应人的永恒性与神圣性。又吸收佛、道心、性、情、欲、动、静等理论，与儒家道德礼法理论相结合，引申出儒学最符合人的自然本性，并将人的自然本性引导到更高的仁义道德的层面。既有重训诂考据的汉学特点，又有重性命义理的宋学特点，开汉学向宋学过渡之先声，标志着儒学随着唐代盛世的到来又发展到一个新阶段。

《五经正义》在贞观十六年（642）编成，后又经多人校定、增删，于唐高宗永徽四年（653）颁行，儒学以朝廷钦定的资格，处于意识形态的正宗地位。《五经正义》作为全社会必须接受的官方儒学定本，学子诵习，科举考试，均以此为标准与依据，后来还成为《十三经注疏》的组成部分。除《五经正义》外，还有陆德明的《经典释文》、贾公彦的《周礼疏》《仪礼疏》、徐彦的《春秋公羊传疏》、杨士勋的《春秋穀梁传疏》、李鼎祚的《周易集解》等，都对唐代儒学地位的提升与统一产生了不小的影响。

贞观年间统一了经学，而贞观、开元盛世的创立，便是以崇儒为基本国策，在社会实践中贯彻儒学精神的必然成果。儒学对于国家政事的巨大指导作用，是多方面的，最突出的则是以儒学经籍为科考内容，当学习经书成为读书人入仕的正途时，儒学自然在世人心目中具有了崇高的地位。当大批儒生进入国家政权时，自然保证了儒学作为国家主流意识的顺利推行。统一的儒学对于大唐帝国的屡创盛世，为其经济的繁荣、国力的强大、文化的绚烂多彩，都起到了巨大的精神推动作用。

唐朝统治者以儒学兴邦，但并不排斥佛、道二教，不仅不排斥，有时还公开表示信奉佛、道，甚至对基督教、祆教、摩尼教等新近传来的宗教也表示欢迎。只要能为本朝政权服务的宗教，就统统加以利用，当然利用的重点还是道、佛二教，这就为儒、释、道的进一步融合创造了基本条件。

唐王朝统治者崇尚道教，有一个自编的理由，把自己的先祖认定是老子（老子姓李名耳），以示自己的血统高贵。而老子已被道教尊为道德天尊，道教也自然成了李唐王朝的"国教"，也等于是李皇家的"家教"，唐王朝统治者想依老子而显耀，道教也因李唐王朝而地位得到空前的提高。武德八年（625）唐高祖李渊宣布儒、道、佛三教排列顺序是：先道，次儒，后释。唐王朝对道教的大力扶持，自然得到道教的全力拥护。开元年间，唐玄宗下诏，令全国每一家庭都备有《老子》，做到人人诵读，家喻户晓，并进行大规模的道教经典的收集、注释、传播工作，编成道藏《一切道经音义》《三洞琼纲》，唐王朝崇道达到一个前所未有的高度。

在唐朝的皇帝中，唐睿宗、唐玄宗父子二人迷信道教，唐朝后期的武宗更独尊道教，他好神仙，服金丹，禁佛教、毁寺院，令数十万僧人还俗，其余的大都对佛教持扶植利用的态度。唐代开国初期，虽有傅奕、吕才等人，上疏反佛，言及佞佛对社会的危害，但均未被高祖、太宗所采纳。尤其是开创贞观之治的唐太宗，当玄奘西行取经归国时，受到他隆重的欢迎。之后，太宗对玄奘翻译佛经，充分给予了人力、物力、财力的支持，还亲自为玄奘所译佛经写了《大唐三藏圣教序》，热情称颂佛教"宏阐大猷，荡涤众罪"的功德。太宗之后，武则天谕令佛教在道教之上，肃宗、代宗、懿宗也崇佛，由于得到唐朝皇权的支持，佛教达到了空前的繁盛，佛经大量翻译印刷、寺院遍及全国各地、信徒众多，佛学理论不断创新，佛教发展进入了历史上的黄金时代。

佛、道二教都想成为社会的主导思想，唐朝的一些皇帝也带头或佞佛或奉道，然而它们始终都没有达到儒学那样的社会地位。佛、道二教为了争夺宗教序列的第一教，发生过激烈的辩论，都想从理论上驳倒对方。但佛、道二教一般都不轻易向儒学发难，因为王朝治国施政都以儒家礼法伦理为指导，佛、道二教无法挑战儒家纲常名教的权威。但佛、道二教的存在与兴盛，本身就是对儒家思想的严重挑战，儒学要想保持社会主导思想的地位，除了对佛、道批判外，还必须从佛、道二教中吸取某些理论和思维方式，以提高自己理论的深度，以适应新形势的变化。而唐王朝统治者，一方面以儒学为治国的主导思想；一方面又适时地调和儒、佛、道三教的矛盾，调节它们之间的平衡，以达到三教融合为我所用的目的。唐玄宗亲自注疏儒家经典《孝经》、佛家经典《金刚经》、道家经典《老子》，最能代表唐代朝政对三教兼容并蓄的态度，所以形成大唐盛世儒、佛、道三教都蓬勃发展的局面。

（三）世道衰微与儒家道统体系的建立

玄宗朝虽然开创了开元盛世，然而玄宗后期的天宝时期，政治日趋腐败，各种社会矛盾迅速发展，中央集权削弱，藩镇割据势力崛起，终于导致"安史之乱"。叛乱经历了七八年，虽然平息，但唐王朝从此由盛转衰。因而也导致意识形态的巨大变化。其表现是作为官方主导思想的儒学，受到怀疑与鄙薄,如宪宗时的学者刘肃感叹道:"贞观、开元述作为盛,盖光于前代矣。自微言既绝,异端斯起,庄、列以仁义为刍狗,申、韩以礼乐为痛疣,徒有著述之名,无裨政教之阙。圣人遗训,几乎息矣。"(《大唐新语》卷末《总论》)而佛学却乘势得到蓬勃发展。这是因为儒学越是在大一统治世才越能发挥其经世致用的精神支撑作用,而在礼崩乐坏的乱世,自然要引起儒学信仰的危机。而与儒学相反,佛教在乱世往往能得到迅速的传播。因为逢乱世,兵荒马乱,民不聊生,人们看不到现实的出路,佛教彼岸极乐世界便成为强大的诱惑力,人们可以借以寄托痛苦的心灵,求得精神的麻醉与解脱。在中国传播了几个世纪的佛教思想,在唐代由盛转衰后又遇到了新的发展环境。

佛教的兴旺又以禅宗的南宗独盛为标志。禅宗又名佛心宗或心宗,以印度菩提达摩为初祖。禅宗之名称始于唐代,其宗派领袖由达摩而慧可、僧璨、道信,至第五世弘忍门下,分成北方神秀的渐悟说和南方慧能的顿悟说两宗。禅宗的南宗,主张顿悟,不立文字,无须拜佛坐禅,无须每日念经,无烦琐戒规,提倡心性本净,顿悟成佛。其修炼方式简便远胜其他佛教宗派,因此受到社会各阶层的普遍欢迎。南禅宗在晚唐、五代时期,成为佛教中最为兴盛的宗派。

就在禅宗思想日渐深入人心,儒学日渐衰微之际,坚守儒学信仰的有识之士,纷纷在反思中为儒学的复兴寻找出路,勇敢地面对来自各个方面对儒学的挑战。他们清楚:面对禅宗咄咄逼人之势,必须对传统的儒家思想作认真的清理,根据变化了的态势,对儒学进行思想观念的更新,以新的面貌保住儒学在思想领域内的宗主地位,并发挥其黜乱兴邦的功能。在这怀着扶颠持危、救弊求治的目的而复兴儒学中,首先涌现出来的是啖助、赵匡、陆淳为代表的《春秋》学派。

啖助(724—770)长于《春秋》之学,安史之乱,对其思想学说,有重大的影响。自从孔颖达等人撰《五经正义》,其中的《春秋正义》,导向是尊《左传》。而啖助考核"春秋三传",以为《左传》虽多叙事,然而解释《春秋》大义却多谬误,于是撰《春秋集传》《春秋统例》以匡正。后又经赵匡、陆淳补订、整理、编纂,加以推广,实际是针对安史之乱后唐王室衰微、藩镇强大的危局,借题发挥,欲以对《春秋》经义的新解释来黜藩镇,尊天子,救时弊。《春秋》及其三传,其观念都崇尚周代分封制及其在此制度下形成的各种礼法,如果仍固守这种观念,就给藩镇抗命称王以合法性。当然,《春秋》经的神圣地位是不可动摇的,那就只能采取信经驳传的手法,否定分封制的观念。啖助认为《春秋》以史制经来明王道,核心就是黜诸侯尊天子以正大一统,《春秋》三传应以尊天子为最高准则,然而《左传》多叙诸侯挟天子的历史,少论《春秋》尊天子的义理,如果再尊《左传》,便给安史之乱后的藩镇拥兵割据以历史依据或口实。

分封制与郡县制之辩,并非是纯学术之争,它关系着中唐中央封建政体的生死存亡,几乎是中晚唐政论文章的重大主题,具有代表性的论著就是柳宗元的《封建论》。而最早从体制问题入手,形成较为系统而又鲜明的观点,则是啖助,他的救乱、捍卫中央大一统的主张,成为改革者救世的思想武器。而《春秋》学派另一代表人物陆淳就直接参与了二王(王伾、王叔文)发动的永贞革新活动,其中参与者还有柳宗元、刘禹锡等"八司马",而柳宗元就是受陆淳影响颇深的一位。另外,《春秋》新学派大胆怀疑的精神,开疑经之风气,从此,治经传不再死死拘守旧说。

与《春秋》新学派理论相呼应的是韩愈(768—824)的道统说。韩愈生于安史之乱刚平息,主要从政于德宗、宪宗朝,亲身经见了唐王朝衰败的乱象,他认为形成唐王朝由强盛走向衰败,根源有二:其一是藩镇割据,犯上作乱,从政权上威胁着中央集权制;其二是信佛佞僧,破坏伦理纲常,蛊惑人心,从思想上动摇着人们的传统信仰。安史乱后,出现了长期的藩镇拥兵自重、割据抗命的局面。德宗时,就有"四镇之乱""四王之乱""五镇连兵",甚至发生泾原镇兵哗变、朱泚称帝反叛中央的事件,史称"泾原兵变"。宪宗时,由于展开对抗命中央的藩镇的征伐,各地藩镇表面上相继归顺了中央,实际上割据的基础仍在,唐王朝仍面临着灭亡的危险。作为一名关心国家前途命运的有识之士,韩愈认为藩镇飞扬跋扈,时局动荡混乱,上层佞佛废政,风俗浇薄颓废,全是因为先王之道消,儒学丧失了政治教化的主导地位,他要以复兴儒家道统来挽救江河日下的社会颓势,来扭转佛教蔓延的局面。

所谓"道统",一般指儒学授受的系统。但实际上还应该包括儒学仁义道德的内涵系统,独尊儒术的时代,儒学成为正统,他学皆为异端,而在安史之乱后,儒学的正统受到怀疑,原有的法律权威也大大削弱,要想重新争得正宗的社会地位,首先就要阐述清其仁义道德的内涵系统与授受的系统,恢复往日的神圣性与权威性。

儒学的"道"就是仁义道德,韩愈在《原道》中解释说:"博爱之谓仁,行而宜之之谓义,由是而之焉之谓道,足乎己无待于外之谓德。仁与义为定名,道与德为虚位。故道有君子、小人,而德有凶、有吉。"对仁、义、道、德都下了定义。博爱谓仁,行仁谓义,依据仁义谓道,修己谓德。仁义的内涵是确定的，故谓"定名"，道与德因人不同而有所不同，故谓"虚位"。君子有君子之道，小人有小人之道。德也有吉有凶，道德只有以仁义为本才为高尚。以儒家的仁义道德观念去比较佛、道，儒家的仁义体现为博施于民而能济众，具体途径就是修身、齐家、治国、平天下。最后落脚点在"治国、平天下"，这是大仁大义。治国、平天下，才能实现除天下之大害，兴天下之大利，为天下之众人。而佛、道二教，其目的在于成佛成仙，心中无父无君更无民，其途径就是不问世事专"治心"，说到底，就是为己一身。韩愈说："传曰：'古之欲明明德于天下者，先治其国；欲治其国者，先齐其家；欲齐其家者，先修其身；欲修其身者，先正其心；欲正其心者，先诚其意。'然则古之所谓正心而诚意者，将以有为也。今也欲治其心，而外天下国家，灭其天常，子焉而不父其父，臣焉而不君其君，民焉而不事其事。"（《原道》）专门"治心"的佛、道与专门"治国"的儒家相比，道德相差何止十万八千里！

韩愈受到佛教禅宗讲究传法系统的启发，提出儒学授受的系统，即代代相传仁义道德的系统。禅宗讲究传法系统，旨在说明禅宗源远流长而崇高，而韩愈追溯儒学授受的系统，其历史悠久更胜于禅宗。韩愈提出儒家道统，并不是凭空自撰，而是有充分的历史依据。早在尧、舜、禹时代，每次禅让，都谆谆教导接班人要实行为天下人的仁义之道。《论语·尧曰》载："尧曰：'咨！尔舜！天之历数在尔躬，允执其中。四海困穷，天禄永终。'舜亦以命禹。"孔子称赞尧、舜一生意在"修己以安百姓"。（《论语·宪问》）"孟子道性善，言必称尧、舜。"（《孟子·滕文公上》）孟子说："尧、舜之道，孝悌而已矣。"（《孟子·告子下》）"尧、舜之道，不以仁政，不能平治天下。"（《孟子·离娄上》）孟子还排列出一个授受仁义之道的系统："由尧、舜至于汤，五百有余岁。若禹、皋陶，则见而知之；若汤，则闻而知之。由汤至于文王，五百有余岁。若伊尹、莱朱，则见而知之；若文王，则闻而知之。由文王至于孔子，五百有余岁。若太公望、散宜生，则见而知之；若孔子，则闻而知之。由孔子而来，至于今百有余岁，去圣人之世，若此其未远也，近圣人之居，若此其甚也，然而无有乎尔，则亦无有乎尔。"（《孟子·尽心下》）孟子坚信仁义之道延续不绝，而自己就是孔子的继承人。刘歆、班固认为儒者"游文于六经之中，留意于仁义之际，祖述尧、舜，宪章文、武，宗师仲尼，以重其言，于道最为高"。（《汉书·艺文志》）唐太宗曾说："朕所好者，唯尧、舜、周、孔之道，以为如鸟有翼，如鱼有水，失之则死，不可暂无耳。"（《资治通鉴》卷一九二）韩愈基本上同意前人所排列的儒学传承序列，并重新排列儒学代表人谱系,并在此基础上,提出建立儒学的道统。他说:"斯吾所谓道也,非向所谓老与佛之道也。尧以是传之舜,舜以是传之禹,禹以是传之汤,汤以是传之文、武、周公,文、武、周公传之孔子,孔子传之孟轲。轲之死,不得其传焉。荀与扬也,择焉而不精,语焉而不详。"(《原道》)韩愈认为孟子之后儒家名人虽然还有荀子与扬雄,但他们传承儒学不够精当,阐述儒学不够详尽,实际上是嫌荀子之学王霸并举,扬雄之说庞杂且另搞一套,所以儒家道统真正不继,是孟子之后。韩愈提出道统说,意在接续道统,恢复、发扬道统,他在《与孟尚书书》中,以道统的传人自勉,他说:"释、老之害过于杨墨,韩愈之贤不及孟子。孟子不能救之于未亡之前,而韩愈乃欲全之于已坏之后。"

不是韩愈自命不凡,而是面对儒学的衰微,必须有人勇于担当扶危持倾的历史责任,这份历史责任使他明确宣布要与使儒家道统中断的藩镇及老、佛势力作殊死的斗争。与孟子一样,大有当仁不让、"舍我其谁"的气魄。有了这个信念,才敢著文怒斥藩镇犯上作乱,讴歌平定藩镇之乱的唐军将士;才敢坚决排佛,斥佛教为夷人之教,指出它不孝父母,不忠君长,不事生产,不仅违背伦理纲常,且是"穷且盗"的祸源。从政治、伦理、经济等方面批判佛教的危害,欲以新的儒家道统,来与佛教的法统分庭抗礼;才敢在唐宪宗迎凤翔法门寺佛指骨入宫供奉时,冒死上疏,力陈佛不足信。甚至主张禁绝佛教,令僧尼还俗,烧毁佛经,改寺院为民居。这些大无畏的精神与行动,证明韩愈无愧于以孟子后继者的自许,这个自许也得到了后人的肯定,宋代石介赞许道:"噫!伏羲氏、神农氏、黄帝氏、少昊氏、颛顼氏、高辛氏、唐尧氏、禹、汤氏、文、武、周公、孔子者,十有四圣人,孔子为圣人之至;噫!孟轲氏、荀况氏、扬雄氏、王通氏、韩愈氏,五贤人,吏部为贤人之卓。不知更几千万亿年,复有孔子;不知更几千百数年,复有吏部。孔子之《易》《春秋》,自圣人以来未有也;吏部《原道》《原仁》《原毁》《行难》《禹问》《佛骨表》《诤臣论》,自诸子以来未有也。呜呼至矣!"(《徂徕集》卷七《尊韩》)

与韩愈提倡复兴道统相呼应的有李翱(772—841)、柳宗元(773—819)、刘禹锡(772—842)等人,但他们的复兴道统思想与韩愈又有所不同,他们已意识到,如果一律排斥佛、道,单纯恢复儒学,并不能真正取得儒学正宗的地位。应该吸收佛、道某些思想和方法,来增加儒学理论的新意与深度,对旧有的儒学进行某些理论更新,才能使其具备压倒佛、道咄咄逼人之势的理论力量,变儒、释、道根本对立为儒、释、道融会趋同。这是儒学发展史上的一次根本性的重大转变,是以吸收佛、道精华建立新儒学的新尝试，已开将传统儒学改造为理学的滥觞。

李翱受佛教思维方式、论辩方法的启迪，认为"性命之学"是儒家道统的精髓，他试图重建儒家的心性理论，来对抗佛教的基本教义、教理。李翱又认为儒家学说原本是讲性命之道的，只是后来不传了，才使佛教的心性理论乘虚而入。于是他作《复性书》三篇，以"去情复性"为旨要，进一步阐发《中庸》篇和《孟子》里的性善论。他认为圣人也有人情，百姓也有善性，圣人与百姓的区别，就在于圣人不以情迷惑善性，而百姓则相反，往往放纵情而忘了善性，主张去除情的迷惑而坚守人的善性，这是复兴道统的关键，复性是复兴道统的根本途径。李翱的观点与佛教的灭情见性说又不同，他不认为情都是恶的，只是主张以善性来调控情，而不要使善性被情欲所控制。

柳宗元出身于官宦世家，其父柳镇，在玄宗天宝末曾做过太常博士，安史之乱后继续为官。母亲卢氏信佛，是他的启蒙教师，柳宗元从小就受到父母给予的儒学和佛学的双重教育。柳宗元又是个博学而善于独立思考的人，他更信服的是王充的"元气自然论"，他认为：人世间的功过祸福，全取决于人，与天毫无关系，天只是一种由元气构成的自然界，天既没有意志，天命就无从说起。这种认识是其道德观念的根本精神，也是其反对佛教迷信的基本出发点，他说："圣人之道，不穷异以为神，不引天以为高，利于人，备于事，如斯而已矣。"（《时令论上》）小事如此，大到立国也如此，"授命不于天，于其人，休符不于祥，于其仁。"（《贞符》）李唐有天下，不在祥瑞征兆，而在于人，在于民心向背，而取得民心，须靠行仁。同理，决定制度的沿革、王朝的兴衰更迭，不在天命，也不在所谓的圣人，而在全体生民。全体生民的意愿和奋斗，往往形成不可逆转的"势"。这种"势"就是客观事物发展的必然趋势，社会历史的发展变化，是"势"作用的结果，如分封制的衰落，郡县制的兴起，便是如此。

柳宗元并不像韩愈那样视佛教为洪水猛兽，而是认为佛教中有可以为儒学吸收的智慧、理念和思想。从政以来，他结交了不少佛门朋友，与他们一起研讨佛经教义，所以他比李翱对佛学理论的认识更深刻。具体体现就是他在《送文畅上人登五台遂游河朔序》一文中提出的"统合儒佛"的观点，在《送元十八山人南游序》一文中提出佛教也具有"佐世"的功能。"统合儒佛"就是指儒学与佛教可以相互统一与融合，当然这种"统合"不是将两家学说简单地合并，而是以儒为主，以儒统佛，吸取佛教中的妙言高论，舍弃其奇诡蒙昧，有助于更好地充实、提高儒道原则，更好地阐述儒道内容，更有利于道统的复兴。柳宗元在《送元十八山人南游序》中说:"太史公尝言:世之学孔氏者,则黜老子,学老子者,则黜孔氏,道不同不相为谋。余观老子,亦孔氏之异流也,不得以相抗;又况杨、墨、申、商、刑名、纵横之说,其迭相訾毁、抵牾而不合者,可胜言也?然皆有以佐世。太史公没,其后有释氏,故学者之所怪骇舛逆其尤者也。"柳宗元对先秦诸子的看法同司马谈一样,更看重他们之间的百虑而一致、殊途而同归。对佛教,柳宗元更看重其慈悲博爱等教义能补充发展儒家仁义道德的学说,佛教也有辅佐教化的作用。当然,对于佛教中非理性的、有害于国计民生的、有违于儒家伦理道德的,必须进行批判,否则,儒家道统是不可能复兴的。

刘禹锡与柳宗元交谊最深,二人都反对宦官与藩镇割据势力,主张复兴道统,都参与了王叔文集团的永贞革新,失败后同被贬为地方州的司马。刘禹锡解释事物发展规律,持"理""数""势"之说,"理"即事物之法则和规律。"数"即事物之表现形式或模式。"势"即事物之发展必然趋势。他认为万事万物发展变化皆循其理,不能"逃乎数而越乎势","以理揆之。万物一贯也","夫物之合并,必有数存乎其间焉。数存然后势形乎其间焉。"(《天论》)在此基础上,他提出"天人交相胜"的观点,即自然与人各有特殊的力量、职能、作用,都以各自的特殊能力而胜于对方。"天之能,人固不能也;人之能,天亦有所不能也。""天之所能者,生万物也""人之所能,治万物也"。(《天论》)把天视为有形之物,把人视作有思想能"治万物"之物,此说从根本上批判了对天的迷信。刘禹锡反对佛教神学迷信,但并不一概否定佛教,他认为佛学中的慈悲济众、善恶报应、因果轮回之说,也有教化作用,显示出儒家学者能用平和从容的态度对待佛教。

中唐掀起的复兴道统的思潮,促成了古文运动的兴起,其目的就是想用儒家思想反对藩镇割据称雄,反对宦官操纵朝政,遏制国朝江河日下的颓势。然而这只是改革派、古文派的一厢情愿,到了晚唐,朝政更加腐败,社会更加黑暗,土地高度集中,赋税繁多,民怨载道,唐王朝日趋衰微,最终走向分崩离析。晚唐呼吁重振儒家道统的皮日休(约834—883)、罗隐(833—909)等人,更进一步看清了中唐韩愈提倡道统挽救危世的意义。皮日休说:"千世之后,独有一昌黎先生,……苟轩裳之士,世世有昌黎先生,则吾以为孟子矣。"(《皮子文薮·原化》)他曾写《请韩文公配飨太学书》,要求将韩愈与孟子等人同列入太学供奉的圣贤行列。但他们的思想又与韩愈、李翱、柳宗元、刘禹锡有所不同。他们不再把社会动乱、民不聊生的原因仅仅归于藩镇割据、信佛佞僧,批判矛头直指唐王朝的最高统治者。如皮日休在《心箴》一文中一针见血地说："君为秽壤，臣为贼尘。臣下之恶，源自君王之恶。"社会痼疾的总根子，还在暴君昏君。在《原谤》中竟敢说："后之王天下者，有不为尧舜之行者，则民扼其吭，捽其首，辱而逐之，折而族之，不为甚矣！"君王得天下，不行爱民的先王之道，而是残民害民，民众有权有理来革他的命，这样大胆的反暴政思想，是极为罕见的，也是皮日休加入黄巢起义军的思想基础。罗隐认为天下是天下人的天下，不应是帝王一家的天下，然而君王夺取天下，就是为了一己之私利。窃取天下本是最大的强盗，结果还把自己说成是救民于水深火热之中的大英雄。罗隐在他的《英雄之言》中，以项羽、刘邦的言行为例，揭示了这些"英雄"将国家窃为己有的本质。晚唐的反专制思想，在整个中国历史上都是大胆、彻底而鲜明的。

唐末，各种社会矛盾激化，农民起义不断，907年，唐王朝为朱温所建的梁国所代，史称后梁，占有中国北方大部分地区。此后又是后唐、后晋、后汉、后周等朝代更迭，合称为五代。同时，在南方与今山西地区，先后出现吴、南唐、吴越、楚、闽、南汉、前蜀、后蜀、荆南（即南平）、北汉等国，习惯称为十国，五代十国共历时六十多年。在这个南北分裂、急剧动荡、朝代更迭频频的历史时期，儒学受到很大的冲击。其思想影响力大大降低，也没有出现杰出的儒学思想家。与儒学相反，佛教禅宗与道教却得到迅速的传播，这是因为时逢乱世，人们只好到宗教中去寻找痛苦心灵的慰藉。

二 隋及初唐文风改革

（一）隋朝及之前文章复古的信号

隋承南北朝而来，南北朝三教鼎立，南朝上层以追求"宫体""艳情"为时尚，骈文盛行，公文、短篇抒情文、叙事文都偏重于骈四俪六，绮丽浮艳的唯美风气由宫廷扩延至社会。就连博大精深的文学理论专著《文心雕龙》也使用着骈体，骈文占据了散文的主导地位。注重追求审美价值，本是散文发展过程中，与经、史、子学脱离的一种自身要求，在文学独立上具有重要的意义。但过分追求审美价值而忽视社会实用价值，造成人们不能畅快地、自由地发表政见、表达思想、抒发感情。六朝以来骈文独霸文坛，不仅不能担负"载道"的任务，而且有碍于经邦治国。隋朝大一统政权建立后，自然希望重新以儒学的教化来治理国家，与宣传儒学关系密切的古文因此逐渐受到当权者的重视。

实际上，复兴古文并非仅仅是大一统封建帝国的迫切需要，统治者只要是为了加强封建教化，巩固政权，快捷便利地行文治政，必然要复兴适应这些需求的散体文。只有排斥六朝华艳不实的风气，才能求得"公私文翰"与史书编辑担负起应有的社会功能，这一点，甚至在隋朝之前的一些统治者中，已经意识到了。如西魏太祖欲革新图强，宇文泰（西魏丞相，王朝的实际统治者，北周政权的奠基人）、苏绰（西魏大臣，深得宇文泰信任，隋开皇初追封邳国公）等人首当其冲，欲用传统儒学正时弊，以先秦文体救文弊。苏绰带头模仿《尚书》诰命体写了一篇皇帝祭庙的《大诰》，开头便写道："惟中兴十有一年，仲夏，庶邦百辟，咸会于王庭。柱国泰洎群公列将，罔不来朝。时乃大稽百宪，敷于庶邦，用绥我王度……"用笔风格大变，采用古体却古奥难懂。复兴古文的本意是使文字通俗易懂，避免"以辞害意"，但如果简单照搬《尚书》体，反而比浮华的骈文还让人难以理解，这样的"复古"显然缺乏时代特征，难以适应经世致用的需要。不过苏绰的《奏行六条诏书》倒写得较平易，如其第一、第二条写道：

其一，先治心。曰：凡今之方伯守令，皆受命天朝，出临下国，论其尊贵，并古之诸侯也。是以前世帝王，每称共治天下者，唯良宰守耳。明知百僚卿尹，虽各有所司，然其治民之本，莫若宰守之最重也。凡治民之体，先当治心。心者一身之主，百行之本。心不清净，则思考妄生；思虑妄生，则见理不明，见理不明，则是非谬乱；是非谬乱，则一身不能自治，安能治民也？是以治民之要，在清心而已……

其二，敦教化，曰：天地之性，唯人为贵。明其有中和之心，仁恕之行，异于木石，不同禽兽，故贵之耳。然性无常守，随化而迁。化于敦朴者，则质直；化于浇伪者，则浮薄。浮薄者，则衰弊之风；质直者，则淳和之俗。衰弊则祸乱交兴，淳和则天下自治。治乱兴亡，无不皆由所化也……

真正的复兴古文，不是仅仅模仿先秦两汉古文的篇章词句，而是学习其"文质彬彬"，有实质内容，语言表述奇偶句自由运用，朴实畅达。唐代古文运动形式上提倡学习先秦两汉古文体，实质上却是在此基础上进行古文革新。事实证明，只简单恢复古代某种文体，是扭转不了浮艳不实文风的，但是，西魏苏绰的做法毕竟向隋唐发出复兴古文的信号。

文风的转变是个渐进的过程，并非如政治变革那样可以突发与骤变。隋朝统一中国，结束了南北朝长期分裂的历史局面，儒学中的南学与北学及南方绮丽的文风与北方质朴的文风，相互涵容。但骈体文成为文章正体，散体文受打压，被逐下文坛正宗地位，有数百年之久，轻浮华丽的文风已形成巨大的习惯势力。隋朝文坛仍沿袭着六朝华靡余习，但是隋朝一统天下，国体性质为之巨变，文风迟早也会随之改变。隋朝国运虽然短暂，但反对浮艳文风，改变散体文卑下的处境，恢复其丧失数百年的正统地位，已成为文坛变革的一种呼声。鲜明的标志，就是一些有识之士对先秦两汉简洁明了、自由活泼、单行散句的"古之文"的肯定，对形式绮丽、内容颓靡的"今之文"的否定。如房玄龄问文，王通说："古之文也约以达，今之文也繁以塞。"（《中说·事君》）

"古之文"即"古文"，"古文"一词，始见于司马迁的《太史公自序》："迁生龙门，耕牧河山之阳，年十岁则诵古文。"这里的"古文"是指秦帝国使用小篆之前，以春秋战国时代文字写成的典籍，或主要是指古文经书。而在隋人的意识中，"古文"的概念已发生变化，古文不仅是指先秦两汉古代文章，而且也指与绮丽、颓靡的"今之文"相对立的散体文。隋人认定的"今之文"还没有专指就是骈文，他们反对的只是浮华的文风，还不是骈文这种文体，而且那些大声疾呼反浮华的人，本身就普遍地使用着骈文。直至唐代古文运动蓬勃兴起，才明确提出反对骈文，提倡以宗经载道为旨义，以不讲排偶、声律的单行散句为形式，类似先秦两汉文章又具有创新特征的新文体——"古文"。"古文"概念经历了一个漫长的演变过程，而古文运动的兴起与发展，就是其概念演变的缘由。至宋，"古文"的内涵又不仅限于区别于骈文的那些明道、致用，反对过分地追求繁缛的辞藻、严整的对偶、声韵的文章，而且也指反对唐代古文派遗留下的错误倾向——艰涩险怪文风的文章，如柳开在其《应责》中说："古文者，非在辞涩言苦，使人难读诵之，在于古其理，高其意，随言短长，应变作制，同古人之行事。"

隋人提倡的"古之文"，可谓古文复兴的开端。要说隋朝倡导古文复兴，不能不首先提及隋文帝。隋文帝杨坚是一位具有雄才大略的君王，他从巩固中央集权的政治需要出发，反对六朝以来形式浮华而无助于施政的文风。《隋书·文学传序》说："高祖初统万机，每念斫雕为朴，发号施令，咸去浮华。"在"开皇四年（584），普诏天下，公私文翰，并宜实录。"（李谔《上隋高帝革文华书》）欲以抑制浮华来统一南北公文。泗州刺史司马幼文表华艳，隋文帝借此革其职治其罪，以显示其转变文风的决心。然而隋文帝改革文风仅限于"公私文翰"等实用性文字，隋朝的现实却是"时俗辞藻，犹多淫丽，故宪台执法，屡飞霜简"。用诏令的形式来改革文风并不能收到预想的效果，不过，隋文帝毕竟是隋朝上层中力主文风变革的第一人。隋炀帝史称荒淫暴虐之君，然"炀帝初习艺文，有非轻侧之论，暨乎即位，一变其风。其《与越公书》《建东都诏》《冬至受朝诗》及《拟饮马长城窟》，并存雅体，归于典制。虽意在骄淫，而词无浮荡，故当时缀文之士，遂得依而取正焉。所谓能言者未必能行，盖亦君子不以人废言也"。隋炀帝也是一位力主文风改革的君王。文、炀二帝都重视文学，广纳人才，"江、汉英灵，燕赵奇俊，并该天网之中，俱为大国之宝"。"时之文人，见称当世，则范阳卢思道、安平李德林、河东薛道衡、赵郡李元操、巨鹿魏澹、会稽虞世基、河东柳䛒、高阳许善心等。"（以上均引自《隋书·文学传序》）这些文人才学、风格各不相同，然而都受到当朝自上而下的文风改革的影响，热心于文风复古。如李谔，赵郡（今河北赵县）人。好学善文，文帝时曾为丞相，因"今之文"体尚轻薄，今之人不复关心儒学，于是他给文帝上《革文华疏》曰：

> 臣闻古先哲王之化民也，必变其视听，防其嗜欲，塞其邪放之心，示以淳和之路，五教六行，为训民之本，《诗》《书》《礼》《易》为道义之门……降及后代，风教渐落。魏之三祖，更尚文词，忽君人之大道，好雕虫之小艺。下之从上，有同影响，竞骋文华，遂成风俗。江左齐、梁，其弊弥甚，贵贱贤愚，唯务吟咏。遂复遗理存异，寻虚逐微，竞一韵之奇，争一字之巧。连篇累牍，不出月露之形，积案盈箱，唯是风云之状……至如羲皇、舜、禹之典，伊、傅、周、孔之说，不复关心，何尝入耳。以傲诞为清虚，以缘情为勋绩，指儒素为古拙，用词赋为君子。故文笔日繁，其政日乱，良由弃大圣之轨模，构无用以为用也。

李谔猛烈抨击当时"竞一韵之奇，争一字之巧"的文体，对魏晋六朝骈俪浮靡文风进行了彻底的否定，尖锐地指出它对政权建设的危害，并强调反时文正文体，首先要复古道，即恢复先秦儒家政教。李谔的奏文，有利于统一的隋王朝长治久安，对隋朝文风的改变有推动作用。但李谔将文章视为经学的附庸，轻视文章的审美价值，所以才认为"魏之三祖，更尚文词，忽君人之大道，好雕虫之小艺"。将"风清骨峻"的三曹文章与六朝绮靡文章相提并论，不免矫枉过正。

在提倡文风复古的文人中，王通更是一位重要的人物，由于《隋书》不为王通立传，其生平事迹只见于后人的零星记载，其著作亦大多亡佚，传世的只有《中说》一书。在《中说》中，他批判了六朝浮艳文风，认为三纲五常是文章之本，声律词华是文章之末，其《天地》篇中说：

> 李伯药见子而论诗，子不答。伯药退，谓薛收曰："吾上陈应、刘，下述沈、谢，分四声八病，刚柔清浊，各有端序，音若埙篪，而夫子不应，我其未达欤？"薛收曰："吾尝闻夫子之论诗矣，上明三纲，下达五常。于是征存亡，辨得失，故小人歌之以贡其俗，君子赋之以见其志，圣人采之以观其变。今子营营驰骋乎末流，是夫子之所痛也，不答则有由矣。"
> 学者博诵云乎哉！必也贯乎道；文者苟作云乎哉！必也济乎义。

文章中的"子""夫子"即指王通，王通强调诗文是宣扬国家存亡之道、辨析是非得失之理的工具，故能以诗文"贡其俗""见其志""观其变"，如果只追求辞藻声律，本末倒置，则应是君子所痛心疾首的，在理论上已开唐代古文家"文以贯道"的先声。故至唐，王通得到古文家的称道，至宋，更得到重道轻文者的拥戴。如宋代石介在其《尊韩》一文中就说："道始于伏羲氏，终于孔子……故自孔子来二千余年矣，不生圣人。若孟轲氏、扬雄氏、王通氏、韩愈氏，祖述孔子而师尊之，其智足以为贤。"柳开在《答臧丙第一书》中说："孟轲氏没，圣人之道火于秦，黄老于汉，天知其是也，再生扬雄氏正之，圣人之道复明焉……王通氏之书，吾子又常得而观之耳；韩愈氏之书，吾子亦常得而观之耳。夫数子之书，皆明先师夫子之道者也，岂徒虚言哉？"二人都把王通与孟、扬、韩相提并论，把王通视为传承儒学的贤人、不著虚文的儒家文统的传人。

王通与李谔一样，对六朝文风持完全否定的态度，显示了隋朝文风复古的特点。王通的《中说·事君篇》中说：

> 子谓文士之行可见："谢灵运，小人哉，其文傲。君子则谨；沈休文，小人哉，其文冶。君子则典；鲍照、江淹，古之狷者也，其文急以怨；吴均、孔珪，古之狂者也，其文怪以怒；谢庄、王融，古之纤人也，其文碎；徐陵、庾信，古之夸人也，其文诞。"或问孝绰兄

弟，子曰："鄙人也，其文淫。"或问湘东王兄弟，子曰："贪人也，其文繁。"

隋文帝、李谔反对六朝文风已有矫枉过正之处，而王通更是有过之而无不及。对六朝文人不加分析地统统否定，对六朝文章不加区别地完全鄙薄，实际是在反对绮靡文风的同时，也严重地忽视了文学艺术的审美价值。如果仅仅怀有改变旧文风的强烈欲望，而无科学的态度，复古的言辞尽管激烈，也于事无补，缺乏战胜旧文风的力度。所以直至隋亡，绮丽浮艳文风仍延续不衰，甚至到初盛唐时仍有广泛市场。

（二）初唐散文复古的呼声

历史的经验已经证明：实现封建大一统的长治久安，依靠有二：一是靠封建中央集权专制，即"硬"的一手。二是靠封建意识教化，即"软"的一手。而封建意识教化的强大思想武器就是儒家的思想，因为儒学说到底就是一种调和社会矛盾、促进社会和谐的思想。所以从唐初官方就强调："儒者，所以助人君明教化者也。圣人之教，非家至而户说，故有儒者宣而明之。其大抵本于仁义及五常之道，黄帝、尧、舜、禹、汤、文、武，咸由此则。""儒之为教，大矣！其利物博矣！笃父子，正君臣，尚忠节，重仁义，贵廉让，贱贪鄙，开政化之本源，凿生民之耳目。百王损益，一以贯之。虽世或污隆，而斯文不坠；经邦致治，非一时也。"（唐魏徵等撰《隋书·经籍志》）

唐初，唐高祖李渊仿效隋文帝，也曾下诏提倡质朴文风，并罢黜了好为华艳文辞的张昌龄与王公瑾。但颓靡文风的传统势力强大，宫廷仍盛行着婉媚工整的应制骈文。骈文在唐初的兴盛，有着客观的原因。首先它适应了盛世应制及宫廷生活的需要。唐初的"贞观之治"，即开创了经济繁荣的封建盛世，盛世需要歌功颂德，骈文正好是歌功颂德的文学形式。太宗李世民在做秦王时，就首开弘文馆，延揽英才，虞世南、房玄龄、姚思廉、陆德明、孔颖达等人就号称"秦门十八学士"。李世民做了皇帝，宫廷文人上官仪等人也是他所宠信倚重的人。《旧唐书·上官仪传》称上官仪"工于五言诗，好以绮错婉媚为本。仪既显贵，故当时多有学其体者，时人谓之'上官体'"。上官体虽多指其诗体，但上官仪替太宗起草的文书也无不是辞藻典丽的骈体文。太宗身边的其他文人也都擅长骈体，太宗本人十分欣赏上官仪的辞章，自己还写了《皇德颂》等同样绮错婉媚的骈文。于是，上行下效，元老重臣、士大夫们纷纷模仿"上官体"，其应制、奉和之作多为骈体。其次，随着格律诗的逐渐成熟，骈文受格律诗的影响，属对形式越来越精严，受到宫廷人士的普遍喜好。

但是高祖、太宗毕竟是励精图治的有为国君，其突出表现就是：第一，十分注意总结历史，尤其是隋亡的历史经验教训。唐朝开国时，官方就开始了大规模地修史。当时，纪传体史著中尚缺唐前数朝像样的朝代史，将各朝史书补充完备，体现了一个大一统国家的文化责任与魄力。第二，广开言路，鼓励直言极谏。不论修史的史著，还是进言的奏疏，都自然要求采用语言淳朴又实用的散体文，而摒弃浮华淫靡的骈俪风气。这种开明政治本身就为改变文风、文体创造了条件。

唐初著名史家有姚思廉（557—637）、李百药（565—648）、房玄龄（579—648）、魏徵（580—643）、令狐德棻（583—666）、李延寿（生卒年不详）等，姚思廉撰成《梁书》与《陈书》，房玄龄等撰成《晋书》，李百药撰成《北齐书》，令狐德棻等撰成《周书》，李延寿曾参与《隋书》编写，他又撰成《南史》《北史》。魏徵主持校订秘府图书，曾主编《群书治要》，并领衔撰《隋书》，撰成《隋书》序论及《梁书》《陈书》《北齐书》总论。沈德潜评价他的文章是"气骨高古，变从前纤靡之习，盛唐风格，发源于此。"（《唐诗别裁》卷一）唐初这几部纪传体史著皆以自由平实的散文叙事，都在一些传的序论中，不同程度地表示对六朝浮靡文风的不满，如《隋书·文学列传序》中说：

> 江左宫商发越，贵于清绮，河朔词义贞刚，重乎气质。气质则理胜其词，清绮则文过其意，理深者便于时用，文华者宜于咏歌，此其南北词人得失之大较也。若能掇彼清音，简兹累句，各去所短，合其两长，则文质斌斌，尽善尽美矣。梁自大同之后，雅道沦缺，渐乖典则，争驰新巧。简文、湘东，启其淫放，徐陵、庾信，分路扬镳。其意浅而繁，其文匿而彩，词尚轻险，情多哀思。格以延陵之听，盖亦亡国之音乎！周氏吞并梁、荆，此风扇于关右，狂简斐然成俗，流宕忘反，无所取裁。高祖初统万机，每念斫雕为朴，发号施令，咸去浮华。然时俗词藻，犹多淫丽，故宪台执法，屡飞霜简。炀帝初习艺文，有非轻侧之论，暨乎即位，一变其风。

史籍的编纂者，从史书编撰的实际需要出发，对于六朝浮华淫丽的文风，莫不鸣鼓而攻之，提倡文质并重的文体。而以朴实的文笔撰写的史著，对扭转当时整个文坛形式主义文风起了一定的作用。

史学理论家刘知几（659—744），所著的《史通》，是我国第一部系统的史学论著，其中《言语》《浮词》《叙事》《模拟》诸篇，认为著文是为了求得真实而实用，文字必须能自如地进行表述，反对浮华辞藻，抨击了六朝华而不实的颓靡文风，如他在《叙事》篇中写道：

> 夫史之称美者，以叙事为先。至若书功过，记善恶，文而不丽，质而非野，使人味其滋旨，怀其德音，三复忘疲，百遍无斁，自非作者日圣，其孰能与于此乎？……逮于战国已降，去圣弥远，然后能露其锋颖，倜傥不羁。故知人才有殊，相去若是，校其优劣，讵可同年？自汉已降，几将千载，作者相继，非复一家，求其善者，盖亦几矣……始自两汉，迄乎三国，国史之文，日伤烦富。逮晋已降，流宕逾远。寻其冗句，摘其烦词，一行之间，必谬增数字；尺纸之内，恒虚费数行。

唐初群臣多能直言极谏，这是朝廷虚心纳谏、从善如流的结果。在直言极谏的臣子中，当以魏徵为代表。在魏徵前后直谏出名者，有傅奕（555—639）、虞世南（558—638）、岑文本（595—645）、褚遂良（596—688）、马周（601—648）等人，唐初的直言极谏，逐渐形成一代风气。而谏文不仅在政治上起到很大的作用，还促进了由骈转散的文风变化。

魏徵，字玄成，馆陶（今属河北）人，唐初著名的政治家、史学家、文学家。少年时孤贫落魄，出家为道士。隋末参加瓦岗起义军，后降唐，不久为窦建德所俘，任起居舍人。建德败，入唐任太子洗马，曾劝李建成除掉秦王李世民。太宗李世民即位，深知"为政之要，惟在得人"。（《贞观政要》卷七《崇儒学》）不计前嫌，擢魏徵为谏议大夫，后又委任尚书右丞、太子太师等，进封郑国公。魏徵确实是中国历史上少有的大政治家，他身处盛世，却能居安思危；他虽曾是太宗政敌，却不避疑忌，犯颜切谏；全以国家利益为重，置个人利益甚至生死于度外，其奏疏对唐初国家政权的巩固起过重要的作用，其代表性的奏疏便是《谏太宗十思疏》《十渐不克终疏》，后者作于贞观十二年（638），在一派四海升平的景象中，魏徵怀着忧患的意识，直言不讳地指出太宗私欲、奢纵、杜谏、近小人而远君子、尚珍玩奇货、偏听独断、不专政事、忽视忠言、矜恃傲慢、徭役扰民等十个方面的错误，指出其不能善始善终的危害性，希望他能继续保持贞观初兢兢业业的精神。奏疏写道：

臣自擢居左右，十有余年，每侍帷幄，屡奉明旨。常许仁义之道，守之而不失；俭约之志，终始而不渝。一言兴邦，斯之谓也。德音在耳，敢忘之乎？而顷年以来，稍乖曩志，敦朴之理，渐不克终。谨以所闻，列之于左：

　　陛下贞观之初，无为无欲，清静之化，远被遐荒。考之于今，其风渐坠，听言则远超于上圣，论事则未逾于中主。何以言之？汉文、晋武俱非上哲，汉文辞千里之马，晋武焚雉头之裘。今则求骏马于万里，市珍奇于域外，取怪于道路，见轻于戎狄，此其渐不克终一也。

　　昔子贡问理人于孔子，孔子曰："懔乎，若朽索之驭六马。"子贡曰："何其畏哉？"子曰："不以道导之，则吾仇也，若何其无畏？"故《书》曰："民惟邦本，本固邦宁。"为人上者，奈何不敬？陛下贞观之始，视人如伤，恤其勤劳，爱民犹子，每存简约，无所营为。顷年以来，意在奢纵，忽忘卑俭，轻用人力，乃云："百姓无事则骄逸，劳役则易使。"自古以来，未有由百姓逸乐而致倾败者也，何有逆畏其骄逸而故欲劳役者哉？恐非兴邦之至言，岂安人之长算？此其渐不克终二也……

　　臣诚愚鄙，不达事机，略举所见十条，辄以上闻圣听。伏愿陛下采臣狂瞽之言，参以刍荛之议，冀千虑一得，衮职有补，则死日生年，甘从斧钺。

　　此奏疏围绕"居安思危"这一命题，阐述统治者对自己行为约束的重大意义，词旨剀切，气势酣畅，析理深刻，语言畅达明了。《新唐书·魏徵传》载，太宗阅此疏之后，说："朕今闻过矣，愿改之，以终善道。有违此言，当何施颜面与公相见哉！方以所上疏，列为屏障，庶朝夕见之，兼录付史官，使万世知君臣之义。"《十渐不克终疏》内容充实，不事雕琢繁典，已注意力矫浮华之风。文中还插入不少单行散句，打破了工整对偶的格式，创造了一种半骈半散的章表体，与六朝和隋代文章，已有很大不同。显示了一种文质并重的新文风，代表了盛世奏疏文的新走向、新特征，反映出唐初散文发展的趋势。

　　与魏徵同时的王绩（585—644），其文章也质朴自然，洗尽六朝铅华。王绩的哥哥王通是隋朝著名哲学家，王通提倡文风复古对王绩有很大的影响。隋炀帝时，王绩为秘书省正字、六合县丞，因为嗜酒误事而被弹劾，回到故里。隋唐易代之际，他苦闷彷徨，消极避世。入唐后，依然仕途不顺，做官不遂意，后弃官还乡，隐居东皋，自号东皋子。王绩纵酒放诞，时称"斗酒学士",好读《易经》及老、庄之书,受道家影响严重。也好弹琴作诗文自娱,崇拜嵇康、阮籍、陶渊明,常发怀才不遇的牢骚,有时还嘲讽儒、佛,他不但身隐故乡,而且希望心归"醉乡",为此他写了《醉乡记》一文:

> 醉之乡,去中国不知其几千里也。其土旷然无涯,无丘陵阪险,其气和平一揆,无晦明寒暑。其俗大同,无邑居聚落。其人任清,无爱憎喜怒。吸风饮露,不食五谷。其寝于于,其行徐徐。与鸟兽鱼鳖杂处,不知有舟车器械之用。昔者黄帝氏尝获游其都,归而杳然丧其天下,以为结绳之政已薄矣……

子虚乌有的"醉乡"是他的精神归宿!其思想及文风,有似陶渊明的《桃花源记》。他还写有《五斗先生传》,也仿陶渊明的《五柳先生传》,自然、简洁,不刻意追求对偶,不尚用典,有意以平淡自然的语言、质朴清新的风格来革浮华淫靡的文风,在当时确实是独创一格。

高宗、武周朝时,涌现出几位年轻文人,斥责以上官仪为代表的宫廷浮艳风气,他们是王勃(650—676)、杨炯(650—692)、卢照邻(637?—689?)骆宾王(640—?)。《旧唐书·文苑传上》称:"炯与王勃、卢照邻、骆宾王以文词齐名,海内称王、杨、卢、骆,亦号为四杰。"当时的文学家崔融、李峤、张说等人就十分看重四杰的文章,如崔融感叹道:"王勃文章宏逸,有绝尘之迹,固非常流所及。炯与照邻可以企之,盈川之言信矣!"(同上)

"初唐四杰"生于唐王朝统一兴盛的初期,但他们虽有建功立业之志而不得伸展,虽有过人文才而怀才不遇,在经历与思想感情上有共同之处。他们虽都是写作骈文的强手,文学创作上也未尽脱齐梁风气,但都反对浮艳之文,其文章题材广泛充实,风格雄健悲慨,语言通俗平易,感情真挚充沛,艺术形式上平仄更协调,属对更精工,一定程度上发展了骈文的表现技巧。增强了骈文的生命力,表现出一种新的创作倾向。

体现四杰文学思想的著述,主要是王勃的《上吏部裴侍郎启》、杨炯的《王勃集序》、卢照邻的《南阳公集序》,尽管主张不尽相同,但不满唐初淫靡风气是一致的。如杨炯十分推崇王勃,在《王勃集序》中,赞其"尝以龙朔初载,文场变体,争构纤微,竞为雕刻,糅之金玉龙凤,乱之朱紫青黄,影带以徇其功,假对以称其美,骨气都尽,刚健不闻,思革其弊,用光志业。"又赞其诗文,如"长风一振,众萌自偃,遂使繁综浅术,无藩篱之固；纷绘小才，失金汤之险。""积年绮碎，一朝清廓。翰苑豁如，词林增峻，反诸宏博，君之力焉！"杨炯也借称赞王勃为人为学为文，表达了他们共同的有志于革新贞观以来上官艳体、龙朔以后空疏文风的决心。王勃在《上吏部裴侍郎启》中也说：

> 夫文章之道，自古称雄，圣人以开物成务，君子以立言见志。遗雅背训，孟子不为；劝百讽一，扬雄所耻。苟非可以甄明大义，矫正末流，俗化资以兴衰，国家由其轻重，古人未尝留心也。自微言既绝，斯文不振，屈、宋导浇源于前，枚、马张淫风于后；谈人主者以宫室苑囿为雄，叙名流者以沉酗骄奢为达，故魏文用之而中国衰，宋武贵之而江东乱。虽沈、谢争鹜，适足兆齐梁之危；徐、庾并驰，不能止周、陈之祸。于是识其道者，卷舌而不言；明其弊者，拂衣而径逝。《潜夫》《昌言》之论，作之而有逆于时；周公、孔子之教，存之而不行于代。天下之文，靡不坏矣！

王勃认为文章是用来经国治民的，应以道德教化为其本质，形式应是简洁通畅的文字为贵，如果把撰写文章的精力放在淫巧辞藻上，就必然不能"甄明大义"，而助长"末流""浇淫"，危及整个社会。王勃把六朝浮华文风追溯到屈原、宋玉、枚乘、司马相如，这也是初唐文风改革派的共同认识。

王勃是王通之孙，其叔祖便是王绩，王勃从小颇受先人影响，本人聪颖早慧，自小就有一番雄心壮志。但初入仕途，即遭斥逐，抑郁不得志，其文充满牢骚不平之气，他的《滕王阁序》就是一篇名重一时而后来历代传诵不绝的骈文。滕王阁在今江西南昌市赣江边，唐高宗上元二年（675），前往交趾（今越南北部）探望父亲的王勃路过此地，恰逢当地的官吏在滕王阁宴会，他被邀请参加了宴会，酒宴上即席作成此文，文中写道：

> 豫章故郡，洪都新府。星分翼轸，地接衡庐。襟三江而带五湖，控蛮荆而引瓯越。物华天宝，龙光射牛斗之墟；人杰地灵，徐孺下陈蕃之榻。雄州雾列，俊采星驰。台隍枕夷夏之交，宾主尽东南之美。都督阎公之雅望，棨戟遥临，宇文新州之懿范，襜帷暂驻。十旬休假，胜友如云，千里逢迎，高朋满座……
>
> 时维九月，序属三秋。潦水尽而寒潭清，烟光凝而暮山紫。俨骖

骈于上路,访风景于崇阿。临帝子之长洲,得仙人之旧馆。层台耸翠,上出重霄;飞阁翔丹,下临无地。鹤汀凫渚,穷岛屿之萦回;桂殿兰宫,即冈峦之体势。披绣闼,俯雕甍。山原旷其盈视,川泽纡其骇瞩。闾阎扑地,钟鸣鼎食之家;舸舰迷津,青雀黄龙之舳。云销雨霁,彩彻区明。落霞与孤鹜齐飞,秋水共长天一色。渔舟唱晚,响穷彭蠡之滨;雁阵惊寒,声断衡阳之浦……

勃,三尺微命,一介书生。无路请缨,等终军之弱冠;有怀投笔,爱宗悫之长风。舍簪笏于百龄,奉晨昏于万里。非谢家之宝树,接孟氏之芳邻。他日趋庭,叨陪鲤对,今兹捧袂,喜托龙门。杨意不逢,抚凌云而自惜;钟期既遇,奏流水以何惭……

描写滕王阁及其四周的景致,境界开阔;叙述宴会盛大,气势奔放;倾诉怀才不遇的感慨,痛快淋漓。形式上虽然讲究辞采绚丽,平仄协畅,属对精工,但语言平易自然,用典繁而不冷僻,辞藻华美而不绮碎,气势雄健而不虚弱。英气逼人,俨然与六朝骈文不同。虽未脱骈文窠臼,但感情真挚,内容充实。"初唐四杰"虽不主张改革骈文体,但反对骈文淫丽文风,给骈文带来一股刚健之气。

"初唐四杰"皆文名早著,然都一生坎坷,人生结局悲惨。王勃被官府除名后,去投奔在交趾做官的父亲,途中落水惊悸而死,死时才26岁;相比较,杨炯一生所遇磨难还算不多,只受父弟逆反罪牵连贬官,后死于盈川县令任上,死时42岁;卢照邻因染风病而辞官,又服丹药中毒,手足痉挛,成为残废,终于不堪病痛折磨,投颍水而死,死时五十多岁;骆宾王,武后时,常上书言政事,因此而获罪,蹲了监狱。出狱后被贬为临海县丞,怏怏不快,弃官而去。光宅元年(684),徐敬业起兵讨伐武后,他参与其中,代徐敬业写了一篇《讨武曌檄》(又名《代李敬业传檄天下文》),所列武后罪状,虽不尽符合历史真实,但揭露了武后阴谋弄权的一些侧面。此檄文虽是骈文,但却是一篇千古传诵的好文章,檄文写道:

伪临朝武氏者,人非温顺,地实寒微。昔充太宗下陈,尝以更衣入侍。洎乎晚节,秽乱春宫。密隐先帝之私,阴图后庭之嬖。入门见嫉,蛾眉不肯让人;掩袖工谗,狐媚偏能惑主。践元后于翚翟,陷吾君于聚麀。加以虺蜴为心,豺狼成性,近狎邪僻,残害忠良,杀姊屠兄,弑君鸩母,神人之所共疾,天地之所不容。犹复包藏祸心,窥窃神器。君之爱子,幽之于别宫;贼之宗盟,委之以重任……

公等或家传汉爵，或地协周亲，或膺重寄于爪牙，或受顾命于宣室。言犹在耳，忠岂忘心？一抔之土未干，六尺之孤安在！倘能转祸为福，送往事君，共立勤王之勋，无废大君之命，凡诸爵赏，同指山河。若其眷恋穷城，徘徊歧路，坐昧先几之兆，必贻后至之诛。请看今日之域中，竟是谁家之天下！移檄州郡，咸使知闻。

本文以维护李唐王朝正统及儒家君臣之义为依据，怒斥武则天篡位罪行，慷慨陈词，气势磅礴，极有感召力和煽动力，当时就为人所传诵。据《新唐书》本传说，武则天初读此文"但嘻笑。至'一抔之土未干，六尺之孤安在'，矍然曰：'谁为之'？或以宾王对。后曰：'宰相安得失此人！'"可见，连被声讨者武则天都被此文所震撼，何况他人？敬业后来兵败，时骆宾王有四十多岁，或传说被杀，或说自杀，或说出家归隐，总之下落不明。

"四杰"是盛世中的悲剧人物，他们的骈文，内容充实富有时代特征，感情真挚而代表了在野文人的普遍心声，在文风上，对骈文自身有所革新。"四杰"虽不满意于六朝为文浮艳雕琢，但他们在属对与音韵上却更求精工，使得一些人看不清他们在文学复古中的特殊历史作用。杜甫曾写诗说："王杨卢骆当时体，轻薄为文哂未休。尔曹身与名俱灭，不废江河万古流。"（《戏为六绝句》）这种评价是比较公允准确的。

官署谏官直言不讳的奏疏，影响到一般文人干预政治的倾向，而奏疏及馆阁史官记述文风的转变，也影响到社会上抒情达意文章的文风变化，初唐四杰的骈文，正体现了文风的改革由贵族官署的小圈子走向更广阔的社会生活。初唐四杰秉承王通文学观余绪，在骈文创作中，崇经贯道，重视作品的思想内容，坦诚率真地反映社会的现实问题与自己的真情实感，以宏博的气势、清新刚健的风骨一改纤微、虚浮、绮碎旧习，实现了骈文文风的转向。但他们对浮华的骈文文体并没有提出批评。他们的骈文，内容上多抒写个人怀才不遇的幽怨、文人游宦的客思乡愁，生活面狭小，形式上也没有从梁陈雕琢余风中挣脱出来。为了炫才，甚至更注重辞藻用典，使其骈文更加律化，并往往显得虚夸而冗长。

武则天平息了徐敬业兵乱后，为巩固自己的政权，一方面奖励告密，任用酷吏，枉捕滥杀无辜。另一方面，重用御用文人，奖励他们大写谀文，宣扬天下升平，颂扬武后功德，以此安定人心，为其"合法"做皇帝大造舆论。所谓的"文章四友"，即李峤、苏味道、崔融、杜审言的文章，就是这种应制的体现，四人的风格接近，不外是媚附武后，对武周新政歌

第六章 隋唐五代儒家道统的复兴与古文的兴起

功颂德。在趋时阿谀的文风一时主宰了文坛的情势下,一些以宣扬儒家精神为宗旨的文人,主张恢复道统,继承直言极谏传统,指陈时弊,勇敢地站在反对应制骈文的前沿,而这些文人中翘然兀立者当数陈子昂。

陈子昂(661—702)字伯玉,梓州射洪(今属四川)人,官至右拾遗,敢于直言,指斥时弊。曾上书言涉酷吏之害,得罪朝中权贵,被解职还乡。后竟受诬告陷冤狱,死于狱中,年仅42岁。陈子昂耿直敢言,不仅对于当时的弊政痛加谴责,对当时的文风也痛加鞭挞,提出自己革新文风的主张,如在《与东方左史虬修竹篇序》中写道:

> 东方公足下:文章道弊五百年矣。汉、魏风骨,晋、宋莫传,然而文献有可征者。仆尝暇时观齐、梁间诗,彩丽竞繁,而兴寄都绝,每以永叹,思古人常恐逶迤颓靡,风雅不作,以耿耿也。一昨于解三处,见明公《咏孤桐篇》,骨气端翔,音情顿挫,光映朗练,有金石声。遂用洗心饰视,发挥幽郁,不图正始之音,复睹于兹,可使建安作者,相视而笑。解君云:"张茂先,何敬祖,东方生与其比肩。"仆亦以为知言也。故感叹雅制,作《修竹诗》一篇,当有知音,以传示之。

序文虽着重讲的是诗歌,实际上是陈子昂改革文风的一个理论纲领,简要而系统地概括了他对文学的基本观点。他标举汉魏风骨,强调兴寄,批判晋至唐初的浮艳文风,决心扭转已有五百年之久的"文章道弊"。他以恢复"汉魏风骨"与"风雅兴寄"传统相号召,以"彩丽竞繁""逶迤颓靡"之风为革除对象,要求诗文应该"骨气端翔,音情顿挫,光英朗练,有金石声",使人有"洗心饰视,发挥幽郁"的作用,为诗文复古提出明确的内容与形式的标准。

陈子昂的《修竹篇序》为唐诗改革开新道,实际也为唐文革新在探新路,唐诗变革启发了唐文变革。唐诗改革早于唐文改革,是因为诗发展至唐,较早地达到鼎盛,各种体式齐全,格律已完善,体式无须改革,改革的只是它的诗风,所以诗风改革的成熟理论提出得最早,诗人诗风改革的意识较早地形成,这必然要影响到散文的改革。初唐四杰的骈文新变,并未涉及文体的改革,陈子昂提倡风雅兴寄,对唐代散文发展影响很大,但他也未明确提出文体改革的主张,当时也未能形成散文文体改革的风气。但诗歌文风的改革,势必会引发散文文体的改革。陈子昂本人的碑志表序等散文,也质朴清新,酣畅淋漓,是其诗歌理论在散文方面的应用。

陈子昂之前的李谔、王通、王绩和初唐四杰等人，虽然也有志于矫正浮靡绮艳文风，但不是矫枉过正，便是忽视内容和形式上的统一与结合，因此革新的效果不大，文坛仍然笼罩在浮华之风中。自陈子昂复古理论的出现，无疑如石破天惊一般，振聋发聩，唐代文章至他始大变其风格。在他的文集中，除表序文之类还沿用骈俪外，书疏碑志之类，如《谏政理书》《上军国机要事》等，则骈散相间，疏朴近古，已开融散入骈的先河。陈子昂把诗文视为明道的武器，他的政论散文大胆议政，揭露时弊，敢说真话，义正词严，尽弃无关痛痒的浮言虚词，使其他人那些徒有形式华丽的谀美之文相形见绌。韩愈称赞说："国朝盛文章，子昂始高蹈。"（《荐士》）陈子昂的患难之友卢藏用（约664—约714），十分推崇陈子昂的文学主张与文学成就，他在《右拾遗陈子昂文集序》中说：

宋、齐之末，盖憔悴矣！逶迤陵颓，流靡忘返。至于徐、庾，天之将丧斯文也！后进之士，若上官仪者，继踵而生，于是风雅之道，扫地尽矣！《易》曰："物不可以终否，故受之以泰。"道丧五百岁而得陈君。君讳子昂，字伯玉，蜀人也。崛起江汉，虎视函夏，卓立千古，横制颓波，天下翕然，质文一变。

陈子昂死后，卢藏用厚抚子昂的幼子，并为之编集、撰序、作传。富嘉谟（？—706）与吴少微（？—706），也都是陈子昂的同道，皆以儒家经典为本，著文古朴典雅，二人与谷倚并称为"北京三杰"。富、吴所作碑颂，属词清新峻健，如富嘉谟的《双龙泉颂》、吴少微的《唐北京崇福寺铜钟铭（并序）》，一反碑颂以徐陵、庾信为宗的旧习，体格大变，雅厚雄迈，时人钦慕之，称为"富吴体"。只惜其作流传甚少，难做全面评述。可见，陈子昂文学主张的提出是有一定的社会基础的，另一方面也看出陈子昂复古革新的理论影响力之大，陈子昂的理论及创作实践为唐代古文运动开启了先声。

三　盛唐文体改革

贞观之治后，中间虽经高宗皇后武则天"改朝换代"，但并没有改变贞观之治的政治措施，国家没有大乱，社会经济还是呈继续发展的势头。到玄宗继位后，仍能坚持贞观之治的一系列开明善政，王朝国力发展到繁荣昌盛的顶峰，出现了中国封建社会少有的盛世景象。如果说玄宗对武周的政策有所改变的话，那就是带头崇儒，改变了武则天好佛道的思想路线。玄宗这一思想倾向，直接影响了朝廷重臣，他们替朝廷所作的诰敕，内容上体现着崇儒的思想，文风上体现着崇雅黜浮的特点。《新唐书·文艺传上》载："玄宗好经术，群臣稍厌雕琢，索理致，崇雅黜浮，气益雄浑，则燕许擅其宗。是时唐兴已百年，诸儒争自名家。"玄宗朝张说、姚崇、宋璟、苏颋、张九龄、陆贽等宰相重臣，他们的"大手笔"，多承帝旨撰述，或阐述辅世之计，或陈诉救失之策，务实致用，又运思精密，格调雄浑，显示了盛唐气象。以"四杰"为代表的初唐骈文，在内容上多反映社会现实，抒发个人怀才不遇之情，但在形式上反而辞藻更浓艳，声律对仗更精细。盛唐"宰相"派的骈文，比起初唐骈文来，不仅内容更充实，视野更阔大，而且笔酣辞畅，罕用典事，引散入骈，骈散相间，有意淡化浮艳雕琢习气，使骈文出现散化趋向，堪称骈文改革的一个里程碑。由于他们的显赫社会地位与政治影响力，以及对骈文的改革实践，对整个社会文风的转变影响极大。一些著名诗人，如王维、李白等，虽无意于文体改革，但为文也骈散结合，特别是其抒发性情和记叙宴游的作品，属骈体而不受排偶拘束，写得清新自然，在自然景物及宴乐场面的描写中，寓有作者的深挚情思，充满了激情和豪气，突出了散文的抒情性，感人至深。

但盛唐也潜伏着巨大的隐患，玄宗后期，他带头溺于声色，怠于政事，白居易在《长恨歌》中写道："春宵苦短日高起，从此君王不早朝。"玄宗在内廷，把一切政事交由李林甫、杨国忠、高力士等奸臣、宦官处理；朝外，听任藩镇拥兵自重，割据势力日益坐大，最终内忧外患合力酿成755年的安史之乱。动乱经历了八年，虽然平息了，但藩镇把持地方军、政的局面已经形成。德宗朝想剥夺割据势力的权力，改变中央政权被削弱的被动局面，采取了一些措施，但积重难返，难有什么成效。所以，我们这里所称的"盛唐"，既包括开元、天宝鼎盛时期，也包括安史八年叛乱时期，还包括安史之乱后四十多年衰微时期，混乱局势持续的时间还挺长。就在歌颂盛世的文章充斥文坛时，就有盛世危机和忧患之感的文章不断问世。安史之乱前后，萧颖士、李华、元结、独孤及、梁肃、柳冕等人再一次提出复古主张，他们在理论上，以复兴儒学为旨义，以儒家六经为文章的范本，主张作文为了载道，反对于道无补的浮靡华艳之风；在文体上，主张效法三代古文；在文风上，反对雕琢彩绘铺张陈事而倡平实质朴，大力改排偶为散行；在创作上，首先对诸如赞、铭、论说、寓言、序记等记事说理文体作了改革尝试。安史之乱后,唐王朝由盛转衰,他们在复古理论的指导下,写出一系列的悲天悯人、愤世嫉邪的古文,文坛上出现了世道衰而散文盛的现象。

(一) 援散入骈的"大手笔"

盛唐时颂扬盛世的文章不计其数,独有"燕许大手笔"驰名文坛。所谓"燕许大手笔",是指燕国公张说、许国公苏颋的文章,骈散相间,典雅宏丽,气势恢宏,反映了"盛唐气象",体现了骈文的新变化,开启了盛唐由骈趋散的一代新风。

张说(667—730)洛阳人,历仕武后、中宗、睿宗、玄宗四朝,玄宗时封燕国公。张九龄《燕国公赠太师张公墓志铭(并序)》记其"起家太子校书,迄于左丞相,官政四十有一,而人臣之位极矣。尚书国之理本,公悉更之;中书朝之枢密,公亟掌之。休声与偕,升降数四,守正而见逐者一,遇坎而左迁者二,其余总戎于外,为国作藩,所平除者,惟幽并秉节钺而已。至若三登左右丞相,三作中书令,唐兴已来,朝佐莫比"。张说虽三次为相执掌朝政,然而仕途浮沉,三上三下,中央与地方职务的不断转换,使他更精于政务。并且"掌文学之任凡三十年。为文俊丽,用思精密,朝廷大手笔,皆特承中旨撰述,天下词人,咸讽诵之。尤长于碑文、墓志,当代无能及者。"(《旧唐书·张说列传》)

张说虽然也对浮华文风不满,但对唐前历朝的著名文学之士评价公允,认为他们都是出类拔萃的人才,可与子游、子夏同列,他在《齐黄门侍郎卢思道碑》中写道:

> 昔仲尼之后,世载文学,鲁有游、夏,楚有屈、宋。汉兴有贾、马、王、扬,后汉有班、张、崔、蔡,魏有曹、王、徐、陈、应、刘,晋有潘、陆、张、左、孙、郭,宋、齐有颜、谢、江、鲍、梁、陈有任、王、何、刘、沈、谢、徐、庾,而北齐有温、邢、卢、薛,皆应世翰林之秀者也。吟咏情性,纪述事业,润色王道,发挥圣门,天下之人,谓之文伯。於戏!国有校,家有塾,禄位以劝,风雅犹存。然千数百年,群心相尚,竞称者若斯之鲜矣。才难,不其然乎!

这与李谔、王通、初唐四杰把六朝浮华文风追溯到屈原、宋玉、枚乘、司马相如,对魏晋六朝作家基本持否定的态度截然不同,显现出盛唐大政治家的宽宏大度。张说不仅对前贤多溢美,对近代文士,也多予肯定，以奖掖为主，同时中肯指出其不足，《旧唐书·文苑列传上》载：

> 开元中，说为集贤大学士十余年。常与学士徐坚论近代文士，悲其凋丧。坚曰："李赵公、崔文公之笔术，擅价一时，其间孰优？"说曰："李峤、崔融、薛稷、宋之问之文，如良金美玉，无施不可。富嘉谟之文，如孤峰绝岸，壁立万仞，浓云郁兴，震雷俱发，诚可畏也，若施于廊庙，则骇矣！阎朝隐之文，如丽服靓妆，燕歌赵舞，观者忘疲，若类之风、雅，则罪人矣！"问后进词人之优劣，说曰："韩休之文，如大羹旨酒，雅有典则，而薄于滋味。许景先之文，如丰肌腻理，虽秾华可爱，而微少风骨。张九龄之文，如轻缣素练，实济时用，而微窘边幅。王翰之文，如琼怀玉斝，虽烂然可珍，而多有玷缺。"坚以为然。

对古今作家的评价，颇能反映他的文学观。他重视文章风骨，看重文章的经世治国的实用价值，与陈子昂的文学主张相近。

张说的文章多为朝廷重要文诰，有颂、制、表、奏、疏、状、书、议、策、启、序、记、赞、箴、铭、碑、语、文等，类型繁多，尤长于颂词碑文墓志，如《圣德颂》《大唐封祀坛颂》等，颂扬大唐圣德神功，粉饰太平，讴歌盛世。如《拨川郡王碑奉敕撰》《河州刺史冉府君神道碑》《四门助教尹先生墓志铭》等，叙事清晰平实，感情真挚，评价客观准确，并借以抒发自己的情怀。《梁国公姚文贞公神道碑奉敕撰》，可代表张说碑文、墓志的成就和风格，其中写道：

> 有唐元宰曰梁文贞公者，位为帝之四辅，才为国之六翮，言为代之轨物，行为人之师表。盖维岳降神，应时间出者也。公讳崇，字元之，姚姓。有虞之后，远自吴兴，近徙于陕，今家洛阳焉。烈考长沙文献公，树勋王室，建旟鄩府。公纨绮而孤，克广前业，激昂成学，荣问日流，武库则矛戟森然，文房则礼乐尽在。弱冠补孝敬挽郎，又制举高第，历佐濮、郑，并有华声。入为司刑丞，天授之际，狱吏峻密，公持法无颇，全活者众。进夏官员外郎、郎中、侍郎，朝廷曰能，遂掌军国。迁凤阁侍郎、监修国史，兼相王府长史。始则天人让王，承置醴之顾，终以飞龙利见，延参乘之恩。自时厥后，恒当大任，凡三处兵部尚书，三入中书令，一为礼部尚书、左庶子，又肃政大夫总灵武军兵马，又司仆卿知陇右监牧使，出典亳、宋、常、越、

许、申、徐、潞、扬、同十郡。景云初,以藩邸旧僚,封梁国公,食赋百室。

公性仁恕,行简易,虚怀泛爱,而泾渭不杂;真率径尽,而应变无穷:常推是心,以御于物,故所莅必吡庶风偃,骛狠化从,言不厉而教成,政不威而事理。去思睹颂,来暮闻歌,既登邦政,卒乘辑睦。及在宗伯,神人允谐,今之中书,是为理本,谋事兼于百揆,论道总于三台。公执国之钧,金玉王度,大浑顺序,休徵来臻,懋德格天,名遂身逊。拜开府仪同三司,崇其秩,逸其志也。

此神道碑是张说奉玄宗诰命为梁国公姚崇(650—721)所撰。姚崇是唐代名相之一,他精明强干,廉正不阿,辅佐玄宗革除弊政,为创建大唐盛世而励精图治。张说的碑文首先赞扬姚崇居天子重臣之位,有辅佐国家腾飞之才,其言论足可成为一代法度与准则,其行为足可成为国人的楷模,是应盛世的召唤而产生的一代贤相。接着介绍姚崇是虞舜后人,家族很早从吴兴迁至陕郡,父亲曾有功勋于唐王室,姚崇从小便立有大志,要以自己的才华来发扬光大门风。所以他在二十岁时便及第举科,步入仕途后,政绩显著,深得天子的信任,长期执掌军国大权,直至被封梁国公。接着又写姚崇的品行道德,这是其政治事业成功的基础与保证。姚崇本性爱众,遵从儒家仁恕观念,是非分明,以此治民,再顽劣凶狠的人也会受到感化。他还能功成身退,将相位让于后来的贤能,所以他死后众人没有不思念他的。姚崇秉政以公道、和睦为根本,他的德行盛大,以至于感动上天,使阴阳合序,吉兆不断。碑文有颂,有叙,有记,有议。颂扬有据,叙述详核,记载清晰,议论公允,叙议结合,笔法灵活,衔接自然,不事铺排雕饰而气象万千。张说不愧为开元前期的一代文宗。

与张说并称的苏颋(670—727),"少有俊才,一览千言。弱冠举进士,……神龙中,累迁给事中,加修文馆学士,俄拜中书舍人。寻而颋父同中书门下三品,父子同掌枢密,时以为荣。机事填委,文诰皆出颋手。中书令李峤叹曰:'舍人思如涌泉,峤所不及也。'"(《旧唐书·苏颋列传》)苏颋为文构思敏捷,骨力高峻,韵味深醇,很得皇帝的欣赏,朝廷制、敕、表、状等文告,多出其手,其碑记最有自己的特点。他的碑记写法灵活多变,没有写成程式化的文字。有的碑记状物写景,不仅绘声绘色,而且极有气魄,如《陕州龙兴寺碑》中写道:"徒观其阿山豁险,当砥柱之湍濑;城雉纡馀,瞰崤陵之风雨:苴朝宗之次,行在之宫。三辅齐剧邻其左,二京分政出其中,斯何壮哉!郡国之雄也。先是香填之,金布之，神祚之，福护之，千栌叠映，万楹丛举，含真珠之赤光，带琉璃之绀色。"有的大段使用散体文句，有意引散入骈，如《唐河南龙门听琶寺碑》中写道："听琶寺者，听琶王子避位出家，三藏法师宝思惟之立也。夫所宗谓道，道崇可让位，况生于佛国？所慕惟法，法住可济时。况行于人代？其吴季子、安世高之事，鲁仲尼、康僧会之徒欤？"苏颋虽然没有发表反对六朝文风的理论文字，却能身体力行，以自己的文章表示自己的文学态度。"燕许大手笔"的骈文，有意引入散体来叙事、抒怀、言情、述志，继四杰之后，拓宽了骈文的表现领域，推进了骈体文风的革新。

与"燕许大手笔"同调的名臣贤相还有姚崇、宋璟、张九龄、李邕、孙逖等人，他们的共同特点是：为政廉明，敢于直谏，朝廷敕书表状多出其手，尤善碑志，骈散相济，情辞兼美，兴寄深婉，文笔宏博典实，有垂绅正笏气象。如张九龄（678—740），《四库全书总目·卷149·别集类》中说："九龄守正嫉邪，以道匡弼，称开元贤相，而文章高雅，亦不在燕许诸人下"，施补华《岘佣说诗》中说："唐初五言诗，犹沿六朝绮靡之习，唯陈子昂、张九龄直接汉魏，骨峻神竦，思深力遒，复古之功大矣。"这里虽言张九龄诗，其实指其文也如此。

安史之乱后，唐王朝由盛而衰，国难深重，到德宗时，分裂混乱的状态已持续了二三十年。德宗即位初就爆发的建中动乱，更加深了社会的危机。此时期涌现出一位卓越的政治家，欲挽救摇摇欲坠之颓势，使唐室为之再安宁，他就是陆贽（754—805）。陆贽是继魏徵之后唐代最著名的贤相，苏轼说："唐宰相陆贽才本王佐，学为帝师，论深切于事情，言不离于道德。智如子房而文则过，辩如贾谊而术不疏。上以格君心之非，下以通天下之志，三代以还，一人而已。"（《东坡全集·乞校正陆贽奏议上进扎子》）可惜陆贽虽似魏徵，德宗却不像唐太宗那样能采纳忠谏从善如流，甚至后来听信裴延龄等人谗言，贬陆贽于忠州，十年之久未能发挥其政治作用，最后卒于任所，这不仅是陆贽的悲剧，也是唐王朝的悲剧。

陆贽为"救时"，写了一系列政论、诏书、奏议，虽属骈文，但语言通俗流畅，感情诚挚，议论精当深刻，具有远见卓识，以散文的气势来行文，感人至深。权德舆称其"榷古扬今，雄文藻思……其关于时政，昭昭然与金石不朽者，惟制诰奏议乎？"（《翰苑集序》）《四库全书总目·卷150·集部》称："其文虽多出于一时匡救规切之语，而于古今来政治得失之故，无不深切著明，有足为万世龟鉴者，故历代宝重焉。"陆贽的政论、奏议及为朝廷起草的诏书，涉及朝政治理的方方面面，主要包括：养人资国、削弱藩镇、储粮备边、广求人才、广开言路、任贤黜恶、奖惩严明等。乍看，与汉代贾谊、晁错等人的主张雷同，实际上完全从当时社会不断深化的矛盾，王朝面临崩溃的形势出发，而精心筹划的救国善策，具有强烈的时代特征，并有针对性的切实可行的措施。

陆贽的治国思想，其核心就是传统儒家的"民为邦本，本固邦宁"的思想，他主张"立国之本，在乎得众"，人心向背是政权存亡的关键所在，尤其在举国动荡不安之际。得人心便要适当地考虑广大人民的切身利益，进而提出"养人资国"，他的奏议《均节赋税恤百姓六条》即主张限制土地兼并，实行轻徭薄赋，适当缩小贫富悬殊的两极分化，节约国家奢侈性开支，使民得到温饱。民得温饱便有了生产积极性，尽可能创造更多的物质财富，来解决国家的财政经济危机。中央政府赢得更多人的支持和拥护，就能集中力量打击破坏统一的割据势力。如果"厚其所资，而害其所养"，只图上层统治者眼前享受，苦了民众，毁了国家，也断送了上层统治者的长远利益。

威胁唐王朝中央政权存在的势力主要是各地称雄的藩镇，明于治乱的陆贽明白"立国之安危在势"，"立国之权，在审轻重，本大而末小所以能固"，必须加强中央实力，削弱藩镇势力，剪除"凶逆"，才能实现国家真正的统一和安定。为此，他提出一系列加强中央集权的具体措施，如在军事上，他建议选择真正有军事才能、指挥能力的人任将帅，合并不重要的节度，并给予将帅一定的自主权，这样集中指挥权，号令一致，攻守有序，又能果敢作出决策，便于抓住战机，取得胜利。陆贽又认为：治理军队，必须要奖惩分明，以"赏以存劝，罚以示惩"来治军，根据将士兵役轻重、安危程度、贡献大小，予以合理给养，避免分配不公，以影响战友间的团结，削弱军队的战斗力。注重提高战斗力，尤其要注重军粮的贮积、运输和供给。为此他提出取消各道将士轮番换防制度，给招募的将士分发耕牛和各种农具，变轮番换防为定居守护，做到"寇至则人自为战，时至则家自力耕"，战斗力并未减弱，军粮供给大大增加，减少了长途军粮运输的成本，也减轻了国家的财政负担。

陆贽认为振兴唐朝，关键在于朝廷能正确地使用人才，人才何来？在于广泛地选拔。而当朝人才缺乏，恰因为：人才的选用不以人才标准而衡量，而由皇帝的好恶来决定；虽是人才，但听信谗言而不用；吹毛求疵，求全责备，标准太苛刻；一时有过失则终身弃而不用；只看表面，不看本质；不看一个人的全部，"以一言称惬为能"，"以一事违忤为咎"，只根据一言一事来决定人的命运；循旧例任官，人才不能脱颖而出或不得升迁。总之，用人之弊，在于治国理念的落后，吏治的腐败，没有做到"求才贵广"。陆贽提出了正确地选拔人才、合理地使用人才的原则,要求"各举所知",不能只靠宰相,台省长官也可以荐举贤能,通过多渠道广泛地搜罗人才。在选拔人才时,依据一定的标准进行严格考核,即切实贯彻"按名责实""考课贵精"的原则。口拙寡言者不一定就愚笨,能言善辩者不一定就聪明;耿直者不一定是桀骜不驯,温顺者不一定就忠厚。要听其言观其行,透过表面现象,看其思想本质。通过考核,清楚每个人的实际才德,合理使用,人尽其才。贞元八年(792)进士科试,韩愈、欧阳詹、李观等八人登第,无不与科试主持人陆贽的人才观有关。陆贽为韩愈成为古文运动的领袖,奠定了一定的政治基础。

陆贽提出一系列强国之策,但德宗采纳的不多,或阳奉阴违。所以陆贽更加赞赏唐太宗虚心纳谏的政治风度,称其因"谏而能从,过而能改",才成为"帝王之大烈"。广开言路,从善如流,不仅是明君的标志,更关系着国家的盛衰兴亡。陆贽认为要广开言路,君王须克服"好胜人、耻闻过、骋辩给、炫聪明、厉威严、恣强愎"六种弊病。"好胜人、耻闻过"者,就嫉恨直谏批评,爱听阿谀奉承话;"骋辩给"者就会以狡辩对付直谏;"炫聪明"者自以为是,不相信他人的意见;"厉威严"者就一定居高临下打官腔,使人不敢推心置腹多进言;"恣强愎"者更是有过错也不听劝告,甚至迁怒于进言者。当臣子的,要克服"谄谀、顾望、畏懦"三种弊病,而这三种弊病全是由君王六种弊病引发而来。上"好胜人、耻闻过",下便以"谄谀"之言投其所好;上"骋辩给、炫聪明",下便察言观色以"顾望",进言则不痛不痒不忤上;上"厉威严、恣强愎",下便因惧获罪而"畏懦"不进言。所以广开言路在于君上,君上若"以求过为急,以能改过为善,以得闻其过为明",则臣下敢于直谏者必多,犯颜逆鳞而不责罪者必少,广开言路,国家必然兴旺。

唐德宗即位时,藩镇纷纷叛乱,举国动荡。兴元元年(784),陆贽为德宗起草《奉天改元大赦制》的罪己诏,"痛自引咎,以感动人心;不吝改过,以言谢天下"。并非德宗有此律己的素质,而是草诏者陆贽有深自痛责、力挽危局的胸怀。诏文中写道:

> 惟我烈祖,迈德庇人,致俗化于和平,拯生灵于涂炭,重熙积庆,垂二百年。伊尔卿尹庶官,洎亿兆之众,代受亭育,以迄于今,功存于人,泽垂于后。肆子小子,获缵鸿业,惧德不嗣,罔敢怠荒。然以长于深宫之中,暗于经国之务,积习易溺,居安忘危,不知稼穑之艰难,不察征戍之劳苦,泽靡下究,情不上通,事既壅隔,人怀疑

阻,犹昧省已,遂用兴戎。徵师四方,转饷千里,赋车籍马,远近骚然,行赍居送,众庶劳止。或一日屡交锋刃,或连年不解甲胄,祀奠乏主,室家靡依,生死流离,怨气凝结,力役不息,田莱多荒。暴命峻于诛求,疲甿空于杼轴,转死沟壑,离去乡闾,邑里邱墟,人烟断绝。天谴于上,而朕不悟,人怨于下,而朕不知,驯致乱阶,变兴都邑。贼臣乘衅,肆逆滔天,曾莫愧畏,敢行凌逼,万品失序,九庙震惊,上辱于祖宗,下负于黎庶。痛心靦貌,罪实在予,永言愧悼,若坠深谷。

词情恳切,怜悯民瘼。与祖先对比,以帝德要求,深知自己罪孽深重,一切乱象,皆咎由自取。讲的既是实情,又是一种策略,不如此,何能争取人心,孤立叛军元凶?下文自然引出除了罪大恶极者朱泚之外,其他如李希烈、田悦、王武俊、李纳等叛军首领,皆宣布赦免其罪,至于那些受到"凶逆"煽诱的胁从者,如能幡然悔悟,就既往不咎。显示了陆贽确实"有经纬天地之文,有底定祸乱之武,有致理太平之功"。"行在诏书始下,虽武人悍卒,无不挥涕激发"(权德舆《翰苑集序》),叛乱者纷纷上表谢罪归顺,陆贽一纸罪己诏,分化、瓦解、平息叛军之力,胜过千军万马。

安史叛乱前后的这些名臣贤相,本不以文章名家,只是以政论、碑志、疏奏、章表等分析时事、剖明是非、以济时用、匡救政失。他们的文章多属实用性的骈文,语言通俗畅达,很少用典,雄迈赡博有风骨,虽未改变骈文的形式,但对其内容及语言作了很大的变革。又能援散入骈,兼有骈散结合的长处,将骈文进一步散体化。骈文在他们手里,可以抒情,可以叙事,可以议论,挥洒自如,实践了陈子昂的部分革新理论,开宋四六之先声。又极具时代精神,为韩愈、柳宗元吸收骈文有价值的艺术技巧指出了新路。

(二)融入诗情的诗人散文

这一时期的一些著名诗人,虽无意于改革文体,但他们将诗情诗意融入文中,增强了散文的抒情性,使论说性的文章也成为艺术性较强的作品。如李白(710—762)的《与韩荆州书》,本为干谒之作,却不卑躬乞怜,文中写道:"白陇西布衣,流落楚汉。十五好剑术,遍干诸侯;三十成文章,历抵卿相。虽长不满七尺,而心雄万夫。王公大人,许与义气。此畴曩心迹,安敢不尽于君侯哉!"这是何等的自信、自尊,甚至自命不凡，气宇轩昂，傲骨铮铮，充满进取精神，显示了作者傲岸、豪放的诗人性格。其《春夜宴从弟桃李园序》，借景抒情，同样豪情逸兴雄放旷达。如开篇数句："夫天地者，万物之逆旅也；光阴者，百代之过客也。而浮生若梦，为欢几何？古人秉烛夜游，良有以也。况阳春召我以烟景，大块假我以文章。会桃李之芳园，序天伦之乐事。"作者将人生置于天地光阴的大时空中去思考，表达了对理想人生的追求。情感真挚，文笔豪放俊逸，一扫齐梁以来绮靡余风，《四六法海》评价说："太白文萧散流利，乃诗之余。"正指出了其文章的艺术特色。

在诗人中，王维（701—761？）的文章也独具一格，尤其是他的那些写景书信最具文学特色，如《山中与裴秀才迪书》，总共不足二百字，却将其隐居地辋川的景色描绘得历历在目，使人读后如临其境："北涉玄灞，清月映郭。夜登华子岗，辋水沦涟，与月上下；寒山远火，明灭林外；深巷寒犬，吠声如豹。村墟夜舂，复与疏钟相间。""当待春中，草木蔓发，春山可望。轻鲦出水，白鸥矫翼；露湿青皋，麦陇朝雊，斯之不远。"写辋川春日的勃勃生机，如诗如画，情趣盎然，摹景绘色中兼记声响，妙境之中深含禅机。人们常称王维"诗中有画，画中有诗"，也可以说，他"文中有诗，文中有画"，彩笔般地描绘出的自然之景，含情含趣含味，意境浑融高远又幽深恬静，此笔力非一般人所能及。

学界的人常说：王维近佛，杜甫近儒，李白近道。实际上杜甫不是"近儒"，而是个"醇儒"，其《乾元元年华州试进士策问五首》《进封西岳赋表》《为阆州王使君进论巴蜀安危表》《东西两川说》等文，与其诗歌一样，表达的是矢志不渝的忠君爱国忧民的信念。至于王维近佛，李白近道，也不确切。王维奉佛是在晚年，之前还是受儒家思想影响较深，所以其诗其文，充满报国之情，就是描绘山水景物，也体现着蓬勃向上的时代进取精神。李白思想比较复杂，儒、道、佛对他都有影响，而且还喜欢纵横家言，又好侠求仙，可贵的是他能把不同的文化有机地化合为用，体现了盛唐文化的特点。不过，儒家思想始终是他的主导思想，所以他一生渴望用于世，希望能实现"安黎元""济苍生"的人生理想。

李白、杜甫在世时即有不少仰慕者，任华、苏源明就是其中的代表。任华性戆直狷介，傲岸不羁，仕途不得志，曾隐居多年，自称"野人"，有《杂言寄李白》《杂言寄杜甫》的诗。作文刻意学习李白的艺术风格，自由挥洒，颇有纵横奇崛之气。如他的《送宗判官归滑台序》，叙亲友聚散离合："大丈夫其谁不有四方之志，……与我分手，忘我尚可，岂得忘此山水哉！"真是奇人奇语，出人意料，心胸开阔，不落悱恻伤感旧套。

写景也是大气磅礴:"霜天如扫,低向朱崖。加以尖山万重,平地卓立。黑是铁色,锐如笔锋。复有阳江、桂江,略军城而南走,喷入沧海,横浸三山,则中朝群公岂知遐荒之外有如是山水?"所写山水也同作者一样,桀骜不驯,对朝中权贵示以轻蔑。他的《告辞京尹贾大夫书》,比李白的《与韩荆州书》写得更傲气、更敢言,好似不在干谒,而是在泄愤,或借以抒发狂放旷达的豪情。比起李白来,他的文章更加散化。

苏源明(?—764)与杜甫交谊最深,其逝世后,杜甫作《哭台州郑司户苏少监》《八哀诗》《怀旧》等诗,深致哀悼。《八哀诗》中称其"前后百卷文,枕藉皆禁脔";韩愈《送孟东野序》中称:"唐之有天下,陈子昂、苏源明、元结、李白、杜甫、李观,皆以其所能鸣。"由此可见,苏源明在唐代诗圣及古文运动领袖心目中的分量。苏源明原有诗文集三十集,已散佚,《全唐文》仅存五篇散篇。其中《谏亲征东京疏》,是乾元二年(759)所写,时史思明再度攻陷东都洛阳,肃宗有诏将亲自东征,苏源明上此疏极谏,提出十个"甚不可",来打消肃宗的御驾亲征念头:

> 淫雨积时,道路方梗,甚不可一也。自春大旱,秋苗耗半,敛获未毕,先之以清道之役,申之以供顿之苦,甚不可二也。每立殿廊,见旌旗之下,馁夫执殳,仆于行间,日见二三;市井馁殍求食,死于路旁,日见四五。甚不可三也……臣闻子不诤于父,不孝也;臣不诤于君,不忠也。不孝不忠,为苟荣冒禄,圈牢之物不若也。臣虽至贱,不能委身圈牢之中,将使樵夫指而笑之。

行文基本散化,指陈得失,恳切率直,堪与魏徵的《十渐不克终疏》相媲美。其《秋夜小洞庭离宴诗序》,主要记叙作者与几个故人宴游于小洞庭。先写与故人移宴于舟中,入小洞庭所见之景,次写作者即兴歌咏之词,再记作者与故人风趣的对话,最后写作者次日清晨酒醒后的自慰。层次清晰,语言流畅,意境雅致,对苏轼《前赤壁赋》的构思有启发。

盛唐诗人将诗的笔法情韵注入文中,他们的一些书、序等文,骈中夹散,简洁明快,情理兼备,不自觉地以自己的清新隽永的文章参与了散文革新运动。

(三)儒家复古先驱的散文

如果说开元盛世,散文的改革还停留在文风改革的层面,使骈文内容充实而散体化。那么,天宝之后,王朝由盛转衰,社会形势的急剧变化,更激发了士大夫们强烈的忧患意识,他们以儒家六经为文章的范本,主张以古文倡扬古道,以古道挽救今之危亡。要求恢复传统古文,反映出文体改革的趋向。而安史之乱,给"古文"大行于世提供了社会需要。安史之乱的前后,唐王朝由盛转衰,士大夫们普遍认为,国家衰落的根本原因,是从上至下丢弃了儒家的道德规范,所以才造成道德沦丧,犯上作乱,祸起萧墙。要想挽救衰世,必须重树儒学权威,倡导宗经,使儒家伦理道德重新成为社会的主流意识,并以儒学为思想武器来重新整顿社会秩序。为了推动儒学复兴,从文学为儒学复兴服务的角度出发,自然又提出了复兴"古文"的主张。在他们看来,先秦两汉的文章,以儒学为本,内容雅正,文风朴实。所以在文章的形式、文辞、风格诸方面,只要模拟先秦两汉古文,就可运用这种文章去推动儒学的复兴。他们的复兴古文,只是一种拟古,而不是创新,还不算真正的文体革新。他们追慕先秦两汉古文,以为恢复这种古文体式,就能达到由浮华返质朴,这种意识并不具备自觉突破传统古文的观念,所以也不会对古文进行重大的革新。尽管如此,他们以古文创作为旨义,用古文取代浮靡空洞的骈体文,并带头用散体写文章,实现了文体由骈而散的转变,成为唐代古文运动的先驱者,大大促进了韩愈、柳宗元所倡导的文体新改革。这些古文运动的先驱者,较早的有萧颖士、李华、贾至、独孤及、元结,继起的有李翰、柳冕、梁肃、权德舆等。他们或以文友相应,或以师生相继,形成颇有影响的复古团体。他们在理论上反对于道无补的浮靡华艳风气,在创作实践上,大力改排偶为散行,变华靡为平实,对诸如赞、铭、论说、寓言、序记等记事说理文体都作了改革尝试,拉开了古文运动的序幕。

萧颖士(709—760)少年即以文章知名天下,进士及第,对策第一,可见其文章功力之深厚。虽才华横溢,为名士所器重,却屡忤权贵。尝作《伐樱桃赋》讥讽操掌朝政大权的李林甫,因此仕途甚为坎坷,长期屈居下僚,最终困踬而卒,门人私谥"文元先生"。颖士自称:"经术之外,略不婴心""平生属文,格不近俗,凡所拟议,必希古人,魏晋以来,未尝留意。"(《赠韦司业书》)李华称他以六经为准则,诗赋有"雅颂遗风",文章有"王化根源"。(《扬州功曹萧颖士文集序》)萧颖士尊经重道,最尊崇孔子《春秋》的微言大义,认为非六经思孟的著述,其余不足为文章范本。提倡为文尚简,反对铺张陈事,与矫枉过正的复古前辈一样,从反对浮华又走向忽视艺术价值的一路。为文多狂率不逊之作,如《赠韦司业书》,洋洋洒洒五千余言,虽为求荐之作,也一样借来倾诉怀抱、感慨人生,如文章一开头就写道:

嗟乎！事有勇于昔闻而怯于今见，有求之累月而弃之一言。其勇于昔闻而怯于今见者，固见之不厌其成也；求之累月而弃之一言者，固言之未通其情也。难进为志士之节，知音实盛名之选，可不谓难哉？

气势纵横，挥洒自如，完全没有了以往为文留意于骈俪藻饰的现象，体现了文章由散代骈的新趋势。

李华（715—766）与萧颖士、颜真卿、独孤及、贾至等人友善，共倡古文，与萧颖士齐名，世称"萧李"。独孤及称誉其文"大抵以《五经》为泉源""文章中兴，公实启之"。（《赵郡李公中集序》）李华自己也说："文章本乎作者，而哀乐系乎时。本乎作者，六经之志也；系乎时者，乐文、武而哀幽、厉也。立身扬名，有国有家，化人成俗，安危存亡。于是乎观之，宣于志者曰言，饰而成之曰文。有德之文信，无德之文诈……屈平、宋玉，哀而伤，靡而不返，六经之道遁矣。论及后世，力足者不能知之，知之者力或不足，则文义寝以微矣。"（《赠礼部尚书清河孝公崔沔集序》）李华复古以"五经"为范本，自然视屈原、宋玉的作品都认为是"哀而伤，靡而不返"，就不用说魏晋的作品了。李华在《质文论》中又说："天地之道易简，易则易知，简则易从。先王质文相变，以济天下。易知易从，莫尚乎质，质弊则佐之以文，文弊则复之以质。"看法与萧颖士相似，体现了以六经为标准，由文返质的文学观。

《旧唐书·文苑传下·李华传》载："华文体温丽，少宏杰之气；颖士词锋俊发。"说明李华才学气度不及萧颖士，但萧颖士传下来的文章不多，影响有限，而李华作品较多，写过厅壁记、书信、碑文、序赞等多种体式的文章，虽也有散佚，但后人还辑有《李遐叔文集》四卷。尤其是他的《吊古战场文》一文，是千古传世名作，古今唐散文选本几乎没有不收入的。《旧唐书》本传载：李华"乃为《祭古战场文》，熏污之，如故物，置于佛书之阁。华与颖士因阅佛书得之。华谓之曰：'此文何如？'颖士曰：'可矣。'华曰：'当代秉笔者，谁及于此？'颖士曰：'君稍精思，便可及此。'华愕然。"

《吊古战场文》，写一古战场的见闻与感慨，文中想象当年古战场激战的惨烈，借古讽今，融情于景，表达了作者希望和平的愿望，寓含着对天宝年间唐玄宗穷兵黩武的谴责：

浩浩乎平沙无垠，敻不见人。河水萦带，群山纠纷。黯兮惨悴，风悲日曛。蓬断草枯，凛若霜晨。鸟飞不下，兽铤亡群。亭长告余曰："此古战场也。尝覆三军。往往鬼哭，天阴则闻。"伤心哉！秦欤？汉欤？将近代欤？……

苍苍蒸民，谁无父母？提携捧负，畏其不寿。谁无兄弟？如足如手。谁无夫妇？如宾如友。生也何恩，杀之何咎？其存其殁，家莫闻知；人或有言，将信将疑；悁悁心目，寤寐见之。布奠倾觞，哭望天涯；天地为愁，草木凄悲。吊祭不至，精魂无依；必有凶年，人其流离。呜呼噫嘻！时耶命耶？从古如斯。为之奈何？守在四夷。

这篇凭吊文多用四言赋句，带着楚辞、汉赋的语言风格，骈散结合，感慨深沉，文气如注。战场描写虽出自想象，对死难者的怜悯之情却是真诚至深的，对后人不要重蹈前人覆辙的呼吁却是激切的，是中国散文史上少有的凭吊佳作。

贾至（718—772）与"萧李"同调，与杜甫、李白等人友善，李白将其比之于汉之贾谊（见《巴陵赠贾舍人》），杜甫称其"雄笔映千古"（《别唐十五诚因寄礼部贾侍郎》），皇甫湜称："贾常侍之文，如高冠华簪，曳琚鸣玉，立于廊庙，非法不言，可以望为羽仪，资以道义。"（《谕业》）贾至的奏疏，擅长议论，如其《议杨绾条奏贡举疏》，痛斥著文浮华的弊端："考文者以声病为是非，而惟择浮艳，岂能知移风易俗化天下之事乎？"如果以浮艳之文取士，则误人害国：

夫一国之士，系一人之本，谓之风。赞扬其风，系卿大夫也，卿大夫何尝不出于士乎？今取士试之小道，而不以远者大者，使干禄之徒，趋于末术，是诱道之差也。夫以蜗蚓之饵，杂乘沧海，而望吞舟之鱼至，不亦难乎？所以食垂饵者皆小鱼，就科目者皆小艺。四人之业，士最关于风化。近代趋仕，靡然同风，致使禄山一呼而四海震荡，思明再乱而十年不复。向使礼让之道宏，仁义之风著，则忠臣孝子，比屋可封，逆节不得而萌也，人心不得而摇也。

把安史动乱归咎于"以声病为是非，而惟择浮艳"的"取士小道"，见解独特而深刻。

独孤及说："帝唐以文德敷义于下，民被王风，俗稍丕变。至则天太后时，陈子昂以雅易郑，学者浸而响方。天宝中，公与兰陵萧茂挺、长乐贾幼几勃焉复起,用三代文章,律度当世。"(《唐司封员外郎李华中集序》)把李华、萧颖士、贾至作为陈子昂后继者的代表相提,比较准确地评估了此三人在文体复古方面的地位与贡献。

其实,独孤及(725—777)本人又何尝不是其中一员呢?独孤及"为儿时,读《孝经》,父试之曰:'儿志何语?'对曰:'立身行道,扬名于后世。'宗党奇之。"(《新唐书·独孤及列传》)天宝末,以洞晓玄经科,授华阴尉,崇经之外又学道家,房琯许为非常之才。为官有治声,文名早著。与萧颖士、李华、贾至等先后提倡古文又喜奖掖后进,如梁肃、高参、崔元翰、陈京、唐次、齐抗等皆出其门,常教导弟子"必先道德而后文学。且曰:'后世虽有作者,六籍其不可及已。荀孟朴而少文,屈宋华而无根。有以取正,其贾生、史迁、班孟坚云尔。唯子可与共学,当视斯文,庶乎成名。'"(梁肃《常州刺史独孤及集后序》)独孤及特别崇尚贾谊的政论文及司马迁、班固的传记文。自己为文宽畅博厚,长于论议,用意在彰明善恶,褒贤贬奸,不图以辞采取胜。如其《仙掌铭》《古函谷关铭》《延陵论》《琅琊溪述》《八阵图记》等文,有简直古朴风格。著有《毗陵集》20卷,其中文17卷,为其弟子梁肃所编,权德舆作序,梁肃在《常州刺史独孤及集后序》中说:

> 道德仁义,非文不明;礼乐刑政,非文不立。文之兴废,视世之治乱;文之高下,视才之厚薄。唐兴,接前代浇漓之后,承文章颠坠之运,王风下扇,旧俗稍革,(一作"作者迭起")。不及百年,文体反正。其后时浸和溢,而文亦随之。天宝中作者数人,颇节之以礼。洎公为之,于是操道德为根本,总礼乐为冠带。以《易》之精义,《诗》之雅兴,《春秋》之褒贬,属之于辞,故其文宽而简,直而婉,辩而不华,博厚而高明。论人无虚美,比事为实录。天下凛然,复睹两汉之遗风。

对乃师扭转颓风、复兴古文的功绩给予了高度的评价。《旧唐书·韩愈列传》中也说:"大历、贞元之间,文字多尚古学,效扬雄、董仲舒之述作,而独孤及、梁肃最称渊奥,儒林推重。愈从其徒游,锐意钻仰,欲自振于一代。"从独孤及、梁肃、韩愈师生的一脉相传,亦可见独孤及在唐代古文运动中的地位与作用。

从陈子昂开始,骈文中骈散相间成为一种新倾向,写散体文的人也逐渐多了起来。随着文体改革声势的高涨,至元结时,他专作散体古文,在当时独树一帜。《四库全书总目·卷149·别集类》说其"制行高洁,而深抱悯时忧国之心。文章戛戛自异,变俳偶绮靡之习……盖唐文在韩愈以前,毅然自为者,自结始,亦可谓耿介拔俗之姿矣!"元结(719—772)字次山,郡望河南(今河南洛阳)人,世居太原,后移居鲁山(今属河南),天宝进士,抗击史思明叛军有功,任道州刺史等地方官,政绩昭然。为人刚正,关心人民疾苦;为文多涉及时政,敢于揭露黑暗腐败的社会现象。杜甫曾赞许道:"道州忧黎庶,词气浩纵横。"(《同元使君春陵行》)一生著述颇多,《新唐书·艺文志》子部著录《元子》十卷,《浪说》七篇,《漫说》七篇,《猗玗子》一卷,集部著录《文编》十卷,《箧中集》一卷。元结的文章之所以"戛戛自异",除了有意排除骈俪之习,力主创新,专作散体文外,还有以下几个鲜明特点。

一是他以文章为武器,联系现实,具有强烈的现实主义批判精神。特别是经过安史之乱,面对唐帝国衰落的现实,痛定思痛,反思沉痛的历史教训。于是对文以载道的"道"有了新的思考,关心国运,揭露时弊,同情庶民避乱游离,都是重要的载道内容。他曾感叹"文章道丧盖久矣。时之作者,烦杂过多,歌儿舞女,且相喜爱,系之风雅,谁道是邪?"(《刘侍御月夜宴会序》)他决心扭转淫靡时风,为后世立明道规范,给自己确立的创作动机是:"极帝王理乱之道,系古人规讽之流"(《二风诗论》),"尽欢怨之声者,可以上感于上,下化于下"。(《系乐府序》)所以元结的文章分析国家治乱之理切实深刻,嘲俗讥世之作笔锋犀利。如《丐论》《时化》《时规》《恶圆》《自述》等政论或杂文,对官场中追逐功名利禄者的种种丑行,对黑暗世风下的种种社会罪恶,对贪官污吏统治下的百姓种种苦难,都做了深刻的揭露,字里行间充溢着作者愤慨不平之气,这种批判现实的精神对韩愈、柳宗元的讽刺性杂文有一定的影响,对后来白居易、元稹的新乐府运动也有重大的启迪作用。

二是元结为文以抒发个人胸臆为快,文笔明快犀利而不蹈袭前人。正如他所说:"目不随人视,耳不随人听,口不随人语,鼻不随人气",因此皆靠"我鼻我目我口我耳"视听见闻,所摹写者皆"我云我山我林我泉"。(《心规》)"故所为之文,多退让者,多激发者,多嗟恨者,多伤闵者。其意必欲劝之忠孝,诱以仁惠,急于公直,守其节分,如此非救时劝俗之所须者欤?"(《文编序》)用自己的眼看世界,用自己的心感觉世界,用自己的口说自己的话,用自己的笔写自己的文章,反对人云亦云的沿袭、抄袭习气,因此他的文章与众不同,独树一帜,极具个性与创新特点。他的这一主张影响深远,清代黄遵宪说:"苟能即身之所遇,目之所见,耳之所闻,而笔之于诗,何必古人?我自有我之诗者在矣。"(《与朗山论诗书》)其说法与元结所论如出一辙。

三是他的文章大多短小精悍,古朴刚劲,形象生动,寓意深刻。书、论、序、表、状之类,均意气超拔,与时风不同,而尤以杂文小品最有成就。如《丐论》,写作者与乞丐为友,有人嘲笑,他引述乞丐的话回应道:

呜呼!于今之世有丐者,丐宗属于人,丐嫁娶于人,丐名位于人,丐颜色于人。甚者则丐权家奴齿,以售邪佞;丐权家婢颜,以容媚惑。有自富丐贫,自贵丐贱,于刑丐命。命不可得,就死丐时,就时丐息,至死丐全形,而终有不可丐者。更有甚者,丐家族于仆围,丐性命于臣妾,丐宗庙而不敢,丐妻子而无辞。有如此者,不可为羞哉?吾所以丐人之弃衣,丐人之弃食,提罂荷杖,在于路傍,且欲与天下之人为同类耳。不然则无颜容行于人闻。夫丐衣食贫也,以贫乞丐,心不惭,迹与写人同,示无异也,此君子之道。

这是一篇借丐者而刺世的小品文。世上皆以向人丐衣食者为耻,岂不见"以贫乞丐,心不惭""丐人之弃衣,丐人之弃食",不抢不盗不坑不骗,取之有道。而那些丐官丐名丐利丐色者,却坑蒙拐骗,无耻下流,为了攫取功名利禄、荣华富贵,什么肮脏的手段都能使出来,不以为耻,反以为荣。二者相比,谁是君子,谁是小人,不是昭然若揭吗?然而世人却把小人当君子,把君子当小人,只能说这是个病态的社会,是个是非颠倒的社会。文章笔锋犀利,把黑暗社会的弊端揭露得入木三分。

四是他的山水亭台记文,如《茅阁记》《菊圃记》《九嶷山图记》等,既能具体形象地描绘景物的特征,又能抓住景物的特征酿造意境,揭示景物的内蕴。并融入自己的心绪情意,常在记叙中注入抒情和议论,借景抒情,托物言志。如《右溪记》:

道州城西百余步有小溪,南流数十步合营溪,水抵两岸,悉皆怪石,欹嵌盘屈,不可名状。清流触石,洄悬激注,佳木异竹,垂阴相荫。此溪若在山野,则宜逸民退士之所游;处在人间,则可为都邑之胜境、静者之林亭。而置州以来,无人赏爱,徘徊溪上,为之怅然。乃疏凿芜秽俾为亭宇,植松与桂,兼之香草,以裨形胜。为溪在州右,遂命之曰"右溪",刻铭石上,彰示来者。

小溪清流迂回，奇岩怪石百态，佳树翠竹成荫，好一处清幽胜地，字里行间浸透着作者对美好事物的向往、热爱之情。然而文章又以"无人赏爱"作转，引出"为之怅然"，借物寓情，寄托着作者怀才不遇的悲愤。作者于是除芜添美，欲使小溪为世人所"赏爱"，言外之意，有作者不甘寂寞、积极用于世的用心。文笔清峻自然，尽脱六朝骈文浮艳雕饰的习气。记叙山水虽并非始于元结，但元结的山水亭台的记叙文章，是以山水亭台为独立的审美对象，标志着记游专体散文的开始。元结借描述山水亭台的景色，寄托了作者的情志，抒发心中的牢骚，对柳宗元的山水游记创作影响极大。清末古文家吴汝纶说："次山放恣山水，实开子厚先声，文字幽眇芳洁，亦能自成境趣。"（高步瀛《唐宋文举要》甲编卷一引）

欧阳修对元结的评价极高："唐自太宗致治之盛，几乎三代之隆，而唯文章独不能革陈隋之弊，既久而后韩柳之徒出，盖习俗难变，而文章变体又难也。次山当开元、天宝时独作古文，其笔力雄健，意气超拔，不减韩之徒也。"（《集古录·唐元次山铭》）元结的文学理论与创作实践紧密结合，使革旧弊、探新路的复古思潮落在了实处，从而成为唐代古文运动的又一位伟大的先驱者，清人全祖望也称赞元结"上接陈拾遗，下开韩退之"。（《唐元次山阳华三体石铭跋》）元结为中唐规模更大更深入的古文运动的兴起做出了自己开路的贡献。

稍后的李翰、柳冕、梁肃、权德舆等人，经历更多的是安史之乱后的生活，他们目睹了叛军造成的乱后惨象，感受了避乱转徙的厄难。安史之乱平息后，国家仍处于藩镇割据的危局之中，强盛的大唐帝国开始走向衰落，这些都在他们的文章中得到不同程度的反映。

李翰，生卒年不详，天宝中登进士第，"李翰虽以辞藻擢第，不以书判擅名。"（五代王定保《唐摭言·无名子谤议》）建中元年（780）还在世。《新唐书》本传说他"为文精密而思迟"，他的《张巡传》就体现了这一特点。韩愈看过他的《张巡传》，评价说："翰以文章自名，为此传颇详密。"（《张中丞传后叙》）《张巡传》写于上元二年（761），距张巡殉难已四年，当时安史之乱还未完全平息。安史乱初，叛军猖獗，张巡与许远以不足万人兵力守睢阳，抗击十万叛军的围攻。由于长期围困，城中断粮，张巡下令宁可食老弱妇人，坚守不降，忠勇壮烈，实是人间罕闻。然而事后，那些投降派、变节者纷纷出来诋毁张巡、许远，说他们不该死守，以致弄得人吃人，有的还造谣说张巡、许远降敌了。李翰了解睢阳守战实情，他以"颇详密"的《张巡传》，来表彰烈士的功勋气节，洗雪英烈所受的诬陷。《张巡传》写成后，李翰还特意给肃宗呈上《进张巡中丞传表》，以正视听。表中以对比来突显张巡之忠，以分析全国形势来评张巡之功：

> 逆胡背德，人鬼所仇，朝廷衣冠，沐恩累代，大臣将相，从逆比肩。而巡朝廷不登，坐宴不与，不阶一伍之众，不假一节之权，感肃义旅，奋身死节，此巡之忠大矣。贼势凭陵，连兵百万，巡以数千之众，横而制之。若无巡则无睢阳，无睢阳则无江淮，贼若因江淮之资，兵弥广，财弥积，根结盘踞，西向以拒王师，虽终于歼夷，而旷日持久。国家以六师震其西，巡以坚垒扼其东，故陕郿一战，而犬羊北走，王师因之而制胜，声势才接而城陷，此天意使巡保江淮，以待陛下之师，师至而巡死也，此巡之功大矣。

仅一篇《张巡传》，足可奠定李翰在唐代散文史上的重要地位。梁肃在《补阙李君前集序》中这样评价李翰：

> 唐有天下几二百载，而文章三变：初则广汉陈子昂以风雅革浮侈，次则燕国张公说以宏茂广波澜，天宝已还，则李员外、萧功曹、贾常侍、独孤常州比肩而出，故其道益炽。若乃其气全，其辞辨，驰骛古今之际，高步天地之间，则有左补阙李君。君名翰，赵郡赞皇人也。天姿朗秀，率性聪达，博涉经籍，其文尤工。故其作，叙治乱则明白坦荡，纾徐条畅，端如贯珠之可观也；陈道义则游泳性情，探微豁冥，涣乎春冰之将泮也；广劝诫则得失相维，吉凶相追，焯乎元龟之在前也；颂功美则温直显融，协于大中，穆如清风之中人也。议者又谓君之才，若崇山出云，神禹导河，触石而弥六合，随山而注巨壑。盖无物足以遏其气而阂其行者也。世所谓文章之雄，舍君其谁欤？

柳冕（约730—约805）是柳宗元的同族，父亲柳芳在肃宗时为史官，撰《国史》，柳冕秉承家学，文史兼擅。主张尊经崇儒，文道并重，但鉴于当时藩镇割据，中央政令不通，更强调文章以明治乱为本。因而也对屈原、宋玉以来的辞赋骈文予以否定："自屈宋以降，为文者，本于哀艳，务于恢诞，亡于比兴，失古义矣。"（《与徐给事论文书》）这种认识当然有重道轻文的偏激，然而其本意还在于强调文学本于明道，用于教化，而不能"本于哀艳，务于恢诞"。此思想对后来的古文运动有一定影响，苏轼称韩愈"文起八代之衰"(《潮州韩文公庙碑》),就认为东汉、魏、晋、宋、齐、梁、陈、隋八代的文章,皆因舍"质"逐"文"而衰微。柳冕论文强调"气"与"精":"夫善为文者,发而为声,鼓而为气;真则气雄,精则气生。使五彩并用而气行于其中。故虎豹之文蔚而腾光,气也;日月之文丽而成章,精也。精与气,天地感而变化生焉,圣人感而仁义生焉。"(《答衢州郑使君论文书》)他所谓的"气""精",指气力精神,含灵魂气魄之意。对于社会来说,指其风气和习俗,对于作者来说,指其思想意识和气质气派,对于文学作品来说,指其主旨和文风。这三者又互相关联,社会的风气影响作者的精神状态,作者的精神状态又影响作品的精神风貌。如他说:"三代尚德,尊其教化,故其人贤;西汉尚儒,明其理乱,故其人智;后汉尚章句,师其传习,故其人守名节;魏晋尚姓,美其氏族,故其人矜伐;隋氏尚吏道,贵其官位,故其人寡廉耻;唐承隋法,不改其理。此天所以待圣主正之。何者?进士以诗赋取人,不先理道;明经以墨义考试,不本儒意;选人以书判殿最,不尊人物。故吏道之理天下,天下奔竞而无廉耻者,以教之者末也。"(《与权侍郎书》)指明唐承隋弊,"不先理道""不本儒意",人寡廉耻,文过靡丽。说明改变世人的精神面貌及文章的习气,就要恢复三代两汉"尚德""尚儒"的社会风气,改变世风是改变文风的前提与根本。他又说:

> 盖言教化发乎性情,系乎国风者,谓之道。故君子之文,必有其道,道有深浅;故文有崇替,时有好尚;故俗有雅郑,雅之与郑,出乎心而成风。昔游、夏之文,日月之丽也。然而列于四科之末,艺成而下也。苟文不足则,人无取焉,故言而不能文,非君子之儒也;文而不知道,亦非君子之儒也。逮德下衰,其文渐替,惜乎王公大人之言,而溺于淫丽怪诞之说。非文之罪也,为文者之过也……六义之不兴,教化之不明,此文之弊也。(《答衢州郑使君论文书》)

从这段话来看,柳冕又主张文道合一,既不取"言而不能文",更反对"文而不知道"。对"道"有了新的解释,并分辨出"道"的"深浅"。针对唐代以诗赋取士、以墨义试经、以书判选人的现状和弊端,提出大胆的批评。柳冕的文章不多,《全唐文》仅收录14篇,又多是书信,他的贡献主要是丰富了复古理论。

梁肃(753—793)曾师事独孤及,贞元八年(792)陆贽主试,推举其门下韩愈得中进士。其古文,尚古朴,有气势,有意仿效扬雄、董仲舒的著述。梁肃对佛学有较深的修养，所以他虽特别推崇儒学，但论文不免杂以释家理论。他认为："文之作，上所以发扬道德，正性命之纪；次所以裁成典礼，厚人伦之义；又所以昭显义类，立天下之中……故文本于道，失道则博之以气，气不足则饰之以辞。盖道能兼气，气能兼辞，辞不当则文斯败矣。"（《唐左补阙李翰前集序》）又说："故道德仁义，非文不明；礼乐刑政，非文不立；文之兴废，视世之治乱；文之高下，视才之厚薄。"（《常州刺史独孤及集后序》）这些主张强调了文以阐道的社会政教功能，道与文章的气势、辞藻的关系，世道变化与作家才气对文章的重要意义。特别是他认识到"道能兼气，气能兼辞"，"道"必"博之以气""饰之以辞"，这种文道合一的思想，直接影响了韩愈文气说的形成。梁肃的散文创作以序、记、议为主，代表作有《代太常答苏端驳杨绾谥议》《常州刺史独孤及集后序》《台州隋故智者大师修禅道场碑铭》《郑县尉厅壁记》等，见解深刻有新意，无不与他的文学主张有关。

权德舆（761—818）唐朝大臣，官至宰相。为人耿直，为政以宽厚为本，"其所设张举措，必本于宽大，以教化，多所助与：维匡调娱，不失其正；中于和节，不为声章；因善与贤，不矜主已。"（韩愈《唐故相权公墓碑》）又好学好著述，尤其擅长撰写碑铭表状。《旧唐书·权德舆列传》载其："于述作特盛，《六经》百氏，游泳渐渍，其文雅正而弘博，王侯将相洎当时名人薨殁，以铭纪为请者什八九，时人以为宗匠焉。尤嗜读书，无寸景暂倦，有文集五十卷。"贞元、元和年间，权德舆执掌文柄，名重一时，刘禹锡、柳宗元等皆投文于其门下，求其品题。权德舆认为："文之为也，上以端教化，下以通讽喻，其大则扬鸿烈而章缉熙，其细则咏情性以舒愤懑。"（《唐故通议大夫梓州诸军事梓州刺史上柱国权公文集序》）已不再把文章仅作明道的工具，所以他主张为文要"体物导志"（《唐故漳州刺史张君集序》），"尚气尚理"。（《醉说》）对纯从教化论出发，对文学史上与教化关系不大的文学作品一概否定的倾向有所纠正，对韩愈的"不平则鸣"说的产生有一定的启发。

安史之乱前后一个时期，文坛上鼓吹改革的先驱者们，继承陈子昂的复古理论，又提出了种种改革骈俪浮靡文风的主张，促使骈体散体化，写散体文的人也逐渐增多，散体文的表现领域也日趋扩大。但散体文仍没有形成替代骈文统治的势头，究其原因，大致有四点：一是社会对文风改革的需求还未达到十分迫切的程度，改革文风的意义还未得到社会广泛的认同。二是骈文早已形成的传统势力，影响很大，改革文风是一个漫长的艰苦过程。三是改革者本身还不自觉地背负着这种传统的重负，因而在他们的作品中还存留着骈俪的旧习，他们种种改革文风的主张还有不彻底的现象。四是单纯强调教化、复古，把散文的价值限定在伦理教化和服务于政治的范围，对散文的要求限定在对先秦两汉古文的模拟中，对骈文乃至楚辞、汉赋的艺术性过分地否定或轻视，忽视了文学的艺术性与艺术独创性，因此难以形成大量足以与骈文抗衡的优秀古文作品，创作实践上还不具备与骈体文一决雌雄的实力。但这一时期文坛上的改革之举，为中唐韩、柳古文运动的胜利奠定了基础。

四　中唐以"复古"而创新的古文运动

（一）古文运动的胜利

唐代古文运动，是今人赋予的概念，当时的参加者尽管有较一致的言论，甚至互相有联系有交往，但并没有把他们的活动称作"运动"，因而并没有共同的纲领与明确的组织。只不过，参加"运动"的人们有共同的目的，即恢复儒学在意识形态中的统治地位，并在儒家思想的指导下，以复古为旗号，实行文风、文体的改革，使文章经世致用，服务于朝政改革与社会教化，以正人心来救世道。由于并不是单纯的语言、写作技巧方面的改革，而是牵动整个社会体制改革、社会主导意识选择、社会教化导向等社会重大问题，可以说，古文运动既是重建新式散文的文体革新运动，又是复兴儒学的思想运动，还是健全封建大一统体制的政治运动，所以运动进行得异常曲折而漫长，它的酝酿、成熟及衰微，贯穿于唐王朝的始终，甚至波及五代及以后。

古文运动发展至中唐时期，终于得到了蓬勃发展并将运动推向高潮的契机，古文运动取得了决定性的胜利。古文运动胜利的标志是什么呢？简言之，就是以深入、系统的古文理论及大量优秀的古文作品，夺回了被骈文长期占据的文坛统治地位。中唐时期的文风、文体改革已不同于初、盛唐时期的文风、文体改革，这个时期的古文也不是初、盛唐时期的古文在数量上的简单增多，而是各个方面都有了质的变化。如果仍是初、盛唐时期的古文运动模式的重复，骈文再散化，不过相当于汉赋；文体再复古，不过是三代两汉散文样式的重复，根本不具备取代相当成熟的骈文的实力，这不是理论上的推断，而是从以往经历过的历史中所得出的结论。中唐古文运动虽仍打着复古的旗帜，但实质是真正的创新。在古文的内容上，已经克服了先驱者空言明道的倾向，积极干预社会现实，对"明道""志道"作了新的解释：重振道统就须反对藩镇割据，反对宦官专权，辟佛尊儒。甚至提出"不平则鸣"说，将抒愤懑、讽时弊、悯民生也视为明道的主要内容。在古文的体制上，能汲取、整合众家之长，既反对对屈原、宋玉以来文学作品的全面否定，又能吸收这些作品甚至包括骈文在内的优长，在此基础上，创立多种具有全新艺术风貌的散文新文体。

唐代古文运动为什么能在中唐取得决定性胜利？原因是多方面的：

一是中唐古文运动是初、盛唐古文运动的继续与突破性发展，是古文本身发展的一种必然。《新唐书·文艺列传上》中说："唐有天下三百年，文章无虑三变。高祖、太宗，大难始夷，沿江左余风，缛句绘章，揣合低卬，故王、杨为之伯。玄宗好经术，群臣稍厌雕瑑，索理致，崇雅黜浮，气益雄浑，则燕、许擅其宗。是时，唐兴已百年，诸儒争自名家。大历、正元间，美才辈出，擩哜道真，涵泳圣涯，于是韩愈倡之，柳宗元、李翱、皇甫湜等和之，排逐百家，法度森严，抵轹晋、魏，上轧汉、周，唐之文完然为一王法，此其极也。"中唐古文运动是唐代古文运动发展的高峰，然而没有初、盛唐古文运动先驱者在理论和创作实践上所做的努力，所积累的经验教训，没有他们对骈文浮华文风的批判，没有他们的文风、文体的改革，并在社会上有了一定的影响，甚至没有他们在古文运动中所暴露出的弱点与不足，就不会有中唐古文运动的创新，就不会有中唐古文运动的胜利。筚路蓝缕的古文运动的先驱者们，为中唐古文运动的胜利，开辟了道路，奠定了基础。

二是中唐古文运动恰好遇到社会和时代新的十分迫切的变革需求，社会需求决定变革，变革才是促进事物质变的强大动力。安史之乱后，唐王朝由盛而衰，中唐时期，人们对安史之乱的社会惨状还记忆犹新。现实中，藩镇拥兵自重的隐患仍在，德宗力图平藩，却引起"四镇""四王"之乱，朝廷被迫与其余藩镇妥协，藩镇制度因此进一步巩固，割据势力进一步加强。他们"喜则连衡而叛上，怒则以力而相并"，战火连年不断，国无宁日，民不聊生。安史之乱后，宦官掌握禁军成为定制，中央大权宦官在握，不仅朝官进退他们说了算，甚至还决定皇帝的废立。在皇权旁落、时局动荡、大唐王朝岌岌可危之际，社会普遍强烈地意识到封建大一统的重要与珍贵。人们企盼国家能采取有力措施根绝动乱之源，实现国家、民族的复兴，尽快恢复大唐盛世气象。唐德宗后期，战乱逐渐平息，德宗死后，唐顺宗即位，改元永贞，他决心通过变革，推行新政，结束长期以来中央宦官专权、地方藩镇割据、政治混乱的局面。于是他重用有政治远见、有志于革新的文人和士大夫参与改革。这些文人和士大夫，大多数出身于寒族，官职低微，但历史将他们推上政治舞台，使他们成为变革的核心与骨干。他们以削弱藩镇割据势力与宦官势力为突破口，进行了一系列改革，这就是历史上有名的"永贞革新"。短短几个月的改革是卓有成效的，受到了老百姓的热烈拥护，但由于改革的矛头主要是对准掌握实权的宦官势力和藩镇武装，所以遭到宦官集团及与之相勾结的节度使的疯狂反对。不久，以俱文珍为首的宦官集团便幽禁顺宗，拥立太子李纯即位，改元元和。革新派首领王叔文被杀，王伾外贬后悲愤而死，革新派骨干柳宗元、刘禹锡、韩泰、陈谏、韩晔、凌准、程异及韦执谊等八人被贬为州司马，进行了半年的"永贞革新"以失败而告终。但宪宗李纯也是一位锐意进取、较有作为的皇帝，他坚持了"永贞革新"的路线，纳谏任贤，任用李绛、裴度等人为相，取消宦官监军，平定了淮西藩镇之乱，迫使各地藩镇相继归顺中央，史称"元和中兴"。唐王朝的中兴，极大地鼓舞了一切有为之士，也给了他们重振山河复兴大业的希望与力量。他们正是看到了"中兴"的时代契机，坚信能够寻求到国家复兴的途径，更加认定必须以儒学来治本，只有复兴儒道，才能维护朝廷的尊严和国家的统一。而提倡古文运动，正是实现这个政治目的的最好途径。致力于以文明道，确立传播儒学最有力的工具——古文在文坛上的主导地位，已成为整个社会的迫切要求，古文运动的蓬勃发展已成为势不可当的历史潮流。

三是尊儒反佛推动了中唐古文运动的发展。安史之乱，民生涂炭，人心紊乱，佛教乘乱更加盛行。佛教徒与日俱增，因为佛门寺院可以为逃避课役的人提供藏身之地，也因为佛教经义可以麻醉、慰藉痛苦的心灵。儒学遇到佛教的严重挑战。但古文运动受到危急时局的刺激，反而比以前排斥佛道有了更大的冲击力。中唐时期的有识之士，重新打出复兴儒家思想的旗帜，反对佛道泛滥，决心以儒家道统来拯世救时。他们反对佛道无视国难而遁世的说教，他们理解的"载道"，已突破传统的观念，不再以雅颂之音讴歌所谓的圣朝盛世，不仅仅阐述儒家经典的意蕴，也不仅仅从前朝兴废引出治乱兴衰的历史教训。而是将"不平则鸣"、抨击时弊也视为载道。直面衰乱现实，怒斥乱国罪行，认定佛道同藩镇割据与宦官专权一样，也是乱国之源，书写了一批批判佛道的散文作品，表达了他们拯救危局的观点与感情。并在前人散文的基础上，创造出一种更接近口语、更容易记事、表情、达意的散文体，这就是标志着古文运动胜利的最终成果——新式散文体。

四是涌现出唐代古文杰出代表人物韩愈、柳宗元。在韩、柳之前的古文运动的代表者,不是其理论达不到足够的高度,就是创作成果的质量与数量达不到要求,总之,还没有形成压倒骈文的优势。到韩愈、柳宗元时,系统的散文改革理论成熟了,他们的理论主张,虽然与古文运动的先驱者有相同处,但更有超越处。虽然也强调文以明道,但他们对"道"的内涵有了更贴近社会现实的解释:即不仅强调儒学的道统、儒家的政治主张,而且更强调以儒学来匡正人心,消除政俗弊害,根绝危害国家民族生存发展的动乱祸因。与前辈相比,韩、柳所持之"道",与现实联系更为紧密,解决国计民生的目的与动机更为明确,参政议政的政治态度更为积极。从以往的泛泛空言明道,到切实地干预现实政治,再到尽情宣泄现实中的个人感情,这正是其古文理论成熟的最重要的标志。

　　韩、柳重"道",但也不轻"文",他们能把"文"作为独立的文学样式来看待,反对前辈忽视文学性、艺术性的错误倾向。改变了以往古文先驱者们单一的"文以载道"观,扭转了单纯把文学视作宣传儒学工具的倾向,而变文以载道为文道并重、文道合一,既重视文学载道的功能,又重视文学的独特的审美价值,在这种文学观指导下所创造的新文体,才是古文革新的最终目标。因为只有这种新文体,才能在内容与形式上皆胜于流行数百年的骈文,才能取代骈文在文坛上的长期统治地位。同时,他们的"复古",也不仅仅限制在模仿三代两汉的古文上,而是舍拟古而取创新。所以他们尽量汲取各家各派各种文体的优长,包括以往古文运动所反对的骈俪技巧,在此基础上实现了对传统古文的改造、提高,创作出极富表现力的艺术风貌全新的各式新体散文。韩愈、柳宗元的散文作品,从主旨、文风到语言、技法,都令人耳目一新,达到了唐代散文的最高水平,这些优秀散文不仅使六朝式的骈文相形见绌,就是与先秦两汉散文相比,也毫不逊色,足以成为后世散文的范式,其成就是唐代古文运动中的任何人都无法相比肩的。

　　韩、柳除了作为唐代古文理论与实践的优秀代表外,还是中唐古文运动的杰出领袖,他们不仅以自己成熟的理论与优秀的作品,为古文运动的参与者作出表率,而且其人格魅力也极具权威性和感召力,使他们成为运动的组织者与领导者。在他们的周围,集聚了一大批志同道合者,其中有受他们影响的同道、朋友,也有他们的门人、弟子,形成了以韩愈、柳宗元为中心的庞大古文运动队伍,韩、柳取得了古文运动的前辈们不可企及的威望与地位。韩、柳的出现,决不是孤立的现象,他们是特定的时代产生的人物,又是杰出的群体中涌现的优秀代表,韩、柳为首的中唐古文运动的队伍,齐心合力推进了古文运动的深入发展,真正从理论到实践扭转了浮华文风，动摇了骈文五百年来在文坛的统治地位，使旨在宣扬儒学的单行散句的散文成为文坛的主流。韩愈、柳宗元在中唐古文运动中有摧陷廓清之功，对中国古代散文的发展做出了巨大的贡献。

（二）中唐古文运动的主帅韩愈

韩愈（768—824）字退之，孟州河阳（今属河南）人，自称郡望在昌黎，世称韩昌黎。出身仕宦人家，父韩仲卿，曾任武昌、鄱阳县令，有治绩。韩愈在三岁时，父母双亡，由其长兄韩会抚养。韩会有经济之略，常以王佐自许，与崔造、张正则、卢东美为友，时人号为"四夔"。又与梁肃同倡古文，写过《文衡》，鄙薄当时文格绮艳，无道德之实，强调文章的道德教化功能。韩会对韩愈影响颇深，他常以长兄韩会为楷模，曾这样评价韩会："愈之宗兄故起居舍人君，以道德文章伏一世。"（《考功员外郎卢君墓铭》）在韩愈大约十二岁时，韩会死于韶州贬所，从此，韩愈就随嫂子郑氏颠沛流离度日。韩愈从小就聪慧好学，博闻强记，自己回忆"生七岁而学圣人之道"（《上宰相书》），儒家思想意识从小便根深蒂固。

贞元八年（792），陆贽知贡举，由梁肃推荐，韩愈中进士第，但仕途不畅，几经浮沉。但不论在何处任职，官位几经升降，他都坚守儒家的从政之道，尽职尽责。如他四次入国子监，精心培植弟子，奖掖后进。特别是直言极谏，敢于冒犯权要甚至皇帝，如德宗贞元十九年（803）他任监察御史时，京畿遭灾，百姓已苦不堪言，官吏还加紧勒索，于是他上奏《御史台上论天旱人饥状》，论列宫市之弊，被贬为阳山县令。为弘扬儒家仁义之道，韩愈坚决排斥佛老，他认为佛老风行干扰了儒家学说的传播，僧尼道士人数的增多，加重了人民的负担，也大大削弱了国力。元和十四年（819），宪宗佞佛迎佛骨，他上《论佛骨表》加以阻止，引起宪宗震怒，经裴度等陈词营救，虽保住了性命，但也因此由刑部侍郎远谪潮阳刺史。这就是所谓的"一封朝奏九重天，夕贬潮州路八千"（韩愈《左迁至蓝关示侄孙湘》），仕途难测宦海险恶由此可见。韩愈后来官至吏部侍郎等职，世称韩吏部。死后谥"文"，故又称韩文公。

比较起来，韩愈一生的主要功绩，还在于为了弘扬儒道而致力于散文的改革。他以超越前人的系统的古文理论，与独步中唐无人可比的创新散文作品，使古文重新定位，昭示出古文发展的新路。并与柳宗元共同成为文坛的盟主，感召了一大批有志于改革的古文家，把古文运动推向高峰，使古文运动最终结出丰硕的成果。如果把中国古代散文划分为先秦、两汉、唐宋三个高峰发展期，那么韩愈便是最后一个高峰期的旗手或象征。

后人称颂他"文起八代之衰,而道济天下之溺"。(苏轼《潮州韩文公庙碑》)评价虽有点过头,但韩愈对中国散文发展方面的贡献,确实是功勋卓著,就是与先秦两汉散文大家相比,也属翘楚。韩愈的女婿兼门人弟子李汉,在《昌黎先生集序》中对韩愈的评述比较客观:

> 文者,贯道之器也,不深于斯道,有至焉者,不也!《易》繇爻象,《春秋》书事,《诗》咏歌,《书》《礼》剔其伪,皆深矣乎。秦汉已前,其气浑然。迨乎司马迁、相如、董生、扬雄、刘向之徒,尤所谓杰然者也。至后汉、曹魏,气象萎尔。司马氏已来,规范荡悉,谓《易》已下,为古文剽掠潜窃为工耳,文与道蓁塞,固然莫知也。
>
> 先生生于大历戊申,幼孤,随兄播迁韶岭。兄卒,鞠于嫂氏,辛勤来归。自知读书为文,日记数千百言。比壮,经书通念晓析,酷排释氏,诸史百子,皆搜抉无隐。汗澜卓踔,奫泫澄深,诡然而蛟龙翔,蔚然而虎凤跃,锵然而韶钧鸣;日光玉洁,周情孔思,千态万貌,卒泽于道德仁义,炳如也。洞视万古,愍恻当世,遂大拯颓风,教人自为。时人始而惊,中而笑且排,先生益坚,终而翕然随以定。呜呼!先生于文,摧陷廓清之功,比于武事,可谓雄伟不常者矣。

韩愈之所以成为中国古代散文最后一个高峰期的旗手,原因有多方面,简而言之,就是缘于他的古文理论与古文创作的巨大影响力,这是他足以召唤所有古文运动的参与者并取得古文运动胜利的旗帜。与古文运动前辈相比,韩愈虽然没有改弦易辙,仍打着"文以明道"的旗号,但他的"文以明道"与前人的"文以明道"有很大的不同。首先是他对"道"的内涵作了更为切实的界定,特别强调将"明道"落实于对社会现实问题的解决上,从而顺应了时代的需求,克服了以往空言明道的倾向,具备了强大的社会号召力与生命力。其次是创造了一系列成功的"明道"艺术手段,既不是先秦两汉古文模式的简单恢复,也不是骈、散文体的简单化的调和,而是在充分吸收以往所有艺术技巧的基础上,创造出一系列具有全新风貌的散文新文体及艺术手段,对广大古文运动参与者有极大的示范性。基于这两点,才能作为旗手,担负起中唐声势浩大的古文运动的领导角色。

韩愈从事古文运动有明确的政治目的,就是通过古文来"明道"。"文以明道"是古文运动的纲领,也是韩愈古文理论的基石。但什么是"道"呢?韩愈在《原道》中说:

曰："斯道也，何道也？"曰："斯吾所谓道也，非向所谓老与佛之道也。尧以是传之舜，舜以是传之禹，禹以是传之汤，汤以是传之文、武、周公，文、武、周公传之孔子，孔子传之孟轲；轲之死，不得其传焉。"

韩愈认为尧、舜、禹、汤、文、武、周公、孔子的道统至孟子后便失传了，言外之意是他要继承中断了的儒家之道，要重建儒家的道统。韩愈特别指明他所谓的"道"是不含佛老思想的纯粹的"道"，这是很有针对性的，不仅说明当时社会上佛老迷信泛滥，混淆了视听，也说明他与前辈古文家提倡的"道"有很大区别。前辈们还受着六朝思潮的影响，所理解的道还往往掺杂着佛老思想。韩愈想真正恢复儒家的传统思想，并以儒家思想去排斥佛老与解决当前的社会现实问题。但韩愈毕竟不是如同孟子那样的醇儒，如他在《进士策问十三首》一文中说："秦用商君之法，人以富，国以强，诸侯不敢抗，及七君而天下为秦。使天下为秦者，商君也。而后代之称道者，咸羞言管、商氏，何哉？庸非求其名而不责其实欤？愿与诸生论之，无惑于旧说。"从强国富民的角度，他赞同法家的主张而不赞同"不责其实"的"旧说"。在《读墨子》一文中说："儒墨同是尧舜，同非桀纣，同修身正心以治天下国家，奚不相悦如是哉？余以为辩生于末学，各务售其师之说，非二师之道本然也。孔子必用墨子，墨子必用孔子；不相用，不足为孔、墨。"将儒家的博施济众与墨家的兼爱相比较，韩愈视孔、墨为同道，这与孟子将墨家学说视为异端邪说是截然不同的。可见，韩愈心目中的"道"，并不全是孔孟之道，而是救世济民的真理。只不过在当时，复兴孔孟传统儒学能最大限度地救世济民，即反对藩镇割据、维护国家统一、减轻百姓负担。然而能有益于世道人心济世救弊的学说，其他学派的治世之言，韩愈也并不排斥，也正因如此，其"道"才更具进步性。

韩愈所要阐明的"道"，紧密联系现实不空谈。在当时，欲使儒家之"道"通行天下，就要反对佛老异端的干扰；欲使儒家的仁义普及天下，就要维护国家大一统，反对藩镇割据。韩愈勇于干预社会现实，敢于触动政治敏感问题，文章中的一字一句都系于国计民生，这正是他的文章富于强大生命力之所在。除此之外，"道"在其文章中的体现还是多方面的，这里至少有两点值得一提，首先，他认为"道"在文章中潜移默化地体现为"气"，他在《答李翊书》中说：

行之乎仁义之途，游之乎诗书之源，无迷其途，无绝其源，终吾身而已矣。气，水也；言，浮物也。水大而物之浮者大小毕浮，气之与言犹是也，气盛则言之短长与声之高下者皆宜。

"气"的概念十分丰富，有几十种含义，这里的"气"相对"言"而言。过去的学者一般认为上述韩愈所讲的"气"，指文章的气势，有气势才能使语言的长短、声音的高低合乎自然，并引三国魏曹丕《典论·论文》中一段话为据："文以气为主，气之清浊有体，不可力强而致。"也有的引用《孟子·公孙丑下》的话："我善养吾浩然之气"，以证明韩愈所谓的"气"是指作家的气质。但是我们须注意韩愈强调的"无迷其途，无绝其源"，说明语言靠"气"来驾驭，而"气"的产生也有"途"与"源"，其途便是"行之乎仁义"，其源便是"游之乎诗书"。有"道"才会有"气"，"气"由"道"来驾驭，由"道"来转化，这"道"就是儒家诗书所阐明的仁义之道。韩愈明白皆宜之言根本在于"气盛"，而"气盛"之源在于仁义之道，他以儒家道统的继承与捍卫者自命，以推行道统为自己的历史使命，自信儒家道统是行之天下的至理，是治国安民的强大思想武器，掌握了它便理直气壮，敢说敢道，述诸于文，便义正词严、势不可遏，有无坚不摧的战斗力。

儒家道统是文章气盛的基础，"文以明道"首先是敢于明道，这方面韩愈为后人作出了榜样。他在《平淮西碑》《论淮西事宜状》《张中丞传后序》《送幽州刺史李端公序》等文中，提出了反对藩镇割据的政治主张，表现了维护国家统一安定的思想；《原道》《论佛骨表》《送浮屠师序》等文，揭露了佛老对国家政治、经济的危害性，表现了他坚决反对佛老的决心；《御史台上论天旱人饥状》《送许郢州序》《送崔复州序》《应所在典贴良人男女等状》等文，揭露了统治阶级的横征暴敛，对普通百姓的不幸遭遇寄予了诚挚的同情；《讳辨》《杂说四》《送穷文》《送董邵南游河北序》等文，揭露黑暗社会对正直知识分子的压抑与迫害，批判了摧残人才的腐朽用人制度。篇篇锋芒直指强大的邪恶势力，没有为捍卫道而置生死于度外的勇气，何能气势磅礴、痛快淋漓，词锋所向披靡。韩愈又说：

夫所谓文者，必有诸其中，是故君子慎其实。实之美恶，其发也不掩。本深而末茂，形大而声宏，行峻而言厉，心醇而气和，昭晰者无疑，优游者有余。(《答尉迟生书》)

清代刘熙载在《艺概·文概》中指出："昌黎文两种，皆于《答尉迟生书》发之。一则所谓'昭晰者无疑''行峻而言厉'是也；一则所谓'优游者有余''心醇而气和'是也"。可见，韩愈"气盛"的文章，关键是"慎其实"，即心中有"道"，说话在理。如果言之有理，则不论"声宏""言厉"还是"气和""优游"，无不合宜。并非专指"金刚怒目"式的慷慨陈词，就是那些心平气和、语气委婉的文章，也一样大气磅礴，震撼人心。

许多人着眼于韩愈"气盛"这一特点，来评价他的文章风格，如他的弟子皇甫湜在《韩文公墓志铭》中概括他的文章是："茹古涵今，无有端涯；浑浑灏灏，不可窥校，及其酣放，豪曲快字，临纸怪发，鲸铿春丽，惊耀天下。然而栗密窈眇，章妥句适，精能之至，入神出天，呜呼极矣!"不论韩文快语凌厉激越，还是絮语婉转缠绵，不论引经据典，还是生发奇思怪想，由于气盛，无不文从字顺章妥句适。

其次，其"道"还包含着"鸣不平"。韩愈认为文学作品不仅是阐明儒道的工具，也是倾诉心中不平、反映不公社会现实的武器。他在《送孟东野序》中说：

> 大凡物不得其平则鸣。草木之无声，风挠之鸣。水之无声，风荡之鸣。其跃也，或激之；其趋也，或梗之；其沸也，或炙之。金石之无声，或击之鸣。人之于言也亦然，有不得已者而后言，其歌也有思，其哭也有怀。凡出乎口而为声者，其皆有弗平者乎！

"不平则鸣"的思想，继承了司马迁发愤著书说的观点，客观地反映了文学艺术创作的一个基本规律。《蓝天县丞厅壁记》《进学解》《祭田横墓文》《柳子厚墓志铭》等文，都是韩愈为他人或为自己鸣不平的代表作。为他人鸣不平，必有自己不平的情怀在其中；为自己鸣不平，也必反映着古今怀才不遇者的共同悲慨。如果没有论事切直得罪权要，被贬阳山令的经历，没有上表谏迎佛骨忤旨，而侥幸死里逃生的体验，他怎能对"不平则鸣"有如此深刻的认识？"不平"是社会存在的现实，"鸣"则是遭受不平遭际的作家自觉的感情发泄。正如李贽在《杂说》中所说："且夫世之真能文者，比其初皆非有意于为文也。其胸中有如许无状可怪之事，其喉间有如许欲吐而不敢吐之物，其口头又时时有许多欲语而莫可所以告语之处，蓄极积久，势不能遏。一旦见景生情，触目兴叹，夺他人之酒杯，浇自己之垒块；诉心中之不平，感数奇于千载。"（《李氏焚书》卷三）"不平则鸣"是韩愈对唐代前辈古文家"文以明道"内涵的重大发展。

在中国古代，单纯地从事文学创作或文学研究的专业人员几乎是不存在的，在文学创作和文学研究不能成为一种职业的情况下，能从事文学创作或研究的中国文人，大多出于自觉，不是为了"稻粱谋"，而是出于倾吐个人真情实感的需要。他们大多数崇尚真理、心灵纯洁、人格高尚却常与黑暗现实发生矛盾冲突，人生经历又往往是坎坷不平常受压抑，所以他们的作品多抒写自己的人生挫折及感受。更可贵的是他们在身遭困顿之时，还忧伤国家的危亡、民族的苦难、百姓的疾苦，个人的不幸不过是其中的一种表现罢了。于是就借文学作品来抒发忧愤、抨击不平。在他们的作品中，寓情山水也好，吊古伤怀也好，咏物见志也好，寄赠留别也好，字里行间都可看到一种凝结着愤怨的情绪。中国文人的这种"鸣不平"，逐渐形成一种文学传统，成为中华民族审美的一个重要标准。司马迁曾以这个标准评价作家作品，他在《平原君虞卿列传》中说："虞卿料事揣情，为赵画策，何其工也！及不忍魏齐，卒困于大梁，庸夫且知其不可，况贤人乎？然虞卿非穷愁，亦不能著书以自见于后世云。"此语是他的发愤著书说的实例说明，也是他自己创作体验的总结。而韩愈的"不平则鸣"说，就是司马迁发愤著书说的进一步发挥，他评价柳宗元文学成就也是从这一角度出发的：

> 子厚前时少年，勇于为人，不自贵重顾藉，谓功业可立就，故坐废退。既退，又无相知有气力得位者推挽，故卒死于穷裔，材不为世用，道不行于时也。使子厚在台省时，自持其身已能如司马、刺史时，亦自不斥；斥时有人力能举之，且必复用不穷。然子厚斥不久，穷不极，虽有出于人，其文学辞章，必不能自力以致必传于后如今，无疑也。（《柳子厚墓志铭》）

困顿落魄，心怀不平怨愤，不仅是创作的强大动力，也是便于创作出饱含真挚感情从而感人肺腑的作品。韩愈把这种文学现象称之为"穷苦之言易好"。他在《荆潭唱和诗序》一文中说："夫和平之音淡薄，而愁思之声要妙；欢愉之辞难工，而穷苦之言易好也。是故文章之作，恒发于羁旅草野；至若王公贵人，志满意得，非性能而好之，则不暇以为。"对"鸣不平"所达到的审美效果给予了充分的肯定。韩愈"不平则鸣"说，实际是针对当时骈体赋颂无视"乱世"危机仍歌功颂德的习气，批判了以颂美升平为雅正的传统文学观，充分肯定了怨刺文学的社会功能与价值。

韩愈与古文运动前辈之间，对"道"的认识有区别，同时对"文"的认识上也有区别，因而在如何明道上，也有所不同。何谓"文"？"文"既相对"道"而言，就是表现"道"的形式，这与先秦时期相对"质"而言的"文"的概念有些类似。文与道或文与质，实际就是指形式与内容。虽然内容决定形式，形式服务于内容，但二者是不可分割的统一体，本无孰重孰轻的关系。但在先秦时期，就存在着重质轻文的现象，如棘子成就说："君子质而已矣，何以文为？"（《论语·颜渊》）唐代早期的古文家同样也持这种看法，他们单纯复兴古道，在反对当时浮华文风时，又产生了矫枉过正之弊，把"文"视作是"道"的附庸，忽视文学形式，不重视作品的审美价值。于是一概排斥六朝骈文，更有甚者，将屈原、宋玉乃至三曹七子的作品也等同于六朝骈文而加以否定。

韩愈提倡复兴的儒学，自然包括孔子的文质观，孔子说："质胜文则野，文胜质则史。文质彬彬，然后君子。"（《论语·雍也》）又说："言以足志，文以足言，不言谁知其志？言而无文，行而不远。"（《左传·襄公二十五年》）孔子的弟子子贡反驳棘子成说："惜乎，夫子之说君子也，驷不及舌。文犹质也，质犹文也。虎豹之鞟犹犬羊之鞟。"（《论语·颜渊》）韩愈虽以"道"为本，但并不忽视"文"的表达形式，他曾说："愈之志在古道，又甚好其言辞。"又说："先乎其质，后乎其文者"，这是针对"薄于质而厚于文"的现象而说的（《答陈生书》），他虽强调道，将道比作"本"，将文比作"末"，但决无轻文的意思，主张的是"本深而末茂"，即"道文合一"。

由于重视"文"的文学性与审美价值，所以韩愈虽反对六朝骈文专注言辞偶对形式华美，但并不一概否定骈文的艺术技巧。不仅不一概否定，而且在自己的文章中尽量吸取骈文成功的艺术经验，更不用说正确对待屈原、宋玉、汉代赋家、三曹七子等人的作品了。正如刘开所说："夫退之起八代之衰，非尽扫八代而去之也，但取其精而汰其粗，化其腐而出其奇。其实八代之美，退之未尝不备有也。"（《与阮芸台官保论文书》）韩愈的文章并不摒弃骈偶句法，只是将散句与偶对或排比的词语和句子相结合，以"气盛"达到"言宜"，节奏和韵律出自于自然，以自然的美感代替原来呆板、刻意雕琢的四六对仗形式。

韩愈倡导复古，只是以类似先秦两汉的单行散句式的散文，来打破骈文在文坛上的一统天下，自由抒写自己的政治主张与思想感情，并不赞成古文运动的前辈简单恢复先秦两汉文章做法的主张，而是主张在继承先两汉古文优秀传统的基础上必须加以创新。他在《答李翊书》中说："惟陈言之务去。"又主张文章"必出于己,不袭蹈前人一言一句"。(《南阳樊绍述墓志铭》)他要对先秦两汉古文"师其意,不师其辞"(《答刘正夫书》),在对传统古文进行文风、文体、语言等方面改革的基础上,充分吸收六朝以来诗赋骈文的艺术精华,来创建一种新式古文。这种以创新为特征的古文,具备了与骈文抗衡的实力,又超越了以往旧式的古文模式,具有语言新鲜、通顺流畅、合乎语言的自然习惯而富有时代色彩,其创新的文体与文风适应时代的需求,不仅旨在明道,而且富有艺术审美价值。

六朝骈文相对先秦两汉古文来说,又称"时文",时文者,时下流行的新文体也。隋唐科举应试文及明清时的八股文,都曾称过时文。从这种角度来讲,超越旧时古文与骈文,而顺应时代潮流盛行于中唐的韩愈的古文,也可称为"时文",与先秦两汉古文有很大的区别。他的古文不是先秦两汉古文的简单翻版,而是常将原来古文旧体翻新改造,能突破旧时框架模式与传统笔法,推出新的构思与创新的写法。如旧时古文中的祭文,有一套固定格式,内容多为亡者的生平与功绩,形式多为骈文或四言韵文。而韩愈的《祭十二郎文》,不拘常格,打破常规,全用自由活泼的散体,以痛哭为文章,一任自己的哀情宣泄,苏轼称其"惨痛悲切,皆出于至情之中,不期然而然也。"(清章懋勋《古文析观解》卷五引)如果韩愈仍用传统的祭文体式,发自肺腑的至性真情恐怕就难以尽情倾吐,这篇祭文的感人效果就大打折扣。再如他的《毛颖传》,以拟人手法,为毛笔头立传,从毛颖一生被俘、被用、被宠、被弃的经历,影射知识分子在君主专制制度下"赏不酬劳""以老见疏"的悲惨命运。这篇寓庄重于戏谑的"变格""怪文"一出,就遭到许多人的反对。指责他将严肃的史传写成"俳谐"式的游戏文字。他的同道柳宗元却深知此文"俳谐"的价值,他在《读韩愈所著毛颖传后题》中说:

> 时言韩愈为《毛颖传》,不能举其辞,而独大笑以为怪,……且世人笑之也,不以其俳乎?而俳又非圣人之所弃者。《诗》曰:"善戏谑兮,不为虐兮。"《太史公书》有《滑稽列传》,皆取乎有益于世者也……韩子穷古书,好斯文,嘉颖之能尽其意,故奋而为之传,以发其郁积,而学者得以励,其有益于世欤!

清人李渔《闲情偶记》中也认为:"于嬉笑诙谐之处,包含绝大文章。"《毛颖传》貌似"嬉笑诙谐",一反往日传记严肃的传统写法,然而正是这种戏谑的文字,才能深寓愤世嫉俗之情,才能尽鸣心中难言之不平,才能将统治者刻薄少恩的嘴脸暴露无遗。如果换一种非"俳谐"的传记体来写,如他的《圬者王承福传》,传主落实到具体个人,就缺少了《毛颖传》那样高度的概括,就达不到上述的效果。

韩愈对散文旧体进行改革,主要表现在将实用文如"论""说""序""记"等,改造成为具有抒情性与形象性的艺术散文。实用文本以说明为主,即使有叙事,也是说明事件的性质及经过,并不追求形象性。而韩愈在运用这些文体时,注入了自己强烈的感情,叙事追求生动,写人突出其性格特征,真正赋予了这些实用文以艺术的生命,使它们成为艺术散文的一部分,扩大了艺术散文的领域,创立了散文新文体,这在中国散文发展史上有重大的意义。韩愈不仅是改造旧文体的强手,而且还敢于独辟蹊径,自创新体,如"赠序""杂感""杂说""原""解"等。这些新文体都是有感而发,因事设辞,因辞创体,并非是刻意而为之。在某种意义上说,这种创新文体的贡献比改造旧体的贡献还要大。

韩愈与古文前辈最大的不同,就在于前辈固守复古,韩愈重在创新。他曾说:"若圣人之道不用文则已,用则必尚其能者。能者非他,能自树立,不因循者是也。"(《答刘正夫书》)他的古文创新不仅有文体的创新,而且还有词汇的创新。他说:"惟古于词必己出,降而不能乃剽贼。"(《樊绍述墓志铭》)强调"唯陈言之务去",对先秦两汉古文既"含英咀华",又"师其义不师其辞",能熔炼古文今语,创造出许多极富个性、生动活泼又有表现力的新词汇。如仅《进学解》一篇不足千字的文章中,就有"业精于勤荒于嬉""行成于思,毁于随""登崇俊良""治具毕张""爬罗剔抉""刮垢磨光""提其要""钩其玄""贪多务得""细大不捐""焚膏油以继晷""兀兀以穷年"等等,几乎每句都有新创之词,这是文学史上罕见的现象。这些词汇,有的直接成为后人常用的成语,有的稍微加工,也变成后人常用的成语,如把"业精于勤荒于嬉"扩为"业精于勤""业荒于嬉"二成语,把"记事者必提其要,纂言者必钩其玄"合成"提要钩玄",把"焚膏油以继晷"缩为"焚膏继晷"。韩愈如此多的自铸新词,一般不生僻,不拗口,视之如故,诵之朗朗上口,给人一种熟悉感和亲近感,使读者欣然接受,具有强大的生命力,这也是文学史上罕见的现象。原因就在于他在融汇古人的语汇时,使其与富有时代特色的当代语汇互相交融,提炼加工,推陈出新,创造的词汇和新成语,既富有个性和丰富的表现力,又"文从字顺"易接受易传播。当然,韩愈追求"唯陈言之务去""不袭蹈前人一言一句",容易导致尚奇求新的倾向,使语言流于生硬艰涩，但瑕不掩瑜，韩愈的散文创作能取得辉煌成就，与他在文辞方面的创新是分不开的。

作为文坛盟主的韩愈，一生笔耕不辍，散文作品频丰，各体兼备，且自创了许多新文体。其门人李汉编辑的《昌黎先生集》，是韩愈作品最早的辑本，共五十卷，散文约有三百多篇，为全集的主体。李汉把韩愈的散文分为杂著、书启序、哀辞祭文、碑志等六大类，实际可以并为三大类：杂著、书序和碑志。在韩愈的笔下，这些传统的叙议结合的杂著、以议论为主的书序、应用性的碑志，大都成了审美价值很高的艺术散文。

杂著类包括政论、杂说、表状、记文、随笔、小品等，吴讷在《文章辨体序说》中解释说："文而谓之杂著者何？或评议古今，或详论政教，随所著立名，而无一定之体也。"杂著无一定体格，也可称作杂文。杂著的特点就是"杂"，然而具体到每一篇，韩愈又非常重视文章精心的布局与剪裁，因事立意，因意立体。他的杂著，或叙述或议论，或描写或抒情，或多种手法交替使用；或庄严或戏谑，或颂扬或抨击；或大气磅礴，义正词严；或从容不迫，委婉含蓄；或势如破竹，一泻无余；或迂回曲折，极尽腾挪变幻之妙……每一篇有每一篇的作法，新颖而不雷同。然而它们都有一个共同点，即都有的放矢，针对时弊而发，富有战斗性与批判精神。

如《原道》《原毁》等政论篇，都以论证缜密、析理透彻见长，向被视为韩愈阐扬儒学的代表作。"原"，即推原、论述的意思，《原道》即推原、解释"道"，本篇确实也是以释"道"来开篇：

博爱之谓仁，行而宜之之谓义，由是而之焉之谓道，足乎己无待于外之谓德。仁与义为定名，道与德为虚位。故道有君子小人，而德有凶有吉。老子之小仁义，非毁之也，其见者小也。坐井而观天，曰天小者，非天小也，彼以煦煦为仁，孑孑为义，其小之也则宜。

韩愈力排佛老，独尊儒家仁义道德，这篇文章以儒家仁义道德的概念为切入点，从儒家理论的博爱大众、符合社会需求、完善个人道德人格方面，来进行新的具有时代特色的阐述。而老子的"道德"是"小仁义"，即轻视仁义，至多以无关天下大众利益的小恩惠为仁义，以道家一己之私来评价儒家的天下之公，说他"坐井观天"，还是客气的了。文章理足词壮，有无可御其锋芒的气势。而《原毁》则以描写"古之君子"的心理来开头：

古之君子，其责己也重以周，其待人也轻以约。重以周，故不怠；轻以约，故人乐为善。闻古之人有舜者，其为人也，仁义人也。求其所以为舜者，责于己曰："彼，人也。予，人也。彼能是，而我乃不能是。"早夜以思，去其不如舜者，就其如舜者。闻古之人有周公者，其为人也，多才与艺人也。求其所以为周公者，责于己曰："彼，人也。予，人也。彼能是，而我乃不能是。"早夜以思，去其不如周公者，就其如周公者。舜，大圣人也，后世无及焉。周公，大圣人也，后世无及焉。是人也，乃曰："不如舜，不如周公，吾之病也。"是不亦责于身者重以周乎？其于人也，曰："彼人也，能有是，是足为良人矣。能善是，是足为艺人矣。"取其一，不责其二；即其新，不究其旧。恐恐然惟惧其人之不得为善之利。一善，易修也。一艺，易能也，其于人也，乃曰："能有是，是亦足矣。"曰："能善是，是亦足矣。"不亦待于人者轻以约乎！

《原道》开头简洁明了，句句斩钉截铁，气势磅礴，逻辑严密，推理环环相扣，文思如江河直下，酣畅淋漓，夺人魂魄。《原毁》若依《原道》的结构，开头应阐述何为毁谤及毁谤的由来。但它的开头却从"古之君子"责己与责人两方面阐述，为"今之君子"树立了一个对照系。"古之君子"责己则严于律己，责人则宽以待人，与人何能产生毁谤？而"今之君子"则相反，严于律人宽以待己，又何时何地不生毁谤？从而揭示出"事修而谤兴，德高而毁来"、忌妒他人不良世风的根源。文中排比、对比等修辞手法的娴熟运用，句式复沓而又有变化，娓娓而谈，发人深省。

再如同为"说"体，《杂说》其四，通篇以相马为喻，托物寓意，极言世上识才的伯乐难遇，人才用于世的机遇难求，借题发泄自己怀才不遇的抑郁。而《师说》一文，起句就以"古之学者必有师，师者所以传道授业解惑也"立论，然后围绕着这一论题，逐层说明师的作用与从师的必要性和重要性，最后得出"圣人无常师"的结论。全文逻辑严密，论证充分，理直气壮，不卑不亢，严正地驳斥了世俗对作者以"好为人师"的笑侮，表现了作者大无畏的反抗流俗的勇气。

至于记文，也无不内容丰富，形式多样，手法多变，黄震评说韩愈的记文是："《宴喜亭记》，工于状物；《掌书厅记》，工于言情；《画记》，工于叙事；《蓝田县丞厅壁记》，叙崔斯立盘郁之怀；《修滕王阁记》，自叙慨慕遐想之意。随物赋形，沛然各纵其所之，无拘也。近世为记者，仅述

岁月工费，拘涩不成文理；或守格局，各成窠段，曰：此金石之文，与今文异，呜呼异哉！"（《黄氏日抄》卷五十九）

书序类主要指书信启文与赠序一类的日常应用文。韩愈的书序，或叙友情，或道别离，或议时政，或劝德行，或谈人生，或论才艺，都能借题发挥，长于抒情，还常辅以生动形象的比喻，或以典型情节、细节的描写，使抒情的色彩更为细腻化，使描写的人物典型化，日常应用文成为抒情言志、塑造典型性格的文学作品。如《答李翊书》，是一篇关于学文的书信，阐述了文章形成的一个系统过程：道德修养—艰苦磨炼—文道和谐统一。同时也是韩愈借此自述自己学习甘苦的抒情文，如他叙述在不同阶段的攻读及感受：

始者，非三代两汉之书不敢观，非圣人之志不敢存。处若忘，行若遗，俨乎其若思，茫乎其若迷。当其取于心而注于手也，惟陈言之务去，戛戛乎其难哉！其观于人，不知其非笑之为非笑也。如是者亦有年，犹不改。然后识古书之正伪，与虽正而不至焉者，昭昭然白黑分矣。而务去之，乃徐有得也。当其取于心而注于手也，汩汩然来矣。其观于人也，笑之则以为喜，誉之则以为忧，以其犹有人之说者存也。如是者亦有年，然后浩乎其沛然矣。吾又惧其杂也，迎而距之，平心而察之，其皆醇也，然后肆焉。

本段先写作者初学时的如醉如痴的精神状态，以"处若忘，行若遗"两个生活细节，见其专心致志的神态。又以两个"如是者亦有年"，写经过长期磨炼，渐进顿悟境界。最后达到得心应手、挥洒自如的程度。作者现身说法，将自己的治学体会和盘托出，不仅塑造了一个好学的儒者形象，更表达了自己激励后学的良苦用心。文章感情真挚，语言中肯亲切，字里行间无不渗透着作者循循善诱热诚育才的情意。

序类文章的"序"同"叙"，本为应用说明文体，又称"序文""序言"，一般是作者陈述自己作品的主旨、著作的经过等，也指对他人著作的介绍评述，如司马迁《太史公自序》、晋皇甫谧的《〈三都赋〉序》等。到了韩愈，他又创造出赠别之意的序文——赠序，使赠序与一般的诗文序并列成为一种新文体。刘绘在《答祠部熊南沙论文书》中说："赠送序记，晋魏以前皆无，韩、苏叙眼前事，用秦汉风骨，笔力随人变化，然每篇达一意也。"韩愈利用赠序这一形式，叙事、议论、抒情，内容丰富无所不包，风格多样众彩纷呈，大大开拓了序文的境界。韩愈的赠序涉及了政治、文化、宗教、哲学等方方面面,如《送孟东野序》论写作,提出"不平则鸣"之说;《送王秀才(王埙)序》论学儒,"必自孟子始";《送董邵南游河北序》以劝勉之词,宣扬大一统的思想;《送石处士序》谈礼贤下士、以义取人,表明反对藩镇割据的政治态度;《送浮屠文畅师序》比较儒佛墨道,得出"道莫大乎仁义"的结论;《送权秀才序》赞赏"伯乐之厩多良马,卞和之匮多美玉",奖掖勉励后进人才;《送齐暤下第序》对科场失意者慰勉,论举黜当出以公心而不择亲疏远近;《送高闲上人序》由论书法艺术,而转入对佛教的批判。如此等等,不胜枚举。

在韩愈所有的赠序中,苏轼特别赞许的是《送李愿归盘谷序》,他在《跋退之送李愿序》中说:"唐无文章,唯韩退之《送李愿归盘谷序》一篇而已。"话虽过头,却也提醒人们对《送李愿归盘谷序》的高度重视。韩愈怀着愤世嫉俗的心情,借隐士李愿之口,揭露官场的腐败与肮脏,文笔诙谐而俏皮,语言铿锵而流利,对权贵们骄奢淫逸的狂态与追随者们趋炎附势的丑态,刻画得惟妙惟肖:

愿之言曰:"人之称大丈夫者,我知之矣。利泽施于人,名声昭于时。坐于庙朝,进退百官,而佐天子出令。其在外,则树旗旄,罗弓矢,武夫前呵,从者塞途,供给之人,各执其物,夹道而疾驰。喜有赏、怒有刑,才俊满前,道古今而誉盛德,入耳而不烦。曲眉丰颊,清声而便体,秀外而惠中,飘轻裾,翳长袖,粉白黛绿者,列屋而闲居,妒宠而负恃,争妍而取怜。大丈夫之遇知于天子,用力于当世者之所为也……伺候于公卿之门,奔走于形势之途,足将进而趑趄,口将言而嗫嚅。处污秽而不羞,触刑辟而诛戮。侥幸于万一,老死而后止者,其于为人贤不肖何如也?"

这是一篇深刻反映社会现实的文章,在构思与写法上,也别出心裁,打破了一般赠序的陈式,不是以作者自己叙述为主,而是以被赠送者的话构成文章的主体,反宾为主,具有很大的创新性。文中以自然的语气,使用大量排偶的句式,骈散错落有致,合理地吸收了六朝骈文的写作技巧,使文章所塑造的形象在对比、衬托中显得更加鲜明生动。正如茅坤所说:"通篇全举李愿说话,自说只数语,此又别是一格,而其造语形容处,则又铸六代之长技矣。"(《唐宋八大家文钞》)

韩愈的碑志类(包括哀辞祭文)文章在其文集中占有相当大的比重,约有四分之一以上。有些属于应酬式"谀墓"的性质,而有些则是出于自己内心的伤痛之情,字字浸染着悲哀的泪水,感人肺腑。传统的碑志,志的部分多用骈文,先述籍贯官秩,再铺陈世祖阀阅,然后列举其大致经历来歌功颂德。铭的部分多用韵文,堆砌一些死者亲属喜欢听的阿谀之词,虚夸而不实际,文中更不见真实的悲情显露,千篇一律,从六朝以来已成定格。韩愈作碑志,从形式上打破了这种通例,不拘一格,多变体,多创格。更重要的是他继承了司马迁的传记笔法,精心选材,精心构思,以刻画墓主性格为旨义,并不局限于历叙其平生,主要以几个典型事例来写其性格精神。于是韩愈的碑志中出现了传统碑志罕见的人物语言及生活细节描写,使墓主成为传记文学式的典型形象。韩愈的碑志内容与风格因人而异、因事而异,因情而异。《贞曜先生墓志铭》《张彻墓志铭》《朝散大夫尚书库部郎中郑群墓志铭》《试大理评事王君墓志铭》《太学博士李君墓志铭》等,都是选取最能显示墓主性格的言行情态,来作生动的摹写,其情节、细节具有故事化的叙事效果,再加上作者真挚感情的渗入,精当的评议,使得碑志有了抒情化的特点,传统的碑志在韩愈手上旧貌换新颜,从应用文一跃而改变为"传记"式的文学作品。

在韩愈碑志中,最富盛名的是《柳子厚墓志铭》。柳宗元是唐代极有影响的文学家、哲学家、政治改革家,一生经历丰富而坎坷。韩愈主要选择了柳宗元几件逸事:年少时才气"率常屈其座人";在贬地设教禁、纯风俗、为民赎归质子;为解友人之难,请求以柳易播。主要以这三个事迹来显示柳宗元的性格与人品,特别是柳宗元在困窘中,还冒死请求以柳易播一段,生动地展示了柳宗元笃于情谊的高尚人格:

> 其召至京师而复为刺史也,中山刘梦得禹锡,亦在遣中,当诣播州。子厚泣曰:"播州,非人所居,而梦得亲在堂,吾不忍梦得之穷,无辞以白其大人,且万无母子俱往理。"请于朝,将拜疏,愿以柳易播,虽重得罪,死不恨。遇有以梦得事白上者,梦得于是改刺连州。呜呼!士穷乃见节义。今夫平居里巷相慕悦,酒食游戏相征逐,诩诩强笑语以相取下,握手出肺肝相示,指天日涕泣,誓生死不相背负,真若可信。一旦临小利害,仅如毛发比,反眼若不相识,落陷阱,不一引手救,反挤之又下石焉者,皆是也。此宜禽兽夷狄所不忍为,而其人自视以为得计,闻子厚之风,亦可以少愧矣。

作者没有拘于概括墓主一生各年龄段的经历及功勋的传统成法,而是打破旧格局,在此文体中进行大段的发论。如上引此段,从柳宗元舍己为友的气节描写,顺势展开"士穷乃见节义"的议论。以柳宗元的人品与世俗小人作比,抨击了平居无事时的虚伪客套、利害攸关时落井下石的世风,穷形尽相地揭露了官场的险恶,批判了世态炎凉与人情浇薄,也寓含着作者的身世感慨。作者以颂扬柳宗元才高志洁为贯通全篇的线索,熔叙事、议论、抒情于一炉,叙事简洁明快,议论恣肆酣畅,抒情淋漓尽致,确实为碑志新格独创。吴汝纶评价说:"韩、柳至交,此文以全力发明子厚之文学风义,其酣恣淋漓顿挫盘郁处,乃韩公真实本领。而视所为墓铭以雕琢奇诡胜者,反为别调,盖至性至情之所发,而文字之变格也。"①

祭文是祭奠亲友或祭拜神灵的文体,也属应用文体。汉魏以来,祭文已形成固定的格式,多用骈文或四言韵语。在内容上,"古之祭祀,止于告飨而已。中世以还,兼赞言行,以寓哀伤之意,盖祝文之变也。"(徐师曾《文体明辨》)韩愈的祭文,有的虽用旧格式,但寓有至哀至痛之情,写得情真意切,悲怆动人。有的却一任哀情的宣泄,语调句式随感情的变化而自然变化,使用了近乎口语的单行散句,真正做到了情之所至而笔之所随,使传统祭文发生了变体,或者说创立了新的祭文体,《祭十二郎文》就是其典型代表。十二郎是韩愈的侄儿,与韩愈一样,自幼丧父,叔侄二人曾朝夕相处、相依为命,韩愈入仕后不得不分离,原想会有团聚的机会,不想十二郎英年早逝,消息传来,韩愈痛不欲生,因痛惜十二郎早逝而引起的深深自责:

> 呜呼!汝病吾不知时,汝殁吾不知日,生不能相养以共居,殁不得抚汝以尽哀,殓不凭其棺,窆不临其穴。吾行负神明,而使汝夭。不孝不慈,而不得与汝相养以生,相守以死。一在天之涯,一在地之角,生而影不与吾形相依,死而魂不与吾梦相接,吾实为之,其又何尤!彼苍者天,曷其有极!自今已往,吾其无意于人世矣!

这段文字让我们看到作家悔恨内疚交加,在呼天抢地的悲恸中,声泪俱下悲痛欲绝的形象。祭文纯以情取胜,全篇以情贯通,其结构的变化、场景的转换,皆以情的变化为前提。先叙早年患难与共之情,次诉离多聚少的相思之情,再抒生死难料、悔不当初的负疚之情,为了使自己的巨大悲痛得以娓娓倾诉,作者将强烈的悲情融于日常琐事的叙述中,并采用对话的形式,反复抒写。字数不多的一篇祭文竟用了四十多个"汝"来称呼

---

① 转引自高步瀛《唐宋文举要》甲编卷三。

亡侄，仿佛直接面对十二郎哭诉衷肠，其感人的力量倍增。十二郎，一个再平凡不过的人，本无一点值得记载的事迹，却因韩愈的悲情刻画，使他的形象永远铭记于后人的心中。吴楚材说："读此等文，须想其一面哭一面写，字字是血，字字是泪。未尝有意为文，而文无不工，祭文中千年绝调。"（《古文观止》卷八）

总之，韩愈以弘扬儒学为旨义，在继承先秦两汉散文优秀传统的基础上，对其又进行了文体、文风、语言等方面的改革创新；在推翻骈俪浮靡文风统治的前提下，又充分吸收了包括骈文在内的以往一切可利用的艺术形式与艺术手段，自创了许多散文新文体，开创了具有时代特征的新文风，又创作了大量的文与道俱的优秀新式散文。他的文章敢于揭露社会矛盾，抨击藩镇割据与腐败黑暗现象，痛斥佛老的荒诞不经及空耗国力，笔力雄健，气势磅礴，语调句式自然，技巧多样而富于变化，把中国古代散文的艺术提高到一个前所未有的水平，为后世散文创作树立了典范。他影响与吸引了一大批有志于古文改革的创作者，也培养了一大批青年追随者，以自己复古的理论与卓越的创作实践，以无畏的勇气与雄伟的魄力，领导了中唐古文运动，并取得了唐代散文改革的决定性胜利。

（三）中唐古文运动的主将柳宗元

中唐时期与韩愈并称的古文大师是柳宗元（773—819），他不但是中唐古文运动的主将，也是中国古代散文史上的大家，同时也是人品高尚，见识卓越，勇于参与政治改革的思想家与政治活动家。

柳宗元，字子厚，祖籍河东解县（今山西运城），故世称柳河东，生于长安（今西安）。父柳镇天宝末曾为太常博士，安史之乱时徙家吴兴（今浙江湖州）。宗元自幼好学敏悟，"以童子有奇名于贞元初"（刘禹锡《柳君文集序》），21岁中进士，26岁中博学宏词科，年少才高，"踔厉风发"，"名声大振，一时皆慕与之交"。（韩愈《柳子厚墓志铭》）依据柳宗元的德才，本应成为魏徵、陆贽式的辅国之臣，然而历史却让他在33岁时遭遇到改变其命运的"永贞革新"。

"永贞"是唐顺宗的年号（805）。顺宗李诵为太子时，就十分关心朝政，对唐朝政治危机有比较清醒的认识。当时危及唐王朝中央政权的，一是藩镇割据，一是宦官专权。805年正月唐德宗死，太子李诵即位，他决心革除积弊，推行改革，维护统一，打击、削弱危及皇权的势力。而朝内宰辅重臣，看重的是自己的既得利益，不是畏于藩镇、宦官势力，明哲保身，就是对变革不感兴趣，对国家安危麻木不仁。顺宗只能依靠那些以天下为己任、敢冒政治风险的低级官僚，为首的是他的棋待诏王叔文与侍书待诏王伾，中坚人物是柳宗元、刘禹锡、韩泰、陈谏、韩晔、凌准、程异及韦执谊，都是职位较低的官吏。顺宗任王叔文、王伾为翰林学士，王叔文还兼盐铁副使，用韦执谊为宰相，柳宗元由监察御史里行擢升礼部员外郎，刘禹锡升为屯田员外郎……组成了一个政治上的革新派，他们共同筹划、实施了一系列革新的措施。如解除浙西观察使兼诸道盐铁转运使李锜职权，收回其财政大权归中央；拒绝剑南西川节度使韦皋总领三川的要求以抑制其势力；罢禁扰民的宫市和撤销五坊（即雕坊、鹘坊、鹞坊、鹰坊、狗坊）的宦官；裁减宫中闲杂人员，停发内侍郭忠政等19名宦官俸钱；遣放宫女、教坊女乐近千人还家；任朝臣范希朝为京西神策诸军节度使，韩泰为神策行营行军司马，试图夺回宦官掌控的禁军兵权；罢免严惩贪官污吏，如京兆尹李实，虽属皇族，封为道王，却因贪腐，被贬为通州长史；免除苛捐杂税，如取消地方除规定的常贡之外又向皇帝的进奉，避免贪官们打着进奉的旗号，对人民搜刮钱财；任用贤能，抚恤贫困百姓，等等。一系列的革除弊政的改革，都赢得了老百姓的拥护。就连并不赞同"永贞革新"的韩愈，在《顺宗实录》卷二中还认为"永贞革新"使"人情大悦""百姓相聚欢呼大喜"。柳宗元正当盛年便遇上如此的历史机遇，他认为"永贞革新"可以"立仁义，裨教化""兴尧舜孔子之道，利安元元为务"（《寄许京兆孟容书》），并为自己能在"永贞革新"中担当大任而感到无比的自豪。

"永贞革新"主要打击的对象是藩镇与宦官势力，然而当时武装实力却掌握在藩镇与宦官手中，他们互相勾结，对"永贞革新"进行疯狂的反扑。乘着顺宗重病缠身，革新派未能掌握军权之际，以俱文珍为首的宦官势力首先发动政变，幽禁顺宗，借口顺宗久病不愈而迫其让位，拥立太子李纯。与之相呼应的是藩镇势力，节度使韦皋等人上表请求由皇太子监国，驱逐王叔文等人。俱文珍于是伪造敕书，罢去了王叔文翰林学士之职，革新派等于丧失了变革的领导权。王叔文被贬渝州司马，后又被赐死，王伾外贬开州司马，后不久病死，柳宗元、刘禹锡、韩泰、陈谏、韩晔、凌准、程异及韦执谊八人均被贬为外州司马，史称"二王八司马"。其中刘禹锡贬于朗州，柳宗元贬于永州（今湖南零陵）司马之外，加贬"永州司马员外置同正员"，一个毫无职权的闲职。至此，革新派纷纷被贬斥，再无东山再起的机会，历时146天的"永贞革新"以彻底失败而告终。

柳宗元由一个朝廷倚重的权臣变为负罪的逐臣，从政治中心的京都被贬谪到偏僻蛮荒的永州，政治风云的突变，使柳宗元重整大唐山河的理想彻底破灭，心灵受到极大的震撼与深深的伤痛，对围剿变革派的势力充满怨恨。不久又传来王叔文被杀的消息，母亲惊忧而死，他对迫害变革派的势力更是产生了刻骨铭心的仇恨。在种种政治迫害的沉重打击下，他只有满怀孤愤与忧伤以对之，愤的是宦官、藩镇势力的猖獗狡诈，忧的是大唐国家从此再无中兴之机。如果说有懊悔的话，只痛惜变革派没有把握住大好机遇，对反对变革势力的反扑估计不足，对革新缺乏有力的措施与手段。

他在永州一待就是十年，虽长期处于逆境之中，但因为有了"永贞革新"的经历，他反思与思考问题，总能站在历史时代的高端，国家民族大局的角度，阅读典籍能联系现实，了解民间疾苦，能揭示社会弊端，就是遨游山水，寄托自己的幽愤，也与忧国忧民相联系。并没有陷入一般文人怀才不遇或自我感伤之中，更不是借风花雪月来麻醉自己的无奈与无聊。他在短促的"永贞革新"中，忙于变革，没有留下多少作品，十年永州贬谪生活，成了他创作的丰收期，也是他思想的成熟期。"永贞革新"是"因"，永州创作是"果"，十年逆境，使柳宗元比韩愈对社会底层和民间疾苦的了解更为深刻，对劳苦大众更加怜悯与同情，对社会的弊病认识得更加清楚，因而其作品的现实批判精神更加鲜明，十年逆境成全了一代文豪！正如韩愈在《祭柳子厚文》中说："子之中弃，天脱馽羁；玉佩琼琚，大放厥词。富贵无能，磨灭谁纪？子之自著，表表愈伟。"对柳宗元宦途中被弃并不惋惜，反而认为是上天帮忙他摆脱了羁绊，专心写出惊天动地的好文章。韩愈又在《柳子厚墓志铭》中表达同样的意思："然子厚斥不久，穷不极，虽有出于人，其文学辞章，必不能自力以致必传于后如今无疑也。虽使子厚得所愿，为将相于一时，以彼易此，孰得孰失，必有能辨之者。"生前富贵，死后无名者多的是，为将相于一时，下台后遭人唾骂者也不少，唯有创立"三不朽"事业者才永远活在人民的心中。对于作家来说，没有逆境甚至绝境的磨砺，心灵感受何能至深至切，怎会有感天地泣鬼神的文章问世呢？韩愈不仅诚挚地评价了柳宗元的人生价值，也倾诉了自己的切身体验，同时也阐述了文学创作的一条基本规律。其实，这一基本规律早在司马迁时就得到明确的阐述："古者富贵而名摩灭，不可胜记，唯倜傥非常之人称焉。盖文王拘而演《周易》；仲尼厄而作《春秋》；屈原放逐，乃赋《离骚》；左丘失明，厥有《国语》；孙子膑脚，《兵法》修列；不韦迁蜀，世传《吕览》；韩非囚秦，《说难》《孤愤》；《诗》三百篇，大底圣贤发愤之所为作也。此人皆意有郁结，不得通其道，故述往事，思来者。乃如左丘无目，孙子断足，终不可用，退而论书策，以舒其愤，思垂空文以自见。"（《太史公自序》）柳宗元在永州，肯定对司马迁的这段话有了更深切的理解，他在《寄许京兆孟容书》中感叹道："贤者不得志于今，必取贵于后，古之著书者皆是也。宗元近欲务此……"所以他才面对逆境淡然处之，勤奋创作，一篇篇传世之作不断产生，他自己甚至有了"乐居夷而忘故土"的想法。（《钴鉧潭记》）

元和十年，柳宗元与刘禹锡、韩泰、韩晔、陈谏等人被召回京，刚进京，刘禹锡写了一首玄都观花诗，以抒不屈之志，因而触怒权贵，得罪执政，被召回的人再次被遣为远州刺史，柳宗元被任为柳州刺史。刺史毕竟不同于司马，它有了治理一方的权力。柳宗元来到柳州，因俗施教，指挥居民修路、建屋、凿井、植树，政绩斐然。尤其是废除"乡法"，令奴婢赎身，大得民心。《新唐书》本传说："柳人以男女质钱，过期不赎，子本均，则没为奴婢。宗元设方计，悉赎归之。尤贫者，令书庸，视值足相当，还其质。已没者，出钱助赎。"十年前，"永贞革新"失败，改革措施被废止，今天在柳州这个局部终于有了实施部分改革的尝试，当然，这里面也有柳宗元经十年重新思考而凝成的新的改革理念。只可惜柳宗元在任仅四年就与世长辞了，年仅47岁，柳州人民非常怀念他，为之立庙，并派人赴京请韩愈写了《柳州罗池庙碑》。柳州人民代代祭祀他，祠庙至今尚存。

柳宗元怀着欲使大唐中兴的愿望踏入仕途，不几年，便成为政坛的风云人物，参与"永贞革新"，显示了他卓越的政治见地与行政才能。然而革新的措施刚刚施展，便被强大的宦官、藩镇势力联合围剿，革新归于夭折。柳宗元贬于永州，被剥夺从政权力达十年之久，抑郁之情，家国庶民之忧，只能诉诸诗文。改遣柳州后，有了一点造福一方的机会，可惜积劳成疾，仅在柳州进行了四年的改革实践，便与世长辞了。柳宗元不能发挥其治国的才智，固然是个人的不幸，唐宪宗中兴大唐没能倚重柳宗元，更是国家的损失。柳宗元独特的经历，形成他独特的思想及性格，在思想的深刻性上明显地超过了韩愈。

首先表现为柳宗元具有先进的唯物论思想。他继承了汉代王充的元气自然说，认为"元气"乃万物之源，元气是构成天地万物的原始物质，天地万物都是自然现象。特别是传统认为的主宰人间一切的"天"，也是自然物质的客观存在，并没有什么最高的精神主宰，对人间进行赏功罚祸，人间的功过祸福与天毫不相干。他写有《天说》一文，是反驳韩愈"天刑人祸"说的，柳宗元说：

子诚有激而为是耶？则信辩且美矣。吾能终其说。彼上而玄者，世谓之天；下而黄者，世谓之地；浑然而中处者，世谓之元气；寒而暑者，世谓之阴阳。是虽大，无异果蓏、痈痔、草木也。假而有能去其攻穴者，是物也，其能有报乎？蕃而息之者，其能有怒乎？天地，大果蓏也；元气，大痈痔也；阴阳，大草木也，其乌能赏功而罚祸乎？功者自功，祸者自祸，欲望其赏罚者，大谬；呼而怨，欲望其哀且仁者，愈大谬矣。子而信子之仁义以游其内，生而死尔，乌置存亡得丧于果蓏、痈痔、草木耶？

柳宗元认为：天是由元气构成的大自然，只有物质性、空间的无限性和时间的客观性，"古之所以言天者，盖以愚蚩蚩者耳，非为聪明睿智者设也。"（《断刑论下》）"圣人之道，不穷异以为神，不引天以为高。"（《非国语·料民》）把认为天有感情与意志的有神论，直斥为非"圣人之道"。因而他在《时令论》上、下篇及《断刑论下》中，针对现实中国家政令、刑罚以时令为依据的荒唐迷信做法，进行了有力的批判。而他的《天对》一文，更以长篇大论逐条回答了屈原的《天问》中所提出的170多个疑难问题，根据当时的科学水平和作者本人的朴素唯物主义认识，批判了想当然的"盖天说"，阐述了朴素的唯物主义的宇宙观。认为天是无知的，和世间万物并无不同，源于一元的混沌之气："本始之初，诞者传焉。鸿灵幽纷，曷可言焉！焉黑晰眇，往来屯屯；庞昧革化，唯元气存。而何为焉！"没有创世者也没有造物者，天地万物全是元气运动的结果："阴阳三合，何本何化？合焉者三，一以统同。吁炎吹冷，交错而功。"正如道家所主张，混沌为一的元气，经过分化成为阴阳二气，"至阴肃肃，至阳赫赫。肃肃出乎天，赫赫发乎地，两者交通成和，而物生焉。"（《庄子·田子方》）柳宗元用朴素唯物主义的观点对天作了解释，也用朴素唯物主义的观点解释了天、人之间的关系。所以他才敢于批判号称《春秋》外传的《国语》，在其《非国语》中对《国语》中记载的神人感应予以驳斥，提出"力足者取乎人，力不足者取乎神"的卓绝见解。（《神降于莘》）在《贞符》中，以大量史实批驳迷信"贞符"的荒谬，提出"授命不于天，于其人；休符不于祥，于其仁。唯人之仁，匪祥于天；匪祥于天，慈唯贞符哉！"大胆地向普遍流行的君权神授说公开挑战，指出受命在人不在天，在于是否行仁政而不在其有无祯祥符瑞。柳宗元这种反对神学迷信的天命观，就是与比较进步的韩愈的天命论也有很大的不同。可以说，柳宗元把我国古代朴素唯物主义及无神论发展到一个新的阶段，其非凡的胆识与真知灼见，是同时代的文人所难企及的。

其次，柳宗元与韩愈一样，倡导复兴儒学，强调"明道"："圣人之言，期以明道，学者务求诸道而遗其辞。"（《报崔黯秀才论为文书》）但柳宗元认为的"道"，比起韩愈大力宣扬的儒家仁义之"道"来，更具有鲜明的民本思想。他说："意欲施之事实，以辅时及物为道。"（《答吴武陵论〈非国语〉书》）强调"明道"的重点不在于阐明儒家的仁义之理，而重于推行儒家仁义之理的实践，也就是切实推行利国利民的措施。他说："伊尹以生人为己任，管仲畎浴以伯济天下，孔子仁之。凡君子为道，舍是宜无以为大者也。"（《与杨诲之疏解车义第二书》）君子明道宜明大道，君子行仁宜行大仁，这大道、大仁就是孔子一贯主张的泛爱众济天下。这种强烈的民本思想，促使他成为一名锐意改革的政治家，他参与"永贞革新"，既不是赶时髦，也不是为捞官，而是为了济世救民。他在《寄许京兆孟容书》中明示了自己参与变革的动机："宗元早岁与负罪者亲善，始奇其能，谓可以共立仁义，裨教化。过不自料，勤勤勉励，唯以忠正信义为志，以兴尧舜孔子之道，利安元元为务。"从民本思想出发，柳宗元十分清楚为官的职责，他在《送薛存义之任序》中，明确提出了闪耀着民本思想光辉的"官为民仆"的主张：

> 凡吏于土者，若知其职乎？盖民之役，非以役民而已也。凡民之食于土者，出其十一佣乎吏，使司平于我也。今受其直怠其事者，天下皆然。岂唯怠之，又从而盗之。向使佣一夫于家，受若直，怠若事，又盗若货器，则必甚怒而黜罚之矣。以今天下多类此，而民莫敢肆其怒与黜罚，何哉？势不同也。势不同而理同，如吾民何？有达于理者，得不恐而畏乎！

国家设置官吏，本是为百姓服务，不是用来奴役人民的。人民拿出自己的部分收入（赋税）来雇佣官吏，就是为让官吏为自己办事，然而现实中，享受着人民的供养，怠慢职责的官吏比比皆是。更有甚者，贪污受贿，敲诈勒索，胜于强盗。柳宗元打比方说，如果家庭中的佣人，拿了工钱不干活，甚至还要盗窃主人家的财物，对其进行驱逐或责罚是天经地义的。但现实中的贪官却不然，不仅受不到惩罚，反而还骑在百姓头上作威作福，使百姓敢怒而不敢言，这是为什么呢？因为这些贪官有权有势。然而，百姓虽无势却有理，那些以势压理的贪官污吏如果有恃无恐的话，终将酿成社会的动乱。柳宗元的民本思想不仅继承了孟子民重君轻的思想，而且从理论上分清了民与吏的关系：吏是民之役，民非吏之奴；吏为民所供养所雇佣，而不是恩赐施舍于民的"父母官"。这种理论阐明了人民具有黜罚怠于事甚至役于民的官吏的权利，否定了传统的"官本位"与官尊民贱意识的合理性。对于封建社会的统治阶级来说，这简直就是石破天惊的"异端邪说"，由此可见，柳宗元民本思想的深刻性。正是有了这种民本思想，才使他更加关心、同情人民疾苦，痛恨以权势对人民盘剥与压迫的各级官吏。而长期的贬谪生活，使他对社会下层民众的痛苦以及贪官污吏的罪恶，有了更深切的体会，如在《捕蛇者说》中，用他那犀利的笔写下了捕蛇人的悲惨情状，揭露了统治者横征暴敛的残暴，以血泪控诉了现实中普遍存在的官吏奴役、掠夺人民的罪行。在同情普通劳动者的苦难，大胆鞭挞官僚腐败方面，韩愈确有不及柳宗元的地方。

再次，柳宗元并不像韩愈那样排佛，虽然他反对神学迷信，但他认为释、道的理论与儒学有可通融之处，主张将释、道甚至其他各家学说的精华，融会于儒学的博大精深之中。他说："佛之道，大而多容，凡有志乎物外而耻制于世者，则思入焉。"（《送元暠归幽泉寺序》）"释之书有《大报恩》十篇，咸言由孝而极其业。世之荡诞慢施者，虽为其道而好违其书，于元皓师，吾见其不违且与儒合也。"（《送元皓师序》）"孔子无大位，没以余言持世，更杨、墨、黄、老益杂，其术分裂，而吾浮图说后出，推离还源，合所谓生而静者……其道以无为为有，以空洞为实，以广大不荡为归。其教人，始以性善，终以性善。"（《曹溪第六祖赐谥大鉴禅师碑并序》）"予观老子，亦孔氏之异流也，不得以相抗，又况杨、墨、申、商刑名纵横之说，其迭相訾毁抵捂而不合者，可胜言耶？然皆有以佐世。"（《送元十八山人南游序》）韩愈对柳宗元儒学思想不纯，尤其有主张"统合儒释"的言论，提出多次批评，柳宗元反驳说：

> 儒者韩退之与予善，尝病予嗜浮屠言，訾予与浮屠游。近陇西李生础自东都来，退之又寓书罪予，且曰："见《送元生序》，不斥浮屠。"浮屠诚有不可斥者，往往与《易》《论语》合，诚乐之，其于性情奭然，不与孔子异道。退之好儒，未能过扬子，扬子之书，于庄、墨、申、韩皆有取焉。浮屠者，反不及庄、墨、申、韩之怪僻险贼耶？曰："以其夷也。"果不信道而斥焉以夷，则将友恶来、盗跖，而贱季札、由余乎？非所谓去名求实者矣。（《送僧浩初序》）

第六章 隋唐五代儒家道统的复兴与古文的兴起

韩愈本是个博览群书的人，但他自从以儒家道统继承者自居以来，就以弘扬仁义、排斥佛老为己任，主张"非三代两汉之书不敢观，非圣人之志不敢存"（《答李翊书》），"学古道而欲兼通其辞，通其辞者，本志乎古道者也。"（《题欧阳生哀辞后》）而柳宗元却主张"本之《书》以求其质，本之《诗》以求其恒，本之《礼》以求其宜，本之《春秋》以求其断，本之《易》以求其动。此吾所以取道之原也。参之《穀梁氏》以厉其气，参之《孟》《荀》以畅其支，参之《庄》《老》以肆其端，参之《国语》以博其趣，参之《离骚》以致其幽，参之《太史公》以著其洁。此吾所以旁推交通而以为之文也。"（《答韦中立论师道书》）柳宗元也强调明道，强调儒家的仁义和道统，但比起韩愈来，他的"明道"，更强调探求事物的真理，解决社会的实际问题。因此他不排斥除了儒学之外的各种可借鉴的思想，不拒绝广泛吸收儒学之外的其他文化精华。如此，才使他思想敏锐，胆识过人，具有广博的文化修养，具有超乎寻常的远见卓识。

柳宗元的思想博大精深，之所以没有成为韩愈那样古文运动的领袖人物，而只成为古文运动的主将，主要因为他长期贬谪荒远偏僻之地，远离了唐代文化的中心。他对古文运动的贡献，主要在于以出类拔萃的个人创作实践，支持和推动了韩愈所领导的古文运动。柳宗元的古文运动主张与韩愈基本一致，其散文各体兼擅，其水平与韩愈旗鼓相当，两人只是在不同体裁上各有优长。如果说韩愈长于叙议结合的杂著、以议论为主的书序、应用性的碑志。那么，柳宗元则长于山水游记、寓言小品、文学性传记，这些体裁的散文，不仅有鲜明的艺术个性，有的还具有开创性的意义。

柳宗元传世的散文有四百余篇，文章视野开阔，内容广博，思想深刻。其中议论性文章大致可分哲理性与政论性两类，哲理性的论文主要表现在他能以朴素唯物主义的观点，阐释他的宇宙观，否定鬼神迷信，批判神学的天命论，如前面所提到的《天说》《天对》《贞符》《时令论》等文章。政论性的论文，所表达的先进的政治主张及朴素唯物主义历史观，是唐代古文运动的其他作家所难具备的。柳宗元的政论文往往针对当时关系唐王朝国家安危的重大现象来立题发论，当时危及唐王朝生死存亡的重大问题，莫过于藩镇割据势力不断坐大，直接威胁中央政权的存在；宦官和官僚任人唯亲结党营私，专权坏朝纲；农民被苛捐杂税疯狂掠夺，纷纷破产流亡。柳宗元对这些现象都进行了深入的调查与系统的思考，一一撰文进行揭露与批判。如在《六逆论》中他提出选官应以贤为标准，不应以等级的贵贱、关系的远近、资历的新旧为标准。贤者虽"贱"、虽"远"、虽"新"，完全有理由取代那些虽"贵"、虽"近"、虽"旧"的不贤者，论证了任人唯贤与反对传统的世袭特权的合理性，对封建社会体制来说，极具叛逆精神，简直就是一篇代表庶族地主的贤者向门阀贵族争权利争地位的宣言书。

安史之乱，使唐王朝由强盛走向衰落，此后，藩镇割据一直是威胁中央政权的最大祸根，宪宗时虽恢复了表面的统一，但各地藩镇割据势力仍然存在，他们上抗朝廷政令，下敛民脂民膏，形成尾大不掉之势，长存觊觎中央政权之心。柳宗元当年参与"永贞革新"，其目的之一就是抑制、打击藩镇割据势力。"永贞革新"失败后，虽处江湖之远，然而他仍一心忧虑国家前途命运，清醒地认识到，朝廷妥协于握有兵权的藩镇，同历史上"封国土、建诸侯"一样，必成养虎自毙之趋势。他于是作《封建论》，从历史发展的角度，分析分封与郡县两种制度的得失，将藩镇割据势力称作"虐害方域"的"桀猾"，将之与落后的分封制相联系，指出其对国家和人民的危害，从理论上维护了封建中央集权制。见识卓越，批驳犀利，逻辑严密，极具鲜明的针对性与战斗性，苏轼赞道："宗元之论出，而诸子之论废矣。虽圣人复起，不能易也。"（《志林·秦废封建》）《封建论》阐述道：

> 彼封建者，更古圣王尧、舜、禹、汤、文、武而莫能去之。盖非不欲去之也，势不可也……故封建非圣人意也，势也……
>
> 周有天下，裂土田而瓜分之……天下乖戾，无君君之心。予以为周之丧久矣，徒建空名于公侯之上耳！得非诸侯之盛强，末大不掉之咎欤？……则周之败端，其在乎此矣。秦有天下，裂都会而为之郡邑，废侯卫而为之守宰，据天下之雄图，都六合之上游，摄制四海，运于掌握之内，此其所以为得也。不数载而天下大坏，其有由矣……咎在人怨，非郡邑之制失也。汉有天下，矫秦之枉，徇周之制，剖海内而立宗子，封功臣。数年之间，奔命扶伤之不暇……郡国居半，时则有叛国而无叛郡。秦制之得，亦以明矣。继汉而帝者，虽百代可知也。唐兴，制州邑，立守宰，此其所以为宜也。然犹桀猾时起，虐害方域者，失不在于州而在于兵，时则有叛将而无叛州。州县之设，固不可革也……
>
> 夫天下之道，理安，斯得人者也。使贤者居上，不肖者居下，而后可以理安。今夫封建者，继世而理。继世而理者，上果贤乎？下果不肖乎？则生人之理乱，未可知也。将欲利其社稷，以一其人之视听，则又有世大夫世食禄邑，以尽其封略。圣贤生于其时，亦无以立

于天下，封建者为之也。岂圣人之制使至于是乎？吾固曰："非圣人之意也，势也。"

文章开门见山提出"封建非圣人意也，势也"的中心论点，对唯心论的"圣人创世"说给予了坚决的否定。封建分封制既是时代的产物，而不是圣人的意愿，那么，封建分封制也必然要随着"势"的变化而变为郡县制，从适应时势发展需要的角度肯定了秦始皇废分封、建郡县的历史功绩。分封的世卿世禄制只能造成"不肖居上，贤者居下"不合理现象，郡县制才能做到"用人唯贤"。至于秦"有叛人而无叛吏"，汉"有叛国而无叛郡"，唐"有叛将而无叛州"，是因为"失之在于政，不在于制"，从另一方面雄辩地论证了郡县制优于分封制。有力地驳斥了当时鼓吹废郡县、立封建、助长藩镇势力的论调，抨击了藩镇割据破坏国家统一、造成社会灾难的罪孽行径，同时也指明用人唯贤对于改良体制、巩固大一统社会的深远意义。柳宗元站在历史唯物论的时代前沿，抓住两千年来的社会发展的关键所在，又针对现实社会的症结，纵论国家成败得失，提出解决问题的关键，全文大气磅礴，论辩雄健凌厉，堪称古来议论政体之杰作。如果说韩愈的议论文以气盛而取胜，那么，柳宗元的议论文则以析理见长，就是那些短篇杂说，如《敌戒》《辩晏子春秋》《咸宜》《鞭贾》《桐言封弟辨》《辨侵伐论》等，也无不立意高远，条分缕析，以理服人。

元结的《右溪记》虽标志着专篇的山水游记已经形成，但至柳宗元大量的山水游记问世，才奠定了山水游记这一文体在中国散文史上的地位，这一文学贡献也是超于韩愈的，柳宗元应该是中国山水游记的开拓者和奠基者。柳宗元的山水游记不同于以往模山范水之作，它不仅以山水为独立的审美对象，对山水风光体察细致入微，状物写景生动传神，而且更将自己的人生失意与对现实的怨愤，寄托于山水之间。以物感慨，因景抒怀，借山水解忧，外在的山水与作者的精神世界互相沟通，山水也有了人性化与个性化特点。那清冷孤寂的山水就是作者落寞、孤傲感情的体现，那淳朴洁净的山水就是作者纯洁正直心灵的展示，那山水好似代表着作者，向人们诉说着自己对美好的向往与追求，诉说着对丑恶的厌恶与鄙夷，向喧嚣、纷争、肮脏的人间社会进行着揭露与控诉。

柳宗元山水游记有近三十篇，代表作是被贬永州时写的《永州八记》，包括《始得西山宴游记》《钴鉧潭记》《钴鉧潭西小丘记》《至小丘西小石潭记》《袁家渴记》《石渠记》《石涧记》和《小石城山记》。这八篇游记以作者寻幽探胜的游踪为线索，逐次展开描述，既单独成篇，又联系紧密。各处的山、石、溪、潭，刻画细致入微，又各不雷同，这是因为作者融入景物的感情有所变化。作者抓住足以触发自己感情的景物特色，以其传神之笔，把它精湛细密地刻画出来，出神入化，极富诗情画意。如《钴鉧潭西小丘记》：

> 得西山后八日，寻山口西北道二百步，又得钴鉧潭。潭西二十五步，当湍而浚者为鱼梁。梁之上有丘焉，生竹树。其石之突怒偃蹇，负土而出，争为奇状者，殆不可数。其嵚然相累而下者，若牛马之饮于溪；其冲然角列而上者，若熊罴之登于山。
>
> 丘之小不能一亩，可以笼而有之。问其主，曰："唐氏之弃地，货而不售。"问其价，曰："止四百。"予怜而售之。李深源、元克己时同游，皆大喜，出自意外。即更取器用，铲刈秽草，伐去恶木，烈火而焚之。嘉木立，美竹露，奇石显。由其中以望，则山之高，云之浮，溪之流，鸟兽之遨游，举熙熙然回巧献技，以效兹丘之下。枕席而卧，则清冷之状与目谋，瀯瀯之声与耳谋，悠然而虚者与神谋，渊然而静者与心谋。不匝旬而得异地者二，虽古好事之士，或未能至焉。
>
> 噫！以兹丘之胜，致之沣、镐、鄠、杜，则贵游之士争买者，日增千金而愈不可得。今弃是州也，农夫渔父过而陋之，贾四百，连岁不能售。而我与深源、克己独喜得之，是其果有遭乎！书于石，所以贺兹丘之遭也。

不足一亩大的小丘，让谁来摹写都会感到棘手。柳宗元却以凝练的夸张文笔，首先专力点画小丘之上峥嵘怪石的神态与气势：它们或像牛马或像熊罴，或奔向溪涧，或冲向山峰。作者笔触轻轻一点，化静为动，以生动的比喻、精彩的比拟，赋予了一块块怪石以勃勃的生命力，其形象展示了它们桀骜不羁的性格与一往无前的冲击力，这正是作者不屈不挠的政治改革勇气的写照。柳宗元笔下的自然景物，都渗透着作者强烈的感情，这种渗透既不是借景抒情，也不是将主观感情强行注入客观景物之中。而是景与情的自然契合、融合与妙合，既能观察到景物的主要"物性"，又能捕捉到与"物性"有关联的作者的"人性"，"物性"与"人性"有了"共性"，物我自然合一，写物也是写人，写人也是写物。那"唐氏之弃地"，虽价廉而"连岁不能售"，小丘的弃置与农村凋敝，农民破产流亡的社会现实紧密相关。如此奇特的小丘被主人荒废，不为世人所知，与作者遭人主"遗弃"的命运又极其相似。作者同情小丘被冷落，就是抒发自己长期被贬边地、革新壮志难酬的悲愤，山水成了作者精神的寄托与愤激的象征。

小丘被主人"弃之"，路人"陋之"，而独被作者"怜而售之"，一半是因为作者深知"兹丘之胜"，一半是因为对被遗弃者的同情与尊重。作者把小丘视为"同病相怜"的"知己"，"同是天涯沦落人，相逢何必曾相识！"（白居易《琵琶行》）作者对他人"弃之""陋之"的小丘"怜之""售之"，并决心让世人看到小丘真正的美质。于是"铲刈秽草，伐去恶木，烈火而焚之。嘉木立，美竹露，奇石显"。事不同而理同，这与作者"居闲，益自刻苦，务记览，为辞章，泛滥停蓄，为深博无涯涘"（韩愈《柳子厚墓志铭》），执着地在穷乡僻壤继续打造自己完美的人格，一心成就文学事业何其相似！

事在人为，环境在于改造，这是政治改革家的信念，经过对小丘的一番改造，天地为之一新，心情为之振奋："则山之高，云之浮，溪之流，鸟兽之遨游，举熙熙然回巧献技，以效兹丘之下。枕席而卧，则清泠之状与目谋，潆潆之声与耳谋，悠然而虚者与神谋，渊然而静者与心谋。"这是眼前景，还是意中景？这是现实中景，还是理想中景？是因景生情，还是情中造景？全然分不清楚，创造出与万化冥合的绝妙境界。

文章最后一段，由"怜"而转"喜"，又由喜而转"贺"。前面本为小丘的遭遇鸣不平，这里却要"贺兹丘之遭"，看似正话反说，柳宗元借小丘而自嘲被遗弃，而实际上，对于豁达大度的柳宗元来说，又何尝不是真话呢？他在《贺进士王参元失火书》中虽叹王家失火，烧光家产，但更贺王参元因此而得到交友扬名的机缘。柳宗元深知祸福转化的道理，自己远离京城，久处偏僻之地，正可潜心创作，这不是因祸得福吗？而小丘也因被遗弃，才得到最懂得其价值的人的赏识，从这个意义上讲，被弃置的遭际还真值得庆贺呢！

柳宗元的散文中还有寓言一体，寓言是借物以言事，托辞以寓意。早在先秦历史散文与诸子散文中就已出现，庄子开始大量运用寓言，到韩非子时，出现了寓言群，但在柳宗元之前，寓言只是作为一种形象说理的方法来使用，只是一个片段而存在于文章中，没有成为一种独立的文学体裁。至柳宗元，将叙事与寓意融为一体，组成一个类似微型小说的完整故事，使其单独成篇。从此，寓言由文章中一种说理方法变成一种独立的散文体裁，彻底摆脱了对其他文体的依附而蔚然成大观，这是柳宗元奉献给中国文学的一宗珍贵遗产。

柳宗元首创寓言体,是因为他充分地认识到了寓言体的价值与意义,所以他能专心创作寓言,其文集中多达近20篇。韩愈也偶尔为之,不过仍把寓言的以物拟人作为一种手法来使用,如他的《毛颖传》,以比拟的手法,写成一篇类似游戏的文字,实寓对统治者少恩寡德的讥讽与贤德者备受压抑的郁愤。《毛颖传》一出,立即受到许多人的指责,甚至他的师友门人也不能接受,认为戏谑俳谐之言,有累圣德。柳宗元读后,却大为赞赏,专门写了《读韩愈所著〈毛颖传〉后题》,为韩申辩。文中说:"世人笑之也,不以其俳乎?而俳又非圣人之所弃者。""韩子穷古书,好斯文,嘉颖之能尽其意,故奋而为之传,以发其郁积,而学者得以励,其有益于世欤!"柳宗元意识到寓言是"有益于世"的一种便捷文体,才借鉴前人寓言中语言生动、情节奇特的特点,也借鉴了佛经中寓言故事结构的创作经验,将寓言打造成足以与散文的其他体裁相媲美的独立文体。

柳宗元的寓言,短小警策,寓意深刻,融入了自己的感情,具有强烈的针砭时弊、干预现实的目的;善于通过各种艺术形象寄寓哲理,尤其是能够抓住平常动物的个性特征,通过想象与夸张,使寓言的形象具有典型化的意义,具有强烈的讽刺意味;故事生动新颖,虽简单而完整,结构虽短小而周全,主题集中,层次分明,构思立意和布局谋篇都很有特色。如《蝜蝂传》,写一种贪婪成性的小虫子,遇物则取,又好负物爬高,即使力不堪任也不肯放弃,直至坠地而死。蝜蝂的形象生动而有普遍意义,蝜蝂式的人物古今屡见不鲜,"日思高其位,大其禄",除了名利,他们不知世上还有何物。为了攫取高官厚禄,不择手段者有之,钩心斗角者有之,贪赃枉法者有之,以身试法者有之,最终因贪婪而断送了自己。作者以辛辣之笔,展示了孜孜以求名利、贪得无厌又死不改悔者的丑恶灵魂。再如《罴说》,写楚国南方一猎人,能用竹吹出各种野兽的叫声,自以为凭此技可以"以兽制兽",对付一切野兽。他上山猎鹿,先吹起鹿叫声,想招来鹿,不想招来的却是貙。因为"貙畏虎",猎人赶快吹起虎吼声,貙被虎声吓跑了,却又引来了虎。猎人又赶快吹起罴的吼声,虎被罴吼声吓跑了,却又招来了罴。这下猎人没招了,终于被异常凶猛的罴"搏挽裂而食之"。真可谓"机关算尽太聪明,反误了卿卿性命"。(《红楼梦》第五回)这篇寓言"尖锐而深刻地讽刺了当时朝廷所采取的'以藩制藩'的措施,暗喻朝廷如不革除弊政,加强中央集权,也将会得到与猎人同样的下场。"[①]

[①] 李道英:《八大家古文选注集评》,广西师范大学出版社1996年版,第313页。

在柳宗元的寓言文中，合称《三戒》的《临江之麋》《黔之驴》和《永某氏之鼠》最为著名，作者还为《三戒》写有小序："吾恒恶世之人，不知推己之本，而乘物以逞；或依势以干非其类，出技以怒强，窃时以肆暴，然卒迨于祸。有客谈麋、驴、鼠三物，似其事，作《三戒》。"说明自己作《三戒》，就是警告那些恃宠而骄、外强中干、有恃无恐者，一旦失去所依仗的强势，便会暴露出极虚弱的本质，等待他们的将是灭顶之灾。如《永某氏之鼠》：

> 永有某氏者，畏日，拘忌异甚。以为己生岁直子，鼠，子神也。因爱鼠，不畜猫犬，禁僮勿击鼠。仓廪庖厨，悉以恣鼠不问。由是鼠相告，皆来某氏，饱食而无祸。某氏室无完器，椸无完衣，饮食大率鼠之余也。昼累累与人兼行，夜则窃啮斗暴，其声万状，不可以寝，终不厌。
>
> 数岁，某氏徙居他州。后人来居，鼠为态如故。其人曰："是阴类恶物也，盗暴尤甚，且何以至是乎哉！"假五六猫，阖门、撤瓦、灌穴，购僮罗捕之。杀鼠如丘，弃之隐处，臭数月乃已。
>
> 呜呼！彼以其饱食无祸为可恒也哉！

永州某氏因属鼠，就对鼠特别偏爱，家里不养威胁鼠的猫，又不准家人捕杀鼠，一任老鼠为所欲为。文中所描写的那些鼠，就是靠保护伞而肆无忌惮为非作歹的恶势力的象征，多像作者所见到的有靠山的横行州县的贪官污吏，或是一味向皇权邀宠而陷害改革派的小人。但是，善恶有报，只待时到。永州某氏迁居，庭堂换了新主人，面对猖獗嚣张的老鼠，新主人采取多种方式，把这种害物坚决、彻底消灭干净。《永某氏之鼠》寓意深刻，作者企盼有朝一日昏主离去，新主圣明，用铁的手腕将这些贪官污吏、卑鄙小人一举铲除干净，使国家安宁，大快人心。

《临江之麋》《黔之驴》与《永某氏之鼠》一样，故事曲折，情节新奇，形象生动，连主题都有类似处。麋、驴、鼠都象征着貌似强势实则不堪一击的人，它们之所以随心所欲、毫无收敛，就因为在它们的背后，有"临江之人""好事者""永某氏"的扶持、纵容、姑息，才使它们忘乎所以，"或依势以干非其类，出技以怒强，窃时以肆暴"。这些寓言看似平淡，实际批判的锋芒异常犀利，既对社会各种愚蠢的丑类进行了抨击，又对庇护它们的上层统治者进行了讽刺与鞭挞，可谓一针见血、入骨及髓。

柳宗元的传记散文也有自己鲜明的特色：

一是他为之立传的人往往是社会下层平凡而又卑贱的山野草民，所叙之事也往往是平民百姓的日常活动，体现了神圣的传记"平民化"的特点。如他为种树的残疾人郭橐驼、梓人（木匠）杨氏、药商宋清等人作传，这些传主往往是以往史书不能为之立传的小人物，就是在一般作家的笔下，也是很少顾及的。柳宗元站在儒家民本的立场上，不仅为这些小人物立传，而且以极大的热情，讴歌了这些平凡人物身上所具有的勤劳、善良、聪明、勇敢的优秀品德，以极大的同情心，对欺凌、压榨、藐视他们的恶势力表示了愤恨与谴责。

二是他在传中，往往寓有深意，能以小见大，从生活琐事中引出治国的大道理来，有寓言的特点。如他的《捕蛇者说》，从蒋氏一家人冒死捕蛇抵税的经历，见整个中唐人民在苛捐杂税逼迫下的悲惨遭遇，寄寓了作者对统治阶级残酷盘剥人民的不满；《种树郭橐驼传》写郭橐驼能顺应物性种树，从养树之术而得出养民之理，借此说明善治国者要顺应民心，才能使国泰民安；《梓人传》写梓人（木匠）杨氏，只善于组织施工而不善于做具体木工活，借此婉言相劝治国者要善于规划大政方针，不要将精力耗于琐碎之事；《李赤传》写李赤以厕鬼为举世无双的美人，以恶臭无比的粪池为天堂，最终被厕鬼勾引葬身于茅厕，嘲讽现实生活中那些不会分善恶、莫能辨黑白终被黑暗恶势力吞噬的可怜虫。

三是他的传记与纪传体史书的传记不同，不仅是独立成篇，而且不追求传主一生的全面介绍，而是抓住最能突出人物性格的典型事例、心理活动与个性化语言，来详细描述，尤其重视故事情节的曲折精彩，典型细节的细腻逼真，塑造出形神兼备，栩栩如生的人物形象，使平凡的小人物也带有传奇的色彩，所以柳宗元的传记更有小说的特点。如《童区寄传》，描写智勇双全的少年区寄，杀掉两个人贩子的故事。区寄两次被劫持，两次被捆绑，两次假装害怕，两次挣脱绑绳，两次杀掉歹人，真是一波三折，惊险的情节动人心魄。更有的传记，已经运用了大量虚构的手法，如《李赤传》写"厕鬼"作祟，《谪龙说》写被天帝谪下人间七天的神女，《河间传》写淫妇淫荡的细节，都具有小说虚构的特点。

四是在传中常将叙事与议论相结合，进一步深化了人物形象的意义。这种传记的结构一般是前叙事后议论，叙事像史传，议论像政论，而在行事与发论之间，存在着类比和对应，叙事暗寓着议论，议论回应着叙事，二者合一又像寓言，只不过作者将所寓之意点破给读者听罢了，柳宗元的传记大部分就是史、论、寓言三结合的统一体。如《梓人传》，先写梓人杨氏连断了一条腿的卧床都不会修，但他却长于工程总体设计，熟悉各道工序的制作与规格,善于指挥各种匠人进行施工,他不是某工序的精工,却是施工全局的核心。他统筹全局,把握施工大计,善于用人用材,指挥正确有方,使众工匠各尽其能,共同合作完成庞大工程。然后由这些史实,自然引申出"佐天子相天下法",作者议论道:

> 彼佐天子相天下者,举而加焉,指而使焉,条其纲纪而盈缩焉,齐其法制而整顿焉,犹梓人之有规矩、绳墨以定制也。择天下之士,使称其职;居天下之人,使安其业。视都知野,视野知国,视国知天下,其远迩细大,可手据其图而究焉,犹梓人画宫于堵而绩于成也。能者进而由之,使无所德;不能者退而休之,亦莫敢愠。不炫能,不矜名,不亲小劳,不侵众官,日与天下之英材讨论其大经,犹梓人之善运众工而不伐艺也。夫然后相道得而万国理矣……

《梓人传》叙事不足四百字,议论竟超八百字,清代储欣说此传"分明一篇大臣论,借梓人以发其端,由宾入主,非触类而长之之谓也"。(《唐宋八大家类选》)传记本以叙事为主,议论为宾,此篇传记却喧宾夺主,借梓人"其术之工大",阐发出大段的宰辅治国之道。虽属特例,但更能说明柳宗元人物传记的议论特点。

五是传名的标题不限于"传",如《捕蛇者说》《谪龙说》,虽标以"说",实际上是两篇传记性质的作品,前者写蒋氏祖孙三代捕蛇抵租的悲苦人生经历,后者写被贬谪下凡的奇女子不容恶少玷污的故事。至于以"碑""表""铭""志""状"等为题的人物传记就更多了,如《饶娥碑并序》《故殿中侍御史柳公墓表》《唐故万年令裴府君墓碣》《处士段宏古墓志》《亡妻宏农杨氏志》等,脍炙人口的《段太尉逸事状》就是这样的作品。段太尉指唐德宗时任司农卿的段秀实。德宗建中四年(783),泾原兵东征路过京师时。因得不到犒赏而哗变,讨叛者瞬息又成叛军,他们拥朱泚为帝,建国号秦。唐德宗逃往奉天(今陕西乾县),留在京师的段秀实被朱泚召去议事,段秀实乘机用笏猛击朱泚,并大骂朱泚为"狂贼",遂被杀害,死后被唐王朝追赠为太尉。德宗为了平息战乱,一面下诏罪己,一面与大部分藩镇妥协。所以造成叛乱平息后,藩镇旧势力或乱时朝中的动摇分子,对那些坚决抵御叛军而遭杀害的英烈,说三道四,散布流言蜚语。如说段秀实以笏击朱泚,是"武人一时奋不虑死,以取名天下"。深知藩镇势力为国家大患的柳宗元,对段秀实这类爱国英雄满怀崇敬之情,他决心用事实洗清泼向英雄身上的污垢。经过调查,他收集了段秀实三件逸事:

其一，不畏强权，不惧强暴，不怕牺牲，依法将杀人越货的17名郭晞部下斩首示众，为民除害；其二，卖掉自己的马匹，为一名无力偿还地租而被杖击至垂死的农民抵租，且不让垂死者知其情；其三，清正廉洁。朱泚曾想贿赂段秀实，强送三百匹大绫给段的女婿，段将大绫悬挂在司农治事堂大梁上，公开揭露朱泚的丑行。柳宗元收集段秀实的逸事，是给当时任史馆修撰的韩愈提供撰写唐史的补充材料，以逸事来证明段秀实以身殉国决不是为了什么"取名天下"，而是他一贯不畏强暴、忧国忧民的必然壮举，批驳一些人对段秀实的曲解，使段秀实这样的英雄名垂青史。柳宗元写好段太尉逸事后，寄给韩愈，韩愈回信却说"疑不得实"。柳宗元又写信指责韩愈："自谓正直行行焉如退之，犹所云若是，则唐之史述其卒无可托乎！"（《与韩愈论史官书》）于是在逸事后又补写了一段"状"，说明逸事是当年知情的吏卒所言，是确凿可信的事实。逸事与补"状"合起来便是《段太尉逸事状》，此文除了叙事就是说明，并无议论，打破了他平常传记有论的常规，说明柳宗元不仅善写文学性传记，也善写史书性的史传，他采用司马迁的笔法，紧扣人物特征来选材、剪裁，写出的历史人物既真实又生动形象，而作者强烈的褒贬之情已融入叙事说明之中。

　　韩愈、柳宗元各有不同的经历与个性，在古文理论及创作方面又各有建树并能互补，"韩、柳的成就，不仅标志着隋及初唐以来文坛上对文风改革的各种努力有了归宿，而且意味着古文这种解整归散的文体能够焕发出极大的艺术魅力"。[①] 韩、柳以自己的才华影响了一大批拥护者与追随者，壮大了古文运动的阵线，将唐代的古文运动推向了鼎盛，使活泼流畅、和现实人生密切结合的散体文最终占据了文坛的主导地位，完成了中国古代散文从文风到文体的彻底革命。

（四）韩愈、柳宗元的同道者及追随者

　　安史之乱后，朝政元气大伤，藩镇割据势力仍然猖獗，佛老思想乘势大盛，在岌岌可危的态势下，全社会都呼唤着国家中兴，渴望摆脱困境。韩、柳顺应历史潮流，继承古文运动的传统，高举"文以明道"的旗帜，复兴儒学，维护统一，以古文为武器，号召社会有识之士除弊兴邦。他们又传道授徒，以文示范，感召了一大批忧国忧民、以天下为己任的文人，这些文人以韩、柳为领袖和旗手，赞同韩、柳的古文理论，推崇韩、柳的古文创作，自觉或不自觉地参与到韩、柳掀起的古文运动中来。这些韩、

[①] 李措吉主编：《中国散文》，同济大学出版社2007年版，第190页。

柳古文运动的追随者、支持者及同道者，团结在韩、柳的周围，组成一个颇有声势的古文运动群体，共同把中唐古文运动推向了高潮，以崇儒载道为宗旨、以单句散行为特征的新体散文，终于取代了片面追求形式美的骈文的文坛优势地位。

参与或支持韩、柳古文运动的人，主要有两种类型：第一类是积极追随韩愈的门人弟子、再传弟子，如李翱、皇甫湜、李观、樊宗师、欧阳詹、李汉、孙樵、沈亚之等人，这是中唐古文运动的中坚力量，自觉地为韩愈的古文运动推波助澜。第二类是韩愈、柳宗元的好友或同道者，他们虽然志于倡导诗歌革新，并不直接倡导古文运动，但他们也创作了许多质量很高的散体文章，如刘禹锡、白居易、元稹、吕温等人，也有力地支持、配合了韩、柳的古文运动。

韩门弟子们，奉韩文为圭臬，写出了一批优秀的古文，从不同方面与不同角度拓展了古文运动的战绩。如韩门大弟子李翱（774—836）字习之，早年曾求教于古文家梁肃，后学古文于韩愈，并成为韩愈的侄婿。他的思想近于韩愈，主张为文要以宣扬儒家的仁义思想为根本，认为"天性于仁义者，未见其无文也；有文而能到者，吾未见其不力于仁义也。"（《答从弟正辞书》）又说："义深则意远，意远则理辩，理辩则气直，气直则辞盛，辞盛则文工。"他的古文创作，继承与发展了韩愈的"文从字顺"的特点，如他的《国马说》《高愍女碑》《命解》《祭吏部韩侍郎文》等，语言简洁、朴实，通畅易懂，立意高卓，见解独到。特别是他的《来南录》，记述自东都一路南下至岭南的所见所闻，是我国传世较早的日记体散文，文字平易流畅，感情真挚，在唐代散文中别具一格。

再如同为韩门大弟子的皇甫湜（777—835?），字持正，曾与李翱同从韩愈学古文，与韩愈有师友之谊，韩愈对他寄予厚望，甚至生前就嘱托他将来为自己作神道碑与墓志铭。后来皇甫湜果然作了《韩愈神道碑》《韩文公墓志铭》，赞颂韩愈文学上的卓越成就与治国安邦的才干，以生动的事例，刻画出一个才华出众、具有雄才大略又平易近人的文人形象，其中《韩文公墓志铭》中赞颂道：

先生七岁好学，言出成文。及冠，恣为书以传圣人之道，人始未信。既发不掩，声震业光，众方惊爆，而萃排之。乘危将颠，不懈益张，卒大信于天下。先生之作，无圆无方，至是归工。抉经之心，执圣之权，尚友作者，跋邪抵异，以扶孔氏，存皇之极。知与罪，非我计。茹古涵今，无有端涯，浑浑灏灏，不可窥校。及其酣放，豪曲快字，凌纸怪发，鲸铿春丽，惊耀天下。然而粟密窈眇，章妥句适，精能之至，入神出天。呜呼极矣！后人无以加之矣，姬氏以来，一人而已矣！

感情深切，语言精练，句句出自肺腑。皇甫湜性卞急而敢直言，具有韩、柳一样的愤世嫉俗的精神，为文也无所忌惮，如其《对贤良方正直言极谏策》《论进奉书》《上江西李大夫书》《答刘敦质书》等，针砭抨击时弊，不避权贵，大胆激切。

自称为韩愈再传弟子的孙樵，虽已处晚唐，但仍承其师皇甫湜之志，坚持以古文来抒写自己奉行儒道忧国忧民的情怀。如他的《复佛寺奏》，反对大兴佛寺，把佛教徒视为扰民的蠹虫。《书何易于》塑造了一个爱民如子、为民请命的清官形象，反衬出官场的黑暗混浊与吏制的腐败。《书褒城驿壁》一文，通过描写号称"天下第一"的驿站的残破景象，见整个社会的政治腐败、经济凋敝，揭露了贪官污吏假公济私、中饱私囊、鱼肉人民的罪行。

然而古文运动毕竟属意识形态的变革，决定它变革力度的根本标志是高质量的精神产品，而不是声势的浩大。韩、柳之后，古文运动的余波虽仍汹涌澎湃，但由于永贞政治改革与两税法经济改革的失败，极大地挫伤了韩、柳古文运动后继者的政治热情，他们除了忧时伤乱，感叹不遇时的身世外，就是把注意力转向儒家"正心诚意"的心性之学上，或在韩愈"尚奇"主张方面加以片面发展，为文一心求意新语怪，貌似瑰奇，实则外强中干，与现实联系不大。韩、柳后继者的思想与艺术都达不到韩、柳的高度，不能将古文运动推向持久深入，于是，古文运动逐渐显示出趋向低潮的态势。

韩门弟子师事韩愈中暴露出两个明显的缺陷：一是多于模仿，创新不足。有些文章简直是对韩文的照搬，过分追求韩、柳古文的结构技巧，甘愿在韩、柳古文的技法后亦步亦趋。二是将韩愈古文中的不足推向了极端。刘熙载在《艺概·文概》中说："文得昌黎之传者，李习之精于理，皇甫持正练于辞。"李翱虽继承了韩愈文从字顺、平易畅达的文风，但他并不在意于辞，而是一心在意于"理"。片面理解韩愈的"文以明道"，轻视"文"重视"道"，割裂了文与道的统一关系，忽视文章的艺术性，偏重于儒家伦理道德的单纯说教。

儒家的伦理思想以中庸之道为道德修养、处理事务的基本原则与方法，中庸作为最高的美德，首先由孔子在《论语·雍也》中提出："中庸之为德也，其至矣乎！"但孔子并没有详细加以阐发。对中庸作专门阐述的是《礼记·中庸》，《中庸》提出："天命之谓性，率性之谓道，修道之谓教。"第一次把道确定为儒学的基本范畴，强调了天命、道与人性的一致性。它把"至诚"视为世界的本原，人性的最高境界，因为"唯天下至诚为能经纶天下之大经，立天下之大本，知天地之化育"。进而指出达到至诚的途径："博学之，审问之，慎思之，明辨之，笃行之。"李翱认为明儒道排佛老，必须从辨明性命之学入手，只有这样才能明是非、正人心，从而拨乱反正。他发挥《中庸》的思想及孟子的性善论，作《复性书》三篇，沿着"性善情恶"的人性论，将其理论提升到用"正思"来灭"情"，以达到"复性"而成"圣"，试图建立起一套新的儒家的心性理论。李翱把"情"与"性"完全对立起来，认为"人之所以为圣人者，性也；人之所以惑其性者，情也。喜、怒、哀、惧、爱、恶、欲七者，皆情之所为也。情既昏，性斯匿矣"。要恢复圣人之性，便得除去喜、怒、哀、惧、爱、恶、欲七情，这与佛教禅宗之说有何区别？李翱打着反佛的旗号，却在重大理论上吸收了佛家的学说，他主张的"教人忘嗜欲而归性命之道"，也极易导致禁欲主义，开了宋代理学家以"存天理，灭人欲"为核心的"性命道德"学说的先声。所以刘熙载在《艺概·文概》中又说："韩文出于《孟子》，李习之文出于《中庸》；宗李多于宗韩者，宋文也。"从散文角度说，李翱不仅《复性书》三篇，干巴巴地论述性命之学，其他文章也不太重视艺术技巧，他的古文成了索然无味的没有多少文学价值的宣扬儒家道统的道学书，把韩愈的道统推向了极端，影响了古文运动的健康发展。

　　皇甫湜倒是既重视尊儒明道又注重古文中"文"的一面，但他继承与发展了韩愈文中的奇崛险奥，并把韩愈的"唯陈言之务去""词必己出"发展到极端，将韩愈文中偶有的"怪怪奇奇"，扩大成作文的主要倾向，在理论上与创作中刻意求奇求新，而忽视了韩愈文从字顺的一面。他曾说："意新则异于常，异于常则怪矣；词高则出于众，出于众则奇矣。"（《答李生第一书》）但皇甫湜没有韩愈掌控"新奇"的腕力，他的"意异于常"常导致"怪"，"词出于众"而流于"涩"，使文章文思古蹇怪异，言辞生僻奇涩，走上了怪涩的一途。六朝骈文片面地"竞一韵之奇，争一字之巧"，皇甫湜刻意求意新求词奇，实际与六朝骈俪异曲同工，都属形式主义，都严重地影响了文章内容的明晰畅快地表达。皇甫湜以怪异为新奇，对古文运动的消极影响，胜于李翱单纯重道的倾向，对晚唐乃至宋初艰涩险怪文风的产生影响很大，甚至成为宋代古文运动改革的对象。章学诚评价说："世称学于韩者，翱得其正，湜得其奇。今观其文，句镵字削，笔力生健，如挽危弓，臂尽力竭，而终不可制。于中唐人文，亦可谓能自拔濯者矣。第细案之，真气不足，于学盖无所得，袭形貌以为瑰奇，不免外强中干，不及李翱氏文远矣。"（《皇甫持正文集书后》）和皇甫湜相呼应的还有樊宗师、沈亚之、刘蜕、孙樵等人，樊宗师作文力求诙奇险奥，流于艰涩怪特，时人号称其文为"涩体"，冷僻艰奥的词句使后来的训诂学者都为之头痛。后来的孙樵也如此，他甚至提出："储思必深，摛词必高。道人之所不道，到人之所不到，趋怪走奇，中病归正。"（《与王霖秀才书》）欲以怪词奇句博取读者的"倾听"与"骇心"，在怪涩的泥沼中越陷越深。

在文坛上，还有一些优秀的散文家，他们虽不属韩、柳古文运动的成员，但与韩、柳同道，他们的散文有力地配合了韩、柳古文运动，这些优秀的散文家中首先应该提及的是刘禹锡。刘禹锡（772—842）字梦得，与柳宗元一同参加过王叔文变革，政治遭际与柳宗元相似，与柳宗元交谊很深，世人称他俩为"刘柳"。刘禹锡对迫害他的邪恶势力毫不妥协，常以诗歌与散文寄托自己的义愤，晚年有"诗豪"之称，与白居易唱和甚多，人又称"刘白"。后因裴度力荐，任过太子宾客，世称刘宾客。刘禹锡虽未直接参加古文运动，却是古文运动参与者们所钦佩的作家。韦蕃想纂修其父文集，曾请教于李翱，李翱对他说："翱昔与韩吏部退之为文章盟主，同时伦辈，柳仪曹宗元、刘宾客梦得耳。韩、柳之逝久矣，今翱又被病，虑不能自述，有孤前言，赍恨无已，将子荐诚于刘君乎！"（《唐故中书侍郎平章事韦公集序》）由此可见刘禹锡在古文运动中的影响与地位。刘禹锡的莫逆之交柳宗元称他"文隽而膏，味无穷而旨愈出。"（刘禹锡《犹子蔚适越戒》引）宋代谢采伯说："唐之文风，大振于贞元、元和之时。韩、柳倡其端，刘、白继其轨""皆足以拔于流俗，自成一家之语。"（《密斋笔记》）

刘禹锡为文重视与时政联系，强调文章的社会功能，又尊儒不避佛。其抒情散文情感真挚，切中时弊，寓有深意；其议论文，恣肆博辩，推理缜密，见解深刻。他将自己的文章与韩愈作比，认为韩愈为文擅长记述，自己为文擅长说理，曾说："子长在笔，予长在论"（《祭韩吏部文》）如他的《因论》《华佗论》《辩迹论》《明贽论》等都是很精辟的议论文，尤其是他的《天论》三篇，堪称中国哲学史上的重要论著。

"究天人之际"，此语出自司马迁，即探讨自然与社会的关系，也就是探讨天道与人道的关系，这是司马迁之前之后的中国文人所共同关注的重大问题。司马迁之前曾有过荀子的《天论》,之后有王充的"元气自然论",肯定天的自然性,认为自然界的变化不以人的意志为转移,有力地批判了当时的迷信思想。至唐,柳宗元作《天说》《天对》,坚持荀子、司马迁、王充的唯物论,批判天命迷信论。刘禹锡又作《天论》,对柳宗元的主张作进一步补充,他在其《天论》的一开头就说:"余之友河东解人柳子厚作《天说》以折韩退之之言,文信美矣,盖有激而云,非所以尽天人之际。故余作《天论》以极其辩云。"在《天论》中,刘禹锡对柳宗元唯物论的补充主要有三点:一是提出"空""无"也是物,是一种人类"以目而视"不得见,但一些动物却能看见的物。由此推论,即使动物看不见,也不见得"空"即是无物,用更高超的智能来看,即"以智而视",所谓的"空""无"确是实实在在存在的细微物质:"所谓无形者,非空乎?空者,形之希微者也。为体也不妨乎物,而为用也恒资乎有,必依于物而后形焉。"以更彻底的唯物论直截了当地否定了道家以"空""无"为"有"(即万物)根源的理论主张,其理论意义大的简直无法估量。二是提出以"数""势"来阐明事物之理的观点。所谓"数",即事物客观规律,事物发展的必然性。所为"势",即历史发展的必然趋势。刘禹锡认为事物的发展变化都不能"逃乎数而越乎势","数""势""理",实际是同一的:"夫物之合并,必有数存乎其间焉。数存,然后势行乎其间焉。""数存而势生""以理揆之,万物一贯也。"三是提出"天人交相胜""还相用"的观点。认为:"天之能,人固不能也;人之能,天亦有所不能也。故余曰:'天与人交相胜耳。'""天之所能者,生万物也;人之所能者,治万物也。"正确地阐述了天人之间的关系,从根本上批判了天人感应论、传统天命论及宗教迷信的观念,其唯物主义世界观的认识论达到了唐代的最高水平。

刘禹锡的散文充满哲思情韵,他的《陋室铭》就是这样并为世代人传诵的名文:

> 山不在高,有仙则名。水不在深,有龙则灵。斯是陋室,唯吾德馨。苔痕上阶绿,草色入帘青。谈笑有鸿儒,往来无白丁。可以调素琴,阅金经。无丝竹之乱耳,无案牍之劳形。南阳诸葛庐,西蜀子云亭。孔子云:"何陋之有?"

全文仅81个字,用比兴手法引出陋室,由室外景,依次转入室内人、室内物、室内事的描述,最后引古代贤人居、圣人言作结,说明自己的生存状态与贤人、圣人相同，抒发了自己高尚的情怀，打破了铭文多规诫的旧格式。全篇铺排有致，首尾圆贯，结构完整，骈散配合默契，不落铭文句式整齐对偶的旧套。又言简意赅，语浅情深，清新自然而不奢华，用典贴切无痕，皆警句妙语。以居室之"陋"，衬映室主志趣之"洁"，通过室主高雅脱俗的平常生活细节的描写，表现了作者远离世俗的清高，不与权贵同流合污的节操，真是非大手笔而不能为此文。

与韩愈、柳宗元、刘禹锡同时著名的散文大家还有白居易，白居易（772—846）出身于贫困家庭，少年时流离徙居，对社会底层生活及人民的疾苦多有接触与了解，所以为官后，怜悯庶民，痛恨不公，敢于直言抨击时弊，不惧得罪权贵。唐宪宗元和十年（815）宰相武元衡被刺身亡，作为东宫赞善大夫的白居易首先上疏，请严捕刺客，结果以越职言事，贬为江州司马。被贬之后，白居易不仅仕途发生了巨大转变，而且思想、创作也逐渐发生了变化，信仰由儒学逐渐转向佛学，志向由"兼济"转向"独善"，作品由愤世嫉俗转向旷达、闲适。他自撰《醉吟先生墓志铭》（并序），表露了这种志趣与心境："先生姓白，名居易，字乐天，其先太原人也，……乐天幼好学，长工文，累进士、拔萃、制策三科，始自校书郎，终以少傅致仕，前后历官二十任，食禄四十年。外以儒行修其身，中以释教治其心，旁以山水风月、歌诗琴酒乐其志。"所以白居易忧国忧民有价值的诗文创作多集中于前期。

白居易虽没有直接参与古文运动，但他与元稹（779—831，字微之）倡导的新乐府运动，主张"文章合为时而著，歌诗合为事而作"，反对"嘲风雪、弄花草"徒有华丽辞藻而无深意寄托的作品，要求作品能起到"补察时政""泄导人情"的作用（白居易《与元九书》），这些主张与韩、柳古文运动的主张可谓异曲同工。它不仅成为新乐府运动的指导思想，同样也指导着白居易、元稹等人的散文创作。他们的散文挥洒自如，不尚奢华，语浅而意深，尤其是为朝廷所拟的制诰以及其他书表奏状，有意以单句散行来打破制策类文章惯用的骈体传统，如白居易的《张籍可水部员外郎制》：

> 敕：登仕郎守国子博士张籍：文教兴则儒行显，王泽流则歌诗作，若上以张教流泽为意，则服儒业诗者宜稍进之。顷籍自校秘文而训国胄，今又核名揣称，以水曹郎处焉。前年以来，凡历文雅之选三矣，然人皆以尔为宜，岂非笃于学，敏于行，而贞退之道胜邪？与之宠名，可以奖夫不汲汲于时者。可尚书水部员外郎，散官如故。

语言生动明畅，文格高古清新，一改以往僵化的骈偶格式。再如白居易的《论制科人状》《论承璀职名状》《论和籴状》等，元稹的《论教本书》《论谏事表》《加裴度幽镇两道招抚使制》等，都"辞质而径""言直而切""事核而实""体顺而肆"（白居易《新乐府序》），时人将这种散体制策之文誉为"新体"，《旧唐书》元稹、白居易本传中史臣曰："元和主盟，微之、乐天而已。臣观元之制策，白之奏议，极文章之壶奥，尽治乱之根荄。"赞曰："文章新体，建安、永明。沈、谢既往，元、白挺生。"元、白的"新体"文，恰好使韩、柳古文运动的改革主张落实到了奏疏制策领域，他们也自觉或不自觉地推动了中唐古文运动的高涨。

五 晚唐五代古文运动的衰落

（一）骈体文的回潮

历史发展至晚唐时期，古文运动已不能坚持韩、柳干预、解决社会问题的精神，不敢大胆反对藩镇与宦官势力，运动已失去本来的主旨与实质，古文也失去了它的灵魂。古文运动及古文创作都趋于衰颓，浮靡绮艳的骈文又广泛而迅速地流行，至五代十国，更是变本加厉，骈体文的回潮并重新占据文坛统治地位成为一种大趋势。为什么晚唐五代十国会出现"古文"受挫与骈文回潮的现象呢？

首先，是因为社会形势影响所形成。晚唐封建大一统政体土崩瓦解已成不可挽救之势，藩镇割据，宦官专权，朋党纷争，唐王朝已名存实亡。唐王朝覆亡后，中国又进入分裂战乱的五代十国历史时期，朝政更替频仍，民众水深火热。不论晚唐还是五代十国，执政者都严重腐败，加剧了社会矛盾激化，农民不断起义，社会长期处于动荡之中。社会意识及社会风气随社会的动乱发生了巨大变化，儒学如同魏晋南北朝时那样受到极大的冲击，一步步地走向衰微。对于社会来说，社会正常秩序与儒学已形成一种相互依存的互动关系，正常秩序的社会需要儒学来作精神支撑，儒学的生存与发展也需要正常秩序社会的扶持，一旦社会动乱，儒学必相应降低其社会影响与社会教化功能。对于当时的统治阶级来说，恢复昔日强盛的唐王朝与结束分裂、动荡的社会局面，已是不可能实现的梦想了，儒家的大一统思想及礼法治国的主张已变得陈腐而无用，他们沉浸在末世的颓丧之中，于是在生活上日趋腐败，在疯狂地追求畸形的物质享乐时，自然也渴望以华艳浮靡的骈文来满足精神上的享乐需求。对于广大下层文人士大夫来说，匡时济世的愿望难以实现，社会动荡又堵塞了他们的仕途，原本凭借进身的儒学同样也变得无所用处，即使踏入仕途，也等于踏入险途，随着政治风云变幻无常而不免再度潦倒。许多人在前途无望的无奈之中，儒学的信仰发生了动摇，进而转向佛、道的隐逸，消极颓废、逃避现实、及时行乐的思潮泛起，文坛上又刮起唯美主义邪风，形式华美、内容空虚的骈文又泛滥开来。不少人写作上也由喜作古文而转向喜作注重于声律、偶对技巧的骈文。即使有少数坚持古文创作的作家，其影响力也有限，而且有的人又往往抒写一些个人郁郁寡欢生不逢时之情，深刻揭露社会矛盾的作品并不多。晚唐著名骈文大家李商隐就颇具这种时代的特征，李商隐曾说过自己思想转变的过程：

> 愚生二十五年矣。五年读经书，七年弄笔砚。始闻长老言："学道必求古，为文必有师法"，常悒悒不快，退自思曰：夫所谓道，岂古所谓周公、孔子者独能邪？盖愚与周孔俱身之耳。以是有行道不系今古，直挥笔为文，不爱攘取经史，讳忌时世。百经万书，异品殊流，又岂能意分出其下哉？（《上崔华州书》）

李商隐本尊儒读经，喜古文，后来竟认为是非不必以周公、孔子的儒道为标准，作文不必以古文为范式，创作须有独创性。话虽无错，而实际上是不以古文运动为法，为自己追求骈偶华赡艺术形式找理论依据，他的想法也反映了晚唐以来文人的一般心态。进入五代十国的分裂时期，浮靡华丽的文体继续流行，号称"五代体"。前蜀牛希济在他的《文章论》中曾描述当时的文章是"忘了教化之道，以妖艳为胜"。

其次是因为唐代古文运动自身缺陷所致。韩、柳之后，古文运动的后继者，出现了两种错误倾向：一种是将文道并重、文道合一曲解成重道轻文，把古文变成了单纯的儒学传道书，空言孔孟圣贤的道德伦理，不能全面反映社会现实。另一种倾向是将文道并重、文道合一曲解成重文轻道，而且这种"重文"只是重视文学语言的奇特怪异，使文章晦涩难晓，远离了社会的需求。两种倾向，看似相反，实则一样，都是片面强调一个方面，而忽视了另一方面，都使古文运动偏离了正确方向。他们作文或务为传道，或意在句法的险崛，以这样的作品，自然很难将古文运动继续深入下去，也无法与辞藻华美、技巧圆熟的骈文抗衡了。

最后一个原因，是因为晚唐五代的骈文并非是南北朝骈文简单的重复,而是经过长期的演变,也有不少方面的革新,特别是吸收了古文的一些优长。一些骈文作家已不仅仅意在风花雪月,重在雕章琢句,而注意以骈偶之文言情抒志、记事论理,扩大了骈文的表现领域,具有了散体文的气质,具有了再度勃然兴起的内在生命力。

远在初唐,杨炯、王勃、卢照邻和骆宾王即所谓的"初唐四杰",就有意改造六朝骈文的浮靡文风,而代之以清新刚健之气,王勃的《滕王阁序》可为他们的代表作。《滕王阁序》虽受四六格律限制,讲究对偶,辞藻瑰丽、典故繁多,但对仗精工而文情并茂,辞语含蓄而不晦涩,语气流畅而不滞塞,隶事用典贴切而不生僻,把江南旖旎的风光描写得神采飞扬,把自己怀才不遇的情感倾诉得淋漓尽致,显示出与六朝形式华美而内容肤浅的骈文迥然不同的一种新的风貌。到了盛唐,张说、苏颋号称"燕许大手笔",其骈文师法东汉文,以散行之气运骈俪之词,用典平易而不繁,语言自然而不艳,句式整齐有序而不被四六严格的格式所限,开骈散结合之先声,骈文已具沉雄浑厚新风气。其后,王维、李白、杜甫等人的骈文,境界阔大,气势雄浑,格调刚健,与其诗歌一样,也具标准的唐音。中唐时期,古文运动取得胜利,文坛已是古文的天下,骈文从文坛的统治地位上跌落下来,开始逐渐衰落。然而陆贽担负起了拯救、改造骈文的历史使命,他拯救、改造骈文的途径就是:在内容上,使旨在表现语言形式美的"美文"变为经世致用的"实用文";在形式上,把古文的气势与笔法融入骈文之中。所以他的骈文对偶整齐也有散行单句,语言精练平实,委婉含蓄而不堆砌典事,这种特点,直接启迪了韩愈、柳宗元等人古文的融骈入散。

随着古文运动的勃兴,骈文在与古文的对抗中也在变革,并顽强地生存,不仅歌功颂德之文和朝廷实用公文中,骈文没有绝迹,而且还有咏物记事、抒情性的优秀作品问世。到了晚唐五代十国,杜牧、李商隐、温庭筠、欧阳炯等骈文家的出现,使骈文由初、盛唐的宏博典雅一转而雄健浓艳,析理、叙事也委婉得体,审美价值高,影响深远,所以骈文在衰飒末世反而得到许多文人学士的认同。骈文乘着古文运动的低落,乘着社会提供的特殊发展条件,勃然兴盛起来。文人们以"骈枝章句"为风尚,以"骈四俪六"式的声律偶对僻典而相夸,古文的衰颓也就势所必然了。骈文家一时蜂拥而起,骈文终于把文坛的统治地位从古文手中再次夺了过来。晚唐五代十国的骈文代表作家有李商隐、令狐楚、杜牧、温庭筠、段成式、司空图、韦庄、欧阳炯、徐铉等。这些作家又可分为两类:一类是能继承"初唐四杰"及陆贽的传统,以表达真情实感为主旨,文情并茂,融散入骈，以杜牧、李商隐为代表。一类是继承并发展了六朝浮靡颓风，内容空疏卑下，徒求华艳形式，或借声律偶对以自娱，或以"骈枝章句"以干谒，或以骈四俪六以应制御用，雕章琢句的唯美倾向愈演愈烈，这方面的名家有温庭筠、韦庄、欧阳炯、韩熙载、徐铉等人。

杜牧（803—852）字牧之，京兆万年（今陕西西安）人，中唐宰相、《通典》著者杜佑之孙。杜牧从小以祖父为荣耀，曾自豪地说："第中无一物，万卷书满堂。家集二百编，上下驰皇王。"（《冬至日寄小侄阿宜诗》）他博览群书，尤爱研读治乱兴亡、财赋兵甲之类关涉济世的书籍，常以天下苍生为己任而自负。入仕后，因为为人正直，又力主收复河湟，削平藩镇势力，恢复昔日大唐盛世景象，因而受尽邪恶势力的排斥打击，一生仕途坎坷，始终得不到施展抱负的机会。杜牧尊崇儒学，以为儒学是治国之纲纪，修身之准则，他说："礼至则无怨，乐至则不争，揖让而理天下者，礼乐是也。"（《萧岘除太常博士制》）又说："仁义礼乐，文行忠信，积此八者，以为成人。"（《裴休除礼部尚书裴谂除兵部侍郎等制》），在文学创作上推崇李白、杜甫、韩愈、柳宗元，在《冬至日寄小侄阿宜诗》一诗中赞颂道："李杜泛浩浩，韩柳摩苍苍。近者四君子，与古争强梁。"他写诗学李、杜，作文学韩、柳，又不蹈袭前人而独具特色。"文不同韩柳，诗不同元白，得能四家之外，诗文皆另成一家。"（洪亮吉《北江诗话》）他自己也说："牧平生好读书，为文亦不由人。"（《自撰墓铭》）杜牧为晚唐诗、赋、文兼擅的大家，与李商隐并称为"小李杜"。

杜牧为文以意为主，认为思想内容是文章的根本，曾说"凡为文以意为主，以气为辅，以辞采章句为之兵卫，未有主强盛而辅不飘逸者，兵卫不华赫而庄整者……是以意全胜者，辞愈朴而文愈高，意不胜者，辞愈华而文愈鄙。是意能遣辞，辞不能成意，大抵为文之旨如此……先意气而后辞句，慕古而尚仁义者，苟为之不已，资以学问，则古作者不为难到"。（《答庄充书》）所以他的文章多为励志报国之语、强兵富国之论，针砭弊政之言，总之，都是感事"有为"之作，他自己讲：

某少小好为文章。伏以侍郎文师也，是敢谨贡七篇，以为视听之污。伏以元和功德，凡人尽当咏歌纪叙之，故作《燕将录》。往年吊伐之道，未甚得所，故作《罪言》。自艰难来，以卒伍佣役辈多据兵为天子诸侯，故作《原十六卫》。诸侯或恃功不识古道，以至于反侧叛乱，故作《与刘司徒书》。处士之名，即古之巢、由、伊、吕辈，近者往往自名之，故作《送薛处士序》。宝历大起宫室，广声色，故

作《阿房宫赋》。有庐终南山下，尝有耕田著书志，故作《望故园赋》。(《上知己文章启》)

除著文之外，他还为《孙子兵法》作注释，他在《上周相公书》中说："某所注《孙武》十三篇，虽不能上穷天时，下极人事，然上至周、秦，下至长庆、宝历之兵，形势虚实，随句解析，离为三编，辄敢献上，以备阅览。"从杜牧的文章甚至为他人著述所作的序、注中，都能感受到他强烈的政治参与意识和意欲扶危匡时救国的热诚。

杜牧的骈文寓意深远，立论精审，气势纵横，笔力雄健。他的《阿房宫赋》，千古传诵，在文学史上极负盛名，虽冠以赋名，但实际上是骈体、赋体、诗体与散文体的结合，突破了汉代抒情小赋与六朝骈文、骈赋的程式，在铺陈、形容、比拟、夸张、虚构、议论、抒情等方面，更多地引入散文的笔法，具有创新的意义，开宋代文赋之先河。本文通过阿房宫事，总结秦因穷奢极欲、横征暴敛而亡国的历史教训，对紧步秦帝后尘的晚唐统治者敲响了警钟。虽不是谏文，却比一般谏文更切中时弊，犀利得多：

六王毕，四海一；蜀山兀，阿房出。覆压三百余里，隔离天日。骊山北构而西折，直走咸阳。二川溶溶，流入宫墙。五步一楼，十步一阁；廊腰缦回，檐牙高啄；各抱地势，钩心斗角。盘盘焉，囷囷焉，蜂房水涡，矗不知乎几千万落。长桥卧波，未云何龙？复道行空，不霁何虹？高低冥迷，不知西东。歌台暖响，春光融融；舞殿冷袖，风雨凄凄。一日之内，一宫之间，而气候不齐。

妃嫔媵嫱，王子皇孙，辞楼下殿，辇来于秦。朝歌夜弦，为秦宫人。明星荧荧，开妆镜也；绿云扰扰，梳晓鬟也；渭流涨腻，弃脂水也；烟斜雾横，焚椒兰也；雷霆乍惊，宫车过也；辘辘远听，杳不知其所之也。一肌一容，尽态极妍。缦立远视，而望幸焉。有不见者，三十六年。燕赵之收藏，韩魏之经营，齐楚之精英，几世几年，剽掠其人，倚叠如山。一旦不能有，输来其间。鼎铛玉石，金块珠砾，弃掷逦迤。秦人视之，亦不甚惜。

嗟乎！一人之心，千万人之心也。秦爱纷奢，人亦念其家。奈何取之尽锱铢，用之如泥沙？使负栋之柱，多于南亩之农夫；架梁之椽，多于机上之工女；钉头磷磷，多于在庾之粟粒；瓦缝参差，多于周身之帛缕；直栏横槛，多于九土之城郭；管弦呕哑，多于市人之言语。使天下之人，不敢言而敢怒，独夫之心，日益骄固。戍卒叫，函谷举，楚人一炬，可怜焦土。

呜呼！灭六国者，六国也，非秦也。族秦者，秦也，非天下也。嗟乎！使六国各爱其人，则足以拒秦。使秦复爱六国之人，则递三世可至万世而为君，谁得而族灭也？秦人不暇自哀而后人哀之。后人哀之而不鉴之，亦使后人而复哀后人也。

此文第一段描写阿房宫建筑的雄伟壮观，第二段叙述阿房宫美女如云珍宝如山，来显示秦始皇的荒淫无度。第三段以阿房宫奢华与民间艰难作比，第四段以六国、秦国及后世统治者亡国根由作论，寄托作者的历史兴亡之感与唐王朝衰败之痛。特别是描写宫苑，有渲染，有铺张，也有夸饰，但绝非类似汉代帝王苑囿大赋，每个词每句话，不是炫耀颂美，而是意在揭露秦始皇的滔天罪行，提示当代统治者不恤民瘼、步秦后尘的严重后果，也为后世的统治者提出历史的警诫。感情激越，气势奔放，语无凝滞，骈散相间，足可代表晚唐骈偶类文章的最高成就。

李商隐（约813—约858）字义山，号玉溪生，怀州河内（今河南沁阳）人。传说为英国公世勣的裔孙，少孤，崇儒学，怀有匡国济世之志，以儒道修身行事，自称："臣早缘儒学，得厕人曹，克绍家声，不亏士行。"（《代彭阳公遗表》）年十六，就写出《才论》《圣论》轰动一时的古文，时令狐楚帅河阳，奇其文才，使其子令狐绹与之游，并亲授商隐骈体章奏法。《旧唐书》本传说："商隐能为古文，不喜偶对。从事令狐楚幕。楚能章奏，遂以其道授商隐，自是始为今体章奏。博学强记，下笔不能自休，尤善为诔奠之辞。"李商隐举进士、做官，得到令狐楚父子的鼎力举荐。令狐楚死，王茂元镇河阳，爱其才，招为幕府掌书记，并将自己的女儿嫁于商隐。令狐楚父子属牛僧孺、李宗闵一派，而王茂元属李德裕一派，牛、李党人都认为李商隐"诡薄无行"，两党"共排笮之"。李商隐无端陷于牛、李党争，被人排挤，宦途偃蹇，潦倒终身，济世之才不得用于世。正如崔珏在《哭李商隐》诗中叹道："虚负凌云万丈才，一生襟抱未尝开。"他只能做一介词臣，用诗文讥讽藩镇割据的跋扈、宦官擅权的专横，哀叹国势颓败、民生苦难。其骈文，在唐人骈文中别具一格。与太原温庭筠、南郡段成式齐名，因三人都排行十六，故称他们的骈文为"三十六体"。

李商隐的骈文多是表、状、书、启类实用公文，如李商隐39岁时丧妻王氏，他的上司剑南东川节度使柳仲郢，赠他歌妓张懿仙为妾，李商隐此时面临妻亡子幼的辛酸处境，已有心于玄门淡泊，而无续弦意念。他于是写了《上河东公启》，辞谢柳仲郢所赠，信中有一段陈述到自己的心身之痛与家庭之累：

> 某悼伤已来，光阴未几。梧桐半死，才有述哀；灵光独存，且兼多病。眷言息胤，不暇提携。或小于叔夜之男，或幼于伯喈之女。检庾信荀娘之启，常有酸辛；咏陶潜通子之诗，每嗟漂泊。

短短的几句，多用工整的骈偶句，采用了嵇康、蔡邕、庾信、陶潜的典事，委婉地叙述了自己丧妻后的念亡、身患疾病、子幼无力抚养之痛，辞藻色彩秾丽，却感情悲切，感人肺腑。再如《上李尚书状》，其中写道：

> 幸李公之阍者，不拒孔融；读蔡氏之家书，未归王粲。粗闻六蔽，聊玩九流，行与时违，言将俗背。方朔虽强于自举，匡衡竟中于丙科。驾鼓未休，抢榆而止。然窃观古昔之事，退听上下之交，有合自一言，奖因片善，不以齿序，不以位骄，想见其人，可与为友。

用典贴切，属对精工，藻饰典雅，构思周密，刻意求精，感情却真切朴实，气势纵横。

最能代表李商隐骈文成就的是一些哀诔文，如《祭小侄女寄寄文》：

> 正月二十五日，伯伯以果子弄物，招送寄寄体魄归大茔之旁。哀哉！尔生四年，方复本族。既复数月，奄然归无。于鞠育而未申，结悲伤而何极！来也何故？去也何缘？念当稚戏之辰，孰测死生之位？时吾赴调京下，移家关中，事故纷纶，光阴迁贸。寄瘗尔骨，五年于兹。白草枯荄，荒涂古陌。朝饥谁饱？夜渴谁怜？尔之栖栖，吾有罪矣！今吾仲姊，返葬有期，遂迁尔灵，来复先域。平原卜穴，刊石书铭。明知过礼之文，何忍深情所属！
>
> 自尔殁后，侄辈数人，竹马玉环，绣襜文袴。堂前阶下，日里风中，弄药争花，纷吾左右。独尔精诚，不知所之。况吾别娶已来，胤绪未立；犹子之义，倍切他人。念往抚存，五情空热。
>
> 呜呼！荥水之上，坛山之侧，汝乃曾乃祖，松槚森行；伯姑仲姑，冢坟相接。汝来往于此，勿怖勿惊。华彩衣裳，甘香饮食，汝来受此，无少无多。汝伯祭汝，汝父哭汝，哀哀寄寄，汝知之邪！

文章除一开头用散体交代祭奠时间、祭奠者与祭奠对象外，其余全以骈偶行文。先叙述小侄女寄寄迁葬于祖坟之事，追述了未迁葬时孤魂栖于他乡的无依独处的凄凉。接着以活着的"侄辈数人"天真烂漫，整日嬉戏于"堂前阶下，日里风中"，反衬寄寄独亡的痛惜之情。最后想象寄寄归于祖坟后，有已亡的亲人魂魄陪伴呵护，有存于世的亲人常来祭哭以寄托哀思，寄寄亡灵有知，可以"勿怖勿惊"地安息了，对小侄女的慈爱之情倾诉得淋漓尽致。此虽为骈文，却不用典，也不刻意雕琢，以白描的手笔，将生动的叙事、形象的描写，真挚的抒情，糅成一片，又纯以深挚的悲情感人，是一篇情文并茂的骈体作，他的《祭裴氏姊文》《重祭外舅司徒公文》等也是此类名作。

李商隐本"以古文出诸公间。后联为郓相国华太守所怜，居门下时，敕定奏记，始通今体。后又两为秘省房中官，恣展古集，往往咽噱于任、范、徐、庾之间。"（李商隐《樊南甲集序》）李商隐就是专心于骈文后，他的古文仍有韩愈文章的风韵。议论文如《断非圣人事》《让非贤人事》等，不因袭前人而能自出新意。记叙文如《程骧》《刘叉》等，写人逼真，叙事清晰，语言质朴平易。他还有《李贺小传》，采撷李贺的逸事遗闻，张皇其仙迹，可谓"文章中异观"。（王之绩《铁立文起》）李商隐的骈文，繁缛过于其师令狐楚，典事贴切，委婉典雅，抒愤寄慨，又超于南北朝的任昉、范云、徐陵、庾信。孙梅《四六丛话》称其骈文为"今体之金绳，章奏之玉律"。李商隐曾自编骈文甲、乙集，各二十卷，唤作《樊南四六》《四六乙》，从此"四六"成为骈文的别称。李商隐以他的情致才气成为晚唐骈文大家。虽能继承"初唐四杰"及陆贽的传统，但客观上扩大了骈文的声势，推动了骈文的回潮，削弱了古文的社会影响。

与杜牧、李商隐不同的温庭筠、韦庄、欧阳炯、徐铉、钱珝、杜光庭等人，虽偶有可观之篇，但基本上继续着六朝浮靡颓放的文风。

温庭筠（812？—870？）字飞卿，太原祁（今山西祁县）人，文思敏捷，才情绮丽，工于诗词骈文，其诗名与李商隐比肩，并称"温李"，开晚唐一代华艳诗风。其词浓艳婉约，与韦庄并称"温韦"，为花间词派鼻祖。其骈文也以绮丽著称，与李商隐、段成式齐名，时号"三十六体"。从传于世的《全唐文》来看，收入温庭筠的31篇文章中，除《再生桧赋》与《锦鞋赋》外，其余全是骈体的书启。如其《上裴舍人启》：

　　某自东道无依，南风不竞。如挤井谷，若泛沧溟。莫知投足之方，不识栖身之所。孙嵩百口，系以存亡；王尊一身，困于贤佞。伏念济绝气者，命为神药；起僵尸者，号曰良医。自顷常奉绪言，每行中虑。猥将琐质，贮在宏襟。今则阮路与悲，商歌结恨；牛衣夜哭，马柱晨吟。一笈徘徊，九门深阻。敢持幽款，上诉隆私……

以隐约迷离之境，抒惝恍怅惘之情。以繁典缛事，隐晦表达穷困不得志，求人怜悯援引之意。温庭筠多数骈文过于雕琢，一意追求藻饰绮怨，属对工巧，不免词晦典僻，语气蹇涩，内容境界狭小，内容空虚，形腴而实枯。

欧阳炯（896—971）益州华阳（今四川双流）人，五代时花间派重要作家，其词轻浅艳丽。他虽也声称"南朝宫体"诗"秀而不实"，然而他所作的骈文，也和其词一样婉约轻和，以绮艳取胜，并不逊于"南朝宫体"。欧阳炯撰有《花间集序》，阐述该书的编选宗旨。《花间词》反映的不外乎地主官僚绮罗香泽、灯红酒绿和离愁别恨的生活，手法上属对精工、语言上典雅绚丽，而他的《花间集序》，同样镂金错采，采丽竟繁，如其中一段：

镂玉雕琼，拟化工而迥巧；裁花剪叶，夺春艳以争鲜。是以唱云谣则金母词清；挹霞醴则穆王心醉。名高白雪，声声而自合鸾歌；响遏青云，字字而偏谐凤律。杨柳大堤之句，乐府相传；芙蓉曲渚之篇，豪家自制。莫不争高门下，三千玳瑁之簪；竞富樽前，数十珊瑚之树。则有绮筵公子，绣幌佳人，递叶叶之花笺，文抽丽锦；举纤纤之玉指，拍按香檀。不无清绝之辞，用助娇娆之态。自南朝之宫体，扇北里之倡风。何止言之不文，所谓秀而不实。

虽所录有限，然足以显示出花间派的审美观。

徐铉（916—991）广陵（今江苏扬州）人，初仕吴为校书郎，吴亡后仕南唐，曾任知制诰，南唐亡仕宋，历给事中等职，可谓三朝词臣。他博学多才，文思敏捷，冠绝一时，与韩熙载齐名江南，号称"韩徐"。以骈体写有制表书状碑铭等文近百篇，一派婉约典雅之风。如其《祭刘司空文》中写道：

惟灵气禀冲和，志推廉洁。白璧蕴孚尹之美，朱弦含清越之音。操行纯深，性克全于天爵。襟怀宏远，誉早播于人龙。顷自奋迹清朝，策名近侍。既保后凋之节，终谐贞退之心。道因损而益光，名以谦而更著。优游自得，忠孝归全。求之古人，我复何愧……

《四库全书总目·卷 152·别集类》评价说："当五季之末，古文未兴，故其文沿溯燕许，不能嗣韩、柳之音。而就一时体格言之，则亦迥然孤秀。"说徐铉不能继承韩、柳古文传统，是千真万确的，若说徐铉接续"燕许大手笔"，则过誉了。如果说其文多应制之作，这与张说、苏颋相似，然"燕许大手笔"为文精壮，注重风骨，骈散兼行，却是徐铉所达不到的。不过，徐铉往往执笔立就，不好沉思，反少雕琢之气，多了一份淳朴自然，这大概就是其"孤秀"所在。但由于他学识渊博，仍不免堆砌典事，追求华丽。

总之，在晚唐五代时期，统治者醉生梦死，文人意志消磨，百无聊赖、自我陶醉的"花间词"成为时兴。以花间派为代表的文人，著文也追求对偶的精工、声律的协谐、辞藻的华艳，典事的富赡，却不顾题材失于狭窄，感情伤于柔弱，词语败于晦涩，对骈文的兴盛起到了推波助澜的作用。古文彻底从优势的地位上跌落下来，骈偶文体在晚唐五代时期又重新支配了文坛，单纯追求形式美的创作倾向又成为时代的文学风尚，浮华轻靡的文风一直到宋初还严重地存在。

（二）古文运动的余晖

在中唐后期，古文创作就出现了衰微的倾向，李翱、皇甫湜等韩门弟子谢世后，古文运动更加衰落，而骈文却与之相反而日益风靡。一些志于延续韩、柳古文运动余绪的文人，如韩门的后学孙樵，以复古为己任的刘蜕，写了一些感时愤世、抨击时弊的散体文，但他们缺少韩、柳那样的眼光、学养与才气，又受皇甫湜尚奇求怪文风的影响，终究无力扭转古文日益衰落的颓势，难以抵抗骈文的复炽。

孙樵（生卒年不详）字可之，据其《自序》说："樵家本关东，代袭簪缨。藏书五千卷，常以探讨。幼而工文，得之真诀。提笔入贡士列，于时以文学见称。大中九年，叨登上第。"关东即函谷关以东地区，大中九年即 855 年，从《自序》来看，他出身于书香门第，从小就受到古文的熏陶，感悟较深，"以文学见称"。他在《与王霖秀才书》中又说："樵尝得为文真诀于来无择，来无择得之于皇甫持正，皇甫持正得之于韩吏部退之。"自称是韩愈的三传弟子，得韩愈古文真谛。然而他的文学主张更近于皇甫湜，主张："古今所谓文者，辞必高然后为奇，意必深然后为工，焕然如日月之经天也，炳然如虎豹之异犬羊也。是故以之明道，则显而微,以之扬名,则久而传。"(《与友人论文书》)孙樵在《自序》中又提到:"樵遂检所著文及碑碣书檄、传记铭志得二百余篇,其可观者三十五篇,编成十卷,藏诸箧笥,以贻子孙,是岁中和四年也。"中和四年即884年,这一年黄巢在狼虎谷自杀,唐末农民大起义结束。孙樵在此年自编文集时有文二百余篇,今存于《全唐文》中仅36篇。不过,从余下的这些赋文书序记志碑铭中,仍能见到孙樵继承韩派古文传统的精神风范。如他写的《复佛寺奏》,反对大兴佛寺,广养僧人,"以为残蠹于民者,群髡最大",继承了韩愈的反佛思想。而揭露唐末政治黑暗,尤其是吏制的腐败与不公,更为大胆,甚至批判的锋芒直接指向当世最高的统治者,他的《书褒城驿壁》《书何易于》,就是这方面的代表作。

《书褒城驿壁》,写曾富丽堂皇号称天下第一的褒城驿站,现在竟残破到"视其沼,则浅混而茅。视其舟,则离败而胶。庭除甚芜,堂庑甚残,乌睹其所谓宏丽者"。作者打听其残破原因?驿吏说:"一岁宾至者,不下数百辈。苟夕得其庇,饥得其饱,皆暮至朝去,宁有顾惜心耶?至如棹舟则必折篙破舷碎鹢而后止,渔钓则必枯泉汨泥尽鱼而后止。至有饲马于轩,宿隼于堂。凡所以污败室庐,糜毁器用。官小者其下虽气猛可制,官大者其下益暴横难禁。由是日益破碎,不与曩类。"驿吏认为驿站日益破败的原因很简单,来往驿站的大小官员,暮至朝去,随意"暴横"糟蹋公物,毫无爱惜公物之心,而且官越大其"暴横"越难禁,"一二力治之",何"能补数十百人残暴"?而旁听的老农笑驿吏知其一而不知其二,于是补充说:"举今州县皆驿也……凡与天子共治天下者,刺史、县令而已。以其耳目接于民,而政令速于行也。今朝廷命官,既已轻任刺史、县令,而又促数于更易。且刺史县令,远者三岁一更,近者一二岁再更。故州县之政,苟有不利于民,可以出意革去其甚者,在刺史,曰:'明日我即去,何用如此。'在县令,亦曰:'明日我将去,何用如此。'当愁醉醴,当饥饱鲜。囊帛椟金,笑与秩终。"老农认为:衰败王朝下的官吏何止把驿站当作暂留之地?他们把其管辖的州县也当作"驿站",只图在任上饱肥私囊,哪管当地老百姓的死活?而朝廷轻率任命、频繁更换官员,更促使他们加速搜刮民脂民膏,生怕在此辖地的权力"过期作废"。由此造成天下破败,其中小小的褒城驿岂有不破败的道理?老农说的还是一般从政官吏的心态,更有狡黠的官员,利用人事调换的间隙,更是疯狂地巧取豪夺,加速着国家的衰亡。这自然引出作者的慨叹:"呜呼!州县真驿耶!矧更代之隙,黠吏因缘,恣为奸欺,以卖州县者乎?如此而欲望生民不困,财力不竭,户口不破,恳田不寡,难哉!"本文以小见大,由褒城驿延展于州县，褒城驿实际就是晚唐全社会的一个缩影。而盛唐气象与晚唐衰败的对比，官与民贫富的悬殊，使贪官污吏祸国殃民的主题更加鲜明。

《书何易于》是一篇近于史传的散文。孙樵曾说："樵虽承史法于师，又尝熟司马迁、扬子云书，然才韵枯梗，文过乎质。尝序庐江何易于，首末千言。贵文则丧质，近质则太秃，刮垢磨痕，卒不能到史。"（《与高锡望书》）自认"不能到史"，所以称"书"而不称"传"。其实，此为自谦之语，孙樵精心学习史法，从此文中可见颇得司马迁史笔的"真诀"。此文详略得当，虚实相间，着重写何易于腰笏引舟、纵火焚诏，略写出俸葬贫民、款待垂白者及亲自调解民事争端诸事，很好地突出了何易于爱民的品质。何易于是益昌县令，可谓七品芝麻官，他的顶头上司刺史崔朴曾"从宾客歌酒泛舟东下"，经过益昌县时，"索民挽舟"，此时正值春耕时节，何易于为了不扰民，便亲自去挽舟，使刺史诸人羞愧得舍舟乘骑仓皇离去。如果说此事何易于给了顶头上司一个难堪，而另一件事则是给皇帝难堪：朝廷不顾人民的死活，下诏"厚其赋以毒民"，何易于则带头焚诏抗税，抗诏本犯杀头之罪，而何易于说："吾宁爱一身以毒一邑民乎？"为了益昌人民，甘愿承担不测之险。仅这两件典型事例，一位一心为民的清官形象已呼之欲出。但这样的清官，却久居下僚，而那些贪官污吏却连连升迁身居要职，与最高统治者沆瀣一气。储同人评其文："幽怀孤愤，章章激烈，生于懿、僖，每念不忘贞观、开元之盛，其言不得不激。按其词意渊源自出，信昌黎先生嫡传也。"（《唐宋文举要》甲编卷五引）但是孙樵作文尚奇求怪，影响了他的文章的通俗流畅。

刘蜕（生卒年不详）字复愚，自号文泉子，长沙（今属湖南）人，唐宣宗大中四年（850）进士。历任左拾遗等职。曾因上疏得罪权贵遭贬谪，官终商州刺史。刘蜕以复古自任，以散文名于世，文多愤激之词，常叹怀才不遇，著有《文泉子集》。《四库全书总目·卷151·别集类》评说："观其命名之义，自负者良厚。其《文冢铭》最为世所传，他文皆原本扬雄，亦多奇奥。险于孙樵，而易于樊宗师。大旨与元结相出入，欲挽末俗反之古；而所谓古者，乃多归宗于老氏，不尽协圣贤之轨。又词多恚愤，亦非仁义霭如之旨。然唐之末造，相率为纂组俳俪之文，而蜕独毅然以复古自任，亦可谓特立者矣。"这里所谓的"词多恚愤，亦非仁义霭如之旨"，是《四库全书总目》撰者从醇儒的角度来认识的，岂不知"乱世之音怨以怒"？（《礼记·乐记》）面对极度黑暗混乱的世道，愤激抨击并不违"仁义霭如之旨"。至于所谓的"自负""欲挽末俗""奇奥""特立"等等，倒是准确地概括了刘蜕为人为文的特点。这里所说的"最为世所传"的《文冢铭》,《全唐文》作《梓州兜率寺文冢铭》。作者将自己多年所写的古文封埋地下,并作铭文以记之,真是奇思异行,"可谓特立者矣!"作者对古文有特殊的喜爱,他在本铭文中说:"饮食不忘于文,晦暝不忘于文,悲戚怨愤、疾病嬉游、群居行役,未尝不以文为怀也。"因而他的文章"有粲如星光,如贝气,如蛟宫之水。又有黯如屯云,如久阴,如枯腐熬燥之色。则有如春阳,如华川,透透迤迤;则有如海运,如震怒,动荡怪异"。然而,时尚流俗独喜骈文,古文成了无用之物,作者故而为之哭泣,筑冢埋文并作铭。这看似荒唐的做法,实际是对古文衰微骈文兴盛的愤懑和不满。不过,刘蜕并未对古文丧失信心,铭文最后疾呼:"文乎文乎,有鬼神乎?风水惟贞,将利其子孙乎!"他坚信古文有复兴的一天。

唐末古文衰落,骈文回潮,虽是大势所趋,但皮日休、陆龟蒙、罗隐等人却仍坚持以古文进行愤激抗争,用杂文小品讽刺现实,针砭时弊,正如鲁迅形容他们是"一塌糊涂的泥塘里的光彩和锋芒"[1]。以皮、陆、罗为代表的小品文作家,真正继承了韩、柳古文运动传统,不过他们的"明道"主要体现在对晚唐黑暗社会的揭露与批判上。他们继承发展了儒家民本思想,把批判的锋芒直指整个封建统治阶级和封建社会的最高统治者,这是唐代古文运动中少有的新现象,只有汉末社会批判思潮与之相仿。这是唐末统治阶级腐败到顶点,社会混乱到极点,各种矛盾冲突达到白热化时,正直文人代表广大人民表达出来的真实感受。

皮日休(约834—883)襄阳(今属湖北)人,出身贫寒,从小过着清寒的生活,接近下层人民。他性格傲岸,自号间气布衣,意谓自己虽贫似一"布衣"百姓,却也是一股天地之间的正气。早年曾隐居鹿门山,与陆龟蒙互相赠和,都以文章自负,建有金兰之谊。曾任太常博士,黄巢起义时,任过起义军的翰林学士。他尊崇儒学,崇拜孔子,他称赞孔子道:

> 伟哉夫子,后天地而生,知天地之始。先天地而没,知天地之终。非日非月,光之所及者远。不江不海,浸之所及者溥。三代礼乐,吾知其损益。百王宪章,吾知其消息。君臣以位,父子以亲,家国以肥,鬼神以享。道未可诠其有物,释未可证其无生。一以贯之,我先师夫子圣人也。帝之圣者曰尧,王之圣者曰禹,师之圣者曰夫子。尧之德有时而息,禹之功有时而穷,夫子之道,久而弥芳,远而

---

[1] 鲁迅:《小品文的危机》,《鲁迅全集》第5卷,人民文学出版社1973年版,第171页。

弥光。用之则昌，舍之则亡。(《襄州孔子庙学记》)

他认为儒学是强国之根本，如战国时楚国"苟任荀卿之儒术，广圣深道，用之期月，荆可王矣……儒术之道，其奥藏天地，其明烛鬼神"。(《春申君碑》)他也推崇孟子、荀子、王通、元结和韩愈，作文上也尽力师法之，如模仿韩愈的《原道》《原性》《原毁》等文而作《十原》一组小品，其中《原谤》一文，把矛头直接指向封建帝王：

> 天之利下民，其仁至矣。未有美于味而民不知者，便于用而民不由者，厚于生而民不求者。然而暑雨亦怨之，祁寒亦怨之，己不善而祸及亦怨之，己不俭而贫及亦怨之。是民事天，其不仁至矣。天尚如此，况于君乎？况于鬼神乎？是其怨訾恨懑倍于天矣。有帝天下君一国者，可不慎欤？故尧有不慈之毁，舜有不孝之谤。殊不知尧慈被天下而不在于子，舜孝及万世乃不在于父。呜呼！尧舜大圣也，民且谤之，后之王天下，有不为尧舜之行者，则民扼其吭，捽其首，辱而逐之，折而族之，不为甚矣。

《原谤》显然是接受了柳宗元的民本思想。柳宗元在《送薛存义之任序》认为吏为民之役，至高无上的皇帝也不例外，人民对于自己用赋税所供养所雇佣的官吏，有权对他们提出种种要求，如果他们做不好，对他们有怨言甚至于有毁谤是理所当然的，连圣王明主尧舜都难免遭抱怨，何况那些不如尧舜呢？如果那些把民视为官之役的所谓"人主"，一面靠老百姓的赋税得以供养，一面靠手中的权力，欺压老百姓，恨不能将民脂民膏搜刮净尽，对于这样的暴君酷吏，老百姓不仅有理由毁谤他，甚至可以"扼其吭，捽其首，辱而逐之，折而族之，不为甚矣"！这简直就是振聋发聩的"造反宣言"！这种强烈的叛逆情绪，大无畏的藐视封建帝王的勇气，为人民反抗暴政求解放而大唱赞歌的精神，是以往古文作品中罕见的，表现出作者对唐末政治的极度不满，反映了水深火热中的人民愤慨反抗的情绪，这也是他参加黄巢起义军的思想基础。

皮日休的小品文，基本都贯彻着批判否定昏君恶吏的主题，如他的《鹿门隐书》，是由六十篇无题的小品所合成，有似语录，寥寥数语便像一把匕首直刺统治阶级的心窍，如"圣人导之于天下，贤人导之于国，众人导之于家。后之人反导为取，反取为夺，故取天下以仁，得天下而不仁矣。取国以义，得国而不义矣。取名位以礼，得名位而不礼矣。取权势以智，得权势而不智矣。取朋友以信，得朋友而不信矣。""古之官人也，以天下为己累，故已忧之。今之官人也，以已为天下累，故人忧之。""故纡大君之组绶，食生人之膏血，苟不仁而位，是不裨于禄食也，况能裨于天地乎？""古之置吏也，将以逐盗；今之置吏也，将以为盗"，等等，如此否定整个统治阶级的言辞，真是发论大胆，批判锋芒犀利深刻。

　　陆龟蒙（？—约881）姑苏（今江苏苏州）人，曾长期隐居乡间，与皮日休观点相同，他也崇奉孔子与儒学，曾说："孔子曰：'吾志在《春秋》。'予以求圣人之志，莫尚乎《春秋》。"（《求志赋（并序）》）与皮日休的文风也相近，又曾："曰：'我自小读六经，孟轲、扬雄之书，颇有熟者，求文之旨趣规矩，无出于此。'及子史，则曰：'子近经，经语古而微。史近书，书语直而浅。'"正因如此，后世才并称他俩为"皮陆"。由于陆龟蒙对农家生活比较熟悉，常从农家生活中汲取素材，如农民灾难深重的痛苦，强盗与官吏如狼似虎的残暴等，都是他关注的主题，并常以寓言的形式，在幽默、嘲讽中揭示社会重大问题，既有浓厚的乡土特色，又有柳宗元寓言文的特点。如其《记稻鼠》《禽暴》《蠹化》等篇，由动物为害的"天灾"联系到统治者为非作歹的"人祸"，寓意深刻，鞭挞有力。陆龟蒙的代表作是《野庙碑》：

　　　　碑者，悲也，古者悬而窆，用木。后人书之，以表其功德。因留之不忍去，碑之名由是而得。自秦汉以降，生而有功德政事者亦碑之，而又易之以石，失其称矣。余之碑野庙也，非有功德政事可纪，直悲夫氓竭其力，以奉无名之土木而已矣。
　　　　瓯粤间好事鬼，山椒水滨多淫祀。其庙貌有雄而毅、黝而硕者，则曰将军；有温而愿、晰而少者，则曰某郎；有媪而尊严者，则曰姥；有妇而容艳者，则曰姑。其居处则敞之以庭堂，峻之以陛级。左右老木，攒植森拱。萝茑翳于上，枭鹗室其间。车马徒隶，丛杂怪状，氓作之氓怖之，走畏恐后。大者椎牛，次者击豕，小不下犬鸡鱼菽之荐。牲酒之奠，缺于家可也，缺于神不可也。一日懈怠，祸亦随作。葺襦畜牧栗栗然。疾病死丧，氓不曰"适丁其时耶"，而自惑其生，悉归之于神。
　　　　虽然，若以古言之则戾，以今言之则庶乎神之不足过也。何者？岂不以生能御大灾、捍大患，其死也则血食于生人，无名之土木，不当与御灾捍患者为比，是戾于古也明矣。今之雄毅而硕者有之，温愿而少者有之，升陛级、坐堂筵、耳弦匏、口粱肉、载车马、拥徒隶者,皆是也。解民之悬,清民之竭,未尝贮于胸中。民之当奉者一日懈怠,则发悍吏,肆淫刑,殴之以就事。较神之祸福,孰为轻重哉?平居无事,指为贤良。一旦有天下之忧,当报国之日,则恇挠脆怯,颠踬窜踣,乞为囚虏之不暇。此乃缨弁言语之土木耳,又何责其真土木耶?故曰以今言之,则庶乎神之不足过也。既而为诗,以乱其末。

土木其形,窃吾民之酒牲,固无以名。土木其智,窃吾君之禄位,宜如何可议。禄位顾顾,酒牲甚微。神之飨也,孰云其非。视吾之碑,知斯文之孔悲。

文章首先以"碑"引出贯通全篇的"悲"来,逐层展现作者对当今社会荒唐、丑恶现象的悲愤主旨。文章先写乡民自制土木神像,立于野庙之中,又宰牛杀猪做祭品,来供奉、祭祀这些众神仙,这种对土木偶像的顶礼膜拜,实在是愚昧与悲哀的。然后作者就此笔锋一转,借题发挥,揭露尸位素餐的朝廷大小官吏,恰如庙中所供的泥胎木雕神仙一样,一派耀武扬威、作威作福的样子。然而其"升陛级、坐堂筵、耳弦匏、口粱肉、载车马、拥徒隶",更是庙中神仙所不及,而对老百姓动辄"肆淫刑,殴之以就事",也是庙中神仙所不能。这些贪官污吏平日对老百姓凶神恶煞,然而国家有难,大敌当前,就又换作一副胆小如鼠的嘴脸,不是怯懦逃跑,就是无耻投敌,这也是土木神像不可比的。官吏给老百姓带来的悲痛比土木神像造成的祸害不知要大多少倍!作者以野庙喻朝廷,以土木神像比官吏,既生动又新颖,浅显易懂,远胜单纯说理。读完才知,写百姓愚昧、无知的迷信祭祀活动,只是一个铺垫,揭露官吏们道貌岸然地残害民众才是全文主旨的根本所在。文章借神喻人,借题发挥,嬉笑怒骂,讽刺辛辣,笔锋犀利,充分地发挥了小品文匕首与投枪的战斗作用。

罗隐(833—909)余杭新城(今浙江桐庐)人,本名罗横,因喜欢议论时政,属文嘲讽权贵招之忌恨,加上十次应试不第,于是改名为隐,含从此隐去之意。但他身隐而心不隐,始终没有忘记自己的历史责任——以天下为己任。罗隐生活在唐末社会矛盾激化、动乱剧烈的时代,仕途失意,沉沦下僚,对当时的统治者的罪恶、政治黑暗及社会下层的苦难有切身体会,于是自觉地拿起讽刺性小品这一锐利武器,来抨击现实,抒发自己的愤懑。他自辑其小品文59篇,取名为《谗书》,方回在本书跋语中说:"所为谗书,乃愤懑不平之言,不遇于当世而无所以泄其怒之所作。"罗隐自己在《谗书·重序》中也说:"盖君子有其位则执大柄以定是非,无其位则著私书而疏善恶,斯所以警当世而诫将来也。"他把"疏善恶"

与"定是非"看作一回事,突破了儒家"穷则独善其身,达则兼善天下"的旧观念,(《孟子·尽心上》)不论有无"其位",一样要"善天下",只不过"有其位"而立功,"无其位"而立言,立言可以"警当世而诫将来"。所以在他的《谗书》中,每篇文章都立意鲜明,惩恶扬善,极富战斗性。如《说天鸡》《汉武山呼》《秦始皇意》《吴宫遗事》《辨容》等,都表达了对黑暗现实社会的愤激之情,对昏君暴君乃至伪善帝王的骄奢淫逸、不恤民瘼,进行了无情的鞭挞。特别是《英雄之言》,剖析刘邦与项羽观秦始皇威仪后各自所说的"英雄之言",揭示了他们打着解救人民的旗号而实际上为自己谋取天下的本质:

> 物之所以有韬晦者,防乎盗也,故人亦然。夫盗亦人也,冠履焉,衣服焉;其所以异者,退逊之心,贞廉之节,不常其性耳。
> 视玉帛而取之者,则曰牵于寒饥;视国家而取之者,则曰救彼涂炭。牵于寒饥者,无得而言矣;救彼涂炭者,则宜以百姓心为心。而西刘则曰:"居宜如是。"楚籍则曰:"可取而代。"意彼未必无退逊之心、贞廉之节,盖以视其靡曼骄崇,然后生其谋耳。
> 为英雄者犹若是,况常人乎?是以峻宇逸游,不为人之所窥者,鲜矣!

英雄是人们心目中的偶像,强盗是人们痛恨鄙视的对象,二者不可同日而语。然而作者在本篇中,将"英雄"视同强盗,把"英雄之言"与强盗之言等量齐观,真是奇思妙想,出语惊人。作者先论证强盗之所以为盗,是因为缺少"退让之心,贞廉之节",不过强盗虽失节,却讲真话:"视玉帛而取之"是因为"牵于寒饥"。"英雄"盗取比玉帛贵重亿万倍的"国家",一样属于"无退让之心、贞廉之节",然而"英雄"却撒弥天大谎,说"视国家而取之",是为了"救彼涂炭",这真是"彼窃钩者诛,窃国者为侯,诸侯之门而仁义存焉"。(《庄子·胠箧》)历来攫取了国家政权的最高统治者,尽管干尽了涂炭人民的罪孽,还要人们以"救彼涂炭"的英雄来歌颂。刘邦、项羽就是这样的"英雄",作者选择了他们面对秦始皇的奢华尊荣而各自发出的"英雄之言",让人看清他们的"英雄之言"不过是想取代秦始皇的荣华富贵和帝王之尊。作者笔锋犀利,一下子就撕下了他们"救彼涂炭"的假面具,还他们一个窃国大盗的真面貌。当然,对刘邦、项羽的评价,还可商榷,我们这里肯定的是作者对整个封建统治者的揭露与批判,特别值得钦佩的是敢于把批判的矛头直指封建最高统治者的大无畏的精神。

晚唐时期，古文运动衰落，然小品文的作家却成为韩、柳古文运动精神的有力后继者，他们的小品文对于黑暗社会的批判与抨击的力度，是前所未闻的，甚至韩、柳在他们面前都显得逊色许多。唐末的小品文影响深远，即使骈文复炽的五代十国时期，仍有人在延续小品文的创作传统，说到底，仍然传承着唐代古文的余绪。如黄滔、牛希济、程晏、杨夔、沈颜等人，他们的作品反映了时代的特征，反映了当时人民的情绪与愿望，甚至拓展了古文创作的一些题材。以晚唐五代小品文为代表的古文创作，为隋唐五代古文运动画了一个无奈而又光辉的句号。然而，它们终究没有形成足以与骈文回潮相抗衡的实力，古文的复兴也只能期待于后来人了。

结　　语

隋唐帝国的建立，使中断了数百年的大一统帝制得以恢复，从巩固封建统治发出，统治阶级再一次认识到儒学对巩固政权与发展社会的巨大精神作用，儒学得到相应的尊重和提倡，于是，儒学在与释、道的冲突、斗争中，逐渐重新确立了主流意识的地位。占据主流意识地位的儒学，必然要求它的文字载体——语言质朴自由、形式不受限制的"古文"，重新夺回被骈文长久盘踞的文坛统治地位，以适应儒学的宣传与推广。封建盛世需要儒学做其精神支撑，儒学需要古文做其思想载体。

从隋朝开始就由皇帝下诏提倡儒学、改革文弊，原来差异很大的南北方儒学趋向统一，由强势的南学逐渐取代了北学。但隋朝统治者只把儒学当作一种治术，其指导思想是三教兼用，儒学难以回到两汉独尊的时代。最能代表这种时代特征的要数王通，其代表作《中说》，主要提倡复兴儒学，但也主张"三教可一"，体现了隋朝儒、佛、道兼容的特点。王通也是一位提倡文风复古的重要人物，对骈俪浮靡文风抨击最猛烈的是李谔，但李谔将文章视为经学的附庸，将"三曹"文章与六朝骈文相提并论，不免矫枉过正。以简单恢复先秦文体来挽救文弊，仍难扭转浮艳世风，但毕竟向后世发出复兴古文的信号。

唐代初期，统治者以崇儒为基本国策，仍不排斥佛、道二教。还进行了大规模的修撰史书与校订注释经书，通过借鉴历史来寻找适合自己朝代的统治方略。校订了《五经》文字，撰成《五经正义》，来统一经学。并以政府的名义颁布这些史书、经书于天下，客观上推动了散文体的改革。

在文坛上,"四杰"志于矫正浮靡绮艳文风,他们的作品给骈文带来一股刚健之气。陈子昂倡导"汉魏风骨",批判齐梁诗风,实际也为唐文变革探了新路。韩愈称赞说:"国朝盛文章,子昂始高蹈。"(《荐士》)陈子昂高举起复古旗帜,以恢复风雅兴寄相号召,大呼扭转五百年之久的"采丽竞繁,而兴寄都绝"的文坛旧局面,为唐代古文运动开启了先声。

进入盛唐,以张说、苏颋为代表的宰相重臣的"大手笔",有意运散入骈。李白、王维等大诗人,以带有诗的笔法情韵的文章参与了古文革新运动。安史之乱,既是唐代由盛而衰的转折点,也是古文运动的新起点。元结、李华等人直接使用散体作文,说明改革已由文风深入到文体。但他们认为只要恢复先秦两汉式的古文,就可运用这种文章去推动儒学的复兴。这种复古,实际是一种拟古,而不是创新,不是真正的文体革新。但他们带头使用散体文,欲用古文取代骈体文,为韩愈、柳宗元所倡导的文体革新奠定了基础。

中唐时期,散文改革从单纯复古走向创新,古文运动取得了决定性的胜利,完成了古代散文从文风到文体的彻底革命。这种胜利的取得,有三大原因:一是遇到社会和时代的变革需求。安史之乱,民生凋敝,使人心思治,社会大众普遍意识到封建大一统的重要与珍贵,而在中唐时期恰好一度出现了"中兴"的迹象。以天下为己任的文人和士大夫,在政治方面积极推行改革,削弱藩镇割据势力,打击宦官专权嚣张气焰。在文化方面,大力提倡古文运动,实际这也是实现其政治目的重要途径。确立古文在文坛上的主导地位,已成为整个社会的迫切要求和势不可当的历史潮流。二是古文运动本身发展的一种必然。初、盛唐的古文先驱者在理论和创作实践上所做的努力,甚至他们所暴露出的弱点与不足,都为中唐古文运动的胜利提供了经验与教训。三是涌现出杰出的代表人物韩愈、柳宗元。他们不仅强调儒学的道统,更强调以儒学来匡正世风,消除时弊,根绝动乱祸因。他们重"道"不轻"文",对三代两汉的古文、风靡数百年的骈文,都能汲取其优长,在此基础上创作出极富表现力的各式新散文,从主旨、文风到语言、技法,都达到了足以取代骈文统治地位的最高水平,也为后世散文的发展确定了范式和奠定了基础。韩、柳成熟的系统化理论与优秀的新体散文作品,具有巨大的感召力,引来一批志同道合者的追随或响应,其中主要有韩愈的门人弟子,也有韩愈、柳宗元的好友或同道者,他们共同在文坛上掀起了颇有声势的古文运动,从理论到实践上扭转了浮华文风,动摇了骈文的统治地位,确立了新体散文在文坛上的正统权威。

但是，韩门弟子们在韩愈之后，暴露出两个明显的缺陷：一是多于模仿，缺乏创新。二是将韩愈古文中的不足推向了极端。以李翱为代表，片面理解韩愈的"文以明道"，轻"文"重"道"，又退回到初唐一些人把古文变成单纯宣扬儒学工具的地步。皇甫湜则把韩愈的"唯陈言之务去""词必己出"发展到极端，刻意追求意新词奇，与六朝骈俪异曲同工。两种错误倾向使古文运动难以持久深入，古文运动逐渐显示出趋向低潮的态势。

晚唐五代时期，古文运动衰颓，骈文回潮并重新占据了文坛统治地位。这不仅仅是因为韩、柳之后，以务为传道、或意在险崛的作品，无法与辞藻华美、技巧圆熟的骈文抗衡。更主要的原因，还在于封建大一统分崩离析，社会动荡、分裂，儒学如同魏晋南北朝时那样受到极大的冲击。统治阶级沉浸在末世的颓丧之中，在疯狂追求物质享乐时，也渴望以华艳浮靡的骈文来满足精神上的需求。广大下层文人在前途无望的无奈中，信仰由儒学济世转向佛、道的隐逸，由喜作古文而转向骈文。这也预示着，古文的再次复兴，必须以儒学的进一步提升为前提。另外，骈文在与古文的对抗中也在寻求生存发展的变革，它吸收了古文的一些优长，扩大了骈文的表现领域，具有了再度勃然兴起的内在生命力。

古文衰落，骈文回潮，虽是大势所趋，但以皮日休、罗隐、陆龟蒙为代表的作家，继承了韩、柳古文运动传统，坚持了古文运动的方向，他们用杂文小品的形式，讽刺腐败，针砭时弊，批判动乱，向黑暗的社会现实进行愤激抗争。他们的"明道"，已与韩、柳有所不同，主要体现在对当今黑暗社会的揭露与批判上。批判的锋芒直指整个封建统治阶级和最高统治者，这是唐代古文运动的新现象，为隋唐五代古文运动画了一个无奈而又光辉的句号。

第七章 理学影响下的宋元明散文

一 儒学哲学化——社会主流意识的重构

(一) 理学创立与发展的社会背景

960年，后周殿前都点检、领宋州归德军节度使赵匡胤（后来的宋太祖）发动"陈桥兵变"，代后周称帝，建立宋王朝，并先后削平南唐、吴越、北汉等割据势力，于979年结束了五代十国七十多年分裂割据的混乱局面，恢复了国家的大一统。为了防止掌兵权的人再模仿自己以政变的手段篡夺政权，或预防割据局面的再次重演，宋王朝采取了一系列加强中央集权制的措施，如集中兵权，尤其是加强中央对禁军的控制；集中行政权，使各级重要官僚的任免权集中于皇帝手中，并加强文官对武官的牵制、监督；完善科举制度，大量培养效忠于皇室的人才；又兴修水利，鼓励垦荒，整治以汴梁为中心的运河，以增加国家赋税收入与京城的运输能力。同时，特别重视重建儒家的伦理纲常体系，出现了吸收佛、道二教思想、以"性理"为中心、更富思辨性、哲理性的新儒学——理学。理学虽出现于宋代，但作为"心性义理"的思想资源，却源远流长。有人说："理学之说，隐然于唐虞三代之躬行，开端于孔门洙泗之设教，推广于子思、孟轲之讲明，驳杂于汉唐诸儒之议论，而复恢于我宋濂溪先生周公敦颐。"（《周子全书》卷二十一）这种把理学的思想渊源推及"思孟学派"甚至于三代的说法，有一定的道理，《周易》《孟子》与《中庸》中关于"天"与"性"的论述，显然是理学理论的重要来源。但作为一个从注重伦理实用的传统儒学提升为从宇宙本原来建构理论体系的理学来说，却形成于两宋时期。北宋的周敦颐堪称初创者，程颢、程颐是其奠基人，至南宋朱熹，完成了理学集大成的历史使命。他们融合道、佛思想，建立起专门探讨万物本原及生成、人性及伦理纲常等问题的新儒学学派。所以宋代的理学又称程朱理学，或称"性理学""新儒学""宋学"。由于宋儒认为自己继承了孔孟的道统，又因《宋史》为其代表人物周敦颐、程颐、朱熹等人特立道学传，所以又称理学为道学，理学从更高的理论层次上给予宋代中央集权制的合理性以精神支撑，为中国今后八九百年的封建社会提供了新的官方意识形态。

理学是宋代产生的新儒学，流派纷纭复杂，它不仅指居于主流的学派，即周敦颐的濂学，张载的关学，邵雍的数学，程颢、程颐的洛学，朱熹的闽学，以及陆九渊开创的心学，还包括王安石的新学，司马光的朔学，苏轼、苏辙的蜀学，以及陈亮的永康学派，叶适的永嘉学派等非主流的理学学派。这些非主流的理学学派，之所以被视为"非主流"，还不仅因为他们在思想哲学领域不居主流地位，还有一些其他的原因。

一是因为他们不仅赞同圣学传承的道统，同时也鼓吹韩、柳传承下来的文统，常以道统与文统的统一，来批判主流理学家重道轻文的倾向。主流理学家认为文随道至，对孔子"言而无文，行而不远"说，不以为然。认为为文做到"辞达"即可，追求文采便"作文害道"。苏轼不同意主流理学家对孔子"辞达而已"说的曲解，他说：

> 孔子曰："言之不文，行而不远"又曰："辞达而已矣。"夫言止于达意，即疑若不文，是大不然。求物之妙，如系风捕影，能使是物了然于心者，盖千万人而不一遇也，而况能使了然于口与手者乎？是之谓辞达。辞至于能达，则文不可胜用矣。（《答谢民师书》）

苏轼通过对孔子"辞达而已矣"的辨析，指出要做到"辞达"，既对客观事物的特征能"了然于心"，即深刻认识，又能"了然于口与手"，即具有高度的艺术表现力。说明没有敏锐的观察力与正确的思想分析，没有高超的艺术技巧与完美的表达方式，是不能轻而易举地做到"辞达而已矣"的。批判了主流理学家认为文随道至的说法，显示了理学非主流学派对道统与文统关系的正确态度。

二是他们并不以理学而名世，而多以自己的文学作品而著称，所以往往称其为文章家而与理学家相区别。居于主流的理学家当然占据了哲学思想界的主导地位，而这些居于理学非主流地位的文章家，却是宋代文学，尤其是宋代散文的主力军。主流理学家常标榜自己的学说为"实学""实说"，不仅批评佛老的学说为"虚学""虚说"，也指责文章家的辞章之学为"虚学""虚说"。如周敦颐说:"文所以载道也,轮辕饰而人弗庸,徒饰也。况虚车乎?文辞,艺也;道德,实也。"(《周子抄释·文辞第二十八》)在文与道的关系上,理学家或称道学家与文章家一直存在着分歧。道学家所谓的"道",指的是心性义理,或称伦理道德,所谓的"文",指表达心性义理的语言文字,或称语言表达技巧。而文章家所谓的"道",是指存在于日常百事中的理,而"文",往往指文章的内容,语言文字则以"辞"来表示。但当与道学家争辩时,为求得统一话语,有时也将"文"指为文章的形式。由于文章家既重视文章的内容又不轻视形式,所以最能体现他们的主张就是"文与道俱"。文章家重视"文",在道学家看来,就是舍本逐末,或称舍实逐虚。

三是文章家与主流理学家的理论存在着许多分歧,其中主要是义理与功利关系的分歧,是看重义理,还是看重社会效果。欧阳修、王安石和二苏奉行的"道",是"履之以身,施之于事,而又见于文章"(欧阳修《与张秀才第二书》),反对空言论道。永康学派的代表陈亮和永嘉学派的代表叶适,都提倡有益于国计民生的"事功之学",斥责主流的理学家空谈"尽心知性",如陈亮在《送吴允成运干序》中指出:"自道德性命之说一兴,……相蒙相欺,以尽废天下之实,则亦终于百事不理而已。"非主流的理学学派的理论主张,显然是理学的重要部分,是对主流的理学家理论的重要纠偏与补充。

理学主流与非主流学派之争,影响了北宋的党派之争,也影响了南宋主战派与和议派之争,对宋朝的内政外交都有一定影响。尽管宋朝内政措施有力,经济、文化的发展及实力不亚于唐朝,但由于对内严加防范,对外妥协求安,时常遭受北方邻国的侵扰。加上宋朝官僚机构臃肿,官员之间互相牵制,为防范武人的跋扈,采取佑文抑武的政策,又大大削弱了自身的军事战斗力。军力的软弱,使泱泱大宋国好像反成了小国的属国,以贡币献物的形式屈辱地向辽、夏、金换"和平",绥靖政策使边国军事力量日益强大,自己反倒"积贫积弱"。1126年金兵攻入宋朝国都开封,北宋亡。次年赵构(宋高宗)在南京(今河南商丘)称帝,后又迁都临安(今杭州),史称南宋。1279年,南宋又为元朝所灭。

宋王朝虽然统一了中国大部分疆域,但版图远没有恢复到隋、唐时的规模,长期与北方的辽、西夏、金国对峙。

辽王朝由契丹族领袖耶律阿保机在916年创建,初名契丹,947年改国号为辽,建都于今内蒙古巴林左旗南波罗城,疆域东北到今日本海黑龙江口,西北到今蒙古国中部,南边以今天津海河、河北霸州、山西玉门关一线与宋接壤。辽朝的统治者信奉佛教，但注意吸取汉族统治者利用儒学进行统治的成功经验，尊孔子为"大圣"，极力提倡儒学，建立了一套完整的科举考试体系，吸收尊奉儒学的汉族知识分子参与政权。到辽朝的中后期，儒学基本成为社会的主流意识，有力地推动了辽朝的汉化过程。1125年辽朝被金国所灭，契丹贵族耶律大石率残部西迁至今新疆和中亚地区，重新立国，史称西辽，1218年被蒙古所灭。

西夏王朝是由党项族建立的政权，本名大夏，宋人称为西夏。1038年元昊称帝，建都在今宁夏银川东南，鼎盛时辖今宁夏、陕北、甘肃西北部、青海东北部和内蒙古一部分地区。西夏的基本国策是联辽抗宋，但与宋在经济文化方面的联系较为密切，较早地吸收汉文化的传统，尊称孔子为"文宣帝"，这是孔子在中国历史上称帝的开始。又仿照北宋官制，设立各级官职，仿行宋王朝政治制度与儒学教化。创设太学，广置学校，推行科举取士。并将《孝经》《论语》《孟子》《尚书》《左传》《贞观政要》等经典，先后译成西夏文字，列为各级学校的必读书。又设立翰林学士院，进一步确立儒学在国家政治生活中的主导地位。所以西夏有儒学造诣的学者不乏其人。像模仿汉字创立西夏文字的野利仁荣以及翰道冲等，都对宣传儒学及促进民族文化交流融合，作出过重要的历史贡献。西夏与宋、辽、金发生过多次战争，1218年被蒙古所灭。

金国是在1115年由女真族完颜部领袖阿骨打创建的，建都今黑龙江阿城南，灭辽与北宋后，迁都今北京、开封等地。疆域东北到今日本海、鄂霍次克海、外兴安岭，西北到今蒙古国，西面的河套、陕西横山、甘肃东部与西夏接壤，南面的秦岭、淮河与南宋接界。在金统治北方一百多年中，佛教与全真道教兴盛，儒学是在与佛、道的矛盾中逐渐发展成为官方的正统学说。金朝历代统治者从治国需要出发，将儒学视为进行统治的有效工具。在尊孔读经、建立国子太学、用女真文字翻译儒家重要经典、实行科举取士、仿行宋朝政治制度等方面，比起辽和西夏来，更是有过之而无不及。与辽、西夏稍有不同的是，金国涌现出一批著名的儒学家，像周敦颐、程颐、程颢、邵雍、朱熹等人的学术传人，在金朝统治区都能找到。金国文坛领袖赵秉文（1159—1232）、李纯甫（1177—1223）、王若虚（1174—1243），就是影响最大的儒家学者。赵秉文兼习儒、释、道及诸子之学，而最精研于儒家经典，其思想主要来源于二程的理学和韩愈的道统说。元好问《闲闲公墓志铭》赞其"不溺于时俗，不汨于利禄，慨然以道德、仁义、性命、祸福之学自任，沉潜乎六经，从容乎百家"。赵秉文晚年自编文集，凡是宣扬佛、老观点的文章皆删除，足见其晚年思想的巨大变化。李纯甫却以统合儒、释、道而著名,晚年自编文集,凡是有关性理及佛老内容的编为内稿,其余文字编为外稿。李纯甫热衷于心学与佛教的思维方法,逐渐形成"以儒治世,以佛治心,以道治身"的三教互补的观念。王若虚推崇苏轼,在理学方面站在苏学的立场上,对汉、宋儒解经的迂谬颇有批评,主张道统与文统的融会。金代文坛能摒弃"作文害道"说,提出"尝欲为文,取韩柳之辞,程张之理,合而为一,方尽天下之妙。"(王郁《归潜志》卷三)都与苏学在北方广泛流行有关。

总的来说,辽、夏、金等由少数民族贵族统治的区域,佛、道盛行,所推行的儒学基本上还是传统儒学的内容,两宋的理学是逐渐渗透的。到了元朝的时候,理学才真正成为官学,在政治生活中发挥了主流意识的作用。

元朝是由兴起于漠北的游牧民族蒙古族建立起来的国家。最初是由蒙古族领袖成吉思汗建立的蒙古汗国,从成吉思汗到蒙哥汗时,已先后征服了西辽、西夏、金、大理、吐蕃,1271年忽必烈改国号为元,灭南宋后,不仅统一了全中国,而且建立了疆域异常辽阔的大帝国。元朝的建立,结束了宋朝以来国内几个民族政权长期并立的分裂局面,促进了我国多民族的统一和各民族之间的融合。元朝是靠军事征服的办法而建立的统一帝国,原先的文化与制度比较落后,为维持这一中央集权的封建统治,掌权的蒙古贵族,一部分保留自己民族原有的一些旧制,大量的还是采取"汉法",借鉴中国传统的政治统治方法和意识形态教化,于是儒学在元朝逐渐得到重视。

在元初,元蒙接受的儒学基本还是亡金儒士的经学章句之学,1235年蒙古军占领今湖北安陆时,俘南方的理学家赵复,赵复北上至燕,将自己所记的程朱诸经注释本交于昭文馆大学士姚枢,从此,元代理学的传播有了明晰的线索。北方大儒许衡、刘因、郝经、姚枢等人的学术建构就是从接受赵复之学开始的。元代传播理学,书院的形式起了很大作用。书院是学校的一种,宋亡之后不愿出仕的著名理学家,大都去了书院,以宣讲理学来寄托余生。元政府不仅不干涉,而且还委任他们为书院的山长或直讲,在政府任职的理学家,也常到书院来讲学。元代的儒学经典不仅有官刻、坊刻、私刻,书院也参与刻印,甚至还有被译成蒙语的儒学经典,书院成了传播理学的重要场所。

由于赵复、许衡、姚枢、刘因等人大力倡导程朱理学,元蒙统治者逐渐认识到儒家"三纲五常""正心诚意"等理论的治国平天下的价值。程朱理学在宋宁宗时一度被定为"伪学"而遭禁,在朱熹死后才颇具影响。

然而到元代，忽必烈欣然接受"儒教大尊师"的称号，元武宗加封孔子为"大成至圣文宣王"。元仁宗时以周敦颐、程颢、程颐、张载、邵雍、司马光、朱熹、张栻、吕祖谦及许衡从祀孔子庙庭。元文宗时诏修孔庙、建颜回庙，加封孔子诸弟子，封孟子为邹国亚圣公，封程颢为豫国公、程颐为洛国公。还在仁宗时，就立了科举法，科考主要内容，基本是从四书中找设问，标准答案是朱熹的《四书章句》和《四书集注》，中试者可选聘为官。以经义取士，标志着程朱理学的独尊地位完全确立，程朱理学在各阶层中得到了广泛的传播。

元代理学家以许衡、刘因、吴澄、许谦最为著名。许衡（1209—1282），与吴澄齐名，时称"南吴北许"。为学少创见，以朱熹之学为依归，重践履。以为"天即理也"，"心与天地一般"（《鲁斋遗书·语录下》），表现出一定的朱陆合流的倾向。刘因（1249—1293）与许衡合称为"元北方两大儒"，初习训诂疏释之说，后得周敦颐、邵雍、二程、张载、朱熹、吕祖谦等人著作，以为得圣人精义。他推崇朱熹，发挥了邵雍的象数学和观物思想，提出古无经史之分的见解，开明清"六经皆史"论的端倪。他虽看重理学的价值，又肯定汉唐儒家疏释的价值，注意克服理学家释经时穿凿附会的空疏毛病。吴澄（1243—1313），自谓朱熹学术的传承者，推崇朱熹的"性即理""格物""诚意"诸说，实则兼宗陆学。认为朱学重于以道问学，陆学重于尊德性。然而学问不本于德性，则必偏于言语训释，故学必以德性为本。以为为学之要在于心，主张先"存心"，而后求之五经以"明理"。又认为理"在人而为性，则仁义礼智是也。"（《草庐精语》）所著《五经纂言》，于诸经多有新见，尤其将《小戴记》重新分类编次，使颇为难读的《礼记》得见系统大概。许谦（1270—1337）婺州金华（今属浙江）人。何基从学于朱熹的门婿黄幹，王柏从学于何基，王柏又传金履祥，而许谦为金履祥弟子。《宋元学案》称何、王、金、许为北山四先生，为朱熹理学的支派——宋元之际金华学派的重要成员。许谦得朱熹真传，坚持朱熹门户，又旁及释、老之言，与北方许衡齐名，故有"南北二许"之称。他认为"学以圣人为准的，必得圣人之心，而后可学圣人之事，圣人之心具在四书，而四书之义备于朱子。"（《宋元学案·北山四先生学案》）要得圣人之心，就必须认真地读四书。所著《四书丛说》，主要阐发圣人心传之学。

除居于正统地位的理学思想外，元代还出现了明显的"异端"思想，邓牧（1247—1306）自称"三教（儒、释、道）外人"，提出要做超然于得失、生死之外的"达人"，表达的是宋遗民的亡国悲愤情绪。他在《伯牙琴》中，揭露了吏制的腐败，指责皇帝是最大的剥削者和掠夺者，幻想出现一个"废有司，去县令，听天下自为治乱安危"的尧舜式的社会。谢应芳，元明之际的无神论学者，视世俗迷信为诬民之说，斥佛、道宗教为异端："古之为异端邪说者众矣，若老庄仙佛之流，自秦汉以来，或世尤甚。"（《辨惑编·死生》）

元朝的理学呈现出三个基本特色，一是程朱理学与陆九渊的心学互相补充、融合。二是道统与文统趋合。三是道学家与文章家逐渐合而为一。号称三大理学家的许衡、刘因、吴澄善为诗文，而号称诗文四大家的虞集、杨载、范梈、揭傒斯，亦多为理学中人。元代意识形态的这些变化，为此后理学的发展提供了新条件，尤其是出现朱陆调和的倾向，成为明清理学思想的滥觞。

元统一全国后，推行残酷的民族压迫政策，把全国的臣民分成四等：蒙古人、色目人（包括原中亚、西夏地区的回族人）、汉人（指原金统治区的汉、契丹、女真等）、南人（指原南宋统治区的汉人和西南各族），在政治、经济、军事等各方面，都体现出不平等的等级差别。民族压迫说到底是阶级压迫，蒙古贵族又和各族的贵族大地主勾结起来，共同对各族人民进行残酷的压迫与剥削。民族矛盾与阶级矛盾的激化，迫使各地农民纷纷起义。在诸多起义军中，朱元璋能采纳"高筑墙、广积粮、缓称王"的建议，废除一些元代苛政，注意发展生产，提出"驱逐胡虏，恢复中华"，并申明蒙古人、色目人"愿为臣民者，与中华之人抚养无异"。（《明太祖实录》卷21）这样既增强了实力，又大得民心。他所率的起义军于1368年在南京建都，国号为明。同年攻克元大都（今北京），推翻元朝统治。后逐步击败各个割据势力，于1387年完成了全国的统一。元末农民大起义，推翻了元朝贵族、官僚、地主的残酷统治，摧毁了中国历史上最为黑暗的民族压迫制度，同时也支援了欧亚各国人民反对蒙古贵族统治的斗争。明朝建立，推行《大明律》，加强皇权，巩固中央集权。又普查户口，丈量土地，制定新的户籍和赋税制度，使长期积累的土地兼并问题得到较大的调整；又兴修水利，实行屯田，同时抑制豪强贪吏，减轻人民负担。

在两宋时，我国城市商业、手工业经济已相当繁荣发达，市民阶层也相应扩大，已产生了一些新的经济因素与新的社会关系的萌芽。明代初，新的商品生产及商品经济首先在江南地区迅速发展，明代中后期，资本主义生产关系及经济因素在全国范围开始萌发，但是十分完备的中国封建体制，不断扼杀着新的社会因素，严重地阻碍着中国资本主义的发展。在意识形态方面，明王朝仍把程朱理学作为官方统治思想，但"存天理，灭人欲"的程朱理学，在新的社会生产关系面前，显得非常僵化而不可避免地衰落下去。为适应新的形势，一个新的理学流派——心学以"反传统"的姿态出现了。心学的创始人本是与朱熹同时的陆九渊，而继承与发展陆九渊学说的，或说集心学之大成的则是明代的王守仁，所以宋明的心学派又称"陆王学派"，心学在明代以强劲的姿态彰显于社会。陆王心学表面上似乎与程朱理学水火不相容，程朱以"理"为宇宙万物的本原，陆王以"心"为宇宙万物的本原，并以"心即理"的命题来反驳朱熹的"即物穷理"。陆王学派不以六经为根底，只求"致良知"，通过反求内心而达理。不论程朱强调"理"，还是陆王强调"心"，其维护封建"三纲五常"的政治目的是一致的。程朱以"革尽人欲，复尽天理"（《朱子语类·卷十三》），为休养身心的途径，陆王则以求诸内心、消绝人欲为休养方法；程朱的"理"以说明封建秩序之理先天而合理存在，陆王的"心"以说明封建道德之人心先天而固有，都意在维护封建秩序的"天理"，所以二者是"殊途同归"，"心学"只是理学的一个分支罢了，所以人们才将宋代理学与明代心学合称为宋明理学。宋明理学是宋元明时期儒学的新发展，具有丰富的学术内容和深厚的文化底蕴，是儒学理论健全、成熟的新形态。然而随着中国封建社会步入衰微与没落的明代后期阶段，维护这一社会秩序的正统思想——理学也越来越多地显示出它的保守性与消极性，它以其传统力量不断扼杀着新思想的诞生与发展，它本身也在与新思想的博弈中随着封建社会的逐渐衰落也必然逐渐衰落下去。

理学发展至明代，程朱理学继续为官方哲学，尤其是朱熹的思想，成为科考选才的标准，成为明王朝实行专制的舆论工具。明代的程朱理学家除了重复朱熹学说之外，在理论上毫无创新。程朱理学缺少新生力，自然由盛而衰，心学开始崛起，并发展成为明代的主流意识。开明代心学先河的是陈献章（1428—1500），他重心性之学，主静坐"澄心"，鄙薄训诂辞章，尤其厌弃八股科第文。他说："学劳攘则无由见道，故观书博识，不如静坐。"（《与林君》）明代的心学体系由王守仁完成，王守仁的心学本来是弥补朱熹学说的不足，达到挽救时代信仰危机的目的，但在现实中，它逐渐变为士人追求个性解放精神解脱的学说。明代中期，王守仁心学影响很大，其后学分化为多种派别，其中嫡传弟子王畿、王艮分别代表王学的右、左学派。王畿（1498—1583）潜心传播王学，提出"四无说"："悟得心是无善无恶之心，意即是无善无恶之意，知即是无善无恶之知，物即是无善无恶之物。"（《王龙溪先生全集·天泉证道纪》）主张无念无意无知无识，求得生死轮回的解脱，把王守仁的"良知"学说进一步禅学化。王艮（1483—1541），是泰州学派的创始人。他提出"百姓日用即道"（《心斋先生全集·语录》），以"安身立本"为道德修养的出发点，心正则天下国家亦正。主张建立平等、和谐的仁政社会，表现出鲜明的平民色彩。左派王学发展至李贽（1527—1602），其要求精神自由解放的思想达到极端。李贽的思想并没有摆脱王守仁心学与禅学的影响，但由于他坚定地反对程朱理学而被人视为"异端"。

程朱理学遭到"异端"思想的挑战，是历史发展的必然。随着明代经济上资本主义因素的积累，市民意识的加强，反对封建专制压迫与封建伦理道德束缚的呼声渐起渐增，至明代后期，社会上兴起了高扬人的个性、反对程朱理学的高潮。李贽就生活在程朱理学衰落，王守仁心学也受到批评之时，他吸收王守仁的"心学"，将其唯心的基调改变为自然的人性论，形成了自己的思想体系。他既不承认有先天存在的永恒、至高无上的"理"，也不承认"理"会天然地存在于人心中，而是认为"人伦物理"存在于人们的日常生活之中。既如此，人性私欲就有其存在的客观性与合理性，"势力之心亦吾人禀赋之自然"（《李氏文集·明灯道古录》），圣人也属"吾人"，尚且不能无势力之心，何谈"灭人欲"？李贽的人性论与理学"存天理，灭人欲"论针锋相对，是否定封建"三纲"有力的理论武器，顺应了资本主义经济因素增长所伴随而来的人性解放的潮流。在这种意识的指导下，他在创作方面提出"童心说"，反对封建礼教思想的束缚和前后七子拟古的风气，主张在创作中要毫不掩饰地抒写自己的真情实感、独特见解。李贽反对文以载道的传统，强调文学只抒发作家的性情，直接启发公安派"三袁"提出"独抒性灵，不拘格套"的主张，也启迪了清代经世致用、力求革新等内容的散文作品的不断涌现。

明代文学研究专家"左东岭认为李贽的哲学思想主要由追求解脱的性空理论与讲究真诚的童心理论所构成，因而他主要吸取了心学的个体受用、老庄的自我关注与佛教的生命解脱。他所吸取的心学理论，除了王阳明一系的王畿、王艮的思想资源外，还有宋儒周敦颐、杨时、张九成、罗从彦等人的思想。关于李贽对心学理论的继承与改造，……主要概括为三个方面：（一）从王艮的安身立本论到李贽的顺民之性论；（二）从阳明、龙溪的无善无恶境界到李贽的内外两忘自我适说；（三）从心学的伦理之诚到李贽的自然之诚。通过考察最后得出结论说：'李贽在表述其思想时，无论是就其使用的术语还是所谈命题，都与阳明心学密切相关，但其内涵却已发生重大的变化。他的此种思想特征显示出他乃是一位从明代中期向明代晚期过渡的思想家，向前通向王阳明、王畿、王艮等心学大师，向后则通向袁宏道、汤显祖、冯梦龙等晚明名士,从而成为明代思想流变史上转折的标志。'"①

王学左派及李贽异端思想的出现,意味着程朱理学的式微,也暴露了陆王心学的许多弊端。而明末王学末流空谈心性,使王学也趋向颓势。出于对王学末流的不满,以东林书院为中心的清流运动,开始寻求一种具有实践意义的道德学说。东林书院由顾宪成、高攀龙等人创建,面对大有东汉末年黑暗气象的明末,东林书院中一批颇似东汉末年"清流"的学者,大胆讽议朝政,直言抨击时弊,反对宦官专权误国,提倡清明政治。东林"清流"的学问、气节,引起社会上思想倾向相同者的呼应,声援东林,弹劾奸党,指陈时政,一时成为风气。他们虽认识到程朱理学及陆王心学都有缺陷,但缺少重建思想新体系的资源与魄力,只好用朱学的切实来纠正王学末流的空谈,来提倡一种治国救世的务实之学。他们的后继者一方面以朱学为宗,一方面又想超越朱学,期望重建儒家思想新体系,而明末清初的社会大变动,尤其是西学东渐,为儒学体系的重建提供了新的思想资源。

理学创立于北宋,盛行于南宋末与元、明,清中期以后逐渐衰落。理学的创立与发展,有其深刻的历史原因与社会背景。中国封建社会演进至宋代,已进入其中后期。作为传统主流意识的经学,已不能适应新的社会经济、政治体制乃至文化形态,时代呼唤着一种适应社会需要的主流意识的产生。宋明理学就是为了适应社会的需求,并在新的历史条件下孕育、产生和发展起来的新的主流意识。

理学的创立与其时代的政治需要密切相关。宋之前的五代,军阀割据,战争不断,王朝更迭频繁,社会处于分裂和动荡不安之中,使传统封建纲常松弛,伦理道德规范式微,社会出现了严重的思想混乱、信仰危机。加上道教的修炼丹药长生不老、佛教的因果报应轮回来世的广泛传播,传统的经学理论体系,已经丧失解释人们各种疑惑的能力,经学的正统地位出现了动摇。宋朝恢复大一统后,为了应对藩镇割据势力,推行尊王攘夷,缓和民族、阶级矛盾,实现长治久安,恢复儒家的三纲五常的治世准则,巩固大一统中央集权统治,就要寻求一种能解决以上治国大政问题的新儒学。于是,宋代的统治者普遍倡导尊儒读经,大力宣扬文治,大兴科举,大规模地编纂刊印图书,形成全社会重文轻武的风气。对文人采

---

① 傅璇琮、蒋寅总主编:《中国古代文学通论》,郭英德主编:《明代卷》,辽宁人民出版社2005年版,第277页。

取中国历史上少有的优待与宽松的政策，解除旧有的思想上、学术上的禁锢，不以文人言论不当而贬官治罪，支持文人积极参政议政。从开国皇帝宋太祖始，就立下"不得杀士大夫及上书人"的国策（陆游《避暑漫钞》）由于言不治罪，开启了宋儒自由争鸣的风尚，理学内部形成了众多的派别，他们摆脱汉唐章句训诂的束缚，打破"疏不破注"的传统，自由解经，甚至出现疑经、疑传、疑古的风气，为突破汉唐经学的僵化与宋代理学的产生，提供了宽松的社会背景。又在文人中提倡重忠孝、讲廉耻、励气节的社会风气，以此逐渐影响社会时尚。这些措施都增强了文人以天下为己任的意识，于是，出于革除政治弊端，拯救信仰危机，重建儒学伦理道德体系的理学，便应运而生了，理学是宋代社会政治需求的理论体现。

其次，理学的创立与宋代社会经济和科学技术的发展密切相关，可以说是宋代社会经济科技发展的理论表现。恢复了大一统的宋代，农业、手工业随之也得到迅速恢复和发展，科技方面，如数学、天文、历法、地理、地质、医药、水利、生理、农学等，都取得了丰硕成果。号称中国古代四大发明中的三项——火药、指南针和活字印刷术，都产生于宋代。宋代还出现了规模经营的造船工业、丝绸制造业，发明了世界上最早的在全国流通的纸币——交子，表明其商业贸易已开辟了新纪元。作为哲学体系的理学，正是对自然及社会规律思考的结果，它的产生本来就以自然科学的发展为基础，它是一定时期社会经济的产物，受到了社会经济发展程度的制约与影响。经济的繁荣、科学技术的发展、社会财富的增加，说明人们对自然界认识水平的深化和利用自然、改造自然能力的提高，同时也说明人们的思维更加严密准确，能够从总体上把握人与自然的关系，理论思维达到相当高的水平，把自然观、认识论、伦理观等有机联系在一起的富于思辨性的新哲学体系——理学，就是对当时社会知识和自然知识的科学总结与理论概括，是传统思想学术的更新，代表着新时代理论思维的新水平。

最后，理学的创立与儒学自身发展进程密切相关。从西汉武帝时起，儒学成为社会的主流意识，东汉时，佛学渐入东土。魏晋南北朝时期，佛教、道教盛行，佛、道通达的生死悟觉，精湛的心性之学，得到迅速传播。相比之下，儒学学理虽深厚，恰在思辨性和理论性方面比较欠缺，儒学面临挑战，发展出现危机。有识之士开始了对传统儒学的改造，新产生的玄学就是改造的结果，玄学已经将儒、释、道的思想进行了第一次融合，完结了"独尊儒术"的时代。隋朝时，大一统政权虽然需要儒学来做国家的指导思想，但统治者不得不接受"三教"并行的现实，提出"三教合归儒"与"三教合一"。唐朝统治者仍奉行三教并用的政策，韩愈倡儒学道统，辟佛、道，复兴儒学，但未打破佛、道并盛的局面，"三教合一"的思潮仍在社会各个领域弥漫。北宋时，儒家学者承续唐代儒学道统，继续复兴儒学，抨击佛、道。然而他们不受汉唐儒学的束缚，也没有采取韩愈辟佛、道的做法，甚至积极改造魏晋玄学，采纳、吸收、消化佛、道二教有益的思想资源，尤其是借鉴吸收佛教本体论、形而上学方面的成果，来建构理学形而上的思辨体系。所以有学者称："理学者，佛学之反动，而亦兼采佛学之长，以调和中国之旧哲学与佛学者也。"[①] 理学虽然仍从传统的儒家"道统"观念出发，但它把儒家三纲五常的论述上升到天理的高度，把儒家传统的"天人合一"，用"天人一理"的形式表达出来，用"理"来代替传统"天"的本体地位，用"理"来论证了封建名教的合理性和永恒性。这一套以儒家思想为主体，以三教合一为特点的新思想，具备了严密的囊括天人关系的哲学体系，更适合封建统治的需要，更容易建立新的"独尊儒术"的官方哲学。理学以融合佛、道思想的方式积极回应佛、道的挑战，来解决汉末以来中国社会极为严重的信仰危机和道德危机。宋代产生的理学既是宋人复兴儒学、解放思想的结果，也是中国古代哲学思想长期发展的结果，也是儒、释、道三教长期论争和融合的结果，更是儒学批判佛、道思想的结果。

　　理学强调义理，实质上也就是强调伦理道德，但它与传统的先秦儒学比，其思想更侧重于从哲学角度来表达。与汉代儒学比，它解经不重训诂义疏，更注重阐述经文的义理。在伦理道德的阐释上，无论或理或气或心的本体论、以道德为基础的人性论、"存理"或"存心"而"去欲"的修养论、"格物"或"格心"的认识论等，其哲学范畴都十分清晰。理学以理为核心，以穷理为途径，以存天理、去人欲为手段，以齐家、治国、平天下为目的，以成圣成贤为境界，理论结构层次分明逻辑严密。

　　理学的创立与成熟，说明儒学本身具有自我改造、自我完善的主观要求与活力，它兼取释、道两家之长，完成了由伦理道德说教向系统哲理的转化。新儒学出现了中国思想文化史上前所未有的融通天、地、人的精致理论思维。理学继承了中华民族几千年发展过程中的文化遗产，又吸取了外来文化的理论精华，使社会主流意识的思维水平达到了空前而全新的境界。它回答了如何正确回应外来文化的问题，解决了当时社会成员中普遍

[①] 吕思勉：《理学纲要》，东方出版社1996年版，第3页。

存在的信仰危机和道德危机，成为此后八百年中国封建社会后期的正统意识。

（二）宋明理学的主要代表人物及理论主张

理学作为一种社会思潮，有其发生、发展、成熟的清晰过程。北宋初期的胡瑗、孙复、石介是其先驱人物，称为"理学三先生"。黄宗羲在《泰山学案》中指出："宋兴八十年，安定胡先生、泰山孙先生、徂徕石先生始以师道明正学，继而濂洛兴矣。故本朝理学虽至伊洛而精，实自三先生而始。"

胡瑗（993—1059），世居陕西路的安定堡，人称安定先生。曾与孙复、石介在泰山南麓的栖真观同窗求学，后主要致力于收徒讲学，程颐就出其门下。主教苏、湖二州二十余年，其教学方法被称作苏湖教法，教学内容分经义、治事两类，并不单纯传授儒学经义，更重要的是矫正时弊，强调践行儒家信仰。他称自己讲授的是"明体达用之学"，"体"指伦理道德准则，"用"指依准则履行。在理论上，他主要阐述"性"与"命"的关系，认为："命者禀之于天，性者命之在我，在我者修之，禀于天者顺之。"（《论语说》）开宋儒性命之学的先声。他严立学规，以身示范，当时就有明令以其教法为太学法，在全国推行。标志着天下学风的转变，已由隋唐时期重视辞赋开始转化为重视儒学经义，重视实际政务能力的培养，进一步推动了儒学的复兴与发展。对宋初文坛上盛行的"五代体""西昆体"也是一种抵制，胡瑗确是宋代理学开风气之先的人物。

孙复（992—1057），应举进士不第，隐居泰山聚徒讲学，人称泰山先生。他上承韩愈道统论，推崇儒家道统人物董仲舒，认为董仲舒使"圣道晦而复明"（《睢阳子集·董仲舒》），对发扬儒学道统功劳最大。他认为孔子著《春秋》的目的在于"尊王"，尊王是治国之本，态度鲜明地维护宋初君主专制制度。他继韩愈、李翱之后，反对、批判佛老，斥责其背离仁义礼乐，鼓吹虚无报应，扰乱君臣秩序。他也斥责浮艳文风，认为："文者，道之用也；道者，教之本也。"（《睢阳子集·与张洞书》）治经方面，不受汉唐人训诂传注的拘束，直接面对经典文本，重于探寻本义，开宋代以义理解经的风气。

石介（1005—1045），曾归耕徂徕山下，人称徂徕先生，著有《徂徕集》，和胡瑗、孙复齐倡"以仁义礼乐为学"。石介认为此学皆出于儒家圣人的道统，是万世不易之道，而佛道有悖此道即违背人道。在维护道统时，他特别强调"民为天下国家之根本"（《根本策》），诛除贪官污吏，仁于百姓利于天下，不可对贪腐者施予仁慈。因此他积极支持范仲淹主持的庆历新政，写了《庆历圣德诗》，赞颂革新派，贬斥保守派，庆历新政失败后，石介也被保守派列入"朋党"之列，成了打击迫害的对象。在"理学三先生"中，孙复推崇董仲舒，石介推崇韩愈，作《尊韩》，这与他将圣人之道与文学相联系有关。他曾把西昆体与佛、老并列为危害社会的"三怪"，认为"佛老以妖妄怪诞之教坏乱之，杨亿以淫巧浮伪之言破碎之"（《怪说》），石介堪称是对宋初浮华文风进行猛烈抨击的勇士。

"理学三先生"有感于五代纲常伦纪遭破坏，大力恢复儒家道统，力倡"以仁义礼乐为学"，治经不重章句训诂，重在阐释义理，对后来理学的形成产生了重大影响，而后来的周敦颐（1017—1073）则是理学名副其实的创立者。周敦颐字茂淑，湖南道县濂溪人，晚年隐居庐山莲花峰下，筑濂溪书堂于莲花峰下小溪旁，故人称其为濂溪先生，所开创的学派被称作"濂学"。其著述后人编为《周子全书》，其理学思想最集中地体现在《全书》中的《太极图说》与《通书》中。《太极图说》是篇250字的短文，是周敦颐依据《易传》《中庸》和韩愈的《原道》，吸收佛、老某些思想，把陈抟的《无极图》加以改造，简明地阐发他宇宙本体及生成发展论。他认为："无极"无象无形，却是宇宙万物最根本的实体，由"无极"生"太极"，再化生二气五行和万物。"无极而太极"论，具有宋明理学解决理气关系、心物关系的"发端之功"，使儒学的学理开始了对宇宙生成的哲学思辨。理论思维虽然停留在道家的有生于无的层次上，但它试图超越柳宗元的气化论、刘禹锡的物本论，使儒家的本体论进一步深化。在《通书》中，他提出"诚"的观念，认为万物中人是灵者，但人有善恶，这是心、性受外物影响所致。"诚"包括天道与人性两重意义，"诚者，圣人之本"（《通书·诚上》），主张通过"立诚""无欲"的道德修养，达到人生至善的最高境界。周敦颐融合三教，将世界本原纳入自己的理论视野，初步建立了一套综合探讨世界本体、万物生成、人与自然的关系、人性、封建伦常、修养方法等范畴的理论体系，提出无极、太极、阴阳、理、气、性、命等一系列理学的基本概念。从他开始使用"理"这一概念，虽未置于其哲学最高范畴，但为"理"生万物的理论提供了论证。对"心性义理"问题的讨论，也是从他开始的，标志着"心性义理"之学的理学体系已创立起来。后来的理学家只是使这个体系更加严密、系统而已。

邵雍（1011—1077）河南洛阳人，与周敦颐、张载、程颢、程颐合称"北宋五子"，是理学象数学派的创立者，其思想主要体现在他的《皇极经世》中。他融合儒道思想，重新排列《周易》的六十四卦，借"易卦"推衍、解释宇宙生成的本原，并试图用系统的思辨，将宇宙的结构与人的精神融合起来，来解说社会人事变化。他认为宇宙的本原是"太极"，"太极不动，性也；发则神，神则数，数则象，象则器，器则变，复归于神也。"（《皇极经世·观物外篇》太极永恒不变，由"太极"产生出"数"与"象"，并由此生成万物。又认为"太极"也就是"道"与"心"，他说："心为太极，又曰道为太极。"（《击壤集·自余吟》）既与周敦颐的"无极而太极"论相呼应，又开了南宋心学的先声。邵雍依自己"先天图"的循环变化，以"元""会""运""世"之数推衍治乱兴衰，认为人类社会按照"皇、帝、王、霸"的顺序渐次退化，现今已进入由盛而衰的阶段，持一种唯心的历史退化论。

与周敦颐同时的张载（1020—1077），也是理学创始人之一。居陕西眉县横渠镇，人称横渠先生，他讲学关中地区，人称其学为"关学"。关学的特征就是肯定"气"是充塞宇宙的实体，也是宇宙的本体，就连无形的"太虚"也是气。太虚生成万物，万物死灭时又散为太虚，气的变化规律就是"理"，探讨这理，叫"穷理"。用气一元论批判了佛、道关于"空""无"的观点，故其关学又称"气学"，是理学中唯物主义的杰出代表。张载还吸取古代哲学中的朴素辩证法，提出气"一物两体"的命题，认为气之中蕴含虚实、动静、聚散、清浊等对立统一的两方面，缺一不可，物无孤立之理，两体对立统一，这是万物变化的基本规律。"一物两体"运用于人性学说上，张载提出人性也有两种，一是纯善的、本然的天地之性；一是分殊的、有善与不善的气质之性。主张通过后天的尽性、养气、去情欲，返回纯善的天地之性。从人与物同受天地之气以生的角度出发，提出著名的"民吾同胞，物吾与也"的论断。（《西铭》）又首次提出"天人合一"，与荀子的"天人之分"、刘禹锡的"天人相交"、二程的天道人道同一有所区别。张载要求诸生学必如圣人，圣人与贤人的区别，在于圣人能洞察万物变化之态又能解释万物变化之理，从而能"为天地立心，为生民立命，为往圣继绝学，为万世开太平"。（《张子语录·语录中》）

理学发展至二程，进入理学的奠基阶段。二程是指程颢（1032—1085）、程颐（1033—1107）两兄弟，都是洛阳人，又为张载的表侄。程颢人称明道先生，程颐人称伊川先生，在政治上，反对王安石新法，哲宗时被列为奸党贬官，从此长期从事讲学与著述，因兄弟二人曾讲学于洛阳，世称其学为"洛学"。二程曾师事周敦颐，故洛学源于濂学，发挥了周敦颐的心性命理之学，进一步把"理"抽象为宇宙的本体、哲学的最高范畴，构建了以"天理"为核心的"理学体系"，其著述后人辑成《二程全书》。

周敦颐以"无极"、张载以"气"为万物的本体，二程以"理"为万物的本体，并对"气"和"理"这对重要的范畴作了论述。他们认为阳阴二气和五行只是"理"生成的材料，"理"是形而上的，而"气"则是形而下的，持理气二元论的宇宙观。他们认为"理"是万物本原和人类社会的最高准则，天下万物只体现一个理。"理"又存在于一切事物之中并统摄天地万物，就如一滴水珠能映出整个太阳光芒一样，一物之理能体现出万物之理，万物之理是理的最高体现。以三纲五常为核心的封建伦理道德，就是天理在人间社会的集中表现，天理的核心就是儒家所尊崇的"仁"。万物皆一理，万物又有不同层次的"理"，程颐称其为"明理一而分殊"。（《遗书》卷二上）既然任何事物都有其"理"，一切都要照理办理，圣人能治万物，就在于能使万物各得其理。二程明白自己学说的特点，所以程颢说："吾学虽有所授受，'天理'二字却是自家体贴出来。"（《外书》卷十二）如何获得天理？二程提出"格物致知"的认识论。"格物致知"原出于《礼记·大学》，以"格物致知"而达修身、齐家、治国、平天下之道。"格物致知"就是指"即物穷理"，就世间具体的万事万物中而体认天理，知其事物的"所以然"与"其所当然"的道理。二程的"格物致知"并不全指实践中得真知，主要还是求其心中固有的"知"，抑或称为"理"的，因为外欲所惑，知或理易被掩蔽，需要用涵养、进学的方法，反躬内求，悟得天理，求得心、理为一。坚持"涵养须用敬，进学在致知"（《遗书》卷十八），"用敬"，即心思专一排除物欲，"致知"，即穷理，恢复心中固有的"天理"。二程的"格物致知"显然受到佛老的影响，本身也影响了后来的"心学"，但又毕竟与道家的"绝圣弃智"以及佛家的"坐禅入定"所不同。

程颐对佛老持批判的态度，认为佛学误国弱国，老庄之学，属"大愚""大惑"。而程颢却并不反对读释老书，甚至还吸取了佛学禅宗和华严宗的部分思想。在人性问题上，程颐主张"性即理"说，理性无不善，但气分清浊，人才有贤愚之分，所以正心修身比正礼更为重要。程颢认为人性善与不善，在于人心（气禀之性）和道心（天命之性）的区别。道心是人的本性，是天理在人身上的体现，人心是生活中形成的，常为人欲所蒙蔽，就忘了天理，所以内心有"心志"最为重要。从理学后来的发展看，朱熹与陆九渊的分歧，在二程间已有了端倪，朱学近于程颐，陆学近于程颢。

　　理学在北宋经历了开创、奠基时期之后,到南宋就进入集大成阶段,集大成者就是朱熹(1130—1200)。朱熹号晦庵,曾师事李侗,为程门四传弟子。朱熹经历高、孝、光、宁四朝,主张抗金,反对和议,认为"和议有百害而无一利"(《壬午应诏封事》),当然也反对未有准备的盲目用兵。他一生主要以祠官散职过着讲学、著述生活,博览群书,著述甚丰,理学著述有《伊洛渊源录》《近思录》《程氏遗书》《程氏外书》《上蔡语录》《太极图说解》《通书解》《西铭解义》等,其著述被后人汇编为《晦庵先生朱文公文集》和《朱子语类》。朱熹对理学的最大贡献是:他以儒家伦理为核心,糅合佛老及诸子之说,吸收了周敦颐、张载、邵雍等北宋理学家的思想养分,甚至还吸收了当时自然科学的成果,进一步发展了二程的理学理论,建立了一个结构庞大、思辨精密,内容丰富的理学体系。

　　朱熹论证理学思想的最高哲学范畴"理"时,以二程的天理论为前提,又吸收了张载的气论思想,认为宇宙万物都是由"理"和"气"两方面组成,气赋予万物以材质,理反映了一切事物的本质和规律。理离不开气,但理先于气而存在,理本而气末。他断言:"未有天地之先,毕竟是先有理","有是理便有是气,但理是本"。(《朱子语类》卷一)朱熹认为"理"是宇宙万物的本体,是万物生成变化的普遍法则,具有宇宙论意义。同时又认为理是人类社会最高的道德伦理准则,又具有伦理意义。理是宇宙人世间一切合理性的根据,故名"天下公共之理"。(《朱子语类》卷九十四)从而使封建的三纲五常伦理规范上升为宇宙之理,获得了形而上的普遍性。理学新于先秦汉唐儒学,其根本就在于此,而朱熹对"理"的宇宙本体的论证,比起其他宋儒来就显得更加精密。

　　"理一分殊"本是二程提出的命题,"理"是宇宙万物的唯一本原和共同本质,万物在变化中又分别表现出不同的差异和等级,万物之理的最高原则,又体现在每一个具体而微小的事物中,统一之理又表现为多样性的万物之理,"理一"是"分殊"的根据,"分殊"是"理一"的具体体现。对于社会关系来说,"理一分殊"论从根本上解释了伦理仁爱原则的统一性和人伦关系中的等级问题。朱熹依据二程的"理一分殊"论,借鉴了张载的"一物两体"说,提出了一分为二的命题:"凡事无不相反以相成",事物"只是一分为二"。(《朱子语类》卷67)事物一分为二的过程就是事物运动变化的过程,事物运动变化有两种形式:化与变。"化是渐化,变是顿变"(《朱子语类》卷75),"渐化"是量变,"顿变"是质变。朱熹以一分为二、动静变化关系为具体内容的方法论,体现了他对"理一分殊"概念的深入阐述,讲清了宇宙统一本体和多样性万物既统一又变化的关系,包含着丰富的辩证法思想。

理学的哲学体系最终是为其封建伦理政治主张服务的,而人性论则是理学从宇宙论过渡到伦理政治学的中间环节。为了论证封建伦理规范的至上性与合理性,朱熹通过对理、性、心的分析,厘定宇宙本体、人性与仁义道德之间的相互关系,他提出的心性论,就是揭示人的本质与宇宙普遍本质关系的命题。他说:"性者理也,性是体,情是用,性情皆出于心,故心能统之。"(《语类》卷98)人性与天理在本质上是统一的,所以用"理"来指导和支配人类感情才是合理的。与一切生物比,朱熹强调人类独得仁义礼智之理,其人性具有"天地之性",但人又因所禀之气不同,除清明之气外,还有混浊之气,混浊之气则体现为"气质之性"。天地之性即为性与理,气质之性即为情与欲,它不是发自人的内在本质,而是惑于外物而表现出来的非理智。性是心之体,情是心之用,心是思维的主宰,贯通于性情、体用、动静的全部过程之中。符合天理的则是"道心",被情欲左右的则是"人心",须以道心主宰人心,以天理克去人欲。由此自然推出存天理,灭人欲的理学修养论。

比起前人来,朱熹的伦理思想更为系统、更具哲理色彩。他以理学的观点重新论证了三纲五常与天理、人性之间的联系,提出仁包三纲五常的命题。他认为五常源于人的本性,人的本性又是天理所赋予,是处理人际关系的准则,三纲又是五常中最根本的准则。三纲五常中他特别强调仁,再一次强调儒家以仁为其伦理核心的观点。如何求仁?朱熹继承程颐"涵养须用敬,进学在致知"的观点,提出"居敬穷理"的道德修养论。他说:"学者功夫,惟在居敬穷理二事"(《语类》卷9),"若能持敬以穷理,则天理自明,人欲自消。"(《语类》卷41)"居敬",是"身心收敛,如有所畏"(《语类》卷12),即排除人欲。"穷理",即穷究事理而悟得天理。"穷理"是一个不断学习与践履的过程,朱熹认为:"上而无极太极,下而至于一草一木一昆虫之微,亦各有理……一事不穷,则阙了一事道理。"(《语类》卷15)"圣人千言万语,只是教人存天理,灭人欲。"(《语类》卷12)通过"逐一格物""渐进积累"以达到"心与理一",使天理存而去人欲。理学家的灭人欲与佛道寡欲、无欲的区别,在于追求目的不同,理学家追求的是达到圣人的精神境界,而佛道追求的是成佛成仙的虚幻。

一般来说,宋代文人不会因言论而获罪,但具有政治影响的儒者言论往往与"党争"联系在一起,将其划入"逆党",其言论便被视为"伪学",这种现象在两宋社会多次发生。北宋时,理学创始人二程因此遭到贬斥、流放。朱熹晚年也被编入逆党籍,列为伪学罪首,其学被严令禁止传播,朱熹死后其理学地位才逐步上升,其地位仅次于孔孟。他所建立的理学新体系,使传统儒学由道德信条式的说教,终于变成了哲学理论体系。从而使儒学在与佛道的冲突中,获得了重新恢复权威地位的理论自信。自元至明清,其学被奉为官方哲学,尤其是他为《大学》《中庸》《论语》《孟子》作注,成《四书集注》,始与"五经"一起成为封建社会最重要的经典著作,他的经注成了官方法定的教科书与科考的标准答案。朱熹的理学思想作为官方正统思想,不仅深刻地影响了后世七百年之久的中国传统文化,而且还远播海外,影响了日本、朝鲜、东南亚甚至欧美诸国。

与朱熹同时期,在理学内部还产生了另一分支——以陆九渊为代表的"心学"。陆九渊(1139—1193)字子静,抚州金溪(今江西临川)人。曾于江西贵溪象山建精舍收徒讲学,人称象山先生。年轻时积极主张抗金,有恢复之志,主张改革弊政,减轻人民负担,缓和社会矛盾,并肯定王安石变法,其著述经后人编为《象山先生全集》。他虽也承认宇宙本原是"太极""理",但他认为理不存在于万物,理就在人的心里。实际上是把"心"作为宇宙万物的本原、哲学的最高范畴,提出"心即理"的命题:"人皆有是心,心皆具是理。心即理也。"(《与李宰二》)又说:"四方上下曰宇,往古来今曰宙。宇宙便是吾心,吾心即是宇宙。"(《杂说》)理不必"即物"求得,只需"发明本心"就可得到,发明本心才是正心立志的根本途径。将反映万物客观规律的"理",完全用主观化的"本心"所代替。

何谓"本心"?陆九渊认为"本心"即"仁义之心",人天生就心中装有天理,即装有仁义礼智四端。一切封建的道德教条都是人心所固有的,他说:"千万世之前有圣人出焉,同此心,同此理也;千万世之后有圣人出焉,同此心,同此理也。"(《杂说》)"心"和"理"是永久不变的,封建的伦理道德也是永恒不变的。理是人心本来固有的,只因"私欲"或"意见"将心所蔽,或称"失其本心",人的恶是外加的。修养的途径就是"发明本心",即"存心,养心,求放心"。陆九渊与朱熹曾有鹅湖之辩,陆九渊认为宇宙万物都在自己的心中,心明则理通,用此法穷理最"简易",与佛教禅宗的"顿悟"极为相似。而他认为朱熹主张的"格物致知",既烦琐又"支离"。因此为学最重要的是悟得本心,甚至连圣经贤传也不必多读,六经的道理原来就是我心,复其本心就是最好的修养方法。曾说"学苟知本，六经皆我注脚。"(《象山语录》卷1)陆九渊的心学思想虽轻视知识积累与后天学习，反对社会实践，但在当时对皓首穷经盲从书本的传统具有很大的冲击力。他的弟子杨简更将心学作了进一步发挥，认为宇宙万物都是心的产物："天地我之天地，变化我之变化，非他物也。""天者，吾性中之象；地者，吾性中之形，故曰在天成象，在地成形，皆我之所为也。"(《慈湖遗书·己易》)一切真理都是内心的表现。以杨简为代表的慈湖学派，在江南一带影响很大，成为陆九渊心学向王守仁心学发展的过渡。

宋代理学家重建的儒学新体系，对两宋的社会影响极大，但对与两宋先后对峙的辽、夏、金朝影响很有限，他们所接受的基本上还是传统的儒学。到了元朝的时候，随着孔孟及历代名儒被封以崇高封号，儒家社会地位进一步提高，儒学教育大大普及，程朱理学和陆九渊的心学在政治生活中发挥了重大作用，于是程朱理学成为官方统治思想。

明初，出于强化中央集权专制的需要，朱元璋和明成祖大力提倡程朱理学，理学出现空前盛况。明中叶，程朱理学逐渐淡化成圣成贤的精神，而变为学子求取科举功名的敲门砖。学术流弊导致道德沦丧，道德沦丧导致人心混乱，人心混乱导致社会动荡，封建统治出现了严重的政治危机。理学家王守仁认为程朱理学崇尚空谈，不务社会实际，主张进一步弥补、发展陆九渊的"心学"来更新理学。以"致良知"来克服人们心中的"私欲"，来挽救封建社会的政治危机。王守仁因而成为心学的集大成者，心学蔚然成一代学术思潮，把宋明理学发展到一个新的高度。

王守仁(1472—1529)浙江余姚人，因在故乡阳明洞筑室讲学，人称阳明先生。早年曾平定过农民暴动，中年后专心授徒讲学，一生以破"山中之贼"和"心中之贼"为己任，以"辅君""淑民"来挽救封建危机。其《王文成公全书》，阐述了他的心学思想。

王守仁的心学体系是以"心即理""知行合一""致良知"为核心建立起来的。"心即理"本来是陆九渊提出来的，王守仁对这一命题进行了发挥。他并非绝对排斥程朱学派，也肯定"理"是重要的，但反对程朱把理与心分开的做法。他认为天地万物之理都包容于人心，提出："心者，天地万物之主也，心即天，言心则天地万物皆举矣。"(《答季德明书》)又说："心即性，性即理。"(《传习录》上)将"心"等同于至高的"天""性""理"，甚至认为心之外无物无事无理无义无善，"心"是第一性的，其余都是第二性的。"理"存在于心，不需"即物穷理"，只需内心反省，克服私欲，致良知即可求得"理"。他说："致吾心之良知者，致知也；事事物物皆得其理者，格物也；是合心与理而为一者也。"（《答顾桥东书》）其知"理"不是认识客观世界的规律，而是知自己的良知本心。

如果说"心即理"是王守仁的本体论，而"知行合一"则是他的认识论。"知行合一"的理论基础是"心即理"，这是专门针对程朱学派"知先行后"而发论。他反对程朱在知行观上把知、行分作两阶段，认为这种主张会导致割裂知行或重行轻知，他批判说："外心以求理，此知行之所以二也；求理于吾心，此圣门知行合一之教。"（《传习录》中）他主张：知是行的开始，行是知的结果。从来没有知而不行的，知而不行只能是不知。他的"知"是知心中的良知，他的行是行心中的良知，知行浑然一体。王守仁的知行合一论，对知而不行的时弊确有纠偏的意义，但知行合一论混淆知行的概念，抹杀两者的差别，导致知即行或以知代行，同样会流于知而不行。

王守仁的"致良知"是其道德修养学说，"致"，含有达到、获得、归趋、恢复等意，"良知"，语出《孟子·尽心上》："所不虑而知者，其良知也。"本指一种天赋的道德意识。王守仁认为良知即天理，天理就存在于人的心中，人们只要把自己的良心摆正，获得良知，则一切行为就自然合乎天理，即合乎伦理道德的标准。所以他认为进学实际很简易，六经中的道理和我心中的良知都是同样的天理，进学的功夫就是致良知，对陆九渊的"六经注我"做了进一步的发挥。在儒家经典与良知的关系上，王守仁突出了良知的重要性，认为读经也是为了致良知。儒家经典从属于良知，在一定程度上没有盲从经学典籍的权威性，具有思想解放的意义。使不满现实的人，更增强了自主的意识。王守仁也将这种"致良知"的道德修养方法称作"致知格物"，"格物致知"是程朱学派的主张，但王守仁的"格物"指克去心中私欲，去其心之不正，"致知"是指获得心中本有的良知，不是认识了外物才有的知。他说："心之理无穷尽，原是一个渊，只为私欲窒塞，则渊之本体失了。如今念念致良知，将此障碍窒塞一齐去尽，则本体已复，便是天渊了。"（《传习录》下）

王守仁的心学，阐述了他的宇宙观，也阐述了他的人性论和认识论。作为宇宙观，他把心夸大为宇宙的本体；作为人性论，他把封建伦理道德称为人人本有的"良知"。人有"良知"即可为"圣人"，但由于受到了物欲的"昏蔽"，使大多数人不知心中的"天理"，因此，去人欲存天理是修身达圣为贤的根本途径。作为认识论，他认为"知"与"行"相辅相成不可分离，实际是强调"知心"。"心即理""致良知""知行合一"，都落脚于"心"，目的是告诫人们应该具有道德修养的自觉性和主动性。王守仁是中国封建社会后期杰出的思想家,他的心学以更具主体思维能动性而发展了宋代的理学,他将封建伦理的合法性与合理性的根源从外在的天理转化为道德主体的内在良知,将程朱理学的客观唯心主义发展为主观唯心主义,在理论形态上把宋明理学推向了新阶段。

(三) 理学对文学创作的影响

宋元明理学是由传统儒学、正统经学发展而来的,与传统儒学、正统经学的重大区别,在于它充分吸收了佛、道的哲理思想、思辨方式,以新的思维来解释"理",来建立自己新的儒学体系。宋明理学主要借鉴吸收的是佛、道在哲学本体论方面的形上因素,来建立自己的形上学理论体系,使之成为具有世界观与方法论的哲学化的新儒学。宋明理学是中国儒学史上的一个里程碑,体现了宋明理学家们融合创造的哲学智慧。宋明理学中,不论主张以理、以气或以心为宇宙本体,归根结底都是以各具特色的道德信条为本体,这与佛、道神学化的本体论截然不同。宋明理学与传统儒学、正统经学一样,以伦理道德为其哲学的核心,只是它注重从哲学的高度来论证三纲五常封建制度的合理、合心,这无疑进一步强化了社会道德教化,压抑、扼杀了人们的自然欲求。但同时也有助于人们加强自律、注重气节道德修养,自觉担当起社会责任和历史使命,以此来构筑和谐有序的社会环境。所以它成为南宋以后长期居于统治地位的官方哲学,对中华民族性格特征及文化特色的形成影响极大。

宋明理学对当时及后世的文学创作也影响极大。由于理学有了长于思辨的特点,不论宋代的古文运动、兼取北宋文统与南宋道统的元代散文,还是或尊秦汉或尊唐宋的复古、拟古的明代散文,都加强了哲理思辨的成分。且不说理学鼎盛时期的宋代散体文、骈体文甚至文赋,贯彻着的思辨的精神,就是向以抒情为特征的诗歌,也以充满理趣、哲理思辨而与以往其他朝代的诗歌相区别。更不用说宋代的语录体散文,那多是理学家讲课授业的记录,或是用于科考的经义文章,都是直接使用散文的形式来宣扬理学,而元明时期的各体散文又无不沾化于宋文。

长期以来,学界认为宋明理学对儒学的发展有贡献,至于对文学创作,只因个别代表人物的"作文害道"论,就断定宋明理学对文学创作只有消极影响而无多少正能量。诚然,宋明理学的主要流派,倾力于建立一个圣学传承的道统,将尧、舜、禹、汤、文、武、周公及孔、孟的学说发扬光大,对传统的"文统"有所轻视。实际上,大多数宋明理学家并不反对"文以明道"或"文以载道"的主张,有的本身就是杰出的文学家,如朱熹。黄震在其《黄氏日钞》中赞扬道："朱子为文，其天才卓绝，学力宏肆，落笔成章，殆于天造。其剖析性理之精微，则日精月明；其穷诘邪说之隐遁，则神搜霆击；其感慨忠义、发明离骚，则苦雨凄风之变态；其泛应人事，游戏翰墨，则行云流水之自然。"而周敦颐的《爱莲说》，张载的《西铭》等，都堪称传世的文学精品。不过，文道完美结合只是一种理想境界，当两者结合时，不同人对文道各自的内涵和文道两者孰重孰轻的认识便有了分歧。宋明理学主要流派的认识，在公允、正确性方面，确实不及非主流学派，这不能不说与其对道统与文统的关系没有持正确认识有关。而那些理学非主流学派虽都表达过道优先于文、先道德而后文章的看法，但又承认"文"有相对独立性，"文"自有其本身的特殊规律，强调"文与道俱"，反对重道轻文，并相应建立了"文统"，用道统与文统的结合，来对抗宋明理学主要流派重道统轻文统的倾向，所以在文学创作方面做出卓越贡献的往往是那些理学非主流的学派。

宋明理学主要流派否认"文"的相对独立性，将"文"视为"道"的附庸和派生物，文仅是道的运载工具。如周敦颐在《通书·陋》中说："圣人之道，入乎耳，存乎心，蕴之为德行，行之为事业。彼以文辞而已矣，陋矣。"朱熹也说："道者，文之根本；文者，道之枝叶。"又说："这文皆是从道中流出，岂有文反能贯道之理？文是文，道是道，文只如吃饭时下饭耳。若以文贯道，却是把本为末。"(《答吕伯恭》)反对"以文贯道"和"文与道俱"的说法。程颢、程颐重道轻文的倾向更为严重，甚至将文以载道、文以明道变为文以害道，把"文"和"道"对立起来。有人"问曰：'作文害道否？'"程颐回答曰："害也，凡为文不专意则不工，若专意则志局于此，又安能与天地同其大也？《书》云：'玩物丧志。'为文亦玩物也。吕与叔有诗云：'学如元凯方成癖，文似相如始类俳。独立孔门无一事，只输颜氏得心斋。'此诗甚好！古之学者唯务养性情，其他则不学。今为文者专务章句，悦人耳目，既务悦人，非俳优而何？"(《二程遗书》卷18）持文以害道的观点纵使在宋明理学的主要流派中也属于比较极端的个例，但他们重道轻文的倾向还是普遍存在的。然而对于程颐的论调，也需辩证全面地分析看待。程颐一方面有轻视"文"的思想；另一方面也对专务章句追求浮华形式表示不满，所以宋明理学的主要流派大多数对"穷妍极态，缀风月，弄花草，淫巧侈丽，浮华篡组"的西昆体深恶痛绝，对骈文也持批判态度。他们的语体文章，更是浅显易懂，多用口语俗话，影响极大，对宋元明俗文学的兴盛及古文散文风格的转变有直接的关系。

文学本体论是文学的根本问题，决定着文学的基本精神，但宋代之前，中国文学界缺乏对这一根本问题的认真思考。宋代理学的产生，从哲学高度，提出宇宙本体、生成的理论，这一理论当然也适用于解决文学本体的问题。宋明理学对文学的重大影响，就是以自己理学的本体论，启迪文学本体论系统的形成，使其产生了"文本于理""文本于气""文本于心"的各种本体论理论。后世持"文本于理"的一元论者，往往强调道对文的决定作用，看重文对道的阐扬，重视文的社会功利效果，反对轻视道而一味沉溺于对华丽辞采的追求。持"文本于气"的一元论者，往往看重作者的气质，气质由作者个人的品德、人格、学养、阅历而出，强调气质刚正乃禀天地之气，作者养成浩然正气，才能写天下至文。持"文本于心"的一元论者，强调言为心声，为文必须有个性，能抒写己见，从"童心"出发，大胆宣扬主体真精神。不论"文本于理""文本于气"还是"文本于心"，基本都是唯心的本体论，因为所谓"理"，是指符合封建伦理道德的"天理"；所谓"气"，是指符合封建伦理道德的"天地之气"；所谓有"心"，是指符合封建伦理道德的"良心"。都属于精神方面的，而不是独立存在的物质客体。物质对精神而言，也就是存在对思维而言，才是其本原、本体。不过，理学家的本体论，毕竟使中国文学思想也哲学化与体系化了。

宋明理学除建立了本体论外，还在心、性、情等方面有精湛的阐述，如张载认为："心统性情者也。"（《张子全书·语录》）朱熹赞同道："横渠心统性情之说甚善，性是静，情是动，心则兼动静而言，或指体，或指用，随人所看。"（《朱子语类》卷62）理学家的"心统性情说"，开启了新的通向审美感悟的路径。而王守仁心学作为明代中后期最有影响的思想流派，对文学的巨大影响显得更为明显。王守仁心学中关于境界、品格、知觉、感物、气禀等概念的论述，关于心与理、心与物、心与性、知与行、诚意与格物、良知与致良知、有与无、自得之乐与无我之境等理论范畴的厘定，都已接近文学的诗意层面，带有浓郁的审美情调。"嘉靖年间的唐宋派是心学实际介入文学思潮的开始，徐渭是受心学影响而又开始重个性、重情感的作家，李贽的童心说是心学思想向重自适、重自我、重真实、重自然的文学思想转折的标志，晚明的汤显祖、公安派、冯梦龙、竟陵派甚至包括金圣叹，均受到心学尤其是李贽思想的深刻影响。"[①] "晚明

[①] 傅璇琮、蒋寅总主编：《中国古代文学通论》，郭英德主编：《明代卷》，辽宁人民出版社2005年版，第271—272页。

小品以受心学影响的性灵派作家为核心,如徐渭、李贽、汤显祖、公安三袁、陈继儒、竟陵派等;其主要特点则是突出自我个性、诙谐有趣、自由活泼及文法不拘一格等,可以说小品文乃是心学思潮影响下的产物,或者说它本身就是心学思潮的体现。"[1] 中国文学创作本注重体现伦理的善德,受宋明理学影响,中国封建后期的文学创作,更注重人的内心体验,更注意追求品德、人格善而美的意义和理性思维的韵味,更崇尚内圣之学的审美境界,作为宜于抒情达意的散文,尤其如此。

值得注意的是由王安石、欧阳修、苏轼、苏辙、陈亮、叶适等人组成的理学非主流的学派。与主流的理学家不同,他们除了高举"道统"的旗帜外,还打着"文统"的另一面旗帜,坚持道统与文统、义理与辞采统一的主张。正如《元史·儒林传序》说:"前代史传,皆以儒学之士,分而为二,以经艺颛门者为儒林,以文章名家者为文苑。然儒之为学一也,《六经》者斯道之所在,而文则所以载夫道者也。故经非文则无以发明其旨趣;而文不本于六艺,又乌足谓之文哉。由是而言,经艺文章,不可分而为二也明矣。"理学非主流学派虽然并没有改变理学唯心的本体论,但他们兼理学家与文章家于一身,努力使"道与文俱",在一定程度上纠正了"文本于理""文本于气"与"文本于心"所造成的片面与极端,因而写出许多传世的优秀文学作品,对中国文学事业贡献巨大。

二　北宋散文:古文复兴鼎盛的标志

宋代,尤其是北宋,是古代散文发展的鼎盛时期。与唐文比,宋朝散文表现出以下的特点:一是名家众多,所谓的"唐宋八大家"中,北宋人就占了六位。二是宋朝由于推行重文的政策,印刷业非常的发达,引起社会对散文的新需求,造成散文作者群庞大,流派纷呈,创作的作品丰富多彩,且传世精品较多。三是宋朝散文各类体式多元共存,骈体、散体、语体等文体在互相影响、互相吸收、互相竞争的情况下,各自不断在自身改造中演变发展。唐代古文运动并没有给古文夯实基础,使骈文重新夺回文章的主导地位。而宋代散文全面复兴,是以欧、苏为代表的古文运动再次兴起的结果,它以更加系统的儒家思想内容与完美高超的艺术形式,牢牢地占据了文坛的统治地位。

---

[1]　傅璇琮、蒋寅总主编:《中国古代文学通论》,郭英德主编:《明代卷》,第290页。

（一）骈文复炽与古文复兴

从晚唐以来，古文衰落，骈文风靡，骈文占据了文坛的主导地位，至五代，文坛更是骈文的一统天下，形成了浮靡绮艳的"五代体"，直到宋初，文坛上仍有人承袭着晚唐五代骈俪的风气。如果说晚唐五代浮靡文风与当时衰颓世风相适应，为什么大一统宋王朝建立，文坛上这种浮艳柔靡之风仍盛行不止呢？这自然有其原因。首先是文风的变化是一个渐变的过程，它并不是随着改朝换代的时代变化或统治者一道指令就可马上改变的。晚唐五代骈俪之风风靡文坛已久了，为文"以妖艳为胜"（牛希济《文章论》），形成了一种普遍流行的审美观，要改变这一风气需要强有力的文风改革。其次，浮艳轻靡的文风，还有其存在的社会条件。北宋王朝的建立，结束了晚唐五代以来长期分裂割据的局面，重新建立起中央集权制，为了不再出现中晚唐以来藩镇割据、中央军权旁落的局面，从建国伊始，就以优厚的待遇安抚功臣勋将，给予其安荣享乐而夺回或削弱其手中的兵权。统治者又采取了偃武修文的政策，重用文吏以牵制与抑制武将势力，在一系列政策上优待文人。又广设学校，增加科举名额、文职官员数量及其俸禄，扩大翰林馆阁的规模，组织大批文人编纂大型文化典籍。为了使更多的文人为统治者歌功颂德、粉饰太平，北宋朝廷有意倡导赋诗撰文，宫廷之中、宴席之间，个个舞文弄墨，人人争相附庸风雅，君臣上下、同僚之间应酬唱和，形成了风尚，善作骈体的人受到推重。"以妖艳为胜"的骈文成了他们声色享乐的消费品，骈文得到继续生存与发展的机会。

首先继承五代绮丽繁缛文风的是那些由五代进入北宋的文人，如徐铉（917—992）曾仕南唐翰林学士，李昉在后周时也曾任翰林学士，他们在国亡后都归于宋，受到宋朝皇帝的器重。徐铉曾任新朝左骑省常侍，李昉更是两度为相，徐、李二人还主盟了当时的文坛。徐、李皆为硕学鸿儒，博古通今，有深厚的学养，徐铉曾为《说文解字》作注，李昉曾参加《旧五代史》的编撰，并主编《太平御览》《太平广记》和《文苑英华》，此三书规模宏大，与《册府元龟》合称宋代四大书。徐铉也是《太平广记》和《文苑英华》的主要编撰者之一。徐铉、李昉凭借自己在政界、文坛上的地位，影响了一大批追随者，这些人中有陶谷、张昭、张洎、李至、陈彭年等人。他们绝大多数都曾为翰林学士、知制诰，精通儒术，有的还博览道释之书，兼通禅寂虚无之理，好清谈。入宋后官职显赫，又因长期受到五代浮靡绮丽文风的影响，所作章疏奏议，无不博雅雄赡，文采斐然，属对精工，韵谐律合，如陶谷的《太祖登极赦》、张昭的《请奉宣祖配享议》等。

当然，最有代表性的还数徐铉，时人视为"今世儒宗""文章之伯"，其门生胡克顺称其"文律高深，学术精博，辞惟尚要，思在无邪，克著一家之言，盖处诸公之右。"（进《徐骑省文集》表）徐铉自己认为："君子之道，发于身而被于物，由于中而极于外。其所以行之者，言也；行之所以远者，文也。然则文之贵于世也，尚矣。虽复古今异体，南北殊风，其要在乎敷王泽，达下情，不悖圣人之道，以成天下之务，如斯而已矣！至于格高气逸，词约义微，音韵调畅，华采繁缛，皆其余力也。"（《故兵部侍郎王公集序》）他把"不悖圣人之道"视为为文之"要"，把华采繁缛视为"余力"而为，既强调了骈文的经世致用的功能，又重视了音韵辞藻的艺术作用，此说与唐代开元年间号称"燕许大手笔"的张说、苏颋的主张大致相合。徐铉提倡文章要"丽而有气，富而体要，学深而不浅，调律而不浮"（同上），他的《重修说文序》便是这样的文章，兹录一小段以示：

> 稽夫八卦既画，万象既分，则文字为之大辂，载籍为之六辔。先王教化所以行于百代，及于物之功，与造化均，不可忽也。虽复五帝之后，改易殊体，六国之世，文字异形，然犹存篆籀之迹，不失形类之文。及暴秦苛政，散隶聿兴，便于末俗，人竞师法。古文既绝，讹伪日滋。

文章以意为主，以气为用，骈散结合，灵活运用，词约意丰而文采斐然。

过去一些评论家对宋初整个骈文创作指责过甚，将它与后来的西昆体相提并论，如北宋末沈晦说："国初文章，承唐末五代之弊，卑弱不振。"（《柳文后序》）这种批评如果指其末流，确实存在着过分追求骈偶辞藻，论卑气弱的现象。然而我们细看徐铉的文学主张与骈文创作，情况并非全是如此，可见，有些人其文虽讲究声病，也精于属对，但能"将唐代古文运动'文以载道'等优良传统的因子移植于骈体创作中，给骈体散文注入了新的活力"，[①] 所以我们对宋初的骈文作家也须要一分为二地看待，不能只见其骈文存有绮丽繁缛之习，就贸然地通通作出"卑弱不振"的结论。

[①] 杨庆存：《宋代散文研究》，人民文学出版社2002年版，第85页。

由五代入宋的馆阁词臣，恰逢宋朝崇文抑武的政策，非但无亡国遗民之感，而且比在旧朝时还大有用武之地。他们继续以音韵调畅、华采繁缛的"五代体"颂扬着"王泽"，颂扬的对象不过是由原来的君主换成宋皇罢了。当这些馆阁词臣在文坛上承袭着五代浮靡绮艳的文风，以骈偶为文时，就有反对的声音，他们尊崇儒学，崇拜韩愈，力主革弊复古，以散反骈，想扭转从晚唐以来骈文回潮的趋势。然而由于骈文适应新朝统治者歌功颂德、粉饰太平的需要，适应进士科考、"时务政理"的需要，骈文非但没有衰退，反而又大大地发展了。至宋真宗、仁宗时，文坛上又出现了以杨亿（974—1020）、钱惟演（962—1034）、刘筠（971—1031）为代表的馆阁之臣的骈文，其影响之大，可谓盛极一时。"是时天下学者，杨、刘之作，号为时文。能者取科第，擅名声，以夸荣当世，未尝有道韩文者。"（欧阳修《记旧本韩文后》）这种独步当世的"时文"，人称之为"西昆体"。此名虽说由杨亿所编《西昆酬唱集》这部馆阁词臣诗歌酬唱合集而得，然"西昆体"却既指该文学派别的诗体，又指该文学派别的文体，是一个文学流派与文学风格的含义。"西昆体"文与其诗相一致，其创作思潮与审美标准都以声律谐美、辞采华美、对仗精工、典故繁缛为尚，内容多是点缀升平的应酬消遣之作。

以杨亿、钱惟演、刘筠为代表的西昆派，为文宗法李商隐，然而他们取法于李商隐的贵骈尚丽，吸取其整饬、博雅、密丽的风格，采用其雕章琢句、音韵谐和、辞采富赡的形式，而忽视的却是李商隐骈文中真切朴实的感情和纵横畅达的气势。正如叶涛所评：

> 国朝接唐五代末流，文章专以声病对偶为工，剽剥故事，雕刻破碎，甚者若俳优之辞。如杨亿、刘筠辈，其学博矣，然其文不能自拔于流俗，反吹波扬澜，助其声势，一时慕效，谓其文为"昆体"。（《欧阳修集》附录叶涛《重修实录本传》）

宋前期如同晚唐五代一样骈文盛行，受到古文家的责难。其实过不在形式本身，而在于此种形式缺乏反映社会现实的内容，缺乏时代气息，或者说是过分重视形式而忽视了内容。尽管如此，也不能说杨亿等人的骈文全是形式主义的唯美之作。就如杨亿，他为人刚介耿直，欧阳修在《六一诗话》中说他"雄文博学，笔力有余"。其《武夷新集》中的表状书启，有一些就为不满宋真宗过分祀祠、封禅和修建道观而发。再如《论弃灵州》等文，更是直接针对边防军情提出自己的应对之策，表现了他忧患天下的情怀。其《殇子述》采用了散体句式,哀恸爱子夭亡,语言朴实自然,感情悲切深挚,颇有韩愈《祭十二郎》的风韵。石介在《怪说》中批判杨亿"穷妍极态,缀风月,弄花草,淫巧侈丽,浮华纂组","破碎圣人之言,离析圣人之意,蠹伤圣人之道",这主要是从杨亿文风和创作主要倾向而言的,再则,"矫枉过正",说些过头话也在情理之中。石介以卫道者的姿态,向西昆体宣战,既有摧陷廓清的作用,也不免带有负面影响。因他曾任国子监直讲,其观点对太学生影响很大,这些学子忽视文章文学性,反对骈俪绝对化,继承了李翱的道学气与皇甫湜的怪僻,他们的古文被称为"太学体",他们在反对绮靡僵化骈文的同时,却又走上了险怪艰涩一途。

就在宋初骈文盛行时,柳开(947—1000)就首先站出来,力挽狂澜,主张恢复唐代古文传统,反对华靡骈俪风气,认为兴儒垂教必须复兴古文。他说:"欲行古人之道,反类今人之文,譬乎游于海者,乘之以骥,可乎哉?苟不可,则吾从于古文。"(《应责》)柳开原名肩愈,字绍先,大名(今属河北)人,官至殿中侍御史。其起名取字,都有继承韩愈古文事业之意。后改名为开,字仲涂,自号补亡先生,柳开撰文自解说:"将开古圣贤之道于时也,将开今人之耳目使聪明也。必欲开之为其涂矣,使古今由于吾也。"(《补亡先生传》)新改的名、字、号都有恢复已丧失的儒家文风、开辟传播儒道新路的含义,由此可见柳开一生卓尔不群的志向。《宋史》本传称其"既就学,喜讨论经义。五代文格浅弱,慕韩愈、柳宗元为文,因名肩愈,字绍先。既而改名字,以为能开圣道之涂也。著书自号东郊野夫,又号补亡先生,作二传以见意。尚气自任,不顾小节,所交皆一时豪隽。范杲好古学,尤重开文,世称为'柳、范'。"《宋史·尹洙传》说:"自唐末五代,文体卑弱,至宋初,柳开始为古文。"《四库全书总目·卷152·别集类》中也说:"今第就其文而论,则宋朝变偶俪为古文,实自开始。"柳开以继承韩、柳古文传统为己任,在宋初一派浮靡文风中敢于响亮提出崇尚古文,目的就是明道垂教,恢复儒家道统。他在《应责》一文中声明:"吾之道,孔子、孟轲、扬雄、韩愈之道;吾之文,孔子、孟轲、扬雄、韩愈之文也。"明确地揭示了"道"与"文"的内涵,即"道"是儒家伦理道德,"文"是儒家淳朴实用的古文。他针对"太学体"派对古文的片面理解,还在此文中对"古文"的概念做了进一步的提示:"古文者,非在词涩言苦,使人难读诵之;在于古其理,高其意,随言短长,应变作制,同古人之行事,是谓古文也。"在《上王学士第三书》中又说:"文恶辞之华于理,不恶理之华于辞也。"柳开的古文理论，主张道与文合一而又有重道轻文的倾向，但对于当时积重难返的浮靡颓风来说确实是有力的冲击，有开创宋代古文新文风的意义。他所创作的多是尊崇儒道、事关治国修身的散体文，如《代王昭君谢汉帝疏》，构思新奇，代昭君立言，语言辛辣，揭露汉朝廷安边无策，一味媚外亲敌，意在借古讽今，批判当朝屈辱求和的对外政策。《东郊野夫传》，是一篇自传体散文，内容深厚，语言流畅，写出了儒家仁人君子的坦荡胸怀与浩然正气。但由于忽视文采，或因大力矫正时弊而有意使语言粗率和艰涩，所以柳开的古文创作艺术成就不算高，影响并不大，他在文坛上的影响，主要是因为他率先奋起扭转五代以来的华靡骈俪文风。

宋前期既主张文章复古且有优秀创作实绩的散文作家还得数王禹偁。王禹偁（954—1001）字符之，济州巨野（今属山东）人，历任翰林学士、知制诰等职，因敢言直谏而屡遭贬谪。著述有《小畜集》《小畜外集》。他同柳开一样，也对骈文盛行表示不满，主张以恢复古文传统来改革颓靡文风。但他复兴古文的目的与柳开又有不同，他认为"夫文，传道而明心也"（《答张扶书》），说明他并不把宣扬儒家之道当作古文的唯一目的，除此之外，还要阐明自己的政治主张与现实生活中的见闻感受。所以他的文章现实性强，多涉及民间疾苦和政事得失。他还认为："远师六经，近师吏部，使句之易道，义之易晓"，若"模其语而谓之古，亦文之弊也。"（同上）学习儒家六经，并非取其古奥艰涩之语；取法韩愈，主要推崇韩愈散文"文从字顺"的一面，"使句之易道，义之易晓"，并非盲目简单地一概排斥骈偶句式。王禹偁的古文理论，在内容上反对单纯宣扬儒道，在形式上反对词涩言苦，倡导平易自然、朴实流畅的文风，揭示了宋代新古文运动的发展趋势，对欧阳修、苏轼等人有一定影响。王禹偁"以雄文直道独立当世"（苏轼《王元之画像赞序》），其代表作品《黄州新建小竹楼记》，通过小竹楼景致的描写，对谪居生活的描述，表现作者不慕富贵、随缘自适的淡泊情怀，寄寓政治上失意的人生感慨，写景、叙事、抒情融为一体。意境清幽，语言淡雅，意趣蕴藉，一扫当时文坛的浮艳风气，上可追刘禹锡的《陋室铭》，下可启欧阳修的《醉翁亭记》。其《待漏院记》，构思独特，惟妙惟肖地刻画了贤、奸、庸三种宰辅在待漏院还未上朝时的心理，展示了他们不同的品质与人格：

  待漏之际，相君其有思乎？其或兆民未安，思所泰之；四夷未附，思所来之；兵革未息，何以弭之？田畴多芜，何以辟之？贤人在野，我将进之；佞臣立朝，我将斥之；六气不和，灾眚荐至，愿避位以禳之；五刑未措，欺诈日生，请修德以厘之。忧心忡忡，待旦而入。九门既启，四聪甚迩。相君言焉，时君纳焉。皇风于是乎清夷，苍生以之而富庶。若然，总百官，食万钱，非幸也，宜也。

其或私仇未复，思所逐之；旧恩未报，思所荣之；子女玉帛，何以致之？车马器玩，何以取之？奸人附势，我将陟之；直士抗言，我将黜之；三时告灾，上有忧色，构巧词以悦之；群吏弄法，君闻怨言，进谄容以媚之。私心慆慆，假寐而坐。九门既开，重瞳屡回。相君言焉，时君惑焉。政柄于是乎隳哉，帝位以之而危矣。若然，则死下狱，投远方，非不幸也，亦宜也。

是知一国之政，万人之命，悬于宰相，可不慎欤？复有无毁无誉，旅进旅退，窃位而苟禄，备员而全身者，亦无所取焉。

贤相一心为公以治国，奸相满怀私欲以害国，庸相庸碌自保以误国，作者对贤相崇敬仰慕、对奸相疾恶如仇、对庸相鄙夷藐视之情也跃然纸上。立论高远，理贯古今，有的放矢，文字通俗简明，多用排句助文气势，正如有人评说此文："辞气严正，可法可鉴……虽名为记，极似箴体。"（吴楚材等《古文观止》卷9）文中所论，皆可作后人治吏治国的重要借鉴。王禹偁以联系社会现实的"道"，与自然平易的"文"，为宋初文坛带来新气息，不愧是欧、苏等人新古文运动的先驱者。

提倡兴儒尊韩、复古反骈，与西昆派相抗衡的代表人物，还有穆修、苏舜钦、范仲淹等人。《宋史·穆修传》中记载："自五代文敝，国初，柳开始为古文。其后，杨亿、刘筠尚声偶之辞，天下学者靡然从之。修于是时独以古文称，苏舜钦兄弟多从之游。"又说"穆虽穷死，然一时士大夫称能文者，必曰穆参军。"穆修（979—1032）字伯长，郓州（今山东郓城）人，性耿介，任过泰州司理参军和颍州文学参军等职，著有《穆参军集》。他的文学主张与柳开等人相同，认为恢复儒家"古道"，必须反对浮华的时文，彻底扭转风靡的绮丽"习尚"。他在《答乔适书》中说："古道息绝不行，于是已久。今世士子习尚浅近，非章句声偶之辞，不置耳目，浮轨滥辙，相迹而奔，靡有异途焉。"穆修借与乔适谈学古文，对为文专在章句声偶上雕琢的不良风尚表示了谴责。他以韩、柳古文为旗帜，以复兴古文为己任，曾花费近三十年的时间，整理、刊印韩、柳文集，可见其不顾流俗诋毁，锲而不舍地坚持与西昆体斗争的勇气与毅力。他的古文，沿溯于韩、柳，其水平虽不能与韩、柳比肩，但也有时代特色和个人特点。如其《任氏家祠堂记》《东海徐君墓志铭》《亳州魏武帝帐庙记》

等文，语言平易自然，辞藻质朴无华，文势劲健流畅。其《唐柳先生集后序》，更是他的代表之作，字字发自肺腑，倾诉了对韩、柳的钦慕之情：

> 至韩、柳氏起，然后能大吐古人之文，其言与仁义相华实而不杂。如韩《元和圣德》《平淮西》，柳《雅章》之类，皆辞严义伟，制述如经；能崒然耸唐德于盛汉之表，蔑愧让者，非二先生之文则谁欤？……呜呼！天厚予者多矣。始而餍我以韩，既而饫我以柳，谓天不吾厚，岂不诬也哉！世之学者，如不志于古则已；苟志于古，求践立言之域，舍二先生而不由，虽曰能之，非予所敢知也。

比较起来，苏舜钦（1008—1048）是这一时期在古文创作上颇有成就的作家。舜钦字子美，梓州铜山（今四川中江南）人，曾任集贤殿校理。宋荦在《苏子美文集序》中称赞苏舜钦"挽杨、刘之颓波，导欧、苏之前驱，其才识尤有过人者。学者论宋初古文，往往以子美与穆伯长并称，其实伯长不及也"。苏舜钦"位虽卑，数上疏论朝廷大事，敢道人之所难言"（欧阳修《湖州长史苏君墓志铭》），他的文章多指责时政、议论朝政得失，如《乞纳谏书》《论西事状》《诣轨疏》等，揭露时弊，指斥昏君、奸相，力主改革，放言无惮。范仲淹主持"庆历新政"时，他积极参与支持，被视为"范党"。又因强硬的改革态度，遭到保守派的打击陷害，被削职为民，使他更有机会了解上层的腐败与下情的疾苦。他的《答韩持国书》《处士崔君墓志》《两浙路转运使司封郎中王公墓表》等文，揭露官场的黑暗，描写落魄文人的窘态，叙述饥民流亡的痛苦，都有作者一腔愤慨在其中。而最为人所传诵的还是他的《沧浪亭记》，沧浪亭是作者寓居苏州时所建，"沧浪"取义于《孺子歌》"沧浪之水清兮，可以濯我缨；沧浪之水浊兮，可以濯我足"。通过对沧浪亭中闲适生活的描写，寄托了自己不怕罢官为民、随遇而安的豁达。文章把叙事、描写和议论熔为一炉，在幽雅的自然美景中寻找着怡然乐趣与发泄着胸中的郁积，字句凝练简洁，风格劲峭拗折，显然得柳宗元山水游记的真谛。苏舜钦的文论不多，但文章精辟，很有影响。他主要以自己的创作实践，推进了宋代古文的复兴。

范仲淹（989—1052）字希文，吴县（今江苏苏州）人，少年即志向远大，愿以天下为己任。仁宗庆历元年（1041）以龙图阁直学士的身份与韩琦并为陕西经略安抚副使，采取"屯田久守"方针，使西夏兵不敢进犯。庆历三年（1043），官至参知政事（副宰相），与富弼、欧阳修等人组成政治改革集团，他上《答手诏条陈十事》给宋仁宗，提出十项改革主张：明黜陟、抑侥幸、精贡举、择长官、均公田、厚农桑、修武备、减徭役、覃恩信、重命令。这是庆历新政的纲领与宣言，这些改革主张大都被仁宗采纳，颁行全国，号称"新政"。但因改革限制了上层官僚的特权利益，遭到保守势力的疯狂抵制与反对，新政实行不到一年便宣告失败。但范仲淹毕竟是"庆历新政"的倡导者，成为当时的政治中心人物，也成为王安石变法的先行人物，颇具社会影响力。范仲淹因"庆历新政"遭贬谪，外任于邓、杭、青诸州，最后在赴任颍州途中死于徐州，谥文正，著有《范文正公集》。

范仲淹不仅提出过多项政治改革方案，就在要求改革"政弊"的同时也主张改革"文弊"。认为"为学者不根乎经籍，从政者罕议乎教化，故文章柔靡，风俗巧伪，选用之际，常患才难"（《上时相议制举书》），"国之文章，应乎风化，风化厚薄，见乎文章"，"敦谕词臣，兴复古道。更延博雅之士，布于台阁，以救斯文之薄而厚其风化也"。（《奏上时务书》）他从政治家角度，赞赏柳开、王禹偁、穆修等人文学复古的主张，也鼓励和肯定尹洙、李觏、欧阳修等年轻作家的古文创作。自己的文章以议、书、表、记等实用文为主，尤精于政论。他的《岳阳楼记》更是名满天下，这篇脍炙人口的文字，本是应友人滕子京之约为重修岳阳楼写的记文，文章能脱尽前人窠臼，自辟蹊径，省略了楼的形状、修建沿革的介绍，重点放在了精辟的发论上。其展示的古仁人"不以物喜，不以己悲"的精神境界，"先天下之忧而忧，后天下之乐而乐"的无私襟怀，成为了历代志士仁人追求的人生价值，这些精粹的文字成了他们的人生座右铭。再如他的《桐庐郡严先生祠堂记》，盛赞东汉隐士严光：

先生汉光武之故人也，相尚以道。及帝握赤符、乘六龙，得圣人之时，臣妾亿兆，天下孰加焉？惟先生以节高之。既而动星象、归江湖，得圣人之清，泥涂轩冕，天下孰加焉？惟光武以礼下之。在《蛊》之上九，众方有为，而独"不事王侯，高尚其事"，先生以之。在《屯》之初九，阳德方亨，而能"以贵下贱，大得民也"，光武以之。盖先生之心，出乎日月之上；光武之器，包乎天地之外。微先生不能成光武之大，微光武岂能遂先生之高哉！

全篇以映衬的手法，突出严光的高风亮节。以光武帝之身贵而位高，衬严光身贱而节高；以光武帝气量宏大，衬严光心洁如日月，两相照应，相得益彰。运思谋篇煞费匠心，新颖别致。中间还插以《易经》的卦爻辞，含蓄蕴藉，言简意赅。

宋前期新古文运动的先驱，以自己的理论与创作，对风靡一时的骈俪文风发起猛烈的冲击，然而并未撼动骈文在文坛的主导地位。这主要因为宋前期新古文家对唐代古文传统沿袭的多而创新的少，不能准确地总结唐代以来古文运动的经验和教训，还没有充足的实力抗衡新的骈文的回潮。宋前期新古文家的创作，有代表性的名篇多为政论、奏议、书序等实用文，偏重于传道，文学性偏低，在艺术活力与潜力方面均难战胜圆熟精巧的骈俪艺术。另外，宋前期还没有出现类似韩、柳那样集系统理论与高超创作于一身的大师级人物，来率领追随者开创古文的新局面，宋代新古文运动的全面胜利还有待于宋代中期的到来。

（二）新古文运动取得胜利

北宋前期古文家欲扭转晚唐五代及西昆绮靡文风，终因势单力薄，未能形成主导文坛的气候，然而毕竟给北宋中期新古文运动的胜利奠定了基础。北宋中期兴起的新古文运动，在与晚唐五代及西昆靡丽颓风的斗争中取得了彻底的胜利，使衰微了二三百年的韩、柳古文传统得到发扬光大，把古文理论与创作推向辉煌的鼎盛阶段，使古文在文坛上取得了稳固的正宗地位。在这一新古文运动中，欧阳修如同中唐时期的韩愈一样起到了领袖与旗手的作用，《宋史》本传言：文章"涉晋、魏而弊，至唐韩愈氏振起之。唐之文，涉五季而弊，至宋欧阳修又振起之。挽百川之颓波，息千古之邪说，使斯文之正气，可以羽翼大道，扶持人心，此两人之力也。"苏轼在《文忠集原序》中也说："愈之后三百有余年，而后得欧阳子，其学推韩愈、孟子以达于孔子，著礼乐仁义之实以合于大道。其言简而明，信而通，引物连类，折之于至理，以服人心。故天下翕然师尊之。自欧阳子之存世之不说者哗而攻之，能折困其身而不能屈其言。士无贤不肖，不谋而同曰：'欧阳子，今之韩愈也。'……自欧阳子出，天下争自濯磨，以通经学古为高，以救时行道为贤，以犯颜纳说为忠。"欧阳修以自己的道德文章，成为扭转宋代士风与文风的标志，是继韩愈之后最终完成古文事业的文化巨人。

欧阳修（1007—1072）字永叔，号醉翁，晚年又号六一居士，谥号"文忠"，庐陵（今江西吉安）人，从小就受到忧国爱民、仁厚清廉的良好家教，入仕后积极参与庆历变法，要求政治改良，并以倡导古文为己任，以适应宋王朝时代发展所需。庆历新政失败后，屡遭贬谪，几经坎坷，后来官至枢密副使、参知政事，以自己人格的魅力、渊博的学识、卓越的文学成就及一代名臣的威望，担负起北宋诗文革新运动领袖的历史职责，成为北宋阵容强大的新古文运动队伍的统领人物。著有《居士集》五十卷，外集二十五卷，杂著十九卷，后人编定为《欧阳文忠公集》。另著《新五代史》，又与宋祁等人合撰《新唐书》，《集古录跋尾》则是他的金石学著作。欧阳修集文学家、史学家、经学家、金石学家于一身，在诗词、纪传等方面有引人注目的成就，但比较起来，还以散文的成就为最高，对宋代散文风格的形成，产生了深远的影响。他还团结如尹洙、梅尧臣、苏舜钦等一大批有志于古文的精英，提携培养起如王安石、曾巩、苏洵、苏轼、苏辙等一大批古文运动的新秀，避免了类似韩、柳后继乏人，事业难续的局面再次发生。

欧阳修指导新古文运动的理论主张，不仅反对西昆体的浮靡绮艳和"太学体"的险怪奇涩，也不满意北宋前期古文先驱者的理论偏颇，并补充了韩、柳古文理论中的某些不足，把古文理论发展到一个全新的阶段。欧阳修的古文理论主要表现为以下几个方面。

首先表现在对"道"的理解上，欧阳修更强调社会的现实，突破了以往古文家对"道"的理解仅局限于儒家典籍教条或儒家的道统观念。他认为"道"含百事、万物，一切人事皆统于"道"，即"六经之所载，皆人事之切于世者"。（《答李翊第二书》）可见"道"不是抽象的，而是现实生活中实实在在的事理，他甚至说："孔子之后，唯孟轲最知道，然其言，不过于教人树桑麻、畜鸡豚，以为养生送死为王道之本。"（《与张秀才第二书》）又说："非道之于人远也，学者有所溺焉尔，……甚者至弃百事不关于心。"（《答吴充秀才书》）"道"不是虚远难及的，"道"就在你身边的"百事"中，不关心百事就等于不识"道"，把"道"束之高阁而空谈，言不及国计民生，文不刺陋俗弊政，那还叫什么"道"？欧阳修把道的内涵大大地扩大，也就等于大大地开阔了古文家们的视野，他强调文学与现实的联系，要求古文家们端正关心现实的态度，身体力行，真实反映现实，使古文的内容更加充实，从而更好地服务于现实。在这种思想指导下，他才在韩愈"不平则鸣"论的基础上，提出"穷而后工"的新说。作者在现实生活中困顿坎坷，通过文学作品抒写内心不平与郁积，内容充实，艺术会更感人。

其次表现在对"文"的理解上，与宋初古文先驱者或韩、柳相比，欧阳修更强调文学艺术形式的审美价值。他既反对西昆派重文轻道，也反对一些古文家重道轻文，更反对理学家以道代文的主张。他说："我所谓文，必与道俱"（苏轼《祭欧阳文忠公文》），将文放在与道互相依存又密不可分的关系上来谈"文"的作用。曾说："言以载事，而文以饰言，事信言文，乃能表见于后世。""故其言之所载者大且文，则其传也彰；言之所载者不文而又小，则其传也不彰。"（《代人上王枢密求先集序书》）同时也反对不顾"道"而只求"文"的唯美现象："圣人之文，虽不可及，然大抵道胜者文不难而自至也，……后之惑者，徒见前世之文传，以为学者文而已，故愈力愈勤而愈不至。"（《答吴充秀才书》）"予悲其人，文章丽矣，言语工矣，无异草木荣华之飘风，鸟兽好音之过耳也，……而勤一世以尽于文字间者，皆可悲也。"（《送徐无党南归序》）正确的应是："道纯则充于中者实，中充实则发为文者辉光。"（《答祖择之书》）即要求文章既有正确的思想、充实的内容，又要有完美的艺术表现形式。从这一原则出发，欧阳修才比他的前人站得更高。他只反对浮靡华艳的文风，并不反对骈偶形式，认为"偶丽之文苟合于理，未必为非"（《论尹师鲁墓志》），对西昆领袖人物也不一概否定，曾赞美杨亿"雄文博学，笔力有余"（《六一诗话》），说石介"自许太高，诋时太过"（《与石推官第一书》），指责他对西昆体及其代表人物过头的批判。对生涩险怪的"太学体"，尽管它也打着古文的旗号，欧阳修却完全痛斥排抑，利用知贡举之职权，坚决弃黜为文险怪奇涩者，"时体为之一变"。（沈括《梦溪笔谈》卷九）甚至对韩愈古文中的艰涩怪奇的一面也不以为然，赞同的是韩愈"文从字顺"的一面，曾说："孟、韩文虽高，不必似之，取其自然耳。"（曾巩《与王介甫第一书》）

再次表现在文风上，欧阳修大力倡导的文风是平易自然、婉转流畅，是对韩愈"文从字顺"的新发展，并成为宋代散文的重要特征之一。在欧阳修看来，道与文的标准并不玄奥，反而应该是十分简明朴实的："君子之于学也，务为道。为道必求知古，知古明道而后履之，以身施之于事，而又见于文章而发之，以信后世。其道，周公、孔子、孟子之徒常履而行之者是也。其文章，则六经所载至今而取信者是也。其道易知而可法，其言易明而可行。"（《答张秀才第二书》）文章就是用来说理的，越是简洁易明的文章越是好文章。不能了然于心的理，非诉诸于手而成文，往往含糊其词与语言滞涩，或者语言浮华与装腔作势，而简洁明了、轻快圆融往往才理足词畅、深中肯綮。欧阳修的文章正是简明的典范，"其言简而明，信而通，引物连类，折之于至理，以服人心。故天下翕然师尊之。"（苏轼《文忠集原序》）欧阳修主张的简明，不是简陋，也不是肤浅，而是经过精心推敲、反复锤炼的简洁明了。具体地体现为"简而有法""文简而意深"。(《论尹师鲁墓志》)"有法"则表现为议论纡徐有致，抒情从容不迫，结构层次分明而富于变化，描写跌宕起伏而曲尽其妙，文气婉转流畅，声韵轻重缓急谐和，语气转换自然有方，等等，这方面倒吸收了西昆体的不少语言表达的技巧。"意深"则表现为在寻常浅显的文字中，蕴含着深厚的感情与丰富的意旨，在简短的语言中，包容着无尽的言外之意，恰与那些故作艰深，使用生僻怪涩的语言，表达肤浅、苍白思想的太学体相反。平易自然、婉转流畅的文风，必然影响到欧阳修的主体风格，这是既有阳刚之美又偏重阴柔之美的风格，从韩、柳偏重阳刚到欧阳修偏重阴柔，说明宋代新古文对艺术审美价值的进一步重视。

最后表现在文体上，欧阳修的散文作品，体裁多样，有政论、史论、传记、记事、写景、抒情、笔记等体，每种体裁都有精制佳作，吴充在《欧阳文忠公行状》中称赞说："盖公之文备众体，变化开阖，因物命意，各极其工。"欧阳修在文体上的创新贡献，主要是改造了传统的赋体而创立了近于散体的文赋，改造了传统的骈文而形成了新的"宋四六"。其次，他的《归田录》，开宋代笔记文创作的先河，其《六一诗话》，则为后代开创了"诗话"的体裁。

赋与骈文都以属对工整、音律谐协为其特点，二者重要的区别在于赋体同诗歌一样还讲究韵脚，骈文仅在这一点上"自由"一些。中唐时期，韩、柳的古文运动，还未涉及赋，把散文的写法运用于赋体中，是从晚唐开始的，杜牧的《阿房宫赋》，时散时骈，或韵或不韵，已打破了传统的赋格。皮日休、陆龟蒙也有这方面的赋体创作，其形式往往是前部分用赋体来铺陈，后部分用散体来议论，只是艺术成就难与《阿房宫赋》相比。真正"以文为赋"，将赋的散文化特征推向成熟，是欧阳修的《秋声赋》。在这篇《秋声赋》中，作者已不受对偶与押韵的拘束，常以单句散行来行文，句式长短自由，语言自然流畅，名虽称赋，实际已不同于此前任何辞赋的体式了，这种新体式称为文赋，是散文化了的赋，或是赋式的散文，主体上它应属一种新散文，因为它主要是以散文为体的，至此，文赋的体制已形成，欧阳修是文赋的主要开创者。从此之后，文赋就成为宋代散文的一种重要文体，苏轼有前后《赤壁赋》，苏辙有《黄楼赋》，黄庭坚有《苏李画枯木道士赋》，等等，都是优秀的文赋之作。

欧阳修是北宋新古文运动的领袖，但他并不简单地排斥骈文，而是如同改革辞赋一样，对以四六句式对仗为主要特征的骈文进行了革新，革新的基本方法就是"以散行之气，运对偶之文"（程杲《四六丛话序》），即以散文的章法、句法和字法来使骈文散文化。如在四六对偶的句式中加入长句,不求对仗的工整;多用虚字,使语言更加自然;用典平易,甚至少用或不用典事,等等。欧阳修用这种新体"宋四六"多作官场文书与人际往来的书启,与唐及六朝骈文多摹写山水风光不同,在欧阳修的实用型"宋四六"中,又以议论见长,其《上随州钱相公启》《答李秀才启》《乞外任第一表》等,都是宋四六的代表作。陈善说:"以文体为四六,自欧阳公始"(《扪虱新话》卷一),欧阳修无疑也是"宋四六"的开创者。与以往古文派相抗衡的骈俪文体,经过欧阳修的改造,具有了新的性质与新的生命活力,这才是战胜浮靡文风的最有力度的改革,这才是宋代新古文运动彻底胜利的最好途径。

周必大等编订的《欧阳文忠公集》收有欧阳修散体文两千四百多篇,这些散文作品就是他新古文理论的实践结果。苏轼曾赞颂欧阳修的诗文说:"欧阳子论大道似韩愈,论事似陆贽,记事似司马迁,诗赋似李白,此非予言也,天下之言也。"(《文忠集原序》)在文章方面,把欧阳修与司马迁、韩愈相提并论,列为中国散文大家,并不是过誉。欧阳修的散文,以议论文居多,如《五代史伶官传序》是其优秀的史论文,《与高司谏书》则是优秀的书信体议论文,而他的《朋党论》,则是其政论文的代表作之一。《朋党论》写作的目的就是支持庆历新政,对保守派攻击范仲淹引用"朋党"的谰言,进行有力的反击。作者并不回避"朋党"二字,并承认自古以来就有"朋党",但他对"朋党"作出了突破传统世俗观念的新解释:

> 臣闻朋党之说,自古有之,惟幸人君辨其君子小人而已。大凡君子与君子,以同道为朋;小人与小人,以同利为朋。此自然之理也。然臣谓小人无朋,惟君子则有之。其故何哉?小人所好者禄利也,所贪者财货也,当其同利之时,暂相党引以为朋者,伪也;及其见利而争先,或利尽而交疏,则反相贼害,虽其兄弟亲戚,不能相保;故臣谓小人无朋,其暂为朋者,伪也。君子则不然:所守者道义,所行者忠信,所惜者名节,以之修身,则同道而相益;以之事国,则同心而共济;终始如一,此君子之朋也。故为人君者,但当退小人之伪朋,用君子之真朋,则天下治矣。

全文紧扣关键,抓住要害,以历来君子同道为朋,小人同利为朋的"自然之理",说明分歧不是有无"朋党",而是如何区分君子的"道朋"和小人的"利朋"。揭示出保守派鼓吹不为朋的虚伪,并以守道义,行忠信、惜名节、修身、事国的标准考核小人的"利朋"是短暂的私利结合，是各怀鬼胎、互相利用的"假朋"，旗帜鲜明地提出"小人无朋，唯君子则有之"的观点，使保守派的叫嚣顿时变得软弱无力。构思新颖，论证严密，剖析深刻，论述又从容畅达而锋芒犀利，显示了作者的凛然正气和过人的理论勇气。

欧阳修另一类有突出成就的，是其写景叙事文。如《丰乐亭记》《峡州至喜雨亭记》《真州东园记》《相州昼锦堂记》《有美堂记》等。欧阳修的记文，借写景记事，寄寓情怀，阐述理趣，常引出精警之语，发人深思。《醉翁亭记》可算是欧阳修写景叙事文中的名篇，全文以"乐"一线贯通，以山水之乐，排遣作者政治失意之后的苦闷；以与民同乐的场面，映衬作者经世济民的博大胸怀。刻画人物的形象或心态，能抓住其特征，以简洁精粹之笔，刻画得穷形而传神。描摹山水的景致，物态与心境契合，景与情相融，意境颇有情趣，如文中对山间四时景色的描写：

> 若夫日出而林霏开，云归而岩穴暝，晦明变化者，山间之朝暮也。野芳发而幽香，佳木秀而繁阴，风霜高洁，水落而石出者，山间之四时也。朝而往，暮而归，四时之景不同，而乐亦无穷也。

语言平易自然又精美准确，语气委婉舒缓，行文纡徐有致，正如苏洵在《上欧阳内翰第一书》中指出："执事之文，纡徐委备，往复百折，而条达疏畅，无所间断；气尽语极，急言竭论，而容与闲易，无艰难劳苦之态。"又句式多样，散中有骈，单句、双句交错使用，体现了欧阳修吸收骈文精华、以散行之气驾驭对偶之文的特点。

欧阳修的传记散文，有传记、墓志、祭文等，如《六一居士传》《祭尹师鲁文》《梅圣俞尧臣墓志铭》等。《泷冈阡表》是欧阳修的著名墓碑文，泷冈是欧阳修父母合葬之地，此墓表通过追忆，写其父母的嘉言懿行，以表达作者的思念深情。开篇交代父亲过世六十年后撰写墓表的原因，然后追忆父母的为人及对自己的期盼，其次述说自己建功立业，未敢辜负父母所望。构思严谨完整，层次井然清晰，叙述条达疏畅，特别是记述母亲回忆父亲为人做事一段，语言朴实流畅，字字饱含着真挚的亲情：

> 汝父为吏，尝夜烛治官书，屡废而叹。吾问之，则曰："此死狱也，我求其生不得尔！"吾曰："生可求乎？"曰："求其生而不得，则死者与我皆无恨也，矧求而有得邪！以其有得，则知不求而死者有恨

也。夫常求其生,犹失之死,而世常求其死也。"回顾乳者抱汝而立于旁,因指而叹曰:"术者谓我岁行在戌将死,使其言然,吾不及见儿之立也,后当以我语告之。"

此墓表打破了碑文常规的写法,精心刻画父亲夜观狱案文卷有感,而与母亲对话的一个细节,父母仁慈之怀、恻隐之心,昭然可见。以平淡浅显之语,寓沉痛哀切之情,以寻常生活琐事见不寻常的精神风貌,且言缓意切,语调凄怆低回,无限绵邈深情委曲道来,真是绝妙之笔。

欧阳修以道德文章彪炳有宋一代,他的散文是其进行政治斗争的武器,也是他阐发对文学及现实生活认识的有力工具,文字处处闪现着他对真理的执着与对事理的真知灼见。他既能继承唐代古文运动的传统,又能避免唐代古文运动的弊端;既能坚决反对浮靡华艳文风,又能批判地吸收晚唐五代以来对偶声律的艺术技巧,从而形成自己平易自然、婉转流畅的散文风格与骈散相济的语言体式,完成了文学理论、文体文风及散文语言的改革与创新。又团结同人,扶植后进,不仅为宋代新古文运动指出了健康发展的新路,也为古文运动在宋代的彻底胜利,培养了后备力量,欧阳修对中国散文发展的贡献可谓功勋卓著。

在直接受欧阳修鼓励、培养、荐举的一大批人中,有曾巩、王安石、苏洵、苏轼和苏辙,他们后来都成为推进新古文运动的核心人物,与欧阳修合称为"宋六家",宋六家与唐代韩愈、柳宗元并称为"唐宋八大家",在中国散文发展史上都有其重要的作用与地位。

曾巩(1019—1083)字子固,建昌南丰(今属江西)人,是欧阳修得意的门生与追随者,其文学理论与创作倾向最接近欧阳修。他把欧阳修"事信、载大"的观点,发挥为"其明必足以周万事之理,其道必足以适天下之用,其智必足以通难知之意,其文必足以发难显之情"。(《〈南齐书〉目录序》)进一步阐发了古文家"文以贯道"的文学思想。曾巩的文风温醇典重,雍容平易,舒缓不迫,全然不同于王安石的劲峭锋健。曾文结构严谨,语言明洁质朴,叙事条理分明,论理周详透彻,行文讲求法度和布局,时人以为独得欧阳修的真传,故有"欧曾"并称的美誉。《宋史》本传称其文章"纡徐而不烦,简奥而不晦,卓然自成一家。""本原六经,斟酌于司马迁、韩愈,一时工作文词者,鲜能过也。"曾巩的文章儒学正统气比较浓,内容多涉社稷民生,情调雍容典雅,文中多引经据典,记事言理,古雅平正,然而少了像欧阳修文章中生动的形象性和浓郁的抒情性。

曾巩撰有《元丰类稿》，收其各体散文近七百多篇，其中杂记与书序很有特色。尤其他的记文，工于布局，简洁精严，文学价值很高。如《越州赵公救灾记》《兜率院记》《醒心亭记》《鹅佛院佛殿记》等，或叙事或写景，但最终还以议论取胜。议论多涉励志修身、治国济民，不及儒家思想的很少。如《墨池记》，借题立论，记略而论详，由墨池简要记述转入对王羲之勤学苦练精神的赞颂，进而上升到对道德修养的思考。由记而论，记论交替转换，步步生发，衔接自然，多用设问，促人深思，沈德潜评说此文"用意或在题中，或出题外，令人徘徊赏之。"（《唐宋八家文读本》）而《拟岘台记》的写法恰与《墨池记》相反，文章的重心在于描写台上所见之景，叙述台上观景人适得其乐之情，从中见出作者对儒家仁政理想的追求。对景物的铺陈描写，显然吸收了辞赋与骈文的特点。

曾巩的文章精于构思，立意别出心裁，如《寄欧阳舍人书》一文，是答谢欧阳修为自己祖父写墓志铭的一封书信，它却没有寻常的客套，没有空泛的感激、溢美之词，而是通过对铭志作用及流传条件的分析，来述说"立言"的社会意义，阐发"文以载道"的主张，实际上是一篇"小题大做"式的出色的文论。文章结构严密，线索清晰，迂回曲折，"逐层牵引，如春蚕吐丝，春山出云，不使人览而易尽"（沈德潜《唐宋八家文读本》），文笔纡徐有致，渐渐入归题旨。

曾巩整理校勘古书时写了不少序文，纵论古今得失，评骘公允深刻精彩，批评时遣词相当委婉，足资后世借鉴。其中《〈战国策〉目录序》是此类序文的代表作。序文首尾照应，交代《战国策》的校订，中间概括刘向《战国策叙录》的观点，并提出自己对这些观点赞同与否定的意见，阐明对古籍的态度。全文结构严谨，中心突出，层次井然，语言简洁明快，方苞评此序说："南丰之文，长于古道，故序古书尤佳，而此篇及《列女传》《新序》目录序尤胜，淳古明洁，所以能与欧、王并驱，而争先于苏氏也。"（高步瀛《唐宋文举要》引语）

与欧阳修比，曾巩更强调儒学道统，强调文章的经世致用，过于恪守儒家之道，有重道轻文的倾向。认为："盖法者所以适变也，不必尽同；道者所以立本也，不可不一，此理之不易者也。"（《〈战国策〉目录序》），此论为后来桐城派的"义法论"开了先路。曾巩的文章在唐宋八大家中，格式法度比较易学可循，南宋的朱熹、明代的王慎中、唐顺之、归有光，及至清代的方苞、刘大櫆、姚鼐等人，都曾师法曾巩，在历史上曾备受推崇。但是，他的文章缺乏强烈的时代感和创新精神，文采、情韵也不及其他唐宋大家。

王安石（1021—1086）字介甫，号半山，抚州临川（今属江西）人，晚年封荆国公，卒后谥"文"，世称王荆公、王文公、临川先生。他也是一位深受欧阳修影响的宋代文坛重要大家，这一点，就连诋毁他的政敌司马光等人也都认可。王安石一生著述丰富，《王文公文集》收其散文近九百篇，有书、表、启、传、记、序、杂著、碑铭、祭文、墓志等，绝大多数与政令教化有关，具有鲜明的现实性与实用性。王安石又是北宋伟大的政治革新家，他对北宋的社会积弊有清醒的认识，有坚定的矫世变俗的信念，有不畏艰难果敢刚毅的鲜明个性，曾二度为相，主持了历史上有名的"熙宁变法"。主持并参与编写《三经新义》，重新诠释《诗经》《尚书》与《周礼》，发布到各级官学，作为必读教材。从思想上来说，王安石在罢相隐居之前，他的世界观、人生观深受儒家思想体系的影响，在此基础上又大量地吸纳了法家的思想，积极有为，欲以法度来扭转王朝内外交困的局面，建不世之功勋。晚年退居金陵，眼看新法尽废，忧愤之中研读佛书解脱精神苦闷，所以佛家思想日渐明显。反映在王安石文章之中，儒、法、道、释等诸家思想的影响并存，而且不同阶段其思想的倾向性又有不同。其政治主张与性格为人，直接影响着他的文章风格。

　　与曾巩比较起来，王安石更强调儒学的经世作用，主张先"外王"而后"内圣"。他认为："夫所谓儒者，用于君则忧君之忧，食于民则患民之患，在下而不用，则修身而已。"（《子贡》）《宋史》本传载："上谓曰：'人皆不能知卿，以为卿但知经术，不晓世务。'安石对曰：'经术正所以经世务，但后世所谓儒者，大抵皆庸人，故世俗皆以为经术不可施于世务尔。'上问：'然而卿所施设以何先？'安石曰：'变风俗，立法度，最方今之所急也。'"王安石鄙视腐儒、庸儒，而要做一名真正能经世济民的大儒，所以他以一个政治改革家的态度来看待文章，他主张文章必须为政治服务，在《上人书》中指出："所谓文者，务为有补于世而已矣。所谓辞者，犹器之有刻镂绘画也。诚使巧且华，不必适用。诚使适用，亦不必巧且华。要之以适用为本，以刻镂绘画为之容而已。不适用，非所以为器也。不为之容，其亦若是乎！"他虽然也主张文与道俱，但文仅为道所用，为宣道之"器"，而"辞"又仅为"器"之"刻镂绘画"，以适用为前提，否则再"巧且华"也是没有用的。他反对"辞弗顾于理，理弗顾于事，以襞积故实为有学，以雕绘语句为精新"（《上邵学士书》），即反对不顾事理，徒以堆砌典故、雕琢词句为能的风气，所以他反对西昆体文风，比其他人还要坚决，曾指出："杨、刘以其文词染当世"，"学者述其端原，靡靡然穷日力以摹之，粉墨青朱，颠错丛庞，无文章黼黻之序。"（《张刑部诗序》)他的这种偏重强调文章适用,必须直接为政治目的服务的观点,不免有轻视文学艺术性的倾向。

王安石的文章多直陈政见,关系当前社会现实,抒发治国抱负,无论长篇短制,都立意高远,析理透辟,文字平实,逻辑性强。茅坤赞美他的文章说:"湛深之识,幽眇之思,大较并本之古六艺之旨,而于其中别自为调,镌刻万物,鼓铸群情,以成一家之言者也。"(《王文公文钞引》)王安石学识渊博,见识高远,生活感悟深厚,对时弊观察敏锐,为文多取法于韩愈的劲峭特点,析理深刻,笔力雄健峻切,语言简洁精练,风格拗折奇崛,也恰好体现了他刚毅果断的政治家的风度,在整个宋文中独树一帜。刘师培在《论文杂记》中指出:"介甫之文,侈言法制,因时制宜,(集中多论新法之文。)而文辞奇峭,推阐入深,(介甫之文,最为峻削,而短作尤悍厉绝伦,且立论极严,如其为人。)法家之文也。"①

王安石的文章大体可分为议论和记叙两大类,议论文一般以观点新颖取胜,常能突破传统观念所囿,提出自己的革新思想及法制主张,能见人之所难见,发人之所未发,其文往往不是靠感情与形象来使人感动,而是靠深刻的分析、严密的逻辑来使人信服。如他年轻时写的《上仁宗皇帝言事书》,洋洋万言,向皇帝陈述政见,针对整个官僚制度的腐败现象,提出改革方案,措辞大胆切直而有分寸,可与贾谊《陈政事疏》相媲美。而《答司马谏议书》仅用三百多字,来反驳司马光三千多字的来信指责。信中抓住司马光所扣的"侵官""生事""征利""拒谏"四大罪状,逐条进行批驳,寥寥数语,就辩明了是非功过。没有出语不恭,却劲悍廉厉,没有自我炫耀,却理直气壮。再如孟尝君,人们都认为他礼贤下士,能得士之相助。然而王安石在他的《读〈孟尝君传〉》中,提出了士的新标准,以新标准衡量,得出孟尝君既不识士又不得士助的结论,这是发前人所未发之论,推翻了千年以来的传统观念,使人耳目一新。而其《复仇解》,先提出复仇不是治世之道,旗帜鲜明地对传统的"为父复仇尽孝"说予以否定。进而以设问解疑的形式逐条解剥辨释,推出这样的结论:复仇只能是乱世中各级官吏无力治理的结果,治世却无复仇的必要,诉于官,绳以法,才是真正的"复仇"与尽孝。设疑解疑环环相扣,辩驳层层推进,层次分明,条理清楚,论证透彻有力,批判旧说义正词严、斩钉截铁,篇章结构严谨,逻辑推理缜密,论点不容置辩。

王安石的记叙文,或记人、或记事、或记游,多通过记叙来说理。如

---

① 刘师培:《论文杂记》,人民文学出版社1984年版,第122页。

他的《伤仲永》，记叙神童方仲永，自幼天资聪颖，但日后不重视学习而混同于常人，作者通过耳闻目睹的事实，说明才智靠勤奋，知识靠学习，警诫后人重视后天的学习。王安石的记游散文，也有长于议论的特点，如他的记游代表作《游褒禅山记》，重点不在记游，而是借游览探胜来明理言志。由记叙观览愈险愈奇之景，感悟出人生奋斗成功之理；由大自然奇伟瑰怪的非常之观，领悟到至高至善的人生境界：

> 古人之观于天地、山川、草木、虫鱼、鸟兽，往往有得，以其求思之深而无不在也。夫夷以近，则游者众；险以远，则至者少。而世之奇伟瑰怪非常之观，常在于险远，而人之所罕至焉。故非有志者不能至也。有志矣，不随以止也，然力不足者，亦不能至也。有志与力，而又不随以怠，至于幽暗昏惑而无物以相之，亦不能至也。然力足以至焉，于人为可讥，而在己为有悔。尽吾志也而不能至者，可以无悔矣，其孰能讥之乎？

文章前部分的记游是后部分议论的前提，议论是记游感受的理性升华。记游时句句为议论做伏笔，又暗循着推论的线索；议论时处处依托于记游，思路沿着记游的轨迹而推进。文章由实到虚，虚实并举，步步深入，丝丝入扣，又前后连贯照应，形成因事而发论，叙议结合，达到缘事见理的理性提升。使记游充满哲理思辨色彩，议论又包容着生动的形象。

王安石的记叙文，不同于前人和同辈作家，他能站在大政治家的高度，以大政治家的眼光，通过记人、记事、记游，抽绎出出人意料的深层的哲理。但也因为过于注重文学功用和论辩说理，使其记叙文缺少欧阳修、苏轼记叙文那种文采和形象性。

在欧阳修赏识、提携的人中，还有苏氏一门父子三人，即苏洵、苏轼和苏辙，由于他们的文章名闻天下，合称为"三苏"，都入唐宋八大家之列。

苏洵（1009—1066）字明允，眉州眉山（今属四川）人，是一位大器晚成的散文家。科场的失败，使他绝意于功名，悉心培育其轼、辙二子。同时自己也下决心砥砺意志奋发有为，"由是尽烧曩时所为文数百篇，取《论语》《孟子》、韩子及其他圣人、贤人之文，而兀然端坐，终日以读之者七八年。方其始也，入其中而惶然，博观于其外而骇然以惊。及其久也，读之益精，而其胸中豁然以明"。（《与欧阳内翰第一书》）苏洵博览群书，精通诸子，既以儒学为本，又融会道家之自然、法家之刑名、兵家之权变、纵横家之捭阖及诸家之优长,他在《上田枢密书》中自评说文章得"诗人之优柔,骚人之清深,孟、韩之温淳,迁、固之雄刚,孙、吴之简切,投之所向,无不如意"。又曾说:"洵著书无他长,及言兵事,论古今形势,至自比贾谊。"(《上韩枢密书》)由于他博采众长,学术视野开阔,一定程度上摆脱了一般古文家视"经"为最高理念的束缚,将史实验证提到应有的高度。他说:"经不得史无以证其褒贬,史不得经无以酌其轻重。"(《史论上》)他特别强调文章经世济民的实用功能,认为诗文"皆有为而作,精悍确苦,言必中当世之过,凿凿乎如五谷必可以疗饥,断断乎如药石必可以伐病。"(苏轼《凫绎先生诗集叙》)又总结出文章"四用"说:"大凡文之用四,事以实,词以章之,道以通之,法以检之,此经史所兼而有之者也。"(《史论上》)所以苏洵为文不尚空谈,针对时弊,切事理,明是非,出对策,指新路。他人评价其文章是"以雄迈之气,坚老之笔,而发为汪洋恣肆之文,上之究际天人,次之修明经术,而其于国家盛衰之故,尤往往淋漓感慨。"(邵仁泓《苏老泉先生全集序》)

苏洵文学成就主要体现在散文上,他尤其擅长史策、策论类的政论文,以古今成败得失为议论之要,以除弊强国为议论之用。欧阳修在《荐布衣苏洵状》中说其文章"议论精于物理,而善识权变,文章不为空言,而期于有用,其所撰《权书》《衡论》《几策》二十篇,辞辨雄伟,博于古而宜于今,实有用之言,非特能文之士也。"由于苏洵受孟子、韩非、纵横家及贾谊影响较深,所以文章纵横博辩恣肆雄奇,见解精辟超俗,不抄袭陈说,言辞精练而犀利,常思常人之未思,常发前人之未发的独到见解,"其指事析理,引物托喻,侈能尽之约,远能见之近,大能使之微,小能使之著,烦能不乱,肆能不流。其雄壮俊伟,若决江河而下也;其辉光明白,若引星辰而上也。"(曾巩《苏明允哀辞》)苏洵博采众家之长,厚积薄发,又主张为文自然,强调作家的灵感兴会,反对无感强作文,或一味地在文字上"刻镂组绣"。他在《仲兄字文甫说》中以风、水相会自然生出波澜为喻,说明因情而生才为至文,"不求有言,不得已而言出,则天下以为口实"。这种以自然为美的文学思想对其二子影响很大。苏洵散文成就以议论为高,其《六国论》就是历代传诵的名篇:

六国破灭,非兵不利,战不善,弊在赂秦。赂秦而力亏,破灭之道也。或曰:六国互丧,率赂秦耶?曰:不赂者以赂者丧。盖失强援,不能独完,故曰弊在赂秦也。……

呜呼！以赂秦之地，封天下之谋臣，以事秦之心，礼天下之奇才，并力西向，则吾恐秦人食之不得下咽也。悲夫！有如此之势，而为秦人积威之所劫，日削月割以趋于亡，为国者无使为积威之所劫哉！夫六国与秦，皆诸侯，其势弱于秦，而犹有可以不赂而胜之之势。苟以天下之大，下而从六国破亡之故事，是又在六国下矣。

文章开篇即点明全文主旨：六国破灭弊在赂秦。为使立论服人，驳斥了四个假设诘难，最后借六国破灭的历史教训警示当今王朝。三苏皆有《六国论》，皆以六国破灭故事进行历史反思，影射当时王朝政弊，告诫为国者不要重蹈六国覆辙。然苏轼论六国破灭，认为根本原因在于不能善用人才，苏辙认为根本原因在于不能团结一致，见识都不如其父深刻。苏洵视野开阔，能抓住问题的关键，立论高远，结构严谨，纵横捭阖，论证缜密有力，如老吏断狱，斩钉截铁，风格颇近《孟子》《战国策》，为北宋文坛别开生面。

苏辙（1039—1112）字子由，晚号颍滨遗老，著有《栾城集》等。十九岁时与其兄苏轼同登进士第，入仕后政治态度与苏轼大体一样，对王安石变法，持不同政见，曾屡遭贬谪。苏辙的思想深受其父兄的影响，以儒学为主，仰慕孟子，又遍观百家之说，对不同于韩、欧的排佛老也不排斥，曾说："老佛之道，非一人之私说也，自有天地而有是道矣。"（《历代论》）其文学成就虽不及父兄，也能独立自树卓然成一家，"其巉峭之思或不如父，雄杰之气或不如兄，然而冲和淡泊，遒逸疏宕，大者万言，小者千余言，譬之片帆截海，澄波不扬，而洲岛之棼错，云霞之蔽亏，日星之闪烁，鱼龙之出没，并席之掌上而绰约不穷者已，西汉以来别调也。"（茅坤《颍滨文钞引》）苏辙独特的委婉纡曲的艺术风格，是其着意学习欧阳修平易自然、婉转流畅文风的结果，也是其温良敦厚、稳重谨慎性格的体现，其兄苏轼曾说"其文如其为人，故汪洋淡泊，有一唱三叹之声，而其秀杰之气，终不可没。"（苏轼《答张文潜书》）明人刘大漠在《栾城集·序》中也说其文章"汪洋澹泊，深醇温粹，似其为人"。

苏辙在理论上主"养气"说，与孟子"善养吾浩然之气"、曹丕"文以气为主"、韩愈"气盛言宜"说一脉相承而又有发展。他说："辙生好为文，思之至深，以为文者气之所形。然文不可学而能，气可以养而致。"（《上枢密韩太尉书》）孟子"养气"说并未用于作文，而曹丕、韩愈虽将气运用于作文，但他们所称的"气"，是指作者固有的禀赋，不重视"养"。而苏辙认为有气势的文章须靠作者的气质，而气质是可以在客观阅历中养成的。他以司马迁为例,认为司马迁"行天下,周览四海名山大川,与燕赵间豪俊交流,故其文疏荡,颇有奇气。"(同上)苏辙重视作家道德修养知识积累,强调作家的社会实践与人生阅历,对作家创作时联系现实、开阔眼界、豁亮胸襟有重要指导作用。

他的议论文也长于政论和史论,如《上皇帝书》《六国论》《三国论》等,主旨明确,以济世救弊的儒家思想一以贯之,谈古论今,敢于提出新见,针砭时弊。行文却从容不迫,如剥竹笋,层层深入,气足辞胜。其记叙文,熔写景、叙事、抒情、发论于一炉,写景生动形象如身临其境,叙事曲折婉转波澜起伏,抒情纡徐平和稳健洒脱,发论平稳严谨绵里藏针。如其《黄州快哉亭记》,全篇以"快"为文眼,极力叙写。先写登临远眺观赏自然景观之"快",次写由人文遗迹而遥想古俊杰风采之"快",继而转入楚王问宋玉逸事,自然引出本文主旨:"士生于世,使其中不自得,将何往而非病?使其中坦然,不以物伤性,将何适而非快?"赞美不以谪为愁、不以仕为念的过人之"快",读之使人荣辱皆忘,胸襟坦荡。文章一波三折,又首尾圆贯,余味无穷,足可与苏轼的《超然台记》相比肩。林云铭在《古文析义》中称赞道:"文中一种雄伟之气,可以笼罩海内,与乃兄并恃千秋。"

三苏之中,苏轼(1037—1101)的文学成就最高。苏轼字子瞻,号东坡居士,是我国文化史上少有的通才,在诗、词、文上的造诣尤为突出。他的散文视域宏阔,寓理深刻,挥洒自如,其风格比韩愈更雄奇奔放,其语言比欧阳修还平易畅达,他的创作标志着宋代散文的最高成就,标志着继欧阳修之后,宋代散文进入了新的鼎盛时期,标志着宋代新古文运动已经取得了全面、彻底的胜利。这种胜利使古文平易自然、流畅条达的特征基本定型并形成一种优秀传统,最终确立了古文在文坛上的正统地位。苏轼将中国古代散文创作推到一个最辉煌的阶段,因而他也与司马迁、韩愈、欧阳修相并列,成为我国伟大的散文家。

苏轼在散文方面取得的杰出成就,与他的独特的人生阅历、刚直的个性、深邃的思想、渊博的知识很有关系。苏轼生于贫寒文人家庭,自幼受到父苏洵、母程氏的良好家教,尤其是苏洵不满道学家空释义理、侈谈性命,反对西昆派浮艳文风,治学、撰文皆关国家兴亡、政事得失,给了苏轼深刻的影响。苏轼虽然主要受正统儒学的影响,但又不迷信儒学,不为儒学经义所束缚。他"初好贾谊、陆贽书,好其论古今治乱,不为空言。既而读《庄子》,喟然叹息曰:'吾昔有见于中,口未能言,今见《庄子》,得吾心矣。'""后读释氏书,深悟实相,参之孔、老,博辩无碍,浩然不见其涯也。"(苏辙《亡兄子瞻端明墓志铭》)苏轼以儒家思想为本，又兼纳道家与佛家思想，并把"三教"在积极的基础上有机地调和起来。他以儒学为主导，积极入世，把儒家立德、立功、立言的"三不朽"事业当作自己的人生追求目标，即使到了穷困潦倒、生死攸关之际，也不放弃这一人生追求，至少把"立言"作为自己的生命价值来对待。他以佛、道思想为儒学之辅，但并不沉溺其空虚与消极，而是以其淡泊旷达来面对人生的厄运，化解人生的痛苦忧患，甚至来对抗邪恶势力的迫害打击。苏轼的政治生涯坎坷多难，尤其是从贬谪黄州之后，由于坚守自己的信念，不改自己耿介直言的性格，终其一生，一直处于被新、旧两党交替打击陷害中。"三教合一"的思想，使苏轼性格豁达而坚毅，刚直而圆通，坦荡而潇洒，不计个人升沉出处，乐观地笑对社会与人生。其思想影响了他的经历，经历又决定了他的性格，性格又导致了他的创作特点，创作本来就是人生的写照。

　　苏轼是韩愈、欧阳修古文运动的继承者，也是韩愈、欧阳修的崇拜者，他认为韩愈"文起八代之衰，而道济天下之溺"。(《潮州韩文公庙碑》)推崇欧阳修"学推韩愈、孟子，以达于孔氏，著礼乐仁义之实，以合于大道"。(《六一居士集·序》)高度赞许韩愈、欧阳修以文弘扬儒学的精神。并且对韩愈、欧阳修的"文""道"观，有许多发展与超越。苏轼心目中的"道"，不仅仅如韩愈所指的孔孟儒学道统与欧阳修的道在"百事"中，更不同于理学家仅指的性命义理，而是认为：凡是能指导人们处世应物、探究人情世故奥妙的道理都称得起"道"。如他在为苏辙《老子解》作跋时说："使汉初有此书，则孔老为一，使晋间有此书，则佛老不为二。"将道家、佛家学说与儒学相提并论，道家、佛家的理论中也存在着"道"。进而把"道"理解为揭示现实生活中一切事物规律的自然之理，就如各行业的百姓，只要在实践中勤奋钻研，都可得到其从业之"道"，如他在《日喻》一文中称南方善于潜水者为"得于水之道"。并提出"道可致而不可求"的观点，就是说亲身实践，刻苦钻研，就会自然而然发现"道"，强调了"道"的实践性。苏轼不为某家之说所囿，能出入诸家，又有自己的独特见识，胸襟博大，视野辽阔，撰文注重社会效应，无不与他对道的理解有关。

　　在文与道的关系上，苏轼主张文与道俱，鲜明地与理学家的"文以载道"论划清了界限。他既反对西昆派浮艳绮丽的旧习，又反对太学艰涩怪僻的新弊，主张"罢去浮巧轻媚、丛错采绣之文"(苏洵《答欧阳内翰书》)，认为"求深者或至于迂，务奇者怪僻而不可读"。(《谢欧阳内翰书》）曾说："吾所为文必与道俱。"（见《朱子语类》卷139《论文上》）与韩愈、欧阳修相比，他更重视文的价值与艺术技巧，认为"有道而不艺，则物虽形于心，不形于手"（《书李伯时〈山庄图〉后》），"物固有是理，患不知之，知之患不能达之于口与手。所谓文者，能达是而已。"（《答虔倅俞括奉议书》）作文者"求物之妙，如系风捕影，能使是物了然于心"，然后再"了然于口与手"（《答谢民师推官书》），最终变为能揭示物理、物妙的文章。从"物虽形于心，不形于手"，到"能使是物了然于心"然后再"了然于口与手"，这全是"艺"的转化，光"有道"是实现不了的，对"文"的价值认识，在前人的基础上有了质的飞跃。由于认为"艺"有自己的相对独立性，苏轼对"文"的至高境界有了新的认识，他不仅仅拘守欧阳修平易自然一格，而是要追求心手一致、得心应手的境界。意之所至，笔之所及，丝毫不受什么束缚。苏轼在《文说》中曾形象地比喻自己的文章"如万斛泉源，不择地而出，在平地滔滔汩汩，虽一日千里无难。及其与山石曲折，随物赋形，而不可知也。所可知者，常行于所当行，常止于不可不止"，他追求的是无拘无束、自由洒脱的风格，有如天马行空，恣意奔放；有如行云流水，自然流畅而无碍，将艺术创造力发挥到淋漓尽致的地步，这完全是了然于心又了然于口与手的结果。所以苏轼反对墨守成规、千篇一律，他主张"出新意于法度之中，寄妙理于豪放之外"（《书吴道子画后》），提倡艺术的个性化与独创性。并打比方说："地之美者，同于生物，不同于所生"（《答张文潜书》），美丽的花园，必开放着千姿百态五彩缤纷的花朵，绚丽的文学园地也须以具有个性化与独创性因而风格多样化的众多文学作品所构成。

苏轼一生著述最勤，把毕生精力几乎全倾注于创作，在《苏轼文集》中，收其散文有四千余篇，他自己曾说："某平生无快意事，唯作文章，意之所到，则笔力曲折，无不尽意，自谓世间乐事，无逾此矣。"（见何薳《春渚纪闻》卷6）苏轼的散文大致可分三类：一类为包括奏议、政论、史论在内的议论文；一类为包括碑传、山水游记、楼台记文在内的记叙文；一类为包括书牍、题跋、随笔在内的小品文。

苏轼的议论文深受《孟子》《战国策》等辩锋犀利、纵横捭阖的影响，也继承了贾谊以古喻今、针砭时弊的传统。如政论文《策略》《策别》《策断》《思治论》等，以儒家政治理想为标尺，援古鉴今，对现实社会弊端分析中肯，尖锐批评造成时弊的根源，提出扭转贫弱困境的方略，见识不凡，说理透辟，很有鼓动性与感染力。如《教战守策》，是《策别》中的一篇，开篇就提出中心论点——当今社会"知安而不知危"。作者在当时升平盛世就意识到西北辽与西夏边患的危险,宋与其对立并引发战争的不可避免,若"今不为之计,其后将有所不可救者"。真是见微知著、远见卓识,具有政治的超前意识。接着逐层论证:援引古今正反史实,说明有备才无患,如果安于佚乐,松懈战备,必导致国家的危亡。并以养生为喻,借勤劳健壮安逸经不起风寒,形象说明练武习兵对增强国家军事实力的重要性,比喻贴切,深入浅出;针对"变故无自而有"的麻痹论点,分析天下大势,指出"战者,必然之势也",笔锋锐利,醒俗警世。又提出教民习武备战的具体办法,整顿军队骄豪之风的措施,批驳习武备战导致扰民的论调,破立有据,雄辩有力,论证严密,说理透辟。教民习武以备守战,随时应付突发性战争的主题,就此确立。

苏轼的《留侯论》《贾谊论》《范增论》《晁错论》《平王论》等史论文章,不袭旧说,不落窠臼,不乏真知灼见,往往从旧的史实中,引出具有时代特征的新颖的见解,甚至推倒旧说,创立新说,成为翻案文字。如《留侯论》:

> 古之所谓豪杰之士者,必有过人之节。人情有所不能忍者,匹夫见辱,拔剑而起,挺身而斗,此不足为勇也。天下有大勇者,卒然临之而不惊,无故加之而不怒,此其所挟持者甚大,而其志甚远也。
>
> 夫子房受书于圯上之老人也,其事甚怪,然亦安知其非秦之世,有隐君子者出而试之?观其所以微见其意者,皆圣贤相与警戒之义。而世不察,以为鬼物,亦已过矣。且其意不在书。当韩之亡,秦之方盛也,以刀锯鼎镬待天下之士,其平居无罪夷灭者,不可胜数,虽有贲、育,无所复施。夫持法太急者,其锋不可犯,而其末可乘。子房不忍忿忿之心,以匹夫之力,而逞于一击之间。当此之时,子房之不死者,其间不能容发,盖亦已危矣。千金之子,不死于盗贼。何者?其身之可爱,而盗贼之不足以死也。子房以盖世之才,不为伊尹、太公之谋,而特出于荆轲、聂政之计,以侥幸于不死,此圯上老人之所为深惜者也。是故倨傲鲜腆而深折之。彼其能有所忍也,然后可以就大事。故曰:"孺子可教也"。
>
> 楚庄王伐郑,郑伯肉袒牵羊以逆。庄王曰:"其君能下人,必能信用其民矣。"遂舍之。勾践之困于会稽,而归臣妾于吴者,三年而不倦。且夫有报人之志,而不能下人者,是匹夫之刚也。夫老人者,以为子房才有余,而忧其度量之不足,故深折其少年刚锐之气,使之

忍小忿而就大谋。何则？非有平生之素，卒然相遇于草野之间，而命以仆妾之役，油然而不怪者，此固秦皇之所不能惊，而项籍之所不能怒也。观夫高祖之所以胜，而项籍之所以败者，在能忍与不能忍之间而已矣。项籍唯不能忍，是以百战百胜而轻用其锋。高祖忍之，养其全锋而待其弊。此子房教之也。当淮阴破齐而欲自王，高祖发怒，见于词色。由此观之，犹有刚强不忍之气，非子房其谁全之？

太史公疑子房，以为魁梧奇伟，而其状貌乃如妇人女子，不称其志气。呜呼，此其所以为子房欤！

张良是人们熟悉的汉代伟大的政治家、军事家，是辅佐刘邦夺天下的"三杰"，其军事指挥才智得之于圯上老人所授《太公兵法》，此说应了"汉绍尧运"的说法，意在说明张良佐汉乃天意所为，这几乎成了汉后普遍流行的俗论。苏轼的文章有意推倒这一俗见，他把圯上授书视为培养张良"忍性"的一个过程，抹去了圯上老人的神秘色彩。文章专就"忍"字说开来，开篇就提出豪杰之士必有"过人之节"，"天下有大勇者，卒然临之而不惊，无故加之而不怒，此其所挟持者甚大，而其志甚远也"。处处暗伏一个"忍"字。以大勇者的标准衡量青年时的张良，则相差甚远了，他"不为伊尹、太公之谋，而特出于荆轲、聂政之计"，博浪沙椎击秦始皇，使自己处于危险境地，由于不忍差点断送了自己的性命。苏轼认为圯上老人授书只不过是个形式，其本意在于："以为子房才有余，而忧其度量之不足，故深折其少年刚锐之气，使之忍小忿而就大谋。"几番羞辱之而教其能有"忍"心。接着文章又以郑伯、勾践为例，说明有大志者必能"忍"。经过圯上老人的用心指点，张良终立大志而能"忍"。在楚汉之争与韩信欲自立的重大事件中，刘邦所以能"忍"而取胜，全受张良能"忍"的影响，表明"忍"可"养其全锋，以待其弊"，蓄积力量而最后夺取胜利。全文以"忍"字为骨，先抑后扬，从虚及实，在历史的反思中，既有现实的针对性，又含有个人的人生体验。立意新颖，语言流畅无碍，雄辩有力，善于从具体生动的史实中引发出独特的见识，很能体现苏轼史论文章的独特风格。

苏轼散文艺术价值最高的，还数他的记叙文。其中写人物的碑传文，如《潮州韩文公庙碑》《书刘庭式事》等，善于捕捉人物的特征，以深刻体现这种特征的生活片断与生活细节来生动地刻画人物的性格。如《方山子传》写陈慥：

方山子，光、黄间隐人也。少时慕朱家、郭解为人，闾里之侠皆宗之。稍壮，折节读书，欲以此驰骋当世。然终不遇。晚乃遁于光、黄间，曰岐亭。庵居蔬食，不与世相闻。弃车马，毁冠服，徒步往来山中，人莫识也。见其所著帽，方耸而高，曰："此岂古方山冠之遗像乎？"因谓之方山子。

余谪居于黄，过岐亭，适见焉。曰："呜呼，此吾故人陈慥季常也，何为而在此？"方山子亦矍然问余所以至此者。余告之故，俯而不答，仰而笑，呼余宿其家。环堵萧然，而妻子奴婢皆有自得之意。余既耸然异之。独念方山子少时使酒好剑，用财如粪土。前十有九年，余在岐下，见方山子从两骑，挟二矢，游西山。鹊起于前，使骑逐而射之，不获。方山子怒马独出，一发得之。因与余马上论用兵及古今成败，自谓一世豪士。今几日耳，精悍之色，犹见于眉间，而岂山中之人哉！

然方山子世有勋阀，当得官，使从事于其间，今已显闻。而其家在洛阳，园宅壮丽与公侯等。河北有田，岁得帛千匹，亦足以富乐。皆弃不取，独来穷山中，此岂无得而然哉？余闻光、黄间多异人，往往阳狂垢污，不可得而见，方山子傥见之欤？

起笔写传闻，点出传主的绰号，并交代了绰号的来源，由此特征而引出传主少时好侠、稍壮好读、晚年退隐山野的人生经历。次写作者与方山子岐亭巧遇，原来竟是老友陈慥。作者倾诉贬谪经历，老友竟"俯而不答，抑而笑"，既有对朋友的理解和同情，但更多的是对人生的旷达与彻悟。作者又写陈慥家贫，"环堵萧然"，其实是以物写人，生动刻画出传主清贫自适的隐士胸怀。接着再忆十九年前两人在岐下相见一节，写当年陈慥"使酒好剑，用财如粪土"的一派任侠豪士风采；又"马上论用兵及古今成败"，宛然有以天下为己任的辅弼气派。作者抓住这些细节，写出了当年陈慥的"精悍之色"。同一陈慥，前后判若两人。其"世有勋阀"，贵"与公侯等"，然"皆弃不取，独来穷山中"。如此对比，把陈慥的超常行为显现得更加鲜明：豪放率真的襟怀，鄙夷流俗的正气，轻蔑功名的清高，不计得失的旷达，安贫自适的人生态度，生动地展示了陈慥这位真豪杰、真隐士的性格特征与精神风貌。在一篇仅有四百多字的小传中，能把人物写得如此鲜活，并在人物的身上寄托着作者的人生感悟，只有苏轼这样的大手笔才能得心应手地做到。

苏轼的山水游记、楼台记文又是其记叙文中的珍品，其山水游记可与柳宗元相比肩，其楼台记文可与范仲淹《岳阳楼记》相媲美。苏轼的山水游记和楼台记文，与前人的同类作品相比，更注重了状物、记事、抒情、阐理、描景、达意、生趣的相互融合。他写自然景物，能随物赋形，随意挥洒，笔墨酣畅淋漓。据题谋篇，姿态横生，篇篇独出心裁。抓住景物的鲜明特征，显示景物的神理境界。又能融自己的感情于景物之中，在景物中寄托自己的思绪，在景物的观赏中领悟人生的奥秘，并常由景物借题发挥，引出作者的奇思妙想、富有深邃哲理的高论。将诗情画意与思致理趣有机相融，在景物的描写记叙中又表现出特有的抒情、议论与思辨色彩。脍炙人口的前后《赤壁赋》《石钟山记》《游桓山记》，写景、状物、叙事、抒情、议论比欧阳修的《秋声赋》更洒脱灵活。作者所游虽一山一水，所览虽一地一景，然作者的思绪却纵横六合，通达古今，艺术的灵感驰骋于无限的时空与千古人生。意境幽深，寓理深邃，文理自然，语言更趋散体化，标志着宋代文赋成熟并达到最高水平。他的《喜雨亭记》《凌虚台记》《超然台记》《放鹤亭记》等，同是记亭台，却篇篇匠心独具，各臻其妙。如《喜雨亭记》：

> 亭以雨名，志喜也。古者有喜，则以名物，示不忘也。周公得禾，以名其书；汉武得鼎，以名其年；叔孙胜狄，以名其子。喜之大小不齐，其示不忘一也。
>
> 余至扶风之明年，始治官舍，为亭于堂之北，而凿池其南，引流种树，以为休息之所。是岁之春，雨麦于岐山之阳，其占为有年。既而弥月不雨，民方以为忧。越三月，乙卯，乃雨，甲子又雨，民以为未足，丁卯，大雨，三日乃止。官吏相与庆于庭，商贾相与歌于市，农夫相与忭于野，忧者以喜，病者以愈，而吾亭适成。
>
> 于是举酒于亭上，以属客而告之曰："五日不雨，可乎？"曰："五日不雨，则无麦。""十日不雨，可乎？"曰："十日不雨，则无禾。"无麦无禾，岁且荐饥，狱讼繁兴而盗贼滋炽，则吾与二三子，虽欲优游以乐于此亭，其可得耶！今天不遗斯民，始旱而赐之以雨，使吾与二三子，得相与优游而乐于此亭者，皆雨之赐也。其又可忘耶！
>
> 既以名亭，又从而歌之曰："使天而雨珠，寒者不得以为襦。使天而雨玉，饥者不得以为粟。一雨三日，伊谁之力？民曰太守，太守不有。归之天子，天子曰不然。归之造物，造物不自以为功。归之太空，太空冥冥，不可得而名，吾以名吾亭。"

文章以议论开篇，由亭名破题，然作者意不在记亭，而在于"志喜"，写大旱逢甘霖的喜悦，是一首欢呼及时雨从天而降的赞歌。然全文以亭的命名为线索，以名亭起笔，由亭引出盼雨，由雨而引出喜悦，由喜悦而引出赞颂，终以亭名副其实来结束。前后呼应，步步推进，层次清晰而分明，抒发了作者关心民生、与民同乐的情感，创意与格式皆新颖不凡。再如《放鹤亭记》，先描绘亭的地理环境，点染四季多姿景色，写足亭之周围景致之"异"。又记山人养鹤"纵其所如"，写"放鹤"之"异"。接着记与山人的对话，赞美胜过南面为君之乐的隐居之乐，突出山人的情怀之"异"。然后以《放鹤》《招鹤》之歌作结，歌颂了山人超然物外、清闲自适的高雅情操，又寄托了作者宦途失意之后欲求解脱的渴望。文章层层引发，借题发挥又不离"放鹤"二字，挥洒自如又极有章法。

苏轼的小品文在其散文中占有重要地位，这些小品，大多是苏轼即兴之作，篇幅短小却内容丰富，挥笔而就却妙趣横生，言之有物又深含哲思。其《东坡志林》《仇池笔记》《东坡题跋》中所收的笔记小品，代表着宋代笔记小品的水平，标志着笔记小品文已成为一种独立的文体，对后世小品文的创作影响深远。苏轼对人坦诚，珍重友情，宦游各地，交结广泛，常向交友坦露心扉，所写书牍文字甚多，今存有一千五百余篇，如《答秦太虚书》《答毛滂书》《答参寥书》《与王敏仲》等。大多信手拈来，不假雕琢，不仅率真地反映了作者的真思想、真性情，也鲜明地反映了作者艺术的独特个性。苏轼满腹经纶，在思想上融合儒、释、道精华，在诗文辞赋方面是开一代新风的大家，而在才艺上，也兼通琴、棋、书、画，并写了大量关于这方面的题记、叙跋、品书论画，如《六一居士集叙》《江行唱和集叙》《书吴道子画后》《韩幹画马赞》等，由于苏轼是位行家里手，品评多深中肯綮，时见真知灼见，如《书蒲永升画后》评论画家画水：

古今画水，多作平远细皱，其善者不过能为波头起伏，使人至以手扪之，谓有洼隆，以为至妙矣。然其品格，特与印板水纸争工拙于毫厘间耳。

唐广明中，处士孙位始出新意，画奔湍巨浪，与山石曲折，随物赋形，尽水之变，号称神逸。其后蜀人黄筌、孙知微皆得其笔法。始，知微欲于大慈寺寿宁院壁作湖滩水石四堵，营度经岁，终不肯下笔。一日，仓皇入寺，索笔墨甚急，奋袂如风，须臾而成，作输泻跳蹙之势，汹汹欲崩屋也。知微既死，笔法中绝五十余年。

近岁成都人蒲永升，嗜酒放浪，性与画会，始作活水，得二孙本意，自黄居寀兄弟、李怀衮之流，皆不及也。王公富人或以势力使之，永升辄嘻笑舍去。遇其欲画，不择贵贱，顷刻而成。尝与余临寿宁院水，作二十四幅，每夏日挂之高堂素壁，即阴风袭人，毛发为立。

作者写出画家画水的四种创作境界：一种能绘出"平远细皱""波头起伏"，仅画出形似的"死水"；一种能绘出"奔湍巨浪，与山石曲折，随物赋形"，画出了水的变态；一种需"营度经岁"，才"须臾而成"，画出水的"汹汹欲崩屋"的力度与气势；一种是蒲永升式的画水，其画"夏日挂之高堂素壁，即阴风袭人，毛发为立"。所画之水不仅形似，而且神似到了沁人肺腑的程度。第一、第二两种画水尽管惟妙惟肖，不过是描摹水态，形似而已。第三种画水造诣已经很高，长期构思，反复琢磨，灵感一旦迸发，一气呵成，符合艺术创作一般规律。然而蒲永升作画，在第三种画法的基础上，更融进了他的性情与人品，所以才能达到出神入化的极致。这里讲的虽是画技，却表述了苏轼对艺术与人生的重要理解与看法，作者运用层层对比、层层映衬的手法，使他的创作主张更加明了而使人信服。

苏轼继欧阳修之后主持文坛，先后发现与培养了一大批新秀，其中著名的有黄庭坚、秦观、张耒、晁补之、陈师道、李廌，号称"苏门六君子"，形成了一个以苏轼为新领袖的作家群。这个作家群中的每个人，虽然没有达到苏轼所希望的水平，但他们不同程度地受到苏轼的影响，都能各擅所长，在各自的散文创作中呈现出不同的特色。如黄庭坚的《江西道院赋》，"以高古之文，变艳丽之格"（元·刘埙《隐居通议》卷四），比欧阳修、苏轼的文赋更具散文化的特色。晁补之的《新城游北山记》，意境深幽奇诡，风格劲峭峻洁，为宋代山水游记的佳作，诸如此类不便赘述。北宋后期散体文能牢牢地占领文坛的主导地位，避免了类似唐代散体文在韩、柳之后便衰落的历史重演，与苏轼的影响和沾溉不无关系。

（三）主流理学家的文章

主流理学家都比较重道统而轻文统，但认为主流理学家的文学观都持"文以害道"论，也不符合事实，持"文以害道"论的程颐一类人毕竟在主流理学家中是少数，何况对程颐的"文以害道"论也不能简单理解。程颐讲此话是从道学家的立场出发的，儒者之学与文章之学、训诂之学是有区别的："一曰文章之学，二曰训诂之学，三曰儒者之学。欲趋道，舍儒者之学不可。"（《二程语录》）他的"文以害道"是对专意于文而不能"与天地同其大"的文章家而言的，或者是针对当时浮艳文风而言的，他说："古之学者，唯务养性情，其他则不学。今为文者，专务章句，悦人耳目。"（同上）他并不是笼统地提倡"文以害道"，否则他的《易传序》《春秋传序》何必写得那样精彩，以至被后人把它与周敦颐的《太极图》、张载的《西铭》称为道学家的"四篇好文字"？当然程颐的"文以害道"论，反映了道学家的狭隘的立场与偏见，把"文"与"道"对立起来，虽然否定了文学唯美的形式主义，同时也否定了文学形式的价值与功能，对整个文学创作来说，确实是有害的。

主流理学家多数持"文以载道"论，这个观点首先由理学奠基人周敦颐提出来。他说："文所以载道也，轮辕饰而人弗用，徒饰也，况虚车乎？""不知务道德而第以文辞为能者，艺焉而已。""文辞，艺也，道德，实也。笃其实而艺者书之，美则爱，爱则传焉。"（《通书·文辞》）周敦颐虽然明显地表现出重道轻文的倾向，将文视为道的附属，是一种只起修饰作用的"艺"，但他毕竟承认"艺"有使道流传并感染人的作用，表现"道"是不可离开"艺"即"文辞"的，他反对的是不务道德，只为"徒饰"的倾向。宋代的文章家、古文派，他们的"文道合一""文与道俱"的主张，虽然与理学家"文以载道"论有所不同，但都强调以儒学为本，从复兴儒学方面看，有许多一致的地方，对旨在复兴儒学的新古文运动都有推动的作用。主流理学家使用的语录式讲义，确实缺乏艺术性，但浅显易懂的表达方式，对宋代古文平易自然主导风格的形成，也有很大的影响。在历史上，洛、蜀之争曾势同水火，站在古文家立场上看道学家，或站在道学家立场上看古文家，都以自己的标准来衡量对方，都只看到对方的缺陷。如果作"换位思考"，或如能站在文化大视野下观察各方，则会有新的认识。员兴宗就说过："蜀学如苏氏，洛学如程氏，临川如王氏，皆以所长，经纬吾道，务鸣其善鸣者也。""考其渊源，皆有所长，不可废也。然学者好恶，入乎彼则出入此，入者附之，出者污之，此好恶所以萌其心者。苏学长于经济，洛学长于性理，临川学长于名教，诚能通三而贯一，明性理以辨名教，充为经济，则孔氏之道满门矣，岂不休哉！"（《九华集》卷9《苏氏程氏王氏三家之学是非策》）莫说苏轼、程颐、王安石所代表的理学三派，就是宋代所有的理学各派，都有自己独特的主张，否则何以成派？学术上互相争辩甚至互相攻击，是很自然的，但摆脱一己一派的狭隘立场，就会看到各派的优长，互相吸收、互相融合才是正确的态度。

主流理学家不专意于文，但其散文一般思想博大精深，逻辑严密，文辞古朴简洁，语言质实自然，近于白话，也很有特色。如周敦颐的《爱莲说》：

> 水陆草木之花，可爱者甚蕃。晋陶渊明独爱菊；自李唐来，世人盛爱牡丹；予独爱莲之出淤泥而不染，濯清涟而不妖，中通外直，不蔓不枝，香远益清，亭亭静植，可远观而不可亵玩焉。予谓菊，花之隐逸者也；牡丹，花之富贵者也；莲，花之君子者也。噫！菊之爱，陶之后鲜有闻；莲之爱，同予者何人？牡丹之爱，宜乎众矣！

周敦颐襟怀淡泊，为人清廉正直，平生酷爱莲花的雅丽端庄、清幽玉洁。知南康军时，在府署东侧挖池植莲，池名爱莲池，常于池畔赏花品茗，陶冶情操，并写下了这篇脍炙人口的《爱莲说》，借物言志，表述自己的人格和志向。

作者特别善于运用衬托的手法，欲写莲，却先从菊与牡丹写起，为写莲而蓄势。写莲时，紧紧地与作者心中理想的人格所应具备的方面相联系，着眼它出于污泥而不染污，濯于清涟而不妖艳，无论生活环境如何，始终保持着纯正的品质和坚贞的气节。接着四个四字句，"中通外直，不蔓不枝，香远益清，亭亭静植"，强调了它圆通、正直、专一、高洁的性格，这不就是一个君子形象的写照吗？这就是作者独爱莲的依据。菊与牡丹也被人格化，牡丹象征富贵，所以追求富贵者爱之；菊象征隐逸，所以避世隐居者爱之。作为理学家的作者，恪守儒家安贫乐道的信条，自然从心底里鄙视富贵者。理学家志在经世济民，不忍遗世独立。理学家既不遁入"桃花源"去洁身自好，入世又不为富贵而趋炎附势而被世"亵玩"，始终保持着中正耿直的君子品格，莲象征着君子的品格，莲为君子花，君子能不爱它？王符曾在《古文小品咀华》中评此文说：借隐逸、富贵，夹出君子，善用衬笔，明白坦易，真理学语也。这篇短文，言简意赅，情趣高雅，文字生动优美，与唐宋散文八大家的名篇一样脍炙人口，对后世散文很有影响，是流传千古的散文珍品。

理学家的阐道论理之文，也有备受后世赞誉而传诵不绝佳作，张载的《西铭》就是其中的代表。《西铭》原名《订顽》，张载曾将其录于学堂双牖的右侧，后程颐将其改称为《西铭》，载于《正蒙·乾称篇》。这篇仅有250余字的文字，以儒家"仁"与"孝"作为价值理念，以儒家《易传》的天道思想为理论构架，为人们构筑了一个安身立命的理想精神家园，成为理学的著名经典之一，它所展现的人文终极关怀，至今仍有积极的意义。《西铭》全文如下：

  乾称父，坤称母，予兹藐焉，乃混然中处。故天地之塞，吾其体；天地之帅，吾其性。民，吾同胞；物，吾与也。
  大君者，吾父母宗子；其大臣，宗子之家相也。尊高年，所以长其长；慈孤弱，所以幼其幼；圣其合德；贤其秀也。凡天下疲癃残疾、惸独鳏寡，皆吾兄弟之颠连而无告者也。"于时保之"，子之翼也；"乐且不忧"，纯乎孝者也。违曰悖德，害仁曰贼，济恶者不才，其践形惟肖者也。
  知化则善述其事，穷神则善继其志。不愧屋漏为无忝，存心养性为匪懈。恶旨酒，崇伯子之顾养；育英才，颖封人之锡类；不弛劳而厎豫，舜其功也；无所逃而待烹，申生其恭也。体其受而归全者，参乎！勇于从而顺令者，伯奇也。富贵福泽，将厚吾之生也；贫贱忧戚，庸玉汝于成也。存，吾顺事；没，吾宁也。

张载在《西铭》中说：
天叫父，地叫母，天地生万物，我只是其中藐小的一物，混同于天地间。所以我的形体如同天地之气充塞于天地中，天地之常理成就我的人性。人类是我的同胞，万物是我的同类，都是气聚之物。
  天子就是天地的嫡长子，大臣百姓都是天子的臣民，大家都是一家人。所以尊重年老者，慈爱年幼者。所谓圣人，其德与天地之德相合，所谓贤人，凝聚了天地灵秀之气。天底下衰老多病身体残疾者、孤苦无依和鳏夫寡妇者，都是我困苦而无可诉告的兄弟姐妹。及时地保育他们，是对天地应有的恭顺；乐于保育众人而不为己忧，是对天地最纯粹的孝顺。若是违背了天地的旨意，就叫作"悖德"，伤害仁德就叫作"贼"。助长为恶的人不成才，而那些践行仁德的人才像天地的孝子。
  能知天地造化万物的事业，才算善于承继天地奥秘的盛德。有神见已所为而不惭愧。存仁心、养天性而不懈息。崇伯之子大禹，以厌恶美酒，来顾念父母的养育之恩；曾任颖谷封人的颖考叔，以自己事母至孝来感化教育同类英才；勤劳不懈息而使父母欢悦，这是舜对父母孝顺的成功；遭后母诬陷不逃命而待烹戮，所以太子申生死后谥为"恭"。主张不敢毁伤父母给予的身体发肤以孝父母的，是那曾参！勇于顺从父亲违义旨令的，是那伯奇。天地所赐富贵福禄的恩泽，用以优裕我的生活；天地所赐的贫穷卑贱忧虑烦恼，用来磨砺我成就事业。活着，我顺从天地事理；死时，我心安理得而去。

张载以短短的几百字，就阐述清儒家的人生观、价值观，其精粹绝无仅有！这里展示的是一种精神境界，一种生活方式，一种精神信仰，它不追求佛教自我的涅槃，也不追求道教个人"长生"，追求的是对宇宙的关怀，对社会责任的担当。张载从"天下一家"的宇宙观出发，推衍出社会成员个体与人类、万物的亲和关系，每个社会成员个体都应像天地那样具备大爱精神与自强不息厚德载物的品德。宇宙的天地之性，就是人的本性，每个人应该像天地那样普爱众生，泛爱万物，担当起关照他人和社会的责任，也就是将孝悌友爱落实到现实中，并从家庭扩展到社会甚至自然。始终以博大胸襟关怀社会、关注民生，对个人的"命"和"遇"甚至生死，坦然顺之，因为这都是天地之气聚散的现象。张载高扬以仁为本的旗帜，阐述宇宙中一切存在者应亲和的理念，对今天构建现代和谐社会具有启示作用。

此篇前部分"大抵皆古人说话集来"（《朱子语类》卷98），但所表述的思想又大大升华，远远高于古人。后部分引证事例，举出大禹、颍考叔、舜、申生、曾参、伯奇等古圣贤履行孝道的事例，来印证上述所论，并给人指出学习的榜样。全篇先论后叙，有理有据，叙论紧密结合，令人信服。论点与典故虽大都出自儒家典籍，但经过作者采撷、化用，把它们熔铸成天衣无缝的整体，话语如同己出，恰如其分，言简意赅，代表了张载的写作风格与特点。程颐赞赏说："《西铭》明理一而分殊，扩前圣所未发，与孟子性善养气之论同功，自孟子后盖未之见。"（见《宋史·张载传》）朱熹说此篇："中间句句段段，只说事亲事天。自一家言之，父母是一家之父母。自天下言之，天地是天下之父母。通是一气，初无间隔。'民吾同胞，物吾与也。'万物皆天地所生，而人独得天地之正气，故人为最灵，故民同胞，物则亦我之侪辈。"（《朱子语类》卷98）《西铭》的理论价值及其理论高度，确实是其他理学家难以企及的。

主流理学家大都以毕生精力倾注于收徒讲学，其讲学的方式，受到佛陀讲解佛典、佛法的启发，张载的《西铭》就是一篇讲学之文。理学家的讲义或自编或由门人弟子记述编辑。专以口述为题标出的著述就有不少，如石介的《易口义》、张载的《张子语录》、程颢、程颐的《二程语录》，直到南宋朱熹的《朱子语类》。理学家的讲义继承了孔子《论语》的传统，以浅显易懂的答语详尽地回答了学子的疑问，阐述了理学家对理学的学思见解。然后按言谈内容的不同而分类编纂结集而成,形成宋代很有影响的语体类散文。理学家的语体类散文最大的特点,就是创立了一种近乎口语的书面语,如《张子语录·后录下》中载:

> 问:"横渠言'十五[年]学恭而安不成',明道曰:'可知是学不成有多少病在。'莫是如伊川说:'若不知得,只是觑却尧,学他行事,无尧许多聪明睿知,怎生得似他动容周旋中礼?'"曰:"也是。如此更有多少病。"良久曰:"人便是被一个气质局定,变得些子了又更有些子,变得些子又更有些子。"又云:"圣人发愤忘食,乐以忘忧,发愤便忘食,乐便忘忧,直是一刀两段,千了百当。圣人固不在说,但颜子得圣人说一句,直是倾肠倒肚便都了,更无许多廉纤缠绕,丝来线去。"问:"横渠只是硬把捉,故不安否?"曰:"他只是学个恭,自验见不曾熟,不是学个恭又学个安。"
>
> 问横渠说遇。曰:"他便说命,就理说。"曰:"此遇乃是命?"曰:"然。命有二,有理有气。"曰:"子思天命之谓性是理,孟子是带气?"曰:"然。"横渠言遇,命是天命,遇是人事,便说得亦不甚好,不如孟子。某又问。曰:"但不知他说命如何?"

再如《二程遗书·二先生语二上》中载:

> 伯淳自谓:只得他人待做恶人,敬而远之。尝有一朝士久不见,谓伯淳曰:"以伯淳如此聪明,因何许多时终不肯回头来?"伯淳答以"盖恐回头后错也"。
>
> 有问:诗三百,非一人之作,难以一法推之。伯淳曰:"不然。三百、三千中所择,不特合于雅、颂之音,亦是择其合于教化者取之。篇中亦有次第浅深者,亦有元无次序者。"

宋代理学家的语体文,以通俗易懂的语言特点,影响甚至推进了宋元明通俗文学,如小说、戏剧的快速发展,对宋代古文、骈体文平易自然主导风格的形成也有很大的影响力。宋代语体文,"虽不足抗衡骈、散,而为道学、理学所专擅,多是鸿学大儒授业课艺的记录,体式仿《论语》《孟子》。在文学高度发达的宋代,语体文先天性弱点如片断性、不完整性、艺术因素的相对薄弱性等,影响了它的美学价值,故历代学人很少从文学、从散文角度予以关注和研究。但宋代语体文蔚为大宗,范祖禹《帝学》、王开祖《儒志编》发其端,《二程遗书》、徐积《节孝语录》等继其绪,至南宋而大盛,朱子《延平答问》、吕乔年《丽泽论说》、薛据《孔子集语》等,并出而丛集,黎靖德编《朱子语类》达140卷。且宋代语体散文仍保持多种艺术美学因素,如语气亲切宛然,风格自然纯朴,反映了宋文的一个方面……总之,散体、骈体、语体共同构成了宋代散文的全貌"。①

三 南渡前夕及南宋散文:高唱着爱国的主旋律

北宋长期对外采取妥协政策,终于导致"靖康之变",淮河以北的国土沦入金人之手,偏安东南的南宋,与金的民族矛盾更加尖锐,统治阶级内部由原来的党争而演变为主张抗战与主张议和的斗争。社会生活的巨大变化,必然影响到散文的创作,南宋的散文呈现出不同于北宋的新特点。散文的主题由多样化趋向单一,报仇雪耻、收复失地成为散文家们共同关注的主题,抗战爱国成了南宋散文的主旋律。然而由于南宋小朝廷苟且偷安、不思恢复,几次北伐的失利,致使投降势力更加猖獗,抗战志士屡遭打击、迫害与排斥,抗战派的散文,不仅少了北宋那种高旷洒脱不羁之调,也少了南宋前期慷慨激昂、如天风海雨般咄咄逼人气势,多了特有的伤感惆怅之音。

南宋散文文风的变化,与南宋理学的影响也有很大关系。北宋的理学家多属"元祐旧党",长期被压抑。"元祐党人"中,还分三派:苏轼为首的蜀党、刘挚为首的朔党与程颐为首的洛党,那时以二程为代表的洛学对散文文风的影响,与以苏轼为代表的蜀学比较起来还是很有限的。然而到了南宋,情况有了很大变化,党禁解除,理学大盛,流派纷呈,有朱熹的朱学、陆九渊的陆学、吕祖谦的金华之学、张栻的湖湘之学、薛季宣的永嘉之学、真德秀的西山真氏学等,而朱熹又以理学集大成者成为南宋理学的宗主。朱熹提出"理"是先天存在的,永恒又至高无上,为学主要应"即物穷理",有明显的重道轻文的倾向,客观上束缚了作者情感的表达与创作个性的发挥。由于南宋理学家多主张抗战,又多是杰出散文家,所以他们对整个南宋的散文创作影响极大。受他们的影响,南宋散文忽视了对

---

① 傅璇琮、蒋寅总主编:《中国古代文学通论》,刘扬忠主编:《宋代卷》上编第三章《宋代散文概述》,辽宁人民出版社2005年版,第73页。

艺术性的精湛追求，平实致用成了它的基本倾向，所以少了像北宋散文"六大家"所创作的那样文情并茂的佳作。由于理学家受禅僧语录的影响，继《二程遗书》等北宋语录作品之后，南宋语体文仍兴盛不衰，有朱熹的《延平答问》、薛据的《孔子集语》等。理学家们以实用为提前，行文不避俚语，语体文至南宋更加通俗浅易，更加口语化，这种文风直接影响到俗文学的兴起。

（一）慷慨激昂的抗战之作

从抗战意义上划分南宋散文，其发展可分南渡前后期与南宋中期、后期三个阶段。大致从北宋灭亡前夕至李清照谢世（1151），为南渡前后期。出现了以李清照、汪藻、王安中等人为代表的文采派，他们追步苏轼，撰文骈散结合，语言自然流畅，行文追求文采斐然。文采派中被推为"文采第一"的李清照（1084—约1151）号易安居士，济南人，是我国文学史上一位在诗、词、文诸方面都作出杰出贡献的伟大的女作家。其创作以南渡为界，明显地分为前后两个时期，前期多写闺情相思，风格清丽婉约；后期多写国破家亡后颠沛流离的凄怆，格调哀怨凄婉。晚年所撰的《金石录后序》，是一篇文情并茂的优美散文，代表了她的散文创作水平。这篇文章，突破了书序的旧模式，主要追忆了作者与丈夫之间的深挚感情，倾吐了对亡夫的深切怀念，叙述了自己流离失所、金石散失的悲痛。以金石得失聚散，来见证人世的悲欢离合，见证国家与民族兴衰。序文中叙事生动翔实，对夫妻间志同道合、兴趣相投的生活，尤其写得细腻而感人。抒情沉痛愤怨，哀悼家国败亡，痛惜文物流失，刻骨铭心的思情与悲情贯通全篇，无意求工而文自工。序文结尾处，善引典事，叠用反问、感叹句式，又时作反语、旷达语，其郁积难抒的悲怆之情更催人泪下：

> 昔萧绎江陵陷没，不惜国亡而毁裂书画；杨广江都倾覆，不悲身死而复取图书。岂人性之所著，死生不能忘之欤？或者天意以余菲薄，不足以享此尤物耶？抑亦死者有知，犹斤斤爱惜，不肯留在人间耶？何得之艰而失之易也？呜呼！余自少陆机作赋之二年，至过蘧瑗知非之两岁，三十四年之间，忧患得失，何其多也！然有有必有无，有聚必有散，乃理之常。人亡弓，人得之，又胡足道！

这一时期，文坛上最有影响的还属抗战派。故国半壁江山沦丧，激起无数爱国志士誓死抗战的激情；上层统治者畏敌如虎、苟且偷安，激起他们无限的愤慨。他们虽存忠君之心,但把民族与国家的利益视为至高,这无疑是孟子"民为贵,社稷次之,君为轻"思想的具体体现。(《孟子·尽心下》)在他们力主抗战与敌浴血拼杀的同时,又以文为武器,痛斥妥协投降,鼓吹抗敌复国,其慷慨激昂的文字与其奋不顾身的爱国事迹一样气壮山河,宗泽、岳飞、胡铨等就是其代表人物。

宗泽(1060—1128)宋名将,屡败金兵,曾多次上书请高宗还都,临死时还连呼过河收复失地。其文章慷慨陈词,表达了作者赤诚的报国之心,如《乞毋割地与金人疏》,陈述大宋一统天下得之不易,一面对中兴大宋基业寄以重望,一面借钦宗赵桓懦弱误国,把批判的矛头指向当朝的高宗赵构,谴责他苟且偷安、重蹈覆辙:

> 臣窃谓渊圣皇帝有天下之大,四海九州之富,兆民万姓之众。自金贼再犯,未尝命一将、出一师、厉一兵、秣一马,日征日战;但闻奸邪之臣,朝进一言以告和,暮入一说以乞盟;唯辞之卑,唯礼之厚,唯敌言是听,唯敌求是应。因循逾时,终致二圣播迁,后妃亲王流离北去。臣每念是祸,正宜天下臣子弗与贼虏俱生之日也。
>
> 臣意陛下即位,必赫然震怒,旋乾转坤,大明黜陟,以赏善罚恶,以进贤退不肖,以再造我王室,以中兴我大宋基业。今四十日矣,未闻有所号令,作新斯民;但见刑部指挥,有不得誊播赦文于河东、河西、陕之蒲、解。兹非新人耳目也,是欲蹈西晋东迁既覆之辙耳,是欲裂王者大一统之绪为偏霸耳。

并怒斥投降派"既自不忠不孝,又坏天下忠义之心,褫天下忠义之气",纯是一群祸国殃民者;表达了自己坚决抗战到底、直至"捐躯报国"的信念。文章充满凛然正气,慷慨激越,文笔犀利,直言无惮,读后痛快淋漓。

岳飞(1103—1142)为南宋抗金名将,我国历史上著名的爱国民族英雄,他"精忠报国"的可歌可泣的故事可谓家喻户晓。高宗建炎三年(1129),金兵大举南下,高宗等人仓皇南逃,以岳飞等人为首的爱国将领坚守在抗金第一线,与来犯之敌进行殊死的战斗,并连连收复失地。当岳飞率军胜利返回宜兴时,在宜兴西南张渚镇五岳祠,写下了气壮山河的《五岳祠盟记》:

> 自中原板荡,夷狄交侵,余发愤河朔,起自相台,总发从军,历二百余战。虽未能远入荒夷,洗荡巢穴,亦且快国仇之万一。今又提

> 一旅孤军，振起宜兴。建康之城，一鼓败虏，恨未能使匹马不回耳。
> 　　故且养兵休卒，蓄锐待敌。嗣当激励士卒，功期再战，北逾沙漠，喋血虏廷，尽屠夷种。迎二圣归京阙，取故地上版图，朝廷无虞，主上莫枕，余之愿也。

这篇盟记是一篇杀敌报国的誓词，豪情壮烈，铿锵激越。文中回忆了作者在山河破碎的国难之际，起兵故里，和进犯之敌进行殊死战斗，虽取得连连胜利，但恨不能彻底摧毁强虏，表示休整后继续作战，争取全面的胜利。表达了年轻将领驱逐侵略者、收复中原的坚定信念，反映了广大人民的愿望和要求。这种意识尽管与封建忠君思想相联系，但它体现的是崇高的爱国主义精神。绍兴十年（1140），金人又攻宋，爱国将领率领军民奋起抵抗，岳飞所部，更是节节胜利，准备大举北伐。然而窃取朝廷要职的投降派秦桧，连下一道道班师诏严令撤军。岳飞深知大反攻的局面形成不易，收复失地在此一举，切不可贻误这难逢的战机，于是向朝廷上了《乞止班师诏奏略》：

> 契勘金人重兵尽聚东京，屡经败衄，锐气沮丧，内外震骇。闻之谍者，敌欲弃其辎重，疾走渡河。况今豪杰向风，士卒用命，天时人事，强弱已见，功及垂成。时不再来，机难轻失，臣日夜料之熟矣，惟陛下图之。

奏略分析了敌我双方的实力，申诉了不能退兵的理由，希望朝廷撤回诏令，用言激烈而殷切，可谓字字泣血。据《宋史》本传载，秦桧等投降派知道岳飞灭敌锐志难以动摇，于是先令其他部队先撤，然后以岳飞部孤军无援为由，令其班师。岳飞悲愤填膺，东向叩拜说："十年之力，废于一旦。"班师那日，当地百姓拦马痛哭，哭声震野，《乞止班师诏奏略》正倾诉了广大百姓的心声。今存有《岳武穆遗文》，所收岳飞诗词散文，皆为慷慨激昂的抗战之作。

胡铨（1102—1180）一生始终坚持抗战，与投降派作了长期不屈不挠的斗争。其文直言不讳，有如芒刺。如其《戊午上高宗封事》，揭露金兵贪婪的虎狼之心，列举投降派为虎作伥的种种罪行，力斥议和，乞斩投降派秦桧、王伦、孙近三人头以谢天下，并要求羁留金使，兴师问罪：

> 臣备员枢属，义不与桧等共戴天。区区之心，愿斩三人头，竿之

藁街，然后羁留虏使，责以无礼，徐兴问罪之师，则三军之士，不战而气自倍。不然，臣有赴东海而死耳，宁能处小朝廷求活耶？

此文一出，天下震动，主战派备受鼓舞，投降派恨之切齿，金国君臣闻之胆怯丧气。文章谴责权奸误国的罪行，义正词严，大义凛然，与投降派有不共戴天的仇恨，显示了作者坚贞的民族气节和大无畏的斗争精神。

从李清照去世至真德秀去世（1235）历时八十多年，为南宋散文发展的中期，这一时期，抗战爱国仍是散文的主旋律，作家、作品众多，流派纷呈，风格多样，体式增多，诗话、随笔、日记、笔记等新体散文大量涌现，标志着散文创作相当的繁荣。

南宋中期的散文流派可分为"功利派"与"理学派"。功利派也称事功派，为文讲究务实事而切世用，以关心国计民生、时事治乱、国家兴衰为特征。多以主张抗金复国、反对妥协投降为主题，风格豪放雄赡，深受苏轼文风的影响，代表了南宋中期散文创作的潮流，主要代表作家有陈亮、辛弃疾、叶适、陆游等人。

陈亮（1143—1194）字同甫，婺州永康（今属浙江）人，世称龙川先生，南宋著名的文学家、哲学家，是永康学派的代表。陈亮才气超迈，喜谈兵，力主抗战，改革内政。因反对和议，痛斥投降卖国，引起权奸嫉恨，三次被陷害入狱。他志在济世，主张王霸并用，提倡有补国计民生的"事功之学"，反对一些理学家不关心国事而空谈仁义性理。最能代表其散文成就的，是那些气势纵横、语言明快、笔锋犀利的政论文，如《酌古论》《中兴五论》、多次的《上皇帝书》等，其中淳熙五年（1178）写的《上孝宗皇帝第一书》，强烈地表达了作者励精图治、收复失地的爱国思想，大长抗战派的志气，朝野为之震动。全文竟有四千五百余字，规模宏大，气势磅礴，引证博洽，见解深刻，如文中分析了国家元气大伤在于权奸陷害忠良：

方南渡之初，君臣上下，痛心疾首，誓不与虏俱生，卒能以奔败之余，而胜百战之虏。及秦桧倡邪议以沮之，忠臣义士斥死南方，而天下之气惰矣！

对于那些在国家危难之际仍空谈性命的道学家，作者也给予了谴责：

辛卯、壬辰之间，始退而穷天地造化之初，考古今沿革之变，以推极皇帝王伯之道，而得汉、魏、晋、唐长短之由，天人之际昭昭然可察而知也。始悟今世之儒士，自以为得正心诚意之学者，皆风痹不知痛痒之人也。

所论深刻精警，真是见人之未能见，言人之未敢言。陈亮在其政论文中不仅敢于嬉笑怒骂，而且还能提出一整套切实可行的振兴国家、强兵富国的政治、经济、军事策略，议论非同凡响，行文纵横捭阖，颇有战国纵横家文章的气象。

辛弃疾（1140—1207）字幼安，号稼轩，历城（今山东济南）人，南宋著名的爱国志士与豪放词人，其散文所涉及的全是国家的存亡大计，无脱离现实的空疏议论，笔锋犀利，切中时弊，具有所向披靡的凌厉气势，堪称事功派核心人物。宋人刘克庄说："辛公文墨议论尤英伟磊落，……笔势浩荡，智略辐辏，有《权书》《衡论》之风。"（《后村先生大全集》卷98）刘克庄所言，指辛弃疾散文有苏洵《权书》《衡论》的风格，知事明理，以议论见长，说理透辟，气势纵厉雄奇，语言自然流畅。他的政论文代表作当数《美芹十论》，这是1165年辛弃疾向宋孝宗上的奏疏，时主战派因张浚北伐受挫而迭遭打击，投降派气焰正嚣张一时，辛弃疾甘冒风险，毅然上书，慷慨陈词，反对议和，阐述抗战派的正确主张。文章有十篇，分《审势》《察情》《观衅》《自治》《守淮》《屯田》《致勇》《防微》《久任》《详战》，前三篇重点分析敌方形势，说明金人外强中干的实质，指出决定战争胜负的根本在于民心所向：

> 自古天下离合之势常系乎民心，民心叛服之由实基于喜怒。喜怒之方形，视之若未有休戚。喜怒之既积，离合始决而不可制矣！（《观衅》）

对夸大金兵力量，鼓吹妥协投降的谬论给予了有力的驳斥。说明正义在我一方，坚持抗战，必定取得最后胜利。后七篇重点阐述我方应当具备的方针政策，从停交金人岁币、迁都金陵、聚兵坚守淮河、屯田备粮、选拔任用将领、增强国力抗金复国等方面，提出了一系列详明实用的建议。文字朴实而自然流畅，条分缕析，论证周密，规模宏大而严谨，各篇既有重点又联系紧密，说理多以事实为据，具有极强的说服力。

辛弃疾的抒情散文，也辅以叙事、议论，使情、事、理浑然一体。如他的《祭陈同甫文》：

呜呼，同甫之才，落笔千言，俊丽雄伟，珠明玉坚。人方窘步，我则沛然，庄周李白，庸敢先鞭。同甫之志，平盖万夫，横渠少日，慷慨是须。拟将十万，登封狼胥，彼臧马辈，殆其庸奴。天于同甫，既丰厥禀，智略横生，议论风凛。使之早遇，岂愧衡伊？行年五十，犹一布衣。间以才豪，跌宕四出，要其所厌，千人一律。不然少贬，动顾规检，夫人能之，同甫非短。至今海内，能诵三书，世无杨意，孰主相如？中更险困，如履冰崖，人皆欲杀，我独怜才。脱廷尉系，先多士鸣，耿耿未阻，厥声浸宏。盖至是而世未知同甫者，益信其为天下之伟人矣！

呜呼，人才之难，自古而然，匪难其人，抑难其天……

祭文先从陈亮才志上落笔，其文才可比庄周、李白，才干可比伊尹，志向可赛张载、霍去病，然而却怀才不遇，屡遭迫害，命运坎坷，英年早逝。国家失去一位竭诚抗战的勇士，自己失去一位志同道合的挚友，作者怀着无比悲痛与惋惜对这位"天下之伟人"而生不逢时，表示了诚挚的同情。又以志士不遇壮志难酬为中心展开议论，不仅为陈亮抒怨愤，也为所有被投降派迫害的抗战派志士鸣不平。句式上骈散交错，较好地表达了作者哀伤与怨愤之情。

辛弃疾的序跋书札等杂文，同样充满着忧国忧民的浩然正气，体现着深思熟虑的政治主张与军事谋略，如《跋绍兴辛巳亲征诏草》：

使此诏出于绍兴之初，可以无事仇之大耻。使此诏行于隆兴之后，可以卒不世之大功。今此诏与此虏犹俱存也，悲夫！

宋宁宗嘉泰四年（1204）作者为绍兴辛巳（1161）高宗亲征诏草来写跋，面对此诏，思绪万千，从此诏以来四五十年间，南宋朝廷丧权辱国的历史，一幕幕浮现在作者眼前。作者心中郁积着千言万语，然而作者的跋文只写了寥寥几句话，意思是：此诏若在绍兴之初下，号召军民奋起抗敌，不致有秦桧专权、向金称臣纳贡的国耻。此诏若在隆兴之后贯彻执行，乘金内乱，恢复大业指日可待。今日诏书犹在，然而战机一次次丧失，亡国危险与日俱增。往事不堪回首，前途更令人担忧，作者只能用"悲夫"二字作结。跋文言简意赅，抓住南宋前期三个历史转折关头，加以设想，对南宋几十年的屈辱史作了精辟的概括，对南宋朝廷的误国罪行进行了控诉，感情强烈，是非鲜明，如此精悍而富有战斗精神的文章，在宋文中是不多见的。

叶适（1150—1223）永嘉（今浙江温州）人，永嘉学派的集大成者。因坚决主张抗战，为韩侂胄所器重，韩侂胄开禧北伐失败被诛后，叶适受牵连而免职回乡，以讲学、著述而终老。叶适提倡功利之学，反对空谈性命，认为仁义必体现为功利，"既无功利，则道义者，乃无用之虚语尔。"（《习学记言》卷23）这与他的"物之所在，道则在焉"的唯物自然观是一致的。（《习学记言》卷47）在当时的理学界，与朱熹的理学与陆九渊的心学成鼎足而三之势。叶适还工于辞章，《四库全书总目·卷160·别集类》称其"文章雄赡，才气奔逸，在南渡卓然为一大宗"。他的散文代表作是向宋孝宗、光宗、宁宗所上的奏对及札子，如《应诏条奏六事》，是叶适为论六事而给光宗上的奏疏，针对国事弊端，详析了六个方面的"未善之事"：一曰"今日之国势未善"，强调民心向背的重要性。二曰"今日之士未善"，强调任用贤能人才。三曰"今日之民未善"，强调减轻民众苛徭重赋。四曰"今日之兵未善"，强调提高战斗力。五曰"今日之财未善"，强调节省开支。六曰"今日之纪纲法度未善"，强调皇帝不可贪权独断。叶适所论，细致缜密，笔力遒劲，说理深刻而周详，逻辑严密而说服力强，由于认识的局限性，有一些不妥当的提法，但瑕不掩瑜，并不影响其爱国思想价值的存在。

陆游（1125—1210）字务观，号放翁，山阴（今浙江绍兴）人，是南宋最伟大的爱国诗人，毕生主张抗金御侮。他的散文同其诗一样，贯穿着强烈的爱国主义感情，充满了不怕牺牲的英雄气概和报国无路的深沉悲慨。宋人张淏说他"文辞超迈，……志铭记序之文皆深造三昧。"（《会稽续志》卷5）如《跋李庄简公家书》，打破跋文惯例，以回忆李光当年音容笑貌为主，生动而具体地刻画了一位英伟卓荦的爱国英雄形象，使跋文具有了浓厚的文学色彩。《姚平仲小传》则写一位出色的爱国将领，被昏庸腐朽的南宋上层统治集团排挤迫害，只好退居山林，字里行间有作者的影子与作者有才不得报效国家的忧愤。而《入蜀记》是陆游写的旅行日记，对巴蜀壮丽山水的描述，表达了作者对祖国的无限热爱之情，而对市井萧条的描写，则寄予了作者对国事的无限忧虑。陆游的散文短小精悍，无意求工而自工，自然真切，语言洗练，形式多样，意味蕴藉含蓄，散体中夹有骈句，节奏铿锵，音韵和谐，有强烈的感染力。

所谓的"理学派"指侧重于发展北宋主流理学家的观点，欲在理学上有所建树的一派，被事功派往往批评为空谈性命义理。由于对性命义理理解与阐释有所不同，所以又分成许多不同的派别。其实，理学派在政治上也大多同事功派一样，关心时政与国计民生，主张抗金恢复中原。在强调"文以载道"方面，更重道轻文，观点近于唐宋古文的先驱者。他们的散文受欧阳修、曾巩的影响较大，语言平易简洁，格调从容舒缓，风格畅达明快。他们多聚徒讲学，又常将讲学的言论整理成语录性质的著作，就是写其他散文也喜爱采用语录体，行文多采用口语，使其散文能以平浅的语言蕴含耐人寻味的哲理思辨。主要代表作家有朱熹、陆九渊、真德秀等人。

朱熹（1130—1200），婺源（今属江西）人，字元晦，世人尊称其为"朱夫子"，将其视为继孔子、孟子之后对中国思想文化最有影响力的伟人之一。朱熹继承和发展了程颢、程颐的理学思想，建立起一个既庞大又完整的新的理学体系，成为南宋理学的集大成者。朱熹反对与金议和，以事忤韩侂胄，被诬罢职。一生勤于讲学，宣传儒家忠孝节义等伦理道德。著述颇丰，影响较大的有《四书章句集注》《诗集传》《周易本义》《楚辞集注》《通鉴纲目》等。朱熹是宋代理学家中在文学上最有建树的人，他的文学观同二程相近，重道而轻文，忽视文学作品的艺术价值，但他反对浮华不实、无病呻吟之作，提倡作文平淡自然、浑然天成，在文学批评上具有独到的见解，也有其积极的一面。对《诗经》《楚辞》的解释与评价，都有超乎前人的见识。为文以穷理致用为主，在简洁、通俗的语言中，见出其深刻的思想。其风格近于曾巩，长于说理，讲究理致周密，如《庚子应诏封事》《论天下之大本与今日之急务》《论去邪疏》等。写景之作，意境深邃，情趣盎然，色彩鲜丽，如《百丈山记》《云谷记》《名堂室记》等。书序一类散文形象生动，评议妥当，常寓自己真挚感情于其中，如《送郭拱辰序》，是朱熹给画家郭拱辰写的赠文：

> 世之传神写照者，能稍得其形似，已得称为良工。今郭君拱辰叔瞻，乃能并与其精神意趣而尽得之，斯亦奇矣。
>
> 予顷见友人林择之、游诚之，称其为人，而招之不至。今岁惠然来自昭武，里中士夫数人，欲观其能，或一写而肖，或稍稍损益，卒无不似，而风神气韵，妙得其天致，有可笑者。为予作大小二像，宛然麋鹿之姿，林野之性。持以示人，计虽相闻而不相识者，亦有以知其为予也。
>
> 然予方将东游雁荡，窥龙湫，登玉霄，以望蓬莱，西历麻源，经玉笥，据祝融之绝顶，以临洞庭风涛之壮；北出九江，上庐阜，入虎溪，访陶翁之遗迹；然后归而思自休焉。彼当有隐君子者，世人所不

得见，而予幸将见之，欲图其形以归。而郭君以岁晚思亲，不能久从予游矣。予于是有遗恨焉。因其告行，书以为赠。

文章写得极为自由、活泼，语言自然、流畅，十分传神地刻画了一个技艺高超的画家形象。先写闻其声名，再写亲见其人，尽睹其"风神气韵"，后写不能与其同游的遗憾。全文以郭拱辰的画技为中心，论画又突出了其形神兼备的特点，曲折地反映了作者的审美观。作者虽不主张讲究文章的华采，但这篇文章本身就有独具匠心的构思及精湛的文辞运用，文词峻洁，语短意隽，隐约有贤人不得用于世的寓意，说明朱熹在创作实践中并未真正忽视文辞技巧。

陆九渊（1139—1193），抚州金溪（今属江西）人，字子静，自号象山翁。与其兄陆九韶、陆九龄共称江西三陆，其学称"三陆之学"。九渊青年时主张抗金，反对妥协投降，立志洗雪靖康国耻，四处访寻抗战勇士，共谋抗击金人计策。并上疏陈述抗金意见，建议朝廷改革弊政，广求人才，以图恢复，但奏疏不被采纳。中年之后，精力主要投到讲学与学术研究中，人称象山先生。陆九渊是南宋著名的理学家，是"心学"的创始人。曾和朱熹会于鹅湖，在"太极""无极"和治学方法等问题上与朱熹进行过辩论，彼此之间互相尊重，给后人留下了学术自由交流论争的美谈。撰有《象山先生全集》，其中《与朱元晦书》《王荆公祠堂记》《刘晏知取予论》《题翠云寺壁》《送宜黄何尉序》等文，观点鲜明，析理精微，笔力矫健，富有感染力。如《送宜黄何尉序》，是作者写给江西宜黄县尉何坦的一篇赠序。何坦因维护县民利益，与"贪而富"的县令发生争执，昏庸无能的上司不分青红皂白，将其二人一起罢免。文中认为县令、县尉虽皆被免，然而是非曲直是很清楚的，宜黄县民幸其县令罢去，惜其县尉离去，民心向背说明了一切。能够受到人民的爱戴拥护，虽罢而犹荣。至于个人升沉，那是不足道的。比起比干、伍子胥贤能被害，何坦眼下这点小坎坷又算得什么？柳下惠与子文曾三黜三已，何坦一时罢官也是暂时现象。序文激励何坦放宽眼量，以儒家大丈夫的标准要求自己，以实现仁义为己任，永葆刚正气节。文章先明辨是非，其次勉励何坦不要有憾，最后提出奋斗厚望，条理分明，层层推进。采用典故贴切，言约而意丰，感情强烈，句句深中肯綮，处处显露出作者的志向与学识。

真德秀（1178—1235）字景元，后字景希，建宁浦城（今福建安道）人，南宋大臣，官至参知政事，号西山，人称西山先生，与魏了翁齐名，并称"西山鹤山"，是嘉定之后继承朱熹学说的代表人物，在确立理学正统地位方面有突出贡献。韩侂胄执政期间，大兴"庆元党禁"，斥朱熹理学为"伪学"，真德秀不畏被黜，对"朱学"仍"独讲习而服行之"。（《宋元学案·西山真氏学案》）庆元党禁后，程朱理学复盛，真德秀贡献颇多。曾修《大学衍义》，自谓此书可作《大学章句》之辅佐。他认为"德行谓得之于天者，仁义礼智信也"，"凡天下至微之物皆有个心，发生皆从此出"，"仁者心生理"（《西山文集·问答》），显然是在"朱学"的基础上又吸收了"陆学"，主张"正心""养性"，崇尚正统理学。真德秀作为朱熹理学传人，以阐扬理学为己任，其思想、见识尤多体现在他的奏疏上。《宋史》本传称其"立朝不满十年，奏疏无虑数十万言，皆切当世要务，直声震朝廷"。真德秀作文讲求实用，与功利派所倡导的务实不同，他强调的是理学家的明道致用，他曾说："论文章不溺于华靡新奇，而必先乎正大。要其归以切实用、关世教为主。"（《汤武康墓志铭》）他虽对文章的艺术性有所忽视，然而他的文章却有情致与文采，他与刘克庄所编《文章正宗》影响很大，属于理学家中的辞章派。他推重穷理致用的"鸣道之文"，反对追求艺术性的"文人之文"，其文学理论与朱熹也相近。实际上，他的《召除礼侍上殿奏札》《上便民疏》《论求直言》等奏疏，语言简洁，条理分明，说理精辟，风格典雅醇厚。其《铅山县修学记》《龙山书院记》《溪山伟观记》等记文，描摹景致生动逼真，意趣盎然，也不是一味反对"辞工"。

（二）反侵略悲故国的血泪篇章

从真德秀谢世至谢翱、郑思肖等爱国遗民作家在世，为南宋（包含元初）散文发展的后期。这一时期，随着蒙元军队的南侵，民族矛盾趋于激化，抗战呼声响彻全国。许多民族志士仁人以儒家的"杀身成仁""舍生取义"为精神支柱，一面奔走呼号，浴血奋战，救亡图存，一面用手中的笔，写下了一篇篇爱国御敌的抗战文字，慷慨激昂，令人奋起。宋亡之后，他们又以儒家的"富贵不能淫，贫贱不能移，威武不能屈"为人生信条，不做亡国奴，保持民族气节，誓死不屈，给后人留下了一页页悼先烈悲故国的血泪篇章，长歌当哭，悲怆凄婉。其代表作家主要有文天祥、谢枋得、郑思肖、谢翱等人。

文天祥（1236—1283）号文山，庐陵（今江西吉安）人。元兵渡江南下，天祥曾组织义军万人勤王。德祐二年（1276）元军进逼临安，天祥任右丞相，奉命出使敌营议和，因坚决抗争而被拘。在解送北方的途中脱险逃回，重新募集将士转战于赣、闽、岭地。帝昺祥兴元年（1278）末，兵败被俘，押往大都（今北京），元世祖搬出已降的宋帝来劝降他，但他始终坚贞不屈，1283年年初被杀害于大都的柴市。文天祥在被押期间，因于一狭小的狱室内，在十分恶劣的环境中，他写下许多诗文，后编入《文山先生全集》中，其中的文章与诗一样，记录了他艰苦卓绝的战斗生活，表现了他英勇反抗侵略者的斗争意志、坚贞的民族气节，以及视死如归、大气凛然的英雄气概。如《指南录后序》，以国难事件发展顺序为线索，记叙了作者勇赴国难、慷慨斥敌、辗转回归的经历，层次清晰而重点突出，完整地叙述了作者被元军扣留前后一系列的殊死斗争，展示了作者崇高的忠贞节操和与敌寇不共戴天的爱国精神：

> 生无以救国难，死犹为厉鬼以击贼，义也；赖天之灵，宗庙之福，修我戈矛，从王于师，以为前驱，雪九庙之耻，复高祖之业，所谓誓不与贼俱生，所谓鞠躬尽力，死而后已，亦义也。

字字皆是忠肝义胆的坦露，使人读后，荡气回肠。其《正气歌序》，更是感天地泣鬼神：

> 余囚北庭，坐一土室。室广八尺，深可四寻，单扉低小，白间短窄，污下而幽暗。当此夏日，诸气萃然；雨潦四集，浮动床几，时则为水气。涂泥半朝，蒸沤历澜，时则为土气。乍晴暴热，风道四塞，时则为日气。檐阴薪爨，助长炎虐，时则为火气。仓腐寄顿，陈陈逼人，时则为米气。骈肩杂遝，腥臊污垢，时则为人气。或圊溷，或毁尸，或腐鼠，恶气杂出，时则为秽气。叠是数气。当之者鲜不为厉，而余以孱弱俯仰其间，于兹二年矣，无恙。是殆有养致然。然尔亦安知所养何哉？孟子曰："我善养吾浩然之气。"彼气有七，吾气有一，以一敌七，吾何患焉！况浩然者乃天地之正气也。作《正气歌》一首。

此是为其气贯长虹的《正气歌》而作的序文，序文详细地描述了狱中的种种恶劣环境：一间小小的囚室，充满了使人沾染疾病导致死亡的水气、土气、日气、火气、米气、人气、秽气，总之，全是污秽恶浊的毒气。但作者却能以一气御七气，此一气即内心存有的至大至刚的浩然正气，使他战胜各种困难，说明心怀正义信念的人是不可战胜的。这种为祖国为真理而勇于献身的精神永世长存，激励了后代多少为国捐躯的中华儿女！其文慷慨激越，沉郁悲壮，风格雄放，气势豪迈，具有撼人魂魄的艺术感染力。

谢枋得（1226—1289）信州弋阳（今属江西）人，字君直，号叠山，别号依斋。自幼颖悟过人，学通"六经"，淹贯百家，《宋史》本传说他"性好直言，一与人论古今治乱国家事，必掀髯抵几，跳跃自奋，以忠义自任"。著有《叠山集》，编选过《千家诗》，为后世老幼所传诵。他评点的《文章轨范》，是南宋重要的一部文章评注选本，被誉为集宋人评点学之大成。谢枋得深受程朱理学的影响，奉行"三纲五常""忠孝节义"的伦理道德，将忠君与爱国联系在一起，但又不是无原则的愚忠。当被俘的宋朝谢太后命令南宋各地臣民降元时，谢枋得"从道不从君"，决不服从降诏，这又与他将爱国视为最高道德不无关系。爱国，是谢枋得思想的核心。

谢枋得一生坚持抗战，曾为考官，出题以贾似道政事为问，意在贬斥妥协投降。元军进攻江西时，他以信州知州率兵抗元，其妻、其弟皆死于抗战中。信州城陷，他变名流亡建阳，国破家亡的惨痛现实，使他逐渐接受了道教出世的思想，为人卜课算命，号称"依斋易卦"。后元朝迫其出仕，他誓不屈节，在被押赴大都时，高唱"万古纲常担上肩，脊梁铁硬对皇天。人生芳秽有千载，世上荣枯无百年"，充分彰显了他那威武不屈、贫贱不移的高尚民族气节。至大都，绝食数日，终以死殉国。

谢枋得为文推崇欧阳修、苏轼，认为欧、苏以古道自任，发为文章，经天纬地，为天下学人所宗。谢枋得的文章饱含着兴灭继绝的坚定信念，正气凛然，格调高奇。以文寄托对故国的哀思，但决无颓丧凄绝之音，反倒愈加慷慨愤激。如在《与李养吾书》中，借赞扬李氏洁身保节，重申士人的历史责任："儒者常谈所谓'为天地立心，为生民立命，为往圣继绝学，为万世开太平。'正在我辈人承当！不可使天下后世谓：'程文之士，皆大言无当也。'"他的《却聘书》（《上丞相留忠斋书》），坚决拒绝元人征聘，其一片丹心、铮铮铁骨，于文中清晰可见。《四库全书总目·卷164·别集类》中说："枋得忠孝大节，炳著史册。却聘一书，流传不朽，虽乡塾童孺，皆能诵而习之。"谢枋得最崇拜最痛惜的是文韬武略的抗战英雄辛弃疾，崇拜他"有英雄之才，忠义之心，刚大之气"，痛惜他"平生志愿百无一酬"。辛弃疾的平生志愿即实现二圣归，八陵祀，中原子民行王化，大仇复，大耻雪，然而这些美好愿望都一一断送于投降派之手。作者怀着无比崇敬又沉痛的心情作《辛稼轩先生墓记》，文章末叹道：

呜呼，天地间不可一日无公论，公论不明则人极不立，人极不立天地之心无所寄。本朝以仁为国，以义待士夫。南渡后宰相无奇才远略，以苟且心术用架漏规模，纪纲、法度、治兵、理财无可恃，所恃扶持社稷者惟士大夫一念之忠义耳。以此比来忠义第一人，生不得行其志，没无一人明其心，全躯保妻子之臣，乘时抵瞒之辈，乃苟富贵者，资天下之疑，此朝廷一大过，天地间一大冤，志士仁人所深悲至痛也。公精忠大义，不在张忠献、岳武穆下。一少年书生，不忘本朝，痛二圣之不归，闵八陵之不祀，哀中原子民之不行王化，结豪杰，志斩虏馘，挈中原还君父，公之志谈判大矣。

借对辛弃疾抗敌复国壮志的颂扬，对南宋朝廷不思恢复苟且偷安进行了谴责，对抗战英雄无路报国表示了痛惜，表达了自己矢志不渝的爱国情志。

郑思肖（1241—1318），原名不详，宋亡之后才改此名，字忆翁，号所南。"思肖"是思念赵宋之意。"忆翁"，示永念故国之意。"所南"，即心所系南国即南宋之意。宋亡不仕，隐居苏州寺院，坐卧必向南，以示不忘南宋。号其居室为"本穴世界"，"本"字中的"十"字移至"穴"字下，即成"大宋"二字。所画兰皆无土露根，以喻国土沦丧，人问其故，答曰："地为番人夺去，汝犹不知耶！"（《宋遗民录》卷13）可见，郑思肖早把生死置之度外，所以才无所顾忌，直言不讳。

郑思肖为人狷介，誓不与元人交往，对仕元官僚，尤为痛恨。宋宗室赵孟頫是当时很有名气的诗人和画家，入元后仕元，郑思肖恶其失节，与之绝交，赵孟頫多次上门探望，均遭拒绝。郑思肖学问渊博，晚年倾心于佛学，他在《三教记》序中称自己"自幼世其儒，近中年闻于仙，入晚境游于禅"，反映了宋遗民中一般知识分子的思想心态。不过，他信奉佛、道，常以度亡祭炼术，超度抗元英烈文天祥等人的亡魂，来寄托他对故国的哀思。郑思肖著有《郑所南先生文集》，其中如《文丞相序》，记述文天祥为国捐躯的英勇事迹，倾诉了作者对民族爱国英雄的崇敬神往。《大义略述》记述了那个天翻地覆、血雨腥风的宋亡历史过程，表达了作者誓不屈服、至死不做亡国奴的信念。

谢翱（1249—1295）字皋羽，号晞发子，原籍长溪（今福建霞浦），后迁居建宁浦城（今属福建）。为人耿介，疾恶如仇，倜傥有大节。临安破后，文天祥聚兵抗敌，谢翱尽捐家财募乡兵数百，投于文天祥部。天祥兵败被俘，谢翱改变姓名，隐匿民间，誓不仕元。著述颇丰，有《晞发集》《天地间集》等传世,作品多表达深厚的爱国感情,特别是宋亡之后的散文,都是哀痛故国的血泪文字,格调沉郁悲愤,文风近于柳宗元,长于记叙,寓意深刻,堪称南宋爱国遗民作家中的一位大家。谢翱散文代表作当是哭祭文天祥的记文。谢翱平生敬重文天祥,天祥就义后,谢翱异常悲恸,多次恸哭并作诗文表示哀悼。元世祖至元二十七年(1290),在文天祥就义八年后,谢翱约上几位朋友,渡过富春江,登上严子陵钓台(又称西台),设立牌位,哭祭天祥,并写下饮恨泣血的《登西台恸哭记》:

> 始,故人唐宰相鲁公开府南服,余以布衣从戎。明年,别公漳水湄。后明年,公以事过张睢阳庙及颜杲卿所尝往来处,悲歌慷慨,卒不负其言而从之游。今其诗具在,可考也。
>
> 余恨死无以藉手见公,而独记别时语,每一动念,即于梦中寻之。或山水池榭,云岚草木,与所别之处及其时适相类,则徘徊顾盼,悲不敢泣。又后三年,过姑苏。姑苏,公初开府旧治也,望夫差之台而始哭公焉。又后四年,而哭之于越台。又后五年及今,而哭于子陵之台。
>
> 先是一日,与友人甲、乙若丙约,越宿而集。午,雨未止,买榜江涘。登岸,谒子陵祠;憩池旁僧舍,毁垣枯甃,如入墟墓。还,与榜人治祭具。须臾,雨止,登西台,设主于荒亭隅;再拜,跪伏,祝毕,号而恸者三,复再拜,起。又念余弱冠时,往来必谒拜祠下。其始至也,侍先君焉。今余且老,江山人物,眷焉若失。复东望,泣拜不已。有云从南来,渰浥淳郁,气薄林木,若相助以悲者。乃以竹如意击石,作楚歌招之曰:"魂朝往兮何极?暮来归兮关塞黑。化为朱鸟兮有咮焉食?"歌阕,竹石俱碎,于是相向感唶。复登东台,抚苍石,还憩于榜中。榜人始惊余哭,云:"适有逻舟之过也,盍移诸?"遂移榜中流,举酒相属,各为诗以寄所思。薄暮,雪作风凛,不可留,登岸宿乙家。夜复赋诗怀古。明日,益风雪,别甲于江,余与丙独归。行三十里,又越宿乃至。
>
> 其后,甲以书及别诗来,言:"是日风帆怒驶,逾久而后济;既济,疑有神阴相,以著兹游之伟。"余曰:"呜呼!阮步兵死,空山无哭声且千年矣!若神之助固不可知,然兹游亦良伟。其为文词因以达意,亦诚可悲已!"
>
> 余尝欲仿太史公著《季汉月表》,如秦楚之际。今人不有知余心,

后之人必有知余者。于此宜得书，故纪之，以附季汉事后。时，先君登台后二十六年也。先君讳某字某，登台之岁在乙丑云。

文章首先回顾了作者与文天祥在国难之际结下的深厚情谊，作者钦佩文天祥的爱国精神与坚贞志节，虽时隔十几载，但至今仍铭记着诀别时文天祥的话语，还时常吟诵着文天祥留于人世的爱国诗篇。接着文章通过有详有略的四哭文天祥的描写，表达了作者对英雄与故国的哀悼之情。第一次哭是在文天祥被俘押往北方不久，英雄一去不返，生死难卜，作者只能于梦中相见，这种无处挥泪之泣，使人更感惨痛凄楚。第二次哭是在得知英雄死讯之后，作者来到姑苏夫差台上大放悲声。姑苏曾是文天祥知平江府的府治地，作者来此台恸哭，一是追忆英雄当年勤王的伟功，二是感喟宋朝君王有似夫差，终因逸乐而误国亡身。第三次是在文天祥殉国四年后恸哭于越台，作者四顾，江山依旧，人事全非，遥想越王勾践卧薪尝胆，君臣同心励精图治。痛心今日英雄已去，复国无望，吞吐哽咽间，含有无限的悼惜。此"三哭"文字极简约，而蕴意深厚。文章描写的重点是第四次，即西台恸哭。作者详写了约友、探视、恸哭、招魂、赋诗、归去等哭祭全过程，欲泣血而不能放悲声，吞声而泣更显沉痛。欲记实而不能直言，不得已，以唐朝颜真卿暗指文天祥，以《季汉月表》暗代《季宋月表》，同祭者也只称甲、乙、丙，如此隐晦曲折反显更深沉。元朝血腥统治之状，遗民满腔哀思之情，跃然纸上，宛若在目前。作者恸哭文天祥，也是恸哭抗元事业终遭失败，也是恸哭宋朝三百年的江山沦于敌手。恸哭中，一腔爱国忠愤喷薄而出，《四库全书总目·卷164·别集类》说："南宋之末，文体卑弱，独谢翱诗文桀骜有奇气，而节概亦卓然可观。"

南宋散文艺术成就不及同时代的诗与词，也没出现北宋那样的散文大家，但它有着自己的鲜明特点。尤其是那些抗敌御侮、爱国悼亡的文章，或慷慨激昂，或愤激沉郁，在整个中国散文中也是异彩熠熠，南宋散文以悲壮的爱国旋律奏完了中国古代散文鼎盛曲的尾声。

四　南北文化交融中的辽、金、元散文

由于宋王朝对外采取了妥协求安的政策，结果养痈成患，形成北方少数民族贵族统治政权不断南侵，促使宋王朝内部矛盾激化，积贫积弱，最终被元蒙所取代。在中国历史上，继南宋之后是元朝，但在元朝前，中国

的北方就存在着几个少数民族贵族创立的政权，主要是由契丹族耶律氏所建的大辽国、由女真族完颜氏所建的金国和党项族拓跋氏所建的大夏国。这些北方少数民族地区，深受汉民族文化影响，普遍使用着汉文字语言，当然也同时有本民族独特的语言及文字，但可惜后者传于世的文字典籍不多。尤其是大夏国，宋人称作西夏，1227年亡于蒙古，蒙古军野蛮地基本上摧毁了它的文化，得以保存下来的散文作品为数很少，以西夏文写成的文学作品更是罕见，所以在讲元朝的散文前，只补叙一下辽、金散文的情况。

（一）佛风盛行下的辽国散文

辽国是一个以契丹为主的多民族政权，从建国起就受到以汉族为主的中原文化的濡染，辽太祖神册五年（920）颁布并开始使用的"契丹大字"，就是在汉族知识分子帮助下，利用汉字隶书偏旁创制的，在契丹字使用的同时，还并行着汉字。在政治上，辽从建国初就主张学习汉族的封建制度，朝廷中不少相当重要的官职选用汉族人来担当。辽在建国初，尚勇武而不尚礼文，景宗、圣宗之后，才仿北宋开设科举，崇尚儒学，帝王、后妃、朝臣渐对中原文化发生兴趣，纷纷以唐宋文学大家为典范，吟诗作文，形成了以契丹贵族作家为代表的辽国文学创作群。他们的作品以一种北方民族特有的爽朗与朴野，为中华传统文学注入了新的生机。沈括曾说："至圣宗与宋盟好，科目日隆，雅辞相尚，一时以文学名者，如王鼎、张俭、萧韩家奴、耶律孟简之流，斐然成章。"（《梦溪笔谈》卷15）但辽国书禁甚严，作家作品不准传入中土。辽被金灭后，典籍佚散严重，我们今日见到的《全辽文》，已是辽文的很少一部分了。

辽国有"大儒"之称的萧韩家奴（975—1046），是辽契丹涅剌部人，字休坚，自幼勤奋好学，博览经史，通晓契丹文和汉文。辽重熙初，应诏作《四时逸乐赋》，深受辽兴宗赏识。又应诏上疏言治国之要，提出一套切实可行的富民强军的办法。被提升为翰林都林牙，兼修国史。参与编撰成遥辇氏诸可汗及辽诸帝《实录》20卷、《礼书》3卷，自著有《六义集》12卷，又曾择译《贞观政要》《五代史》等书为契丹文。最能代表萧韩家奴文章特色的就是他那篇论治国之要的疏奏。这篇奏疏写于重熙四年（1035），时正值兴宗取得废后的胜利，为了巩固统治权，他下"求治"之诏，萧韩家奴便应诏对奏。他从"民乃国本"的儒家思想出发，借鉴唐太宗治国之策，针对"民重困""徭役重""盗贼滋"等社会现实，切中时弊地提出解决方案。他认为百姓长期苦于戍役辗转迁徙之苦，再加上

"群黎凋敝，利于剽窃，良民往往化为凶暴。甚者杀人无忌，至有亡命山泽，甚乱首祸。所谓民以困穷，皆为盗贼者。"根本的治理方针就是物质上富民和精神上进行礼义教化。具体的做法就是"莫若使远戍疲兵还于故乡，薄其徭役，使人人给足"，"轻徭省役，使民务农。衣食既足，安习教化，而重犯法，则民趋礼义，刑罚罕用矣。"这篇奏对，与汉代贾谊的《过秦论》《陈政事疏》、晁错的《论贵粟疏》《守边劝农疏》同调，虽不如晁错、贾谊的政论铺排渲染、气势磅礴，但也颇得"治道之要"，风格刚健质朴，清晰畅达，堪称"辽代鸿文"。

辽国这个崛起于白山黑水间的王朝，毕竟与以儒学为正统思想的宋朝有所区别，辽朝虽然佛道儒合一，但它以佛教为主，以道教为辅，以儒学为用，佛教是辽国的主要宗教信仰。从陈述所辑的《全辽文》看，大部分作者为佛弟子，从《全辽文》的作品来看，形式上有寺碑、塔铭、经幢记、墓志等，反映佛事内容的数量最多，作品中表现出浓厚的佛理禅观，自然减弱了它的文学色彩。在契丹贵族作家中，枢密使萧惠之女、道宗耶律洪基的懿德皇后萧观音（1040—1075），尤为引人注目。萧观音也是一位好佛者，从其小字的含义就可见一斑。她主要以诗词名世，其诗词今存《回心院》《十香词》，写得情真意切、含蓄哀婉，其散文也同其诗歌一样，曲折婉转，以情感人，如其《谏猎疏》：

> 妾闻穆王远驾，周德用衰；太康佚豫，夏社几屋：此游畋之往戒，帝王之龟鉴也。顷见驾幸秋山，不闲六御，特以单骑从禽，深入不测。此虽威神所届，万灵自为拥护，倘有绝群之兽，果如东方所言，则沟中之豕，必败简子之驾矣。妾虽愚暗，窃为社稷忧之。惟陛下尊老氏驰骋之戒，用汉文吉行之旨，不以其言为牝鸡之晨而纳之。

辽朝统治者，多以田猎为乐，因此而生出事端的亦不少。辽道宗也喜好射猎，萧观音对辽道宗的狩猎活动十分担扰，于是犯颜直谏，写了《谏猎疏》，从耽于游乐会误国伤身的高度，对道宗加以劝谏，表达了自己对道宗及国家命运的关爱之情。疏文以历史为鉴，引用了周穆王、夏太康、春秋时期赵简子与老子、汉代文帝及东方朔等人的典事与言谈，以古喻今，既贴切又委婉，足见这位懿德皇后的博学多才以及对中原文化的热爱与熟悉。此疏虽短，却语重心长，有感而发。用典虽繁，却贴切得体，委婉道出良苦用心。体现了辽国作家受汉文化影响，中华各民族文化融合的特点。

萧观音贤淑端庄，深明大义，所生皇太子耶律浚文武双全，参与政事，表现出杰出的治国才干，使权奸耶律乙辛的专权受到限制。为了谋害太子，耶律乙辛首先向萧观音发难，伪造了萧观音与伶官赵惟一奸情案，使萧观音被赐死，后又以谋反罪害死太子，辽朝从此逐渐走向衰亡。耶律乙辛乱政的险恶用心，被一些正直大臣所识破，并与之进行了各种斗争，其中就包括涿州人王鼎。王鼎撰有笔记《焚椒录》，详细记载了萧观音含冤致死的事件始末，力辩萧观音纯属被奸人诬陷。其《焚椒录序》写道：

  鼎于咸太之际，方侍禁近。会有懿德皇后之变，一时南北面官，悉以异说赴权，互为证足。遂使懿德蒙被淫丑，不可湔浣。嗟嗟！大黑蔽天，白日不照，其能户说以相白乎？鼎妇乳媪之女蒙哥，为律耶乙辛宠婢，知其奸构最详，而萧司徒复为鼎道其始末，更有加于姬者。因相与执手，叹其冤诬，至为涕泣涟涟下也。观变已来，忽复数载，顷以待罪可敦城。去乡数千里，视日如岁，触景与怀，旧感来集。乃直书其事，用俟后之良史。若夫少海翻波，变为险陆，则有司徒公之实录在。

在《焚椒录序》中，王鼎坚信：尽管"大黑蔽天"，权奸当道，暗无天日，萧观音的冤案终有一天会得到昭雪。这篇序文将自己与萧观音联系起来，在为萧观音辩诬中又抒发了自己遭受屈辱而愤懑不平，以强烈的感情色彩来撼动人心。王鼎是辽代汉人中的作家，其《蓟州神山云泉寺记》《固安县固诚村谢家庄桥记》《慧峰寺供塔记》等散文，记事清晰，语言质实无华，自然流畅。

  辽国的散文叙事简约率直，抒情自然真挚，写景萧瑟苍茫，风格刚健明朗，反映了大北方人的风土人情与心理特征，确实与北宋散文有显著的区别。

（二）借才异代与渐现特色的金国散文

  金朝立国之初文化落后，但金朝统治者灭辽，"得辽旧人用之"；伐宋，"宋士多归之"。比辽国更注重任用中原的文人才子。他们参照汉文、契丹文创造了女真文，对辽、宋文化能兼收并蓄，并倡导皇族学习汉语汉文，注意对中原文化的继承与吸取。清人庄仲方《金文雅序》中说："金初无文字也。自太祖得辽人韩昉而始言文。太宗入宋汴州，取经籍图书；宋宇文虚中、张斛、蔡松年、高士谈辈先后归之，而文字煨兴，然犹借才异代也。"金朝的文学就是在这种"借才异代"的背景下发展起来的,其散文的主要代表就是这帮辽与北宋的汉族降臣,就是有一些少数民族作家,也同这些汉族降臣一样,深受中原文化的熏陶。他们直接继承的是传统的儒学,客观上把北宋散文的传统无中断地延续至金朝,并使北方游牧文化进一步汉化,与中原文化进一步融合。金朝散文与深受理学影响,主要抒写民族抗战内容的南宋散文相比,有所区别,其原因之一就是表现为指导思想上的差异。宋室南渡后,理学得到迅速发展,而地处淮河以北的金朝,基本上承袭的是传统儒学。当然也有自己的特色,因为佛教仍在北方盛行,主张"识心见性",全真道教也在此时形成并广泛传播。金朝作家的指导思想比较复杂,在传统儒学的基础上,吸收了释、道的成分,并在一定程度上受到南宋理学的影响。清代翁方纲《石洲诗话》卷五中说:"有宋南渡以后,程学行于南,苏学行于北。"二程理学在南宋盛行,北方金朝文坛仍崇尚于苏轼,从南、北风气的区别来讲,这一概括大体上不错。

金散文的发展大体可划分为三个时期。前期从1115年金立国至金世宗即位(1161),中期为金世宗大定至金章宗泰和(1161—1208)年间,后期为金完颜永济大安元年(1209)至1234年金灭国。前期,散文作家主要有由辽入金的文臣,如韩昉、左企弓、虞仲文等,和由宋入金的文士,如宇文虚中、张斛、蔡松年等,其散文隐约表达了家国之思、故国不堪回首之情,在艺术上并无大的独特建树。

金散文真正的开宗,应在中期的金世宗大定至金章宗明昌(1161—1196)年间,这时期崭露头角的作家已是在金朝成长起来的一代,其文风与情调与由辽、宋入金的文人有所不同,元好问在《中州集》中称他们为"国朝文派",其代表人物有蔡珪、王寂、党怀英等人。

蔡珪(?—1174)字正甫,是北宋降臣、在金官至右丞相的蔡松年之子。蔡松年主要以词名世,与吴激之词并称"吴蔡体"。蔡珪官至户部员外郎兼太常丞,《金史》本传称其"号为辨博,凡朝廷制度损益,珪为编类详定检讨删定。"《中州集·蔡珪小传》中也称他"辨博为天下第一","朝廷稽古礼文之事,取其议论为多",可知蔡珪擅长议论文章,议论多关朝廷政事,可惜其散文多所失传。《中州集》中收其46首诗歌,慨叹仕途险恶,流露隐退之念,向往闲适自得的生活,景象苍茫雄浑,笔力雄健峭拔,可推想其散文也必见识宏博,气势雄豪,辩锋犀利而所向披靡。小传还把蔡珪推崇为"国朝文派"的开派者:"国初文士如宇文太学、蔡丞相、吴深州之等,不可不谓之豪杰之士,然皆宋儒,难以国朝文派论之,故断自正甫，为正传之宗党。竹溪次之，礼部闲闲公又次之。"也就是说：宇文虚中、蔡松年、吴激等都是由宋入金的，还不能完全算作金文人，真正可称金朝作家的，自蔡珪始，党怀英次之，赵秉文再次之，由此可见蔡珪在金散文创作中的重要地位。

王寂（1128—1194）字符老，金初名士王础之子。天德三年（1151）进士，宦途历经曲折，官至中都路转运使，有《北迁录》，已佚，有《拙轩集》，原本也散佚，清人有辑本。为文"博大疏畅"，多有伤时感怀之作，如《与文伯起书》《三友轩记》等，《四库全书总目·卷166·别集类》中说："寂诗境清刻镌露，有戛戛独造之风，古文亦博大疏畅，在大定、明昌间卓然不愧为作者。""文章体格亦足与《溴南》《滏水》相为抗行。"再如其《曲全子诗集序》，是王寂为其亡弟王采诗集写的序。王采字符辅，号曲全子，年轻时生性坦率放达，厌恶科举，鄙视汲汲追求功名利禄者。然而后来为了养家糊口，竟违背本意，去屈就一个令人厌恶的征收酒税的小官，其精神苦闷可想而知，自此每日纵酒消愁，最后得病而死，其《曲全子诗集》就是他心灵悲痛过程的真实写照。王寂的序文将其弟的人生经历一一简洁生动地叙述出来，刻画了一位郁郁不得志的诗人形象，序文倒成了一篇人物传记。全文寓情于叙事，处处流露着对胞弟的深挚感情，如回忆兄弟之间往昔的亲情："平居季孟间，把酒赋诗，对床听雨，眷眷然不忍舍去。"真是言简意丰，将浓厚之情蕴含在淡淡的细事描写中，深得太史公叙事写人的情韵笔致。

党怀英（1134—1211）字世杰，号竹溪，奉符（今山东泰安）人。曾是辛弃疾同窗好友，大定十年（1170）中进士，后任国史院编修、翰林学士承旨，长于制诏，金章宗时的高文大册，多出自其手，著有《竹溪集》十卷，今佚。可见的是一些碑文，如《曲阜重修至圣文宣王庙碑》，是他尊崇儒道、"润色鸿业"之作，碑文中曰：

> 皇朝诞膺天命，累圣相继，平辽举宋，合天下为一家。深仁厚泽，以福斯民。粤自太祖，暨于世宗，抚养生息，八十有余年。庶且富矣，又将教化粹美之。主上绍休祖宗，以润色鸿业为务。即位以来，留神机政，革其所当革，兴其所当兴。饬官厉俗、建学养士，详刑法，议礼乐，举遗修旧，新美百为，期与万方同归于文明之治。以为兴化致理，必本于尊师重道。

而他的《重修天封寺碑》《十方灵岩寺碑》《谷山寺碑》，则表明他晚年由辟佛而转向信佛。文风雍容闲雅，当时被文界推为领袖，主盟文坛一时，其名声影响远在王寂之上。党怀英对完颜氏的残暴统治也心怀不满，时有兴寄之作，抒发自己自洁孤高的情怀。为文取法欧阳修，平易自然，纡徐委婉。赵秉文在《竹溪先生文集引》中说：" 亡宋百余年间，唯欧阳公之文不为尖新艰险之语，而有从容闲雅之态，丰而不余一言，约而不失一辞；使人读之者，亹亹不厌，盖非务奇之为尚，而其势不得不然之为尚也。故翰林学士承旨党公，天资既高，辅以博学，文章冲粹，如其为人。当明昌间，以高文大册，主盟一世。自公之未第时已以文名天下。然公自谓入馆阁后，接诸公游，始知为文法，以欧阳公之文为得其正，信乎！公之文有似乎欧阳公之文也。"赵秉文又在《翰林学士承旨文献党公碑》中称党怀英的诗文"譬如山水之状，烟云之姿，风鼓石激，然后千变万化，不可端倪。"只可惜其文大部分已失传，今仅存其吉光片羽，如其《请照公和尚开堂疏》，语气从容平和，叙事委曲有致，转换自然，浑然天成。今能见到的党怀英的文章虽不多，但"尝一脔鼎味知矣，奚以为多？"（王寂《曲全子诗集序》）

金后期，由铁木真统一了的蒙古，从北面不断侵扰金国，给金国以强大的威胁。金统治地的农民纷纷起义，金人因自顾不暇，也缓和了对南宋的侵袭。金王朝在内外交困中一蹶不振，迅速走向衰亡，金后期的散文就是在如此社会背景下发展的，其代表作家有赵秉文、王若虚、元好问等人。

赵秉文（1159—1232）字周臣，号闲闲老人，磁州滏阳（今河北磁县）人，官至礼部尚书，撰有《闲闲老人滏水集》。党怀英死后，赵秉文便成为金代文坛盟主，金室南迁后，与杨云翼继续长期执掌文坛，时人号称"杨赵"。赵秉文以古文家韩、欧、苏为楷模，并吸收了周、程理学的思想，主张"为文当师六经、左丘明、庄周、太史公、贾谊、刘向、扬雄、韩愈"（《答李天英书》），以一代通儒的姿态而为文辞。杨云翼为《闲闲老人滏水集》作序，其中说道："今礼部赵公实为斯文主盟，近日择其所为文章，厘为二十卷，过以见示，予披而读之，粹然皆仁义之言也。盖其学，一归诸孔孟，而异端不杂焉，故能至到如此。所谓儒之正，理之主，尽在是矣。"赵秉文的文章兼取古文家与理学家之长，所以体格雄大，内蕴醇厚，长于辨析，不拘绳墨。早期的散文，如《磁州石桥记》《寓乐亭记》等，描绘山川形胜，追思历史先哲，感慨易逝人生，领悟济天下、善其身信条等，表达了作者对祖国壮丽山河的热爱，歌颂了时代的安定与清明，抒发了自己立功报国抚民的大有为抱负。内容雍容典雅，格调高昂明朗，气势宏大舒畅，处处体现着金朝兴盛期的气象。然而大安之后，赵秉文的文风为之大变，如在大安二年写的《涌云楼记》，作者所见所感已是："皋落之山，昔阳之泊，广阳之故道，井陉之故关，地古天荒，岩深树老，使人心折而骨悲，黯然有怀古之思。"作者眼前已是萧条荒芜之景，心中所思已是家国日趋衰微之事，情调上已流露出悲怆之音。金完颜永济时期，蒙古大军步步紧逼，攻西京（今山西大同），破东京（今辽宁辽阳），围中都（今北京），金国迁都已成定式，赵秉文作《迁都论》，文中说：

> 东坡有言：周室之坏，未有如东迁之。谬者也！仆则以为不然。使平王不迁，亦不能朝诸侯而抚四夷矣……上京、中都国家之根本也，议者或迁河南，或迁陕西，不过恃潼关、大河之险耳。而夏人伺吾西，宋人伺吾南，万一蜂虿有毒，窥吾闲隙，则关河之险为不足恃，况大河为限？则举根本之地，似为弃之，可乎？

国势江河日下，作者忧患重重，文中全无往昔盛世气息，其悲愤难遏之情与南宋爱国文人的作品极相似。

王若虚（1174—1243）字从之，号慵夫、滹南遗老，藁城（今属河北）人。金章宗承安二年（1197）举经义进士，官至翰林直学士。金亡不仕，返归故里，隐居著述，撰有《滹南遗老集》及《续集》。王若虚是继赵秉文之后的金代文坛又一宗师，也主盟文坛几十年。他博学多才，对经、史典籍有较深的研究。所著《五经辨惑》等十余种，对汉、宋儒者解经的迂谬处多有批驳，议论史事有独特见地。同时又是金代著名的文学批评家，他主张为文要辞达理顺、平易自然，曾说："凡文章须是典实过于浮华，平易多于奇险，始为知本。"（《滹南遗老集》卷37《文辨》）从这一原则出发，他推重赵秉文的尚平易，鄙薄李纯甫（字之纯，号屏山居士）的尚奇古。刘祁《归潜志》指出："王则贵议论文字有体致，不喜出奇，下字止欲如家人语言，尤以助辞为首，与屏山之纯学大不同。尝曰：'之纯虽才高，好作险句怪语，无意味。'"同时，他推崇杜甫、白居易关心国计民生的现实主义创作态度和苏轼纵笔驰骋不为形式束缚、勇于开拓创新的精神，对江西诗派诸人雕琢模拟的风气深表不满，在其《滹南诗话》中批评道："鲁直论诗有夺胎换骨、点铁成金之喻，世以为名言，以予观之，特剽窃之黠者耳。"王若虚所著文，多感伤时事之作，语言平实而兴寄遥深，风格晓畅自然而委婉动人，颇有欧阳修、苏轼散文的风韵，体现了他一贯的文学主张。如其代表作《焚驴志》,记焚白驴祈雨的迷信活动。焚驴祈雨有现实依据,然借驴托梦是作者虚构的,以寓言形式,借驴之口来表述作者的真情:

> 驴见梦于府之属某曰:"冤哉焚也!天祸流行,民自罹之,吾何预焉?吾生不幸为异类,又不幸堕于畜兽。乘负驾驭,惟人所命;驱叱鞭箠,亦惟所加。劳辱以终,吾分然也。若乃水旱之事,岂其所知,而欲置斯酷欤?孰诬我者,而帅从之!祸有存乎天,有因乎人,人者可以自求,而天者可以委之也。殷之旱也,有桑林之祷,言出而雨;卫之旱也,为伐邢之役,师兴而雨;汉旱,卜式请烹弘羊;唐旱,李中敏乞斩郑注。救旱之术多矣,盍亦求诸是类乎?求之不得,无所归咎,则存乎天也,委焉而已。不求诸人,不委诸天,以无稽之言,而谓我之愆。嘻,其不然,暴巫投魃。既已迂矣,今兹无乃复甚?杀我而有利于人,吾何爱一死?如其未也,焉用为是以益恶?滥杀不仁,轻信不智,不仁不智,帅胡取焉?吾子,其属也,敢私以诉。"

作者揭露了统治者在灾荒到来之前不加防范措施,在灾荒到来之时没有应急补救之策,既不引咎自责,又不赈灾,反诿过于人,甚至嫁祸于物,大搞迷信活动,用以逃避责任,遮盖其弊政劣迹。文中的驴是一个忍辱负重的形象,平日它忍气吞声,甘愿劳苦终身,为了有利于天下人,有不惜自我牺牲的高尚品质。然而对于统治者的无辜迫害,却有一种桀骜不驯的反抗意识,敢于义正词严地怒斥统治者"不仁""不智"。作者以辛辣的笔触,饶有趣味地在驴的身上寄寓了自己的性格与理想。

元好问(1190—1257)字裕之,号遗山,秀容(今山西忻州)人,祖系北魏拓跋氏。自幼接受正统儒学教育,在他身上,既有北方民族刚健豪爽的气质,又有中原文化的深厚底蕴。青年时期就以诗文之才名播京师,当时主盟文坛的赵秉文见到他的作品后,竟惊叹说:"近代无此作也!"(《金史·文艺传》)后果然成为金代文坛最杰出的大家,《四库全书总目·卷166·别集类》中评说他"才雄学赡,金元之际,屹然为文章大宗"。元好问与赵秉文、王若虚相比,思想上的正统儒学观念更为浓厚一些,他的文章取法欧阳修、苏轼,更多地保留着北宋散文的特点。早年追求自然平实,晚年倡导"以诚为本",后者实是作者创作思想的继续提升,为文以诚为本,心诚才能言诚,诚言才能成为"温柔敦厚蔼然仁义之言",诚言成诚文,才"可以厚人伦,敦教化","动天地感鬼神"。(元好问

《杨叔能小亨集引》)由于追求自然真实,元好问的文章无虚饰,少雕琢,不柔靡,其主要特征就是天然真淳。

元好问之所以能代表金代文学的最高成就,与他所处的时代分不开的。元好问从二十多岁起,就开始经历家国患难。金大安三年(1211)成吉思汗率军攻金,贞祐二年(1214)三月蒙古军攻克秀容城,对城中居民进行了惨无人道的大屠杀,元好问哥哥元好古就死于此次屠城中。所幸元好问躲过劫难,从此避乱而四处奔波。蒙古大军围攻汴京时,元好问正在朝中任左司都事,亲见城中粮尽人相食的惨状。城陷,他一度被拘,羁管聊城。金亡后,元好问誓不仕元,隐居乡间二十余年,建"野史亭",专心致力于著述,撰有《遗山先生文集》,编有金诗总集《中州集》及金史著作《壬辰杂编》、志怪小说《续夷坚志》等。由于他亲历战乱,目睹家国苦难,在他的文章中反映了金朝后期社会的黑暗和人民的惨痛遭遇,控诉了元蒙贵族的残暴罪行,表现了作家对深受阶级、民族双重压迫的下层民众的同情与怜悯。清代赵翼《题遗山诗》中说:"国家不幸诗人幸,赋到沧桑句便工。"忧国伤时的内容,使元好问的诗文具有了史诗的意义。

元好问散文现存二百五十多篇,众体皆擅,尤以记序最著名。而且题材广泛,多反映现实生活。如其《市隐斋记》,借为娄公"市隐斋"作记,对古今隐者进行了分析。"出处一致,喧寂两忘"的真隐者有之,然而"悬羊头,卖狗脯""欺松桂而诱云壑"的也"多矣",作者对那些名为隐士其实是沽名钓誉之徒进行了揭露。记文说:"言,身之文也,身将隐焉,焉用文之?是求显也。"对娄公也进行了委婉的讽刺,娄公小斋虽称"市隐",然其主人却怀显达之心,在揭露与讽刺中显示了作者真正归隐的心迹。元好问早年即有经世治国之志,也常有怀才不遇之感,这篇记文宣扬归隐思想,说明他对金朝不可挽救的政治腐败有比较清醒的认识。记文语言平易,风格雄健,挥洒自如,深得欧阳修、苏轼文章的情韵笔致。再如《送秦中诸人引》:

> 关中风土完厚,人质直而尚义,风声习气,歌谣慷慨,且有秦、汉之旧。至于山川之胜,游观之富,天下莫与为比。故有四方之志者,多乐居焉。
>
> 予年二十许时,侍先人官略阳,以秋试留长安中八九月。时纨绮气未除,沉涵酒间。知有游观之美而不暇也。长大来,与秦人游益多,知秦中事益熟,每闻谈周、汉都邑及蓝田、鄠、杜间风物,则喜色津津然动于颜间。二三君多秦人,与余游,道相合而意相得也。常

约近南山，寻一牛田，营五亩之宅，如举子结夏课时，聚书深读，时时酿酒为具，从宾客游，伸眉高谈，脱屣世事，览山川之胜概，考前世之遗迹，庶几乎不负古人者。然予以家在嵩前，暑途千里，不若二三君之便于归也。

清秋扬鞭，先我就道，矫首西望，长吁青云。今夫世俗惬意事，如美食大官，高赀华屋，皆众人所必争而造物者之所甚靳，有不可得者。若夫闲居之乐，澹乎其无味，漠乎其无所得，盖自放于方之外者之所贪，人何所争，而造物者亦何靳耶？行矣诸君，明年春风，待我于辋川之上矣。

这是作者在国势衰微之际，送几位友人归秦中时所作。引，大略如序而稍简短，属"赠序"类文章。文中赞美了关中人民淳朴的性情与关中淳美的风物，对昔日虽在关中却沉湎酒间无暇领略风物之美而追悔，流露了现在对关中文物、遗迹、山川、民风的歆羡，倾吐了对清静淡泊归隐生活的向往与志同道合者终老关中的心愿。全文以"关中风土完厚，人质直而尚义"为纲，以作者在不同年龄段对关中风土人情的感情变化，来安排层次，将描写关中风物、叙述送友情事与抒发个人感怀糅合为一体。在赞美关中民风淳朴与山川风物秀美中，有一种苍茫凄凉的历史感怀。在描写、叙述、抒情中，蕴含着对乱世颓风的慨叹，表达了对那些在国家将亡之际仍热衷于利禄争夺者的鄙夷。作者淡泊功名利禄，追慕唐时王维一类高士的情怀，向往清寂的隐居生活，表现了乱世中一般正直士大夫的思想与生活情趣。文章写得自然酣畅，意旨深远，感情真挚，格调沉郁，语言平易畅达，在质朴恬淡中深蕴着对人情世故的鲜明爱憎。元好问作为杰出的一代文宗，他提高了金散文在中国文学史上的地位，也给元散文特色的形成以巨大的影响。

（三）文擅韩欧道从伊洛的元朝散文

元朝是由北方游牧民族蒙古族建立的第一个全国性的政权，其疆域，"北逾阴山，西极流沙，东尽辽左，南越海表"（《元史·地理志》），远远超过中国历朝历代。这是一个由少数民族贵族统治的政权，实行的是民族压迫与民族歧视的政策，彻底改变了汉人以往的社会地位；这是一个由蒙古奴隶社会向封建社会急剧转化的时期，社会上层仍奉行"三教合一"，正如元大臣、文学家耶律楚材所言："吾夫子之道治天下，老氏之道养性，释氏之道养心。"（《寄赵元帅书》）社会上多种意识的碰撞，多民族的融合，南北文化的渗透，都在急剧地进行。元代散文就是在这种社会背景下形成与发展着，它上承金代与南宋散文，下启明代散文，约有一百三十年的发展史。

严重影响元代散文发展的，还有形成于宋代的理学。元蒙统一全国后，为长期有效地统治具有高度文明的中原及南方地区，不得不就像金朝那样，迅速汉化，接纳以儒学为核心的汉文化。儒学发展至宋金，由于南北对峙，北方金朝传播的主要是孔孟传统儒学，二程的理学也存在一定的影响，南方朱熹的理学也偶有北传。而地处南方的南宋，则主要盛行的是朱熹的理学，同时也有陆九渊心学影响的存在。理学自北宋兴起，支系众多，几经曲折，一直作为民间学术流派传播，在南宋宁宗时还一度被定为"伪学"而遭贬抑。但是到了元代，理学，尤其是朱熹的理学却成了官学，朱子之书成为指导国家政治、教化民众的理论经典，当时虞集就曾说："国家提封之广，前代所无，而自京师通都大府，至于海表穷乡下邑，莫不建学立师，授圣贤之书，以教乎其人。群经、四书之说，自朱子折中论定，学者传之，我国家尊信其学，而讲诵授受，必以是为则，而天下之学皆朱子之书。书之所行，教之所行也；教之所行，道之所行也。"（《道园学古录》卷36《考亭书院重建文公祠堂记》）至元仁宗初年，开科试士，所考"明经""经疑""经义"，都从"四书"内设问，并以朱熹注文为准，朱熹理学一跃而明确为国家统治思想。朱学虽成为元代官学，但它已不再像南宋时与陆学争执辩论，而是出现了二学的融合。元代的理学家调和了以理为本体的朱学与以心为本体的陆学之间的分歧，吸收了朱、陆二说的长处，避免了朱学易于烦琐、陆学易于空泛的弊端，弥补了宋代理学的不足。

在理学直接或间接的影响下，元代散文产生了如下显著的特点：

（1）由于实行民族压迫与歧视政策，以汉族为主体的元代一般文人社会地位低微，科举一度废止，仕途被堵塞，他们沉抑下僚，生活于社会底层，了解下层民众疾苦，熟知下层民众感情，其才华多用于从事俗文学的创作。因此俗文学的杂剧兴盛，成就斐然。而少数从事散文写作的人，一般都是官僚，杰出者还往往是达官贵人，这些人又多为理学家，特别强调文章的经世致用，所以他们写的多是释道阐经、官场文书或应酬赠答类的实用文章，文学性的写景抒情类散文就相对少了。过去在文坛上一度居于正统地位的散文，在这一时期开始衰微，让位于以往为传统所鄙夷的俗文学，特别是戏曲文学，传统散文从此走向衰落。

（2）北宋时，以欧、苏为首的文章家，建立了自己的"文统"，以周、程为首的理学家建立了自己的"道统",二者之间在如何对待"文"与"道"的关系上有很大分歧,甚至形成对抗性态势。至元,南北文化大融合,其中就包括从金朝以来北方散文家所崇尚的"文统",与南宋以来理学家所鼓吹的"道统"开始融合,元代散文的特点更多地体现为"文"与"理"的融合,即理学文学化或文学理学化。元代文学家刘将孙曾说:"文章英气也,人声之精者为言,言之精者为文,英者所以精者也……以欧苏之发越,造伊洛之精微,篇有兴而语有味,若是者,百过不厌也。"(《养吾斋集》卷29《赵青山先生墓表》)"伊洛"为洛阳附近的二条河水名,因程颢、程颐是洛阳人,所以以"伊洛"借代其理学。天下妙文是唐宋古文家之文采与宋代理学家之哲思的完美结合,这一认识为多数元人所认同。然而从总体上说,元人看重的还是明道、载道的实用性文章,而文学性的散文确难与唐、宋散文相媲美。

(3)元初有的作家宗唐,为文以韩愈、柳宗元为圭臬,有的作家则保持金朝以来宗宋的传统,以欧阳修、苏轼为楷模。后期,又趋于唐、宋并尊,朱右编有《八先生文集》,第一次把韩、柳、欧、曾、王、三苏奉为唐宋文章八大家。不论摹唐还是仿宋,或是唐宋皆随,在散文创作上都是重模拟,少创新。一味因袭前人,实际就是倒退。当然也不能否认元代散文在因袭唐宋中,局部有变革有发展,但从主流来说,因袭还是主要的。

(4)南宋理学家讲学、著述喜用语体散文,语言通俗易懂,这正迎合元代朴素豪爽的风尚,也适合元代散文强调文章实用功利之需要。所以元代散文不尚浮华,语言更为朴实平易。

依据元代社会发展及儒学影响状况与散文特点的演变,大致可把元代散文的发展划分为三个时期。前期是从蒙古灭宋(1271)至元成宗元贞三年(1297),计有26年。中期从成宗大德元年(1297)至文宗至顺三年(1332),计有36年。后期为顺帝朝,从妥懽帖睦尔即位(1333)至元朝灭国(1368),也为36年。

活跃在前期的元代散文家,主体上是由金宋入元的作家构成,由金入元的散文家有刘秉忠、郝经、王恽、卢挚等人,其中有影响的是许衡、刘因、姚燧。由宋入元的散文家有方回、陈浮、邓牧、仇远等人,其中有影响的是戴表元。历史上曾有北派、南派之说,北派在南北文化融合、古文与理学兼容中,思想上更倾向于醇儒,文风上更倾向于刚健奇崛。而南派则思想上更倾向于程朱理学,文风上更倾向于平易委婉。其散文的故国之思与沧桑之感比北派更强烈深沉。比较起来,元前期文坛占主导地位的是北派作家,下面就以这些有影响的散文家来加以说明。

许衡（1209—1281）字仲平，号鲁斋，河内（今河南沁阳）人。自幼喜习儒学，来往河、洛间，曾从姚枢、窦默等人讲习程朱理学，把"三纲五常"奉为立国的大纲，曾说："自古及今，天下国家，惟有个三纲五常。"（《许文正公遗书》卷一《语录》）他以继承孔子儒学为己任，自起斋名曰"鲁斋"。在元历官为国子祭酒、集贤殿大学士等，是元初著名的大儒，撰有《鲁斋遗书》。集中多奏疏、杂著和书札。如其《论时务五事疏》，是至元二年（1265）向元世祖忽必烈所呈的治国之策，主旨就是采用汉法。疏中说："考之前代，北方之有中夏者，必行汉法乃可长久。故后魏、辽、金历年最多，他不能者，皆乱亡相继，史册具载，昭然可考。"文章多以史鉴今，都本于儒学，论证精辟、深刻，语言朴实典雅。其《与窦先生书》，是回绝窦默引荐的书信，是其书札代表性作品。金亡后，北方的汉族文人面临着一个仕元还是隐退的问题，这封书信，许衡以顺乎天命为由，表示不愿为官，并用抒情的笔触写了对隐居生活的向往：

若夫春日池塘，秋风禾黍，夏未雨蚕老麦秋，冬将寒囷盈箱积，门喧童稚，架满琴书，山色水光，诗怀酒兴，拙谋或可以办此也。是以心思意向，日日在此，安此乐此，言亦此，书亦此，百周千折，必期得此而后已。

尽管回绝措辞不够斩钉截铁，另有隐情或言不由衷，然这段乐于诗酒生活的文字，却是动了真感情，寥寥几笔，就写出一个极富诗意的"桃花源"式的小天地，不愧是元初大手笔。许衡最后还是做了元朝的官吏，说明他跨越了那段矛盾彷徨心路历程，也代表了许多元初汉族士人当时的心理变化。

刘因（1249—1293）字梦吉，号静修，雄州容城（今河北徐水）人。与许衡并称为"元北方两大儒"，撰有《静修先生文集》。早年以教授生徒传播儒学为业，至元十九年（1282）被征召为承德郎、右赞善大夫，但不久辞官而去。至元二十八年（1291），又召为集贤学士，坚辞不就。刘因是程朱理学北传的重要人物，他推崇元好问，曾题跋说："晚生恨不识遗山，每诵歌诗必慨然。"（《跋遗山墨迹》）作诗为文也多取法元好问，《四库全书总目·卷166·别集类》中说其文"遒健排奡，迥在许衡之上，而醇正乃不减于衡。"由于他不恋官宦，鄙薄对元朝统治者卑躬屈膝，文章也流露出慷慨正大之气，对元蒙的暴虐罪行有所揭露。刘因不是宋朝人，但他从小接受的是汉文化的熏陶，仰慕的人物是宋代理学家，对宋朝的灭亡也表示痛惜与悼念，委婉地表达了遗民那种故国黍离之情。在其《孝子田君墓表》里，揭露元蒙大兵屠杀保州城平民的罪行，直言不讳，感情愤激。《辋川图记》是他为王维亲绘的辋川山庄风景图所作的跋记。王维是唐代诗文绘画音乐皆精的大艺术家，然在安史之乱中，接受过叛军的伪职，成为其一生的遗憾。刘因此篇跋称赞了画法的高明，重点却指责了画者的人品，文中写道："呜呼！人之大节一亏，百事涂地，况可以为百世之甘棠者，而人皆得以刍狗之，彼将以文艺高逸自名者，亦当以此自反也。"借题发挥，告诫后人注意保持气节。《上宰相书》力辞元人征召，他也因此被元世祖称为"不召之臣"，文章中解释不应召的原因是：

> 因素有羸疾，自去年丧子忧患之余，继以痁疟，历夏及秋，后虽平复，然精神气血，已非旧矣。不意今岁五月二十八日，疟疾复作，至七月初二日，蒸发旧积，腹痛如刺，下血不已。至八月初，偶起一念，自叹旁无期功之亲，家无纲纪之仆，恐一旦身先朝露，必至累人，遂遣人于容城先人墓侧，修营一舍，傥病势不退，当居处其中以待尽。遣人之际，未免感伤，由是病势益增，饮食极减。

虽说是托词，但恳切委婉，语言得体。尤其是将自己的病态写得细致入微，简直像个病历单，不厌其烦，哀哀可怜，使人不忍卒读，凄怆哀婉如李密的《陈情表》。

姚燧（1238—1313）字端甫，号牧庵，河南（今河南洛阳）人，幼孤，靠伯父姚枢抚养成人。太宗七年（1235），姚枢曾从元皇子阔出攻南宋，破德安（今湖北安陆），屠城。为使儒学北传，姚枢极力使欲以殉国的名儒赵复存活下来，可见其对南宋名儒的敬重，后竟弃官与许衡、窦默讲习理学，遂成为元代大儒。姚燧历官翰林直学士、知制诰等，曾师从许衡，然文章成就远胜许衡，他实际远师司马迁、韩愈，近慕欧阳修，《元史》本传称其文章"闳肆该洽，豪而不宕，刚而不厉，舂容盛大，有西汉风"。清初黄宗羲在《明文案》中把姚燧与韩、柳、欧、曾等唐宋大散文家并论，虽然有些过誉，但姚燧取法司马迁及韩愈纵横驰骋的风格，起到了纠正宋末理学家文章中那种萎靡弊习的作用，成为元前期的文章大家，清人将他与虞集推崇为元文两大家。姚燧撰有《牧斋集》，其中的文章多为碑铭诏诰，继承了韩愈碑志的风格，有人觉得他"以纵横之才气入碑版文字，终患少温纯古穆之气"。（林琴南《春觉斋论文》）《牧斋集》中写景抒情的文章较少，一些记、序类文字倒写得刚劲古雅、声情双绘。如《序江汉先生死生》，写其伯父姚枢以弘扬儒道来劝说江汉先生赵复忍辱苟活的事迹，其中写到赵复月夜出逃，欲投水殉国，姚枢动之以情，温言感化，文字虽不多，但其情其景，宛若目前：

> 既觉，月色烂然，惟寝衣留故所，公遽鞍马，周号积尸间，无有也。行及水裔，见已披发脱履，仰天而祝，盖少须臾蹈水未入也。公曰："果天不生君，与众已同祸矣。其全之，则上承千百年之祀，下垂千百世之绪者，将不在是身耶？徒死无义，可保君而北，无他也。"至燕，名益大著。北方经学，实赖明之。

既含蓄地褒扬了赵复准备慷慨殉国的壮举，又肯定了姚枢爱惜挽救人才的义行，赵复最后苟活仕元，是因为有传儒道的历史任务在身，姚枢救赵复是因为无赵复而无以传儒道。在传儒道这一关系到千百年大功业的前提下放弃了个人的名节，这大概就是仕元名儒们的人生观吧。

戴表元（1244—1310）字帅初，一字曾伯，奉化（今属浙江）人，宋末咸淳进士，为建康府教授。入元初隐居家乡辞官不就，大德八年（1304）被推荐为信州教授，调婺州教授，后又以疾病辞，再不应召。以文墨自娱，撰有《剡源戴先生文集》，集中文章有记、序、题跋、碑铭、史论、杂著、书启、讲义等，平易质直自成一格，有唐宋大家的风韵，而少宋末萎靡的弊习。《四库全书总目·卷166·别集类》中赞其"慨然以振起斯文为己任，其学博而肆，其文清深雅洁，化朽腐为神奇，……以文章大家名重一时。"宋濂《剡源文集序》也称："鉴先生之作，新而不刊，清而不露，如青峦出云，姿态横逸而联翩弗断；如通川萦纡，十步九折而无直泻怒奔之失。呜呼，此非近于所谓豪杰之士耶？"《元史》本传称："东南以文章大家名重一时者，唯表元而已。"戴表元文集中成就较高的是记、序类文章，如《天寿报本寺记》《董可伯隐居记》《送屠存博之婺州教序》《送赵生游吴序》等，《送张叔夏西游序》是戴表元送给著名宋遗民诗人张炎的赠文，文章通过与张炎初逢、再遇、告别三个情节的描写，显示了张炎大起大落的人生，既是宋末元初文人的缩影，也是时代大变故的写照，寄寓了作者沧桑巨变、物是人非之感。其中写到作者与张炎再遇时的对话及畅饮高歌的场面，入木三分地刻画出遗民作家亡国之后黯然销魂的神态，和盘托出其悲苦凄凉的心境：

余周流授徒，适与相值，问叔夏："何以去来道途若是，不惮烦耶？"叔夏曰："不然。吾之来，本投所贤，贤者贫；依所知，知者死。虽少有遇，而无以宁吾居。吾不得已违之，吾岂乐为此哉！"语竟，意色不能无沮然。少焉，饮酣气张，取平生所自为乐府词自歌之，噫呜宛抑，流丽清畅，不惟高情旷度不可亵企，而一时听之，亦能令人忘去穷达得丧所在。

张炎酒酣自歌，貌似旷达放浪，实是以酒麻醉那颗天地茫茫不知所归的心。国家亡了，自己从一个钟鸣鼎食家的富贵公子，变为一个困顿落魄四处漂泊的浪子，世事难测之感慨，家国败亡之仇恨，就在这看似平淡的叙述中流露出来。

元代中期，社会相对稳定，出现了升平气象，散文发展至此，形成了一个繁荣昌盛的局面，《四库全书总目·卷166·别集类》中介绍虞集《道园学古录》时说："有元一代，作者云兴，大德、延祐以还，尤为极盛。"欧阳玄在《雍虞公文集序》中也说："皇元混一之初，金宋旧儒布列馆阁，然其文气高者崛强，下者委靡，时见旧习。承平日久，四方俊产，萃于京师，笙镛相宣，风雅迭唱，治世之音，日益以盛矣。"这种局面的形成，与元代恢复科举制度、缓和民族矛盾、扩大使用汉族文人范围极其有关。活跃在这一时期的散文家有欧阳玄、柳贯、杨载、吴莱、宗本、马祖常等人，有影响的是袁桷、虞集与揭傒斯。这个时期的散文家总的特征是：文人的易代之感已经淡化，文章中凄怆哀怨的悼故国的调子已经微弱，响彻文坛的却是一片"治世之音"。南北文化达到空前的融合，唐宋古文家的"文统"与理学家的"道统"紧密结合，真正体现了"文擅韩欧""道从伊洛"的元文本色。

继姚、戴之后，崭露头角的散文家当数袁桷，袁桷（1266—1327）字伯长，号清容居士，庆元鄞县（今浙江宁波）人，大德初，推荐为翰林国史院检阅官，官终侍讲学士，深受丞相拜住器重。为文取法于戴表元，又曾师事王应麟。王应麟原为南宋大学问家，学问渊博，对经史百家、天文地理等皆有深入研究，熟悉历史掌故制度，考证颇为博洽。影响到袁桷，也颇熟悉掌故，长于考据，所作文以制诰碑铭题跋为多，当时朝廷制册，勋臣碑铭多出其手，撰有《清容居士集》。《四库全书总目·卷167·别集类》中称："其文章博硕伟丽，有盛世之音，……卓然能自成一家。盖桷本旧家文献之遗，又当大德延祐间，为元治极盛之际，故其著作宏富，气象光昌，蔚为承平雅颂之声，文采风流，遂为虞、杨、范、揭等先路之导，其承前启后，称一代文章之巨公，良无愧矣!"如其《国学议》评议教育，从三代直说到汉、唐、宋的国学盛衰，说明国家兴亡与教育密切相关。特别对江南官府教育进行了批评，指出教育只限朱熹的《四书》，弊端极大，主张博学，培养治国而不是误国的人才：

> 近者江南学校，教法止于《四书》，瞽跐诸生相师成风，字义精熟蔑有遗忘，一有诘难则茫然不能以对，又近于宋世之末。尚甚者知其学之不能通也，于是大言以盖之，议礼止于诚敬，言乐止于中和，其不涉史者，谓自汉而下皆霸道，其不能词章也，谓之玩物丧志，又以昔之大臣见于行事者，皆本于节用而爱人之一语，功业之成何所不可。殊不知通达之深者，必悉天下之利害，灌膏养根非终于《六经》之格言不可也。又古者教法，春夏学干戈，秋冬学羽乐，若射、御、书、数，皆得谓之学，非若今所谓《四书》而止。儒者博而寡要，故世尝以儒诟诮，由国学而化成于天下，将见儒者之用不可胜尽，儒何能以病于世？

对教育的见解，确超乎一般庸儒。论证援引经训，考核史实，显示了袁桷文章的特点。袁桷的记、序、碑铭、传诸体文，如《福源精舍记》《送陈仲刚序》《献州交河县先圣庙碑》《戴先生墓志铭》《史母程氏传》等，也叙事生动，议论精当，写人形神皆备，寓意深刻，见出文章大家的才气与功力。

虞集（1272—1348）字伯生，祖籍蜀郡仁寿（今属四川），迁居崇仁（今属江西）。因以"邵庵"命名书室，故人称邵庵先生。早年师从吴澄，后又就学于许衡门下，大德初年任儒学教授、国子助教。仁宗时为集贤修撰，泰定帝时从帝去上都，用蒙、汉两种语讲解经书，升翰林直学士兼国子祭酒。文宗时官至奎章阁侍书学士，受命与赵世延等编纂《经世大典》。《元史》本传称虞集"平生为文万篇，稿存者十二三"，可见其著述之勤奋。当时朝廷典册、公侯大夫的碑铭，多出其手，撰有《道园学古录》等，与杨载、范梈、揭傒斯号称"元诗四大家"，与揭傒斯、黄溍、柳贯并称"儒林四杰"。当时元明善、揭傒斯、杨载、柳贯、黄溍、苏天爵、欧阳玄等名士，都聚于虞集周围，以虞集为文坛的领袖人物。

虞集为文以儒学经传为准则，以宣扬儒学、颂扬元朝升平气象为主调，《元史》本传称他"评议文章，不折之于至当者不止，其诡于经者，文虽善，不与也"。又强调作文应文、道并重，推崇欧阳修中正平易、雍容和缓的文风。他尊奉程、朱理学，学习欧阳修、曾巩文法，能融会贯通，自成一格，既克服了北方散文"奇崛"之偏颇，又克服了南方散文"萎靡"之弊端，能取法于欧、曾，又出自于自然。欧阳玄评价他的文章是："随事酬酢，造次天成"，"初无一毫尚人之心，亦无拘拘然步趋古人之意，机用自熟，境趣自生，左右逢源，各识其职。"（《雍虞公文集序》）虞集的文章擅长论理，道学气较浓，如同是议论教育，虞集的《论学校事》就与袁桷的《国学议》意趣不同。《论学校事》论证教育的关键在于学官的设置，学官应有丰富的知识水平和高尚的品德修养，特别重要的是能奉守先儒之学，以此为标准，指出了当时学官任用中的弊端。其序、记、碑铭、传、墓志铭等偏重叙事的文体，如《送赵茂元序》《鹤山书院记》《曹南王勋德碑》《陈照小传》等，叙述生动，富有感染力。如《王诚之墓志铭》中有一段：

> 至元十四年，诚之为遂州吏，目州之远近有男子一人、妇人一人，各以事相从，入城会莫投逆旅，异室以宿。夜半，男子者潜趋妇人，将私焉。而妇人已为人所杀，流血狼藉，男子惊逸而血在衣履。旦，事觉，捕卒踪迹得男子，吏文致之款伏事上州。诚之察其貌，若不尽其情者，召逆旅主人，问之曰："妇人入室前寓者何人？"曰："有伶人妇久居之。"曰："伶人妇所与往来何人乎？"曰："州小吏。实善之，既而交恶以去。"诚之密以他事召小吏至，小吏已心恐。诘之，具言状，杀娼而不知为他妇人也。即日尽得其情，狱具男子得不死。

短小的墓志铭中出现有趣的故事情节，且细节描摹细腻，人物语言，口吻毕肖，极其传神。作者善于以人物的几个生活片断来凸现人物的性格特征，可见其对韩愈祭文、碑铭的艺术手法已运用圆熟。

揭傒斯（1274—1344）字曼硕，龙兴富州（今江西丰城）人。早有文名，为程钜夫等所重。程钜夫曾奉元世祖之命，在江南访求文士，荐举赵孟頫等二十多人。揭傒斯很早就被程钜夫所看重，说明其文才之高。延祐初被推荐，授翰林国史院编修，后官至翰林侍讲学士。曾参加编撰辽、金、宋三史，为总裁官，卒谥文安，撰有《揭文安公全集》。《四库全书总目·卷167·别集类》说："傒斯与虞集、范梈、杨载齐名，其文章叙事严整，语简而当，凡朝廷大典册及碑版之文，多出其手，一时推为巨制。"揭傒斯是一个儒学的坚定信仰者，他曾说："仆性分粗谬昏戆，绝不通时事，与人交不计隆薄能否，辄以古道相期待"，他的理想人格是："才全学富，义精仁熟，谦让克谨，去就有节，名与实侔，位与德称，有古大贤之风。"(《与萧维斗书》) 造成他的文章多宣扬儒家伦理道德观念，即便是记、序、碑铭类文章也如此，如《富州重修学记》《送刘以德赴化州学正序》《郑隐君墓》等。《揭文安公全集》中传文绝少，有《李节妇传》，文中写李节妇的事迹仅如下：

> 如忠初娶蒙古氏，生子任，数岁而卒。继室娶冯氏，生子仕，一岁而寡。有遗腹子，父殁两月乃生，名之曰伏，讣至东平，李及蒙古之族相率至山阴，尽取其资及其子任以去。冯乃卖钗钏质衣服，权厝二丧于山阴蕺山下，独携二子庐于墓，时年始二十二，唯布衣蔬食，羸形苦节，躬织纴为女师以自给。居二十余年，教二子皆成学，遂迁二丧反葬汶上。……

叙事严整婉转，简洁明了，语言平易古朴，有欧、曾古文的风雅，却少欧、曾融入文中的强烈感情。并在李节妇短短的行事后，又有关于贞节的长篇议论，使人物形象淹没在妇道的说教中，揭傒斯文章的道学气比虞集还要浓。

元朝从建立起，就存在着两大政治隐患：一是皇权继承制度不完善，导致皇权之争不断，皇室骨肉为此相残，朝臣也随之内讧纷起，百姓也深受其害。二是推行错误的民族歧视政策，实行所谓的"四种人"制，造成蒙古族及少数色目人拥有政治、经济特权，他们专横跋扈、肆意胡作非为，加重了阶级与民族的矛盾。到了元代后期，统治者在政治上更加腐败。曾一度权臣掌控幼主，再罢科举，进一步剥夺汉人、南人人身自由，更加激化了阶级矛盾与民族矛盾，从而导致民不聊生，社会动荡不安，不断引发农民起义，直至元朝被农民起义所推翻。处于这一历史背景下的元代后期散文，也出现了不同于前、中期的明显特点：一是在文章中歌颂升平、赞颂元蒙统治的内容渐趋稀少，反映民间疾苦、作家不满情绪及家国忧患的内容多了起来，唱了几十年的"治世之音"渐变为"乱世之音"。在风起云涌的农民起义的推动下，一些文人，特别是最受压制的南方文人，主要以寓言的形式，表达了对元统治的反抗意识，揭露了元蒙统治者的政治腐败，如刘基的《郁离子》、宋濂的《龙门子凝道记》《燕书》等，只是这些作家由元入明，成为明初散文家的代表，留待以后评述。二是儒、释、道三教合一的格局发生变化，文章中所宣扬的理学，已失去往日独尊的气派，倒是佛教更受到崇尚、伊斯兰教、基督教也得到发展。三是活跃于文坛上的，除了一批汉族作家外，如杨维桢、李孝光、李裕、徐昉、张翥、许有壬、王冕、顾瑛、戴良、张宪、陶宗仪等，还涌现出一大批少数民族作家，许多还属西域人。顾嗣立说："要而论之，有元之兴，西北子弟，尽为横经。涵养既深，异才并出。云石海涯（贯云石）、马伯庸（马祖常）以绮丽清新之派振起于前，而天锡（萨都剌）继之，清而不佻，丽而不缛，真能于袁、赵、虞、杨之外，别开生面者也。于是雅正卿（雅琥）、达兼善（泰不华）、易之（乃贤）、余廷心（余阙）诸人，各逞才华，标奇竞秀。亦可谓极一时之盛者矣！"（《元诗选》）虽然顾嗣立讲的是诗创作，实际于文也大致如此，一大批少数民族作家在中国文坛上崭露头角。元后期较有影响的散文家是杨维桢和李孝光。

杨维桢（1296—1370）字廉夫，号铁崖、东维子，又号铁笛道人，会稽（今浙江绍兴）人。泰定四年（1327）与萨都剌同举进士，官至江西等处儒学提举，晚年避乱隐居松江。元亡后，明太祖朱元璋召他纂修礼、乐书志，他羞于仕两朝，所修书叙例略定，便请辞归。撰有《东维子文集》《铁崖先生古乐府》等。杨维桢主要以诗才奇逸凌跨一时，其宫词、竹枝词和古乐府诗广为流传，想象力丰富，多采史事和神话传说入诗，风格奇诡，明显见出受到唐人李贺、卢仝的影响，人称"铁崖体"。其文章多宣扬儒家伦理道德，曾撰《正统辨》，阐述元承宋祚，其统治也出于天命，颂扬元统治者，因此明初有人讥其为"文妖"。然《四库全书总目·卷168·别集类》中申辩说："孔孟而下，人乐传其文者：屈原、荀况、董仲舒、司马迁，又其次，王通、韩愈、欧阳修、周敦颐、苏洵父子。我朝则姚公燧、虞公集、吴公澄、李公孝光。凡此十数君子，其言皆高而当，其义皆奥而通也。观其所论，则维桢之文不得概以妖目之矣！"杨维桢虽忠于元室，但其文章有的反映了兵乱、天灾下民不聊生的现实，如《送总制王公移镇新安诗序》《华亭县主簿王佳母夫人李氏墓志铭》；有的表现了自己对现实社会的厌恶以及对理想社会的向往，如《小桃源记》《碧梧翠竹堂记》；也有宣扬安贫乐道的文章，如《村乐堂记》《书东坡尺牍后》等。其文古雅畅达，文从字顺。有的人物小传，如《鲁钝生传》《学圃丈人传》《竹夫人传》等，文笔老辣，刻画人物特征夸张幽默，有许多虚构想象的成分，有如韩愈的《毛颖传》、柳宗元的《梓人传》，旨在阐明某一道理，颇有寓言的特征。

李孝光（1285—1350）字季和，号五峰，乐青（今属浙江）人，早年隐居浙江雁荡山下讲学，至正三年（1343）入京师任秘书监丞，撰有《五峰集》。元代不重文学散文，山水游记更无多少佳作，至李孝光，局面大为改观，以一系列的充满诗情画意的散文，刻画了雁荡风光的壮丽旖旎。如《暮入灵岩记》《游灵峰洞记》《宿能仁寺东庵记》《秋游雁荡记》等，较著名的就是《大龙湫记》。作者选取雨季与旱季两个不同季节，去写雁荡大龙湫瀑布，雨季大龙湫的壮观声势，旱季大龙湫的秀逸幽深的境界，描绘得各臻其妙。前者豪放，后者飘逸，作家的欢愉之情与自然美景融为一体，气势雄健，言辞质朴，取法秦汉，而意境直步欧、苏。他的《王贞妇传》，借写元初之事，控诉了整个元代统治者民族压迫、草菅人命的罪行：

> 至元十三年冬，王师南至，贞妇夫舅姑俱被执师中。千夫将见妇色丽，乃尽杀其舅姑与夫，而欲私之。贞妇愤痛即自杀，千夫夺挽不得杀，责俘囚妇人杂守之。妇欲死不得间，自念当被污，即佯曰："若杀吾舅姑与夫而求私我，所为妻妾者，欲我终善事主君也。吾舅姑与夫死，我不为之哀，是不天也，不天，君焉用我为？愿请为服期月，苟不听我，我终死耳，不能为若妻也。"千夫畏其不难死，许之，然愈益置守。明年春，师还挈行至崞嵊，守者信之，滋益懈，过青枫岭上，妇仰天窃叹曰："吾得死所矣！乃啮拇指出血，写口占诗山石上，已，南向望哭，自投崖下而死。"

作者对贞妇的结局作了浪漫化的处理："视血渍入石间，尽已化为石天，且阴雨复见血坟起如始日。"最后，作者感叹道："嗟夫！匹夫匹妇颠沛流离，诚能动天如此，天岂远人哉！天岂远人哉！"对勇于以死抗争的贞妇进行了衷心的讴歌，对罪恶社会的灭亡与美好社会的到来，充满了信心。《王贞妇传》虽写的是元初之事，但反映的却是元代末年受压制的南方汉族文人对元统治的逆反态度，敢于揭露元军的残暴，这无疑受到各地人民轰轰烈烈的反元斗争的鼓舞所致，也是文人投入反元斗争的具体表现。

五 向古人寻求创作模式的明代散文

明代建国 277 年，尽管散文作家众多，流派纷呈，流传至今的作品繁多，但它同古代诗歌一样，作为正统文学，从总体上来说，已越来越呈现出衰落的颓势,反倒是原属非正统的文学,诸如小说、戏剧等,显示出强大创新的生命力。明代散文作家多数拜倒在古人脚下,或尊秦汉、或尊唐宋,模拟古人是明文的总体特征。散文创作徘徊在古人脚下,始终不敢超越前人,因此没有产生出多少超越前人甚至可与秦汉、唐宋大家相媲美的作品。根据明代散文的发展变化,将其划分为三个时期:明前期,从明开国至宪宗成化末(1368—1487),计120年。明中期,从孝宗弘治初至穆宗隆庆末(1488—1572),计85年。明后期,从神宗万历初至明朝灭(1573—1644),计72年。

明代散文之所以沿着元代散文衰落的路子继续下滑,它的重要原因,就是缺乏创新,脱离现实生活,主要在古代文学遗产中寻求创作规范而求生存与发展。其次,文体本身进入衰落期也是其重要原因之一。中国古代散文经过几千年的曲折发展,唐宋是其辉煌发达的时期,在体裁、风格、艺术技巧等方面已达极致,要想突破、超越唐宋是相当困难的了。明代许多有才艺的作家便将主要精力转移到新兴的又容易超越前人的小说、戏剧等俗文学的创作方面,在新的文学领域大显身手,创造着辉煌。相比之下,散文创作就显得大不如他们创作小说与戏剧所取得的成就。尽管诗文还顽固地占据着文学的正统地位,但中国古代散文已经失去了再次真正复兴的创作动力。

明代散文衰落与明代社会政治与意识形态也有关。明代颁布《大明律》,提倡理学,高度强化皇权,统治者采取多种形式禁锢文人的思想。首先推行严酷的文网制度,因诗文招忌掉脑袋甚至株连家族的不在少数,如洪武十四年(1381),"吴中四杰"之一的高启,因诗文有讽刺嫌疑,被腰斩于市。赵翼《廿二史札记》记载:杭州府学教授徐一夔作《贺表》,中有"光天之下,天生圣人,为世作则"句,"帝览之大怒,曰:'生'者'僧'也,以我尝为僧也;'光'则薙发也,'则'字音近贼,遂斩之"。如此恐怖的文字狱,使得文人不敢随意为文,即使为文也须谨小慎微,尽量远离政治,少涉及现实,这就等于失掉了为文的意义,散文也失去了它的灵魂与生命力。由于统治者的严密控制,明代散文成了载道的工具。再者,明代健全了科举制,推行严格的"八股"取士,八股文的命题取自儒家的四书五经,阐述的是程朱理学的经义,不得违背朱熹传经的条款,儒家教条严密地控制、束缚着人们的思想,助长了文人的思想僵化,文人的散文只能适应统治者的需要而不能适应时代前进的步伐。

在如此的社会背景下,当社会出现比较稳定的时候,便自然产生了"台阁文"一类的远离现实、粉饰太平、歌功颂德的应制文章。虽有不乏面对现实要求改革文弊的文人，如前、后"七子"打出"文必秦汉"的复古口号，"唐宋派"推崇唐宋文，主张由唐宋而窥西汉、先秦。他们反对台阁卑弱文风，反对八股形式主义，从这个角度说，有其一定的积极意义。但他们的复古与唐宋二次复古运动大相径庭，他们的复古缺乏创新精神，一味依傍古人的格调、法度，复古变成了拟古，走上模拟古人形式的道路。在某种程度上仍忽视了现实，忽视了鲜活的主体情感，缺少开拓新领域、超越前人的勇气。明代后期，适应资本主义经济因素的发展，个性解放得到张扬，新的社会思潮不断涌现，程朱理学更显示出它的保守与陈腐性。一些有识之士，如公安派、竟陵派，对前、后"七子"展开批判。渴望挣脱封建专制礼教传统，以"独抒性灵""不拘格套"的文学观来审视文学现象。泰州学派后期代表人物李贽，以王派"心学"为武器，甘愿冒着生命危险，向传统的封建理念公开宣战，反程朱理学、反封建专制、反拟古。并提倡"童心说"，以散文抒写自己的真情实感，如黑夜里的星光，给人们带来希望。在新思潮的影响下，晚明出现大量小品文，这些小品贴近生活，或描摹山水风光，或叙述世态人情，或追忆往事，都短小精悍而率性任真，不受封建伦理和道学观念束缚，造语生动通俗，充满生活气息和审美情趣，具有鲜明的时代特色。明代散文以此阶段的成就为高，但终因力量单薄，扭转不了散文衰落的大趋势。

（一）宣名教颂功德的明前期散文

元末农民起义的结果，结束了蒙古贵族政权的统治，建立了由汉族地主阶级掌握的政权——明王朝。明太祖朱元璋本人出身贫寒，深知农民因穷困而被迫造反，是导致元朝灭亡的根本原因。所以他称帝后，采取了一系列对人民让步、发展经济的措施，促成明初社会经济的繁荣。为了加强中央集权的君主专制制度，他改变了中央和地方的政权机构，把兵刑大权揽于自己手中，对官吏与人民进行严厉的控制，包括对文人及思想文化的控制。同时，又以设科举、八股文取士来笼络人心，八股文对封建政治意识形态有超强的依附性，八股文科考成了对知识分子强化灌输程朱理学的最佳途径。

自宋代王安石对隋唐律赋科考改革，创立"制义"以来，儒家"经义"成为科考的内容。至明，逐渐完善科考的专用文体，最终在明宪宗成化年间形成了从内容到形式都有固定要求的八股程式。梁章钜在《制义丛话·例言》中说："制义始于宋，而盛于明"，明朝是八股文极盛时期。八股文由于是科考必备科目，是士人的进身之阶，所以学子们从小便夙兴夜寐，数载或数十载地寒窗苦读儒家圣贤书，研习八股文，这种"八股热"甚至形成了强大的社会风气，明代乃至于清代的读书人没有不受此风气熏陶的，有的为了功名利禄，甚至终生沉溺于科场与八股文中而难以自拔。明代的散文作家，也几乎没有谁没写过八股文。如商辂（1414—1486），他是明朝前期人，也是明朝第一个"连中三元"的人，即在乡试、会试、殿试三级科考中都中试的人，并以乡试第一名（解元）、会试第一名（会元）、殿试第一名（状元），"三冠群英"。今列举其会试卷《德为圣人》，可见八股文风貌之一斑：

> 惟孝之在于圣人者有其实，故福之集于圣人者有可必。
>
> 盖孝者得福之本，圣人之孝，天下莫能加，则诸福之至，自有不期然而然者矣。
>
> 今夫世之人，欲孝有其亲者多矣，而舜则谓人之大孝，果何由而见之？
>
> 人孰不欲其子之贤，舜则浚哲而文明，温恭而允塞，德为圣人焉。
>
> 居五位之尊，至贵而无伦，而亲为天子父，是尊之至也；有四海之广，至富而无敌，而以天子养其亲，是养之至也。欲其奉先也，禘黄帝而郊喾，祖颛顼而宗尧，祭有以尽其诚，而宗庙享之矣；欲其遗后也，虞思封于夏，胡公封于周，庆有以延于世，而子孙保之矣。夫孝者德之实，行圣人之孝，既有其实，则德之大从可知矣；故锥无心于得福，而天之福圣人者，自不容他适焉。以尧挥逊而受禅，此大德必得其位也；禹任土方以作贡，此大德必得其禄也。
>
> 以及为法于天下，可传于后世之名，百有十岁之寿，何莫非大德而必得之乎？故曰，惟孝之在于圣人者有其实，故福之集于圣人者有可必者此也。

此题目含义出自《中庸》第十七章："子曰：'舜其大孝也与！德为圣人，尊为天子，富有四海之内。宗庙飨之，子孙保之。故大德必得其位，必得其禄。必得其名，必得其寿，故天之生物，必因其材而笃焉。故栽者培之，倾者覆之。《诗》曰：'嘉乐君子，宪宪令德。宜民宜人，受禄于天，保佑命之，自天申之。'故大德者必受命。"商辂《德为圣人》的文意基本是《中庸》第十七章内容的翻版：以孝为本，以德为圣，大孝才能致大德，大德才能成圣人，唯圣人才能得其位、得其禄、得其名、得其寿，造福于子孙。八股文基本由破题、承题、起讲、入题、起股、中股、后股、束股、收结等部分组成。此篇《德为圣人》,前二句为"破题",即点破题目要义:孝乃圣人之德,福乃行孝必然结果。后五句为"承题",是承接破题的意义而进一步阐述。"今夫"四句为"起讲",一般概说全体,为议论的开端,此处由设问引起议论的开始。"人孰"四句为"入题",为起讲后议论的入手之处,这里是把舜由大孝而为圣人作为切入点。从"居五位之尊"至"此大德必得其禄也"句,是正式议论,也是文章重要的论证部分,分起股、中股、后股、束股四部分,其中"中股"是全篇的中心,即圣人的大孝具体表现为"奉先""遗后"。四部分中的每部分都有两股排比对偶的文句,共八股,故称"八股文"。从"以及为法于天下"句到文尾数句,在论证的基础上,再次明确论点,以此收结全篇。从商辂的《德为圣人》可以看出:科考专以朱熹注的《四书》或以宋儒注的《五经》来命题,文章内容大致已经框定,必须与四书五经的思想内容相一致。文章格式固定,体例严格,字数限制,"其文略仿宋经义,然代古人语气为之,体用排偶"(《明史》卷70《选举志》二),写作者都以解释儒家经典义理为内容,以代圣贤立言为目的,以严格的八股文形式为手段,个人的思想见解很难自由发挥,更难以表达反对程朱理学的"异端思想"。

明朝统治者把奉行理学与知识分子仕途命运联系起来,可谓提倡理学已登峰造极,加上对文人又是高压又是笼络,所以不仅是科考八股文,就是其他的文人散文,大多也以宣扬统治者意志为宗旨。而且明前期文坛上的领袖人物,几乎都是位高爵显的朝廷大臣,自然使散文的宣名教颂功德的色彩更加浓烈。

明前期有文学价值的散文,大部分是那些由元入明的作家的作品,这些作家经历了元末的社会动乱,对社会兴亡及民生疾苦有切身的体会,这些感受与体会在他们的散文中都有不同程度的反映,其文章又摆脱了元末纤弱浮靡的习气,形成一种朴实简洁、真切流畅的文风,其代表作家有宋濂、刘基及高启、方孝孺等人。

宋濂(1310—1381)字景濂,号潜溪,金华(今属浙江)人,早年师事元代古文家柳贯、黄溍、吴莱,元至正年间举为翰林院编修而坚辞不就。入明后,官至翰林学士承旨、知制诰,任元史总裁。宋濂生平著作颇丰,以散文最为著名,有作品千余篇,序跋、碑志、记传、小品各体皆备,撰有《宋学士集》。明初许多典册文字、功臣碑铭出自其手,被朱元璋称为"开国文臣之首"。后因其孙与胡惟庸案有牵连,被贬四川茂州,卒于途中。

宋濂是元初理学家,以继承儒学为己任,为文力主宗经,取法唐宋,曾说:"六籍之外当以孟子为宗,韩子次之,欧阳子又次之。"(《文原》)还称赞周敦颐、程颢、程颐、张载、朱熹得文章之"心髓"。《明史》本传说他"为文醇深演迤,与古作者并",雍容浑穆的文风,在一定程度上成了台阁体的先驱。其文集中较有现实意义与文学价值的是一部分传记文,如《记李歌》《王冕传》《杜环小传》等,尤其是《秦士录》,以几个富有特征的情节,对邓弼这位文武双全、怀才不遇又孤傲磊落的豪杰才子进行了重墨浓彩的刻画,其中邓弼嘲弄萧、冯二书生的一段描写,笔墨酣畅淋漓,情节诙谐而生动,人物刻画得虎虎有生气:

> 一日独饮娼楼,萧、冯两书生过其下,急牵入共饮。两生素贱其人,力拒之。弼怒曰:"君终不我从,必杀君,亡命走山泽耳,不能忍君苦也!"两生不得已,从之。
>
> 弼自据中筵,指左右,揖两生坐,呼酒歌啸以为乐。酒酣,解衣箕踞,拔刀置案上,铿然鸣。两生雅闻其酒狂,欲起走,弼止之曰:"勿走也!弼亦粗知书,君何至相视如涕唾?今日非速君饮,欲少吐胸中不平气耳!四库书从君问,即不能答,当血是刃。"两生曰:"有是哉?"遽摘七经数十义叩之,弼历举传疏,不遗一言。复询历代史,上下三千年缅缅如贯珠。弼笑曰:"君等伏乎未也?"两生相顾惨沮,不敢再有问。弼索酒,被发跳叫曰:"吾今日压倒老生矣!古者学在养气,今人一服儒衣,反奄奄欲绝,徒欲驰骋文墨,儿抚一世豪杰,此何可哉?此何可哉?君等休矣!"
>
> 两生素负多才艺,闻弼言大愧,下楼,足不得成步。归,询其所与游,亦未尝见其挟册呻吟也。

作者抓住人物的性格特征极力描摹,以人物独特的语言突出人物的性格,使人闻其声,能想见其人。辞采富丽夸饰,气势磅礴雄健,传后又有"史官曰",明显看出是运用了《史记》传记的艺术手法。

宋濂有两部寓言散文集:《燕书》与《龙门子凝道记》,以生动的故事来说明抽象的哲理。其记叙文,如《桃花涧修禊诗序》《环翠亭记》《看松庵记》等,写人特征鲜明,描景状物形象逼真,叙事生动,笔法简洁清秀,常寓情于景于事中,风格近于欧阳修。如《送东阳马生序》,这是宋濂晚年送给他的浙江同乡太学生马君则的一篇赠序,文中回顾自己青少年时因家庭贫穷,读书求师"勤且艰",然而自己因不怕艰辛,好学谦恭,才终有所成。又与"同舍生"及现在太学生的优越条件进行作比,指出:条件恶劣,也能勤奋成才;条件优越,有的反而"业有不精,德有不成者",看来业精不精,德成不成,关键在于自己专心不专心于进学修德,关键在于自己追求什么?是"口体之奉",还是"圣贤之道"?作者从现身说法与两类人正反比较中,阐述了勉励马君则立志发愤努力学习的旨意,揭示了为学的一条重要的基本规律,对后世所有的学子来说,非常有借鉴价值。序文这样写道:

> 余幼时即嗜学,家贫无从致书以观,每假借于藏书之家,手自笔录,计日以还。天大寒,砚冰坚,手指不可屈伸,弗之怠。录毕,走送之,不敢稍逾约。以是人多以书假余,余因得遍观群书。既加冠,益慕圣贤之道,又患无硕师名人与游,尝趋百里外,从乡之先达执经叩问。先达德隆望尊,门人弟子填其室,未尝稍降辞色。余立侍左右,援疑质理,俯身倾耳以请;或遇其叱咄,色愈恭,礼愈至,不敢出一言以复;俟其欣悦,则又请焉。故余虽愚,卒获有所闻。
>
> 当余之从师也,负箧曳屣,行深山巨谷中,穷冬烈风,大雪深数尺,足肤皲裂而不知。至舍,四支僵劲不能动,媵人持汤沃灌,以衾拥覆,久而乃和。寓逆旅,主人日再食,无鲜肥滋味之享。同舍生皆被绮绣,戴朱缨宝饰之帽,腰白玉之环,左佩刀,右备容臭,烨然若神人;余则缊袍敝衣处其间,略无慕艳意。以中有足乐者,不知口体之奉不若人也。盖余之勤且艰若此。今虽耄老,未有所成,犹幸预君子之列,而承天子之宠光,缀公卿之后,日侍坐备顾问,四海亦谬称其氏名,况才之过于余者乎!
>
> 今诸生学于太学,县官日有廪稍之供,父母岁有裘葛之遗,无冻馁之患矣;坐大厦之下而诵诗书,无奔走之劳矣;有司业、博士为之师,未有问而不告,求而不得者也。凡所宜有之书,皆集于此,不必若余之手录,假诸人而后见也。其业有不精,德有不成者,非天质之卑,则心不若余之专耳,岂他人之过哉!
>
> 东阳马生君则,在太学已二年,流辈甚称其贤。余朝京师,生以乡人子谒余,撰长书以为贽,辞甚畅达,与之论辩,言和而色夷。自谓少时用心于学甚劳,是可谓善学者矣。其将归见其亲也,余故道为学之难以告之。谓余勉乡人以学者,余之志也;诋我夸际遇之盛而骄乡人者,岂知余者哉!

这是一篇可与荀子《劝学篇》相媲美的文章，荀子的《劝学篇》说理透彻，而这篇文章采用的是夹叙夹议的方法。通过作者以自己亲身的经历和感受来勖勉后生，并未因年长、官高而板起面孔训诫青年，而是晓之以理，动之以情，如拉家常话，娓娓而谈，情意殷切，语重心长，使人感受到忠厚长者的待人风范，这篇序文也成为传诵不衰的明文经典。

刘基（1311—1375）字伯温，青田（今属浙江）人，从小熟读儒家经典，还向郑复初学过周、程性理之学。元末举进士，出仕有廉直声，因屡遭豪强倾陷、排挤而辞官归隐。元至正二十年与宋濂同归朱元璋，深受朱元璋倚重，参与重大军事政务，协助朱元璋立国平天下，成为开国功臣之一，官至御史中丞，封诚意伯。刘基主张以儒家思想治国，强调国以民为本，民以食为天，固国莫过于保民，保民莫切于备患。明初贯彻休养生息，发展生产等政策，改变唐宋以来的科考制，建立更为严格的以四书五经命题、以八股文考士的制度，都与他的提倡有一定关系。刘基为官清廉，不避豪强，后遭谗被害，著有《覆瓿集》《犁眉公集》《写情集》等，合为《诚意伯文集》。《明史》本传称他"所为文章，气昌而奇，与宋濂并为一代之宗"。

刘基生活于元明易代之际，亲眼所见元蒙贵族的残暴罪行及人民的苦难、不屈不挠的反抗斗争，对此深有感触。他前期的诗文，主旨就体现了对元蒙统治者罪行进行揭露，对人民的穷苦给予诚挚的同情。这肯定影响了他对文学的认识与态度，他主张文学的主要任务就是批判时政，抨击邪恶，表达民情，肯定文学的怨刺传统，反对无关世事的靡靡之音。更反对对批判时政，抨击邪恶的作品横加罪名。他在《照玄上人诗集序》中说："夫诗何为而作哉？情发于中而形于言，国风、二雅，列于六经，美刺风戒，莫不有裨于世教。是故先王以之验风俗、察治忽，以达穷而在下者之情，词章云乎哉！后世太师职废，于是夸毗戚施之徒，悉以诗将其谀，故溢美多而风刺少。流而至于宋，于是诽谤之狱兴焉，然后风雅之道扫地而无遗矣。"刘基所谓的行"诽谤之狱"，虽然明指是宋代所为，但影射元蒙之意却是很显然的。刘基的怨刺之作，多是元末弃官隐居时所作。入明后，他经常正面向朱元璋陈述君明臣贤、选贤任能、强本薄赋、省刑廉政等儒家的"王道"，也有不少酬酢应制之品，与他的文学主张有些不一致。这是因为他的地位发生了变化，有了显赫的勋业与爵位，已不是过去隐于草野的下民，感情随之发生了变化。更主要的是慑于朱元璋血腥的文字狱，所以刘基最有价值的是其元末隐居时所作的作品。

刘基的散文体裁多样，内容丰富，尤以寓言最有特色，其《郁离子》

是其入明前隐居家乡时所写的一部以寓言为主的散文集。郁，指文采显著。离，八卦之一，代表火。郁离子，是作者假托的理想人物，象征着光明。作者借郁离子之口，来宣扬正义、贬斥罪恶，发表对社会政治、伦理教化、人情世故的看法。全书十八章，一百九十五则，形式自由活泼，短小精悍，言简意赅，每一则都可以独立，而又由郁离子的议论贯穿成一体，是我国古代散文史上罕见的寓言专集。内容涉及方方面面，用寓言的形式展现了他的思想感情和对现实社会的深刻认识。其中有不少反映元末社会黑暗与统治者凶残、腐败的寓言故事，生动的形象性、强烈的针对性与深刻的思想性是其鲜明的特点，如《楚有养狙以为生者》则，揭露统治者对人民的欺骗、剥削，揭示了人民一旦醒悟统治者就无法生存的现实。《卖柑者言》则，揭露元朝官吏"金玉其外，败絮其中"的腐朽本质。《蜀贾三人》则，感叹世道昏暗，致使是非不辨，贱贤颂恶。《穆天子得八骏》则，以马喻人，讽刺元朝民族歧视政策的不合理，等等。徐一夔在《郁离子序》里指出其书的写作"大概矫元室之弊，有激而言也"。请看"晋灵公好狗"一则：

  晋灵公好狗，筑狗圈于曲沃，衣之绣。嬖人屠岸贾，因公之好也，则夸狗以悦公。公益尚狗。
  一夕狐入于绛宫，惊襄夫人。襄夫人怒。公使狗搏狐，弗胜。屠岸贾命虞人取他狐以献，曰："狗实获狐。"公大喜，食狗以大夫之俎，下令国人曰："有犯吾狗者，刖之。"于是国人皆畏狗。
  狗入市取羊豕以食，饱则曳以归屠岸贾氏，屠岸贾大获。大夫有欲言事者，不因屠岸贾，则狗群噬之。赵宣子将谏，狗逆而拒诸门，弗克入。
  他日，狗入苑，食公羊，屠岸贾欺曰："赵盾之狗也。"公怒，使杀赵盾。国人救之，宣子出奔秦。赵穿因众怒，攻屠岸贾，杀之；遂弑灵公于桃园。狗散走国中，国人悉禽而烹之。
  君子曰："甚矣，屠岸贾之为小人也！谀狗以蛊君，卒亡其身，以及其君。宠安足恃哉！人之言曰：'蠹虫食木，木尽则虫死'，其如晋灵公之狗矣！"

  此则虽采自史料，但糅进了作者的想象虚构，使它成为饶有风趣的寓言故事，通过晋灵公狗猖獗、遭殃的经历，暗示了统治者的帮凶，为非作歹一时，随着主子的倒台，最终必然灭亡的命运，影射了元朝统治者及其走狗们的罪恶及可耻下场。

刘基的序、记也多佳作，如《赠弈棋相子先序》《送章三益之龙泉序》《松风阁记》《苦斋记》等，构思立意新颖，或以清丽之笔，描摹山水亭台之景致；或以犀利之文，抒写愤世嫉俗之情怀。写于元时与明时的文章，在思想与格调上有明显的变化，前者慷慨激昂而多含抑郁不平之气，后者雍容平和而微显幽婉之情，这无疑与他的处境息息相关。

刘基的文风近于宋濂，然而思想性比宋濂更为深刻，文辞更遒劲犀利，因为"其气壮，故其辞雄浑而敦厚；其学博，故其辞深宏而奥秘；其志忠，故其辞感激而切直；其行廉，故其辞蠲洁而清劲"。（李时勉《犁眉公集序》）刘基与宋濂齐名，实际上文学成就远胜宋濂，特别是他敢于揭露现实的作品，对前、后七子有重大的影响作用。

高启（1336—1374）字季迪，号青丘子，长洲（今江苏苏州）人。明初著名诗人，与杨基、张羽、徐贲合称"吴中四杰"，有文集《凫藻集》。高启出身贫寒，性格疏放耿介，明初受诏入朝编修《元史》，书成，朱元璋拟委任他为户部右侍郎，固辞不受，返回乡里，以教书治田自给。朱元璋恼怒他不肯合作的态度，因此感觉他的诗歌有借古讽今之意。洪武六年（1373）姑苏太守魏观，在张士诚宫殿的旧基上修建府衙，高启为他撰写了《郡治上梁文》。张士诚曾是朱元璋争天下的死对头，那篇《上梁文》上，竟把张士诚住过的地方称作"龙盘虎踞"，岂不犯了大忌？有人诬告魏观有反心，污为"兴灭王之基，开败国之河"。于是魏观被朱元璋斫杀，高启也被腰斩，时年仅39岁，世存有《高太史大全集》。

高启以诗名世，散文不多，他主张博采各家之长，他的文章重于模拟而少自己的特点，《四库全书总目·卷169·别集类》中称其："拟汉魏似汉魏，拟六朝似六朝，拟唐似唐，拟宋似宋，凡古人之所长，无不兼之……故备有古人之格，而反不能名启为何格。"如《游天平山记》《书搏鸡者事》等，有唐宋文的情韵风致，开了明代摹拟风气之先。

方孝孺（1357—1402），又名希古，浙江宁海人，曾师从宋濂，道德文章，名冠一时，世称"正学先生"，著有《逊志斋集》及《方正学先生集》等。他身为明初大臣，以明王道、致太平为己任，惠帝时的大政多向他咨询，《太祖实录》及《类要》等书皆由他任总裁。燕王朱棣争夺皇位时，惠帝讨伐诏檄多出于方孝孺之手。朱棣攻入南京后，逼方孝孺为其草拟即位诏书。方孝孺宁死不屈，只书了"燕贼篡位"四字，于是被杀，并株连"十族"，宗族亲友被杀有数百人。

方孝孺也持正统的儒家文学观，主张"凡文之为用，明道立政，二端而已。道以淑斯民，政以养斯民，民非养不能群居以生，非教不能别于众物，故圣人者出，作为礼乐教化刑罚以治之。修其五伦六纪天衷人极以正之，而一寓之于文。"（《逊志斋集·答王秀才书》）但在形式与艺术技巧上的认识与高启不同，他反对摹拟剽窃与形式雕琢，认为"人之为文，岂故为尔不同哉？其形人人殊，声音笑貌人人殊，其言固不得而强同也，而亦不必一拘乎同也。"（《逊志斋集·张彦辉文集序》）其文豪放雄健，畅达不羁。其寓言小品，以物喻理，寄托深远，立意警策，尤其那些鞭挞邪恶的文章，义正词严，文中有一种凛然正气。如为时人所传诵的《蚊对》，以蚊喻人，揭露比吸血蚊子更残酷更卑鄙的衣冠禽兽，"乘其同类之间而陵之，吮其膏而醯其脑，使其饿踣于草野，流离于道路"，一副食人者的狰狞面目。《指喻》一文，以忽视手指头的小毛病，终成难治的大病为戒，指出"天下之事，常发于至微而终为大患"，劝诫人们在治国方面尤其要注意防患于未然。再如《越巫》一文：

> 越巫自诡善驱鬼物。人病，立坛场，鸣角振铃，跳掷叫呼，为胡旋舞禳之。病幸已，馔酒食持其赀去，死则诿以他故，终不自信其术之妄。恒夸人曰："我善治鬼，鬼莫敢我抗。"
>
> 恶少年愠其诞，瞷其夜归，分五六人栖道旁木上，相去各里所，候巫过下，砂石击之。巫以为真鬼也，即旋其角，且角且走，心大骇，首岑岑加重，行不知足所在。稍前，骇颇定，木间砂乱下如初，又旋而角，角不能成音，走愈急。复至前，复如初，手慄气慑不能角，角坠振其铃，既而铃坠，唯大叫以行。行闻履声及叶鸣谷响，亦皆以为鬼，号求救于人甚哀。
>
> 夜半抵家，大哭叩门，其妻问故，舌缩不能言，唯指床曰："巫扶我寝！我遇鬼，今死矣！"扶至床，胆裂死，肤色如蓝。巫至死不知其非鬼。

描写装神弄鬼的越巫，被恶少装鬼吓死，戳穿了越巫能驱鬼全是招摇撞骗、自欺欺人，揭示了骗人者大多以害人始以害己终，可悲可恶的是有些骗人者至死不悟，文章生动有趣，具有警世振俗的作用。《四库全书总目·卷170·别集类》中说方孝孺"学术醇正，而文章乃纵横豪放，颇出入于东坡、龙川之间。盖其志在于驾轶汉唐，锐复三代"。宋濂赞其"文义森蔚，千变万态，不主故常，而辞意濯然常新，滚滚滔滔，未始有竭也"。（《送方生还宁海》）方孝孺钦慕苏轼洒脱无羁的风格，尊重艺术个性，开了明代反拟古之先河。

明前期，文字狱残酷而频繁，连宋濂、刘基这样的重臣都不得善终，一般文人更是动辄得罪。为了全身远祸，只好写言不由衷的粉饰太平的应制文章，揭露社会弊病的作品少之又少，文坛充斥着千篇一律的歌功颂德之音与雍容华贵之气，了无生气。加上这一时期社会安定，经济得到快速发展，民生得到改善，颂扬朱明王朝的功德，讴歌升平盛世的繁荣昌盛，维护封建统治的长治久安，成了统治者对文学的需求，"台阁体"正是适应这一需求的产物。从永乐至成化的八十多年里，真正左右、统治文坛的是"台阁体"。台阁体因其代表人物为台阁重臣而得名，其代表人物是所谓的"三杨"，即杨士奇、杨荣、杨溥。"三杨"之中，以杨士奇的文学成就为最高。明王世贞《艺苑卮言》卷五说："杨（士奇）尚法，源出欧阳氏，以简淡和易为主，而乏充拓之功，至今贵之曰'台阁体'。"

杨士奇（1365—1444）名寓，以字行，号东里，江西泰和人。少孤贫，刻苦自学，曾在湖广各地做塾师多年。一生著述勤奋，撰有《东里全集》《文渊阁书目》《历代名臣奏议》《周易直指》等。惠帝建文初，以史才被荐入翰林，后经成祖、仁宗、宣宗、英宗朝，可谓五朝元老，长期辅政。宣宗临死时，托孤于杨，位至首辅。杨士奇一心想辅佐英宗成为一代明君，在其即位时，便上《请开经筵疏》，疏中说：

> 伏惟皇上肇登宝位，上以继承列圣，下以统御万邦，必明尧、舜、禹、汤、文、武之道，以兴唐、虞、三代之治，则宗社永安，皇图永固，天下蒙福，永远太平。然其根本，在致力于圣学，自古贤圣之君，未有不学而能致治者也。去年十月内，宣宗皇帝御左顺门，召臣士奇谕之曰："明年春暖，东宫出文华殿读书，凡内外侍从，俱用慎择贤良谦谨之臣。"臣士奇叩头对曰："此国家第一事，正惟其时，伏望皇上留心。"不幸宣宗皇帝上宾，中外皆同哀戚之心，臣未敢遽言。然此事至重，不敢久默，伏望山陵毕日，早开经筵，以进圣学。臣等深切惓惓之至，谨具合行事宜陈奏，伏惟采纳，谨具以闻。
>
> 自古人君成德，必先于学，未有不学而能成德者。《尚书》曰："王人求多闻，时维建事，学于古训乃有获。"经筵侍讲之官，实为学之资，今皇上进学养德，当预择讲官，必得问学贯通，言行端正，老成重厚，识达大体者数人，以共其职，庶以上副先帝之意。

作者阐述儒家之道乃治国之道，身为皇帝更有学而知之的重要性与必要性。学经如此重要，择师就不可不慎。经筵侍讲之官的标准，就是杨士奇心目中的醇儒标准，也是辅臣的标准。对新君希冀之殷切，对君王的拳拳之忠，在平易流畅的行文中，全表述出来。杨士奇所撰写的朝廷诏令奏议，虽然属应制之作，内容多是颂圣或应酬，但也有涉及治世教化的，不全是脱离实际的虚伪篇翰。杨士奇推崇欧阳修文风，实际重在模仿欧阳修纡除平易自然的行文特点，他的文章确实也平实畅快，得欧阳氏之仿佛。

"三杨"都是明前期人，都以大学士辅政，都有太平宰相之称。《明史》三杨传称："明称贤相，必首三杨。均能原本儒术，通达事几，协力相资，靖共匪懈。史称房、杜持众美效之君，辅赞弥缝而藏诸用。又称姚崇善应变，以成天下之务；宋璟善守文，以持天下之正。三杨其庶几乎。"把三杨比作唐代辅政大臣房玄龄、杜如晦、姚崇、宋璟，看到了他们之间许多共同之处，如都辅君掌朝政，都参与制定各种典章制度，都写了大量的"圣谕""应制""代言"等替皇帝发话和"颂圣"之作，也有许多墓志铭、神道碑、题序、赠答等应酬捧场的文字。三杨典雅工巧的歌功颂德、润色鸿业和点缀升平的文章，与前人陈陈相因，缺乏创作个性，掀起一股形式主义的文风。由于他们地位显赫，加之上层统治者的大力提倡、推崇，当时追随的人很多，纷纷模仿台阁体作文，台阁体风靡几乎整个明朝前期。

（二）模拟古文法式的明中期散文

明前期，国家政权稳定，朝政严密地控制着文坛，许多文人不得不依附于皇权，文坛的领袖又往往是政权的核心人物，在他们的手中，文学成了宣扬理学、粉饰太平的工具。在官僚士大夫间模仿台阁体形成一种风气。从弘治年间始，国内各种矛盾激化，统治阶级中的正直官僚与掌权的宦官斗争尖锐，维护封建国家整体利益的地主阶级掀起了革除弊政的风潮。与此相适应，一些有识之士开始不满文坛的单调、沉寂、萎靡，掀起了反对台阁体的文学复古运动，企图通过强调"文统"来打破文坛被理学"道统"所窒息的局面。

继"三杨"之后，主持文坛和科举考试的是李东阳（1447—1516），李东阳，字宾之，号西涯，湖南茶陵人，官至吏部尚书、华盖殿大学士，是宰辅大臣，著有《怀麓堂集》。《明史》本传称："自明兴以来，宰臣以文章领袖缙绅者，杨士奇后，东阳而已。立朝五十年，清节不渝。既罢政居家，请诗文书篆者填塞户限，颇资以给朝夕。"又说"东阳工古文，阁中疏草多属之，疏出，天下传诵……为文典雅流丽，朝廷大著作多出其手。"弘治年间的《宪宗实录》《通鉴纂要》《大明会典》，正德年间的《孝宗实录》，都是由他任总裁或主笔。李东阳提倡宗唐师杜，效法唐人的格调、句法。但又反对逐字逐句模拟剽窃古人，重视抒写性情，强调创作的独创性，企图以唐代深厚雄浑之体，改变台阁体的啴缓冗沓。李东阳为文，推崇曾巩，不仅看重曾巩文的明理宣道，而且也看重他极有文法。李东阳的文章一般流畅典雅，布局严谨，说理透彻，见出其师法唐代古文之意。其寓言往往小题大做，寄托遥深，如《移树说》，记移树能活者十之九，是因为"夫规大而坎疏，故根不离；宿土厚，故元气足；乘虚而起渐，故出而无所伤"。又由移树推论到"培植人才"，寓意深刻，发人深思。其《医戒》一文，通过庸医误诊，"以药补之，病益甚"，良医识病之由，无药而愈的事例，作者"因叹曰：'医不能识病，而欲拯人之危，难矣哉！'又叹曰：'世之徇名遗实，以躯命托之庸人之手者，亦岂少哉！'"将病人托之于庸医，岂不加速病危？将百姓托之于昏君，百姓岂能不遭殃？从生活小事中引申出治国的大道理，这是从先秦以来寓言就具有的特点，李东阳的小品继承了这一优良传统。

但由于李东阳很看重诗文的起承转合，音调的轻重缓急，企图从文章的法度中找出路。这种忽视内容注重形式的做法，使他在创作上并未摆脱台阁体那种重于形式的习气，只是对台阁体的缺点有所补救罢了，但对前、后七子复古、拟古产生了一定的影响。王世贞曾指出："长沙（指李东阳）之于何、李也，其陈涉之启汉高乎！"（《艺苑卮言》）李东阳以台阁大臣的身份主持文坛，声望高，影响大，钱谦益《列朝诗集小传·丙集·李少师东阳》中说他"奖成后学，推挽才俊，风流弘长，衣被海内，学士大夫出其门墙者，文章学术粲然有所成就"。李东阳的追随者众多，他一时被奉为文坛领袖。《明史》本传也说："弘治时，宰相李东阳主文柄，天下翕然宗之。"并且以他为首形成了一个文学流派——茶陵派，其主要成员包括彭民望、谢铎、张泰、陆钶，以及他的门生邵宝、何孟春等人。茶陵派的兴起，与八股文的定型大体同时，顾炎武在《日知录》中说："经义之文，流俗谓之八股，盖始于成化以后。"茶陵派强调文法和声律，无疑推动了八股文程式的成熟。茶陵派是从台阁体到前七子复古、拟古派的一种过渡，但茶陵派又力主性情，反对模拟剽窃，对以后的公安派也有影响。

以李东阳为首的茶陵派对台阁体造成的"啴缓冗沓，千篇一律"局面，有所改观，但大力扭转文坛台阁体歌功颂德、阐道说教旧习气的，是前、后七子及唐宋派的复古运动。前、后七子及唐宋派之所以能再次展开复古运动，将反对空洞、单调、萎靡、浮华的文风推向新阶段，是因为当时具备了其所需的社会思潮、政治背景、文化和经济等各种社会条件。

从洪武至弘治，明朝已经发展了百三十多年，商品经济有了很大发展，随着资本主义生产因素的产生，市民阶级逐渐壮大，市民阶层的个性、心理、生活方式在不断扩大着社会影响。随着商品经济的发展，统治阶级日益腐败，土地兼并日益严重，人民反抗情绪日益高涨。在市民意识不断觉醒的情况下，程朱理学显得进一步僵化，对人们思想的束缚力自然松弛。而内容和形式上极端程式化的八股文，引起许多知识分子的厌恶。这些都必然要影响到社会的哲学思潮、文学理论及文学创作。一些较有政治眼光的知识分子，意识到了这些社会弊端，迫切要求从政治、经济、文化上采取一系列改革措施，来维护社会秩序，延缓社会的衰落。于是在哲学思潮上，出现了王守仁心学，既迎合了市民阶层个性解放的潮流，又从新的角度完善了理学。在文学理论及文学创作方面，纷纷开展复古运动，以模仿先秦汉唐宋人之作，来革除台阁体浮靡文风，从而扭转颓风颓势，全面振兴正统封建文学，以巩固封建社会的长治久安。社会提供了合适的条件与强大动力，文学不能不发生嬗变。

《明史·文苑传序》："弘、正之间，李东阳出入宋、元，溯流唐代，擅声馆阁。而李梦阳、何景明倡言复古，文自西京、诗自中唐而下，一切吐弃，操觚谈艺之士翕然宗之。明之诗文，于斯一变。迨嘉靖时，王慎中、唐顺之辈，文宗欧、曾，诗仿初唐。李攀龙、王世贞辈，文主秦、汉，诗规盛唐。王、李之持论，大率与梦阳、景明相倡和也。"继李梦阳之后，弘治、正德间涌现的前七子，有李梦阳、何景明、徐祯卿、边贡、王廷相、康海、王九思。嘉靖、隆庆间涌现的后七子，有李攀龙、王世贞、谢榛、宗臣、梁有誉、徐中行、吴国伦。大致与后七子同时出现的唐宋派，其代表人物则是王慎中、唐顺之、归有光和茅坤。他们或宗秦汉，或效唐宋，都属复古一派，不过细加分析，不仅前、后七子与唐宋派的文学主张有所不同，就是同派中每个人也不尽相同。

前七子的核心人物是李梦阳（1473—1530）与何景明（1483—1521）。李梦阳字献吉，号空同子，甘肃庆阳人。出身寒微，为人耿介刚直，疾恶如仇，以气节著称。弘治进士，曾任户部主事等职，因弹劾"势如翼虎"的张鹤令，被囚于锦衣狱，又因弹劾宦官刘瑾而先后两次下狱。刘瑾受诛，李梦阳复官江西提学副使。后因替朱宸濠写《阳春书院记》而革职，居家二十年而卒，著有《空同集》。

李梦阳的诗文初受台阁体影响，文风萎靡，后感台阁体徒有雍容华贵的形式，而无实际的内容。于是他"倡言文必秦汉，诗必盛唐"（《明史·本传》），以复古自任。他一方面把秦汉散文、盛唐诗绝对化，作为完美无缺的楷模加以提倡；另一方面将秦汉之后的散文与盛唐之外的诗歌一概抹杀。秦汉散文与盛唐诗歌，之所以有不朽的价值，就在于它有充实的内容，反映了时代的社会现实，具有艺术的独创性。而唐宋散文与盛唐之外的其他时代的诗歌，也不乏与之相媲美的作品。但李梦阳认为秦汉文、盛唐诗，已达极致，必须严格以它们的结构、修辞、音调为法式，刻意模拟，只有得到同样的格调，才能改变台阁体萎靡空疏的风气，结果把复古变成了拟古，从反对台阁体的形式主义走到另一新的形式主义。正如《四库全书总目·卷171·别集类》中评论说："自洪武以来，运当开国，多昌明博大之音；成化以后，安享太平，多台阁雍容之作，愈久愈弊，陈陈相因，遂至啴缓冗沓，千篇一律。梦阳振起痿痹，使天下复知有古书，不可谓之无功，而盛气矜心，矫枉过直，……句拟字摹，食古不化，亦往往有之。"

前七子另一代表人物是何景明，何景明字仲默，号白坡，又号大复山人，河南信阳人。学识渊博，性耿直敢言。弘治进士，授中书舍人。为官清廉，淡泊名利。正德初，宦官刘瑾擅权，贪赃枉法，何景明为避祸而托病辞职。当李梦阳受迫害入狱时，人人唯恐受牵连，而何景明却上书吏部为李梦阳奔走申冤，因而受刘瑾迫害。刘瑾被诛，何景明复官，至陕西提学副使，著有《大复集》。何景明虽也主张文宗秦、汉，近体诗宗盛唐，但在如何复古的问题上与李梦阳有分歧。他们二人互相驳诘，先是李梦阳写了《赠景明书》，批评何景明诗弊，何景明于是写了《与李空同论诗书》，批评李梦阳刻意模拟，李梦阳又写《驳何氏论文书》加以反驳。他们的分歧点在这几封书信的诘难中集中地展示出来。

李梦阳认为创作必须遵守古人的成法，即遵守古人篇章结构、修辞、音调等方面的不可逾越的法度，不可在此之外自立门户。何景明认为："空同子刻意古范，铸形宿模，而独守尺寸。""稍离旧本，便自杌陧，如小儿倚物能行，独趋颠仆。"（《与李空同论诗书》）模拟只是一种过渡，学有所得，便可舍弃古人成法，如同登岸舍筏一样，争取另立门户，自成一家。《明史·何景明传》说："梦阳主摹仿，景明则主创造，各树坚垒不相下。"何景明的理论击中了李梦阳的要害，李梦阳的要害在于过分强调格调、法式，不能很好地从复古中求创新，刻意模拟，必然滑向抄袭剽剥。不过，何景明所谓的"自创一堂室，开一户牖，成一家之言"（《与李空同论诗书》），仍着眼于"法"："仆尝谓诗文有不可易之法者，辞断而意属,联类而比物也。"(同上)何、李的分歧在于对"法"的不同理解上。何景明理解的"法",是在古人的作品中领悟出来的,是"不相沿袭而相发明"的法,也就是"活法",而不是"死法"。所谓的"景明则主创造",也不过是主张"创造"活法,仍不出"法"的范围。并不像唐、宋古文运动在内容与形式上的全面创新。何景明与李梦阳在晚年时,都有所悔悟,意识到缺乏现实生活内容和真情实感的作品,无论如何模拟,或中规中矩地刻意模拟,或变通式地灵活模拟,都不能突破古人的窠臼,反倒觉得无所依傍的民间文学很有韵味。

李、何的文章尽管模拟秦汉,毕竟与台阁文及八股"时文"不同调,不仅语体句法大异,思想、意境也大不相同。李、何最有真情实感而很少拟古的文章是那些书信,如李梦阳的《答周子书》《答黄子书》《与何子书》等,何景明的《与何粹夫书》《与李中丞书》《上李西涯书》等。特别是何景明的《上冢宰许公书》,是针对宦官刘瑾擅权而写的,指陈时弊,直言不讳,无所畏惧。其《上杨邃庵书》,为李梦阳辩诬,仗义执言,辩驳有力,大义凛然。他们的碑铭、游记、赠序小品等,也写得生动、活泼,具有秦汉文的风韵。如李梦阳的《禹庙碑》,立意高远,议论修禹庙并非祈禹王显灵,而是为了追念大禹的盖世功德。其《题史痴江山雪图后》《游庐山记》,绘景逼真,笔法简练,感慨真挚。何景明的《嗤盗文》《郑子擢郎中序》等,短小精悍,幽默警策。其《说琴》一文,更是七子小品中的精品:

何子有琴,三年不张。从其游者戴仲鹖,取而绳以弦,进而求操焉。何子御之,三叩其弦,弦不服指,声不成文。徐察其音,莫知病端。仲鹖曰:"是病于材也。予视其黟然黑,衰然腐也。其质不任弦,故鼓之弗扬。"

何子曰:"噫!非材之罪也,吾将尤夫攻之者也。凡攻琴者,首选材,审制器。其器有四:弦、轸、徽、越。弦以被音,轸以机弦,徽以比度,越以亮节。被音则清浊见,机弦则高下张,比度则细大弗逾,亮节则声应不伏。故弦取其韧密也,轸取其栝圆也,徽取其数次也,越取其中疏也。今是琴,弦之韧,疏,轸之栝,滞;徽之数,失钧;越之中,浅以隘。疏,故清浊弗能具;滞,故高下弗能通;失钧,故细大相逾;浅以隘,故声应沉伏。是以宫商不诚职,而律吕叛度。虽使伶伦钩弦而柱指,伯牙按节而临操,亦未知其所谐也。

夫是琴之材,桐之为也。桐之生邃谷,据盘石,风雨之所化,云烟之所蒸，蟠纡纶囷，璀璨弗郁，文炳彪凤，质参金玉，不为不良也。使攻者制之中其制，修之畜其用，斫以成之，饰以出之。上而君得之，可以荐清庙，设大廷，合神纳宾，赞实出伏，畅民洁物。下而士人得之，可以宣气养德，道情和志。何至黩然邪然，为腐材置物邪！吾观天下之不罪材者，寡矣。如常以求固执，缚柱以求张弛，自混而欲别物，自褊而欲求多。直木轮，屈木辐，巨木节，细木欐，几何不为材之病也。是故君子慎焉。

操之以劲，动之以时，明之以序，藏之以虚。劲则能弗挠也，时则能应变也，序则能辨方也，虚则能受益也。劲者信也，时者知也，序者义也，虚者谦也。信以居之，知以行之，义以制之，谦以保之。朴其中，文其外。见则用世，不见则用身。故曰："虽愚必明，虽柔必强。材何罪焉！"

仲鹖怃然离席曰："信取于弦乎，知取于轸乎，义取于徽乎，谦取于越乎。一物而众理备焉。予不敏，愿改弦更张，敬服斯说。"

本文以琴喻人，旨在说明要想获得有用人才，重要的是要有正确的选拔标准及正确的使用方法。正如再好的材质而制不出好琴来，关键在制琴人的技劣。在人才问题上，如果不怨用才者没有正确培养人才之策，而一味地埋怨人才不好或没有人才，这岂不是本末倒置了？此文为作者感事之作，将愤世嫉俗之情，以主客问答的形式，寄寓日常细事中，发人深思。但作者"故作聱牙"，语言不免有点晦涩，堆砌辞藻也是比较明显的，可以看出对汉赋体格文辞模拟的痕迹。

前七子的其余五子，文学主张也不尽相同，但都倡言复古，主张"文必秦汉"，他们以古文的复兴来反对台阁体的庸弱，反对八股文的思想禁锢和极端程式化，切中时弊，得到社会广泛的支持，产生了积极影响，使文风在明代中期为之一大变。屠隆甚至说："李、何从宋、元后，锐志复古，可谓再造乾坤手段。"(《鸿苞集》卷17《论诗文》)

弘治、正德时期，还有既非七子派又反对台阁文与八股时文的作家，如马中锡、王守仁等人。马中锡（1446—1512）字天禄，号东田，有《东田集》。曾任兵部侍郎，被宦官刘瑾陷害下狱。刘瑾败后，出任巡抚。但终因镇压农民起义军不力，以"纵贼"的罪名而死于狱中。马中锡以诗文名世，李梦阳、康海、王九思曾师从于他。他的散文横逸奇崛，深刻隽永，其代表作就是寓言故事《中山狼传》。此传写东郭先生以怜悯之心救狼，险被狼所害。揭示了狼一样的恶人尽管一时装出可怜老实的样子，但其害人的本质不会改变，人们切不可对他讲仁慈抱幻想，否则就成了愚蠢到家的"东郭先生"。这一极有教育意义的文章，代代被人传诵，明清两代还多次被改编成杂剧上演。

王守仁（1472—1529）生于明朝中期，正值政治腐败、程朱理学僵化之时，精通儒、释、道的王守仁，从挽救政治、信仰危机的愿望出发，试图力挽狂澜，拯救人心。他继承并发展了陆九渊的心学，以"反传统"的姿态，企图取代程朱理学的地位，成为我国宋明时期心学之集大成者。他的心学不仅对思想界，就是对文学界也有广泛的影响，影响到文学界复古主义的重新兴起。他主张抛弃程朱理学那套束缚人性的教条，给独抒性灵的文学创新主张提供了理论依据。

王守仁是明代伟大的思想家、教育家，也是一位著名的文学家，著有《王文成全书》。《四库全书总目》称"守仁勋业气节卓然见诸施行，而为文博大昌达，诗亦透逸有致。不独事功可称，其文章自足传世也"。他为文反对模拟，主张直抒胸臆，自成一家，如其《瘗旅文》：

  维正德四年秋月三日，有吏目云自京来者，不知其名氏，携一子一仆，将之任，过龙场，投宿土苗家。予从篱落间望见之，阴雨昏黑，欲就问讯北来事，不果。明早，遣人觇之，已行矣。

  薄午，有人自蜈蚣坡来，云："一老人死坡下，傍两人哭之哀。"予曰："此必吏目死矣。伤哉！"薄暮，复有人来，云："坡下死者二人，傍一人坐叹。"询其状，则其子又死矣。明早，复有人来，云："见坡下积尸三焉。"则其仆又死矣。呜呼伤哉！

  念其暴骨无主，将二童子持畚、锸往瘗之，二童子有难色然。予曰："嘻！吾与尔犹彼也！"二童悯然涕下，请往。就其傍山麓为三坎，埋之。又以只鸡、饭三盂，嗟吁涕洟而告之，曰：

  呜呼伤哉！繄何人？繄何人？吾龙场驿丞余姚王守仁也。吾与尔皆中土之产，吾不知尔郡邑，尔乌为乎来为兹山之鬼乎？古者重去其乡，游宦不逾千里。吾以窜逐而来此，宜也。尔亦何辜乎？闻尔官吏目耳，俸不能五斗，尔率妻子躬耕可有也。乌为乎以五斗而易尔七尺之躯？又不足，而益以尔子与仆乎？呜呼伤哉！

  尔诚恋兹五斗而来，则宜欣然就道，乌为乎吾昨望见尔容，蹙然，盖不任其忧者？夫冲冒雾露，扳援崖壁，行万峰之顶，饥渴劳顿，筋骨疲惫，而又瘴疠侵其外，忧郁攻其中，其能以无死乎？吾固知尔之必死，然不谓若是其速，又不谓尔子尔仆亦遽尔奄忽也！皆尔自取，谓之何哉！吾念尔三骨之无依而来瘗尔，乃使吾有无穷之怆也。呜呼伤哉！

纵不尔瘗，幽崖之狐成群，阴壑之虺如车轮，亦必能葬尔于腹，不致久暴露尔。尔既已无知，然吾何能为心乎？自吾去父母乡国而来此，三年矣，历瘴毒而苟能自全，以吾未尝一日之戚戚也。今悲伤若此，是吾为尔者重，而自为者轻也。吾不宜复为尔悲矣……

明中期，宦官刘瑾专权，掌司礼监，镇压异己，斥逐正直大臣。武宗正德元年（1506）王守仁因上疏拯救被诬陷的戴铣，而得罪刘瑾，被廷杖四十，贬为龙场（今贵州修文县龙场镇）驿丞。赴任途中，刘瑾还曾派人追杀，王守仁险些丧命。谪官龙场后，居地荒蛮，他动心忍性之余，对人情世故恍若有悟。正德四年，三个异乡人，为了微薄的薪俸，跋山涉水，暴死于龙场的蜈蚣坡。死者与王守仁素昧平生，但却对王守仁触动很大，勾起对自己命运的悲哀与思考，这篇《瘗旅文》，就是在埋葬了三个异乡人以后所作的哀祭文，借悲悼客死他乡的人，抒发自己的凄苦哀伤，透露出对阉党的愤慨与不满。祭文感情真挚，情文并茂，行文又平易畅达，体现了王守仁著文不依傍古人自成一家的特点。

以李梦阳、何景明为首的前七子，倡导"文必秦汉"的复古主张，遏制了台阁体的萎靡风气。但前七子以模拟古人为事，渐流于拟古、抄袭，文章内容缺少新意，文字佶屈聱牙，逐渐令人生厌。李梦阳、何景明去世后，其流弊愈加明显。屠隆《文论》中说：

> 明兴，北地李献吉、信阳何仲默、姑苏徐昌榖，始力兴周汉之文；诗自《三百篇》而下，则主初唐。厥后诸公继起，气昌而才雄，徒众而力倍，古道遂以大兴，可谓盛矣。然学士大夫之奋起其间者，或抱长才，而乏远识，踔厉之气盛，而陶镕之力浅。学《左》《国》者得其高峻而遗其和平；法《史》《汉》者，得其豪宕而遗其浑博；模辞拟法，拘而不化。独观其一，则古色苍然，总而读之，则千篇一律也。

就在拟古思潮风靡之际，就有人对它表示不满，出来反驳其拟古理论，其中有影响力的是王慎中（1509—1559）、唐顺之（1507—1560）、茅坤（1512—1601）和归有光（1506—1571）。先是王慎中和唐顺之主张诗宗初唐，文宗北宋，故称其为唐宋派。他们针对前七子字句模拟秦汉文反成呆板艰涩的弊端，要求为文应"文从字顺""直抒胸臆，信手写出"（唐顺之《与茅鹿门主事书》），并主张由唐宋而窥秦汉，反对前七子舍唐宋而直入秦汉。稍后而出的归有光和茅坤，支持王、唐的主张，茅坤编成《唐宋八大家文钞》，提倡唐宋散文，打破前七子"文必秦汉"的框子，扩大了唐宋文的影响。有的学者认为：王慎中是唐宋派的发起者，唐顺之是唐宋派理论基础的奠定者，茅坤丰富发展了唐宋派的理论，归有光则是唐宋派理论的最佳实践者。

　　与唐宋派大体同时，出现了以李攀龙与王世贞为首的后七子，后七子的主张基本是前七子复古理论的继续，所以唐宋派不仅要批判前七子的拟古理论，而且还要和后七子展开论争。唐宋派虽说宗唐宋，但他们不忽视三代两汉文的传统，认识到唐宋文是这一传统的继承与发展，并不把二者对立起来。而是由唐宋文切入，而上溯三代两汉文的传统。王慎中说："学六经、《史》《汉》，最得旨趣根源者，莫如韩、欧、曾、苏诸名家。"（《寄道原弟书几》）唐顺之编《文编》，有《左传》《国语》《史记》中的篇章，也有韩、柳、欧、苏、曾、王等唐宋大家作品。他们的散文也继承了先秦两汉文的传统与唐宋古文的朴实文风，内容充实，感情真挚，平易自然，变化自如，开公安、竟陵、桐城派散文的先河。

　　唐宋派在对七子拟古理论的反拨中，也暴露了自己理论的弱点。首先，他们站在理学家的立场上看问题，以理学作为判断文学的标准，所以竟认为"三代以下之文，未有如南丰（曾巩），三代以下之诗，未有如康节（邵雍）者"。（唐顺之《与王遵岩参政书》）其次，他们虽在反拟古风气方面起了一定积极作用，但他们在反对七子"文必秦汉"的同时，又专意取法唐宋古文，没有完全取消拟古习气，又把新的模拟桎梏套在自己的手脚上。宗法秦汉与宗法唐宋，都是复古，同样是模拟。只不过他们在模拟唐宋文时，又强调直抒胸臆、自为其言，主张文从字顺，有自己的本色面目等。这要比七子单纯从字面上模拟要高明许多，散文成就也比七子要大一些，但既属一种复古、拟古倾向，就不能动摇七子复古的根基，所以形不成足以与七子复古派相抗衡的力量。

　　唐宋派主张师法唐宋，而实际上更倾向于法宋，这从王慎中的主张中即可看出。王慎中，字道思，晋江（今属福建）人。早年读书于清源山中峰遵岩，号遵岩居士，著有《王遵岩文集》，他是嘉靖八才子之首（嘉靖八才子：王慎中、李开先、唐顺之、陈束、赵时春、熊过、任瀚、吕高），又是开唐宋派风气的第一人。《明史·文苑传》称"慎中为文初主秦汉，谓东京以下无可取，已悟欧、曾作文之法，乃尽焚旧作，一意师倣，尤得力于曾巩；顺之初不服，久亦变而从之。壮年废弃，益肆力古文，演迤详瞻，卓然成家。"有人鄙薄慎中不宗秦汉，他认为：欧阳修最善于学司马迁，曾巩最善于学班固，欧阳修、曾巩是秦汉文的最好继承人，现在与其学司马迁，不如学欧阳修，与其学班固，不如学曾巩。在欧、曾之间，王慎中尤推尊曾，因为"由西汉而下，莫盛于有宋庆历、嘉祐之间，而桀然自名其家者，南丰曾氏也。观其书，知其于为文良有意乎！折中诸子之同异，会通于圣人之旨，以反溺去蔽，而思其出于道德。"（《曾南丰文粹序》）他认为为文最重"义法"，而曾巩最懂义法，七子的要害就在于"病于法之难入，困于义之难精"。（同上）义法是他论文的标准。义应出于己言，为前人所未发；法即不违背古人作文的法度规矩。王慎中遵守法度规矩不背古，为文一意师仿欧、曾，但又提倡文章要表达作者内心独特的真情实感，这就和七子盲目尊古拟古有了很大的区别。

王慎中不仅以曾、欧为宗，还倾心于王守仁的心学，所以文章摆脱不了理学家的味道。但王慎中的文章由于要道心中之所欲言，所以能做到自为其言，文从字顺。其代表作有《海上平寇记》《金溪游记》《寄道原弟书》《游清源山记》等，如《朱碧潭诗序》：

> 诗人朱碧潭君汶，以名家子，少从父薄游，往来荆湖豫章，泛洞庭、彭蠡、九江之间，冲簸波涛，以为壮也。登匡庐山，游赤壁，览古名贤栖遁啸咏之迹，有发其志，遂学为诗，耽酒自放。当其酣嬉颠倒，笑呼欢适，以诗为娱，顾谓人莫知我。人亦皆易之，无以为意者。其诗不行于时。屋壁户牖，题墨皆满，涂污淋漓，以诒家人妇子而已。贫不自谋，家人诮之曰："何物可憎，徒涴墙户，曾不可食，其为画饼耶！"取笔砚投掷之，欲以怒君，冀他有所为。君不为怒，亦不变也。
>
> 一日，郡守出教，访所谓朱诗人碧潭者。吏人持教喧问市中，莫识谓谁，久乃知其为君也。吏人至门，强君入谒。君衣褐衣，窄袖而长裾，阔步趋府。守下与为礼，君无所不敢当，长揖上座。君所居西郊，僻处田坳林麓之交，终日无人迹。守独出访之。老亭数椽欹倾，植竹撑拄，坐守其下。突烟昼湿，旋拾储叶，煨火烧笋，煮茗以饮守。皂隶忍饥诟骂门外，君若不闻。于是朱诗人之名，哗于郡中，其诗稍稍传于人口。然坐以匹夫交邦君，指目者众，讪疾蜂起。而守所以礼君如彼其降，又不为能诗故。守父故与君之父有道路之雅，以讲好而报旧德耳。君诗虽由此闻于人，人犹不知重其诗，复用为谤。呜

呼，可谓穷矣！

  凡世之有好于物者，必有深中其欲，而大惬于心。其求之而得，得之而乐，虽生死不能易，而岂有所计于外。诗之不足贾于时，以售资而取宠，君诚知之矣。若为闭关吟讽，冻饿衰沮而不厌，其好在此也。人之不知重其诗，焉足以挠其气，而变其所业哉！

  君尝谒予，怀诗数十首为贽，色卑而词款，大指自喜所长，不病人之不知，而惟欲得予一言以为信也。岂其刻肠镂肺，酷于所嗜，虽无所计于外，而犹不能忘志于区区之名耶？嗟乎！此固君之所以为好也。君既死，予故特序其诗而行之，庶以不孤其意，岂以予文为足重君之诗于身后哉！

  酷爱作诗的朱汶，生前并未托付作者作序，作者主动为一个已故的平凡诗人诗集作序，无非"夺他人之酒杯，浇自己之垒块"。（李贽《杂说》）作者在序中突出了朱汶对作诗的痴迷，他不顾家人反对，不怕旁人诋毁，不管家贫如洗，既不懂得生财之道，又不懂得利用关系，交往官吏，一心痴于诗，寥寥几笔所描绘的几个细节，就把一个诗痴形象刻画得入木三分。诗人朱汶痛苦的不是穷困潦倒，也不是得不到什么回报，痛苦的是所有人的不理解，真正把有高尚志向与情趣的正常人当作了白痴。这肯定也是作者的感同身受，所以才写得如此情真意切。

  先学李梦阳，后受王慎中影响而改宗欧、曾的唐顺之，也是唐宋派的领袖人物。唐顺之，人称荆川先生，著有《荆川先生文集》。唐博学多才，对天文、地理、数学、历法、兵法及乐律皆有研究，四十岁后还倾向学道，所以学术视野异常开阔，卓有理论建树。他反对七子越唐宋而直学秦汉，主张由唐宋而窥西汉，由西汉而达孔门文学之科，建立"千古一脉"的儒家文统。在"法"的认识上，比王慎中还要深刻，在《董中峰侍郎文集序》中说："汉以前之文，未尝无法，而未尝有法，法寓于无法之中，故其为法也，密而不可窥。唐与近代之文，不能无法，而能毫厘不失乎法，以有法为法，故其为法也严而不可犯。"对"有法"与"无法"的关系做了辩证的分析，强调由唐宋之"以有法为法"而达到秦汉之"法寓于无法之中"，即由"有法"而达到"无法"。前、后七子都强调格调，从语言文字入手，唐顺之主张重视神明变化，从开合首尾，经纬错综的组织结构入手。"实则'秦汉派'也讲法，不过对于'法'的意义并不一样。秦汉派之所谓'法'，重在气象；气象不可见，于是于词句求之，于字面求之；结果，求深而得浅，反落于剽窃模拟。唐宋派之所谓'法'，重在神明;神明亦不可见,于是于开合顺逆求之,于经纬错综求之,由有定以进窥无定,于是可出新意于绳墨之余。这就是'秦汉'与'唐宋'二派的分别;这就是'秦汉'与'唐宋'二派所以同样是模拟而成就不同的原因……秦汉之文原无规矩绳墨可言,故不易窥其法;唐宋之文本有规矩绳墨可遵,所以也易于学。这又是秦汉与唐宋二派的分别,而这二派所以成就不同的原因也在于此。何况,唐宋之文与当时之语言为接近,秦汉之文与当时之语言相隔阂。所以模唐宋者易于抑扬顿挫种种精神上揣摩,而学秦汉者,便不得不兼学昔人之词汇,与昔人之语法。用昔人之词汇,套昔人之语法,即使能肖,而神明不在是,而变化仍不可能。所以由唐宋门径以读秦汉之文,则神明在心,变化由己;由秦汉派之说以学秦汉之文,则所谓'尺尺而寸寸之'耳,所谓'影子'而已!同样的复古,同样的模古,只因古今语言之异,而成此不同的结果。这更是'秦汉'与'唐宋'二派重要的分别。"[1]"正因为七子之学秦、汉,窥不到法,所以才'决裂以为体,饾饤以为词,尽去自古以来开阖首尾经纬错综之法,而别为一种臃肿窘涩浮荡之文',造成'卑其意''其语涩'的恶果。而唐宋文'有法而可窥',故应该而且容易宗法。"[2]

唐顺之又在《答茅鹿门知县》等文中,提出文章要有独创性,要有真精神,与千古不可磨灭之见。同时要直抒胸臆,信手写出,如写家书,如谚语开口见喉咙。如他的《竹溪记》《信陵君救赵论》《书秦风蒹葭三章后》等文章,都具有这种特色。立意新颖,情思遐飞而意蕴深厚,结构谨严,文笔清新畅达,间杂口语,如与人促膝谈心。《明史》本传说唐顺之"为古文,洸洋纡折,有大家风",评价大体是准确的。

茅坤,字顺甫,号鹿门,服膺王慎之、唐顺之,著有《白华楼藏稿》《吟稿》《玉芝山房稿》。又选唐代韩愈、柳宗元,宋代欧阳修、苏洵、苏轼、苏辙、曾巩、王安石等八家文章,编成《唐宋八大家文钞》,选本繁简适中,为学习唐宋古文者提供了范本和门径,扩大了唐宋派的影响力,此书至今传诵不衰。《明史》本传说:"其书盛行海内,乡里小生无不知茅鹿门者。"茅坤在《唐宋八大家文钞》总序中阐明了自己的文学观。他说:"世之操觚者往往谓文章与时相高下,而唐以后且薄不足为。噫!抑不知文特以道相盛衰,时非所论也。"反对七子"文必秦汉"而鄙薄唐宋的观点,

---

[1] 郭绍虞:《中国文学批评史》,中华书局1961年版,第309—310页。
[2] 刘振东、高洪奎、杜豫:《中国古代散文发展史》,中州古籍出版社1991年版,第466—467页。

主张评价文章以"道相盛衰"为标准，不以"时相高下"来判断，文章并非越古越好。又主张文章旨在明道，本于六经，阐发"六经"。求古人之道必从古人之文入手，求古人之文必由近及远，由文及道。所以在八大家中，他尤为推崇韩愈，认为他最得"六经"之精髓。茅坤作文刻意模仿司马迁、韩愈、欧阳修。虽雄深雅健有逸气，但由于模拟气重，佳作不多，代表作是《青霞先生文集序》。钱谦益赞茅坤"为文章滔滔莽莽，谓文章之逸气，司马子长之后千余年而得欧阳子，又五百年而得茅子。疾世之为伪秦汉者，批点唐、宋八大家之文以正之。人谓顺甫之才气，殆可以追配古人，而惜其学之不逮也。"(《列朝诗集小传·丁集上·茅副使坤》)《四库全书总目·卷189·总集类》指出："自李梦阳《空同集》出，以字句模秦汉，而秦汉为窠臼；自坤《白华楼稿》出，以机调模唐宋，而唐宋又为窠臼。"既指出茅坤在明代散文中的地位与影响，又指出其弊端与不足。

唐宋派中成就最高的是归有光，时人徐渭称其为"今之欧阳子"(钱谦益《列朝诗集小传·丁集中·震川先生归有光》)，清人黄宗羲在《明文案序》中推他为"明文第一"，近来有人还主张归有光卓然成一家，不属于唐宋派。归有光，字熙甫，江苏昆山人。因久居震泽湖畔，自号"震川"，人称"震川先生"。昆山有项脊泾，故自称"项脊生"。撰有《震川先生文集》《文章指南》《易经渊旨》《三国水利录》等。钱谦益《小传》中说他："九岁能属文，弱冠尽通六经，三史、六大家之书，浸渍演迤，蔚为大儒。"三十五岁中举，后来科场不顺，长期在嘉定（今属上海）安亭江畔讲学、著述。六十岁才中进士，官至南京太仆寺丞，留掌内阁制敕房，参与修《世宗实录》。《小传》又说："熙甫宿学大儒，久困郡邑，得为文学官，给事馆阁，欲以其间观中秘未见书，益肆力于著作，而遽以病卒，年六十有六。"

由于归有光晚年才中进士，虽比王慎中、唐顺之还要大一两岁，但因名位久不显，在文学上崭露头角比王、唐要晚，因此，他与王、唐在反对七子上有所不同。王、唐主要反对的目标是前七子，而归有光反对的主要目标是后七子。他指出后七子的复古是因袭剽窃："今世相尚以琢句为工，自谓欲追秦汉，然不过剽窃齐、梁之余，而海内宗之，翕然成风，可为悼叹耳！"(《与沈敬甫》) 当王世贞继承前七子事业，声势煊赫，成为文坛宗师时，归有光以一位"独抱遗经于荒江虚市之间"的"老举子"(钱谦益《列朝诗集小传·丁集中·震川先生归有光》)，贬斥主盟文坛的王世贞不过是个"妄庸人"，讥笑他抹杀唐宋文是蚍蜉撼树不自量力。他说："盖今世之所谓文者，难言矣。未始为古人之学，而苟得一二妄庸人为之巨子，争附和之，以抵排前人……文章至宋元诸名家，其力足以追数千载之上而与之颉颃，而世直以蚍蜉撼之，可悲也。无乃一二妄庸人为之巨子，以倡之欤?"（《项思尧文集序》）。据钱谦益《初学集》卷83《题归太仆文集》载：王世贞听到归有光批评后笑着说："妄诚有之，庸则未敢闻命。"归有光反驳说："唯庸故妄，未有妄而不庸者也。"王世贞晚年有所悔悟，感到自己雕饰过甚，并折服归有光为文恬适自然。在《归太仆赞序》中说："先生于古文词，虽出之自《史》《汉》，而大较折中于昌黎、庐陵，当其所得，意沛如也。不事雕饰而自有风味，超然当名家矣。"又曰："千载有公，继韩、欧阳，余岂异趋，久而始伤。"对归有光发自内心的赞颂。

归有光自幼博览群书，涉及经史子集各部，对以《史记》为代表的秦汉文章，持尊崇的态度，只是认为唐宋大家的文章也未尝不佳。他之所以推崇唐宋文，尤其是欧阳修、曾巩文，就是与七子的拟古相对抗，力矫七子"文必秦汉"之论。归有光认为七子本末倒置，模拟秦汉文的"文"，而遗失秦汉文的"质"，他主张"欲文之美，莫若德之实；欲文之华，莫若德之诚；以文为文，莫若以质为文，质之所为生文者无尽也。"（《庄氏二子字说》）他主张作文不拘古人成法，要直抒胸臆，文从字顺，但实际上仍多从形式上着眼，并未达到真正的文质合一。归有光对王世贞及七子的抨击，使当时的模拟文风有所转变，加之他在散文创作方面取得的较高成就，对后世散文发展有不小的影响。有人认为："明自永、宣以下，尚台阁体；化、治以下，尚伪秦、汉；天下无真文章者百数十年。震川归氏起于吾郡，以妙远不测之旨，发其淡宕不收之音，扫台阁之肤庸，斥伪体之恶浊，而于唐宋七大家及浙东道学体，又不相沿袭，盖文之超绝者也。"（王鸣盛《钝翁类稿》）

归有光虽为唐宋派代表人物之一，但他的主张与唐宋派其他代表人物有很大不同，其中不同之一，是其他人的信仰更倾向于陆王心学，而归有光多倾向于传统的儒学。他追求的是唐宋古文家"道统"与"文统"的合一，文章较少理学家的气味，能正确理解与继承唐宋文章的优良传统，得其风神脉理，保持了唐宋"文与道俱"的传统。唐宋八大家中，曾巩的散文成就比较起来落于后，归有光之所以崇拜曾巩，是因为在唐宋八大家中，曾巩的传统儒学气息最浓。曾巩有《上欧阳学士第一书》，其中写道："夫道之难全也，周公之政不可见，仲尼生于干戈之间，无时无位，存帝王之法于天下，俾学者有所依归。"足见曾巩对孔子学说的崇拜与信仰。郭绍虞指出：

牧斋文中再记一则故事,谓"传闻熙甫上公车,赁骡车以行,熙甫俨然中坐,后生弟子执书夹侍。嘉定徐宗伯年最少,従容问李空同文云何,因取集中《于肃愍庙碑》以进。熙甫读毕挥之曰:'文理那得通'。偶拈一帙,得曾子固《书魏郑公传后》,挟册朗诵至五十余过。听者皆欠申欲卧,熙甫沈吟讽詠,犹有余味"云云,可知归氏之学亦宗南丰。①

归有光曾八次参加会试,均未中,徙居嘉定读书讲学,学生数百。时七子很有影响,学生徐宗伯以李梦阳著作请教归有光,归有光独拿出曾巩文章来与李梦阳的文章比优劣,可见曾巩文章在归有光心目中的位置。

细读归有光散文,有司马迁、欧阳修、曾巩的文风,与唐宋派其他人比,他的文章独特之处在于把日常生活琐事的描写引到"载道"的古文中来。对家人亲,朋友谊,世情变故,人生感悟等,都以清新淡雅的"家常语"娓娓道来。感情真挚细腻,悱恻动人,风韵悠远。使古文与现实生活联系得更为紧密,开韩、柳、欧、苏未辟之境,抒韩、柳、欧、苏未达之情,在题材和风格上独树一帜,为散文的发展开辟了一片新的境界。如其《先妣事略》《寒花葬志》《女如兰圹志》《思子亭记》等,常以寥寥数笔,有如绘画中的速写,或描写生活中的几个平凡细节,或描绘几个日常景物特征,或刻画几个普通人的音容笑貌,都给人留下深刻而不平凡的印象。文章能烘托出感人的抒情氛围,倾诉出作者深厚的感情,生动地刻画出人物的性格特征。

在众多的作品中,《项脊轩志》最为人称道,这是一篇貌似琐屑,实风神悠远,充满生活气息的佳作。文章借一读书小阁,睹物思人,勾起对往昔与小阁相关的几件"可喜""可悲"的家庭琐事的回忆,寄托对祖母、母亲、妻子的深沉而无尽的思念,感慨岁月蹉跎人世变迁,透露着一股淳朴、浓厚、真挚的亲情意韵,极富人情意味:

项脊轩,旧南阁子也。室仅方丈,可容一人居。百年老屋,尘泥渗漉,雨泽下注,每移案,顾视无可置者。又北向,不能得日,日过午已昏。余稍为修葺,使不上漏;前辟四窗,垣墙周庭,以当南日,日影反照,室始洞然。又杂植兰桂竹木于庭,旧时栏楯,亦遂增胜。借书满架,偃仰啸歌,冥然兀坐,万籁有声。而庭阶寂寂,小鸟时来

---

① 郭绍虞:《中国文学批评史》,中华书局1961年版,第314页。

啄食，人至不去。三五之夜，明月半墙，桂影斑驳，风移影动，珊珊可爱。然余居于此，多可喜，亦多可悲。

先是庭中通南北为一；迨诸父异爨，内外多置小门墙，往往而是。东犬西吠，客逾庖而宴，鸡栖于厅。庭中始为篱，已为墙，凡再变矣。家有老妪，曾居于此。妪，先大母婢也，乳二世，先妣抚之甚厚。室西连于中闺，先妣尝一至。妪每谓予曰："某所，而母立于兹。"妪又曰："汝姊在吾怀，呱呱而泣；娘以指叩门扉曰：'儿寒乎？欲食乎？'吾从板外相为应答。"语未毕，余泣，妪亦泣。

余自束发读书轩中。一日，大母过余曰："吾儿，久不见若影，何竟日默默在此，大类女郎也？"比去，以手阖门，自语曰："吾家读书久不效，儿之成，则可待乎！"顷之，持一象笏至，曰："此吾祖太常公宣德间执此以朝，他日汝当用之！"瞻顾遗迹，如在昨日，令人长号不自禁。

轩东故尝为厨。人往，从轩前过。余扃牖而居，久之，能以足音辨人。

轩凡四遭火，得不焚，殆有神护者。

项脊生曰："蜀清守丹穴，利甲天下，其后秦皇帝筑女怀清台。刘玄德与曹操争天下，诸葛孔明起陇中，方二人之昧昧于一隅也，世何足以知之？余区区处败屋中，方扬眉瞬目，谓有奇景；人知之者，其谓与坎井之蛙何异？"

余既为此志，后五年，吾妻来归。时至轩中，从余问古事，或凭几学书，吾妻归宁，述诸小妹语曰："闻姊家有阁子，且何谓阁子也？"

其后六年，吾妻死，室坏不修。其后二年，余久卧病无聊，乃使人复葺南阁子，其制稍异于前。然自后余多在外，不常居。

庭有枇杷树，吾妻死之年所手植也，今已亭亭如盖矣。

归有光命运多舛，早年丧母，两次丧妻，一生的悲伤哀戚，不幸的人生变故，全凝于这篇《项脊轩志》中。文章以项脊轩为线索，通过项脊轩及其周围庭院的变化，以不经意的往昔回忆，以简洁舒淡的语言概括家族的变化。让人不胜喟叹：事过境迁，物是人非。写祖母与母亲的话语，是极普通的家庭妇女的大白话，然而就是这些大白话才真切细腻地传达了不同母性的内心世界，表达了对作者关切、期望的深挚感情，也见出作者对已故亲人的眷念之情，情致妙肖，感人肺腑，使人闻其声如见其人。黄宗羲曾说："余读震川文之妇女者，一往情深，每以一二细事见之，使人欲涕。盖古今来，事无巨细，唯此可歌可泣之精神，长留天壤。"（《张节母叶孺人墓志铭》）归有光的散文纯以情胜，通俗畅达的语言更有助于深挚细微感情的表达，故其文不刻意求工而自工，"无意于感人，而欢愉惨恻之思，溢于言语之外。"（王锡爵《归公墓志铭》）《四库全书总目·卷172·别集类》说："自明季以来，学者知由韩、柳、欧、苏沿回以溯秦汉者，有光实有力焉，不但以制艺雄一代也。"归有光是明代中期最优秀的散文家，他的注重感情的散文，直接启示了明后期的公安派。在唐宋派中，是他真正继承了唐宋散文的优良传统，并使被七子割断了的优秀文学传统得以延续到清，所以受到后来清代桐城派的一致推崇。

归有光虽以描写身边琐事为其散文的特色，但也不是不关心社会，也写了一些干预社会重大政治问题的文章。归有光生活的嘉靖、隆庆年间，专权的宦官刘瑾虽已被诛，但上层统治仍十分昏庸，接着便是严嵩父子操纵国事，结党营私，排斥残害忠良，民不聊生，边防废弛，更助长东南沿海倭寇猖獗，社会危机重重。他在《备倭事略》《昆山县倭寇始末书》等文中，叙述了昆山一带百姓遭受倭寇侵扰的惨状。在《书张贞女死事》《张贞女狱事》中，揭露了恶霸横行霸道、官吏贪污腐败。在《送恤刑会审狱囚文册揭帖》《九县告示》《乞休申文》等文中，为民请命，对人民的苦难表示同情。但这些有重大社会意义的作品毕竟不多，较多的是应酬之作，题材比较狭窄，缺乏深刻的社会内容，思想比较陈腐。文章短小简洁是其长，而又过于拘谨局促是其短。

在唐宋派稍后的明嘉靖、隆庆中，兴起一文学流派，先由谢榛、李先芳、李攀龙、吴维岳等结社，后王世贞、宗臣、梁有誉、徐中行和吴国伦先后加入，李先芳、吴维岳退出后，余者组成"七子"。初以谢榛为社长，后李攀龙名声益盛，谢榛被李攀龙排挤出社，李与王世贞成为该派的首领。王世贞在李攀龙去世后又主持文坛二十年。《明史·李梦阳传》中说："迨嘉靖朝，李攀龙、王世贞出，复奉以为宗。天下推李、何、王、李为四大家，无不争效其体。"认为"西京之文实，东京之文弱，犹未离实也。六朝之文浮，离实矣，唐之文庸，犹未离浮也。宋之文陋，离浮矣，愈下矣。元无文。"（王世贞《艺苑卮言》）否定汉后文章，倡复古，重模拟，主格调，讲法度，工藻饰。他们继承了前七子"文必秦汉"的主张，后人为了与弘治、正德年间的七子相区别，称他们为"后七子"。后七子左右文坛达四十年之久，"后七子"之间的文学主张也不尽相同，并各自先后有所发展和变化，如王世贞到晚年时对复古观念就有所悔悟。加上内部的批评争论，其复古理论的一些错误观点得以纠正。与前七子比，他模拟的对象和范围较宽，包括了一些六朝及唐代韩、柳的佳作，在一些具体创作论述上较为灵活圆通，比前七子少了一些片面性，所以影响力更大，追随者也多。但后七子与前七子只是"五十步"与"百步"的差别，实质上是一致的。

在后七子中，复古观点最顽固的是李攀龙（1514—1570）。李攀龙字于鳞，号沧溟，历城（今山东济南）人，出身寒门，官至河南按察使。《明史·文苑传》称其"才思劲鸷，名最高，独心重世贞，天下并称王、李"，著有《沧冥集》。李攀龙于前七子中尤推崇李梦阳，李梦阳崇尚秦汉鄙薄宋元，主张严守古人成法，李攀龙也亦步亦趋，提出"秦以后无文矣"（《答冯通甫》），"以为记述之文，厄于东京，班氏姑其狡狡者耳。不以规矩不能成方圆，拟议成变，日新富有。今夫《尚书》《庄》《左氏》《檀弓》《考功》、司马，其成言班如也，法则森如也，吾撷其华而裁其衷，琢字成辞，属辞成篇，以求当于古之作者而已。"（王世贞《李于鳞先生传》）他指责唐宋派是"以易晓妄其鄙信，取合流俗，相沿窃誉，不自知其非，及见能为左氏、司马文者，则又猥以不便于时制，徒敝精神。"（《送王元美序》）。唐宋派王慎中可能没想到，最严厉批判他的，正是他任山东提学佥事时识拔的秀才李攀龙。李攀龙持论如此偏狭，必然影响到他的诗文创作。《四库全书总目·卷172·别集类》中评价他："尊北地、排长沙、续前七子之焰者，攀龙实首创也。殷士儋作攀龙墓志称：文自西汉以来，诗自天宝以下，若为其毫素污者，辄不忍为。故所作一字一句，模拟古人。骤然读之，斑驳陆离，如见秦汉间人。高华伟丽，如见开元天宝间人也……杂文更有意佶屈其词，涂饰其字，诚不免如诸家所讥。然攀龙资地本高，记诵亦博。其才力富健，凌轹一时，实有不可磨灭者。"

在七子中影响最大、地位最高的是王世贞。王世贞（1526—1590）字元美，号凤洲，又号弇州山人，江苏太仓人。累官至刑部尚书，著有《弇州山人四部稿》《弇州山人续稿》等。严嵩父子擅权时，谏官杨继盛因弹劾他十大罪状，被陷入狱。王世贞竭力营救杨，杨被害后，世贞又为其料理后事，因而忤犯严嵩，严嵩借故杀了王世贞的父亲王忬，罢了王世贞的官职。严嵩革职后，王世贞官复原职，但他已认清宦海险恶，故少涉政事，把自己的精神寄托于文学中。《四库全书总目·卷172·别集类》中说："其摹秦仿汉，与七子门径相同，而博综典籍，谙习掌故，则后七子不及，前七子亦不及……自李梦阳之说出，而学者剽窃班、马、李、杜；自世贞之集出，学者遂剽窃世贞。"《明史》本传称其"声华意气，笼盖海内，一时士大夫及山人、词客、衲子、羽流，莫不奔走门下，片言褒赏，声价骤起。"

王世贞的主要文学理论都集中在《艺苑卮言》中，《艺苑卮言》是他中年的著述，晚年又作了修订，对以往的崇古拟古，有所悔悟，觉察到复古的一些流弊，意识到"代不能废人，人不能废篇，篇不能废句"。他说："世人选体，往往谈西京、建安，便陶、谢，此似晓不晓者。毋论彼时诸公，即齐、梁纤调，李、杜变风，亦自可采。"又主张"取六经、《周礼》《孟子》《老》《庄》《列》《荀》《国语》《左传》《战国策》《韩非子》《离骚》《吕氏春秋》《淮南子》《史记》、班氏《汉书》，西京以还至六朝及韩、柳，便须铨择佳者，熟读涵咏之，令其渐渍汪洋。遇有操觚，一师心匠。气从意畅，神与境合，分途策驭，默受指挥，台阁山林，绝迹大漠，岂不快哉！"不仅把崇古的范围扩大，突破了"文必秦汉"的藩篱。而且主张学古从领会古人的立意构思入手，不必去字字而琢之，句句而拟之。他还说："书画可临可摹，文至临摹则丑矣。""剽窃、模拟，诗之大病。"他吸收了何景明领会神情不仿形迹与谢榛夺神气的说法，大胆地纠正了复古中的一些弊病。甚至对激烈批评自己的归有光，反而评价他不事雕饰而自有风味。王世贞勇于否定自己的前说，虚心改过的精神令人敬佩。

后七子与明前期文坛领袖不同，他们多数不是统治阶级上层人物，并往往和当时执掌权柄的宦官和豪门有过矛盾，在政治上受过迫害，在他们的散文作品中，对现实的黑暗有所揭露。如宗臣（1525—1560），仗义耿直，不畏权贵，严嵩害死杨继盛后，宗臣不怕牵连作文祭悼杨，被贬官也无怨无悔。著有《宗子相集》，其中的《西门记》描写抵御倭寇的斗争，简洁生动，由于是抒写自己率众击退倭寇的真情实感，率直奔放，绝少模拟痕迹。其《报刘一丈书》，更是传世佳作，通过描写无耻文人奔走权门的丑态，展示了所谓上流社会的种种丑恶嘴脸：

且今世之所谓孚者何哉？日夕策马，候权者之门。门者故不入，则甘言媚词作妇人状，袖金以私之。即门者持刺入，而主者又不即出见，立厩中仆马之间，恶气袭衣袖，即饥寒毒热不可忍，不去也。抵暮，则前所受赠金者出，报客曰："相公倦，谢客矣，客请明日来。"即明日，又不敢不来。夜披衣坐，闻鸡鸣即起盥栉，走马抵门。门者怒曰："为谁？"则曰："昨日之客来。"则又怒曰："何客之勤也？岂有相公此时出见客乎？"客心耻之，强忍而与言曰："亡奈何矣，姑容我入。"门者又得所赠金，则起而入之。又立向所立厩中。幸主者出，南面召见，则惊走匍匐阶下。主者曰："进！"则再拜，故迟不起，起则上所上寿金。主者故不受，则固请。主者故固不受，则又固请。然后命吏纳之。则又再拜，又故迟不起。起则五六揖始出。出揖门者曰："官人幸顾我，他日来，幸无阻我也！"门者答揖。大喜奔出。马上遇所交识，即扬鞭语曰："适自相公家来，相公厚我，厚我。"且虚言状。即所交识，亦心畏相公厚之矣。相公又稍稍语人曰："某也贤，某也贤。"闻者亦心计交赞之。

作者运用漫画式的手法，描写干进者奴颜婢膝巴结谄媚，权贵者受贿成习还装腔作势，守门者狗仗人势强行勒索，闻听者忌妒羡慕趋炎附势，把他们的丑态刻画得淋漓尽致，简直就是一幅官场群丑图。

后七子推崇秦汉诸大家作品，沾润秦汉文的现实主义，反对台阁体和八股文粉饰太平的文风，声势浩大，有广泛的影响力。后七子中复古思想有的偏狭，有的通达，故模拟程度有所不同。有的还不拘古人成法，写出一些反映现实的优秀作品。后七子之后，又出现了后五子、广五子、续五子等继承其理论的派别，但模拟剽窃之弊随着发展而愈加暴露。唐宋派与之做过斗争，但唐宋派也未能从根本上摆脱前人的束缚，因而不能从根本上与七子抗衡。后七子在后期，在公安、竟陵派的攻击下，再加上徐渭、汤显祖等人的反对，已不能雄霸文坛，但复古主义仍为许多人所接受。说明复古主义仍具有一定的积极意义，才具有这样的号召力。

（三）反拟古、抒性灵的明后期散文

明至中期，社会经济已有很大提高。万历初期，由于宦官擅权，地主豪强兼并土地日益加剧，农民的赋税和徭役负担沉重，社会生产力受到严重的破坏，社会政治经济状况已由盛转衰。张居正为相，采取多种富国强兵的改良措施，如下令丈量全国耕地，清查豪强地主隐瞒的土地，实行一条鞭法，整顿赋役制度等。社会矛盾及中央财政危机得到一定的缓解，农业得到相应的恢复发展，商品经济也得到一定的提升，社会分工进一步发展。当时，商业资本非常活跃，东南地区的手工业部门，特别是纺织业，出现了大规模的雇佣关系，中国传统的封建社会的生产关系发生了一种前所未有的变化。随着城镇工商业的逐渐兴起，市民阶层也相应扩大。明代后期，市民阶层作为一种新的不可忽视的社会力量登上了历史舞台，文学创作相应地也出现了新情况，表现民主思想、追求个性自由、反对封建礼

教的作品开始大量出现。这些作品语言通俗浅近，贴近社会现实生活，也贴近群众思想和感情，这在戏曲、小说等通俗文学中表现得尤为突出，在散文创作中也有反映，强调抒写个性、抒发性灵成为散文创作的主要潮流，产生了一批以此为创作宗旨的作家和流派。他们反对复古模拟，在古人后面亦步亦趋，也不讲究文以载道，只求尊重创作主体，突破传统观念，既想挣脱传统的"道统"又想挣脱传统"文统"的束缚，自由地抒发创作主体的真性灵、真感情。这种追求个性解放，以表现作者主观世界为主的文学，一定程度上表达了大众文学尤其是市民文学的新观点，显示了封建社会后期文学发展的必然走向。

在这批作家和流派中，首先有徐渭、李贽等人，不受传统羁绊，反对复古模拟倾向，尤其是李贽提出著名的童心说，为以后的公安、竟陵派开了先河。公安三袁在童心说的基础上提出独抒性灵，不拘格套，任性而发的主张，以钟惺和谭元春为代表的竟陵派提倡孤峭奇崛的风格，来表现幽深而孤独的情绪。虽然他们的理论和实践存在着这样或那样的偏狭，但他们都把文学看成作者独特性情的表现，对于纠正复古模拟之风起了巨大的作用。

张居正的改革触动了官僚和豪强地主的既得利益，万历十年，张居正病死，权贵利益集团随即废除各项改革措施，于是土地兼并再趋激烈，贫富对立更加尖锐，贪污风行，吏治腐败，社会危机更加严重。从万历四十六年（1618）起，明朝廷更以辽东用兵为由，加重征税，逼得广大农民纷纷卖田鬻子，社会生产力受到严重的破坏，加上旱涝蝗灾、瘟疫流行，至万历末年，出现饿殍遍野的惨景，不仅广大农村的破产农民，就连城市一般的手工业者，与封建统治者的矛盾也达到白热化的程度，社会到了濒临崩溃的绝境。天启、崇祯时，社会已病入膏肓。农民、市民的不断反抗斗争，又加剧了统治集团内部的重重矛盾。朝廷内外党派林立，互相倾轧，尤其是东林党同擅权宦官魏忠贤及其党羽的激烈斗争，一直持续到明亡。民变兵变频仍，关外满族政权不断侵扰，明王朝政权已朝不保夕，崇祯十七年（1644），明王朝终于在李自成起义军攻占北京后宣告灭亡。农民起义推翻了明朝政权，同时也为满清入主中原创造了乘虚而入的条件。阶级矛盾与民族矛盾纠合在一起，社会变动异常激烈，内忧外患、社会动荡，影响到作家的生存状态及其创作。

他们或直接参加了挽救国家危亡的政治斗争，如以张溥、张采为代表的复社，以陈子龙、夏允彝为代表的几社，他们不论与阉党斗争，还是参与抗清复明的斗争，在斗争中产生的作品，大多以爱国主义为主题，以重大的政治斗争为题材，慷慨悲壮，文风为之一变。如夏完淳在狱中所作的

《土室余论》《狱中上母书》，都是血泪凝成的文字，字字闪耀着爱国主义的光辉。这些爱国者高扬儒家思想，忧国忧民，强调文学的经世致用，自觉以诗文创作来干预时事，文学上又一次兴起复古思潮。但他们的复古与七子的复古不同，他们是以古朴凝练的文字描写社会现实，反映的是当前重大的政治斗争题材。

他们或不甘做亡国奴，自尽殉国；或不愿与新朝合作，退隐山林，保持民族的气节。如张岱、王思任、刘侗等人。他们有时迫于政治压力而避开重大的政治斗争题材，主要创作世俗人情、山水园林为题材的小品文，但在流连山水、追忆往昔世俗人情中，寄寓了对故国的哀思。他们的作品，既吸收了公安、竟陵的优长，又避免了公安、竟陵的弊端，形成了晚明小品文的繁盛。

明代后期散文特点的形成，也与新的社会意识的影响有关。而新的社会意识的形成，归根结底，又与明代后期新的资本主义因素的发展有关。当然，这种社会意识的形成也有其思想的历史渊源，主要是指明中期王守仁的哲学思想。活跃于正德、嘉靖年间的王守仁，继承并发展了陆九渊的心学，提出"致良知"的学说，目的在于反对程朱理学教条，具有反传统的性质，在明代中期很有影响。在当时就以他为核心形成一个很大的学派——"王学"，后来还分化出不同的流派，其中对明后期影响较大的是王学左派，即泰州学派。泰州学派是由王守仁弟子王艮创立的，其理论基础来自王守仁的心学，认为"心"为天地万物之本，但它的理论多了禅宗佛教色彩，因此对传统思想具有更大的对抗作用。它反对笃信谨守封建礼教，主张"尊身立本"，强调保持独立的人格和思想，认为人的吃、喝、拉、撒、睡是自然合理要求，圣人之道无异于百姓日用，肯定人的情欲的合理性，肯定了下层人民追求幸福生活的权利，把人欲与天理统一起来，反对程朱理学家的禁欲主义和虚伪的礼法。而王学左派的另一代表人物李贽，更是公开高举"异端"的旗帜，发展了王守仁心学中的反道学反封建礼教的积极因素，肯定人的价值，提倡思想解放，反对所谓天理对人的束缚。在文学上一反传统观点，倡导通俗文学与自由创作的风气，彻底批判和否定了复古思潮。王学左派的理论，是市民阶级要求个性解放的反映，表达了时代的呼声，为明朝后期及清代具有资本主义萌芽性质的启蒙思想的产生与发展提供了思想武器。

明代后期的散文就是在这样的社会环境与意识形态下发生与发展着，由于它具有了不同于明代前、中期的社会背景与思想意识，才能以崭新的战斗姿态彻底改变了复古、拟古统治文坛的局面，才能使自己的散文创作代表了明代散文的最高成就。

明代后期反对封建礼法、主张文学要有独创性的先驱者，应首推徐渭。徐渭（1521—1593）山阴（今浙江绍兴）人，初字文清，后改字文长，号天池山人，别署田水月、青藤居士等。他是一个罕见的多才多艺的文人，在诗文、戏剧、书画各方面都能独树一帜，著有《徐文长集》《逸稿》，杂剧有《四声猿》《歌代啸》，戏曲论著有《南词叙录》。徐渭一生潦倒，性格豪放不羁，重节义，傲权贵。在艺术上不依傍他人，喜好独创，具有豪迈而放逸的风格。他反对七子的复古理论，曾说："不出于己之所自得，而徒窃于人之所尝言，曰：某篇是某体，某篇则否；某句似某人，某句则否；此虽极工逼肖，而已不免于鸟之为人言矣。"（《叶子肃诗序》）把复古模拟比喻为鸟学人言，是何等的尖锐辛辣！

稍后的李贽（1527—1602），是王学左派在明后期突出的代表人物，明代杰出的进步思想家，封建社会中反传统的勇士。李贽字卓吾，又字宏甫，号温陵居士，又号龙湖叟，晋江（今属福建）人，一生著述颇丰，主要撰有《焚书》《续焚书》《藏书》《续藏书》等。李贽的思想多经变化，总的特点是：信奉王阳明的心学，吸收了佛教的"生知"说，顺应明代后期社会发展潮流，提出了一系列反传统的新观念。他在《阳明先生年谱后语》里介绍自己思想变化说："余自幼倔强难化，不信道，不信仙释。故见道人则恶，见僧则恶，见道学先生则尤恶……不幸年甫四十，为友人李逢阳、徐用检所诱，告我龙溪先生语，示我阳明王先生书，乃知得道真人不死，实与真佛真仙同，虽倔强，不得不信之矣。"

李贽主张宇宙的本原是阴阳二气，反对程朱理学以理为宇宙本原的观点，又认为世上一切真理就存在于老百姓的日常生活当中，"穿衣吃饭，即人伦物理"。（《答邓石阳》）真理又存在于每个人的"真心"中，"真心"就是人人所本具备的童心、初心、本心，所以"人人有生知"，"人皆可以为圣"。（《答耿司寇》）李贽的思想整体上是主观唯心主义，认识论是建立在主观唯心主义之上的先验论，但也含有朴素唯物主义的因素，其进步意义就在于他的思想具有反传统与解放思想的作用。李贽主张破除对儒家圣人孔孟的盲目崇拜，破除对儒家圣典"六经"及《论语》《孟子》的盲目迷信，反对以儒家的是非标准来定是非。具体就是反对拟古派崇拜的程朱理学和一切伪道学，敢于怀疑封建社会长期以来束缚人们头脑的名教礼数，主张个性解放，提倡人人平等，人人都有表达自己真实思想的自由。

李贽的思想对于封建社会来说，具有极大的叛逆性，因而被统治者视为敢倡乱道,惑世诬民的"异端"。《四库全书总目·卷178·别集类》中说:"贽非圣无法,敢为异论。虽以妖言逮治,惧而自到,而焦竑等盛相推重,颇荧众听,遂使乡塾陋儒,翕然尊信,至今为人心风俗之害。故其人可诛,其书可毁,而仍存其目,以明正其为名教之罪人,诬民之邪说。"从封建统治者对李贽的恐惧、诋毁,对其著述的禁毁,以及民间下层对其学说的接受与崇信,说明了李贽思想的进步性,它是新的生产关系的反映,代表了新兴的市民的要求与观点。

李贽是杰出的思想家、史学评论家,不以文学名世,但他的散文与文学理论所具有的鲜明的反传统性质,对后世文学创作影响巨大。其文学理论集中体现为他所倡导的"童心说"。他在《童心说》中解释说:"夫童心者,真心也,若以童心为不可,是以真心为不可也。夫童心者,绝假纯真,最初一念之本心也。"他认为有价值的文学作品,在于其讲真话,判断作品好坏,在于真实与否,而不在于合不合儒道。他又说:"吾因是而有感于童心者之自文也,更说什么'六经',更说什么《语》《孟》乎?"在李贽的眼中,真实的是"童心者之自文",而不是什么所谓"道冠古今""万世至论"的孔孟学说,他贬低"六经"、《语》《孟》,以为不能将其作为真理的教条而奉行,真是惊世骇俗的反潮流之举。李贽又认为评价文章也不能以先后论优劣,不能贵古贱今,愈古愈好,他说:"诗何必古选?文何必先秦?降而为六朝,变而为近体,又变而为传奇,变而为院本,为杂剧,为《西厢曲》,为《水浒传》,为今之举子业,皆古今至文,不可得而时势先后论也。"这就从根本上对拟古派进行了批判,也把那些反映真情实感的俗文学提高到"古今至文"的高度,突破了封建士大夫向以俗文学为非正统的传统偏见。

以"童心说"为基础,他发展了司马迁的"发愤著书"和韩愈的"不平则鸣"的学说,在《杂说》一文中说:

且夫世之真能文者,比其初皆非有意于为文也。其胸中有如许无状可怪之事,其喉间有如许欲吐而不敢吐之物,其口头又时时有许多欲语而莫可所以告语之处,蓄极积久,势不能遏。一旦见景生情,触目兴叹,夺他人之酒杯,浇自己之垒块,诉心中之不平,感数奇于千载。既已喷玉唾珠,昭回云汉,为章于天矣。遂亦自负,发狂大叫,流涕恸哭,不能自止。宁使见者闻者切齿咬牙,欲杀欲割,而终不忍藏于名山,投之水火。

天下至文发至真心，尤其是发自心中难以遏制的不平，"诉心中之不平"，即使因此而遭杀身之祸，也在所不辞，能诉心中之不平者才算得上"世之真能文者"。李贽就是这样的"能文者"，他的文章见解深刻而大胆，个性鲜明，不假雕饰，不受传统形式束缚，直抒胸臆，文字泼辣，批驳痛快淋漓，具有强烈的批判性与战斗性。如《答耿司寇》一文，指出耿定向虽满口仁义道德，实质上"读书而求高第，居官而求尊显"，"无一厘为人谋者"，反不如市井小民耕田农夫有啥说啥，心口如一，一针见血地揭露了道貌岸然的伪君子的本质。文笔犀利直率，毫不留情，句句中的。虽然是写给耿定向的书札，实际是向全社会伪道学宣战的檄文。在《答焦漪园》一文中，李贽索性大胆承认自己就是"异端"："今世俗子与一切假道学共以异端目我，我谓不如遂为异端，免彼等以虚名加我。"竟敢以反对孔孟传统儒学的"异端"而自居，真是无所忌惮，敢道人所不敢道。其著名的《题孔子像于芝佛院》，也是"冒天下之大不韪"的作品：

  人皆以孔子为大圣，吾亦以为大圣；皆以老、佛为异端，吾亦以为异端。人人非真知大圣与异端也，以所闻于父师之教者熟也；父师非真知大圣与异端也，以所闻于儒先之教者熟也；儒先亦非真知大圣与异端也，以孔子有是言也。其曰"圣则吾不能"，是居谦也。其曰："攻乎异端"，是必为老与佛也。

  儒先臆度而言之，父师沿袭而诵之，小子朦聋而听之。万口一词，不可破也；千年一律，不自知也。不曰"徒诵其言"，而曰"已知其人"；不曰"强不知以为知"，而曰"知之为知之"。至今日，虽有目，无所用矣！

  余何人也，敢谓有目？亦从众耳。既从众而圣之，亦从众而事之，是故吾从众事孔子于芝佛之院。

此文不足三百字，却以戏谑嘲讽的笔调，简明扼要地坦露了自己的信仰。文章于庄严中寓诙谐，把造成人们"皆以孔子为大圣"的原因层层剥去，原来是代代陈陈相因，盲目崇拜而已。在他的心目中，孔子也是个凡人，是千百年来盲从者捧起来的神，既然人人都可成为圣人，又何必一定独尊孔子为圣呢？"耕稼陶渔之人即无不可取，则千圣万贤之善，独不可取乎？又何必专门学孔子而后为正脉也"（《答耿司寇》），这样，一下子就把人们崇拜的偶像从神圣的高台上拽下来，批判了对孔子及儒学盲目崇拜的风气，显示了李贽"离经叛道"、敢于反传统的大无畏精神与勇气。文章最后一段故作反语,以违心话来深致讽刺,说明我视孔子为圣,那是迫于社会传统的压力,而内心明知这只是无可奈何的盲从。李贽用曲折隐晦、冷嘲热讽的手法来否认孔子及儒家的正统地位,这种"非圣无法"的举止,明眼人是看得出来的。李贽的反传统自然被统治者视之为毁名教、叛圣道,因此对他进行种种残酷迫害,但他对封建传统势力毫不屈服。最后被诬下狱,自刎以死明志,体现了他坚决反传统的大无畏勇气。

万历年间,受李贽直接影响而兴起了一个新的文学流派,其主要代表人物袁氏三兄弟为湖广公安(今属湖北)人,故世称"公安派"。袁氏三兄弟即袁宗道、袁宏道与袁中道,附和者有江盈科、黄辉、钟起凤、陶望龄、雷思霈等。"三袁"都敬佩李贽的理论主张,把李贽视为崇敬的前辈,万历十八与二十一年,"三袁"两次到麻湖龙城聆听李贽的教诲。袁宏道还在李贽处逗留三个月,李贽为其《金屑》作了序,袁中道在《妙高山法寺碑》中记载了袁宏道晤见李贽后的感受与思想、文风的变化:"先生既见龙湖,始知一向掇拾陈言,株守俗见,死于古人语下,一段精光,不得披露;至是浩浩焉,如鸿毛之遇顺风,巨鱼之纵大壑,能为心师,不师于心,能转古人,不为古转,发为语言,一一从胸襟流出,盖天盖地,如象截急流,雷开蛰户,浸浸乎其未有涯也。"从此公安派就成了李贽思想与事业的继承者,并且在文学方面,做出了自己创新的贡献。他们如李贽一样反对程朱理学,反对复古、拟古,并主张独抒性灵、不拘格套,以清新活泼的文字而一扫剽窃模拟的风气,解放了文体,开拓了散文的领域,最终彻底扭转了复古拟古派在文坛上的主导局面。

"三袁"的老大袁宗道(1560—1600)字伯修,号玉蟠,又号石浦。万历十四年(1586)会试第一,官至右庶子,但功名观念淡薄,立志以文章名世。在"文必秦汉,诗必盛唐"的拟古风气盛行的情况下,他推崇白居易文章的通俗、接近口语,推崇苏轼文章的自然畅达,给自己的书斋起名为"白苏斋",与七子拟古时风相对抗。袁宗道不仅是公安派的最早发起人,也是公安派文学理论的奠基者,他的文学理论纲领主要体现在他的《论文》篇中。首先,他继承了李贽的"童心说",认为真情实感是文章的根本,七子拟古之文恰丧失了这个根本。如果"心中本无可喜事而欲强笑,亦无可哀事而欲强哭,其势不得不假借模拟耳"。他猛烈抨击七子专在形式上模秦仿汉,反对文坛风行的"剽窃成风,众口一响"的现象,强调文章要有"性灵",因为"性灵"就是作家个性和真情的发露,只有性灵才能形成文章的趣和韵。其次,他认为文章只是语言表达的一种形式,语言的目的是达意，所以"辞达"才是文章好坏的标准。他说："口舌代心者也，文章又代口舌者也。展转隔礙，虽写得畅显，已恐不如口舌矣，况能如心之所存乎？故孔子论文曰：'辞达而已'，达不达，文不文之辨也。"据此，他十分推崇口语化的通俗文学，反对模拟佶屈聱牙的秦汉古语，主张使用出自于自己内心又出自于自己口中的现时语，使文、言相统一。

三袁中袁宗道与袁宏道皆英年早逝，然而三袁为公安派组成了一个有序的梯队，袁宗道为该派的发起者，袁宏道是该派的中坚，袁中道乃属推波助澜者。清人朱彝尊在《静志居诗话》卷16中说："自袁伯修出，服习香山，眉山之结撰，首以白苏名斋，即导其源，中郎、小修继之，益扬其波，由是公安派盛行。"

袁宗道著有《白苏斋集》《世说》等，他的文章率直自然，多是有感而发，不事模拟，无人云亦云之作。游记代表作有《戒坛山一》《上方山一》《小西天一》《极乐寺游》等，简牍文有《答同社二》《寄三弟之二》《答江长洲绿萝》等，论说文有《读大学》《读论语》等，都真切感人、浅显通达。但由于他在现实生活中采取消极避世的态度，所以文章描写的多是身边琐事或自然景物，抒发的多是士大夫的闲情逸致。又由于他在三袁中，研习佛教诸典较早，又以禅宗思想研究儒学，所以文章又多说理谈禅。总之，他的文章题材比较狭窄，内容比较贫乏，缺乏深厚、重大的社会意义。加上追求率真，常随口而出，不复检点，已露公安派鄙俚弊病的端倪。不过在"一扫王、李云雾"的过程中（《公安县志·袁中郎传》），袁宗道确有开路先锋之功绩。

"三袁"中，无论文学理论或创作实践，最有影响的是袁宏道。袁宏道（1568—1610）号石公，做过吴县令，官至吏部稽勋郎中。他对功名也非常淡漠，为官任职期是很短的，一生志于扭转拟古剽窃的陋习。著有《敝箧集》《锦帆集》《解脱集》《广陵集》《瓶花斋集》《潇碧堂集》《破砚斋集》《华嵩游草》等。今人整理有《袁宏道集笺校》。袁中道在《中郎先生全集序》中说："自宋以来，诗文芜烂，鄙俚杂沓。本朝诸君子，出而矫之，文准秦汉，诗则盛唐，人始知有古法。及其后也，剽窃雷同，如赝鼎伪瓠，徒取形似，无关神骨。先生出而振之，甫乃以意役法，不以法役意，一洗应酬格套之习，而诗文之精光始出。"清人钱谦益在《列朝诗集小传·丁集中·袁稽勋宏道》中也说："中郎之论出，王、李之云雾一扫，天下之文人才士始知疏瀹心灵，搜剔慧性，以荡涤摹拟涂泽之病，其功伟矣。"袁宏道的文学理论，核心就是"独抒性灵"，他认为有出息的作家"大都独抒性灵，不拘格套，非从自己胸臆流出，不肯下笔。有时情与境会，顷刻千言，如水东注，令人夺魄。其间有佳处，亦有疵处，佳处自不必言，即疵处亦多本色独造语。"(《叙小修诗》）所谓性灵，即性情、性格，"独抒性灵，不拘格套"，就是要求文学作品以抒发作者的性情为主，提倡独创，反对模拟，不受成法所限，充分地展示自己真实的性情。反对拟古派在文学表现上所设定的清规戒律，拾古人牙慧。这种主张是李贽"童心说"的一种继承与发展，是适应明后期资本主义因素发展而高扬作家个性意识的一种体现，具有反程朱理学、反传统礼教的意义，是批判、纠正拟古派流弊的强有力的思想武器。袁中道在《阮集之诗序》中曾说："学之者浸成格套，以浮响虚声相高，凡胸中所欲言者，皆郁而不能言，而诗道病矣。先兄中郎矫之，其志以发抒性灵为主，始大畅其意所欲言，极其韵致，穷其变化，谢华启秀，耳目为之一新。"

袁宏道的"性灵"说，还包括知变、创新，反对拟古、抄袭，追求"通俗""真趣"美学特征等内容。他认为文学随着时代的变化而变化，后人必须在前人的基础上有所变革、创新，而厚古薄今或复古拟古，恰不懂得这一起码的文学发展规律，他一针见血地指出复古派的根本错误"不在模拟，而在无识"（《论文》）。还说："夫古有古之时，今有今之时，袭古人语言之迹，而冒以为古，是处严冬而袭夏之葛者也。"（《雪涛阁集序》）"世道既变，文亦因之。今之不必模古者也，亦势也。"（《与江进之》）在《叙小修诗》中又说：

> 盖诗文至近代而卑极矣，文则必欲准于秦汉，诗则必欲准于盛唐，剿袭模拟，影响步趋，见人有一语不相肖者，则共指以为野狐外道。曾不知文准秦汉矣，秦汉人曷尝字字学"六经"欤！诗准盛唐矣，盛唐人曷尝字字学汉魏欤！秦汉而学"六经"，岂复有秦汉之文？盛唐而学汉魏，岂复有盛唐之诗？唯夫代有升降，而法不相沿，各极其变，各穷其趣，所以可贵，原不可以优劣论也。

因此他把字字模拟古人的作法，比喻成"粪里嚼渣，顺口接屁"，"一个八寸三分帽子，人人戴得"（《与张幼于》），要求为文有不依傍任何古人的独创精神。和"独抒性灵"相联系，袁宏道提倡语言形式也应从拟古派的陈规束缚下解脱出来，认为"文章新奇，无定格式，只要发人所不能发，句法字法调法，一一从自己胸中流出。"（《答李元善》）要信口而言，自然流畅，清新洁净，不事雕琢，不用什么典故，更无须繁文缛节，为使文笔平易俚俗，甚至采取大量俗语，他曾说："宁今宁俗，不肯拾人一字。"(《又与冯琢庵师》)他与李贽一样推崇俗文学,对《水浒传》评价很高,其中就包括对《水浒传》通俗易懂的语言的赞誉。袁宏道语言求"通俗",是对白居易平易如话的"白体"传统的继承,又是对拟古派食古不化、佶屈聱牙恶习的反拨。

袁宏道的"性灵"说还注重追求"真趣","真趣"多指自然天真与自然趣味,是袁宏道艺术境界的一种追求。所谓"真",就是眼之所见,心之所想,笔下自然流露,写眼中真境,抒心中真情。他说:"夫性灵窍于心,寓于境。境所偶触,心能摄之;心所欲吐,腕能运之。心能摄境,即蝼蚁蜂虿皆足寄兴,不必《雎鸠》《驺虞》矣;腕能运心,即谐词谑语皆是观感,不必法言庄什矣。以心摄境,以腕运心,则性灵无不毕达,是之谓真诗。"(《敝箧集叙》)所谓"趣",大致指自然存在的天真纯洁的境界及作者淳朴无邪的"赤子之心"的精神状态。他在《叙陈正甫会心集》中解释说:

> 世人所难得者唯趣,趣如山上之色,水中之味,女中之态,虽善说者不能下一语,唯会心者知之……夫趣得之自然者深,得之学问者浅。当其为童子也,不知有趣,然无往而非趣也。面无端容,目无定睛,口喃喃而欲语,足跳跃而不定,人生之至乐,其无逾于此时者。孟子所谓不失赤子,老子所谓能婴儿,盖指此也,趣之正等正觉最上乘也。

"真"与"趣"精神一致,本质相同,互有联系,互为因果,陈云龙在《叙袁中郎先生小品》中指出:"中郎叙《会心集》,大有取于'趣'。小修称中郎诗文亦云'率真'。率真则性灵现,性灵现则趣生。"

袁宏道的散文创作正是他文学主张的体现,他的散文率真、自然地抒写了自己的思想与抱负,即使为他人作的传记,如《徐文长传》《醉叟传》,不仅写人状物惟妙惟肖,栩栩如生,而且包含着作者对人物的感情,常"借他人之酒杯,浇自己心中之垒块"。他最擅长描写的是自然山水,这不仅与他酷爱自然山水有关,也与他常借自然山水有所寄托有关。他写了很多山水游记,如《虎丘记》《初至西湖记》《满井游记》《晚游六桥待月记》等。这些山水游记,大多赋予了山水以鲜明的个性,这种个性不仅蕴含着某种哲理,而且也寄托着作者的感情,显示着作者的个性,笔下的山水有了人的情致,如《云峰寺至天池寺记》:

云峰寺而上,道愈巇,青崖邃谷,匼迭而行。絮而粘屦者曰云;幽咽而风弦者曰涧;独石而梁,一丝百石,下临千仞者,曰锦涧桥;缬红萦碧,蜿蜒而导者,曰九迭屏(一名九旗峰);怒而兀傸,如悍夫之介而相怖者,曰铁船峰。数里一息,芝崖而亭之者五。路嶔削,杖而跻,遇泉则卷叶以酌。过试心石,望竹林寺后户,泉韵木响,皆若梵呗,乃拜。亭尽,梵刹出上霄,诸峰障而立,犹在天半。佛庐甚华整,覆以铁,一溪涨绿,泠然阶下。稍定,乃上文殊台,俯盘鹰见背,千顷一杯。少焉,云缕缕出石下,缭松而过,若茶烟之在枝。已乃为人物鸟兽状,忽然匝地,大地皆澎湃。抚松坐石,上碧落而下白云,是亦幽奇变幻之极也。走告山僧,僧曰:"此恒也,无足道。"

作者善于把握自然山水的特点,以拟人化的描写,赋予了自然山水以灵动的生命,游人一路观赏,如同与知己者晤谈一样与山水松寺进行精神沟通。这里,景与情会,游踪与心迹相合,情、景、意、趣相融,而文笔新颖不落入窠臼。

袁宏道倡导"独抒性灵",追求心灵的自由抒发,冲破一切成规旧套,从根本上改变了拟古主义的陈腐格局。但他缺乏李贽那种大无畏的反传统精神,强调了作家个性的张扬,而忽视了作家的生活实践对作家创作的决定作用;强调了不依傍古人,而忽视了对古代文化遗产的正确地批判继承;强调了本色独造语,而忽视了语言的规范与精练。他追求的"趣",往往偏重描写风景名胜或身边琐事,抒发士大夫文人闲情逸致,视野狭窄,缺乏深刻的社会意义。他追求语言平易俚俗,由于矫枉过正,在清新明畅中也时见率易空疏,袁宏道后来也认识到这一点,他说:"余诗多刻露之病"(《叙曾太史集》),而"近平、近俚、近俳"。(《哭江进之诗序》)至于其后学、末流,则更把这些不足加以扩大,语言更加俚俗率易,作品浅薄空疏,成为新的时弊。

袁中道(1570—1626),字小修,万历四十四年(1616)才中进士,官至南京吏部郎中。著有《珂雪斋集》《游居沛录》(《袁小修日记》)。其文学主张与其二兄基本一致,强调性灵,但文学成就逊于宏道。他非常崇拜进步思想家李贽,思想受李贽影响较深,曾多次去谒见李贽,求教问学。李被朝廷迫害致死后,他冒着风险为李贽作传,对这位"敢倡乱道,惑世诬民"的"狂人"赞许有加。

袁宗道、袁宏道皆四十多岁就逝世了,袁中道活至57岁,所以对公安派末流的流弊有充足的认识,曾沉痛地说:"至于一二学语者流,粗知趋向，又取先生（指袁宏道）偶尔率易之语，效颦学步，其究为俚俗，为纤巧，为莽荡，譬之百花开而荆棘之花亦开，泉水流而粪壤之水亦流。"（《中郎先生全集序》）对公安派俚俗轻率的风气深恶痛绝，因而对二兄的偏颇有所纠正。

首先，袁中道强调文学随时代的变迁而变化，"天下无百年不变之文章，其变也皆若有气行乎其间"（《花雪赋引》），每个时代的文学必然有新变，有变化就不能束缚于过去的清规戒律，不论从内容到形式到语言，都要敢于矫前人之弊，变前人之法，从而超越前人。只要"天下之慧人才士，始知心灵无涯，搜之愈出，相与各呈其奇，而互穷其变，然后人人有一段真面目溢露于楮墨之间"（《中郎先生全集序》），就能创造出表现自己时代的新作。从整个文学发展的规律，来证明反对复古拟古的正确，同时也说明纠正二兄弊端的正确性。

其次，在坚持"独抒性灵"的同时，不再一味"不拘格套"，不再把格调完全视为一种束缚，形成了以性灵为中心兼重格调的思想，这是与其两兄根本的不同之处。袁中道提出"当熟读汉、魏及三唐人诗，然后下笔，切莫草率自脍臆，便谓不阡不陌可以名世也。""不效七子诗，亦不效袁氏少年未定诗，而宛然复传盛唐诗之神则善矣"（《蔡不瑕诗序》）。既反对一味崇古拟古，又反对一味否定向古人学习，欲以纠正公安派矫枉过正的俚俗纤巧的流弊。

袁中道的散文以小品文成就为优，游记散文如《游西山十记》《游石首绣林山记》《游鸣凤山记》《金粟园记》《玉泉涧游记》等，描摹逼真，情景交融，寄托深挚。尺牍文如《寄蕴璞上人》《答潘景升》《寄六侄》《与曾太史长石》等，自由活泼，精练明畅，直抒胸臆。特别是日记《游居柿录》，感时伤怀，精粹简洁，言简意赅，明显看出对陆游日记体《入蜀记》形式的学习与吸取，对后世日记体散文的发展有一定影响。但袁中道的散文仍与其二兄相似，偏重于抒写士大夫山林隐逸之趣和清虚澹远的胸怀，而社会现实，尤其是社会重大问题反映得很有限，思想内容比较贫乏。与李贽大无畏的反传统精神相比，不可同日而语。

以"三袁"为首的公安派，其文学理论的价值超越了其创作的成就，他们要求独抒性灵，冲破一切成规旧套，追求心灵的自由抒发，冲决程朱理学束缚，打破古人藩篱，体现了追求思想解放与个性自由的新时代精神。他们的"性灵说"与李贽的"童心说"，肯定了人的自然的生活欲望与各种情感，提倡文学就是用来坦露人的真实性情的，而不再把它视为服务封建政治、礼教的工具。颠覆了"文以载道"的儒道传统，为近、现代在文学上追求个性自由与解放开了先河。但三袁他们缺乏李贽那种彻底的反传统精神，又不同程度上忽视对古代遗产的学习、吸收，任性而发，信手写来，使文章时有浮浅俚俗的弊病。这种率易空疏的文风，到公安后学、末流时，更变本加厉，这必定引起文学界的不满。《四库全书总目·卷179·别集类》中甚至说："学七子者不过赝古，学三袁者乃至矜其小慧，破律而坏度，名为救七子之弊，而弊又甚焉。"果然，公安派之后，"竟陵代起，以凄清幽独矫之，而海内之风气复大变"。（钱谦益《列朝诗集小传·丁集中·袁稽勋宏道》）

袁中道对公安派的流弊有所觉悟，也提出一些补偏救弊的意见，但真正打出反对公安轻浮俚俗旗号的是竟陵派。竟陵派以其代表人物钟惺、谭元春为竟陵（今湖北天门）人而故名，附和者有蔡复一、张泽、华淑等。钟惺（1574—1624）撰有《隐秀轩集》。谭元春（1586—1637）撰有《谭友夏合集》。二人相比较，"钟之才，固优于谭，……谭之才力薄于钟，其学殖尤浅"（钱谦益《列朝诗集小传·丁集中·钟提学惺附见谭解元元春》），钟惺是竟陵派理论的主创者。钟、谭二人共编《诗归》，选评古诗十五卷、唐诗三十六卷，风行一时，名满天下，世称"钟谭"。但钟、谭以清瘦淡远的风格为选诗标准，唐代李白、杜甫反映重大社会题材的名篇并未选入，由此可见其文学理论主张与审美观点。

钟、谭文学理论的基本倾向与公安派一致，也主张抒写性灵，但他们的"性灵"不是在日常生活中所得，而是靠从古人诗文中探求得到，并且仅仅寻找古诗文中"幽情单绪""孤行静寄"的"真精神"。钟惺说："真诗者，精神之所为也。察其幽情单绪，孤行静寄于喧杂之中，而乃以其虚怀定力，独往冥游于寥廓之外。"（《诗归序》）竟陵派以为自己的主张既不同七子字句模拟于古人，又不同公安派置古人于罔闻；既反对七子后学因袭的余波，又反对公安后学轻率的遗绪，特别是针对公安末流的肤浅，他们要补偏救弊，创立一个引领诗文界正确方向的流派。钟惺认为学习古人，不应限于途径上取异，而应当注重在精神上求变。要学习古人"其变无穷"的"精神"，反对模仿"其变有穷"的"途径"。（同上）而七子之弊在于学古遗神袭貌，公安之弊在于一味变古而无古人"真精神"，他说"今非无学古者，大要取古人之极肤、极狭、极熟，便于口手者，以为古人在是。便捷者矫之，必于古人外，自为一人之诗以为异，要其异，又皆同乎古人之险且僻者，不则其俚者也；则何以服学古者之心？"（同上）钟惺指出拟古派取径于模拟古人陈言熟语，其弊在空廓；公安派取径于刻意与古不同，其弊在俚俗，他们要"别出手眼，另立深幽孤峭之宗，以驱驾古人之上"。(钱谦益《列朝诗集小传·丁集中·钟提学惺》)竟陵派的目的就是以幽深孤峭来矫正公安派俚俗浮浅的时弊,然而他们同样脱离现实,对社会斗争持冷漠的态度,视野狭窄,其作品的内容空虚苍白,从反对公安派俚俗浅率而又陷入僻奥冷涩的另一极端。

为了形成幽深孤峭的风格,表达由古人所启发来的"孤怀"与"幽情",专在形式上刻意追求新奇险僻,用怪字、押险韵,颠倒字句,不惜破坏语言的流畅自然,因而内容支离,文气不畅,文字流于刁钻古怪,佶屈聱牙,冷僻晦涩,不免为人所讥。钱谦益在《列朝诗集小传·丁集中·钟提学惺》中批评道:

> 当其创获之初,亦尝覃思苦心,寻味古人之微言奥旨,少有一知半见,掠影希光,以求绝出于时俗。久之,见日益僻,胆日益粗,举古人之高文大篇铺陈排比者,以为繁芜熟烂,胥欲扫而刊之,而惟其僻见之是师,其所谓深幽孤峭者,如木客之清吟,如幽独君之冥语,如梦而入鼠穴,如幻而之鬼国,浸淫三十余年,风移俗易,滔滔不返。余尝论近代之诗,抉摘洗削,以凄声寒魄为致,此鬼趣也。尖新割剥,以噍音促节为能,此兵象也。鬼气幽,兵气杀,著见于文章,而国运从之,以一二铨才寡学之士,衡操斯文之柄,而征兆国家之盛衰,可胜叹悼哉!

话虽尖刻,但从内容与形式上都点出竟陵派弊端的要害。

然而,竟陵派与公安派一样,主性灵,反拟古,顺应了反程朱理学、求个性解放的时代潮流。竟陵派又作为补救公安派流弊的流派,在批判公安派末流浅薄粗俚中,提高了散文创作的艺术品位。尽管他们也存在着弊端,但他们在艺术上求新求奇,以重视艺术审美相号召,主张学习文学遗产,务求古人精神之所在,对晚明小品文的繁荣有一定的促进作用。

竟陵派散文创作题材狭窄,注重抒写幽情孤行,缺乏深刻的社会内容,风格幽深孤峭,语言艰涩冷僻,成就不高。但也有清秀隽永之作传世,如钟惺的《夏梅说》《浣花溪记》等,谭元春的三篇《游乌龙潭记》及《游南岳记》《游玄岳记》等。如《夏梅说》:

> 梅之冷,易知也,然亦有极热之侯。冬春冰雪,繁花粲粲,雅欲争赴,此其极热时也。三、四、五月,累累其实,和风甘雨之所加,

而梅始冷矣。花实俱往，时维朱夏，叶干相守，与烈日争，而梅之冷极矣。故夫看梅与咏梅者，未有于无花之时者也。

张谓《官舍早梅》诗所咏者，花之终，实之始也。咏梅而及于实，斯已难矣，况叶乎？梅至于叶，而过时久矣。廷尉董崇相官南都，在告，有夏梅诗，始及于叶。何者？舍叶无所谓夏梅也。予为梅感此谊，属同志者和焉，而为图卷以赠之。

夫世固有处极冷之时之地，而名实之权在焉。巧者乘间赴之，有名实之得，而又无赴热之讥，此趋梅于冬春冰雪者之人也，乃真附热者也。苟真为热之所在，虽与地之极冷，而有所必辩焉。此咏夏梅意也。

古往今来，赏梅者多在冬春之际，这是因为万花凋零之时，寒梅独发，它是春的信使。人们赞赏梅花冰清玉洁傲雪斗寒的品格，也为其万朵繁花而满天散发的幽香所陶醉。所以在中国文学中赞美梅花的诗文数不胜数。而观赏、抒写只剩枝叶的夏梅者，殊难寻觅。作者不拘格套，独辟蹊径，以夏梅为咏叹对象，已显示出竟陵派"幽深孤峭"的特点。作者咏叹夏梅，但文眼又不在梅上，而是以对时、对梅、对事、对人所感受的"冷""热"心态为线索，从时令气候的寒暑变化，过渡到对梅的热衷与冷淡，再过渡到人情冷暖世态炎凉，揭露社会上普遍存在的趋炎附势之风。如果文章仅限于讽刺避冷趋热的丑恶，也不算多么新奇，因为这类主题的诗文也不少，这篇《夏梅说》奇在能在此基础上再翻出"新"来。趋炎附势之徒一般容易识别，可是有一种更高级的投机取巧者，他们表现出与一般趋炎附势之徒相反的行迹。他们避开炙手可热者，对那些暂时被冷落而仍有实权甚至是将来能掌控大权者，"乘间赴之"，巴结、投靠、依附，表面上"趋冷"，实质上是"附热"；既"有名实之得，而又无赴热之讥"。这种既做婊子又立贞节牌坊的"巧者"，更阴险，更狡猾，更具欺骗性，必须引起高度警惕，善于识别，这正是作者作此文的用意所在，也是超乎一般作者的"幽情单绪"。

我们说竟陵派后学发展了僻奥冷涩的弊端，这是从整体上判定的，但也有个别人，恰有意在克服这一弊端，刘侗（约1593—约1636）就是这样一位后学者。刘侗字同人，号格庵，其代表作就是他与于奕正合著的《帝京景物略》。刘侗和于奕正还曾合撰过《南京景物略》，这是一部未完稿，今不传，估计其艺术水平不在《帝京景物略》之下。《帝京景物略》的撰写有明确分工，于奕正收集材料，提供素材，刘侗执笔撰写文字，所以《帝京景物略》更多地体现了刘侗散文的风格特色。《帝京景物略》由一百多个单篇组成，分别记述北京城郊各处的名胜古迹、山川景观、风土习俗，属北京风物系列散文小品集。它常以数百字的篇幅，就把某一景物风情的特点生动、形象、逼真地表现出来，使读者读来如临其境、如闻其声、如见其人。由于描写得真实、准确，还具有较高的历史资料价值。作者虽然受竟陵"幽深孤峭"文风的影响，造语冷隽，用字有奇崛艰涩的特点，但也吸收了《洛阳伽蓝记》的秾丽秀逸、《水经注》的雅洁，同时又有三袁散文的幽趣，各篇结构饶有变化，独具匠心，代表了竟陵派后学散文小品的最高水平。

就在公安派、竟陵派在散文领域不断扩大影响的同时，也有一些特立独行者，他们兼习儒、释、道，博览群书，博闻强识，创作能自成一家。他们既不同于七子复古，也有别公安、竟陵肤浅晦涩，能以自然平易、质朴清新文字抒写自己的真情实感。他们使用着正在成熟与时兴的小品散文，并将其发展为系列小品集。或论人生议处世，或讽时弊刺时政，或述游历记景观，等等，其代表人物是陈继儒、王思任、徐弘祖。

陈继儒（1558—1639），字仲醇，号眉公、麋公，华亭（今上海松江）人。《明史》本传称："继儒通明高迈，年甫二十九，取儒衣冠焚弃之，隐居昆山之阳，构庙祀二陆，草堂数椽，焚香晏坐，意豁如也。"陈继儒远避宦海风险，专心于诗文书画，杜门著述，代表作为《小窗幽记》。《小窗幽记》分为醒、情、峭、灵、素、景、韵、奇、绮、豪、法、倩十二集，杂糅儒、释、道思想，多为语录、格言，如他归纳出人生应注意的"四法"："安详是处事第一法，谦退是保身第一法，涵容是处人第一法，洒脱是养心第一法"，短小精妙，文字清雅，哲思深刻，意趣盎然，教人以涵养心性的妙道、安身立命的处世智慧。此书自问世以来，备受推崇，与明朝洪应明的《菜根谭》和清朝王永彬的《围炉夜话》并称为"处世三大奇书"。

王思任（1574—1646）字季重，号遂东，山阴（今浙江绍兴）人。生性诙谐善谑，晚年改号谑庵，刻"悔谐"印章一枚，看似悔悟，实更以谐谑自诩。为文"笔悍而胆怒，眼疾而舌尖，恣意描摩，尽情刻画"（张岱《王谑庵先生传》），著有《王季重十种》，讽刺时政之作，谐谑辛辣，略无忌惮。就连山水游记，亦往往在秀丽之笔中杂以谐趣，于诙谐中寓讽世之意。各种小品无不显示着他诙谐幽默的真性灵，又自成一体，与公安、竟陵风格迥异。独特的风格在明代小品文中独树一帜。南明弘光元年（1645）五月清军攻克南京，南明安宗皇帝朱由崧被俘杀。奸臣马士英欲奉太后逃往绍兴避难，王思任上疏太后历数马士英误国之罪，又直接致信马士英：

> 阁下文采风流，才情义侠，职素钦慕，当国破众疑之际，立今上，以定时局，以为古之郭汾阳，今之于少保也。然而一立之后，阁下气骄腹满，政本自由，兵权独握；从不讲战守之事，而只知贪黩之谋；酒色逢君，门墙固党；以致人心解体，士气不扬；叛兵至则束手无策，强敌来而先期以走；致令乘舆播迁，社稷邱墟，阁下谋国至此，即喙长三尺，亦何以自解也？以职上计，莫若明水一盂，自刎以谢天下，则忠愤节义之士，尚尔相亮无佗，若但求全首领，亦当立解枢权，授之才能清正大臣，以召英雄豪杰，呼号惕厉，犹当幸望中兴。如或消摇湖上，潦倒烟雾，仍效贾似道之故辙，千古笑齿，已经冷绝。再不然……

此书信先扬后抑，大义凛然又嬉笑怒骂，斥责得痛快淋漓，本对权奸马士英祸国殃民的丑行深恶痛绝，偏句句好似为马士英着想，谐谑辛辣至极，隐寓无限愤激。特别是劝马士英自杀以谢天下，时人无不称快。足可使误国权奸自惭形秽，无地自容。其辛辣讽刺的笔力亦应与嵇康的《与山巨源绝交书》、欧阳修的《上高司谏书》相比肩。清顺治三年（1646），绍兴为清兵攻破，王思任大书"不降"二字，绝食殉国，表现出坚贞不屈的节操与气骨。

徐宏祖（1587—1641）字振之，号霞客，江苏江阴人。自幼聪慧，博览群书，尤钟情于地理、历史和游历探险方面的书，并向往着遍游名山大川的生活。而对四书五经却不感兴趣，尤其厌恶作八股文章，15岁时，应过一回童子试，落榜后就决定不再走科考为官之路。22岁开始出游，直至55岁逝世，30多年的生涯都是在旅行考察中度过，游历了现今19个省、自治区、直辖市，足迹遍及大半个中国。徐宏祖不仅饱览了祖国秀美山川和丰富多彩的各地风俗人情，而且还对地理、水文、物产及名胜古迹的沿革和人文景观等现象进行了考察与研究，写下了260多万字日记体的游记。徐宏祖逝世后，其游记大部分佚散，他的朋友收集部分遗稿，辑为《徐霞客游记》。它是我国一部科学价值很高的地理学文献，对祖国地貌地质的系统考察，填补了为正史所不载的空白，纠正了不少历史资料记载的偏差。同时也是一部优美的游记小品散文集，以细腻精美的笔触，描绘了一幅幅色彩斑斓的山川画卷，叙述了一处处真实奇异的风俗人情，字里行间洋溢着作者对祖国江山的挚爱之情。它继承和发展了自《水经注》以来的游记文学的现实主义传统,是融科学性、真实性和文学审美性于一体的"奇书",钱谦益在《嘱仲昭刻〈游记〉书》中称它是"世间真文字,大文字,奇文字"。

明代后期,小品文创作进入高潮时期,不仅小品种类繁作品多,而且涌现出一大批优秀的小品作家,上面所述只是几位比较具有代表性的作家。这些小品作家,有的生活于明亡前后,尽管大都避开敏感的政治主题,但他们的易代之痛,总不免流露于他们的小品中。这种隐含的反清情绪,必然引起清王朝的警觉,清乾隆间修《四库全书》,就大量销毁了这类小品。张岱就是生活于明清易代之际著名的小品散文家,他的小品不仅饱含着对故国的哀思,而且具有明代小品文集大成的性质。

张岱(1597—1679)字宗子,又字石公,号陶庵,又号蝶庵,山阴(今浙江绍兴)人,侨居杭州。出身世家,前半生过着豪华的富贵公子哥儿的生活,明亡,自己的生活也随之陷入贫困,前后悬殊判若天地两个世界。他在《自为墓志铭》中自述道:

> 少为纨绔子弟,极爱繁华,好精舍,好美婢,好娈童,好鲜衣,好美食,好骏马,好华灯,好烟火,好梨园,好鼓吹,好古董,好花鸟,兼以茶淫橘虐,书蠹诗魔。劳碌半生,皆成梦幻。年至五十,国破家亡,避迹山居,所存者破床碎几,折鼎病琴,与残书数帙,缺砚一方而已。布衣蔬食,常至断炊。回首三十年前,真如隔世……

张岱前半生阅尽繁华,后半生见证了"末世"动荡,受尽了国破家亡的种种屈辱辛酸。天壤之别的反差,使他有"真如隔世"之感,回首往事,不论大事小情,无不勾起他眷恋故国、感慨生平。他在《陶庵梦忆序》中说:"鸡鸣枕上,夜气方回。因想余生平繁华靡丽,过眼皆空,五十年来,总成一梦。今当黍熟黄粱,车旋蚁穴,当作如何消受!遥思往事,忆即书之,……偶拈一则,如游旧径,如见故人,城郭人民,翻用自喜,真所谓'痴人前不得说梦'矣。"五十年的有国有家,竟成万劫不复的"梦",当年不经意的日常生活,竟成为现在求之不得的"梦",他只有"忆梦",才"如游旧径,如见故人,城郭人民,翻用自喜",才得到精神的安慰。因此他所写往昔的方方面面,即使是细小琐事,都有丰富的内涵,都有一定的社会意义。特别是他对山川名胜的描述,一亭一榭、一丘一壑、一草一木,已不是一般文人寄托闲情逸致之景,而是触动他物是人非、江山易主的悲愤之物。张岱的小品不仅扩大了明代小品文的题材，而且也提高了明代小品文的社会价值与审美价值。由于张岱的小品题材丰富多彩，相应其文体也是多种多样，有传、记、序、跋、书、檄、铭、赞等，从而也丰富了明代小品文的类型。

张岱是一个富有正义感与民族气节的文人，他宁可穷困潦倒，也不屈节谄事新朝，隐迹深山，以著述为乐。他在《自题小像》中说："功名耶落空，富贵耶如梦，忠臣耶怕痛，锄头耶怕重。著书二十年耶竟堪覆瓮，之人耶有用没用？"在自责中，痛惜自己有才不得报效故国，悔恨自己不能与国共存亡。所以张岱的文章，大都是通过忆旧，寄托自己亡国之痛与对故国的哀思。张岱一生著述不倦，著作等身，然而存于世的仅有《石匮书后集》《琅嬛文集》《西湖寻梦》《陶庵梦忆》。《石匮书》是作者经明清两朝二十七年写成的明史，也是作者本人最看重的一部著作。当年清兵南下，张岱本想绝食而死，但只因《石匮书》未撰完，效司马迁著《史记》，为了著述忍辱苟活，又费十年光阴，终于写成，后被谷应泰收买去手稿，谷利用此书编成《明史纪事本末》。颇具文学与史料价值的是《西湖寻梦》《陶庵梦忆》，这是两本通过忆旧怀念故国的小品文专集，是清兵入关后的作品。《西湖寻梦》仿刘侗、于奕正《帝京景物略》的体例，介绍西湖山水园林的景观及历史，既追忆杭州往日的繁华，又追忆兵燹后萧条景点的旧游，融情于景，慨叹家国巨变，有沉重的历史沧桑感。《陶庵梦忆》的内容更为丰富，视野更为辽阔，我们看到作者的行迹已不限于杭州，而是遍及江南，描写的对象已不限于山水园林，还包括明末社会种种风情与各阶层的异样生活，通过许许多多的"梦忆"片断，反映出明末社会现实的种种侧面。这些"片断"由于都是作者亲身经历或耳闻目睹的社会生活的记录，因而真实动人，在为历史留下明末社会种种"剪影"的同时，表达了作者疾恶如仇、悲天悯人的正义情怀。

张岱的散文早年学徐渭、公安、竟陵体，后来"能将公安三袁清新洒脱之笔法和竟陵钟、谭幽深冷峭之意境熔为一炉，又能避免双方的流弊，以深厚救浅薄，以严谨救率易，以明快救僻涩，兼诸家之美"，[①] 形成自己独特的风格。他在《琅嬛文集自序》中记载了自己文风变化的过程："余少喜文长，遂学文长诗。因中郎喜文长，而并学喜文长之中郎诗。文长、中郎以前无学也。后喜钟、谭诗，复欲学钟、谭诗，而鹿鹿无暇……予乃

---

① 罗宗强、陈洪主编：《中国古代文学史（二）》，华东师范大学出版社2000年版，第243页。

始知自悔,举向所为似文长者悉烧之,而涤胃刮肠,非钟、谭则一字不敢置笔。刻苦十年,乃悔所为学钟、谭者又复不似。"祁豸佳评价他的作品"有郦道元之博奥,有刘同人之生辣,有袁中郎之倩丽,有王季重之诙谐,无所不有其一种空灵晶映之气。"(《西湖梦寻序》)张岱同样反拟古,但他能兼采众家之长,避免各家之短,文笔清新峭拔、诙谐风趣,而自成一家;他同样主张抒性灵,但他不是仅仅抒写文人书斋中的狭小意趣,社会生活的方方面面,都是他描写的对象,他借社会众生的描述,抒发的是眷恋故国的明末一代人的感情。

张岱描写山水园林的小品文,绘声绘色,形神逼肖,文笔空灵流丽,饶有诗情画意,在自然景物中寄寓故国之思、兴亡之感更是这类小品文的主旨所在。如《西湖梦寻·柳州亭》,忆罢柳州亭周围各园林昔日繁华后,接着写道:"今当兵燹之后,半椽不剩,瓦砾齐肩,蓬蒿满目。李文叔作《洛阳名园记》,谓以名园之兴废,卜洛阳之盛衰;以洛阳之盛衰,卜天下之治乱。诚哉言也!余于甲午年,偶涉于此,故宫离黍,荆棘铜驼,感慨悲伤,几效桑苎翁之游苕溪,夜必恸哭而返。"特别应该指出的是:张岱在描摹湖光山色时,又往往插入风土人情、趣事逸闻的描写,使自然景致具有了浓厚的人文色彩,既情趣盎然,又增加了沉重的历史感,寄托着作者对世事的种种感慨,如《西湖梦寻·岳王坟》中一段:

> 自隆庆四年,墓前之有秦桧、王氏、万俟卨三像,始于正德八年,指挥李隆以铜铸之,旋为游人挞碎。后增张俊一像。四人反接,跪于丹墀。自万历二十六年,按察司副使范涞易之以铁,游人椎击益狠,四首齐落,而下体为乱石所掷,止露肩背。旁墓为银瓶小姐。王被害,其女抱银瓶坠井中死。杨铁崖乐府曰"岳家父,国之城;秦家奴,城之倾。皇天不灵,杀我父与兄。嗟我银瓶为我父,缇萦生不赎父死,不如无生。千尺井,一尺瓶,瓶中之水精卫鸣。"墓前有分尸桧。天顺八年,杭州同知马伟锯而植之,首尾分处,以示磔桧状。隆庆五年,大雷击折之。朱太守之俊曰:"一秦桧耳,铁首木心,俱不能保至此。"天启丁卯,浙抚造祠媚珰,穷工极巧,徙苏堤第一桥于百步之外,数日立成,骇其神速。崇祯改元,魏珰败,毁其祠,议以木石修王庙。卜之王,王弗许。

岳王坟在西湖边栖霞岭下,宋孝宗时以礼改葬岳飞遗骸于此,然作者只写明王朝时与岳王坟相牵涉的事件,重点写坟前投降派四人塑像遭万人捶骂椎击的情景,又插入明末阉党的兴衰,突出了忠奸之争的主题。作者借景抒情,以古鉴今,表面上从容地写景状物,平和地论古忆昔,实际上暗含着对明末左光斗、袁崇焕等屈死的爱国将领的深切的悼念,隐喻着对魏忠贤及遗党乱政误国罪行的强烈愤恨。

张岱还对世态人情及社会众生相有细致、深刻的观察与描写,小品中,有人物凑集的大场面的描述,也有对个别人物的刻画。都能抓住人物的个性特征,以简洁的几笔,就写出人物的精神气质,如绘画中的速写、漫画,突出的是人物的"独到之处",所以他笔下的人物,个个鲜活,人人传神。如《陶庵梦忆·西湖七月半》:

> 西湖七月半,一无可看,止可看看七月半之人。看七月半之人,以五类看之。其一,楼船箫鼓,峨冠盛筵,灯火优傒,声光相乱,名为看月而实不见月者,看之。其一,亦船亦楼,名娃闺秀,携及童娈,笑啼杂之,环坐露台,左右盼望,身在月下而实不看月者,看之。其一,亦船亦声歌,名妓闲僧,浅斟低唱,弱管轻丝,竹肉相发,亦在月下,亦看月而欲人看其看月者,看之。其一,不舟不车,不衫不帻,酒醉饭饱,呼群三五,跻入人丛,昭庆、断桥,嚣呼嘈杂,装假醉,唱无腔曲,月亦看,看月者亦看,不看月者亦看,而实无一看者,看之。其一,小船轻幌,净几暖炉,茶铛旋煮,素瓷静递,好友佳人,邀月同坐,或匿影树下,或逃嚣里湖,看月而人不见其看月之态,亦不作意看月者,看之……

七月十五日中元节,杭州人有游西湖赏月的习俗,这天西湖岸边万头攒动,湖面上"声光相乱",作者抓住这一特征,侧重描写赏景之人,来展现这一独特的风俗。然而赏月之人,三教九流,成千上万,如何下笔?作者独具只眼,将各色人等归纳为五类,便把赏月者的形象囊括尽净。作者写五类人,并不着眼于人物的音容笑貌,而是以赏月者各自不同的气派、排场与游湖的心态,来表现各自独特的精神面貌。从各自的气派、排场,见出达官贵人、富豪千金、名妓闲僧、市井之徒、文人雅士不同的社会地位与人生追求,从游湖的不同心态,见出其庸俗与高雅的差异。借物写人,以形传神,寥寥几笔就勾勒出五种人的灵魂。

再如《陶庵梦忆·朱楚生》写一女伶,作者捕捉到人物的三点特征,即神美、艺精、情痴来着笔:

楚生色不甚美，虽绝世佳人，无其风韵。楚楚谡谡，其孤意在眉，其深情在睫，其解意在烟视媚行。性命于戏，下全力为之。曲白有误，稍为订正之，虽后数月，其误处必改削如所语。楚生多坐驰，一往深情，摇飏无主。一日，同余在定香桥，日晡烟生，林木窅冥，楚生低头不语，泣如雨下，余问之，作饰语以对。劳心忡忡，终以情死。

写女伶朱楚生绝世风韵，在眉睫传达孤意深情；写其戏艺精湛，在全身心投入一字一调不苟；写其一往深情，竟因情而死。作者就在这三处刻画，其余一切皆舍弃不写，使人物形象深刻而传神，一位可爱可敬又可怜惜的女性形象，映入读者心中久久不能淡忘。

张岱小品文意境兼有雅趣与谐趣，隐寓深意而趣味盎然。率真任性，全从肺腑流出，具有诗样的抒情特征。语言或俗或雅或直或曲，因景因物因情因趣而异，驱使自如，各有妙处。一方面说明张岱的语言艺术达到了炉火纯青的境界；另一方面说明俗文学的语言形式向正统文学的强有力渗透。张岱小品文为明末散文抹上了光辉的色彩，对后世散文创作影响是巨大而深远的。

明末，朝政腐败，农民起义与市民运动此起彼伏，关外清军侵扰不断，社会矛盾与民族矛盾激化，民变迭起，天下大乱，明皇朝已危在旦夕。国家面临危亡之际，在文化教育与商品经济比较发达的江南，反对理学桎梏，要求个性解放的意识已深入人心，一些忧国忧民的士人，满怀救国之志，组成各种社团，投入反阉党专权和抗战救亡活动，他们创作的小品文真实地反映了这一末世巨变，创作也呈现出新的特点。

首先，他们虽结成许多文人社团，但都自诩为东林党的后继者，有共同的政治信仰与创作宗旨。最有名的是以张溥、张采为代表的复社和以陈子龙、夏允彝为代表的几社。复社的主张是"兴复古学，将使异日者务为有用"（陆世仪《复社纪略》），几社的主张是使"绝学有再兴之几，而得知几神之义"（杜春登《社事始末》）。他们志同道合，"形影相依，声息相接，乐善规过，互推畏友"（张采《祭天如兄文》），以文章道德相激励，共同关注、参与政治斗争。他们的文社活动，人数多，规模大，时间长，声势遍及海内，不论政治方面还是创作方面，都影响巨大，有的社团活动直至明亡七八年后才被清政府所取缔。

其次，他们的小品是直接参与政治斗争的精神产品，或揭露魏忠贤余党贪赃误国，或关心、同情民生疾苦，或讴歌人民的斗争精神，或彰显不屈不挠的民族气节，或赞扬抗清爱国的忠贞操守，或表达对故国的思念。总之，无不与社会现实息息相关。与前期回避现实生活，缺少重大社会题材的小品文创作迥然不同。

最后，他们尊经复古，多以"兴复古学"为号召，赞同、推崇前、后七子的文学理论，反对公安、竟陵的文学主张。但由于他们处于动荡的时代，又不回避残酷的社会现实，在提倡兴复古学的同时，又提倡"务为有用"，要古学为现实政治服务，作品反映着重大的社会现实，具有很强的政治批判性与战斗力，从根本上不同于专意追求古人形式的前、后七子。他们不满公安语言浅薄粗俚、竟陵题材狭窄，更重要的是反对他们逃避现实。可以说，他们的小品标志着明末文风又一新的重大转向，为清初顾炎武、黄宗羲等人倡导"经世致用之学"开了先路。

复社领袖人物张溥（1602—1641）、张采（1596—1648）都为江苏太仓人，太仓在娄江东，所以又称娄东。他二人评议时政，痛斥阉党，声震朝野，时人称为"娄东二张"。张溥著作颇丰，有《七录斋集》等。所编《汉魏六朝百三家集》，各集前均有他写的题辞，评文论世，文笔精悍，颇多真知灼见。他文思敏捷，四方之客征求其诗文，往往挥毫立就。曾撰《五人墓碑记》，歌颂苏州市民与东林党人联合起来与阉党进行殊死斗争的精神。文章运用夹叙夹议的方法，通过记述事件经过，倾注了作者爱憎分明的感情，揭示了抗暴斗争的重大历史意义，肯定了颜佩韦等五义士虽死犹荣的不朽功绩，表达对死难义士的崇高敬意：

嗟夫！大阉之乱，缙绅而能不易其志者，四海之大，有几人欤？而五人生于编伍之间，素不闻诗书之训，激昂大义，蹈死不顾，亦曷故哉？且矫诏纷出，钩党之捕遍于天下，卒以吾郡之发愤一击，不敢复有株治。大阉亦逡巡畏义，非常之谋，难于猝发。待圣人之出而投缳道路，不可谓非五人之力也！

文章叙事简洁，议论精辟，气势磅礴，抒情慷慨激越，是为后代广为传诵的名篇。霍松林先生说："在文学作品中把市民暴动作为打击黑暗势力的正面力量加以反映，把市民暴动的首领作为英雄人物加以赞扬，张溥的《五人墓碑记》具有首创意义。此后，特别在明末清初这一段时间里，同样以苏州市民反阉党斗争为题材，歌颂颜佩韦等五位英雄人物的文艺作品，如李玉的传奇《清忠谱》，朱隗的七古《魏忠贤祠废，其旁为五人墓歌》、杨素蕴的五古《过虎丘奠五人墓作》等，相继出现，在文学史上增添了新的光彩,很值得注意。"①

张溥组建复社时,张采当时并没参与,因二人名声相连,张采又好善疾恶,摧强扶弱,恤民绳暴,为政素有善声,人们仍把张采视为复社的另一盟主。张溥以东林后继者自任,引起执政大僚忌恨,诬其创立文社欲乱天下,严旨穷究,张采也被举劾,直至张溥病死,仍未结此案。张采上疏,据理剖白。南京沦陷后,仇家对张采乘乱报复,拳打脚踢后又用大锥乱刺,几乎丧命。后死于清顺治五年,著有《太仓州志》《知畏堂集》等。

明清易代之际,文社的成员大多满怀救国热忱,不怕牺牲,参与了抗清的活动,几社的领袖人物陈子龙(1608—1647)、夏允彝(1596—1645)就是其杰出的代表。几社初建时,组织者是周立勋、徐孚远、彭宾,陈子龙年少入社,因才学超群,很快成为"几社六子"之一。陈子龙诗、词、骈文、辞赋、散文、八股文兼工并卓然自成一家,是明代多才多艺的作家之一,有人评价:"其四六跨徐、庾,论策视二苏,诗特高华雄浑,睥睨一世。"(吴伟业《梅村诗话·陈子龙》),《明史》本传称其"生有异才,工举子业,兼治诗赋古文,取法魏、晋,骈体尤精妙"。陈子龙论文主张取法秦汉,称道七子,主张文以范古为美,但他又重视文的实用性与真性情,企图在复古与反复古对立间取折中而避其弊病。他与徐孚远、宋徵璧撷取明朝有关政治、军事、赋役、财经、农田、水利、学校文化、典章制度等文献,辑成《皇明经世文编》,继后,他又删繁芜、补缺略,整理了徐光启的农学巨著《农政全书》,欲以讲求经世实用之学,改变当时衰微的社会现实。他小品及奏疏深得战国诸子和汉代贾谊文章的"真精神",议论国防要务,极具战略家眼光;揭露阉党误国,直言不讳;抒发忠君报国之情,慷慨悲壮;忧时伤乱,凄怆悲凉;谋划拯救国运,呕心沥血;哀败悼亡,痛不欲生。有《陈忠裕公全集》《安雅堂稿》等存世。清兵攻陷南京后,他矢志坚持抗清,事败后被捕审讯,凛然拒答,押往南京途中投水殉国。陈子龙坚贞不屈的民族气节,出类拔萃的才情文章,使他成为当时文人的代表,后世敬仰的楷模。

夏允彝,为"几社六子"之一。任过福建长乐县知县,为官时间虽短暂,但体恤民情,革除弊俗,颇有治绩,为全国七位"优秀"知县之一,受到崇祯皇帝的亲自接见。明亡时,拜谒过史可法,商议复国大计。清兵进攻江南,他与陈子龙等起兵抗清,兵败,投水殉节。死前作绝命诗:

---

① 陈振鹏、章培恒主编:《古文鉴赏辞典》下册,上海世纪出版股份有限公司、上海辞书出版社1997年版,第1753页。

"少受父训,长荷国恩,以身殉国,无愧忠贞。南都既没,犹望中兴。中兴望杳,安忍长存?卓哉我友,虞求、广成、勿斋、绳如,惎人、蕴生,愿言从之,握手九京。人谁无死,不泯者心。修身俟命,警励后人!"著有《夏文忠公集》《私制策》《幸存录》等,文学主张与民族气节在陈子龙的伯仲之间,世人常并称他俩为"陈夏"。

同复社、几社的文学主张相对立的艾南英(1583—1646),是明末著名的八股文作家,清兵攻陷南京,曾参与过抵抗斗争,后决不接受招降,忧愤成疾而死。艾南英文学主张与唐宋派接近,曾与陈子龙论辩,力诋七子而称韩愈、欧阳修,对两汉文章,也以"道德性命之旨"来判定优劣,只赞同董仲舒、贾谊的文章。认为学秦汉应以唐宋为途径,突出了从司马迁、韩愈、欧阳修到归有光的古文传统。其作品大多不存,从《与周介生论文书》《自序》等遗文来看,既无拟古派的空疏,又无竟陵派的怪僻。文中又提出作文数项原则,提倡作文应避免"浮华补缀""生吞活剥""不顾义类""盖美饰非""以文为戏"等弊端,为后来的桐城派提倡"义法"做了理论准备。

夏允彝之子夏完淳(1631—1647)更是留名青史的少年奇才与民族英雄。他天资聪颖,人称神童。5岁读经史,7岁能诗文,9岁就印出第一本诗集《代乳集》。陈继儒在《夏童子赞》里赞许他:"包身胆,过眼眉,谈精义,五岁儿。"夏完淳从小受父亲忠君爱国精神的影响,又广泛接触天下豪杰名士,曾求教于陈子龙、张溥,在文章道德气节方面,深受他们的熏陶。15岁完婚后即跟随父亲夏允彝及老师陈子龙参加抗清活动。事败后被捕,南京总督军务洪承畴亲自讯问并劝降,夏完淳怒斥叛逆,使洪承畴色沮气夺,无辞以对。为国捐躯时年仅17岁,一身浩然正气,可歌可泣!

他的抗清爱国诗文,主要是在牺牲的前三四年间写就,如《大哀赋》《土室余论》《遗夫人书》等,清嘉庆间有辑本《夏节愍全集》,文章字字都是残酷斗争的写照,句句都是爱国热血的凝结。陈均在《夏节愍全集序》中说:"故其忠肝义胆,发为文章,无非点点碧血所化。"如他的《狱中上母书》:

不孝完淳今日死矣!以身殉父,不得以身报母矣!痛自严君见背,两易春秋。冤酷日深,艰辛历尽。本图复见天日,以报大仇,恤死荣生,告成黄土。奈天不佑我,钟虐先朝。一旅才兴,便成齑粉。去年之举,淳已自分必死,谁知不死,死于今日也!斤斤延此二年之命,菽水之养无一日焉。致慈君托迹于空门,生母寄生于别姓,一门漂泊，生不得相依，死不得相问。淳今日又溘然先从九京，不孝之罪，上通于天。

呜呼！双慈在堂，下有妹女，门祚衰薄，终鲜兄弟。淳一死不足惜，哀哀八口，何以为生？虽然，已矣。淳之身，父之所遗；淳之身，君之所用。为父为君，死亦何负于双慈？但慈君推干就湿，教礼习诗，十五年如一日；嫡母慈惠，千古所难。大恩未酬，令人痛绝。慈君托之义融女兄，生母托之昭南女弟。

淳死之后，新妇遗腹得雄，便以为家门之幸；如其不然，万勿置后。会稽大望，至今而零极矣。节义文章，如我父子者几人哉？立一不肖后如西铭先生，为人所诟笑，何如不立之为愈耶？呜呼！大造茫茫，总归无后，有一日中兴再造，则庙食千秋，岂止麦饭豚蹄，不为馁鬼而已哉？若有妄言立后者，淳且与先文忠在冥冥诛殛顽嚚，决不肯舍！

兵戈天地，淳死后，乱且未有定期。双慈善保玉体，无以淳为念。二十年后，淳且与先文忠为北塞之举矣。勿悲勿悲！相托之言，慎勿相负。武功甥将来大器，家事尽以委之。寒食盂兰，一杯清酒，一盏寒灯，不至作若敖之鬼，则吾愿毕矣。新妇结褵二年，贤孝素著。武功甥好为我善待之。亦武功渭阳情也。语无伦次，将死言善，痛哉痛哉！

人生孰无死，贵得死所耳。父得为忠臣，子得为孝子，含笑归太虚，了我分内事。大道本无生，视身若敝屣。但为气所激，缘悟天人理。恶梦十七年，报仇在来世。神游天地间，可以无愧矣！

这是清顺治四年（1647），作者在南京狱中写给其生母及嫡母的诀别信。虽是诀别，绝无悲悲戚戚之言，他认为"淳之身，君之所用"，足见其为国捐躯无怨无悔的情感。如果说死有遗憾的话，只是"不得以身报母矣"，双慈的大恩未报，自己的孝道未尽，深感忧虑的是家中"哀哀八口，何以为生"。他知道自古以来忠孝难全，以身许国，尽忠就是最大的尽孝，报国就是报母，"为父为君，死亦何负于双慈"？所以他死后最大的心愿，就是来世报仇，使家中兴再造。这是何等崇高的精神境界！全文慷慨激昂，悲慨雄壮，尤其结尾部分整齐的五言诗式的咏叹，将视死如归的爱国豪情倾诉得淋漓尽致，激动人心。

这一时期，与夏允彝捐躯经历相似的还有祁彪佳（1602—1645），清兵入关后，任苏松总督的祁彪佳，力主抵抗。清兵攻陷杭州后，留下"含笑入九泉，浩气留天地"的诗句，投水殉国。著有《祁忠惠公遗集》，其代表作为《寓山注》，描写园林的一草一木、一壑一丘，皆是"人化的自然"，寓有文人雅士的审美追求与精神寄托，典雅隽永，饶有风趣，不失为园林小品的佳作。著名的小品文还有魏学洢的《核舟记》、吴从先的《倪云林画论》、黄淳耀的《李龙眠画罗汉记》、张煌言的《〈奇零草〉自序》、张明弼的《避风岩记》等。

从反对阉党、抗战救亡的"用于世"之作，到陶醉山水名胜、迷恋世情风俗的"以文自娱"，都真实地反映了明末文人士大夫的"真性灵"，极具时代特色。他们虽受儒学的影响，但不再固守"文以载道"的传统，所写的小品文，内容包罗万象，却深寓家国之忧，风格生动活泼、清新自然，无明前、中期的承袭之弊，标志着明代小品文的高度成熟。

结　　语

恢复了国家大一统的宋王朝，十分重视重建儒家的伦理纲常体系，最终形成了吸收佛、道二教思想、更富思辨性与哲理性的新儒学，使原先注重伦理实用的儒学提升为从宇宙本原来建构体系的理学，从更高的理论层次上给予宋代中央集权制的合理性以精神支撑。

理学有其发生、发展、成熟的清晰过程。北宋初的胡瑗、孙复、石介，大力恢复儒家道统，治经不重章句训诂，重在阐释义理，对后来理学的形成很有影响，而周敦颐则是理学的开创者。从他开始使用"理"的概念，虽未置于其哲学最高范畴，但为"理"生万物的理论提供了依据。邵雍是理学象数学派的创立者，他借"易卦"推衍、解释宇宙生成的本原，并试图用系统的思辨，将宇宙的结构与人的精神融合起来，来解说社会人事变化。与周敦颐同时的还有张载，主张"气"是宇宙的本体，用气一元论批判佛、道关于"空""无"的观点。理学发展至程颢、程颐，进入理学的奠基阶段，其学发挥了周敦颐的心性之学，进一步把"理"抽象为宇宙的本体、哲学的最高范畴，构建了以"天理"为核心的"理学体系"。人如何获得天理？在于"格物致知"，也就是"即物穷理"，体认万事万物的"所以然"与"其所当然"。如何体认？程颐认为还需"涵养须用敬，进学在致知"（《遗书》卷十八），"用敬"，即专心排除物欲，"致知"，即穷理，发现心中固有的"天理"，这种主张显然影响了后来的"心学"。

如果说周敦颐是理学的初创者,程颢、程颐是理学的奠基人,那么南宋的朱熹,则是理学的集大成者,所以宋代理学又称程朱理学。朱熹以儒家伦理为核心,糅合佛老及诸子之说,进一步发展了北宋理学家的理学理论,建立了一个结构庞大、思辨精密,内容丰富的理学体系。他认为宇宙万物都是由"理"和"气"组成,气赋予万物以材质,理反映万物的本质和规律。但理先于气而存在,"理"是宇宙万物的本体,理又是最高的道德伦理准则,从而使三纲五常伦理规范上升为宇宙之理。朱熹的人性论是其理学从宇宙论过渡到伦理政治学的中间环节。朱熹提出用"理"来指导和支配人类性、心、情才是合理的,由此推出存天理,灭人欲的结论。

与朱熹同时期的陆九渊虽也承认宇宙本原是"理",但他认为理就在人的心里,实际是把"心"当作宇宙万物的本原、哲学的最高范畴,提出"心即理",将反映万物规律的"理",用主观化的"心"所代替,发现理的途径就是"发明本心"。

程朱理学对宋朝的社会影响极大,但与宋先后对峙的辽、夏,接受的基本上还是传统的儒学,注重尊孔读经,推动社会体制的汉化。金统治北方一百多年中,将儒学视为进行统治的有效工具,涌现出一批儒学的传人,如赵秉文、李纯甫、王若虚等。他们中有的排佛,有的主张"以儒治世,以佛治心,以道治身"的三教互补的观点,有的推崇苏轼,主张道统与文统的融会。

到了元朝,程朱理学真正成为官学,加封孔子为"大成至圣文宣王",以周敦颐、程颢、程颐、张载、邵雍、司马光、朱熹、张栻、吕祖谦及许衡从祀孔子庙庭,理学在政治生活中发挥了主流意识的作用。元朝的理学有自己的特色:一是程朱理学与陆九渊的心学互相补充、调和;二是儒家的道统与文统逐渐趋向融合;三是理学家与文章家互相影响。号称三大理学家的许衡、刘因、吴澄,都善为诗文创作,而号称诗文四大家的虞集、杨载、范梈、揭傒斯,亦多在创作中贯彻理学精神。

理学发展至明代,程朱理学仍为官方哲学,特别是朱熹的思想,成为科考选才的标准,成为明王朝实行专制的舆论工具。然而在明代中后期资本主义生产关系进一步发展的形势下,程朱理学显出其僵化的特征。为适应新的形势,王守仁继承与发展了陆九渊的学说,成为心学的集大成者。王守仁的心学体系是以"心即理""知行合一""致良知"为框架建立起来的。"心即理"是其本体论,"知行合一"是其认识论,"致良知"是其道德修养学说。王守仁的心学本来是弥补朱熹学说的不足,客观上却在一定程度上破除了对经学典籍的盲从,具有思想解放的意义,并逐渐变为士人追求个性解放精神解脱的学说。如左派王学代表李贽，反对程朱理学鼓吹的"存天理，灭人欲"论，否定封建伦理的"三纲"说，被人视为"异端"。他提出"童心说"，主张不掩饰地抒写自己的真情实感、独特见解。反对封建礼教的束缚和创作中的拟古风气，直接启发公安派提出"独抒性灵，不拘格套"的主张。然而随着王学末流脱离实际，空谈心性，使王学也趋向颓势。以东林书院为中心的"清流"派，面对明后期的黑暗现实，评议朝政，抨击时弊，反对阉党专权误国。继东林之后的各种文社，更以救世务实来纠正王学末流的空谈。

理学体系长于思辨，使中国文学思想解决了长期缺乏的文学本体的问题，不论"文本于理""文本于气"还是"文本于心"，都使中国文学思想哲学化与系统化了。不论宋代的散文、兼取北宋文统与南宋道统的元代散文，还是或尊秦汉或尊唐宋的复古、拟古的明代散文，都加强了哲理思辨的成分。主流的理学家反对浮华形式，在心、性、情等方面有精湛的阐述，但有重"道"轻"文"的思想。他们的语体文章，浅显易懂，多用口语俗话，对宋元明俗文学的兴盛及散文风格的转变有直接的关系。

对散文创作乃至文学创作影响力更大的是非主流的理学派别，如王安石的新派，司马光的朔派，苏轼、苏辙的蜀派，以及陈亮的永康派，叶适的永嘉派、前、后"七子"复古派、唐宋派、泰州派、公安派、竟陵派、复社和几社等文社派。他们不仅赞同儒家道统，同时也鼓吹韩、柳传承下来的文统，反对主流理学家重道轻文的倾向。这些非主流的理学家多以自己的文学作品而名世，所以往往不称其为理学家而称其为文章家。

北宋是中国古代散文发展的鼎盛时期，名家众多，"唐宋八大家"中，宋代就占六家。尤其是其中的苏轼，标志着中国古代散文创作发展到一个最辉煌的阶段。北宋散文作者群庞大，流派纷呈，作品丰富多彩，传世精品较多，各类体式多元共存，骈体文、散体文、语体文等文体在互相影响、互相吸收、互相竞争。以欧、苏为代表的古文运动扭转了晚唐五代及西昆绮靡文风，使衰微了的韩、柳古文传统得到发扬光大，使散体文重新占据了文坛的正宗地位。南宋时，民族矛盾激化，上层内部的党争演变为主战与主和的斗争，散文主题也由原来的多样性趋向单一，抗战恢复成了基本主题，爱国是其主旋律，文章充满悲慨愤激之情。南宋后期，由于北伐屡次失利，国土不断沦陷，散文也少了前期慷慨激昂的气势，多了伤感惆怅之音。

辽在建国初，尚勇武而不尚礼文，至圣宗与宋盟好，开始"雅辞相尚"，萧韩家奴、萧观音、王鼎等人一时以文学著称。辽代作家以唐宋文学大家为典范，叙事简约率直，抒情自然真挚，写景萧瑟苍茫，风格刚健明朗，有一种北方民族特有的爽朗与朴野，反映了大北方人的风土人情与心理特征。

金朝比辽更注重任用中原的文人才子，前期的著名散文作家，主要有由辽入金的韩昉、左企弓、虞仲文等。灭了北宋后，主要散文家有由宋入金的宇文虚中、张斛、蔡松年等，金朝初期文学就是在这种"借才异代"的背景下发展起来的。金朝受到南宋理学的影响，但文坛上以崇尚苏轼为主。金中期，本土成长起来的"国朝文派"崭露头角，代表人物有蔡珪、王寂、党怀英等人。文章多关时政，多抒写自洁孤高的情怀。金后期，由于国势衰微并走向败亡，赵秉文、王若虚、元好问等人的忧国伤时之文与南宋爱国派作品很相似。

至元，理学成了官学，原来北方散文家所崇尚的"文统"与南方理学家所鼓吹的"道统"，开始融合。元初散文占主导地位的是北派作家，文风刚健奇崛，南派文风更倾向于平易委婉，文中多故国之思与沧桑之感。元代中期，文人的易代之感已经淡化，虞、杨、范、揭等文坛精英之文多"治世之音"，体现了"文擅韩欧""道从伊洛"的元文本色。元代后期，社会动荡不安，"治世之音"渐变为"乱世之音"，最受压制的南方文人，多以寓言的形式，表达对元统治的反抗意识。

散文至明代更现颓势，其特征就是缺乏创新，模拟古人，在古代文学遗产中寻求创作范式而求生存与发展。明文衰微，文体本身进入衰落期是原因之一，更重要的是程朱理学及"八股"取士，牢牢束缚了文人，使其著文只适应统治者的需要而不能适应时代前进的步伐，于是明初自然产生了应制的"台阁文"。前、后"七子"及"唐宋派"提出复古口号，反对台阁卑弱文风与八股形式主义，有其积极意义。但他们一味依傍古人，复古变成了拟古。明后期，公安派、竟陵派，推崇李贽的"童心说"，批判拟古，主张抒写自己的真情实感，促进了以张岱为代表的晚明小品文创作高潮的形成。明清之交，东林党及各进步的文社，提倡复兴古学为现实政治服务，为清初顾炎武、黄宗羲等人倡导"经世致用之学"开了先路。

第八章　涌动着实学思潮的清前期散文

一　清前期实学的形成与发展

清代是中国历史上最后一个封建社会，也是中国古代社会向近代社会转型的时代，学术界一般以鸦片战争爆发为分界线，将清福临（顺治帝）入北京即帝位（1644）至第一次鸦片战争（1840）划归古代，将鸦片战争爆发以后的清后期划入近代。其理由是：从政治上讲，鸦片战争之后，中国社会由古代的封建社会开始变为近代的半封建半殖民地社会。从意识形态上讲，一直居于正统地位的儒学作为旧学受到冲击与批判，而引进的反映西方资本主义意识形态的西学，以及吸收、改造西学而形成的洋务、维新思想，成为引领社会思潮的新学。深受社会形态与意识形态影响的散文，也相应地发生了巨大的变化，鸦片战争之前的散文，可谓是古代散文的回光返照，在理论上，出现了对整个古代散文创作的全面总结，在创作上，出现了古文与骈文的再次复兴。而鸦片战争之后，古代散文全面衰落，而近、现代散文则逐渐发展成熟。所以我们以鸦片战争为界将清代分为前、后两个历史阶段，或称为前、后两个历史时期。本章所阐述的基本属于清前期的儒学与古代散文，后期的则属于近代学术研究的对象了。

中国社会发展至清代这一封建末世，新旧思想、新旧政治体制、新旧生产方式及新旧生产关系冲突异常激烈。宋明理学在新的形势下，与社会现实严重脱离，丧失了应对这一特定历史时期社会矛盾的能力，也无解救社会危机的能力，程朱理学仅能提供关涉功名利禄的科考内容，陆王心学更是流于空谈性命。那些负有强烈社会责任感的知识分子，首先反对近乎谈禅的空疏风气，重新强调儒学的精髓——"经世致用"的精神，批判旧的宋明理学、旧的专制政体和旧的生产方式。进而主张实言、实修、实风、实践、实征、实用、实业、实政、实功,一切以实事求是为原则,钻研扎扎实实而有根底的真学问,说有理有据的大实话,做脚踏实地解决实际问题的实事,当有用于国家、社会的人。这是儒家"修、齐、治、平"传统在新形势下的发扬,是儒家"内圣外王"的具体体现,于是一种新的儒学形态——实学便应运而生了。

实学的思潮,实际在宋明理学昌盛时,已有酝酿,而且"实学"二字也是由宋代理学家提出来的,甚至把理学别称为实学。如朱熹认为《中庸》"始言一理,中散为万事,末复合为一理。'放之则弥六合,卷之则退藏于密',其味无穷,皆实学也。"(《中庸章句序》)朱熹所推崇的"理"是寓于万事万物中的实理,与道家以无为宗与佛家以空为宗截然不同。他奉行的是胡瑗提倡的"明体达用之学"。比较重视履行儒家信仰,求真务实,积极入世济民。至于程朱理学后来越来越脱离实际僵化而空疏,这全是由于理学定于一尊后,丧失了活力、流弊丛生所致。常言道:"物极必反",就在理学日趋衰微时,清初以经世致用为特征的新的儒学形态——实学开始形成并迅速达到兴盛,实学的形成标志着宋明理学的终结。实学是儒学发展的最后形态,它反对宋明理学将儒学禅化,反对把儒学改造成近乎佛、道的虚无寂灭之教,努力将儒学从空疏务虚的歧途引向经世致用的正途,恢复儒家学说干预时政、积极用于世的传统,从而把儒学经世致用的传统发展到了一个新高度。清代实学本以救世实用为目的,但由于鸦片战争使中国发生了翻天覆地的巨变,实学最终也被真正能救世的新学所替代。

清代实学的形成与发展变化,经历了三个不同的阶段,王国维在《沈乙庵先生七十寿序》中概括这三个阶段实学的特点是:

> 我朝三百年间,学术三变;国初一变也,乾嘉一变也,道咸以降一变也。顺康之世,天造草昧,学者多胜国遗老,离丧乱之后,志在经世,故多为致用之学,求之经史,得其本原,一扫明代苟且破碎之习,而实学以兴。雍乾以后,纪纲既张,天下大定,士大夫得肆意稽古,不复视为经世之具,而经史小学专门之业兴焉。道咸以降,途辙稍变,言经者及今文,考史者兼辽、金、元,治地理者逮四裔,务为前人所不为,虽承乾嘉专门之学,然亦逆睹世变,有国初诸老经世之志。故国初之学大,乾嘉之学精,道咸以降之学新。(王国维《观堂集林》卷23)

王国维把握住了清代实学变化的特征，即顺治、康熙时期，学者多经时代的丧乱剧变，亡国之痛、易代之思、亡国奴之辱，时刻萦绕心头。他们有的还参加过抗清复明的武装斗争，深知宋明理学空言心性误国的危害，于是提倡经世致用，志于救世济国，并证之于经、史之籍，努力恢复儒学经世应务的传统，开创了清代经世致用的实学。这一时期的散文，也多表现反清复明的爱国精神、反对民族压迫的民族主义思想，揭露封建君主专制罪恶行径的民主意识。

　　雍正、乾隆及稍后的嘉庆时期，清朝统治不仅实现了稳定，而且呈现出了"国富物阜"的繁荣景象，相应地缓解了民族矛盾和阶级矛盾。统治者为宣扬盛世的文治功德，对知识分子采取了打压与拉拢两种手段，一方面以"文字狱"震慑文人；另一方面以科举取士，来消弭知识分子的抗清意识。清政府并大力扶持书院，组织大批文人编书、校书，对中国传统文化进行了空前规模的整理和总结，造成乾嘉时期考据风盛行与汉学的复兴，形成了在学术思想领域居引领地位的乾嘉考据学派，他们追求的是朴实无华的考据功夫，故又称其考据学为朴学。乾嘉考据学派崇尚重于训诂考释的汉代古文经学派的学术，故又称这个时期的学术为汉学。汉学是实学在乾嘉时期的体现，但这种汉学，只是在经史典籍方面讲严谨求实证，而对社会现实却漠然置之，放弃了清初关心国事的实学精神。

　　道咸以至清末，盛世不再，社会危机加重，西方资本主义势力的不断侵入，又引起中华民族生死存亡的危机。倡言救亡变法的呼声渐高，清初经世致用的实学精神不仅得到恢复，而且在新的形势下得到了发扬。各种类型的文章，揭露社会黑暗更加犀利，批判封建专制的罪恶更加深刻，要求改革图存的呼声更加强烈，脱离社会现实的汉学自然逐渐衰落。学界初以今文经学的复兴开其端，从《公羊》学的"三世"说中阐发变革的"微言大义"，寻求变法改革的理论依据。随着鸦片战争的爆发，西学的涌入，封建社会向半封建半殖民地社会的转型，儒学再无扭转乾坤、救国图强的能力，在近代新的反帝反封建的社会思潮中，清王朝最终走向消亡。

　　王国维以经世实学、复兴的汉学与今文经学来划分清代学术有其可取的地方，但并不全面，应该说，以这三个标准来划分清前期思想文化的发展是比较合适的，而清后期，即鸦片战争之后，社会意识主流已不再是实学，取而代之的是对儒学持批判态度、对西学持吸收态度的近代"新学"思潮。清代实学之所以还属于"旧学"，是因为它没有建立起自己独立的新的理论体系，其理论核心并没有超越儒学范围，在理论上最多是对先秦两汉儒学的回归。不论清初期强调儒学的经世致用，乾嘉时期的汉学复兴，道咸时期的今文经学复兴，都是以儒学的实用来反对宋明理学的空疏，用早期的儒学取代宋明理学的正统地位。然而，清代实学务实革新的精神不仅贯彻于学术研究，而且扩大至政治、经济等领域，它激烈地抨击封建专制主义和旧礼教、旧传统，具有早期反对蒙昧主义的启蒙价值。它最终取代了宋明理学的主流意识地位，为新学的推广扫清了道路、奠定了基础，并为新学提供了大量的可资利用、转化的思想资源。

依据实学对散文的影响，我们把划入古代阶段的近二百多年的清朝，大致划分为三时期：即顺治、康熙时期（1644—1722），计有79年；雍正、乾隆时期（1723—1795），计有73年；嘉庆、道光时期（1796—1850），计有55年。这里有与一般政治上的"古代"终点及"近代"起点不一致的地方，这主要照顾了朝代的完整。散文创作不一定与政治变革完全同步，与思想学术的发展也不完全齐头并进。当然，这种分段纯是人为的划分，实际上，思想学术及文学创作的发展并无绝对的界限，有些作家本身一生就并不仅仅处于一个时期，而我们却常常把他放在一个时期里论述。

（一）经世致用实学的确立

清代经世致用实学的确立，是有一定基础的。作为经世致用的精神，本是早期儒学中就具有的传统，就是在理学产生时的宋代，就有人倡导"明体达用之学"。即明了儒家的基本精神，从而达到齐家治国平天下的目的，也就是由"内圣"之身致"外王"之功。"格物穷理"也好，"致良知"也罢，最终还是以求建立实实在在的功业。到了明中叶，与王阳明同时代的罗钦顺（1465—1547）、王廷相（1474—1544）以求实的精神，对理学的空疏展开批判，认为王守仁的心学不过是一种"禅学"而已。他们都坚持气一元论，罗钦顺认为："盖通天地，亘古今，无非一气而已。"（《困知记》卷上）王廷相说："天地未生，只有元气，元气具，则造化人物之道理即此而在，故元气之上无物、无道、无理。"（《雅述·上篇》）"理根于气，不能独存也。"（《横渠理气辨》）批判朱熹的"理与气二物""理在气先"论，成为明代气论的奠基人，上承宋代张载，下启清代王夫之，将气视为宇宙唯一的实体，理只是气变化所表现出来的规律，为实学奠定了坚实的哲学理论基础。张岱年先生将张载、王廷相、王夫之为代表的气论学派，与程朱理学、陆王心学并列为宋明哲学的重要学派，是很有见识的。至晚明，随着社会危机的加重，批判宋明理学、挽救社会危机的经世致用的思想，遂成为一种社会思潮，李贽对于"假道学"的猛烈抨击，在当时曾产生了重大影响。李贽稍后的以顾宪成（1550—1612）、高攀龙（1562—1626）为代表的东林学派，更是异军突起，形成了一个有组织的学术兼政治团体。

该学派因顾宪成、高攀龙在无锡东林书院讲学而得名，领袖人物顾宪成、高攀龙基本恪守程朱理学，也基本肯定王守仁的"致良知"说，但对宋明理学、特别对王学的末流空谈性理持批评态度。顾宪成强调读书人要有救世济民的崇高抱负，时刻不忘国家的兴亡大事："讲以讲乎习之事，习以习乎讲之理"（《东林书院志·丽泽衍》），并撰成千古传诵的名联："风声雨声读书声，声声入耳；家事国事天下事，事事关心。"高攀龙则提倡要学"治国平天下"的"有用之学"。（《东林论学语》）他们都以国家兴亡为己任，志在践行忧国忧民的"实事"，大胆"讽议朝政，裁量人物"（《明史·顾宪成传》），弹劾、抨击阉党误国罪行，所以被阉党视为"党人"，遭到多次残酷镇压。但东林党人始终无悔，顾、高二人也被世人奉为"儒者之宗"（《明史·高攀龙传》），一时天下学者，都以东林为归，对清代实学的产生影响很大。明末，与东林党人相呼应的还有刘宗周（1578—1645）、黄道周（1585—1646）等人。刘宗周因讲学蕺山书院，人称蕺山先生，曾筑证人书院，黄宗羲、陈确是他的学生。他与黄道周都敢直言，指陈时政，声援东林，抨击阉党。刘宗周在南明政权灭亡后，绝食而死，黄道周则被清兵所俘杀。他们崇高的爱国气节一向为后世学者所推重。以上实学的先驱者，都为清初实学的形成，开了先路。

清代实学的确立，还有来自西方文化影响的原因。西学东渐的现象从明代就开始发生了，如西方传教士利玛窦从1583年起就在广东肇庆开始传教，到1610年逝世，在中国传教时间最久，有二十七年的时间。他熟悉中国，承认尊重儒学，但也清楚属于伦理道德哲学的儒学的不足。利玛窦学识渊博，具有极高的科学素养，会造天球仪和地球仪，不仅引进了基督教义，还引进了西方的科学技术，引进了西方严密的逻辑学等一系列规范的概念。西方文化带来的全新世界观，具有很大的吸引力，经利玛窦受洗的基督信徒就以千数计，甚至像徐光启、李之藻、李天经等著名知识分子也自愿受洗入教。他们在接受西方基督教义的同时，更向往西方的科学技术，着手翻译西方科技书籍，并写出如《农政全书》（徐光启）、《天工开物》（宋应星）、《徐霞客游记》（徐弘祖）等实用性的专门著作。这些实用性的著作本身就是对宋明理学空言心性的批判，它不仅促成清初实学的形成，而且也直接启发了清后期洋务派、维新派的形成。

清初，经历了天翻地覆的易代动荡，使大批明代爱国遗民痛定思痛，不约而同地把亡国的原因归结为明末统治的腐败和宋明理学空言心性的误国。他们继承了晚明东林学派救世济民、关心国家大事的精神，坚持反清复明。当复明无望，便以大无畏的精神批判腐朽的君主专制制度，把矛头对准向来神圣不可冒犯的君主独裁。在治学上，主要体现在治经与治史方面，力戒宋明理学的空疏，在典章名物、天文地理、河漕兵书、音韵训诂、财赋制度等各个研究领域，贯彻着经世致用的原则，表现出这些实学家们丰富的社会实践经验、深厚的文化素养与学术功力的博大精深。代表性人物是黄宗羲、顾炎武和王夫之。

黄宗羲（1610—1695）浙江余姚人，字太冲，号南雷，人称其梨州先生。父亲黄尊素是东林名士，因弹劾宦官魏忠贤而遭迫害致死，黄宗羲自幼受到东林党人的影响，与阉党有不共戴天的仇恨。十九岁时，亲手以铁锥击伤两名魏忠贤的爪牙，表现出非凡的胆魄，成为东林子弟中的领袖人物，后领导复社坚持与马士英、阮大铖为首的阉宦作斗争。清兵南下，曾组织"世忠营"进行抵抗。明亡后，屡拒清廷征召，携老母回到浙江乡里，潜心著述，以寄托自己对故国的哀思和经世之志。黄宗羲曾师事明末儒学大师刘宗周，康熙六年（1667），重开由刘宗周创办而中断了20余年的证人书院，黄宗羲在那里讲学，影响所及，形成了著名的浙东学派，与孙奇逢、李颙并称"三大儒"。

黄宗羲对社会最有影响的是其鲜明的反对封建君主专制的思想，这种思想主要体现在他用了近十年的时间写就的《明夷待访录》中。"明夷"二字取自《周易》卦名，卦中有"箕子之明夷"句，作者自序称："吾虽老矣，如箕子之见访，或庶几焉。"向慕"以箕子归，作洪范。"（《尚书·洪范》）这正是黄宗羲不甘国事惨败而积极经世的心态写照。往昔他是反清战场上的失败者，现在他以手中之笔为武器，与新朝黑暗腐朽的封建专制制度继续战斗。"待访录"三字即指自己的用意与心志，留待后来寻访此书者见知。

黄宗羲继承、发展了孔子、孟子的民本思想，在《明夷待访录·原君》中，响亮地提出"天下为主，君为客"的崭新命题。他说："古者以天下为主，君为客，凡君所毕世而经营者，为天下也。今也，以君为主，天下为客，凡天下之无地而得安宁者，为君也。"以君为主，则君便可擅权专利，"以为天下利害之权皆出于我，我以天下之利尽归于己，以天下之害尽归于人"。"敲剥天下之骨髓，离散天下之子女，以奉我一人之淫乐，视为当然。"进而推断出："为天下之大害者，君而已矣！"得出这样的结论："天下之治乱，不在一姓之兴亡，而在万民之忧乐。""为天下，非为君也；为万民，非为一姓也。"这种思想远超孟子的"民贵君轻"说。在黄宗羲的意识里，君不是轻不轻的问题，而是作为天下大害应该废除的，不仅彻底否定了封建纲常的核心——"君为臣纲"说，发展了阮籍、鲍敬的"无君论"，而且对明王朝的灭国有了新的认识，其认识深度远远超出所谓"江山易主"的狭隘性，超出关乎一姓一族兴亡的狭隘的民族主义范畴。

既然理应以天下人为主，君王为客，那么是非的话语权应属天下人而不属君王一人。黄宗羲认识到"天子之所是未必是，天子之所非未必非，天子亦遂不敢自为非是，而公其非是于学校。是故养士为学校之一事，而学校不仅为养士而设也。"（《明夷待访录·学校》）学校不仅是读书育人的教育场所，也是出智慧出方略之地，更是议论朝政乃至对天子施行监察的机构，这实际是对东林书院、证人书院一类的学术团体的充分肯定，也是包括黄宗羲自己在内的士人经世致用理论的自信。

《明夷待访录》中鲜明的民主主义精神，与当时西学东渐的思潮及资本主义生产关系在中国顽强发展形势相适应，对中国近代旧民主主义思想的产生有启蒙的作用。《明夷待访录》虽被清廷列为禁书，但阻止不了它的传播，尤其在清末维新变法时。维新派把它当作宣传民主主义的工具，以此来鼓动人们参与变法运动。谭嗣同说："君统盛而唐虞后无可观之政矣，孔教亡而三代下无可读之书矣。乃若区玉检于尘编，拾火齐于瓦砾，以冀万一有当于孔教者，则黄梨洲《明夷待访录》，其庶几乎。"（《仁学》）梁启超说这部书"实为刺激青年最有力之兴奋剂，我自己的政治运动，可以说是受这部书的影响最早而最深。"（《中国近三百年学术史》）

黄宗羲在当时算个长寿的老人，其前半生参与反对阉宦、抗清复明的政治斗争，后半生潜心治学著述，撰写和编纂了近两千万字的著作，除《明夷待访录》外，主要的著作还有《明儒学案》《孟子师说》《南雷文案》等，后人编有《黄梨洲全集》。他于经学、史学、文学、天文、地理、算术、音律、历法等无不研究，研究中无不贯彻着经世致用的精神，用自己的学术成果来抨击封建专制以达救世的目的。最有特色的是他的治经之作，而成就最大的则是他的史学著作。

黄宗羲治经，虽也认为必先穷经，但穷经的目的在于经世，于事无补的读经，即使皓首群经，也只能是个迂儒，他说："受业者必先空经，经术所以经世，方不为迂儒之学。"（全祖望《神道碑文》）其次，虽治经但对经书并不盲目崇拜，并要有疑经的胆量，"小疑则小悟，大疑则大悟，不疑则不悟"。（《答董吴仲论学书》）当然，这种怀疑不是无根据地怀疑，而是"取近代理明义精之学，用汉儒博物考古之功，加以湛思"。(《陆文虎先生墓志铭》)通过广征博引，用事实来检验经书的真伪，从而去伪存真。反对宋明理学末流往往采撷数条经书语录，既不博通诸子，又不证之于史籍，便无根据地"游谈"。他在《孟子师说》中提出对待儒家经典的十六字原则："当身理会，求其着落"，"屏去传注，独取遗经"。就是对经典要有自己的"理会"，自己的见解要有充足的依据。不应盲从他人的说法，尤其是不要迷信所谓经学权威对经书的传注，摒弃其传注而捷直获取经书的真谛。这番话显然是针对统治者将朱熹的《四书集注》和《性理大全》作为判断是非和臧否人物的金科玉律而发的，提倡独立思考，反对将儒家经典教条化。

在史学方面，黄宗羲的《明儒学案》是中国第一部严格意义上的学术史专著，也是他在史学研究方面成就最高的一部史学著述，梁启超称这部著作是"中国之有学术史自此始也"。(《论清学史二种·清代学术概论》)他还著有未完稿《宋元学案》，后由全祖望和其子黄百家续写完成。《明儒学案》比较全面、客观地介绍了明代学术思想的各个学派，清晰地展示了明代各种学术思想的源流变化，反映了明代学术思想的风貌。在方法上，使用了"一本万殊"的分析法和"会众以合一"的归纳法，即既看重自得之学，又重视不同派别的观点，公正、客观地评价各派功过，力戒门户之见。他说："学问之道，以各人自用得着为真。凡倚门傍户，依样葫芦者，非流俗之士，则经生之业也，此编所列，有一偏之见，有相反之论。学者于其不同处，正宜着眼理会，所谓一本而万殊也。"(《明儒学案·凡例》)同时，还要善于归纳各派特点，做到条分缕析，脉络清晰。所以他又说："士生千载之下，不能会众以合一，由谷而之川，川以达于海，犹可谓穷经乎？"(同上)黄宗羲的史学体例与治史方法具有很高的学术价值。

顾炎武(1613—1682)江苏昆山人，原名绛，字忠清，明亡，改名炎武，字宁人，人称亭林先生。其家族是江东望族，高、曾祖父为明朝重臣，祖父是一位对历史和地理颇有研究的学者，至其父辈时家道中落。顾炎武少时就加入复社，反对宦官专权。科场失意后，毅然弃绝帖括之学，遍览正史以及天下郡县志，著《天下郡国利病书》。书未成明亡，他投笔从戎，参加了苏州、昆山等地的武装抗清斗争，勇敢地承担起挽救民族危亡的历史重担，用实际行动践行自己的誓言——"天下兴亡匹夫有责"。昆山被清兵攻陷后，两个弟弟被杀，生母被砍断右臂，嗣母不愿做亡国奴，绝食而亡，而自己参与的抗清斗争也均遭惨败。他怀着家国仇恨，以游为隐，往返于河北、北京、山东、河南、山西、陕西等地。交结天下豪杰，阅读各地书籍文献，考察各地山川地形与风土人情，潘耒说他"足迹半天下，所至交其贤豪长者，考其山川风俗、疾苦利病，如指诸掌"。(《日知录序》) 真正实践了"行万里路，读万卷书"，且在行、读中还进行着学术研究。"凡先生之游，以二马二骡载书自随。所至阨塞，即呼老兵退卒询其曲折。或与平日所闻不合，则即坊肆中发书而对勘之。"(见全祖望《顾亭先生神道表》) 晚年隐居陕西华阴，仍著述不辍。其主要著述除《天下郡国利病书》外，还有《日知录》《音学五书》《肇城志》《亭林诗文集》等，在历史、地理、音韵、考据、金石考古、诗文创作等方面，都有独特的建树。

顾炎武力倡经世致用，他对黄宗羲的《明夷待访录》中的许多观点深表赞同，认为做学问就应该考虑"国家治乱之源，生民根本之计"(《与黄宗羲书》)"君子之为学，以明道也，以救世也。"(《与人书》) 他撰写《日知录》就是为了"明学术，正人心，拨乱世，以兴太平之事。"(《初刻《日知录》自序》) 最重要的经世致用，莫过于解决国家治乱兴亡的大事，所以清初有识之士无不考虑与国家治乱兴亡紧密相关的君权问题，黄宗羲的《明夷待访录》明确提出君主乃天下之大害，一切祸乱皆出于此。顾炎武的思想没有黄宗羲那样激进，但他反对君主独裁，他说："所谓天子者，执天下之大权者也。其执大权奈何？以天下之权寄之天下之人，而权乃归之天子。自公卿大夫，至于百里之宰，一命之官，莫不分天子之权以各治其事，而天子之权乃益尊。后世有不善治者出焉，尽天下一切之权，而收之在上。"(《守令》) 主张以众治来限制君主一人专权。

清初实学的基本特征就是崇实黜虚，顾炎武认为明朝灭亡，是理学空谈所致，他们"不习六艺之文，不考百王之典，不综当代之务，举夫子论学论政之大端一切不问，而曰一贯，曰无言，以明心见性之空言，代修己治人之实学，股肱惰而万事荒，爪牙亡而四国乱。神州荡复，宗社丘墟。"(《夫子之言性与天道》) 顾炎武对理学完全持否定的态度，他说："古之所谓理学，经学也，非数十年不能通也。故曰：君子之于《春秋》，没身而已矣。今之所谓理学，禅学也，不取之五经而但资之语录，校诸帖括之文而尤易也……此之谓不知本矣"(《与施愚山书》) 他把理学称为华而不实的"俗学"，主张"务本原之学"，"鄙俗学而求六经，舍春华而食秋实"(《与周籀书书》)"凡文之不关于六经之指，当世之务者，一切不为。"(《与人书》) 对理学的批判，还不仅在于主张经学即理学，经学完全可以取代理学，而且指出理学从根本上违背了经学的宗旨。尤其是理学家的心性之学，置达道（指君臣、父子、夫妇、昆弟、朋友）、达德（指智、仁、勇)、九经(指修身、尊贤、亲亲、敬大臣、体群臣、子庶民、来百工、柔远人、怀诸侯)于不顾,脱离实际,侈谈心性义理,与齐家、治国、平天下的儒家宗旨不沾边,实际是应该屏弃的空疏务虚的无用之学。

顾炎武崇尚六经,认为是"原本之学",但对六经也从求实出发,不迷信,不盲从,更不依傍前人成说,信其所当信,疑其所当疑,经过实际考察与认真的研究,得出符合实际的独立判断。他曾说:"《五经》得于秦火之余,其中故不能无错误,学者不幸而生乎二千余载之后,信古而阙疑,乃其分也。"(《丰熙伪尚书》)如他批评陈抟、邵雍将《易》视为方术之书,远离了圣人修身少过的宗旨。再如唐代啖助著有《春秋集传》《春秋统例》,因有怀疑经传的言论,向来不为人所重视,顾炎武却大加赞许,认为啖助的《春秋》研究多有独立见解。

顾炎武治学讲求务实,总与修身、济世相联系。他把孔子的"博学于文,行己有耻"作为道德标准与治学原则,在他看来,"文"不仅指典籍文献,也指丰富的社会实践及所获得的各种有用的实际知识,不仅反对理学末流"束书不观,游谈无根"的空疏学风,也反对理学末流脱离实际不重视社会考察的恶劣风气。"耻",指对天下、国家不负责,"有耻"即知耻,这里顾炎武把热爱祖国、关心国事及保持民族气节、高尚人格与博学联系起来,同样针砭了理学末流"置四海之困穷不言,而终日讲危微精一之说"(《与友人论学书》),揭露了他们不关心民族、国家兴亡,丧失气节的可鄙行为。

顾炎武一生著述宏富,但每一部著作都贯彻着笃实致用的原则。如他因为"感四国之多虞,耻经生之寡术"而著《天下郡国利病书》(《天下郡国利病书序》),此书利用众多郡县志、名人文集、章奏文册,参考二十一史,记录了各地疆域、山川、兵防、赋役、物产、水利等,关注的是生民利病这一最基本的国计民生问题。《音学五书》由《音论》《诗本音》《易音》《唐韵正》《古音表》5个部分组成,顾炎武著此书,是因为后人对古书率臆径改,他认为读经自考文始,考文自知音始,按照先懂字音再清楚字义最后理解文义的顺序来读经,所以古音学成了读经的首要问题。他历经30余年,勤于考证,著成此书,在音韵学方面作出了开创性的贡献,使音韵学从经学的附庸变成了专门学科,顾炎武也自然成为清代音韵学的开山宗师。

顾炎武在资料考证的同时,又注重实际考察,创立了综合、归纳、演绎于一体的考证方法,开清代朴学风气,对后来重考据的乾嘉学派有重大影响。顾炎武的代表作是《日知录》，他自称："平生之志与业，皆在其中"（《与友人论门人书》）又说："某自五十以后，笃志经史，其于音学，深有所得，今为五书以续三百篇以来久绝之传，而别著《日知录》，上篇经术，中篇治道，下篇博闻。"（《与人书二十五》）此书系读书札记，是他倾一生精力所为，以"明道""救世"为宗旨，内容包括经义、政事、世风、礼制、艺文、史法、兵事、天象、术数、地理等，内容广泛，考证精详，集其学术研究、政治思想之大成，具有极高的学术价值。"顾氏治史讲究史事之真、史书之信，因而注意考史。考史的精神是疑古，疑古、考据相辅相成，归宿点是求实求真的科学精神，这一学风影响深远。顾氏治史，亦特别注意变通。求真实，讲自然，而又通变化。其最终目的是'鉴往所以知今'，这是史家资鉴的优良传统，更带有明末清初经世致用的时代特色。"[①]

王夫之（1619—1692）湖南衡阳人，字而农，号姜斋，晚年隐居于南岳衡山下的石船山，学者称其为船山先生。父亲王朝聘与哥哥介之、参之都通经博古，家学渊源对王夫之深有影响。崇祯十五年（1642）王夫之以《春秋》门科考第一名而中举。明亡，在衡山举兵抗清，失败后赴肇庆投奔南明桂王，任行人司行人。永历帝（桂王）的小朝廷无能与腐败，使王夫之倍感失望，又到桂林投奔瞿式耜。不久瞿式耜被俘遇害，桂林失守，王夫之深感复明大势已去，便遁身隐伏深山四十多年，潜心研究学术、著书立说。王夫之一生著述宏富，内容涉及多个领域，尤精于经学、史学和文学。在政治方面的主要著述有：《黄书》《噩梦》等；在哲学方面主要有：《张子正蒙注》《尚书引义》《周易外传》《读四书大全说》《思问录》《老子衍》《庄子通》等；在史学方面主要有：《读通鉴论》《宋论》《永历实录》等；在文学方面主要有：《姜斋诗话》《楚辞通释》《古诗评选》《唐诗选评》《明诗选评》等，著作大部分收入后人编的《船山遗书》中。

王夫之具有远大的志向和抱负，对国家和民族有一种义不容辞的历史责任感，这些都化作巨大的精神动力，使他知识渊博，兴趣广泛，在文、史、哲等多个学科研究方面作出了卓越的贡献。他生前自题墓石碑文，其中写道："抱刘越石之孤愤，而命无从致；希张横渠之正学，而力不能企。"他怀有晋朝将领、诗人刘琨以身报国之志，然而时运使他无从施展；他奉行北宋思想家张载的学说，但又担心自己才浅难以实现。这段铭文表达了王夫之一生在政治上的抱负和在学术上的追求。不能效法刘琨，这是

---

① 许凌云、许强：《中国儒学通论》，广东教育出版社2002年版，第187页。

形势使然,然而"希张横渠之正学,而力不能企",则是一句谦虚的话,王夫之学术上的贡献绝不在张载之下。这里须留意王夫之提到的"正学",所谓"正学",字面理解就是拨乱反正之学、正确之学、正宗之学。在王夫之看来,以往的经学、理学,都存在着"不正"的地方,都需要纠偏而归之正。他认为张载的学问是"正学",正是看重了张载的唯物主义思想——元气本体论,王夫之一生的学术研究重点,就是批判伪学,宣扬正学。

在宇宙观上,王夫之继承了张载的元气本体论,并进一步总结和发展了中国传统的朴素辩证法和唯物论。他认为宇宙(传统所谓的太虚或太极)是由唯一的实体——"气"所构成并以其运动变化着的形态而存在的,他说:"阴阳二气充满太虚,此外更无他物,亦无间隙,天之象,地之形,皆其所范围也。散入无形而适得气之体,聚为有形而不失气之常,通乎死生犹昼夜也。"(《张子正蒙注·太和篇》)整个宇宙就是无时不在聚散变化的气(物质或传统称为"器"的),"理"或"道"就是气的聚散变化的规律。他说:"天下岂别有所谓'理'?气得其理之谓'理'也。""理即是气之理,气当得如此便是理,理不先而气不后。"(《读四书大全说》)旗帜鲜明地反对程朱"理先气后"和陆王的"心外无物"论。王夫之的道器观实际是其元气本体论的另一说法,既然宇宙间皆气,气又无时不在运动,器又是阴阳二气在运动中所形成,所以宇宙间又皆器。而"道"也如同"理"一样,只是形成器的说明,是关于器的理论抽象,它不能离开器而独立存在。"天下唯器而已矣","无其器则无其道","据器而道存,离器而道毁"。(《周易外传》)"形而上则谓之道,形而下则谓之器,无非一阴一阳之和而成,尽器则道在其中矣。"(《思问录·内篇》)"理"与"道"既是宇宙"气"或"器"不断变化的理论总结,那么"理"与"道"的根本属性就是随着"气"或"器"的不断变化而变化。这就从最基本的宇宙观上建立起历史进化论,反对所谓一成不变的"天理"。

王夫之从唯物论出发,公开、大胆地批驳理学家所鼓吹的"存天理,灭人欲"的理论,肯定人们为求生存发展而提出的合理物质要求,把自己的伦理观建立在人们的物质利益上。他说:"私欲之中,天理所寓。""人欲之大公,即天理也。"(《读四书大全说》)他并不像理学家将私欲与天理完全对立起来,"人欲之各得,即天理之大同。""天理周充,原不与人欲相对垒。"(同上)相反,合理的私欲,即符合"大公"原则的人欲,正是天理的体现。当然他也赞同孟子的"大丈夫"舍生取义的思想境界,为了崇高的道德理想,可以舍弃私欲甚至生命,他说:"生以载义,生可贵;义以立生,生可舍。"(《尚书引义·大诰》)但这不叫"灭人欲",而是为了实现"人欲之大公"。牺牲一己之欲,赢得众人之欲。

王夫之又发展了张载"一物两体"的辩证法,建立起他的对立统一的朴素辩证法思想。他说:"天下之变万,而要归于二端,二端生于一致,故方有美而方有恶,方有善而方有不善。"(《老子衍》)"非有一,则无两也。""一之体立,故两之用行。"(《张子正蒙注·太和篇》)"故合二而一者,既分为二之所固有矣"(《周易外传》),既认识到同一事物存在着矛盾的两面性,又认识到矛盾着的事物又有其统一性,这就是"一分为二"与"合二而一"的事物发展变化的总规律,一切事物都处于矛盾的对立统一中。

在历史观上,王夫之坚持历史发展进化的观点,这种思想主要体现在他的《读通鉴论》与《宋论》两部著作中,以历史事件、历史人物的评说阐述了自己势、理合一的历史观,这也是他的唯物史观的核心。历史是进化的,还是循环的,还是退化的?其分歧就在于对历史推动力的不同认识上。不论战国时期邹衍的"五德终始说"、西汉董仲舒的"三统"说,主张历史循环;也不论宋代邵雍的历史复古说,主张历史退化,其核心就是认为掌控历史变化的是一种神秘的力量,是神或圣人的意志。王夫之继承发展了孟子、韩非子、贾谊、王充、刘知几、柳宗元、刘禹锡等人的历史进化论,如柳宗元强调历史变化"非圣人之意也,势也"。(《封建论》)王夫之重新强调历史发展变化有规律可循,影响历史发展的根本动力来自"势",常言说"势在必行","势"在历史发展中具有不可抗拒性。"机势""趋势"则昌,"失势""逆势"则亡。他举例论证说,秦始皇以郡县制代替分封制,是"势"使之然,符合历史发展趋势,两千年来任何想要恢复分封制的人最终归于失败,"夫封建之不可复,势也"。(《读通鉴论》)"势"既不是神的意志,也不是所谓圣人的主观意志,而是驱动历史发展的一种必然,体现出一种必然的规律,即表现为当然之"理"。"势"是整个历史过程的具体显现,"理"是"势"变化规律的总结。势理合一,势理相成,"势者事之所因,事者势之所就,故离事无理,离理无势。势之难易,理之顺逆为之也。理顺斯势顺也,理逆斯势逆矣"。(同上)具有辩证统一的势理说,是王夫之对传统历史进化论的进一步发展。以这一观点考察历史,他认识道:"天地之德不易,而天地之化日新。"(《思问录·外篇》)天地的物质本性是不变的,天地的变化却是日新月异的,历史总是在"势"的推动下不断向前发展,标榜、赞扬"三代"、菲薄当今的历史退化论，以及"五德终始""三统循环"的历史循环论，则是属于毫无根据的臆想与编造了。

王夫之的思想博大精深，"六经责我开生面"是王夫之思想体系的特征。儒家六经虽是他治学的依据，但他并不固守儒家旧说，在批判程朱陆王理学的基础上，提出了一系列独到的见解，创造出一个别开生面的实学理论思想体系，使儒学真正实现了废虚返实。

清初的实学已经达到了其发展的高峰，有人认为清初众多杰出的实学家堪比先秦时期的诸子百家，他们在各个方面都提出了自己的见解，在许多方面有新的建树，形成了中国儒学史上又一个辉煌的时代。这些著名实学家中，除了上述之外，还有陈确、傅山、方以智、李颙、唐甄、顾祖禹、颜元、万斯同、李塨、全祖望等人。

陈确（1604—1677）曾受学于刘宗周，黄宗羲对他评价说："其学无所依傍，无所赡顾，凡不合于心者，虽先儒已有成说，亦不肯随声附和，遂多惊世骇俗之论。"（黄宗羲《陈乾初先生墓志铭》）

傅山（1607—1684）是顾炎武的交友，明亡后，改道士服冠隐居。在入狱严刑下不屈，征召不应，表现了抗清的气节。傅山精通经史诸子之学，兼工诗文、书画、小学与医学，认为经、子应平等对待，不能一视为正宗一视为异端。傅山有对《老子》《墨子》《管子》《庄子》《公孙龙子》《鬼谷子》《荀子》《淮南子》等诸子的研究著述，对诸子作综合性研究，从先秦诸子的思想中寻求并吸收合理的因素，来批判理学，甚至否定某些正统思想。

方以智（1611—1671）早年与陈贞慧、吴应箕、侯方域等人"主盟复社"，明亡后出家为僧。通晓中国传统自然科学，接受刚传入的西方近代科学。提出了"火一元论"的宇宙观，把火与气等同起来。方以智博学多才，特别是广泛涉猎向为儒士不重视的自然科学，来建立自己的思想体系，这在清初思想家中也独树一帜。

李颙（1627—1705），学无师承，经史诸子及释、道之书无不遍读。主讲关中书院，认为："立人达人全在讲学，移风易俗，全在讲学，拨乱反正，全在讲学，旋转乾坤，全在讲学。"（《匡时要务》）提倡自由讲学，反对清王朝钳制思想的政策，与孙奇逢、黄宗羲并称三大儒。李颙主张悔过自新与明体适用，悔过自新从立身而言。明体适用从用于世而言，明体即承袭理学，适用则是对理学的修正。

唐甄（1630—1704）著有《潜书》，多录当时见闻、时势政事、民生疾苦等，最有价值的是激烈地抨击封建专制，借否定天神独尊而否定帝王独尊，说："天主之尊，非天帝大神也，皆人也。"（《潜书·抑尊》）甚至将帝王视为残害百姓的"贼"："自秦以来，凡为帝王者皆贼也。"（《潜书·室语》）《潜书》反独裁争民主的思想可与黄宗羲的《明夷待访录》相媲美。

顾祖禹（1631—1692）、万斯同（1638—1702）、全祖望（1705—1755）都是著名的史学家，顾祖禹主治历史地理学，万斯同与全祖望同为清代浙东史学的巨擘。顾祖禹著有《读史方舆纪要》，把地理环境与历史治乱兴亡结合起来，成为我国历史地理学研究的经典之作。万斯同为黄宗羲弟子，博通经史，尤其熟知明代掌故，著有《纪元汇考》《历代宰辅汇考》《儒林宗派》《书学汇编》《石园诗文集》等，曾用10年的时间参与编审《明史稿》，手定《明史稿》五百卷，矻矻终日，将全部心血倾注于史著，表现出一代史学大家的风范。全祖望（1705—1755）著有《鲒埼亭文集》及《外编》《经史问答》等著作。继黄宗羲、黄百家之后，续修而成《宋元学案》。用史著表彰具有民族气节的人物，是全祖望史学的突出特点，同时也见出全祖望的民族爱国思想。

颜元（1635—1704）因与弟子李塨（1659—1733）共同倡导"实事""实学"，反对宋明理学的闭门死读书，空谈心性，世称颜李学派。颜元著有《四书正误》《四存编》《习斋记余》《朱子语类评》等，后人编有《颜李遗书》《颜李丛书》。颜元抨击理学异常大胆激烈，他敢于"下二千年不敢下之笔，开二千年不敢开之口"（《习斋记余·上太仓陆亭先生书》），如他说理学家的本质就是以理杀人："果息王学而朱学独行，不杀人耶？果息朱学而独行王学，不杀人耶？"（《习斋记余·阅张氏王学质疑评》），他反对死读书："读书愈多，愈惑，审事机愈无识，办经济愈无力。"（《四存编·存性编》）话虽过分，但这全是针对理学家脱离实际的读书方法而发论。

总之，清初实学家，其学术思想个个博大精深，在经学、史学甚至自然科学诸领域都有涉及并作出成绩。他们都反对宋明以来束书不观、游谈无根的空疏学风，在其学术研究中贯彻着经世致用的思想。他们反清复明的思想，带着民族主义与爱国意识的色彩；对封建君主专制的批判达到了前所未有的尖锐与深刻，对旧民主主义起到启蒙的作用；对宋明理学的批判，从根本上撼动了理学的根基，加速了理学的没落。鲜明的批判精神，反映出清初实学家强烈的社会责任感，这与后来的乾嘉学派重怀疑、重证据、重考据的实学原则有很大不同。清初的实学目的在救世济民，而乾嘉考据的目的主要在于求得学术上的实事求是，一着眼于社会现实，一着眼于以往的经史典籍。当然也不排除雍乾时期个别人仍坚持着清初实学的传统，如戴震，与颜元同调，也将程朱陆王理学比作"杀人"的工具，对理学进行了最严厉的判决。清初除了对社会、意识形态做激烈的批判外，对向来不为儒家重视的自然科学也做了深入探索，在一定程度上扭转了"重道轻艺"的旧习气，这也应该属于实学转变空疏学风以达经世致用的内容之一。

（二）全面整理和总结中国文化的汉学

中国古代社会发展至清朝，已经进入它的衰老时期，但清朝前期统治者征服全国之后，以其再一次强化专制统治，而造成社会趋于安定，经济不断发展，在康熙时期已呈现出社会繁荣的景象，至雍正、乾隆时期，清朝封建社会已达全盛。在这种情况下，对中国几千年来积累下来的文化典籍进行大规模整理和研究，已是文化自身的一种必然要求。

同时，清朝统治者也认识到：通过大规模整理和研究文化典籍，可以控制社会意识形态，招揽大批知识分子为统治者所用。在康熙朝时，一些知识分子中还存在着反清复明的意识与反君主专制的民主主义思想，统治阶级对此采取了软硬兼施的两手政策，一方面沿袭明代八股文取士的科举制，又特地开设博学鸿词科，征召那些隐居不仕的遗民士大夫。或组织大批文人整理古籍，编纂图书，使知识分子的精力陷于理学理论探讨与钻研古籍之中。另一方面，采取文化恐怖政策，大兴文字狱，对存有"异端"思想的文人实行残酷迫害，并借整理古籍之机，大量销毁具有反清意识的文献。经过康熙时期，到了雍正、乾隆时期，统治者的文化政策基本取得了预期的效果。这当然并非全是其笼络与高压政策的威力所致，主要的还在于经过几十年的社会稳定，经济得到很大的发展，怀有反清复明思想的老一代相继亡故，新一代的文人与统治阶级的对立有所缓和，反对满清统治的意识已经淡薄。在统治权力非常巩固的形势下，统治者反而加强了政治高压，文字狱的严酷程度在这一时期达到了中国历史的高峰，不仅具有反清意识的人遭到极刑，而且祸及无辜，错案冤案层出不穷，统治者的目的就是要用杀戮来震慑治服所有的知识分子。同时，整理和研究文化典籍的规模比康熙朝更大更持久，借此来点缀升平，如在乾隆时期开设四库全书馆，组织大批人员编纂《四库全书》，又缮写《永乐大典》，设三通馆、武英殿刻书等。大批知识分子也乐于参与文化典籍的整理和研究，不仅借此可以全身避祸，而且还可以将自己在野的地位提升到官方或半官方的地位。同时他们也认为，中国学术文化经过漫长的发展之后，规模庞大，内容繁杂，需要来一次全面的整理，为后人保存和利用古代典籍做贡献，也是学人义不容辞的责任。

消除清初那种民主意识和反清思想，使清初与统治阶级意识形态明显形成对立的经世致用的实学转变性质，成为统治阶级束缚知识分子的思想绳索，这正是统治者的目的。在统治者软硬兼施的形势下，除个别人还保持着汉初对程朱理学、封建专制的批判态度外，多数文人已将批判的精神摒弃了。他们虽然提出"实事求是"的口号，但实际上只在故纸堆里求"是"，虽然在训诂注释、版本鉴定、文字校勘、辨伪辑佚等方面做出了巨大的贡献，但其研究远离社会现实政治与国计民生。这种学问就是人们称之为与"宋学"相对的"汉学"。汉代的汉学本来包括西汉的今文经学，与东汉的古文经学，古文经学注重文字、音韵、训诂的考据，乾嘉汉学主要类似东汉治经重于考据。考据文风朴实无华，故又称乾嘉汉学为乾嘉考据学或乾嘉朴学。乾嘉时以汉学为实学，汉学除了脱离社会现实外，还存在着泥古、烦琐和形式主义的倾向。乾嘉考据学包括用考据方式治经和治史两个重要内容，其成果主要集中于乾隆时期，习惯上所说的乾嘉考据，其主要的学者大部分处于雍、乾时期。在这种世风的影响下，一向与社会现实联系紧密的散文作家，也将主要精力放在古代散文遗产的整理与研究上，出现了清代最著名也最有影响力的全面总结散文创作规律的流派——桐城派。他们自许是孔、孟、韩、欧、程、朱以来道统的后继者，企望通过自己的理论总结，为后世确定系统、完整的散文创作规则，实际上进一步使散文成为维护封建统治与宣扬道统的有力工具。

雍正、乾隆时期的汉学虽舍弃了清初积极干预时事的精神，但在某种意义上说仍是清初实学的延续。清初的顾炎武治学讲治道、经术和博闻，考据是其主要的方法，他对雍、乾时期汉学的形成有直接影响，被称为开启一代考据学风的宗师。雍、乾时期汉学继承了顾炎武的考据方法，但没有继承顾炎武以考据为手段而要达到治道的目的。康熙时期的阎若璩、胡渭、毛奇龄、万斯大、姚际恒等人，在训诂经书、考辨文献、考释历史地理古籍等方面作出不小的成绩，这些人都应该是雍、乾时期汉学的先驱者。雍、乾时期汉学的内容十分广泛，经学、小学、史学、地理、金石学、诸子、校勘目录学、博物学等，无不涉及。在治经方面，有突出成就者，始于惠栋，至戴震而达到高峰，此外，还有汪中、洪亮吉等人；在治史方面，杰出的人物有钱大昕、王鸣盛、赵翼、章学诚等；在文学方面，影响比较大的则是以方苞、刘大櫆、姚鼐为代表的桐城派。

惠栋（1697—1758）字定宇，一字松崖，江苏吴县人，清代吴派考据学大师，他之所以成为清代汉学形成时期的代表人物，是因为他继承祖父惠周惕、父亲惠士奇治《易》家学，著《周易述》《易汉学》《周易本义辨证》《易例》《易大义》等，标志着清代全面恢复汉代治经模式的开始。惠栋认为经义存乎训诂，通过识字审音，辨析古字古言，才知其意，这也是汉儒通经的家法。所以古训不可改，经师不可废，治经唯汉是尊。他治《易》，大旨以荀爽、虞翻之说为主，参以郑玄、宋咸、干宝诸家著述，以辨析河图、洛书、先天、太极等，首次明确地树起了汉学的旗帜，成为清代考据学的第一代大师。钱大昕评论说："汉学之绝者千有五百余年，至是而粲然复章矣。"（钱大昕《潜研堂文集》卷三十九《惠先生栋传》）又说："惠氏世守古学，而栋所得尤精，拟诸前儒，当在何休、服虔之间，马融、赵岐辈不及也。"（《清史稿》卷481）在《易》学研究方面作出成就的，还有后人张惠言（1761—1802），著《周易虞氏义》及《虞氏易礼》《易言》《易事》《易候》《周易郑氏义》《周易荀氏九家义》等，遵循着惠栋治《易》的方向与方法，发挥虞翻之说。

惠栋在《尚书》《左传》等经史研究上，也博取经传，专宗汉说，考辨尤详。如他的《古文尚书考》，辨析郑玄所传的古文《尚书》24篇为孔壁真古文，东晋梅赜所献的25篇是伪作。考据较阎若璩更为缜密，于是，使东晋所出的《古文尚书》和孔安国传为伪作成为定论。惠栋一生著述颇丰，著名学者戴震、王鸣盛、钱大昕等人皆为其弟子。

戴震（1724—1777）字东原，又字慎修。安徽休宁隆阜（今属屯溪市）人，雍、乾时期卓越的思想家，清代汉学出类拔萃的大家，人称皖派考据学大师。曾与同郡程瑶田、金榜、郑牧等人从学于名儒江永。江永是当时著名的经学家、音韵学家，治学长于校勘，精于音声、文字之学，精研《十三经注疏》，深谙《三礼》，常融会郑注，参以新学，对汉儒考释与经义多有新阐发，而戴震独能全面继承江永之学。戴震又曾问经于惠栋，与纪昀、钱大昕、王鸣盛、王昶、朱筠等著名学者有交往。戴震虽学识渊博，科场却屡屡失意，39岁时才中举，50岁时以举人特诏入四库全书馆任纂修官，52岁时特许与当年贡士一起殿试，赐同进士出身，授翰林院庶吉士。54岁时，病逝于四库全书馆。

江永与惠栋对戴震治学方式影响很大，戴震曾赞扬惠学说："先生之学，直上追汉经师授受，欲坠未坠，埋蕴积久之业，而以授吴之贤俊后学，俾斯事逸而复兴。"（《题惠定宇先生授经图》）对惠栋恢复汉学传统给予充分肯定。他在继承江永、惠栋训诂治经方法的基础上，进一步提出："故训明则古经明，古经明则贤人圣人之理义明，而我心之所同然者乃因之而明。贤人圣人之理义非它，存乎典章制度者是也。"（同上）戴震与乃师不同的是，考据的出发点与目的有所区别，正如戴震自己所言："定宇求古，吾求是。"（王鸣盛《西庄始存稿·古经解钩沉序》）他的出发点与目的不是为了考据而考据，而是通过考据去探求古经所蕴含的义理，即通经以明道。实质上是继承与发扬了顾炎武的考据传统，把清代考据提高到实学根本的层面上。

戴震不仅是清代考据学大师，更是清代有影响力的思想家，他始终坚持对理学的批判，这种态度首先取决于他的唯物主义思想。戴震坚持张载以来的气一元论，认为气是世界的本原，他说："道，犹行也；气化流行，生生不息，是故谓之道。《易》曰：一阴一阳之谓道……阴阳五行，道之实体也。"（《孟子字义疏证》卷中）阴阳五行是道的实体，阴阳五行即物质及其运动、变化，就是道的内容，道是物质的运动、变化的表述而不是物质及其运动、变化的本原。"道"即"理"，朱熹也曾说过"阴阳五行错综不失条绪，便是理"（《朱子语类》卷一），但他更强调"理"是以三纲五常伦理道德为核心的精神本体，并主张理在气先，理是世界的本原、气的主宰。而陆王心学认为"心即理"，把"心"完全视为绝对的精神本体。戴震针对理学，提出形而上的"道"是"虚"的，体现阴阳"气化流行，生生不息"的"实体"，形而下的"器"是阴阳气化而成形质的人和物。说到底，世界只存在着气的运动与运动的结果，这种说法虽然没有阐明物质与精神的区别及相互关系，但旨在批判理学所主张的"理"是主宰一切的观点，破除统治者所鼓吹的"天理"的神圣性与神秘性。

戴震进一步认为所谓的天理，实际就是天然、自然、必然的道理，它与天然、自然、必然的人欲是一致的、统一的，并不存在着绝对的对立，理学家鼓吹的"存天理，灭人欲"，恰是违背天理的。为此他提出"血气心知"说，他说："人生而后有欲、有情、有知，三者，血气心知之自然也。"（《孟子字义疏证》卷下）"古贤圣所谓仁义礼智，不求于所谓欲之外，不离乎血气心知。"（《孟子字义疏证》卷中）人们有欲，这是血气即人的感官所需，"凡事为皆有于欲，无欲则无为矣；有欲而后有为，有为而归于至当不可易之谓理。"（《孟子字义疏证》卷下）肯定了欲望是行为的动力。人们有情、有知，这是"心知"即思维的结果，情是心知后的喜怒哀乐表现，知是心对是非美丑的判断。情与知应达到"至当不可易"的自然极则，也就是以"心知"来使欲望得到恰当的满足。换言之，即用理性来调节感官的需求，使之合乎自然与必然，这也必然合乎正当与合理。戴震的"血气心知"说，反对理学理、欲对立说，他甚至认为理学家的理论是为封建专制残害弱势群体提供的工具。他说:"尊者以理责卑,长者以理责幼,贵者以理责贱,虽失,谓之顺;卑者、幼者、贱者以理争之,虽得,谓之逆……人死于法,犹有怜之死,死于理,其谁怜之?"(《孟子字义疏证》卷上)"其所谓理者,同于酷吏之所谓法,酷吏以法杀人,后儒以理杀人,浸浸然舍法而论理,死矣,更无可救矣!"(《与某书》)戴震对程朱理学维护专制统治本质的揭露与批判,其深刻性与尖锐性都是前无古人的,闪烁着民主启蒙思想的光辉。

戴震治经涉猎广,钻研深,考据精,著述丰,是雍乾时期考据学处于鼎盛时期的一代学术宗师,赢得学界普遍的推崇,著作主要有:《孟子字义疏证》《原善》《原象》《声韵考》《方言疏证》《尚书义考》《毛郑诗考正》《考工记图》《中庸补注》《九章算术》《屈原赋注》等。后人编有《戴氏遗书》《戴震集》。王昶说:"本朝之治经者众矣,要其先之以古训,折之以群言,究极乎天地人之故端,以东原为首。"(《碑传集》卷五十)汪中认为:"通儒如顾宁人、阎百诗、梅定九、胡朏明、惠定宇、戴东原,皆继往开来者。亭林始闿其端;河洛图书至胡氏而绌;中西推步至梅氏而精;力攻古文者,阎氏也;专治汉《易》者,惠氏也;及东原出而集大成焉。"(江藩:《国朝汉学师承记》卷七)戴震治学卓然于学界,又广收弟子,许多后来成为名家的学者曾出其门、传其学,梁启超在《清代学术概论》中说:"戴门后学,名家甚多,而最能光大其业者,莫如金坛段玉裁、高邮王念孙及念孙子引之,故世称戴、段、二王焉。"戴震在清代实学发展史上有突出的贡献及崇高的地位。

汪中(1744—1794),字容甫,江苏江都(今扬州)人。少孤家贫,在书肆做佣工,得以博览典籍。后治经宗汉学,尤深于子史。王念孙为其《述学》写序赞道:"余与容甫交,垂四十年,以古学相砥砺,余为训诂文字声音之学,而容甫讨论经史,榷然疏发,絜其纲维。余拙于文词,而容甫泊雅之才,跨越近代,每自愧所学不若容甫之大也。"汪中无师自通,推崇顾炎武、惠栋、戴震等人,与钱大昕、程瑶田、王念孙、凌廷堪、孙星衍、毕沅、刘台拱、章学诚等学者有交往。汪中常以顾炎武经世致用之学的继承者自许。说:"中少日问学,实和淑诸顾宁人处士。"(《述学》别录《与巡抚毕侍郎书》)所以为学非常强调用于世,治学的特点是考据惟实、针砭俗学。汪中广泛研究先秦古籍,精于《周官》《春秋左传》,博考三代制、文字训诂、名物制度,对先秦子学研究最勤,尤其对荀、墨二子有创新性研究。他说:"荀卿之学,出于孔氏,而尤功于诸经……自七十之徒既殁,汉诸儒未兴,中更战国,暴秦之乱,六艺之传赖以不绝者荀卿也。周公作之，孔子述之，荀卿子传之，其揆一也"（《述学·荀卿子通论》）把荀子之学推崇为孔子儒学的真传，这种以孔、荀相承而代替孔、孟并称，就是对唐宋以来正宗道统说的否定。由于汪中大力表彰荀学，荀学逐渐在清代成为显学。

汪中通过对墨子的研究，努力恢复墨学的历史真相，一反传统的偏见，更带有翻案昭雪的性质。战国时墨学与儒学同为显学，但孟子视墨学为异端邪说。汉时独尊儒术，墨学走向衰微，几成绝学。汪中认为墨子也是仁义之人，墨学也是救世之学，他说："墨子之学，其自言者曰：国家昏乱，则语之尚贤尚同；国家贫，则语之节用节葬；国家喜音沉湎，则语之非乐非命；国家淫僻无礼，则语之尊天事鬼；国家务夺侵陵，则语之兼爱非攻。此其救世，亦多术矣。"（《述学·墨子序》）力辨孟子斥墨太过。至于墨家批评孔子一事，他认为就像老子贬绌儒学一样，是不同学派不同观点的争辩，不能因此而视墨家、道家为异端。汪中的研究贯穿着大胆的批判精神，敢道人所不敢道、能道人所不能道，这需要有多么惊人的勇气胆量及学术见识，自然也招致传统儒家的强烈不满与攻击。

汪中的批判精神还反映在他的社会思想方面，他主张社会是不断进步的，反对墨守成规、泥古不化的做法。反对礼教束缚下妇女守节、殉节的所谓"妇道"和"节烈"，认为这些陈规陋习是不人道的。女子、寡妇应当有自己的人格和人身自由，这才符合真正的"礼"，对理学家一系列陈腐的、扼杀人性的教条进行了深刻批判，显示出了近代启蒙的意识。

洪亮吉（1746—1809），字君直，一字稚存，号北江，晚号更生居士，江苏常州阳湖人。乾隆五十五年（1790）考取进士，授翰林院编修，充国史馆纂修官，任过贵州学政。后上书嘉庆皇帝，极陈时政，抨击朝廷弊政而获罪，遣戍新疆伊犁。遇赦归籍，以游历、教学、著述终老。洪亮吉治经，注重实证，通过文字训诂，声音展转相训，以求古义，正许多经传之误。如杜预在《春秋左氏传》中的注疏，多不遵古训而望文生义，洪亮吉于是以他经校证，以他传佐证，著成《春秋左传诂》，以纠杜预的错误。洪亮吉于经史的注疏、文字、音韵，无不贯通，著有《公羊穀梁古义》《汉魏晋音》《通经表》《六书转注录》等，尤专心于疆域沿革的研究，著《三国疆域志》《补东晋疆域志》《十六国疆域志》等。又工骈文，有《北江诗话》，一生著述颇丰。其最大的特点是坚持无神论的观点，他的《意言》收有《天地》《鬼神》《祸福》等短文，对神鬼迷信产生演变的历史作了符合实际的考察。认为神鬼在现实中并不存在，只是人的心理意识活动的结果。现实中各种人事纷争、生死祸福，纯是客观存在，或是弱肉强食或是自然发展的结果，并不是神鬼意志的体现，神鬼也不能惩恶赏善。从无神论的角度对经学中的神学目的论进行了比较彻底的批判。

雍正、乾隆时期的汉学不仅有经学方面的考据，还包括史学方面的考据，而且考经与考史常常是互相联系、互为因果的，钱大昕、王鸣盛等人便学贯经史，既是杰出的经学家也是著名的史学家。这个时期的史学主要表现在对古史的考订辨证，对史料的修补鉴别，对缺漏表志的补订和辑佚。除此之外，也有新的历史著述、历史评论和史学理论著作，还开辟了一些新的史学领域，如边疆史地研究、用金石器物证史、新的科技史与方志学等。其基本特征是重视实证，论必有据，据必可信，广参互证，实事求是。但与清初的经学、史学研究相比，一般来说，还是比较缺少与社会现实紧密联系的意识，即缺少以历史为鉴，分析解决社会现实问题的意识，所以其史学的价值也就打折扣了。

雍正、乾隆时期的考据史学，以王鸣盛的《十七史商榷》、钱大昕的《廿二史考异》和赵翼的《廿二史札记》为代表，代表了我国传统史学在总结时期历史考证学的水平。

王鸣盛（1722—1797），字凤喈，一字礼堂，号西庄，晚年改号西沚居士，江苏嘉定人。乾隆十九年（1754）与妹婿钱大昕同为进士，授翰林院编修，历官侍讲学士、内阁学士、礼部侍郎、光禄寺卿。曾从沈德潜学诗，从惠栋问经义，治经标榜郑学，主张经以明道，故正文字，辨音读，释训诂，解传注，以见义理。王鸣盛治史，精于古代典章制度、舆地、职官、名物、文字的考订。《十七史商榷》是他用24年的时间写成，他在《自序》中说："学者每苦正史繁塞难读，或遇典制茫昧，事迹樛葛，地理职官，眼昧心瞀，试以予书为孤行之老马，置于其旁而参阅之，疏通而证明之……实事求是，庶几启导后人，则予怀其亦可以稍有自慰矣夫。"王鸣盛治史的动机就是通过校注古籍、考证史事，补正讹脱，审核史实虚实，辨别纪传异同，务求历史的真实，为后学提供正确读史的门径。他认为读书要读精校无误之书，著书要著无妄无讹之书，只有史实准确、内容证实的史书才是可读可著的标准。所以他在序中又说"尝谓好著书不如多读书，欲著书必先精校书，校之未精而遽读，恐读亦多误矣，读之不勤而著书，恐著亦多妄矣"。李慈铭认为《十七史商榷》："与钱先生《廿二史考异》、赵先生《廿二史札记》，皆为读史之津梁。赵先生意主贯串，便于初学记诵；此书与钱书则钩稽抉摘，考辨为多，而议论淹洽，又非钱之专事考订者比矣。"（见王利器辑《越缦堂读书简端记》）考据精核，议论淹洽，是《十七史商榷》兼而有之的特点。但王鸣盛却在二者之间更重视考据，只有在实事求是的基础上才可以据史而阐发义理。反对脱离历史事实任意乱发空虚议论，甚至不赞成在史书之中使用所谓"春秋笔法"，称赞班固、范晔的直笔精神，这实际是专门针对理学的空疏学风而言的。

钱大昕（1728—1804）字晓徵，一字及之，号辛楣，又号竹汀，晚号潜研老人。江苏嘉定（今属上海）人。少年即有神童之名，八岁即开始读二十一史，稍长，以诗赋闻名江南，乾隆十六年（1751）因献赋获乾隆帝特赐举人，授内阁中书学习行走。乾隆十九年（1754）中进士，参与编修《音韵述微》《热河志》《续文献通考》《续通志》《一统志》及《天球图》诸书，与纪昀并称"南钱北纪"。官至少詹事、提督广东学政。乾隆四十年（1775）隐退苏州著述讲学。其学以"实事求是"为宗旨，不专治一经而无经不通，亦不墨守汉儒家法，将史学与经学等而视之，提出《史记》《汉书》"其文与六经并传而不愧，经与史岂有二学哉？"（钱大昕《廿二史札记·序》）如此重视史学，是对尊经轻史传统观念的批判，对史学摆脱经学的附庸及束缚有积极意义。钱大昕曾说："儒者之学，在乎明体以致用。诗书执礼，皆经世之言也。《论语》二十篇、《孟子》七篇，论政者居其半……儒者之务实用而不尚空谈如此。"（《潜研堂文集》卷二五）所以在治史中也如同治经一样贯彻经世致用的原则。不过他的所谓"不尚空谈"，主要是强调以实证的方法订正和补充正史，心思却不在以史为鉴涉及时政，这也是那个时代考据家普遍的治学倾向。

钱大昕一生著述甚富也甚精，他于方志、舆地、金石、典制、官制、氏族、天文、历算以及诗文、音韵诸学，多有创获。其《廿二史考异》就汇集了他四十余年间的研究心得，除此之外，钱大昕的史学著述还有《三史拾遗》《诸史拾遗》《金石文跋尾》《元史氏族表》《补元艺文志》《补唐学士年表》《五代学士年表》《宋学士年表》《十驾斋养新录》等。他还精通蒙语，长期研究元史，曾打算重修《元史》，未果。阮元说："国初以来，诸儒或言道德，或言经术，或言史学，或言天文，或言地理，或言文字音韵，或言金石诗文，专精者固多，兼擅者尚少，惟嘉定钱辛楣先生能兼其成。"（阮元《十驾斋养心录·序》）戴震说："先生（钱大昕）学究天人，博综群籍。自开国以来，蔚然一代儒宗也。以汉儒拟之，在高密（郑玄）之下，即贾逵、服虔，亦瞠乎后矣。"（《清儒学案》卷八十三）

《廿二史考异》总目实际列出二十三史，即从二十四史中除去《旧五代史》《明史》，又将司马彪《续汉书》的八志，从《后汉书》中分出，另单列为《续汉书》。钱大昕考史强调实事求是反映客观历史，反对空谈，其《廿二史考异》运用例证、分析、比较、推理、综合和专题考证等方法辩证、疏通和校正史籍的讹误，补充缺漏，其考辨严谨，援引广博，考证范围涉及极广，这种综合研究的实证的方法，略高《十七史商榷》和《廿二史札记》一筹，成为清代考据史学的杰出代表作，代表了清代史学考据学的最高水平，对近、现代史学家治史有深远的影响。

被称为清代三大史学名著之一的《廿二史札记》，是赵翼的名著。赵翼（1727—1814）字耘崧，又字耕耘，号瓯北，江苏阳湖（今常州）人。乾隆十五年（1750）中举，入方略馆修纂《平定准噶尔方略》，乾隆二十三年（1758），又中状元，授翰林院编修，参与改纂《通鉴辑览》，后外放为广西镇安府知府、广州知府等地方官。乾隆三十七年（1772）免官后，归里著书讲学终老。赵翼前半生以诗词文名著称，与袁枚、蒋士铨合称"江右三大家"，后半生著成《廿二史札记》，奠定了他在清代史学界巨擘的地位。

《廿二史札记》中将《新唐书》与《旧唐书》及《新五代史》与《旧五代史》各合称为一书，所以实际上是二十四部正史的读书札记。全书三十六卷，补遗一卷，按二十四史之先后分卷，各卷以类相从，分立标题，共有六百多个题目，内容充实，条理清晰。作者采用归纳比较法，以史证史，校订讹误，尤其对各朝正史编纂得失及对史实、事件、人物的评价，分析周到，持论平实，见解深刻精辟。《廿二史札记》是一部以历史评论见长的书，这是王鸣盛《十七史商榷》与钱大昕《廿二史考异》所不及处，体现了赵翼通过治史旨在探究社会治乱兴衰规律从而寻求救世良方的经世致用的思想。钱大昕在《廿二史札记·序》中评价说："先生上下数千年安危治忽之几，烛照数计，而持论斟酌时势，不蹈袭前人，亦不有心于立异，于诸史审订曲直，不掩其失，而亦乐道其长，视郑渔仲、胡明仲专以诟骂炫世者，心地且远过之。又谓'稗乘脞说间与正史互歧者'，本史官弃而不采，今或据以驳正史，恐为有识所讥，此论古特识，颜师古以后，未有能见及此者矣。"

这一时期，还出现了一位伟大的史学理论家章学诚（1738—1801），章学诚字实斋，浙江会稽（今浙江绍兴）人。41岁时中进士，但自认与时俗不合，未入仕途，朋辈视为怪物异类。一生穷困潦倒，四处奔波，饱尝人间辛酸冷落，然而著述却从未因此而停止。编纂过《史籍考》，撰修过《和州志》《永清县志》《亳州志》，主编过《湖北通志》，参编过《续资治通鉴》，但使他成为史学大师的，还是他的《文史通义》。这部足可与唐代刘知几《史通》相媲美的史学理论名著，是他历时30余年，直到去世前才完成的，倾注了他一生的心血，对中国古代史学理论作了比较全面的总结。他还写有《校雠通义》,是部关于历史文献学理论的重要著作,因失窃而今已不完整。

《文史通义》的史学理论所以有见地、有深度,首先取决于章学诚的唯物史观。他认为:"故道者,非圣人智力所能为,皆其事势自然。"(《文通义》内篇二《原道中》)"《六经》并非载道之书,《六经》乃先王政典,皆器也。夫天下岂有离器言道,离形存影者哉?彼舍天下事物、人伦日用,而守六籍以言道,则固不可与言夫道矣。"(同上)。天地间惟存万物,道只是万物变化规律,不是圣人智力所能决定的。《六经》只是圣人依事物变化规律所作的"器",舍天下事物而谈《六经》,即离器而言道,是无法探求道的。对于史学来说,只有通过考察各种历史事件变化的现象,才能总结出历史发展变化的规律。

以此观点审视那些历史上的英雄人物,所有历史事实都雄辩地证明:他们并非是天生的圣贤,只是能汇集凡人的优点,能顺应时势发展的趋势,才开创出伟大的事业。如周公,"非周公之圣智能使之然,而是由于时会使然。故创制显庸之圣,千古所同也。集大成者,周公所独也。时会适当然而然,周公亦不自知其然也。"(同上)据此也可知,前人为后人提供了经验教训,在此基础上,后人是可以胜过前人的。章学诚唯物史观批判了英雄创造历史的唯心史观,他的历史进化论批判了厚古薄今的历史退化论,确实是发前人所未发的高论。

钱大昕曾将史学与经学同等看待,但未能充分阐述此观点,而在章学诚的史学理论中,提出一个"六经皆史"说,阐明了这一重要观点。他在《文史通义》的首篇《易教上》中写道:"六经皆史也。古人不著书,古人未尝离事而言理,六经皆先王之政典也。"又说:"盈天地间凡涉著作之林,皆是史学,六经圣人取此六种之史以垂训者耳。子集诸家,其源皆出于史。"(《文史通义》外篇三《报孙渊如书》)各种典章起初都是政教行事的记录,都属史的范畴,只是后来儒者崇奉,才将它视为圣人立言垂教的经。现在章学诚提出"六经皆史"说,意在恢复经的本来面目,解除罩在经书上的神圣灵光,提高史的学术价值,扩大史学的研究范围。

章学诚自己分辨过《史通》与《文史通义》的不同:"刘言史法,吾言史意;刘议馆局纂修,吾议一定著述。"(《文史通义》外篇三《家书二》)《史通》,讲求方法,以论述历史编纂学为主,《文史通义》讲求史义,以阐明史学的目的和作用为主。章学诚又说:"史所贵者,义也;而所具者,事也;所凭者,文也。"(《文史通义》内篇三《史德》)义、事、文这三者中求义才是史的根本,事是存义的材料,文是表义的形式,作史贵在取其义而明其道，这是治史的高层次高境界。为此他十分强调史家自身的修养，提出史家应具有才、学、识三者兼备的观点，因为"非识无以断其义，非才无以善其文，非学无以练其事。"（同上）对治史提出基本要求，也是经世致用思想在史学上的体现。

清代汉学，也促进了这一时期中国最大散文流派的形成。该派奠基于康熙时期至雍正时期，而确立、兴盛于雍正、乾隆时期，其代表人物方苞、刘大櫆、姚鼐皆为安徽桐城人，所以称此派为桐城派。与桐城派散体文相对，还存在着追求对偶精工、辞采典丽的骈文的复兴。骈文在清代复兴，有多种原因，汉学的盛行，是其原因之一。骈文追求对仗的形式美，平仄调和的声律美，不精于音声、文字之学，还真难下笔成章，而汉学专在这方面下功夫，有利于促进骈文的复兴。

（三）批判汉学以救世的今文经学

雍正、乾隆时期，学者治学提倡实事求是，崇尚东汉时治古文经学的作法，即以考据训诂为特点的治学方法，为整理中国古籍作出了巨大的贡献。但它同时使大批学者盲目信奉汉儒经说，埋头于故纸堆，烦琐考据，无尽的穷幽极微，不问世事，和社会现实严重脱离，当时章学诚就以强调"史义"的方式对此弊端提出过批评。嘉庆、道光时期，以焦循（1763—1820）、阮元（1764—1849）为首的扬州学派，以"通核"之学，即考据与义理并重来挽救汉学的积弊。焦循说："通核者，主以全经，贯以百氏，协其文辞，揆以道理。"（《雕菰集·辨学》）扬州学派的学风虽与雍、乾考据学有所不同，但只是对雍、乾考据学的某些改良，专崇汉学的方向并没变，只是钻研的范围有所扩大。焦循、阮元等人于经、史、诸子、历算、声韵、训诂等无所不究，被誉为"通儒"。焦循在治经方面的著述主要有：《易学三书》（《易通释》《易图略》《易章句》）、《易话》《易广记》《注易日记》《孟子正义》《六经补疏》《论语通释》等；在天文历算方面主要有《里堂学算记》；在医学方面有《李翁医记》《医说》《种痘医书》《沙疹吾验篇》等；在地理学方面有《禹贡郑注释》《毛诗地理释》等；在生物学方面有《毛诗鸟兽草木鱼虫释》；在文学方面有《剧说》《雕菰楼词话》等；在方志方面有《扬州府志》《邗记》《北湖小志》等。还有《雕菰集》《里堂札记》《里堂家训》《忆志》《八五偶谈》《易余集》等。阮元更是除了自撰多种著作之外，还主持编纂了《经籍纂诂》、校刻了《十三经注疏》、汇刻了《皇清经解》，汇集和展现了汉学丰硕的研究成果，对后世影响极大。焦循与阮元的治学方式，也有创新之处，焦循提倡用数、理解释诸经，而阮元则崇汉学却不贬斥宋学，启发了这一时期汉学者在考据中兼顾义理的意识。

但一时期汉学者经世致用的学风与清初无法相比，甚至与汉学大师戴震也难相比。如段玉裁（1735—1815），本戴门弟子，号称光大戴氏学术的传人，其《说文解字注》在学界影响极大。他根据《说文》体例与宋前群书所引《说文》词句，校正其讹误，引用古籍所载字义，阐明《说文》的说解和一字多义的由来，王念孙（1744—1832）高度评价此书："训诂声音明而小学明，小学明而经学明，盖七百年来无此作矣。"（《说文解字注·序》）然而段玉裁的成就仅限于音韵、文字、训诂等考据学方面，缺乏戴震那种强烈的怀疑和批判勇气，更不敢将理学视为杀人之具，向官方统治学说提出公开挑战。与段玉裁齐名的王念孙也类似，他也曾受业于戴震，但其著述，远离政治，缺少反理学的内容，使学术成为逃避现实的世外桃源，使考据流于纤巧与琐碎，舍本而逐末。如此这般，汉学的衰落已成必然趋势。

以扬州学派为代表的嘉、道时期的汉学，扩大了考据的范围，壮大了汉学的势力。焦循对汉学的反思及改进，标志着汉学的鼎盛。阮元在训诂、校勘、目录、典制、史学、金石、数术、文章、性道、掌故诸方面的成就之大，被海内学者奉为泰斗。阮元还利用自己显赫的政治、学术地位，组织群儒对汉学学术和思想进行总结，大规模汇集汉学研究成果，反映了清代经学乃至整个古代经学的水平，至今仍有重要的学术价值。焦循、阮元都是古代最后的汉学大师，他们标志着汉学鼎盛局面的终结。

乾隆后期，官僚奢侈成风，危机四伏，民怨沸腾。嘉庆继位，潜伏的政治、经济危机逐渐显露。嘉庆皇帝试图挽救颓势，首先在思想文化领域实行宽松政策，平反因直言而获罪的洪亮吉的冤案，意在鼓励知识分子关注现实，以期他们能提出救世之方。学术界也深感汉学脱离现实，达不到经世致用的目的，于是一种与专门考据训诂相对立的思潮酝酿形成，这就是以西汉今文经学为依托，倡导托古改制，以变革来拯救社会危机的思潮。至道光朝，社会危机更加严重，内忧外患纷至沓来。进步思想家用自己阐发的今文经学所谓的微言大义，来抨击汉学，揭露时弊，主张"变古""更法"。鸦片战争以后，不仅加重政治、经济危机，而且又带来了严重的民族危机与文化危机。中国以往的重大政治动荡，不过是中华民族内部的改朝换代，旧的封建社会结构与政治制度的存在并未受到威胁，甚至还得到加强。但鸦片战争是帝国主义妄图变中国为其殖民地或至少为其半殖民地的开始，中国存在着亡国灭种之患，旧的封建社会结构与政治制度将被殖民地或半殖民地的社会结构与政治制度所替代，而为封建社会结构与政治制度服务的儒学也面临着将被替代的危机。为了救亡图存，以儒学为主体的中国文化必须以转型来适应社会的变化，从而揭开了中国近代文化历程的序幕。

　　文化的转型，首先从认清汉学于时势无补的弊端，从而寻找一种可以救世的思想开始。而最先批判汉学弊端的恰是那些汉学大师，如章学诚，他认为治学要有目的，重在"明道""求义"，为的是经世致用，而不是为了沉溺于考证的细枝末节。他说："近日考证之学，正患不求其义，而执形迹之末，铢黍较量，小有异同，即嚣然纷争。"（《章氏遗书·说文字原课本书后》卷八）对舍本逐末的汉学提出尖锐批评。而作为一支经学新的流派，欲以宋学来救汉学之弊，从而取代汉学的正统地位，为中国文化开新方向的则是常州学派。赞同常州学派治学主张的人，认为他们的学问才是"真汉学"，如魏源说："真汉学者，庶其在是，所异于世之汉学者，庶其在是。"（《魏源集·武进庄少宗伯遗书序》）汉学理论上应指汉代学术，应包括以西汉董仲舒、公孙弘为代表的今文经学和以东汉马融、许慎、郑玄、服虔为代表的古文经学，但是从魏晋以后，今文经学一直衰落，几成绝学，古文经学占据经坛正统地位，所以清初及康、乾时期，就把遵循东汉偏重考据的治学称为汉学。常州学派反对只重视训诂考据而忽视义理的倾向，正是希望重新振兴西汉今文经学的传统。

　　历史上的今文经学派尊孔子为政治家（素王），视"六经"为致政之道，认为孔子修"六经"是为汉代立法，并将成书于西汉初的《春秋公羊传》作为其研究的主要经典，所以又称今文经学派为"公羊学派"。今文经学派治《春秋》重在阐发其"微言大义"，认为《春秋》中有两种"微言大义"最为重要：即大一统与三世说。而对这两种"微言大义"，阐述得较早较深刻的是董仲舒，他认为"隐公元年，春王正月。何言乎正月，大一统也。""《春秋》大一统者，天地之常经、古今之通谊（义）也。"（《举贤良对策》）强调思想上和法度上的统一，是大一统国家的根本基础。如果说大一统是今文经学派的政治观，而三世说则是其历史观。董仲舒在《春秋繁露·楚庄王》中首先提出："《春秋》分十二世以为三等：有见、有闻、有所传闻。"即春秋时期鲁公十二世又可划分为三个"大世"，即三个历史阶段：孔子亲自见到的"有见世"、孔子听人说的"有闻世"和前人传述下来的"有传闻世"。东汉何休作《春秋公羊解诂》，将董仲舒春秋三世说，又发展成为一种整个人类社会发展的阶段说，他说"于所传闻之世，见治起于衰乱中"，"于所闻之世，见治升平"，"至所见之世，著治太平"，也就是说，历史的发展是由据乱世而进入升平世，再由升平世进入太平世，显然属于一种社会进化理论。

常州学派就是以董仲舒、何休对《春秋公羊传》的研究结论为宗旨，来阐发自己的见解。常州学派的开创者是乾隆时期的庄存与（1719—1788），庄存与字方耕，号养恬，武进（今江苏常州）人。乾隆十一年（1746）中进士，授编修。历任内阁学士、礼部侍郎、湖南与直隶学政。曾从学于阎若璩，为学贯通六经，且都有著述，治经着重剖析经义，尤精于春秋公羊学。根据董仲舒、何休对公羊学的发挥，采宋元诸家解释《春秋》之说，融通宋学与汉学，专求所谓微言大义，与专求考据的学术方法显然不同，所著《春秋正辞》，是清代今文经学的先导著作。庄存与的《春秋正辞》，还带有汉学的色彩。庄存与的目的只是在汉、宋学的基础上重建中国文化结构，虽表现出对汉学的某些背离与反叛，仍然局限于学术范围，并不打算将今文经学运用于政治变革中，所以在当时学界影响也不大，但对后来常州学派的形成与壮大却意义深远。

常州学派主要人员的组成，多系庄存与的亲属及弟子门人或再传弟子，如孔广森是其门人、庄绶甲是其孙，庄述祖是其侄，刘逢禄是其外孙。宋翔风是庄述祖外甥，龚自珍、魏源、廖平则又是刘逢禄的弟子。今文经学派始祖董仲舒在《春秋繁露》中认为"春秋大义"有"六科""十指"，何休进而又修正为"三科""九旨"：第一科是"存三统"，其中含有三旨："新周，故宋，以《春秋》当新王"。第二科是"张三世"，其中含有三旨："所见异辞，所闻异辞，所传闻异辞"。第三科是"异内外"，其中含有三旨："内其国而外诸夏，内诸夏而外夷狄"。（何休《春秋文谥例》）换言之，就时代而论，孔子为殷人后裔，据东周之世，笔削《春秋》以成素王之业，为后世立法；就史事而论，《春秋》分十二公为三世，隐、桓、庄、闵、僖五公史事为孔子时所传闻，文、宣、成、襄四公史事为孔子所亲闻，昭、定、哀三公史事为孔子所亲见；就亲疏远近而论，《春秋》以鲁国为内，诸夏列国为外，夷狄又在诸夏之外。何休此说认为《春秋》书写三个方面的内容，包含九种旨意，是评价褒贬世事的标准。三国时宋衷注《春秋》，以"张三世""存三统""异内外"为"三科"，三世指夏、商、周，三统指夏为人统、商为地统、周为天统。以时、月、日、王、天王、天子、讥、贬、绝为九旨。时、月、日，指纪事详略；王、天王、天子，指称谓的远近亲疏；讥、贬、绝，指书法寓意的轻重。孔广森（1752—1786）承袭了庄存与融通宋、汉学的思想，同时吸收了其师戴震考据理论，以古学之法治今学，对何休的"三科九旨"作了新的解释，他著有《春秋公羊通义》，书中以天道、王法、人情为三科，三科共含九旨，即天道含"时、月、日"，王法含"讥、贬、绝"，人情含"尊、亲、贤"。孔广森另解"三科九旨"，代表了常州学派对公羊学的新理解，把公羊学的思想理论提高到一个新的高度。

常州学派到了嘉、道时期的刘逢禄（1776—1829），才引起学界普遍注目。刘逢禄是常州学派的奠基人，是他真正竖起了清代公羊学的旗帜。刘逢禄少从外祖父庄存与、舅父庄述祖学经，尽得其学。如果说在刘逢禄之前，常州学派力倡春秋公羊学，但又不拘泥于宋学，而求宋学与汉学的融会贯通。而至刘逢禄则为学务通大义，不专章句，推崇西汉十四博士所立今文经传，宗奉《春秋》经及其《公羊传》，以董仲舒、何休的经解为据，反对许慎、郑玄的烦琐考证，否定"详训诂"而"略微言"的乾嘉汉学。刘逢禄治经重在研究微言大义，根据何休《公羊解诂》，著《公羊何氏释例》《公羊何氏解诂笺》《左氏春秋考证》等，发挥今文经学的"大一统"和"三科九旨"说的改制思想，使公羊学与现实政治及社会变革有所联系。但刘逢禄只是有感于清朝的衰败，希望通过复兴今文经学来克服目前的内忧外患，加强大清的政治统治，并无强烈的社会批判精神，更缺乏变革改制的具体设想与方案，其理论探讨基本上还停留在纯学术的领域。但以他为代表的清代今文经学的兴起，使当时的学者逐渐摆脱烦琐考据的束缚，并导致汉学的衰落与宋学的复兴，对近代改良主义的形成有不小的影响。

而真正超越纯学术，将公羊学作为阐述其政治变法的理论工具，一心扭转学风世风以救世的主将则是龚自珍。龚自珍（1792—1841），字璱人，号定庵，浙江仁和人，出身于官绅世家，为著名学者段玉裁的外孙，自幼从段受训诂之学。龚自珍年轻时，清王朝的统治已摇摇欲坠，外国侵略势力接踵而来，面对危机日趋严重的社会，他已无心于汉学考据，拜刘逢禄为师，专治公羊学。并决心"贯串百家，究心经世之务"（《定庵先生年谱》），开始撰写抨击现实的文章。道光九年（1829），被赐同进士出身，授内阁中书，后升宗人府主事、礼部主事。参与重修《清一统志》，并撰有《尚书序大义》《左氏春秋服杜补义》《春秋决事比》等，今人汇辑其著述成《龚自珍全集》，晚年究心于佛学研究。其诗作瑰丽奇肆，350首的大型组诗《己亥杂诗》尤为出名，所作散文，奥博纵横，与魏源齐名，有"龚魏"并称之誉。道光二十一年（1841），病逝于江苏丹阳云阳书院。

龚自珍有汉学的家学渊源，后又专心于公羊学，属常州学派，但他的思想与刘逢禄及旧公羊学家存在着明显的差别。刘逢禄与旧公羊学家为了复兴今文经学，或融会贯通汉、宋学，或借助宋学反对汉学。而龚自珍却认为真正的儒学不外乎尊德性、道问学二端，此二端都最终用于世，而汉学烦琐考据无补于世，宋学空谈性命同样无补于世。他不再纠缠于汉、宋之辨，也不搞汉、宋学融会贯通，他既反对汉学也反对宋学，他要超越汉、宋，独辟今文经学与经世思想相融合的新路。

龚自珍发挥了刘逢禄与旧公羊学家历史三世循环的原则，在其《五经大义终始答问》中以各种典章制度配三世，将"据乱""升平""太平"旧的三世说，改造成"治世""衰世""乱世"的新三世说。进而将康雍乾时期指为治世，嘉道时期指为衰世，预测今后将要出现乱世。因为他看当今的衰世已如同一个得了疥癣的重病患者，而且"卧之以独木，缚之以长绳，俾四肢不可以屈伸，则虽甚痒且甚痛，而亦冥心息虑以置之耳，何也？无所措术故也。"（《明良论四》）发展下去，势必堕入万劫不复的乱世。龚自珍的新三世说启发人们清醒地认识和观察现实社会，深刻认识当今社会各种弊端的危害，警惕社会严重危机即将到来，呼唤以变法来摆脱社会危机，鲜明地体现了他匡时济世的动机。对现实社会状态认识的不同，决定了治经目的不同；治经目的不同，必然表现在对公羊学说的阐释、引申、发挥和使用上的不同，这正是龚自珍与刘逢禄及旧常州学派治经的根本区别。

龚自珍今文经学思想的价值，就是对走向衰亡的社会弊端作无情地揭露批判，以及为挽救这一衰世而提出的种种改革主张，这与清初经世致用思想有相似之处，又有不同。龚自珍并不想改朝换代，而是焦虑如何摆脱社会危机，建立新的社会秩序。龚自珍对封建衰世的揭露批判是非常深刻全面的，如他揭露抨击了腐败的官僚政治、摧残人才的科举制度、贤愚不分的用人制度、贫富不公的分配制度等等。在此基础上，他又论证了变法的必然性与必要性，认为变法是摆脱社会危机的唯一出路。变法当然要革除以上提到的弊端，除此之外，龚自珍还提出了诸如改革土地制度、开发西北、建设边疆等富国强兵的改革主张，特别是他支持林则徐禁绝鸦片的举措，主张加强战备，积极抵御外侮。出于救世的目的，龚自珍学术研究的内容也以服务于社会变革为前提，与旧的常州学派有很大不同。如他研究西北舆地，作《西域置行省议》，提出西域各级行政区域划分的建议，著《蒙古像教志序》《蒙古水地志序》《蒙古声类表序》《蒙古寄爵表序》等文，都意在巩固、加强边陲防守，维护国家大一统利益。还写有《东南罢番舶议》，揭露外国列强在我国东南沿海的侵扰活动，探讨加强边防海防以应对敌寇的策略。魏源评价龚自珍"于经通《公羊春秋》，于史长西北舆地。其书以六经小学为入门，以周秦诸子、吉金乐石为匡郭，以朝章国故、世情民隐为质干。"(《魏源集·定庵文录叙》)

作为新的今文经学大师，龚自珍将今文经学干预时政、提倡变法改制的思想提高到前所未有的高度，其救国图强的爱国精神垂范千秋，其所具有的反帝反封的意识，预示了近代思想文化的开始。

与龚自珍并称的魏源，不仅同龚自珍一样，也是嘉庆、道光时期杰出的思想家与文学家，而且也是杰出的史学家，由于魏源经历了鸦片战争以及丧权辱国的《南京条约》事件，其关心国家生死存亡的忧患意识、解救民族危难和抗御外侮的爱国意识，比龚自珍表现得还要急切、强烈。

魏源（1794—1857）湖南邵阳人，自幼好学，初崇尚宋明理学，兼治汉学考据，后从刘逢禄学《公羊春秋》，好今文经学，与龚自珍关系甚密。与林则徐、龚自珍等在京结宣南诗社，提倡经世致用之学。道光二年（1822）中举后，助江苏布政使贺长龄编《皇朝经世文编》，曾与贺长龄及两江总督陶澍、林则徐等商议过漕运、水利、盐政等事务。鸦片战争时，随两江总督裕谦参与浙东抗英战役。中英签订《南京条约》后，作《圣武记》，缅怀清初的兴盛局面，感愤江河日下的时政，激励国人振兴武威，抵御外侮。道光二十四年（1844）赐同进士出身，1846年接受被革职的林则徐的嘱托，将林主持翻译的西方史地资料《四洲志》，再增补其他西人著述，扩编成《海国图志》，此书是我国第一部系统介绍世界地理的专著，表现出林则徐、魏源等人通过了解、研究、学习西方以赶超西方的强烈意识。魏源后到江苏东台、兴化、高邮等地做官，在扬州参加过抵抗、镇压太平军的活动，因延误驿报被劾免职，于是潜心订述平生著述以终老。著有《古微堂集》《元史新编》《老子本义》等，经学著作有《诗古微》《书古微》《公羊古微》《大学发微》《董子春秋发微》《孝经集传》等，后人辑有《魏源集》。

魏源与龚自珍生活于大致相似的环境之中，都曾师从刘逢禄学习今文经学，他俩在思想上也必然有相似之处。如魏源治学的目的也不是想在学术上复兴今文经学，而是通过今文经义表达他批判社会和改良社会的目的，他的抨击清朝腐败、主张变法图存的意识同龚自珍一样明确而自觉。他说："天下无数百年不弊之法，无穷极不变之法，无不除弊而能兴利之法。"(《古微堂外集·筹鹾篇》)与龚自珍所言如出一辙。但是魏源由于经历、学识与龚自珍有别，尤其是他比龚自珍去世晚16年，这16年正是中国社会转型最阵痛的时期。他亲见西方列强的野蛮残暴与清政府的腐朽无能，中华民族陷入了将要亡种灭国的危机之中，所以他与龚自珍的学术主张与政治观点又有不同之处。

首先是对公羊学的重点理论"三世说"的理解上，魏源与龚自珍的观点迥然不同。龚自珍将传统的公羊学家"据乱""升平""太平"的三世说，改造成"治世""衰世""乱世"的新三世说，意谓社会发展不断走向末日，属于一种社会不断倒退的历史观。而魏源却在社会危机中看到未来光明的希望，他在重申公羊学"据乱""升平""太平"三世相承的同时，肯定人类社会愈来愈进步。并将历史进化过程概括为"太古""中古""末世"三阶段，这可以说是魏源的新"三世说"，这里的"末世"，是"后期"的意思，并非指衰败时期。他用这种历史进化论考察中国社会，便自然得出三代并非是儒家一贯美化的黄金时代，明确指出："后世之事胜于三代。"（《古微堂内集·默觚下·治篇》）魏源的历史进化论，包蕴着历史循环论，他认为历史进化到"末世"就"复返其初"。（《老子本义》）并认为历史进化靠"气运"的推动，"乘气运而生者，运尽则息。"（《古微堂内集·默觚下·治篇》）他把"仁"视作气的本体，历史的发展动力："仁者，天地之心也。"（《古微堂内集·默觚上·学篇》）这种宇宙观显然又滑向唯心的宋明心学，但也给他确立进化论增添了自信，他认为以仁义为信仰的中华民族是不可战胜的，更不会走向灭亡，国家有难有耻反而足以刺激民族振兴，握有道义的中国人最终会赶上并超过西方。

清王朝在鸦片战争中的惨败，扩大了魏源变革的视野，也拓宽了他治学的视野。魏源不再局限在只关注解决中国社会本身问题上，他要从中西的比较上，看到敌强我弱的方方面面，找到中国由弱变强的方略。他既批判闭关锁国、以天朝大国自居的妄自尊大，又驳斥视西方先进科学技术为"奇技淫巧"的守旧愚昧，提出了"师夷之长技以制夷"的著名口号，（《海国图志·序》）先向西方学习科学技术从而富国强兵，然后以自己的实力赶上并战胜西方。这是近代史上最早提出向西方学习的主张，尽管只强调学习西方的先进科学和技术，没有明确提及学习西方的社会制度与文化，以改革中国的社会制度与弥补中国文化的不足，但这已经具有了近代全球战略的意义，魏源与龚自珍的最大区别也正在这里。《海国图志》就是反映魏源这一重要近代思想的著作，魏源曾申明自己就是为了师夷以制夷而作《海国图志》。《海国图志》介绍世界各国史地知识、地圆说以及西方议会制度、商业、铁路、银行、学校等新知识，开阔了国人的视野，打开了中国人了解世界的窗口。书中还提出了议守、议战、议款对付外国侵略的三个方面的策略，展示了魏源的反侵略思想和抗敌策略。魏源师夷长技以制夷的思想，与后来的"全盘西化"有着本质的区别，他并不是民族文化的虚无主义者，反认为中国是礼乐之邦，其悠久灿烂的历史文明与传统文化，并不落后于其他民族，只要掌握了西方先进科技，中国的崛起与强大是必然的。

学界一般以 1840 年的鸦片战争为界，来划分中国古代与近代社会，然而真正形成有规模的近代化运动，则是从 19 世纪 60 年代开始的洋务运动。龚自珍、魏源代表了洋务运动前夕中国先进分子的思想意识，他们用今文经学来阐述自己对社会改良的主张，虽然无彻底改变中国封建社会制度的意识，但为后来的洋务派、维新派倡言新学、倡导变法提供了条件，也为开启近代文学奠定了思想基础。

二　双峰并峙的顺治、康熙时期散文

清王朝是我国最后一个封建君主专制的社会，它具有两个社会特性，一是它代表着中国封建社会的终结；二是它起着古代与近代转型的过渡作用。在这样的社会背景下，其散文也鲜明地具有对中国古代散文的总结特性，与中国古代散文向中国近代散文转变的特性。在这个总结与转变的过程中，散文的每一演变都与社会发展状况及社会主流意识相联系，其发展变化也大致与社会主流意识的发展变化相一致。据儒学与散文发展变化互为作用的关系，我们把清代前期封建社会的古代散文大致划分为三个时期：即顺治康熙时期、雍正乾隆时期、嘉庆道光时期。

清顺治康熙时期，大力推行包括民族歧视政策在内的一系列巩固中央集权专制的制度，民族矛盾、阶级矛盾比较尖锐，武力高压与民族歧视，都激起清初尤其是由明入清的遗民作家强烈的历史反思与反对清廷的民族意识，纷纷批判宋明理学的空疏误国。又由于受到明末资本主义启蒙意识的影响，产生了比较坚决的反对封建君主专制的思想。在散文创作方面，他们再次举起"文以载道""经世致用"的旗帜，反对明后期文主抒性灵的观念，以为那些侧重个人抒情功能的文章多是于事无补的空疏之文。他们关心现实，或以资产阶级启蒙思想来"纪政事""察民隐"，反映清初社会的黑暗腐败、宣扬民族自由与人性尊严等新的政治主张；或尊崇传统儒学，重视归有光学唐宋而又能自出机杼的经验，提出恢复唐宋散文醇厚的传统，用以反映民族压迫、民众苦难以及济天下的杰出人物事迹及抱负。这些文学主张，使他们自然反对明末空疏、纤佻的风气，而代之以质实刚健的文风。此时期以政论、史论著称的作家多属学者型的,其代表人物是顾炎武、黄宗羲、王夫之。以人物传志著称的作家多属文人型的,代表人物是侯方域、魏禧、汪琬,在散文领域,形成了双峰并峙之态。此外,有影响的作家还有邵长蘅、寥燕、全祖望、归庄、唐甄、尤侗、施闰章等人。

(一) 以政论、史论为主的杰出作家

黄宗羲、顾炎武、王夫之人称"清初三先生",他们都是清初具有民族气节的爱国学者、思想家,为学主张经世致用。他们对清初散文的影响,主要表现在思想与理论方面:一是具有反对封建君主专制的思想,那些否定封建君主专制的激烈言论,振聋发聩,其强烈的民主精神在中国古代散文史上闪烁着耀眼的光辉。既是传统儒家民本思想的升华,又是资产阶级民主意识的萌芽,为清初散文增添了可贵的民主主义精神。二是反对理学家明心见性的空谈,指出作家必须关心社会现实,强调文章应用于世甚至以文章来"救世",十分重视文学的社会作用与教育功能,但对文学的艺术性有所忽视。三是继承和发展了李贽、公安诸人反传统反拟古的思想,强调不依傍古人而写自己的真性情。

黄宗羲(1610—1695)本以学术名家,但他却编了《明文案》(后增编为《明文海》),欲对明代散文进行系统总结。他的散文,尤其是政论、史论,代表了清初的水平。他强调文章要写自己已明之理、实有之情,否则徒追求辞藻之美章句之巧,终归是舍本逐末。至于模拟剽窃,更是著文的弊端。他说:"所谓文章,未有不写其心之所明者也。心苟未明,劬劳憔悴于章句之间,不过枝叶耳,无所附之而生。故古今来不必文人始有至文,凡九流百家以其所明者沛然随地涌出,便是至文。"(《论文管见》)所以他没有无病呻吟之作,更无模拟剽窃之弊。《四库全书总目·卷190·集部》中说:"明代文章,自何、李盛行,天下相率为沿袭剽窃之学。逮嘉隆以后,其弊益甚。宗羲之意在于扫除摹拟,空所倚傍,以情至为宗,又欲使一代典章人物,具籍以考见大凡。"《四库全书总目》说黄宗羲提倡为文不仅"以情至为宗",所写人物,还要"具籍以考见大凡",显示了黄宗羲作为史学家的特点,即为文还要有充足的史料佐证,经得起历史的检验。

黄宗羲还主张为文必须有用于世,反对无实际内容的空论,也反对无聊的应酬之作,认为:"凡文之不关于六经之指、当世之务者,一切不为。"(《与人书》三)"学必原本于经术而不为蹈虚,必证明于史籍而后足以应务。"(《赠编修弁玉吴君墓志铭》)"六经之指"也强调用于"当世

之务",脱离这一宗旨、无关"世务"的文章,都没有写作的必要。同样,学问在于"应务"而不是"蹈虚"。无关国计民生大事者,不必研究,也不需著文。这一原则贯彻于黄宗羲一生的著述实践中,在他的著作中敢于对国家大事提出自己的看法。如《明夷待访录》中有《原君》一文,"原"是推究本原的意思,"原君"就是推究怎样做君主的道理。本文对君主的起源与职责进行了全新视角的探究与剖析。他认为君王的设立,本是为天下人兴利除害,古代贤君毕生勤苦而利天下,但后来的君王却为一己之淫乐而害天下,成为天下人的公敌,对于这类"独夫",理"当诛之",其民本思想,前无古人,较之卢梭的《民约论》毫无逊色:

> 有生之初,人各自私也,人各自利也。天下有公利而莫或兴之,有公害而莫或除之。有人者出,不以一己之利为利,而使天下受其利;不以一己之害为害,而使天下释其害。此其人之勤劳,必千万于天下之人。夫以千万倍之勤劳,则己又不享其利,必非天下之人情所欲居也。故古之人君,量而不欲入者,许由、务光是也;入而又去之者,尧、舜是也;初不欲入而不得去者,禹是也。岂古之人有所异哉?好逸恶劳,亦犹夫人之情也。
>
> 后之为人君者不然。以为天下利害之权皆出于我,我以天下之利尽归于己,以天下之害尽归于人,亦无不可。使天下之人不敢自私,不敢自利,以我之大私为天下之公。始而惭焉,久而安焉,视天下为莫大之产业,传之子孙,受享无穷。汉高帝所谓"某业所就,孰与仲多"者,其逐利之情,不觉溢之于辞矣。此无他,古者以天下为主,君为客,凡君之所毕世而经营者,为天下也。今也以君为主,天下为客,凡天下之无地而得安宁者,为君也。是以其未得之也,荼毒天下之肝脑,离散天下之子女,以博我一人之产业,曾不惨然,曰:"我固为子孙创业也。"其既得之也,敲剥天下之骨髓,离散天下之子女,以奉我一人之淫乐,视为当然,曰:"此我产业之花息也。"然则为天下之大害者,君而已矣!向使无君,人各得自私也,人各得自利也。呜呼!岂设君之道固如是乎?
>
> 古者天下之人爱戴其君,比之如父,拟之如天,诚不为过也。今也天下之人,怨恶其君,视之如寇仇,名之为独夫,固其所也。而小儒规规焉以君臣之义无所逃于天地之间,至桀纣之暴,犹谓汤武不当诛之,而妄传伯夷、叔齐无稽之事,乃兆人万姓崩溃之血肉,曾不异夫腐鼠。岂天地之大,于兆人万姓之中,独私其一人一姓乎?是故武王,圣人

也，孟子之言，圣人之言也。后世之君，欲以如父如天之空名，禁人之窥伺者，皆不便于其言，至废孟子而不立，非导源于小儒乎？

虽然，使后之为君者，果能保此产业，传之无穷，亦无怪乎其私之也。既以产业视之，人之欲得产业，谁不如我？摄缄縢，固扃鐍，一人之智力，不能胜天下欲得之者之众。远者数世，近者及身，其血肉之崩溃，在其子孙矣。昔人愿世世无生帝王家，而毅宗之语公主，亦曰："若何为生我家！"痛哉斯言！回思创业时，其欲得天下之心，有不废然摧沮者乎？是故明乎为君之职分，则唐、虞之世，人人能让，许由、务光非绝尘也；不明乎为君之职分，则市井之间，人人可欲，许由、务光所以旷后世而不闻也。然君之职分难明，以俄顷淫乐，不易无穷之悲，虽愚者亦明之矣。

"君之视臣如手足，则臣视君如腹心；君之视臣如犬马，则臣视君如国人；君之视臣为如土芥，则臣视君如寇仇。"（《孟子·离娄下》）孟子以君对臣的态度来判断不同的为君之道。黄宗羲却是站在天下人的立场上，来否定各种维护君道的谬说。他又说："天下之治乱，不在一姓之兴亡，而在万民之忧乐"（《明夷待访录·原臣》），他把天下大害的根源归于家天下的君主专制，公开揭露封建君主的自私残酷，反对封建帝制与封建皇权，从根本上否定"小儒"所谓的"君臣之义"，这在封建社会完全属惊世骇俗、振聋发聩之论。

黄宗羲的政论文，高屋建瓴，立论大胆警醒，措辞尖锐犀利，论说透辟，逻辑严密。就是其记叙文，也叙议结合，在平凡的人与事的记述后引出关系家国命运的高论来。如《万里寻兄记》，写其六世祖黄玺因长兄伯震外出经商十年未归，也未知其下落。他魂牵梦萦，托人打听、占卜问卦，最终决定纵然走遍天下，也要寻回哥哥。黄玺寻兄的过程，写得言简意赅，相逢一段又刻画细微，在艰难的寻访中显示了兄弟的手足之情。接着作者发感慨：

方府君越险阻，犯霜雪，跋涉山川，饥体冻肤而不顾，钳口槁肠而不恤，穷天地之所覆载，际日月之所照临。汲汲皇皇，惟此一事，视天下无有可以易吾兄者。而其时当景泰、天顺之际，英宗、景皇，独非兄弟耶？景皇惟恐其兄之入，英宗惟恐其弟之生。富贵利害，伐性伤恩，以视府君，爱恶顿殊。可不谓天地纲常之寄，反在草野乎？

作为草野小民的黄玺,甘愿冒着生死危险,跋山涉水,万里寻兄。可当时的明英宗与明景宗,为了保住各自的皇位,而丝毫不念兄弟手足情,彼此"伐性伤恩"。景宗惟恐英宗被蒙古瓦剌部释放回国夺去皇位,英宗惟恐景宗活着把持皇位。把"三纲五常"常挂在口头上的"君主"们,竟践踏纲常,没有一丝人情味,反不如草野小民知书达礼、有情有义,用事实再一次印证了君王自私自利为"天下之大害"的论断。

他的其他记叙文,如《过云木冰记》《小园记》等,叙事不枝不蔓,写景生动传神,又往往与人世间治乱相联系,在文尾发出深沉的感慨。而其传状碑志,如《王义士传》《刘宗周传》《陈定生先生墓志铭》等,多写为国捐躯的义士,表彰他们坚贞不屈的民族气节,危词苦语,大气磅礴,寄托了作者的故国之思和反清复明的意识。

顾炎武(1613—1682)主张行己有耻,博学于文,曾说:"士而不先言耻,则为无本之人;非好古而多闻,则为空虚之学。"(《与友人论学书》)言耻的目的在于立身,博学的目的在于践行,修养德行、研究学问、写作文章皆须有益于天下后世。又认为:"文之不可绝于天地间者,曰明道也,纪政事也,察民隐也,乐道人之善也。若此者有益于天下,有益于将来,多一篇多一篇之益矣。若夫怪力乱神之事,无稽之言,抄袭之说,谀佞之文,若此者有损于己,无益于人,多一篇多一篇之损矣。"(《日知录·文须有益于天下条》)他在《与人书十八》中写道:

> 《宋史》言,刘忠肃每戒子弟曰:"士当以器识为先,一命为文人,无足观矣。"仆自一读此言,便绝应酬文字,所以养其器识而不堕于文人也。悬牌在室,以拒来请,人所共见,足下尚不知耶?抑将谓随俗为之而无伤于器识邪?中孚为其先妣求传再三,终已辞之,盖止为一人一家之事,而无关于经术政理之大,则不作也。

作者不愿以舞文弄墨的文人自命,他要做一名具有关心国计民生气度与见识的"士","士"之治学要"关于经术政理",不作那些与国与民都无关痛痒的"应酬文字",就是著名学者李颙多次请求他给母亲写篇墓志,也被他拒绝。所以,莫说他的政论、史论文章,即便是他的山水游记,如《五台山记》,其主旨也不在描写风物,而是通过实地考察,揭露佛教徒神化其地的种种传说。

顾炎武反对空谈良知心性的恶劣风气,认为这些空谈,无关实际的国计民生,已堕落为贻害国家甚至导致明亡的禅学:"古之所谓理学,经学也";"今之所谓理学，禅学也。"(《与施愚山书》)从经世致用出发，他论诗文主性情写真实，不满模拟，以为即使模拟的是大家名流，但终归是一种"弊病"，自己的作品竟然没有自己的面目在其中，何谈创作？何谈实用？何谈为"经术政理"服务？作为"士"，应该怀着"救民于水火之心"，来"明道救人"。(《与人书三》)所以诗文作者须要直言说实话，反对阿谀奉承的"巧言"，更反对"以言欺人"。同时要有独立见解，说古人所没有说过的话，反对与古人雷同。他曾写信向某君提建议："君诗之病，在于有杜；君文之病，在于有韩、欧。有此蹊径于胸中，便终身不脱依傍二字，断不能登峰造极。"(《与人书十七》)因此他也猛烈地抨击了不能抒写真情实感的八股文，认为八股取士的制度对儒生的毒害甚于秦始皇的坑儒。他又认为诗文随时代变化而变化，创作上就应随着时代变化而有所创新："诗文之所以代变，有不得不变者……今且数百年矣，而犹取古人之陈言一一而摹仿之，以是为诗，可乎？"(《诗体代降》)

顾炎武的散文最大特点是有为而作，十分注重文章的社会目的与作用，反对"巧言"伪饰，鄙视专事藻饰，所以他的散文内容充实，切中时弊，富含讽喻深意，决无心性空论与无病呻吟之篇。如在其重要著作《天下郡国利病书》与《日知录》中，最关注的是土地兼并和赋税不均等社会积弊，提出"利民富民""藏富于民"的政策与反对"独治"推行"众治"的政治主张，反映出反对封建独裁专制的早期民主启蒙思想意识。就是那些来往书信，也不是简单应对之作，那些记叙文也不是就事论事，而都有明确的为"经术政理"服务的目的，字里行间蕴含着鲜明的经世致用的思想。如《复庵记》：

旧中涓范君养民，以崇祯十七年夏，自京师徒步入华山为黄冠。数年，始克结庐于西峰之左，名曰复庵。华下之贤士大夫多与之游，环山之人皆信而礼之，而范君固非方士者流也。幼而读书，好《楚辞》，诸子及经史多所涉猎，为东宫伴读。方李自成之挟东宫、二王以出也，范君知其必且西奔，于是弃其家走之关中，将尽厥职焉。乃东宫不知所之，而范君为黄冠矣。

太华之山，悬崖之巅，有松可荫，有地可蔬，有泉可汲，不税于官，不隶于官观之籍。华下之人或助之材，以创是庵而居之。有屋三楹，东向以迎日出。

余尝一宿其庵，开户而望，大河之东，雷首之山，苍然突兀，伯夷、叔齐之所采薇而饿者，若揖让乎其间，固范君之所慕而为之者也。自是而东，则汾之一曲，绵上之山，出没于云烟之表，如将见之，介子推之从晋公子，既反国而隐焉，又范君之所有志而不遂者也。又自是而东，太行、碣石之间，宫阙山陵之所在，去之茫茫，而极望之不可见矣！相与泫然。作此记，留之山中。后之君子登斯山者，无忘范君之志也。

这是一篇为范养民的"复庵"所写的记文，先写复庵的来历及庵主的身世，次写复庵的规模及周边环境，最后写作者在复庵逗留中的所见所思。文章虽然以复庵为线索，但与一般的宫观楼台记文不同，文中的一景一事，无不饱含着作者强烈的故国之思。表面上看，是篇亭台记文，实际上，写的是明末遗民不忘恢复的爱国精神，对范养民这一代人忠贞不贰的节操表达了崇高的景仰之情。文中还引用了宁肯饿死不食周粟的伯夷、叔齐和归隐不仕的介子推的典故，寓意深长，深沉的亡国忧愤，溢于言表，催人泪下。

王夫之（1619—1692）精于经学、史学、文学，对天文、历法、数学、地理都有研究，在治学的余暇，王夫之也创作了许多诗文，并有《诗绎》《夕堂永日绪论内编》《南窗漫记》诗论著作，三书又合编为《姜斋诗话》，丁福保编印《清诗话》时把此书列为第一种。在文学创作上，王夫之认为创作离不开现实生活，强调作者"身之所历，目之所见，是铁门限。"（《姜斋诗话·卷下》）创作要"以意为先"，以思想内容为主：

> 无论诗歌与长行文字，俱以意为主。意犹帅也，无帅之兵谓之乌合。李、杜所以称大家者，无意之诗，十不得一二也。烟云泉石，花鸟苔林，金铺锦帐，寓意则灵。若齐、梁绮语，宋人抟合成句之出处，役心向彼掇索，而不恤己情之所自发，此之谓小家数，总在圈缋中求活计也。（同上）

反对"求形模，求比拟，求词采，求故实"的形式唯美主义（同上），主张辩证地处理意、情、景的关系："含情而达，会景而生心，体物而得神，则自有灵通之句，参化工之妙。"（同上）同样，他强调文学的兴、观、群、怨的社会作用，对孔子的"兴、观、群、怨"说，也作辩证看待："于所兴而可观，其兴也深；于所观而可兴，其观也以审；其群者而怨，怨愈不忘；以其怨者而群，群乃益挚。"（同上）号召作家"摄兴、观、群、怨于一炉"（《唐诗选评》），强调文学的社会教育功能，与黄、顾强调文学经世致用的观点是相似的。

王夫之以学术著称,学术又偏重哲学与史学,最擅长书写史论文章,今存代表性作品主要是《读通鉴论》《宋论》,凭借史事抒发政见,借古喻今,是其史论文章的特点。如《桑维翰论》:

> 谋国而贻天下之大患,斯为天下之罪人,而有差等焉。祸在一时之天下,则一时之罪人,卢杞是也;祸及一代,则一代之罪人,李林甫是也;祸及万世,则万世之罪人,自生民以来,唯桑维翰当之。
>
> 刘知远决策以劝石敬瑭之反,倚河山之险,恃士马之强,而知李从珂之浅软,无难摧拉,其计定矣。而维翰急请屈节以事契丹。敬瑭智劣胆虚,遽从其策,称臣割地,授予夺之权于夷狄,知远争之而不胜。于是而生民之肝脑,五帝三王之衣冠礼乐,驱以入于狂流。契丹弱,而女真乘之;女真弱,而蒙古乘之;贻祸无穷,人胥为夷。非敬瑭之始念也,维翰尸之也。
>
> 夫维翰起家文墨,为敬瑭书记,固唐教养之士人也,何仇于李氏,而必欲灭之?何德于敬瑭,而必欲戴之为天子?敬瑭而死于从珂之手。维翰自有余地以居。敬瑭之篡已成,己抑不能为知远而相因而起。其为喜祸之奸人,姑不足责;即使必欲石氏之成乎,抑可委之刘知远辈,而徐收必得之功。乃力拒群言,决意以戴犬羊为君父也,吾不知其何心!终始重贵之延,唯以曲媚契丹为一定不迁之策,使重贵糜天下以奉契丹。民财竭,民心解,帝昺崖山之祸,势所固然。毁夷夏之大防,为万世患;不仅重贵缧系,客死穹庐而已也。论者乃以亡国之罪归景延广,不亦诬乎?延广之不胜,特不幸耳;即其智小谋强,可用为咎,亦仅倾臬捩鸡徼幸之宗社,非有损于尧封禹甸之中原也。义问已昭,虽败犹荣。石氏之存亡,恶足论哉!
>
> 正名义于中夏者,延广也;事虽逆而名正者,安重荣也;存中国以授于宋者,刘知远也;于当日之侪辈而有取焉,则此三人可录也。自有生民以来,覆载不容之罪,维翰当之。胡文定传《春秋》而亟称其功,殆为秦桧之嚆矢与?

此文选自《读通鉴论》,是作者读《资治通鉴》后写的一篇历史人物论。所论的桑维翰,为助石敬瑭篡夺后唐帝位,主张割让幽蓟十六州与契丹,换取契丹出兵相助,开了出卖主权,引狼入室的先例。第一段先从概念上划定何谓罪人?何为一时罪人、一代罪人与万世罪人?将桑维翰与卢杞、李林甫比较，见出桑维翰罪大恶极，贻害无穷，是天下罪人中的罪魁祸首。第二段论证桑维翰为何是万世罪人。屈节事敌，割地称臣，毁灭文化，不仅贻害当今，而且后患无穷，金灭北宋、元灭南宋，无不与此有关，作者虽未明言清灭明，但其寓意皆在不言中。第三段作者剖析桑维翰为何要做万世罪人。作者从正常的逻辑分析，不好理解桑维翰的卖国居心何在？即"吾不知其何心！"但从作者反复分析中，可知桑维翰为了一己一时的私利，不惜"为万世患"，使一代代"民财竭，民心解"，其心何其毒也，其恶何其重也，远超乎一时一代之罪。最后一段将景延广、安重荣、刘知远与之相比较，指出这些人尽管有这样或那样的"污点"，但他们都没有出卖民族长远的根本利益，而桑维翰却将国土拱手献敌，犯的是天地不容之罪。文章以"胡文定传《春秋》而亟称其功，殆为秦桧之嚆矢与"来结尾，明指秦桧是桑维翰的追随者，此处也指桑骂槐，让人联想到当代的吴三桂之流不也是他们的同类吗？许多当代的"桑维翰们"至今还不是被誉为功臣吗？讥刺尖锐，寓意深长，发人深省。

"清初三先生"都经过明末清初翻天覆地的动荡，都参加过反清复明的武装斗争，既是抗敌救亡斗争的战士，又是杰出的思想家。他们所具有的朴素唯物论、民主思想与爱国的民族意识，把清代散文的思想境界提高到前所未有的高度。尤其是他们的政论、史论文章的批判性与战斗性，在后世散文产生了巨大的影响。

（二）以人物传记为主的杰出作家

侯方域、魏禧、汪琬人称"清初古文三大家"，他们没有"清初三先生"那样敏锐的思想与坚贞的节操，主要倾心于诗文创作，但也不乏民族意识，文学观点与"清初三先生"有相近处。他们重视文学的社会功能，注意文章的经世致用，反对晚明的空疏、纤佻的习气。他们宗法唐宋八大家与明之归有光，但也不废向先秦两汉学习，这也是对明代唐宋派效古之失的纠正。三人中，论艺术成就，则侯方域又较为突出。

侯方域（1618—1655）字朝宗，河南商丘人，父亲为明东林党人。他与方以智、冒襄、陈贞慧号称明末复社"四公子"，曾参与陈贞慧、吴应箕组织的攻击阉党余孽阮大铖、马士英的斗争。入清初拒绝征召，但迫于压力，应河南乡试，中副榜，表现了一定的软弱和动摇性。撰有《壮悔堂文集》《四忆堂诗集》，推崇先秦诸子、汉之《史记》《汉书》和唐宋八大家文。为文主骨气，曾说："大约秦以前之文主骨，汉以后之文主气。秦以前之文，若六经，非可以文论矣；其他如老、韩诸子，《左传》《战国策》《国语》,皆敛气于骨者也。汉以后之文,若《史》、若《汉》、若八家,最擅其胜,皆运骨于气者也。"(《与任王谷论文书》)故其文骨立气畅,大气磅礴,纵横驰骋。他的文章有论说、书序、奏议、碑志等,论说、书序、奏议文章辞气充畅,纵横驰骋,风格近于苏洵与苏轼,然而最擅长的则是人物传志,构思与叙事又吸收了明代俗文学尤其是小说的特点,显示了清代人物传记的鲜明时代特征。

侯方域对生活中的人物体察得比较深刻,所以在他的传记中,善于围绕人物性格的变化来叙事,事件的情节描写得生动曲折,细节的逼真与对话的毕肖显然有作者的想象虚构与艺术加工,所以人物刻画得鲜明饱满,具有小说的特点。当时的陈令升贬抑其文说:"其文佳者,尚不能出小说家伎俩,岂足以言名世!"(黄宗羲《陈令升先生传》)陈令升的看法代表了不少人的意识,就连主张经世致用的学人以及后来的桐城派也对侯方域的文章表示不满,认为他的文章不纯不雅。对侯方域的批评,实际暴露了他们囿于正统文学观,而对小说有偏见。恰恰相反,正是侯方域传文中明显的小说特点,才显示了侯方域在散文方面的突破、创新与特长。如《马伶传》写艺人马锦,在舞台上扮演奸相严嵩,从初表演不如意到演出成功,期间的经历写得一波三折。先是写马伶与李伶会演竞赛,马伶技差一筹而负气,甘愿到当朝相府去做三年仆役,为的是通过对当朝宰相举止言谈的观察,揣摩自己所扮演的严嵩角色应该具有的性情风度。三年后再次会演,马伶出神入化的表演,将"严嵩"都演"活了",连李伶都伏地叩拜自称弟子。情节安排上采用了戏剧性的冲突结构,使用了小说虚构、夸张的手法,增强了故事的传奇性,引人入胜。此外如《任源邃传》《贾生传》《蹇千里传》《郭老仆墓志铭》等,描写人物都很精彩。尤其是《李姬传》,以明末广大人民、进步知识分子与阉党激烈斗争为背景,刻画了众多性格鲜明的人物形象。其中的李香,品质高洁正直,能超越一般的男女之情,坚决与阉党斗争,这在中国文学史上都属罕见的光辉的妇女形象。作者描写李香,主要选择了能突出李香性格与品质的几件典型事件,几件事件中又主要选择了李香在事件中的几段话,一位丰满的形象就凸现在读者面前,如:

> 侯生三问,将军乃屏人述大铖意。姬私语侯生曰:"妾少从假母识阳羡君,其人有高义,闻吴君尤铮铮,今皆与公子善,奈何以阮公负至交乎?且以公子之世望,安事阮公!公子读万卷书,所见岂后于贱妾耶?"侯生大呼称善,醉而卧。王将军者殊怏怏,因辞去,不

复通。

　　未几，侯生下第。姬置酒桃叶渡，歌《琵琶词》以送之，曰："公子才名文藻，雅不减中郎，中郎学不补行，今《琵琶词》所传词固妄，然尝昵董卓，不可掩也。公子豪迈不羁，又失意，此去相见未可期，愿终自爱，无忘妾所歌《琵琶词》也，妾亦不复歌矣！"

　　侯生去后，而故开府田仰者以金三百锾，邀姬一见，姬固却之。开府惭且怒，且有以中伤姬。姬叹曰："田公岂异于阮公乎？吾向之所赞于侯公子者谓何？今乃利其金而赴之，是妾卖公子矣！"卒不往。

李香第一段话，揭露阮大铖险恶用心，提醒侯生保持清醒认识。第二段话，在送别侯生时，劝他在失意时能够自爱。第三段话，表示自己不惧阉党威逼利诱，能坚守节操。句句都符合这位既深明大义，又对侯生心契的歌妓性格，虽不是豪言壮语，却是最典型化的语言，体现了李香貌似柔弱实为女中豪杰的特点。正因如此，《李姬传》也成为孔尚任创作《桃花扇》的蓝本。

侯方域的人物传记，多写当代人，不避当代事，适应经世致用的思潮，但因英年早逝，学养不深，文章虽才气奔放、流畅生动而底蕴不足，他自己也说："仆少年溺于声伎，未尝刻意读书，因此文章浅薄，不能发明古人之旨……间有合作，亦如春花烂漫，柔脆飘扬，转目便萧索可怜。"（《与任王谷论文书》）不过，邵长衡对他的评价很高，他说："明季古文辞，自嘉、隆诸子，貌为秦、汉，稍不厌众望，后乃争矫之，而矫之者变愈下，明文极敝，以讫于亡。朝宗始倡韩、欧之学于举世不为之日，遂以古文雄视一世。"（《侯方域传》）邵长衡看到了侯方域散文的长处，也就知道了他散文的价值。

魏禧（1624—1681）字冰叔，一字叔子，号裕斋，江西宁都人，撰有《魏叔子集》。与其兄祥、弟礼俱有文名，时称"宁都三魏"，且三兄弟有合编文集为《宁都三魏全集》。三魏中以魏禧的成就为高，著有《魏叔子文集》《诗集》《日录》《左传经世》《兵谋》《兵法》《兵迹》等。明亡后魏禧剪发为头陀，不应康熙的博学鸿词科试，以隐居不仕保持气节，束身砥行。平常以文会友，交结贤豪，相互激励，以图恢复。曾与兄祥（后改名际瑞）、弟礼以及彭士望、林时益、李腾蛟、邱维屏、彭任、曾灿讲学于宁都翠微峰"易堂"，以古文、实学教导后进，世称他们为"易堂九子"。与侯方域相比，魏禧更强调"以经济有用之文学，显天下百余年"。（尚熔《书魏叔子文集后》）《清史稿》本传中称其"论事每纵横排奡，倒注不穷。事会盘错,指画灼有经纬。思患豫防,见几于蚤,悬策而后验者十尝八九。"

魏禧主张为文首先在于"立本",即确立根本,而"立本"须要"积理"和"练识":"为文之道,欲卓然自立于天下,在于积理而练识。"(《答施愚山侍读书》)所谓"积理",就是明白各种道理,包括把握传统的儒家之道与把握社会变化的规律。他说:"文章之根柢,在于学道而积理。守道不笃,见理不明,……君子盖所不取。"(《八大家文钞序》)"文章格调有尽,天下事理日出而不穷,识不高于庸众,事理不足关系天下国家之故,则虽有奇文与《左》《史》、韩、欧阳并立无二,亦可无作。"(《宗子发文集序》)"所谓练识者,博学于文,而知理之要;练于物务,识时之所宜。理得其要,则言不烦而躬行可践;识时宜则不为高论,见诸行事而在功。"(《答施愚山侍读书》),作家博学多见广识,通达人情世故,言之有理有益于世,才能写出好文章。这种对文学的基本见解,与强调文学经世致用息息相关。

魏禧的散文受《左传》、苏洵文章影响极大,善于对家国兴衰成败发论,见解独到,评论古人是非得失,公允中肯,并时有惊世骇俗之言。尤善为以身殉国的烈士或保持气节的高士作传,如《江天一传》《泰宁三烈妇传》《高士汪枫传》等,表彰他们忠烈死节之义行,或坚守节操之心志,在这些人物的身上,寄托了作者爱国反暴的民族意识和洁身自好的人生追求。魏禧的散文凌厉雄杰,慷慨激越,刻画人物重于传神。如《大铁椎传》,这篇以其兵器来命名的传主,一生传奇经历肯定丰富多彩,但作者只选择其一次与强盗的搏杀,来作传记的主体,其他如描写其饭量很大、行动诡秘等,则都是给这次搏杀作铺垫,最激动人心且最能显示传主性格特征的则是搏杀一段:

> 时鸡鸣月落,星光照旷野,百步见人。客驰下,吹觱篥数声。顷之,贼二十余骑四面集,步行负弓矢从者百许人。一贼提刀突奔客,客大呼挥椎,贼应声落马,马首裂。众贼环而进,客奋椎左右击,人马仆地,杀三十许人。宋将军屏息观之,股栗欲堕。忽闻客大呼曰:"吾去矣。"尘滚滚东向驰去。后遂不复至。

始写黎明月落星稀的旷野之上,强盗或乘马、或步行,百余人聚集合拢,写出搏杀的场景与气氛。面对来势汹汹的众盗,大铁椎毫无畏惧,主动吹觱篥召强盗,突出他勇于挑战众盗的孤胆英豪气概。并以其"大呼挥椎",贼人应声落马的描写,见其武艺高强勇猛过人。末了记其大呼"吾去矣",写其善于把握战机进退有谋略。中间又插入宋将军观战时紧张恐惧的描述,衬托战斗的激烈与大铁椎的英勇无比,情节描写如同武侠小说。作者在大铁椎过人的气力、高强的武艺、豪迈的性格处,着力描摹刻画,笔酣墨饱地将这些性格特征酣畅淋漓地表现出来,整个人物形象也就栩栩如生了,深得《左传》《史记》写人之法。但作者并不满足仅描写一个侠客的神勇和高超武功,他写本传的目的,是由传主身怀绝技而隐身草野,来揭示世道对人才的埋没乃至蹂躏,所以传末论赞有这样的话:

> 魏禧论曰:子房得力士,椎秦皇帝博浪沙中。大铁椎其人欤?天生异人,必有所用之。予读陈同甫《中兴遗传》,豪俊、侠烈、魁奇之士,泯泯然不见功名于世者,又何多也!岂天之生才不必为人用欤?抑用之自有时欤?子灿遇大铁椎为壬寅岁,视其貌当年三十,然则大铁椎今年四十耳。子灿又尝见其写市物帖子,甚工楷书也。

补写"大铁椎""工楷书",知其绝非鲁莽武夫,然如此才智出众、侠义刚烈、雄奇卓异的人,却无声无息于民间,空怀才智,蹉跎岁月。由此联想到历史上无数人才被埋没,以设疑的口气向"天"发出疑问,实际是对社会不公的拷问。这一意味深长的"拔高",正体现了他的"积理""练识"的主张。

与魏禧同龄的汪琬(1624—1691)字苕文,号钝庵,长洲(今江苏苏州)人,顺治时进士,曾任户部主事,刑部郎中。康熙时召试博学鸿词科,授翰林院编修。晚年隐居太湖尧峰山下,专心撰述,学者称其为尧峰先生,撰有《钝翁类稿》《续稿》《尧峰文钞》。《清史稿》本传中称其"少孤,自奋于学,锐意为古文辞。于《易》《诗》《书》《春秋》《三礼》《丧服》咸有发明。性狷介。深叹古今文家好名寡实,鲜自重特立,故务为经世有用之学。其于当世人物,褒讥不少宽假。"汪琬为文与主张经世致用的学者同调,不同之处是他更强调明于辞义,合乎经旨。计东《钝翁类稿序》称赞他"能贯经与道为一,而著之为文,洋洋乎积万言,而沛然不悖于圣人之道"。他不满于公安派的空疏与轻佻,要求学问有师承,议论有根据,出处有本末。主张上自六经三史,下至唐宋诸家,博采众家之长,不拘一格,自成一体。而实际上他受唐宋派影响较大,文章风格近于唐顺之、归有光,且多本儒家经典。自然也反对散文中有小说的特点,认为"既非雅驯,则其归也,亦流于俗学而已矣"。(《跋王于一遗集》)。这种偏旧的观点显然来自偏旧的儒家思想。

其散文创作主要有经史之文与小品纪游之文,史学与文学价值较高的,是那些人物传志碑铭。特别是那些描写明末战乱苦难及为国殉难者事迹的散文,饱含怜悯悲痛之情,褒讥臧否人物态度鲜明,叙事畅达,议论精当,寓意深远。如《侯记原墓志铭》生动地描写了清兵南下,烧杀抢掠,无辜民众遭涂炭之祸的惨状;《申甫传》记叙了一位坚决抗清而英勇献身的畸人。同魏禧一样,他也写了《江天一传》。明代抗清将领江天一的一生,卓尔不群之处甚多,作者精心选择安排,精略得当,叙述粗细有别。着力描述其慷慨赴难、以死殉国,笔酣墨饱地写出了传主人品最辉煌的亮点与其人生最高的道德境界:

> 城遂陷。大帅购天一甚急。天一知事不可为,遽归,属其母于天表,出门大呼:"我江天一也!"遂被执。有知天一者,欲释之,天一曰:"若以我畏死邪?我不死,祸且族矣。"遇金事公于营门,公目之曰:"文石!女有老母在,不可死。"笑谢曰:"焉有与人共事而逃其难者乎?公幸勿为我母虑也。"至江宁,总督者欲不问,天一昂首曰:"我为若计,若不如杀我;我不死,必复起兵。"遂牵诣通济门。既至,大呼高皇帝者三,南向再拜讫,坐而受刑。观者无不叹息泣下。

作者把江天一不愿苟且偷生、视死如归的英雄形象,写得气贯长虹、气壮山河。

《四库全书总目·卷173·别集类》中分析说:"古文一脉,自明代肤滥于七子,纤佻于三袁,至启祯而极弊。国初风气还淳,一时学者始复讲唐宋以来之矩矱。而琬与宁都魏禧、商丘侯方域称为最工,宋荦尝合刻其文以行世。然禧才杂纵横,未归于纯粹;方域体兼华藻,稍涉于浮夸;惟琬学术既深,轨辙复正,其言大抵原本六经,与二家迥别,其气体浩瀚,疏通畅达,颇近南宋诸家,蹊径亦略不同。庐陵、南丰固未易言,要之,接迹唐、归,无愧色也。"论者站在正统儒家思想立场上看"清初古文三大家",不免失当。但指出汪琬与魏禧、侯方域因经历、性格有异,思想不尽相同,文风也各有特点。并在与魏、侯文章的比较中,概括出汪琬文章的特点,这些还是符合实际的。"清初古文三大家"重视散文的社会现实性与政治实用性,与"清初三先生"的为文主张是一致的,他们的作品显示了明清易代后一代人痛定思痛的历史反思,也体现了清初散文嬗变的重要走向。

三　桐城派主盟文坛的雍正、乾隆时期散文

雍正乾隆时期，社会比较稳定，经济得到更大发展，统治者一方面继续采取拉拢文人的政策，强化科举制度，组织大批文人整理古籍编纂大型丛书，给予他们以官方或半官方的社会地位，消除他们与统治者的对立情绪，同时也转移先进文人的政治注意力。另一方面，进一步加强思想统治，大兴文字狱，对有"异端"思想的文人实行残酷迫害，迫使文人屈服与顺从。随着保持民族气节的前辈纷纷离世，后一代的文人与统治阶级的对立情绪有所缓和，于是多数文人，在"盛世"的环境中，将清初的经世致用之学改变为不涉政治的考据学，亦称汉学、朴学，将匡时济世的实事求是精神转移至以考据为主的古籍整理上，一方面顺应了文化发展的需要；另一方面找到了政治的"避风港"。最具影响力的散文流派——桐城派就是这一时代背景的产物。桐城派受汉学的影响，不仅编纂了大型的古文丛书，而且企图对中国古代散文的创作经验做一次全面的梳理，总结普遍的散文创作规律，构建全面、完整、系统的中国古代散文理论体系。他们以"义法"为散文理论的基石，主张义理、考据、文章三者相济，将孔孟到程朱的道统与从《左传》《史记》到唐宋八大家的文统相统一，用以改变明末理学空疏、浅露的影响与当时汉学支离烦琐的风气，以指导后世的散文创作。但以桐城派为代表的散文创作，最大的缺陷就是少了清初散文中的批判精神。汤寿潜说："国朝文以康、雍、乾、嘉之际为极盛，其时朴学竞出，文章多原本经术，虽微异其趣，要归于有则，无前明标榜依附之习。"（《国朝文汇·序》）但由于指导思想仍是"原本经术"，死守儒家的道统与文统，不能适应社会转型的需求，注定只是表面与形式上的繁荣，而这种"繁荣"，只不过是古代散文衰亡前的一种回光返照现象。

（一）对儒家文统有创新的桐城派

桐城派是清代最大的散文流派，因其重要作家均为安徽桐城人故名。戴名世是该派的前驱者，他为康熙时人，标志着桐城派的始兴，方苞是该派的奠基人，刘大櫆是该派承前启后的发展者，姚鼐是该派理论与创作实践成就最高的代表。后三者皆大致可归入雍正、乾隆时期。由于他们对桐城派的形成贡献最大，在清代文坛上影响最广，被人称为"桐城三祖"，后世凡是受他们理论与作品影响的作家都可归于桐城派。桐城派成员绵延

数辈，代有传人，先后多达上千人，弟子遍及全国十数省。且重要成员又多是"桐城三祖"的嫡传子弟，如方苞的弟子有雷鋐、沈彤、王又朴、沈庭芳、王兆符、陈大受、李学裕、张莘农、程鉴等。刘大櫆的弟子有姚鼐、王灼、吴定、程晋芳、钱鲁斯等，姚鼐的弟子有梅曾亮、管同、方东树、姚莹、刘开等。其弟子的再传弟子，以及追随者，更是不可胜数。如阳湖恽敬、武进张惠言是钱鲁斯与王灼的弟子，恽、张其徒又有陆继辂、董祐诚、董士锡、张琦、谢士元、汤春帆、秦小岘、杨绍文、戴熙等，形成"阳湖派"，实为桐城派一个分支。再如追随梅曾亮的有朱琦、龙启瑞、陈学受、吴嘉宾、邓显鹤、孙鼎臣、周寿昌、鲁一同、邵懿辰等。这些人是推动桐城散文运动不断深入的重要人物，终使桐城派成为一个声势显赫的文学流派。

桐城派在清代长盛不衰，影响延至晚清，主盟清代文坛二百余年，几乎与清代相始终，这在中国散文史上是罕见的，形成了所谓"家家桐城""人人方姚"的局面。究其原因，除了他们长期讲学授徒，不断壮大队伍与扩大影响外，还有重要的原因就是他们系统的理论主张赢得了社会广泛的认可。他们以"文以载道"为宗旨，强调"义理"，但又不固守宋学偏执的观点，"首先，一方面，桐城派反对'汉学'家以训诂考据作为儒学正途，与'宋学'的诠释义理相对立……另一方面，桐城派并不反对'汉学'中考据、训诂等学术手段的意义，反而对宋学'俗儒不考古而蔽于近'略持微词，反对儒学家曲解经意，以己解经的做法，对汉学评判比较客观公允。其次，桐城派能以比较通达的态度，吸收'汉学'成果，将儒学'义理'与汉学经世致用的学术理想结合起来……另外，桐城派认识到'考证'的学术意义，并将其纳入文章创作中，与'义理'、'辞章'一并构成文章创作的门径与手段"[①]，这也适应了统治者提倡程朱理学的需要。桐城派的散文理论及散文创作实践，成为唐宋古文运动的继续、发展与终结，有人甚至把桐城派的古文复兴，视作继唐宋古文运动之后的第三次古文运动。他们编纂的《古文约选》《古文辞类纂》，以及他们创作的十分讲究神理气韵的文章，易于写作八股时文时所借鉴所吸收，使一代代科场学子把他们的这些文章也作为精心诵读的范文，所以桐城派的散文理论及散文创作有着庞大而广泛的社会接受群体。

桐城派是时代的产物，它应运而生，随着时代的变化而发展。要说桐

---

① 马茂军、刘春霞、刘涛：《中国古代散文思想史》，人民出版社 2011 年版，第 469—470 页。

城派的起源，还得追溯到方以智（1611—1671）、戴名世（1653—1713），他俩都是桐城人，都受唐宋古文的影响，致力于古文振兴。戴名世还重申传统的"文以明道""言有物""修辞立其诚"等主张，如他说："至若吾辈之所为者，乃先王之遗，将以明圣人之道，穷造化之微，而极人情之变态。"（《与刘大山书》）又要求著文者在"道""法""辞""精""气""神"几方面相统一。（见《己卯行书小题序》《答张、伍两生书》）桐城派的先驱者们已经在散文理论和创作实践上，初步体现出桐城派的一些特征，开了桐城派之先河。而真正标志着桐城派的形成及成熟，则是"桐城三祖"。

方苞（1668—1749）字凤九，号望溪，撰有《望溪先生文集》《集外文》《集外文补遗》。与戴名世交往甚密，戴名世曾写过一本《南山集》，因书中用了南明年号与涉及多尔衮不轨之事，后被参劾，铸成"清初三大文字狱"之一的"《南山集》案"。戴名世以"大逆"罪处死，数百人受株连，其中为《南山集》作序的方苞初判处斩，后改坐牢，又经人解救出狱，被编入旗籍为奴。方苞死里逃生，领教了清朝文网的残酷，从此以道学家和醇儒自命，潜心研读经书，奉行的格言是："学行继程、朱之后，文章介韩、欧之间。"（王兆符《望溪文集序》）成为屈服于清廷政治高压，甘心做效忠于朝廷的御用文人的典型，因此不但得到赦免，恢复原籍，而且累官至礼部侍郎。

方苞对古代散文贡献，主要在于继承我国历代文论传统，并在此基础上，提出新的"义法"说。他说："春秋之制义法，自太史公发之，而后之深于文者亦具焉。义即《易》之所谓'言有物'也；法即《易》之所谓'言有序'也。义以为经而法纬之，然后为成体之文。"（《又书货殖传后》）义指文章正确真实的思想内容，方苞当然主要理解为符合儒家伦理道德的内容，他曾说："若古文则本经术而依于事物之理，非中有所得不可以为伪。"（《答申谦居书》）法指文章的形式，主要指文章以结构与语言为主要方面的写作法则和规矩。文以义为主，内容决定着形式，然内容须与形式相统一，然后才能"为成体之文"，方苞把文章的构成解释得既准确又明了。桐城派以后的文论，就以此为纲领不断加以补充发展，方苞自然成为桐城派理论的奠基者。方苞的"义法"说还有它的特定意义，方苞认为两汉之后，道统与文统分离，即董仲舒、二程、朱熹等人多强调道统，即多强调"义"；由司马迁、唐宋八家、归有光等人多强调文统，即多强调"法"，这都是不全面的。他提出"义法"，就是要使长期分离的道统和文统重新融为一体，一篇文章既有程、朱文章的"义理"，又有韩、欧文章的"法度","义法"说实际是"文道合一"的正统派文论在新形势下的翻版。

方苞还提出"雅洁"说作为"义法"说的补充，认为文章以"义"为经，以"法"为纬，这是对文章内容和形式关系的基本要求。但为了达到这一基本要求还需要有"雅洁"的语言，只有具备清真自然、谨严朴实的语言，才是全面符合"义法"的好文章。实际上，"雅洁"说既有语言方面的要求，又涉及内容、风格方面的要求，内容、风格、语言都要符合儒家一贯的"雅正"要求。"明于体要，而所载之事不杂"（《书萧相国世家后》），为此，方苞还强调："古文中不可入语录中语，魏晋六朝人藻丽俳语，汉赋中板重字法，诗歌中隽语，《南北史》中佻巧语。"（见沈莲芳《方望溪先生传书后》引）为了求得语言的"雅洁"，限制在文章中引用数种语言，这显然限制了桐城派文章的语言艺术表现力。

方苞的"义法"说，高度概括了文章内容与形式的特点及关系，内容为"经"，起"统领"的作用，形式为"纬"，能"阐道翼教"，起"服务"的作用，如结构要合理、谨严、有条理，语言要规范、合乎"质而不芜"的要求，这些简要概括揭示了散文创作的普遍规律，确定了散文创作的规范化的法则。在当时，既批判了类似前后七子只重文章字句末节的模拟，又指出了类似唐宋派重于"开阖首尾经纬错综"的偏重文章组织结构的局限。不过，"义法"说也不能完全解决全部散文创作的理论问题，就连其派的姚鼐也说过："望溪所得，在本朝诸贤为最深，而较之古人则浅。其阅《太史公书》，似精神不能包括其大处、远处、疏淡处及华丽非常处，只以义法论文，则得其一端而已。"（《与陈石士》）何况方苞站在"醇儒"的立场上解释"义法"，他把"义法"及"雅洁"说作为一套文章操作程序，这样的话，这种"义法"就又成了束缚散文发展的清规戒律。

方苞的散文就是他"义法"理论的实践，他的经史札记、议论小品及碑志颂序，多是陈腐的程朱理学说教，能感动人心且可观赏的是那些人物志传与记事、抒情、写景之类的杂记小品，如《白云先生传》《田间先生墓表》《汤司空逸事》《游丰台记》《明禹州兵备道李公城守死事状》等，其中《左忠毅公逸事》，写明末忠臣左光斗。主要选取了左光斗因反魏忠贤阉党而被诬下狱，受尽酷刑，其学生史可法去狱中探望的"逸事"，将左光斗以国家利益为重、威武不屈、大义凛然的英雄形象，写得光彩照人：

及左公下厂狱，史朝夕狱门外。逆阉防伺甚严，虽家仆不得近。久之，闻左公被炮烙，旦夕且死，持五十金，涕泣谋于禁卒，卒感焉。一日，使史更敝衣，草屦，背筐，手长镵，为除不洁者。引入，微指左公处，则席地倚墙而坐，面额焦烂不可辨，左膝以下，筋骨尽脱矣。史前跪，抱公膝而呜咽。公辨其声，而目不可开，乃奋臂以指拨眦，目光如炬，怒曰："庸奴！此何地也？而汝来前！国家之事，糜烂至此。老夫已矣！汝复轻身而昧大义，天下事谁可支拄者！不速去，无俟奸人构陷，吾今即扑杀汝！"因摸地上刑械，作投击势。史噤不敢发声，趋而出。后常流涕述其事，以语人曰："吾师肺肝，皆铁石所铸造也！"

史可法在左光斗下狱后，朝夕在狱门外徘徊，无法进狱探望，得知左光斗受到炮烙酷刑，将不久于人世，更是心急如焚。最终以献金涕泣，感动狱卒，让其化装入狱，这是多么难得的一见，也是师生间难得的生离死别。按一般常情，此时此刻的师生二人必是抱头相哭。然而，面对史可法的呜咽，左光斗却怒目以视，怒斥以对。这种"怒"来自恼怒史可法"轻身而昧大义"，即恼怒史可法冒死入狱，全然不顾生命安危，而不计保全自己，何能完成锄奸救国的重托？为了让史可法尽快离开险境，左光斗并作以刑械投击史可法的姿态，看似冷酷无情，实际全是保护贤才的炽热的爱，全是对事业后继者的殷切希望。左光斗在"面额焦烂""筋骨尽脱"的情况下，明知瞬间即逝，但仍以国事为重，强抑自己的私情，这是何等的精神境界！作者通过对史可法肖像、动作、语言的描写，又衬以他人的评价，突出了左光斗"忠"的精神与"毅"的性格，这是全篇的精髓，也就是方苞所强调的"义"，选材精当，叙事清晰，用语简洁，也就是方苞所说"法"，"义以为经而法纬之"，则一位正气凛然的忠臣形象就跃然纸上，催人泪下。

再如方苞的《狱中杂记》，也是为人称道的佳作，通过叙写自己在狱中的所见所闻，真实地揭露了清代监狱的种种黑暗、腐败与惨无人道。这无疑隐含着作者的隐痛，是对当时所谓太平盛世的揭露。由于是他早期的作品，与他后期效忠清廷的思想感情有所不同。但作者还是以叙事为主，将自己沉痛愤怒的感情深寓于叙事之中，深得太史公之法。文章记有狱中的环境、囚犯的受刑、胥吏的纳贿等等，纷繁的事件安排得有条不紊，充分体现了作者所谓的"言之有序"。文章结构严整，描写真实生动，语言简洁明畅，体现了作者所主张的"雅洁"。

刘大櫆（1698—1779）字才甫，一字耕南，号海峰，著有《海峰先生文集》《论文偶记》等。年轻时即抱有"明经致用"之志，以古文辞负重名于京师，有人甚至赞其为韩愈复生，诸提督学政都邀其至幕下，任校阅。也得到当时文坛巨擘方苞的推许，赞以"国士"之誉。然一生科场不顺，屡试不第，六十多岁才被推荐担任黟县教谕，晚年回故乡讲学授徒，姚鼐、王灼、钱鲁斯等人便是他的得意门生。刘大櫆不仅是上承方苞下启姚鼐的过渡人物，对"阳湖派"的形成影响也很大。

刘大櫆继承了方苞的"义法"理论，又有重要的补充。强调"义理、书卷、经济者，行文之实"。（《论文偶记》）"义理"指儒学，"书卷"指博学，"经济"指经世济民，强调学问用于世，大大扩大了文章的内容。又主张在艺术形式上模仿古人的"神气""音节""字句"，博采《庄》《骚》《左》《史》、韩、柳、欧、苏之布局谋篇、辞藻气势、铺张排比，从而更好地表达自己的见解。与方苞相比，他的文章少了一些道学气，而多了一些感情、气势和文采。不过刘大櫆的文章，往往曲折地透露怀才不遇的悲愤之情，既少对"盛世"的歌功颂德，也少对时弊的指斥揭露，反映了一个长期处于穷困潦倒境地的下层文人抑郁不平又不敢畅快吐露真情的心态。

刘大櫆的文论观点主要见于他的《论文偶记》，在本书中，他认为"行文之道，神为主，气辅之……至专以理为主者，则犹未尽其妙也"。他于是提出了"神气、音节、字句"说，侧重于扩展、充实方苞所说的"法"，以阐明"神气、音节、字句"三者的关系，来提高作家作文之"能事"与实现文章"明义理适世用"的目的。刘大櫆所谓的"神气"，又可分作"神"与"气"两个概念，"神"指文章的思想意识、作家构思的精神境界；"气"指文章的气势、作家行文的神采。"神气"是"文之最精处也"，二者的关系是："行文之道，神为主，气辅之。""神者气之主，气者神之用。"离开了神而言气，"则气无所附，荡乎不知所归"。"然气随神转，神浑则气浩，神远则气逸，神伟则气高，神变则气奇，神深则气静"，也就是以神运气，以气行文。音节与字句都属"文之粗处"。然而与神气之间的关系却是："盖音节者，神气之迹也。字句者，音节之矩也。神气不可见，于音节见之；音节无可准，以字句准之"。"学者求神气而得之于音节，求音节而得之于字句，则思过半矣。"文虽有"精""粗"之分，但刘大櫆认为："论文而至于字句，则文之能事尽矣。"比较抽象的"精"要落实到"粗"的具体操作上，因为"积字成句，积句成章，积章成篇，合而读之，音节见矣；歌而咏之，神气出矣。"从音节的高低、字句的长短中见出文章的神气，不致强调"精"而忽略"粗"，反使文章的神气抽象而架空。

方苞论文主"义法"，刘大櫆的理论补充则注重为文的法度、技巧，强调神气、音节、字句的统一，重视散文的艺术表现力。除了上述之外，刘大櫆还提出一些更具体的主张，如他主张文贵奇、贵高、贵大、贵远、贵简、贵疏、贵变、贵瘦、贵华、贵参差、贵去陈言、贵品藻等，都从艺术方法上着眼，确实比方苞一般性讲内容与形式的规则法度又深入具体化了。特别是刘大櫆对方苞的"雅洁"说不以为然，不赞成在文章中限制引用各种语言，甚至还赞同将小说、戏曲描写手法及语言用于散文写作的创作中，这些主张都进一步发展了桐城派的散文理论。

刘大櫆由于终身沉沦下僚，常怀抑郁不平之心，所以他比方苞更多抒怀之作，文章大多放纵有气势，如《息争》《焚书辨》《祭舅氏文》《送姚姬传南归序》《章大家行略》等。即使是山水游记，也往往引出怀才不遇的感慨，如《游三游洞记》，作者记罢游历三游洞所见所闻后，感喟道：

夫乐天、微之辈，世俗之所谓伟人，能赫然取名位于一时，故凡其足迹所经，皆有以传于后世，而地得因人以显。若予者，虽其穷幽陟险，与虫鸟之适去适来何异？虽然，山川之胜，使其生于通都大邑，则好游者踵相接也；顾乃置之于荒遐僻陋之区，美好不外见，而人亦无以亲炙其光。呜呼！此岂一人之不幸也哉？

山川胜景"不幸"处于穷乡僻壤，则"美好不外见"，联想到人，虽有济世之才，不逢时不见用，也同"不幸"的胜景一样，只能寂寞于荒凉偏僻一隅之中，无限的悲愤之情，全寓于这惋叹之中。

《清史稿》本传说："桐城自方苞为古文之学，同时有戴名世、胡宗绪。名世被祸，宗绪博学，名不甚显。大櫆虽游苞门，传其义法，而才调独出。"所谓"才调独出"，不外就是指其散文理论的拓新之处与其散文创作的独特风貌。姚鼐在《刘海峰先生八十寿序》中引程晋芳、周永年的话说："为文章者，有所法而后能，有所变而后大。维盛清治迈逾前古千百，独士能为古文者未广。昔有方侍郎，今有刘先生，天下文章，其出于桐城乎？"在方苞、刘大櫆时，桐城派的文名已经颇具影响，至姚鼐，更集桐城派之大成，奠定了桐城派散文主宰文坛的基础。

姚鼐（1732—1815）字姬传，一字梦谷，因其室名为惜抱轩，人称惜抱先生，著有《惜抱轩文集》《文后集》等。他出生于一个有经学造诣的官宦之家，早年从伯父学经，随刘大櫆学古文，受到严格而系统的儒家道统与文统的教育。他与刘大櫆不同，科场得意，仕途通达，三十出头就中进士，曾任礼部主事、刑部郎中、四库馆纂修官等职。他发展了方苞的"义法"、刘大櫆的"神气"说，构建起相当完整的桐城派散文理论体系，并以其创作、教育实践，使桐城派确立了文坛的"正宗"地位，他也成为桐城派集大成的一代文宗。姚鼐四十余岁辞官后，主要主持南京、扬州、徽州、安庆等地的书院，其著名的弟子有方东树、梅曾亮、管同、姚莹、刘开等，这些人笃守桐城家法，其作品体现了姚鼐的文学主张，使桐城派的影响逐渐遍及全国，桐城派终于成为清代最有实力与影响力的散文派别。

方苞提出"义法"说后，就遭到当时影响力很大的乾嘉学派的讥讽，认为此说空疏无据。"义法"说说经专主义理，略于训诂考证，论说不免疏漏而难达严谨，这一点姚鼐也意识到了。刘大櫆提出"神气、音节、字句"说，在"义法"的"法"上有很大理论贡献，但还不够全面、深入，且与"理"的关系阐述不够，有割裂"义""法"之嫌。姚鼐针对方苞"义法"说、刘大櫆"神气、音节、字句"说的不足，也为了调和偏重讲考据的汉学与偏重讲义理的宋学之间的矛盾，使道统与文统完美结合，纠正道学家、考据家、词章家各自的偏颇，集程颐、朱熹道学家和许慎、郑玄考据家及韩愈、欧阳修词章家的优长于一身，提出了自己的"义理、考证、文章"三结合的学说。他在《述庵文钞序》中说：

> 余尝论学问之事，有三端焉，曰：义理也，考证也，文章也。是三者，苟善用之，则皆足以相济，苟不善用之，则或至于相害。今夫博学强识而善言德行者，固文之贵也；寡闻而浅识者，固文之陋也。然而世有言义理之过者，其辞芜杂俚近，如语录而不文；为考证之过者，至繁碎缴绕，而语不可以当。以为文之至美，而反以为病者，何哉？其故由于自喜之太过，而智昧于所当择也。夫天之生才，虽美不能无偏，故以能兼长者为贵。

"义理"，是指贯彻于文章中的儒家思想，"考证"是指文章要有充实、确切的材料证据，"文章"，是指文章中合理的结构、精美的文字等表现形式。"义理、考证、文章"，也称"义理、考据、辞章"，姚鼐所说的"善用之"，就是指三者的统一，三者不可缺一。文章的最高最美的境界就是这三者相互配合、相辅相成、相得益彰，不可重此轻彼，以至互相妨害。

如追求"义理"而不顾考证、文章者，义理也会流于空疏而无文采；追求"考证"而不顾义理、文章者，考证也会流于烦琐细碎而言语啰唆冗长；追求"文章"而不顾义理、考证者，文章也会流于浅陋而浮华。当然，义理、考证、文章三者兼擅而互相配合，并不等同并列，"义理"是思想，"考证"是依据，"文章"是技艺；文章体现义理，考据充实文章；义理是灵魂，而后文有所附，考证有所归。使文章达到"有唐宋大家之高韵逸气，而议论考核，甚辨而不烦，极博而不芜，精到而意不至于竭尽。"（同上）姚鼐还特别强调考证有明确目的，不是为考证而考证，"以考证累其文，则是弊耳；以考证助文之境，正是佳处。"（《与陈硕士札》）显然这是针对盛极一时的汉学家弊端而提出的批评。姚鼐的"义理、考证、文章"说，吸收了包括方苞、刘大櫆在内的众家之长，又避免了各家之短，建立起古文三要素理论，这种理论成为桐城派的文学纲领，是桐城派"义法"理论的深化和发展。

刘大櫆将"神气、音节、字句"分为精、粗二类，在此基础上，姚鼐在《古文辞类纂序》中提出了"神、理、气、味、格、律、声、色"八个字，作为文章的审美要素。并指出"神、理、气、味者，文之精也；格、律、声、色者，文之粗也。然苟舍其粗，则精者亦胡以寓焉？学者之于古人，必始而遇其粗，中而遇其精，终则御其精者而遗其粗者"。这种分析，借鉴了前人的理论，诸如汤显祖有"意、趣、神、色"说。姚鼐把文章的思想内容概括为神、理、气、味，把文章的形式技巧概括为格、律、声、色，进而又把内容与形式的每项要素进行了细化，比刘大櫆对"精""粗"关系的理解有更深入的领悟，对文章的精神境界、事物真谛、气势、风神、体式、规则、音节、色气、文采等，阐述得更全面、更系统、更具体化。可以说，桐城派到了姚鼐才形成完整的理论体系。

姚鼐还对散文种类进行了辨析，他编选的《古文辞类纂》，不仅体现了桐城派的理论与主张，而且将所选文章分为十三类：论辩、序跋、奏议、书说、赠序、诏令、传状、碑志、杂记、箴铭、颂赞、辞赋、哀祭，虽然有的着眼于内容，有的着眼于格式，标准不一，划分有些混乱，但比昭明《文选》《文心雕龙》精审得多了，也是对我国文体分类学的一个贡献，因而《古文辞类纂》成为流传极广的一个古文辞范本。

值得称道的是，姚鼐还提出了阳刚阴柔、刚柔相济之说，对文章风格进行了新的概括和总结。文章风格的探讨，远溯可达先秦，至刘勰《文心雕龙》、皎然《诗式》、司空图《诗品》、严羽《沧浪诗话》，愈析愈细，名目繁多，反使人不得要领。姚鼐把它归纳为阳刚与阴柔两大类，其基本概念同方苞"义法"说一样，也取自《周易》。"一阴一阳之谓道"，"刚柔相推而生变化"（《系辞上》），同天地万物变化归于阴阳变化一样，各种类型文章的风格也是阳刚阴柔这两大类现象不同程度的结合，就如画家掌握了红、黄、蓝三原色，可调无穷无尽的色彩一样。"阴阳刚柔"，表述看似极简略，实际把握住了风格千变万化的根本，无疑，"阴阳刚柔"说是对中国古代散文审美理论和风格理论的一次重大创新。姚鼐说：

> 鼐闻天地之道，阴阳刚柔而已。文者，天地之精英，而阴阳刚柔之发也……其得于阳与刚之美者，则其文如霆，如电，如长风之出谷，如崇山峻崖，如决大川，如奔骐骥；其光也，如杲日，如火，如金镠铁；其于人也，如凭高视远，如君而朝万众，如鼓万勇士而战之。其得于阴与柔之美者，则其文如升初日，如清风，如云，如霞，如烟，如幽林曲涧，如沦，如漾，如珠玉之辉，如鸿鹄之鸣而入寥廓；其于人也，漻乎其如叹，邈乎其有思，暖乎其如喜，愀乎其如悲。观其文，讽其音，则为文者之性情形状，举以殊焉。且夫阴阳刚柔，其本二端，造物者糅而气有多寡进绌，则品次亿万，以至于不可穷，万物生焉。故曰："一阴一阳之谓道。"夫文之多变，亦若是已。糅则偏胜可也，偏胜之极，一有一绝无，与夫刚不足为刚，柔不足为柔者，皆不可以言文。（《复鲁絜非书》）

姚鼐将传统的阴阳之说，运用于文学风格论中，既阐述了阳刚之美与阴柔之美的区别，又指出了二者之间的联系。阳刚和阴柔对举成文，相济为用，相反相成，艺术美即阳刚与阴柔二美的结合。根据所需，可以偏胜，偏阳刚者，成雄浑、成劲健、成豪放、成壮丽等，偏阴柔者，成修洁、成淡雅、成高远、成飘逸等，然而不可偏于极端，即二者缺一。姚鼐又在《海愚诗钞序》中说："阴阳刚柔，并行而不容偏废，有其一端而绝亡其一，刚者至于偾强而拂戾，柔者至于颓废而暗幽，则必无与于文者矣。"把阳刚美与阴柔美作为一种对立统一的关系来阐述，是姚鼐高于前人风格论的关键，也标志着桐城派的散文理论达到它的最高水平。至此，桐城派古文理论成为元明清散文理论中最有代表性的理论，因而得到后世多数作家认同，产生了广泛的影响。

桐城派代表人物的贡献主要体现在散文理论上，他们的散文创作，内容缺乏社会深度，题材也不够广泛，多封建伦理道德说教。姚鼐也有这种弊端，作文大抵以程朱理学为依归，但由于他身体力行自己的文学主张，在注意"明道"的同时，还比较重视形象、意境和辞藻所显示的美学意义。有人认为他为文"以神、韵为宗"（方宗诚《桐城文录序》），《清史稿》本传说他"为文高简深古，尤近欧阳修、曾巩，其论文根极于道德，而探源于经训，至其浅深之际，有古人所未尝言，鼐独抉其微，发其蕴，论者以为词近于方，理深于刘"。在桐城派作家中，数他的散文成就高，尤其是那些山水游记小品。如《快雨亭记》《游媚笔泉记》《岘亭记》等。较出名的是其《登泰山记》，以简洁之笔，记述登泰山的经过与所见，浓墨重彩地描写了泰山的雄奇壮观和日观亭观日出景象的绚丽多彩，体现了作者为文"刚柔相济"的特点，抒发了作者对祖国壮丽山河的热爱颂扬之情：

> 泰山之阳，汶水西流；其阴，济水东流。阳谷皆入汶，阴谷皆入济。当其南北分者，古长城也。最高日观峰，在长城南十五里。
> 余以乾隆三十九年十二月，自京师乘风雪，历齐河、长清，穿泰山西北谷，越长城之限，至于泰安。是月丁未，与知府朱孝纯子颍由南麓登。四十五里，道皆砌石为磴，其级七千有余。泰山正南面有三谷。中谷绕泰安城下，郦道元所谓"环水"也。余始循以入，道少半，越中岭，复循西谷，遂至其巅。古时登山，循东谷入，道有天门。东谷者，古谓之天门溪水，余所不至也。今所经中岭及山巅崖限当道者，世皆谓之天门云。道中迷雾冰滑，磴几不可登。及既上，苍山负雪，明烛天南；望晚日照城郭，汶水、徂徕如画，而半山居雾若带然。
> 戊申晦，五鼓，与子颖坐日观亭，待日出。大风扬积雪击面。亭东自足下皆云漫。稍见云中白若摴蒱数十立者，山也。极天云一线异色，须臾成五彩。日上，正赤如丹，下有红光，动摇承之。或曰，此东海也。回视日观以西峰，或得日，或否，绛皓驳色，而皆若偻。
> 亭西有岱祠，又有碧霞元君祠。皇帝行宫在碧霞元君祠东。是日，观道中石刻，自唐显庆以来，其远古刻尽漫失。僻不当道者，皆不及往。
> 山多石，少土；石苍黑色，多平方，少圜。少杂树，多松，生石罅，皆平顶。冰雪，无瀑水，无鸟兽音迹。至日观，数里内无树，而雪与人膝齐。
> 桐城姚鼐记。

文章紧扣一个"登"字，简略地介绍了登往泰山极顶的线路；又围绕一个"寒"字，描写登山的艰难。在简洁描述中，又有粗细可分：细写全程石磴之数,石磴冰滑难登。及至登上山顶,放眼远眺,远处城郭、山川秀美如画,语言洗练,惜墨如金,但简括中也有生动的形象。观日出一段是全篇的中心,文章笔酣墨饱,写得最为精彩,把日出一刹那的景观描摹得使人读后惊心动魄。近山远海,一静一动;红日白雪,交相辉映;随着日升,海、天、云、山变幻得绚烂多姿。不仅有色彩,而且有气势,比喻和拟人手法的运用,更使它们充满了勃勃的生命力。此时,观者与被观者已浑然一体,海天山川皆著作者的感情,天地万物又开阔了作者的心胸,真正写出了天人合一的真谛,非大手笔,难以描绘出如此雄奇壮丽的景象。且文中对"古长城""郦道元所谓环水""古谓之天门溪水"等,加以解释说明,具有考证意味,耐人寻味,意蕴无穷,体现了姚鼐"考证助文之境"的文学主张。

《登泰山记》让人感受到祖国山川的瑰丽,体会到作者开阔的襟怀与清高的寄托,领悟到一些人生的真谛。同时,还领略到作者行文的艺术特色:姚鼐的文风注意阳刚阴柔相济,并偏重于阴柔。在精细的景物描写中,还不忘考证求实。布局严谨、资料翔实、语言雅洁、文笔优美,真正做到了融义理、考据与辞章于一体。

从方苞提出"义法"并重,到刘大櫆细化"法",再到姚鼐提出阳刚阴柔相济的"活法",桐城派在"义"的方面恪守程朱理学,并无多少新内容。然而在"法"的方面,却有许多突破与创新。一方面是对儒家文统的创新与发展;另一方面,势必影响后继者偏重于文章形式美的倾向不断严重,预示了桐城古文不可避免的僵化趋势。

(二)同源而标异的阳湖派

桐城派以义理为依归,适应了统治阶级的需要,促进了社会文化的发展,一般文人无不以其为文章之宗。但桐城派以唐宋八家文统负载程朱理学道统,思想守旧,本身就难以与时俱进,何况其作文的规则一旦定格,也会成为阻碍艺术创新的清规戒律。就在桐城派兴盛时,就存在着来自不同方面的批评,如汉学家讥讽他们"空疏浮浅",骈文家认为他们的文章"谫陋庸辞"。愈到后来,其墨守程朱、囿于义法的套路,甚至引起同派系内部的不满,阳湖派就是一个明显的例证。阳湖派的开派者及其代表人恽敬(1757—1817)、张惠言(1761—1802)同为阳湖(旧常州府治)人,恽敬就对"桐城三祖"散文创作的各自不足甚至弊端,提出过批评。如他说方苞"之于古文,则又有未至者,是故旨近端而有时而歧,辞近醇而有时而窳"。(《上曹俪生侍郎书》)说刘大櫆之文"变而为清宕,然识卑且边幅未化"(《上举主陈笠帆先生书》),"字句极洁而意不免芜近"。(《言事》)批评姚鼐"以才短不敢放言高论"(《与章澧南》),欲以自己的主张与创作对桐城派偏颇进行修正与补充,有在桐城派之外另立一派的雄心壮志。恽敬曾在《答方九江》中说:"人以恽子居为宋学者,固非。汉唐之学者,亦非。要之,男儿必有自立之处,不随人作计,如蚊同声、蝇之同嗜。"

然而阳湖派虽欲标新立异,但其渊源仍不出桐城派。恽敬本人就十分重视学派的传承,他说:"敬观之前世,贾生自名家纵横家入,故其言浩汗而断制;晁错自法家兵家入,故其言峭实;董仲舒、刘子政自儒家道家阴阳家入,故其言和而多端;韩退之自儒家法家名家入,故其言峻而能达;曾子固、苏子由自儒家杂家入,故其言温而定;柳子厚、欧阳永叔自儒家杂家词赋家入,故其言详雅有度;杜牧之、苏明允自兵家纵横家入,故其言纵厉;苏子瞻自纵横家道家小说家入,故其言逍遥而震动。"(《大云山房文稿二集自序》)阳湖派从桐城派入,虽不以桐城派为限,但同桐城派大同小异。

恽、张从学于刘大櫆的弟子桐城人王灼、阳湖人钱伯坰(字号鲁斯、鲁思),恽、张确实是地地道道的刘大櫆的再传弟子,阳湖派的成员还有李兆洛、庄述望、庄献可、陈石麟、张琦、陆继辂等。陆继辂《七家文钞序》中说:"乾隆间,钱伯坰鲁思亲受业于海峰之门,时时诵其师说于其友恽子居、张皋文。二子者,始尽弃其考据骈俪之学专志以治古文,盖皋文研精经传,其学从源而及流;子居泛滥百家之言,其学由博而返约。二子之致力不同,而其文之瀄然而清,秩然而有序,则由望溪而上求之震川、荆川、遵岩,又上而求之庐陵、眉山、南丰、新安如一辙也。"《清史稿·陆继辂传》中也说:"常州自张惠言、恽敬以古文名,继辂与董士锡同时并起,世遂推为阳湖派,与桐城相抗。然继辂选七家古文,以为惠言、敬受文法于钱伯坰,伯坰亲业刘大櫆之门;盖其渊源同出唐、宋大家,以上窥史、汉,桐城、阳湖,皆未尝自标异也。"恽敬也说自己"与同州张皋文、吴仲伦、桐城王晦生遊,始知姚姬传之学出于刘海峰,刘海峰之学出于方望溪。"(《上曹俪笙侍郎书》)张惠言在《送钱鲁斯序》中回忆钱鲁斯对他说:"吾尝受古文法于桐城刘海峰先生,顾未暇以为,子傥为之乎?"又在《文稿自序》中说:"余友王晦生见余《黄山赋》而善之,劝余为古文,语余以所受于其师刘海峰者,为之一二年稍稍得规矩。"阳湖派代表人物虽间接受刘大櫆影响,但出于桐城确凿无疑。

阳湖派代表人物虽出于桐城,但"尽弃其考据骈俪之学专志以治古文",是后来之事,之前所学所好毕竟与桐城派不同。就是后来专治古文,由于雄心于别树一帜,自成一家,在理论与文风上做了许多新的探索。

恽敬怀着"男儿必有自立之处"的信念,常居高临下看待他人他家,他认为"自南宋以后束缚修饰,有死文无生文,有卑文无高文,有碎文无整文,有小文无大文。"(《大云山房文稿二集二》)明及清初的文章大家也各有不足:"近世文人病痛多能言之。其最粗者,如袁中郎辈,乃卑薄派,聪明交遊客能之;徐文长等乃琐异派,风狂才子能之;艾千子等乃描摹派,佔毕小儒能之。侯朝宗、魏叔子进乎此矣,然枪桔气重。归熙甫、汪苕文、方灵皋进乎此矣,然袍袖气重。"(《言事》)前人著文之所以存在种种弊端,归根结底,原因就是不能尽性情才学,而是有意为文,只追求文章的规矩格式,形成舍本逐末。他指出:"古文,文中之一体耳,而其体至正。不可余,余则支;不可尽,尽则敝;不可为容,为容则体下……盖遵岩、震川常有意为古文者也。有意为古文,而平生之才与学,不能沛然于所为之文之外,则将依附其体而为之。依附其体而为之,则为支为敝为体下,不招而至矣。是故遵岩之文赡,赡则用力必过,其失也少支而多敝。震川之文谨,谨则置辞必近,其失也少敝而多支。而为容之失,二家缓急不同,同出于体下。""如能尽其才与学以从事焉,则支者如山之立,敝者如水之去腐,体下者如负青天之高,于是积之而为厚焉,敛之而为坚焉,充之而为大焉,且不患其传之尽失也。"(《大云山房文稿初集三》)恽敬所论,显然包含着对拘泥于桐城义法文风的不满。

为此,恽敬针对现实,提出"本末条贯"的理论以纠偏。"本末条贯"一词出自他《与纫之论文书》:"退之、子厚、习之,各言其所历者也,一家之所得也。其本末条贯,有未备者焉。"文章由"本"与"末"两部分构成,"本末条贯"就是讲如何处理好文章的这一结构问题。恽敬自己解释说:"孔子曰:'辞达而已矣。'孟子曰:'诐辞知其所蔽,淫辞知其所陷,邪辞知其所离,遁辞知其所穷。'古之辞具在也!其无所蔽所陷所离所穷四者,皆达者也……圣人之所谓达者,何哉?其心严而慎者,其辞端;其神暇而愉者,其辞和;其气灏然而行者,其辞大;其知通于微者,其辞无不至。言理之辞,如火之明,上下无不灼然,而迹不可求也。言情之辞,如水之曲行旁至,灌渠入穴,远来而不知所往也。言事之辞,如土之坟壤咸潟,而无不可用也。此其本也。""盖犹有末焉。其机如弓弩之张,在乎手而志则的也;其行如挈壶之递下而微至也;其体如宗庙圭琮之不可杂置也,如毛发肌肤骨肉之皆备而运于脉也,如观于崇冈深岩进退俯仰而横侧乔堕无定也。如是,其可以为能于文者乎。"(同上)"由他的理论推之,所谓读书穷理摄心专气，是为文之本，而所谓依附其体，则是为文之末。"① 针对桐城古文日渐衰落的现实，恽敬欲建立一套理论体系，以浑厚救单薄，以坚韧救虚脆，以宏大救狭小。然而他的"本末条贯"理论，仍与桐城派的"义法"相近，只是他不满"有意为古文"的桐城做法，反对在古文创作中日趋片面追求形式美的倾向，还是很有现实意义的。

平心而论，阳湖派虽出自桐城派，但也能自成一派，因为他们有一些与桐城派不同甚至超越桐城派的地方。首先，阳湖派与桐城派散文创作的主导思想有所不同，主要在于：桐城派是程朱理学忠实的信奉者，而阳湖派则不唯程朱理学是从，恽敬在《姚江学案书后二》中说："朱子本出于禅而非禅，力求乎圣而未尽乎圣。"并不把朱熹当成至圣的偶像。他写的《三代因格论》，论及井田制，吴德璇称此文"颇似法家言，少儒者气象"。(《初月楼文钞》卷二) 由于阳湖派思想比较自由开放一些，在学习的范围与文章的取径上，便视野比桐城派较为宽广。恽敬说："百家之敝当折之以六艺；文集之衰当起之以百家。"要"通万方之略"及统"事物之颐"（《大云山房文稿二集自序》）。他们虽然与桐城派一样取法六经、《论语》《孟子》《史记》《汉书》及唐宋八家古文，但他们同时还兼取子史百家。把子史百家也提高到同儒学一样的正统地位，在一定程度上冲破了桐城派尊奉的道统范围，打破了程朱理学一统天下的禁锢，以此来补救桐城派行文卑弱狭窄和思想上专主孔、孟、程、朱的弊病。

其次，阳湖派与桐城派散文创作的艺术追求有所不同，主要在于：桐城派以"学行继程、朱之后，文章介韩、欧之间"为宗旨，作文以韩愈、欧阳修等唐宋八家的古文为规范，不崇骈俪。而阳湖派却反对桐城派对骈体的一概排斥，反对方苞"古文中不可入魏晋六朝人藻丽俳语"的主张，针锋相对地提出"骈散合用"，并重视辞藻修饰。如张惠言、李兆洛提出文章要合骈、散两体之长。李兆洛也是阳湖人，是姚鼐的弟子，但对其师所编《古文辞类纂》中无骈体类持反对意见，所以编成《骈体文钞》，以宣传骈散融通的散文观念。姚鼐另一弟子刘开说："夫文辞一术，体虽百变，道本同源。经纬错以成文，玄黄合而为采。故骈之与散，并派而争流，殊途而合辙……故骈中无散，则气壅而难疏；散中无骈，则辞孤而易瘠；两者但可相成，不能偏废……文有骈散，如树之有枝干，草之有花萼。"（《与王子卿太守论骈体书》）这些阐述代表了阳湖派对散文艺术的基本要求，他们的散文创作具有骈文的特点，富有文采。如此看来，雍、

---

① 郭绍虞：《中国文学批评史》，中华书局 1962 年版，第 592 页。

乾时期固然以桐城派散文为主，但也并非就此一家，除了阳湖派外，不守桐城家法且有一定建树的还有汪中、袁枚、蒋士铨、洪亮吉、郑燮、沈复等。他们虽然没有形成什么派别，没有成系统的散文理论，但他们在散文创作上都有独特的体会，作品也各有特色，在文坛上各领风骚。总之，这个时期虽然桐城散文名满天下，但也并非一枝独秀，创作上还是呈现出争奇斗艳的态势。

阳湖派代表人恽敬与张惠言，二人的思想倾向及文学主张相近，但由于家庭影响、学养与经历不同，其散文创作也各有特色。

恽敬字子居，号简堂，父亲是个山村教书先生，在严父的管教下，自幼从学于舅氏郑环，四岁学四声，八岁学写诗，十一岁学写文章，十五岁学六朝骈文、汉魏辞赋颂及宋元小词，十七岁学汉唐宋元明诸大家古文。不仅勤勉好学，更善于思考，持论独具眼光、独出己见。乾隆四十八年（1783）中举，"时同县庄述祖、有可、张惠言，海盐陈石麟，桐城王灼集辇下，敬与为友，商榷经义，以古文鸣于时……敬既罢官，益肆其力于文。深求前史兴坏治乱之故，旁及纵横、名法、兵农、阴阳家言。"（《清史稿》本传）由于学术立足点高，评品他人言厉气雄，自视高气魄大。对自己及自己一派十分自信，张惠言去世后，他慨然说："古文自元明以来渐失其传。吾向所以不多为者，有惠言在也。今惠言死，吾安敢不并力治之。"（同上）敢为天下先的雄心壮志毫不掩饰。因此他的文章悍以肆，大气磅礴，纵论家国兴废治乱，与韩非、李斯、苏洵同调。

恽敬为官，刚直不阿，既敢治理辖地豪绅，又敢据理忤逆上司，所以招来上下不少人的忌恨。《清史稿》本传载其"既而选令富阳，锐欲图治，不随群辈俯仰。大吏怒其强项，务裁抑之，令督解黔饷。敬曰：'王事也。'怡然就道。后遭父丧，服阕，选新喻。吏民素横暴，绳以法，人疑其过猛……调知瑞金，有富民进千金求脱罪，峻拒之。关说者以万金相啗，敬曰：'节士苞苴不逮门，吾岂有遗行耶！'卒论如法。"如此耿直清廉，但在那个黑暗时代，他二十多年浮沉下僚，在县令位置上终不能升迁，空怀壮志，不得伸展抱负。可笑的是最后竟被人诬告家人得赃，他以失察被劾罢官。恽敬对自己的遭遇毫不介意，但毕竟看清了这个是非颠倒、贤愚不分的社会本质，这种认识时不时地在他的文章中显露出来。如他的《谢南冈小传》：

谢南冈名枝崙，瑞金县学生。贫甚，不能治生，又喜与人忤。人亦避去，常非笑之。性独善诗，所居老屋数间，土垣皆颓倚，时闭门,过者闻苦吟声而已。会督学使者按部,斥其诗,置四等,非笑者益大哗。南冈遂盲盲三十余年而卒,年八十三。

论曰:敬于嘉庆十一年自南昌回县。十二月甲戌朔,大风寒。越一日乙亥,早起自扫除,蠹书一册堕于架,取视之,则南冈诗也。有郎官为之序,序言秽腐。已掷去,既念诗未知如何,复取视之,高邃古涩,包孕深远。询其居,则近在城南,而南冈已于朔日死矣。南冈遇之穷不待言,顾以余之好事为卑官于南冈所籍已二年,南冈不能自通以死,必死后而始知之,何以责居庙堂、拥麾节者不知天下士耶?古之人居下则自修而不求有闻,居上则切切然恐士之失所,有以也夫?

这是一篇奇特的人物小传,其中作者的史论比传文还长,显然是借题发挥。表面上自责,不知所辖的瑞金县有谢南冈这样的人才,使其长期埋没,一生不得志。实际上是代表天下被压抑的人才向社会提出控诉。

恽敬著有《大云山房文稿》《诗集》等,文章精察廉悍如其为人,议论深透,叙事简洁,文风峻洁峭拔。其奏疏切中时弊,陈述得不卑不亢;其山水小品,清峻灵动,如代表作《游庐山记》,虽以日记体来写,却十分讲究章法,抓住庐山云海弥漫的特征着意描写,写出了"庐山真面貌"。然而他最擅长的是传记碑志,常以小事见大旨,数语写尽人物生平。如其《张皋文墓志铭》《舅氏清如先生墓志铭》《后溪先生家传》等,最得《史记》《汉书》神理,峭洁精严,简劲深微,自成一家。

张惠言原名一鸣,字皋文,四岁时父亡,家境贫寒,苦读书,喜好辞赋,深于易学,十四岁就当了乡村塾师。前后参加过礼部七次考试,期间,为景山宫官学教习,教授内务府佐领以下官宦子弟,在长达八年的教学之余,与邓石如、陆以宁、吴德旋、孙星衍切磋古文词赋,与杨随安交流易学。后应恽敬之邀,至浙江富阳县编修县志,恽敬调迁贵州江山县,张惠言到歙县继续收徒教学。嘉庆四年(1799)三十九岁时才中进士,授翰林院庶吉士,充实录馆纂修官。嘉庆六年(1801)改授翰林院编修,仅过一年,可惜还未充分施展抱负和才华,就患病而死。

张惠言是乾嘉时期著名的经学家,尤其精通虞翻注的《周易》与郑玄注的《仪礼》。本人著有《周易虞氏义》《仪礼图》等。与惠栋、焦循一同被后世称为"乾嘉易学三大家"。他又是常州词派的创始人。嘉庆二年(1797),他所编辑的《词选》问世,对常州词派的形成和清词风格的变化影响极大。清中叶词坛基本为浙派词人所左右,而浙派词人的作品题材狭窄,内容纤弱,境界不高,贫乏寄兴。张惠言在其《词选序》中重申词必须以"比兴寄托"为主,以"意内而言外""意在笔先"来提高词格,"不徒雕琢曼词而已"。这些词论有超越前人朱彝尊之处,常州词派在很大程度上扭转了当时卑靡的词风。

张惠言的挚友恽敬在《张皋文墓志铭》中写道:"皋文善书,初学李阳冰,后学汉碑额及石鼓文。尝曰:'少温言篆书如铁石陷入屋壁,此最精晋书篆势,是晋人语,非蔡中郎语也。'少为辞赋,尝拟司马相如、扬雄之言。及壮,为古文,效韩氏愈、欧阳氏修。言《易》主虞氏翻,言《礼》主郑氏玄。始至京师,与王灼滨麓、陈石麟子穆及敬最友善。尝曰:'文章末也,为人非表里纯白,岂足为第一流哉?'"张惠言虽英年早逝,但著有《茗柯文》五卷、《茗柯词》一卷,及阐发易义之书九种,礼书两种,骈文被收入《后八家四六文选》,而且名列前茅,真是一位罕见的多面奇才!在如此厚实的才学基础上,再来与恽敬共治古文,其古文就自然表现出了独具的特色。由于他精通经学,又是杰出的词人,又喜作骈文,所以他能调和汉学与宋学,其散文能合骈文、散文之长,如《文质论》《吏难》《送恽子居序》《上阮中丞书》等,"不遁于虚无,不溺于华藻,不伤于支"。(阮元《茗柯文编序》)而他的《书山东河工事》,更可作为其散文的代表作:

> 嘉庆二年,河决曹州,山东巡抚伊江阿临塞之。
>
> 伊江阿好佛,其客王先生者,故僧也,曰明心,聚徒京师之广慧寺,诖误士大夫,有司杖而逐之,蓄发养妻子。伊江阿师事之谨。王先生入则以佛家言耸惑巡抚,出则招纳权贿,倾动州县,官吏之奔走巡抚者,争事王先生。河工调拨薪刍夫役之官,非王先生言不用也。不称意,张目曰:"奴敢尔,吾撤汝也!"其横如此。
>
> 内阁侍读学士蒋予浦,王先生广慧寺之徒也,以母忧去官,游于山东。伊江阿延之幕中,相得甚,奏请留视河工,有旨许之。巡抚择良日,筑坛于公馆之左,僧、道士绕坛诵经者数十人。巡抚日再至,蒋学士、王先生从。及坛,蒋学士北面拜,巡抚亦北面拜;王先生冠毗卢冠,袈裟偏袒,升坛坐,学士、巡抚立坛下,诵经毕,乃去。如是者数月,河屡塞,辄复决。
>
> 其明年正月,王先生曰:"堤所以不固,是其下有孽龙,吾以法镇之,某日当合龙,速具扫!"巡抚曰:"诺!"先期一日,扫具,役夫数百人维扫以须。巡抚至,王先生佛衣冠,手铁长数寸,临决处,呗音诵经咒。良久,投铁于河,又诵又投,三投,举手贺曰:"龙镇

矣！"巡抚合掌曰："如先生言。"明日，水大甚，巡抚命下扫，众皆谏，不许，扫下，数百人皆死。居数日，王先生又至，投铁者又三，扫又下，死者又数百人，堤卒不合。

张惠言曰：余居江南，辄闻山东河工事，未审；及来京师，杂询之，多目击者。呜呼！佛氏之中人，至此极哉！书其事，使来者有所儆焉！

王先生既蓄发，名树勋，以赀入，待选通判。本扬州人，或曰常州之宜兴人。当其为僧时，故有妻子也，僧号嘿然。嘿然者，亦其未为僧时号。伊江阿谪戍伊犁，王先生送之戍所。闻其将归谒选云。

嘉庆三年（1798），山东曹州黄河段决口，朝廷派来了一个昏聩无能而又凶残专横的巡抚伊江阿来治河。这位巡抚迷信佛教，依靠僧侣、道士诵经念咒，相信施展佛法能够堵住决口。结果决口不仅没有堵住，一次再次地断送了数百名无辜民工的性命。冷静地思考一下，其实这不仅仅是那个颟顸无能的巡抚一个人的罪过。那个僧人王树勋，依靠巡抚伊江阿，"出则招纳权贿，倾动州县，官吏之奔走巡抚者，争事王先生"。可见，伊江阿的七大姑八大姨，也必是炙手可热，这种"一人得道，鸡犬升天"的现象，正是那个社会官场腐败的通病。而假"学士"真教徒的蒋予浦，竟是皇帝下旨批准"留视河工"，说明皇帝也同伊江阿一样昏庸。数百名民工白白死于这三人手里，朝廷却只轻微惩处伊江阿，将其贬谪伊犁，而另一帮凶王树勋不仅无罪，而且还交纳银钱准备做官，这分明是在暴露整个清代统治阶级的罪恶。作者不像恽敬那样放言高论，不作一句谴责语，只作冷静客观地叙述，情感蕴藉，格调沉郁，意旨隐晦，这些特点大概与他早年贫穷、屡试不第、饱受压抑的人生经历有关。

四　变法图存的嘉庆、道光时期散文

嘉庆道光时期，朝政腐败，时弊丛生，如嘉庆时期仅一个军机大臣和珅贪污的银两，就远超全国所耗的军费。社会财富主要集中在少数权贵手中，社会贫富矛盾异常尖锐。嘉庆帝有改革图新之意，无奈已积重难返，内忧外患日甚一日。道光朝时，帝国列强乘机加紧对中国侵扰，以英国为首的西方列强首先强行向中国倾销鸦片，不仅使中国的白银大量外流，导致政府财源枯竭、更使吏制愈加糜烂，国民身心受到毒害，加重了清王朝的危机。道光帝出于清朝统治生死存亡的考虑，命林则徐为钦差大臣查禁鸦片。英国政府由此而发动"鸦片战争"，战争最终以中国失败、赔款割地告终。"鸦片战争"后至道光朝结束前的十年间，帝国主义加速对中国领土、领海、司法的侵权，中国自给自足的封建经济逐步解体，开始沦为半殖民地半封建社会。外国资本主义和中华民族的矛盾，逐步上升为各种社会矛盾中最主要的矛盾，中华民族面临着亡国灭种的威胁，从此开始了长达百年的屈辱、苦难、斗争的历程。

鸦片战争前后，一批具有忧患意识和历史责任感的先进知识分子，从社会的衰败与危机中，看到了清王朝政治腐败、经济科技落后、军防武器低劣和军事指挥层的昏庸无能，自然唤起强烈的变革愿望。不变革，国家与民族的生存受到威胁，而变革，就意味着满清王朝的消亡，这又是困扰他们的大问题。立于几千年以来的封建社会即将崩溃与新的社会即将到来的历史转折点上的知识分子，背着沉重的历史重负，如何能找到既不改变传统的封建统治又能摆脱社会困境与危机的改良决策，这是当时知识分子深深思虑的问题。这种思想既符合国家民族利益，又有维护封建统治的阶级和时代的局限性，显示了由封建民本思想向资产阶级民主革命思想的过渡特征。

统治者为了维护其摇摇欲坠的统治地位，在思想上，强化了程朱理学对人民思想意识的禁锢。然而历史的发展恰恰与统治者的愿望相反，统治者越是加强思想专制，具有进步思想的文人危机意识、批判意识和改良意识就越强烈，不遗余力地揭露和抨击这种时弊。如章学诚，敏锐地看到社会的全面危机，嘉庆初年就6次上书提出改革意见，在《上执政论时务书》中，针对时弊，提出切实可行的救弊之策。经学家、骈文家洪亮吉，撰书写文抨击统治集团腐败，认为农民起义是贪官污吏横征暴敛所逼。方东树著《匡民正俗对》，陈述禁绝鸦片的道理，后又作《病榻罪言》，论御侮之策。梅曾亮著《与陆立夫书》，总结了鸦片战争以来中国历次失败的教训，提出诱敌登陆以扬我军之长、制敌之短的战术。

在文坛上，先进的知识分子，再不沉湎于浩瀚的书海之中，把精力消耗于一字一音的考证上，他们要恢复清初经世致用的传统，借今文经学，倡改革图存之论，发挽救衰世之声，散文中出现了反映反帝反封的内容和民主与爱国的精神，而且表达形式活泼自由，语言浅显易懂，接近白话语体。于是学风与文风为之大变，以考据为特征的汉学终于走向终结。至于桐城派古文，固守道统，拘泥"义法"，也落后于时代潮流。但是统治者竭力维持桐城派的文坛统治地位，借以宣扬程朱理学，加强思想控制，龚自珍把这种麻木、压抑和沉闷的氛围形容为"万马齐喑"。(《己亥杂诗》一二五) 道光时期,面临亡国灭种威胁的现实,多数桐城派作家,也能顺应历史潮流,意识到传统古文的弊病,对自己原有的立场与观点进行了反思,以维护封建道统文统为宗旨的桐城派逐渐式微。如姚门弟子管同、梅曾亮、姚莹,就深感汉学、时文无补于世,甚至将鸦片战争失败归咎于这类无用之文的盛行,他们以国家与民族的利益为重,创作了不少反映民族气节和爱国主义的作品。而站在时代潮流最前沿,彻底冲决桐城派古文藩篱,为开创新时代呐喊,为近代新体散文开路的,则是龚自珍和魏源,他们的思想具有了资产阶级改良主义的色彩。他们的创作,不再受桐城派"古文辞门径"的限制,其作品已不再是"传道""载道"的传统旧文,也不是"代圣贤立言"的时文,而是对现实危机作深刻分析,对社会弊端作尖锐批判。语言也不是唐宋古文式的模仿,而代之以自然平易、通俗畅达、饱含感情的新式语言,代表了嘉庆、道光时期散文的最高水平。

(一) 开一代风气之先

龚自珍(1792—1841) 自幼就怀匡时济世之志,成年后,面对日益加重的社会危机,弃绝考据训诂的汉学,讲求通经致用,志在革新救国。由于深感时代大变动前的沉闷与压抑,敏感地预测到新的时代将要来临,于是撰《明良论》《乙丙之际著议》等文章,对封建专制进行抨击。他将当时的封建社会比作"将萎之华,惨于槁木",指出它已进入了"衰世","岌岌乎皆不可以支日月"。(《乙丙之际著议·第九》)认为社会的兴衰、时代的嬗变是不可抗拒的规律,只有"更法""改图"才能顺应历史的潮流:"自古及今,法无不改,势无不积,事例无不变迁,风气无不移易。"(《上大学士书》) 大力主张革除弊政,坚决抵制外国侵略,全力支持林则徐禁除鸦片的政策与行动,企盼"天公重抖擞"(《己亥杂诗》一二五),能力挽狂澜于既倒。作为极有忧患意识与历史责任感的文人,虽不能赴前线杀敌,但他有"颓波难挽挽颓心"之志。(《己亥杂诗》十四) 用自己手中的笔,唤起国人自救家国的意识。他的一系列鼓吹改革图存的文章,可以说在中国最早地宣传了启蒙主义思想,为后来康有为等人提倡变法图强开了先声。

在学术理论方面,他认为一个时代的学术就是这个时代的政治,不是汉学家们所谓的远离政治死钻故纸堆的学术:"一代之治,即一代之学也,……是道也,是学也,是治也,则一而已矣。"(《乙丙之际著议·第六》) 他主张学术必须用于世:"曰圣之的,以有用为主。炎炎陆公,三代之才。求政事在斯，求言语在斯，求文学之美，岂不在斯？"(《同年生吴侍御杰疏请唐陆宣公从祀瞽宗……》)学术用于世，首先应与现实政治紧密联系，特别是面临社会的腐朽黑暗，要以文章为武器，进行深刻的揭露与批判，从而达到挽救病态社会、振兴国家与民族的目的。并非是理学家维护摇摇欲坠的封建末世统治的那种"用于世"，更不是那种毫不关心世事只为了明哲保身图谋衣食之资，他在《咏史》一诗中揭露这种人是："避席畏闻文字狱，著书都为稻粱谋。"把著述当作谋生的手段，何敢得罪权贵？何敢鞭挞时弊揭露黑暗？只有不畏文字狱，不为稻粱谋，才能写出醒世救世的文章。正因龚自珍具有救世的创作目的，所以他鄙夷汉学脱离社会现实，埋头于训诂考据，而倾心于宋学，"往往引《公羊》义，讥切时政，诋排专制"(梁启超《清代学术概论》)，不畏禁忌，不顾自身安危。魏源在《定庵文录序》中说龚自珍"于经，通《公羊春秋》，于史，长西北舆地。其文，以六书小学为入门，以周、秦诸子吉金乐石为崖郭，以朝章、国政、世情、民隐为质干"。在"万马齐喑"的氛围下，龚自珍的文章表现出与汉学鲜明的不同特点，这就是关切民生，忧患国运。

龚自珍也反对桐城派在思想上推崇程朱理学，在文法上以唐宋八家文章程式为楷模，远避严酷的社会现实，发些于事无补的陈词滥调。强调文章要"尊情"，并为此写了《宥情》一文，主张写真情，讲真话，不仅反对讲空话，也反对讲假话，讲套话，讲别人说过的话，显示出他不畏黑暗社会层层高压，不惧正统文派种种束缚，大胆追求真理与个性解放的信念。他在《述思古子议》一文中说："如其胸臆本无所欲言，其才武又未能达于言，强之使言，茫茫然不知将为何等言；不得已，即又使之姑效他人之言；效他人之种种言，实不知其所以言。于是剽掠脱误，模拟颠倒，如醉如咥以言，言毕矣，不知我为何等言。""思古子"及文中的"观古子""聪古子"都是作者假托的人物，作者撰此文既批判了少年死背经书，埋头摹写八股文的现象，又体现了作者反对以儒术为依归、模拟抄袭、满篇圣贤语的作文倾向。

龚自珍撰有《定庵文集》《续集》等，他的散文主要分为两大类，一是以论经、论史为形式的政论文；二是以寓言为主的各种杂文。龚自珍对封建末世的抨击是非常激烈的，然而在满清"文字狱"的迫害之下，又不得不采取曲折隐约的手段，所以虽是论经、论史，却深寓自己强烈的是非感、爱憎情，且在论证中常带有形象化的描述。如《平均篇》是作者在嘉庆二十一年（1816）写的关于经济改革的文章，针对当时土地兼并、贫富悬殊的社会现实，指出社会上贫富不均，贫富两极分化，这是社会最重要的乱源，平均财富是治理天下的最高准则。社会贫富差别越大，社会就越动乱，动乱持续下去，就会因此而丧失天下。对此，作者作了形象的说明：

> 龚子曰：有天下者，莫高于平之之尚也，其邃初乎！降是，安天下而已；又降是，与天下安而已；又降是，食天下而已。最上之世，君民聚醵然。三代之极其犹水，君取盂焉，臣取勺焉，民取卮焉。降是，则勺者下侵矣，卮者上侵矣。又降，则君取一石，民亦欲得一石，故或涸而踣。石而浮，则不平甚；涸而踣，则又不平甚。有天下者曰：吾欲为邃初，则取其浮者而抑之乎，不足者而注之乎！则藟然喙之矣。大略计之，浮不足之数相去愈远，则亡愈速，去稍近，治亦稍速。千万载治乱兴亡之数，直以是券矣。人心者，世俗之本也；世俗者，王运之本也。人心亡，则世俗坏；世俗坏，则王运中易。王者欲自为计，盍为人心世俗计矣。

这里运用了比喻，把财富的分配比喻成分水喝，有权者得到过量的水，还不满足，无权的人只能因水太少而干渴倒毙，把一个复杂的社会财产占有与分配问题说得如此生动明了。

龚自珍的杂文小品，比其政论文更具文学色彩，特别是他的寓言小品，充分运用比喻、夸张、象征、影射、拟人等手法，形象看似光怪陆离，实际上隐匿着犀利的批判锋芒，显示了作者这类文章奇谲瑰玮的浪漫主义特色。如《捕蜮第一》：

> 龚自珍既庐墓塈居，于彼郊野，魂飞飞以朝征，魄凄凄而夕处。百虫谋之，曰予可攻侮。厥族有大有小，布满人宇。予告诉无所，发书占之，曰：可以术捕。禁制百虫，非网非罟。予尝髟夫猎者之弹，亦起于古之行孝者。魑魅山林，则职畏禹。予禁制汝虫，皆法则上古。叩山川丘坟，而天神来下。山川之祇问曰：今者有蜮，蜮一名射工，是性善忌，人衣裳略有文采者辄忌，不忌缞绖。能含沙射人影，人不能见，必反书之名字而后噬之。捕之如何？法用蔽影草七茎，……如是四遍，蜮死，烹其肝，大吉。

此篇寓言描写布满人间的大大小小的鬼蜮，嫉贤妒能，暗中害人，实是当时豺狼当道、鬼蜮横行的社会现实的真实写照。作者告诫人们要擦亮眼睛，保护好自己，对鬼蜮应出其不意，捕而歼之，表现了作者疾恶如仇、敢于向邪恶势力作斗争的精神。文章立意新颖，想象奇特，意象恍惚奇诡，辞采瑰异，富有庄子寓言的神采。

龚自珍的寓言小品，最有名的还是《病梅馆记》，此文以"梅"喻人，托"病"喻政，揭露、控诉了封建专制对人才、人性束缚、压抑、摧残的罪行，反映了作者追求个性自由、思想解放、改造病态社会的强烈要求：

江宁之龙蟠，苏州之邓尉，杭州之西溪，皆产梅。或曰："梅以曲为美，直则无姿；以欹为美，正则无景；梅以疏为美，密则无态。"固也。此文人画士，心知其意，未可明诏大号，以绳天下之梅也；又不可以使天下之民，斫直、删密、锄正，以殀梅、病梅为业以求钱也。梅之欹、之疏、之曲，又非蠢蠢求钱之民，能以其智力为也。有以文人画士孤癖之隐，明告鬻梅者，斫其正，养其旁条，删其密，殀其稚枝，锄其直，遏其生气，以求重价，而江、浙之梅皆病。文人画士之祸之烈至此哉！

予购三百盆，皆病者，无一完者。既泣之三日，乃誓疗之、纵之、顺之。毁其盆，悉埋于地，解其棕缚。以五年为期，必复之、全之。予本非文人画士。甘受诟厉，辟病梅之馆以贮之。

呜呼！安得使予多暇日，又多闲田，以广贮江宁、杭州、苏州之病梅，穷予生之光阴以疗梅也哉！

本文描写对象是"梅"，落笔重点在"病"，鞭挞在"祸"。全文共三段。第一段，剖析病梅产生的根由及病情的严重性，为下段"泣之""誓疗之"蓄足了情势。第二段，表明自己化悲痛为力量，付诸疗梅的实际计划与行动。第三段，抒写自己疗梅的苦心，隐约透露自己心有余而力不足，不能疗天下病梅的苦衷。全文采用了象征的表现手法，以"梅"象征人，以"病梅"象征病态的人，即那些缺德、无气节、无良知、蝇营狗苟的人。"文人画士"象征着制造"病梅"的专制统治者。梅的自然本性应是"直""密""正"，即象征着刚正、忠贞、良知，而"文人画士""明告鬻梅者"对梅进行"斫""删""锄"，则象征着对人本性的摧残，直到把梅"摧残"成能为其赏识的"病梅"。而作者的"购梅""纵梅""顺梅"等治疗病梅的行为，则是象征着解救那数以万计的被科举束缚、理学毒害、文字狱迫害成心理变态的人。作者并没有对病梅的病态进行针砭，对其悲苦命运反示以同情而"泣之三日"，把批判的矛头对准的是病梅的制造者，对准的是清王朝严酷的思想禁锢，对准的是整个病态的专制社会。

龚自珍的传记碑志，不拘定格，因人而异，往往寥寥数笔，就写出了人物的精神特征，十分传神。如《杭大宗逸事状》。只选择了杭世骏的几件主要逸事来写：

> 例试保和殿，大宗下笔为五千言，其一条云："我朝一统久矣，朝廷用人，宜泯满汉之见。"是日旨交刑部，部议拟死……赦归里……皇帝南巡，大宗迎驾。召见，问："汝何以为活？"对曰："臣世骏开旧货摊。"上曰："何谓开旧货摊？"对曰："买破铜烂铁，陈于地卖之。"上大笑，手书"买卖破铜烂铁"六大字赐之……皇帝南巡，大宗迎驾。名上，上顾左右曰："杭世骏尚未死么？"大宗返舍，是夕卒。

杭世骏（1696—1772），字大宗，清代著名的经学家、史学家和诗人，他早年在呈交的奏疏中，建议满汉平等，取消民族歧视，隐晦地揭露了满清民族不平等的基本国策的腐朽反动。从杭世骏的主观愿望来说，本是为维护清廷长久统治而提出的正确方针，满清皇帝却见疏大怒，下旨要严惩，刑部拟议为死刑。后虽赦免了死罪，也将其罢官放逐乡里。皇帝南巡，赐他"买卖破铜烂铁"六个大字。再次南巡，问左右："杭世骏尚未死吗？"从这一次嘲弄到第二次讨厌他不死，多少年了，皇帝还是要出那口气。皇帝问完的当晚，杭世骏就去世了，解除了皇帝的顾虑。不论杭世骏是怎样死的，总之与皇帝有关。作者不言，但饱含深意。几则逸事，如同杭世骏人生关键时期的几张照片，展示了他受封建专制迫害的全过程。作者客观直录其事，不作评论，然而批判的锋芒所向，隐然可见，愤怒之情，溢于言表。所刻画的人物形象，活灵活现，显示了龚自珍散文写人的独特艺术魅力。

龚自珍的游记类文章，并非重在以清秀之笔去模山范水，而是以敏锐的眼光，通过观察某一地方的风物变迁，反映一个历史时代的盛衰变化。如他的《己亥六月过扬州记》，开篇就以鲍照的《芜城赋》来对照扬州，给全文奠定了基调。尽管下文生动细腻地写了扬州的市容风貌，扬州上层社会醉生梦死的状况，但在这似乎承平景象中，处处透露着难以掩盖的衰世苍凉，处处呼应着"芜城赋"的题旨。饱含着作者深沉的感伤，寄寓着作者对国家命运的无限担忧。

龚自珍的散文都是经世之文，继承发扬了清初经世致用的文风，虽往往引《公羊》义，但凡经、史、诸子百家无不贯通，内容丰富多彩。尤侧重于批判现实，抨击腐朽，倡言变革。表现形式多样，短小精悍，骈散相间。一方面为了避开"文字狱"，不得不表现出语言隐晦艰涩。另一方面又义愤填膺，不吐不快，大胆直言。但总的来说，立意新颖，寓意深刻，笔力遒劲，熔叙述、议论、抒情于一炉，是他散文的独创性风格。这种独创性风格的形成，是与他独特的生活时代、独特的感受、独特的素养、独特的性格分不开的。

（二）资产阶级改良主义的先驱

魏源（1794—1857）自幼寡言苦读，爱沉思，其字默深，大概缘此。由于学问渊博，道光七年（1827）受人之聘参与编纂《皇朝经世文编》，此书首次确立了"经世文"的概念，是一部关于政治、经济等方面的资料汇编，辑录了顾炎武至龚自珍、魏源等人的"经世文"两千余篇。俞樾在《皇朝经世文新增续编序》中称赞此书说："数十年来风行海内，凡讲求经济者，无不奉此为圭臬，几于家有此书。"在编纂过程中，魏源不仅了解到当时国家积贫积弱的原因，也从前人的文章中汲取了丰富的思想营养，逐渐形成了自己的超越前人实学思想的资产阶级改良主义思想体系，这些思想主要体现在 19 世纪 30 年代写就的《古微堂内集》中。此书又称《默觚》，分上篇《学篇》与下篇《治篇》，共 165 条札记，联系当时社会实际，发表了自己对政治、经济、哲学、文学、教育、历史、法律等领域的见解，其中不乏否定旧制要求改革的观点。魏源在资本主义萌芽比较发达的长江下游地区做过七年州县地方官，其余时间多为幕僚，受上司委托，做过经济、财政、盐务、漕运等管理工作，因此，他的社会知识面广，研究的领域宽，视野开阔，思想见识高于一般人，当时就与龚自珍齐名，人称"龚魏"。同龚自珍相似，魏源也颇好今文经学，但他反对空谈性理的宋学，曾明确地否定腐儒侈谈心性之学："释、老不可治天下国家矣，心性迂谈可治天下乎？"（《治篇一》）同时反对脱离政治沉溺于训诂考据的汉学，与桐城派古文家也迥然不同，他主张文章的经世致用，是经世文风的倡导者。

鸦片战争前，清王朝的腐败没落已暴露无遗，西方资本主义列强乘机加紧对中国的经济侵略。从经世致用原则出发，魏源的散文，大都是感时愤世之作，或揭露社会的黑暗腐败，或批判维护腐朽统治的种种思想，或鼓吹变革图新，或提出促进社会进步的措施与主张，表现出一位资产阶级改良主义的先驱人物，在清王朝行将全面崩溃时，欲匡时救弊、扶危定倾的一片赤子之心。他著文，特别强调文章的批判性，对不合理的旧风俗、旧制度敢于叛逆，对不顺民意的时运敢于反潮流。他就是以这样的标准来评价龚自珍文章的：

> 夫忽然得之者，地不能囿，天不能嬗，父兄师友不能佑。其道常主于逆，小者逆谣俗，逆风土；大者逆运会。所逆愈甚，则所复愈大，大则复于古，古则复于本。若君之学，谓能复于本乎？所不敢知。要其复于古也，决矣……君愦于外事，而文字窔奥洞辟，自成宇宙，其金水内景者欤？虽锢之深渊，缄以铁石，土花绣蚀，千百载后，发研出之，相对犹如坐三代上。（《定庵文录序》）

魏源以一个"逆"字来总括龚自珍的文章特点，小的逆风俗，大的逆时势，所逆愈甚，才"复愈大""复于古""复于本"。文章才"自成宇宙"，光照千秋。这篇序文不仅简练地概括了龚自珍文章和优长：解放思想，冲破禁锢，发扬了传统文学的讽喻精神。而且也显示了魏源的思想特点和创作特点。

魏源的晚年，正是帝国主义列强大肆军事侵华时期，中华民族与帝国主义的矛盾成为社会的主要矛盾，在国难当头的大变动中，魏源后期文章的批判矛头主要对准的是穷凶极恶的帝国主义与清廷大大小小官吏的妥协、无能和媚敌。同时也赞扬、歌颂了主张御敌的将领与广大人民的抗敌斗争。他的长文《道光洋艘征抚记》，借记叙鸦片战争的过程，表达了作者的爱国感情。此文分上、下两篇，收入《圣武记》中，题名"征抚"，意在力谏清廷"以军令饰天下之人心，以军食延天下之人才"，来解救中华三千年未有之危局。此文似编年史体，叙事简洁生动，字里行间寓含着作者的爱憎，如写英兵无恶不作，三元里人民同仇敌忾，清廷官僚无耻媚敌，都历历在目：

> 而洋兵亦日肆淫掠，与粤民结怨。及讲和次日，洋兵千余自四方炮台回至泥城淫掠，于是三元里民愤起，倡议报复，四面设伏，截其归路。洋兵终日突围不出，死者二百，殪其渠帅曰伯麦、霞毕（应为毕霞），首大如斗，夺获其调兵令符、黄金宝敕，及双头手炮。而三山村亦击杀百余人，夺其二炮及枪械千。义律驰赴三元里救应，复被重围，乡民愈聚愈众，至数万。义律告急于知府余保纯。是时讲和银尚止送去四分之一，又福建水勇是日亦至，倘令围歼洋兵，生获洋

人,挟以为质,令其退出虎门,而后徐与讲款,可一切惟我所欲。此粤事第七转机。而诸帅不计及此也,反遣余保纯驰往,解劝竟日,始翼义律出围回船。

文中的史论,是作者根据战争的进程、得失,做出的评价,总结出的经验教训,深中肯綮,相当精彩,如:

或曰:"西变以来,惟林公守粤,不调外省一兵一饷,而长城屹然。使江、浙、天津武备亦如闽、粤,则庙堂无南顾之忧,岛寇有坐困之势。子何不责江、浙、天津之无备,与粤、闽后任之不武,而求全责备于始事之人?且林公于定海陷后,固尝陈以敌攻敌之策矣,陈固守藩篱之策矣,又奏请以粤饷三百万造船置炮。苟从其策,何患能发之不能收之矣。"

文中所论公开与清廷的诏告唱对台戏,清廷将鸦片战争的失败归罪于林则徐,将林则徐革职待罪,而作者通过战争过程的描述,然后根据事实得出结论:林则徐有破敌卫国之策,他是利于国家有功于千秋的大功臣,而应该谴责的恰是不分是非、功过颠倒的当朝昏主庸官。

魏源坚决反对外国的侵略,因为它给中华民族带来无尽的灾难。面对国家与民族的重重危机,他冷静地进行了中外国家实力的对比,他看到了自称天朝的清王朝的羸弱本质,更激发了他要求清政府进行改革图存的急迫性。不改革旧制则亡,只有改革才能救中国。他说:"天下无数百年不弊之法,无穷极不变之法,无不除弊而能兴利之法。"(《筹鹾篇》)"执古以绳今是为诬今","变古愈尽,便民愈甚。"(《治篇五》)如何改革?魏源主张首先要了解、学习、掌握西方的科学技术,甚至模仿资本主义国家的民主制度,废除君主独裁专制。其次要切实解决好水利、漕运、盐政、赋税等关系到国计民生的实际社会问题,如他在《湖广水利论》中,分析了长江水患生成的原因,提出了切实可行的兴利除弊的方案和措施:

今日救弊之法,惟不问其为官为私,而但问其垸之碍水不碍水?其当水已被决者,即官垸亦不必复修。其不当水冲而未决者,即私垸亦毋庸议毁。不惟不毁,且令其加修,升科以补废垸之粮缺,并请遴委公敏大员编勘。上游,如龙阳、武陵、长沙、益阳、湘阴等地,其私垸孰碍水之来路?洞庭下流,如南岸巴陵、华容之私垸;北岸监利、潜、沔之私垸及汀洲；孰碍水之去路？相其要害，而去其已甚；杜其将来，而宽其既往。毁一垸，以保众垸，治一县，以保众县。且不但数县而已。湖南地势高于湖北，湖北高于江西、江南，楚境之湖口，日戚日浅，则吴境之江堤日高日险，数垸之流离与沿江四省之流离，孰重孰轻？且不但以邻为壑而已。前年湖南、汉口大潦，诸县私垸之民人漂溺者，亦岂少乎？损人利己且不可，况损人并损己乎？乾隆间，湖南巡抚陈文恭公，劾玩视水利之官，治私筑豪民之罪，诏书嘉其不示小患。苟徒听畏劳畏怨之洲县，徇俗苟安之幕友，以故息于行贿舞弊之胥役，垄断罔利之豪右，而望水利之行，无是理也。欲兴水利，先除水弊。除弊如何？曰：除其夺水夺利之人而已。

自古以来，有黄河之灾而无长江之患，这是各自的地形地貌使之然。然而近数十年间，长江沿岸"告灾不辍"，江患不亚于河患，为什么呢？作者通过对江患原因具体细致的分析，认为洪水天灾源于人祸，是那些"玩视水利之官""私筑豪民""行贿舞弊之胥役""垄断罔利之豪右"，互相勾结，为了个人利益、地方利益、眼前利益，与水争地，与水争利，造成水道不畅，山洪肆虐，给全流域的人带来灾难，给子孙后代带来祸害。要治水患，须有大局观念，从长远利益出发，以"两害相形，则取其轻；两利相形，则取其重"为准则，来整顿现有的护堤，该拆的拆，该固的固，宁肯牺牲少数人的利益也要顺从水的天性，维护大多数人的利益。除掉水患并不难，首先是"除其夺水夺利之人而已"。魏源一系列经济改革的主张，具有历史的进步性，不用说对于后来的洋务运动、维新变法有积极的影响作用，就是对现在搞经济的人来说，也有重要的参考价值。

魏源是鸦片战争前第一位明确主张向西方学习的学者，也是我国近代思想史上最早提出向西方先进物质文明学习的思想家之一。企图以西学的优长来强国，从而抵制西方的军事与经济侵略。他的今文经学思想已经融合了西学，成为中国资产阶级改良主义新学的滥觞，从而对传统的儒学有了新的认识。如"王道"，这是传统儒家及程朱理学家都尊崇与津津乐道的理想，然而什么是"王道"？魏源与传统的儒生们有着根本不同的理解，他在《治篇一》第四条中对儒生的观点进行了猛烈的批判：

《洪范》八政，始食货而终宾师，无非以足食、足兵为治天下之具。后儒特因孟子义利王伯之辨，遂以兵食归之五伯，讳而不言。曾亦思足民治赋皆圣门之事，农桑树畜即孟子之言乎？抑思屈原志"三后之纯粹",而亦曰"惜往日之曾信兮","国富强而法立";孔明王佐之才,而自比管、乐乎?王道至纤至悉,井牧、徭役、兵赋,皆性命之精微流行其间。使其口心性,躬礼义,动言万物一体,而民瘼之不求,吏治之不习,国计边防之不问,一旦与人家国,上不足制国用,外不足靖疆圉,下不足苏民困,举平日胞与民物之空谈,至此无一事可效诸民物,天下亦安用此无用之王道哉!

魏源认为王道就是能足食、足兵、富民强国的措施,如果与此无关,将王道只视作维护封建社会秩序的精神法宝,整日口谈心性,身行"礼义",却不知民间疾苦,不懂政务治理,不能筹划国家财政,不能安定国家疆域,不能办一件有利于国家与人民的事,要这样的"王道"有何用处?作者切中时弊,一针见血,彻底否定了当时朝政奉行的程朱理学。

魏源一生喜好游览名山大川,所到之处往往即兴赋诗,同时也留下许多山水诗的序言,如《四明山中峡诗序》《白岳西岩诗序》等。这些序同其诗一样,文字洗练,语言浅近,写景状物生动如画。通过对祖国壮丽山河的描绘,常寓忧国忧民的深情于其中,反映了作者对祖国的热爱,对投降卖国者的愤恨。有些序言还反映了苛捐杂税对贫民的剥夺,鸦片对国人的毒害,贪官污吏中饱私囊,农村凋敝,人民大众饥寒交迫等,批判的锋芒直指最高的封建统治者以及外国殖民主义者。

龚自珍、魏源处于中国封建社会日趋解体的时代,他们以冲决封建传统意识层层罗网的决心与意识,以笔为武器,宣扬反对君主专制的民主意识,反对理学对人性的束缚与摧残,反对复古与保守,要求改革,富民强国,既宣扬了早期资产阶级的民主革新的观念,又开一代新文风,对盘踞在文坛统治地位的桐城派是一个致命的冲击。从此之后,桐城派古文走向下坡路,尽管在曾国藩的倡导主持下,湘乡派扛起了桐城派的旗帜,把古文进一步变为维护封建统治和道统的工具,其幕僚及追随者郭嵩焘、李元度、莫友芝、吴汝纶、黎庶昌、张裕钊、薛福成及其他桐城派后期的一些作家也活跃喧腾了一段时间,甚至至清末还有人在坚守着古文创作,如严复还用古文来翻译西方著作,但古文已如强弩之末,再无复兴的希望。

两千年来一直把儒学作为正统思想的封建中国,迈进近代的门槛后,国势已如日薄西山,步入了它的末世。长期封闭的国门被列强打开,西方各种思潮也随之而来,儒学的影响虽然还在延续,但已无力抵挡汹涌澎湃的西方思想新潮。在散文领域,一场远比中国古代散文史上任何一次变革更为重大的革新已拉开了它的序幕，儒学作为散文指导思想的历史宣告结束。龚、魏等人作为变革的先驱者，为近代散文开了先路。

五　骈文的回光返照

（一）清前期骈文兴盛及其原因

清末罗惇曧指出："魏晋历六朝而迄唐，骈文极盛之时代也。古文挺起于中唐，策论靡然于赵宋，散文兴而骈文蹶之时代也。宋四六，骈文之余波也。元明二代，骈散并衰，而散力终胜于骈，明末逮乎国朝，散骈并兴。"（《文学源流》）现代有的学者也认为："骈文酝酿于先秦两汉，成熟于魏晋南北朝，兴盛于唐代，发展于两宋，衰退于元明，而中兴于清代。源远流长，千古文章。与散文各有传人，平行发展，形成两种显然有异的审美风尚和艺术趣味……中国骈文大致经历了骈词偶句—散文辞赋化—骈体—四六—白描骈文之过程，处于不断变化中。"[1] 骈文在清代"中兴"，是符合历史实际的。骈文在魏晋南北朝时独霸文坛，唐宋时受到兴起的古文的排斥，几经起落，与古文争夺文坛正宗地位的斗争激烈。至元明时，骈文虽延续不绝，但更显衰微。然而到了清前期，即清初至道光的封建时代，骈文竟出现了全面复兴的势头，大有与古文再争文坛正统的态势。有人把它与魏晋南北朝、唐宋时的骈文相提并论："可以说，清代骈文取得了世人瞩目的突出成就，完全可以与六朝时期、唐宋时期并列，成为骈文史上光辉的时代。而且，它是骈文史上作家个性最张扬的时代，作品最富于文学性的时代。对于清代骈文在文学史上的独特地位，可以用四句话来概括：它是骈文创作最丰富的时期，它是骈文理论最自觉的时期，它是骈文风格最纯熟的时期，它是骈散交融最和谐的时期。"[2]

清代前期骈文是在小说、戏曲等俗文学大盛、桐城派古文畅行天下的条件下逐渐复兴的，骈文作家在如此文化大背景下，敢于与俗文学的小说、戏曲及雅文学的桐城古文争夺文坛正宗地位，重新从语言艺术的角度肯定骈文的功能，其追求骈俪的审美效果是比较自觉的。为骈文争取正宗地位而鼓噪最有力者，莫过于在政坛、文坛极有影响被尊为一代文宗的阮

---

[1] 朱洪国：《中国骈文选·中国骈文的千秋功罪》，四川文艺出版社1996年版，第6—7页。
[2] 蒋寅主编：《中国古代文学通论·清代卷》，辽宁人民出版社2005年版，第71页。

元。他重提六朝文笔说，强调文、笔之分，他认为说经论史的文章如缺少文学性质，应该属"笔"，散行无偶只是"言"或"语"，而讲究用韵用偶才是"文"，以骈文为文章的正宗，排斥古文，独尊骈文。他说："孔子于《乾》《坤》之言，自名曰'文'，此千古文章之祖也。为文章者，不务协音以成韵，修辞以达远，使人易诵易记；而惟以单行之语，纵横恣肆，动辄千言万字，不知此乃古人所谓直言之言，论难之语，非言之有文者也，非孔子之所谓文也。""孔子以用韵比偶之法，错综其言而自名曰'文'，何后人之必欲反孔子之道而自命曰'文'，且尊之曰'古'也？"（《文言说》）阮元的碑铭记传、论说考据等，无不骈偶工丽，渊懿闲雅。在他的号召推动下，骈文逐渐兴盛起来。

而曾燠、吴鼒、孔广森等人则并不贬斥古文，只是主张骈散并尊，不应对骈文有歧视。阮元的认识显然是极端片面的，而曾燠等人只为反对古文派鄙视骈文而提倡尊重骈文，实际也没有多少创新理论建树。能提出建设性意见的则是汪中、李兆洛、谭献等人，他们认为骈散本不应分家，最好是骈散合为一体。李兆洛选编《骈体文钞》，标举魏晋、六朝骈俪文。为文主张兼取骈、散两体之长，所作《举业筌蹄序》《墨卷望气序》《骈体文钞序》《皇朝文典序》等，骈散相济，体现了自己作文的主张。《清史稿·李兆洛传》载：

> 其论文欲合骈散为一，病当世治古文者知宗唐、宋不知宗两汉，因辑《骈体文钞》。其序略云："自秦迄隋，其体递变，而文无异名。自唐以来，始有古文之目，而目六朝之文为骈体。为其学者，亦自以为与古文殊路。夫气有厚薄，天为之也；学有纯驳，人为之也；体格有迁变，人与天参焉者也；义理无殊路，天人合焉者也。得其厚薄纯杂之故，则于其体格之变，可以知世焉，于其义理之无殊，可以知文焉。文之体至六代而其变尽，夫沿其流极而沂之以至乎其源，则其出者一也。"

骈、散本都是不同的修辞方法，自古以来就存在，只是从魏晋六朝以来，作者著文自觉地追求骈俪，称其为"今文""时文"，以与无意追求骈俪的散漫体有别。至唐时提倡古文，反对骈俪，才将"今文""时文"改称骈文。实际上，骈、散文并无绝对的严格界限，也从没有绝对纯粹的骈、散文，骈文中也有散句，散体文中也有骈偶句。只是如果一意追求骈俪形式，便将骈文束缚在一个矫揉造作的僵化形式之中，"饰其语而遗其意"；如果有意排斥骈俪，容易使散体文有质无文，同样也达不到表情达意的目的。骈散合一，文质兼备，这才是最好的选择，这种正确的理论主张，也是使清代骈文复兴的重要原因。这个时期出现了不少骈文论著、选本，如陈维崧的《四六金箴》、孙梅的《四六丛话》、曾燠的《国朝骈文正宗》、李兆洛的《骈体文钞》等，骈文理论的繁荣，一方面是骈文创作繁荣现象的总结；另一方面也推动了骈文的发展。

清代骈文的创作队伍之庞大，产生的骈文作品之众多，超元越明。仅昝亮在《清代骈文文献综录》中收录的骈文家就有五百人之多，各种骈文集子也有五六百种，而且出现一大批以骈文擅名的名家与流派，产生了不少名篇佳作。清代骈文总的特征是集唐宋古文与六朝骈文之优长，化彼此对立为互相融合，既有六朝骈文的富艳精工，又有唐宋古文的自然畅达。运用纯熟的骈散合一的新体，不论抒写故国之思，还是歌颂盛世的功德，还是感叹国家多灾多难，都无拘束之感。具体到每个名家，更是各具鲜明的个性特色与风格。台湾学者张仁青概括说：

> 清代骈文既俨然复兴气象，最早露出头角者，为尤侗、吴绮、毛奇龄、陈维崧、吴兆骞诸人，而陆繁弨、黄之隽、章藻功则其继焉者也。吴兆骞承汉魏之遗，吴绮摹晚唐之作，陆繁弨豪华精整、振藻耀采，尤侗熟精骚、选，间作俪辞，杂以谐噱，遂为四六别调。陈维崧、章藻功虽云导源徐、庾，而体格实近于初唐，绮而能密，丽而有则。毛奇龄才力富健，虽不以骈文名，而所作多合齐梁矩矱，元明鸦音，从是随革。黄之隽艳藻独构，生面别开，唐人精髓，渝泡殆尽，当时有旷世逸才之目。自兹厥后，骈俪大行，人握蛇珠，家抱荆玉。乾嘉年间，云蒸霞蔚，富有日新。胡天游、袁枚、邵齐焘、王太岳、汪中、吴锡麒、洪亮吉、刘星炜、孙星衍、孔广森、曾燠、阮元诸人其最也。胡天游思绪云骞，词锋景焕。王太岳藻畅襟灵，飙发气逸。邵齐焘于丰褥之中，具秀润之致。吴锡麒于风华之外，饶音调之美。刘星炜清转华妙。孔广森凝重典雅，曾燠味隽声永。袁枚文笔纵横，间杂议论之词；阮元宝光古色，特多金石之气。皆卓尔名家，艺林仰境。而洪、孙、汪三家为尤高。洪亮吉质朴若中郎，惊挺若明远，肃穆若燕公；孙星衍思至理合，秀逸有余。洪惟倜傥，孙则渊懿。而汪中以雅淡之才，独步近代，上窥屈、宋，下揖任、沈，旨高喻远，貌闲心戚……中叶以还，作者弥众，王先谦选十家四六文，一刘开、二董基诚、三董祐诚、四方履籛、五梅曾亮、六傅桐、七周寿昌、八王

闿运、九赵铭、十李慈铭，均不愧一代作手……或规橅汉魏，或心仪齐梁，或模范三唐，或追踪两宋，虽轨躅异趋，派别滋繁，其骨格韵调，则皆超轶流俗，挺秀邓林。①

作品丰富而不乏佳作，理论自觉而深入人心，风格纯熟而多样，骈散交融而自然，才形成清代前期骈文复兴的局面。

清代骈文的复兴，还与科举考试有关。清代发展、健全了明朝科举制，为了步入仕途，学子们夙兴夜寐，读书全从应试出发，背对子，诵骈偶，著文几乎全从八股对仗入手，学子们一方面受到程朱理学的毒害；另一方面也受到时文语言、声律、对仗、结构、技法等艺术形式的熏陶。就连"桐城三祖"之一的刘大櫆对时文讲究"艺事"也给予充分肯定："夫文章者，艺事之至精，而八比之时文，又精之精者也。立乎千百载之下，追古圣之心思于千百载之上而从之。圣人愉，则吾亦与之为愉焉；圣人戚，则吾亦与之而戚焉；圣人之所窃然而深怀、翛然而远志者，则吾亦与之窃然而深怀、翛然而远志焉。如闻其声，如见其形，来如风雨，动中规矩。"（《论文偶记》）八股时文的文体形式，尤其是其最重要的对仗形式，与骈文的形式是相同的，经过时文训练的知识分子，不论入仕或不入仕的，其文章总有时文的痕迹，总是不自觉地在自己的著述中使用着骈俪手段，更何况有意作骈文。

另外，清廷为了推行其不平等的民族政策与巩固其一统天下，对异端思想十分防备，对知识分子进行政治高压，大兴文字狱，其惨烈的程度与迫害无辜的数量，都是闻所未闻。促使许多文人在黑暗的现实面前噤若寒蝉，不敢议论时政。统治者一方面推行科举取士制，使大批学子热衷于科考；另一方面又诱导大批文人埋头于古籍考据，这就使许多文人把故纸堆作为"避风港"，以考据来逃避现实。而考据学是以小学为基础的学问，尤其注重对音韵、字词义等文字的考究，这恰好等于提高了写作骈文时所需要的裁对、隶事、敷藻、调声等艺术技能。不论是为了仕途，还是为了明哲保身，甚至为了消遣，写作注重语言形式美的骈俪文，就成了他们的精神追求，从文字技巧中既能寻求写作的乐趣，又不无安全感。有的考据家不满桐城古文理论，批评桐城派文章拘谨空疏，欲在文坛上占据正宗地位，也只能以骈文与桐城派来抗衡，所以尊崇汉学的考据学者多善于写骈文，并形成一种风尚。

---

① 张仁青：《中国骈文发展史》，浙江大学出版社2009年版，第416页。

清代骈文的复兴，也是骈体文学自身发展演变的结果。汉语言文字有其特殊性，字形与字音、字义合一，又多单音词与双音词，易于属对，而骈偶在形式上呈现出一种均衡感与形式美，自然成为审美的标准之一。刘勰在《文心雕龙·丽辞篇》中指出："造化赋形，支体必双，神理为用，事不孤立。夫心生文辞，运裁百虑，高下相须，自然成对……诗人偶章，大夫联辞，奇偶适变，不劳经营。"汉语言文字具有骈偶的天然属性，不仅为历代作家所熟知，而且运用越来越纯熟。至于汉语四声的抑扬顿挫，具有音乐节奏美，用典的含蓄蕴藉，辞藻的精工华美，不仅是我们民族追求的艺术表现手法，也是世界上其他民族与国家也都追求的艺术形式。然而这些文章的表现形式，随着时代的变化而不断变化演变。曾几何时，因为过分追求这些艺术形式，而忽视内容甚至有碍内容的表达，也就是忽视儒家思想的畅快表达，而遭到抵制与批判。其实罪不在骈俪手段，而在于过分追求骈俪有碍载道。然而经过元、明二朝骈文的低落之后，到了清代，进入中国传统文化大总结的时代，对骈体与散体的得失、功过都作了深刻的反思，清代许多文人主张汲取骈、散二者之长，文章应骈、散配合。如刘开说："骈中无散，则气壅而难疏；散中无骈，则辞孤而易瘠。两者但可相成，不能偏废。"（《与王子卿太守论骈体书》）骈散结合的特点，是清代骈文对传统骈文的改革与发展，给清代骈文注入新的血液，增强了它的生命力，骈文在清代的复兴是必然的结果。

（二）清前期骈文的创作及特色

明末清初，擅长骈文的作家就不断涌现，顺治康熙时期，著名的有骈文家有陈维崧、毛奇龄、吴绮、尤侗、朱彝尊等人，其代表作家首推陈维崧。

陈维崧（1625—1682），字其年，号迦陵，江苏宜兴人，祖父陈于廷是明末东林党的中坚人物，遭到魏忠贤阉党迫害，父亲陈贞慧是复社著名诗人，以气节著称。维崧从小就受到家庭气节文章的熏陶，天资聪敏，个性倜傥，少负才名，作文敏捷，瑰玮无比，得到长辈的称赞，吴伟业曾誉之为"江左凤凰"。然而仕途坎坷，20岁时补为诸生，开始流离南北，游食四方，五十多岁才举博学鸿词科，由诸生授检讨，参与纂修《明史》。然而因文名早显，一时名家如吴伟业、冒襄、龚鼎孳、姜宸英、王士禛、邵长蘅、彭孙遹等，都与他来往。又与朱彝尊切磋词学，合刊过《朱陈村词》。声誉与朱彝尊并列，成为清初词坛"阳羡派"领袖、豪放派的主要代表。

陈维崧文学成就主要在词，词多达一千六百多阕，虽为一代词宗，却也喜爱骈文，有《湖海楼骈文》167篇。他曾说："吾四六文不多，固吾擅扬之体，恨未尽耳！"（《陈迦陵俪体文集跋》）他虽自叹自己骈文不及词作多，但他坦言自己偏爱与擅长骈文创作。陈维崧是由明入清之人，又受祖、父辈的影响，心中充满兴亡沧桑之痛，有人说他"盛年有摇落之感，微词托屈、宋之遗，于是屏绝众体，独攻俪句。"（余国柱《陈检讨集序》）他的骈文多抒故国之思、个人身世之感，格调凄婉悱恻；抒写国家兴亡、流离感怀，大气磅礴，于雄肆富赡中见雄浑。有人赞他"排偶之文，芊绵凄恻，几于凌徐扳庾"，"盖自开、宝以后七百余年无此等作矣"。（汪琬《说铃》）也有人通过与吴绮比较，来看陈维崧骈文的风格："顺、康间，以骈文称者，又有吴绮，字薗次，江都人。维崧导源庾信，泛滥于初唐四杰，故气脉雄厚。绮则追步李商隐，才地视维崧为弱，而秀逸特甚。"（《清史稿·陈维崧传》）现以陈维崧的《上龚芝麓先生书》为例，可见其骈文风格的基本特征，此文的开头写道：

  维崧顿首献书芝麓先生阁下：嗣顷玉树歌残，黄旗气黯，西京掌故，南朝文笔，便已失败，都无哀次。音辞所寄，惟在阁下。
  维崧，东吴之少年也。才知诞放，骨肉躁脱，当涂贵游，目之轻狂。向者粗习声律，略解组织，雕虫末技，猥为陈黄门、方检讨、李舍人诸公所品藻。岁月不居，二十年于兹。徒以杨子幼之门第，华毂不少；王茂宏之子孙，青箱遂多。上不敢方井大春，次不至失枚少孺，一流将尽，如是而已。

龚芝麓，明时进士，仕清官至礼部尚书，工诗，与钱谦益、吴伟业并称"江左三大家"。陈维崧上书于他，表白自己的抱负与才学，无疑有干谒之意。然而行文不卑不亢，纵放旷达，将文章辞赋视为"雕虫末技"，可见其胸襟宏大、气宇轩昂，有经国济世大志。文中慨叹明朝沦丧，诉说他人称许，怀念世传家风，全用典故委婉道出，深奥含蓄，衷情动人，确有庾信《哀江南赋》与王勃《滕王阁序》的情调，说他"导源庾信，泛滥于初唐四杰"，是有根据的。

雍正、乾隆时期汉学大盛，桐城古文派主盟文坛，长期被古文排斥挤压的骈文迅速崛起，大有夺回文坛正统地位的势头。"俪体文自三唐而下，日趋颓靡。清初陈维崧、毛奇龄稍振起之，至天游奥衍入古，遂臻极盛。而邵齐焘、孔广森、洪亮吉辈继起，才力所至，皆足名家。"（《清史稿·

胡天游传》）除上述著名的骈文作家外，还有袁枚、汪中、杭世骏等人，代表性的作家可数袁枚、洪亮吉、汪中。

袁枚（1716—1797）字子才，号简斋，晚年又号小仓山房居士、随园老人，浙江杭州人，著有《小仓山房文集》《子不语》等。袁枚英才早发，少年时就擅长写诗文，24岁时即中进士，授翰林院庶吉士。曾任溧水、江浦、沭阳、江宁、上元等地知县，他心系民生，不避权贵，颇有政绩，深得百姓爱戴。33岁时父亡，辞官养母，在南京购建随园，从此，专心于著述、授徒与以文会友。可以说，袁枚终身以文学为事业，有着多方面的卓著成就。在诗歌创作方面，与赵翼、张问陶并称乾嘉诗坛性灵派三大家。在文学评论方面，又是著名的评论家，特别在诗论上，有独特的见解，其代表作为《随园诗话》。文章以骈体最为擅长，为"清代骈文八大家"之一，与礼部尚书、协办大学士纪昀齐名，时称"南袁北纪"，《小仓山房外集》是其骈文集。同时也擅长散体古文，其代表作《祭妹文》，可与韩愈的《祭十二郎文》相媲美，《黄生借书说》更是脍炙人口的名篇，鼓励了一代又一代学子勤奋苦读。

袁枚不信佛，思想颖锐，不畏卫道者所指责，大胆招收女子为其弟子。章学诚在《文史通义·书坊刻诗话后》中说他"敢于进退六经，非圣无法"，说明他具有反道学、反礼教、追求个性解放的精神。他认为宋学"心性之说近玄虚"，汉学"笺注之说多附会"。（《宋儒论》）赞同"人欲当处即是天理"（《再答彭尺木进士书》），主张诗文要表现人生遭际中的真实感受、情趣和识见，直抒胸臆，贵在自然，反对泥古，强调自创，继承了李贽的反传统意识和"童心说"及公安派的性灵说思想。但与公安派的性灵说相比较，他更主张不受传统名教说教的束缚，以"真我"为创作追求，写出自己的真性情与独特的个性。只要真率自然地表现性灵，可不拘一格，也不排斥声律藻饰、骈俪典事的运用。认为骈、散二者同源而异流，只可并重不可偏废。并强调骈文的美学价值，曾说："骈体者，修辞之尤工者也。"（《胡稚威骈体文序》）姚鼐评价他于"古文、四六体，皆能自发其思，通乎古法"。（姚鼐《袁枚墓志铭》）他也以骈文大家自命，曾说："本朝开国以来，尚未有能以四六成一家言者，窃欲自立一帜。"（见石韫玉《袁文笺正序》引）骈文上乘之作有《与蒋苕生书》《重修于忠肃公庙碑》等篇。

《重修于忠肃公庙碑》写明代民族英雄于谦的事迹，融入了自己的政治主张与爱憎感情，气势雄健，格调高昂，议论纵横驰骋，相当一篇《于谦论》。《与蒋苕生书》是袁枚给蒋士铨（字苕生）的一封信，蒋与袁枚、赵翼并称乾隆三大家，也称江右三大家。"士铨赋性悱恻，以古贤者自励，急人之难如不及。诗词雄杰，至叙述节烈，能使读者感泣。"（《清史稿·蒋士铨传》）从这封《与蒋苕生书》的内容看，是袁枚写于与蒋交往前，然对蒋的仰慕之情溢于言表，如信中写道：

> 岂意铜山之钟，地隔而霜应；晨风之鸟，树远而声交。邴原渡海，方觅孙崧；北海有心，早知刘备。于是远蒙矜宠，重寄篇什。开函香生，凌纸怪发。骊龙未遇，先投六寸之明珠；师旷方惊，更转九天之清角。识麟一趾，眸子自矜；藏凤半毛，门庭可贺。所冀足下北行之日，鸣驺临况。仆粪除敝庐，请吾子之须臾焉。
>
> 昔者嵇康命驾，千里相思；元度出都，一日九诣。心期既重，手握自殷；缅彼贤流，亶其然矣。足下与余，岂在古人后乎！

信中句句不离典故，然而，非典故难以表达初识却怀长久的仰慕深情。或以气类相感、远鸟声应，比喻两心相契；或以千里相思、一日九诣，表露深交的渴望。志同道合，重在神交，虽天涯相隔，贵在心心相印。作者满腹经纶，典事随手拈来，然而毫无书卷气，更不是有意炫耀才华，因为吐露的感情真挚自然，故典故也自然融化于感情之中。袁枚的骈文已骈散有机结合，用散文的结构来结构布局，叙述、议论、抒情融为一体，风格清新灵巧。

洪亮吉（1746—1809）字君直，阳湖人。性格耿直，正验其字。曾与邵晋涵、王念孙、章学诚等结交，研究经学，又与孙星衍研习骈文，与翁方纲、蒋士铨等人其结诗社。与人交，都对他的耿介、仗义行为表示钦佩。洪亮吉在文学创作上，以骈文与诗歌的成就为最高，是雍正、乾隆时期著名的骈文家，乾隆五十五年（1790）中进士，授翰林院编修，嘉庆元年（1796）为咸安宫宫学总裁，不久，入值上书房，侍皇曾孙奕纯读书。期间因上书言事，措辞激烈，触犯朝廷，被降职三等。嘉庆四年（1799），嘉庆皇帝开始亲政，诏求直言。时为实录馆纂修官的洪亮吉，又上书指斥时政，认为朝臣多营私，皇帝应勤政远佞，言辞激直，皇帝震怒。本拟定斩首，后改遣伊犁充军，时人称其为"不怕死的洪翰林"。

骈文对于洪亮吉来说，是他为民请命、抨击时弊的最有力的工具，如嘉庆三年（1798）所呈的《征邪教疏》，就是针对白莲教秘密宗教组织起义而写的奏疏。其中写道：

以臣所闻，湖北之宜昌、四川之达州，虽稍有邪教，然民皆保身恋妻子，不敢犯法也。州县官既不能消弭化导于前，及事有萌蘖，即借邪教之名把持之、诛求之，不逼至于为贼不止。臣请，凡邪教所起之地，必究其激变与否、与起衅之由，而分别惩治之。或以为事当从缓，然此辈实不可一日姑容。明示创惩，既可舒万姓之冤，亦可塞邪民之口。盖今日州县，其罪有三：凡朝廷捐赈抚恤之项，中饱于有司，皆声言填补亏空，是上恩不下逮，一也。无事则蚀粮冒饷，有事则避罪就功，州县以蒙其府道，府道以蒙其督抚，甚至督抚即以蒙皇上，是使下情不上达，二也。有功则长随幕友，皆得冒之；失事则掩取迁流颠踣于道之良民以塞责。然此实不止州县，封疆之大吏、统率之将弁，皆公然行之。安怪州县之效尤乎？三也。

题名虽为"征邪教"，实则讨伐的是大大小小的封建官员。各级官员，瞒上欺下，上践踏国家大法，下聚敛百姓资财，因而激起民变。为了镇压起义，筹措军费，对百姓横征暴敛，更激化了社会矛盾，各地起义不断。贪官污吏是动乱之因，贪官之恶百倍于刁民。洪亮吉认为对付民变，首先要追究官员激变之责，惩治其上下欺蒙、彼此推诿之罪。邪教不足平，关键在吏制。洪亮吉对朝政与时势的分析很有见地。文章骈散结合，通俗易懂，格调精严，然而见识深刻、言辞犀利，论理透辟，还是其最显著的特点。

汪中（1744—1794）字容甫，江都（今江苏扬州）人。七岁时父亡，家贫不能入村塾读书，由其母亲启蒙识字。稍大，到当地书店协助卖书，才有借阅经史百家的机会，所以他从小就深知下层民众的苦难。为人耿直，疾恶如仇，不迎合时俗，不畏惧权贵，被人视为狂徒，处处受到冷遇，一生坎坷。后遂绝意于仕进，专心治学。晚年参与检校《四库全书》，积劳成疾，死于任上。他一生喜爱骈文，所作骈文，在当时就被誉为格调最高。能吸收魏晋六朝骈文之长，但不因袭古人，和当时或模拟六朝或模拟唐宋的一般作家不同，辞采富丽而内容真实深刻，语言婉转而寄寓着愤世嫉俗的真情实感，具有独特的风格。有人评价他"长于讽喻，柔厚艳逸，词洁净而气不局促。"（包世臣《艺舟双辑》）"钩贯经史，熔铸汉唐，宏丽渊雅，卓然自成一家。"（刘台拱《遗诗题词》）善于"状难写之情，含不尽之意"。（李详《汪容甫先生赞序》）其代表作有《经旧苑吊马守真文》《狐父之盗颂》《吊黄祖文》等，《经旧苑吊马守真文》凭吊明代妓女马守贞，赞其聪慧才资，哀其被欺凌的一生。《狐父之盗颂》大胆地描写千夫所指的狐父之地的盗贼名邱者,歌颂其救助因饥饿而濒死者的大仁大义。《吊黄祖文》写祢衡无辜遭遇,抒不平感慨。都写得"哀感顽艳,志隐味深"(刘台拱《汪容甫传》),处处注入自己一生潦倒困顿的感受。借他人的遭际,一方面自伤怀抱;另一方面对当时世道进行批判。

其最有名的骈文则是《哀盐船文》,翰林院编修杭世骏为之所作的序中说:"哀盐船文者……可谓惊心动魄,一字千金者矣……为之发其哀矜痛苦。""哀"字是全篇的文眼,以穷形尽相之笔,感同身受之情,再现了当年仪征盐船失火的惨状,令人读后,骇目惊魄,五内俱焚。这既是一篇用骈文写的纪实报告,又是一篇用骈文写的哀悼文:

> 乾隆三十五年十二月乙卯,仪征盐船火,坏船百有三十,焚及溺死者千有四百。是时盐纲皆直达,东自泰州,西极于汉阳,转运半天下焉。惟仪征绾其口,列樯蔽空,束江而立,望之隐若城郭。一夕并命,郁为枯腊,烈烈厄运,可不悲邪?
>
> 于时玄冥告成,万物休息,穷阴涸凝,寒威凛慄,黑眚拔来,阳光西匿。群饱方嬉,歌号宴食,死气交缠,视面惟墨。夜漏始下,惊飙勃发,万窍怒号,地脉荡决,大声发于空廓,而水波山立。
>
> 于斯时也,有火作焉。摩木自生,星星如血。炎光一灼,百舫尽赤。青烟眇眇,缥若沃雪。蒸云气以为霞,炙阴崖而焦爇。始连樯以下碇,乃焚如以俱没。跳踯火中,明见毛发。痛暑田田,狂呼气竭。转侧张皇,生涂未绝。倏阳焰之腾高,鼓腥风而一呹。泊埃雾之重开,遂声销而形灭。齐千命于一瞬,指人世以长诀。发冤气之烝蒿,合游氛而障日。行当午而迷方,扬沙砾之嫖疾。衣缯败絮,墨查炭屑,浮江而下,至于海不绝。
>
> 亦有没者善游,操舟若神,死丧之威,从井有仁,旋入雷渊,并为波臣。又或择音无门,投身急濑,知蹈水之必濡,犹入险而思济。挟惊浪以雷奔,势若阽而终坠;逃灼烂之须臾,乃同归乎死地。积哀怨于灵台,乘精爽而为厉。出寒流以浃辰,目睊睊而犹视。知天属之来抚,憗流血以盈眦;诉强死之悲心,口不言而以意。
>
> 若其焚剥支离,漫漶莫别,圜者如圈,破者如玦。积埃填窍,攫指失节。嗟狸首之残形,聚谁何而同穴。收然灰之一抔,辨焚余之白骨。呼呜哀哉!
>
> 且夫众生乘化,是云天常,妻孥环之,绝气寝床,以死卫上,用登明堂,离而不惩,祀为国殇。兹也无名,又非其命,天乎何辜,罹

此冤横！游魂不归，居人心绝。麦饭壶浆，临江呜咽。日堕天昏，悽悽鬼语。守哭屯邅，心期冥遇。惟血嗣之相依，尚腾哀而属路。或举族之沈波，终狐祥而无主。悲夫！丛冢有坎，泰厉有祀，强饮强食，冯其气类。尚群游之乐，而无为妖祟！人逢其凶也邪？天降其酷也邪？夫何为而至于此极哉！

停泊于扬州仪征江面上的盐船，因地震而失火，一夜之间，百余船被焚，上千人惨死。时作者正在扬州，目睹了这幕人间惨剧，于是实录了这一惨案。作者以时间为序，先介绍失火前的时间、地点、气候、环境和氛围，接着写大火突发，瞬间火光冲天，加上风狂浪陡，船上人无处逃生。或葬身烈焰，形骸枯焦；或水中挣扎，尸横江面。尸体随败絮焦木，顺江入海；打捞上来的尸体也面目全非，亲人莫辨，其场面，惨不忍睹！整个事件的过程，描写得全面，叙述得生动，刻画得逼真，令人触目惊心，有身临其境之感。作者怀着无限怜悯之心作此文，哀矜痛苦之情溢于言表。结尾部分，作者加以议论：这些死难者死于非命，不能被别人视为烈士；若举家皆亡者，连祭祀的人都没有；他们无恶无罪，却遭到如此天灾报应！如此联想，其痛远胜火焚水溺之哀，把作者的哀情推向了极致。作者鸟瞰全景，如"惊飙勃发，万窍怒号，地脉荡决，大声发于空廓，而水波山立"，写得大气磅礴；摄取近景，如"跳踯火中，明见毛发"，"出寒流以浃辰，目睅睅而犹视"。写得又逼真细腻。哀痛的笔调，一脉贯通，骈散兼行，典雅而自然，很少用典，不像袁枚用典古奥繁密。即使用典，也如同己出，如"嗟狸首之残形"句，语出韩愈《残形操序》："曾子梦见一狸，不见其首作。"以狸代人，指形体不全者，即使不知此典的人，也理解此意，极具表现力和感染力。《哀盐船文》可谓是这个时期最杰出的骈文。

嘉庆、道光时期，中国的封建社会已发展到它的末期，经济衰退，吏治腐败，边防废弛，列强侵扰，社会危机日益加重。在思想文化方面，维护封建大一统的儒家思想受到前所未有的冲击，汉学及桐城派古文由高峰开始走向衰落，就连一些桐城后学，也开始兼作骈文。这个时期骈文代表作家有金应麟、刘开、梅曾亮、管同等人，值得一提的是金应麟、刘开。

金应麟（1793—1852）字亚伯，浙江钱塘（今杭州）人，他博览群书，学识广博，遇事敢言，揭露弊政，抨击腐败，不避权贵，有富国强兵、安邦治国的韬略。擅长骈文，著有《豸华堂文钞》《豸华堂奏议》《金氏世德记》等。他的学识、性格、思想和强烈的爱国主义精神多体现在他的骈体奏疏中。如他曾请求修改刑律，对惩治犯罪条例提出多项修改建议；又曾弹劾皇亲琦善、大臣吴邦庆，为民称颂；道光十三年（1833）上疏中，认为整顿海疆，首先要整顿官兵。通过严密查访，严惩清军中克扣兵饷、作践农民、吸食鸦片的现象，振衰除弊，才能加强武备。二十二年，又上疏揭露以爵禄为重的守疆大臣，在鸦片战争中临阵脱逃，还谎报军情，开脱罪责："海疆诸臣欺罔，其故由于爵禄之念重，而趋避之计工。欲破其欺，是在乾断。资格不可拘，嫌疑不必避，旧过不妨宥，重赏不宜惜。近顷长江海口镇兵足守，而敌船深入，逃溃时闻。竭亿万氓庶之脂膏。保一二庸臣之躯命。议者诿谓无人无兵无饷无械。"作者针锋相对地提出对策："窃以无人当求，无兵当练，无饷械亦当计度固有，多则持重，少则用谋，作三军之气，定边疆之危，在皇上假以事权，与任事者运用一心而已。"戳穿了投降派的谎言，提出了扭转危局的方略。奏疏在金应麟手中，纵横自如，成了经世救国的锐利武器。

刘开（1784—1824）字明东，号孟涂，桐城人。十四岁，以文章拜会姚鼐，姚鼐非常赏识他。授以桐城之法，与方东树、管同、梅曾亮并称"姚门四大弟子"。家贫未仕，道光四年（1824）患急病而英年早逝，著有《孟涂文集》。

刘开曾给阮元写信说："本朝论文，多宗望溪，数十年来，未有异议。先生独不取其宗派，非故为立异也，亦非有意薄望溪也，必有以信其未然而奋其独见也。"（《与阮芸台宫保论文书》）刘开也想如阮元一样"独成一家之文"，达到此境界，首先具备冲决桐城派甚至唐宋八家束缚的决心与力量。因为"无决堤破藩之识者，未足穷高邃之旨；无摧锋陷阵之力者，未足收久远之功"。运用骈文也是打破桐城束缚的一种手段，骈散相济，"然后变而出之，用之于一家之言"。

刘开热衷于骈文，但他与阮元对古文的态度是有区别的，他并不否定桐城古文，只是想为骈文争得文坛一席之地，与古文并行不悖，打破古文独霸文坛的局面。曾说："夫文辞一术，体虽百变，道本同源，经纬错以成文，玄黄合而为采。故骈之与散，并派而争流，殊途而合辙。千枝竞秀，乃独木之荣；九子异形，本一龙之产。"（《与王子卿太守论骈体书》）他的骈文《问说》，就吸收了古文许多特点，很有代表性。"说"是古代论说文的一种文体，通过说"问"，强调"问"在求知途中的重要性。古人把知识称为"学问"，学与问互依并存、相辅而行。作者阐述了二者的辩证关系，赞许了"古人"不择事、不择人求问的精神，而重点则在通过古今对比，揭示了后来人普遍的学而不问的现象及危害：

三代而下，有学而无问，朋友之交，至于劝善规过，足矣；其以义理相咨访，孜孜焉唯进修是急，未之多见也，况流俗乎！

是己而非人，俗之同病。学有未达，强以为知；理有未安，妄以臆度。如是，则终身几无可问之事。贤于己者，忌之而不愿问焉，不如己者，轻之而不屑问焉；等于己者，狎之而不甘问焉。如是，则天下几无可问之人。人不足服矣，事无可疑矣，此唯师心自用耳。夫自用，其小者也。自知其陋而谨护其失，宁使学终不进，不欲虚以下人，此为害于心术者大，而蹈之者常十之八九。不然，则所问非所学焉：询天下之异文鄙事以快言论；甚且心之所已明者，问之人以试其能；事之至难解者，问之人以穷其短。而非是者，虽有切于身心性命之事，可以收取善之益，求一屈己焉而不可得也。嗟乎！学之所以不能几于古者，非此之由乎？

且夫不好问者，由心不能虚也；心之不虚，由好学之不诚也。亦非不潜心专力之故，其学非古人之学，其好亦非古人之好也，不能问，宜也。

智者千虑，必有一失。圣人所不知，未必不为愚人之所知也；愚人之所能，未必非圣人之不能也。理无专在，而学无止境也，然则问可少耶？《周礼》："外朝以询万民。"国之政事尚问及庶人，是故贵可以问贱，贤可以问不肖，而老可以问幼，唯道之所成而已矣。

孔文子不耻下问，夫子贤之。古人以问为美德，而并不见其有可耻也，后之君子反争以问为耻，然则古人所深耻者，后世且行之而不以为耻者多矣，悲夫！

学而无问，是长久形成的陋习，然而人们习以为常，见怪不怪。作者以警世之笔，通过古人有学有问与今人有学无问的比较，论证问的重要性与无问的危害性。选题新颖，立论独特，言前人之所未言。从此文的立意、论证方式、结构及语言风格上看，明显受到韩愈《师说》的影响。但《师说》只强调为学要求教于师，而本文强调为学要求教于所有的人，问于贤于己者可破疑，问于等于己者可切磋，问于不如己者求一得。并且揭穿了一些"伪问"者的真面目，即不怀求知的目的，而怀不良动机，其问是为了"快言论""试其能""穷其短"，分清真问与假问，使鱼目不能混珠。刘开的文章骈、散交错，自然流畅，语言平实，代表了当时骈文散文化的趋向。

清代骈文的复兴，与桐城派古文复兴一样，也是衰落的古代散文的一种回光返照。清代骈文本欲与桐城派古文进行抗衡,在文坛上夺得主导地位,但事与愿违,骈、散还未展开真正的较量,就逢帝国列强入侵,西学东渐,新学兴起,中国社会发生了翻天覆地的变化。古文与骈文都因不适应时代大变故,而基本上结束了各自的历史进程。中国古代散文的形式逐渐消亡,但它的灵魂与精神尚在,绝大部分精华已融入近代散文中,直接孕育出了近乎白话文的近代散文。"随着'五四'新文化运动的兴起,古代散文不得不因语言形式的僵化死板而退出历史舞台,但是自先秦以来的古代散文作品,作为一笔巨大而丰富的遗产,在中华民族的文化宝库里将放射着永世不灭的灿烂光芒。其中蕴含的积极思想因素和凝聚结晶了无数古代作家艰辛劳动、智慧才华的艺术经验,将给我们开创新时代的文学,提供取之不竭、用之不尽的借鉴和滋养。同时它们作为古代文学艺术的一种历史遗存,也将永远成为后代读者进行审美鉴赏、获得审美愉悦的对象。"[1]

结　语

　　清代是中国封建社会终结的朝代,同时又是中国古代社会向近代社会转型的时代,鸦片战争是其转折点,自此古代封建社会开始变为近代半封建半殖民地社会,居于正统地位的儒学作为旧学受到冲击与批判,而吸收、改造西学而形成的洋务、维新思想,成为引领社会思潮的新学。根据儒学对散文的影响,本书划分古代的下限确定于道光朝,把清代古代散文的发展划分为三个时期:即顺治、康熙时期与雍正、乾隆时期及嘉庆、道光时期。

　　社会发展至清代,旧的空谈性命义理的宋明理学已无力应对这一特定历史时期的社会现实,新的儒学形态——实学便应运而生了。实学以实事求是为原则,以经世致用为目的,是儒家"修、齐、治、平"及"内圣外王"传统观念在新形势下的具体体现。实学在三个时期的表现形态是不一样的,顺治、康熙时期的实学强调干预时政济世实用,雍正、乾隆时期实学表现为汉学传统的恢复,嘉庆、道光时期的实学表现为今文经学的再倡,在这些思潮的影响下,各阶段的散文也表现出各自的时代特色。

---

[1] 刘振东、高洪奎、杜豫:《中国古代散文发展史》,中州古籍出版社1991年版,第518—519页。

清代实学的确立是有基础的,明中叶,罗钦顺、王廷相就对宋明理学的空疏展开批判,王廷相上承张载,下启王夫之,将气视为宇宙唯一实体,为实学奠定了哲学理论基础。晚明,以顾宪成、高攀龙为代表的东林学派,强调读书人要有救世济民的抱负,为清初实学的形成开了先路。

顺治、康熙时期的学者,不少是由明入清的,有的还参加过抗清复明的武装斗争,他们痛定思痛,深感宋明理学空言心性而导致亡国。于是批判空疏与清谈,抨击腐朽的君主专制制度,并证之以经、史之籍,开创了清代经世致用的实学。

这一时期的散文,高举起"经世致用"的旗帜,反对民族压迫与封建君主专制,具有反清复明的意识,强烈的民主精神在中国古代散文史上实属罕见。其代表人物主要是"清初三先生":黄宗羲、顾炎武和王夫之,还有"清初古文三大家":侯方域、魏禧和汪琬。前者主要贡献在理论方面,强调文章的社会作用,指出作家必须关心社会现实。反传统反拟古,不依傍古人而写自己的真性情。他们的政论、史论文章极具批判性与战斗性。后者主要贡献在创作上,以创作人物传记为主。他们宗法唐宋八大家与明代归有光,也不废向先秦两汉古文学习,显然是对明代唐宋派效古之失的纠正。他们的作品显示了明清易代后一代人痛定思痛的历史反思,真实地"纪政事""察民隐",揭露社会黑暗腐败、宣扬民族平等与人性尊严,文风质实刚健,体现了清代散文嬗变的重要走向。

到了雍正、乾隆时期,社会呈现出了"国富物阜"的繁荣景象。统治者为了强化"盛世"的统治,大兴文字狱,加强了思想控制。同时顺应"盛世"文化发展的需要,进行大规模古籍整理与图书编纂。许多文人也乐于埋头故纸堆,一可安身立命,二可躲避政治风险。于是,汉时治古文经学的做法,即以考据训诂为特点的治学方法受到崇尚,清初带有政治性的经世致用的实学,改变为对学术的考据,称其为"汉学"或"朴学"。汉学主要包括用考据方式治经和治史,治经突出的有惠栋、戴震等。治史杰出的有钱大昕、王鸣盛、赵翼、章学诚等。

在汉学的影响下,出现了中国文学史上最大的散文流派——桐城派,戴名世是其前驱,方苞是其奠基人,刘大櫆是其承前启后的发展者,姚鼐是其理论与创作实践成就最高的代表。他们不仅编纂了古文丛书《古文约选》《古文辞类纂》,而且对古代散文的创作经验教训做了全面的梳理,构建起全面、完整、系统的古代散文理论体系。他们以"义法"为理论的基石,主张义理、考证、文章相济,道统与文统相统一,系统的理论主张与切实可行的散文创作规则,赢得了社会广泛的认可,传承者众多,甚至还有出自桐城而又有所创新发展的分支，如以恽敬、张惠言为首的"阳湖派"，推动了桐城散文运动不断深入。桐城派由于指导思想仍是"原本经术"，缺少清初散文中的批判精神，注定只是表面与形式上的繁荣。

嘉庆、道光时期，朝政腐败，社会危机加重，西方列强不断侵扰，中华民族面临着生死存亡的危机。于是改革图存的呼声渐高，与社会现实严重脱离的汉学，衰落已成必然趋势。早在章学诚时，就对汉学的弊端提出过批评，常州学派的奠基人庄存与反对汉学忽视义理的倾向，倡言复兴今文经学的传统。到了焦循、阮元时，以"通核"之学来挽救汉学的积弊，而真正使今文经学取代汉学正宗地位的则是庄存与的嫡传弟子门人，如孔广森、宋翔风、龚自珍、魏源、廖平等人，最杰出的是龚自珍和魏源。龚自珍既反对汉学也反对宋学，独辟今文经学与经世思想相融合的新路。他将公羊学的三世说，改造成"治世""衰世""乱世"的新三世说。揭露当今衰世的各种弊端，呼唤以变法来摆脱社会危机。魏源经历了鸦片战争以及丧权辱国的《南京条约》事件，其忧患意识、抗御外侮的爱国意识更为强烈。魏源的今文经学思想已经融合了西学，最早提出向西方学习从而赶上并战胜西方的思想，为后来的洋务派、维新派倡言新学、变法提供了条件。在新形势下，桐城后学如管同、梅曾亮、方东树、姚莹等人，对自己原有的立场与观点进行了反思，创作了不少反映民族气节和爱国主义的作品。而龚自珍和魏源，更站在时代潮流最前沿，他们的散文不受桐城派"古文辞门径"的限制，以挽救病态社会、振兴国家与民族为目的。魏源文章批判的矛头对准的是外国殖民主义者与清廷大大小小的帮凶，赞扬、歌颂的是爱国将领、民众的抗敌斗争、祖国山河的壮丽。反映了鸦片对国人的毒害，贪官污吏中饱私囊，农村凋敝，人民大众饥寒交迫等。自然平易、饱含感情的新式语言，开了近代散文的先声。

对桐城派古文进行冲击的还有清代骈文的复兴。清人在汉学重视文字、音韵的影响下，追求骈俪的审美效果比较自觉，所以创作队伍庞大，理论新颖，作品众多，风格纯熟。阮元以骈文为文章的正宗。李兆洛编辑《骈体文钞》，与桐城古文相抗衡。清代科举考试所采用的与骈文形式相似的八股时文，政治高压、文字狱，使文人远避政治专注语言形式美，都有助骈文的复兴。对骈体与散体的得失、功过作总结，寻找骈散结合的新体式，给骈文注入新的生命力，也是骈文在清代中兴的重要原因。清代骈文代表性作家有陈维崧、袁枚、洪亮吉、汪中、金应麟、刘开等。陈维崧的骈文多抒故国之思、家国兴衰之感，雄肆富赡中见雄浑之气。袁枚是"清代骈文八大家"之一，认为骈、散二者同源而异流，只可并重不可偏废，贵在写出"真我"。洪亮吉利用骈文,为命请命,抨击时弊,把骈文真正当作了斗争的"投枪与匕首"。汪中所作的骈文,在当时就被誉为格调最高。辞采富丽而内容真实深刻,语言婉转而寄寓着愤世嫉俗的真情实感。金应麟遇事敢言,不避权贵,奏疏又用骈体。刘开运用骈文显示他冲决桐城派甚至唐宋八家束缚的决心与力量,但他并不否定桐城古文,只是想用骈文打破古文独霸文坛的局面。

但是从道光朝之后,古文与骈文都走向下坡路,在散文领域,一场远比中国古代散文史上任何一次变革更为重大的变革已拉开了序幕,近代散文开始产生、发展与演变,儒学作为散文指导思想的历史也随之宣告结束。

主要参考书目

《马克思恩格斯选集》第 2 卷，人民出版社 1995 年版。
《马克思恩格斯全集》第 3 卷、第 4 卷，人民出版社 1972 年版。
《马克思恩格斯论艺术》第 2 卷，中国社会科学出版社 1983 年版。
《鲁迅全集》，第 3 卷、第 5 卷、第 6 卷、第 8 卷、第 9 卷，人民文学出版社 1982 年版。
黑格尔：《历史哲学》，王造时译，生活·读书·新知三联书店 1956 年版。
（清）严可均校辑：《全上古三代秦汉三国六朝文》，中华书局 1958 年影印本。
（清）姚鼐编：《古文辞类纂》，四部备要刊本。
侯外庐主编：《中国思想通史》，人民出版社 1959 年版。
白寿彝总主编：《中国通史》，上海人民出版社 1995 年版。
白寿彝：《司马迁和史记》，北京出版社 1987 年版。
尹达主编：《中国史学发展史》，中州古籍出版社 1985 年版。
郭沫若：《中国古代社会研究》，人民出版社 1964 年版。
郭沫若编：《殷契粹编》，文求堂影印本。
郭沫若编：《卜辞通纂》，文求堂影印本。
罗振玉编：《殷虚书契续编》，罗氏印本。
梁启超：《先秦政治思想史》，东方出版社 1996 年版。
梁启超：《中国历史研究法》，上海古籍出版社 1987 年版。
梁启超：《儒家哲学》，上海世纪出版集团、上海人民出版社 2009 年版。
胡适：《中国哲学史大纲》，东方出版社 1996 年版。
刘泽华主编：《中国古代政治思想史》，南开大学出版社 1992 年版。
周桂钿：《中国儒学讲稿》，中华书局 2008 年版。
儒家经典编委会：《儒家经典》（上），团结出版社 1997 年版。
杨义：《杨义文存》，人民出版社 1997 年版。
吕思勉：《先秦学术概论》，中国大百科全书出版社 1985 年版。

吕思勉：《理学纲要》，东方出版社1996年版。
吴存浩、于云瀚：《中国文化史略》，河南文艺出版社2004年版。
张国华：《中国秦汉思想史》，见《中国全史》第五卷，人民出版社1994年版。
朱伯崑主编：《易学基础教程》，九州出版社2003年版。
邓红：《董仲舒的春秋公羊学》，中国工人出版社2001年版。
冯友兰：《中国哲学史新编》（第三册），人民出版社1985年版。
金春峰：《汉代思想史》，中国社会科学出版社1987年版。
赵洪恩、李宝席：《传统文化通论》，人民出版社2003年版。
南怀瑾：《南怀瑾选集》（第五卷），复旦大学出版社2003年版。
张国刚、乔治忠等：《中国学术史》，东方出版中心2002年版。
许凌云、许强：《中国儒学通论》，广东教育出版社2002年版。
吕涛统编：《中华文明史》（第二卷），河北教育出版社1992年版。
李学勤：《走出疑古时代》，辽宁大学出版社1997年版。
傅筑夫：《中国封建社会经济史》，人民出版社1982年版。
徐复观：《两汉思想史》，台湾学生书局1985年版。
傅永聚、韩钟文主编：《二十世纪儒学研究大系》，中华书局2003年版。
（唐）刘知几著、（清）浦起龙释：《史通通释》，上海古籍出版社1978年版。
（清）章学诚：《文史通义》，中华书局1961年版。
〔法〕丹纳著、傅雷译：《艺术哲学》，人民文学出版社1963年版。
（南朝梁）刘勰著、范文澜注：《文心雕龙注》，人民文学出版社1958年版。
〔苏联〕莫·卡冈：《艺术形态学》，凌继尧、金亚娜译，三联书店1986年版。
〔德〕卡尔·雅斯贝尔斯：《历史的起源与目标》，华夏出版社1989年版。
冯天瑜、何晓明、周积明：《中华文化史》，上海人民出版社1990年版。
〔英〕B. Malinowski：《巫术科学宗教与神话》，李安宅编译，中国民间文艺出版社1986年版。
尤西林：《阐释并守护世界意义的人——人文知识分子的起源与使命》，河南人民出版社1996年版。
陈寅恪：《金明馆丛稿初编》，上海古籍出版社1980年版。
杨公骥：《中国文学》（第一分册），吉林人民出版社1980年版。
公木（张松如）：《公木文集》（六卷本），吉林大学出版社2001年版。

杨若木选编：《杨公骥文集》，东北师范大学出版社1998年版。
茅盾：《茅盾说神话》，上海古籍出版社1999年版。
马士远：《周秦〈尚书〉学研究》，中华书局2008年版。
马士远：《两汉〈尚书〉学研究》，中国社会科学出版社2014年版。
赵奉蓉：《〈逸周书〉文学研究》，中国社会科学出版社2013年版。
杨树增：《论语导读》，中华书局2002年版。
杨树增评注：《论语》，蓝天出版社2013年版。
杨树增选编：《国学箴言》，蓝天出版社2013年版。
杨树增编撰：《春秋左传》普及读本，线装书局2016年版。
王水照编：《历代文话》（全十册），复旦大学出版社2007年版。
袁行霈主编：《中国文学史》（第二版），高等教育出版社2005年版。
詹安泰等：《中国文学史》（先秦、两汉部分），高等教育出版社1957年版。
郭绍虞：《中国文学批评史》，中华书局1961年版。
傅璇琮、蒋寅总主编：《中国古代文学通论》（七卷本），辽宁人民出版社2005年版。
赵明主编、张军、赵敏俐副主编：《先秦大文学史》，吉林大学出版社1993年版。
赵明、杨树增、曲德来主编：《两汉大文学史》，吉林大学出版社1998年版。
赵敏俐、杨树增：《二十世纪中国古典文学研究史》，陕西人民教育出版社1997年版。
赵敏俐：《文学传统与中国文化》，东北师范大学出版社1993年版。
姚小鸥主编：《出土文献与中国文学研究》，北京广播学院出版社2000年版。
李炳海：《周代文艺思想概观》，东北师范大学出版社1993年版。
李炳海：《部族文化与先秦文学》，高等教育出版社1995年版。
李炳海：《道家与道家文学》，东北师范大学出版社1992年版。
杨树增主编：《秦汉文学》，吉林文史出版社2012年版。
郭预衡：《中国散文史》（全三册），上海古籍出版社2011年版。
谭家健：《中国古代散文史稿》，重庆出版社2006年版。
杨树增：《先秦诸子散文：诗化的哲理》，广西师范大学出版社1999年版。
李艳：《中国古代散文史》，青岛出版社2007年版。
李措吉主编：《中国散文》，同济大学出版社2007年版。

陈柱:《中国散文史》,东方出版社1996年版。
李生龙:《儒家文化与中国古代文学》,岳麓书社2009年版。
刘师培:《中国中古文学史》,人民文学出版社1984年版。
刘师培:《论文杂记》,人民文学出版社1984年版。
杨树增:《中国历史文学》(先秦两汉),远方出版社2003年版。
袁珂:《中国神话传说》(上),中国民间文艺出版社1984年版。
袁珂:《神话论文集》,上海古籍出版社1982年版。
陈兰村、张新科:《中国古典传记论稿》,陕西人民教育出版社1991年版。
陈蒲清:《中国古代寓言史》,湖南教育出版社1983年版。
张啸虎:《中国政论文学史稿》,武汉出版社1992年版。
于景祥:《中国骈文通史》,吉林人民出版社2002年版。
王凯符:《八股文概说》,中华书局1994年版。
马茂军、刘春霞、刘涛:《中国古代散文思想史》,人民出版社2011年版。
杨树增:《史记艺术研究》,学苑出版社2004年版。
杨树增评注:《给年轻人读的史记》,蓝天出版社2008年版。
杨树增、王传飞评注:《史记》,蓝天出版社2013年版。
孙绿怡:《〈左传〉与中国古典小说》,北京大学出版社1992年版。
《马王堆汉墓帛书:战国纵横家书》,文物出版社1976年版。
李炳海:《汉代文学的情理世界》,东北师范大学出版社2000年版。
杨树增:《汉代文化特色及形成》,人民出版社2008年版。
杨树增主编:《中国文学史话》(秦汉卷),吉林人民出版社1998年版。
许志刚、杨允:《汉代文化转型与文学流变》,北京大学出版社2016年版。
赵东栓、张庆利、杨树增主编:《文学大教室》(先秦至南北朝卷),南方出版社2002年版。
杨树增、陈桐生、王传飞:《盛世悲音》,河北大学出版社2001年版。
杨树增、陈桐生、王传飞:《绝代风华》,台湾云龙出版社2003年版。
孙昌武:《唐代古文运动通论》,百花文艺出版社1984年版。
宋绪连、丛甫之、杨树增、张红星选注:《唐宋文选》,太白文艺出版社2004年版。
李道英:《八大家古文选注集评》,广西师范大学出版社1996年版。
张仁青:《中国骈文发展史》,浙江大学出版社2009年版。
祝尚书:《北宋古文运动发展史》,巴蜀书社1995年版。
杨庆存:《宋代散文研究》(修订版),人民文学出版社2011年版。
杨庆存:《黄庭坚与宋代文化》,河南大学出版社2002年版。

杨庆存：《传承与创新》，复旦大学出版社 2003 年版。
杨庆存：《宋代文学论稿》，复旦大学出版社 2007 年版。
杨庆存：《中国文化论稿》，中国社会科学出版社 2015 年版。
杨庆存：《社会科学论稿》，人民出版社 2013 年版。
吴承学：《晚明小品研究》，江苏古籍出版社 1999 年版。
熊礼汇：《明清散文流派论》，武汉大学出版社 2003 年版。
赵敏俐：《魏晋文学自觉说反思》，《中国社会科学》2005 年第 2 期。
杨庆存：《宋代散文体裁样式的开拓与创新》，《中国社会科学》1995 年第 6 期。
杨庆存：《散文发生与散文概念新论》，《中国社会科学》1997 年第 1 期。
杨庆存：《论辛稼轩散文》，《文学遗产》1992 年第 4 期。
杨庆存：《论北宋前期散文的流派与发展》，《文学遗产》1995 年第 2 期。
杨庆存：《易安散文的多维审视》，《文学评论》1994 年第 1 期。
李宗桂：《儒道对立互补之比较》，《学术月刊》1988 年第 9 期。
陈其泰：《两汉之际阴阳五行说和谶纬说的演变》，《孔子研究》1993 年第 3 期。
韩经太：《文、道离合辩》，《吉林大学社会科学学报》1996 年第 2 期。
李炳海：《先秦两汉散文对自然生命观的理论阐释》，《中国文化研究》2009 年第 2 期。

索　引

A
《哀江南赋》　480,481,840

B
八股文　7,8,550,698-701,704,710,711,714,728,744,751,752,773,796,826,855
"百国春秋"　93,157,159,364
稗官杂记之体　390
北朝三书　475,485
不歌而诵　2

C
茶陵派　710
陈郡谢氏　459,484
谶纬　299,300,302,303,305-307,320,321,343,345-349,354,355,362,381,394-396,402-405,407-410,422,423,482,495,856
程朱理学　602,605-610,620,622,671,673,688,689,698,699,701,711,715,730,731,734,736,739,741,755-759,761,762,774,777,806,808,814,816,819,824,826,833,834,838
初唐四杰　487,513,515-518,520,583,588,840

D
道统说　62,499,501,604,778
典册文　88,141,701
《东观汉记》　385,386,397,460
董仲舒　134,167,190,203,291,293,295-299,301-303,305,311,315,316,318,320,337,338,340,342,360,381,394,395,402,405,495,532,537,613,614,696,752,770,785-787,807,817,853
独抒性灵　609,699,715,729,734-736,738,739,756

F
范缜　400,420,462,464-466,482
复社　729,749-752,756,763,765,771,799,839
傅玄　413,441-443,484

G
龚魏　787,830
古文经学　5,95,292,293,299,300,302-306,318,345,346,351,360,361,381,394,396,403,407,760,774,783,785,849
国朝文派　680,757

H

韩愈　7,62,140,161,213,486,488,493,499－503,508,518,525,526,528,529,532,533,535,537,538,540－565,567,569,570,574－578,580,583,584,588,590,591,594,599,600,604,612－614,628－630,634－636,638,640,643,646－649,682,688,690,694,696,720,721,732,752,810,812,819,841,845,847

《汉纪》　367,386,387,397

《汉书》　182,273,277,335,337,340,348,351,379－387,393,396,397,445,460,494,727,780,799,819,821

汉学　55,490,496,760,773－775,777,779,783－789,799,805,806,812,813,816,822,824－826,830,838,840,841,845,848－850

《淮南子》　25,26,37,48,75,236,289,295,335,336,360,395,727,771

黄老之学　289,290,294,295,299,328,364,394,395

J

汲冢竹书　106,274

今文经学　95,166,167,292,293,299,300,302－306,318,342,343,345,346,360,381,394－396,407,409,495,760,761,774,783－789,791,824,830,833,848,850

竟陵派　624,625,699,728,729,740－743,752,756,757

L

琅玡王氏　413,452,459,484

刘向　6,62,106,146,151,163,267,268,278,280,299,301,311,316,321,332,343－345,348,368,384,395,396,544,641,682

柳宗元　136,186,187,486,488,499,501－503,526,529,533,535,536,538,540－543,548,550,556－575,578,580,583,584,594,595,599,614,629,632,640,653,675,688,696,720,770

《庐山记》　453,484

《论六家之要指》　234,236,239－241,289,328,364,395

M

名教　382,383,400－403,407－415,421,431,434,435,437－441,446,475,482,483,489,497,612,656,699,701,731,732,734,841

《穆天子传》　273－277,286

N

南北二许　606

P

骈文　1,2,6－8,15,83,421,458,459,461,463,464,466,469,471,474,475,480,481,484－488,504－506,509,510,513－517,519,520,523,526,528,532,535,536,538－540,542,543,549,550,555－558,575,577,581－583,585－590,593,598－600,623,625－630,634,637－639,641,751,758,778,783,816,819,820,822,824,835－848,850,851,855

铺采摘文　311,352,457

Q

乾嘉朴学　774

清初三先生　792,799,804,849

R

儒林四杰　693

润色鸿业　311,315,319,339,394,681,709

S

三曹七子　424,429,483,549

三袁　609,625,729,734,735,739,740,743,746,804

实学　9,198,602,758-763,766,771-774,776,777,801,830,848,849

司马迁　6,41,69,70,72,76,91,108,129,132,155,156,163-165,181,212,232,234,237,252,260,266,279,303,311,313,315-317,319,320,334,339,340,348,351,361,363-383,385,386,394-396,494,506,532,544,547,548,554,556,560,561,574,578,579,592,638,640,647,690,696,718,721,723,732,746,752,807,852

宋四六　526,637,638,835

宋六家　640

T

台阁体　702,708-712,714,716,722,728

太学体　629,635-637

泰州学派　609,699,730

唐宋派　624,699,710,711,716,717,719-723,725,726,728,752,756,757,799,803,808,849

桐城派"义法"　813

W

文笔之辩　457,458

文统　7,11,508,602,605,607,622,623,625,655,687,688,692,709,719,722,729,755-757,805,807,812,816,825,849

五代体　582,613,626,628

X

西昆体　613,614,623,627-629,631,635-637,642

显学　17,120,153,201,202,229,230,233,245,252,254,283,285,287,288,291,309,312,328,778

小品文　488,534,593,594,596,598,625,649,654,699,730,739,741,743,745-747,749,750,754,757

心学　9,120,592,602,605,607-610,615,616,619-622,624,625,668,670,687,699,711,715,718,722,730,731,754,755,758,761,776,790

玄学　9,307,400,405,407-411,413-418,420,421,431-436,438,440-444,446,452,455,456,482-484,495,611,612

Y

阳湖派　806,810,816,817,819,820,850

永明体　421,463

永康学派　602,603,665

语录体　13,14,213,218,226-228,244,255,284,622,669

语体文　623,660-662,756

Z

《战国策》 74,164,187,267,268,270-273,280,286,366,390,641,646,649,727,799

正学 613,706,768,769

周敦颐 601-604,606,609,614-617,623,656,657,696,702,754,755

竹林七贤 411,432,435,439,440,483

《左氏春秋》 160,163-171,173-175,178-186,270,282-284,303

后　　记

　　本书虽系2010年国家社科基金后期资助项目，然而2002年开始撰写时，却是山东省重点社科项目《儒学与中国古代文学》中的子项目。《儒学与中国古代文学》共有五个子项目，分别是《儒学与中国古代诗歌》《儒学与中国古代散文》《儒学与中国古代小说》《儒学与中国古代戏剧》《儒学与中国古代文学批评》，五个子项目分别由曲阜师范大学文学院五位教授承担。当时对此项目的撰写，进行了比较长时间的讨论，大家认为20世纪初，受外国简单进化论、纯文学史观的影响，我国初期的文学史或文体史也多以这些观念来构建其体制。20世纪上半叶，又多以社会学的观念来重构其体系，但对这种社会学往往理解为简单的阶级斗争理论。六七十年代强调突出政治，常以作家的政治地位、家庭出身甚至对儒法的不同认识来评价作家与作品。80年代以来，许多人转向从文化大背景下来观察文学现象，以文化的多维审视代替了过去的简单化。但许多研究又面面俱到，重点不突出也不够深入。本项目强调儒学是中国传统文化的核心，中国古代其他各种形态的文化，无不受到儒学的巨大影响。而中国古代文学受儒家思想影响最深，从儒学对文学的影响切入，建立一个新的古代文学系统研究体系，从新的角度来揭示中国古代文学的内涵、特征及内在规律，成为本项目研究的目的。

　　我所承担的《儒学与中国古代散文》，与其他子项目比较，其受儒学的影响更为深刻，因为散文强调的是"文以载道"，儒学不仅是古代散文的思想指导，而且儒家思想往往以散文这种形式直接表现出来。于是我以不同的儒学形态对中国古代散文的影响为分期依据，系统地梳理儒学的发展嬗变，及其与本时期中国古代散文的关联，抓住这一关键，充分显示中国古代散文发展中的民族特色，努力体现本项目研究的创新特色。我并没有舍弃以往研究方法的合理之处，舍弃的只是它们的片面与弊端。社会物质生活、社会上层建筑、各种文化思想及中国古代散文自身的传统与形式演变等，都需要认真考虑。要有宏通、整体的视域，从中国古代散文发展过程的历史事实出发，剖析其各个阶段的主要文学思潮、主要文学流派及代表作家与其代表作，运用分析、归纳、综合、比较等方法，历史地辩证地厘清中国古代散文发展变化中的主次矛盾及其各种复杂的关系，从而更加深入地认识儒学主流意识对散文演变的作用与意义。

《儒学与中国古代文学》体大思精，内容繁富，要以一个全新的视野和独特的视角，抓住中国古代文学发展的核心与关键，突出中国古代文学的民族特色，研究难度较大。我们虽经过数年夜以继日地努力，但项目终因未能如期完成而被取消。时《儒学与中国古代散文》虽完成初稿，但很不成熟，由于想把它磨砺成精品，所以之后的七八年中，我不断学习思考、征求同行意见，不断进行修改，仅书名就变动过两次，一次改为《儒学传统与中国古代散文嬗变》，一次改为《儒学传统与历代散文文风嬗变研究》，并列入"孔子与山东文化强省战略协同创新中心科研创新项目"。

本书撰写成功，首先得益于无比丰富的中国优秀的传统文化。当然，也与我三十多年的研究方向有关。1984 年我考取了东北师范大学先秦两汉文学专业的博士生，1987 年毕业后，所学习、研究的仍多是先秦诸子与先秦两汉文献元典，指导研究生学位论文及自己的学术著述，多以儒学与文学相结合为题。自己并从中国古代文学博士生导师转为中国古代史博士生导师，做博士后导师，指导博士后作的也是有关儒学方面的课题。这些都为完成本书编撰奠定了学术基础。其次又恰逢前所未有的良好的学术环境及国家关于大力发展文化的一系列政策，我的许多重要著作，除了应出版社所邀而作外，其他著作的出版，都得到国家、省部、单位的资助。在具体的撰写中，不仅参考了许多古今名家关于儒学与散文的著述，还得到马士远教授的多方帮助，他参与了部分章节的撰写与修改。也得到赵敏俐等学友的热忱关注与批评指正，得到国内许多知名专家的鼓励与肯定。书稿又得到中国社会科学出版社编辑的认真仔细审阅，付梓前夕，由杨庆存教授在百忙中为此书写了序文，极其精辟地概括了本书的特点，同时精准地指出它的不足，使我开阔了眼界，获得了新的努力方向。总之，此书中不仅含有我的辛劳，也包含着众多学者及出版社编辑的付出，在此，我向他们表示深深的谢意。并以此告慰曾含辛茹苦地哺育我的父母二老及曾耳提面命地指导我的刘乃昌、杨公骥、公木（张松如）诸恩师的在天之灵。

杨树增

2016 年 12 月 15 日于孔子故里曲园